特許権侵害紛争の実務

裁判例を踏まえた解決手段とその展望

小松陽一郎先生古稀記念論文集

青林書院

小松陽一郎先生

謹んで古稀をお祝いし

小松陽一郎先生に捧ぐ

執筆者一同

古稀をお祝いして

　小松陽一郎先生は，2018年5月12日に満70歳のお誕生日を迎えられる。お元気に，古稀という人生の節目の一つに達せられたこと，そして，これを記念して本書が刊行されることに，心からお祝いを申し上げる。

　先生は，その誕生月5月の陽光を身に帯して，いつも明るく爽やかであり，また，古く信望の誉れ高い小松殿平重盛ゆかりの系譜に連なると仄聞するその血筋の故に自ずと将たるの風格を持たれている。

　そのお人柄，資質から，知的財産法，企業法など広い分野で弁護士としての業績を上げられるとともに，日本弁護士連合会知的財産センター幹事として活動され，特に近時は，国内外1000名を超える会員を擁する弁護士知財ネットの理事長としての御活躍が目覚ましい。すなわち，知財ネットの国際的，国内的活動の一層の展開を図り，外には，2014年以降，インドネシア，ミャンマー2回，シンガポール，韓国，ベトナムに，知的財産センターとの合同調査訪問団を率いて訪問され，また，国際的な知的財産法シンポジウムの開催に協力されるなど，国際的協力の促進に助力され，内にあっては，全国各地の知的財産関係実務家の交流，啓発及び育成に尽力されている。その例として，2015年には，歌舞伎，文楽，花街における技芸や伝統食品の製法など我が国の伝統文化の保護と世界的展開をサポートするためジャパンコンテンツ調査研究チームを編成され，2017年には，農林水産業に関わる法的問題への積極的な関与を図るため農水法務支援チームを立ち上げられ，早速，その成果として，関係諸官庁との協力により農水知財の基本テキストともいうべき『攻めの農林水産業のための知財戦略』が発刊された。

　先生は，これらの御活動と並んで，巻末の「主要著作目録」に示されているように，その研究の成果を多数の著作として公にされるとともに，多年，関西大学・立命館大学の法科大学院教授として学生を指導され，また，関西での知的財産権法研究会を主宰されて，馬瀬文夫先生，石黒淳平先生，村林

隆一先生，小野昌延先生ら先輩方が築かれた良き伝統を承継し後輩の育成に意を注がれている。

これら多方面の御活動に当たって，先生に接する者はいずれも，先生の朗らかにユーモアたっぷりに分け隔てなく応対されるお人柄に魅せられる。先生の人望の高さは，本書に寄稿された方が89名という多数に上ることにも表れている。

10年前の還暦記念に続き古稀記念として本書が献呈されることは，先生の喜びとされるところであろう。しかし，先生のお気持ちとしては，単にこれを受けることを多とし喜びとされるだけではなく，このような論文集の企画に当たって特に後進に執筆の機会を提供することができるならば，かつて若き日の先生がそうであったように，意欲のある後継者にとって勉強をする励みとなり，それが成長への一つの契機となる，そのようになってほしいという先輩としての暖かい配慮があると思われる。

古稀とはいえ，現在の長寿社会では，まだまだ人生の先は開けている。敬愛する小松先生が，これからも一層御健勝に過ごされ，後に続く者の範として益々御活躍されることを祈念して，お祝いの言葉とさせていただく。

2018年4月吉日

牧　野　利　秋

iii

凡　例

I　本書の構成等

(1)　本書は，「特許権侵害紛争の実務」に関わる重要な問題を，全5章87項目のテーマに分けて解説するものである。

(2)　各項目の構成は，次のとおりである。

①　まず冒頭に，各項目のテーマを表すタイトルを掲げる。

②　次に，設問文を配する。

③　その直下に，上記設問に関する重要な語句を「キーワード」としてまとめる。

④　以下，上記設問に対する解説，すなわち各項目のテーマに即した具体的な内容を解説していく。

(3)　解説文中の見出し記号は，原文引用の場合を除き，原則として，I，II，III…，(1)，(2)，(3)…，(a)，(b)，(c)…，(イ)(ロ)(ハ)…，(i)(ii)(iii)…の順とした。

(4)　叙述は，原文引用の場合を除いて，原則として常用漢字，現代仮名遣いによった。ただし，数字は原文引用中においても算用数字を用いた。

II　法令の表記

法令名の表記は，原文引用の場合を除き，原則として，次のように行った。

(1)　地の文では概ね正式名称で表した。

(2)　カッコ内表記は次のように行った。

(a)　主要な法令は後掲の「法令略語例」により，それ以外のものは正式名称で表した。

(b)　多数の法令条項を引用する場合，同一法令の条項は「・」で，異なる法令の条項は「，」で併記した。それぞれ条・項・号を付し，原則として「第」の文字は省いた。

III　文献の表記

(1)　書籍の名称は，原文引用の場合を除き，原則として正式名称によった。

iv　凡　　例

(2)　頻度の高い書籍や雑誌の名称は，後掲の「主要文献略語例」，「判例集・雑誌
　　等略語例」により表した。

Ⅳ　判例の表記

(1)　判例は，原則として，後掲の「判例集・雑誌等略語例」を用いて表した。

(2)　判例の出典表示は，原則として，次のように行った。

　　〔例〕平成29年3月24日，最高裁判所判決，最高裁判所民事判例集71巻3号359頁，

　　　　マキサカルシトール事件

　　　　　→最判平29・3・24民集71巻3号359頁〔マキサカルシトール事件〕

■法令略語例

意	意匠法	不競	不正競争防止法
関税	関税法	弁護	弁護士法
行訴	行政事件訴訟法	民	民法
憲	日本国憲法	民執	民事執行法
実	実用新案法	民訴	民事訴訟法
商標	商標法	民訴規	民事訴訟規則
著	著作権法	民訴費	民事訴訟費用等に関する法
特	特許法		律
特施規	特許法施行規則	民保	民事保全法
特登令	特許登録令		
独禁	私的独占の禁止及び公正取		
	引の確保に関する法律（独		
	占禁止法）		

■判例集・雑誌等略語例

大	大審院	民　集	最高裁判所(または大審院)
最	最高裁判所		民事判例集
最〔大〕	最高裁判所大法廷	裁判集民事	最高裁判所裁判集民事
最〔1小〕	最高裁判所第1小法廷	高刑集	高等裁判所刑事判例集
高	高等裁判所	下民集	下級裁判所民事裁判例集
知財高	知的財産高等裁判所	無体集	無体財産権関係民事・行政
地	地方裁判所		裁判例集
支	支部	知財集	知的財産権関係民事・行政
判	判決		裁判例集
決	決定	取消集	審決取消訴訟判決集
民　録	大審院民事判決録	裁　時	裁判所時報
刑　録	大審院刑事判決録	最判解説	最高裁判所判例解説

凡　例　*v*

L & T	Law & Technology	特　企	特許と企業
学会年報	日本工業所有権法学会年報	特　研	特許研究
企　研	企業法研究	特技懇	特許庁技術懇話会会報
金　判	金融・商事判例	ニュース	特許ニュース
新　聞	法律新聞	パ　テ	パテント
重判解	重要判例解説	判　時	判例時報
主判解	主要民事判例解説	判　タ	判例タイムズ
ジュリ	ジュリスト	判　評	判例評論
曹　時	法曹時報	法　協	法学協会雑誌（東京大学）
知　管	知財管理	法　教	法学教室
特　管	特許管理	民　商	民商法雑誌

■主要文献略語例

飯村敏明＝設樂隆一編著『L P(3)知的財産関係訴訟』
　　飯村敏明＝設樂隆一編著『リーガル・プログレッシブ・シリーズ(3)知的財産関係訴訟』
　　（青林書院，平20）
大渕哲也ほか編『専門訴訟講座⑥特許訴訟【上巻】【下巻】』
　　大渕哲也＝塚原朋一＝熊倉禎男＝三村量一＝富岡英次編『専門訴訟講座⑥特許訴訟【上
　　巻】【下巻】』（民事法研究会，平24）
審査基準
　　特許庁編『特許・実用新案審査基準』（平成27年改訂(版)，特許庁ホームページで公開中）
審判便覧〔第16版〕
　　特許庁審判部編『審判便覧〔第16版〕』（特許庁ホームページで公開中）
高林龍ほか編『現代知的財産法講座Ⅰ～Ⅳ』
　　高林龍＝三村量一＝竹中俊子編集代表『現代知的財産法講座Ⅰ～Ⅳ』（日本評論社，平
　　24）
逐条解説〔第20版〕
　　特許庁編『工業所有権法（産業財産権法）逐条解説〔第20版〕』（特許庁ホームページで
　　公開中）
特許判例百選
　　兼子一編『特許判例百選』（別冊ジュリスト8号）（有斐閣，昭41）
特許判例百選〔第2版〕
　　鴻常夫＝紋谷暢男＝中山信弘編『特許判例百選』〔第2版〕（別冊ジュリスト86号）（有
　　斐閣，昭60）
特許判例百選〔第3版〕
　　中山信弘＝相澤英孝＝大渕哲也編『特許判例百選』〔第3版〕（別冊ジュリスト170号）
　　（有斐閣，昭60）
特許判例百選〔第4版〕
　　中山信弘＝大渕哲也＝小泉直樹＝田村善之編『特許判例百選』〔第4版〕（別冊ジュリス
　　ト209号）（有斐閣，平24）
判例工業所有権法
　　兼子一＝染野義信編著『判例工業所有権法』（第一法規，昭29～平2）

判例工業所有権法〔第 2 期版〕
　　　染野義信＝染野啓子編著『判例工業所有権法』〔第 2 期版〕(第一法規，平 3 ～)
牧野利秋ほか編『知的財産訴訟実務大系Ⅰ～Ⅲ』
　　　牧野利秋＝飯村敏明＝髙部眞規子＝小松陽一郎＝伊原友己編『知的財産訴訟実務大系Ⅰ
　　　～Ⅲ』（青林書院，平26)
牧野利秋ほか編『知的財産法の理論と実務(1)～(4)』
　　　牧野利秋＝飯村敏明＝三村量一＝末吉亙＝大野聖二編『知的財産法の理論と実務第 1 巻
　　　～第 4 巻』(新日本法規出版，平19)

vii

目　次

古稀をお祝いして
凡　例

第1章　訴訟前における実務的対応

1　特許権侵害紛争の実態 ------------------------------- [三山　峻司] ●　　*3*
　データ等に見る特許権侵害訴訟についての概観と知財実務について述べ
なさい。

2　特許権侵害の意味と方策 ------------------------------- [尾近　正幸] ●　　*16*
　特許権侵害とはどういうことか。特許権侵害が生じている場合に特許権
者が取り得る方策にはどのようなものがあるか。

3　要件事実 --- [溝上　哲也] ●　　*25*
　特許権侵害訴訟における要件事実（請求原因，抗弁，再抗弁）について
説明せよ。

4　特許権侵害訴訟における訴え提起前の証拠収集の現状と拡充策
--- [小野寺　良文] ●　　*42*
　特許権侵害訴訟において，訴え提起前に被疑侵害製品又は方法をいかに
発見し，特許発明の技術的範囲に属するか調査，分析し，提訴に必要な証
拠を準備すべきか。訴訟提起前の法的証拠収集手段の現状を踏まえ，今後
どのような拡充策を講ずるべきか。

5　権利主張前の準備事項 ------------------------------- [井上　周一] ●　　*57*
　特許権侵害をしていると疑われる者に権利主張をするに当たり，事前に
どのような準備をするか。

6　提訴前の証拠収集手続 ------------------------------- [松川　充康] ●　　*68*
　特許権侵害紛争において，侵害立証を目的とした提訴前の証拠収集とし

viii　目　次

て，裁判所を利用した手続にはどのようなものがあり，どのように利用されているか。今後どのような運用が期待されるか。

7　警告書発送 ──────────────────────── ［生沼　寿彦］● 　*92*
　　特許権侵害をしていると疑われる者に，権利侵害を警告するに当たっては，どのような点に留意すべきか。

8　警告を受けた場合の対応 ──────────── ［山口　裕司］● 　*105*
　　特許権侵害を主張する警告書を受け取った場合に，どのような点に留意して，どのような対応をとるか。また，特許の無効理由の調査は，どのように行うか。

9　紛争解決手段の選択 ────────────── ［井上　裕史］● 　*117*
　　特許権侵害紛争を解決する手段として，どのようなものがあるか。それぞれのメリットとデメリットは何か。

10　特許権に係る民事保全の概観──侵害差止めの仮処分を選択する際の考
　　慮要素を中心として ────────────── ［星　　大介］● 　*132*
　　特許権侵害の事案において民事保全を利用するのはどのような場合か。また，民事保全の審理はどのようにしてなされるか。

第2章　特許権侵害訴訟提起の実務

11　特許権侵害訴訟の審理の特徴と概要 ─────── ［久世　勝之］● 　*147*
　　特許権侵害訴訟の審理は，技術的専門性，迅速性・効率性，証拠の偏在，秘密保持の要求などから，通常の民事訴訟とは異なる特徴を有しているか。

12　原告適格(1) ──────────────────── ［岩谷　敏昭］● 　*162*
　　特許権侵害に基づく差止請求につき，原告適格はどのような者に認められるか。独占的通常実施権者はどうか。

目　次　ix

13　原告適格(2)────────────────────────────[山崎　道雄] ● *174*
　ある特許権について実施権の設定がある場合，その特許権者及び当該特許発明の実施をしている実施権者は，特許法100条1項に基づく差止請求，特許法102条1項ないし3項の適用のある損害賠償請求がそれぞれ可能か。

14　管　　轄(1)──国内裁判管轄────────────[竹田　千穂] ● *187*
　特許権等に関する訴えの管轄（国内）及び移送について説明せよ。

15　管　　轄(2)──国際裁判管轄────────────[村田　真一] ● *198*
　外国法人が当事者となる特許権侵害訴訟の提起の留意点を説明せよ。

16　特許権侵害訴訟の訴状の記載事項(1)────────[寺田　明日香] ● *210*
　特許権侵害訴訟の訴状には，どのような事項が記載されるか。また，添付資料としては，どのようなものが必要か。

17　特許侵害訴訟の訴状の記載事項(2)────[前嶋　幸子＝三嶋　隆子] ● *223*
　被告製品説明書について説明のうえ，訴状等において，被告製品の構成をどの程度具体的に記載するべきか説明せよ。また，訴額計算書について説明せよ。

18　対象製品・方法の特定論────────────────[森本　純] ● *230*
　特許権侵害訴訟において，対象製品・方法の特定は，どのように行われるか。

19　訴状を受け取った被告の防御活動────────[塩田　千恵子] ● *241*
　特許権侵害訴訟が提起され，訴状の送達を受けた場合，被告の防御活動としてどのようなものが考えられるか。防御方法を検討するに当たり留意すべき事項はあるか。

20　移　　送─────────────────────────[辻　淳子] ● *254*
　特許ライセンス契約に関する訴訟において東京地裁又は大阪地裁への移送が認められるか。意匠権・商標権・著作権（プログラム著作権を除く）侵害訴訟について，東京地裁又は大阪地裁への移送が認められるか。

x　目　次

第3章　特許権侵害訴訟における攻撃防御方法

第1節　技術的範囲の属否，その他の請求原因事実に関する問題

21　技術的範囲論全般 ----------------------------------- ［田中　成志］● *269*
　特許発明の技術的範囲とは何か。技術的範囲と，出願の審査における発明の要旨の認定は，どのような関係にあるか。

22　技術的範囲の解釈 ------------------------------------- ［速見　禎祥］● *282*
　クレーム文言の解釈に当たって，明細書の記載や出願経過等はどのように参酌されるか。

23　機能的クレームの明細書によるサポート ----------- ［木村　圭二郎］● *292*
　機能的クレームは，実務上どのように解釈されているか。

24　特定の表現を有する特許請求の範囲の解釈 ---------- ［近藤　惠嗣］● *304*
　いわゆるプロダクト・バイ・プロセス・クレームはどのように解釈されるか。

25　ソフトウェア関連発明に係る特許侵害訴訟における留意点
　--- ［北岡　弘章］● *318*
　いわゆるプログラム・ソフトウェア関連発明に係る特許侵害訴訟において留意すべきクレーム解釈及び特徴点を説明せよ。

26　数値限定発明 -- ［松井　保仁］● *330*
　被告製品がある測定方法によれば数値範囲に入るが，他の測定方法ではその範囲内に入らないときの侵害の成否について説明せよ。

27　均等侵害(1) -- ［三村　量一］● *343*
　特許権の「均等侵害」とは何か。特許権の均等侵害が成立するための要件は何か。

目　次　*xi*

28　均等侵害(2)--[茶園　成樹] ● *358*
　　均等侵害の第1要件における本質的部分とは何か。また，本質的部分は
　どのように認定されるか。

29　均等侵害(3)--[池下　利男] ● *368*
　　均等侵害の第5要件における特段の事情とは何か。

30　均等侵害(4)--[辻村　和彦] ● *378*
　　均等侵害の第2要件，第3要件の肯定例と否定例を説明せよ。

31　複数主体による特許権侵害------------------------------[愛知　靖之] ● *390*
　　特許発明の実施行為に複数主体が関与する場合に，一部実施を行った者
　につき特許権侵害が成立するか。

32　間接侵害(1)--[藤川　義人] ● *405*
　　間接侵害とは何か。専用品型間接侵害における「にのみ」とは，どのよ
　うな意味か。

33　間接侵害(2)--[重冨　貴光] ● *416*
　　多機能型間接侵害の要件について説明せよ。

34　間接侵害(3)-------------------------------------[山本　隆司＝佐竹　希] ● *427*
　　間接侵害の成立に直接侵害の存在は要件となるか。また，いわゆる再間
　接侵害は，特許権侵害となるか。

35　特許権の共有--[谷口　由記] ● *438*
　　特許権の共有者の下請会社による当該共有者のためにする製品の製造販
　売は特許権侵害となるか。

第2節　侵害論における被告の抗弁に関する問題

36　特許無効の抗弁とは何か-------------------------------[合路　裕介] ● *450*
　　特許無効の抗弁と訂正の再抗弁は，いつまで提出可能か。

xii 目 次

37 特許要件——発明該当性 ──────────────[山下 英久] ● *465*
　特許の対象となる「発明」とは，具体的にどのような意味か。発明該当性が問題となる事案として，どのようなものがあるか。

38 特許要件——新規性 ────────────────[伊藤 真] ● *480*
　新規性の要件と新規性喪失の立証について説明せよ。

39 特許要件——進歩性(1) ─────────────[岩坪 哲] ● *488*
　進歩性は，どのような手法で判断されるか。また，発明実施品が商業的成功をおさめたことは，進歩性判断にどのような影響を及ぼすか。

40 特許要件——進歩性(2) ─────────────[伊原 友己] ● *499*
　進歩性の判断傾向の推移について説明せよ。

41 特許要件——進歩性(3) ────────────[辻本 希世士] ● *514*
　周知技術，設計事項とは，具体的にどのような意味か。これらは，進歩性判断にどのような影響を与えるか。

42 特許要件——進歩性(4) ─────────────[梶崎 弘一] ● *526*
　化学関連発明の進歩性判断（特に効果の参酌）は，どのように行われるか。

43 特許要件——記載要件(1) ────────────[福井 清] ● *538*
　特許権侵害訴訟において実施可能要件はどのように機能するか。

44 特許要件——記載要件(2) ────────────[大月 伸介] ● *550*
　サポート要件違反とは何か。具体例を示しながら説明せよ。

45 特許要件——記載要件(3) ───────────[神谷 惠理子] ● *562*
　明確性要件とは何か。具体例を示しながら説明せよ。

46 実施可能要件とサポート要件の関係 ────────[川端 さとみ] ● *574*
　実施可能要件とサポート要件の関係に関する最近の傾向について説明せ

目　　次　*xiii*

よ。

47　冒認出願，共同出願違反 ----------------------------- ［松田　誠司］● *588*
　冒認出願・共同出願違反とはどのような場合か。その効果について説明
し，移転登録請求について説明せよ。

48　先願主義，拡大先願 ----------------------------------- ［山田　　徹］● *600*
　先願主義の意義及び効果について説明し，拡大先願の範囲及び効果につ
いて説明せよ。

49　特許無効理由としての補正要件違反 ----------------- ［谷口　俊彦］● *608*
　補正要件違反により特許が無効になるのはどのような場合か。また，具
体的にどのように判断がなされるのか。

50　先　使　用 -- ［松村　信夫］● *623*
　先使用権の要件と効力範囲について説明せよ。

51　試験又は研究のための実施 ----------------------------- ［中野　睦子］● *642*
　特許法69条1項「試験又は研究のためにする特許発明の実施」の意義に
ついて，説明せよ。

52　国内消尽(1) -- ［牧野　知彦］● *656*
　特許権の消尽について，概括的に説明せよ。

53　国内消尽(2) -- ［日野　英一郎］● *666*
　特許実施品を購入し，再利用する場合に，当該製品に対する特許権は消
尽するか。

54　国際消尽(1) -- ［宮脇　正晴］● *674*
　特許権における国際消尽の意味及び効果並びに国際消尽が生じない場合
について説明せよ。

xiv 目 次

55 国際消尽(2) ──────────── [末吉 亙] ● 683
　特許権における国際消尽の議論と商標権における国際消尽の議論を整
理，比較せよ。

56 特許権の存続期間の延長制度の趣旨並びに延長登録の要件及び効力
──────────── [辻居 幸一] ● 693
　特許権の存続期間の延長登録が認められる要件は何か。また，延長登録
の効力はどこまで及ぶか。

第3節　損害論に関する問題

57 損害論の審理の全体像 ──────── [松本 好史] ● 710
　損害論の審理は，一般的にどのように進められるか。

58 損害額の推定等(1) ──────────── [小池 眞一] ● 719
　特許法102条1項本文の要件について，説明せよ。また，「利益」から控
除されるべき費目について，具体的に説明せよ。

59 損害額の推定等(2) ──────────── [原 悠介] ● 731
　特許法102条1項ただし書が適用されるための要件及び最近の裁判例も
踏まえて実際に適用された事例について説明せよ。

60 損害額の推定等(3) ──────────── [井﨑 康孝] ● 744
　特許法102条2項による損害賠償請求の要件について説明せよ。また，
特許法102条2項の推定が覆る場合として，具体的にどのような場合があ
るかも説明せよ。

61 損害額の推定等(4) ──────────── [服部 誠] ● 758
　発明の実施は，特許法102条2項が適用されるための要件となるか。

62 損害額の推定等(5) ──────────── [中山 良平] ● 768
　特許法102条3項に基づく損害額は，どのような事情に基づき算出され
るか。

目　　次　*xv*

63 損害賠償・不当利得における額の主張について
　　　‥‥‥‥‥‥‥‥‥‥‥‥‥‥‥‥‥‥‥‥‥‥‥‥‥‥‥‥‥‥［田上　洋平］● *778*
　　特許法102条１項〜３項は，いかなる場合にどのように主張すべきか。

64 特許法102条１項又は２項と同条３項の併用適用
　　　‥‥‥‥‥‥‥‥‥‥‥‥‥‥‥‥‥‥‥‥‥‥‥‥‥‥‥‥‥‥［平野　和宏］● *787*
　　特許法102条１項又は２項の規定に基づいて損害額の算定を求めるとと
　もに，同条１項本文又はただし書による譲渡数量の控除や同条２項の推定
　の一部覆滅がなされた侵害品の数量分について同条１項又は２項の適用と
　併せて同条３項の適用を求めることができるか。

65 特許権者と各実施権者による損害賠償請求‥‥‥‥‥［前田　将貴］● *799*
　　特許権者が実施権を設定している場合，特許権者及び各実施権者は，侵
　害者に対して固有の損害賠償請求を行うことができるか。また，その場合
　に特許法102条１項ないし３項の適用はあるか。

66 特許権の共有と損害額‥‥‥‥‥‥‥‥‥‥‥‥‥‥‥‥‥［金子　敏哉］● *812*
　　共有に係る特許権が侵害された場合に，損害額はどのように算定される
　か。

67 侵害者複数‥‥‥‥‥‥‥‥‥‥‥‥‥‥‥‥‥‥‥‥‥‥‥‥‥［松本　　司］● *825*
　　複数の侵害者がある場合，損害賠償請求はどのようにできるか。

第４節　手　続　論

68 生産方法の推定‥‥‥‥‥‥‥‥‥‥‥‥‥‥‥‥‥‥‥‥‥［井奈波　朋子］● *839*
　　生産方法の推定を受けるための主張立証及び推定覆滅事由について説明
　せよ。

69 技術説明会と専門委員の関与‥‥‥‥‥‥‥‥‥‥‥‥‥［室谷　和彦］● *849*
　　特許権侵害訴訟において，技術説明会はどのように行われ，専門委員は
　どのように関与するか。

xvi 目　次

70 訴え提起後特有の証拠収集方法 ……………………… ［足立　昌聰］● *859*
特許権侵害訴訟における文書提出命令について説明せよ。

71 技術の公開と秘匿と──証拠の確保における留意点
………………………………………………… ［川田　篤］● *868*
　新規な技術を公開する方法としてはどのようなものがあり，その利害得
失はどのようなものか。公開された技術を確実に証拠化するためには，ど
のような工夫が必要か。他方，新規な技術を秘匿するとき，先使用の事実
を証拠化するためには，どのような工夫が必要か。技術の証拠化の際，公
証制度はどのように活用することができるか。ウェブ・アーカイブは有効
な手段か。

72 秘密保持命令と閲覧制限 ……………………………… ［城山　康文］● *882*
閲覧制限申立制度及び秘密保持命令について説明せよ。

73 計算鑑定 ………………………………………………… ［大住　洋］● *893*
計算鑑定制度の意味，鑑定申立ての際の留意事項について説明せよ。

第4章　関 連 手 続

74 特許無効審判請求 ……………………………………… ［小谷　昌崇］● *907*
特許無効審判請求の概要を説明せよ。

75 口頭審理の運用 ………………………………………… ［藤井　淳］● *921*
無効審判手続における口頭審理の運用について説明せよ。

76 訂　　正 ………………………………………………… ［古谷　栄男］● *932*
特許の訂正とは何か。訂正の要件について説明せよ。

77 審決取消訴訟(1) ………………………………………… ［藤野　睦子］● *947*
審決取消訴訟の概要について説明せよ。

目　次　*xvii*

78　審決取消訴訟(2)──審決取消訴訟の審理範囲⋯⋯⋯［平野　惠稔］● *960*
　　審決取消訴訟における審理はどの範囲でなされるべきか。審決取消訴訟
　で，次のような主張をすることはできるか。①無効審判請求手続で提出さ
　れていなかった，又は，提出されていたが判断されなかった公知文献に基
　づく無効理由の主張，②審判において進歩性の判断で使われた公知技術
　を，審決取消訴訟において新規性なしを基礎づける公知技術として主張，
　③無効審判手続で副引例とされていた文献を主引例にして行う無効理由の
　主張，④審判で判断されなかった相違点の容易相当性の主張。

79　審決取消訴訟(3)⋯⋯⋯⋯⋯⋯⋯⋯⋯⋯⋯⋯⋯［諏訪野　大］● *971*
　　審決取消判決が有する拘束力について説明せよ。

80　無効審判手続と特許権侵害訴訟の関係⋯⋯⋯⋯⋯［和田　宏徳］● *981*
　　無効審判手続と特許権侵害訴訟の関係について，近時の特許法改正を踏
　まえて説明せよ。

81　特許移転登録手続請求⋯⋯⋯⋯⋯⋯⋯⋯⋯⋯⋯［近藤　剛史］● *990*
　　冒認出願，共同出願違反の場合の特許権移転登録請求について説明せ
　よ。

82　関税定率法等の水際措置⋯⋯⋯⋯⋯⋯⋯⋯⋯⋯［宇田　浩康］● *1001*
　　輸入差止申立制度について説明せよ。

第5章　判決，上訴，その他

83　和　　解⋯⋯⋯⋯⋯⋯⋯⋯⋯⋯⋯⋯⋯⋯⋯［白波瀬　文夫］● *1019*
　　特許権侵害訴訟における和解の特徴及び留意点について説明せよ。

84　上　　告⋯⋯⋯⋯⋯⋯⋯⋯⋯⋯⋯⋯⋯⋯⋯［福田　あやこ］● *1028*
　　特許侵害訴訟の上告，上告受理申立理由としては，どのようなものがあ
　るか。原審の判断を変更した上告審判決として，どのようなものがある
　か。

xviii　目　次

85　再　　審 ·· ［板倉　集一］● *1038*
　特許権侵害訴訟の再審の訴えにおける主張の制限について説明せよ。

86　特許権侵害訴訟における強制執行 ···················· ［西迫　文夫］● *1050*
　特許権侵害訴訟において，強制執行の手続はどのように行われるか。

87　新たな情報財としてのデータ保護の在り方──利活用最優先の制度設計
　とは ··· ［林　いづみ］● *1057*
　「新たな情報財」としてのデータの利活用促進のためにはどのような制
　度設計が望ましいか。

キーワード索引
判例索引

あとがき
小松陽一郎先生御略歴
小松陽一郎先生主要著作目録
執筆者紹介

第1章

訴訟前における実務的対応

1 特許権侵害紛争の実態

三山　峻司

> データ等に見る特許権侵害訴訟についての概観と知財実務について
> 述べなさい。

キーワード　法改正, 訴訟新受件数, 審理モデル, 審理期間, (実質的) 勝訴率, 損害賠償額, 費用等

I　はじめに

　執筆者は, 特許侵害紛争の訴訟で原告又は被告の代理人として当事者の立場に立つ一実務家にすぎない。

　したがって特許権侵害紛争の実態について, 特許権侵害訴訟の新受件数・審理期間・勝訴率・費用など統計に表れたデータ[1]や審理モデル等をどのように評価し利用するかについては, 制度論や国際比較を論じる前提として見るより, 1件1件の事件を当事者目線で処理していく中で背景として見る傾向が強い。フロントラインで知財紛争に直面する法律専門職の仕事は,「今, ここ」で直面する課題 (法律紛争) に焦点をあて, 限られた時間的制約の中で,「対症療法」的に, 課題 (法律紛争) 解決の途を具体的にイメージして明らかにする「課題中心アプローチ」[2]をとる。「課題中心アプローチ」は, 裁判例の1件1件のケースにおいて当事者の立場に自身を置き換え対処法を検討する臨場的・近視眼的な見方といえる。これは制度の有り様を含め根本的な法的問題を明らかにし問いかける「問題解決アプローチ」とはスタンスを異にする。「問題解決アプローチ」によって広く深く先を見通す根が与えられるように思われる。

---

[1]　本稿では, 傾向をつかむデータ概要を述べる。知財高裁ウェブページの論文等一覧に裁判官執筆のデータに基づく事件概況等の有益な文献が多数紹介されている。本稿もこの諸文献に負うところが多い。

[2]　「課題中心アプローチ」と「問題解決アプローチ」の用語は, ソーシャルワークのクライエントの相談援助のアプローチになぞらえ筆者が適宜使用した。

4　第1章　訴訟前における実務的対応

そのようなわけで実務家の一個人の片寄った雑感ともとれる内容になっていることをお許し願いたい。

Ⅱ　特許法等の法改正等

頻繁な改正[3]の中でも実務処理に甚大な影響を与えた改正は，次の2つであろう。

(1)　平成16年改正の無効主張の抗弁 (特104条の3) の導入

(a)　キルビー判決（最判平12・4・11民集54巻4号1368頁）から同改正に至り特許の有効・無効が特許庁（無効審判・審取ルート）と，侵害裁判所（侵害訴訟ルート）の双方で争われるダブルトラック問題が発生した。その後のダブルトラック関係の法改正[4]の出発となった。

(b)　クレーム解釈にも修正を迫った。特許無効が確定するまで特許権は有効とする「実施例限定説」や「最狭義限定説」,「公知部分除外肯定説」などのクレーム解釈は終止符を打った。

(c)　関係当事者の侵害訴訟の仕事の密度は倍増した。弁護士と弁理士との連携協働作業がより緊密に必要となった[5]。

(d)　もっとも，キルビー判決当時の無効審判手続の遅延状況は解消されている[6]。権利者側に過重な負担がかかる中で権利行使を強いる現状[7]は再考の余地がある。

(2)　平成15年改正の「特許権に関する訴え等」の専属管轄化 (民訴6条1項1

---

[3]　平成に入ってからの改正として，平成27年法律第55号・平成26年法律第36号・平成23年法律第63号・平成20年法律第16号・平成16年法律第79号・平成15年法律第47号・平成14年法律第24号・平成11年法律第41号・平成10年法律第51号・平成6年法律第116号・平成5年法律第26号・平成2年法律第30号。

[4]　平成23年改正の「侵害訴訟と再審の制限」（特104条の4）／「審決取消訴訟提起後の訂正審判請求の禁止（審決予告と訂正請求）」（特164条の2）によるキャッチボール現象の解消。

[5]　権利者側は，訴訟提起する際に無効審判及び無効の抗弁が提出されるのを想定して公知資料を検討するなどこれまでにも増して準備の負担が増えた。

[6]　当時と比べ特許無効審判の審理期間は大幅に短縮化され，最近では9ヵ月台から10ヵ月台で審決されている。特許庁『特許行政年次報告書〔2017年版〕』第2章「主要統計」1「審査・審判の審査・審理期間」。

[7]　2つのルートで被疑侵害者側が2回争えるので被疑侵害者側に有利との指摘は度々なされている。

号・2号，同条3項）

（a）特許侵害事件の控訴審は東京高裁の専属管轄となり，特許事件の東京一極集中化が制度的にも進んだ（平成17年4月1日には知的財産高等裁判所設置法に基づいて知財高裁が東京高裁の特別の支部として設置された）。東京と大阪近郊の企業・実務家には至便だが，他地域の企業・実務家に不便を強いる。

（b）特許権侵害訴訟の新受件数（後述）と照らし合わせると，同訴訟のOJTの機会が得られるのは，結果的に限られた地域の限られた者に片寄る実状にある。

Ⅲ　特許権侵害訴訟の新受件数など[8]

(1)　データなど[9]

年により増減はあるが，「知財関係民事事件」の全国地方裁判所に提起される新受件数はおおむね500件から600件台で推移している[10]。

（a）東京地裁の場合

全体の6割程度で概ね年間300件台で推移している。さらに，その3分の1を超える程度が特許権に関する事件である。

（b）大阪地裁の場合

全体の2割程度で概ね年間100件から150件までの間で推移している。特許権に関する事件は，そのうち3割を超えるか超えないかである。

（c）知財高裁の場合

新受件数は，概ね年間90件から130件台で推移している。特許権に関する事件が5割程度を占めるようである。

大雑把に東京と大阪の両裁判所の年間の特許権侵害に関する事件の新受件数

---

[8]　鈴木わかな＝藤原典子＝大川潤子「知的財産高等裁判所，東京地方裁判所・大阪地方裁判所知的財産権部各部の事件概況（平成27年度）」曹時68巻11号2765⑶5～2788⑸8頁。

[9]　知財高裁のウェブサイトに過去10年間の「知財関係民事事件」の「全国地裁第一審」，「全国高裁控訴審」，「知財高裁控訴審」，「審決取消訴訟」の新受件数・既済件数・平均審理期間が各別に公表されている。

[10]　ここ暫くの一般的な傾向である。ここ20年間を見ると400件台になる年も700件台になる年もあった。

6   第1章　訴訟前における実務的対応

から，知財高裁の特許権に関する事件の新受件数を見ると，新受件数から単純
に見た控訴率は，30％から40％程度の範囲ということになる。

　なお，控訴で結論が変わる率については，傾向を知りたいところであるが，
統計的なデータは公表されていない*11。

(2)　所感など

　(a)　海外出願の動向を重ねると*12，企業活動のウェイトは日本市場から海
外市場に軸足を移し，国内の知財訴訟の件数が伸びる要素は見出せない現況
で，上記(1)の全体傾向は，ここ暫く続くといえるのではなかろうか。

　(b)　国内での「知財事件の訴訟件数が少ない」あるいは「増えない」理由と
して次のような諸点が指摘されてきた。

①　訴訟が迅速ではない。

②　訴訟の勝訴率が高くない（敗訴リスクが高い）。

③　勝敗の予測可能性が高くない。

④　損害賠償額が満足が得られるほど高くない（低い）。

⑤　日本企業間では訴訟前にまず事前交渉のネットワークを通じ訴訟前解決
　　がはかられることが多い*13。

①ないし④は，権利行使の実効性に関わる指摘である。①は，現況の審理期
間（後述）を見ると，この理由が提訴の足かせとなっているとは思料されない。
②と③は関係するが，訴訟件数増減の直接要因とはいえないであろう（後述）。
④は，実務実感として費用対効果の関係から提訴行動に大きな影響を与える要
因の1つと考えられる。

---

*11　LEX/DB の侵害訴訟等判例検索で平成28年1月1日から平成29年10月31日までの間（22ヵ
　　月間）の「特許権」「知的財産高等裁判所」でヒットした判例数は84件で，そのうち（全部）
　　棄却判決は64件であった。

*12　過去40万件以上あった出願は，この10年間漸減し30万件台となっている。一方で，日本国
　　特許庁を受理官庁とした特許協力条約に基づく国際出願（PCT 国際出願）の件数は2014年を
　　除き，この10年間一貫して増加し，2016年は44495件（前年比3.2％増）となっている（特許
　　庁『特許行政年次報告書〔2017年版〕』第1部第1章2頁）。国内出願の相当数が PCT 経由で
　　海外に出願されており，経済活動のグローバル化・ボーダレス化による地域的な広がりとと
　　もに国際分業が進む日本企業の知財関係予算や活動が域外にシフトしている。

*13　海外での侵害品対応ではあるが，日本企業は基本的には訴訟を行わないように交渉での解
　　決を試みる傾向にあるが，米国企業は，最終的には訴訟も辞さない方針で権利行使を行う傾
　　向にある（特許庁『特許行政年次報告書〔2013年版〕』「第1章　産業競争力強化に向けた今
　　後の知的財産戦略」80頁。久慈直登『喧嘩の作法』ウエッジ99頁）。

1件1件につき，訴訟すべきか否かを真剣に考えるとき，費用対効果をどう考えるかは最重要課題である。しかし，全体の訴訟件数を気にかける当事者は少ないと感じられる。

(c) 1ケースにつき原被告側にそれぞれ2人の実働する弁護士が仮に担当するとし，なおかつ，東京と大阪に特許侵害事件が集中するから，特許権侵害事件の新受件数では，OJTの機会を得るという点では明らかに少ない。

Ⅳ 特許権侵害訴訟の審理モデル・平均審理期間

(1) 審理モデル（審理要領）

(a) 東京地裁／大阪地裁の場合

両裁判所のウェブサイトに公表されている。侵害論の審理終了後に損害論の審理を行う二段階審理方式が実務のプラクティスとなっている。第1回口頭弁論後，弁論準備手続に移り，東京地裁では5回，大阪地裁では6回の弁論準備手続を経て侵害論での心証が示される。大阪地裁の審理モデルには日数の目安が示され，被告側の無効主張は，訴え提起時から110日（第1回口頭弁論期日から90日），侵害心証開示の第6回弁論準備手続までは280日と示されている。

損害論に関しては，損害論に進んだ場合の立証準備の説明を中心に公表されている。

(b) 知財高裁の場合

控訴審での侵害訴訟の審理要領は，特に公表はされていない[14]。

(2) 平均審理期間[15]

(a) 東京地裁／大阪地裁の場合

「12ヵ月＋α」で，「α」が数ヵ月程度で年によって変わるといったところが現況である。

(b) 知財高裁の場合

---

[14] 審決取消訴訟の審理方式は，知財高裁のウェブサイト中の「手続の案内」において公表されている。

[15] 前掲[10]。特許権に関する事件別の平均審理期間は後掲[17]の文献等で公表されているが，継続的には公表されていないようである。

8　第 1 章　訴訟前における実務的対応

概ね 8 ヵ月前後である。

(3)　**所感など**

クライエントには，訴訟にどれくらいの時間がかかり，手続の中で何をどのように準備すればよいかが重大な関心事である。

(a)　審理モデル（審理要領）について

(イ)　審理モデルが示されているのは，一応の目安をクライエントに説明し，個別ケースの見込みを立てる前提を理解してもらうのに非常に有益である。

(ロ)　二段階審理方式の下で，時機後れとならないように侵害論で無効の抗弁と均等侵害の主張を出し尽くすのが建て前である。しかし，現実には悩ましい問題も生じる*16。当事者としてはできるだけ得失を考え，工夫してベターな途を模索することになる。

(b)　平均審理期間について

(イ)　審理期間の最頻値はわからないが，判決による一部勝訴を含めた勝訴率が 2 割程度とし，二段階審理方式の下で，損害論に至らず非侵害になる判決では12ヵ月（1 年）を切る程度，侵害から損害論に至る判決では24ヵ月（2 年）近く，あるいはそれ以上にかかるものも珍しくないのではないか。ザックリとしたイメージとしてクライエントにはそのように説明している。

(ロ)　特許・実用新案権の既済事件の東京地裁の平均審理期間は，平成 7 年，8 年当時は30ヵ月を超えていたが，平成13年から同14年にかけて20ヵ月を切り*17，現況「12ヵ月＋α」となり迅速化が実現している。これに伴いクライエントとの打合せは頻繁になり，代理人の仕事の密度は濃くなった。審理遅延とのクライエントの不満は聞かれなくなってきている。

(c)　和解の勧試のタイミングと内容について

(イ)　一般民事事件に見られる裁判官の割合的心証による和解とは大きな違いがある。二段階審理方式下で特許権侵害訴訟の場合，侵害論から損害論に入らず弁論終結する際の和解勧試は，請求棄却との裁判官の明示的あるいは黙示的

---

*16　例えば，クレーム解釈における文言解釈と均等判断の境界，複数ある無効事由と主張の絞り込み，損害論移行後の無効資料の発見など。

*17　市川正巳「東京地裁における知財訴訟における知財訴訟の現状と分析」金判1236号（2005年 3 月増刊号）16頁。清水節「統計数字等に基づく東京地裁知財部の実情について」判タ1324号（2010年 8 月 1 日号）53頁。

な心証開示のもとに行われる。そこでの和解は原告にとっては敗訴的和解，被告にとっては勝訴的和解となる。原告としては，請求棄却になり控訴した際の結論が変わる可能性及びコスト・時間を考え，それに見合う和解の実をとれるかを考える。次に，侵害論から損害論に進んだ後に弁論終結する際の和解勧試は，侵害を前提として損害額について，一定程度の裁判官の心証開示のもとに和解が行われる。原告にとっては勝訴的和解，被告にとっては敗訴的和解となる。

　㈹　特許の有効・無効に関する和解内容について，本来対世的に無効となるべき特許が有効のまま維持され，原被告にとっては当該特許が市場において対第三者の牽制手段になる場合，対人的な利害関係の処理で特許の有効・無効の帰趨が決められることの整合はとれるかという問題点を指摘しておきたい。

V　特許権侵害訴訟の和解の成立率など

　裁判上の和解の成立率は，他の民事訴訟事件と比べ顕著に異なる相違があるとはいえない[18]。

　判決と同数あるいはそれ以上の裁判上の和解があり，知財事件においても和解の紛争解決機能は大きい。

　なお，終局区分の中に「請求の放棄」が毎年一定数あることも，知財事件の特徴といえるであろう[19]。

VI　特許権侵害訴訟の（実質）勝訴率

(1)　データなど[20]

(a)　勝　訴　率

　一部認容を含み，認容率は24％（ただし，平成26年から平成28年）である。

＊18　最高裁判所事務局編『司法統計年報（民事行政編）』第19表による第一審通常訴訟既済事件数「事件の種類及び終局区分別―全地方裁判所」。
＊19　訴訟中に特許の無効が確定し，取下げに被告が同意しない場面で生じる。
＊20　知財高裁ウェブサイトに東京地裁と大阪地裁の特許権の侵害に関する訴訟における平成26年から平成28年の「判決の内容」と「判決・和解の内容」が公表されている。

10　第 1 章　訴訟前における実務的対応

　(b)　実質勝訴率

　和解調書上，給付条項が存在するか否かで分類した分析から判決又は和解で
終局したケースの42%〜47%（ただし，平成23年から平成25年）において訴訟を通
じて権利の実現が図られたと指摘されている[*21]。判決だけでなく和解で終局
したケースを含めた紛争解決の実態の把握として参考となる。ただこれを実質
勝訴率というと，権利行使者（原告）側に有利であったかのようなニュアンス
が生じるので，誤解を生まないように留意が必要である。

　(2)　所感など

　(a)　勝訴率について

　(イ)　原告からは勝訴率が高いことに越したことはなく，被告からは低いに越
したことはない。当事者の立場によって，高いからよいとも低いからよいとも
いえない筋合いである。

　ただ，権利行使（ひいては権利取得）の意欲を失わせるまでに極端に勝訴率が
低いのであれば，制度の仕組みに疑義が呈される。問題はそのような勝訴率と
受け取られるかである。

　(ロ)　勝訴率がもともと低くなる理由の第 1 は，特許権は技術思想（アイデア）
＝発明を保護対象とし，クレームという文章を通じて技術思想の排他的な権利
範囲を画するので，境界範囲に不明確さがつきまとい，権利範囲の認定が慎重
になる傾向があること。第 2 に，出願人は，出願手続中は登録を受けようと，
拒絶査定を受けないギリギリの範囲をねらうが，ひとたび登録されると権利範
囲を広く主張する傾向があることを指摘できる。勝訴率が低い点は，いかに強
いクレーム記載を工夫するかという点と各ケースの提訴前におけるスクリーニ
ングの問題として理解すべきであろう[*22]。

　(ハ)　勝訴率を下げる要因として，「クレームは充足するが特許権が無効とな
り敗訴する場合[*23]」があり，上げる要因としては，「クレームは充足しないが

[*21]　設樂隆一「知的財産高等裁判所の10年間の歩みと今後の展望」自由と正義2015年 4 月号46
　　　頁。品田幸男＝松川充康「知財高裁を中心とする知財訴訟の概況」判タ1412号（2015年 7 月
　　　号）68頁。なお，清水・前掲＊17・57〜59頁。

[*22]　侵害訴訟の過程で審査段階では明らかになっていなかった公知文献が提出され無効（新規
　　　性喪失・進歩性欠如）の判断につながることは決して珍しくはなく，特許審査における先行
　　　技術調査のあり方という問題も含む。

均等侵害により保護範囲が広がり勝訴する場合[24]」がある。

　侵害訴訟を担当しているとクレーム解釈により権利範囲に広狭の生じることはやむを得ないとしても，登録された特許発明が無効となって請求棄却になると梯子を外された感に襲われる（その逆もある）。特に前者の要因は，提訴という特許権の権利行使を萎えさせる大きな要因であり，その分析は重要である（この点はⅧを参照）。

　(b)　実質勝訴率について

　実質勝訴率から権利行使による訴訟件数の増加につながるとの見方があるとすれば，それは単純なように思われる。5件に1件しか勝てない現況を認識し1件1件の提訴に当たっては，相手方の反論も具体的に予想し慎重の上にも慎重に検討を重ねる[25]。仮にこれが2件や3件に1件になったとしても，当事者目線からは同様ではないだろうか。

Ⅶ　損害賠償額，費用等

(1)　データなど

　平成16年1月1日から平成25年12月31日までの期間（10年間）を対象に，認容額1000万円以下が約39％（うち500万円以下が約26％）を占める[26]。

(2)　所感など

　(a)　訴訟が割に合うかが各権利者にとって最大の関心事である。費用対効果から割の合うものであれば訴訟件数は増える。

---

*23　特許権侵害訴訟における特許権者の敗訴原因の分析につき，『侵害訴訟等における特許の安定性に資する特許制度・運用に関する調査研究報告書』Ⅳ.1.(2)（平成26年2月，一般財団法人知的財産研究所）55～57頁。

*24　最判平10・2・24（平6（オ）1083号）〔ボールスプライン事件〕と知財高判（大合議）平28・3・25（平27（ネ）10014号）〔マキサカルシトール事件〕によって，均等侵害の認められる余地が広がったか否かの検証が必要である。

*25　侵害訴訟（調査対象＝平成21年1月～平成25年12月に地裁判決があった特許権／実用新案権の侵害訴訟［225件］）に関し中小企業の動向に焦点を当てた調査として，内閣官房知的財産戦略推進事務局『イノベーション創出に向けた侵害訴訟の動向調査結果報告(2)』（平成27年4月3日）。

*26　『特許権等の紛争解決の実態に関する調査研究報告書』（平成27年3月，一般財団法人知的財産研究所）73頁。

12　第1章　訴訟前における実務的対応

　勝訴しても損害賠償額が低いので提訴件数が伸びず，ひいては海外企業の日本での出願のインセンティブが低くなるという意見には一理あるように思われる。

　(b)　権利行使者側からの費用対効果から考える「コスト」と「得られる成果」

　(イ)　「コスト」

　①会計上の金銭面のコスト*27 ((i)印紙代*28などの手数料，(ii)弁護士や弁理士に支払う費用*29，(iii)鑑定費用や立証のための調査費用・実験費用，(iv)交通費などの実費) と，②訴訟遂行に要する時間・労力などの機会費用の損失が考えられる。

　特許権侵害訴訟は，時として企業間の総力戦の様相を呈し，①に劣らず②の負担のほうがむしろ大きいと感じることが多い。

　(ロ)　「得られる成果」

　①「見える化できる成果」((i)差止め，訴訟中での相手方の製造販売の中止など，(ii)損害賠償額の獲得(被害の回復)) と，②「見える化しにくい成果」として，例えば，(i)相手方への権利行使による威力の誇示と牽制，(ii)権利行使に対する相手方の防御コストと競業力の消耗，(iii)自社の訴訟スキルを含む知財力のパフォーマンス強化，場合によっては(iv)市場の動向から訴訟結着が灰色で視界不良であること自体に訴訟の意味と目的を見出す場合もある。

　(ハ)　「コスト」と「成果」のバランス

　特許権侵害訴訟において，勝訴したときに回復される利益と要したコストのバランスをどう考え，敗訴したときに支払ったコストをどう整理できるかである。

---

*27　裁判が始まった時点で，裁判が終わるまでに要する費用の予測につき，民事訴訟一般では，自然人の場合より法人の場合のほうが予測できたとする割合が高く，事件類型別で予測のつく割合が高いのは「金銭」，「土地建物」，「商品」，「取引」であった。費用予想の情報源として圧倒的に多かったのは「弁護士」であった (民事訴訟制度研究会編『2011年民事訴訟利用者調査』(商事法務) 73頁ないし80頁)。

*28　例えば，15億円の損害賠償額の請求を立てると (差止請求の訴額を考慮に入れなくとも) 金402万円の印紙代がかかる。損害賠償の申立額と認容額に大きな乖離が生じる実情も無視できない。原因は，提訴時点での損害賠償額の算定が難しく申立て側が大きめに算出する傾向がある点を指摘できる。しかし節約の工夫はある。

*29　平成28年度特許庁産業財産権制度問題調査研究報告書「特許権侵害訴訟における訴訟代理人費用等に関する調査研究報告書」(平成29年2月)。

「成果」との関係で見合いとなるもののうち，「コスト」の①(ii)と②は，権利行使を受けた相手方も同じような出費を迫られる。相殺的に考え権利行使する以上，やむを得ない出費と整理する当事者も多い。

何をどのように「費用対効果」と考え，どこまでを「成果」と視野に入れるかは当事者の訴訟の戦略的意味づけと経営判断によって変わる[30]。

(c) 損害賠償額について

特許権保護強化の中で損害賠償関係規定の改正が行われてきた。裁判所の認容額も一時よりはやや高額化の傾向が見られる。しかし，損害額の算定の立証活動に困難を感じ依然として実損をカバーしきれないというのが実感である。そのために制度改正への動きは続いている[31]。

侵害論が終わり損害論の場面では，現行法（損害賠償の不法行為の損害賠償論）の枠組みの中で，裁判所の損害額認定がもう少し簡易可能になる方法があってもよいのではないか。その方策の１つに，特許法102条３項を基準ベースにし，実施料率の柔軟化，高率化をはかる判例による算出法を示す方法がある[32]。そのために実施料率算出の最高裁判断が示されてもよいのではないか。

(d) 費用等について

特許権侵害訴訟の弁護士費用の一部を積極損害として認定する実務は定着している[33]。印紙代を低額化又は定額化する方策も考えられる[34]。

---

[30] 実務では，訴訟に勝って現場（経営）で敗ける，訴訟で敗けても現場（経営）で勝つということもある。訴訟の戦略的な意味と経営判断が重要である。

[31] 『知的財産推進計画2016』の「第４．知財システムの基盤整備」の「１．知財紛争処理システムの機能強化」（52頁以下），三宅伸吾「悪質な特許権侵害行為に対する追加的損害賠償の導入」Ｌ＆Ｔ2017年10月号38頁以下，『我が国の知財紛争処理システムの機能強化に向けて』（平成29年４月，特許庁産業構造審議会知的財産分科会特許制度小委員会）。

[32] 特許法102条３項から「通常」の文言を削減し，「……侵害した者に対し」「実施に対し受けるべき金銭の額に相当する額の金銭」となっているから，例えば，侵害論により侵害態様の明らかになった当該ケースの相手方であれば仮想的なライセンス交渉によって合理的にいくらであれば相当額かを算出することも可能なはずである。松本重敏「特許権の本質とその限界」163頁は，侵害行為に対するサンクションとして，侵害抑止機能としての損害額を実施料相当額認定の中でどのようなルールによって算定するかを考察する。

[33] 認容額の１割程度を権利者側の積極的損害と認める傾向にある（最判昭44・２・27民集23巻２号441頁）。

[34] アメリカの連邦地裁では，全国一律の定額性350ドル（2016年現在），ドイツは第一審通常訴訟の提訴段階でわが国と同様のスライド性，フランスは申立手数料の徴収は否定（無料）している。

14   第1章　訴訟前における実務的対応

Ⅷ　審 取 関 係

(1)　データなど

　特許・実用新案の無効審判の無効審決の取消率（2003年から2007年まで14％～12％）と有効審決の取消率（2003年から2007年まで46％～61％）が，2007年から2008年にかけて大きく変化した。同年以降，有効・無効の双方の審決取消率はともに20％から30％前後で推移している[35]。

(2)　所感など

　侵害事件（ダブルトラック）との関係で無効審判の審決の取消率の傾向は，実務上最も気にかかる1つである。進歩性の判断に多少の寛厳の生じることは，やむを得ないとしても，上記の取消率の変化は，偶然ではなく知財高裁での（特に進歩性欠如の）判断手法[36]が変わったことによる有意な変化である。

Ⅸ　そ の 他

(1)　人証調べの実施

　特許権侵害訴訟においては，証人尋問等はほとんど行われていない[37]。まったく実施されないほうが一般的である。実施されるとしても冒認や先使用による通常実施権が及ぶかなど事件の類型に特徴がみられる。

(2)　仮処分事件

　(a)　特許権侵害の保全について絞った傾向は指摘されていない[38]。

---

[35]　設樂・前掲[21]・44頁。

[36]　進歩性の判断において事後的分析排除，あるいは技術分野や課題の共通性などから「動機づけ」を厳しく問い権利者側にとって有利な傾向がはっきりしている。

[37]　『最高裁判所事務局編司法統計年報（民事行政編）』第24表による「第一審通常訴訟既済事件の証拠調べ－事件の種類別－全地方裁判所」。

[38]　平成22年度から平成27年度の各年度における法曹時報における「知的財産高等裁判所，東京地方裁判所・大阪地方裁判所知的財産権部各部の事件概況」。東京地裁知財部の実情について，知財関係保全事件の新受件数・既済件数は，年による増減が大きく，ここ10年間ほどの平均で年間100件程度，100件を下回ることもあり，種類別の内訳も年による変動が大きく一定の傾向が見出せないとのことである。

① 特許権侵害紛争の実態　*15*

　(b)　仮処分事件の新受件数が減少傾向にある背景に，特許事件を中心とする本案訴訟事件の平均審理期間が短縮され，仮処分事件をあえて申し立てるまでもなく事件の早期解決が図られることが要因の１つであると指摘され*39，また，仮処分手続の利用の難しい場合として，疎明の即時性による制限があり，文書提出命令等が使えないから債務者の製品を把握できない場合や均等論や無効主張で判断が微妙になる場合が指摘されている*40。

　(c)　特許権侵害の仮処分については，本案との関係でその得失をよほど見極めた対応が必要である*41。

X　結　　　び

　特許権侵害訴訟は，単に国内の企業間だけではなく，外国企業との紛争に発展することも珍しくない*42。「課題中心アプローチ」から特許権侵害訴訟の新受件数・審理期間・勝訴率・費用などのデータ等に基づき特許権侵害紛争（侵害訴訟）の輪郭を明瞭につかんでおくことは，重要である。　■

---

*39　市川・前掲*17・54頁。
*40　市川・前掲*17・21頁。
*41　「平成28年度大阪地方裁判所第21．26民事部と大阪弁護士会知的財産委員会との協議会」L＆T別冊『知的財産紛争の最前線』３号26〜41頁。
*42　特許庁の「知的財産活動調査」に，知的財産権侵害訴訟で日本企業が外国企業から訴えられる訴訟件数や日本企業が外国企業を訴える場合の訴訟件数が知的財産権の種別とともに毎年報告されている。

16 第1章 訴訟前における実務的対応

2 特許権侵害の意味と方策

尾近　正幸

特許権侵害とはどういうことか。特許権侵害が生じている場合に特許権者が取り得る方策にはどのようなものがあるか。

キーワード　差止請求，廃棄除却請求，損害賠償請求，補償金請求，不当利得返還請求

I　特許権侵害とは

　特許権の侵害とは，特許権者に無断で業として特許発明を実施することをいう。特許権は実施についての独占権であり（特68条），特許権者は第三者の無断実施行為を排除できる。すなわち特許権者は，特許発明の業としての実施について妨害排除及び妨害予防の請求権をもつ。特許権侵害に基づく差止請求権は，狭義には不作為請求権としての侵害の停止又は予防請求権をいう（特100条1項）。現に侵害行為が継続している場合には侵害停止の請求を，将来侵害行為が行われる危険性がある場合には侵害予防の請求をすることができる。一方，広義には差止請求権は，上記のほか作為請求権である廃棄・除却等請求権（同条2項）を含む意味で用いられる。そして，同条2項の請求は1項の請求に付帯して初めて行うことができる。

　特許権者は他に金銭支払請求権として，侵害者が侵害行為により利益を受けているときには不当利得返還請求権（民703条）を，侵害行為により特許権者が損害を受けたときには損害賠償請求権をそれぞれ行使することができる（民709条）。裁判上は前記の差止請求権の行使とともにこれらの金銭の支払請求が行われることが多いが，これら金銭支払請求権のみを独立して行使することもできる。

　以上は，特許権の設定登録後の侵害行為に対して認められる権利であるが，この他に，出願人が出願公開後特許権の設定登録前の期間に，業として出願に

係る発明を実施した者に対し請求することができる補償金請求権がある（特65条）。補償金請求権も，その行使につき特許権の設定登録を要件とする点では，差止請求権や損害賠償請求権と異なるところはない。

Ⅱ　差止請求の内容

(1)　差止請求

　特許権侵害が生じている場合に，特許権者は自己の特許権を侵害する者又は侵害をするおそれがある者に対し，その侵害の停止又は予防を請求することができる（特100条1項）。

　侵害のおそれは，侵害が発生するであろうことの具体的事実の存在が主張立証されれば認められる（東京地判平10・2・9判時1632号119頁）。この事案では，被告は薬事法に基づく医薬品の製造承認を得るために試験研究を行っている途中であり，未だ製造承認申請も行っていない段階においては侵害予防請求の要件である「侵害のおそれ」がないと判断された。一方，被告が侵害の事実を認めて，侵害品の製造を中止し，在庫品を廃棄するなど，将来，侵害品の製造販売を再開する意図がないことが明らかとなった場合には，現に侵害行為がなく侵害のおそれもなく差止請求は認められない（東京地判昭38・9・21判タ154号150頁，大阪地判昭50・3・28判タ328号364頁）。これらの侵害の行為又は侵害のおそれの有無は，裁判上事実審の口頭弁論終結時を基準として判断される。

　被告が，現在，単に侵害行為を停止しているというだけで，直ちに侵害のおそれが否定されるわけではない。被告が，侵害品の製造販売を中止しているが侵害の事実を訴訟で争っており，現在でも侵害品を量産し得る技術と設備を有する場合には，被告が勝訴した場合に製造販売を再開する可能性があり侵害のおそれありとして差止請求が認められる（大阪地判昭43・6・19判タ223号200頁，東京地判昭44・12・22判タ243号252頁，東京地判昭47・3・17判タ278号374頁，東京地判昭48・2・28判タ302号305頁，大阪地判昭49・1・31判タ311号242頁）。訴訟に現れた証拠上，侵害のおそれの有無が不明瞭な場合には，広く侵害のおそれを肯定して差止請求を認めても，被告が本当に侵害行為をする意図がないのであれば，被告に特別な不利益が生じることはないから，「侵害のおそれ」は一般に広く認定

してよいとされる（東京地判平10・3・23判時1637号121頁）。この事案では，製薬業者が，第三者が有する医薬品に係る特許権の存続期間中に，その特許発明の実施品である後発医薬品について旧薬事法上の製造承認を得たが，製造承認後現在に至るまでこの後発医薬品の製造販売を行っていない場合において，なお特許権を侵害するおそれがあるとして特許権に基づく後発医薬品の製造販売等の差止請求が認められた。

　なお，侵害行為又は侵害のおそれがない場合には，訴えの利益がないとして訴え却下とするのではなく，特許法が定めた請求権発生の要件事実であるから請求棄却とされる。

(2) 付帯請求

　特許権者は上記の1項の請求をするに際し，その付帯請求として，侵害の行為を組成した物（物を生産する方法の特許発明にあっては侵害の行為によって生じた物を含む）の廃棄，侵害の行為に供した設備の除却その他の侵害の予防に必要な行為を請求することができる（特100条2項）。いわゆる廃棄等請求権であるが，同条1項の差止請求権とは独立に行使できないとするのが通説である。2項の廃棄等請求権を認めるに際しては，これを認めた場合の侵害者側の不利益が大きくなりすぎる場合があるため，その不利益を斟酌して認めるべき範囲を画定する必要がある。

　「侵害の予防に必要な行為」の解釈について，「特許発明の内容，現に行われ又は将来行われるおそれがある侵害行為の態様及び特許権者が行使する差止請求権の具体的内容等に照らし，差止請求権の行使を実効あらしめるものであって，かつ，それが差止請求権実現のために必要な範囲内のものであることを要する。」（最判平11・7・16民集53巻6号957頁）と判示した最高裁判決がある。これは，いわゆる過剰差止めを禁じる趣旨と解することができる。この判決の事案では，原告発明は方法の発明であり，原告が当該方法を使用して品質規格を検定した被告医薬品の製造販売の差止め等を求めた。判決では，原告は方法の使用の差止めを請求できるにすぎないから，侵害の予防に必要な行為としては，被告医薬品の製造・販売の差止め等まで請求することはできないと判断された。

　一方，実際に「侵害の予防に必要な行為」として差止めを認めた判例とし

て，後発医薬品の製造販売に関する前掲の東京地判平10・3・23判時1637号121頁などがある。除草剤に関する特許に関して，第三者に除草剤の薬効，薬害等の確認試験を委託すること，及び，その試験結果に基づいて農薬登録申請をすることは，特許発明の実施品の製造販売の準備行為であり，それ以外に何ら意味をもたない行為であるとして，特許権者にその差止めを認めたものがある（東京地判昭62・7・10判時1246号128頁）。

Ⅲ　損害賠償請求

(1)　損害賠償請求

特許権侵害を理由とする損害賠償請求は，民法709条を根拠とする。同条により請求できる損害には，積極的財産損害，消極的財産損害（逸失利益）及び無形損害（慰謝料）がある。不法行為に基づく損害賠償請求であるから，①権利侵害，②侵害者の故意又は過失，③損害発生，④権利侵害と損害発生との因果関係をすべて権利者が主張立証しなければならない。しかし，特許侵害訴訟ではこれら要件事実の立証が困難な場合があり，過失に関する推定規定や損害額算定に関する特則が特許法で規定されている。

(2)　損害額の推定規定の概要

特許法102条は，侵害による権利者の販売減少を理由とする消極的財産損害についての損害額算定の特則である。一般的な不法行為訴訟と比較して，特許権侵害の場合には権利者の逸失利益の算定が困難なケースが多い。侵害行為の期間中に権利者の製品の売上が減少したとしても他の要因による売上減少も考えられ，特許権者が立証困難なために十分な救済を受けられないおそれがある。その結果，特許権者に発明へのインセンティブが与えられず発明奨励という特許法の趣旨が没却されかねない。そこで，特許権者の立証の負担軽減を行うために損害額の推定規定が設けられた。

特許権者は，以下のいずれかの損害の賠償を請求することができる（詳細は本書第3章を参照のこと）。

(a)　特許法102条1項に基づき，特許権者が侵害行為がなければ販売することができた逸失利益を損害額とする方法

20 第1章 訴訟前における実務的対応

侵害者の譲渡数量 × 権利者の製品の単位数量当たりの利益額

↑

ただし，特許権者又は専用実施権者の実施の能力に応じた額を超えない限度

　権利者が実際に製品の販売数量を減少させている場合に，侵害品の販売による具体的な減少額の立証は容易ではなかったので，平成10年特許法改正でこの特則が認められた。

　(b)　同条2項に基づき，侵害者の利益の額を損害額と推定する方法

侵害者の譲渡数量 × 侵害品の単位数量当たりの利益額

　民法709条に基づく不法行為による損害賠償制度において，損害に関する法律上の事実推定規定である。昭和34年の現行特許法制定時に創設された規定であり，平成10年特許法改正以前には現在の2項は1項に規定されていた。

　(c)　同条3項に基づき，特許発明の実施に対し受けるべき金銭の額に相当する額を損害額とする方法

　これは，2項と同様に現行法制定時に創設された。この3項は，以前は2項に規定されていた。また，平成10年特許法改正以前には「通常受けるべき金銭の額」と規定されていたが，同改正により「通常」の文言が削除された。「通常」の文言があることで，特許権の実施許諾事例の実施料や業界の標準的な実施料率を基準として損害額を算定する判例が一般的であったが，「通常」の文言削除により，実施許諾事例や業界の相場にとらわれない損害額算定が可能となった。

　(d)　民法709条により得べかりし利益を請求する方法

　上記の損害額の推定規定を用いずに，民法709条のみに基づいて要件事実を立証して損害賠償を請求することは可能であるが，一般にその立証は容易ではない。例えば，特許権者が侵害品の販売により製品の値下げを強いられたとして逸失利益を請求することは，裁判上容易には認められていない。

(3) 消滅時効

　特許権侵害による損害賠償請求権は，民法709条に基づく不法行為による損害賠償請求権なので，その消滅時効は民法724条によるから，被害者（特許権

者）が損害及び加害者を知った時から３年間行使しないときは時効消滅する。不法行為（侵害行為）の時から20年を経過したときは，除斥期間の経過により損害賠償請求権が消滅する（最判平元・12・21民集43巻12号2209頁）。これは国家賠償請求の事案であるが，民法724条後段を時効期間ではなく除斥期間と解した。「損害及び加害者を知った」の解釈については，侵害者に対する損害賠償請求が事実上可能な状況及び程度が必要とされている（最判昭48・11・16民集27巻10号1374頁）。これは警察官の暴行によって被害を受けたとして，加害者の姓と容貌を知っていた被害者の損害賠償請求につき，名と住所を突き止めたときを起算点と判断し，３年の消滅時効が未完成であると認定した事案である。

　侵害行為が反復継続的な場合には，各侵害行為ごとに消滅時効が進行する。したがって，損害賠償請求権の請求等による時効の中断は，その請求の対象とされた侵害行為とその期間に限定される。

(4)　過失の推定

　特許法103条は，過失の推定規定である。民法709条に基づく損害賠償請求では，侵害者の故意又は過失が必要であるが，特許法は他人の特許権又は専用実施権を侵害した者は，その侵害の行為について過失があったものと推定すると規定して，権利者側の立証責任の負担を軽減している。同条の推定は，文言侵害のみならず，均等侵害や間接侵害の場合にも及ぶ。

Ⅳ　不当利得返還請求

(1)　不当利得返還請求権の行使

　特許権侵害の場合に，民法709条に基づく損害賠償請求権と同法703条又は704条に基づく不当利得返還請求権は併存して，すなわち競合して認められる。不当利得返還請求権の成立要件に関して，侵害者による営業利益の取得を不要とした判決がある（大阪地判昭50・3・28判タ328号364頁）。

　特許権の構成要件が「アース用外部端子としたことを特徴とする」とされている特許権に基づく不当利得返還請求事件において，被告製品の中に使用意図や販売態様の上で「アース用」ではないものが含まれていたという事案で，被告製品が特許発明の技術的範囲に属している以上利得が存在しないとはいえな

いと判断しつつ，当該事情を加味して売上高に２％を乗じた金額の支払を認めた判決がある（東京地判平17・4・8判時1903号127頁）。

特許権侵害による民法703条又は704条に基づく不当利得返還請求権の行使について，特許法102条の類推適用により利得（損失）額を推定することは行われない（旧特許法102条１項について，類推適用はできないとした大阪高判昭57・1・28無体集14巻１号41頁）。侵害者による売上利益の取得により，そのまま特許権者の売上利益が減少し損失を生じたとはいえないとした裁判例が見られる（上記大阪高判昭57・1・28）。

一方，不当利得返還請求権の行使につき，特許権者自身が実施していないことをもって，原告に損失が発生していなかったとはいえないとする裁判例がある（富山地判昭45・9・7無体集２巻２号414頁）。この事案は，メラミンの製造法に関する特許の侵害に関する事件で，特許権侵害による損害賠償請求のほかに予備的請求として提訴された不当利得返還請求が認められた。この判決では実施料相当額の不当利得返還請求が認められている。

(2) 消滅時効

不当利得返還請求を主張するメリットは，特許権者が「損害及び加害者を知った時」から３年の経過により損害賠償請求権が時効消滅した場合にも請求できる点にある。

平成29年に公布された改正民法166条によれば，債権は債権者が権利を行使することができることを知った時から５年間，権利を行使することができる時から10年間行使しないときには時効消滅する。不当利得返還請求権も改正法の規定に従い時効消滅する。

V 補償金請求

(1) 補償金制度導入の背景

補償金請求権は，昭和45年の特許法改正で出願公開制度とあわせて導入された。特許出願の日から１年６ヵ月が経過すれば出願内容が公開されるが，出願人は公開によって模倣の危険にさらされるにもかかわらず，それを阻止する手段がない。かかる不利益から出願人を保護するために，一定の要件のもとに

実施料相当額の請求権を認めた。

(2) 補償金請求権発生の要件事実

特許法65条は，「特許出願人は，出願公開があつた後に特許出願に係る発明の内容を記載した書面を提示して警告したときは，その警告後特許権の設定の登録前に業としてその発明を実施した者に対し，その発明が特許発明である場合にその実施に対し受けるべき金銭の額に相当する額の補償金の支払を請求することができる。当該警告をしない場合においても，出願公開がされた特許出願に係る発明であることを知つて特許権の設定の登録前に業としてその発明を実施した者に対しては，同様とする。」と規定する。

したがって，権利発生の要件事実は以下のとおりである。

① 原告の特許出願の出願公開及び，特許権設定登録

② 被告による，出願公開後設定登録前における，出願発明の業としての実施

③ⓐ 原告が，出願公開後で被告実施前の間に，被告に対し出願発明の内容を記載した書面を提示して警告

又は，

ⓑ 被告が，発明が出願公開された特許出願に係る発明であることを知りつつ実施

④ 出願発明が特許発明の場合の実施料相当額

(3) 警告後の補正

原告が，警告後に出願発明の特許請求の範囲を補正した場合には再度の警告が必要か。

この点に関して実用新案法に基づく補償金請求権の事案であるが，最高裁は，補正が特許請求の範囲の拡張や変更の場合であって，イ号（相手方対象物件）が補正前の特許請求の範囲に記載された発明の技術的範囲に属さず，補正後の特許請求の範囲に記載された発明の技術的範囲に属するようになるときは，再度の警告が必要であるのに対し，補正が特許請求の範囲を減縮する場合であって，補正の前後を通じてイ号が特許請求の範囲に記載された発明の技術的範囲に属するときは再度の警告は必要ではないと判示した（最判昭63・7・19民集42巻6号489頁・判時1291号132頁）。最高裁は，第三者に対して突然の補償金請

24 第1章 訴訟前における実務的対応

求という不意打ちを与えることを防止するために警告ないし悪意を要件とした
立法趣旨に照らせば，上記の判旨後段の場合には改めて警告ないし悪意を要求
しなくても第三者に対して不意打ちを与えることにはならないとの理由を示し
た。この事案は，アースベルトという名称で自動車の静電気をアースするため
の自動車接地具を製造販売していた原告が，同種の製品を販売していた被告に
対して第一次請求で不正競争防止法違反を主張し，第三次請求で実用新案法上
の補償金支払請求を行ったものである。

(4) 消滅時効

　補償金請求権の消滅時効は３年である（特65条6項，民724条）。消滅時効の起
算点は設定登録の日である。

3 要件事実

溝上　哲也

特許権侵害訴訟における要件事実（請求原因，抗弁，再抗弁）について説明せよ。

キーワード　要件事実，請求原因，抗弁，再抗弁，主張・立証責任

I　特許権侵害訴訟と要件事実

(1)　民事訴訟の一般原則と要件事実の意義

特許権侵害訴訟についても，それが民事訴訟であることから，当事者主義，弁論主義が審理の基本原理として適用される。当事者主義は，裁判所で行われる審理の内容，すなわち，訴訟手続の開始・終了，審理対象の特定，訴訟資料の提供などについて当事者の自己決定権を認める原則である。弁論主義は，当事者主義の一つとされており，裁判をするのに必要な事実に関する主張や証拠の収集などを当事者の権能であり責任であるとする原則である。そして，裁判においては，紛争に関する様々な事実の中から判決をするのに必要な事実を区別して主張する必要があることから，法律の規定に基づいて法律効果を発生させる要件としての事実を把握して理解しなければならない。要件事実とは，このような権利の発生，障害，消滅などの各法律効果の発生要件に該当する具体的な事実のことである。要件事実については，弁論主義の要請から，①当事者が主張しない要件事実を裁判の基礎としてはならない，②当事者間で争いのない要件事実は裁判の基礎にしなければならない，③当事者間で争いのある要件事実の認定は当事者が申し出た証拠によらなければならないというルールがあり，特許権侵害訴訟では，そのルールの下での審理が行われている。

(2)　要件事実で構成される請求原因と抗弁

特許権侵害訴訟においては，原告である特許権者側が特許権侵害を成立させ

26 第1章 訴訟前における実務的対応

るために必要なすべての要件事実を請求原因として主張する責任があり、この請求原因を構成する各要件事実に対して、被疑侵害者側がこれを認めるか（自白）、これを認めないか（否認）の認否をする構造となっている（実際の審理では、不知という認否も使用されている）。否認又は不知とされた要件事実について、特許権者側は、証拠などに基づいてこれを立証しなければ、特許権侵害の結論を得られないという不利益を負担することになっている。このように当事者のどちらが不利益を負担するかという関係を説明する概念を主張・立証責任と呼んでいる。そして、請求原因を構成するすべての要件事実が自白ないし立証されることを想定して、被告となった被疑侵害者側は、権利発生の障害要件などを定めた規定、例えば、特許法104条の3に規定する特許無効事由を構成する事実を主張することができるが、このような被疑侵害者側の主張・立証責任に係る権利障害、阻止、消滅事由などの主張のことを特許権者側の請求原因に対して抗弁と呼んでいる。この抗弁に係る要件事実に対しては、特許権者側は、否認して被疑侵害者側の立証責任の問題とする以外に、抗弁に対する障害、阻止、消滅事由を主張・立証することができるが、このような特許権者側の抗弁に対する対抗主張のことを再抗弁と呼んでいる。さらに、被疑侵害者側で再抗弁に対する障害、阻止、消滅事由があれば、再々抗弁として対抗主張ができるという審理構造になっている。

以下、特許権侵害訴訟において、審理対象が差止請求であるか、損害賠償請求であるかに場合分けをして、要件事実がどのように整理・分配されているか述べる[1]。

II 特許権侵害に基づく差止訴訟の要件事実

(1) 特許権者側の請求原因事実

---

[1] 特許権侵害訴訟における要件事実については、岡口基一『要件事実マニュアル〔第5版〕【第3巻】』458頁以下に裁判例及び学説が詳細に引用されており、本稿は、基本的に同書での整理・分配を参照している。また、簡潔に論じたものとして、髙部眞規子『実務詳説 特許関係訴訟〔第3版〕』132頁以下が、従来の審理実務を踏まえて理論的に整理されたものとして、牧野利秋＝飯村敏明編『新・裁判実務大系(4)知的財産関係訴訟法』52頁以下〔牧野利秋〕があり、それぞれ参考にされたい。

③ 要件事実　*27*

特許法100条1項は,「特許権者又は専用実施権者は,自己の特許権又は専用実施権を侵害する者又は侵害するおそれがある者に対し,その侵害の停止又は予防を請求することができる。」と規定しているが,特許権侵害の類型には,①特許発明の実施（特2条3項）による直接侵害,②侵害とみなす行為による間接侵害（特101条）があるほか,技術的範囲の解釈について,③特許請求の範囲の記載文言のみに基づいて対比する文言侵害,④一部の要件を欠くが判例上認められている要件を満たすことによる均等侵害がある。要件事実は,法律の規定や判例上認められる要件を主張・立証責任の観点から論じるものであるから,特許権侵害に基づく差止訴訟の要件事実は,このような侵害の類型ごとに整理されて,議論されていることに留意する必要がある。

そして,特許権侵害訴訟において,被告が未だ実施行為を行っておらず,予防請求として差止請求権を行使しようとする場合は,いずれの類型による侵害についても,被告による実施の事実に代えて,「被告が実施するおそれを基礎付ける具体的事実」を主張すべきことになる*2。

なお,特許法100条2項は,侵害行為組成物の廃棄,設備の除去,侵害の予防に必要な行為の請求も差止請求とともに行うことができると規定しているが,その場合には,「侵害行為組成物の廃棄などの必要があること」も各類型の要件事実に追加して主張する必要がある（最判平11・7・16民集53巻6号957頁）。

特許権侵害に基づく差止訴訟における請求原因は,上述したように,その侵害の類型が文言侵害か,均等侵害か,どのような間接侵害かなどで要件事実が異なっており,特許権者側は,それぞれの類型に応じて,次の要件事実を請求原因として主張すべきとされている。

（a）文言侵害の場合

特許発明の技術的範囲は,願書に添付した特許請求の範囲の記載に基づいて定めなければならないとされているから（特70条1項）,対象製品又は対象方法が技術的範囲に属するとの主張は,その構成や手順との対比によって特許発明の構成要件のすべてを充足することを理由づけるのが原則となる。文言侵害の場合の要件事実は次のとおりである。

---

*2　岡口・前掲*1・486頁。

28 第1章 訴訟前における実務的対応

> ① 原告が特許権又はその専用実施権を有していること
> ② 当該特許発明の技術的範囲（構成要件）
> ③ 被告が業として，当該特許発明の構成要件すべてを充足する物を製造又は販売し，若しくは当該特許発明の構成要件すべてを充足する方法を使用していること

(b) 均等侵害の場合

　ボールスプライン軸受事件判決（最判平10・2・24民集52巻1号113頁）は，特許発明の技術的範囲の属否について，いわゆる均等論の法理が適用されることを明らかにし，その具体的要件について，「特許請求の範囲に記載された構成中に対象製品などと異なる部分が存する場合であっても，①右部分が特許発明の本質的部分でなく，②右部分を対象製品等におけるものと置き換えても，特許発明の目的を達することができ，同一の作用効果を奏するものであって，③右のように置き換えることに，当該発明の属する技術の分野における通常の知識を有する者（以下，「当業者」という。）が，対象製品等の製造等の時点において容易に想到することができたものであり，④対象製品等が，特許発明の特許出願時における公知技術と同一または当業者がこれから右出願時に容易に推考できたものではなく，かつ，⑤対象製品等が特許発明の特許出願手続において特許請求の範囲から意識的に除外されたものに当たるなどの特段の事情もないときは，右対象製品等は，特許請求の範囲に記載された構成と均等なものとして，特許発明の技術的範囲に属するものと解するのが相当である。」と判示した。そして，均等論の適用を求める場合の主張・立証責任については，負荷装置システム事件判決（東京地判平10・10・7判時1657号122頁）が「右①ないし③の事実の証明責任は，均等を主張するものが負担し，適用除外事由④および⑤の事実の証明責任は，均等を否定するものが負担するものと解する。想到容易の程度は，29条2項所定の『容易に発明をすることができた』という場合とは異なり，当業者であれば誰もが，特許請求の範囲に明記されているのと同じように認識できる程度の容易さと解すべきである。」と判示している。また，マキサカルシトール事件判決（知財高判平28・3・25判時2306号87頁）も均等の5要件の主張・立証責任について同様に判示しているから，均等侵害においては，次のとおり，上記①ないし③の要件が原告の主張すべき請求原因事実となり，上記

④及び⑤の要件が被告の主張すべき抗弁事実となる。

> ① 原告が特許権又はその専用実施権を有していること
> ② 当該特許発明の技術的範囲（構成要件）
> ③ 被告が業として，当該特許発明の構成要件の一部を除きすべてを充足する物を製造又は販売し，若しくは当該特許発明の構成要件の一部を除きすべてを充足する方法を使用していること
> ④ 上記③で充足しない一部の構成要件は当該特許発明の本質的部分でないこと
> ⑤ 上記③で充足しない一部の構成要件を被告が製造又は販売している物の構成若しくは使用している方法の手順と置き換えても，当該特許発明の目的を達することができ，同一の作用効果を奏すること
> ⑥ 上記⑤のように置き換えることを当業者が被告の製造又は販売，若しくは使用の時点において容易に想到することができたこと

（c） 専用品についての間接侵害の場合

特許法101条1号は，「特許が物の発明についてされている場合において，業として，その物の生産にのみ用いる物の生産，譲渡等若しくは輸入又は譲渡等の申出をする行為」を，同条4号は，「特許が方法の発明についてされている場合において，業として，その方法の使用にのみ用いる物の生産，譲渡等若しくは輸入又は譲渡等の申出をする行為」をそれぞれ侵害とみなす行為としている。これらの規定は，いわゆる専用品について間接侵害の根拠となるものであるが，「にのみ」についての主張・立証責任は原告にあるとされているので（東京地判昭56・2・25判時1007号72頁〔交換レンズ事件〕），請求原因の要件事実は，次のとおりとなる[3]。

> ① 原告が特許権又はその専用実施権を有していること
> ② 当該特許発明の技術的範囲（構成要件）
> ③ 被告が業として，当該特許発明の構成要件のすべてを充足する物の生産にのみ用いる物を生産又は販売し，若しくは当該特許発明の構成要件のすべてを充足する方法の使用にのみ用いる物を生産又は販売していること

（d） 非専用品についての間接侵害の場合

特許法101条2号は，「特許が物の発明についてされている場合において，

---

[3] 岡口・前掲*1・473頁。

30　第1章　訴訟前における実務的対応

その物の生産に用いる物（日本国内において広く一般に流通しているものを除く。）で
あつてその発明による課題の解決に不可欠なものにつき，その発明が特許発明
であること及びその物がその発明の実施に用いられることを知りながら，業と
して，その生産，譲渡等若しくは輸入又は譲渡等の申出をする行為」を，同条
5号は，「特許が方法の発明についてされている場合において，その方法の使
用に用いる物（日本国内において広く一般に流通しているものを除く。）であつてその
発明による課題の解決に不可欠なものにつき，その発明が特許発明であること
及びその物がその発明の実施に用いられることを知りながら，業として，その
生産，譲渡等若しくは輸入又は譲渡等の申出をする行為」をそれぞれ侵害とみ
なす行為としている。これらの規定は，いわゆる非専用品について間接侵害の
根拠となるものであるが，括弧書き部分は抗弁に回るとされるから，その請求
原因の要件事実は，次のとおりとなる。

---

① 　原告が特許権又はその専用実施権を有していること
② 　当該特許発明の技術的範囲（構成要件）
③ 　被告が業として，当該特許発明の構成要件のすべてを充足する物の生産に用
　　いる物のうち，当該特許発明の課題解決に不可欠な物を生産又は販売し，若し
　　くは当該特許発明の構成要件のすべてを充足する方法の使用に用いる物のう
　　ち，当該特許発明の課題解決に不可欠な物を生産又は販売していること
④ 　被告がその発明が特許発明であること及び上記③の不可欠な物がその発明の
　　実施に用いられることを知っていること

(e)　新規物を生産する方法の特許の侵害の場合

特許法104条は，「物を生産する方法の発明について特許がされている場合
において，その物が特許出願前に日本国内において公然知られた物でないとき
は，その物と同一の物は，その方法により生産したものと推定する。」と規定
し，日本国内において公然と知られていない新規物について生産方法を推定し
ている。そして，ジピリダモール事件控訴審判決（東京高判昭57・6・30無体集14
巻2号484頁）は，「この規定に係る要件事実，すなわち，控訴人の特許方法の
目的物と被控訴人の生産，販売等している物とが同一であること，およびその
物が特許出願前に日本国内で公然知られた物でないことが主張，立証されれ
ば，推定が働くこととなり，この推定を覆すには，特許権の侵害を主張される

相手方において，自らの実施している方法を開示した上，それが特許方法と異なる方法であり，特許権を侵害するものでないことまで主張し，かつ，立証することを要する。」と判示しているから，新規物を生産する方法の特許に基づき，対象物の製造販売を差し止める場合，原告は，次の要件事実を主張すれば足りることになる*4。

① 原告が特許権又はその専用実施権を有していること
② 当該特許発明の技術的範囲（構成要件）
③ 当該特許発明で生産される物が新規物であること
④ 被告が業として，上記③の物と同一物を生産又は販売していること

(2) 被疑侵害者側の抗弁事実

(a) 権利消滅の抗弁

特許権者側の請求原因①に対しては，権利消滅の主張，すなわち以下の各事由がそれぞれ被疑侵害者側の抗弁となる。これらのうち，存続期間の満了（特67条1項）に対しては，延長登録（特67条の2第1項）をしたことが再抗弁事実になる*5。

① 存続期間満了による特許権の消滅

① 譲渡又は特許料不納などによる権利喪失

① 特許無効審判の無効審決又は特許異議に対する取消決定の確定

(b) 特許無効の抗弁

特許権者側の請求原因①に対しては，次の抗弁も主張できる。

① 当該特許が無効審判により無効にされるべきものと認められること

特許法104条の3第1項は，「特許権又は専用実施権の侵害に係る訴訟において，当該特許が特許無効審判により又は当該特許権の存続期間の延長登録が延長登録無効審判により無効にされるべきものと認められるときは，特許権者

＊4　牧野＝飯村編・前掲＊1・60頁〔牧野利秋〕。
＊5　高部・前掲＊1・144頁。

32 第1章 訴訟前における実務的対応

又は専用実施権者は，相手方に対しその権利を行使することができない。」と規定している。この規定は，富士通半導体・キルビー事件判決（最判平12・4・11民集54巻4号1368頁）により認められた被疑侵害者側の抗弁を明文化したものである。無効事由としては，新規性（特29条1項），進歩性（特29条2項），記載不備（特36条），冒認（特123条1項6号），共同出願違反（特38条）などが挙げられるが，本抗弁は，利害関係人以外も提出可能であり，無効審判を請求できない被疑侵害者側からも主張できる（特104条の3第3項）。

特許無効の抗弁に対しては，特許権者側から訂正を理由とする再抗弁の提出が可能である。特許の無効化を回避するため，特許庁に対して訂正の請求をした場合，訂正が認容されて無効理由が解消し，かつ，訂正後の請求項によっても被疑侵害者側の製品ないし方法が特許権の侵害に当たるのであれば，特許権の行使を認めてよいからである。

この再抗弁の要件事実は，次のとおりである（知財高判平21・8・25判時2059号125頁，最判平20・4・24民集62巻5号1262頁）。

---
① 当該請求項を訂正することで当該無効理由が解消すること
② 原告が，特許庁に対し，上記①の訂正をするために，当該請求項について，適法な訂正審判請求又は訂正請求をしたこと
③ 被告の製造又は販売した物ないし被告の使用した方法が上記①の訂正後の請求項の技術的範囲に属すること

上記②の要件事実は，現実に訂正請求などがなされていない段階では，その後に訂正されるかどうか不明であることから必要とされたものであるが，一定の場合には訂正請求などができないことがあった上に，平成23年の特許法改正で訂正できない場合がさらに生じたため，特許権者の利益保護の要請を考慮し，最近では，上記②の代わりに下記の要件事実があれば，この再抗弁を主張することができることとなった（知財高判平26・9・17判時2247号103頁〔共焦点分光分析事件〕）。

---
②1 上記②の請求をすることが法律上困難であること
  2 上記②の要件を不要とすべき特段の事情があること

(c) 実施権原の抗弁

被疑侵害者が当該特許発明を実施する権原を有する場合，これを特許権者側の請求原因②に対する抗弁事実として主張することができる。実施権原の抗弁には，契約による実施権と法定の実施権がある。前者の例は，通常実施権（特78条）と専用実施権（特77条）であり，専用実施権は設定登録が効力発生要件であるから（特98条），その要件事実は，前者は，次の①のみで，後者は①と②になる。そして，当該許諾契約の解除や期間満了による終了は，再抗弁事実になる。

> ① 特許権者から当該特許発明を実施する権原の許諾を受けたこと
> ② 上記①の設定登録を受けたこと

また，法定実施権の代表例としては，先使用権（特79条）があるが，先使用権の抗弁の要件事実は，次のとおりである。

> ① 被告が当該特許出願に係る発明の内容を知らないで，自らその発明と同一の発明を完成させ，又は自らその発明と同一の発明を完成させた者からその発明を知得したこと
> ② 当該特許出願の際，被告が日本国内で上記①の発明の実施である事業をし，又はその準備をしていたこと
> ③ 訴訟の対象となっている実施行為が，上記②で実施又は準備していた発明及び事業の目的の範囲内であること

(d) 消尽の抗弁

特許権者又は実施権者が特許製品を日本国内で譲渡した場合には，当該特許製品については特許権はその目的を達成したものとして消尽し，もはや特許権の効力は，当該特許製品を使用し，譲渡し又は貸し渡す行為等には及ばないとされている。日本国内での譲渡はもとより，国外においてわが国の特許権者又はこれと同視し得る者が特許製品を譲渡した場合も同様とされている（最判平9・7・1民集51巻6号2299頁〔BBS並行輸入事件〕）。この消尽の抗弁の要件事実は，次のとおりである。

なお，特許権者又は専用実施権者が，わが国において，特許製品の生産にのみ用いる物（第三者が生産し，譲渡する等すれば特許法101条1号に該当することとなるもの）を譲渡した場合にも特許権はその目的を達成したものとして消尽するとさ

34　第1章　訴訟前における実務的対応

れているから（知財高判（大合議）平26・5・16判時2224号146頁〔Apple 対 Samsung FRAND 宣言事件〕），専用品についての間接侵害の請求原因に対しては，「当該特許製品」を「当該特許製品の生産にのみ用いる物」と置き換えてもよい。

---

① 当該特許製品が，特許権者又は実施権者によって譲渡されたものであること

国外において特許製品が譲渡された国際消尽の場合には，消尽の抗弁に対して，特許権者側で次の再抗弁の主張が可能である（前掲最判平9・7・1〔BBS 並行輸入事件〕）。

---

① 国外での譲渡の際に，当該特許製品についての販売先ないし使用地域から日本を除外する旨を直接の譲受人である被告と合意したこと，又は
① 国外での譲渡の際に，当該特許製品についての販売先ないし使用地域から日本を除外する旨を合意し，当該特許製品にこれを明確に表示したこと

譲渡された特許製品について，加工や部材の交換がされ，それにより当該特許製品と同一性を欠く特許製品が新たに製造されたものと認められるときは，特許権者は，当該製品について特許権を行使することができるとされている（最判平19・11・8民集61巻8号2989頁〔インクカートリッジ事件〕）。加工や部材交換の場合に，「対象製品は，特許製品を加工又は部材交換したものであり，加工・部材交換前の特許製品と同一性を欠く特許製品が新たに製造されたこと」を再抗弁事実と整理する見解もあるが*6，加工や部材交換を理由とする権利行使の可否は，譲渡された特許製品の消尽の問題ではなく，新たに特許製品を製造したことによる侵害の問題になると解される*7。

　(e)　試験研究の抗弁

　特許権の効力は，試験又は研究のためにする特許発明の実施には及ばないとされていることから（特69条1項），次のとおり，試験又は研究を目的とすることは，被疑侵害者側が主張立証責任を負う抗弁事実となる。

---

① 被告による特許発明の実施は，試験又は研究のためであること

　(f)　作用効果不奏効の抗弁

---

*6　高部・前掲*1・152頁。
*7　岡口・前掲*1・486頁。

3 要件事実　*35*

　対象製品が特許発明と同一の構成であっても，当該特許発明の作用効果を奏しない場合には，特許発明としての実質的価値を有しないから，これを侵害とすることは相当でない。そして，新規なものとして特許された発明と同一の構成を備える以上，同一の作用効果を奏するものと推定されるから，対象製品が作用効果を奏しないことの主張・立証責任については，被疑侵害者側にあると解される。したがって，対象製品が特許発明の作用効果を奏しないことは，次のとおり，被疑侵害者側の抗弁事実とされている（大阪地判平13・10・30判タ1102号270頁）*8。

---

① 対象製品が当該特許発明の作用効果を奏しないこと

　(g) 非専用品についての間接侵害に対する汎用品の抗弁

　非専用品についての間接侵害（特101条2項・5項）の場合，上記II(1)(d)の請求原因③に対しては，条文において汎用品を除くことが規定されているから，次の事実が抗弁となる*9。

---

① 当該物が日本国内において広く一般に流通していること

　(h) 新規物を生産する方法の特許の侵害に対する抗弁

　特許法104条の生産方法の推定に基づいて，新規物を生産する方法の特許侵害による差止請求がなされた場合，被告は，推定を覆すための抗弁として，次の事実を主張することができる（東京高判昭57・6・30無体集14巻2号484頁〔ジピリダモール事件〕）。

---

① 被告が生産又は販売している物が独自の方法で生産されたものであること
② 上記①の方法が当該特許発明の技術的範囲に属さないこと

　(i) 包袋禁反言の抗弁

　出願手続又は無効審判手続において，発明を限定する趣旨の主張をしていながら，特許権侵害訴訟で，そのような経過を無視して，広いクレーム解釈を主張することは，包袋禁反言の法理に照らして許されないとされている（東京地

＊8　髙部・前掲＊1・141頁，岡口・前掲＊1・488頁。
＊9　岡口・前掲＊1・474頁。

36 第1章 訴訟前における実務的対応

判平13・3・30判時1753号128頁)＊10。したがって，その具体的事実を引用して，
次のとおり主張することが，被疑侵害者側の抗弁となる。

---

① 特許権者が，出願経過等において，自ら特許請求の範囲を意識的に限定する
旨の主張を行った。

Ⅲ　特許権侵害に基づく損害賠償訴訟の要件事実

(1)　特許権者側の請求原因事実

　特許権侵害訴訟において，特許権者側が被疑侵害者側に対し損害賠償を請求
する場合は，差止請求をする場合の上記Ⅰ(1)(a)ないし(e)の各請求原因事実に加
えて，損害額を請求する根拠規定に応じて，以下に述べる請求を理由あらしめ
る事実を請求原因として主張・立証することが必要である。

　ところで，一般の不法行為の場合は，要件事実として「故意又は過失」の存
在が必要であるが，特許権侵害訴訟の場合は，「他人の特許権又は専用実施権
を侵害した者は，その侵害の行為について過失があつたものと推定する。」と
規定されているから（特103条），「故意又は過失」の存在は請求原因事実とはさ
れておらず，その不存在が抗弁事実となる。したがって，被疑侵害者側の「故
意又は過失」は，損害額を請求する根拠規定を問わず，請求原因事実として主
張する必要はない。

　なお，差止請求は，特許権者又は専用実施権者でなければ請求できないが，
損害賠償請求については，損害額を請求する根拠規定を問わず，独占的通常実
施権者に類推適用されている（知財高判平21・3・11判時2049号50頁〔装飾印鑑事件〕）。

(a)　不法行為に基づく損害賠償請求

　財産的損害のうち逸失利益については，通常，特許法102条の各推定規定に
よって主張・立証されているが，侵害調査費用や弁護士費用などの積極損害に
ついては推定規定の適用がなく，また逸失利益についてあえて推定規定による
までもないケースでは，次のような不法行為に基づく損害賠償請求の要件事実

＊10　愛知靖之『特許権行使の制限法理』169頁。

を請求原因事実として主張する。

> ① 損害の発生及び額
> ② 権利侵害と上記①との相当因果関係

(b) 特許法102条1項に基づく損害賠償請求

特許法102条1項本文は,「特許権者又は専用実施権者が故意又は過失により自己の特許権又は専用実施権を侵害した者に対しその侵害により自己が受けた損害の賠償を請求する場合において,その者がその侵害の行為を組成した物を譲渡したときは,その譲渡した物の数量に,特許権者又は専用実施権者がその侵害の行為がなければ販売することができた物の単位数量当たりの利益の額を乗じて得た額を,特許権者又は専用実施権者の実施の能力に応じた額を超えない限度において,特許権者又は専用実施権者が受けた損害の額とすることができる。」と規定している。この規定は,侵害品の譲渡数量に特許権者側の単位数量当たりの利益額を乗じた金額を逸失利益としての損害額と法律上推定する規定である（知財高判平18・9・25裁判所ホームページ）。特許権者等が「侵害行為がなければ販売することができた物」とは,侵害行為によってその販売数量に影響を受ける特許権者等の製品,すなわち,侵害品と市場において競合関係に立つ特許権者等の製品であれば足りるとされ,特許権者側の単位数量当たりの利益額は,売上高から売上原価を控除し,さらに製品の販売数量に応じて増加する変動経費を控除した,いわゆる限界利益額であり,その主張・立証責任は,特許権者等の実施能力を含め特許権者側にあると解されている（知財高判平27・11・19判タ1425号179頁,知財高判平28・6・1判時2322号106頁）。この規定に基づいて,特許権侵害の損害を請求する場合の請求原因事実は,次のとおりである*11。

> ① 被告による侵害品の譲渡数量
> ② 侵害品と市場において競合関係に立つ製品を原告が販売していること
> ③ 原告による上記②の製品の単位数量当たりの限界利益額
> ④ 原告が上記①の数量の製品を販売する能力を有していること

---

*11 岡口・前掲*1・495頁。

38　第1章　訴訟前における実務的対応

(c)　特許法102条2項に基づく損害賠償請求

特許法102条2項は,「特許権者又は専用実施権者が故意又は過失により自己の特許権又は専用実施権を侵害した者に対しその侵害により自己が受けた損害の賠償を請求する場合において,その者がその侵害の行為により利益を受けているときは,その利益の額は,特許権者又は専用実施権者が受けた損害の額と推定する。」と規定し,原告の逸失利益の額を侵害者が得た利益額と同額と法律上推定している。この規定の適用を求める場合の請求原因の要件事実は次のとおりである[12]。

---

① 被告による侵害品の譲渡数量
② 被告が侵害品を販売したことによる単位数量当たりの限界利益額
③ 被告による侵害がなければ原告が利益を得られたであろうという事情があること

(d)　特許法102条3項に基づく損害賠償請求

特許法102条3項は,「特許権者又は専用実施権者は,故意又は過失により自己の特許権又は専用実施権を侵害した者に対し,その特許発明の実施に対し受けるべき金銭の額に相当する額の金銭を,自己が受けた損害の額としてその賠償を請求することができる。」と規定し,被疑侵害者側の特許発明の実施に対して特許権者側に実施料相当額の損害が発生したと法律上推定している。この規定は,最低額の損害額として原告に実施料相当額の賠償を認めるもので,損害額のみならず,損害の発生と因果関係も推定されるから,これらを主張・立証する必要がないとされている[13]。この規定の適用を求める場合の請求原因の要件事実は次のとおりである。

---

① 被告による侵害品の売上高
② 実施料率

---

(2)　被疑侵害者側の抗弁事実

(a)　過失不存在の抗弁

特許権侵害に基づく損害賠償請求の場合は,前記Ⅲ(1)で述べたとおり,侵害

---

[12]　岡口・前掲*1・500頁。
[13]　岡口・前掲*1・502頁。

行為についての過失が法律上推定されているから（特103条），その推定を覆滅
しようとする場合，次の要件事実が，被疑侵害者側で主張・立証すべき抗弁事
実となる。

> ① 被告に侵害行為についての過失がないこと

(b) 消滅時効の抗弁

特許権侵害に基づく損害賠償請求は，不法行為に基づく請求権であるから，
時効期間は損害及び加害者を知った時から３年である（民724条）。したがって，
次の要件事実が被疑侵害者側で主張・立証できる抗弁事実となる。なお，時効
利益の放棄，債務の承認，時効中断事由の存在などは，特許権者側の対抗主張
として，再抗弁事実となる。

> ① 権利を行使することができる時から３年の経過
> ② 時効援用の意思表示

(c) １項損害請求に対する特許権者側が販売できない事情の抗弁

特許法102条１項ただし書は，「ただし，譲渡数量の全部又は一部に相当す
る数量を特許権者又は専用実施権者が販売することができないとする事情があ
るときは，当該事情に相当する数量に応じた額を控除するものとする。」と規
定している。このただし書に規定する「販売することができないとする事情」
には特に制限があるわけではなく，侵害行為と特許権者等の製品の販売減少と
の相当因果関係を阻害する事情を対象として，被疑侵害者側が主張・立証責任
を負うとされている（前掲知財高判平28・6・1）。したがって，特許法102条１項
に基づいて損害賠償請求がなされた場合，特許権者側に推定に係る数量を販売
できないとする事情があることは，次のとおり，被疑侵害者側が主張できる抗
弁事実となる（前掲知財高判平27・11・19）。

> ① 侵害品の譲渡数量の全部又は一部に相当する数量の製品を原告が販売するこ
> とができないとする事情があること
> ② 上記①の事情に相当する数量

(d) ２項損害請求に対する損害額推定覆滅の抗弁

40　第1章　訴訟前における実務的対応

　特許法102条2項は，当該侵害行為によって特許権者側が受けた損害額を法律上推定するものであるから，原告にそもそも損害が生じなかった事情や原告に生じた損害額が被告の限界利益額を下回る事情が主張・立証されれば，損害額についての推定を覆滅させることになる。そして，推定を覆滅できるか否かは，侵害行為によって生じた特許権者等の損害を適正に回復するとの観点から，侵害品全体に対する特許発明の実施部分の価値の割合のほか，市場における代替品の存在，侵害者の営業努力，広告，独自の販売形態，ブランド等といった営業的要因や侵害品の性能，デザイン，需要者の購買に結び付く当該特許発明以外の特徴等といった侵害品自体が有する特徴などを総合的に考慮して判断すべきとされている（大阪地判平28・2・29裁判所ホームページ）。このことから，次の要件事実は，被疑侵害者側が主張できる抗弁事実となる*14。

> ①　現実の損害額が推定された損害額よりも少ないこと

(e)　2項損害請求に対する因果関係不存在の抗弁

　特許法102条2項は，当該侵害行為によって特許権者側が受けた損害額を法律上推定するものであるから，可分である損害額の一部について，特許権者側の受けた損害との間の因果関係が認められないということがあり得る。例えば，需要者が侵害品に接しなければ特許権者側の製品を購入したであろうという関係にないことや特許権者が第三者に通常実施権の許諾をしていることなどが主張・立証されれば，侵害者の得た利益と損害との因果関係の推定を一部覆滅させることになるから，次の要件事実は，被疑侵害者側が主張できる抗弁事実となる*15。

> ①　被告の得た利益の一部につき原告の損害との間の相当因果関係が認められないこと及びその額

(f)　3項損害請求に対する損害不発生の抗弁

　特許法102条3項は，損害の発生を推定したものであるから，損害の不発生を推定覆滅の抗弁とすることができるとされている。したがって，次の要件事

＊14　岡口・前掲＊1・501頁。
＊15　岡口・前掲＊1・501頁。

実は，被疑侵害者側が主張できる抗弁事実となる（知財高判平22・3・24判タ1358号184頁〔インターネットナンバー事件〕）[16]。

① 被告の侵害行為による損害は発生していないこと

■

---

[16] 岡口・前掲[1]・504頁。

42 第1章 訴訟前における実務的対応

4 特許権侵害訴訟における訴え提起前の証拠収集の現状と拡充策

小野寺　良文

特許権侵害訴訟において，訴え提起前に被疑侵害製品又は方法をいかに発見し，特許発明の技術的範囲に属するか調査，分析し，提訴に必要な証拠を準備すべきか。訴訟提起前の法的証拠収集手段の現状を踏まえ，今後どのような拡充策を講ずるべきか。

キーワード 訴え提起前の照会，証拠保全，弁護士会照会，情報公開請求，訴え提起前の証拠収集手段，証拠収集

I　はじめに

　特許権侵害訴訟において，原告は，被告が対象特許権を侵害する事実について主張・立証責任を負っており，訴え提起に先立ち，自ら被疑侵害製品や方法の実施を発見し，調査，分析する必要がある。そして，訴状において，請求原因事実として，被疑侵害製品や方法が特許発明の技術的範囲に含まれることを具体的に主張し（民訴133条2項2号，民訴規53条），これを立証するための訴訟を維持するに足りる証拠を訴え提起前に収集する必要がある（民訴規55条2項）。

　原告となるべき特許権者は，通常，まずは市場等から被疑侵害製品を入手して分析する，被疑侵害製品の構成について記載されたカタログや仕様書等を入手して分析する，被疑侵害方法が公然と実施されている場合には当該方法をビデオや写真に撮影して分析する等の任意の証拠収集方法により被疑侵害製品や方法を発見し，調査，分析して，主張及び証拠を準備することになる。しかし，技術に係る無体財産権である特許権の侵害については，一般的に，その証拠が被疑侵害者側に偏在し，権利者による侵害の立証が困難であるという特殊性があり，とりわけ製造方法特許に関しては，被疑侵害者の工場内等で当該方法が実施されること，またプログラム特許に関しては一般にソースコードの分

析が必要となることから，原告となるべき特許権者が訴訟の提起前に自ら被疑侵害製品や方法を発見し，調査，分析することは必ずしも容易ではない。

次に特許権者は，訴え提起前における照会及び証拠収集処分や証拠保全といった法的拘束力をもった証拠収集手段を検討することになるが，その実効性には疑問があるのが現状である。

近年，わが国の特許権侵害訴訟では，計画審理が徹底され，迅速な審理が行われており，訴え提起前の証拠収集手段の重要性はますます高まっており，2017年3月に公表された産業構造審議会知的財産分科会特許制度小委員会「我が国の知財紛争処理システムの機能強化に向けて」（以下，「産構審報告」という）でも検討された。

そこで本稿では，訴え提起前の証拠収集に焦点をあて，①まず原告となるべき特許権者が，自助努力でどのように侵害対象物を発見し，調査，分析を行い，訴訟提起のための検討や準備を行っているか，任意の証拠収集手段の限界について，発明の類型別に整理し（後記Ⅱ），②現行法上の訴え提起前の法的証拠収集手段，すなわち訴え提起前における照会及び証拠収集処分（民訴132条の2ないし132条の9），証拠保全（民訴234条），弁護士会照会（弁護23条の2），情報公開法に基づく情報公開請求の各制度の問題点について確認した上で（後記Ⅲ），③近時の法改正の経緯（後記Ⅳ）及びそこで示された拡充案の論点を整理し（後記Ⅴ），訴え提起前の証拠収集手段のあるべき姿について考察する（後記Ⅵ）。

Ⅱ　物の発明，方法の発明，物を生産する方法の発明の　それぞれの侵害物及びこれらの入手及び調査，分析

(1)　物の発明

(a)　物の発明の実施行為

特許発明が物（プログラム等を含む。以下も同様とする）の発明の場合には，その実施行為は，その物の生産，使用，譲渡等（譲渡及び貸渡しをいい，その物がプログラム等である場合には，電気通信回線を通じた提供を含む。以下同じ），輸出若しくは輸入又は譲渡等の申出（譲渡等のための展示を含む。以下同じ）をする行為である（特

44　第1章　訴訟前における実務的対応

2条3項1号)。

　このように物の発明の場合，被疑侵害製品は有体物であるので，まずは当該被疑侵害品を任意の方法で入手できるか検討することになる。被疑侵害製品の入手，調査，分析の手順は，特許発明の特徴や当該製品の特性によるので，一概にはいえないが，一般的には以下のような手順や方法によることになる。

　(b)　対象製品が入手可能である場合の調査，分析

　市場から，又は何らかの方法で製品の現物が入手可能な場合には，当該製品を調査，分析することが可能である。当該製品が日本国内で販売された実施品であることを証明する納品書や領収書等の証拠も同時に確保する。

　対象製品を入手できた場合には，当該製品を調査，分析し，特許請求の範囲の記載に記載された各構成要件と対比し，各構成要件を充足するものであることを示す報告書を作成して証拠とする。分析する方法，分析に用いる機器，試薬，試料等は可能な限り明細書の詳細な説明に記載されたものを用いる。また適宜，写真，映像，分析の生データ等を添付するか，別途保管して客観性を担保する。報告書の作成者は，原告となるべき特許権者の技術者や原告代理人でもよいが，分析の方法や結果の評価について将来争いが生じる可能性がある場合には，訴訟提起に先立ち第三者の分析機関に報告書の作成を依頼することも考えられる。製品の現物を入手し，調査，分析可能な場合であっても，併せて製品のカタログ，仕様書等も入手し，調査し，適当なものがあれば証拠とする。訴えの提起段階で提出する証拠は，将来の被告による認否や反論を見越して，報告書の記載の程度や，提出する証拠の選別について慎重に検討する。

　製品が入手可能であっても，集積回路の構造・構成やプログラムの内容等，分析が容易でない場合がある。このような場合には一定の条件下で作動させ，その挙動を記録するなど帰納的な方法や間接的な方法で構成要件充足性を確認できないか調査，分析することになる。調査，分析をしても，構成要件充足性の一部について確認できない場合には，後述の法的な訴え提起前の証拠収集手段や，文書提出命令等の訴え提起後の証拠収集手段について検討することになる。被告の侵害態様明示義務（特104条の2）が適切に果たされるような工夫も必要であろう。

　(c)　対象製品が入手不可能である場合の調査，分析

次に物であっても，大型の工作機械や製造設備，製造工程でしか用いられない薬剤等の特別の顧客でなければ購入できない製品や非常に高額な製品は，市場から容易に調達できない。対象製品の入手が不可能又は困難な場合には，製品のカタログ，仕様書等の周辺資料を入手，調査し，侵害を立証できるか検討せざるを得ない。これらの周辺資料にも，入手困難なものも多く，粘り強い努力が必要となる。

対象製品が入手できなくても被疑侵害方法が公然と実施されている場合には，当該方法をビデオや写真に撮影して分析し，報告書等を作成する。

このよう努力にもかかわらず証拠が得られない場合には，やはり後述の法的な訴え提起前の証拠収集手段や，文書提出命令等の訴え提起後の証拠収集手段について検討することになる。

(d) プロダクト・バイ・プロセスクレームの場合

対象発明がいわゆるプロダクト・バイ・プロセスクレームの場合，特許請求の範囲にその物の製造方法が記載されていることになるが，対象製品が当該製造方法で製造されたものであることまで証明する必要はないと解されている。

近時，最高裁は，プロダクト・バイ・プロセスクレームの技術的範囲及び発明の要旨をいわゆる「物同一説」（結果物特定説）で統一的に解釈すべきこと，すなわち「物の発明についての特許に係る特許請求の範囲にその物の製造方法が記載されている場合であっても，その特許発明の技術的範囲は，当該製造方法により製造された物と構造，特性等が同一である物として確定されるものと解するのが相当である。」ことを明らかにしており（最判平26・6・5（平24（受）1204号・2658号）民集69巻4号700頁・904頁〔プラバスタチンナトリウム事件〕），原告は，物の同一性のみを立証すればよいことが確定した。

ただし，プロダクト・バイ・プロセスクレームの場合，特許請求の範囲の記載と被疑侵害製品とを直接対比できない場合が多い。このような場合には，当該製造方法によりどのような製品ができるのか実験等によって確かめる必要がある。また，プロダクト・バイ・プロセスクレームは，そもそも物の構成を直接記載することが不可能か困難であるからこそ製造方法によって物を特定している場合が多いのであり，結局のところ，侵害の事実を確認し，証拠を得るためには，被疑侵害製品の製造方法を特定しなければならない場合もある。この

46 第1章 訴訟前における実務的対応

ような場合には，後述の製造方法の発明と同様の問題が生じることになる。

(e) 標準必須特許（SEP）の場合

対象特許が特定の技術標準の標準必須特許（Standard Essential Patent, SEP）の場合，例えば携帯電話の基地局等のように入手不能な場合や通信方法等のように分析が非常に困難な場合であっても，対象製品が当該技術標準に準拠している限り，その仕様書等から，被疑侵害製品又は方法の内容を把握できる可能性があるので（ここでは便宜的に方法発明と併せて論じる），これを分析することになる。ただし，技術標準の内容にも真に必須の部分と選択可能な部分があるのが通常であり，注意を要する。

(2) **方法の発明**

特許発明が方法の発明の場合，その方法の使用をする行為が実施に該当する（特2条3項2号）。

このように方法の発明の場合，被疑侵害方法が使用されていることを発見し，調査，分析し，当該方法が，特許請求の範囲に記載された各構成要件を充足することを確認した上で，証拠化しなければならない。

例えば，土木工法の発明のように被疑侵害方法が公然と実施されている場合には，当該被疑侵害方法をビデオや写真に撮影して，特許方法の構成要件を充足する旨の報告書等を作成する。

これに対して特許方法が，例えば被告となり得る被疑侵害者の工場内で，製品の製造工程で使用されているような場合には，当該使用の事実を発見することは容易ではなく，発見できなければ調査，分析して証拠を得ることは不可能である。むしろこのような場合のほうが多いのが現実であり，米国のディスカバリーのような強力な証拠開示手続のないわが国では，方法の発明は行使することが困難な場合が多い。

わが国において，証拠収集を目的とした探索的民事訴訟の提起は許されないものとされており，訴訟を提起して，これを維持するためには，冒頭に記載したとおり，まず特許権侵害の事実につき主張立証責任を負う原告が，被疑侵害方法の仕様をある程度具体的に主張・立証する必要がある。さもなくば被告に請求原因事実につき積極的に認否し，否認する場合には実施態様を明示する義務を課すことはできない。

そこで，このような場合もやはり，後述の法的な訴え提起前の証拠収集手段や，文書提出命令等の訴え提起後の証拠収集手段について検討することになるが，被疑侵害方法の実施の兆候を把握することができなければこのような方法に頼ることもできない。

(3) 物を生産する方法の発明

特許発明が物を生産する方法の発明の場合，その方法の使用する行為に加え，その方法により生産した物の使用，譲渡等，輸出若しくは輸入又は譲渡等の申出をする行為が実施に該当する（特2条3項3号）。

まず，被疑侵害方法の使用行為の発見，調査，分析については前記(2)において単純方法の発明について述べたことがそのままあてはまる。

次に，被疑侵害方法により生産した物の使用，譲渡等，輸出若しくは輸入又は譲渡等の申出については，前記(1)の「物の方法」で述べたとおり，被疑侵害方法で製造された製品を入手し，調査，分析を試みることになるが，物の生産方法の発明では，特許請求の範囲には製造方法が記載されているのであり，当該被疑侵害方法で製造された製品の物としての特性ではなく，製造方法を特定しなければならない。この点については，方法の発明で述べたのと同様の問題があり，やはり権利行使の障害となる。

特許法は，物を生産する方法の発明について特別の推定規定を定めており，特許の対象物が特許出願前に日本国内において公然知られた物でないときは，その物と同一の物はその方法により生産したものと推定するものとしているが（特104条），当該物が非公知であれば物の発明も併せて出願・登録されている場合が多いと考えられ，本条の適用できる事例は稀である。

Ⅲ　訴え提起前の法的証拠収集手段

前記Ⅱで見たように，原告となるべき特許権者の任意の努力により被疑侵害製品や方法を発見することができず，又は発見できたとしてもうまく証拠が得られない場合には，訴え提起前に利用可能な法的な証拠収集手段について検討することになる。

しかしながら，以下に述べるとおり，いずれの手段も強制力に乏しく，営業

48　第1章　訴訟前における実務的対応

秘密の保護等を理由に，訴え提起前に特許権侵害訴訟における被疑侵害製品及び方法について証拠を得る目的のために有効であるとはいえないのが現状である。

(1) 訴え提起前における照会及び証拠収集処分（民訴132条の2ないし132条の9）

　訴えを提起しようとする者は，訴えの被告となるべき者に対し，訴えの提起を予告する通知を書面でした場合（以下，「予告通知」という）には，その予告通知をした者（以下，「予告通知者」という）は，その予告通知を受けた者（以下，「被通知者」という）に対し，その予告通知をした日から4月以内に限り，訴えの提起前に，訴えを提起した場合の主張又は立証を準備するために必要であることが明らかな事項について，相当の期間を定めて，書面で回答するよう，書面で照会をすることができる（民訴132条の2第1項）。ただし，相手方又は第三者の営業秘密に関する事項は，対象外とされており（同条2項3号），訴え提起後の当事者照会よりも広範な制限が課されている[*1]。被告となるべき被疑侵害者の製造方法等は不正競争防止法2条6項の営業秘密の3要件を充たす場合が多いと考えられ，特許権侵害訴訟の訴訟前の証拠収集手段としては実質的に機能していないと考えられる。

　また，裁判所は，予告通知者等の申立てにより，訴えが提起された場合の立証に必要であることが明らかな証拠となるべきものについて，その申立人がこれを自ら収集することが困難であると認められるときは，原則として，相手方の意見を聴いた上で，訴えの提起前に，文書送付嘱託，日本及び外国の官公庁等への調査嘱託，専門家への意見陳述嘱託等といった処分をすることができるものとされているが（民訴132条の4），強制力がないことや，提訴後の立証に使うことの明白性，相手方への意見聴取といった厳しい要件が課されており，同様に機能していないと考えられる。

(2) 証拠保全（民訴234条以下）

　証拠保全とは，訴訟における正規の証拠調べを待っていたのでは，その証拠方法の使用が困難となる事情があると認めるときに，本来の訴訟手続とは別個に，あらかじめその証拠を取り調べ，その結果を保存しておくための民事訴訟

[*1]　小林秀之編著『Q&A平成15年改正民事訴訟法の要点−計画審理の推進と証拠収集手続の拡張など−』87頁。

の付随手続である。訴え提起前にも認められる手続であり，実務上，証拠収集の手段として用いられている*2。特に医療過誤事件における訴え提起前のカルテの収集等特定の分野では比較的広く利用されている。ただし，本来，証拠保全のための制度であり，具体的な保全の必要性を要求しないままに証拠保全を認めることはできない*3。そして被告となるべき者の営業秘密の保護の必要性も大きい。よって，被告となるべき者の被疑侵害製品及び方法に関する証拠については，証拠保全の必要性を欠くと判断される場合が多いと考えられ，特許権侵害訴訟における訴え提起前の証拠収集手段として機能しているとはいい難い。

　なお，旧民事訴訟法の事例であるが，証拠保全決定に基づく証拠調手続の施行を被告が拒否した事案において「経営上および技術上の秘密事項を競争相手に探知されるおそれが十分にある証拠保全手続の施行に，被告が任意に応じなかつたからといつて，他に特段の事情がないかぎり，そのことをもつて被告が原告主張の（イ）号物件を使用していた事実を推測せしめるものとはいいがたい。」と判示した下級審判例がある（大阪地判昭46・9・10（昭43（ワ）7583号）判タ274号337頁）。

(3)　弁護士会照会（弁護23条の2）

　弁護士会照会（弁護23条の2）は，弁護士が，受任している事件について，所属弁護士会に対し，公務所又は公私の団体に照会して必要な事項の報告を求めることができる制度であり，かかる申出があった場合において，当該弁護士会は，その申出が適当でないと認める場合を除き，相手方に対して照会を行う。照会を受けた相手方は，これに回答する法的義務を負うと解されている（最〔3小〕判平28・10・18（平27（受）1036号）民集70巻7号1725頁，大阪高判平19・1・30（平18（ネ）779号）判時1962号78頁）。ただ，報告義務があるとする立場も，「正当な理由」がある場合には報告を拒否できると解している。この「正当な理由」は，「報告することによって，弁護士がその当該事件について真実を発見し公正な判断を得るという利益に勝る他の法益が侵害される場合」と説明されている*4。

＊2　新堂幸司『民事訴訟法〔第5版〕』416頁。
＊3　伊藤眞『民事訴訟法〔第5版〕』453頁。
＊4　日本弁護士連合会調査室編著『条解弁護士法〔第4版〕』168頁。

50　第1章　訴訟前における実務的対応

　そして弁護士会は，照会申出が「適当でない」と認めるときはこれを拒絶でき，実務上，必要性及び相当性の双方を充たさなければ，照会は認められない[5],[6],[7]。被告となるべき被疑侵害者の営業秘密の保護が必要であることは前述のとおりであり，特許権侵害訴訟の被疑侵害製品及び方法に関する証拠については，必要性はともかく相当性を欠くと判断される例が多いと考えられる。また，仮に弁護士会が照会をしたとしても，照会を受けた者は，営業秘密の開示を求められた場合には回答を拒絶できる「正当理由」があると考えるべきである[8]。このようなことから，現実にも特許侵害訴訟における訴え提起前の証拠収集手段として機能しているとはいい難い。

(4)　情報公開法に基づく情報公開請求

　行政機関の保有する情報の公開に関する法律（以下，「行政機関情報公開法」という）及び独立行政法人等の保有する情報の公開に関する法律（以下，「独立行政法人等情報公開法」という）に基づく情報公開制度は，第一義的には行政機関及び独立行政法人等が保有する行政情報の公開を義務づけるものであるが，一定の場合には，私人間の紛争を解決するための民事事件である特許権侵害訴訟の証拠収集手段として利用し得る場合がある。

　具体的には被疑侵害製品や方法を実施するに当たり特別の許認可を必要とする場合（例えば医薬品），当該許認可を審査する行政機関（例えば厚生労働省）や独立行政法人（例えば独立行政法人医療品医療機器総合機構（PDMA））は，被疑侵害製品や方法についての情報を保有している。これらの情報も公開義務の対象となる「行政文書」（行政機関情報公開法2条2項）又は「法人文書」（独立行政法人等情報公開法2条2項）に該当し，情報公開の対象となる。しかし，公にすることにより，第三者である法人や個人（典型的には被疑侵害者）の権利，競争上の地位その他正当な利益を害するおそれがある情報は，公開義務の例外とされており

* 5　日弁連ウェブサイト（https://www.nichibenren.or.jp/activity/improvement/shokai/qa_b.html#q06）。
* 6　佐藤三郎＝加藤文人＝長城紀道「弁護士会照会をめぐる最近の動向〜金融機関への照会を中心に〜」銀行法務21・776号（平26）23頁。
* 7　加藤文人「弁護士会照会の審査体制，審査基準，審査の際の留意点」自由と正義2015年1月号35頁。
* 8　額田洋一「弁護士法23条の2の照会について」山梨学院ロー・ジャーナル10号104頁（https://www.ygu.ac.jp/yggs/houka/lawjournal/pdf/lawjournal10/lj_03.pdf）。

（行政機関情報公開法5条2号イ，独立行政法人情報公開法5条2号イ），情報公開請求を受けた行政機関又は独立行政法人等は，当該第三者に対して，公開の可否について意見照会し，上記例外に該当する情報を除いた部分のみが部分開示されることになる（行政機関情報公開法13条2項，独立行政法人情報公開法13条2項）。

　ただ，当該行政機関又は独立行政法人等は，実務上，当該第三者に対して極力開示に同意する方向で指導するため，特許権者が，これらの機関に情報公開請求を行った場合，ある程度有力な情報を得られる可能性もあり，開示された文書を特許権侵害訴訟の証拠として提出することにより，被告となった被疑侵害者が具体的な実施態様を開示せざるを得ないよう追い込むことができる可能性もある。したがって，一定の利用価値はあると考えられる。

　いずれにしても本制度は，適用できる場合が限定されており，また被疑侵害製品や方法につき情報が開示されることが担保されているわけではない。

Ⅳ　訴え提起前の証拠収集手段の強化に向けた動き

(1)　法改正に向けた議論の経緯

　前記Ⅲで見たように，現行の法制度は，いずれも特許権侵害訴訟における訴訟証拠前の証拠収集手段として十分に機能しているとはいえないのが現状である。

(a)　知的財産推進計画2015*9

　このような状況も踏まえ，内閣府の知的財産戦略本部は，平成27年6月に公表した「知的財産推進計画2015」において，「我が国の知財紛争処理システムの一層の機能強化に向けて，権利者と被疑侵害者とのバランスに留意しつつ，証拠収集手続，損害賠償額，権利の安定性及び差止請求権の在り方について総合的に検討し，必要に応じて適切な措置を講ずる。」とし，2015年度（平成27年度）中に証拠収集手続がより適切に行われるための方策等について検討体制を整備し，総合的に検討を行い，課題・方向性を整理すべきとした。

(b)　知的財産戦略本部「知財紛争処理システムの機能強化に向けた方向性に

＊9　https://www.kantei.go.jp/jp/singi/titeki2/kettei/chizaikeikaku20150619.pdf

ついて」*10

これを受け，平成28年3月，知的財産戦略本部検証・評価・企画委員会に設置された知財紛争処理システム検討委員会は「知財紛争処理システムの機能強化に向けた方向性について」（以下，「知財戦略本部報告」という）を公表した。

(c) 知的財産推進計画2016*11

知財戦略本部報告を踏まえ，同年5月に策定された「知的財産推進計画2016」でわが国の知財紛争処理システムの一層の機能強化のため，「適切かつ公平な証拠収集手続の実現」等の取組みを推進すべきとされ，短期に取組みが必要な施策については，2016年度中に法制度の在り方に関する「一定の結論」を得ることされた。

(d) 産構審「我が国の知財紛争処理システムの機能強化に向けて」

その結果，冒頭にも述べた産構審報告（2017年3月公表の産業構造審議会知的財産分科会特許制度小委員会「我が国の知財紛争処理システムの機能強化に向けて」）が公表されたが，知財戦略本部報告で検討するものとされた訴え提起前の証拠収集手続である，①訴え提起前の証拠収集処分の要件緩和，強制力の付与や，②ドイツのような強制力のある「査察」制度の導入については，いずれも引き続き検討すべき課題と結論付けられ，早期の立法化は見送られた。

一方，訴え提起後の証拠収集手段である③書類提出命令・検証物提示命令のインカメラ手続で書類・検証物の提出の必要性を判断できるようにする制度，及び，④中立的な第三者の技術専門家に秘密保持義務を課した上で証拠収集手続に関与できるようにする制度については，導入が提言された。

(e) 知的財産推進計画2017*12

知財推進計画2017では，産構審報告で導入すべきとされた訴え提起後の証拠収集手段である前記③及び④の制度につき，2018年度通常国会への法案提出を視野に，2017年度中に法制度上の措置に関する具体的な結論を得て，必要な措置を講ずるものとされ，現在，特許法改正に向けた準備が進行中であ

---

*10　https://www.kantei.go.jp/jp/singi/titeki2/tyousakai/kensho_hyoka_kikaku/2016/syori_system/hokokusho2.pdf

*11　https://www.kantei.go.jp/jp/singi/titeki2/kettei/chizaikeikaku20160509.pdf

*12　https://www.kantei.go.jp/jp/singi/titeki2/kettei/chizaikeikaku20170516.pdf

る。

(2) 具体策と導入に向け議論すべき論点

前記(1)で述べた法改正に向けた議論の中で具体的に検討された訴え提起前の証拠収集手段強化の具体的な方法は，以下の２つである。

主に原告となるべき特許権者の利益と，営業秘密の漏洩や制度の濫用等のリスクの利益衡量について活発な議論がなされた。

(a) 訴え提起前の証拠収集処分の要件緩和や強制力付与[13]

現行の民事訴訟法132条の４第１項３号の「専門家による専門意見陳述の嘱託」，同４号の「執行官による現況調査命令」などの制度は，これまで特許権侵害訴訟においてはほとんど活用されていない状況であることは前記Ⅲ(1)で既に述べたとおりである。

そこで具体的な対応策として，特許権侵害訴訟において，強制力を付与する又は要件を緩和する等の見直しを行うこと，被疑侵害者に受忍義務があることを明確にすること，処分等に応じない場合に何らかの制裁を課すこと，処分等の要件を一部緩和することが検討された。

これに対しては，①平成15年の民事訴訟法改正時の提訴前である以上任意の処分であるべきとの基本的考え方との整合性，②営業秘密の保護とのバランス，③特許権侵害訴訟に限って強制力を付与する又は要件を緩和することの根拠などの整理が必要とされた。

(b) 中立的な第三者の専門家が査察を行う新制度（提訴前査察）の創設[14]

裁判所が選任し，守秘義務を負った中立的な第三者の専門家が査察を行い，その結果を裁判所に報告し，侵害の有無や営業秘密の保護の要否などを考慮した上で権利者等にその結果を開示するか否かを裁判所が判断するという，ドイツやフランスの査察制度を参考にした新しい制度を導入することが，前記(1)で述べた知財推進本部報告で提案され，産構審でも検討された。この新制度について議論は，大要以下のとおりであった。

① 他の民事訴訟との整合性

・ドイツでは，民法上，実体法上の情報請求権が広範囲に求められている

---

[13] 知財戦略本部報告６～７頁。
[14] 知財戦略本部報告７～８頁。

54　第1章　訴訟前における実務的対応

が，日本の民法には対応する権利がなく，特許権侵害訴訟にだけ認める根
拠がない

②　査察を行う第三者

・弁護士や弁理士などの専門家の活用を検討すべき

・企業が求める高いレベルの専門性を有する専門家は確保できるのか疑問

③　査察の実施手続について

・発令要件については，現状の書類提出命令に比べ緩和すべき

・具体的には，申立人への審尋を経て，「侵害の合理的な疑いがあること」
を要件として裁判所が査察命令を出す手続にすべき

・査察が突然行われると，営業秘密保護の観点から経営上のリスクがある

・例えば2時間程度の猶予が与えるなど営業秘密に配慮した制度設計が可能

④　査察結果の取扱いについて

・査察の結果をどういう場合にどのように申立人に開示するか，営業秘密の
保護との関係で問題

・侵害があるとの裁判官の心証が一定以上あれば開示されるべき

・運用次第では探索的に用いられ，濫用のおそれがある

・両当事者が主張立証を尽くしていない訴え提起前では，不十分な根拠で営
業秘密等が開示されてしまう

⑤　濫用の防止の手段について

・仮処分として整理した上で，担保を立てるべき

・担保の算定は非常に困難

・輸入差止めの申立てに係る損害賠償の担保（関税69条の15）のように，算定
が困難であっても制度を運用し得る

(3)　産構審報告の結論 *15

産構審報告では，最終的に，現行の訴え提起前の証拠収集処分における任意
性は維持した上で，訴え提起後の証拠収集手続の改善策と同様，わが国の民事
訴訟制度の枠組みに沿った形で公正・中立な第三者の技術専門家が証拠収集手
続に関与する制度を導入することで，手続の更なる充実化を図ることが適切で

---

*15　産構審報告5〜6頁。

ある，とされている。このような方策としては，例えば，秘密保持の義務を課された第三者の技術専門家が執行官に同行して技術的なサポートを行う仕組みを導入することが考えられるが，技術専門家の関与の在り方については，今後，現行制度との関係，新たに関与することとなる第三者の手続上の法的位置付け，選任方法等に留意しつつ検討を進めることが適当であると結論付けた。

V 結 語

訴え提起前の証拠収集手段についても，①訴え提起前の証拠収集処分の要件緩和，強制力の付与であれ，②ドイツのような強制力のある「査察」制度の導入であれ，近い将来に強制力ある制度が導入できるよう検討が進むことを期待したい。

営業秘密の漏洩を防止すべきことが非常に重要であることは強調しても強調しすぎることはない。一方，わが国において特許権の権利行使を強化すべきことも急務であり，そのためには訴訟提起後の証拠収集手段のみならず，訴え提起前の証拠収集手段の拡充が不可欠であると考える。本稿でも見たとおり，特許権者の任意の努力によっては被疑侵害製品や方法の発見さえ困難なため，他の国であれば行使できた可能性のある権利がわが国では行使できない例が相当あるのではないかというのが実感である。このことがわが国を取り巻く社会情勢や国際情勢の変化とも相まって，将来の特許出願や権利行使のインセンティブを相対的に低下させるとすれば，国家戦略上好ましくない。従来から強力な証拠開示制度を有する米国のみならず，欧州統一特許制度の導入を間近に控えた欧州，侵害訴訟の件数が急増し第4次改正特許法を準備中の中国をはじめ，諸外国で特許権のエンフォースの強化が進められており，わが国の特許権侵害訴訟の相対的な空洞化が懸念される。

筆者は，様々なご縁から日本のみならず，諸外国での特許権侵害訴訟にも関与しており，また日弁連知財センター委員として国際知的財産権保護フォーラムにおいて中国その他の新興国の執行機関にエンフォースメント強化を要請する事業にも関わる機会にも恵まれた。これらの経験から，わが国での権利の保護のみならず，将来これらの諸外国においてわが国企業の正当な権利を主張し

56　第1章　訴訟前における実務的対応

ていくためにも，ホームフィールドであるわが国の特許権侵害訴訟制度を健全
に維持させ発展していくことが重要だと実感している。営業秘密の保護につい
ては，ドイツやフランスなど諸外国の制度も参考にしながら抑制の効き得る制
度設計とし，世界的にみて高い能力水準にあるわが国の裁判官が積極的に裁量
権を発揮することによって適切な保護を図ることが可能であると考える。

　官民が一体となってわが国の特許権侵害訴訟制度を健全に維持，発展させる
ことに，今後も微力ながら在野法曹の立場から少しでも貢献できれば幸いであ
る。

■

5 権利主張前の準備事項

井上　周一

> 特許権侵害をしていると疑われる者に権利主張をするに当たり，事前にどのような準備をするか。

キーワード　証拠収集，包袋，無効調査，訂正

I　事前準備の必要性，重要性

　被疑侵害品や被疑侵害行為を発見する端緒は，店頭での陳列販売，インターネット販売，展示会や新製品での発表，取引先からの申出など，様々である。特許権者は，これらをきっかけに侵害調査を開始するが，最終目標を販売の差止めや損害賠償を受けることとする場合，まずは訴訟提起に必要な資料，さらには認容判決を得るために必要な資料を収集する必要がある。また，当初から，訴訟提起は想定せず交渉でクロスライセンスなどによる解決を目標とする場合であっても，交渉の前提事実として，また交渉材料として，侵害や損害に関する資料は重要となる。

　また，特許権者から被疑侵害者に対し警告書を送付するなどした後は，被疑侵害者が警戒して販売を中止することにより，必要な資料を入手することが困難となることもある。

　そのため，被疑侵害品を発見したときには，被疑侵害者に対し最初に警告書を送付するなどのファースト・アクションを起こす前に，十分な準備をすることが重要である。

II　提訴前証拠収集手続，証拠の整理（公報，包袋，登録原簿，侵害品に関する証拠及び入手方法等）

58　第1章　訴訟前における実務的対応

　訴訟提起前には，様々な証拠資料を収集する必要があるが，①侵害論で必要な資料と②損害論で必要な資料に分けて，収集して整理しておくと，後で利用しやすい。

(1)　侵害論関係

(a)　権利者側

(イ)　権利者　　まず，知財事件に特有ではなく一般民事事件とも共通するが，訴訟で原告となる権利者自体について確認をしておく必要がある。日本国内の法人であれば，法務局で「商業登記簿謄本（法人の全部事項証明書等）」を取得して確認する（なお，訴状の附属書類としては使用できないが，「登記情報提供サービス」[1]を利用すると，インターネット経由で簡易に登記情報を確認することができる）。

　また，外国法人の場合には，日本国内に営業所や支店がないかを確認し，管轄の法務局で商業登記簿謄本を取得する。日本国内に営業所等がない場合には，法人設立がされた国や州で資格証明書に相当する書類を取得する。なお，資格証明書に相当する書類が外国語で作成されている場合，日本の裁判所に提出する際には和訳が必要となる[2]。ただ，外国法人についてこのような書類があるかどうかを調査したり，入手したりすることが困難な場合や時間を要する場合もあるので，そのような場合には日本国内に総代理店などがあれば，総代理店などを原告として訴訟提起することも可能である（なお，後述のように差止請求の主体となるか，損害額推定規定の適用を受けるかについて争われるおそれがあるので，これらの点には注意を要する）。

　権利者が個人（自然人）の場合，公報記載の氏名や住所と一致するかどうかについては確認しておく必要がある。一致しない場合には，「住民票等」を取得して確認しておいたほうがよい。

(ロ)　権利関係　　次に，特許権の存続期間，登録料の納付状況や権利関係について，「特許登録原簿謄本」を取得して確認する必要がある。「特許登録原簿謄本」は，特許庁のほか，各地の経済産業局や一般社団法人発明推進協会（各地の発明協会も含む）で取得することができる。また，「特許登録原簿謄本」に

---

[1]　http://www1.touki.or.jp/

[2]　裁判所法74条。なお，外国語で作成された書証については訳文の提出が必要である（民訴規138条）。

は，認証付きのものとないものがある。認証付きのものは公証の証明書として利用できるので，訴状の附属書類として提出する場合は，認証付きのほうがよい。

「特許登録原簿謄本」は，不動産における不動産登記簿謄本（不動産全部事項証明書）に相当するものであり，次の事項について確認を要する。

存続期間の満了が近く，訴訟継続中に満了を迎える可能性が高い場合には，差止請求をするかどうかについては検討を要する。

また，登録料の納付を失念していたために権利が消滅している場合に，これに気づかずに訴訟提起をすると，後に不当訴訟として損害賠償請求をされることもあるので，注意を要する[3]。

さらに，特許権の移転や専用実施権の設定などについては，登録が効力発生要件とされている（特98条）。特許権の譲受人や専用実施権者が権利行使する場合に，これらの登録がされていないときには，速やかに登録を済ませておくべきである。他方，通常実施権については，当然対抗制度（特99条）が導入されたため，第三者対抗要件としての登録は必要でなくなった。ただ，独占的通常実施権者であれば損害賠償請求も可能とされているが（大阪地判昭54・2・28無体集11巻1号92頁〔人工植毛用植毛器事件〕など），差止請求はできないとされている（大阪地判昭59・12・20無体集16巻3号803頁〔ヘアーブラシ意匠事件〕）。

加えて，特許権が共有の場合，共有者1名のみで差止請求をすることはできるが，損害賠償請求については持分に応じた額となる（東京地判昭44・12・22無体集1巻396頁〔座卓用折畳自在脚事件〕など）。

(ハ) 権利内容　　さらに，特許権の内容について，「特許公報」[4]や「包袋資料」を入手して確認する必要がある。出願代理人（弁理士）がいる場合には，出願代理人からこれらの資料を入手するか，入手を依頼するのが最も簡便である。ただ，「特許公報」は，特許情報プラットフォーム[5]でも容易に入手する

---

[3]　名古屋地判昭49・1・25判時746号70頁は，実用新案権の登録料不納による消滅後における仮処分申請の維持や仮処分判決の執行について過失を認め，不法行為の成立を認めている。なお，権利消滅後の提訴自体については不法行為の成立を否定している。

[4]　特許庁では，国内出願の場合は「公開特許公報」（特64条），国際出願のうち外国語でされたものは「公表特許公報」（特184条の9），国際出願のうち日本語でされたものは「再公表特許」と区別されているが，ここではいずれの公報も含むものとする。

60　第1章　訴訟前における実務的対応

ことができ，経過情報も調査することができる。また，「包袋資料」は，特許庁で入手することができるほか，一般社団法人発明推進協会（各地の発明協会も含む）を通じて取得することや業者に依頼して取得することもできる。

分割出願や同一技術について外国特許（出願）がある場合には，これらについても収集するとよい。

これらの資料から，特許権の権利範囲を把握する。特に，特許請求の範囲の記載や補正の内容については，被疑侵害品との関係でどの構成要件が問題になるかを注意深く確認しておく。

㈡　実施品，カタログ　　また，特許権の実施品やカタログなどがあれば，技術内容の理解のために，入手して確認することも重要である。権利者が依頼者であることが多いので，通常は容易に入手することができる。ただ，実施品が大型の製造設備などの場合には，持参してもらうことはできないので，工場などの現地に赴き，確認することもある。また，方法の発明の場合には，実施品が存在しないので，製造過程の資料に基づき説明を受けたり，製造現場で製造工程を確認したりすることもある。

訴訟では，通常，実施品自体を証拠物や参考品などとして提出することはないので，図面化したり，写真や動画に撮影したりするなどして証拠化する方法も検討する必要がある。

なお，権利者が実施していない場合には，損害額推定規定（特102条）の適用が問題となることもある*6。

㈭　有効性の検討　　特許に無効理由がある場合には権利行使ができないので（特104条の3），有効性についても事前に調査をする必要があり，これらの資料収集も重要である。詳細については後記**Ⅲ**で説明するが，収集すべき資料としては，他社の特許権などの公報，関連分野の雑誌，論文，同種製品の製造販

＊5　https://www.j-platpat.inpit.go.jp/web/all/top/BTmTopPage
＊6　東京高判平11・6・15判時1697号96頁〔蓄熱材の製造方法事件〕は，権利者の特許権が実施されていない場合に，侵害行為と権利者の競合品の販売機会の喪失の間に相当因果関係があると判断し，特許法102条2項の適用を認めた。また，知財高判平25・2・1判時2179号36頁〔ごみ貯蔵器事件〕は，日本国内では実施していない特許権者について，輸入代理店を通じて販売が行われていたことなどから，侵害者による特許権侵害がなかったならば利益が得られたであろうという事情が存在するとして，特許法102条2項の適用を認めた。

売状況などがある。特に，機能的クレームや広すぎるクレーム，PBPクレームについては，無効となったり，文言よりは権利範囲が狭くなったりすることもあるので，注意を要する。

また，無効理由がある場合には，無効理由を解消しつつ，被疑侵害品を含むようなクレームに訂正することができるかどうかについても検討が必要である。

(b) 被疑侵害者側

(イ) 被疑侵害者　被疑侵害者については，上記(a)(イ)と同様の資料を収集する必要がある。

侵害品の製造だけでなく，販売も侵害行為とされているので，製造業者だけでなく，輸入業者，卸売業者，小売業者など，被疑侵害品の流通経路についても確認しておくとよい。通常は製造業者のみを被告とし，権利者の取引先でもある小売業者に対しては訴訟提起することは少ないが，製造業者の販売部門として小売りをしているような場合には訴訟提起することもある。

(ロ) 属否関係　特許請求の範囲に属するのかを検討するためには，被疑侵害品を入手する必要がある。複数種類の被疑侵害品があれば，機種によって機械的な構成や機能が異なることもあるので，できればすべて入手しておいたほうがよい。間接侵害の場合も被疑侵害品を入手して，その要件を満たすか検討を要する。入手した被疑侵害品などをもとに，文言侵害のほか，均等侵害についても検討しておく必要がある。

警告書を送付した後や訴訟提起後に設計変更されることもあるので，設計変更後の製品も入手して，侵害の有無を確認する必要がある。

他方，特許権が大型の製造設備に関する発明や方法の発明の場合には，被疑侵害品を入手することはできないので，これに代わる資料を入手する必要がある。例えば，物の製造方法の発明であれば，製造された物を入手したり，取引業者から原材料の納入状況や製造工程に関する事情などを聴き取ったりすることとなる。また，被疑侵害者に対し警告を行うとともに，製造方法について照会を行い，被疑侵害者から情報を得るという方法もある*7。

---

*7　訴訟提起前の照会（民訴132条の2）という制度もあるが，実際にはあまり利用されていないし，回答を得られないことが多い。

62　第1章　訴訟前における実務的対応

　差止めの対象行為や管轄を検討するために，被疑侵害者の侵害行為を確認する必要もある。例えば，差止めの対象は，製造販売のみでよいのか，展示会やインターネット等でも販売し，販売の申出も対象とする必要があるのかなどを確認する。また，製造や販売などの侵害行為が行われている地（不法行為地，民訴3条の3第8号）にも管轄が認められるので，侵害行為がどこで行われているかについても確認しておくとよい。

　廃棄請求に関して，被疑侵害品の在庫の有無や半製品の状況，廃棄の必要性等についても調査しておく必要がある。

(2)　損害論関係

　提訴段階では損害論に関する詳細な資料は必要ではないものの，訴額計算や弁護士費用の算出のために概算程度は把握する必要がある。そして，損害額推定規定（特102条各項）のいずれの条項を利用するかで必要となる資料は異なる。

（a）　特許法102条1項（権利者の利益）

　特許法102条1項（権利者の利益）の場合には，①被疑侵害者の譲渡数量，②権利者の単位数量当たりの利益の額についての資料を収集する必要がある。

　上記①は，被疑侵害者の公開資料（有価証券報告書，プレスリリースなど），信用調査会社（例えば，帝国データバンクや東京商工リサーチなど）の報告書，市場調査会社の販売データなどを使用すると，おおよその数量や金額を把握することができることがある。なお，訴訟で損害論に進めば，被疑侵害者に対し任意提出を求めたり，文書提出命令を申し立てたりすることとなる。

　上記②は，権利者自身で把握している事情であるので，調査すること自体は容易ではある。なお，このときの利益は限界利益と考えられているが，提訴時点では経費の詳細の説明や立証は不要であり，利益率などを明らかにすればよい。しかし，権利者の利益率などを明らかにしたくない場合には，同項を利用しないこともある。

（b）　特許法102条2項（侵害者の利益）

　特許法102条2項（侵害者の利益）の場合には，侵害者の利益の額についての資料を収集する必要がある。具体的には，①被疑侵害者の譲渡数量，②被疑侵害者の単位数量当たりの利益の額である。上記①は上記(a)の①と同様であるが，上記②については被疑侵害者側の事情であるので，正確に把握することが

困難な場合もある。その場合は，入手した資料から推定することとなる。ただ，提訴時点では，詳細な資料までは要求されないので，同業種の一般的な利益率などから推測することとなる。

(c) 特許法102条3項（相当実施料）

特許法102条3項（相当実施料）の場合には，ライセンス契約書などにより他社へのライセンス実績を明らかにすることがある。ライセンス実績がない場合には，文献[8]や業界慣行などにより同種製品のライセンス相場を示すこととなる。

III 無効調査をどこまでするか

特許権に無効理由がある場合には，権利行使が制限される（特104条の3）ので，警告書を送付する前に無効調査をしておく必要がある。また，無効理由によっては，不当訴訟として損害賠償請求を受けることもあるので，慎重な調査が必要である。そのため，最初から詳細な調査を行い，調査が終了してから権利行使をするのが理想ではある。しかし，調査だけで相当な時間を要し，権利行使の時機を逸してしまうこともあるので，実際の調査では，権利行使の時期を想定して，時間や労力，費用を考慮しながら進めることとなる。

(1) 権利者の公然実施

権利者自らの公然実施についての調査は，必須である。これを看過して訴訟提起し，無効になると，不当訴訟として損害賠償請求をされることもある[9]。

他方，権利者以外の公然実施については，可能な限り調査することが望ましいが，通常は国内外の主要な競業他社や主要な市場について調査をすれば足りることが多い。

(2) 新規性，進歩性

---

*8 『実施料　技術契約のためのデータブック〔第5版〕』（発明協会），『ロイヤルティ料率データハンドブック』（経済産業調査会）。

*9 東京地判平16・3・31判時1860号119頁〔通学用鞄事件〕では，実用新案権における権利者の公然実施について，権利者には訴え提起に先立って，公然実施の有無を調査確認すべき義務があるとされたが，権利者が提訴前に調査を実施していたことから義務違反は認められなかった。

64 第1章 訴訟前における実務的対応

　無効理由調査としては，進歩性についての調査が主要な内容となる。出願代理人（弁理士）がその特許権について最もよく知っているので，まずは，出願代理人から資料を入手したり，意見を聴いたりすることとなる。ただ，出願代理人は，立場上，有効と判断しがちなところもあるので，公報での引用文献や包袋資料（拒絶理由通知や補正の内容など）を手掛かりに独自に調査をすることも必要である。

　(a) 公　　報
　国内の公報は，特許情報プラットフォームで入手できる。具体的な検索方法についても説明が記載されている。ただ，実際に使いこなすには，経験や慣れが必要である。

　また，海外の公報についても，海外庁へのリンクが貼られているので，検索することが可能である。

　なお，すべての公報が電子化されているわけではないので，検索する際には掲載範囲について確認しておく必要がある。

　(b) 公報以外
　公報以外の無効資料としては，論文や専門書，雑誌，パンフレット，現物等がある。一般に市販されている文献であれば入手可能であるが，絶版になっていたり，市販されていなかったりする場合には，国内の文献であれば，図書館などを利用するとよい。国立国会図書館の蔵書はインターネットでの検索も可能である*10。

　展示会で配布されるパンフレットやカタログなどの競業他社の製品については，特許権者の営業部や研究開発部で収集していることもある。

　これらの情報は電子化されていないことが多いので，調査には人手や時間を要することとなる。

　(c) 調査能力
　特許権者に知財部がある場合には，特許権者自身でもある程度の調査は可能である。しかし，特許権者に調査能力がない場合や海外の公報などの調査を要する場合には，弁理士や調査会社を利用する必要がある。調査の範囲や方法に

───────────────────────────

＊10　http://www.ndl.go.jp/

⑤ 権利主張前の準備事項　　65

よっては，費用が高額になることもあるが，必要に応じて利用するとよい。

(d)　実際の調査

　ファースト・アクション前の段階での調査は，被疑侵害者が特許を無効にするための調査とは異なり，特許権者が権利行使前に無効理由の有無を確認するためにする調査であるので，通常は，多額の費用をかけて長期間にわたり調査をすることは少なく，国内の公報や主要な文献などの最低限の調査を行う程度で済ませることが多いと思われる。ただ，特許権が無効になると多大な影響が生じる場合（例えば，大きい市場を失う場合，多数にライセンスをしている場合など）には，事前に十分な慎重な調査が必要となることもある。

(3)　記載要件，サポート要件

　記載要件違反やサポート要件違反も無効理由となるが，公報や包袋資料からある程度判断することができるので，通常はこれら以外に調査をする必要はない。サポート要件違反が問題となる場合であっても，追加試験の結果などの資料が提出できる余地もあるので*11，追加試験の実施の要否などについて検討し，必要に応じて準備しておくとよい。また，PBPクレームの場合，最高裁判決*12により審査基準が変更されたので，注意を要する。

　ただし，無効となる可能性が高い場合には，訂正などの対応を検討することとなる。

Ⅳ　訂正審判請求の要否の検討（PBPクレームなど）

　無効理由が発見された場合には，訂正を行うかどうかを検討することとなる。その際には，訂正の要件（特126条1項各号）を満たすかのほか，訂正により無効理由が解消されるか，訂正後の特許請求の範囲にも被疑侵害品が属することになるかについても注意が必要である。また，以前は複数回，訂正を繰り返すこともあったが，訂正審判請求が可能な時期が限られており（特126条2

＊11　中山信弘＝小泉直樹編『新・注解特許法【上巻】』665頁〔内藤和彦＝伊藤健太郎〕。
＊12　最判平27・6・5民集69巻4号904頁〔プラバスタチンナトリウム事件〕は，物同一説を前提に，明確性要件（特36条6項2号）について，出願時において当該物をその構造又は特性により直接特定することが不可能であるか，又はおよそ実際的でないという事情が存在するときに限られると判示した。

項），また訴訟において訂正の再抗弁の主張時期についても権利者に厳しく解釈されているので*13，早期に的確な訂正を行わなければならない。

　また，被疑侵害者が容易に無効理由を発見できることが予想される場合などには，予め訂正審判請求を行っておくことも検討するとよい。

(1)　無効理由の検討

　無効理由が進歩性欠如の場合，技術分野や無効資料の内容にもよるが，以前よりは権利が維持される傾向にあるので，直ちに訂正を行わなければならないという状況は少ないと思われる。

　機能的クレームや広すぎるクレームの場合は，特許請求の範囲の文言よりも狭く解釈されることがある*14。そして，文言どおり広く解釈すると，無効理由を含むこととなってしまうこともある。実際の事案では被疑侵害品ごとに問題となる点は異なるので，ケース・バイ・ケースであるが，被疑侵害品の属否について問題はないか，無効理由を含むことにならないかについて検討しておく必要がある。

　PBP クレームの場合，プラバスタチンナトリウム事件最高裁判決後に改訂された審査基準に合致しているかどうかの確認は必須である。そして，上記最高裁判決前の出願であっても，不可能・非実際的事情について疑義が生じるようであれば，予め訂正をしておく必要がある。

(2)　訂正審判請求の可能な時期

　訂正審判請求ができる時期は限られている。具体的には，①特許異議の申立てや無効審判請求が特許庁に係属していない，提訴前の段階での訂正（特126条1項），②無効審判の手続内での訂正（特134条の2），③無効審判における予告の審決を受けての訂正（特164条の2第2項），④無効審判における不成立審決について，取消判決確定後の訂正（特134条の3第1項）である。

＊13　最判平29・7・10裁時1679号3頁〔シートカッター事件〕は，特許権者が，事実審の口頭弁論終結時までに訂正の再抗弁を主張しなかったにもかかわらず，その後に訂正審決等が確定したことを理由に事実審の判断を争うことは，訂正の再抗弁を主張しなかったことについてやむを得ないといえるだけの特段の事情がない限り，特許権の侵害に係る紛争の解決を不当に遅延させるものとして，許されないとする。

＊14　東京地判平10・12・22判時1674号152頁〔磁気媒体リーダー事件〕では，機能的クレームについて，本件明細書に開示された構成及び本件明細書の考案の詳細な説明の記載から当業者が実施し得る構成に限定して解釈するとされた。

(3) 訴訟での訂正の再抗弁の主張時期

侵害訴訟で訂正の再抗弁を主張する場合，訴訟遅延の防止の観点からその主張が制限されることもあるので，その主張時期についても注意を要する。

まず，損害賠償請求等の判決が確定した後に，訂正が認められたとしても，再審事由にはならない（特104条の4第3号）。

次に，訴訟係属中であっても主張時期によっては，時機に後れた攻撃防御方法として却下されることもある（民訴157条）*15。

また，訴訟提起をした後に，被疑侵害者から無効審判が請求されると，無効審判の結論が長期間出ないなどの無効審判の審理状況によっては，訂正の機会が事実上失われることもあるので，注意が必要である。侵害訴訟における，被疑侵害者の権利行使制限の抗弁（特104条の3）に対する訂正の再抗弁は，原則として現に訂正審判請求をしていることも要件とされている。この点，シートカッター事件では，法律上，訂正審判請求ができない場合には，本件無効の抗弁に対する訂正の再抗弁を主張するために現にこれらの請求をしている必要はないとする。ただ，どの時点で，どの程度の主張をすべきかについては，争いがある。そのため，今後は複数回の訂正をすることは許容されないことも予想される。したがって，実務上は，訂正をする機会は1回に限られることもあり得ることを前提に，最初から的確な訂正を行う必要がある。

---

*15　東京地判平22・1・22判時2080号105頁〔連続加熱装置事件〕は，弁論準備手続終結後，最終口頭弁論期日14日前の訂正の再抗弁の主張を時機に後れた攻撃防御方法として却下した。

6 提訴前の証拠収集手続

松川　充康

> 特許権侵害紛争において，侵害立証を目的とした提訴前の証拠収集として，裁判所を利用した手続にはどのようなものがあり，どのように利用されているか。今後どのような運用が期待されるか。

キーワード　証拠収集手続，提訴前証拠収集処分，証拠保全，営業秘密，知財紛争処理システム検討委員会

I　特許権侵害紛争における提訴前の証拠収集手続の位置づけ

　特許権侵害紛争において，権利者は，特許権侵害の主張立証のため，被疑侵害者の製品あるいは製造等の方法に関する証拠の入手を必要とする。ここで，市場に流通している製品を対象とするのであれば，その入手はさほど難しくないが，例えば，相手方の工場内での製造工程について，その製造方法や製造機械の使用が特許権を侵害しているとの疑いがある場合に，当該方法等を特定するに足る正確な証拠を入手することは容易ではない。特許権侵害紛争において，証拠収集手続が必要とされる理由である。

　他方，被疑侵害者の製造方法等は，当該企業にとっての営業秘密を含む場合が少なくないが，これが外部，特に，被疑侵害者にとっての特許権者のような競業他社に知られることは，重大な損失を発生させ得る。もちろん，営業秘密保護を過度に強調するあまり，特許権者の正当な権利行使が妨げられるべきではないが，一方で，特許権行使，証拠収集の名の下に，被疑侵害者の営業秘密が不当に脅かされる事態[1]も避けなければならず，両要請へのバランスのと

---

*1　米国のディスカバリについては，訴訟費用を膨大にしていることに加え，他企業の営業秘密を合法的に入手する手段として利用されているとの指摘もあり，日本の企業も対応に苦慮しているという（「座談会　営業秘密に関する不正競争防止法の改正」L＆T68号16頁〔長澤健一発言〕）。

れた配慮が求められる。

　証拠収集手続としては，提訴後の法制が相当に整備されており，特に特許法では，民事訴訟法よりも踏み込んだ形で，上記両要請の調和が図られている（特105条）。しかし，日本の紛争実務では，訴訟提起前の交渉が重視される上，訴訟の提起は，事前検討を入念に行った後の最終手段として位置づけられる傾向がある。そのため，米国などのように，まずは訴訟提起をし，それから証拠収集と詳細な事案検討，交渉を行うという実務傾向のある国などと比べると，提訴前の段階で，侵害の成否を見極めるに足るだけの証拠収集を可能とする必要があるといえる[2]。

II　現行制度・運用の実情

(1)　証拠保全

(a)　総　論

　提訴前の裁判所を利用した証拠収集手続として，実務家に広く想起されるのは証拠保全であろう。証拠保全は，医事紛争の患者側が医療機関の保有する診療録等を提訴前に入手する手続として広く利用されてきた実績があり，それに裏打ちされた発想といえる。

　ただし，証拠保全の本来の目的は，改ざんや廃棄等のおそれがある証拠（民訴234条）について，予めの取調べをすることにあり，一方当事者の証拠収集を直接の目的とするものではない。実務上は，医事紛争における証拠偏在解消の必要性に加え，診療録等に記載されているのは，まさに患者に関する情報であり，それを当該患者側の意向のもとで開示することによる弊害もあまり想定されない[3]ため，上記証拠保全の事由の疎明を柔軟に解釈運用することによって，事実上，証拠開示手続として機能してきた面があるとも評される[4]。し

---

[2]　加えて，被疑侵害者の製造方法等の特定は，訴状の必要的記載事項で，かつ，強制執行の実効性にも関わる請求の趣旨を記載するに当たっても必要とされる（松川充康「知的財産権に基づく差止めの強制執行と対象物件の特定のあり方」判タ1400号66頁）。

[3]　秋山幹男ほか『コンメンタール民事訴訟法IV』558頁も，医療訴訟における診療録を代表例として挙げつつ，証拠保全の事由を柔軟に運用することで，特に弊害は生じていないとする。

[4]　森富義明＝東海林保『新版証拠保全の実務』64頁・107頁，秋山ほか・前掲[3]・555頁。

70　第1章　訴訟前における実務的対応

かし，そのような運用が，他の紛争類型でも当然に肯定されるものではなく，当該紛争類型の特質，特に問題となっている証拠の開示に伴って想定される弊害の有無・程度などを念頭に置いた検討が必要といえる*5。

　とりわけ，特許権侵害紛争における被疑侵害者の製造方法等に関する証拠は，当該企業の重要資産である営業秘密を含む場合が多く，しかもその性質上，競業他社等へ開示することでその資産価値が大幅に減じられ，かつ，その事後的回復が困難であるため，医事紛争における証拠保全とは異なる利益衡量や配慮などが求められるといえる。

(b)　発令要件

　このような総論的な問題意識を念頭に証拠保全の発令要件を考えると，医事紛争のように「あらかじめ証拠調べをしておかなければその証拠を使用することが困難となる事情」の充足性を柔軟に判断するような運用は躊躇されるところであり，証拠保全の原則に立ち返り，具体的事実に基づき客観的に改ざんや廃棄等のおそれが認められること*6を要すると解すべきであろう*7。その判断は，個別具体的なものではあるが，「特許権等の侵害訴訟では，侵害の合理的な疑いなり蓋然性なりがないのであれば，そもそも証拠の改ざんや隠匿等をする動機が乏しく，証拠保全の事由が認められないのではないかという大きな問題があ」るとの指摘*8があるように，「侵害の蓋然性がどの程度認められるか」という実体的要素を取り込む形での検討とならざるを得ない。また，着眼点として，「たとえば侵害品とされる製品や問題の記載があるとされる文書がさまざまな所に点在していたり，それが多くの場面で現に利用されている場

＊5　森富＝東海林・前掲＊4・64頁・106頁。
　　　また，本稿と同様の問題意識に立って，特許侵害紛争における証拠保全を論じるものとして，飯村敏明＝森義之＝高松宏之＝中吉徹郎「特許権侵害訴訟の審理の迅速化に関する研究」（司法研究報告書54輯2号）16頁以下がある。
＊6　秋山ほか・前掲＊3・558頁。
＊7　「相手方の営業秘密にかかわるような事案で，それについて証拠保全を行うと相手方の営業秘密が競合他社に開示されることになるというようなケースでは，探索的な証拠保全を避け，当事者間の利益のバランスを図るという観点から，疎明の程度について高度なものが要求されることが少なくないだろうと思われます。」との指摘（「平成27年度　裁判所と日弁連知的財産センターとの意見交換会」L＆T別冊『知的財産紛争の最前線』2号17頁〔笹本哲朗発言〕）もある。
＊8　前掲＊7・意見交換会17頁〔笹本哲朗発言〕。

合，あるいは被疑侵害品の製造機械がかなり大がかりの物である場合などでは，それを有効に改ざん・改造できる可能性がどれくらいあるのか，あえて改ざん・改造する動機がどの程度あるのかといった問題も生じる」との指摘[9]も，示唆に富むものといえる。

(c) 証拠保全の実施

証拠保全における証拠調べとしては，検証が選択されるのが一般である。証拠保全決定は，相手方に相当と認める方法で告知することによって効力が生じる（民訴119条）とされ，当該告知は，一般に，決定書謄本の送達によって行われるが，証拠の改ざん等のおそれを回避することに目的がある以上，決定に先立って相手方の審尋を行うことはなく[10]，また，決定書の送達は，検証期日として定められた日時の直前の執行官送達とするのが通例である。

裁判所が検証を採用した場合，検証物の所持者は，一般的には検証に協力すべき公法上の義務を負うものと解されるが，正当な事由があれば当該義務を免れると解される[11]上，そもそも強制力を伴うものではないため，相手方が営業秘密等を理由に工場等への立入りや検証物の提示を拒絶すれば，検証不能とならざるを得ず，そのことは証拠保全としての検証でも異なるところはない[12]。

他方，相手方が裁判所の工場等への立入りを認め，検証に協力した場合，営業秘密保護との調整規定が存在しないこともあり，その点の配慮のないまま検証が行われることが懸念される。実際にも，知的財産権専門部が存在しない裁判所での証拠保全において，営業秘密保護の問題意識が必ずしも十分でない中，工場内を無制約にビデオ撮影等し，それがそのまま検証調書の一部を構成した事例が報告されている[13]。このような事態は，相手方が小規模企業であ

---

*9　前掲＊7・意見交換会17頁〔笹本哲朗発言〕。
　　一方，志賀勝「侵害行為立証の容易化」牧野利秋ほか編『知的財産訴訟実務大系Ⅲ』437頁は，「証拠隠滅のおそれは，……個々の事件においては紛争の経過等から弾力的に認める例が多いように思われる。」とするが，特許紛争の特質を踏まえた解釈論・運用論とはいえず，上記意見交換会で示された裁判所側の見解とも整合するものではないように思われる。
*10　前掲＊7・意見交換会17頁〔笹本哲朗発言〕。
*11　秋山ほか・前掲＊3・541頁。
*12　志賀・前掲＊9・437頁。
*13　前掲＊7・意見交換会19頁。

72　第1章　訴訟前における実務的対応

るなどのため証拠保全に関する法律知識を十分有していない場合に特に生じや
すいであろう。総じて，証拠保全は，特許権侵害紛争との関係において，裁判
官の来訪という強制力があるかのような特殊な状況の下，「制度をあまりよく
知らない者は素直に証拠を開示してくれるが，制度をよく知っている者は，証
拠を開示しない場合が多い」*14という両極端にぶれやすい実情にあるといえる。

　ただ，裁判所が，営業秘密保護の観点をもっていたとしても，実際の検証に
おいて取り得る選択肢はあまりなく，相手方が弁護士に相談する時間を保障す
るほか，相手方に営業秘密に係る問題提起をしつつ，検証の範囲，方法などを
調整するといった程度である。ドイツの査察制度*15のように，営業秘密とさ
れる部分を含めて検証を実施した上で，後に，証拠としての重要性等と営業秘
密保護の要請を比較衡量しつつ，申立人への開示を認めるか否かを別途判断す
る手続は法定されていない。また，競業他社であれば，工場に立ち入って機器
を見るだけで営業秘密がわかってしまう場合もあるといわれている*16ところ，
検証期日は，申立人に立会権がある（民訴240条）という面も，相手方の営業秘
密に配慮した運用を難しくさせ得るものといえよう。

　(d)　利用の実情

　知財紛争に関する証拠保全事件について，正式な統計は存在しないが，平成
25年〜27年の東京地裁知的財産権部での申立件数（及び終局結果）を手計算で集
計した結果として，平成25年9件（発令4件，取下げ5件），平成26年5件（発令

---

*14　早稲田祐美子「特許権侵害訴訟における訴え提起前の証拠収集手続についての意見」
　　（http://www.kantei.go.jp/jp/singi/titeki2/tyousakai/kensho_hyoka_kikaku/2016/syori_
　　system/dai5/gijisidai.html）。
*15　同制度の概要としては，専ら提訴前に利用されている手続で，「侵害の十分な可能性」を主
　　な要件として発せられる裁判所の命令のもと，第一段階で，裁判所選任の技術専門家が相手
　　方工場等での査察を行った上で，その報告書を裁判所に提出し，第二段階で，同報告書を申
　　立人代理人には当然に開示する一方，申立人本人には当然開示とせず，裁判所において，営
　　業秘密保護も考慮しつつ，申立人本人への開示の可否及び範囲を判断する，というものであ
　　る。第二段階の存在が，相手方の利益保護との調和を可能にするとともに，そのような機会
　　のあることが，第一段階での強制を許容させる要素にもなっている。日本の証拠保全制度は，
　　この第二段階に相当する手続の存在しないことが，特許紛争に限らず民事紛争一般として，
　　相手方の利益などとの調和を困難にさせているともいえる。
　　　詳細は，菊地浩明「欧州知的財産訴訟の最新事情　ドイツ特許法改正とクロスボーダー訴
　　訟の現在（上）」判タ1310号26頁，Klaus Grabinski「ドイツ特許訴訟における査察命令および
　　証拠収集手続の概要」L＆T59号45頁を参照。
*16　早稲田・前掲*14。

2件, 取下げ3件), 平成27年1件 (却下1件) で, このうち特許関係であること
が確認できたのは1件のみとの報告がされている[17]。特許権侵害紛争におけ
る証拠保全の利用に, 既述のような限界のあることが, このような統計にも表
れているものと考えられる。

(2) 提訴前証拠収集処分

(a) 制度の概要

平成15年改正民事訴訟法 (平成16年4月1日施行) により導入された訴え提起
前における照会及び証拠収集処分 (民訴132条の2以下) は, 証拠保全と異なり,
提訴前の証拠収集を本来的な目的とする制度である。

このうち, 提訴前証拠収集処分は, 提訴予告通知によって訴訟係属に準じる
関係が形成されていることを前提に, 裁判所の処分として証拠収集を行う手続
であり, ①文書の送付嘱託, ②官公署等の団体に対する調査の嘱託, ③専門家
に対する意見陳述の嘱託[18], ④執行官に対する現況調査命令[19]が規定されて
いる (民訴132条の4第1項)。このうち, ③及び④の処分が想定する典型例は,
それぞれ, ③筆跡の同一性, 建築瑕疵の有無, 共通図面の作成, DNA鑑定な
どの嘱託, ④土地境界や建物などの現況の調査, とされる。また, 各処分は併
用も可能であり, 例えば, 土地境界を巡る紛争では, ③の意見陳述嘱託と④の
現況調査の双方を申し立て, 執行官が現況を確認するとともに, これを踏まえ
て専門家が紛争解決の前提となる共通図面を作成するといった活用が, 制度導
入当初から想定されていた[20]。

(b) 発令要件

提訴前証拠収集処分は, 申立てを受けた裁判所が発令するものであるが, そ

---

[17]　前掲*7・意見交換会16頁〔笹本哲朗発言〕。
　　　なお, 最も多い事件類型はプログラム著作権に係る事件で, プログラム著作権者たる申立
　　人が, 相手方において, 当該プログラムを無許諾で複数のパソコンにインストール, 複製し
　　たとして, 当該パソコンの証拠保全を申し立てる事案が例に挙げられている。
[18]　ドイツの独立証拠調べにおける書面鑑定や, フランスの鑑定レフェリを参考にしたとされ
　　る (上野泰男「証拠収集手続の拡充」ジュリ1252号26頁, 秋山幹男ほか『コンメンタール民
　　事訴訟法II〔第2版〕』624頁,「〔座談会〕民事訴訟法の改正に向けて－民事訴訟法改正要綱
　　中間試案をめぐって」ジュリ1229号157頁〔林道晴発言〕)。
[19]　フランスにおける執行官による検証類似の手続であるコンスタを参考にしたとされる (上
　　野・前掲*18・26頁, 前掲*18・〔座談会〕157頁〔林道晴発言〕)。
[20]　上野・前掲*18・26頁注31。

74　第1章　訴訟前における実務的対応

の実体的要件は，①当該予告通知[21]に係る訴えが提起された場合の立証に必要であることが明らかな証拠となるべきものであること（民訴132条の4第1項柱書。「必要性の要件」），②申立人がこれを自ら収集することが困難であると認められること（同柱書。「自己収集の困難性の要件」），③その収集に要すべき時間又は嘱託を受けるべき者の負担が不相当なものとなることその他の事情により，相当でないと認められる場合でないこと（同項ただし書。「不相当性の要件」）である。

　特許権侵害紛争での侵害立証を目的に，相手方がその工場内等で使用している製造方法の証拠収集を求める申立てを念頭に置いて考えると，事案の性質上，①必要性の要件，②自己収集の困難性の要件[22]のいずれも，比較的認められやすいといえるであろう。一方，③不相当性の要件については，一般に，「高度な専門的な知見が問題となっている医事関係や建築関係の紛争において，医学上あるいは建築工学上の高度な専門的な知見に関する意見陳述の嘱託の申立てがされた場合であって，その検討作業に多大な時間を要すると認められる場合など」を除外する趣旨とされている[23]。その該当性は個別具体的な検討を要するが，不相当性をあまり広く解することは，本制度の利便性を大きく損ねかねないことに十分留意した運用が期待されよう[24]。

　手続については，まず申立手数料として，申立事項1個当たり500円の収入印紙（民訴費3条1項・別表第1の17イ・8条），送達等に必要な費用の概算額の郵券での予納（民訴費11条1項1号・12条1項・13条）のほか，意見陳述嘱託であれ

---

*21　イギリスの医療訴訟における訴訟前準則（Pre-Action Protocols）を参考にしたとされる。ただし，イギリスの訴訟前準則は，訴訟によらない紛争解決を促すもので，訴訟提起を前提にした証拠収集と位置づけられる提訴前証拠収集処分等とは，目的・位置づけに違いがある。
*22　「第三者の占有する不動産の状況が訴訟における争点になる事案で，第三者が申立人の不動産への立入りを頑強に拒絶している場合」が，「裁判所を通して執行官が現況調査として協力を要請するときには，第三者がその要請に応じることが予想される場合があり得る」として，本要件を満たす例に挙げられている（秋山ほか・前掲*18・621頁）。
*23　小野瀬厚＝武智克典編著『一問一答平成15年改正民事訴訟法』（商事法務，平16）44頁。
*24　加藤新太郎編著『民事事実認定と立証活動I』261〜262頁〔村田渉発言〕は，「提訴前の証拠収集処分という制度を実務のプラクティスとしてしっかり定着させるためには，少し緩やかな運用といいますか，緩やかな要件該当性の判断をすることなどによって，まずは制度を実務に根付かせる必要があるのかなと思っております。」，「……要件には厳格に過ぎるのではないかと思われる部分もありますから，現時点では，その濫用的申立てをおそれて厳格な要件解釈をするよりは，むしろ要件解釈を，その制度趣旨を損なわない限度で，できる限り緩やかにすることによって制度の活用を図る方がよいのではないか」とする。

ば意見陳述人の報酬，現況調査命令であれば執行官手数料・費用が必要となる。申立ては，提訴予告通知から4ヵ月以内との期間制限があり，相手方の同意があれば，その経過後でも可能である（民訴132条の4第2項）が，いずれにせよ，訴えの提起前であることが前提である（民訴132条の4第1項柱書）。管轄は，各処分に応じて専属管轄[25]が法定されている（民訴132条の5第1項）。また，相手方の意見聴取を必要的とする（民訴132条の4第1項）が，その方法は法定されていない。

　このような要件を証拠保全と対比すると，改ざん等のおそれが求められていない点で間口が広く，特許権侵害紛争でも利用しやすい面があるといえる。一方，提訴予告通知や相手方からの意見聴取が必要とされているため，改ざん等のおそれが具体的に存在する場合には不向きといえるほか，提訴検討中との情報を相手方に知らせること自体，訴訟戦略上使いにくい面があるとの指摘もされている[26]。

　なお，提訴前証拠収集処分は，営業秘密に関する規定を有していない上，要件充足の判断において営業秘密をどう位置づけるべきかの議論の積み重ねもないため，この点については，後記Ⅳで私見を論じることとしたい。

　(c)　提訴前証拠収集処分の効果及び証拠収集の実施等

　提訴前証拠収集処分が発令された場合の効果であるが，訴訟提起前という段階での手続であることから，執行官が実施する現況調査命令を含め，強制力を有するものではない[27]。そのため，相手方の支配管理下の証拠を対象とする場合，あくまで相手方の協力を前提とした手続といえる。

　裁判所は，文書の送付，調査結果の報告又は意見の陳述がされたときは，申立人及び相手方に対し，その旨を通知し（民訴132条の6第3項），同通知を発した日から1ヵ月間，調査結果報告書，意見陳述書などの書面を保管しなければならない（同条4項）。申立人（及び相手方）は，この間に，裁判所書記官に対し，事件記録の閲覧，謄写等を請求することができ（民訴132条の7），これによ

＊25　秋山ほか・前掲＊18・632頁。
＊26　知的財産研究所「知財訴訟における諸問題に関する法制度面からの調査研究報告書」302頁〔鮫島正洋発言〕。
＊27　秋山ほか・前掲＊18・586頁。

76　第1章　訴訟前における実務的対応

って，証拠収集の目的が達せられることになる。

　証拠収集の実施及びその後の閲覧謄写等のいずれの段階においても，相手方の営業秘密保護との調整を図る規定は特に設けられていない。しかし，執行官による現況調査や専門家による意見陳述（の前提として行われる目的物の見分等）を念頭に置いて考えると，証拠調べ期日として行われるものではないため，申立人に当然の立会権があるわけではないと解され，この点で証拠保全とは異なる。また，事件記録の閲覧謄写等ができる者が当事者に限定され，その他の者は閲覧も許されない（民訴132条の7）[28]ことも，営業秘密保護には資する面といえる。

　(d)　利用状況

　提訴前証拠収集処分の利用は，総じて低調である。知的財産紛争に限らない民事全般の統計であるが，全国で制度導入の翌年である平成17年の320件をピークに，翌平成18年に144件と半分以下となり，以降も減少を続けて平成22年には78件となった[29]。また，処分の種類による内訳を見ると，東京地裁の数値として，施行から約500日経過まで（平成16年4月1日〜平成17年7月31日）の申立件数が，文書送付嘱託25件，調査嘱託9件である一方，意見陳述嘱託及び現況調査命令はいずれも0件で[30]，さらに平成20年1月〜12月の申立てで見ると，文書送付嘱託7件，調査嘱託3件へと減少し，意見陳述嘱託及び現況調査命令は，引き続き申立てのなかったことが報告されている[31]。

Ⅲ　政府における改正論議

　特許紛争における証拠収集手続は，知財紛争処理システムの機能強化を目的とした平成26年（2014年）以降の政府内の議論においても主要なテーマの1つとされた[32]。そこでは，前記Ⅱで概観した提訴前の手続を含め，日本の知財

---

[28]　秋山ほか・前掲[18]・643頁。

[29]　最高裁判所事務総局『裁判の迅速化に係る検証に関する報告書（施策編）』（平成23年7月）136頁。

[30]　東京地方裁判所民事部四委員会共同報告「改正民事訴訟法五〇〇日の歩み(1)－東京地方裁判所における新制度運用の実情－」判時1910号3頁。

[31]　加藤編著・前掲[24]・258頁。

紛争処理システムにおける権利者の証拠収集手続が十分実効性のあるものとなっておらず、そのことが、特許権、特に生産方法に関する特許権の行使を難しくさせているとの問題意識[*33]があり、「2004年知的財産権の執行に関する欧州指令」6条の下、侵害立証に必要な被疑侵害者保有証拠の開示手続が整備されている英・独・仏、中でもドイツの査察制度を念頭に、比較法的視点からの考察も行われた[*34]。

議論の詳細については、政府の知財紛争処理システム検討委員会などのウェブサイト[*35]や並行して進められた調査研究[*36]を脚注で紹介し、また、英・独・仏の法制及び運用については他稿[*37]に譲るとするが、上記委員会の議論を引き継いだ産業構造審議会知的財産分科会特許制度小委員会『我が国の知財紛争処理システムの機能強化に向けて』（平成29年3月）は、産業界から指摘された営業秘密漏えいの懸念などに配慮し、強制力を伴う提訴前・後の査察などの導入を見送る一方、現行の提訴前証拠収集処分を基礎とし、その「任意性を維持」した上で、「我が国の民事訴訟制度の枠組みに沿った形で公正・中立な

---

*32　他には損害額算定規定、特許の安定性などが議論対象とされたが、地方における知財司法アクセスの改善もテーマとなり、制度論としては、テレビ会議システムの活用を促進するため、双方当事者が遠隔地の裁判所に出頭しての弁論準備手続の可否が話題となった。
　　運用の現状としては、知財高裁ウェブサイト内の「テレビ会議システムの利用について」が、テレビ会議システム設置庁一覧も含めて参考になる（http://www.ip.courts.go.jp/tetuduki/terebikaigisisutemu/index.html）。
*33　片山英二「知財訴訟における情報の開示・保護に関する現状と課題（シンポジウム『民事裁判における情報の開示・保護』）」民訴雑誌54号104頁も、「現在の日本の特許訴訟制度の評価を優良可で言いますと、①裁判の信頼性は優、②スピードはマル優、③証拠についての制度は可、特にその入手方法は不可かもしれない、ということになるでしょう。」とする。
*34　なお、特許権侵害訴訟における証拠収集手続は、2016年9月23日にパリで開催された仏・英・独・日の模擬裁判企画（辻居幸一「特許侵害訴訟における証拠収集－日欧模擬裁判パリ報告」L＆T74号62頁、設樂隆一「パリの日欧模擬裁判～証拠収集」L＆T75号1頁）に加え、2017年10月30日～11月1日に東京で開催された「国際知財司法シンポジウム2017～日中韓・ASEAN諸国における知的財産紛争解決」においても、テーマとされた（清水節＝中島基至「『国際知財司法シンポジウム2017』の概要報告」判タ1444号5頁）。
*35　知財戦略本部・知財紛争処理システム検討委員会（http://www.kantei.go.jp/jp/singi/titeki2/tyousakai/kensho_hyoka_kikaku/）。
　　産業構造審議会知的財産分科会特許制度小委員会（https://www.jpo.go.jp/shiryou/toushin/shingikai/tokkyo_seido_menu.htm）。
*36　知的財産研究所「知財訴訟における諸問題に関する法制度面からの調査研究報告書」（平成28年2月）、知的財産研究所「知財紛争処理システムの活性化に資する特許制度・運用に関する調査研究報告書」（平成28年3月）。

78　第1章　訴訟前における実務的対応

第三者の技術専門家が証拠収集手続に関与する制度を導入」すること，その例
として，「秘密保持の義務を課された第三者の技術専門家が執行官に同行して
技術的なサポートを行う仕組みを導入すること」を提唱した*38。ただ，その
約1年後に同小委員会で取りまとめられた「第四次産業革命等への対応のため
の知的財産制度の見直しについて」（平成30年2月）では，第三者の技術専門家
が執行官に同行して技術的なサポートを行うことは，上述した現行の訴え提起
前の証拠収集処分を並用（著者注：現況調査命令と意見陳述嘱託の並用）することで
対応可能」とし，一転して法改正を見送りつつ，運用の改善・工夫での対応を
促すものへと軌道修正がされ，数年に及ぶ議論の結論とされた。

Ⅳ　今後の提訴前証拠収集処分

提訴前証拠収集処分，特に執行官に対する現況調査命令及び意見陳述嘱託
は，知的財産分野も含めた民事紛争全般においてまったくといってよいほど活
用されていない一方，前記Ⅲの法改正論議において，執行官に対する現況調査
命令が注目を集めるに至った。法改正は見送られる見通しとなったが，その裏
返しとして，現行の提訴前証拠収集処分の運用の改善・工夫への期待は，むし
ろ一層高まったものといえる*39。

---

*37　各国の横断的な文献として，設樂・前掲*34・1頁，東松修太郎「特許権侵害訴訟におけ
　る証拠収集手続の立法的課題」特研63号29頁。
　　フランスについては，モンルワ幸希＝駒田泰土「フランスの特許訴訟における証拠収集制
　度」Ｌ＆Ｔ70号29頁，中保秀隆（法務省調査）「フランスにおける知的財産訴訟制度（特許訴
　訟制度）の調査結果（報告）」(http://www.moj.go.jp/content/001185071.pdf)のほか，以下
　の法律事務所サイトで，本手続の概要をサンプル動画で視聴することができる。
　　Veron & Associes "THE FILM "SAISIE-CONTREFAÇON" (https://www.veron.com/the-
　film-saisie-contrefacon/?lang=en)。
　　イギリスについては，南かおり「英国の知的財産訴訟における証拠収集制度」Ｌ＆Ｔ70号
　39頁。ドイツについては，前掲*15参照。
*38　提訴後についても，強制力を伴う査察制度の導入は見送られる一方，第三者の秘密保持の
　義務を課された第三者の技術専門家が書類提出命令におけるインカメラ手続等に関与する制
　度と，証拠調べの必要性の判断のためにもインカメラ手続を利用可能とする制度の導入を適
　当とした。
*39　知財紛争処理システム検討委員「知財紛争処理システムの機能強化　に向けた方向性につ
　いて−知的財産を活用したイノベーション創出の基盤の確立に向けて−」（平成28年3月）7
　頁のほか，加藤編著・前掲*24・263頁〔山浦善樹発言〕も参照。

6　提訴前の証拠収集手続　*79*

　そこで，以下では，運用面への上記期待に応えていく一助になればとの考え
から，生産方法及び製造機械に係る特許権侵害が問題となった大阪地裁平成25
年2月28日判決*40を題材として，執行官に対する現況調査命令と意見陳述嘱
託双方の併用を念頭に，関連書式・文書例を本稿末尾に掲載する*41とともに，
他国の法制・運用や制度論を巡る議論の経過などが提供する視点も踏まえつ
つ，運用上留意すべきと考えられる諸点について私見を整理することとした
い。

(1)　発令要件

　(a)　発令要件のうち，「必要性の要件」と「自己収集の困難性の要件」につ
いては，本題材のように，被疑侵害者の工場内の製造機械・工程を調査対象と
して特許権侵害を立証しようとする場合であれば，充足が否定されることはあ
まりないであろう。問題は，「不相当性の要件」である。

　まず，本題材における後掲の申立書例程度の調査であれば，「医学上あるい
は建築工学上の高度な専門的な知見に関する意見陳述の嘱託の申立てがされた
場合」とはいえず，「嘱託を受けるべき者の負担」などを理由に直ちに不相当
ということにはならないであろう。一方，政府の議論や英・独・仏の制度の中
で強調されているとおり，相手方の工場等に立ち入っての証拠収集は，相手方
に相当の負担，さらに営業秘密保護上の懸念を生じさせる。そのため，申立人
が特許権侵害の可能性・蓋然性を示すことのないまま，相手方の営業秘密に関
わるような証拠収集の申立てが証拠探索目的でされたような場合には，「その
他の事情により，相当でない」として，これを却下すべきとの解釈は十分成り
立つものと考えられる*42。

　具体的に侵害の蓋然性・可能性がどの程度示されるべきかは，相手方の営業
秘密の重要性なども含め，個別具体的な検討をするほかないであろうが，ドイ
ツの実務運用*43が1つの参考になるものと考えられ，「不相当性の要件」が処
分を妨げる例外事由としての規定であることからしても，申立人に過度の負担

＊40　http://www.courts.go.jp/app/hanrei_jp/detail7?id=83148
＊41　北川清「提訴前証拠収集処分について」判タ1190号120頁，及び大坪和敏「訴えの提起前に
　　おける証拠収集の処分等」LIBRA 8巻10号16頁の書式・サンプルを参考としつつ，本題材を
　　念頭に筆者が書き下ろしたものであり，裁判所として公式に示すサンプルではない。また，
　　判決書から読み取れない事項については，まったくのフィクションである。

80　第1章　訴訟前における実務的対応

を求めるものであってはならないであろう。

　(b)　「不相当性の要件」について前記(a)のような見解に立つと，裁判所は，特許権侵害の可能性・蓋然性についての検討を求められることになるため，必要に応じて，技術的専門性を有する裁判所調査官（民訴92条の8，裁判所法57条2項）を関与させるべきものと考えられる*44。

　一方，提訴前証拠収集処分の管轄は，東京地裁及び大阪地裁に集約されておらず，他の裁判所に係属することが当然に想定されている。東京及び大阪以外の地方裁判所が特許権侵害の可能性・蓋然性について判断することには一定の困難を伴うであろうが，必要に応じて，東京地裁及び大阪地裁に在籍している裁判所調査官の派遣を求めるなどによって対応するほかない。

　(c)　ところで，日本の提訴前証拠収集処分においては，同手続を通じて収集された証拠が営業秘密を含む場合を想定した規定は存在しないため，制度の枠組み下で調整を図ることのできるドイツなどと異なり，営業秘密部分の取扱いについて，運用上の工夫で代替させるほかなく，この点についての当事者間の事前協議*45が必要になると考えられる。

　そのため，相手方に対する意見聴取について，一般には，書面で行うことも提唱されている*46が，むしろ，審尋期日を指定して双方当事者を呼び出した

---

*42　志賀・前掲*12・436頁は，「……営業秘密に関する事項を含むとの意見が述べられれば，……相当でないと認め，申立てを棄却しなければならない場合が多いと思われる。」とするが，特許権侵害紛争における提訴前証拠収集処分の活用の余地をなくすほどに厳格な解釈論ではなかろうか。本稿の立場は，同様の問題意識を前提としつつも，「要件解釈を，その制度趣旨を損なわない限度で，できる限り緩やかにすることによって制度の活用を図る方がよい」（加藤編著・前掲*24・261〜262頁〔村田渉発言〕）との観点も踏まえ，より実質的な比較衡量を要件解釈の中に反映させるとともに，営業秘密保護については，別途協議の機会を設けることで実現しようとするものである。
　　なお，本稿では「不相当性の要件」の考慮要素と位置づけている侵害の蓋然性・可能性について，「必要性の要件」において検討すべきとの見解も想定される。
*43　前掲*15，*37の文献参照。
*44　裁判所法57条2項，民事訴訟法92条の8は，文言上調査官の関与を「事件」について認め，「訴訟」に限定するものではなく，審尋期日への関与も規定されている（民訴92条の8）。
*45　訴訟における秘密保持命令と同様の運用理論である（髙部眞規子『実務詳説　特許関係訴訟〔第3版〕』（きんざい）65頁，東海林保「秘密保持命令（特許法105条の4）をめぐる実務上の諸問題」飯村敏明＝設樂隆一編著『LP(3)知的財産関係訴訟』（青林書院）260頁，「〔座談会〕司法制度改革における知的財産訴訟の充実・迅速化を図るための法改正について〔下〕」判タ1162号11頁〔中吉徹郎発言〕）。
*46　北川・前掲*41・128頁。

上，相手方からの意見聴取に加え，証拠化の対象・方法や営業秘密の取扱いに対する協議の機会ともする運用が想定できる。また，このような期日は，1回に限定する必要はなく，必要に応じて複数回続行することも考えられる一方，裁判所が訴訟における争点整理と同程度にまで関与することは制度上想定されていない上，訴訟手続との重複に伴う当事者の負担増加，紛争解決の遅延といった問題も生じ得る*47ため，実質的に訴訟と同等になるまでの期日を重ねることは控えるべきであろう。

　具体的な協議事項としては，特許権侵害訴訟における秘密保持命令の運用*48や，他国の制度・運用を参考に，①営業秘密部分については，弁護士・弁理士である申立人代理人・補佐人のみが開示を受けることとし，申立人本人（従業員を含む）を含めて他者には情報開示しない旨の秘密保持契約*49,*50を締結する，などの「証拠収集後」の情報取扱いの調整のほか，②証拠収集実施時に誰が立ち会うか（申立人及び同代理人に立会権はないと解されるが，証拠収集の適正な

---

*47　前掲*18・〔座談会〕148頁〔林道晴発言〕。
　　　また，提訴前証拠収集処分について，「裁判官の関与を増やせば増やすほど訴え提起と変わらなくなってくるので意味がなくなる」（知的財産研究所『知財訴訟における諸問題に関する法制度面からの調査研究報告書』（平成28年2月）301頁〔田村善之発言〕）との指摘も，同様の問題意識を述べる趣旨と理解される。

*48　秘密保持命令の発令に当たっては，事前に秘密保持命令の名宛人（＝情報の開示を受ける者）についての協議が行われるが，代理人・補佐人のみを名宛人とする場合が多い（小田真治「秘密保持命令の運用の実情」L＆T59号3頁）。

*49　三村量一「知的財産紛争における証拠収集手続について」ジュリ1499号41頁は，ドイツの査察を参考とした制度導入に賛意を述べる文脈において，「査察結果については，ドイツと同様，権利者側に対しては，原則として代理人・補佐人である弁護士・弁理士に限定し，これらの者が権利者本人に告げることを禁止することが考えられる。報告書の内容が開示される権利者側関係者の範囲を限定することは，被疑侵害者の営業秘密保護の観点からは必須というべきである。」とする。
　　　なお，「アメリカにおいても，プロテクティブ・オーダーの大半でどのようなオーダーにするか内容について当事者であらかじめ合意がなされております。」（片山英二「知財訴訟における情報の開示・保護に関する現状と課題〔シンポジウム『民事裁判における情報の開示・保護』〕」民訴雑誌54号109頁）とされる。

*50　秘密保持命令については，「……侵害に係る訴訟」（特105条の4）において利用される制度であること，特許権侵害仮処分については，特許法上，「訴訟」の文言が「仮処分」を含む用例もあるとして，「侵害に係る訴訟」に該当するとの解釈も成り立つ（最決平21・1・27民集63巻1号271頁）が，提訴前証拠収集処分では，同様の文言解釈ができないことからして，提訴前証拠収集処分における利用は困難と解されようか。ただ，提訴予告通知によって訴訟に準じる関係が形成されていることや提訴前証拠収集処分の実効性などの観点から，積極説も考えられないではない。

82   第1章　訴訟前における実務的対応

実施のため，代理人の立会いは必要という場合も少なくなかろう），などの「証拠収集実施時」の調整が考えられる。

　そして，この審尋期日には，執行官及び意見陳述人候補者も同席して，調査事項の適否や記録化の方法，営業秘密の取扱いなどに関する協議に加わり，情報・認識の共有を確実なものとするのが望ましいだろう＊51。

　(d)　提訴前証拠収集処分は強制力を伴うものではなく，相手方の工場内の製造機械等を対象とする現況調査命令や意見陳述嘱託であれば，あくまで相手方の任意の協力がなければ，実施をすることはできない。

　そして，相手方としては，営業秘密を理由に証拠収集の実施に消極的な意見を述べることもあろう＊52が，裁判所としては，発令要件が満たされていると考えるのであれば，審尋期日において，相手方に対し，証拠収集実施時に申立人の立会権がないことや，裁判所における記録の保存期間は1ヵ月に限られ，当事者以外の第三者が閲覧謄写等請求できないといった営業秘密保護に資する手続上の説明に加え，上記(c)のような営業秘密の取扱いに関する調整を図りつつ，迅速な紛争解決などの観点から，相手方の協力を求めることになろう。こうして，相手方の調査等受入れの意向を確認した上で，提訴前証拠収集処分を発令することになる。

　このような協議を重ねてもなお相手方の協力が得られない場合の発令の可否については議論があり得る＊53が，仮に発令をした場合でも，執行官及び意見陳述人の説得等によって相手方が翻意しない限り，実施不能として事件は終了する。

　他方，審尋期日の機会等に，相手方から，申立人の求める情報が図面，写真，動画等の形で開示され，これを受けて申立てが取り下げられる（この場合，

＊51　執行官は公務員としての守秘義務を負う一方で，意見陳述人は，鑑定人同様，その地位から当然に守秘義務を負うわけではないと解される。弁護士・弁理士が意見陳述人となる場合は，各職業倫理上の守秘義務を負うとは考えられるものの，申立人代理人・補佐人たる弁護士・弁理士も秘密保持契約を締結する実務とのバランスや，当該個別事案における守秘義務の有無・対象を明確にする趣旨から，裁判所に対し，上記期日において守秘の誓約を述べてもらった上でこれを調書に残したり，誓約書を提出してもらったりすることも想定される（このような誓約に反して秘密を漏えいすれば，弁護士・弁理士のいずれも重大な懲戒事由になろう）。
＊52　「座談会　知財紛争（特許紛争）の課題」L＆T72号12頁〔八島英彦発言〕。
＊53　北川・前掲＊41・128頁。

　　　　　　　　　　　　　　　　　　　　　　　　6　提訴前の証拠収集手続　　*83*

「自己収集の困難性の要件」を欠くことになるとも考えられる）といった事案も想定されるが，このような事例は，提訴前証拠収集処分の実質的な成功事例として位置づけられると思われる。

(2)　証拠収集の実施及び報告書等の提出

　執行官及び意見陳述人は，前記の事前協議の結果に従って，相手方の工場等を訪れ，決定書で特定された相手方の製造機械等を対象に，その製造工程等を調査した上，その結果を，執行官においては調査報告書に，意見陳述人としては意見陳述書にまとめて，裁判所に提出する。ここでは，特許発明に係る構成要件の充足性などの評価は書かず，できるだけ客観的な事実の描写に徹するべきである*54。そのためには，写真や動画をもって対象物件や工程を記録化し，これを調査報告書等に添付することが有用と考えられるが，営業秘密に関する相手方の懸念も考慮して，具体的な記録化方法は，事前に十分協議しておく必要がある。

　また，相手方の製造工程が営業秘密を含む場合でも，営業秘密ではない工程まで含め，必要以上に申立人への開示を制限することは望ましいものではない。どの工程・情報が，営業秘密として格別の配慮が必要であるかも，事前に十分協議しておくべき事項であるが，その記録化においても，事後の情報管理の便宜や過誤防止の観点から，可能な限りにおいて，営業秘密部分とそうでない部分とが混同することのないような工夫が有用と考えられる（例えば，後掲「調査報告書例」では，写真及び動画のいずれも，営業秘密部分とそうでない部分を分けて添付している）。

(3)　記録の閲覧謄写等

　裁判所に提出された調査報告書等について，申立人本人が，秘密保持契約の前提となった事前協議に反し，代理人を通じることなく，調査報告書等の閲覧謄写等を申し立ててきた場合，閲覧等請求権の濫用として申立てを却下することができると解したいが，濫用性を根拠づけるためにも，事前協議の段階で，

---

*54　ドイツの査察においては，技術専門家の報告書において，技術的範囲に属するか否かについても言及されることがあるようであるが，報告書の申立人への開示の可否を決するに当たって，侵害の成否を判断する必要があるためと推測される。そのような手続のない日本の提訴前証拠収集処分において，かかる言及は不要であろう。

84　第1章　訴訟前における実務的対応

申立人本人に閲覧謄写等を請求しない旨の誓約書を提出してもらったり，審尋期日で同旨の当事者間の合意をした上でその旨を調書に残すなどしておくべきであろう[55]。

■

---

[55]　髙部・前掲[45]・74頁，小田・前掲48・11頁。
　　　　さらに，中武由紀「文書提出命令の審理・判断における秘密保護と真実発見」判タ1444号51頁本文及び54頁注75は，権利の濫用というような一般条項を介在することなく，訴訟契約の直接の効果として，閲覧謄写等の申立てを却下できるとの見解を示している。

6　提訴前の証拠収集手続　*85*

■提訴予告通知書例

提訴予告通知書

平成29年12月15日

大阪市○区○○
　　被予告通知者　　○○株式会社
　　代表取締役　　　○○　○○　様

　　　　　　　　　　　　　　　　　大阪市○区○○
　　　　　　　　　　　　　　　　　　予告通知者　　○○　　○○
　　　　　　　　　　　　　　　　　大阪市○区○○
　　　　　　　　　　　　　　　　　　予告通知者代理人
　　　　　　　　　　　　　　　　　　　　弁護士　甲野　太郎

　当職は，予告通知者○○（以下「予告通知者」といいます。）から委任を受けた代理人として，民事訴訟法132条の2第1項に基づき，被予告通知者○○株式会社（以下「被予告通知者」といいます。）に対し，下記のとおり提訴を予告します。

　　　　　　　　　　　　　　　記

1　請求の要旨
　(1)　被予告通知者は，商品名「○○歯ブラシ」とする歯ブラシの製造で用いている生産方法を使用してはならない。
　(2)　被予告通知者は，商品名「○○歯ブラシ」とする歯ブラシを販売してはならない。
　(3)　被予告通知者は，予告通知者に対し，○○○○万円及びこれに対する本通知書到達の日の翌日から支払済みまで年5％の割合による金員を支払え。
2　紛争の要点
　(1)　予告通知者は，以下の特許（以下「本件特許」という。）を有している。
　　　　特許番号　　　　　　特許第○○○○号
　　　　発明の名称　　　　　回転歯ブラシの製造方法及び製造装置
　　　　登録日　　　　　　　平成○○年○月○日
　　　　特許請求の範囲
　　　　【請求項2】
　　　　　　多数枚を重ねて回転ブラシを形成するブラシ単体の製造方法であって，……第1の工程と，……第4の工程とからなる回転ブラシのブラシ単体の製造方法。
　(2)　被予告通知者は，商品名「○○歯ブラシ」とする歯ブラシを製造，販売しているが，その生産方法は，本件特許の技術的範囲に属するものである。
　(3)　よって，予告通知者は，被予告通知者に対し，本件特許に基づき，上記生産方法の使用差止め及び上記歯ブラシの販売差止めとともに，不法行為に基づき，○○○○万円の損害賠償及びこれに対する本通知書到達の日の翌日から支払済みまで民法所定の年5％の割合による遅延損害金の支払を求める。
3　提訴時期
　平成30年4月ころ

86　第1章　訴訟前における実務的対応

■提訴前証拠収集処分申立書例

平成30年1月28日

提訴前証拠収集処分申立書

大阪地方裁判所　御中

申立代理人弁護士　甲野　太郎

　当事者の表示　別紙当事者目録（省略）記載のとおり

提訴前証拠収集処分申立事件

第1　申立ての趣旨
　1　大阪地方裁判所執行官に対し，別紙機械目録記載の機械について，別紙調査事項目録記載の調査を命じる
　2　別紙嘱託事項について，意見陳述の嘱託をする
との決定を求める。
第2　予告通知にかかる請求の要旨及び紛争の要点
　　別紙（省略）記載のとおり
第3　立証事実及び関連性
　1　立証されるべき事実
　　　相手方による別紙機械目録記載の機械（以下「本件機械」という。）を使用しての歯ブラシの生産が，申立人の有する本件特許権を侵害する事実
　2　申立てに係る処分により得られる証拠となるべきものと関連性
　　　本処分により得られる証拠である本件機械の製造工程に関する報告書及び意見陳述書は，相手方の使用する生産方法が，本件特許の技術的範囲に属するか否かを判断するために必須といえる。
第4　申立てに係る事情の説明
　1　申立人が証拠となるべきものを自ら収集することの困難性
　　　本件機械は，相手方工場内に存在するため，申立人自らでその製造工程に関する証拠を収集することは困難である。
　2　予告通知は，平成29年12月16日に相手方に到達した。
　　　よって，本申立てはその送達から4か月の不変期間内になされたものである。
第5　添付書類
　　予告通知書　1通
　　配達証明書　1通
　　委任状　　　1通
　　資格証明書　1通
　　（以下，省略）

6 提訴前の証拠収集手続　*87*

機械目録

大阪市○○区○○町○丁目○番○号相手方工場内所在の
商品名「○○歯ブラシ」の製造機械

以　上

調査事項

別紙機械目録記載の機械による商品名「○○歯ブラシ」の製造工程

以　上

嘱託事項

別紙機械目録記載の機械による商品名「○○歯ブラシ」の製造工程

以　上

〔注〕：本稿では，書式・文書例を広く示す観点もあって，現況調査と意見陳述嘱託の併用申立てを前提
としているが，実際には，意見陳述嘱託の併用まで必要かは個別の検討が必要であり，例えば本題
材のような事案であれば，現況調査のみで足りるようにも思われる。
　　　　また，上記の例では，調査事項・嘱託事項を「～の製造工程」という概括的な記載としている
が，より実務的には，特許請求の範囲，中でも争点として想定される構成要件を踏まえた，より具
体的かつ絞り込んだ調査事項・嘱託事項とするほうが，執行官及び意見陳述人において，何を調査
等すべきかが明確になるし，相手方の協力が比較的得やすくなるようにも思われる。

88　第1章　訴訟前における実務的対応

■期日調書例

裁判官認印

審 尋 調 書 （ 第 1 回 ）

事 件 の 表 示　　平成３０年(モ)第13号
期　　　　　　日　　平成３０年２月１３日　午後２時００分
場　　所　　等　　大阪地方裁判所民事第２１民事部準備手続室
裁　　判　　官　　○○　○○
裁 判 所 書 記 官　　○○　○○
出頭した当事者等　　申立人代理人　　甲野　太郎
　　　　　　　　　　相手方代理人　　乙野　次郎
　　　　　　　　　　執 行 官　　　　丙野　執夫
　　　　　　　　　　意見陳述人候補者　○○　○○
指 定 期 日　　　　平成３０年２月１９日　午後２時００分

審 尋 の 要 領

相手方代理人
・　本件申立てについては，①申立人側で相手方工場での調査に立ち会うの
　は，申立人代理人のみとすること，②申立人が，本件特許発明の第４工程
　に対応すると主張する相手方製造工程部分は営業秘密を含んでいるため，
　証拠収集の結果は，申立人代理人に限って閲覧謄写を認め，申立人代理人
　においては，申立人を含めて何人に対しても開示しないこと，③申立人自
　身は，②の製造工程部分について，閲覧謄写その他いかなる方法によって
　も開示を求めないこと，を条件に協力する。
・　これら条件のうち②③は，申立人及び申立人代理人において，書面で順
　守を誓約してもらいたい。そのような誓約をしてもらえるのであれば，技
　術的範囲の属否を検討するのに必要な範囲で，動画及び写真の撮影も了承
　する。
申立人代理人
・　相手方からの①〜③の条件はいずれも受け入れる。
・　②について，相手方との間で別途秘密保持契約を締結するほか，③につ
　いて，申立人の誓約書を裁判所及び相手方に提出する。次回期日までに，
　相手方との間でこれらの文面調整などを行いたい。
意見陳述人候補者
・　本証拠収集処分の手続によって知った相手方の製造工程に関する情報に
　ついては，本証拠収集処分の手続で裁判所に提出する資料作成に用いるほ
　かは，いかなる目的にも使用せず，また何人にも開示しないことを誓約す
　る。

裁判所書記官　　　○○　○○

6 提訴前の証拠収集手続 *89*

■決定書例（現況調査）

平成30年(モ)第○号提訴前証拠収集処分申立事件

決　　定

申立人　○○　　○○
相手方　○○　　○○

1　大阪地方裁判所執行官に対し，別紙機械目録記載の機械について，別紙調
　査事項目録記載の調査を命ずる。
2　上記調査報告書の提出期限を平成30年3月15日までと定める。
　　平成30年2月20日

大阪地方裁判所第21民事部
裁判官　○○　　○○

※別紙は前記提訴前証拠収集処分申立書例を参照。

■決定書例（意見陳述嘱託）

平成30年(モ)第○号提訴前証拠収集処分申立事件

決　　定

申立人　○○　　○○
相手方　○○　　○○

1　別紙嘱託事項について，
　　（住所）大阪市○区○丁目○番地
　　　　　　　○○　　○○
　に意見陳述の嘱託をする。
2　前項の意見陳述の期間を平成30年3月15日までと定める。
　　平成30年2月20日

大阪地方裁判所第21民事部
裁判官　○○　　○○

90 第1章 訴訟前における実務的対応

■調査報告書例

平成30年（モ）第○号
大阪地方裁判所第21民事部　御中

調査報告書

提出日　平成30年3月5日	大阪地方裁判所 執行官　丙野　執夫　㊞
調査日時	平成30年2月25日午後1時30分～午後2時30分
調査場所	大阪市○○区○○町○丁目○番○号相手方工場内
調査の目的物	商品名「○○歯ブラシ」の製造機械
立ち会った 当事者等	申立人代理人　　甲野太郎 相手方代表者　　八橋　刷 上記代理人　　　乙野次郎
調査事項	別紙「調査事項」記載のとおり

1　当事者等の指示した事項
　(1)　相手方の指示説明
　　　ア　調査目的物である製造機械（以下「本件機械」という。）による商品名「○○
　　　　歯ブラシ」の歯ブラシ（以下「本件歯ブラシ」という。）の製造工程は，大きく
　　　　第1から第4までの4つの工程からなる。
　　　イ　このうち第4工程部分は，当社の営業秘密を含んでいる。そのため，この工
　　　　程については，事前に秘密保持契約を締結したとおり，申立人代理人のみへの
　　　　開示を前提に，本調査には協力する。
　(2)　申立人代理人の指示説明
　　　　第4工程部分の写真及び録画DVDについては，事前の秘密保持契約に従い，申
　　　立人代理人のみが閲覧謄写し，申立人には開示しない。
2　調査の結果
　(1)　本件機械の全体像は，添付書類①写真中の1～3のとおり。
　(2)　本件機械による本件歯ブラシの製造の各工程は，以下のとおり。
　　　第1工程：添付書類①写真中の4～8，同②DVD中の0:00:00-0:01:20の撮影
　　　　　　　　部分
　　　第2工程：添付書類①写真中の9～12，同②DVD中の0:01:20-0:02:13の撮影
　　　　　　　　部分
　　　第3工程：添付書類①写真中の13～17，同②DVD中の0:02:13-0:03:25の撮影
　　　　　　　　部分
　　　第4工程：添付書類③写真中の1～4，同④DVD中の0:00:00-0:01:03の撮影
　　　　　　　　部分
3　添付書類
　①　写真17枚
　②　録画映像を保存したDVD（録画時間3分25秒）
　③　写真4枚
　④　録画映像を保存したDVD（録画時間1分3秒）
　　※　③及び④は，申立人代理人のみに開示する旨当事者間で合意されている。

6 提訴前の証拠収集手続　*91*

■意見陳述書例

平成30年（モ）第○号

意見陳述書

平成30年３月５日

大阪地方裁判所第21民事部　御中

意見陳述人　○○　○○　㊞

第１　嘱託事項

　　別紙機械目録記載の機械による商品名「○○歯ブラシ」の製造工程

第２　嘱託事項に対する意見

　１　本件製造工程は４つの工程からなるが，その各工程の写真及び映像は，執行官による平成30年３月５日付け調査報告書のとおりである。

　２　相手方によれば，本件特許発明における第４工程は，「溶着された中央部分の中心部を切除する」となっているが，本件製造の第４工程は，（略）というものであるため，この要件を充足するものでもないとの説明であった。

　　　意見陳述人は，上記文言の充足性について意見を述べるものではないが，本件製造工程を観察した結果として，第４工程は，（略）という内容を有するものであることが確認された。

第３　留意事項

　　本書面の第２・２項の部分は，当事者間において，申立人代理人のみに開示する旨事前合意されている。

以　上

〔注〕：裁判所書記官研修所編『民事検証の手続と調書』（法曹会）300頁には，特許権侵害訴訟において，工場内の機械設備を目的物とする検証の調書記載例が掲載されており，調査報告書及び意見陳述書作成上の参考になると思われる。ただし，同調書記載例は，すべてを文章で表現・記述しようとしすぎている感は否めず，同書144頁以下でも問題提起されているとおり，写真等の視覚情報をできるだけ活用しつつ，文章表現は簡潔なものとするほうが，作成者の負担は小さくなり，読み手にとってもわかりやすくなるであろう。

92 第1章 訴訟前における実務的対応

7 警告書発送

生沼　寿彦

> 特許権侵害をしていると疑われる者に，権利侵害を警告するに当たっては，どのような点に留意すべきか。

キーワード　警告書，営業誹謗，信用毀損，プレスリリース

I　警告書のスタイル

　特許権者が自己の特許権を侵害する又は侵害するおそれのあると思われる製品を発見し，同製品を検討した結果，自己の特許権を侵害しているとの結論を得た場合，特許権侵害に基づく差止請求権（特100条1項）を行使することができるが，この権利はもちろん裁判上のみならず，裁判外でも行使できるとされており，権利侵害警告は，裁判外で行使される差止請求権の一態様として理解されている[1]。

　特許権侵害であるとの通知を受けた後に直ちに当該製品の製造・販売を中止する場合や，通知を契機として相手方がライセンスを求めて交渉をしてくるようなケースでは訴えを提起するまでもなく紛争を解決できることがある。他方，相手方が特許権侵害を争う場合には，訴訟に発展することにもなるので，権利侵害警告が訴訟の準備段階として機能しているともいえる。

(1)　警告書の目的

　一般的には「権利侵害警告とは，たとえば，特許権者など知的財産権の権利者が，自己の知的財産権を侵害すると判断した商品の製造・販売者の取引先に対して，対象商品が知的財産権を侵害するものである旨の警告を発すること」といわれているが[2]，その目的や意図は様々である。訴訟提起を前提として，

＊1　小野昌延＝山上和則＝松村信夫編『不正競争の法律相談II』86頁〔土肥一史〕。

断固とした態度を示す場合もあれば，侵害しているか否かは微妙な判断である場合に，特許権侵害を明示するのではなく，特許権の存在を相手に知らしめて，ライセンス交渉に持ち込みたいという場面もある。あるいは，単に自分の保有する特許権の存在を通知するだけで注意喚起をするだけのような場合もある。

(2) 送付書面のタイトル

警告書の趣旨は，相手方に特許権侵害の可能性及び将来訴訟に至る可能性について知らしめるという点にあるため，実務上でも「警告書」のタイトルが用いられることが多く見受けられるが，前述のとおり様々な目的や意図に応じて用いられることから，強すぎる印象を与えないよう「通知書」という表現にすることも多い。

(3) 内　容

警告書の上記の趣旨からすれば，特許権を特定するための特許登録番号，特許公報番号，相手方の特許侵害行為を記載した上で，侵害行為の中止や損害賠償請求等を求める内容になることが一般的である。相手方が侵害行為を相当期間行っていたと思われる場合には，侵害品の販売数量や販売金額などの開示を求めることもある。ただし，警告書をライセンスの契機としたいという場合には，特許権の存在を知らせ，相手方による検討・分析を促すだけの文言となることもあるだろう。

なお，相手方の特許権侵害行為の特定を，どの程度詳細に行うべきかという点については，当該特許権の内容や相手方の製品の特徴などによって，ケース・バイ・ケースであるが，相手方の製品名や品番を示せば，それで相手も十分に理解できる場合もあれば，ある程度詳細な内容を説明しないと何が侵害なのかが不明な場合もあろう。さらに，第一報では，詳細な議論に入ることはせず，その後の数回に亘るやりとりの中で，技術的な議論が精緻になされることもある。

また，間接侵害である場合には，相手方の侵害行為を具体的に特定しなければ，相手に理解されない可能性がある。例えば，相手方が特許権侵害の製品を

＊2　松村信夫『新・不正競業訴訟の法律実務』637頁。

94　第1章　訴訟前における実務的対応

製造販売している場合には，当該製品の製造販売が特許権の構成要件のうちどの構成要件を充足しているのか，及び，当該行為が特許法101条のいずれの号を充足するのかについて特定する必要があろう。

(4)　送付方法

警告書の郵送方法については，郵送，ファックス，メール送信等の種々の方法が考えられる。しかし，仮に訴訟に至った場合の将来の立証のために，内容証明郵便で行うのが原則であろう。

なお，特許権を理解するために図面を必要とする場合があるが，内容証明郵便には図面が用いられないことから，公開公報を配達証明郵便で別送するという方法も実務的には使われる*3。

(5)　文　　例

警告書の文例については，紙幅の関係上記載することができないが，警告書のサンプルを上げているホームページをいくつか紹介するので，参照されたい*4,*5,*6。

Ⅱ　警告書の送付と信用毀損（不競2条1項15号）

(1)　警告書の送付と信用毀損の関係（不競2条1項15号）

(a)　問題の所在

(イ)　製造者のみへの警告書の送付　　特許権者が自己の特許権等の知的財産権を侵害すると信じる製品の製造者に対して，特許権の存在及び権利者において侵害と思料していることを警告することは何ら不正競争防止法上の信用毀損の問題を生じさせるものではない。なぜなら，信用毀損（不競2条1項15号）で保護されている「信用」とは，社会的評価つまり，外部的評価であるため，特許侵害の相手方との争いにおいて，結果として権利侵害でないのに権利侵害で

＊3　中山信弘＝小泉直樹編『新・注解特許法【上巻】』965頁〔酒井宏明＝寺崎直〕。

＊4　特許業務法人大貫小竹国際特許事務所のウェブサイト（http://www.ohnukikotake-ipo.com/answer22.html）。

＊5　マイ法務のウェブサイト（http://myhoumu.jp/359tokkyok/）。

＊6　ビジネス文書の書き方のウェブサイト（http://b-writing.com/shagai_bunsho/hanron/tokkyoken_shingaikeikoku.html）。

あると不当に警告したとしても，その事実を認識しているのは警告書を受け取った相手方にとどまり，それ以外の者や社会に流布されないため，何ら相手方の社会的な価値判断である信用を低下させるものではないからである。それ故，権利侵害でないのに侵害である旨の虚偽の事実を告知したとしても，それが製造者に対してのみ警告したような場合には信用毀損には当たらない（名古屋地判昭59・2・27（昭52（ワ）1615号・昭56（ワ）2711号）無体集16巻1号91頁〔ウォーキングビーム式加熱炉事件〕，名古屋地判昭59・8・31（昭56（ワ）558号）無体集16巻2号568頁〔マグネット式筆入れ事件〕，大阪地判昭60・10・23（昭57（ワ）269号）判タ576号91頁〔電線保護カバー事件〕）。

　もっとも，侵害警告が不正競争行為に該当しない場合であっても，その内容や態様によっては，直接威迫による精神的損害が発生し，不法行為（民709条）が成立することには注意が必要である[7]。

　(ロ)　製造者以外への警告書の送付　　他方，製造者の取引先や顧客など製造者以外の者に対して製造者の製造に係る製品を販売する行為は特許権侵害に該当する旨の警告を行う場合は，後に特許権を侵害していなかったことが判明した場合や特許権が無効審判によって無効とされた場合等，警告の内容が結果として真実に反していれば製造者の営業上の社会的信用を害する虚偽の事実の陳述や流布に該当し得る。そこで，製造者以外の者に結果として虚偽の警告を行った場合に，当該行為が不正競争防止法上の信用毀損に該当するのかについての従来の裁判例及び近時の裁判例を概観する。

　(b)　従来の裁判例及び学説

　従来の裁判例では，製造者以外の者に特許侵害を主張する警告書を送付し，後に侵害がなかったと判明した場合には，製造者の製品についての虚偽の事実の告知がなされたとして，一貫して製造者に対する信用毀損行為が成立するとしてきた（東京地判昭47・3・17（昭45（ワ）2700号）無体集4巻1号98頁〔フイゴ履事件〕）[8],[9]。学説は，これらの裁判例の考え方に沿うものが多数で，工業所有権侵害の警告書を送付するに至った事情は，損害賠償請求における過失の認定において考慮すれば足りると理解されてきた[10]。

＊7　小野昌延＝松村信夫『新・不正競争防止法概説』452頁。

96   第1章　訴訟前における実務的対応

　もっとも，土肥一史教授は上記の多数説と異なるアプローチを採り，取引先に対する客観的事実に反する権利侵害警告が不正競争行為として禁止される根拠は，取引先が紛争を回避する傾向に便乗して自力救済的に権利実現を図る行為の悪質性にあると理解し，権利者が取引先に権利侵害の警告をしたとしても，当該警告に至る事実関係や告知者の主観的意図や目的等により，そのような行為の悪質性が認められない場合には結果として権利侵害の事実が認められない場合でも不正競争行為には当たらないこととなるとされた[11]。

(2)　新傾向──権利行使論

　しかし，近時の裁判例では，平成13年9月20日の東京地裁判決をリーディング・ケースとして，従前まで踏襲されてきた判断手法に変化が見られる。

　Y社（被控訴人・被告）が，磁気信号記録用金属粉末を製造販売するX社（控

＊8　東京地判昭50・10・6（昭50（ワ）2377号・2508号）判タ338号324頁〔火災感知器付き電気時計事件〕，大阪地判昭52・1・21（昭50（ワ）1227号）判タ361号331頁〔封筒輪転製袋機事件〕，大阪地判昭53・12・15（昭52（ワ）7504号）判タ386号138頁〔打込用ピン事件〕，大阪地判昭54・2・28（昭52（ワ）1189号）判タ398号157頁〔折畳式美容健康運動具事件〕，東京地判昭54・6・4（昭51（ワ）5073号・昭52（ワ）3703号）判タ396号135頁〔ナット供給装置事件〕，大阪地判昭54・9・12（昭52（ワ）1180号・2646号）判例不正競業法1250ノ5頁〔バキュームカー事件〕，東京地判昭55・1・30（昭51（ワ）1805号）特企135号67頁〔茹麺の製造装置事件〕，大阪地判昭59・10・26（昭57（ワ）8863号）判タ543号171頁〔競馬騎手用手袋事件〕，東京地判昭61・8・29（昭54（ワ）11139号・昭55（ワ）2799号）特企214号64頁〔米粒水分添加方法事件〕，長野地判平4・10・8（平2（ワ）77号）判例不正競業法1250ノ172ノ90頁〔きのこ培養瓶のキャップ事件〕，名古屋地判平5・2・17（平3（ワ）2834号・平4（ワ）733号）判例不正競業法1250ノ172ノ142頁〔ペーパーコア事件〕，静岡地決平5・4・7（平3（ヨ）165号）判例不正競業法1250ノ172ノ146ノ1頁〔折畳ふとん干具事件〕，東京高判平5・5・26（平4（ネ）3957号）判例不正競業法1250ノ172ノ146ノ16頁〔自動キャッパー事件〕，大阪地判平6・10・27（平5（ワ）8288頁）判例不正競業法1250ノ172ノ161頁〔家具に使用する開き戸装置事件〕，東京地判平6・12・26（昭52（ワ）771号）判例不正競業法1250ノ172ノ169頁〔穀類選別機事件〕，大阪地判平7・8・31（平2（ワ）8704号・平3（ワ）9321号）判例不正競業法1250ノ172ノ268頁〔ゴリラ・ブルドッグぬいぐるみ事件〕，京都地判平7・11・30（平4（ワ）1122号・平5（ワ）3234号）判例不正競業法1250ノ172ノ307頁〔組帯事件〕，大阪地判平10・11・26（平8（ワ）8750号）判例不正競業法1250ノ172ノ330頁〔モデルガン事件〕，東京地判平12・9・19（平10（ワ）15083号・平11（ワ）17279号）判例不正競業法1250ノ172ノ421頁〔月の投影器事件〕等多数にのぼる。
＊9　髙部眞規子「知的財産権を侵害する旨の告知と不正競争行為の成否」ジュリ1290号90頁。
＊10　小野昌延編著『新・注解不正競争防止法』487～488頁〔木村修治〕，牧野利秋編『裁判実務大系(9)工業所有権訴訟法』504頁〔青柳昤子〕，豊崎光衛他『不正競争防止法』268頁・270頁〔渋谷達紀〕，田村善之『不正競争法概説』447～449頁。
＊11　土肥一史「取引先に対する権利侵害警告と不正競争防止法」中山信弘先生還暦記念論文集『知的財産法の理論と現代的課題』436頁。

訴人・原告）の販売先で，X社の金属粉末を使用して自社製品を製造販売しているZ社に対して，X社製造・販売の金属粉末がY社の特許を侵害する旨告知したことは，不正競争防止法上の営業誹謗・信用毀損行為であるとして，X社がY社に対して損害賠償及び謝罪広告を求めた事案において，東京地裁は，被告による権利侵害警告について「特許権者が競業者の取引先に対して行う前記告知は，競業者の取引先に対して特許権に基づく権利を真に行使することを前提として，権利行使の一環として警告行為を行ったのであれば，当該告知は知的財産権の行使として正当な行為というべきであるが，外形的に権利行使の形式をとっていても，その実質がむしろ競業者の取引先に対する信用を毀損し，当該取引先との取引ないし市場での競争において優位に立つことを目的としてされたものであるときには，当該告知の内容が結果的に虚偽であれば，不正競争行為として特許権者は責任を負うべきものと解するのが相当である。そして，当該告知が，真に権利行使の一環としてされたものか，それとも競業者の営業上の信用を毀損し市場での競争において優位に立つことを目的としてされたものかは，当該告知文書等の形式・文面のみによって決すべきものではなく，当該告知に先立つ経緯，告知文書等の配布時期・期間，配布先の数・範囲，告知文書等の配布先である取引先の業種・事業内容，事業規模，競業者との関係・取引態様，当該侵害被疑製品への関与の態様，特許侵害争訟への対応能力，告知文書等の配布への当該取引先の対応，その後の特許権者及び当該取引先の行動等，諸般の事情を総合して判断するのが相当である。」と判示し，特許権に基づく権利行使の一環として警告行為を行ったと評価できれば警告内容の真実いかんによらず警告は適法と判断されるとした（東京地判平13・9・20（平12（ワ）11657号）判時1801号113頁〔磁気信号記録用金属粉末事件〕）。同判決自身は，文面上明確に違法性阻却という文言は使っていないが，従前の裁判例には見られない違法性阻却論の判断枠組みを示し，さらにそれをあてはめて損害賠償請求を棄却した点に意義があると理解されている[12]。

　また，その控訴審では違法性阻却という枠組みを明確にし，「特許権者が競業者の取引先に対して行う特許権侵害訴訟の提起は，当該取引先との関係で

---

[12]　金子敏哉「特許権侵害の警告と虚偽の事実の告知」ジュリ1286号124頁。

98　第1章　訴訟前における実務的対応

は，特許権者が，事実的，法律的根拠を欠くことを知りながら，又は，特許権者として，特許権侵害訴訟を提起するために通常必要とされている事実調査及び法律的検討をすれば，事実的，法律的根拠を欠くことを容易に知り得たといえるのにあえて訴えを提起したなど，訴えの提起が特許権侵害訴訟という裁判制度の趣旨目的に照らして著しく相当性を欠くと認められるときに限って違法となるものと解すべきである。」という訴訟提起自体が違法となる場合の最高裁判例の基準を引用し，同じ基準を警告書の場面でも適用している。すなわち「特許権者が競業者の取引先に対する訴え提起の前提としてなす警告も，それ自体が競業者の営業上の信用を害する行為でもあることからすれば，訴え提起と同様に，特許権者が，事実的，法律的根拠を欠くことを知りながら，又は，特許権者として，特許権侵害訴訟を提起するために通常必要とされている事実調査及び法律的検討をすれば，事実的，法律的根拠を欠くことを容易に知り得たといえるのにあえて警告をなした場合には，競業者の営業上の信用を害する虚偽事実の告知又は流布として違法となると解すべきであるものの，そうでない場合には，このような警告行為は，特許権者による特許権等の正当な権利行使の一環としてなされたものというべきであり，正当行為として，違法性を阻却されるものと解すべきである。」とした。そのうえで，正当な権利行使であるか否かの基準について，「当該警告文書等の形式・文面のみならず，当該警告に至るまでの競業者との交渉の経緯，警告文書等の配布時期・期間，配布先の数・範囲，警告文書等の配布先である取引先の業種・事業内容，事業規模，競業者との関係・取引態様，当該侵害被疑製品への関与の態様，特許侵害争訟への対応能力，警告文書等の配布への当該取引先の対応，その後の特許権者及び当該取引先の行動等の，諸般の事情を総合して判断するのが相当である。」と判示した（東京高判平14・8・29（平13(ネ)5555号）判時1807号128頁〔磁気信号記録用金属粉末事件（控訴審)〕)。

　すなわち，権利非侵害又は権利自体が無効と判明した場合でも，競業者・取引先と特許権者双方の主観的要素を含めた諸般の事情を詳細に検討し一定の状況があれば15号非該当になるという。

　そして，その後は正当な権利行使がなされている場合には違法性が阻却されるとの裁判例が相次いで出てきた*13。その後の知財高裁（知財高判平23・2・24

（平22(ネ)10074号）判タ1382号335頁）の判決文では，不正競争行為（不競2条1項14号）に基づく損害賠償請求が求められていた事案において「不競法2条1項14号による損害賠償責任の有無を検討するに当たっては，特許権者の権利行使を不必要に萎縮させるおそれの有無や，営業上の信用を害される競業者の利益を総合的に考慮した上で，違法性や故意過失の有無を判断すべきものと解される。」と判示され，違法性と過失が並列されており，より柔軟な判断が可能になったともいえよう。

　しかし，上記のような正当な権利行使による違法性阻却は東京の裁判所においてのみ見られるものであり，大阪の裁判所ではいまだ権利行使論は，公開されている裁判例の中では平成19年に1件しか採用されておらず（大阪地判平19・2・15（平17(ワ)2535号）知財判決ダイジェスト・企業と知的財産438号44頁〔生理活性物質測定法特許事件〕），平成29年6月15日判決（大阪地判平29・6・15（平28(ワ)5104号））に至っても採用されていないことに留意すべきである。不正競争防止法の事件は控訴審は知財高裁ではなく，大阪高裁であるので，全く同じ事実関係であっても，東京地裁に訴える場合と大阪地裁で訴える場合とで結論が異なる可能性が生じているといえる（大阪地判平17・9・26（平16(ワ)12713号・平17(ワ)2470号）〔バイオセリシン石鹸事件〕，大阪地判平19・2・8（平17(ワ)3668号・9357号）判例集未登載〔印鑑事件〕及び控訴審＝知財高判平21・3・11（平19(ネ)10025号）判時2049号50頁）。

(3) 新傾向に対する学説の評価

　上記の東京地裁及び知財高裁における権利行使論に対しては，条文の文言にない要件を創出している点や差止請求は認めるが，損害賠償請求の判断の際の故意・過失の要件で様々な事情を斟酌できるとする田村教授や鈴木教授による

＊13　東京地判平14・12・12（平9(ワ)24064号・平11(ワ)19166号）判タ1131号249頁〔「洗い米及びその包装方法」特許権侵害虚偽陳述事件〕，東京地判平15・10・16（平14(ワ)1943号）判タ1151号109頁〔サンゴ砂事件〕，東京地判平17・8・2（平16(ワ)13248号），東京地判平17・12・13（平16(ワ)13248号）〔ハンドレール用広告フィルム事件〕，東京地判平16・1・28（平14(ワ)18628号）判タ1157号255頁及び同判決の控訴審である東京高判平16・8・31（平16(ネ)836号）裁判所ホームページ〔携帯接楽7事件〕，東京地判平16・8・31（平15(ワ)24798号・18830号）判タ1183号320頁〔ジャストホーム事件〕，東京地判平17・12・13（平16(ワ)13248号）判タ1226号318頁〔動く手すり事件〕，東京地判平18・8・8（平17(ワ)3056号）裁判所ホームページ，知財高判平19・5・29（平18(ネ)10068号・10073号）裁判所ホームページ。

有力な反対説がある*14,*15。他方,「告知・警告者の主観的事情に限らず,告知・警告の経緯,内容,態様等の客観的事情も広く考慮に入れることが適切である。すなわち,告知・警告者の過失の点にとどまらず,より広く様々な客観的事情を考慮して告知・警告行為の実質的違法性の有無を検討することが適切である。」とする立場もある*16。

　思うに,警告書の送付は裁判外での権利行使と評価されてはいるものの,本来であれば,製造者に対して警告をしても埒が明かない場合には裁判手続に頼るのが法治国家における自然な流れといえるところ,迅速な救済を実現するための法的手段である仮処分の発令がなされた場合で,後に権利侵害がなかったことが判明した場合には,過失が推定されているという理解が通説であることからすると,あえて製造者以外の者に対して特許法上,製造のみならず販売自体も侵害となることから取引者に対して侵害を断定するような警告書を送る行為に対して,通常の訴訟提起の際の基準を援用することには躊躇を覚える。

Ⅲ　プレスリリースの在り方

　実務上,個別の相手方に対して通知がなされる権利侵害警告とは別に,特許権を侵害していると疑われている事案に対して仮処分や訴訟提起等の手続がなされた旨の告知・発表が新聞や雑誌,インターネットを通じて流布されることがある。この告知・発表自体は権利侵害警告とは別個のものであるが,このような告知・発表も権利侵害警告と密接に関連するためプレスリリースとして本稿で論じることとする。

(1) **訴訟提起のプレスリリース──受け手の属性**

　特許権者が特許権を侵害していると疑われている事案に対して特許訴訟を提起した事実を世に表明することはまま見受けられる。例えば,パチスロ機製造業者信用毀損行為事件で,遊技機業界関連のマスコミ関係者に対する記者会見

---

*14　田村善之『不正競争法概説〔第2版〕』446頁以下。

*15　鈴木將文・判時1870号（判評550号）27頁。

*16　三村量一＝平津慎副「被疑侵害者の取引先に対する知的財産権侵害の告知と信用毀損行為」知財研フォーラム92号75〜78頁。

を行った際，Xの業務に関して，「異常な会社」，「詐欺的行為」である等の発言をした行為及びその内容を業界誌の記事に掲載させた行為が，Yらによる不正競争防止法2条1項13号（現行法では15号）所定の不正競争行為又は名誉毀損の不法行為に当たるとして，Xが，Yらに対し，陳述等の差止め，謝罪広告の掲載及び損害賠償の支払を求めた事案で，東京地裁は，前述の権利行使論と同様に訴訟提起の際の判断基準を採用しつつ「しかしながら，第三者に対する告知が，当該相手方に対して訴訟を提起した事実や当該訴訟における自己の請求の内容や事実的主張，法律的主張の内容を説明するという限度を超えて，当該相手方を根拠なく誹謗中傷する内容にわたる場合には，当該誹謗中傷部分が不正競争行為に該当することがあるものというべきである。」と規範を論じたうえで，XとYの間でなされた特許権の許諾契約の合意解除を前提とするYの発言について，右許諾契約が終了したという事実が認められないことから「虚偽の事実」を述べるものと判断された。そして，損害賠償請求についても認容された。しかし，その控訴審（東京高判平14・6・26（平13(ネ)5552号・4613号）判タ1108号280頁〔パチスロ機製造業者信用毀損行為事件〕）では，「『虚偽』であるかどうかは，その受け手が，陳述ないし掲載された事実について真実と反するような誤解をするかどうかによって決すべきであり，具体的には，受け手がどのような者であって，どの程度の予備知識を有していたか，当該陳述ないし掲載がどのような状況で行われたか等の点を踏まえつつ，当該受け手の普通の注意と聞き方ないし読み方を基準として判断されるべきである。」として虚偽の判断基準を明らかにし，原判決において「虚偽の事実」と判断された部分について非該当と判示した。

(2)　仮処分申立てのプレスリリースと正当な権利行使の関係

　養魚用飼料に関する特許権を保有していた被告が，原告らの取引先に対して原告製品を使用した養魚用飼料の製造販売が被告の特許権を侵害するものであるとして，当該製品の製造販売差止めの仮処分を申し立て，その内容を新聞（インターネット上含む）や自身のウェブサイトに掲載した行為が不正競争行為あるいは不法行為に該当するのかが争われた事件[17]では，東京地裁は，特許権侵害の差止訴訟及びその前提としての仮処分の申立ては特許権者としての裁判を受ける権利の行使であるとし，前述の権利行使論と同様の判断手法を採用し

102　第1章　訴訟前における実務的対応

たうえで本件での仮処分の申立てに至る経緯も不自然な点は見られないことや，被告が仮処分の申立てにおいて特許権侵害の主張・疎明のために必要な範囲で原告製品について主張・疎明したとしても，この訴訟活動は原告らとの関係で違法な不正競争行為に該当すると解することはできないとして不正競争該当性を否定した。また，被告の掲載内容は事実をそのまま伝えるにすぎず違法でもないとして不法行為責任を否定した。

　また，同様の判断枠組みが，原告が日本国外で製造した液晶モジュールを組み込んだ液晶テレビを日本国内で販売していた原告の顧客である量販店を相手方として，販売禁止等の仮処分を申し立てた被告の行為が不正競争防止法2条1項14号（現行15号）の虚偽の事実の告知に該当し，また，本件仮処分申立後，本件仮処分申立ての事実や本件仮処分における自己の申立内容や事実的・法律的主張の内容を説明するために，報道機関への発表を行った被告の行為が同号所定の虚偽事実の告知に該当すると主張して，同法3条1項に基づく差止め及び同法4条の損害賠償請求がなされた事案（知財高判平19・10・31（平18(ネ)10040号・平19(ネ)10052号）判タ1279号284頁〔アクティブマトリックス型表示装置／半導体エネルギー研究所事件〕）でも採用され，仮処分申立ての内容の記者発表について「被告は，本件記者発表により，本件仮処分申立ての事実や本件仮処分事件における自己の申立内容や事実的主張，法律的主張の内容を説明したものであり，その公表自体について，虚偽の事実を告知・流布したものと評価することはできない」としていずれも不正競争行為該当性（不競2条1項15号）を否定しつつも，損害賠償請求については，被告は本件における特許明細書を検討すれば実施可能要件違反の無効理由が存在することを容易に知り得たものであり，ま

＊17　東京地判平18・7・6（平17(ワ)10073号）〔飼料添加物事件〕。なお，ウェブサイトに掲載された内容は次のとおりである。「昭和電工株式会社……は9月6日，東京地方裁判所に対し，日本農産工業株式会社……を債務者とする特許権侵害行為の差止の仮処分を申請いたしましたのでお知らせいたします。当社は……を販売しており，この物質を使用した養魚用飼料……にかかわる特許権を保有しております。日本農産工業株式会社の資料製品には，当社が保有する特許権に抵触すると考えられる製品……が存在するため，同社に対して是正を要請してまいりました。しかしながら，……自体の改善に至らず，当事者間の協議では解決困難との判断に至ったため，司法手続きにより解決を図ることといたしました。なお，当社は今後とも特許権侵害案件に対し，断固たる措置を行う所存であります。」。なお，控訴審である知財高判平19・5・29（平18(ネ)10068号・10073号）では，控訴及び付帯控訴も棄却され原判決が維持されている。

た，通常必要とされる調査を行えば本件特許権に進歩性欠如の無効理由が存在することもまた容易に知り得たこと，本件仮処分申立てに至る両者の交渉態度や経緯を詳細に認定したうえで，被告の本件仮処分申立て及び記者発表はそれぞれ特許権侵害に基づく権利行使という外形を装っているものの，原告の取引先に対する信用を毀損し，契約締結上優位に立つこと等を目的とした行為であり，著しく相当性を欠くとして被告に一般の不法行為責任（民709条）を認めた。

(3) プレスリリースと告知者の主観的見解や判断との関係

不正競争防止法2条1項15号の「事実」とは，過去の事実であるか現在の事実であるかを問わないが，主観的見解・批評や抽象論のような価値判断は事実ではないといわれている[18]。もっとも，単なる個人の主観的見解・批評や価値判断であるのか事実であるのかが判然と区別できない場合も多い。そこで，告知者の主観的判断の告知ないし流布が，「虚偽の事実の告知」に該当するのかが争われる場合もある。サイボーズ虚偽陳述流布事件では，当事者はいずれもコンピュータ・ソフトウェアの開発・販売を業とする会社であり，第1審ではYの著作権侵害に基づく差止め及び損害賠償請求が棄却されたのち，控訴審で和解が成立したが，Yが新聞社に「Xが非を認めたと判断したためです」と和解に至った理由を述べたところ，新聞社が「Xが違法コピーを事実上認めた」との記事を掲載した。そこで，Yが新聞社に上記の内容を述べた行為は虚偽の事実を告知するものであるとしてXはYに対して差止め及び損害賠償等を求めた。東京地裁は「被告メールの記載は，原告が本件和解において『非を認めた』という事実を述べたものではなく，あくまで，被告の和解に至った理由ないし動機について言及したものである。すなわち，その理由として，被告としては原告が非を認めたと判断したからこそ和解に応じた旨の被告の主観的な見解ないし判断を述べているにすぎないものと解される。そして，被告の主観的な見解ないし判断を述べている限りにおいて，被告メールの上記記載をもって，虚偽の事実の告知ということはできない。」と判示した。また，原告が開発し顧客に頒布している人材評価に関する適性テストに関して，被告が当該適性テストは形式が少ないため受検者が攻略しやすい，当該テストの内容は

---

[18] 茶園成樹編『不正競争防止法』116頁。

104　第1章　訴訟前における実務的対応

論理的思考力の形式になっていない等の記載をした文書を顧客に配布した事案（東京地判平17・1・20（平15（ワ）25495号）判例集未登載〔アセスメントサービス事件〕）では，「同項14号が『虚偽の事実』と規定するのは，いずれも証拠等をもって該当性の有無が判断できるような客観的な事項をいうものであって，証拠等による証明になじまない価値判断や評価に関する記述を含まないものと解するのが相当である。けだし，そのような記述は，意見ないし論評の表明として，市場における自由な競争行為の一環として許容されるものというべきだからである。」と判断したうえで結果として上記の記載は被告の単なる意見ないし論評にすぎないとして，市場における自由な競争行為の一環として許容されるとして虚偽の事実ではないと判示された。対して，新聞広告等に模造品について注意するようにとの趣旨を含む広告や特許権侵害の証拠保全申請をしたことの広告をした事案（大阪地判昭49・9・10（昭47（ワ）2171号・昭46（ワ）4803号）〔チャコピー事件〕），著名なピアノメーカーのピアノについて「材料が悪い」「製品が雑である」「音が悪い」「耐久性がない」などの内容の新聞広告をした事案（名古屋地判昭57・10・15（昭53（ワ）1740号・昭55（ワ）1078号）〔ヤマハ特約店事件〕），相手方の製品について「成績があまり芳しからざる」と表明した事案（大阪地判昭27・5・29（昭23（ワ）692号・昭24（ワ）159号）下民集3巻5号719頁〔田所農機事件〕）では，価値判断を含む表現であったとしても事実についての表明であるとして「虚偽の事実の告知」に該当するとした裁判例もある。

(4)　小　　括

　東京地裁及び知財高裁においては基本的には権利行使論に立ちつつ，プレスリリースの受け手の属性や告知者の主観的要件を一般不法行為の要件として柔軟に判断している。また，単なる主観的見解や判断と事実の主張との区別も明確ではない場合も多いことからすると，実務的にはプレスリリースには，相当な注意を払った発表内容の吟味が求められるといえる。

8 警告を受けた場合の対応

山口　裕司

特許権侵害を主張する警告書を受け取った場合に，どのような点に留意して，どのような対応をとるか。また，特許の無効理由の調査は，どのように行うか。

キーワード　警告書，ライセンス交渉，被疑侵害者の対抗手段，無効調査

I　警告書の行間ににじむ特許権者の意図

　警告書の受領は，特許権侵害紛争の勃発を意味する。それは，警告を受けた者の対応いかんによっては，訴訟に発展する可能性をはらむ前哨戦の始まりである。

　特許権者による権利行使の進め方としては，前触れもなく訴状の送達によって被告に紛争の開始を知らせ，被告に準備の余裕を与えずに訴訟を進行させようとする作戦もないわけではない。しかし，特許権者が，被疑侵害者に対して，まず警告書を送付し，検討の機会を与えて，紛争の存在が公になってしまう訴訟の前段階で，提訴のプレッシャーを与えつつ水面下の交渉を行うのは，一般的な方法である＊1。訴訟の提起は，通常，社内において重要な意思決定事項に属し，取締役会などでの決定を要するため，機動的には行いにくく，提訴とその準備にコストもかかる。それゆえ，特許権者にとって，訴訟等の法的手段による前に交渉によって解決を図れるに越したことはない。

　警告を受けた被疑侵害者は，訴訟に発展した場合の結果の見通しや応訴の負

＊1　「一般には，訴訟に要する費用，労力等を考慮し，事前の話合いによる解決の可能性を考えると，いきなり訴えを提起するよりも，このような事前の警告等の手続を取るのが望ましいと考えられているところである。」と判示する裁判例がある（東京高判平14・8・29（平13（ネ）5555号）判時1807号128頁〔磁気信号記録用の金属粉末事件〕。同旨，東京地判平18・7・6（平17（ワ）10073号）判時1951号106頁〔養魚飼料用添加物事件〕）。

106　第1章　訴訟前における実務的対応

担と特許権者との交渉によって解決を図る場合の和解金の支払を天秤にかけて，対応方針を決めなければならない。特許権者による警告が，一種の威嚇や様子伺いにすぎない場合もないとはいえず，被疑侵害者は，特許権者の意図と次の一手を推し量り，特許権者が被疑侵害者による特許権侵害についてどの程度証拠を入手し，確証を得ているのか，提訴される可能性や防御に成功する可能性がどのくらいあるかを推測して，対策を練ることになる。

　なお，特許出願人から出願公開後に特許出願に係る発明の内容の記載書面が提示されて警告された場合には，被疑侵害者は，警告後特許権の設定の登録前の実施についての補償金の支払請求を登録後に受ける可能性がある（特65条）。

II　警告書の内容検討

　警告書は，保有特許権とそれを侵害している被疑侵害者の対象製品を挙げ，製造，販売の中止を求める定型的な文面であることがほとんどであろうが，仔細に見れば，何らかの特徴を抽出することができる。

　差出人が特許権者（又は専用実施権者）なのか，代理人弁護士（又は弁理士）なのか，特許権者である会社から送付されている場合は，どのような担当者が記載されているかは，最も注目される点である。代理人名で送付されていれば，その代理人と法律相談の上で警告書が作成されたということであり，特許権者から送付されるよりも提訴の検討が進んでいることを窺わせる。特許権者の会社の面識のある担当者から送付されているとすれば，代理人を介さずに，会社担当者間での話し合いによる解決を志向しているという意図を汲み取ることもできるであろう。差出人の特許権者や代理人が初めて見る名前であれば，その特許権者や代理人が関与した出願案件や訴訟案件を調べて，今後の出方を予測する材料を集めることも必要になる。

　特許権侵害に基づく製造，販売の中止をあくまで要求するのか，ライセンス交渉がまとまれば，製造，販売を継続できる余地が残されているのかは，交渉に応じることを求める文面から読み取れる場合があるであろう。また，損害算定のための情報の開示まで求め，損害賠償を要求する意思が強いのか，製造，販売の中止がなされれば，損害賠償にはこだわらないのかも，行間を読んでで

も予測して，警告書に対する対応を決めたいところである。

Ⅲ　対象製品による特許権の抵触の検討と設計変更

　次に，警告書に挙げられている特許権と対象製品の検討がもちろん必要である。警告書に１件又は限られた数の特許権が明示され，対象製品が侵害している根拠まで示されている場合は，対象製品が当該特許権に抵触するかを早速検討しなければならない。警告書に，個々の検討が容易でないほどの多数の特許権が外国特許権も含めてリストとして挙げられている場合や，対象製品が保有特許権に抵触することが示唆されているものの具体的な権利の抵触についての説明が省かれている場合は，個々の権利の抵触の議論に入る前提として，包括的なライセンス交渉のテーブルに着くのかどうかの選択を迫っているのだと理解される。特許権者の，個々の権利の抵触の有無とともに，全体としての特許力を評価して，ライセンス交渉の対応方針を練らなければならない。

　被疑侵害者が，対象製品による特許権の抵触を争うのは難しいと認識した場合，製品の設計変更により侵害行為を回避して，差止めや損害賠償の対象とならない製品の販売に切り替えることも検討の俎上に載ることになるであろう。ただ，製品を切り替えたのは，切り替え前の製品による特許権侵害を自認する行為であると特許権者に主張されて，槍玉に挙げられる可能性もある。

Ⅳ　無効理由の調査

　特許権者が権利行使をしようとしていることに対する防御策としては，特許庁の無効審判請求，特許異議の申立て又は特許侵害訴訟における特許無効の抗弁の主張を行うことも考えられる。そのために，先行文献を調査したり，公然実施の証拠を探したりして，無効理由の主張を組み立て，無効をどの手続の中で主張するかを検討することになる。

　先行文献の調査は，主に国内外の特許文献をデータベース検索することにより行われる（以前は，大阪府立特許情報センターにおいて紙の公報資料を手めくりすることも行われていたが，2010年に紙資料の閲覧サービスは終了した）。また，例えば，業界

誌（業界紙）の記事などから，非特許文献を探すことも行われる。出願前に発明が公然実施されていたことを立証するために，製品の広告や実機を入手することもある（東京地判平14・2・26（平13(ワ)10007号）裁判所ホームページ〔熱転写プリンタ事件〕）。

V　カウンター特許の調査

　警告をしてきた特許権者とのライセンス交渉や特許侵害訴訟が避けられない状況において，被疑侵害者が，クロスライセンスの交渉に持ち込む，あるいは対抗訴訟を提起できるようにするために，警告者に対して侵害を主張できる自社特許，すなわちカウンター特許がないかを調べることも対策として重要になる。警告をしてきた特許権者の売上高が被疑侵害者に比べて大きい場合，カウンター特許の侵害を主張できれば，警告書に示された特許権の侵害で被疑侵害者が警告をしてきた特許権者に対して賠償すべき損害額よりも，カウンター特許の侵害で警告をしてきた特許権者が被疑侵害者に対して賠償すべき損害額のほうが大きくなる可能性もあるから，紛争における対立当事者の形勢は大きく変わることになる。

VI　回答書の内容

　警告書は，検討結果を一定の期間内に回答するように求め，回答いかんによっては法的手段をとることも辞さない旨の文章で締め括られているのが通常である。設定された検討期間が短すぎる場合は，回答期限の猶予を求めるとりあえずの回答書の送付を間に挟むなどしながら，検討を進め，回答をすることになる。回答内容は，侵害を一切否定するものから，侵害を認め，販売中止等の対応をとったことを説明するものまで，千差万別であろう。被疑侵害者が，回答書の送付後の交渉の展開を見通せずに，回答書では侵害を認め，謝罪の意思を示したにもかかわらず，損害賠償に議論が及ぶと，一転して責任を回避しようと矛盾した対応をする例も見受けられるが，賢明とはいい難い。警告書が送付された段階から，特許権侵害紛争は勃発しているのであるから，隙のない法

的対応がとれるように，弁護士のアドバイスを得ながら対応することは不可欠だといえよう。

Ⅶ　対抗する法的手段の選択

(1)　特許権侵害訴訟における防御
特許権者が，回答いかんによっては法的手段をとることも辞さないと述べる際に念頭にある法的手段とは，通常，特許権侵害に基づく差止請求や損害賠償請求の訴訟の提起である。

被疑侵害者としては，特許権者が提起すると予測される特許権侵害に基づく差止請求や損害賠償請求の訴訟に備えて，防御の準備を進めることがまず必要となる。特許権侵害訴訟における防御方法としては，主に，特許権の抵触を争うとともに，特許無効の抗弁（特104条の3）を主張することが考えられる。

(2)　特許異議の申立て，無効審判請求
前述のように，特許権侵害訴訟の中で特許無効の抗弁を主張するだけでなく，特許異議の申立てや無効審判請求により，対象特許の有効性に関して特許庁の判断を仰ぐことが，被疑侵害者にとって有利に働くこともある。特許異議の申立てでは特許維持決定が出された場合には不服申立てができないが（特114条4項・5項），無効審判請求では，無効審決でも有効審決でも，知財高裁に審決取消訴訟を提起することができる。地裁の特許権侵害訴訟についての判決と特許庁の無効審判についての審決が対象特許の有効性について異なる結論をとることもあり，審理が知財高裁に移る段階で判断が事実上統一されることになるにせよ，より有利な判断を得られることを期待して，また，先に出た判断が後に出る判断に及ぼす事実上の影響も考慮して，ダブルトラックでの審理が進められることになる。

(3)　債務不存在確認請求訴訟
特許権者から警告書を受けたが，交渉が暗礁に乗り上げ，膠着状態となる中で，特許権者が特許権侵害に基づく差止請求や損害賠償請求の訴訟を提起するのに先立って，被疑侵害者のほうがイニシアティブをとって，特許権侵害に基づく損害賠償債務等の不存在確認請求の訴訟を提起し，法廷で白黒をつけよう

とすることも行われる。

(4) 不正競争防止法違反に基づく対抗訴訟

被疑侵害者が特許権侵害を行っている旨を被疑侵害者の取引先等に対して警告する行為は，実際には特許権に抵触していなかったり，特許権が無効であったりした場合には，信用毀損行為，すなわち，「競争関係にある他人の営業上の信用を害する虚偽の事実を告知し，又は流布する行為」(不競2条1項15号) に該当し得ることが裁判例で認められている。そのため，警告行為の差止仮処分・差止請求訴訟や警告行為についての損害賠償請求訴訟は，特許権者の警告に根拠が乏しい場合の被疑侵害者による対抗手段の一つとなる。

ただ，警告行為を信用毀損行為として責任を問える場合についての判断の枠組みは，以下のように裁判例によって分かれており，近時新しい判断も下されている。

(a) 違法性判断説

東京高判平14・8・29 (平13(ネ)5555号) 判時1807号128頁〔磁気信号記録用の金属粉末事件控訴審〕は，訴え提起が違法な行為となる場合について判示した最判昭63・1・26 (昭60(オ)122号) 民集42巻1号1頁を引用した上で，「競業者の取引先に対する前記告知行為が，特許権者の権利行使の一環としての外形をとりながらも，社会通念上必要と認められる範囲を超えた内容，態様となっている場合，すなわち，権利行使に名を借りているとはいえ，その実質が，むしろ，競業者の取引先に対する信用を毀損し，当該取引先との取引ないし市場での競争において優位に立つことを目的としてされたものであると認められる場合には，当該告知の内容が結果的に虚偽であれば，もはやこれを正当行為と認めることができないことは明らかであるから，不正競争行為となり，特許権者がこれに対して責任を負うべきことは当然である。そして，競業者の取引先に対する警告が，特許権の権利行使の一環としてされたものか，それとも特許権者の権利行使の一環としての外形をとりながらも，社会通念上必要と認められる範囲を超えた内容，態様となっているかどうかについては，当該警告文書等の形式・文面のみならず，当該警告に至るまでの競業者との交渉の経緯，警告文書等の配布時期・期間，配布先の数・範囲，警告文書等の配布先である取引先の業種・事業内容，事業規模，競業者との関係・取引態様，当該侵害被疑製品へ

の関与の態様，特許侵害争訟への対応能力，警告文書等の配布への当該取引先への対応，その後の特許権者及び当該取引先の行動等の，諸般の事情を総合して判断するのが相当である。」と述べ，特許権者による特許権等の正当な権利行使の一環としてなされた警告行為を正当行為として違法性を阻却させ，その際に諸般の事情を総合して判断する考え方をとっている。同様の判示を行う裁判例は，相当数存在する*2。

　また，大阪地判平19・2・15（平17(ワ)2535号）裁判所ホームページ〔生理活性物質測定法事件〕は，「告知・流布内容が虚偽である場合には，特許権者の主観的な意図，目的にかかわらず，当該告知・流布行為は一般に違法性を有すると解するのが相当であり，それが特許権の行使であることの一事をもって違法性を欠く正当な行為とされるべきものではない。このことは，特許権者が，差止仮処分を得てこれを執行したが，後に本案訴訟等においてその被保全権利が存しないことが確定したことにより仮処分決定が当初から不当なものであったことが確定した場合に，その執行に出た行為が，法的手続に則った特許権の行使であるにもかかわらず，一般に違法な行為と評価すべきこととの均衡からしても裏付けられるところである。」と一般論を述べた上で，「もっとも，特許権者が，競業者の取引先を相手方として，その取引先が競業者の製品を販売する行為が自社の特許権を侵害するものであるとして，仮処分を申し立てたり，特許権侵害訴訟を提起したりすることは，たとえそれによって取引先に競業者の営

---

*2　同旨，東京地判平13・9・20（平12(ワ)11657号）判時1801号113頁〔磁気信号記録用の金属粉末事件第1審〕，東京地判平14・12・12（平9(ワ)24064号・平11(ワ)19166号）判時1824号93頁〔無洗米製造装置事件〕，東京地判平15・10・16（平14(ワ)1943号）判時1874号23頁〔サンゴ砂米国特許権事件〕，東京地判平18・8・8（平17(ワ)3056号）裁判所ホームページ〔合成樹脂製クリップ事件〕，東京地判平18・10・11（平17(ワ)22834号）裁判所ホームページ〔地震時ロック装置事件〕。なお，東京地判平18・9・26（平17(ワ)2541号）判時1962号147頁〔ローズ・オニール著作権事件〕は，「他人の営業上の信用を害するか否かは，対象となる文言のみならず，告知文書の他の部分や添付された文書の記述をも併せて読むことにより，全体として虚偽といえるかどうか検討すべきであり（最高裁平成6年(オ)第1082号同10年7月17日第二小法廷判決・裁判集民事189号267頁参照），告知文書の形式・趣旨，告知の経緯，告知文書の配布先の数・範囲，告知の相手方のその後の行動等の諸般の事情を総合して判断すべきである。そして，虚偽の事実であるか否かは，告知内容について告知の相手方の普通の注意と読み方・聞き方を基準として判断すべきである（最高裁昭和29年(オ)第634号同31年7月20日第二小法廷判決・民集10巻8号1059頁参照）。」と述べて，他の2つの最高裁判決も引用して，全体的な検討や判断基準についても明らかにしつつ，諸般の事情を総合して判断する考え方を示している。

112　第1章　訴訟前における実務的対応

業上の信用を害する虚偽の事実を告知することになり，またその認識判断に過失が認められるとしても，裁判を受ける権利を保障する観点からして，特許権者が，事実的・法律的根拠を欠くことを知りながら，又は，特許権者として，特許権侵害訴訟の提起，あるいは，仮処分の申立てをするために通常必要とされている事実調査及び法律的検討をすれば，事実的・法律的根拠を欠くことを容易に知り得たといえるのにあえて訴訟等を提起し，あるいは，仮処分を申し立てた場合に限って違法になると解するべきである（最高裁判所昭和63年1月26日第三小法廷判決・民集42巻1号1頁参照）。そして，特許権者が競業者の取引先に対して訴訟を提起することを考える場合であっても，いたずらに訴訟を提起するのではなく，これに先立って，当該取引先に対し特許権を侵害しているとの警告等を行い，事前の話合いによる解決の道を探求することは，訴訟手続に要する当事者及び国家の負担を回避する見地からむしろ奨励されるべき行為である。そうすると，そのような警告等が，当該警告等に至る経緯，当該警告等の態様（内容，文面，規模，状況等），当該警告後の経緯等に照らして，当該取引先に対する訴訟提起の前提としての事前の真摯な紛争解決探求行為と認められるものである場合には，訴訟提起に準じるものとして，同様に違法性を有しないと解するのが相当である。」と判示しており，訴訟提起の前の真摯な紛争解決探求行為と認められる場合に違法性阻却を認める考え方を示している。

　(b)　故意・過失判断説

　東京地判平18・7・6（平17(ワ)10073号）判時1951号106頁〔養魚飼料用添加物事件〕は，まず，「特許権者の権利行使の一環としての警告書の送付行為は，それが特許の無効あるいは技術的範囲の解釈により，最終的に侵害行為とは認められないとの判断が確定し，不正競争防止法上の虚偽事実の告知又は流布に当たると解されるとしても，特許権者の権利行使を不必要に萎縮させないことと，営業上の信用を害される競業者の利益の保護との両方の要素を考慮しながら，その故意又は過失の有無については，事案に応じて適切に判断すべきである。」と述べ，「特許権者が，事実的，法律的根拠を欠くことを知りながら，又は，特許権者として，特許権侵害訴訟の提起，あるいは，仮処分の申立てをするために通常必要とされている事実調査及び法律的検討をすれば，事実的，法律的根拠を欠くことを容易に知り得たといえるのにあえて訴訟等を提起し，あ

るいは，仮処分を申し立てた場合には違法となるが，そうでない場合には，特許権者としての裁判を受ける権利の行使であり，正当行為として違法性を阻却されるものと解すべきである（最高裁昭和63年1月26日第三小法廷判決・民集42巻1号1頁）。」として訴訟等の提起において違法性が阻却される余地を認めつつ，「特許権者が侵害行為を行う者に対し，特許権侵害の警告書を送付する行為は，これを訴えを提起する行為と同一視することはできないとしても，それとの比較からいっても，その行為が，警告書送付行為時においては，相応の事実的，法律的根拠に基づいてなされ，かつ，警告書の内容，配布先の範囲，枚数等の送付行為の態様などから，特許権等の正当な権利行使の一環としてなされたものと認められる場合には，当該行為について，故意はもちろん過失も否定されるべきであると解すべきである。これに対し，特許権侵害について，事前の事実的，法律的調査が不十分なまま，警告書を送付するに至った場合については，当該不正競争行為について過失が認められるべきであるし，また，競業者の取引先に対する警告等が，特許権者の権利行使の一環としての外形をとりながらも，その目的が競業者の信用を毀損して特許権者が市場において優位に立つことにあり，その内容，態様等において社会通念上必要と認められる範囲を超えたものとなっている場合などには，当該不正競争行為について，故意ないしは少なくとも過失が認められ得るものというべきである。」として，警告書を送付する行為について故意・過失の否定される余地を認めている*3。訴訟等の提起において違法性阻却をなし得，警告書を送付する行為において故意・過失の否定をなし得るとして，異なる法的取扱いを行う理論的根拠は必ずしも明らかではない。

　大阪地判平29・6・15（平28(ワ)5104号）裁判所ホームページ〔手洗器付トイレタンクのボウル用シート意匠権事件〕は，「不正競争の成否を判断するに当たり，条文にない主観的要件を解釈により加え，これにより要件該当性，違法性阻却を論じることは，不正競争防止法の趣旨に沿うものではないといえる。」とし，「侵害警告の段階に留まるのであれば，これを知的財産権に基づく訴訟提起と

＊3　控訴審の知財高判平19・5・29（平18(ネ)10068号・10073号）裁判所ホームページも，原判決の理由を引用している。

114　第1章　訴訟前における実務的対応

同様に扱うことはできないし，また他方で，客観的には権利行使とはいえない
侵害警告により営業上の信用を害された競業者の事後的救済の観点も十分に考
慮されるべきである。」と述べて，「知的財産権の権利行使の一環であったとの
主観的事情を含む被告が違法性阻却事由として主張する事実関係については，
不正競争であることを肯定した上で，指摘に係る権利行使を委縮させるおそれ
に留意しつつ，そもそもの知的財産権侵害事案における侵害判断の困難性とい
う点も考慮に入れて，同法4条所定の過失の判断に解消できる限度で考慮され
るべきである。」と判示し，条文解釈から過失で判断する考え方を導いてい
る。また，侵害品を事業として自ら製造する第1次侵害者と侵害品を製造者か
ら仕入れて販売するだけの第2次侵害者の場合を対比して，「こと第2次侵害
者に対して侵害警告をする場合には，権利侵害であると判断し，さらに侵害警
告することについてより一層の慎重さが求められるべきである。したがって，
正当な権利行使の意図，目的であったとしても，権利侵害であることについ
て，十分な調査検討を行うことなく権利侵害と判断して侵害警告に及んだ場合
には，必要な注意義務を怠ったものとして過失があるといわなければならな
い。」とも判示し，過失を否定できる場合を限定的に捉えている。

　(c)　違法性及び故意・過失判断説

　知財高判平23・2・24（平22(ネ)10074号）判タ1382号335頁〔雄ねじ部品事件〕
は，「1審被告の1審原告に対する不競法2条1項14号（筆者注：現15号）によ
る損害賠償責任の有無を検討するに当たっては，特許権者の権利行使を不必要
に萎縮させるおそれの有無や，営業上の信用を害される競業者の利益を総合的
に考慮した上で，違法性や故意過失の有無を判断すべきものと解される。」と
判示し，「無効理由について1審被告が十分な検討をしなかったという注意義
務違反を認めることはできない。……本件告知行為は，その時点においてみれ
ば，内容ないし態様においても社会通念上著しく不相当であるとはいえず，本
件特許権に基づく権利行使の範囲を逸脱するものとまではいうこともできな
い。」と判断して，原審の東京地判平22・9・17（平20(ワ)18769号・平21(ワ)
22773号）が，被告が本件告知行為を行うに当たって注意義務を尽くしたとは認
めず，本件告知行為を違法性のない正当行為とも認めずに不正競争防止法に基
づく損害賠償請求を一部認容した部分を棄却に変更した。

東京地判平29・2・17（平26（ワ）8922号）裁判所ホームページ〔歯列矯正ブラケット事件〕は、「登録された特許権について、後にその有効性が争われて結果として無効とする審決が確定したことによって特許権が存在しないとみなされたために、当該特許権の特許権者による侵害警告行為が不競法2条1項14号（筆者注：現15号）の虚偽の事実の告知に当たる場合において、当該特許権者が損害賠償責任を負うか否かを検討するに当たっては、無効理由が告知行為の時点において明確なものであったか否か、無効理由の有無について特許権者が十分な検討をしたか否か、告知行為の内容や態様が社会通念上不相当であったか否か、特許権者の権利行使を不必要に委縮させるおそれの有無、営業上の信用を害される競業者の利益を総合的に考慮した上で、当該告知行為が登録された権利に基づく権利行使の範囲を逸脱する違法性の有無及び告知者の故意過失の有無を判断すべきである。」と述べ、総合的な考慮の上で違法性と故意・過失の両方を判断する考え方を示している。

(d) 裁判例のまとめ

警告行為を信用毀損行為として責任を問うことができない事情を違法性及び／又は故意・過失のいずれで判断するかについては様々な判断が出ている状況で、今後の裁判例の向かう理論的な方向を見通すことは難しいが、詳細なリストからなる諸般の事情を総合して判断する考え方は見直される傾向にあると思われる。

さらに、FRAND宣言をした被告プール特許権者が、FRAND条件によるライセンスを受ける意思のある者に差止請求権を行使することが権利の濫用となることを前提として、差止請求権を行使できるかのように告知することが信用毀損行為になるかという新しい問題も裁判で争われるようになっており[4]、明快かつ妥当な判断基準を示す裁判例の蓄積が期待される。

(5) 調停・仲裁

警告書を受領して、権利者と被疑侵害者との間の交渉が行われ、裁判によらない紛争解決手段である調停や仲裁によって解決する合意ができる場合もあ

---

[4] 東京地判平27・2・18（平25（ワ）21383号）判時2257号87頁〔ブルーレイディスク製品事件〕。山口裕司「不競法と独禁法（および景表法）の交錯」Business Law Journal 2015年9月号76頁参照。

116　第1章　訴訟前における実務的対応

る。調停については，裁判所における専門調停を利用することもできる。日本知的財産仲裁センターは，日本弁護士連合会と日本弁理士会が共同で運営する知的財産分野の専門的な調停・仲裁機関であって，業務国際化への取り組みが進められており[5]，また，全国8箇所に拠点があるので，地方における知的財産紛争解決の受け皿としての活用が望まれる。

＊5　「日本知的財産仲裁センター」事業に関する委員会「『業務国際化への取り組み』と『事業に対する特許の貢献度評価』のスタート」日本知的財産仲裁センターニュース No. 3（2017年1月1日発行）。

9 紛争解決手段の選択

井上　裕史

> 特許権侵害紛争を解決する手段として，どのようなものがあるか。それぞれのメリットとデメリットは何か。

キーワード　交渉，調停，仲裁，民事裁判（保全，訴訟），刑事告訴

I　紛争解決手段の選択

特許権侵害紛争を解決する手段には，大別すれば，独力や弁護士などの専門家のアドバイスを参考にしながら交渉などによって解決する手段と，仲裁機関や裁判所などの第三者の助力を借りながら解決する手段があり，また，紛争の拡大を防止する手段がある。

交渉による解決手段
　　　　・交渉（自社担当者による）
　　　　・交渉（弁護士などの専門家による）
仲裁機関や裁判所などを利用した解決手段
　　　　・調停（日本知的財産仲裁センターなどの ADR）
　　　　・民事調停（裁判所）
　　　　・仲裁（日本知的財産仲裁センターなど）
　　　　・特許侵害訴訟（裁判所）
　　　　・刑事告訴（警察・検察庁）
紛争の拡大防止
　　　　・保全手続（裁判所）
　　　　・輸入差止申立て（税関）

第三者の助力を借りながら解決する手段としては，裁判所における「民事調停」や知的財産権侵害紛争を専門的に処理する ADR 機関である日本知的財産仲裁センターなどにおける「調停」，同センターなどでの「仲裁」，裁判所にお

ける「特許権侵害訴訟」，及び，判決に基づく「執行」，警察や検察に対する「刑事告訴」などがある。また，交渉や訴訟等と並行しながら，既に発生している特許権侵害の拡大を防止したり，将来的に発生が予想される特許権侵害の発生を予防するために，裁判所において相手方の特許権侵害行為を暫定的に禁止してもらう「保全」や，税関における「輸入差止申立て」などの手段がある。

　もっともこれらの手段は，制度上，いずれかを選択すれば，他の手段が全く選択できないというものではない。特許権侵害紛争を迅速に解決するためには，事案の性質や交渉の相手方事情などの状況に合わせて，適切なタイミングで適切な手段を選択しながら紛争解決を模索することになる。

Ⅱ　交渉による解決手段

(1)　交渉による解決（和解）

　特許権侵害紛争に限らず，交渉による解決は，最も重要な紛争の解決手段である。第三者の助力による紛争解決手段を選択した場合でも，多くの場合は，当事者間の和解により解決するのであるから，交渉による解決の可能性は，常に模索するべきである。

(a)　交渉の方法

　交渉は，企業の法務部や知的財産部が窓口になる場合，弁護士や弁理士などの専門家が窓口になる場合のいずれもある。専門家に依頼した場合，一般的には企業内の稟議を経ている場合が多く，安易な解決が困難になる場合が多い。他方，専門家に依頼した場合には，和解の具体的な内容について，豊富な経験に基づく多彩な提案が期待でき，思わぬ紛争解決方法が見つかることも稀ではない。

(b)　交渉での紛争解決のメリット及びデメリット

　和解は，強行法規に違反しない限り，当事者間の合意でどのような内容も許される点に最大のメリットがある。和解においては特許権を侵害したかどうかを明確にすることも要しない。特許権を侵害したかどうかはグレーにしておいて，解決金名目で金銭を支払うことは頻繁にみられる手法である。また，金銭

を支払うことが困難な場合には，被疑侵害者が有する他の特許権を実施許諾して，相互に相手方の特許権を使用できる状態（クロスライセンス契約）にして，双方とも実施料を支払わないという手法もある。また，将来の実施に対しては実施料を支払うが過去の損害賠償は請求しないとか，損害賠償は支払わないが特許権者から原材料を購入することで紛争を解決する手法もある。

　特許権者側は，合意後に特許権が無効となった場合であっても，受領した解決金（損害賠償金）を返還しないことや，被疑侵害者が後日，当該特許権の有効性を争わないなどの条項を求めるのが一般的である。

　合意書には，被疑侵害物品の製造販売を中止することを約束する条項，損害賠償の支払に関する条項などが記載される。紛争が特許権者が当該特許権を実施許諾することで解決した場合には，特許権の実施許諾に関する条項（実施の範囲や実施料の支払に関する条項）が定められる。また，事案によっては，特許権侵害を認める確認条項や謝罪条項が定められる場合もあるが，これらの条項がない場合でも，特許権侵害紛争を解決するための合意書の効力に影響はない。

　他方，交渉では，双方が合意に至る裏付けがなく，紛争が終局的に解決する保証がない点，また，合意に至って和解した場合でも，和解内容が確実に履行されるかどうかが不安定な面でデメリットがある。よって，交渉においては，当事者間での合意が難しいと感じた場合には，調停や訴訟などの別の手続を並行して利用することを検討する必要がある。また，和解が成立した場合でも，相手方の信用度が低いときは，公正証書を作成するなど確実に履行されるように手続を行うことが有効である。

(2)　和解内容を確実に履行するための手続

(a)　合意書の作成

　交渉によって特許権侵害紛争が解決する場合，当事者間で，合意した内容を確認するための合意書（和解書）を作成するべきである。合意書を作成することによって，当事者間で合意した内容が明確になり，後日，特許権侵害紛争の蒸し返しが生じる可能性が大幅に減殺される。

　当事者間で作成された合意書は，当事者間で合意された事項を立証するための書類であるが，相手方が合意書に記載された事項に違反した場合でも，当該合意書に基づいて，相手方の財産に執行したり，侵害物品の廃棄などの執行手

続ができるわけではない。

　仮に相手方が和解内容に違反して，侵害品の販売を中止しなかった場合や損害賠償を支払わない場合には，裁判所において，相手方に対して，合意事項に違反したことを理由に，差止めや損害賠償請求訴訟を提起して，確定判決を得たうえで，執行手続等を行うことになる。もっとも被疑侵害者は，合意が錯誤により無効であるなどの反論は可能であるが，特許権を侵害していないなどの反論はできないことから，裁判所での判断事項は，大幅に限定され，早期の判決が期待できる。

　(b)　訴え提起前の和解（民訴275条）

　合意書の履行について，不安がある場合には，簡易裁判所における訴え提起前の和解などの手続を利用することができる。訴え提起前の和解で作成された和解調書は，確定判決と同一の効力がある（民訴267条）。仮に相手方が和解内容に違反して，侵害品の販売を中止しなかった場合や損害賠償を支払わない場合には，和解調書に基づいて直ちに執行手続を行うことができる。

　(c)　執行許諾文言付公証証書

　公正証書も執行許諾文言を付せば，直ちに執行手続を行うことができる。ただし，公正証書に対し，作成時に錯誤があったなどと和解の有効性を争うことも不可能ではないことから，訴え提起前の和解と比較した場合，法的安定性は劣る。

Ⅲ　第三者の助力による解決手段

　特許権侵害紛争においては，被疑侵害者が特許権侵害行為を行っているかどうかが客観的に明らかでない場合や，被疑侵害者が特許発明の技術的範囲に属する行為を行っていることに争いがない場合でも，そもそも特許権に無効理由があり，権利行使が許されないなどの抗弁（特104条の3）が主張される結果，交渉が行き詰まることも多い。そのような場合，第三者の助力による解決手段を採用することになる。

(1)　調　　停

　調停とは，調停人が紛争当事者に解決案を示す等して，紛争当事者間の和解

による紛争解決を図る手続である。調停には，裁判所における民事調停（民調2条）と，知的財産権侵害紛争を専門的に処理するADR機関である日本知的財産仲裁センターなどで行われる調停とがある。

(a) 調停のメリットとデメリット

調停のメリットは，紛争の解決が当事者の自由意思に委ねられていることであり，交渉による解決と同様，極めて柔軟な紛争解決方法が選択でき，解決方法の自由度が極めて高い。調停が，当事者間の任意の交渉よりも優れている点は，調停委員（調停人）が，双方の意見を聴いたうえで，紛争の解決方法を模索し，双方に和解案を提案する点にある。調停委員は，条理（道徳，常識，社会一般の規範意識）に基づいて，紛争の解決に尽力するものとされ，客観的な立場から双方に公平な和解案が期待できる。むろん当事者は，調停委員のこれらの意見に同意することを強要されるものではないが，訴訟になった場合，第三者がどのように考えるかを知る重要な機会である。また，後述するように，裁判上の調停や認定紛争解決機関における調停は，時効中断効や裁判上の和解と同一の効果が認められており，紛争の確実な解決が担保されている。

また，調停が，訴訟などの手続よりも優れている点は，調停での話し合いの内容や結論が，第三者に公開されない点にある。

反面，調停のデメリットは，双方が合意しなければ紛争が最終的に解決せず，改めて訴訟を提起しなければならない点であり，侵害品の販売が継続されており，一刻も早く解決すべき場合には，調停を選択するべきではない。調停を選択しても，調停で話し合いがまとまらないと考えられる場合，又は，状況が変わって，調停による解決を望まない場合はいつでも不調にすることが可能であるから，時間的な制約がある場合以外は，調停を選択することに対する大きな支障となるわけではない。

(b) 調停の法的効果（裁判上の調停）

裁判上の調停において，当事者間に合意が成立し，これを調書に記載したときは，調停が成立したものとし，その記載は，裁判上の和解と同一の効力を有する（民調16条）。

また，裁判上の調停申立てが不成立となった場合，「申立人がその旨の通知を受けた日から2週間以内に調停の目的となった請求について訴えを提起した

122　第1章　訴訟前における実務的対応

ときは，調停の申立ての時に，その訴えの提起があったものとみなす。」（民調19条）とされている。すなわち，消滅時効完成が迫ったときでも，裁判上の調停を申し立てておけば，消滅時効の完成を中断する効果が認められる。

(c)　認証紛争解決機関における調停の法的効果

第三者の専門的な知見を反映して紛争の実情に即した迅速な解決を図ることを目的として，平成16年に「裁判外紛争解決手続の利用の促進に関する法律」が公布され，民間でのADR（Alternative Dispute Resolution）の利用が活発になっている。特許権侵害紛争についても，日本知的財産仲裁センターが認証紛争解決機関として，調停と仲裁に当たっている。

認証紛争解決機関での調停は，裁判上の和解と同一の効力が認められるわけではないが，調停が不成立となった通知を受けた日から1月以内に当該認証紛争解決手続の目的となった請求について訴えを提起したときは，時効の中断に関しては，当該認証紛争解決手続における請求の時に，訴えの提起があったものとみなすとされている（時効中断効，裁判外紛争解決手続の利用の促進に関する法律25条）。

(2)　仲　　裁

仲裁は，当事者双方が仲裁人の判断に服するという仲裁合意のもと，仲裁人による仲裁判断によって紛争を解決する手続である。仲裁の対象となるのは，当事者が和解することができる民事上の紛争（仲裁13条1項）であるから，特許権紛争の場合には，特許権侵害の差止めや損害賠償をめぐる紛争は仲裁の対象となるが，特許の有効性そのものをめぐる争いは特許庁の無効審判手続に専属的に委ねられており，仲裁適格を否定すべきものとされている[1]。

(a)　仲裁手続のメリットとデメリット

仲裁のメリットは，仲裁人の判断が終局的な判断となるため，迅速な紛争解決を期待できる点にある。また，仲裁では，当事者の仲裁合意により仲裁地（仲裁廷）のみならず，仲裁に用いる言語，仲裁人の人数や決定方法などが自由に設定できる点にメリットがある。また，調停と同様に，仲裁内容や結果は非公開であり，形式にとらわれない処理が可能であることも調停と同様である。

---

[1]　青山善充「仲裁契約」高桑昭＝道垣内正人編『新・裁判実務大系(3)国際民事訴訟法』420頁。

また，仲裁判断は，後述するように多国間で容易に執行でき，仲裁を利用する極めて大きな動機づけになっている。

また，仲裁合意が存在する場合，調停や訴訟などの法的な手続は利用できないことから，紛争の一回的解決が期待できる。ライセンス契約等に仲裁合意が存在する場合に，当該ライセンス契約が解除されたとしても仲裁合意の効力が遡って無効になるわけではないから，仲裁合意に反して提起された訴訟は，訴訟要件を欠くとして却下されることになる（東京地判平17・10・21（平17（ワ）14441号）判時1926号127頁）。

仲裁は，上記のようなメリットを有する一方，その前提として仲裁合意が必要であること，調停人の判断に対して異議を述べる機会がないこと，調停機関の合意が困難であることなどのデメリットがある。

(b)　仲裁合意（仲裁2条1項）

「既に生じた民事上の紛争又は将来において生ずる一定の法律関係（契約に基づくものであるかどうかを問わない。）に関する民事上の紛争の全部又は一部の解決を一人又は二人以上の仲裁人にゆだね，かつ，その判断（以下「仲裁判断」という。）に服する旨の合意」をいう。仲裁契約の効力は，当事者間に特段の合意がない限り，主たる契約の成立に瑕疵があっても，これによって影響を受けない（最判昭50・7・15民集29巻6号1061頁）。

(c)　仲裁機関

仲裁を行う機関（仲裁廷）は，「仲裁合意に基づき，その対象となる民事上の紛争について審理し，仲裁判断を行う一人の仲裁人又は二人以上の仲裁人の合議体をいう。」（仲裁2条2項）と定義されており，当事者の合意により自由に決定される。国際商業会議所（ICC）や国際商事仲裁協会（JCAA）が，仲裁廷として合意されることが多いが，特許権侵害紛争では，日本知的財産仲裁センターが，仲裁廷として合意されることもある。

(d)　仲裁の法的効力

(イ)　時効中断効　　仲裁法29条2項は，「仲裁手続における請求は，時効中断の効力を生ずる。ただし，当該仲裁手続が仲裁判断によらずに終了したときは，この限りでない。」と定めており，仲裁請求がなされると消滅時効は中断される。

124　第1章　訴訟前における実務的対応

　(ロ)　執行力　　仲裁法45条は,「仲裁判断 (仲裁地が日本国内にあるかどうかを問わない。以下この章において同じ。) は,確定判決と同一の効力を有する。ただし,当該仲裁判断に基づく民事執行をするには,次条の規定による執行決定がなければならない」と定めており,わが国以外の仲裁判断でも確定判決と同一の効力を認めている。この規定は,1958年の「外国仲裁判断の承認及び執行に関する条約」(いわゆる「ニューヨーク条約」) において,締結国に設けることを義務付けられたものであり,現在140ヵ国以上の締結国で同様の規定が設けられている。そのため,特許権紛争が複数の国家間にまたがっている場合 (例えば,日本の企業が日本と中国で特許権を有しており,中国企業が日本と中国で特許権侵害行為を行っている場合),日本の裁判所で特許権侵害に基づく確定判決を取得しても,中国で直ちに執行することはできないのに対し,仲裁による合意事項は,中国でも執行が可能となり,紛争の一回的な解決を実現することが可能である。また,上記の場合,仲裁では日本と中国での侵害を一度に解決することが可能であり,複数国での訴訟手続等が不要であるから,紛争解決費用が軽減できる。

　(3)　**訴訟** **(特許権侵害訴訟)**

　民事訴訟は,私法上の権利義務をめぐって生じた具体的紛争について,国家が公平な第三者の立場から,抽象的な法理を適用して解決を図る手続 (刑事・行政訴訟を除く訴訟手続) である。民事訴訟のうち,特許権侵害訴訟は,平成12年の民事訴訟法の改正で,第一審を大阪地方裁判所と東京地方裁判所の知的財産専門部が,控訴審を知的財産高等裁判所が専属的に管轄することになったこともあり,近時,審理期間,判断内容とも特許権侵害紛争を解決する極めて有効な手段となっている。

　なお,審理構造については,**本書11**「特許権侵害訴訟の審理の特徴と概要」を参照されたい。

　(a)　訴訟のメリット

　訴訟のメリットは,専門の裁判官が,客観的な観点から最終的な判断を示すことから,紛争が必ず解決する点にある。当事者は,訴訟の推移や裁判官の心証などを見極めながら,裁判上での和解交渉や裁判外での交渉により,適宜紛争解決を試みるから,審理の途中で紛争が解決することになるが,審理途中で当事者間での任意の和解が成立しない場合であっても,「判決」という最終的

な決定を得ることができるので，結果的に，早期に確実な紛争解決が期待できる。

(イ) 審理期間　特許権侵害紛争を含む知的財産権関係民事事件の平均審理期間は，平成28年の統計によれば，第一審で13.3ヵ月，控訴審の知的財産高等裁判所で8.3ヵ月となっている。この期間は，最終的に判決がなされる期間であり，それまでに訴訟上の和解や訴訟外での解決の可能性があることを考えれば，当該審理期間内で特許権侵害紛争が最終的に解決するという意味で，極めて良好な紛争解決手段である（**図表1**参照）。

(ロ) 特許権者の勝訴率　かつては，訴訟は特許権者の勝訴率が低いと評価されていた時期もあるが，近時の統計によれば，訴訟において，特許権者が勝訴する（勝訴的な和解をする）割合は，必ずしも低いものではない。最高裁判所の統計によれば，平成26年から平成28年までの請求認容判決は16％，勝訴的な和解（差止給付条項又は金銭給付条項があるもの）は27％となっており，合計43％は特許権者が何らの勝訴的な解決を得ている。かかる結論は，特許権者において，特許権侵害訴訟を積極的に利用するメリットであると思われる（**図表2**参照）。

(ハ) 訴訟での和解　訴訟での和解も交渉における和解と同様，当事者が極めて広範囲に条項を創造することができる。和解により終結する割合は，**図表2**の統計によれば34％に達しており，裁判所の心証開示や和解指揮により，早期の解決が実現される点がメリットである。ただし，特許権侵害訴訟が係属している場合には，特許無効審判などが並行して進行していることなどもあり，和解条項は慎重に検討する必要がある。

詳細は，**本書83**「和解」を参照されたい。

(ニ) 認容額　特許権が得る金銭の額の点からも，特許権者が特許侵害訴訟を選択するメリットがある。平成26〜28年の判決及び和解で，1億円以上の金銭の支払がなされた件数は16件となっており，特許侵害訴訟においては，経済界の反発を忖度して，損害賠償額が低額に抑制されているのではないかという疑念は払拭されていると思われる（**図表3**参照）。

(b) 訴訟のデメリット

特許権者が特許侵害訴訟を選択する場合に注意するべきデメリットは，審理

第1章 訴訟前における実務的対応

図表 1　知的財産権関係民事事件の新受・既済件数及び平均審理期間

（全国地裁第一審）

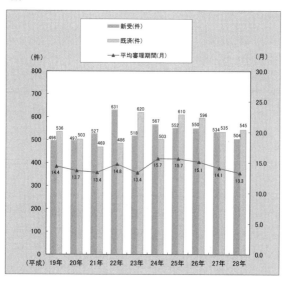

（知的財産高等裁判所）

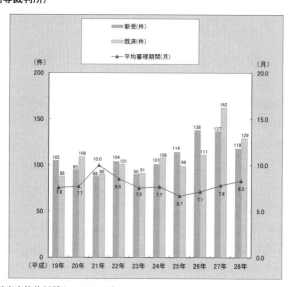

（出典）知的財産高等裁判所ホームページ

図表２　特許権の侵害に関する訴訟における統計（東京地裁・大阪地裁，平成26～28年）

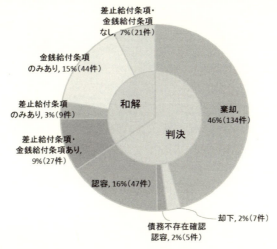

（出典）知的財産高等裁判所ホームページ

の内容及び結果が，第三者に広く公開される点にある。これは憲法82条に基づくものであり，当事者間で紛争が生じていることや審理内容を第三者に知られないように訴訟を追行することは不可能である。当事者が提出する書証や準備書面は，広く第三者が閲覧可能であり，利害関係がある者は謄写も可能である。もっとも，準備書面や書証に記載された情報が，不正競争防止法上の営業秘密に該当する場合には，第三者の閲覧を制限する申立てが可能であり（民訴92条），かかる手続を適切に利用すれば，訴訟のデメリットは大幅に回避できる。

しかしながら，訴訟になれば当事者間の対立感情は顕著になるし，訴訟で争っていること自体は第三者に知られることになるので，取引先の不安要因になるなどのデメリットは回避できない。訴訟提起に当たっては，関係取引先へ事前に説明する必要がないかを検討するべきである。

(4) 刑事告訴

(a) 刑事告訴のメリットとデメリット

特許権を侵害する行為を行った者は，特許権侵害罪として，10年以下の懲役若しくは1000万円以下の罰金，又はこれらの併科に処せられる（特196条）。

128　第1章　訴訟前における実務的対応

図表3　特許権の侵害に関する訴訟における統計（東京地裁・大阪地裁, 平成26～28年）
（判決で認容された金額）

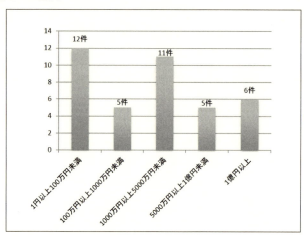

（和解において支払うとされた金額）

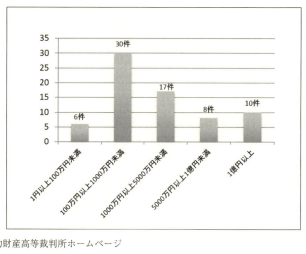

（出典）知的財産高等裁判所ホームページ

また，間接侵害（特101条）とされた者も5年以下の懲役若しくは500万円以下の罰金，又はこれらの併科に処せられるなどの刑事罰が規定されている。刑事処分は，相手方にとって極めて深刻な状況となるため，抑止力が極めて強力である点にメリットがある。ただし，一般的に，警察などの捜査機関では，特許権侵害が行われているか否かの判断が困難なため，刑事告訴をしても捜査機関が容易に捜査を開始せず，多大の労力と時間を無駄に消費する可能性が高い点にデメリットがある。

(b) 刑事告訴

特許権の侵害行為が行われている場合，警察や検察庁に対して特許権侵害という犯罪被害を受けているとして申告し，刑事処罰を求めること（告訴）ができる。告訴を受理してもらい，積極的な捜査をしてもらうためには，犯罪事実が明確であることの立証を準備する必要がある。具体的には，弁理士・弁護士などの専門家の鑑定書や特許庁における判定制度を利用し，特許権侵害の事実を根拠付ける材料を準備する。裏付ける証拠もなく，被害の事実もあいまいな状態で告訴に及ぼうとしても捜査機関は一般的に告訴を受理しない。

(c) 刑事罰の現状

警察庁の犯罪統計資料によれば，平成29年9月までに，特許権侵害罪で検挙された案件はなく，特許権侵害を告訴して，捜査機関が現実に捜査を開始する可能性は乏しいのが現状である。ただし，侵害訴訟で敗訴しながら，同一の侵害行為を継続するような場合，刑事告訴を求めて，紛争の終局的な解決を目指す場合もあるかもしれない。なお，平成29年1月から9月までの間，著作権法違反は280件，商標法侵害は486件の検挙があり，刑事罰により，知的財産権を保護しようとする機運は高まっている。

(5) 判　　定

(a) 判定手続

判定手続は直接紛争を解決する手続ではないが，交渉や調停で重要な材料として用いられている。

すなわち，特許権侵害紛争においては，当事者間で特許権を侵害しているかどうかで主張が対立して和解が困難となっている事案が多いことから，特許権を侵害しているかどうかを第三者に判定してもらい当該判定を交渉材料として

紛争解決に向けた交渉を進めたり，調停で和解する場合の判断材料とするのである。このような判定には，特許庁における判定と知的財産仲裁センターにおける判定がある。

(b) 判定のメリットとデメリット

いずれの判定も法的拘束力を有するものではないが，公正な第三者の判断として和解を検討する際の重要な資料となる。特に，特許権侵害訴訟で見込まれる損害賠償額が少額な場合，当事者双方で，判定の結論を前提にして紛争を解決する旨の合意を事前に締結したうえで，迅速な判定を利用し，紛争を早期に解決するという方法が選択可能であり，判定を利用するメリットとなっている。

他方，当事者間で判定を尊重するという事前合意が調わない場合，特許権者が侵害するとの結果の判定を示しても，法的拘束力がないとして拒絶されることも多く，法的な拘束力がないことが，判定のデメリットである。

Ⅳ 特許権侵害の拡大を予防等するための手段

特許権侵害紛争を解決するためには，日々継続的に発生している特許権侵害をまず中止させて，特許権侵害による損害の拡大を防止することが重要である，その上で，過去の損害に対する賠償についてのみ交渉することで，効果的に紛争を解決することができる。要するに，新たな出血を止めて，病巣を根治するのである。

(1) 民事保全

民事保全は，訴訟提起に至る前の段階で応急的措置を求める手続であり，特許権侵害紛争において，新たな出血を防ぐ措置である仮処分と証拠の保全を目的とする証拠保全などの手続がある。

詳細については，**本書**10「特許権に係る民事保全の概観」を参照されたい。

(2) 輸入禁止申立て

輸入禁止申立ては，税関に認定判断を求めるための手続であり，特許侵害品の輸入を防止し，特許権紛争の拡大を防止する手続である。

本書82「関税定率法等の水際措置」を参照されたい。

V 特許権侵害紛争の解決を実現するための手段

　裁判所で受けた判決や合意した執行調書の内容を相手方が実行しない場合，公権力を用いた執行（民事執行）を行うことで，特許権紛争の解決を最終的に実現する。この場合，判決・調停については，執行文付与の手続を受けることが必要であり，仲裁については，執行決定を受ける必要がある。

　詳細は，**本書86**「特許権侵害訴訟における強制執行」を参照されたい。

132　第1章　訴訟前における実務的対応

10　特許権に係る民事保全の概観──侵害差止めの仮処分を選択する際の考慮要素を中心として

星　　大　介

特許権侵害の事案において民事保全を利用するのはどのような場合か。また，民事保全の審理はどのようにしてなされるか。

キーワード　被保全権利，保全の必要性，疎明，担保

I　は じ め に

特許権が関係する民事保全には，一般的に，特許権に対する侵害行為の差止めを主な内容とする仮の地位を定める仮処分（以下，「侵害差止めの仮処分」という），特許権侵害に基づく損害賠償請求権や職務発明の相当対価（平成27年特許法改正以後の発明に関しては「相当な利益」）請求権を被保全権利とした仮差押え，特許権や特許を受ける権利（特33条）を係争物とした処分禁止の仮処分，特許登録令23条に基づく仮登録仮処分などがある。

本稿では，比較的件数が多く，また，特徴的な論点を含む侵害差止めの仮処分を中心に，特許権に係る民事保全の審理や要件事実について論じることとする。

II　特許権侵害事件に係る民事保全の種類・概観

(1)　仮の地位を定める仮処分

(a)　侵害差止めの仮処分

侵害差止めの仮処分は，特許権又は専用実施権[*1]に基づく差止請求権（特100条）を被保全権利として，その侵害の停止又は予防の仮処分を求めるものである。

これに関する審理や実務上の論点については，後述する。

(b) 金員仮払いの仮処分

特許権者らは，理論上，仮の地位を定める仮処分として，特許権侵害に基づく損害賠償請求等の金員仮払いの仮処分を申し立てることができる（民保23条2項）。

しかし，裁判例上，金員仮払いの仮処分は，労働者の賃金債権や交通事故における損害賠償請求権に認められるにとどまっており，それらの債権者の置かれた状況と比較すると，例えば，特許権侵害に基づく損害賠償請求権について，「債権者に生ずる著しい損害又は急迫の危険を避けるために必要」であるとの保全の必要性を疎明することは容易ではないと思われる。

(2) 仮差押命令

特許権者らは，特許権の侵害に基づく損害賠償請求権等の金銭請求権を被保全権利として，債務者（例えば，特許権の侵害者）の財産を仮に差し押さえることができる（民保20条1項）。疎明すべき事実としては，一般の仮差押命令申立事件と同様，「金銭の支払を目的とする債権」の存在（例えば，特許権侵害に基づく損害賠償請求権），「強制執行をすることができなくなるおそれ」，又は「強制執行をするのに著しい困難を生ずるおそれがある」ことである。なお，被保全権利の疎明の程度は，侵害差止めの仮処分における要求される主張・立証活動の内容に大差はないと解されている[2]。

(3) 処分禁止の仮処分

特許権の帰属に争いがある場合に，その時点における登録特許権者を固定するため，当該特許権自体を係争物として，処分禁止の仮処分が申し立てられることがある。

例えば，特許権の譲受人が譲渡人に対する移転登録請求権を被保全権利とす

---

[1] 専用実施権を設定した場合，設定行為で定めた範囲で特許権者は特許発明の実施ができなくなるが（特68条ただし書），差止請求権の行使は妨げられないとされている（最判平17・6・17（平16（受）997号）民集59巻5号1074頁）。とはいえ，このような特許権者からの申立てに保全の必要性が認められるかは別の問題である（平田直人「保全訴訟の要件事実の概観」大渕哲也ほか編『専門訴訟講座⑥特許訴訟【下巻】』（民事法研究会，平24）1084頁。なお，この点に関して，牧野利秋「特許侵害と仮処分－保全の必要性の検討－」中野貞一郎ほか編『民事保全講座(3)仮処分の諸類型』531頁は，「保全の必要性は，特段の事情のない限り否定されるであろう」としている）。

[2] 平田・前掲[1]・1084頁（注1）。

る場合や，冒認出願の場合に，真実の特許権者が登録名義人に対する特許法74条１項に基づく移転請求権を被保全権利とする場合が考えられる[3]。

なお，特許を受ける権利についても処分禁止の仮処分が認められるが，この仮処分は対抗力を付与することができない，いわゆる任意の履行を求める仮処分であり，実効性に乏しいといわれている。特許庁長官を第三債務者として名義変更などをしてはならないと主文で命じる方策なども検討されているが，その根拠に疑問があり実務上採用されていない[4]。

(4) 仮登録仮処分

特許権の登録の申請は，原則として，登録権利者と登録義務者が共同して行わなければならないとされており（特令18条），登録権利者が単独で申請するには申請書に登録義務者の承諾書を添付して行うものとされている（同19条）。

ここで，特許権の登録義務者が登録申請に協力しない場合に，特許登録令23条１項及び２項に基づき，登録権利者が仮登録原因を疎明し，裁判所から仮登録仮処分命令を得ることで，単独の仮登録申請が可能となる（仮登録仮処分）。

しかし，本手続は，債務者（登録義務者）の不服申立ての方法がなく，その抹消を求めて訴訟を提起するほかなく，そのため申立債権者の疎明責任が大きくなることから，多くの場合，処分禁止の仮処分及び保全仮登録（民保54条・53条）によることが相当であるとされている[5]。

Ⅲ 侵害差止めの仮処分の審理

(1) 概 要

(a) 侵害差止めの仮処分は，特許権侵害差止請求事件の本案訴訟の認容判決と同内容の不作為義務を暫定的に債務者に課すことを目的とする，いわゆる満足的仮処分（断行の仮処分）である。

その申立事項は，本案訴訟が侵害行為差止請求権（特100条１項），侵害品等の

---

*３ 大西勝滋「特許権の仮処分」高部眞規子編『特許訴訟の実務〔第２版〕』302頁。
*４ 片山英二「保全訴訟の手続の概観」大渕哲也ほか編『専門訴訟講座⑥特許訴訟【上巻】』（民事法研究会，平24）515頁。
*５ 片山・前掲*４・515頁（注４）。

廃棄請求権（特100条2項），損害賠償請求権及び信用回復措置請求権（特106条）のすべての権利を行使できるのに対して，侵害差止めの仮処分においては，侵害行為等の差止め，及び侵害品の廃棄処分を保全するための執行官保管に限定される（民保24条）。

侵害差止めの仮処分が認容されると，債務者は，対象製品の製造販売を中止しなければならないことから，侵害差止めの仮処分が債務者の営業及び信用に与える影響は極めて大きい。また，侵害差止めの仮処分が認められると，その執行停止は容易には認められない[6]。

そのため，侵害差止めの仮処分の審理は慎重に行われ，審尋手続の内容は本案訴訟における手続の内容に極めて近い特質がある[7]。

(b)　審理手続

仮の地位を定める仮処分は，原則として，口頭弁論又は債務者が立ち会うことができる審尋の期日を経なければ命令を発することができず（民保23条4項），例えば，東京地方裁判所では，通常，侵害差止めの仮処分の審理は，非公開の審尋手続で行われている[8]。

侵害差止めの仮処分の申立てにおいては，他の民事保全と同様，債権者は，被保全権利又は権利関係と保全の必要性を疎明しなければならない（民保13条2項）。疎明とは，一般的には，その事実について，裁判官に一応確からしいとの推測を生じさせる程度（相当程度の蓋然性の認識の形成）の証拠を提出することをいう[9]。しかし，侵害差止めの仮処分は，満足的仮処分であり，それが認容された場合の債務者に対する影響が大きいことや，仮処分命令に対する執

---

[6]　保全命令を発令された債務者は，保全異議を申し立てることができ（民保26条），同時に保全執行の停止を申し立てることができるが（民保27条），これは「保全命令の取消しの原因となることが明らかな事情及び保全執行により償うことができない損害を生ずるおそれがあることにつき疎明があったとき」との厳しい要件を満たした場合に限り認められる。

[7]　片山・前掲＊4・506頁（注4）。

[8]　なお，侵害差止めの仮処分の管轄は，本案の訴えが特許権侵害差止請求訴訟であり，民事訴訟法6条1項に規定する「特許権等に関する訴え」であることから，本案の管轄裁判所である東京地方裁判所又は大阪地方裁判所のみが管轄裁判所となる（民保12条2項）。そして，いずれの裁判所に管轄が認められるかについては，本案訴訟の管轄と同様，民事訴訟法4条及び5条の規定により管轄を有する裁判所が，同法6条1項1号，2号におけるいずれの裁判所であるかによる。

[9]　兼子一ほか『条解民事訴訟法〔第2版〕』1011頁。

行停止が認められる可能性が低いことから，実務上，証明に近い高度の疎明が求められており，立証の程度は本案訴訟と違いはないといえる*10。

　疎明は，即時に取り調べることができる証拠によってしなければならない（民保7条，民訴188条）。そのため，証拠方法としては，書証の提出，在廷する証人等の尋問，法廷に顕出された検証物の検証等に限られ，在廷しない人証の採用決定や呼出し，鑑定結果が即時に提出されない鑑定，文書提出命令の申立てや文書送付嘱託，調査嘱託は許されない*11。

　なお，侵害差止めの仮処分事件の審理においても，秘密保持命令の申立て（特105条の4第1項）をすることができる（最決平21・1・27（平20(許)36号）民集63巻1号271頁）。

　(c)　担　　保

　保全命令は，担保を立てさせて，若しくは相当と認める一定の期間内に担保を立てることを保全執行の実施の条件として，又は担保を立てさせないで発することができる（民保14条1項）。

　しかし，前述のとおり，侵害差止めの仮処分は，債務者に対する影響が大きいことから，担保を立てさせないで仮処分命令が発出されることはまずないといえる。

　また，担保は，違法・不当な保全処分の執行によって債務者が被るであろう損害を担保するものであり，一般的に，仮の地位を定める仮処分は，担保の額が高額になるといわれている。その額は，裁判所が種々の事情を考慮して決定するが，その考慮要素の1つである目的物の価額について，東京地方裁判所においては，「知的財産権法に基づく請求等の訴額の算定基準」*12の中の「1　特許権，実用新案権，意匠権」の「差止め請求」の欄に記載された価額が利用されている。

　なお，担保提供期間は，3日ないし7日とされることが多い。

　(d)　仮処分命令の執行

　侵害差止めの仮処分は，不作為を命ずる仮処分であり，債務者に対する仮処

---

*10　大西・前掲＊3・303頁（注3）。
*11　瀬木比呂志ほか編『注釈民事保全法【上巻】〔第1刷〕』209頁。
*12　http://www.courts.go.jp/tokyo/saiban/sinri/ip/index.html

分命令の送達によってその効力が生じる。債務者が不作為義務に反する場合には，債権者は，その仮処分命令正本に基づいて，代替執行（民執171条）や間接強制（民執172条）を執行裁判所に申し立てることに行う。なお，間接強制を行うには，債権者において，債務者がその不作為義務に違反するおそれがあることを立証すれば足り，債務者が現にその不作為義務に違反していることを立証する必要はないと解されている（最決平17・12・9（平17（許）18号）民集59巻10号2889頁）。

(e) 不服申立て

(イ) 保全命令の申立てが却下された場合　債権者は，保全命令の申立てを却下する裁判に対して，告知を受けた日から2週間以内の不変期間内に即時抗告をすることができる（民保19条1項）。

(ロ) 保全命令が発令された場合の不服申立て

(i) 保全異議　保全命令が発令された場合，債務者は，当該命令を発した裁判所に対して，保全異議を申し立てることができる（民保26条）。保全異議とは，保全命令が発出される直前の状態に戻り，保全命令の申立てについての被保全権利及び保全の必要性の有無を再度審査する制度である[13]。債務者は，保全異議の申立てにおいて，合わせて保全執行の停止を申し立てることができるが，これが認められる余地が極めて乏しいことは前述のとおりである。

(ii) 保全取消し　債務者は，債権者に対する起訴命令を申し立て，同命令が発せられたにもかかわらず債権者が本案訴訟を提起しない場合には，本案不提起による保全取消しを申し立てることができる（民保37条）。また，債務者は，事情変更による保全取消し[14]（民保38条）や特別事情による保全取消し（民保39条）を申し立てることができる。

(f) 違法な仮処分命令に対する損害賠償請求

一般的に，被保全権利が存在しないために仮処分命令が当初から不当であったことが本案訴訟において確定した場合，上記命令を受けてこれを執行した債権者に故意又は過失があるときには，債権者は債務者が当該仮処分の執行によ

---

[13]　瀬木比呂志『エッセンシャル・コンメンタール民事保全法〔第1版第1刷〕』231頁。
[14]　債権者が本案訴訟で敗訴しその判決が確定した場合や，債権者の特許の無効審決が確定した場合などが挙げられる。

138 第1章 訴訟前における実務的対応

り受けた損害を賠償すべき義務があり，特段の事情がない限り，債権者に過失があったと推定すべきとされている（東京高判平17・1・31（平16(ネ)2722号）裁判所ホームページ）。同判決は，特許が無効とされることは珍しいことではないことから，「債権者が特許権に基づく差止請求権を保全するためあえて仮処分を得てこれを執行するについては，特許権が無効審判等で無効とされる可能性について慎重に検討すべきは当然のことであり，このほか当事者の衡平の観点に照らしてみれば，債務者が当該特許権を有効な権利と認めて行動していた事実があることなどから，債権者において当該特許権が無効とされる可能性を無視できる程度と考えてもやむを得ない事情があれば格別，当該特許権が特許庁において審査の上で登録されたものであることから，債権者が無効事由のない有効な権利であると信じていたというだけでは，相当な事由があったとすることはできない。」と判示している。

　他方で，特許権の侵害に係る訴訟の終局判決が確定した後に，特許を取り消すべき旨の決定又は特許を無効にすべき審決が確定したときは，当該訴訟の当事者であった者は，当該訴訟を本案とする仮処分命令事件の債権者に対する損害賠償において，当該決定又は審決が確定したことを主張することができないとされている（特104条の4第1号）。そのため，そのような事案においては，仮に，債権者に故意・過失が認められるような場合であっても，債務者は，被保全権利の不存在を主張して損害賠償を請求することはできない（なお，特許法104条の4は，仮処分命令が発出され，その本案訴訟の判決が確定した後に特許無効審決等が確定した場合について規定しており，仮処分命令が発令された後に，先に特許無効審決が確定し，その後，特許権侵害の本案訴訟の判決がされた場合については規定していないと解されている）[15]。

　また，仮処分事件において，債務者が無効の抗弁（特104条の3）を主張しないまま仮処分命令が発出された場合や債務者が主張した無効の抗弁を裁判所が排斥して仮処分命令が発令された場合にも，上記の裁判例のように債権者に厳しい責任を負わせるのが相当であるとは直ちにいい難いのではないかとの議論

---

[15]　小川卓逸「特許権侵害仮処分事件の審理の実情」牧野利秋ほか編『知的財産訴訟実務大系III』494頁。

もある*16。

いずれにしても，侵害差止めの仮処分の検討においては，後の手続（訴訟及び無効審判）がどのように進行した場合に，どのような要件によって損害賠償責任を負うことになるのか，検討の上，十分な調査を行う必要がある。

(2) 要件事実・疎明

他の仮処分申立事件と同様，侵害差止めの仮処分においても，債権者は，被保全権利又は権利関係及び保全の必要性を主張・疎明しなければならない（民保13条）。

(a) 被保全権利

侵害差止めの仮処分の被保全権利である特許権侵害に基づく差止請求権の要件事実は，その発生障害事実となる特許無効の抗弁や先使用の抗弁等を含め，基本的に，本案訴訟におけるものと同様である。その主張立証（疎明）責任についても，本案訴訟と同様に考えてよい。

債権者は，特許権侵害の要件事実に加えて，差止請求の具体的な内容に応じて，その必要性を基礎づける具体的な事実を主張すべきであり，差止請求の範囲は，対象となる物件又は方法，債務者の具体的な侵害行為の態様及び差止め等の必要性の主張及び疎明の程度によるといえる。

これは差止めだけでなく，侵害の予防に必要な措置（特100条2項）についても同様であり，同措置は，「特許発明の内容，現に行われ又は将来行われるおそれがある侵害行為の態様，特許権者が行使する差止請求権の具体的内容等に照らし，差止請求権の行使を実効あらしめるものであって，かつ，差止請求権の実現のために必要な範囲内のものであることを要する。」とされており（最判平11・7・16（平10(オ)604号）民集53巻6号957頁），侵害差止めの仮処分においても，特許権者ら（すなわち債権者）は，これらを基礎づける事実の主張・疎明をしなければならない。

他方で，侵害差止めの仮処分においても，他の保全事件と同様，審理に迅速性が求められることから，その審理には限界があるものと解されている。

例えば，特許権侵害事件の本案訴訟においては，被告（侵害者）の特許無効

---

*16 大西・前掲*3・314頁。

140 第1章 訴訟前における実務的対応

の抗弁に対して原告（特許権者ら）が訂正申立て・主張を行うことによって審理が長期化されることが問題視されているが，審理の迅速性が要請される侵害差止めの仮処分においては，これらの主張をどこまで認めるべきか議論があるところである[17]。

これに対して，債務者による特許無効の抗弁に関しては，仮処分命令の発令が債務者に与える影響が大きいことや仮処分手続が権利の存否を確定するものではないことから，無効理由の高度な疎明ができなくても，その蓋然性の疎明があれば仮処分の申立てを却下する可能性が指摘されている[18]。なお，特許無効の抗弁を被保全権利の問題として扱うべきか，保全の必要性の問題として扱うべきかについて議論があるところであるが，特許法104条の3が制定されて以降は，ほとんどが被保全権利の問題として処理されている[19]。ただし，無効理由の蓋然性の疎明があれば仮処分の申立てを却下できるとの見解は，特許無効の抗弁の位置づけに左右されないものと解されている[20]。

(b) 保全の必要性

仮の地位を定める仮処分における保全の必要性は，「債権者に生ずる著しい損害又は急迫の危険を避けるため」に仮処分命令が必要であることをいうとされる（民保23条2項）。

これらの「著しい損害」や「急迫の危険」は，いずれも債権者側の事情であるが，仮の地位を定める仮処分においては，前述のとおり，債務者に与える影響が大きいことから，一般的に，仮処分によって債権者の受ける利益と債務者が被る不利益又は損害を比較衡量することが必要であるとされている[21]（なお，保全の必要性は，被保全権利の疎明の程度とも相関関係があるとされ，被保全権利が十

---

[17] なお，特許法134条の2において訂正請求の期間が限定されたことによる特許権侵害訴訟における特許権者らの主張（訂正の再抗弁）の要件や実務上の位置づけについても議論がなされている（飯村敏明ほか編『裁判所と日弁連知的財産センターとの意見交換会　平成24年度』判タ1390号35頁）。

[18] 司法研修所編『特許権侵害訴訟の審理の迅速化に関する研究』157頁。

[19] 平田・前掲[1]・1081頁。なお，知財高決平26・5・16（平25(ラ)10008号）裁判所ホームページ〔サムスン対アップル事件〕は，権利濫用の抗弁を被保全権利の問題として位置づけている。

[20] 司法研修所編・前掲[18]・157頁。

[21] 前掲[11]・注釈314頁。

分に疎明された場合には保全の必要性が比較的容易に認められ，他方で，被保全権利の疎明の程度がようやく許容度に達する程度である場合には，保全の必要性についての疎明が厳格に要求されると解されている[22]。

　例えば，侵害差止めの仮処分において，仮処分が発令されないことにより債権者が被る不利益（仮処分命令が発出されることによる債権者の利益と裏返しの関係にある）としては，本来であれば独占的・排他的に特許発明を実施して特許製品を製造・販売できるのにもかかわらず，債務者と競合関係に立たされることによって生じる販売数量の減少，販売宣伝費用の増加，価格の下落，粗悪品を販売されることによる信用の毀損，実施許諾している場合には実施権者の事業への影響，実施料収入の減少[23]，特許権の存続期間[24]，などが挙げられる。他方で，債務者が被る不利益は，業としての製造販売等が差し止められることによる様々な支障である[25]。これらの比較衡量は，単に双方の質的な比較ではなく，当事者間の公平の観点から，債権者が権利本来の内容を享受できないという不利益との比較において，債務者がその被る不利益を受忍すべきか否かという判断であるとされている[26]。

　なお，裁判例におけるこれらの比較衡量は，保全取消申立事件における取り消すべき特別事由としての異常損害の判断にも現れる。具体的には，例えば，東京地判平2・2・16無体集22巻1号1頁は，「債務者の被る損害が通常に比較して過大なものであるかどうかについては，被保全権利の性質，当該仮処分の種類内容等を勘案のうえ，仮処分を取り消すことによって債権者の被る不利

---

[22]　大西・前掲[3]・309頁。

[23]　例えば，東京地判昭34・6・23（昭33（ヨ）6958号）判タ92号74頁が挙げられる。本判決は，特許権者が第三者の侵害行為を排除する義務を負っていることも理由の1つとしている。なお，特許権を実施もしておらず，また実施許諾もしていない場合には，一般的に，保全の必要性は少ないと考えられる（牧野・前掲[1]・531頁）。

[24]　存続期間満了に近い時期に侵害行為が開始された場合は，本案訴訟における差止請求権の行使が存続期間満了により実効を挙げることができず，事実上特許権の存続期間が短縮される結果となる（牧野・前掲[1]・532頁，東京地判昭47・7・21（昭46（モ）20184号）無体集4巻2号433頁）。なお，名古屋高金沢支決平8・3・18（平8（ラ）4号）判時1599号134頁は，存続期間が残り8日間との事案において，製造販売の差止めは認めたものの，製品及び原材料の執行官保管は認めなかった。

[25]　なお，債務者において代替品・代替方法への転換が容易であることは，債権者に有利な事情として斟酌される（東京地判昭43・6・5（昭42（モ）2928号）判タ226号192頁）。

[26]　鈴木忠一ほか編『注解民事執行法(7)』290頁。

142　第1章　訴訟前における実務的対応

益ないし損害と仮処分により債務者が被る損害とを比較衡量して，社会通念に
従って判断すべきものである。」とした上で，債権者側の事情として生産流通
の混乱，製品価格の下落，実施権者との関係性，債権者の工業所有権者として
の社会的地位を，債務者側の事情として債務者の事業における侵害品の製造販
売の割合，債務者に生じた損害のうち侵害差止めの仮処分事件の審理中におけ
る債務者の企業活動に起因するものの度合い，侵害品の販売差止めによるその
後の事業への影響を考慮している。

Ⅳ　終わりに——本案訴訟と仮処分の手続選択について

　以上，検討してきたように，特許権を巡る民事保全には様々なものがある
が，特に，侵害差止めの仮処分には，本案訴訟と異なる様々な特質があること
から，その申立てを検討するに当たって十分に考慮する必要がある。
　侵害差止めの仮処分の代表的なメリットとしては，迅速性が求められる手続
であることから，仮処分の場合には速やかな判断がなされる可能性が高いこと
が挙げられる（特に侵害が明白な場合などにはこの理があてはまるであろうが，前述のと
おり，侵害差止めの仮処分の審理は慎重に行われることから，必ずしも本案訴訟に比して格
段に迅速な審理が行われるとは限らないことに留意すべきである）。
　他方で，デメリットとしては，①高額な担保が求められることがあること，
また，②本案訴訟と同程度の証明度が求められるにもかかわらず，保全訴訟で
あることから疎明の方法に制限があること，③特許権者らは，被保全権利及び
保全の必要性について高度な疎明が求められるのに対して，特許無効の抗弁に
ついては相当の蓋然性が認められれば仮処分申立てが却下される可能性がある
こと，そして，④仮処分が認容されたとしても，後の本案訴訟の結果や特許権
者らの故意・過失によっては，多額の損害賠償責任を負う可能性があることが
挙げられる。
　企業にとっては，侵害状態を早く解消できるというメリットは大きいと思わ
れるが，上記の各デメリットも十分に考慮した上で，侵害差止めの仮処分の申
立てを検討すべきであると思われる[27]（ただし，上記③及び④は，本案訴訟におい
ても，問題となる論点であり，特許権者らとしては，いずれの申立てにおいても，アクショ

10 特許権に係る民事保全の概観——侵害差止めの仮処分を選択する際の考慮要素を中心として　　*143*

ンを起こす前には必ず十分な調査を行うべきことは論を待たない）。

＊27　仮に，仮処分命令によって侵害の差止めを実現したとしても，本案訴訟を提起しなければ
　　　仮処分命令が取り消されてしまうことから（民保37条），仮処分命令を得たとしても，いずれ
　　　にしても本案訴訟は提起せざるを得ないことに留意すべきである。なお，本案訴訟の提起と
　　　仮処分の申立てが同時に行われた場合には，侵害論の審理は共通する上，両手続の期日を指
　　　定することになるのは煩雑であり当事者の負担が重くなることから，裁判所は，侵害論につ
　　　いて裁判所の心証が形成されるまで仮処分事件を取り下げるよう促し，侵害論について心証
　　　が形成されたところで，新たに仮処分を申し立ててもらうなどして，仮処分事件と本案訴訟
　　　を全く同時に進行する扱いが多くの事件で行われているようである（片山・前掲＊4・513
　　　頁）。

第2章

特許権侵害訴訟提起の実務

11 特許権侵害訴訟の審理の特徴と概要

久世　勝之

特許権侵害訴訟の審理は，技術的専門性，迅速性・効率性，証拠の偏在，秘密保持の要求などから，通常の民事訴訟とは異なる特徴を有しているか。

キーワード　技術的専門性，２段階審理方式（侵害論・損害論），標準審理期間，審理モデル

I　特許権侵害訴訟を特徴づけるもの

(1)　訴訟類型による審理の特徴

特許権侵害訴訟は，民事訴訟の一類型であり，当然民事訴訟が備えるべき一般的な性質，特徴を有していることはいうまでもない。

民事訴訟には固有の特徴を有する様々な類型が存在しているが，それぞれの類型の訴訟の審理は，原告又は被告になる当事者がどのような者であるのか（一般の市民，企業等の法人，専門家など），審理判断がある程度パターン化，類型化されているのか（交通事故などはある程度パターン化がされているといえる），審理判断の対象となる事項が一般人の有する通常の知識や経験則で理解できるものなのか，それとも専門的な知見がなければそもそも理解できないか理解が困難なものなのか（医療事故などは医学的な専門的知見が不可欠である）などによって特徴づけられる。

特許権侵害訴訟では，知的財産権に関する訴訟として知的財産権たる特許権とその権利対象の発明の性質やそれに関わる当事者の属性などが，その審理を特徴づけている。

(2)　所有権に基づく妨害排除請求訴訟との対比

特許権は，業として特許発明の実施をする権利であり，特許権者はその権利を専有する（特68条）。特許権侵害訴訟は，この権利が侵害されたときに提起さ

れ審理される。

これに対して，一般的な民事訴訟の1つである土地所有権に基づく妨害排除請求訴訟は，所有権者の所有土地に妨害物が存置されるなどで所有権が侵害されたときに提起される。

この2つの訴訟類型は，権利者が，物権的効力を有する権利を侵害され，その侵害を排除，差止めを求めるという点で，構造としては類似しているといえなくはない。しかし，特許権侵害訴訟は，土地所有権に基づく妨害排除請求訴訟とは相当異なる特徴を有するものとなっている。

(3) 権利の客体が発明であること

特許権は，特許を受けた発明を対象とする権利である。発明は，「自然法則を利用した技術的思想の創作のうち高度のもの」であり（特2条），権利の対象は技術的思想であって，それは無形・無体のものである。

これに対して，土地所有権の対象は土地であり，五感の作用により認識することが可能な物理的な存在であり，有形・有体のものである。

この権利の対象の相違が，特許権侵害訴訟を特徴あるものとしている。

(a) 技術的専門性

土地の所有権侵害においては，境界等の測量には専門的知識は必要とされるものの，測量により特定された境界で画された範囲への侵害行為の判断は一般人であってもさほど困難なものではない。また，境界により画された土地の範囲を理解するためにさらなる解釈などの作業が必要とされることは考えにくい。

これに対して，発明は技術的思想であり，特許権の効力が及ぶ発明の技術的範囲を決定するために，特許請求の範囲の記載の文言の解釈が要求される。そして，技術的範囲に被告製品等が属するかどうかが特許権侵害訴訟の中心である。このような訴訟を的確に審理するためには，裁判所や当事者といった訴訟の各プレーヤーが発明の技術的思想を，その技術分野における専門的知見をもって理解することが不可欠となる。

すなわち，特許権侵害訴訟の審理には，高度の技術的専門性が要求されるのである。

(b) 発明の陳腐化のおそれ

11 特許権侵害訴訟の審理の特徴と概要　*149*

土地はその市場価値や価格が環境や市場により左右されることがあっても，時間の経過により土地そのものが陳腐なものとなるわけではない。

これに対して，技術は常に進歩が要求され，昨今の技術革新のスピードを考えると，特許権侵害訴訟では権利の対象である発明そのものが訴訟進行中にも日々陳腐化していくということができる。そのため，長期間の審理の果てに差止めが認められても，その時には既にその技術は誰も見向きもしないものとなっている可能性がある。

また，特許権は，原則として出願から20年で消滅する権利であり（特67条1項），しばしば権利消滅に近い時期に紛争が発生することも少なくない。このような場合，審理が徒に遅延することで，訴訟係属中に権利そのものが消滅するということも起こり得る。

(c) 権利の有効性の争い

土地はその所有権の帰属が争点になりこそすれ，その所有権そのものが無効であるなどという形で争点となることはない。

これに対して，特許権は特許庁による登録査定により付与される権利であり，権利そのものが無効となることがあり得る。

(4) 訴訟当事者

(a) スピーディな解決を望む当事者

土地に係る訴訟の当事者に限らず，紛争の当事者は誰しもその紛争を一刻も早く解決したいと望んでいる。特許権侵害訴訟の当事者も同様ではあるが，当事者が変化の速い市場で厳しい競争に曝されていることからその要求はいっそう強いものとなる。

特許権侵害訴訟における原告は，特許発明を「業として」実施しようという者であるから，多くの場合，ビジネス，事業を行っている者であるし，被告も同様である。

このような原告被告が属しているビジネス社会では，スピードが要求されるため，長期の審理を経て得られた救済はもはや救済ではなく，審理にもスピードが要求される。また，前記の発明の陳腐化という点からも早期の審理判断は不可欠といえる。

(b) 秘密保持の要求・証拠の偏在

150 第2章 特許権侵害訴訟提起の実務

　特許権侵害というためには，被告も業として特許発明を実施するものでなければならないため，被告も原告と同様の者であり，原告と被告は多くの場合，市場において互いに鎬を削る競合相手でもある。

　そのため，訴訟のためとはいえ，自らの技術上，営業上の秘密に属する情報を開示することはいずれの当事者にとっても望ましくない。そして，それぞれの当事者が多くの情報を秘密として保持しているため，証拠そのものがいずれかの当事者に偏在しており，かつ他方当事者を含む第三者にとってアクセスは容易ではない。

　そのため，訴訟遂行のためには，一方当事者（多くの場合，原告）が他方当事者が有する証拠等へのアクセスできるようにする必要がある一方，その秘密が公開されたり，訴訟追行以外の目的で使われたりすることなどがないようにするための秘密保持の措置が必要となる。

(5) 特許権侵害訴訟の審理に要求されるもの

　以上を総合すると，特許権侵害訴訟には，①技術的専門性，②審理の迅速性・効率性，③立証への配慮，及び，④秘密保持への配慮などが審理についての制度及びその運用において要求されている。

II　技術的専門性への対応

　特許権侵害訴訟の技術的専門性に対処するため，以下のような法律上の手当てや実務的な対応がされており，特許権侵害訴訟の大きな特徴となっている。

(1) 裁判管轄と専門部

　特許権侵害訴訟は，他の知的財産権とともに，その専門性から通常の民事訴訟とは異なる管轄が定められている。

　特許権侵害訴訟は，特許権等に関する訴えとして，東京，名古屋，仙台，札幌の各高等裁判所の管轄区域内に所在する地裁が管轄権を有する訴えについては東京地方裁判所，大阪，広島，福岡，高松の各高等裁判所の管轄地域内に所在する地裁が管轄権を有する訴えについては大阪地方裁判所の専属管轄となっている（民訴6条1項）。

　さらに，これらの地方裁判所には，特許権を含む知的財産権に関する事件を

集中的に取り扱う知的財産権の専門部が設けられており，東京地方裁判所では民事第29部，第40部，第46部及び第47部が，大阪地方裁判所では第21民事部及び第26民事部が，知的財産権専門部となっている（**本書14**，**15**参照）。

(2) 知的財産高等裁判所*1

上記(1)の地方裁判所が行った判決に対する控訴は，東京高等裁判所の専属管轄となっている（同条3項）。そして，東京高等裁判所には，知的財産高等裁判所が設置されており（知的財産高等裁判所設置法2条柱書），特許権侵害訴訟の控訴は同高裁において審理されることになる（同条1号）。

知的財産高等裁判所では，通常3名の裁判官の合議体による審理がなされるが，専門的観点から法律上重要な争点を含むなど解釈の統一を図る必要がある場合，決定により5名の裁判官で構成されるいわゆる大合議で審理がなされる（特182条の2，民訴310条の2）。

平成29年9月末日現在で大合議による判決は11件であり，そのうちの8件が特許権侵害訴訟（不存在確認を含む）に属するものであった*2。

(3) 調 査 官

裁判所法57条2項は，「裁判所調査官は，裁判官の命を受けて，事件（地方裁判所においては，知的財産又は租税に関する事件に限る。）の審理及び裁判に関して必要な調査その他の法律において定める事務をつかさどる。」と規定しており，知的財産権に関する事件を担当する裁判所調査官は，知財高裁に11名，東京地裁に7名，大阪地裁に3名が配置されている。

これらの裁判所調査官は，機械，化学，電気などの技術分野に関する専門家で裁判所所属の常勤職員であり，裁判所の命によって，必要な技術的事項の調査を行い，裁判官の技術に関する専門的知識の不備を補う役割を担っている。

なお，調査官の調査結果は証拠とはならない。

(4) 専門委員

特許権侵害訴訟など専門的，技術的事項が争点となる訴訟においては，専門的な知見に基づく説明を聴くため，決定によって専門委員を手続に関与させる

---

* 1　知財高裁ホームページ（http://www.ip.courts.go.jp/）。
* 2　知財高裁大合議事件については，係属中の事件及び終結した事件が同ホームページ（http://www.ip.courts.go.jp/hanrei/g_panel/index.html）に掲載されている。

152　第2章　特許権侵害訴訟提起の実務

ことができる（民訴92条の2以下）。

　専門委員は，様々な技術分野に関する大学教授や研究者，その他全国の専門分野の専門家から約200名程度が任命されている。専門委員は，訴訟手続全般に関与し，公正・中立なアドバイザー的な立場で専門的な技術事項について説明を行うが，その説明内容は証拠にはならない（**本書69**参照）[3]。

(5)　技術説明会

　当事者は，自らの主張とともに裁判所がその技術的な事項に対する理解を得られるよう訴状，答弁書，準備書面，書証等に技術事項の説明を試みる。しかし，書面を通じた主張等のみでは必ずしも技術事項の意味内容について裁判所の十分な理解が得られるとは限らない。特に，技術が最新，複雑なものである場合にそうである。そこで，十分な技術的理解を得て的確な審理判決ができるようにするために，口頭弁論期日や弁論準備手続期日等において技術説明会が行われることが多い。

　技術説明会は，裁判官，書記官，調査官，専門委員，当事者代理人，補佐人，当事者の技術担当者などの出席のもとで開催される。当事者は，プレゼンテーションソフト，実物や模型その他を用い工夫をこらして，技術事項を説明し，その後，裁判官等から質問等がなされるなど，比較的自由な雰囲気のもとで議論が展開され，技術的な争点や技術事項に対する整理，理解が深められる。

　なお，技術説明会の当事者の説明は，そのままでは証拠とはならず，別途各当事者が説明資料等を書証として提出することで証拠として記録されることになる（**本書69**参照）。

(6)　特定侵害訴訟代理・補佐人

　特許権侵害訴訟においては，弁理士が訴訟に関与することが多く見られる。弁理士は，知的財産権に関する専門家であり，弁護士が弁理士との間でしっかりした協力関係を築くことで，訴訟遂行が適切で迅速なものとなり得る。

　弁理士が訴訟に関与する場合，代理人の場合と補佐人の場合とがある。

　弁理士が訴訟代理人として訴訟に関与するためには，一定の研修を終了した

＊3　専門委員制度について，知財高裁ホームページ（http://www.ip.courts.go.jp/documents/expert/index.html#7）に制度の説明があり，技術説明会についても併せて説明されている。

後に実施される特定侵害訴訟代理人業務試験に合格した旨の付記を受けている必要がある。そして，当該付記弁理士が，訴訟代理人である弁護士と同一の依頼者から委任を受けている場合に限り，当該事件の訴訟代理人となることができる。その際，訴訟委任状を提出することと，特定侵害訴訟代理業務付記証書の写しを提出することになる。付記弁理士は，弁護士との共同受任ということになり，原則として共同受任している弁護士と共同して出廷しなければならない（弁理士法6条の2）。

　補佐人は通常の民事訴訟では裁判所の許可が必要であるが（民訴60条），特許権侵害訴訟では裁判所の許可を得ることなく，補佐人選任届を提出することで足り，選任された補佐人は当事者等とともに裁判に出頭して訴訟行為を行うことができる（弁理士法5条）。

Ⅲ　特許権侵害訴訟の審理の進行等

　特許権侵害訴訟の審理の進行については，証拠の偏在，秘密への配慮等をしつつ，効率的に審理を進行して迅速かつ的確な解決を図るため，特許法の手当てのほか，審理の実際における様々な工夫がされている。

(1)　2段階審理方式——侵害論と損害論

　通常の民事訴訟における不法行為による損害賠償請求の審理では，違法性や過失という不法行為そのものについての審理と賠償されるべき損害額の審理は，同時並行的に行われることが通常である。

　これに対して，特許権侵害訴訟においては，原則として2段階審理方式が採られている。同方式の第1段階では文言侵害，均等侵害の成否すなわち被告製品等の特許発明の技術的範囲への属否（属否論），特許権の有効無効（無効論）といった特許権の侵害の有無に係る事項（侵害論）が審理される。

　第1段階の審理の結果，裁判所が侵害の心証を抱いた場合には，第2段階の損害額（損害論）の審理に入る。逆に，非侵害の心証を得た場合には，損害論の審理に入ることなく訴訟が終結する。

　これにより第1段階において技術的事項に関わる事項に審理を集中させ，非侵害ならば無用となる損害額の審理にリソースを割かないことにより，審理を

効率的で迅速なものとすることができる。

また，損害額の立証については，後述の損害額の推定規定により被疑侵害者側の資料が証拠として提出されることになる。侵害の成否が不明な状態で，かかる営業に関わる重要な資料・情報の開示を強制されることは，秘密保持という観点から被疑侵害者にとり過度な負担となるが，2段階審理方式によればかかる事態を避けることにもなる。

(2) **審理の効率的な進行──標準審理期間・審理モデル**

東京及び大阪の各地方裁判所の知的財産専門権部は，いずれも特許権侵害訴訟を計画的，効率的に審理するために，標準的な審理モデルを作成し公表している。あくまでもモデルであり，事案によりモデル通りとならないことはもちろんであるが，これを基準として裁判所，当事者らの協議等をすることによって事案に即した計画審理が進められることになる。

東京地方裁判所では，第1回口頭弁論後，5回程度の弁論準備手続を侵害論に，その後3回程度の弁論準備手続を損害論にあてるというモデルを提示している。大阪地方裁判所は，侵害論のための弁論準備手続を6回程度，損害論のそれを2回程度としたモデルを提示している*4。

いずれのモデルにおいても，期日での審理内容の概要，提出すべき書面，書証や期日間の当事者の準備事項等が記載されており，特許権侵害事件の進行の大要を把握できるようになっている。

これらのモデルをもとに，いずれの知的財産権部も第1審でおおよそ1年程度での判決又は和解による解決を目指している。平成27年の司法統計においても，ほぼ80％の事件は2年以内の審理期間となっている。

(3) **訴額の算定**

前述の土地に係る訴訟については，その土地の固定資産評価証明書の評価額を基礎に訴額が計算されるが，特許権の場合にはその価値評価に係る公的な証明書等は存在していない。

無形・無体の特許権の価値を評価することは容易なことではないが，訴訟提

＊4　東京地裁審理モデル（http://www.courts.go.jp/tokyo/vcms_lf/tizai-singairon1.pdf。http://www.courts.go.jp/tokyo/vcms_lf/tizai-songairon1.pdf）。
　　大阪地裁審理モデル（http://www.courts.go.jp/osaka/vcms_lf/sinrimoderu2013331.pdf）。

起の段階においては，一般的には定型的な算定基準*5により算出された額を訴額としている。なお，訴訟提起時には，当該基準に基づく訴額算定書を提出する（**本書17**参照）。

(4) 訴状・答弁書等の当事者の主張

(a) 提出する書類

特許権侵害訴訟においては，訴状，答弁書，準備書面，証拠説明書，書証について，通常，提出する正本，副本のほかに，裁判官や調査官の手控え用として４通を余分に提出することが通常である。なお，通常，準備書面はファックスで送信提出することが可能であるが，特許権侵害訴訟では期日当日等にクリーンコピーを提出することとなっている。

また，訴状，答弁書，準備書面については電磁データの提出も求められており，裁判所から指示されたメールアドレス宛にデータを送信するなど適宜の方法で提出することになる。

なお，どのような書類を提出するべきかについては，前記の各裁判所のモデルにも一定の記載があるので参照されたい（訴状につき，**本書16**参照）。

(b) 被告製品等の特定

特許権侵害訴訟では，名称や品番等を用いて差止め等の対象，つまり被告製品等を特定する。ただ，被告製品等の特定というときには，もう１つの意味がある。

特許権侵害の判断のために，特許請求の範囲に記載の請求項を構成要件に分説し，被告製品等の構成と対比して，被告製品等が特許発明の技術的範囲に属するかどうかを審理する。特許請求の範囲の記載は，特許発明の技術的思想を言語を用いて文章で表現したものであるため，これと対比するべき被告製品等の構成も対比に便宜なように文章で表現し，構成要件の分説にあわせて各構成を分説することになる。

被告製品等を文章で表現することが，被告製品等の特定のもう１つの意味であり，「イ号特定」ともいう。これは，その後の技術的範囲の属否の主張立証

＊5　東京地裁ホームページ（http://www.courts.go.jp/tokyo/saiban/sinri/ip/index.html）
　　　大阪地裁ホームページ（http://www.courts.go.jp/osaka/saiban/tetuzuki_ip/uketuke_sogaku_santei/index.html）。

156 第2章 特許権侵害訴訟提起の実務

をする上での大前提となるものであるため，審理の初期段階でできるだけ被告製品等を明確にして争点を整理する必要がある。

被告側の製品等であるイ号を原告が特定することはしばしば困難なことがあるが，原告は可能な限りの調査等を尽くして，被告製品等の構成を特定し，技術説明書等に図面等とともに記載する（**本書**17, 18参照）。

被告は，主張された被告製品等の構成について，答弁書において認否を行うことになる。通常の民事訴訟においても，当事者が相手方の主張等に対して否認をする場合には，否認理由を明示しなければならない（民訴規79条3項）。ただ，否認理由には濃淡があり，おざなりな否認理由を示された場合，争点が明確にならない。そこで，特許法は，被告が示すべき否認理由を明確にして争点を早期に絞ることができるように，被告が原告の主張する被告製品等の構成について否認をする場合には，その構成等について具体的態様を明らかにする義務を負うものとした（特104条の2）。

これにより，被告は原告の主張する被告製品等の構成を否認する場合，否認する構成部分について自らその具体的態様，構成を主張しなければならない。

(c) 技術的範囲の属否

特許請求の範囲の記載を解釈することにより，導かれる特許発明の技術的範囲に被告製品等が属するかどうかにつき，原告被告が，互いに明細書，出願経過の書類，様々な技術文献等を提出し激しく闘うことが，特許侵害訴訟の審理の中心ではあるが，この点は本書中の各論考が深く検討するところであるので，ここでは触れない（本書第2章参照）。

(5) **特許権の無効**

前に例に挙げた土地の妨害排除請求において，そのベースとなる土地について，所有権の帰属が争われることはあっても，通常，所有権そのものの有効無効が争点になることはない。これに対し，特許権侵害訴訟では，特許権の無効が争点となる。特許権が無効であるならば，当然特許権の効力を前提とした差止めや損害賠償請求は認められることはあり得ない。

被告は，特許権の無効について2つのルートで争うことができる。

1つ目は，特許庁での無効審判（特123条）とそれに続く審決取消訴訟（特178条以下）である。これは特許権侵害訴訟とは別の手続であり，特許権侵害訴訟

では特許無効審判等の審理が侵害訴訟の審理と併行して行われることが少なくない（**本書**74，75，78ないし80参照）。

　２つ目は，特許権侵害訴訟において，被告が抗弁として特許権の無効を主張することである（特104条の３第１項）。特許権の無効の抗弁は，前述の侵害論の段階で審理されることになる（**本書**36ないし49参照）。

　これらに対して，原告は被告が主張する特許権の無効理由を否定して反論するほか，特許請求の範囲の訂正により対抗することができる（特126条（訂正審判）・134条の２（訂正請求））。この訂正により，特許侵害訴訟の進行中において，特許権の権利の範囲等が変動することがあり得ることになる（**本書**76参照）。

(6)　立証負担の緩和

(a)　立証責任の転換——推定規定

　(イ)　侵害に関する推定規定　　方法の発明に係る特許権侵害訴訟において，原告が，被告の使用している方法を立証することは容易ではない。多くの場合，被告による方法の使用は秘密裏に行われ，公にされないからである。しかし，それでは特許権の保護に欠けることになりかねない。

　そこで，特許法は，方法の発明のうち物を生産する方法について，生産方法を推定する旨を規定している。すなわち，特許出願時においてその物が日本国内において公知でない場合，被告が製造している物がその物と同一のものであることを立証できれば，被告が特許発明に係る方法でその物を製造したものと推定される（特104条）（**本書**68参照）。

　(ロ)　損害に関する推定規定等　　前述のように，侵害論の段階で裁判所が侵害の心証を抱いた場合には損害論に進むことになる。裁判所が特許権侵害の心証を抱くに至った以上，不法行為の成立要件としての権利侵害・違法性要件は充たされていることになる。故意過失については，一般の不法行為損害賠償請求では原告に立証責任があるが，特許権侵害訴訟では過失が推定される（特103条）。

　そのため，特許権侵害による損害賠償についての審理は，特許権侵害と因果関係のある損害額が中心となる。

　原告としては，本来，侵害がなかったとした場合に特許発明により得られる利益と侵害があったことにより減じた利益との差を損害額として主張立証する

158　第2章　特許権侵害訴訟提起の実務

ことになる。しかし，侵害がなかったならばという仮定の下で特許発明の実施により得られたはずであろうとされる利益等は市場その他の多様な要因により左右されるため，現実的にはその立証は著しく困難であり，認定される額は低いものとなる可能性が高い。しかし，それでは特許権の保護に欠ける。

　そこで，特許法は，損害額の推定規定を置いた（特102条）。推定の方法としては，①被告の侵害品の譲渡数量×侵害がなければ原告が得られたはずの単位数量当たりの利益額（同条1項），②被告が侵害による得た利益の額（多くの場合，被告の侵害品の譲渡数量×被告の侵害品の単位数量当たりの利益額）（同条2項），③原告が特許発明の実施に対し受けるべき金銭の額相当額（同条3項）を，それぞれ損害額と推定しあるいは損害額として請求できるものとしている（**本書58**ないし**64**参照）。

　また，このような推定規定によってもなお損害額の立証が事案の性質から極めて困難な場合には，裁判所が弁論の全趣旨，証拠調べの結果に基づいて，相当な損害金を認定できるとしている（特105条の3）。

　(b)　証拠収集手段——文書提出命令

　これらの推定規定はあるものの，損害額の推定のためには被告の販売数量や単位数量当たりの利益額に関する証拠が必要である。しかし，被告製品等に関するこれらに関する情報資料は被告が保有しているため，原告が必要な証拠を収集することは容易ではない。

　特許権侵害訴訟においては，損害論に入った後，裁判所から促され，あるいは自発的に，被告側から事実関係を明らかにしたり，証拠資料が提出したりすることも多く，このような当事者の協力により円滑に審理が進められることは珍しくない。しかし，そのような協力が得られない場合に，これを放置していては特許権の保護に欠けることになる。

　民事訴訟法は，文書一般の提出義務を定めているが（民訴220条），特許法はその特則を設けて，同条の要件を充足していない場合でも，侵害行為の立証や損害額の算定に必要な書類につき，当事者の申立てによりその提出を裁判所が命じることができるものとした（特105条）。仮に，提出命令があったにもかかわらず当事者が文書を提出しない場合や相手方の使用を妨げる目的で書類を滅失等した場合には，裁判所は相手方の主張を真実と認めることができる（民

訴224条1項・2項）（**本書70**参照）。

(c) 計算鑑定と説明義務

このように，特許法が推定規定をおき，被告が所持している証拠の提出義務を定めることで，原告が損害を立証するに必要な証拠を入手できるようにしている。

しかし，多くの場合，それは経理，会計に関わる書類であるばかりでなく，その量は膨大なものとなる。また，それらの書類は，作成した会社でないと理解が困難なものであることも少なくない。

そこで，当事者の申立てによって，経理・会計の専門家である会計士を鑑定人として，損害の計算についての鑑定をさせることができるようにした（特105条の2）。それだけではなく，鑑定人から書類の内容を理解するために必要な説明や補充の資料の提示を求められた場合，当事者はその説明等をしなければならない（**本書73**参照）。

(7) 秘密の保持

特許権侵害訴訟は，当事者である企業が現にその製品等に使用している技術に関わるものであり，企業にとり重要な秘密の情報が含まれている。また，損害立証について提出される証拠は，通常では公開されることのない原価等に関わる企業にとって公開することを望まない重要な情報を多く含んでいる。

特許権侵害訴訟では，訴訟遂行のためにこれらの情報が不可欠であるが，他方，相手方に訴訟以外の目的で利用されたり，営業秘密でなくなったりすることは提出する側の企業に情報が提示されず当事者双方とも十分な主張立証活動ができなくなり，訴訟の迅速，効率的な運営をすることは困難になってしまう。

そこで，特許法は営業秘密を含む情報を訴訟において提示することができるようにするため，以下のような秘密保持のための規定を設けている（**本書72**参照）。

(a) インカメラ手続（特105条2項）

前述の文書提出命令において，提出を求められた当事者に提出を拒否する正当な理由があるときには提出は命じられない。この正当な理由を判断するためにはその内容を確認する必要があるが，文書の保有者が正当な理由の立証のた

160 第2章 特許権侵害訴訟提起の実務

めに命令前にその文書を証拠として提出することはあり得ない。

そこで，主張する正当な理由の有無を判断するために，文書を保有する者に裁判所にその書類の提示をさせるが，この段階では裁判所のみがその書類を見ることができるものとした。

(b) 秘密保持命令（特105条の4～105条の6）*6

準備書面や証拠に営業秘密が含まれ，それらの情報が当事者の事業活動に支障を生じさせるものである場合，当事者の申立てにより，裁判所は相手方の当事者本人若しくは代表者，相手方の代理人，使用人その他の従業者又は訴訟代理人若しくは補佐人に対して，当該営業秘密を当該訴訟の追行の目的以外の目的で使用し，又は当該営業秘密を秘密保持命令を受けた者以外の者に開示することを禁止する命令をすることができる。

その違反に対しては，刑事罰が規定されている（特200条の2・201条（両罰規定））。

(c) 当事者尋問等の公開停止（特105条の7）*7

憲法は裁判の公開の原則を定めている（憲82条）。しかし，侵害の有無を判断するための基礎事項として営業秘密に関して当事者等が尋問を受ける場合，その尋問が公開されると営業秘密性が損なわれるため，尋問において必要な事実，情報が陳述されないおそれがある。

そこで，秘密性が損なわれることで当事者の事業活動に著しい支障が生じることが明白なため尋問を受ける当事者が十分な陳述をすることができず，かつその陳述がないと他の証拠では侵害の有無について適正な裁判ができないと判断した場合，裁判所は職権（裁判官の全員一致が必要）で当事者に対する当該事項について尋問を公開しないで行うことができるものとしている。

公開停止がされた場合，当該事項の尋問に入るときに，公開停止決定が言い渡されて，一般の傍聴人等（公衆）は退廷させられる。

(d) 閲覧等制限（民訴92条）*8

＊6　東京地裁ホームページ（http://www.courts.go.jp/tokyo/saiban/sinri/sinri_himitsu/index.html）。
＊7　東京地裁ホームページ（http://www.courts.go.jp/tokyo/saiban/sinri/sinri_eigyo/index.html）。
＊8　東京地裁ホームページ（http://www.courts.go.jp/tokyo/saiban/sinri/sinri_etsuran/）。

訴訟記録は何人も閲覧を請求することができるため（民訴91条），訴訟記録中の準備書面，証拠などが営業秘密を含むものである場合，営業秘密が誰でもアクセス可能なものとなる可能性がある。

そのため，当事者の申立てによって出される決定で，秘密情報等が含まれる部分について，その閲覧，謄写等を請求できる者を訴訟当事者に限定することができるものとされている。

なお，訴訟記録中の準備書面等の秘密部分について閲覧制限がされても，その部分が引用等されている判決部分に自動的に閲覧制限がかかるわけではない。そのため，秘密保持のためには，当事者は判決の交付を受けた後，該当する秘密部分があるかどうかを確認し，別途，判決書についての閲覧制限を求める必要がある。

12 原告適格(1)

岩谷　敏昭

特許権侵害に基づく差止請求につき，原告適格はどのような者に認められるか。独占的通常実施権者はどうか。

キーワード　差止請求，原告適格，専用実施権，通常実施権，債権者代位権

Ⅰ　総　　説

特許権侵害訴訟では，①差止請求（特100条1項），②廃棄除却請求（同条2項）及び③損害賠償請求（民709条）が主張されることが多く，事案により④補償金請求（特65条1項），⑤不当利得返還請求（民703条）も用いられる。なお，実務上用いられることは稀だが，⑥信用回復措置請求権（特106条）も定められている。

本稿で扱う①差止請求及び②廃棄除却請求では，特許法100条1項・2項とも「特許権者又は専用実施権者」が請求できると定め，差止請求の原告適格は「特許権者又は専用実施権者」に限り認められる。その根拠は，特許権及び専用実施権が，いずれも特許発明の実施に関する排他的独占的権利である点，言い換えれば，物権的請求権が認められる民法上の所有権や制限物権に相当する権利である点に求められる。

もっとも，特許権者又は専用実施権者の許諾を受けた通常実施権者（特78条1項・77条4項）に関し，差止請求権の行使の可否につき議論がある。また，専用実施権を設定した特許権者が差止請求権を行使できるのかについても，争われたことがある。

本稿では，共有に係る特許権に基づく差止請求の原告適格（Ⅱ），専用実施権を設定した特許権者による差止請求の可否（Ⅲ），通常実施権の意義（Ⅳ），通常実施権者による差止請求の可否（Ⅴ）につき解説する。

II　共有に係る特許権に基づく差止請求の原告適格

　共有に係る特許権につき，各共有者は単独で差止請求権を行使することができるか。

　特許法は，共有に係る特許権につき，その共有持分の譲渡，特許発明の実施，専用実施権の設定及び通常実施権の許諾等については定めるが（特73条），差止請求の方法については定めていない。よって民法の一般原則に従うところ，第三者による特許権侵害を排除する差止請求は保存行為（民252条ただし書）と解され，各共有者は単独で，その共有持分権に基づき，侵害者の行為の全部を差し止めることができるとされる[1]。ちなみに，共有に係る著作権が侵害された場合，各共有者は，他の共有者の同意を得ずに差止請求が可能である旨定められている（著117条2項・1項）。

　もっとも，特許権侵害行為差止請求訴訟において無効の抗弁（特104条の3）が多用される現状では，後述のとおり，原告が訂正の再抗弁を主張すべき場合がある。しかし，訂正審判は共有者全員が共同して請求しなければならないため（特132条3項），訂正の再抗弁を主張できない可能性がある。実務上は，共有者の一部が特許権侵害行為差止請求訴訟を提起する場合，予め他の共有者と訂正審判請求が必要となる場合の認識を共有しておく必要があろう。

III　専用実施権を設定した特許権者による差止請求の可否

(1)　専用実施権の意義

　専用実施権は，特許権者による設定行為で定められた範囲内において，特許発明を排他的独占的に実施することができる権利である（特77条）。専用実施権は排他的独占権であるため，その設定を第三者に公示する必要があり，よって専用実施権の設定は登録しなければ効力が生じない（特98条1項2号）。このように，専用実施権は，特許権と同じく排他的独占的支配権であるから，設定登

---

[1]　髙部眞規子『実務詳説　特許関係訴訟〔第3版〕』121頁ほか。

録の上で差止請求が可能となる（特100条）。

　もっとも，専用実施権は，登録に伴い契約の存在や秘密にしたい情報が開示
される，登録の手間やコストがかかるなどの問題があるため，その設定が実務
上回避されることが少なくなく，独占的なライセンスの方法としては，後述す
る独占的通常実施権や完全独占的通常実施権が選択されることが多い。

(2)　専用実施権を設定した特許権者による差止請求の可否

　特許権者が専用実施権者を設定した場合，専用実施権者は，設定行為で定め
られた範囲内において業としてその特許発明の実施をする権利を専有し（特77
条2項），当該範囲において特許権者による特許発明の実施の専有が制限される
（特68条ただし書）。よって，専用実施権を設定した特許権者は，設定した範囲に
おける差止請求を許されないとの考えも成り立ち得る。

　しかし，最高裁は，専用実施権を設定した場合であっても，特許権者は差止
請求権を行使できるとした（最判平17・6・17民集59巻5号1074頁）。その理由は，
①特許法100条1項の文言上，専用実施権を設定した特許権者による差止請求
権の行使が制限されると解すべき根拠はないこと，②専用実施権者の売上に基
づき実施料の額を定める場合，特許権者には実施料収入確保の観点から特許権
の侵害を除去すべき現実的な利益があること，③特許権侵害を放置すると，専
用実施権が何らかの理由により消滅し特許権者が自ら特許発明を実施しようと
する際に不利益を被る可能性があること，である。

　所有権に基づく妨害排除請求権が制限物権を設定しても認められるのと同様
に考えるべきで，学説も概ね判例に賛成しており*2，実務は肯定説で動いて
いる。

Ⅲ　通常実施権の意義

(1)　通常実施権の種類

　通常実施権には，①法律の規定により発生する法定通常実施権（特35条1項・
79条〜82条・176条等），②裁定により発生する裁定通常実施権（特82条・92条・93

＊2　中山信弘『特許法〔第3版〕』358頁ほか。

条），及び，③許諾による通常実施権がある。通常実施権の法的性質は，差止
請求権等を行使しないことを特許権者に求める不作為請求権にすぎず，この点
で独占的排他的権利である専用実施権と根本的に性質が異なる。

(2)　許諾による通常実施権の種類

　これら３種類の通常実施権のうち，実務で重要なのは許諾による通常実施権
である。

　許諾による通常実施権は，特許権者又は専用実施権者による許諾行為で定め
られた範囲内で，特許発明を業として実施をする権利であり（特78条。以下では
特許権者が許諾する場合を前提に解説する），①当該実施権者以外にも特許権者が実
施許諾をなし得る旨約された非独占的通常実施権と，②当該実施権者以外には
実施許諾がなされない旨約された独占的通常実施権がある。なお，③独占的通
常実施権のうち，特許権者が実施しない旨約されたものは，完全独占的通常実
施権と称される。

Ⅳ　通常実施権者による差止請求の可否

　以下，許諾による通常実施権の場合を前提に，通常実施権者による差止請求
の可否を，固有の差止請求及び債権者代位権による差止請求権の行使につき整
理する。

(1)　非独占的通常実施権による差止請求の可否

(a)　固有の差止請求権

非独占的通常実施権者による差止請求の可否については，特許法100条で通
常実施権者が挙げられておらず，また，非独占的通常実施権者は排他的地位を
有しないため，否定される。

(b)　債権者代位権による差止請求権の行使

非独占的通常実施権者は，債権者代位権（民423条）に基づき特許権者の差止
請求権を行使することはできない。特許権者が非独占的通常実施権を許諾した
にすぎない場合，特許権者は非独占的通常実施権者以外の第三者にも実施許諾
する権原を有するが，非独占的通常実施権者が債権者代位権により特許権者の
差止請求権を行使できるとすれば，このような特許権者の権原を害するからで

166　第2章　特許権侵害訴訟提起の実務

ある。

(2)　独占的通常実施権者による差止請求の可否

(a)　固有の差止請求権

　特許法100条で通常実施権者が挙げられていないため，独占的通常実施権者についても，差止請求の原告適格は否定される。その実質的理由は，独占的通常実施権者も特許権者に対して差止請求権等を行使しないことを求める不作為請求権にすぎず，この点で独占的排他的権利である専用実施権と根本的に性質が異なるからである（大阪地判昭59・12・20無体集16巻3号803頁ほか）。

(b)　債権者代位権による差止請求権の行使

　他方，当該実施権者以外には実施許諾されない旨約されたことを根拠に，特許権者が侵害排除義務を負うなら，独占的通常実施権者は特許権者が有する差止請求権を債権者代位権（民423条）により行使できるとする余地がある。この点は民法の問題であるため，まず債権者代位権の転用全般につき整理した上で，その一場面である独占的通常実施権者による差止請求権の代位行使につき確認する。

　(イ)　債権者代位権　　民法423条1項本文は，債権者代位権につき，「債権者は，自己の債権を保全するため，債務者に属する権利を行使することができる」旨定める。この制度は，本来，債務者の責任財産を保全するため，債権者が債務者に代わり「債務者に属する権利」（以下，「被代位権利」という）を行使する制度であり，よって債権者が債務者に対して有する「自己の債権」（以下，「被保全債権」という）が金銭債権であること，「債務者が債権者に弁済する資力十分ならざる場合」であること（以下，「無資力要件」という）が要件とされる（大判明39・11・21民録12輯537頁）。

　(ロ)　債権者代位権の転用　　しかし，早くから判例は，一定の場合に，金銭債権以外の債権を被保全債権とし，無資力要件を不要とする債権者代位権の行使を認めてきた。このような用い方は「債権者代位権の転用」と呼ばれ，以下のような類型において順次判例法理が形成された。

　　(i)　登記請求権を被保全債権とする債権者代位権の転用（大判明43・7・6民録16輯537頁）　　まず，大判明43・7・6民録16輯537頁（以下，「明治43年大判」という）は，不動産がAからB，BからCに転売された場合に，「債権の保全に

適切にしてかつ必要な限り」との限定を付した上で，ＣのＢに対する移転登記請求権（被保全債権）を保全するため，ＢのＡに対する移転登記請求権（被代位権利）の債権者代位権による行使を認めた。なお，この場合，債務者の無資力要件は不要とされる。

　このような登記請求権を被保全債権とする債権者代位権の転用は，登記に応じない者を対象に，例えば，未登記不動産の譲受人が譲渡人に代位して未登記不動産の保存登記の申請を求める事例（大判大5・2・2民録22輯74頁）等，様々な組合せで認められるに至っている。

　(ii)　賃借権を被保全債権とする債権者代位権の転用（大判昭4・12・16民集8巻944頁）　次に，大判昭4・12・16民集8巻944頁（以下，「昭和4年大判」という）は，賃借権を被保全債権とする場合に，債権者代位権の転用を認めた。すなわち，昭和4年大判は，明治43年大判を引用して，不動産の賃借人Ｃにつき，賃貸人（所有者）Ｂに対して有する賃借権（被保全債権）を保全するため，所有者Ｂが不法占拠者Ａに対して有する妨害排除請求権（被代位権利）の債権者代位権による行使を認めた。

　なお，この問題は，債権に基づく妨害排除請求の問題と関連している。その後の最判昭28・12・18民集7巻12号1515頁は，第三者に対抗できる借地権を有する者は，その土地に建物を建ててこれを使用する不法占拠者に対し，直接その建物の収去及び土地の明渡を請求することができるとして，対抗要件を備えた不動産の賃借人につき固有の妨害排除請求権を認めた。昭和4年大判の事案は賃借権者が対抗要件を備えない事案であり，不動産の賃借人が対抗要件を備えている場合は固有の妨害排除請求権によることとなる。

　(iii)　抵当権者による抵当不動産の所有者が有する妨害排除請求権の代位行使（最〔大〕判平11・11・24民集53巻8号1899頁）　さらに最高裁は，抵当権に基づく妨害排除請求につき，最初は抵当権の非占有担保としての性質を理由に否定したが（最判平3・3・22民集45巻3号268頁），その後，これを変更し，抵当不動産の所有者が有する妨害排除請求権の抵当権者による代位行使を，一定の要件の下で認めた（最〔大〕判平11・11・24民集53巻8号1899頁（以下，「平成11年最大判」という））。さらにその後，抵当権に基づく固有の差止請求が，一定の要件の下で認められるに至った（最判平17・3・10民集59巻2号356頁）。

(ハ) 平成29年民法改正（債権法改正）等　このような判例法理を踏まえ，平成29年6月に成立した民法の一部改正（平成29年法律第44号。以下，「債権法改正」という）は，明治43年大判が認めた登記請求権を保全するための債権者代位権の行使につき，改正後の民法423条の7で定める。債権法改正では，これ以外の債権者代位権の転用については規定されておらず，独占的通常実施権者による差止請求権の代位行使の可否も含め，「保全するため必要があるとき」（民423条1項）の解釈に委ねられている。

この点，民法学説では，明治43年大判（登記請求権を被保全債権とする登記請求権の代位行使）及び昭和4年大判（不動産賃借権を被保全債権とする所有権に基づく妨害排除請求権の代位行使）等より成る判例法理の到達点が，概ね支持されているようである。現在の関心は，これら以外のどのような類型で債権者代位権の転用が認められるか，認められる場合の要件等に移っているといえよう。

このような状況を踏まえ，以下，独占的通常実施権者による債権者代位権に基づく差止請求権の行使に関し，下級審裁判例及び学説を概観する。

(ニ) 独占的通常実施権者による差止請求権の代位行使に関する下級審裁判例　債権者代位権の転用に関する前記判例法理が形成される中で，独占的通常実施権者が差止請求権の代位行使を主張する事案が現れ，次のような下級審の判断が示されている。

(i) 東京地判昭40・8・31判タ185号209頁〔カム装置事件〕　まず，東京地判昭40・8・31判タ185号209頁（以下，「裁判例①」という）は，特許権者の被疑侵害者に対する差止請求権（被代位権利）が成立する事案において，独占的通常実施権者は特許権者に対し「特許発明を独占的排他的，かつ，全面的実施に積極的に協力すべきことを請求する債権」を有するとして，当該被保全債権に基づく独占的通常実施権者による差止請求権の代位行使を認容した。

(ii) 大阪地判昭59・12・20無体集16巻3号803頁〔セットブラシ事件〕　もっとも，その後の大阪地判昭59・12・20無体集16巻3号803頁（以下，「裁判例②」という）は，意匠権に係る専用実施権設定契約が締結されたが未登録であった事案において，債権者代位権の転用を否定した。

まず，裁判所は，専用実施権設定契約が締結されたが未登録であった場合の原告を，完全独占的通常実施権者であると認定した。その上で完全独占的通常

実施権者の固有の差止請求を否定し，さらに債権者代位権による差止請求権の行使も否定した。

債権者代位権による差止請求権の行使を否定した理由の第1は，債権者代位制度を転用する現実的必要性が乏しいとした点である。すなわち，債権者代位制度は元来債務者の一般財産保全のものであり，特定債権保全のために，判例上登記請求権の保全（明治43年大判）及び賃借権の保全（昭和4年大判）の場合に例外的に債務者の無資力を要することなく制度を転用することが許されているが，これらはいずれも重畳的な権利の行使が許されず，権利救済のための現実的な必要性のある場合である。しかし，完全独占的通常実施権は，第三者の利用により独占性は妨げられるものの，実施それ自体には何らの支障も生ずることなく当該意匠権を第三者と同時に重畳的に利用できるから，重畳的な利用の不可能な登記請求権及び賃借権の保全の場合とは性質を異にし，代位制度を転用する現実的必要性は乏しいとする。

第2に，そもそも原告は専用実施権を登録すれば容易に固有の差止請求権を有するに至るから，やはり債権者代位権の転用の必要性を欠くとされた。現に，控訴審では，登録を経た原告の専用実施権に基づく固有の差止請求（特100条）が認められた（大阪高判昭61・6・20無体集18巻2号210頁）。

第3の理由は，被保全債権ないし債権保全の必要性の不存在である。すなわち，完全独占的通常実施権の意匠権者に対する請求権は，無承諾実施権者の行為の排除等を意匠権者に求める請求権ではなく，当該意匠の実施を容認すべきことを請求する権利にすぎず，当該事案においても意匠権者に第三者の侵害行為を差し止めるべき行為義務は認められないと認定し，債権保全の必要性を欠くとした。

(iii) 東京地判平14・10・3（平12(ワ)17298号）裁判所ホームページ〔蕎麦麺製造方法事件〕　次に，東京地判平14・10・3（平12(ワ)1298号）裁判所ホームページ（以下，「裁判例③」という）は，一般論として，独占的通常実施権者は特許権者の有する差止請求権を代位行使できるとした。もっとも，当該事案では，特許権侵害が成立せず被代位権利である差止請求権が否定されたため，結論として差止請求は棄却された。

(ホ) 学　　説　　独占的通常実施権者による差止請求権の代位行使につき，

170　第2章　特許権侵害訴訟提起の実務

かつては否定説もあったが，現在は程度の差はあれ代位行使を肯定する説が大勢である。その程度の差のバリエーションは論者により多岐にわたるが，以下では代表的な見解を紹介する。

　(i)　特許権者が明示の侵害排除義務を負う場合に代位行使を肯定する説

　まず，特許権者が侵害排除を契約上の義務として明示に負う場合に，例外的に代位行使を認める説がある＊3。特許権者は，第三者に許諾してはならないことは認識していても，自ら侵害排除義務まで負うとは原則として認識していないから，明示に負う場合に限るとの趣旨である。

　(ii)　特許権者が黙示に侵害排除義務を負う場合にも代位行使を肯定する説

　次に，明示の特約に限定する必要はなく，諸般の事情を総合的に勘案して排除義務の有無を考えるべきとの説がある＊4。この説では，独占的通常実施権者は，特許権者と締結した通常実施権許諾契約の関連条項等から，侵害排除義務が明示又は黙示に認定される旨を主張立証する必要があろう。

　(iii)　侵害排除義務を認めて代位行使を肯定する説　　さらに進んで，特許権者は，独占的通常実施権者に特許発明の実施を独占させることを許諾した趣旨から，侵害を排除する義務を負うとし，独占的通常実施権者による債権者代位権の行使を肯定する説がある＊5。この説によれば，独占的通常実施権者は，特許権者との契約が独占的通常実施権を許諾する内容であることを主張立証すれば足り，契約の関連条項等から侵害排除義務が明示又は黙示に認定される旨の主張立証は不要となろう。

　(ヘ)　検　　討　　被疑侵害者による市場の侵食を食い止めなければ，独占的通常実施権者は損害を被るため，独占的通常実施権者による差止請求権の代位行使を認めるべき必要性は高い。よって，(i)説から(iii)説へと債権者代位権の転用を拡大する考え方にシフトしている感があるが，安易に債権者代位権の転用を認めることはできないと考える。実務家としては，最判平12・4・11民集54巻4号1368頁〔キルビー事件〕以降，特許権侵害行為差止請求訴訟を提起する

＊3　竹田稔『知的財産権侵害要論　特許・意匠・商標編〔第4版〕』243頁，高林龍『標準特許法〔第6版〕』206頁ほか。
＊4　中山・前掲＊2・514頁。
＊5　髙部・前掲＊1・121頁。

か否かの判断に，無効の抗弁（特104条の3）が影を落としていることを無視できないからである。

現在，特許権侵害行為差止請求訴訟を提起すれば，かなり高い確率で被告より進歩性欠如等を理由とする無効の抗弁が主張され，裁判所が無効の抗弁を一定割合の事案で認める実務が定着している。よって，特許権侵害行為差止請求訴訟の提起を検討する際，特許権者としては，特に訴訟提起前の交渉で被疑侵害者が当該特許発明の進歩性を否定する可能性がある先行技術を示した場合等では，あえて訴訟を提起しない場合もある。無理に訴訟を提起した結果，裁判所が無効の抗弁を認めると，当該特許が無効審判により無効にされるべきものである旨が公にされ，当該被疑侵害者以外にも侵害品を製造販売する事業者が続出する可能性があるからである。

また，事案によっては，無効の抗弁に対抗するため，原告が訂正の再抗弁を主張する必要がある。しかし，訂正の再抗弁を主張する際，現に訂正審判又は訂正の請求（以下合わせて「訂正請求等」という）を行う必要ありとするかつての通説に従えば，特許権者が訂正審判を請求するのでなければ，独占的通常実施権者は訂正の再抗弁を主張できないであろう。この点，近時，訂正の再抗弁を主張する際，原則として訂正請求等を行う必要ありとしつつ，訂正請求等を行うことが法律上困難である場合は事情を個別に考察して訂正請求等の要否を決すべきとする知財高裁判決（知財高判平26・9・17判時2247号103頁〔共焦点分光分析事件〕）が現れ，このような理解を前提とする最高裁判例（最判平29・7・10（平28（受）632号）裁判所ホームページ〔シートカッター事件〕。この判決の最高裁判所調査官による解説として，Ｌ＆Ｔ78号62頁以下）も示された。しかし，これら一連の判決が示された現状においても，独占的通常実施権者は，そもそも訂正審判請求の請求権者ではないため，請求権者である特許権者（特126条1項柱書）が訂正審判請求を行わないなら，訂正の再抗弁を主張することができないと解される。

なお，独占的通常実施権者が特許権者に代位して訂正審判を請求することは，訂正審判請求権は特許権者の一身に専属する権利（民423条1項ただし書）であるため許されまい。

債権者代位権の転用を認めた明治43年大判，昭和4年大判及び平成11年最大判の事例は，いずれも所有権に基づく権利である登記請求権又は妨害排除請

172 第2章 特許権侵害訴訟提起の実務

求権を被代位権利とする。これらの類型では，被告の抗弁により所有権が脅かされることはなく，債権者代位権の転用を認めても所有権者（債務者）は不利益を被らないが，独占的通常実施権者が特許権者の差止請求権を代位行使する場合，無効の抗弁により特許が特許無効審判により無効にされるべきものであると宣言される可能性があるとともに，これを回避するための訂正の再抗弁を独占的通常実施権者は自由に主張することはできない。このように考えると，判例法理が債権者代位権の転用を認めた類型と，独占的通常実施権者が特許権に基づく差止請求の代位行使を求める場合は前提が異なり，独占的通常実施権者が差止請求権の代位行使を求める場合に判例法理の射程が及ぶか疑義すらある。

　特許権侵害の放置も望ましくなく，独占的通常実施権許諾契約において，独占的通常実施権者の特許権者に対する侵害排除請求権（被保全債権），裏からいえば特許権者の妨害排除義務が明確に定められているなら，債権者代位権の転用を否定する必要はないであろう。ただし，妨害排除義務の認定に関する独占的通常実施権許諾契約の合理的意思解釈は，前述のような特許権侵害行為差止請求訴訟の特殊性に鑑み，慎重になされるべきである。

　(ト)　契約実務による解決　　もっとも，裁判例②を除き，下級審裁判例や学説は債権者代位権の転用を広く認める方向に進んでいる感がある。そのため，実務では，独占的通常実施権許諾契約締結の際，第三者が特許権を侵害する場合の対処方法につき予め特許権者及び独占的通常実施権者が共通認識を形成し，これを確認しする条項（以下，「侵害排除条項」という）を定めておくことが望ましい。

　前出の裁判例①～③では，いずれの判決理由においても，当該事案で問題となったライセンス契約に侵害排除条項が設けられていた示唆がなく，侵害排除条項が設けられていなかった可能性が高い。もっとも，現在のライセンス契約の実務では，侵害排除条項が設けられることが少なくないと思われる。その内容は多種多様だが，一般に，①第三者による特許権侵害を発見した場合の他方契約当事者への通知義務，②侵害を排除するための特許権者及び独占的通常実施権者の役割分担・協力，③侵害排除に関する費用負担及び代理人選任方法等が定められる*6。契約実務に関わる者としては，侵害行為を排除したい独占

的通常実施権者のニーズと，無効の抗弁により特許が脅かされる可能性がある特許権者の立場の調整に意を払い，当該当事者間で最も適切と考えられる協調型の侵害排除条項を予め定めておくことが肝要であろう。

■

＊6　大阪弁護士会知的財産法実務研究会編『知的財産契約の理論と実務』344頁・386頁・430頁・484頁。

174　第2章　特許権侵害訴訟提起の実務

13 原告適格⑵

山崎　道雄

> ある特許権について実施権の設定がある場合，その特許権者及び当
> 該特許発明の実施をしている実施権者は，特許法100条１項に基づく
> 差止請求，特許法102条１項ないし３項の適用のある損害賠償請求が
> それぞれ可能か。

キーワード　独占的通常実施権者，非独占的通常実施権者，特許信託，差止請求，損害賠償請求

I　は じ め に

特許法100条１項は，「特許権者又は専用実施権者は，自己の特許権又は専用実施権を侵害する者又は侵害するおそれがある者に対し，その侵害の停止又は予防を請求することができる。」とし，特許権侵害に対する差止請求について，規定している。

また，特許権侵害に対しては，損害賠償請求（民709条）が可能であり，特許法102条は，特許権侵害行為と因果関係ある損害の額の立証を緩和する趣旨で，①１項で，侵害品の譲渡数量×権利者の単位数量当たりの利益の額を損害額とし，②２項で，侵害者の利益の額を損害額と推定し，③３項で，特許発明の実施に対し受けるべき金銭の額（侵害行為に対するライセンス相当額）を損害額とする。

一つの特許権に複数の者が権利を有する場合，それぞれの差止請求及び損害賠償請求の可否並びに範囲については，本書の他稿でも論じられているところであるが[*1]，本稿では，特許権について実施権の設定がある場合に，特許権者・実施権者が差止請求及び特許法102条各項を適用した損害賠償請求が可能かを概括的に論じ，その応用事例としての特許信託の場合についても触れるこ

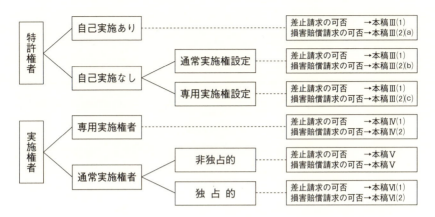

ととする。

II 実施権について

　特許発明は，特許権者等の意思により他者に実施させることができる。許諾による実施権の中には，専用実施権（特77条）と通常実施権（特78条・77条4項）とがある。

　専用実施権は，特許権者による設定行為で定められた範囲内において，特許発明を排他的独占的に実施することができる権利である。特許権と同様に，物権類似の独占的排他権が認められるため，公示が要求されており，その設定登録が効力要件となっている（特98条1項2号）。また，専用実施権の設定があった場合，特許権者は，設定行為で定めた範囲内では，業としてその特許発明を実施することができなくなる（特68条ただし書）。

　通常実施権は，特許発明を実施できる権利ではあるが，専用実施権のような物権類似の排他的独占権はない。あくまで特許権者に対して特許発明の実施を認めるように請求できる債権的な権利（特許発明の実施に対し権利行使をしない不作

＊1　差止請求の原告適格については，**本書12**「原告適格(1)」。実施権者及び共有者の損害賠償請求については，**本書65**「特許権者と各実施権者による損害賠償請求」，**本書66**「特許権の共有と損害額」。

176 第2章 特許権侵害訴訟提起の実務

為請求権）にすぎないとされ，その設定登録等は，効力要件としても対抗要件
としても要求されていない（特99条）。

通常実施権を設定する場合，特許権者と実施権者との間の実施契約等におい
て，他の者には重ねて実施権の許諾をしない旨合意する場合があり，この場合
を特に独占的通常実施権といい，このような約定がない場合を非独占的通常実
施権という。また，通常実施権を設定した場合，特許権者は，当然に当該発明
を実施することができなくなるわけではないが，実施権設定契約等において，
特許権者が発明を実施しない旨の特約を設けることは可能である（独占的通常実
施権について，このように特許権者が自ら発明を実施しない旨の特約を設けた場合を「完全
独占的通常実施権」と呼ぶことがある）。

III　実施権の設定をした特許権者

(1)　差止請求について

特許権者が実施権を設定する場合，論理的には，特許権者が特許発明に関し
何らかの実施をする場合と特許発明に関し何らの実施もしない場合とに分かれ
る。後者は，通常実施権を設定した場合（通常実施権の設定にあたり自らは実施しな
いことを合意した場合又は単に実施をしなかった場合等）と専用実施権を設定した結
果，特許法68条ただし書の効果として，実施ができなくなる場合とが考えら
れる。

これらいずれの場合であっても，特許権者は，特許権侵害に対する差止請求
が可能である。

特許権者が専用実施権を設定した結果，特許発明に関し何らの実施をしない
場合について議論があったが，現在の裁判実務上では，特許法100条1項の文
言，ランニングロイヤリティを定めている場合（if use 方式）に特許権者に侵害
を除去すべき利益があること，実施権が消滅した後に自ら特許発明を実施しよ
うとする場合に被る不利益を予め除去する利益もあることから，差止請求がで
きると解されている（最判平17・6・17民集59巻5号1074頁）。

(2)　損害賠償請求について

(a)　特許発明に関し実施がある場合

特許発明に関し実施がある場合に，特許権者は，特許法102条１項ないし３項の適用のある各損害賠償請求が可能であると解される。

ただし，特許発明そのものの実施ではなく，侵害品と市場で競合する商品の販売があるだけの場合に特許法102条１項が適用されるかについて，特許法102条１項の法的性質及び「侵害の行為がなければ販売することができた物」との文言の関係で議論がある。

この点，学説上は，特許法102条１項の法的性質につき，法律上の事実推定ないし暫定真実を定めたものと解したうえで，「侵害の行為がなければ販売することができた物」とは特許実施品のみならず競合品をも含むとする見解が有力に主張されており[2]，近年の裁判例も，競合品で足りるとする傾向にある（知財高判平24・１・24（平22（ネ）10032号・10041号）裁判所ホームページ，知財高判平26・12・４判時2276号90頁，知財高判平27・11・19判タ1425号179頁）。

また，同条２項でも，隠れたる要件としての自己実施が必要とされることとの関係で同様の議論があるが，近年の裁判例は，競合品で足りると解する傾向にある（知財高判平26・９・11裁判所ホームページ。後述する知財高判平25・２・１判時2179号36頁も，競合品で足りるという理解を前提としていると思われる）。

なお，特許法102条３項では，独占的通常実施権を設定した特許権者に適用されるかという問題がある。否定説もあるが[3]，裁判例上は，適用を肯定するものが多数である（知財高判平21・８・18判タ1323号256頁，大阪地判平22・12・16（平22（ワ）4770号）裁判所ホームページ〔長柄鋏事件〕，東京地判平23・12・27（平21（ワ）13219号）裁判所ホームページ〔蒸気モップ事件〕）。たとえ，独占的通常実施権を設定していても，特許権者は，第三者に実施許諾しないことを債権的に拘束されるにとどまり，第三者に実施許諾する権限そのものは喪失していないこと等が理由とされている。

---

[2] 牧野利秋ほか編『知的財産訴訟実務大系Ⅱ』（青林書院，平26）37頁以下〔牧野利秋＝磯田直也〕参照。反対説としては，特許法102条１項につき，排他的独占権という特許権の性質から侵害品と権利者製品とが市場において補完関係（ゼロサム関係）にあることを擬制したものと解し，かかる補完関係が擬制される前提には，権利者製品は特許発明の実施品であることを必要とする見解がある。三村量一「損害(1)−特許法102条１項」牧野利秋＝飯村敏明編『新・裁判実務大系(4)知的財産関係訴訟法』294頁以下。

[3] 大渕哲也ほか『専門訴訟講座⑥特許訴訟【下巻】』（民事法研究会，平24）391頁等〔横山久芳〕。

178　第2章　特許権侵害訴訟提起の実務

　(b)　特許発明に関し実施していない──通常実施権を設定している場合

　(イ)　特許法102条1項　　第三者に通常実施権を設定し，自らは実施料等だけを得て何らの実施もしない特許権者には，特許法102条1項の「特許権者又は専用実施権者がその侵害の行為がなければ販売することができた物」，「実施の能力」との文言との関係で，特許権者と実施権者を同一視できる等の例外的な事情がない限り，同条項の適用はないと解される。

　(ロ)　特許法102条2項　　また，特許法102条2項については，条文構造上は発明の実施を要求しているわけではないが，隠れたる要件として，特許権者等において何らかの実施が必要であると解するのが多数説である*4。特許法102条2項は，その損害額の前提となる「損害の発生」までをも推定するものではないので，権利者は，損害が発生した事実については自ら立証しなければならず，その立証のためには，当該発明に関し何らかの実施をしていることを要する，との理由による。

　この点について，知財高判平25・2・1判時2179号36頁は，「特許権者に，侵害者による特許権侵害行為がなかったならば利益が得られたであろうという事情が存在する場合には，特許法102条2項の適用が認められると解すべきであり，特許権者と侵害者の業務態様等に相違が存在するなどの諸事情は，推定された損害額を覆滅する事情として考慮されるとするのが相当である。そして，後に述べるとおり，特許法102条2項の適用に当たり，特許権者において，当該特許発明を実施していることを要件とするものではない。」とし，「侵害者による特許権侵害行為がなかったならば利益が得られたであろうという事情が存在する場合」には特許法102条2項の適用があること及び「特許発明を実施していること」は必ずしも同条項の要件でないことを明言した。

　当該判決も踏まえ，第三者に通常実施権を設定し，自らは実施料等を得るだけで何らの実施もしない特許権者についても，侵害行為により実施権者の売上げが減少し，それに伴って実施許諾料が減少する関係が認められる場合には（if use方式），侵害行為によって権利者の利益が損なわれる関係があるといえるから，「侵害者による特許権侵害行為がなかったならば利益が得られたであろう

───────────────
＊4　中山信弘＝小泉直樹編『新・注解特許法〔第2版〕【中巻】』（青林書院，平29）1910頁以下〔飯田圭〕。

という事情」があり，特許法102条2項の適用を認めてもよいとする見解もある*5。ただし，特許法102条2項の適用を認める場合には，結局，請求者が得るはずであった約定実施料にまで推定覆滅が認められる結果となるはずであり，特許法102条3項との関係で，あえて特許法102条2項の適用を認める実益があるかは疑問である（論理的に適用の実益がある場面は，現実の実施料が102条3項の実施料相当額を上回る場合か）。

（ハ）特許法102条3項　特許法102条3項については，実施料相当額を損害賠償として請求できる最低額として定めた規定であることから，自己実施しない特許権者にも適用されると解される*6。なお，独占的通常実施権を設定した特許権者に特許法102条3項の適用があるかについては，上記**III(2)(b)**のとおりであり，裁判例は，肯定説が多数である。

（c）特許発明に関し実施していない——専用実施権を設定している場合

特許法102条1項ないし3項の前提には，独占的な実施権の存在が前提となっていると解されており，特許権者が専用実施権を設定した場合，特許権者は，設定行為で定めた範囲内では，業としてその特許発明を実施することができなくなるので，特許法102条1項ないし3項の適用は否定されるとするのが多数説である*7。

3項については，肯定説も有力であるが，近年の裁判例は，否定説を採用している（知財高判平26・12・4判時2276号90頁）。ただし，侵害行為によって減少した実施料相当額については，民法709条に基づき，相当因果関係を主張・立証して損害賠償を求めることができると解される（大阪地判平19・11・19（平18(ワ)6536号・12229号）裁判所ホームページ参照）。

IV　専用実施権者の差止請求，損害賠償請求

(1)　差止請求，損害賠償請求

自ら特許発明を実施する専用実施権者において，特許権侵害に対する差止請

＊5　牧野＝磯田・前掲＊2・45頁以下。森本純＝大住洋「実務的視点から見た特許法102条2項の適用要件及び推定覆滅事由」知管63巻9号1381頁。
＊6　牧野＝磯田・前掲＊2・46頁以下。
＊7　飯田・前掲＊4・1825頁以下。

180 第2章 特許権侵害訴訟提起の実務

求及び特許法102条1項ないし3項の適用を受けた損害賠償請求が可能であることは，条文上明らかである。

(2) 実施料控除の問題

(a) 専用実施権者は，自らの実施に応じた実施料を特許権者に支払っているが*8，そのような専用実施権者が損害賠償請求を行う場合の損害額の算定において，特許法102条1項ないし3項から算出される損害額から特許権者に支払うべき実施料に相当する金額が控除されるかという問題がある。

(b) この点，特許法102条1項については，学説は分かれているが，裁判例上は，いわゆる限界利益説を前提に，専用実施権者又は独占的通常実施権者の単位数量当たりの利益の額を算定するに当たり，特許権者に支払うべき約定実施料を変動経費として控除するものが多い（大阪地判平16・7・29（平13(ワ)3997号）裁判所ホームページ，東京地判平25・9・25（平22(ワ)17810号）裁判所ホームページ。なお，特許法102条1項による場合は，権利者側の利益算定に当たり約定実施料が既に考慮されているから，そこから算出された損害額について，さらに約定実施料を控除されない）。

(c) また，特許法102条2項については，学説上は，実損額の填補という損害賠償の原則から控除が必要と解する見解が多数説とされる*9。

裁判例上は，損害賠償額から特許権者への逸失約定実施料額（又は実施料相当額）を控除するもの（大阪地判平13・10・9（平10(ワ)12899号）裁判所ホームページ，大阪地判平20・3・11判時2025号145頁），独占的通常実施権者の損害賠償請求権と特許権者の実施料相当額の損害賠償請求権とが実施料相当額部分について不真正連帯債権の関係になるとして控除そのものはしていないもの（大阪地判平19・11・19（平18(ワ)6536号・12229号）裁判所ホームページ〔爪切り事件〕，大阪地判平22・12・16（平22(ワ)4770号）裁判所ホームページ〔長柄鋏事件〕，東京地判平23・12・27（平21(ワ)13219号）裁判所ホームページ）等に分かれている。

(d) 特許法102条3項についても，同様に，控除をしたもの（東京地判平17・5・31判時1969号108頁）と，控除をせず特許権者，専用実施権者又は独占的通常実施権者による各実施料相当額の損害賠償請求権が不真正連帯債権の関係になるとするもの（知財高判平21・8・18判タ1323号256頁）で，裁判例が分かれている。

---

*8 飯田・前掲*4・2080頁以下。
*9 飯田・前掲*4・2082頁以下。

V　非独占的通常実施権者の差止請求，損害賠償請求

　通常実施権は，特許権者に対して特許権の行使をしない旨を求める不作為請求権にすぎない。特に，非独占的通常実施権については，特許権者が重ねて実施権を許諾することが認められており（特許権者に対し，第三者の実施をやめさせるよう請求できる権利はない），また，複数の実施権の付与によっても，自らが特許発明の実施をできなくなるものでもない。

　そのため，特許法の文言を離れてまで固有の差止請求権は認められておらず，また，損害も観念できないから損害賠償請求も認められていない。さらに，特許権者の侵害者に対する差止請求権や損害賠償請求の代位行使（民423条）もできない（大阪地判昭59・4・26無体集16巻1号271頁）。

VI　独占的通常実施権者の差止請求，損害賠償請求

(1)　差止請求

　独占的通常実施権も，その本質は債権としての不作為請求権にすぎず，物権法定主義のもと（民175条），固有の差止請求権は認められないとするのが裁判実務である（大阪地判昭59・12・20無体集16巻3号803頁ほか）。

　問題は，独占的通常実施権者において，固有の権利としてではなく，債権者代位制度を転用して，特許権者の第三者に対する差止請求権を代位行使（民423条）することができないかであり，大阪地判昭59・12・20無体集16巻3号803頁は否定したが，東京地判昭40・8・31判タ185号209頁，東京地判平14・10・3（平12(ワ)17298号）は肯定した。

(2)　損害賠償請求

　(a)　一方，独占的通常実施権者は，特許権侵害行為に対し，損害賠償請求は可能である。裁判例上，様々な法律構成はあるが，多くは，独占的に発明を実施し得る地位を「法律上保護される利益」であるとし，その侵害があることを理由としている（東京地判平17・5・31判時1969号108頁等）。

　(b)　そして，特許法102条1項及び2項について，過去には独占的通常実施

182　第2章　特許権侵害訴訟提起の実務

権者への（類推）適用を否定する裁判例もあったが，近年の裁判例は，これを肯定している（知財高判平25・11・6（平25(ネ)10035号）裁判所ホームページ〔回転歯ブラシの製造方法及び製造装置事件〕，知財高判平26・3・26（平25(ネ)10017号・10041号）裁判所ホームページ）。独占的通常実施権者が特許権侵害によって受ける損害は特許権者及び専用実施権者と異なるところがなく，また，同項の趣旨である損害の立証の困難性は独占的通常実施権者にも存在するからである。

　独占的通常実施権者につき，特許法102条1項ないし3項から算出される損害額から特許権者に支払うべき実施料に相当する金額が控除されるかという問題については，上記Ⅳ(2)のとおりである。

　(c)　また，特許法102条3項についても，独占的通常実施権者に対し，実施権付与権限が与えられている場合には，肯定される。

　(d)　なお，特許権者は，独占的通常実施権を設定していても，自己実施する場合に，特許法102条1項及び2項の損害賠償請求が可能である（上記Ⅲ）。また，自己実施をしない場合でも，特許法102条2項の適用は認められるという見解もある。いずれにしても，特許権者と実施権者とは，特許法102条1項ないし2項の適用がある。損害賠償請求が競合する場合があるが，この点について，損害額の按分をする必要があるか，それとも両者を不真正連帯債権とするかという問題があり，また，按分を必要とする場合に，何を基準に按分するかという問題がある（例えば，2項の請求が競合する場合は，各権利者の利益額の比により按分する説，各権利者の商品の売上額の比により按分する説等がある）*10。

Ⅶ　特許信託の場合の委託者，受託者

(1)　特許信託について

　信託とは，委託者が信託行為（信託契約等）によって受託者に対して財産（信託財産）を完全に移転し，受託者が委託者において設定した信託目的に従って受益者のためにその財産の管理処分をする制度である（信託法2条1項）。なお，

---

*10　牧野利秋ほか編『知的財産訴訟実務大系Ⅱ』（青林書院，平26）59頁以下〔知野明〕，美勢克彦「損害(5)－複数の権利者」牧野利秋＝飯村敏明編『新・裁判実務大系(4)知的財産関係訴訟法』345頁以下。

受益者は，委託者自身でもよいし，受益権（信託財産の管理・運用の結果を享受する権利）を譲り受けて第三者がなってもよい。

特許権も，信託の対象とすることができる財産であり，例えば，特許権を信託銀行に移転して，信託銀行において，ライセンス契約締結や実施料の収受管理等を行い，その利益を委託者兼受益者に配当する，企業グループ内における知的財産の一括管理のために親会社に信託する等といった具合に信託を活用することが可能である。

信託は，単純な管理・処分の委任と異なり，財産権の移転が行われるため，受託者において，特許権侵害行為等に対し，権利行使が可能となる。結果，特許権の管理・運用の効率化が図られ，委託者は事業に専念でき，企業の競争力の強化につながるといわれる。また，単純な譲渡と異なり，その評価額をどのようにするかという問題を回避することができ，上記企業グループ内の信託のように受益権の譲渡を伴わない場合は，譲渡税の問題も回避できる。さらに，信託による場合には，知的財産権が受益権に変わり，分割して投資家へ販売すること等が可能になり，流動性が向上する結果，資金調達が安定化に資するし，信託財産は，委託者及び受託者の双方の財産と区分され（倒産隔離機能），双方の破産のリスクから信託財産が守られるメリットもある。

特許信託がなされると（専用実施権も，同様に信託の対象とすることが可能であるが，以下では，特許権の信託があることを前提とする），特許権は受託者に移転し，元々の権利者である委託者は，権利を受託者に移転し法形式上は特許権者ではなくなるが，信託財産である特許権から発生する収益に関する受益権を取得し受益者となる。この場合，委託者（受益者）は，信託された特許に関する実施権を有していないことになるため，権利者として自らの特許発明を実施していた委託者が，信託以前と同様に，当該特許権の信託後においても特許発明の実施をするためには，受託者から当該特許発明の実施許諾を受けることが必要である。

(2) 受託者の差止請求権，損害賠償請求権

(a) 受託者は，特許権の承継を受けているが，自己実施をする場合（企業グループにおける知的財産の集中管理のための親会社への信託の場合など）と自己実施しない場合（資金調達目的型信託など）があり，これは，上記**Ⅲ**の実施権の設定がある

場合の特許権者の議論がそのまま妥当する。

(b) すなわち，受託者は，実施の有無を問わず差止請求は可能である。

損害賠償請求については，まず，自己実施している場合は，特許法102条1項ないし3項の適用が肯定される。

他方，多数説に従うのであれば，自らは実施しない場合，3項の適用が認められるだけで，特許法102条1項及び2項の適用は否定されるし，専用実施権を設定している場合は，1項ないし3項の適用がすべて否定される（ただし，上記のとおり，特許法102条3項の適用が否定されたとしても，実施料相当額の損害賠償請求は，民法709条により認められる）。

(3) 委託者・受益者の差止請求権，損害賠償請求権

(a) 委託者・受益者において，受託者より専用実施権，独占的通常実施権，非独占的通常実施権のいずれかの設定を受ける場合を前提とすると，その実施権の種類に応じて，結論が異なる，

(b) 専用実施権の場合は，差止請求及び特許法102条1項ないし3項の適用のある損害賠償請求が可能である。

(c) また，独占的通常実施権の場合，特許法102条1項ないし3項の適用のある損害賠償請求が可能であるが，差止請求は，その代位行使の可否について肯定・否定の裁判例が分かれている。

なお，侵害者排除には，多額のコストと高度の専門性が要求され，多大な負担となるとの理由から侵害者の排除を受託者の義務から除外又は一部軽減している場合があり，また，侵害者排除義務があっても受託者が任務を怠る場合に交代を待っていては損害の回復が困難となることがあるとして，特許信託の場合は，特に委託者（受益者）に，受益権を被保全権利として，受託者の有する特許権に基づく権利の代位行使を認める必要性が高いなどとする見解もある[11]。

(d) 他方，非独占的通常実施権の場合，委託者は，差止請求も損害賠償請求もできないと解される。

(4) 知財信託に特有の問題意識

---

[11]　永石一郎＝赤沼康弘＝高野角司編集代表『信託の実務Ｑ＆Ａ』（青林書院，平22）376頁。

以上によると，特許信託の場合，委託者・受益者に非独占的通常実施権しか設定されず，かつ，受託者で自己実施をしないとなると，特許権の侵害訴訟において，誰も特許法102条1項，同条2項の適用を主張できないこととなる。この帰結は，信託をしなかった場合と比較して不利益となるため，特許権の管理，活用が不十分なものとなり，ひいては特許権信託のインセンティブが失われる可能性がある。また，専用実施権や独占的通常実施権の設定があっても，特許権者が自己実施しない場合には，実施権の設定を受けた委託者のみが特許法102条1項・2項の損害賠償請求ができることとなる。しかし，委託者が受託者に対して特許権の管理，運用を目的とした信託をしているにもかかわらず，受託者ではなく委託者だけが権利侵害者に対して損害賠償請求をしなければ逸失利益を回復できないというのも，特許信託へのインセンティブを奪う結果となる。

そこで，経済産業省産業構造審議会知的財産政策部会流通・流動化小委員会においては，知財信託の実効性を高めるという趣旨で，委託者，受託者及び受益者の利益状況の実質的一体性を根拠に，独占的通常実施権の設定を受けているにすぎない委託者・受益者にも特許法102条1項及び2項の適用を認めるべきとの見解が示されている*12。

具体的には，権利侵害時に，特許権の独占的利益が毀損された逸失利益の存在を実質的に観念できる場合には1項及び2項の適用が認められる余地があるとの理解を前提に，例えば，グループ企業における管理目的型信託や資金調達目的型信託のうち委託者である元権利者がもっぱら受益者のために実施する場合には，受託者，委託者・受益者には経済的一体性があるとし，委託者による実施をもって，受託者は，特許法102条1項・2項の損害賠償が可能であるとする。また，委託者兼受益者は，当初，権利者として信託契約を締結し，自ら設定した信託目的に基づいて受託者に実施許諾をさせ，特許発明を実施している者であり，実質的には，権利者として特許発明を実施し，その利益を得ているに等しいのであって，権利侵害が発生した場合には委託者兼受益者には逸失利益の存在が認められるとして，特許法102条1項・2項に基づく損害賠償請

---

*12　産業構造審議会知的財産政策部会流通・流動化小委員会「特許権信託における特許法102条1項，2項の適用に関する考え方」。

求が認められてもよいとする。

　この点について，東京地判平14・4・16（平12(ワ)8456号）裁判所ホームページにおいては，特許法102条1項に関して「実施の主体は常に特許権者自身であることまでは必要とせず，……企業グループ内において知的財産権の開発・管理部門と製品の製造・販売部門を別会社にしている場合についても，特許権者に実施の能力を肯定するべき」として，上記見解の裏付けともいい得る判示をしている。特許信託については，当初の期待ほどには普及していないとのことであり，このこともあってか，調査した限りでは特許信託の問題を正面からとりあげた裁判例は確認できなかったが，特許法102条各項の適用が拡張傾向にあるとも評価できる中，その一例ともなり得る問題であり，今後の裁判例の集積が期待される。

14　管　轄(1)──国内裁判管轄

竹田　千穂

特許権等に関する訴えの管轄（国内）及び移送について説明せよ。

キーワード　専属管轄，土地管轄，併合請求，移送，保全

I　管轄（国内）について

(1)　専属管轄

　平成15年法律第108号による改正後の民事訴訟法により，特許権，実用新案権，回路配置利用権又はプログラムの著作物についての著作者の権利に関する訴え（以下，「特許権等に関する訴え」という）については，東京地方裁判所又は大阪地方裁判所の専属管轄となった（民訴6条1項）。

　具体的には，①一般の民事訴訟法上の管轄の定めによれば東京高等裁判所，名古屋高等裁判所，仙台高等裁判所又は札幌高等裁判所の管轄区域内に所在する地方裁判所が管轄権を有すべき場合は，東京地方裁判所の管轄に専属し，②同様の定めによれば大阪高等裁判所，広島高等裁判所，福岡高等裁判所及び高松高等裁判所の管轄区域内に所在する地方裁判所が管轄権を有すべき場合は，大阪地方裁判所の管轄に専属する（民訴6条1項各号）。

　ただし，訴額が140万円を超えない訴えについては，それぞれの管轄内の簡易裁判所のほか，上記規定に従い，東京地方裁判所又は大阪地方裁判所にも訴訟を提起できる（民訴6条2項）。

　「特許権等に関する訴え」について専属管轄とした趣旨は，特許権等に関する訴訟の審理においては，特に高度な専門技術的な事項についての理解が不可欠となり，その審理において特殊なノウハウが必要になるところ，東京地方裁判所及び大阪地方裁判所には，特許権等に関する訴訟を含む知的財産権関係事

188 第2章 特許権侵害訴訟提起の実務

件を専門的に取り扱う裁判部が設けられており，特許権等に関する訴訟の特殊性を踏まえた審理に精通した裁判官及び技術の専門家である裁判所調査官が集中的に配置されていることから，両地方裁判所に管轄を専属させることによって，審理の充実及び迅速化を図る点にあるとされている*1。

(2) 特許権等に関する訴え

民事訴訟法6条に定める「特許権等に関する訴え」は，典型的には，特許権等に基づく差止請求訴訟，特許権等の侵害に基づく損害賠償請求訴訟，不当利得返還請求訴訟のほか，これらの権利の不存在確認請求訴訟などがある。

「特許権等に関する訴え」を専属管轄とした趣旨からは，高度な専門技術的事項がその審理において問題とならない事件はこれに含まれないようにも思われるが，管轄という訴訟の入口において問題になるものである以上，訴訟が進行して初めて明らかになる争点の内容如何によってその所在が決定されるというのでは，訴訟関係があまりに不明確・不安定になるといわざるを得ないことから，特許等に関連し，高度な専門技術的事項が問題となる可能性のある訴訟類型はすべて含まれるものと解される*2。

したがって，特許権等（出願中の権利を含む）又は実施権等を有する地位の確認請求訴訟，右権利の登録に関する訴訟，職務発明の対価の請求訴訟，特許権等の実施許諾契約に基づく実施料支払請求訴訟なども「特許権等に関する訴え」に含まれると解される（知財高判平21・1・29（平20(ネ)10061号）判タ1291号286頁）。

(3) 専属管轄に関する規定の適用制限

専属管轄がある一定の政策的な要請から認められることに鑑み，専属管轄とされた場合には，合意管轄や応訴管轄により他の裁判所に管轄権が生じることはない。すなわち，「特許権等に関する訴え」について，東京地方裁判所又は大阪地方裁判所以外の裁判所を管轄裁判所とする合意は効力が認められない。また，東京地方裁判所又は大阪地方裁判所以外の裁判所に管轄が認められる請求と特許権等に関する訴えに係る請求を併合することにより，前者の裁判所に訴えを提起することはできない。

＊1 小野瀬厚＝武智克典『一問一答平成15年改正民事訴訟法』65頁。
＊2 知的財産裁判実務研究会編『改訂版知的財産訴訟の実務』13頁〔高松宏之〕。

しかし，「特許権等に関する訴え」の管轄を専属管轄とした趣旨は前記のとおりであり，当該訴えについては東京地方裁判所又は大阪地方裁判所のいずれかにおいて審理又は裁判がなされればその政策的要請は満たされるから，両裁判所の間では管轄の専属性に拘泥する必要はない*3。

したがって，通常の専属管轄の定めがある場合とは異なり，合意管轄又は応訴管轄によって東京地方裁判所又は大阪地方裁判所に管轄権が生じる場合には，同裁判所が上記民事訴訟法6条による管轄権を有しない場合でも，管轄権を有する（民訴13条2項）。また，同様の趣旨から，一般の専属管轄違反に関する規律，すなわち，中間確認の訴えの要件（民訴145条2項），反訴の要件（民訴146条2項），控訴審における第一審の管轄違いの主張の制限（民訴299条2項），上告理由（民訴312条2項3号）には専属管轄に違反した場合についての特別な規定が設けられているが，東京地方裁判所と大阪地方裁判所の間ではこれらの規律の適用はない*4。

(4) 土地管轄

「特許権等に関する訴え」が東京地方裁判所又は大阪地方裁判所のいずれの専属管轄に属するかは，民事訴訟法4条及び5条に従えば本来どの地方裁判所に土地管轄が認められるかによる（民訴6条1項）。

(a) 原告は，原則として被告の住所地（いわゆる被告の普通裁判籍の所在地）を管轄する裁判所に訴えを提起しなければならない（民訴4条）。

個人の普通裁判籍は，個人の住所，国内に住所がないとき又は住所が知れないときは居所，居所がないとき又は居所も知れないときは最後の住所に認められる（民訴4条2項）。

法人その他の社団又は財団の普通裁判籍は，その本店その他主たる事務所又は営業所の所在地，事務所又は営業所がないときは代表者その他の主たる業務担当者の住所に認められる（民訴4条4項）。外国の法人その他の社団又は財団であっても，日本における主たる事務所又は営業所があるときはその住所地，日本国内に事務所又は営業所がないときは日本における代表者その他の主たる業務担当者の住所に普通裁判籍が認められる（民訴4条5項）。

---

* 3　小野瀬＝武智・前掲*1・70頁。
* 4　高松宏之・前掲*2・12頁。

190   第2章　特許権侵害訴訟提起の実務

(b)　次に，財産権上の訴えについては，義務履行地を管轄する地方裁判所（訴額が140万円を超えない場合は簡易裁判所）に訴えを提起することができる（民訴5条1号）。

したがって，特許権等に基づく損害賠償請求訴訟においては，金銭債務は持参債務であるため（民484条），原告の住所地又は本店所在地を管轄する裁判所に訴えを提起することができる。

差止請求訴訟においては，義務履行地は，被疑侵害者たる被告の営業所又は住所地とされる*5。

(c)　また，不法行為に関する訴えは，不法行為があった地（不法行為地）を管轄する地方裁判所（訴額が140万円を超えない場合は簡易裁判所）に提起することができる（民訴5条9号）。

(イ)　「不法行為があった地」とは，不法行為を組成する要件事実の発生した土地，すなわち実行行為の行われた土地と結果（損害）の発生した土地（東京地判昭40・5・27（昭35（ワ）548号）下民集16巻5号923頁）の双方を含む。したがって，特許権等に基づく損害賠償請求訴訟においては，特許権侵害に該当する実施行為（製造・販売等）があった場所又はそれによって結果（損害）が発生した場所を管轄する裁判所に訴えを提起することができる。

これは，いずれの地にも証拠方法が集中していると考えられるとともに，加害行為地と結果発生地が異なる隔地的な不法行為では，加害行為地は被告の本拠地と一致することが多いことから，不法行為地を加害行為地に限定すると，普通裁判籍である被告の本拠地管轄とは別に不法行為地管轄を認める意味が減殺されるからである*6。

(ロ)　不法行為地が数ヵ所存するときには，それぞれの土地の裁判所が競合して管轄権を有するから，原告はその一つを選択して訴えを提起することができる。共同不法行為においては，各人につき独立に不法行為地がどこかが判断されなければならないが，不法行為者全員を共同で訴える場合には，そのうちの一人の不法行為地において，他の全員に対して訴えを提起することができる

─────────────
＊5　新堂幸司＝小島武司編『注釈民事訴訟法(1)』165頁〔佐々木吉男〕。
＊6　佐野寛「不法行為地の管轄権」高桑昭＝道垣内正人編『新・裁判実務大系(3)国際民事訴訟法（財産法関係）』93頁参照。

（民訴7条）*7。

(ハ)　知的財産権等に関する差止請求権については，各法律の規定（特100条1項，実27条1項，意37条1項，商標36条1項等）に基づいて発生する権利であり，不法行為に対する救済として当然に認められる権利ではないため，民事訴訟法5条9号にいう「不法行為に関する訴え」に当たらないのではないかという議論があった*8。

　しかし，最〔1小〕決平16・4・8（民集58巻4号825頁）は，不正競争防止法の規定に基づく侵害停止等の差止請求訴訟につき，「民訴法5条9号は，『不法行為に関する訴え』につき，当事者の便宜等を考慮して，『不法行為があった地』を管轄する裁判所に訴えを提起することを認めている。同号の規定の趣旨等にかんがみると，この『不法行為に関する訴え』の意義については，民法所定の不法行為に基づく訴えに限られるものではなく，違法行為により権利利益を侵害され，又は侵害されるおそれがある者が提起する侵害の停止又は予防を求める差止請求に関する訴えをも含むものと解するのが相当である」と判示しており，知的財産権等に基づく差止請求訴訟も「不法行為に関する訴え」に当たると解される。

(5)　ウェブサイト上での被疑侵害品の販売及び掲載

(a)　原告（特許権者）が大阪の企業，被告（被疑侵害者）は東京の企業，被告がウェブサイトで被疑侵害品を販売している事案において，原告は，民事訴訟法5条9号によった場合，特許権に基づく損害賠償請求訴訟を大阪地方裁判所に提起できるか。

　本件において，被告の実施行為は「譲渡」（特2条3項1号），すなわち販売であるところ，販売地及びその結果発生地がどこであるかが問題となる。

　この点，ウェブサイト上の又はウェブサイトを介した行為に関しては「場所」そのものが曖昧であるという当該領域の特徴ゆえに，いかなる場合であれば加害行為地ないし結果発生地と認定されるのかが明らかではない。学説では，主に，著作権侵害や名誉・信用毀損を題材に議論されており，アップロー

＊7　秋山幹男＝伊藤眞＝加藤新太郎＝髙田裕成＝福田剛久＝山本和彦『コンメンタール民事訴訟法I〔第2版追補版〕』128頁。

＊8　野崎悦宏「差止請求訴訟の管轄」牧野利秋編『裁判実務大系(9)工業所有権訴訟法』35頁。

192 第2章 特許権侵害訴訟提起の実務

ド地，サーバーの所在地，ダウンロード地などを基準として管轄を認めること
などが検討されてきたが，実際にこれらの基準に基づき不法行為地の管轄の有
無について判断した先例は存在しない。これに加えて，特許権等の知的財産権
は無体物に対する権利であるため，知的財産権侵害では「結果（損害）」の内容
のみならず，その「発生地」もまた特定されにくいという特性もある*9。

　電子消費者契約及び電子承諾通知に関する民法の特例に関する法律4条で
は，遠隔者間の契約において電子承諾通知をする場合には民法526条1項及び
同法527条の規定を適用しない旨定めており，契約の申込みに対する承諾の通
知を電子的方法を用いて発する場合には，契約成立時期は承諾の通知が到達し
た時点に変更されている。

　したがって，注文後自動的に返信メールが発信される場合には返信メールが
届いた時，注文後のウェブ上で申込みに承諾したという意思表示が購入者のモ
ニター画面に表示された時に契約が成立することに鑑み，販売地及びその結果
の発生地は，購入者のサーバー所在地又はダウンロード地と考えられるであろ
う。

　加えて，購入者のパソコン（又はサーバー）には被告が「譲渡」をした証拠が
存在していることから，購入者のダウンロード地（又はサーバーの所在地）を管
轄する地方裁判所に管轄権を認めることは，不法行為地に管轄を認めた民事訴
訟法の趣旨にも資する。

　したがって，購入者がいわゆる西日本でダウンロードしていれば（又はサー
バーの所在地が西日本であれば），原告は大阪地方裁判所にも損害賠償請求訴訟を
提起できると考える。もっとも，実際には，民事訴訟法5条1号により問題な
く大阪地方裁判所に管轄が認められるため，現実に争点になることはないと思
われる。

　(b)　原告（特許権者）は大阪の企業，被告（被疑侵害者）は東京の企業の場合
で，被告のウェブサイトには，被疑侵害品を紹介するページと，被告の販売店
を紹介するページがあり，上記ページに被疑侵害品の販売に関する問い合わせ

＊9　申美穂「日本特許権侵害差止・損害賠償請求訴訟につき，被疑侵害製品がウェブサイトに
　　掲載されていた等の事情から，不法行為地に基づく我が国裁判所の国際裁判管轄を肯定した
　　知財高裁判決」特研52号45頁以下。

フォームが設けられてはいるものの，購入フォーマットはない（販売の事実は不明）という事案の場合，原告は，民事訴訟法5条9号によれば，特許権に基づく差止請求訴訟を大阪地方裁判所に提起できるか。

本件事案においては，そもそも被告の行為が特許法2条3項1号に定める「譲渡等の申出（譲渡等のための展示を含む。）」に該当するかが問題となるが，仮にこれに該当するとして，「譲渡等の申出」の発信行為及びその受信という結果の発生地がどこであるかが問題になるも，それは，被告のアップロード地及び閲覧者のダウンロード地（又はサーバーの所在地）と考えられるであろう。

加えて，閲覧者のパソコン（又はサーバー）には被告が「譲渡等の申出」をした証拠が存在していることから，閲覧者のダウンロード地（又はサーバーの所在地）を管轄する地方裁判所に管轄権を認めることは，不法行為地に管轄を認めた民事訴訟法の趣旨にも資する。

したがって，閲覧者がいわゆる西日本でダウンロードしていれば（又はサーバーの所在地が西日本であれば），原告は大阪地方裁判所にも差止請求訴訟を提起できると考える（国際裁判管轄の事案ではあるが，知財高判平22・9・15（平22(ネ)10001号）判タ1340号265頁参照）。

もっとも国内管轄に関してこの点を判断した裁判例は存在せず，裁判例の集積が待たれる。

（c）なお，原告の居住地及び所在地から遠方の裁判所にしか専属管轄が認められない場合であっても，民事訴訟法は，地方在住者の訴訟追行の便宜に配慮し，電話会議システムを利用して争点整理手続の期日を実施する（民訴170条3項），テレビ会議システムを利用して証拠調べの期日を実施する（民訴204条・210条）など，当事者等の関係者が法廷に出頭することなく審理を行うことを可能とする制度を設けている。

(6) 併合請求の場合

「特許権等に関する訴え」の管轄は，前述のとおり，専属管轄（民訴6条1項）であることから，併合請求の特別裁判籍が認められるのは，東京地方裁判所又は大阪地方裁判所に訴えが提起される場合に限られている（民訴13条2項）。

（a）客観的併合

一の訴えで数個の請求をする場合には，一の請求について管轄権を有する裁

194　第2章　特許権侵害訴訟提起の実務

判所に他の請求についても訴えを提起することができる（民訴7条）。

　例えば，原告（特許権者）は大阪の企業，被告（被疑侵害者）は東京の企業，被告が東京で被疑侵害行為（製造・販売等）を行っている場合，特許権に基づく損害賠償請求権に係る訴えは東京地方裁判所又は大阪地方裁判所の競合管轄となるが，特許権に基づく差止請求権に係る訴えは東京地方裁判所が管轄権を有する。しかし，原告が，一の訴えで，特許権等に基づく差止請求及び損害賠償請求を行う場合には，大阪地方裁判所に訴えを提起することができる。

　(b)　主観的併合

　複数の被告を訴える場合，被告の一人に管轄があり，他の被告との間に一定の関係があれば，他の被告に対する訴えも併合して同じ裁判所に訴えを提起することができる（民訴7条後段）。一定の関係が認められるのは，「訴訟の目的である権利又は義務が数人について共通であるとき」，「同一の事実上及び法律上の原因に基づくとき」，又は「訴訟の目的である権利又は義務が同種であって事実上及び法律上同種の原因に基づくとき」である（民訴38条）。

　例えば，原告（特許権者）は大阪の企業，被疑侵害物を製造しているA会社は大阪の企業（製造地も大阪），被疑侵害物を販売しているB会社は東京の企業（販売地も東京）の場合，管轄裁判所はどこになるか。

　特許権に基づく損害賠償請求訴訟については，A社については大阪地方裁判所が管轄権を有し，B社については大阪地方裁判所及び東京地方裁判所の競合管轄となる。したがって，原告は，A社のみを被告とする場合でも，B社のみを被告とする場合でも，大阪地方裁判所に訴えを提起できる。

　特許権に基づく差止請求訴訟については，A社については大阪地方裁判所が管轄権を有し，B社については東京地方裁判所が管轄権を有する。したがって，原告は，B社のみを被告として，特許権に基づく差止請求訴訟を提起する場合には東京地方裁判所に訴えを提起する必要があるが，A社・B社どちらも被告として特許権に基づく差止請求を提起する場合には大阪地方裁判所に訴えを提起することができる。

　(7)　控　訴　審

　「特許権等に関する訴え」の控訴審は，東京高等裁判所の専属管轄になる（民訴6条3項）。東京高等裁判所には，「特許権等に関する訴え」を含む知的財産

権関係訴訟を専門的に取り扱う支部として知的財産高等裁判所が設置されているため（知的財産高等裁判所設置法2条1号），控訴審は知的財産高等裁判所が取り扱うことになる。

Ⅱ 移　送

(1)　民事訴訟法16条1項に基づく移送

「特許権等に関する訴え」において東京地方裁判所又は大阪地方裁判所の管轄は専属管轄であるから，当該訴えが東京地方裁判所又は大阪地方裁判所以外の裁判所に提起された場合には，管轄違いが問題となる。

したがって，訴訟を受理した裁判所は，東京地方裁判所又は大阪地方裁判所のいずれか管轄権を有する裁判所に事件を移送しなければならない（民訴16条1項）。

(2)　民事訴訟法17条及び19条1項に基づく移送

前述のとおり，東京地方裁判所と大阪地方裁判所の間では管轄の専属性に拘泥する必要はないことから，両裁判所の間では，一般の専属管轄の場合と異なり，民事訴訟法17条（遅滞を避ける等のための移送）及び同法19条1項（当事者の申立てと相手方の同意による必要的移送）の適用があるものとされている（民訴20条2項）。

(3)　民事訴訟法20条の2に基づく移送

前述のとおり，「特許権等に関する訴え」には専門技術的な知識を必要としない事件も含まれるところ，かかる事件については東京地方裁判所又は大阪地方裁判所で裁判をする必要性がないばかりか，専属管轄に拘泥すると地方に所在する当事者の訴訟負担を無用に増大させ，訴訟の遅延を招くことにもなる。

そこで，東京地方裁判所及び大阪地方裁判所は，「特許権等に関する訴え」が，当該訴訟において審理すべき専門技術的事項を欠くことその他の事情により著しい損害又は遅滞を避けるために必要があると認めるときは，申立て又は職権により，訴訟の全部又は一部を，一般の民事訴訟法上の管轄の定めに従って，管轄権が認められる地方裁判所又は必要的移送（民訴19条1項）により移送を受けるべき地方裁判所に移送することができる（民訴20条の2第1項）。

196 　第 2 章　特許権侵害訴訟提起の実務

　なお，訴訟が，民事訴訟法16条 1 項により管轄違いを理由に東京地方裁判所又は大阪地方裁判所に移送された場合であっても，元の移送事由とは別個の事由による場合には，両裁判所は，当該訴訟をさらに他の裁判所に再移送することができる*10。そして，このように東京地方裁判所又は大阪地方裁判所以外の地方裁判所に移送された事件の控訴審は，移送先の地方裁判所の控訴事件を本来的に管轄する高等裁判所が管轄権を有する（民訴 6 条 3 項ただし書）。

　さらに同様の趣旨から，「特許権等に関する訴え」の第一審判決が大阪地方裁判所でなされ，東京高等裁判所（知的財産高等裁判所）に控訴された場合であっても，その控訴審において審理すべき専門技術的事項を欠くことその他の事情により著しい損害又は遅滞を避けるため必要があると認めるときは，申立て又は職権により，訴訟の全部又は一部を大阪高等裁判所に移送することができるとされている（民訴20条の 2 第 2 項）。

Ⅲ　保全命令事件

(1)　第一審の管轄

　民事保全法によれば，保全命令事件の管轄裁判所は，「本案の管轄裁判所又は仮に差し押さえるべき物若しくは係争物の所在地を管轄する地方裁判所」とされている（民保12条 1 項）。

　もっとも，特許権等に関する訴えを本案とする保全命令事件については，その審理の充実及び迅速化を図る観点から，民事保全法においても，本案の管轄裁判所が管轄するとして，一般の保全命令事件における，仮に差し押さえるべき物又は係争物の所在地を管轄する地方裁判所の管轄権は排斥されている（民保12条 2 項本文）。

　ただし，仮に差し押さえるべき物又は係争物の所在地を管轄する地方裁判所が東京地方裁判所又は大阪地方裁判所の場合には，その管轄を認めても，審理の充実及び迅速化が図られることから，当該裁判所も管轄裁判所となる（民保12条 2 項ただし書）。すなわち，本案については東京地方裁判所のみが管轄権を

＊10　秋山幹夫＝伊藤眞＝加藤新太郎＝髙田裕成＝福田剛久＝山本和彦『コンメンタール民事訴訟法Ⅰ〔第 2 版〕』227頁参照。

有することになった場合でも，仮に差し押さえるべき物又は係争物の所在地を管轄する裁判所が大阪地方裁判所である場合には，大阪地方裁判所も管轄権を有することになる[11]。

(2) 抗告審の管轄

　保全命令事件についての抗告事件又は保全抗告事件の管轄については，民事保全法に特別の規定がないが，民事保全法12条2項の規定や，本案が知的財産高等裁判所に係属中は，知的財産高等裁判所が特許権侵害行為の差止めを求める仮処分の管轄裁判所になること（民保12条3項）等から，抗告事件についても知的財産高等裁判所が管轄権を有すると解される（知財高決平20・9・29（平19（ラ）10008号）判タ1290号296頁）。

IV　その他の知的財産権に関する訴え

　意匠権，商標権，著作権法上の権利（プログラムの著作物についての著作者の権利を除く）又は育成者権に関する訴えと，不正競争防止法2条1項に規定する不正競争による営業上の利益の侵害に係る訴えについては，一般の民事訴訟法の管轄の定めに従って管轄権が認められる地方裁判所に加え，東京地方裁判所又は大阪地方裁判所が競合して管轄権を有する（民訴6条の2）。なお，簡易裁判所の事物管轄に属する場合（訴額が140万円を超えない場合）には，この規定の適用はない。

　これらの訴訟では，「特許権等に関する訴え」ほどの高度な専門技術的事項が問題となることはないものの，「特許権等に関する訴え」とその訴訟構造が類似しているため，当該訴えと同様に知的財産権関係訴訟特有のノウハウが必要になることから，これらの事件を専門的に取り扱う専門部が置かれている東京地方裁判所又は大阪地方裁判所に競合管轄を認めることにしたものである[12]。

---

[11]　小野寺＝武智・前掲 [1]・78頁・79頁。
[12]　小野瀬＝武智・前掲 [1]・80頁。

198　第2章　特許権侵害訴訟提起の実務

15 管　　轄⑵──国際裁判管轄

村田　真一

外国法人が当事者となる特許権侵害訴訟の提起の留意点を説明せよ。

キーワード　管轄，国際裁判管轄，準拠法，外国法人，送達，インターネット販売

I　は じ め に

　企業活動のグローバル化，インターネット関連取引の拡大等により，国際的な特許紛争も増えており，それに伴い，当事者が外国法人である事件が日本の裁判所に係属することも珍しくないものとなっている。そして，そのような事件において，外国の特許権侵害の成否が争われることもある。

　外国法人が当事者となるような訴訟の提起に当たっては，そもそも日本の裁判所が管轄を有するのかが問題となる（国際裁判管轄の問題）。また，国際裁判管轄が認められる場合，次にどの国の法律が適用されるのかも検討されなければならない（準拠法の問題）。さらに，実務的な問題として，資格証明書等をどのように準備するか，被告が外国法人の場合には送達の方法や送達にどの程度の時間を要するのか等も検討されなければならない。

　本稿では，まず，特許権侵害訴訟における国際裁判管轄について検討した上で，次いで準拠法についても検討する。そして，外国法人が原告の場合と被告の場合に分けて，資格証明書や送達等，実務上の具体的な留意点について述べることとする。

II　国際裁判管轄

⑴　国際裁判管轄

外国法人が当事者となる特許侵害訴訟の場合，国際裁判管轄の有無，すなわち，日本の裁判所が当該事件を審理する管轄（直接管轄）を有するかが問題となる。いずれの国の裁判所で裁判がなされるかによって，訴訟手続，適用される法令，負担すべき費用等が異なることから，国際裁判管轄が認められるかどうかは当事者にとって重要である。

国際裁判管轄の存在は，訴訟要件であり，その存否は裁判所の職権調査事項とされている。

外国法人が当事者となる特許侵害訴訟の場合，請求の原因となる特許権が外国特許権であることが考えられる。このような外国特許権に基づく侵害訴訟について日本の裁判所が管轄権を有するか否かについては，否定する見解もあるが，判例はこれを肯定している（最〔1小〕判平14・9・26（平12（受）580号）民集56巻7号1551頁〔FM信号復調装置事件〕，東京地判平15・10・16判時1874号23頁〔サンゴ化石粉末事件〕）。

国際裁判管轄については，平成23年の民事訴訟改正（平成23年法律第36号）により規定が整備されたが，特許権侵害訴訟の国際裁判管轄については規定が設けられなかった。したがって，特許権侵害訴訟については，外国特許権に基づく侵害訴訟も含め，通常の民事訴訟と同様，民事訴訟法3条の2以下の規定により決定されることになる。

すなわち，

① 被告の普通裁判籍が日本国内にある場合（民訴3条の2）

② 損害賠償請求において，差押え可能な被告の財産が日本国内にある場合（民訴3条の3第3号）

③ 被告が日本国内に事務所又は営業所を有しており，訴えがその事務所又は営業所における業務に関するものである場合（同条4号）

④ 被告が日本において事業を行っており，その訴えがその日本における業務に関するものである場合（同条5号）

⑤ 合意管轄が認められる場合（民訴3条の7）

⑥ 応訴管轄が認められる場合（民訴3条の8）

は，日本の裁判所の管轄が認められる*1。

(2) 不法行為地管轄

200　第2章　特許権侵害訴訟提起の実務

　上記①から⑥以外の場合であっても，不法行為に関する訴えの場合には，不法行為があった地が日本国内にあれば日本の裁判所の管轄が認められる（民訴3条の3第8号）。不法行為があった地には証拠資料や関係者等が所在していることが多く，また，不法行為地があった地での裁判管轄を認めることが被害者にとっても便宜であると考えられることに基づくものである*2。

　「不法行為があった地」には，加害行為が行われた地（原因行為地）と結果が発生した地（結果発生地）の双方が含まれる*3。

　また，特許権侵害に基づく損害賠償請求訴訟だけでなく，特許権侵害に基づく差止請求訴訟も「不法行為に関する訴え」に該当するとされている（最〔1小〕決平16・4・8（平15（許）44号）民集58巻4号825頁，最〔1小〕判平26・4・24（平23（受）1781号）民集68巻4号329頁）。

　前述のとおり，国際裁判管轄の存在は，訴訟要件であり，その存否は裁判所の職権調査事項とされているが，不法行為があったか否かは，まさに本案の審理対象であるため，管轄についての判断と本案の判断とが重なるように見える。そのため，不法行為地管轄が認められるためには，何をどの程度証明すべきかが問題となる。

　この点について，最高裁判所は，「我が国に住所等を有しない被告に対し提起された不法行為に基づく損害賠償請求訴訟につき，民訴法の不法行為地の裁判籍の規定に依拠して我が国の裁判所の国際裁判管轄を肯定するためには，原則として，被告が我が国においてした行為により原告の法益について損害が生じたとの客観的事実関係が証明されれば足りると解するのが相当である。けだし，この事実関係が存在するなら，通常，被告を本案につき応訴させることに合理的な理由があり，国際社会における裁判機能の分配の観点からみても，我が国の裁判権の行使を正当とするに十分な法的関連があるということができるからである。」と判示した（最〔2小〕判平13・6・8（平12（オ）929号・（受）780号）民集55巻4号727頁〔円谷プロダクション事件〕）。これは，近時の有力説である，い

＊1　佐藤達文＝小林康彦編著『一問一答平成23年民事訴訟法等改正－国際裁判管轄法制の整備』（商事法務，平24）113頁。
＊2　前掲＊1・一問一答68頁。
＊3　前掲＊1・一問一答69頁。

わゆる客観的事実証明説を採用したものといわれている。

この最高裁判決によれば，不法行為に基づく損害賠償については，①原告の被侵害利益の存在，②被侵害利益に対する被告の行為，③損害の発生，④②と③との事実的因果関係が証明されれば足りる。不法行為地には，原因行為地と結果（損害）発生地の両方が含まれるので，原因行為地が日本国内の場合には，①から④に加え，②の行為地が日本国内にあることを立証することになり，損害発生地が日本国内の場合には，①から④に加え，③の損害発生地が日本国内にあることを立証することになる。ここでは，被告が対象製品を製造販売しているという事実が上記の②に該当し，その行為が原告の特許権を侵害しているかどうかは，本案において審理されるべき事項である。また，上記④の因果関係についても，相当因果関係の立証までは不要であり，これは本案において審理されることになる*4。

なお，損害については，二次的・派生的な経済的損害まで含めるべきではなく，直接的な損害に限るべきである（東京地判平18・10・31（平17（ワ）22285号）判タ1241号338頁）。民事訴訟法3条の3第8号括弧書では，「外国で行われた加害行為の結果が日本国内で発生した場合において，日本国内におけるその結果の発生が通常予見することのできないものであったときを除く」と規定され，被告が「日本国内におけるその結果の発生が通常予見することのできないものであった」ことを立証すれば，日本の国際裁判管轄が否定される*5。

また，差止請求について，最高裁判所は，「民訴法3条の3第8号の『不法行為に関する訴え』は，民訴法5条9号の『不法行為に関する訴え』と同じく，民法所定の不法行為に基づく訴えに限られるものではなく，違法行為により権利利益を侵害され，又は侵害されるおそれがある者が提起する差止請求に関する訴えをも含むものと解される。そして，このような差止請求に関する訴えについては，違法行為により権利利益を侵害されるおそれがあるにすぎない者も提起することができる以上は，民訴法3条の3第8号の『不法行為があった地』は，違法行為が行われるおそれのある地や，権利利益を侵害されるおそれのある地をも含むものと解するのが相当である。」と判示している（最〔1

* 4　高部眞規子『実務詳説　特許関係訴訟〔第3版〕』（きんざい，平28）292〜293頁。
* 5　高部・前掲*4・294頁。

小〕判平26・4・24（平23（受）1781号）民集68巻4号329頁〔眉のトリートメント事件〕）。同判決によれば，差止請求については，「違法行為が行われるおそれのある地や，権利利益を侵害されるおそれのある地」であれば，「不法行為があった地」に該当することになるが，被告が製造しようとしている製品が原告の特許権を侵害するかどうかという違法性の判断は，本案審理において行われるべきである。なお，この「違法行為が行われるおそれのある地や，権利利益を侵害されるおそれのある地」について，具体的にどのような立証が必要となるかは，今後の検討課題である*6。

(3) 併合請求の管轄

(a) 客観的併合

民事訴訟法3条の6の本文は，「一の訴えで数個の請求をする場合において，日本の裁判所が一の請求について管轄権を有し，他の請求について管轄権を有しないときは，当該一の請求と他の請求との間に密接な関連があるときに限り，日本の裁判所にその訴えを提起することができる。」と規定している。

「密接な関連」の有無は，事案ごとの判断であるが，併合する請求と併合される請求との関連性，その請求の基礎となる事実関係の関連性（契約が同一かどうか，原因行為が同一かどうか）等を総合的に考慮して判断される*7。

この点，上記最高裁判所（〔円谷プロダクション事件〕）は，「ある管轄原因により我が国の裁判所の国際裁判管轄が肯定される請求の当事者間における他の請求につき，民訴法の併合請求の裁判籍の規定に依拠して我が国の裁判所の国際裁判管轄を肯定するためには，両請求間に密接な関係が認められることを要すると解するのが相当である。」とした上で，「いずれも本件著作物の著作権の帰属ないしその独占的利用権の有無をめぐる紛争として」，不法行為に基づく損害賠償請求（著作権の独占的利用権を侵害するとの警告書の送付により業務が妨害されたことを理由とするもの）や著作権を有しないことの確認請求と「実質的に争点を同じくし，密接な関係があるということができる。」として，併合請求における管轄を認めている。

＊6　鈴木わかな「国境を越えた特許権侵害」高部眞規子編『裁判実務シリーズ(2)特許訴訟の実務〔第2版〕』251〜252頁。

＊7　前掲＊1・一問一答119頁。

(b) 主観的併合

　民事訴訟法3条の6ただし書は，「数人からの又は数人に対する訴えについては，第38条前段に定める場合に限る。」と規定している。同法38条前段の「訴訟の目的である権利又は義務が数人について共通であるとき」とは，共同訴訟人が主張する権利又は共同訴訟人に対して主張される権利が，その内容において同一である場合等をいい，その例としては，主債務者に対する債務の履行請求と連帯保証人に対する保証債務の履行請求が挙げられる。また，「同一の事実上及び法律上の原因に基づくとき」は，共同訴訟人と相手方との各請求を理由づける原因事実が，その主要部分において同一であるのみならず，その法的根拠も基本的に同一である場合等をいい，その例としては，同一の不法行為により損害を被った被害者からの複数の加害者に対する損害賠償請求が挙げられている[8]。

(4) 特別の事情

　上記のような根拠により，日本の裁判所に国際裁判管轄が認められる場合であっても，裁判所は，専属的合意管轄がある場合を除き，「事案の性質，応訴による被告の負担の程度，証拠の所在地その他の事情を考慮して，日本の裁判所が審理及び裁判をすることが当事者間の衡平を害し，又は適正かつ迅速な審理の実現を妨げることとなる特別の事情があると認めるときは，その訴えの全部又は一部を却下することができる。」(民訴3条の9)。

　この点，最高裁判所は，日本法人とその取締役らが米国法人に対して同米国法人がインターネット上のウェブサイトに掲載した記事による名誉等の毀損を理由とする不法行為に基づく損害賠償を請求した訴訟において，①本件は，「別件米国訴訟に係る紛争から派生した紛争に係るものといえる」こと，②「本件訴訟の本案の審理において想定される主な争点についての証拠方法は，主に米国に所在するものといえる」こと，③両当事者とも，「被上告人の経営に関して生ずる紛争については米国で交渉，提訴等がされることを想定していたといえる」こと，④「上告人らは，別件米国訴訟において応訴するのみならず反訴も提起しているのであって，本件訴えに係る請求のために改めて米国に

---

[8]　前掲*1・一問一答119頁。

204　第2章　特許権侵害訴訟提起の実務

おいて訴訟を提起するとしても，上告人らにとって過大な負担を課することになるとはいえない」こと，⑤「証拠の所在等に照らせば，これを日本の裁判所において取り調べることは被上告人に過大な負担を課することになるといえる」ことを理由に，「特別の事情」を認め，訴えを却下した原判決を維持した（最〔1小〕判平28・3・10（平26（受）1985号）民集70巻3号846頁）。

(5)　インターネット販売の場合

　外国法人が当事者となる特許権侵害訴訟に関連して問題となりやすいのがインターネット販売の場合である。例えば，外国法人が，外国所在のサーバーにウェブサイトを開設して，製品を受注，販売しており，日本の特許権者が当該製品が特許侵害品であると主張している場合に，日本の裁判所の国際裁判管轄が認められるかが問題となる。

　日本国内に事務所又は営業所を有していない外国法人であっても，例えば，日本からアクセスが可能なインターネット上のウェブサイトを開設して日本の法人や個人に対して製品を販売した場合等には，当該ウェブサイトが日本語で記載されているか，ウェブサイトを通じて日本から申込みをすることができるか，購入した製品を日本に送付することが可能か，当該外国法人と日本の法人又は個人との取引実績等の事情を総合考慮して，民事訴訟法3条の3第5号の「被告が日本において事業を行っており，その訴えがその日本における業務に関するものである場合」に該当するかが判断される[*9]。

　また，上記と同様の事情を考慮して，原因行為又は結果（損害）発生が日本国内に認められると評価できる場合には，「不法行為があった地が日本国内にあるとき」に該当し，民事訴訟法3条の3第8号により，日本の裁判所に国際裁判管轄が認められる。

　この点，大韓民国に本店を有する外国法人に対する特許侵害予防等請求事件において，知的財産高等裁判所は，被告による「譲渡の申出行為」について，申出の発信行為又はその受領という結果の発生が客観的事実関係として日本国内においてなされたか否かにより，日本の国際裁判管轄の有無が決せられるとした上で，①被告が英語表記のウェブサイトを開設し，製品として被告物件の

[*9]　前掲[*1]・一問一答57頁。

一つを掲載するとともに,「Sales Inquiry」（販売問合せ）として「Japan」（日本）を掲げ,「Sales Headquarter」（販売本部）として, 日本の拠点（東京都港区）の住所, 電話, Fax番号が掲載されていること, ②日本語表記のウェブサイトにおいても, 被告物件を紹介するウェブページが存在し, 同ページの「購買に関するお問合せ」の項目を選択すると, 被告物件の販売に係る問い合わせフォームを作成することが可能であること, ③被告の営業部長が, 被告の営業担当者が被告物件についてわが国で営業活動を行っており, 被告物件が某2社において, 製品に搭載すべきか否かの評価の対象になっている旨陳述書で述べていること, ④被告の経営顧問Aが, その肩書と被告の会社名及び東京都港区の住所を日本語で表記した名刺を作成使用していること, ⑤被告物件の一つを搭載した製品が国内メーカーにより製造販売され, 国内に流通している可能性が高いことなどを総合的に評価すれば, 原告が不法行為と主張する被告物件の譲渡の申出行為について, 被告による申出の発信行為又はその受領という結果が, わが国において生じたものと認めるのが相当である, と判示しており（知財高判平22・9・15（平22（ネ）10001号）判タ1340号265頁〔ODDモータ事件〕）, 参考になろう。

Ⅲ 準 拠 法

日本の国際裁判管轄が認められる場合に, 次に問題となるのが準拠法である。日本の裁判所における準拠法は, 法の適用に関する通則法（以下,「通則法」という）に基づいて決定される。

(1) 特許権侵害に基づく差止請求の準拠法

米国特許権侵害に基づく差止め及び廃棄請求について, 上記最高裁判決（〔FM信号復調装置事件〕）は,「正義や公平の観念から被害者に生じた過去の損害のてん補を図ることを目的とする不法行為に基づく請求とは趣旨も性格も異にするものであり, 米国特許権の独占的排他的効力に基づくものというべきである」から,「その法律関係の性質を特許権の効力と決定すべきである。」と判示した。

そして, 同最高裁判決は,「特許権の効力の準拠法に関しては, 法例等に直

接の定めがないから，条理に基づいて，当該特許権と最も密接な関係がある国である当該特許権が登録された国の法律によると解するのが相当である。」と判示して，米国特許法を準拠法とした。

上記最高裁判決の後，（旧）法例に代わって，通則法が制定されたが，通則法においても，特許権の効力の準拠法に関する規定はないから，上記判示がそのままあてはまるといえる。

したがって，外国の特許権に基づく差止め等の請求については当該特許の登録国の法が準拠法となり，日本の特許権に基づく差止め等の請求についての準拠法は日本法となる。

この点，「民訴法3条の3第8号の『不法行為に関する訴え』は，民訴法5条9号の『不法行為に関する訴え』と同じく，民法所定の不法行為に基づく訴えに限られるものではなく，違法行為により権利利益を侵害され，又は侵害されるおそれがある者が提起する差止請求に関する訴えをも含むものと解される。」と判示した上記最高裁判決（〔眉のトリートメント事件〕）は，差止請求の場合の国際裁判管轄についての判断であり，準拠法決定とは場面が異なる点に注意を要する*10。

なお，上記最高裁判決（〔FM信号復調装置事件〕）は，米国特許法を準拠法としたものの，「本件米国特許権に基づき我が国における行為の差止め等を認めることは，本件米国特許権の効力をその領域外である我が国に及ぼすのと実質的に同一の結果を生ずることになって，我が国の採る属地主義の原則に反するものであり，また，我が国とアメリカ合衆国との間で互いに相手国の特許権の効力を自国においても認めるべき旨を定めた条約も存しないから，本件米国特許権侵害を積極的に誘導する行為を我が国で行ったことに米国特許法を適用した結果我が国内での行為の差止め又は我が国内にある物の廃棄を命ずることは，我が国の特許法秩序の基本理念と相いれない」から，米国特許法の規定を適用して差止め等を命ずることは，（旧）法例33条（通則法42条に相当）にいうわが国の公の秩序に反するとして，米国特許法を適用しないと判断した。

(2) 特許権侵害に基づく損害賠償請求の準拠法

---

*10　鈴木わかな・前掲＊6・257頁。

上記最高裁判決（〔FM信号復調装置事件〕）は，米国特許権侵害に基づく損害賠償請求について，「特許権特有の問題ではなく，財産権の侵害に対する民事上の救済の一環にほかならないから，法律関係の性質は不法行為であり，その準拠法については，法例11条1項によるべきである。」とし，「法例11条1項にいう『原因タル事実ノ発生シタル地』は，本件米国特許権の直接侵害行為が行われ，権利侵害という結果が生じたアメリカ合衆国と解すべきであり，同国の法律を準拠法とすべきである。」と判示した。

不法行為に関する準拠法については，「不法行為によって生ずる債権の成立及び効力は，加害行為の結果が発生した地の法による。ただし，その地における結果の発生が通常予見することのできないものであったときは，加害行為が行われた地の法による。」と規定する通則法17条によって決定されることになる。

ただし，損害賠償請求につき，不法行為として通則法17条により外国法が準拠法とされた場合であっても，外国特許権に基づく侵害行為が，日本法上の不法行為の成立要件を満たさない場合には，通則法22条1項により，かかる請求は認められない。上記最高裁判決（〔FM信号復調装置事件〕）も，米国特許法を準拠法としたものの，（旧）法例11条2項（通則法22条1項に相当）により，わが国の法律を累積的に適用し，「属地主義の原則を採り，米国特許法271条(b)項のように特許権の効力を自国の領域外における積極的誘導行為に及ぼすことを可能とする規定を持たない我が国の法律の下においては，これを認める立法又は条約のない限り，特許権の効力が及ばない，登録国の領域外において特許権侵害を積極的に誘導する行為について，違法ということはできず，不法行為の成立要件を具備するものと解することはできない」から，（旧）法例11条2項に該当するとして，米国特許法の適用を否定した。

Ⅳ　外国法人を当事者とする場合の実務上の留意点

(1)　原告が外国法人の場合

外国法人が原告となる場合，当該外国法人の資格証明書，委任状及びそれらの訳文を提出する必要がある。

日本では，法務局で法人の登記事項証明書を入手することができる。外国であっても，会社の登録制度がある国については，その登録を証する書面や登記簿に相当する書面を提出することになる。会社の登録制度のない国の場合は，本店住所や代表者等を含む会社の現在の内容が記載された書面を権限のある者が作成し，それを公証人により公証してもらったもの等を提出することになる。実務的には，訴訟提起後，事件が配属された裁判所担当部と相談しながら，進めることになる。

(2) 被告が外国法人の場合

(a) 資格証明書

外国法人を被告として訴訟を提起する場合も，被告の資格証明書とその訳文が必要である。

被告が外国法人の場合，会社の登録制度がある国については，原告の側で，被告の資格証明書を入手することができるが，登録制度がない国の場合は，原告が被告の資格証明書を取得することは困難である。そこで，訴訟提起前に事前の交渉等が行われており，被告に代理人が付いているような場合には，被告代理人に依頼し，被告の資格証明書を入手することも行われている。訴訟提起後，裁判所担当部を通じて，事実上，被告代理人から委任状と被告の資格証明書を提出してもらっている例もあるようである（判タ1390号28頁）。しかし，被告側の協力が得られない場合には，原告側で，被告の資格証明書を入手することは極めて困難となり，今後の検討課題である。

(b) 送　　達

被告が外国法人の場合に，もう1つ重要な留意点は，送達の問題である。

国外にいる当事者への訴訟書類の送達方法としては，①領事送達（外国に駐在する日本の外交官又は領事館に嘱託して送達を行う方法），②中央当局送達（外国の中央当局に対して要請して送達を行う方法），③指定当局送達（外国の指定当局に対して要請して送達を行う方法），④民事訴訟手続に関する条約に基づく外交上の経路による送達（外交上の経路，すなわち，外国に駐在する日本の大使から外国の外務省に要請して送達を行う方法），⑤管轄裁判所送達（外国の裁判所に嘱託して送達を行う方法）がある。実務上よく利用される領事送達は，一般的に，早くて確実であるといわれており，しかも相手方が日本語を理解することが明らかな場合には翻訳文の添

付は不要であるという利点があるが，任意の送達しかできないため，受領拒絶されるおそれがある場合には，中央当局送達や管轄裁判所送達等の方法による必要がある*11。

　訴状の送達に要する期間は，国によって異なるが，概ね4～12ヵ月を要することになり，国内の被告に対する送達よりははるかに時間がかかる。そこで，例えば，日本の裁判所における管轄を書面で合意し（民訴3条の7第2項），あらかじめ代理人として日本の弁護士を選任した上で，訴訟書類を当該代理人に送達するという方法も提案されており*12，参考にされるべきである。

■

---

*11　最高裁判所事務総局民事局監修『国際司法共助ハンドブック』28～29頁。
*12　髙部・前掲*4・299～300頁。

16 特許権侵害訴訟の訴状の記載事項(1)

寺田　明日香

特許権侵害訴訟の訴状には，どのような事項が記載されるか。また，添付資料としては，どのようなものが必要か。

キーワード　訴状，請求の趣旨，請求の原因，添付資料

I　特許権侵害訴訟の訴状

訴えの提起は，一定の事項を記載した訴状を裁判所に提出してしなければならない（民訴133条1項）。

具体的な訴状の記載例として，まずは，裁判所ウェブサイトに，東京地方裁判所知的財産権部の特許権侵害差止等請求事件の訴状，別紙目録（被告製品目録等）及び証拠説明書等の記載例が公開されているので，参照されたい[1]。

(1)　訴状の記載事項

特許権侵害訴訟の訴状も，一般の民事訴訟と同じく，訴訟の主体となる「当事者及び法定代理人」（民訴133条2項1号），並びに，請求を特定するために必要な事実である「請求の趣旨及び原因」（同条項2号）を記載しなければならない（必要的記載事項）。さらに，請求の趣旨及び請求の原因（請求を特定するのに必要な事実）のほか，「請求を理由づける事実を具体的に記載し，かつ，立証を要する事由ごとに，当該事実に関連する事実で重要なもの及び証拠を記載しなければならない」（民訴規53条1項）。

また，訴状には，形式的記載事項として，①当事者の氏名又は名称及び住所並びに代理人の氏名及び住所，②事件の表示，③附属書類の表示，④年月日，⑤裁判所の表示を記載し，かつ，当事者又は代理人が訴状に記名押印しなけれ

---

[1]　http://www.courts.go.jp/tokyo/vcms_lf/20160523shosiki.pdf

ばならない（民訴規2条1項）。また，⑥電話連絡や書面提出・送付等の便宜のために，「原告又はその代理人の郵便番号及び電話番号（ファクシミリの番号を含む）」を記載し（民訴規53条4項），さらに，当事者，法定代理人又は訴訟代理人は送達場所を受訴裁判所に届け出なければならず（民訴104条1項），その送達場所の届出は，書面で（民訴規41条1項），しかも，できる限り訴状に記載してしなければならない（同条2項）。

特許権侵害訴訟においては，計画的かつ効率的な審理を実現するため，裁判所で審理モデルが作成され，運用されている。訴え提起の際にはこのことを十分に意識して，審理の充実のために，十分な準備をして臨むべきである。

(2) 書類とデータの提出

訴状には，立証を要する事由につき，証拠となるべき文書の写し（書証の写し）で重要なものを添付しなければならない（民訴規55条2項）。具体的には，証拠説明書とともに，基本的書証として，特許権の登録原簿，特許公報，被告製品の概要を示すパンフレット等を提出する。この点，証拠説明書には，標目，作成者，作成年月日，立証趣旨，原本・写しの別等を記載するが，裁判所が，証拠説明書の記載例を公表している*2。

また，特許権侵害訴訟の場合，迅速かつ円滑な審理の実現のために，提出すべき書面の通数について，訴状（答弁書・準備書面も），証拠説明書及び書証は，正本（訴訟記録用・1通）及び副本（相手方用・相手方数分の通数）のほかに，裁判官手控え用等のために写し4通の提出が求められている。

さらに，訴状等を提出する際には，当該書面に記載した情報の内容を記録してある電磁データを CD-R 等の記録媒体に記録する等して提出することが一般である（民訴規3条の2参照）。

提出書類の通数及び提出方法，電磁データの提出方法等の詳細については，裁判所ウェブサイトに公表されているので参照されたい*3。

---

*2　裁判所ホームページより。
・東京地裁証拠説明書記載例1（http://www.courts.go.jp/tokyo/vcms_lf/313018.pdf）
・大阪地裁知的財産部「証拠説明書についてのお願い」（http://www.courts.go.jp/osaka/saiban/tetuzuki_ip/onegai_syosikijyouhou/index.html）
・証拠説明書（表紙）（http://www.courts.go.jp/osaka/vcms_lf/311002.xls）
・証拠説明書（別紙）（http://www.courts.go.jp/osaka/vcms_lf/311002.xls）

212 第2章 特許権侵害訴訟提起の実務

(3) 小 括

訴状を記載するに当たっては，十分な事実関係の調査をし（民訴規85条），当事者と訴訟物を正確に把握し，原告の攻撃方法と予想される被告の防御方法を検討する必要がある。さらに，訴訟提起に当たっては，民事保全手続や，勝訴した場合の回収可能性や強制執行等についても十分に検討すべきである。

訴状記載事項に関連する諸論点の詳細については本書他稿を参考いただき，以下では，訴状に記載すべき事項という観点から，基本的な事項について見ていくこととする。

Ⅱ 請求の趣旨

(1) 特許権侵害訴訟の請求の趣旨

まず，請求の趣旨についてであるが，既述のとおり，請求の趣旨は，訴状の必要的記載事項である（民訴133条2項2号）。

特許権侵害訴訟の請求の趣旨には典型的なものとして，次の3つの場合が挙げられる。

① 特許権侵害行為（物の製造・販売等）の差止請求

② 侵害物件の廃棄請求

③ 過去の侵害行為により生じた損害の賠償請求等の金銭請求

上記典型例以外にも，信用回復措置請求や特許権者を被告とする特許権に基づく差止請求権の不存在確認請求等がある。

(2) 特許権侵害行為の差止請求の請求の趣旨について

特許権侵害を理由とする差止請求は，特許法100条1項に基づく請求であり，特許権侵害の停止請求（被告によって現に侵害が行われている場合）又は予防請求（被告によって侵害が行われるおそれがある場合）である。

特許権者は，「業として特許発明の実施をする権利を専有する」（特68条）か

＊3 裁判所ホームページより。
・東京地裁知的財産権部「書類及び電磁データの提出について」（http://www.courts.go.jp/tokyo/saiban/shorui_denji/index.html）
・大阪地裁知的財産権部「書類及び電子データの提出について」（http://www.courts.go.jp/osaka/saiban/tetuzuki_ip/uketuke_syorui_data/index.html）

ら，権原なく業として特許発明を実施することが特許権の侵害行為に当たる。そして，特許発明の実施については，特許法2条に特許発明の類型ごとに定義されているから，請求の趣旨も，特許発明の類型ごとに異なる。

また，請求の趣旨には，製造，販売を差し止める対象とする物件を，他と区別できる程度に特定して記載することが必要である*4。具体的には，差止めの対象となる物件（又は方法）を物件目録（方法の場合は方法目録）に記載して，それを訴状の末尾に添付して引用して請求することが一般である。物件目録の記載内容については，現在の訴訟実務においては，被告製品の商品名，型式番号を記載したものが主流になっている*5,*6。

また，間接侵害（特101条）の場合には*7，問題点として，例えば，特許法101条2号・5号の場合は「のみ」を要件とせず主観的要件で絞りをかけているにもかかわらず，それを反映しないで1号・4号と同じ主文で差止めを命じることの不都合が指摘されており，条文の要件を充足した請求の趣旨のあり方が求められている*8。

(a) 特許発明が物の発明である場合

特許発明が物の発明である場合，「物の生産，使用，譲渡等（譲渡及び貸渡しをいい，その物がプログラム等である場合には，電気通信回線を通じた提供を含む。以下同じ。），輸出若しくは輸入又は譲渡等の申出（譲渡等のための展示を含む。以下同じ。）」（特2条3項1号）が，特許発明の実施となる。

したがって，例えば，被告が「生産，譲渡」の侵害行為をしている場合の差止請求の趣旨は，次のようになる。

> 被告は，別紙物件目録記載の製品を生産し，譲渡してはならない。

この点，特許法100条1項の差止請求権は，被告の侵害行為があること又は

＊4　司法研修所編『特許権侵害訴訟の審理の迅速化に関する研究』24頁。

＊5　司法研修所編・前掲＊4・48頁，山門優「東京地裁における特許権侵害訴訟の審理要領（侵害論）について」判タ1384号6頁3の「請求の趣旨における差止めの対象製品，対象方法の特定としては，対象製品の商品名や型式番号のみを記載して特定することが多い」ほか参照。

＊6　特定論についての詳細は，**本書[18]**「対象製品・方法の特定論」を参照。

＊7　間接侵害についての詳細は，**本書[32]～[34]**を参照されたい。

＊8　髙部眞規子編『特許訴訟の実務』（商事法務，平24）12頁〔髙部眞規子〕。

被告による侵害行為のおそれがあることによって発生する権利であるから，請求原因として，考えられ得る実施行為類型がすべて抽象的に主張された場合であっても，被告が実施し又は実施するおそれがあると認められる実施行為類型が，そのすべてではない場合には，仮に被告物件が特許発明の技術的範囲に属することが認められたとしても，その認められない実施行為類型との関係では差止請求は認められず，その部分は，判決において棄却される。そのため，原告は，立証し得る被告の実施行為態様を踏まえて請求の原因を主張し，さらにそれに整合する形で，請求の趣旨として差止めを求める侵害行為を選択する必要がある[9]。

(b) 特許発明が方法の発明である場合

特許発明が方法の発明である場合，「方法の使用」（特2条3項2号）が，特許発明の実施となる。

したがって，これの差止めを求める請求の趣旨は，次のとおりとなる。

> 被告は，別紙目録記載の方法を使用してはならない。

また，単純方法の発明の特許権者が，特許発明の方法を用いて生産した物の製造・販売等の差止めを請求することは，許されない（最判平11・7・16（平10（オ）604号）民集53巻6号957頁）。

この点，Bという行為をするのに必ず特許方法Aを使用せざるを得ないという行為と方法について1対1の対応関係を前提とする場合に，「Bをしてはならない」というように，方法を限定しないで不作為命令を発することができるか否かについては，積極・消極両説あるため[10]，請求の趣旨を記載する際は留意されたい。

(c) 特許発明が物の生産方法の発明である場合

特許発明が物を生産する方法の発明である場合，「方法の使用」と「その方法により生産した物の使用，譲渡等，輸出若しくは輸入又は譲渡等の申出」（特2条3項3号）が，特許発明の実施となる。

したがって，これの差止めを求める請求の趣旨については，方法そのものを

---

[9] 髙部・前掲＊8・8頁。
[10] 詳しくは，**本書18**「対象製品・方法の特定論」を参照。

対象として差止めを求めるものと，方法により生産される物を対象として差止めを求めるものが挙げられる。

> 被告は，別紙方法目録記載の方法を使用してはならない。

> 被告は，別紙方法目録記載の方法により生産した別紙物件目録記載の製品を使用し，譲渡してはならない。

実務的には，後者の方が，不作為義務違反を把握しやすく実効性もあることから，後者だけの請求を求めることが多い[11]。

なお，後者の請求の趣旨については，「物」を特定生産方法により生産されたものに限定するのではなく，単に「物」を特定して，端的に「被告は，別紙物件目録記載の物の使用，譲渡等若しくは輸入又は譲渡等の申出をしてはならない」とすれば足りるか否かについては，積極・消極両説ある[12]。

(3) 廃棄請求の請求の趣旨について

特許法100条2項に基づき，差止請求権を行使するに際し，侵害の行為を組成した物の廃棄，侵害の行為に供した設備の除却その他の侵害の予防に必要な行為を請求することができる。廃棄請求は，上記条項の法文上明らかなように，差止請求に附帯してしなければならない。

廃棄請求を求める請求の趣旨は，次のようになる。

> 被告は，前項記載の製品を廃棄せよ。

廃棄請求等の対象物は，いかなる物がそれに該当するか客観的に識別できるように特定されなければならない。差止請求の対象と同一であれば，その別紙目録を用いるなどして特定することができる。

対象物件の半製品についての廃棄請求等の場合には，半製品が何であるかを定義して特定しなければならない。例えば，「半製品（別紙目録記載の構造を備えているが製品として完成するに至っていないもの）」のように特定する。

---

*11　高部・前掲＊8・9頁。
*12　詳しくは，**本書**[18]「対象製品・方法の特定論」を参照。

216　第2章　特許権侵害訴訟提起の実務

(4)　損害賠償請求の請求の趣旨について

通常の民事訴訟の場合と同じである。

> 被告は，原告に対し，○○円及びこれに対する平成○年○月○日から支払済みまで年○分の割合による金員を支払え。

(5)　債務不存在確認請求の請求の趣旨について

特許権者を被告とする消極的確認訴訟の場合の請求の趣旨は，次のようになる。

(a)　差止請求権の場合

> 原告の別紙物件目録記載の製品の製造販売行為について，被告が原告に対し，特許第○○号に基づく差止請求権を有しないことを確認する。

(b)　損害賠償請求権の場合

> 原告の別紙物件目録記載の製品の製造販売行為について，被告が原告に対し，特許第○○号特許権の侵害を理由とする損害賠償請求権を有しないことを確認する。

Ⅲ　請求原因

次に，請求原因について概要を見ていくこととする。

(1)　差止請求

特許権に基づき実施行為の差止めを求める場合の基本的要件事実は，次の①と②である（特100条各項）*13。

> ①　原告が特許権を有すること
> ②　被告が特許発明の実施行為をしていること，すなわち
> 　㋑　被告が特許法2条3項の実施に類型的に該当する行為をしていること（被告の実施行為）
> 　㋺　その行為が特許発明の実施行為であること（権利侵害）

---

*13　髙部・前掲*8・16頁，髙部眞規子『実務詳説　特許関係訴訟〔第3版〕』（金融財政事情研究会，平28）132頁等参照。

(a) 原告が特許権を有すること

(イ) 特許権の特定　　特許権は，特許登録原簿に記載されている特許番号で特定できる。しかし，実務では，特許番号のほかに，発明の名称，出願日，登録日等も記載することが多いが，これらはいずれも便宜のためである。すなわち，発明の名称の記載は発明の内容の概略等を知るための助けになり，出願日の記載は権利の存続期間（特67条），出願時の技術水準，公知技術や先使用の抗弁（特79条）等の関係で記載があると便利であり，登録日の記載は権利発生の時点（特66条1項）がいつかを知るのに便利であるために記載される。

(ロ) 特許権者の場合　　原告が特許権を有していることは，権利主張であって，事実主張ではない。よって，被告がこれを認めれば権利自白が成立するものとして扱われる。

　原告が権利承継により特許権者となった場合には，その経緯を主張する必要があり，移転登録された事実も主張しなければならない（特98条1項1号）。

(ハ) 専用実施権者・通常実施権者　　専用実施権者も，差止請求権と損害賠償請求権を行使することができるところ（なお，専用実施権を設定した特許権者も差止請求権を行使できる。最判平17・6・17（平16（受）997号）民集59巻5号1074頁），専用実施権者が特許権侵害訴訟を提起する場合には，上記①について，ⓐ特許権者が特許権を有すること，ⓑ特許権者から専用実施権の設定を受けたこと，ⓒ当該専用実施権設定についての設定登録がされていることを要件事実として主張しなければならない。

　通常実施権者の場合は，独占的通常実施権者であっても，固有の差止請求権を有しないことに異論はないが（ただし，債権者代位権により特許権者の権利を代位行使する場合は別），損害賠償請求権については，争いがある[14]。

　独占的通常実施権者が損害賠償請求をする場合には，上記①の特許権者が特許権を有すること，に加えて，当該特許権者から独占的通常実施権の許諾を受けたことが，要件事実となる。

(b) 被告が特許発明の実施行為をしていること

(イ) 被告が特許法2条3項の実施に類型的に該当する行為をしていること

---

[14]　詳細は，**本書**13「原告適格(2)」を参照。

218 第2章 特許権侵害訴訟提起の実務

原告の特許権の類型によって異なってくる。すなわち，特許発明が物の発明である場合には，「物の生産，使用……」等の特許法2条3項1号記載のいずれの行為であるかを明確に特定して記載しなければならず，方法の発明である場合には，「方法の使用」（特2条3項2号）として特定すべきで，物の生産方法の発明である場合には，「物の生産方法の使用」（特2条3項3号，同項2号）あるいは「その方法により生産した物の使用，譲渡等……」（特2条3項3号）のいずれであるかを明確に特定して記載しなければならない。

(ロ) その行為が特許発明の実施行為であること（権利侵害）　「その行為が特許発明の実施行為であること」という要件事実は，物の発明の場合は，「被告物件が原告の特許発明の技術的範囲に属すること」，方法の発明又は物の生産方法の発明の場合は，「被告の方法，物の生産方法が，原告の特許発明の技術的範囲に属すること」になる[15]。

そして，被告物件あるいは被告方法が，原告の特許発明の技術的範囲に属することという要件事実は，分析すると，次のようになる[16]。

① 原告の特許発明の構成要件の分説
② 被告物件の構成又は方法の主張
③ 被告物件の構成又は方法の分説
④ ①を③が充足するとの主張

(i) 特許発明の構成要件の分説　　特許請求の範囲の記載を，技術的に意味のある単位で区切って，特許発明の構成要件を明らかにしていく。

例えば，構成要件A，構成要件B，構成要件C……というように分解して記載する。

(ii) 被告物件の構成又は方法の主張　　特許発明と対比するため，被告物件又は方法（侵害訴訟の実務では「イ号物件」，「イ号方法」と呼ぶ）を，原告の特許請求の範囲に準じた形で，その構成を主張する（請求原因レベルでの特定の問題）。

(iii) 被告物件の構成又は方法の分説　　次に，上記(ii)の被告物件の構成を，上記(i)の特許発明の構成要件の分説に即して分説して主張する。

---

[15] 詳細は，**本書**[21]「技術的範囲論全般」を参照。
[16] 髙部・前掲＊8・21頁参照。

(iv)　充足の主張　　上記(i)と上記(iii)を利用して，特許発明の構成要件と被告物件の構成をそれぞれ対比して，被告物件の構成が特許発明の構成要件を充足することを主張する。

　例えば，構成要件Ａ，Ｂ，Ｃと分説し，被告物件をａ，ｂ，ｃと分説した場合には，個別に「被告物件のａが構成要件Ａを充足する」というように，その充足関係を主張していく。

　構成要件の充足に争いがある場合に，さらに次の均等侵害が主張される。

(ハ)　均等侵害　　最〔３小〕判平10・２・24民集52巻１号113頁〔ボールスプライン軸受事件〕は，「明細書の特許請求の範囲に記載された構成中に他人が製造等をする製品又は用いる方法と異なる部分が存する場合であっても，①右部分が特許発明の本質的部分ではなく，②右部分を右製品等におけるものと置き換えても特許発明の目的を達することができ同一の作用効果を奏するものであって，③右のように置き換えることに当該発明の属する技術の分野における通常の知識を有する者が右製品等の製造等の時点において容易に想到することができたものであり，④右製品等が特許発明の特許出願時における公知技術と同一又は右の者がこれから右出願時に容易に推考できたものではなく，かつ，⑤右製品等が特許出願手続において特許請求の範囲から意識的に除外されたものに当たるなどの特段の事情もないとき」との５要件が認められる場合に均等を認めると判示した*17。この点，上記①ないし③については特許権侵害を主張する原告に主張立証責任があり，④及び⑤は，被告が主張立証責任を負う事実であると理解されている（東京地判平10・10・７（平３(ワ)10687号）判時1657号122頁〔負荷装置システム事件〕）。

　訴状段階では文言侵害のみを主張し，審理途中で被告の反論に応じて，文言侵害が認められないとしても均等侵害であると主張するのが一般であろう。というのも，原告代理人にとっては，当初から均等論を主張しては文言侵害の主張の説得力を弱めるのではないかとの危惧があるからである。このように，原告代理人の訴訟活動にとっては，どのタイミングで均等論の主張を提出するかが重要な関心事となるとはいえ，上記最高裁の判断が示された現在において

---

*17　詳細は，**本書**27〜30を参照。

は，受任した段階で，特許請求の範囲の文言と被告製品の構成等を十分に検討し，均等論の主張を必要とするか否かは十分に検討しておくべきであり，また，今日の裁判所の迅速化した訴訟運営のもとでは，均等の主張を要するものについては，できる限り早期に主張すべきで，原告代理人にはその的確な判断が求められている[18]。

㈡　間接侵害の場合　「その行為が特許発明の実施行為であること（権利侵害）」について，直接は侵害行為に該当しないが，直接侵害を引き起こす蓋然性の高い危険な行為について侵害行為とみなす規定である間接侵害の場合（特101条）についても少し触れておく[19]。

例えば，特許法101条1号の場合は，侵害品の生産に用いる物の生産等の行為について，専用品の場合を規定するもので，「その物の生産にのみ用いられる物」であることを，原告が請求原因として主張立証することになる。

また，特許法101条2号の場合は，専用品でなくとも，課題の解決に不可欠で主観的要件をみたす場合を規定するもので，1号の「その物の生産にのみ用いられる物」に代えて，「のみ」が要件とならず，「その物の生産に用いられる物であること」，「その発明の課題の解決に不可欠であること」及び「被告が，その発明が特許発明であること及びその物がその発明の実施に用いられることを知っていること」を，原告が請求原因として主張立証することになる。「日本国内において広く一般に流通しているものであること」は抗弁となる。

(2)　損害賠償請求

(a)　特許権に基づく損害賠償請求は，民法709条が根拠条文である。損害賠償請求の基本的要件事実は，差止請求の場合の上記①と②に加えて，③「被告の行為により原告に損害が生じていること（損害の発生）」である[20]。①と②は差止請求の場合と同じであるが，損害賠償請求の場合には，②につき侵害行為

---

*18　裁判所ホームページ（http://www.courts.go.jp/osaka/saiban/tetuzuki_ip/tetuzukisetumei_18_2/index.html），大阪地方裁判所知的財産権専門部「裁判手続の概要」第2部（訴訟準備など）より「現在では，最高裁判決によって均等論が認められ，その要件も示されているわけですから，均等の主張をするのであれば，早期にその主張をすべきであると思います。むしろ，訴訟が進んでから主張を出そうとしても，時機に後れた攻撃防御方法の提出であるとして，訴訟上取り上げられなくなる可能性もあります。」。

*19　間接侵害の詳細については，**本書**32～34を参照されたい。

*20　髙部・前掲 *8・16頁，髙部・前掲 *14・132頁等参照。

が行われた期間を主張する必要がある。損害賠償請求は過去の一定期間の侵害行為を対象とするものだからである。なお，過失は推定される（特103条）。

　原告は，被告の侵害行為と相当因果関係ある損害の発生及びその額を主張立証しなければならない。損害として主張されるものとしては，㋐消極的財産損害（逸失利益），㋑積極的財産損害，㋒精神的損害（無形損害），㋓弁護士費用がある。このうち，㋐については損害額の推定規定がある（特102条）。原告代理人としては，特許法102条１項ないし３項のいずれによるものか法的構成を明らかにし，その要件事実を主張することが必要である[21]。

　また，原告代理人としては，特許法102条１項から３項のどれを選択するかを検討することになる。例えば，１項については，原告は自己の手持ちの資料に基づき損害額を立証できるというメリットや被告が廉価で販売した場合に有効である。しかし，原告側の営業状況を積極的には開示したくない場合や，被告の利益が原告の利益を上回ると予測される場合には，１項ではなく２項を利用することが多い[22]。

　(b)　訴状には，原告の被った損害について，訴訟物を特定するため，対象製品の実施行為やその期間，損害額の主張は記載されるものの，損害賠償の請求期間や損害の費目（逸失利益，実施料相当額，弁護士費用等）については概括的な主張にとどまることが多い。これは，訴訟提起段階においては，被告の製造販売数量や利益率についての証拠は被告側にあり，一般には原告においてそれを正確に把握できないことが理由として挙げられる。また，知財訴訟においては審理段階を２段階に分けて，まず侵害論の審理をし，裁判所から侵害の心証を開示されてから損害論の審理に入る，という審理モデルが確立しているため[23]，訴状の段階では，かなり大まかな事実に基づいて主張することが一般的となっている。損害論の審理段階に進んでから，被告の開示に基づいて，原告において損害の根拠規定や損害論の主張が整理され，立証が尽くされ，また，訴えが拡張される場合もある。

　上記のような実務を踏まえるとして，訴状記載の段階で注意すべき点とし

＊21　特許法102条１項ないし３項の趣旨，要件については，**本書[57]**を参照。
＊22　詳しくは，**本書[63]**を参照されたい。
＊23　裁判所ホームページ「特許権侵害訴訟の審理モデル」。

222 第2章 特許権侵害訴訟提起の実務

て，訴えの提起による時効中断の効果の及ぶ範囲が問題となる。

　すなわち，債権の一部であることを明示して訴えの提起がなされたときは，時効中断の効力もその一部についてのみ生じ（最判昭34・2・20民集13巻2号209頁），これに対し，債権額の一部につき判決を求めることが明示されていない場合には，時効中断の効力は債権全額に及ぶ（最判昭45・7・24民集24巻7号1177頁），とするのが判例である。そのため，例えば，当初，損害額は少なくとも1億円は下らないとして1億円の損害賠償請求をしていた場合，全部請求であることは明らかであるから，損害論の審理段階で損害額を3億円に拡張したとしても，この場合には拡張部分の差額2億円について消滅時効の進行が問題になることはない。しかし，当初から，損害額は5億円を下らないと主張しながら，うち1億円の損害賠償請求であることを明示して訴訟提起していた場合，損害論の段階で，損害額が3億円であることを前提に訴えを3億円に拡張した場合，拡張分の2億円については，訴訟提起による時効中断が生じていないと解される可能性がある。

(3) **廃棄請求について**

　廃棄請求をする場合には，差止請求の請求原因に加えて，廃棄を求める対象を特定して，それが現に存在することを主張する必要がある。

17 特許権侵害訴訟の訴状の記載事項(2)

前嶋　幸子＝三嶋　隆子

被告製品説明書について説明のうえ，訴状等において，被告製品の構成をどの程度具体的に記載するべきか説明せよ。また，訴額計算書について説明せよ。

キーワード　被告製品，物件説明書，請求原因，特許発明の構成要件

I　はじめに

　特許権侵害訴訟の訴状には，一般の民事訴訟と同じく必要的記載事項である当事者及びその法定代理人，請求の趣旨及び原因（民訴133条2項）を記載し，また，必要に応じて関連事実等を記載する。これに加え，実務上，特許権侵害訴訟では，訴状に別紙として「被告製品目録」（ただし，差止請求訴訟）を添付しているほか，「被告製品説明書」を添付する例がある[1]。

　ここで，「被告製品目録」とは，差止請求の対象物である被告製品の範囲を特定するためのものであり，通常は，製品名ないし型番のみが記載され，一般に被告製品の構成そのものは記載されない[2]（その詳細は，**本書18**で解説されている）。被告製品の構成については，訴状本文の請求原因の項及び訴状に別紙として添付される「被告製品説明書」に記載される。

　訴状の提出に当たっては，通常の民事訴訟と同じく訴状副本，訴訟委任状（訴訟代理人による場合），資格証明書（当事者が法人の場合），書証（甲号証）の写しを提出する。併せて，実務上，特許権侵害訴訟では，「訴額計算書」も提出し

---

[1]　ただし，代理人によって，「被告物件目録」，「被告物件説明書」，「イ号物件目録」，「イ号物件説明書」など，名称は様々である。なお，本稿では，物の発明が問題となる訴訟を前提としている。

[2]　ただし，例外がある。例えば，製品名・型番が判明しない場合等では，被告製品目録において，被告製品の構成を文章で表現して，差止請求の対象物が特定される。

224 第2章 特許権侵害訴訟提起の実務

ている。

なお，特許権侵害訴訟の訴状等の提出に当たっては，東京地裁・大阪地裁のいずれにおいても，訴状を含む主張書面，証拠説明書，証拠の写し各4通と主張書面の電子データの提出が求められる。

本稿では，以上のうち「被告製品説明書」及び「訴額計算書」について，その概要を説明したうえ，実務上の問題点について若干の考察を行う。

Ⅱ　被告製品説明書

(1)　被告製品説明書の訴訟的位置づけ

被告製品説明書は，法令に規定があるわけではなく，また，これを解説する文献もあまりなく，あくまでその提出が実務上の慣行になっているものである。なお，裁判所ホームページにおける「特許権侵害差止等請求事件」の訴状書式例でも，被告製品説明書の添付がなされている[3]。

ところで，特許権侵害訴訟（差止請求，損害賠償請求等）では，「特許権を侵害していること」が請求原因事実となる（特100条等参照）。特許権侵害とは，正当な権限なく，その技術的範囲に包含される発明を業として実施することをいい（特68条参照），そのため，被告製品が特許発明の技術的範囲に属していることが要件事実の1つとなる。この特許発明の技術的範囲の属否を明らかにするため，訴状の請求原因事実においては，被告製品の具体的構成が記載されなければならない，とされる[4]。

そして，特許権侵害訴訟の訴状においては，請求原因事実として，構成要件と対比する形で被告製品が記載され，これに加えて，「被告製品説明書」という形式で，被告製品の構成の詳細を記載し，訴状の別紙として添付していることが多いのではないかと思われる（上記裁判所ホームページの書式例もそのようになっている）。1つの例であるが，訴状本文の請求原因の項では，「別紙物件目録記載の製品（以下，『被告製品』という。）の構成は，別紙『被告製品説明書』記載のとおりである。」としたうえで，対象製品の構成を特許発明の各構成要件と

＊3　www.courts.go.jp/tokyo/vcms_lf/20160523shosiki.pdf
＊4　高部眞規子『実務詳説　特許関係訴訟〔第3版〕』52頁。

対比するのに必要な限度で記載するにとどめ，被告製品の詳細については，「被告製品説明書」において，図面や写真等も用いて記載することがある。

以上のような実際の使われ方を前提とすると，被告製品説明書は，まずもって請求原因事実としての被告製品の構成を具体的に特定する意義をもつものと解される。また，上記のとおり，適宜，図面や写真も掲載するものも多く，関連事実としての被告製品の概要，構成，作動状態，作用効果等について主張するとともに，裁判所の理解を深める効果もある。

(2) 実務上の留意点

(a) 一般論

上記のように，訴状の請求原因の項における記載と被告製品説明書の記載を併せて，被告製品を特定するのであるが，その特定の仕方（記載事項や内容）については，法令に制限があるわけではなく，確立した実務があるわけでもない。そもそも特許発明や被告製品の内容にもよるので，予め定まったルールを決めることは困難でもあろう。

しかし，被告製品の構成の記載については，請求原因を特定するという性質上，少なくとも以下の2点を指摘できる。

(b) 特許請求の範囲との関係

まず，被告製品の構成を記載するに当たり，原告としてはなるべく特許発明に近づけるべく，被告製品の構成につき，特許請求の範囲の記載と同じような表現を採用しがちであるが，特許請求の範囲の記載と全く同じ文言で被告製品の構成を特定することは，不適切である。特許請求の範囲の文言を完全に引き写すことによる被告製品の構成の記載では，被告製品についての生の事実に触れておらず，被告製品を特定したことにはならないからである。例えば，特許請求の範囲の記載では「制御手段」とされている場合でも，被告製品説明書には，被告製品の実態に即した表現，例えば「コントロール部」との表現を用いるべきである。

また，被告製品の生の事実を記載する以上，特許請求の範囲が『AまたはB』であるときに，被告製品がそのいずれであるかを明確にしなければならないことは当然であり，さらに，特許請求の範囲が包括的な上位概念で表現されていれば，被告製品説明書には，その下位概念で表現しなければならないこと

226 第2章 特許権侵害訴訟提起の実務

も当然である*5。

(c) 争点との関係

被告製品の構成の特定は，最終的には請求原因事実の判断に必要なものであるから，一般の民事訴訟の請求原因の特定として論じられているものと同様に，どこまで詳細な特定が必要かについては，当事者の攻撃防御方法，特に「被告の防御方法」にも左右されると解される*6。

具体的には，被告製品の構成のうち，構成要件充足性との関係で，主要な争点になっている部分（又はなると予想される部分）については，対象製品の特徴を具体的に表現すべきである。その程度としては，少なくとも明細書の実施例の記載程度の具体性をもった文言を使用して，その構成等を社会的事実として一義的に特定すべきである*7。

他方，争いのない部分や，被告製品の構成のうち，特許発明の構成に対応しない部分については記載を簡略化することも検討する必要がある*8。特許発明の技術的範囲に属するか否かの議論に不要な詳細な構成を記載した被告製品説明書は，無用な争点を増やすだけであり不要である，との指摘もある*9。

Ⅲ 訴額計算書

(1) 特許権侵害訴訟の訴額

特許権侵害訴訟の多くは，差止請求権（特100条1項）及び損害賠償請求権（民709条）が訴訟物となる。そして，差止請求の附帯請求として，侵害組成物の廃棄請求，侵害供用設備の除却請求など侵害の予防に必要な行為の請求（特100条2項）がなされるのが一般的である。

前述のとおり，特許権侵害訴訟では，実務上「訴額計算書」を提出するが，差止請求においては，個別具体的な事件ごとに，訴額の算定根拠となる「訴えで主張する利益」（民訴8条1項）を把握することは一般的に困難である。他方

＊5 竹田稔＝松任谷優子『知的財産権訴訟要論（特許編）〔第7版〕』315頁。
＊6 裁判所書記官研修所監修『民事訴訟法講義案〔三訂版〕』125頁。
＊7 牧野利秋＝飯村敏明編『新・裁判実務大系(4)知的財産関係訴訟法』96頁〔三村量一〕。
＊8 高部・前掲＊4・53頁。
＊9 高部眞規子編『特許訴訟の実務〔第2版〕』39頁〔森崎英二〕。

で，訴額の算定基準が一定しないという事態は，裁判を利用する当事者の公平を害する。そこで，東京地方裁判所の知的財産権部及び大阪地方裁判所の知的財産権専門部では，最高裁判所事務総局民事局長による訴額通知を参考にして，訴額の算定基準を定めており（以下，「訴額算定基準」という），これはインターネットで公表されている（東京地方裁判所：http://www.courts.go.jp/tokyo/saiban/sinri/ip/index.html，大阪地方裁判所：http://www.courts.go.jp/osaka/saiban/tetuzuki_ip/uketuke_sogaku_santei/index.html）。

なお，訴額の算定は，受訴裁判所又は裁判長が判断すべき事項であるので，裁判所又は裁判長は，訴額算定基準に拘束されるものではない。

(2) 訴額算定基準

以下では，典型的な差止請求訴訟における訴額について，訴額算定基準に従って説明する。

まず，差止請求については，次のいずれかの計算式によるとされている。

---

① 原告の訴え提起時の年間売上減少額×原告の訴え提起時の利益率×権利の残存年数×8分の1

② 被告の訴え提起時の年間売上推定額×被告の訴え提起時の推定利益率×権利の残存年数×8分の1

③ （年間実施料相当額×権利の残存年数）−中間利息

差止請求と併合して，侵害組成物の廃棄請求等がなされる場合（特100条2項），廃棄等の請求は，差止請求の付帯請求であるため，訴額計算の基礎とならず，訴額は0円である。

また，実務上，請求されることはほとんどないが，謝罪広告請求がなされた場合には，謝罪広告の掲載費用を，掲載する新聞，雑誌等の発行元に問い合わせた結果を疎明し（見積書，弁護士の電話聴き取り報告書等による），当該費用が認定できる場合は，それが訴額となる[10]。

例えば，特許権者であるXがYに対し，Yの販売する製品がXの特許権を侵害するとして，同製品の販売等の差止め及び廃棄等並びに損害賠償を求める訴

---

[10]　Ⅲ「訴額計算書」全体を通して，牧野＝飯村編・前掲＊7・3頁以下〔八木貴美子〕，西田美昭＝熊倉禎男＝青柳昤子編『民事弁護と裁判実務⑧知的財産権』109頁以下〔森崎英二〕。

228 第2章 特許権侵害訴訟提起の実務

訟を提起する場合（Yの訴え提起時の年間売上推定額1億円，Yの訴え提起時の推定利益率20％，権利の残存年数2年，Xが受けた損害の額5000万円），訴額は上記②の方法により，次のようになる。

1億円×20％×2年×8分の1（差止請求の訴額）＋0円（廃棄請求の訴額）＋5000万円（損害賠償請求の訴額）＝5250万円（合計の訴額）

---

(3) 実務上の留意点

　公表されている訴額算定基準は，1つの特許権侵害が問題となっている場合を想定したものであるところ，複数の特許権等の侵害が問題となる場合（原告1人だが特許権が複数の場合，特許権1つだが原告複数の場合等）にどうなるかについては明記されていない。これらの場合の訴額の算定基準については，個別の事案によるであろうが，以下では，とりわけ(a)特許権が複数の場合，(b)原告が複数の場合について考察する。

　(a)　特許権が複数の場合（原告1人，被告1人）の取扱い

　ある被告製品の製造，販売等が複数の特許権を侵害しており，1つの訴訟で複数の特許権侵害を根拠として差止請求をする場合，それぞれの特許権にかかる訴額を合算しなければならないか。

　上記計算式①，②は，特定の特許権（1つ）が侵害されていることを根拠に，低減率8分の1を乗じていること，特許権ごとに別々に差止請求を提起し，その後併合された場合には，各差止請求の訴額を合算することになることからすれば，それぞれの特許権にかかる訴額を合算することになるとも思われる。

　しかし，原告が差止請求において主張する利益は，被告の侵害行為により原告が被るであろう損害を防止できた利益であるといえるので，残存年数がまちまちであるという点を除けば，特許権ごとで，主張する利益は共通している。

　したがって，この場合，それぞれの特許権にかかる訴額を合算する必要はなく，特定の特許権侵害をベースに訴額を算出することができると考えられる。

　もっとも，前述のとおり，権利の残存年数は，特許権ごとにまちまちである可能性があり，その場合，どの特許権をベースとするかであるが，民事訴訟法9条1項ただし書からすれば，残存年数が最も長いものをベースにすることになろう（筆者の接した事件の限りではあるが，残存年数が最も長いものをベースに訴額を算

定したところ，裁判所からは特に補正の指示はなかった）。

　(b)　原告が複数（被告1人，特許権は原告と同数）の場合の取扱い

　次に，ある被告製品の製造，販売等が複数特許権者の特許権を侵害しており，1つの訴訟で各特許権の侵害を根拠として差止請求をする場合，それぞれの原告にかかる訴額を合算しなければならないか。

　一般的に，各原告の訴えで主張する利益が共通であるとして，民事訴訟法9条1項ただし書が適用されるのは，必要的共同訴訟の場合（民訴40条），同時審判の申出がある共同訴訟の場合（民訴41条）等，極めて限定された場合であり，それ以外の場合は，各原告は固有の権利を主張しているとして，訴額は，各原告における訴額を合算したものとなる。

　しかし，別々の特許権侵害に基づき，ある被告製品の製造，販売等を差し止める場合，当該訴訟により実現されるのは，ある特定の製品の製造，販売の差止めであり，各原告が訴えで主張する利益は，共通している場合も多い。したがって，この場合，各原告における訴額を合算する必要はなく，残存年数が最も長い特許権を有する原告における特許権侵害をベースに訴額を算出することができるのではないだろうかと考えられる（これについても，筆者の接した事件の限りではあるが，残存年数が最も長い特許権を有する原告をベースに，上記計算式②によって訴額を算定したところ，裁判所からは特に補正の指示はなかった。もっとも，訴状全体の記載から吸収関係にあると認められない場合には，各原告における訴額を合算することになろう）。

230 第2章 特許権侵害訴訟提起の実務

18 対象製品・方法の特定論

森 本 純

特許権侵害訴訟において，対象製品・方法の特定は，どのように行われるか。

キーワード 対象製品の特定，対象方法の特定，請求の趣旨としての特定，請求原因としての特定

I　対象製品・対象方法を特定する意義

(1)　はじめに

特許権侵害訴訟において，対象製品あるいは対象方法の特定については，請求の趣旨における特定の問題と，請求の原因における特定の問題とがある。

(2)　請求の趣旨における特定

請求の趣旨における特定は，差止請求権において対象製品・対象方法を特定するために必要となる。具体的には，特許権侵害行為の停止請求・予防請求については，請求の趣旨において，いかなる製品・方法について実施行為の差止めを求めるのかを特定する必要がある。また，侵害品について廃棄請求（特100条2項）を行う場合には，請求の趣旨において，いかなる製品について廃棄請求をするのかを特定する必要がある。

上記の対象製品・対象方法の特定は，訴訟物を特定して審理対象を特定する意義，判決の既判力の客観的範囲を画定する意義，強制執行において執行対象を特定する意義を有する。また，特許権侵害に基づく損害賠償請求，あるいは相手方の特許発明の実施に対する不当利得返還請求において，訴えの提起による消滅時効の中断の効力が及ぶ範囲を画する，という意義を有する。

(3)　請求の原因における特定

他方，請求の原因における特定は，審理対象の特定ではなく，特許権侵害の成立のための原因事実として特定されるものである。

すなわち，特許権者は，相手方の製品あるいは方法が対象特許発明の技術的範囲に属することを主張するため，相手方の製品の構成あるいは方法の工程を特定する必要がある。単なるクレームの引き写しや，評価的・機能的な文言を用いた抽象的な記載ではなく，具体的な構成や工程を記載することが求められる。

そして，裁判所は，請求の原因として特定された対象製品の構成あるいは対象方法の工程について，これが対象特許発明の技術的範囲に属するか否かを判断することになる。

(4) 特定の程度

以上のとおり，特許権侵害訴訟において，対象製品あるいは対象方法の特定は，いろいろな場面で問題となるが，必要とされる特定の程度は，その場面に応じて定められる。

訴訟物の特定の場面では，社会通念上，審理対象を他と区別・識別することができる程度の特定が必要となり，強制執行の場面では，執行機関が執行対象を識別することができる程度の特定が必要となる。他方，請求の原因における特定の場面では，対象製品・対象方法が当該特許発明の技術的範囲に属するか否かを判断するに足りるだけの具体的な特定が必要となる。

II 対象製品の特定についての裁判実務の推移

(1) 平成10年以前の裁判実務

平成10年以前の裁判実務では，特許権者は，訴状に添付した被告製品目録において，対象製品の構成を文章で表現し，当該文章が，請求の趣旨における対象製品の特定に用いられるとともに，請求原因事実にも用いられていた[1]。

そして，審理が「特定論」（対象製品の特定）と「侵害論」（対象製品と当該特許発明との対比）に区分され，先に特定論につき，期日を重ねて当事者間で協議を続け，目録の記載について合意に達した後，ようやく，侵害論の審理に入るという進行であった。

---

[1] 三村量一「対象製品・対象方法の特定について」牧野利秋ほか編『知的財産法の理論と実務(2)』50頁。

232　第2章　特許権侵害訴訟提起の実務

　このような従来の実務では，対象製品の構成について事実関係を確定した上で，これを前提として，当事者双方が，特許発明との対比をそれぞれ主張するので，侵害論における双方の議論がかみ合ったものになるという点において有益な訴訟進行の方法であるとされていた*2。

　しかし，特許権者が，特許発明との対比を意識して，侵害の結論を導くために必要な限度で対象製品の構成を抽象化したり上位概念化した表現をするのに対し，被疑侵害者は，非侵害の結論を導くことを意識して，そのために必要な具体的な構成を補充する等して，特許権者が提出した構成の表現を争う例が多かった。

　そのため，多くの場合，特定論に関する協議が難航し，合意が成立するまでに1年以上を要し，審理の遅延を招いていて，「特定1年」といわれていた*3。

　また，①目録に記載された構成（当事者間で合意を成立させることができなかった部分）について，裁判所が証拠により，これと異なる認定をした場合には，訴えの変更の手続を経なければ，請求が認容されない，②社会的事実として，いかなる製品が審理の対象となっているのかが明確でないため，損害論の審理において，対象製品の具体的な範囲を巡って，当事者間で争いが生じることがある，③社会的事実としての対象製品が明確に特定されていないため，訴えの提起による時効中断の効力が及ぶ範囲や既判力の客観的範囲が不明確となる，④強制執行手続において，目的物を特定することができず，執行不能となるおそれがある，との弊害が指摘されていた*4。

(2)　平成10年ころ以後～現在の裁判実務

　上記の従来の実務の弊害に対し検討がなされた結果，平成10年ころから，請求の趣旨では，製造販売等の差止めを求める対象製品を，商品名や型式番号によって特定すれば足り，請求原因事実において，その具体的な構成を主張するという方法が提唱されるようになった*5。以来，商品名や型式番号による

＊2　東京地方裁判所知的財産権訴訟検討委員会「知的財産権侵害訴訟の運営に関する提言」判タ1042号7頁。

＊3　「大阪地方裁判所第21・26民事部と大阪弁護士会知的財産委員会との協議会　2012年度」判タ1390号40頁。

＊4　三村・前掲＊1・52頁。

＊5　東京地方裁判所知的財産権訴訟検討委員会・前掲＊2・8頁。

対象製品の特定が主流となり，現在に至っている。

　請求の趣旨において，商品名や型式番号により対象製品を特定するという上記の実務は，従来の実務とは異なり，対象製品の具体的な構成について当事者間の合意が成立しなくても，これは，事実認定の問題として，裁判所が証拠により判断する事項と位置付けられ，対象製品の具体的な構成の特定と並行して侵害論の審理を進めることができる。これにより，侵害論の審理期間は大幅に短縮された。

　他方で，商品名や型式番号がない製品については，現在でも，対象製品の構成を文章で表現する従来の方法も用いられているところである。

Ⅲ　請求の趣旨における対象製品の特定——各方法の対比

(1)　請求の趣旨における対象製品の特定の方法

　上記のとおり，現在の裁判実務では，請求の趣旨における対象製品の特定は，商品名や型式番号により特定する方法が主流であり，対象製品の具体的な構成は，別途，訴状別紙として提出する物件説明書にて，文章や図面を用いた説明がなされる例が多い。

　また，物件目録において，商品名や型式番号が記載されているものの，これと併せて，文章や図面により具体的な構成の説明がなされる例もある。

　他方，上記のとおり，商品名や型式番号がない製品等については，現在でも，対象製品の構成を文章で表現する従来の方法が用いられているところである。

(2)　商品名・型式番号による特定

　(a)　商品名・型式番号により特定がなされると，訴訟の審理対象，判決の既判力の客観的範囲及び強制執行における対象が明確に定まるという長所がある。また，損害論の審理においても，対象となる製品の具体的な範囲が明確に定まり，円滑な審理進行を期待することができるという長所がある。

　なお，医薬品の場合には，薬品名のほか，厚生労働省の製造承認番号により特定することも可能である。また，型式番号が多く，特許権者において，そのすべてを把握して列挙することは困難であるが，シリーズ名で対象製品を特定

234 第2章 特許権侵害訴訟提起の実務

することが可能な場合には，物件目録において，対象製品を当該シリーズ名が
付された製品として特定し，具体的な型式番号を例示する方法も可能である。

　(b)　請求の趣旨において，商品名・型式番号により対象製品が特定された場
合，判決の既判力は，事実審の口頭弁論終結時に当該商品名・型式番号が付さ
れていた製品に及ぶことになる。

　したがって，判決において差止請求が認容された場合には，仮に，当該商品
名・型式番号の製品の中で，判決理由中で認定された構成と異なる構成の製品
が含まれていたとしても，判決の既判力を争うことはできない。

　(c)　また，差止請求の認容判決に対し，事実審の口頭弁論終結後に，製品の
構成を変更したとしても，商品名・型式番号が従前のままであれば，被告は，
請求異議訴訟を提起して，設計変更をした事実を主張立証しない限り，強制執
行を免れることができない。差止請求の認容判決を受けた当事者としては，認
容判決後は，設計変更を行った上で，商品名・型式番号をも変更する対応が必
要である。

　(d)　他方，対象製品が商品名・型式番号により特定された場合，差止請求の
認容判決を得ても，事実審の口頭弁論終結後に商品名・型式番号が変更されて
しまうと，変更後の製品について製造販売等を差止めすることができなくなる
という問題がある。

　この点については，商品名・型式番号により特定された前訴の判決の既判力
や執行力を，変更後の商品名・型式番号の製品に及ぼすことは法律上できない
が，特許権者としては，変更後の商品名・型式番号の製品について，あらため
て製造販売等の差止めの仮処分を申し立て，単に商品名・型式番号を変更した
にすぎず，構成には変更がなされていないことを疎明して，速やかに差止めの
仮処分命令を得ることが考えられる[6]。

　(e)　以上のとおり，商品名・型式番号による特定については，長所・短所が
それぞれあるが，短所については対応が可能であり，他方で，審理対象を明確
に定めることができ，特定論で多大な労力や時間を費やす必要がなく，円滑に

＊6　松川充康「知的財産権に基づく差止めの強制執行と対象物件の特定のあり方」判タ1400号
　　75頁，髙部眞規子「対象製品・対象方法の特定」飯村敏明＝設樂隆一編著『ＬＰ(3)知的財産
　　関係訴訟』71頁。

審理を進行することができるという長所は大きく，現在の裁判実務では，対象製品の特定方法として定着しているところである。

(3) **商品名・型式番号と文章・図面による構成の記載を併記する方法**

(a) 併記型の記載の解釈

対象製品について，物件目録に，商品名・型式番号と文章・図面による構成の記載が併記されている例もある。

かかる併記型の記載については，①対象製品を，当該商品名・型式番号を有し，かつ，当該文章・図面に記載の構成を備えたものとして特定するもの，②対象製品を，当該文章・図面に記載の構成を備えたものとして特定し，商品名・型式番号は例示とするもの，③対象製品を当該商品名・型式番号で特定し，文章・図面は構成の具体的な説明をするもの（この方法は，対象製品の特定としては，商品名・型式番号による特定と同じ，ということになる），の3通りが考えられる。

併記型の記載方法により物件目録を作成する場合，特許権者は，上記のいずれの趣旨のものであるのかを明記しておく必要がある。上記のいずれの趣旨であるかが明確でない場合，裁判所としては，いずれの趣旨での記載であるかを明らかにするため，求釈明を行うことになる。

(b) 商品名・型式番号と文章・図面とで構成を限定する方法（上記①）

物件目録において，商品名・型式番号と文章・図面による構成の記載が併記されていて，両者の関係について，特に何らの説明も付されていなければ，上記①の趣旨のものであると解するのが論理的である。上記①の特定の場合には，商品名・型式番号による特定に加え，さらに，文章・図面による構成を備えたものとして，審判対象が限定されることになる。

(c) 商品名・型式番号は例示とする方法（上記②）

上記②は，特許権者が把握している商品名・型式番号以外にも，同一の構成の製品が存する可能性があるが，他の商品名・型式番号を特定することができない場合などに用いられることが考えられる。この場合には，物件目録において，商品名・型式番号が例示であること，文章・図面に記載の構成を備えるものであれば，当該商品名・型式番号を有する製品に限定されない旨の記載がなされることが望ましい。

236 第2章 特許権侵害訴訟提起の実務

　この特定方法であれば，対象製品を，訴訟提起時に把握することができた商品名・型式番号の製品に限定せず，同一の構成の他の製品をも対象に含ませることができる。これにより，消滅時効の中断の効力も，訴訟提起時に判明していない商品名・型式番号の製品にまで及ぼすことができるので，この点が利点となるようにも思われる。

　しかし，損害論の審理段階で，社会的事実として，いかなる商品名・型式番号の製品が存するのかについて手続が紛糾することが予想される。また，強制執行の場面では，結局のところ，具体的な商品名・型式番号が特定されていない製品について，目的物の特定ができず執行不能となるリスクがある。

　それ故，上記②の方法により対象製品が特定された場合，裁判所としては，審理の初期段階において，被疑侵害者に対し，被疑侵害者が製造販売する製品のカタログか，被疑侵害者において目録記載の製品と同一構成と考える製品の商品名・型式番号の一覧表等を提出するよう求め，これに応じて被疑侵害者から提出がなされれば，特許権者に対し，侵害品と考える製品の商品名・型式番号を追加するよう求めて，審理の対象製品を商品名・型式番号で特定するよう促すことが望ましい，との見解が示されている[7]。

(4) 文章・図面を用いて構成を記載する方法による対象製品の特定

　(a) 以上のとおり，現在の裁判実務では，商品名・型式番号による対象製品の特定が望ましいとされているが，現在でも，対象製品の構成を文章や図面により記載して特定する方法が用いられる例がある。

　例えば，商品名・型式番号がない場合，商品名・型式番号はあるが，同一の商品名・型式番号について侵害品とそうでない製品とが混在する場合などが考えられる。

　(b) このように文章・図面を用いて構成を記載する方法により対象製品の特定がなされた場合には，従来の実務と同様の問題が生じ得る。

　しかし，現在の裁判実務では，従来のように，特定論と侵害論とを切分けして，特定論について当事者間で合意を得てから侵害論に進むのではなく，特定論と侵害論とを並行して審理が進められている[8]。

---

[7]　三村・前掲[1]・60頁。

かかる実務においては，対象製品につき合意が形成されていない中，裁判所が認定する構成が特許権者が主張する構成と異なる場合，請求が棄却されることになるのではないか，という問題がある。

裁判所としては，処分権主義のもと，積極的な心証開示には慎重となる一方で，当事者に対する不意打ちを防止する必要や，事案の適切な解決を図る必要があり，悩ましい問題となる。

しかし，裁判所が認定する構成が，特許権者が主張する構成とわずかでも異なれば当然に請求が棄却されるわけではなく，訴訟物の解釈の範囲内で解決することが可能な場合もあり，個々の事案の特性に応じて然るべき解決が図られている*9。

Ⅳ　単純方法の発明における対象方法の特定

単純方法の発明の場合，対象方法の具体的手順を文章によって特定した目録を引用して対象方法を特定し，請求の趣旨は，「被告は別紙方法目録記載の方法を使用してはならない」，「被告は，別紙方法目録記載の方法により……をしてはならない」と記載する。

この点，訴訟物の範囲は社会的事実として明確なものである必要があり，不作為命令としての差止判決の強制執行の容易性をも考慮するときは，請求の趣旨としては，単に「被告は，原油を精製してはならない」，「被告は，光学レンズを研磨してはならない」と記載すれば足り，被疑侵害者が使用する具体的な方法の内容は請求原因事実として主張する，という見解も示されている*10。

この見解によれば，差止請求が認容された後，侵害者が方法を変更した場合には，強制執行に対し，請求異議訴訟を提起して，事実審の口頭弁論終結時以後に方法を変更したことを主張立証することになる。

しかし，上記見解では，特許発明とは異なる方法が存在する場合に差止請求が認容されると，一旦，そのような異なる方法まで禁止されてしまう上，これ

＊8　前掲＊3判タ1390号44頁。
＊9　前掲＊3判タ1390号44頁。
＊10　三村・前掲＊1・63頁。

238   第2章　特許権侵害訴訟提起の実務

を争うためには，請求異議訴訟を提起しなければならなくなるので，相手方に過度の手続負担を負わせるものと考えられる。

V　物を生産する方法の発明における対象方法の特定

(1)　対象方法の特定

　物を生産する方法の発明については，特許発明の方法により物を生産することの差止めに加え，その方法により生産した物の譲渡等の差止めを請求することができる（特2条3項3号）。

　物を生産する方法の使用について差止請求する場合には，上記Ⅳと同様，方法目録によって対象方法を特定することになる。

　また，対象方法により生産した物の譲渡等の差止請求をする場合，物を生産する方法の発明の特許権では，その方法により生産した物について譲渡等の差止めが認められるにすぎないのであるから，当該製品については，商品名・型式番号によって物の特定することに加え，方法目録に記載の方法によって製造された物として，さらに特定する必要がある。

(2)　対象製品が対象方法により製造されたものと推定される場合・対象製品が対象方法によってのみ製造されている場合

　物を生産する方法の発明において，その物が特許出願前に日本国内において公然知られた物でないときは，その物と同一の物は，その方法により生産したものと推定される（特104条）。

　この推定規定が働く場合，あるいは，対象製品が対象方法によってのみ製造されている場合に，「被告は，別紙物件目録記載の製品を製造，販売してはならない」のように，物のみを特定した請求の趣旨の記載の方法が許されるかについては，見解が分かれている[11]。

　特許法104条の推定について，推定が覆滅されずに差止請求が認められる場合には，侵害者が特許発明の技術的範囲に属する方法を使用して当該製品を製

＊11　肯定説：沖中康人「知的財産権侵害訴訟の請求の趣旨及び主文」牧野利秋＝飯村敏明編『新・裁判実務大系(4)知的財産関係訴訟法』44頁，三村・前掲＊1・64頁ほか，否定説：花岡巖「侵害物件，侵害方法の特定」牧野利秋編『裁判実務大系(9)工業所有権訴訟法』75頁。

造していることが認められたものと同視することができる。また，対象製品が
対象方法によってのみ製造されている場合には，対象製品と対象方法との間に
１対１の対応関係が認められる。したがって，これらの場合については，対象
製品のみの特定による請求の趣旨の記載は許されるとするのが相当である。

　裁判例でも，東京地判平21・3・6（平20(ワ)14858号）裁判所ホームページ
〔液晶表示装置の製造方法事件〕，東京地判平18・9・28（平17(ワ)10524号）裁判所ホ
ームページ〔フルオロエーテル組成物の分解抑制法事件〕等では，判決理由中で特に
理由は明記はされていないが，物を生産する方法の発明について，差止判決の
主文が，対象製品のみで特定した記載となっている。

VI　請求原因としての対象製品の構成・対象方法の工程の特定

　請求原因としての対象製品の構成・対象方法の工程の特定は，審理対象の特
定ではなく，特許権侵害の成立のための原因事実として特定されるものであ
る。

　特許権者は，相手方の製品あるいは方法が対象特許発明の技術的範囲に属す
ることを主張するため，相手方の製品の構成あるいは方法の工程を具体的に特
定する必要がある。特許発明は，技術的思想の創作であり（特2条1項），クレ
ームは抽象化して表現されているが，侵害を基礎付けるための請求原因とし
て，対象製品・対象方法の内容は，具体的事実として特定される必要がある。
少なくとも，明細書の発明の詳細な説明に記載の実施例の記載と同程度の具体
的な記載は必要である。

　これに対し，被疑侵害者は，請求原因に対する認否として，特許権者が特定
した構成・工程に対し認否をすることになるが，否認する構成・工程について
は，積極否認しなければならない（特104条の2）。

　裁判所は，請求の原因として特定された対象製品の構成あるいは対象方法の
内容について，これが対象特許発明の技術的範囲に属するか否かを判断するこ
とになる。

240　第2章　特許権侵害訴訟提起の実務

Ⅶ　書類提出命令

　特許法では，特許権者の申立てにより，被疑侵害者に対し，侵害行為について立証するため必要な書類の提出を命ずることができる旨の規定がなされている（特105条1項）。ただし，その書類の所持者において提出を拒むことについて正当な理由があるときは，申立ては却下される（特105条1項ただし書）。

　提出を拒むための「正当な理由」については，開示することにより書類の所持者が受ける不利益と，書類が提出されないことにより申立人が受ける不利益とを比較衡量して判断がなされる。書類の記載内容が営業秘密に該当するのが典型例であるが，当該書類に営業秘密に該当する事項が記載されていることのみでは，提出を拒む「正当な理由」があるとは認められない，とするのが通説である[12]。

　上記の書類提出命令制度は，対象製品の構成の具体的な特定が困難な場合に活用することが考え得るが，特許権者において特許権侵害を主張する以上は，対象製品を入手する，あるいは侵害の事実を窺わせる周辺事実を収集して，対象製品の構成をできる限り具体的に主張立証すべきであるとされている。そのため，侵害行為について立証するためになされた書類提出命令申立てについては，訴訟実務上，厳格な運用がなされているところである[13]。

---

*12　中山信弘＝小泉直樹編『新・注解特許法【下巻】』1852頁〔相良由里子〕。
*13　三村量一「対象製品，対象方法の特定」牧野利秋＝飯村敏明編『新・裁判実務大系(4)知的財産関係訴訟法』99頁。

19 訴状を受け取った被告の防御活動

塩田　千恵子

> 特許権侵害訴訟が提起され，訴状の送達を受けた場合，被告の防御活動としてどのようなものが考えられるか。防御方法を検討するに当たり留意すべき事項はあるか。

キーワード　答弁，抗弁，反訴，無効調査，時機に後れた攻撃防御方法

I　はじめに

　訴状を受け取った被告としては，原則として訴えが提起された日から30日以内（民訴規60条2項）に指定された口頭弁論期日の1週間程度前に指定された提出期限までに答弁書を提出しなければならない。

　被告としては，訴状に記載された原告の請求を検討し，訴訟要件の充足の有無，被告製品・方法の特定が適切になされているか，特許権の技術的範囲に属するかについて，出願経過資料を確認したり，技術的な点を確認して，十分な調査をすべきである。

　また，被告の主張として，抗弁事由の検討，例えば先使用の成立や，特許権の無効理由がないかについても，早い段階から確認し，証拠資料の確認や先行技術の調査等をすべきである。

　さらに，有利に訴訟を展開させるために，無効審判や原告に対するカウンター特許訴訟，信用毀損に基づく反訴の提起ができないかを検討し，適当な時期にこれらの提起をすることも検討すべきである。他方，仮に侵害が認められる可能性が高い場合には，影響を最小限に食い止めるために，製造販売の中止，設計変更により侵害を回避し，早期に和解を求めるべき場合もあり得る。なお，通常は，訴訟の前に警告がなされることが多いので，その段階で検討することが多いが，稀に警告なしに訴訟が提起される場合もある。

242　第2章　特許権侵害訴訟提起の実務

以下，具体的な被告の防御方法及び留意すべき事項について詳述する。

II　答弁書記載事項

　答弁書には，原則として請求の趣旨に対する答弁，訴状に記載された事実に対する認否及び抗弁事実を具体的に記載し，かつ，立証を要する事由ごとに，当該事実に関連する事実で重要なもの及び証拠を記載しなければならない（民訴規80条1項前段）。依頼を受けた時期によっては，これらをすべて記載することができない場合も考えられることから，そのような場合は答弁書の提出後速やかに，これらを記載した準備書面を提出しなければならない（民訴規80条1項後段）。一般民事事件であれば，請求の趣旨に対する答弁と認否のみの答弁書を提出し，追って準備書面を提出することも少なくないが，知財訴訟の場合は，審理の迅速化のために計画審理がとられており，また，訴訟前に交渉が重ねられていることも多いことから，被告としても，充実した内容の答弁書を提出することが求められている。大阪地方裁判所知的財産権専門部の特許・実用新案侵害事件の審理モデル[1]では，第1回口頭弁論の答弁書において属否論についての反論をすべきこととなっている。

(1)　本案前の答弁

　まず，被告は，原告の訴状における主張が訴訟要件を充たしているか否かにつき，検討をすべきである。なぜなら，原告の訴えが訴訟要件を充たしておらず，その不備を補正することができない場合には，本案の口頭弁論に入ることなく，不適法として訴え却下の判決（管轄違いの場合は移送の判決）を得ることができる（民訴140条）からである。

　訴訟要件を欠くという答弁としては，①管轄違いの抗弁に基づき移送を求めること，②管轄以外の訴訟要件を充たしていないとして訴え却下を求めることが考えられるが，これらは本案の答弁をする前に，本案前の答弁として，積極的に主張をすべきである。その際，本案前の答弁が認められない場合に備えて，予備的に本案の答弁もしておくことが実務的には多いが，答弁書には，本

＊1　裁判所ホームページ（http://www.courts.go.jp/osaka/vcms_lf/sinrimoderu2013331.pdf）において公開されている。

案前の答弁を本案の答弁と区別をして記載すべきである。

(a) 管轄違いの抗弁～移送の申立て

平成15年の民事訴訟法改正により，特許権等に関する訴えは東京地裁又は大阪地裁の専属的管轄とされた（民訴6条1項）が，かかる専属管轄に違反する訴えがなされた場合は，被告としては管轄違いの抗弁による移送の申立て（民訴16条1項）をすべきである。

また，平成15年の民事訴訟法改正により，上記のとおり専属管轄の場合でも，「相続等をめぐる特許権等の帰属のみが争われている事件や単なる経済的な理由からライセンス料を支払わない事件等，その審理において専門技術的事項が問題とならない事件等もあることから，当事者の地理的な利便性に配慮*2」して，当該訴訟において審理すべき専門技術的事項を欠くことその他の事情により著しい損害又は遅滞を避けるため必要があると認めるときは，管轄の一般原則により管轄権を有する裁判所に移送することができることとされた（民訴20条の2）。

したがって，そのような事情が認められる場合には，特に東京，大阪以外に所在地を有する被告としては積極的に移送の申立てをすべきである。

(b) その他の訴訟要件の欠如～訴え却下の申立て

その他の訴訟要件としては，訴えの提起に関する要件（民訴133条・137条）や併合要件（民訴38条）の具備，当事者適格などの当事者に関する要件，裁判管轄等の要件（外国等に対する我が国の民事裁判権に関する法律，民訴3条の2～3条の12・4条～7条），訴えの利益，仲裁合意がないこと（仲裁法14条1項）などが挙げられる。

これらの訴訟要件を欠くと認められる場合は，被告として積極的に本案前の答弁により訴えの却下を求めるべきである。特許権侵害訴訟において，考えられる事例としては，国際裁判管轄について争う場合や，確認の利益を争う事例，例えば，特許権者が警告などを全くしていないのに差止請求権不存在確認訴訟を提起する場合（東京地判平12・1・25（平8（ワ）2803号））などが挙げられる。

(2) **本案の答弁**

---

*2　小野瀬厚ほか「民事訴訟法等の一部を改正する法律の概要（3・完）」ＮＢＬ771号64頁。

244 第2章 特許権侵害訴訟提起の実務

　被告は，本案の答弁として，特許権侵害訴訟における原告の請求を検討し，原告の請求を棄却する判決を求めることになる。

Ⅲ 認 否

　被告は，答弁書には，訴状に記載された請求原因事実に対する認否を具体的に記載しなければならない（民訴規80条1項前段）。認否とは，相手方が主張する事実を「認める」か，又は「争う（法的主張を否定する場合）」，若しくは「否認する（事実の主張を否定する場合）」かを明らかにする陳述をいう。相手方の主張した事実を争うことを明らかにしない場合には，その事実を自白したものとみなされ（民訴159条1項），相手方の主張した事実を知らない旨の陳述（「不知」との認否）をした者は，その事実を争ったものと推定される（民訴159条2項）。

　主要事実について「認める」旨の陳述をした場合は，自白が成立し，当該自白した事実を証明することを要しない（民訴179条）ため，その事実を前提に判断がなされることになる。自白の撤回は，相手方の同意を得るか（最判昭34・9・17（昭30（オ）619号）民集13巻11号1372頁〔建物明渡請求事件〕），自白された事実が真実に反し，錯誤によるものであることなどの特段の事情がない限り（最判昭25・7・11（昭24（オ）219号）民集4巻7号316頁〔約束手形金請求事件〕）認められないので，主要事実を認めるか否かは，慎重に判断すべきである。

　特に，原告の訴状の中には，特許権侵害訴訟の対象となる被告製品や方法の特定が曖昧であったり（例えば，シリーズ商品等として型式番号を明らかにしていないものや被告製品の入手が困難なため不十分な特定がなされている場合など），被告製品が特許権の技術的範囲に属するとの点につき根拠に乏しいもの（例えば，被告製品の具体的構造に応じた対比がなされていない，実験結果等の証拠がないなど）も散見される。

　そのような場合には，安易に認めることなく，求釈明等を行って原告の詳細な主張を求め，その回答を待って認否することにしたり，被告側でも調査を行った上で認否することにする等して認否を留保することも重要である。

　被告が原告の主張する事実を否認するときは，その理由を記載しなければならず（民訴規79条3項），特に，特許権侵害訴訟においては，特許権者等が侵害

の行為を組成したものとして主張する物は又は方法の具体的態様を否認するときは，被告は単に否認するでは足りず，自己の行為の具体的態様を明らかにしなければならない（特104条の2）。ただし，明らかにすることができない相当な理由がある場合には開示をしなくてもよいとされる（特104条の2ただし書）ので，その具体的態様が営業秘密に当たるような場合には，被告としてはその旨を主張し，具体的態様の開示を拒むべきであると考えられる。

　また，物を生産する方法の発明について特許がされている場合，その物が特許出願前に日本国内において公然知られた物でないときは，その物と同一の物は，その方法により生産したものと推定される（特104条）。すなわち，同条の要件を充たす場合，被告製品を生産する方法が原告の特許発明の技術的範囲に属するものと推定されることになる。被告がその推定を覆滅するためには何を主張立証すべきかについては争いがあり，判例も分かれているが，その実施する方法の開示と，現に当該方法を実施していること，及び当該方法が原告の特許発明の技術的範囲に属しないことを被告が証明する必要があるとするのが通説である[3]。

IV　抗　　弁

　抗弁とは，権利発生事由となる請求原因事実の存在と両立する事実であって，請求原因事実から発生する法律効果を障害，阻止，消滅させる事実であるとされ，被告に主張，立証責任がある。したがって，被告の抗弁の主張が認められると，被告の権利侵害は認められず，原告の請求は棄却されることになる。その定義で明らかなように，抗弁の主張は，請求原因事実を否認する場合には，論理的には両立しないということになるが，実務上，特に知財訴訟では迅速な審理のために計画審理が進められている関係もあり，予備的主張として，できるだけ早期に抗弁に関する主張も行うことが望まれている。なお，大阪地裁の審理モデル（前掲 * 1 の URL 参照）では，第3回期日において，[4] 東京

---

* 3　中山信弘＝小泉直樹編『新・注解特許法【下巻】』1787頁〔服部誠〕。
* 4　裁判所ホームページ（http://www.courts.go.jp/tokyo/vcms_lf/tizai-singairon1.pdf）において公開されている。

246　第2章　特許権侵害訴訟提起の実務

地裁の審理モデルでは，第2回期日において無効主張がなされるべきとされている。

　以下，特許権侵害訴訟において被告が主張可能な抗弁の種類及びその内容について説明する。

(1)　特許無効の抗弁 （特104条の3）

　平成16年の特許法改正により特許無効に基づく権利濫用の抗弁を認めた平成12年の最高裁判決（最判平12・4・11（平10(オ)364号）〔キルビー事件〕）を受けて，特許が無効審判により無効とされるべきと認められるときは，特許権者等の権利行使を制限する旨の規定（特104条の3第1項）が新設された。

　無効理由については特許法123条において列挙されており，主なものとしては，新規性違反（特123条1項2号・29条1項），進歩性違反（特123条1項2号・29条2項），実施可能要件違反（特123条1項4号・36条4項1号），サポート要件違反（特123条1項4号・36条6項1号），明確性要件違反（特123条1項4号・36条6項2号），冒認出願（特123条1項6号），共同出願違反（特123条1項2号・38条），補正要件違反（特123条1項1号・17条の2第3項）がある。

　被告としては，特許権侵害訴訟の対象となる特許が，上記のような無効理由（特123条）に当たり，無効審判により無効とされるべきと認められるときは，かかる無効の抗弁を主張すべきである。なお，かかる抗弁を主張する際，特許庁に無効審判を請求することは必要ではないとされるが，かかる主張が認められた場合の効力は当該当事者における相対効にすぎず，無効審判による判断が対世効であるのとは異なることに注意する必要がある。したがって，後述するように，無効審判請求を行うか否かについて，検討の必要がある。

(2)　実施権の存在 （特77条〜83条・92条・93条等）

　抗弁となる実施権としては，①契約に基づく実施権として，専用実施権（特77条），通常実施権（特78条），②法定実施権として，職務発明に基づく使用者等の実施権（特35条1項），先使用に基づく実施権（特79条），無効審判の請求登録前の実施に基づく実施権（中用権，特80条），意匠権等の存続期間が満了したことに基づく実施権（特81条又は82条），再審の登録前の善意の実施に基づく実施権（特176条）がある。また，③裁定実施権として，特許庁長官の裁定による不実施の場合の実施権（特83条），利用発明など，自己の特許発明を実施するため

の実施権（特92条），経済産業大臣の裁定による公共の利益のための実施権（特93条）がある。

専用実施権は，特許庁への登録が効力発生事由となっている（特98条1項2号）ため，被告としては契約を締結したことの主張，立証だけでは足らず，特許庁への登録の事実を主張，立証する必要があることに注意する必要がある。また，平成23年の特許法改正により，安定的な事業継続を図るため，通常実施権の発生後に特許権等が移転された場合，例えば，ライセンサーの倒産等により権利が第三者に譲渡された場合でも，登録なくして当然に対抗できる（特99条）こととなったので，被告としては，契約当事者ではない権利の譲渡を受けた第三者に対しても，通常実施権を抗弁として主張していくことができる。

上記の抗弁となる実施権のうち特許権侵害訴訟で多く主張されるものとして，先使用に基づく実施権が挙げられる。かかるいわゆる先使用権は，他人が行った特許出願の対象となる発明の内容を知らないで同一の発明をした者等で，その出願の際に既に，日本国内で発明の実施となる事業や事業の準備をしている者につき，実施・準備をしている発明・事業の目的の範囲内での無償の実施権を認めたものである（特79条）。被告としては，先使用権についてのリーディング・ケースとなる最高裁判決（最判昭61・10・3（昭61（オ）454号）民集40巻6号1068頁〔ウォーキングビーム式加熱炉事件〕）を踏まえて，特許法79条の「事業の準備」や「発明及び事業の目的の範囲内」等の解釈を確認した上で，先使用権を主張することが望まれる。なお，かかる先使用権の主張の立証の準備のためには＊5，日頃から公正証書を利用する等して証拠の確保，準備をしておくことが望ましい。

(3) 特許権等の効力の制限 （特69条・112条の3・175条）

特許権の効力は，①試験又は研究のための実施（特69条1項），②日本国内を通過するにすぎない船舶等（同2項1号），③出願時から日本国内にある物（同2項2号），④医師又は歯科医師の処方せんによる調剤行為（同3項）には及ばな

＊5　関西法律特許事務所編『全面改訂　特許侵害訴訟の実務』222頁では，試作品を段ボール箱等に入れ，事実実験公正証書を作成する方法，発明者（従業者）からの職務発明の譲渡契約書に出願明細書と同内容の説明ないしデータを記載した書面を別紙として添付し，これに確定日付をもらうという方法，顧客先との議事録並びに最初の出荷伝票等のコピーを公正証書等と一緒に保管しておく方法が紹介されている。

いとされている。また，⑤特許料の追納により回復した特許権の効力の制限（特112条の３），⑥再審により回復した特許権の効力の制限（特175条）が定められている。

被告としては，これらの規定に当たらないかを確認した上で，当たる場合には抗弁として主張すべきである。

(4) 特許権の消尽

(a) 国内消尽

特許権者等がわが国において特許製品を譲渡した場合には，当該特許製品については特許権はその目的を達成したものとして消尽し，もはや特許権の効力は，当該特許製品の使用，譲渡等（特２条３項１号）には及ばず，特許権者等は当該特許製品について特許権を行使することは許されない（最判平19・11・8（平18(受)826号）民集61巻８号2989頁〔インクタンク事件〕）とされる。

被告としては，既に日本国内で販売された特許製品を使用したり譲渡等することは上記の消尽論により侵害とはならないので，被告製品が特許権者等の意思に基づいて譲渡されたことを抗弁として主張すべきである。しかしながら，特許権者等により国内で譲渡された特許製品につき加工や部材の交換がされ，それにより当該特許製品と同一性を欠く特許製品が新たに製造されたものと認められるときは特許権は消尽しない（上記インクタンク事件最高裁判決）として，原告からの再抗弁の主張が考えられるので，上記最高裁判決の判断基準を踏まえて検討をすべきである。また，特許権者等の間接侵害品（特許法101条１号に該当する製品）自体が国内で譲渡された場合，当該間接侵害品については特許権は消尽するが，当該間接侵害品を用いて特許製品を生産した場合は特許権は消尽しないものの，特許権者が黙示的に承諾していると認められる場合には特許権の効力は及ばないとの知財高裁の判決がある（知財高判平26・5・16（平25(ネ)10043号）〔iPhone事件〕）ので，間接侵害に基づく請求に関しては，同判決を踏まえて，「黙示の承諾」についての主張も検討すべきである。さらに，特許権者から許諾を受けた実施権者がライセンス契約に反して特許製品を譲渡した場合は，ライセンス契約の制限の内容により特許権侵害となる場合や単なる契約上の債務不履行となるにとどまり特許権が消尽する場合もある（大阪高判平15・5・27（平15(ネ)320号）〔育苗ポットの分離治具及び分離方法事件〕参照）ので，注意が

必要である。

(b) 国際消尽

特許発明の実施品の並行輸入の場合など，日本の特許権者等が外国において特許製品を譲渡した場合に，当該特許製品については日本の特許権は消尽したものとして特許権の行使が許されないとする国際消尽が認められるのかという点については，最高裁判決（最判平9・7・1（平7（オ）1988号）民集51巻6号2299頁〔BBS並行輸入事件〕）が否定している。しかし，同判決は，特許権者は，特許製品の譲受人に対しては，特許製品について販売先ないし使用地域から日本を除外する旨を譲受人との間で合意した場合を除き，特許製品の転得者に対しては譲受人との間で上記の合意をした上特許製品にこれを明確に表示した場合を除き，特許権の行使は許されないとして，日本で特許権者が上記のような留保をせずに特許製品を国外で譲渡した場合には，特許権の制限を受けないで当該製品を支配する権利を黙示的に授与したものとみなすと判断している。そのため，被告としては，上記の黙示の承諾を根拠に，被告製品が特許権者又はこれと同視し得る者の意思に基づいて国外で譲渡されたことを抗弁として主張すべきである。なお，原告は，これに対して，販売先等から日本を除外する旨の合意及び表示の存在を再抗弁として主張することになるので，この点を踏まえて検討をすべきである。

(5) **権利消滅の抗弁**

特許権の消滅事由が生じていることは，被告の抗弁となるので，被告としてはこの点の確認につき，特許情報プラットフォームの経過情報等を利用して確認をする必要がある。消滅事由としては，①存続期間の満了（特67条），②相続人の不存在（特76条），③特許権の放棄（特97条1項），④特許料の不納（特112条4項・5項），⑤無効審決の確定（特125条），⑥特許権を利用した独占禁止法違反行為に対する制裁としての特許又は実施権の取消し（独禁100条）がある。なお，延長登録の出願によって，医薬品に関する特許権の存続期間が延長された場合は，その延長された存続期間が満了した時に消滅することになる（特67条2項）。

250 第2章 特許権侵害訴訟提起の実務

V 無効調査

(1) 無効調査

　現行法の下では，被告は特許権侵害訴訟において無効の抗弁（特104条の3）を主張することが可能であるが，これに加えて特許庁に無効審判を請求することも可能である。

　そのため，被告としては，特許権侵害訴訟において請求棄却判決を得るために，また，無効審判において対世的に特許権を無効にする目的や無効になり得るという交渉のカードを持つことにより特許権侵害訴訟において有利な展開を引き出すためにも，進歩性を否定するための公知文献の調査，すなわち，無効調査を行うことが重要になる。なお，無効調査は後にも述べるように時機に後れた攻撃防御方法との関係があるので，可能な限り早期の段階で，すなわち，訴状を受け取ってすぐ，又は訴状を受け取るより前の交渉の段階から無効調査を行うことが非常に重要になってくる。

　具体的には，被告としては，自社において，又は，弁理士や調査会社に依頼して，当該技術分野やこれと関連する技術分野における国内の特許公報や文献，外国文献についても調査をすることが望まれる。

(2) 無効審判請求 (特123条)

　被告は，特許権侵害訴訟の係属中も，いつでも，回数制限もなく，何度も特許庁に対して無効審判請求をすることができ，無効審決が確定したときは，特許権は初めから存在しなかったものとみなされる（特125条）。そのため，被告としては，侵害訴訟において無効の抗弁が次に述べる時機に後れた攻撃防御方法等として却下されたとしても，特許庁に同様の無効理由を主張して無効審判請求をすることができ，また，仮に侵害訴訟で抗弁が認められず敗訴しこれが確定しても，別途無効審決が確定し特許権が遡及的に無効となった場合，再審を請求することができる可能性があった。すなわち，訴訟と無効審判のダブルトラックにより，無効の有無についての審理を2度受けることのできるチャンスの恩恵を実質的にも受けることができる可能性があったため，被告としては，そのことを武器に侵害訴訟で有利な展開を図る目的で，無効審判の請求も

並行して行うことが多かった。

しかし，平成23年の特許法改正により，紛争の蒸し返しを防ぐために再審において無効審決が確定した旨の主張は制限される（特104条の4）ことになった。そのため，侵害訴訟の判決確定前に無効審決が確定し，被告がこれによるダブルチャンスを利用し得る場面はそもそも少なくなると思われるから，被告としても，あえて侵害訴訟の外に，無効審判請求を起こす実益が乏しくなり，侵害訴訟というシングルトラックで紛争の1回的解決がされるという方向に進むものと思われるとの指摘がある*6。被告としては，書面審査が原則である特許庁で無効とされやすい無効理由であるかなどを検討の上，その実益を考えて無効審判請求を行うか否かを検討し，請求するのであれば，上記の法改正を踏まえて侵害訴訟の審理が進む前に請求すべきであると考えられる。

なお，平成26年特許法改正により，特許掲載公報の発行日から6ヵ月以内に限り，特許異議申立手続を行うことが可能になった（特113条）ため，被告としては登録後6ヵ月以内の訴訟提起の際には利用することができる。ただ，デメリットもあるため，特許異議申立てをするか無効審判請求をするかについては，慎重に検討すべきである*7。

(3) 特許無効の抗弁と時機に後れた攻撃防御方法

訴訟における攻撃防御方法の提出は適時提出主義とされ（民訴156条），当事者が故意又は重過失により時機に後れて提出した攻撃防御方法について，訴訟の完結を遅延させることとなる場合は，却下決定をすることができる（民訴157条）。また，審理計画が定められている場合は，その期間の経過後に提出した攻撃防御方法について，訴訟手続の進行に著しい支障を生ずるおそれがある場合は，提出できない相当の理由を疎明した場合を除き，却下決定をすることができる（民訴157条の2）。一方，特許法104条の3第2項は，特許権侵害訴訟の

＊6　「座談会　改正特許法の課題」L＆T53号10頁〔三村良一発言〕，中島基至「第6講　無効論」髙部眞規子編『特許訴訟の実務』148頁。

＊7　大阪弁護士会知的財産法実務研究会『知財相談ハンドブック〔第3版〕』148頁には，一事不再理効がないとはいえ，禁反言等のおそれも多く，また，比較的短期の公知技術の調査しかできていない段階の申立てであることもあり，統計的に無効審判の無効率より取消率が低く，かつ，特許維持決定に対して異議申立人が不服申立てできず（特114条5項），却下決定を除き審決取消訴訟もできない（特178条）旨の指摘がある。

252 第2章 特許権侵害訴訟提起の実務

攻撃防御方法について，審理を不当に遅延させることを目的として提出されたものと認められる場合に，却下決定をすることができると規定し，その要件を厳しくしている。これは特許訴訟における公知資料の探索は困難な場合が多いことに配慮したものと考えられる。裁判所の要請に反して被告が極めて多数の無効主張を漫然と維持したという訴訟活動につき，特許法104条の3第2項の趣旨に照らして，重要と思料される相当な個数の無効理由に絞って主張することが重要である旨指摘した裁判例（東京地判平20・3・27判タ1298号269頁）がある*8ので，被告としては注意が必要である。

　特許権侵害訴訟の審理は侵害論と損害論に分けられ，裁判所において侵害が認められるとの心証を得た場合に限り損害論の審理に入る運用となっているが，提出が後れたことについて相当の理由があることを積極的に疎明しない限り，損害論の審理に入ってから無効の抗弁が追加された場合，又は控訴審の審理において新たな無効主張をする場合は，民事訴訟法157条，同法157条の2により時機に後れた攻撃防御方法として却下されることになると考えられている*9。被告としては，民事訴訟法157条1項の適用を認めた裁判例として，損害論の審理後に提出された無効主張に関する裁判例（大阪地判平14・4・25（平11（ワ）5104号）裁判所ホームページ），侵害論における裁判所により提示された無効主張の期限後の主張に関する裁判例（知財高判平25・1・30判時2190号84頁〔カニューレ挿入装置事件〕）を踏まえ，早期に予備的主張としての無効の抗弁を主張するように努め，侵害論の審理終了前には無効理由の主張をすべきである。なお，探索が困難な海外の文献に基づく進歩性欠如の主張については，控訴審で無効主張をした場合（知財高判平17・9・30判時1904号47頁〔一太郎事件〕），侵害論の審

＊8　進歩性については，訴訟指揮で有力なものを3つくらいに絞ってもらうという裁判所の運用とのことであり（設樂隆一「現代産業と知的財産侵害訴訟」知財ぷりずむ62号（2007年11月号）48頁），訴訟の早期の段階で，通常，2，3個以内の無効理由を，順序をつけたうえで主張するのが望ましいとの指摘がある（高部眞規子「特許無効の抗弁と訂正の対抗主張の適時提出」L＆T50号52頁）。

＊9　中島基至「第6講　無効論」高部眞規子編『特許訴訟の実務』138頁では，相当の理由は引用文献が外国語文献である場合のように，その調査検索に相当な時間を要する場合に限られるとする。北岡裕章「特許権侵害訴訟における特許無効の抗弁等の審理について」ＮＢＬ945号32〜34頁では，海外文献などの検索の困難性は民事訴訟法157条1項の故意重過失の要件にて考慮の余地があるとしながら，よほど明白な無効理由が提出されない限り，時機後れによる却下を検討すべきと指摘する。

理が終了した後に無効主張がなされた場合（大阪地判平20・7・22（平19(ワ)6485号）裁判所ホームページ）に，民事訴訟法157条1項の適用が否定されている裁判例があるので，参考になる。

VI 反　　訴

　被告が訴訟を提起された場合に，同一の紛争に関連して，被告から原告に対して別の請求が可能な場合，被告としては，反訴を提起することが考えられる。反訴の提起により，関連する紛争を一度に解決することができるメリットや，原告との話し合いによる解決の可能性も増えるというメリットもあるので，被告としては積極的に反訴も検討すべきである。

(1) カウンター特許侵害

　原告が技術分野を同じくする競業会社である場合，原告の競業製品に被告の特許権を侵害するものがないかを調査検討し，そのようなものがある場合には，カウンター特許を侵害するものとして，反訴を提起することが考えられる。

　被告としては，このような場合に備えて，カウンター特許となる特許の取得を日頃から行っておくとよいだろう。

(2) 信用毀損

　特許権侵害差止め等を請求した原告が，被告の取引先等に対して，被告製品の販売が原告の特許権を侵害する等と告知するという場合がある。このような場合，後に非侵害ないし権利無効の判決が確定した場合には，被告は，原告のかかる行為が虚偽事実の告知による信用毀損行為（不競2条1項15号）に当たるとして，差止め（不競3条），損害賠償（民709条），信用回復措置（不競14条）を請求することが考えられるので，かかる信用毀損に基づく請求を反訴として提起することが考えられる。

20 移　　送

辻　淳　子

> 　特許ライセンス契約に関する訴訟において東京地裁又は大阪地裁への移送が認められるか。意匠権・商標権・著作権（プログラム著作権を除く）侵害訴訟について，東京地裁又は大阪地裁への移送が認められるか。

キーワード　特許権等に関する訴え，専属管轄，移送の特例，専属管轄違反の適用除外，競合管轄

I　知的財産権に関する訴訟の管轄及び移送

(1)　専属管轄・競合管轄

　管轄の分配は，時に訴訟の趨勢に大きな影響を及ぼすことがあり，実務におけるその重要性は高い。

　知的財産権に関する訴訟においては類型的な専門性が考慮されて，「特許権等に関する訴え」（特許権，実用新案権，回路配置利用権又はプログラムの著作物についての著作者の権利に関する訴え）では，地方裁判所の事物管轄に属する事件について東京地裁又は大阪地裁に専属管轄が認められ（民訴6条1項），東京地裁及び大阪地裁の終局判決に対する控訴について東京高裁に専属管轄が定められている（同条3項。知財高裁設置法2条1項に基づき，東京高裁の特別の支部である知財高裁が取り扱う）。

　また，「意匠権等に関する訴え」（意匠権，商標権，著作者の権利（プログラムの著作物についての著作者の権利を除く），出版権，著作者隣接権若しくは育成者権に関する訴え又は不正競争による営業上の利益の侵害に係る訴え）では，東京地裁又は大阪地裁に競合管轄が認められている（民訴6条の2）。

　したがって，「特許権等に関する訴え」の第一審については，管轄の一般規

定である民事訴訟法４条（被告の普通裁判籍）及び５条（財産権上の訴え等についての管轄）の規定によれば，東日本に所在する地方裁判所が管轄権を有する場合は東京地裁に，西日本に所在する地方裁判所が管轄権を有する場合は大阪地裁に，それぞれ専属管轄が認められ，いずれの裁判所の終局判決の控訴も知財高裁の専属管轄とされる（民訴６条１項及び３項）。他方，「意匠権等に関する訴え」の第一審では，一般規定による管轄が東日本所在の地方裁判所の場合は当該地方裁判所に加えて東京地裁にも，西日本所在の地方裁判所の場合は大阪地裁にも，訴えを提起できる（民訴６条の２）。

これは，知的財産権に関する訴訟の中でも特に専門技術的要素の強い「特許権等に関する訴え」については，技術事項の理解や審理における特殊なノウハウが必要となるため，その企業活動に与える影響の大きさに鑑み，平成15年法律第108号による民事訴訟法の改正において，充実した審理と迅速な進行を実現するために，知財専門部を有する東京地裁・大阪地裁の専属管轄とするとともに，その控訴事件について東京高裁の専属管轄を定めることによって，専門的処理体制を備えた裁判所への集中を図ったものである。さらに，そこまで高度な専門技術的事項が問題にならない「意匠権等に関する訴え」についても知的財産権関係訴訟特有の審理のノウハウが必要となることが多いことから，充実した迅速な審理を実現するために，同改正において競合管轄が設けられた*1（管轄についての詳しい解説は，**本書14**「管轄(1)——国内裁判管轄」及び**同15**「管轄(2)——国際裁判管轄」参照）。

(2) 「特許権等に関する訴え」に係る訴訟の移送の特例

受訴裁判所に係属した訴訟の全部又は一部をその裁判所の裁判によって他の裁判所に係属させる移送のうち，第一審の訴訟については以下の規定がある。

① 管轄違いに基づく移送（民訴16条）

② 遅滞を避け当事者間の衡平を図るための他の管轄裁判所への移送（民訴17条）

③ 当事者の申立てと相手方の同意による必要的移送（民訴19条）

受訴裁判所に専属管轄が認められる場合には，それが合意に基づく専属管轄

＊１　小野瀬厚＝畑瑞穂＝武智克典「民事訴訟法等の一部を改正する法律の概要（３・完）」NBL771号62頁以下等。

256　第2章　特許権侵害訴訟提起の実務

（民訴11条）であるときを除いて，②及び③の移送は許されない（民訴20条1項，専属管轄の場合の移送の制限）。

　しかし，「特許権等に関する訴え」として民事訴訟法6条1項が適用され，東京地裁又は大阪地裁が専属管轄を有する場合に，当該訴訟で審理すべき専門技術的事項を欠く等の事情により著しい損害又は遅滞を避ける必要があるときは，民事訴訟法4条，5条，11条又は19条1項の規定に基づいて管轄が認められるべき地方裁判所に移送をすることができる（民訴20条の2第1項，移送の特例）。「特許権等に関する訴え」の中にも，特別の専門的知見を要せず，本来の土地管轄や合意管轄に基づく裁判所に管轄を認めたほうが，充実した，適正かつ迅速な審理の実現に役立つ場合があることを踏まえたものである*2。

　当事者双方が希望した場合であっても，民事訴訟法20条の2第1項に定める移送の要件が満たされるとは限らない。また，一般規定により管轄を有すべき裁判所が複数ある場合には，当事者及び尋問を受けるべき証人の住所，使用すべき検証物の所在地等を考慮して（民訴17条参照），著しい損害又は遅滞を避けるために最も合理的な地方裁判所への移送が認められる*3。

Ⅱ　特許ライセンス契約に関する訴訟の移送

(1)　「特許権等に関する訴え」の範囲

　（a）　特許ライセンス契約に関する訴訟が，特許権に関する訴えとして専属管轄等の規定の適用を受けるか否かの判断に当たっては，「特許権等に関する訴え」の範囲が問題となる。

　民事訴訟法6条1項の「特許権等に関する訴え」には，特許権等に「基づく」訴えに限らず，特許権等と密接に関連した訴えも含まれる。

　管轄権の有無には画一的な判断が要請されることから，専門技術的な要素が抽象的に想定される事件類型に広く本条項の適用があるものと解されている（根拠について，平成15年改正前の競合管轄に対するものであるが大阪地決平11・9・21（平11（モ）5859号）判時1785号78頁〔移送申立事件〕。大阪高決平23・3・9（平23（ネ）391号）

＊2　伊藤眞『民事訴訟法〔第5版〕』97頁。
＊3　小野瀬厚＝武智克典編『一問一答平成15年改正民事訴訟法』72頁。

L＆T52号126頁も参照されたい）。

　かかる事件類型としては，特許権に限れば，特許権の侵害に基づくものとして，差止請求訴訟（特100条），損害賠償請求訴訟（民709条），不当利得返還請求（民703条・704条），信用回復措置請求訴訟（特106条），補償金請求訴訟（特65条1項）及び差止請求権又は損害賠償請求権の不存在確認訴訟がある。さらに，特許権の実施契約に基づく実施料支払請求訴訟（特77条・78条），先使用による通常実施権の確認訴訟（特79条），特許権を侵害している旨の宣伝が取引先等になされたような場合の不正競争防止法2条1項15号（信用毀損）に基づく訴訟，特許を受ける権利等の帰属や実施権の有無・帰属の確認訴訟，職務発明に係る相当の利益の請求訴訟（特35条4項），裁定実施権の対価の額についての訴え（特183条），及び特許権の移転契約等に伴う登録手続請求等の登録関係訴訟（民訴5条13号も参照のこと）等が挙げられる*4。

　(b)　そして，抽象的にはかかる類型に該当するものの，具体的な審理判断において専門技術的要素が乏しい事案（例えば，ライセンス料の請求事件等において特許権の有効性や実施等に争いがなく，契約の成否，解釈が争われている場合，相続等をめぐり特許権等の帰属のみが争われている場合，経済的事情からライセンス料を支払わない場合等*5）における不都合については，民事訴訟法6条1項を適用したうえで同法20条の2による裁量移送により当事者の衡平を図ることを法は予定している（金沢地決平18・6・14（平18（モ）131号）判時1943号140頁〔移送申立事件〕）。

　(c)　裁判例においても，「『特許権に関する訴え』は，特許権に関係する訴訟を広く含むものであって，特許権侵害を理由とする差止請求訴訟や損害賠償請求訴訟，職務発明の対価の支払を求める訴訟などに限られず，本件のように<u>特許権の専用実施権や通常実施権の設定契約に関する訴訟をも含むと解するの</u>が相当である。」（知財高判平21・1・29（平20（ネ）10061号）判タ1291号286頁〔冷凍システム事件控訴審〕。下線は筆者による，以下同じ）と説示されており，その理由も含めて，「民事訴訟法6条1項の『特許権に関する訴え』に当たるか否かについて

＊4　賀集唱＝松本博之＝加藤新太郎編『基本法コンメンタール〔第三版追補版〕民事訴訟法1』43頁以下〔加藤新太郎〕。改正法の立案担当者による前掲＊3・一問一答66頁にも，ライセンス契約に基づくライセンス料の支払を求める訴えが含まれる旨明記されている。

＊5　秋山幹男＝伊藤眞ほか『コンメンタール民事訴訟法Ⅰ〔第2版追補版〕』223頁。

は，訴え提起の時点で管轄裁判所を定める必要があり（同法15条），明確性が要求されることなどから，抽象的な事件類型によって判断するのが相当である。そして，同法6条1項が，知的財産権関係訴訟の中でも特に専門技術的要素が強い事件類型については専門的な処理体制の整った東京地方裁判所又は大阪地方裁判所で審理判断することが相当として，その専属管轄に属するとした趣旨からすれば，『特許権に関する訴え』は，特許権侵害を理由とする差止請求訴訟や損害賠償請求訴訟，職務発明の対価の支払を求める訴訟等に限られず，特許権の専用実施権や通常実施権の設定契約に関する訴訟，特許を受ける権利や特許権の帰属の確認訴訟，特許権の移転登録請求訴訟，特許権を侵害する旨の虚偽の事実を告知したことを理由とする不正競争による営業上の利益の侵害に係る訴訟等を含むと解する。」（知財高決平28・8・10（平28（ラ）10013号）裁判所ホームページ〔移送決定に対する抗告事件〕）との判断が示されている。

　(d)　以上から，特許ライセンス契約に関する訴訟は，「特許権等に関する訴え」に該当するものと考えられる。

(2)　「特許権等に関する訴え」の外延

　なお，企業間の営業譲渡契約の成否について争われた事件で営業財産の中に特許権が含まれているような場合などまで，「特許権等に関する訴え」といえるかについては異論があるとされる[6]。

　上記知財高決平28・8・10〔移送決定に対する抗告事件〕では，投擲型消火器の販売事業での共同不法行為（詐欺）又は会社法429条に基づく損害賠償請求訴訟である基本事件において，被告が開発したとする消火剤の製造方法が訴外会社の特許権を侵害しているとすることを含む主張が争われ，さいたま地裁川越支部は管轄が東京地裁に専属するとして移送を決定した。

　これに対し，知財高裁は，①欺罔行為の内容として「特許」という用語が使用されているだけで「特許権に関する訴え」に当たるということはできない，②知的財産高等裁判所設置法2条3号は，「前2号に掲げるもののほか，主要な争点の審理に知的財産に関する専門的な知見を要する事件」を知財高裁の取り扱う事件の1つとしており，第三者の特許権の侵害の有無が争点の1つとな

---

[6]　牧野利秋ほか編『知的財産訴訟実務大系Ⅲ』410頁〔山田陽三〕。

る場合には，東京地裁又は大阪地裁で審理判断することが望ましいとしても，すべてが「特許権に関する訴え」に当たるということもできない，③基本事件のように，審理の途中で間接事実の１つとして「特許」が登場したものが専属管轄に当たるとすると，これを看過した場合に絶対的上告理由となることからしても，訴訟手続が著しく不安定になって相当でないとの理由を挙げて，基本事件は「特許権に関する訴え」に当たらず東京地裁の専属管轄は認められないとして原決定を取り消しており，「特許権等に関する訴え」の外延を図るに当たり実務上非常に参考となる。

　論説においても，専属管轄の違背は控訴・上告理由（民訴299条１項ただし書・312条２項３号）になる一方，「特許権等に関する訴え」に該当するかが一義的に明白とはいい難い事件もあることから，そのような事件を「特許権等に関する訴え」に当たるとすべきかどうかは，審理がいかなる段階にあるかなどの考慮も踏まえて慎重な検討を要することが指摘されている[7]。

　以上を考慮すると，特許ライセンス契約に関する訴訟と括っている中にも，「特許権等に関する訴え」に該当するかを慎重に検討すべき事案が含まれ得ることに留意しておく必要がある。

(3) 他の地方裁判所から東京地裁又は大阪地裁への移送について

(a) 管轄違いを理由とする必要的移送

　さて，上記Ⅱ(1)及び(2)から，特許ライセンス契約に関する訴訟の多くは，「特許権等に関する訴え」に該当し，専属管轄に服する（民訴６条１項）。

　したがって，かかる訴訟が東京地裁又は大阪地裁以外の地方裁判所に提訴された場合には管轄違いとなるから，民事訴訟法16条１項に基づき，専属管轄を有する東京地裁又は大阪地裁に移送されなければならない。

(b) 民事訴訟法20条の２の裁量移送の要件が満たされるような場合

　もっとも，当事者が受訴地方裁判所での審理続行を望んだ場合で，当該訴訟が，民事訴訟法20条の２第１項の「当該訴訟において審理すべき専門技術的事項を欠くことその他の事情により著しい損害又は遅滞を避けるため必要があると認めるとき」との要件を満たすときには，その希望に沿う実益もあるよう

＊7　古谷健二郎「〔知財訴訟の論点〕特許権等に関する訴えの管轄」L＆T55号15頁。

260 第2章 特許権侵害訴訟提起の実務

に思われる。

しかし，民事訴訟法6条1項及び3項の専属管轄には合意管轄及び応訴管轄の規定の適用がなく（民訴13条1項），裁量移送の判断は専属管轄を有する裁判所のみが行うとされていることから，管轄違いの場合，専門技術的事項を含まない事件であっても，民事訴訟法16条1項の規定により，いったん専属管轄裁判所に移送せざるを得ないと考えられている*8。

この場合，移送を受けた東京地裁又は大阪地裁は，異なる移送事由として民事訴訟法20条の2に基づき事件を再移送できる*9。

(c) 裁判例における判断

上記Ⅱ(1)(b)の金沢地決平18・6・14〔移送申立事件〕では，特許実施許諾契約に基づく実施料請求訴訟が「特許権等に関する訴え」に該当するか，該当するとしても民事訴訟法20条の2第1項を類推適用して移送を行わずに受訴裁判所が審理できるかが争点となった。裁判所は，平成15年改正の趣旨に照らして，本件訴訟は「特許権等に関する訴え」に該当し東京地裁が専属管轄を有するとしたうえで，技術的範囲の属否が争点の一つであるから，審理すべき専門技術的事項を欠くとはいえず，その他，著しい損害又は遅滞を避けるために審理を行う必要性を基礎づける事情も認めることもできないとして，類推適用の可否を明示に判断することなく，民事訴訟法16条1項に基づき東京地裁に移送した。

前掲知財高判平21・1・29〔冷凍システム事件控訴審〕では，専用実施権の登録がない専用実施権設定契約に基づく通常実施権設定契約の有効性が争われた損害賠償請求事件について，知財高裁は，上記Ⅱ(1)(c)に引用のとおり東京地裁に専属すると判示して，さいたま地裁の第一審判決を取り消して事件を移送している（民訴309条，第一審の管轄違いを理由とする移送）。もっとも，本判決に関しては，専属管轄違反は絶対的上告理由を構成するから，専門技術的事項を欠いた特許権に関する訴えが専属管轄を有さない裁判所に提起され，移送されること

＊8　山田・前掲＊6・411頁，古谷・前掲＊7・15頁以下。
＊9　移送の裁判の拘束力を規定する民事訴訟法22条の解釈について秋山＝伊藤ほか・前掲＊5・227頁。別説もあるものの古谷・前掲＊7・15頁以下では実際に再移送が認められた事例があると報告されている。

なく第一審手続が終了した後にその適法性を判断する場面において，職権でこれを取り消して第一審に移送することには慎重であるべきと指摘されている点に留意されたい[10]。

(4) 東京地裁・大阪地裁間の移送について

(a) 専属管轄の競合

例えば，東日本に被告の普通裁判籍があり，西日本に義務履行地や不法行為地の裁判籍が認められる等，民事訴訟法6条1項により東京地裁及び大阪地裁のいずれも管轄を有するときには，両裁判所は競合的に専属管轄を有する。

特許権等に関する訴えの専属管轄と他の法律による専属管轄が競合するときも含め，このような場合には，民事訴訟法17条による移送が可能である[11]（最決昭31・10・31（昭31(マ)27号）民集10巻10号1398頁）。

知財高決平21・10・23（平21(ラ)10004号）裁判所ホームページ〔移送申立却下決定に対する抗告事件〕においても，東京地裁と大阪地裁の双方が専属管轄を有する場合，管轄の調整は民事訴訟法17条の適用により決すべきと説示されている（民訴20条2項を根拠とする。下記(b)参照）。

(b) 専属管轄違反の適用除外

平成15年の改正法が，「特許権等に関する訴え」について専属管轄を設けたのは，専門的処理体制が整備されている裁判所での審理及び裁判を実現するという政策的要請に基づく。東京地裁・大阪地裁間の管轄の分配は，当事者間の衡平を図るという観点から地理的により近い裁判所に専属管轄を認めたにすぎず，いずれかで審理及び裁判されれば，専属管轄とした改正法の趣旨は満たされる。

よって，東京地裁・大阪地裁間では，専属管轄であることを理由とする規律を厳密に適用する必要はないと考えられたため，専属管轄違反に関する規定の適用の除外が認められた[12]。

すなわち，民事訴訟法6条1項の規定によれば，いずれか一方に専属管轄が

---

[10]　高部眞規子『実務詳説　特許関係訴訟〔第2版〕』11頁。塚原朋一「知財高裁元年－その1年間の実績の回顧と今後の展望」金判1236号8頁参照。

[11]　山田・前掲[6]・412頁以下。

[12]　前掲[3]・一問一答70頁以下。

認められる場合であっても，民事訴訟法7条，11条及び12条により他方に管轄を生じさせること等を認める（民訴13条2項。その他，民訴145条2項・146条2項・299条2項・312条2項3号括弧書）。

移送についても，民事訴訟法6条1項の規定によれば，東京地裁（大阪地裁）に専属管轄が認められる場合であっても，専属管轄の場合の移送の制限（民訴20条1項）の規定にかかわらず，大阪地裁（東京地裁）への移送については，上記I(2)に挙げる②及び③（民訴17条・19条）が適用される（民訴20条2項）。

(c)　特許ライセンス契約に関する訴訟の東京地裁・大阪地裁間の移送

以上に基づくと，特許ライセンス契約に関する訴訟が東京地裁又は大阪地裁に係属し，「特許権等に関する訴え」として受訴裁判所の専属管轄に属する場合であっても，大阪地裁又は東京地裁への移送が「当事者及び尋問を受けるべき証人の住所，使用すべき検証物の所在地その他の事情を考慮して，訴訟の著しい遅滞を避け，又は当事者間の衡平を図るために必要」と認められるときには移送することができる（民訴20条2項・17条）。また，大阪地裁又は東京地裁への移送の申立てがあり相手方の同意が得られたときには必要的に移送される（民訴20条2項・19条1項本文）。

民事訴訟法6条1項によれば受訴裁判所でない大阪地裁又は東京地裁のみが専属管轄を有する場合であっても，民事訴訟法7条（併合請求），11条（管轄合意）又は12条（応訴管轄）の要件が満たされたときには，受訴裁判所にも管轄が生じ（民訴13条2項），管轄違いの移送（民訴16条）の必要はない（民訴13条2項）。

(5)　簡易裁判所から東京地裁又は大阪地裁への移送について

簡易裁判所の事物管轄に属する「特許権等に関する訴え」については，民事訴訟法6条2項が適用され，東京地裁又は大阪地裁に，専属管轄ではなく競合管轄が認められる。

これは，訴訟の目的の価額が低い事件であっても，専門技術的な事項が問題になり得ることから，その審理の充実及び迅速化を図るために東京地裁又は大阪地裁にも管轄を認めた一方で，それを専属管轄として当事者に過大な負担や費用を課すことにならないように配慮されたものである[13]。

---

[13]　小野瀬＝畑ほか・前掲[1]・63頁。

なお，簡易裁判所の訴訟には，上記 I (2)に挙げる①から③（民訴16条 2 項及び19条 2 項を含む）のほか，以下の移送の規定が適用され得る。

④　簡易裁判所から地方裁判所への裁量移送（民訴18条）

⑤　反訴の提起に基づく移送（民訴274条）

したがって，特許ライセンス契約に関する訴訟であって簡易裁判所の事物管轄に属する事件は，多くは「特許権等に関する訴え」として，東日本の簡易裁判所に管轄が認められる場合には東京地裁に，西日本の簡易裁判所に管轄が認められる場合には大阪地裁に競合管轄を有する（民訴 6 条 2 項）。

そして，いったん管轄のある簡易裁判所に提訴された場合に，専門技術的事項が問題となるため，東京地裁又は大阪地裁で審理することが「訴訟の著しい遅滞を避け，又は当事者間の衡平を図るために必要」と認められるときには，当該簡易裁判所から，競合管轄を有する東京地裁又は大阪地裁に移送をすることができる[14]（民訴17条。下記 Ⅲ (2)及び(3)も参照されたい）。

また，上記③ないし⑤（民訴19条・18条及び274条）の移送要件が満たされ，その受移送裁判所が東京地裁又は大阪地裁である場合も考え得る。

Ⅲ　意匠権・商標権・著作権（プログラム著作権を除く）侵害訴訟の移送

(1)　「意匠権等に関する訴え」の競合管轄・移送

上記 I (1)のとおり，「意匠権等に関する訴え」については東京地裁又は大阪地裁の競合管轄が定められているが（民訴 6 条の 2），「特許権等に関する訴え」との専門技術的な要素の差異を反映して，民事訴訟法 6 条 2 項及び 3 項に対応する規定は設けられていない。

また，専属管轄についての民事訴訟法20条，20条の 2 等の適用はないため，その移送については，原則どおり，上記 I (2)に挙げる①ないし③（民訴16条・17条及び19条。簡易裁判所が受訴裁判所のときには上記 Ⅱ (5)の④及び⑤も加わる）が適用されることになる。

(2)　意匠権等の侵害訴訟の東京地裁又は大阪地裁への移送

---

[14]　前掲＊3・一問一答77頁。

264　第2章　特許権侵害訴訟提起の実務

「意匠権等に関する訴え」も，「特許権等に関する訴え」と同様にライセンス契約に基づくライセンス料の支払を求める訴え等も含むとされる[15]。意匠権，商標権及び著作権（プログラム著作権を除く）侵害訴訟（以下，「意匠権等の侵害訴訟」と総称する）は，疑義なく「意匠権等に関する訴え」に該当するものと考えられる。

したがって，意匠権等の侵害訴訟の提起が管轄違いの裁判所にされた場合には，当該訴訟について民事訴訟法6条の2により競合管轄を有する東京地裁又は大阪地裁に移送され得る（民訴16条1項。なお，管轄裁判所が複数存在するときには，裁判所は任意の一つに移送することができるが，その選択に当たっては，民事訴訟法17条を参酌すると同時に原告の意思を反映させることが妥当と考えられている）[16]。

受訴裁判所が管轄を有する場合には，「当事者及び尋問を受けるべき証人の住所，使用すべき検証物の所在地その他の事情を考慮して，訴訟の著しい遅滞を避け，又は当事者間の衡平を図るため必要」と認められるときに，競合管轄を有する東京地裁又は大阪地裁に事件を移送することができ（民訴6条の2・17条），東京地裁又は大阪地裁への移送について，当事者の申立て及び相手方の同意があるときには，必要的移送となる（民訴19条1項，同項ただし書のときを除く）。

民事訴訟法17条の移送要件の考慮事情の「その他の事情」には，訴訟の種類・内容，訴訟代理人の事務所の所在地，当事者双方の経済力等が含まれる[17]。事件の内容が極めて専門的であるため，専門部を有する裁判所で処理するのが適当であるという事情もまたその中に含まれるものと考えられてきた[18]。

不正競争防止法に基づく差止等請求事件について，東京高決平10・10・19（平10(ラ)2336号）判時1674号78頁〔移送決定に対する抗告事件〕は，長野地裁飯田支部から大阪地裁への移送決定に関して，同条の「『その他の事情』には，当該事件がその処理に高度の専門的知識を有する裁判所が処理するのが適切な種

---

*15　前掲＊3・一問一答80頁以下。
*16　前掲＊4・基本法コンメンタール64頁。
*17　三宅省三＝塩崎勤＝小林秀之編『新民事訴訟法体系－理論と実務(1)』152頁〔山下孝之〕。
*18　牧野利秋＝飯村敏明編『新・裁判実務大系(4)知的財産関係訴訟法』23頁〔八木貴美子〕。

類の事件であり，移送先とされる裁判所がその種類の事件を処理する専門部を有していることも含まれるものと解する」，「けだし，その処理に高度の専門的知識を有する裁判所が処理するのが適切な種類の事件をその種類の事件を処理する専門部で処理することが，同条に具体的に挙げられた証拠調上の便宜と同様に，訴訟の著しい遅滞を避けるために必要な場合があるものと考えられるからである」との解釈を示している。

　上記解釈は平成15年改正以降も妥当し，意匠権等の侵害訴訟の他の地方裁判所から東京地裁又は大阪地裁への移送への民事訴訟法17条の適用に当たっては，当事者の地理的利益と専門部で審理することの利益とが比較考量される[19]。

(3) 裁判例における判断

　商標権侵害差止訴訟において，東京地裁から大阪地裁への民事訴訟法17条に基づく裁量移送が争われた裁判例（東京地決平17・1・31（平17(モ)858号）判時1898号73頁〔移送申立事件〕，民訴5条9号の不法行為に関する訴えとして東京地裁に管轄を認めた）では，先使用権や無効理由を立証するために，関西地区に居住する代表者及び証人の尋問，関西地区に所在する書証等の取り調べが必要との申立人（基本事件の被告）の主張に対して，裁判所は，書証の取り調べに困難があるとはいえないし，映像等の送受信による通話の方法による尋問その他（民訴204条・170条3項）を利用することも可能であって，訴訟に著しい遅滞が生ずる・当事者の衡平を害するとはいい難いとして移送申立てを却下している。

　設問とは逆に，商標権侵害差止等請求事件での東京地裁から他の地方裁判所への民事訴訟法17条による移送が問題となったものとしては，①抗告人（基本事件の被告）は名古屋本社のほかに東京支店等を有する資本金4億9800万円，従業員数約170名の株式会社であるから，東京地裁における訴訟遂行に支障があると到底認められない等として，名古屋地裁への移送却下決定が支持された裁判例（知財高決平19・4・11（平19(ラ)10001号）裁判所ホームページ〔移送申立却下決定に対する抗告事件〕），②基本事件の主たる争点は，商標権の存否等ではなく当事者間の合意に基づく商標使用権の有無及びその内容であり，一般的にその審

---

[19]　前掲[4]・基本法コンメンタール46頁参照。

266 第2章 特許権侵害訴訟提起の実務

理に知的財産権に関する専門的知見が必要不可欠であるとはいえず，当該事件においても専門的知見を必要とする特段の事情は認められないとして，千葉地裁への移送を認めた裁判例（東京地決平20・5・9（平20(モ)1076号）裁判所ホームページ〔移送申立事件〕，商標権の保有等を争わない旨の書面が提出されていた）があり，具体的な事案における移送を検討する上で参考となる。

■

第3章

特許権侵害訴訟における
攻撃防御方法

第1節　技術的範囲の属否，その他の請求原因事実に関する問題

21　技術的範囲論全般

田中　成志

特許発明の技術的範囲とは何か。技術的範囲と，出願の審査における発明の要旨の認定は，どのような関係にあるか。

キーワード　技術的範囲，発明の要旨の認定，公知技術の参酌，無効の抗弁，特許法104条の3，リパーゼ事件

I　特許発明の技術的範囲とは

(1)　特許制度と特許発明の技術的範囲

「特許制度は，発明を公開した者に対し，一定の期間その利用についての独占的な権利を付与することによって発明を奨励するとともに，第三者に対しても，この公開された発明を利用する機会を与え，もって産業の発達に寄与しようとするものである。」（最判平11・4・16（平10（受）153号）民集53巻4号627頁〔医薬品販売差止請求事件〕）。この新たな技術の公開の対価として認められる独占的な権利の範囲が，特許発明の技術的範囲である。

特許法70条1項は，「特許発明の技術的範囲は，願書に添付した特許請求の範囲の記載に基づいて定めなければならない。」と規定している。この特許請求の範囲の記載が，特許出願人が特許を受けようとする発明を特定するために必要と認める事項のすべてを記載したものであり（特36条5項），特許出願人が独占権を求める特許発明の技術的範囲の主張である。

(2)　特許権侵害訴訟における権利侵害の主張

特許権侵害訴訟において，原告は，被告製品が特許発明の技術的範囲に属す

ることを主張する。これは，実務的には，特許発明の技術内容を表す特許請求の範囲の記載を構成要件に分説して示し，被告製品（又は方法）の構成が特許発明の構成要件のすべてを満たすことを主張，立証して行われる[1]。

Ⅱ　技術的範囲を定めるに当たり，明細書の記載，公知技術や出願経過を参酌し，また均等論が適用されること[2]

(1)　「特許発明の技術的範囲」と特許請求の範囲の記載

「特許発明の技術的範囲」を「特許請求の範囲の記載に基づいて」定める（解釈する）に当たり，特許法70条2項が，「願書に添付した明細書の記載及び図面を考慮して，特許請求の範囲に記載された用語の意義を解釈するものとする。」と規定する。そして，特許法36条6項1号は，「特許を受けようとする発明が発明の詳細な説明に記載したもの」でなければならないと規定している。

(2)　明細書の記載を参照して解釈した裁判例

特許請求の範囲（実用新案登録請求の範囲）の記載の解釈に当たって，明細書の記載を参照して解釈した裁判例として，最判昭50・5・27判時781号69頁〔オール事件〕が挙げられる。

同判決は，「実用新案の技術的範囲は，登録請求の願書添付の明細書にある登録請求の範囲の記載に基づいて定められなければならないのであるが，右範囲の記載の意味内容をより具体的に正確に判断する資料として右明細書の他の部分にされている考案の構造及び作用効果を考慮することは，なんら差し支えないものといわなければならない」とし，実用新案登録請求の範囲中に，単に「空室」と記載されていても，この「空室」は，本件考案の実質からみれば，透孔を伴うものと解すべきであるとした原審判決（東京高判昭49・9・18特企71号52頁）を維持した。

この事案では，原審判決が認定したように，明細書（実公昭42-21153）におい

---

* 1　森義之「特許発明の技術的範囲の確定」牧野利秋＝飯村敏明編『新・裁判実務大系(4)知的財産関係訴訟法』（青林書院，平13）159頁，塩月秀平「技術的範囲(1)－基本原則」牧野利秋ほか編『知的財産訴訟実務大系Ⅰ』（青林書院，平26）283頁，高部眞規子『実務詳説　特許関係訴訟〔第3版〕』（きんざい，平28）165頁。
* 2　出願経過の参酌については，田中成志「包袋禁反言の原則」特許判例百選〔第3版〕174頁。

て，「水かき2の上部にある透孔10より水や砂を空室1内に容れることにより，使用者に適した重さとすることができ，又本考案の全部は合成樹脂から出来ているので，透明な樹脂を用いれば空室1内に容れる物に着色することにより美しい色とすることが出来る」ことが挙げられており，それを考慮して技術的範囲が認定された。しかし，明細書には，実用新案登録請求の範囲に記載されるオールの水かきと柄とが別々となった構成，及びこれを離せば全体を短くすることができるので持ち歩くのに極めて便利であることが記載されていた。判決は，分離可能なオールの内部に空室を設けたという実用新案登録請求の範囲に記載された構成を超えて，特に，特徴のある部分に限定して技術的範囲を認定したように思われる。

(3) 公知技術の参酌にかかわる判決例

　公知技術の参酌については，次の2件の旧法時代の最高裁判決を参照して議論がなされてきている。

　最判昭37・12・7民集16巻12号2321頁〔炭車トロ脱線防止装置事件〕は，「いかなる発明に対して特許権が与えられたかを勘案するに際しては，その当時の技術水準を考えざるを得ない」のであり，「本件特許は，原判決のいうように，その特殊な構造に対して与えられたものと解するよりほかはな」いとして，特許請求の範囲の文言を公知技術を含まないように限定的に解して被告製品は技術的範囲に属しないと判示した。

　最判昭39・8・4民集18巻7号1319頁〔液体燃料燃焼装置事件〕は，「実用新案の権利範囲を確定するにあたっては，『登録請求ノ範囲』の記載の文字のみに拘泥することなく，すべからく，考案の性質，目的または説明書および添付図面全般の記載をも勘案して，実質的に考案の要旨を認定すべきである。また，出願当時すでに公知，公用にかかる考案を含む実用新案について，その権利範囲を確定するにあたっては，右公知，公用の部分を除外して新規な考案の趣意を明らかにすべきである（昭和37年12月7日第二小法廷判決，民集16巻12号2321頁参照）。」「本件実用新案において，右燃料排出口(6)と案内皿(5)の存在は，燃料霧化にとつて欠くべからざる構造上の要件であって，本件考案の要旨の一部をなすものであり，その新規性は，前記公知の部分を除外して特殊の考案と目すべき廻転しない燃料排出口(6)および廻転しない案内皿(5)にあるものと認めるのが

相当である。」として，登録請求の範囲に記載されていない要件を付加して，公知技術を含まないように実用新案の技術的範囲を解釈した。

前掲最判昭和50年オール事件は，最判昭和39年の趣旨に沿った判示をしており，これらの最高裁判決は，特許発明の技術的範囲は，特許請求の範囲の記載を文言どおり解釈すると公知技術を含むこととなる特許発明について，公知技術に及ばないように狭く解釈する流れとなっていた[3]。

知財高判平18・9・28（（平18（ネ）10007号）裁判所ホームページ）は，特許権侵害訴訟において，特許法70条1項及び同条2項の規定を挙げて，「元来，特許発明の技術的範囲は，同条1項に従い，願書に添付した特許請求の範囲の記載に基づいて定められなければならないが，その記載の意味内容をより具体的に正確に判断する資料として明細書の記載及び図面にされている発明の構成及び作用効果を考慮することは，なんら差し支えないものと解されていたのであり（最高裁昭和50年5月27日第三小法廷判決・判時781号69頁参照），平成6年法律第116号により追加された特許法70条2項は，その当然のことを明確にしたものと解すべきである。」「特許発明の技術的範囲の解釈に当たり，特許請求の範囲の用語，文章を理解し，正しく技術的意義を把握するためには，明細書の発明の詳細な説明の記載等を検討せざるを得ないものである。」と述べた上で，

「特許権侵害訴訟において，相手方物件が当該特許発明の技術的範囲に属するか否かを考察するに当たって，当該特許発明が有効なものとして成立している以上，その特許請求の範囲の記載は，発明の詳細な説明の記載との関係で特許法36条のいわゆるサポート要件あるいは実施可能要件を満たしているものとされているのであるから，発明の詳細な説明の記載等を考慮して，特許請求の範囲の解釈をせざるを得ないものである。」

「そうすると，当該特許発明の特許請求の範囲の文言が一義的に明確なものであるか否かにかかわらず，願書に添付した明細書の発明の詳細な説明の記載及び図面を考慮して，特許請求の範囲に記載された用語の意義を解釈すべきも

---

*3　牧野利秋「特許発明の技術的範囲確定の問題点」斉藤博＝牧野利秋編『裁判実務大系(27)知的財産関係訴訟法』（青林書院，平9）439頁及び440頁，本間崇編『座談会　特許クレーム解釈の論点をめぐって』（発明協会，平15）40頁〔牧野利秋発言〕）。なお，塩月・前掲＊1・296頁の注8は，『『空室1』の技術的意義を，明細書及び図面に照らして適切に解釈した原審判決を支持したものと評価すべきである」とコメントされている。

のと解するのが相当である。」と判示している。

(4) 均等論の適用による技術的範囲

最判平10・2・24（平6（オ）1083号）民集52巻1号113頁〔ボールスプライン事件〕により，そしてこの判決を参照する最判平29・3・24（平28（受）1242号）裁判所ホームページ〔マキサカルシトール事件〕は，特許法1条に規定されるような特許法の目的及び衡平の理念に照らすと，「特許請求の範囲に記載された構成中に対象製品等と異なる部分が存する場合であっても，所定の要件を満たすときには，対象製品等は，特許請求の範囲に記載された構成と均等なものとして，特許発明の技術的範囲に属するというべきである。」と判示し，技術的範囲を定めるに当たり均等論の適用を認めている。

Ⅲ 特許出願の審査における発明の要旨の認定と技術的範囲を定める方法との関係

(1) 特許出願に係る発明の要旨の認定の方法

出願された発明に対して特許を付与するかの審査及び無効審判の審理における発明の要旨の認定に当たっては，特許出願に係る発明の要旨の認定は特許請求の範囲の記載に基づいてなされるべきであるとされている。

最判平3・3・8民集45巻3号123頁〔リパーゼ事件〕は，「特許法29条1項及び2項所定の特許要件，すなわち，特許出願に係る発明の新規性及び進歩性について審理するに当たっては，この発明を同条1項各号所定の発明と対比する前提として，特許出願に係る発明の要旨が認定されなければならないところ，この要旨認定は，特段の事情のない限り，願書に添付した明細書の特許請求の範囲の記載に基づいてされるべきである。特許請求の範囲の記載の技術的意義が一義的に明確に理解することができないとか，あるいは，一見してその記載が誤記であることが明細書の発明の詳細な説明の記載に照らして明らかであるなどの特段の事情がある場合に限って，明細書の発明の詳細な説明の記載を参酌することが許されるにすぎない。」と判示した。

特許出願人が独占権を求める権利の範囲は，特許出願人が特許を受けようとする発明を特定するために必要と認める事項のすべてを記載した（特36条5項）

特許請求の範囲の記載に基づいて，特許出願人に独占権を与えてよいかが審査される。

(2) 特許出願の審査における発明の要旨の認定と技術的範囲を定める方法における特許請求の範囲の解釈手法の相違

前掲最判平3・3・8〔リパーゼ事件〕は，その判旨自体に「特許法29条1項及び2項所定の特許要件，すなわち，特許出願に係る発明の新規性及び進歩性について審理するに当たっては」と明示しているとおり，出願過程における発明の要旨の認定の方法を判示したものである。審査過程においては，出願人が，特許請求の範囲の記載において表示した特許付与を求める意思（特36条5項）を審査する側が勝手に左右することが許されず，また公知の発明と同一の発明あるいは公知の発明から容易に想到できる発明等の，本来特許されるべきでない発明が特許されることを防止するためである。

これに対し，技術的範囲の確定は，特許権侵害訴訟という特許権者が独占権を有する保護される範囲が決定される場においては，上述のように，特許請求の範囲の記載により認められる構成を限定して解釈したり，特許発明のもつ実質的価値を評価し，特許請求の範囲に記載のない構成を付加して，公知技術及び公知技術の応用にすぎない行為態様に特許権の効力を及ぼさないように解釈されてきた。

このように，両者はそれが取り扱われる場面を異にするのであるから，特許請求の範囲の解釈手法も自ずから異なるものになることは当然であるといわれる*4。

しかし，特許出願の審査における発明の要旨の認定と技術的範囲を定める方法との関係は，特許法104条の3の立法により，特許権侵害訴訟において，技術的範囲を定めるとともに，「当該特許が特許無効審判により……無効にされるべきものと認められる」かの審理がなされることになり，さらに複雑な考量を必要とするものとなっている。

---

*4　牧野・前掲*3・441頁。

Ⅳ 特許法104条の3の立法と公知技術の抗弁（キルビー事件最判及び 特許法104条の3の立法後の解釈の手法）

(1) キルビー事件最判及び特許法104条の3の立法と技術的範囲を定める方法

最判平12・4・11（平10(オ)364号）民集54巻4号1368頁〔キルビー事件〕及び特許法104条の3の立法がなされ，無効の抗弁が認められることとなった。

前掲最判昭和37年の特許請求の範囲の文言を公知技術を含まないように限定的に解する手法は，キルビー事件最判及び特許法104条の3の立法後も通用するといわれる。

しかし，最判昭和39年の別の構成要件を付加して技術的範囲を解釈するような公知技術の抗弁は，もはや認めるべきではないこととなるとの意見が多く出されている。

設樂隆一「特許発明の技術的範囲」*5は，「公知技術除外説は，公知技術そのものを特許発明に含まないように，特許請求の範囲の文言の解釈の範囲を超え，実施例などから，新たに特許発明の構成要件を追加した上で，被告の製品が特許発明の技術的範囲に含まれないことを認定するものであり，このような解釈を認めた裁判例（最判昭和39年8月4日民集18巻7号1319頁等）も過去にあるものの，これらは特許無効の抗弁が認められていなかったころにおいて，妥当な結論を導くために緊急避難的になされた判断であり，特許無効の抗弁が認められている現在においては，このようなクレームは，進歩性がなく無効であるとして，特許権の行使を認めなければよいのであるから，特許法70条1項及び2項の規定からみても，現段階における技術的範囲の認定においては採用すべきではない考え方であろう。」といわれる。

塩月秀平「技術的範囲(2)－従前の解釈論の位置づけ」は，公知技術除外論であるかのような最判昭和39年の説示は，判例理論としての適用の前提を喪失した，そして「事案によって公知技術を考慮に入れ，一義的に明確でない特許

＊5 設樂隆一「特許発明の技術的範囲」牧野利秋編『実務解説 特許・意匠・商標』（青林書院，平24）301頁。

請求の範囲に記載の構成要件の幅を柔軟に解することで対処する範囲で，すなわち，公知技術参酌説によって柔軟に特許請求の範囲の解釈がされていくにとどまるのであろう。」*6といわれ，髙部眞規子『実務詳説　特許関係訴訟〔第3版〕』は，「今後，出願当時の技術水準を参酌して出願時のクレームの意義を明らかにすることはともかく，特許発明の技術的範囲の解釈のレベルで，公知部分を除外してクレームを限定解釈する必要は，前掲最三小判平成12・4・11〔富士通半導体・キルビー特許事件〕以前と比べ，乏しくなっているといわざるを得ない。」*7といわれる。

　たしかに，特許法70条2項は，「明細書の記載及び図面を考慮して，特許請求の範囲に記載された用語の意義を解釈する」と規定しているのであり，特許請求の範囲の記載そのものの意義を解釈すると規定しているのではない。

　また，「特許請求の範囲が構成要件A＋B＋Cから成る場合に，AがA1及びA2の上位概念であって，A2＋B＋Cという構成が公知であった場合に，上記公知技術を除外してその技術的範囲をA1＋B＋Cと解釈し，対象製品がA1＋B＋Cであれば侵害であるのに対し，A2＋B＋Cであれば非侵害であるという結論」は，特許権者が，特許請求の範囲をA1＋B＋Cと減縮する旨の訂正をすることが，訂正要件を満たし，これにより当該無効理由が解消すると認められ，さらに，対象製品が訂正後の特許発明の技術的範囲に属するのであれば，得られるであろう*8。

(2)　特許請求の範囲の語の限定か，又は別の構成要件の付加か

　しかし，特許請求の範囲の語を限定して解釈するのか，又は別の構成要件を付加するのかは，実際の事案において必ずしも明確に区別できない場合も多いであろう。

　前掲オール事件最判の評価として，最判昭和39年の別の構成要件を付加して解釈する手法をとると理解するのか，又は最判昭和37年の特許請求の範囲の文言を公知技術を含まないように限定的に解する手法をとると理解するのか

＊6　塩月秀平「技術的範囲(2)－従前の解釈論の位置づけ」牧野利秋ほか編『知的財産訴訟実務大系Ⅰ』（青林書院，平26）302頁。
＊7　髙部・前掲＊1・168頁ないし170頁。
＊8　髙部・前掲＊1・169頁及び170頁。

も意見が異なり*9，また最判昭和37年の手法としても，「遊動孔」の特殊な構造は特許請求の範囲の記載には示されておらず，これも限定解釈なのか別の構成要件の付加なのかは明らかではないように思われる。

　最判リパーゼ事件の特許請求の範囲の記載は「リパーゼ」であり，発明の詳細な説明の記載では「Raリパーゼ」であった。これは侵害訴訟において，最判昭和37年の手法をとれば，発明の詳細な説明の記載に基づいて，特許請求の範囲の「リパーゼ」の語の解釈として「Raリパーゼ」に限定して解釈することができると思われる。これに対して，塩月秀平「技術的範囲(1)－基本原則」は，これを否定し，サポート要件などの違反として特許法104条の3の適用により特許権侵害を否定すべきであるといわれる*10。

(3) 技術的範囲の主張と，無効の抗弁にかかわる主張との関係

特許発明の構成要件が　　A，　B　　及び　C　　であるとし，
被告製品の構成が，　　　A，　B'　　及び　C　　であり，
公知技術の構成が，　　　A，　B'　　及び　C'　であるものとする。

　発明と公知技術の構成は，BとB'（相違点1）及びCとC'（相違点2）で相違しており，特許法104条の3の無効の抗弁を主張するためには，両者が容易に想到できることを主張，立証しなければならない。

　特許権者は，被告製品の構成が発明の技術的範囲に属すると主張しているのに対して，侵害を主張される者は，侵害論においては，B'≠Bを主張し，無効論においては，特許出願時において，先行技術を組み合わせ，また周知技術を適用することにより，C'からCが，B'からBがそれぞれ容易に想到されることを主張，立証しなければならない。B'がBの要件を満たすかを争っている被告にとって，B'からBが容易に想到されることの主張，立証をすることに困難がある場合がありうる。

　裁判例の中にも，原告の発明の技術的範囲にかかわる主張を前提として，発明にかかわる特許が無効とされるかを検討したものがある。東京地判平29・1・26（平27（ワ）29159号）裁判所ホームページ〔オキサリプラチン溶液組成物ならびにその製造方法及び使用事件〕は，「原告は，本件発明等における『緩衝剤』の意

---

*9　これらの考え方について，前掲＊3を参照。
*10　塩月・前掲＊1・293頁。

義につき，外部から添加したシュウ酸のみならず，オキサリプラチン水溶液において分解して生じるシュウ酸も含まれると主張する。この主張を採用することができなければ，その余の構成要件充足性を検討するまでもなく，被告製品は本件発明等の技術的範囲に属しないことになる。他方，原告の上記主張を前提とした場合に本件特許に無効理由があり，かつ，訂正によって無効理由が解消されないとすれば，原告の請求は棄却されるべきものとなる。」と判示して無効論を先に検討し，特許を無効として原告の請求を棄却した。

(4) 無効の抗弁を主張することができないケース

　高部・前掲＊1『実務詳説　特許関係訴訟〔第3版〕』は，特許法167条の既判力が働いていた場合のような，無効審判が請求できない状態になっているようなケースにおいて，無効審判により無効にされるべきときに認められる特許法104条の3の抗弁を主張することができるかの問題を議論され，仮に，この場合に同抗弁を主張することができないとしても，権利濫用の抗弁を主張することが可能であろうといわれる[11]。

　最判平29・2・28（（平27(受)1876号）裁判所ホームページ）は，無効審判の請求ができない事案において，権利濫用の抗弁を認めたものである。この判決は，上告人が，被上告人に対し，各登録商標につき有する各商標権に基づき，上記各登録商標に類似する商標の使用の差止め等を求めたのに対し，被上告人は，上記各登録商標は商標法4条1項10号に定める商標登録を受けることができない商標に該当し，被上告人に対する上記各商標権の行使は許されないなどと主張して争った事案（反訴事件）において，次のように判示した。

　「商標法4条1項10号該当を理由とする商標登録の無効審判が請求されないまま商標権の設定登録の日から5年を経過した後においては，当該商標登録が

＊11　高部・前掲＊1・208頁は，「特許法104条の3が公平の理念を掲げたキルビー特許事件最高裁判決の法理を明文化したものであり，立法技術上の理由から『特許無効審判により』という文言が入ったことにも照らすと，無効審判請求ができることは無効の抗弁を主張するための必須の要件とはいえないと解される。このことは，前記ア（注：無効審判請求人の制限（特許法123条2項））の場合について特許法104条の3第3項が新設されたことからも，明らかであろう。」といわれる。また，小池豊「特許法104条の3の抗弁」大渕哲也ほか編『専門訴訟講座⑥特許訴訟【上巻】』（民事法研究会，平24）695頁も，商標権侵害事件において，本文後掲最判と類似した，商標法4条1項11号の無効理由の主張に対して，除斥期間経過の主張がなされた例を挙げて論じておられる。

不正競争の目的で受けたものである場合を除き，商標権侵害訴訟の相手方は，その登録商標が同号に該当することによる商標登録の無効理由の存在をもって，本件規定に係る抗弁を主張することが許されないと解するのが相当である。」

しかし，「商標法4条1項10号該当を理由とする商標登録の無効審判が請求されないまま商標権の設定登録の日から5年を経過した後であっても，当該商標登録が不正競争の目的で受けたものであるか否かにかかわらず，商標権侵害訴訟の相手方は，その登録商標が自己の業務に係る商品等を表示するものとして当該商標登録の出願時において需要者の間に広く認識されている商標又はこれに類似する商標であるために同号に該当することを理由として，自己に対する商標権の行使が権利の濫用に当たることを抗弁として主張することが許されると解するのが相当である。」と権利の濫用の抗弁が認められうることを判示した。

この最判は，商標法39条により準用される特許法104条の3第1項の抗弁によることなく，権利の濫用の抗弁が認められる必要性があり，また権利の濫用の抗弁が認められうることを判示している*12。

(5) 今後の検討課題

発明の要旨の認定に当たっては特許請求の範囲の記載に基づいてなされ，技術的範囲については明細書や審査経過における主張を参酌するのであれば，発明の構成要件についての被告製品の構成の構成要件充足性の判断と，先行技術における当該構成要件の該当性の認定とが必ずしも同じではないことがありうる。

これに対して，飯村敏明「特許出願に係る発明の要旨認定とクレーム解釈について」*13は，「特許請求の範囲」の意義，機能等に照らすならば，「クレーム解釈」と「発明の要旨認定」との「特許請求の範囲」の記載に関する解釈は統一的に解釈されることが望ましいといわれ，設樂隆一「特許発明の技術的範

---

*12 外国特許権の侵害訴訟が日本において審理されるときに，無効の抗弁を主張することができるかについて議論がある。外国特許について，同国に専属するので当該当国に無効の抗弁を認める規定がなければできないとする考え方をとり，当該国において無効の抗弁を認める法律の規定がない場合であっても，日本における判断としては，公序則（法の適用に関する通則法22条1項）に従い権利の濫用の抗弁を認めることが可能であろう。

囲」は,「特許権侵害訴訟において,同一の事件において,技術的範囲の認定と無効の抗弁の判断がなされるようになると,同一の特許発明について,技術的範囲の認定と無効の抗弁における特許発明の要旨認定とは,できる限り同一にすべきであるとの考え方が多数になってきているようであ」り,実際上も,いずれも「明細書の記載を考慮してなされることになり,同じものになることは多いと思われる」といわれる[14]。

　従来から,技術的範囲の確定をめぐる問題は,発明の構成要件,被告製品の構成及び先行技術における構成の三者の関係を検討して,先行技術を念頭に置いて技術的範囲を確定してきた。無効の抗弁は,特許を第三者効をもって無効とする手続ではなく,技術的範囲の確定と無効の抗弁との関係は,侵害訴訟における技術的範囲の確定と,無効審判における発明の要旨の認定という別々の手続が併合されているものではない。そこで,特許権侵害訴訟において無効の抗弁が出されているときは,特許権侵害訴訟の目的に照らして,特許権者の技術的範囲の主張によっては特許が無効とされるという判断をするなど,発明の構成要件,被告製品の構成及び先行技術における構成の三者の関係を検討して,先行技術との関係での審査経過及び禁反言を含めて,先行技術を念頭に置いて技術的範囲を確定する作業ができればよいように思われるが,特許法104条の3が「当該特許が特許無効審判により……無効にされるべきものと認められるとき」と規定しているので,無効審判における手法において発明の要旨の認定をすることが必要となっている。

　設樂隆一「特許発明の技術的範囲」は,特許発明の技術的範囲の認定においては,出願の経過を参酌し,公知技術も参酌するが,特許発明の要旨認定においては,これらを参酌しないのがこれまでの実務であるから,この点は,今後の検討課題となろうといわれる[15]。

　特許権侵害訴訟において,技術的範囲論と無効論とで判断の対象範囲を同じ

---

[13]　飯村敏明「特許出願に係る発明の要旨認定とクレーム解釈について」片山英二先生還暦記念論文集『知的財産法の新しい流れ』(青林書院,平22) 49頁及び50頁。また,青柳昤子「クレーム解釈(機能的クレーム)」大渕哲也ほか編『専門訴訟講座⑥特許訴訟【上巻】』(民事法研究会,平24) 622頁以下。
[14]　設樂・前掲[5]・303頁。小池・前掲[11]・707頁も同旨。
[15]　設樂・前掲[5]・304頁。

くし，特許法104条の3の判断においても明細書の記載を参酌するのであれば，特許請求の範囲の記載の解釈の法的安定性を害することはないか，サポート要件について当事者の主張を待たずに審理することができるのか，また，発明の要旨の認定について何らかの判断がなされた場合に，その判決の発明の要旨の認定にかかわる判決の効力がどこまで及ぶかも将来の検討事項となる。

22 技術的範囲の解釈

速見　禎祥

> クレーム文言の解釈に当たって，明細書の記載や出願経過等はどのように参酌されるか。

キーワード　技術的範囲，クレーム解釈，明細書の参酌，限定解釈，出願経過の参酌

I　はじめに

(1)　発明の技術的範囲とクレーム

特許法は，特許発明の技術的範囲は，特許請求の範囲（クレーム）の記載に基づいて定めなければならないとする（特70条1項）。

特許発明の技術的範囲とは，特許権の効力の及ぶ客観的範囲であり，特許法70条1項は，クレームが特許発明の技術的範囲の外延[1]を画することを定める。クレームには，特許権者が得る独占権の範囲を公示する機能（公示機能）があることから，第三者に対して発明の技術的範囲を明確にする趣旨である。

したがって，発明の詳細な説明には記載されているが，クレームには記載されていないような技術内容は，発明の技術的範囲に含まれない[2][3]。

(2)　クレーム文言の解釈

上記のとおり発明の技術的範囲の外延はクレームの記載によって画される。

＊1　なお，均等侵害の概念により技術的範囲の拡張がなされると考えるのであれば「『文言侵害を前提とした』特許発明の技術的範囲の外延を画する」との表現となる。

＊2　逐条解説〔第20版〕265頁。

＊3　例えば，東京地判平23・9・20（平22（ワ）38409）裁判所ホームページ〔渡り通路の目地装置事件〕においては，目地プレートの「他端部が前記渡り通路用開口部の床面に……取付けられた」という構成がクレームに記載されていた一方，目地プレートの他端部が床面に支持されているわけではない構成が図面に記載されていたことから，特許権者は目地プレートの他端部が床面ではなく建物の外壁に取り付けられた被告製品も技術的範囲に属すると主張した。しかし，裁判所は特許法70条1項を挙げて特許権者の主張を排斥している。

しかし，クレームは技術的な構成を文章によって表現したものであり，クレームの記載だけで発明の技術的範囲を明確に理解することができる場合は少なく，発明の技術的範囲を画するためには，多かれ少なかれ，クレームの文言を解釈する必要がある。

　以下では，クレーム解釈に当たって実務上考慮される諸点，すなわち①クレーム文言そのものの解釈，②明細書の参酌，③出願経過の参酌について述べる。

II　クレーム文言そのものの解釈

(1)　学術用語としての普通の意味

　クレーム文言は，第一に，その用語の普通の意味によって解釈される。クレームが発明の技術的範囲の外延を画する公示機能を有することから，まず，クレーム文言は当業者が理解する通常の意味で解釈されるべきであるからである。なお，特許法施行規則では，用語を定義した上で特定の意味で使用する場合以外は，明細書及び特許請求の範囲で使用される用語は学術用語としての普通の意味で用いることとされており（特施規24条・様式第29備考7・8），これを1つの根拠とすることもできる。

　「用語の普通の意味」とは何をもって決めるかといえば，実務上は，広辞苑等の国語辞典や科学事典が参照されることが多い。例えば，東京地判平21・11・11（平20(ワ)7635号）裁判所ホームページ〔メッキ処理装置事件〕では，搬送間隔調整装置が「ハンガーレールに沿って併設」という構成を備える点について，クレームの文言解釈が争点となった。裁判所は，広辞苑（併設の意味は「いっしょに設置すること。あわせて設備すること」）を参照し，明細書の記載及び図面との整合性も確認した上で，「併設」とは「2つ以上のものを一緒に設置すること，又は，併せて設備すること」と解釈し，ハンガーレールと搬送間隔調整装置を物理的に別物とする必要はなく，物理的に1つのものを2面的に機能させても「併設」になるとした特許権者の主張を排斥した。

　なお，上記のとおり，クレーム文言の解釈は辞典や事典に記載されている意味だけから結論を導くことは少なく，後述する明細書の参酌と合わせて行われ

ることが一般的である*4, *5。

(2) 特定の意味として定義した場合

発明の技術内容を文章で表現するに当たっては，ある用語を，学術用語としての普通の意味ではなく，特定の意味として使用する必要がある場合がある。この場合は，明細書中でクレームの用語の意味を定義することにより，当該意味で解釈される（特施規24条・様式第29備考8参照）。

例えば，東京地判平24・11・2（平22(ワ)24479号）判時2185号115頁〔生海苔異物分離除去装置事件〕において「生海苔の共回り」という用語の解釈が争点となったが，明細書に「生海苔及び異物が，回転板とともに回り（回転し），クリアランスに吸い込まれない現象，又は生海苔等が，クリアランスに喰込んだ状態で回転板とともに回転し，クリアランスに吸い込まれない現象であり，究極的には，クリアランスの目詰まり（クリアランスの閉塞）が発生する状況等である。この状況を共回りとする。」との定義記載があったことから，このとおりの意味として認定した。

なお，明細書においてクレームの用語を特定の意味として定義した場合は，後に特許権者がそれと異なる解釈を主張することが難しくなることから，実務上，クレームの用語の定義を行う場合は技術的範囲を過度に限定しないか慎重な検討が必要である*6。

(3) クレームの構文構造

---

*4 クレーム文言そのものの解釈と明細書の参酌のどちらを重視するかは難しい問題である。例えば，クレーム文言そのものの解釈によれば広い解釈が可能で，明細書には狭い意義しか記載がない場合に，クレーム文言そのものの解釈を重視すれば明細書の開示は一部の下位概念の例示と把握することとなるし，明細書の記載を重視すれば明細書の記載に従ってクレームを解釈することとなる。どちらの解釈を採用するかは，後述する明細書の参酌における課題解決原理ないし作用効果の参酌や，実施例や具体的な実施態様の記載の程度によって結論づけられることとなる。

*5 前掲*4の点で第一審と控訴審でクレーム解釈の結論が変わったものとして「電話番号情報の自動作成装置事件」（第一審：東京地判平20・7・24（平19(ワ)32525号），控訴審：知財高判平21・2・28（平20(ネ)10065号）いずれも判時2063号108頁）がある。同事件においては，「接続信号中の応答メッセージ」という構成について，第一審は主に明細書の開示内容に基づき「音声（可聴音）として一定の意味内容を認識できる伝言情報」と解釈したのに対し，控訴審は「信号」という用語の普通の意味を重視し，「『接続信号』は可聴信号に限られず，電話を発信したときに発信側に返戻される情報を指すもの」と広く解釈した。なお，小松陽一郎「技術的範囲の属否について，東京地裁と知財高裁の判断が異なった事例」知財ぷりずむ7巻79号62頁参照。

クレームの各構成は状態や形状を表現するひと続きの文章となっていることが一般的である。そのため，クレーム解釈に当たっては，状態や形状に関する表現がクレーム中のどの用語に係り受けしているかというクレームの構文構造の理解次第で技術的範囲が変化する可能性がある。

切餅事件（第一審：東京地判平22・11・30（平21（ワ）7718号）裁判所ホームページ，控訴審中間判決：知財高判平23・9・7（平23（ネ）10002号）判時2144号121頁）は，技術的範囲の属否の判断が第一審と控訴審で異なった事例であるが，クレームの構文構造の理解がクレーム解釈に影響した。「載置底面又は平坦上面ではなくこの小片餅体の上側表面部の立直側面である側周表面に，……一若しくは複数の切り込み部又は溝部を設け，」というクレームの構成について，第一審は「載置底面又は平坦正面ではなく」との記載は「側周表面」に係るものとはせず，「載置底面又は平坦正面」には切り込み部や溝部を設けないことを意味すると解釈したのに対し，控訴審は「載置底面又は平坦正面ではなく」との記載は「側周表面」を形容するだけのものであって，それを超えて「載置底面又は平坦正面」には切り込み部や溝部を設けないとの意味まではないと解釈した。この解釈の違いは主として後述の明細書の参酌の違いによってもたらされたものであるが，クレームの解釈に当たって，クレームの構文構造は無視できない。

Ⅲ　明細書の参酌

(1)　特許法70条2項とリパーゼ判決

特許法では，願書に添付した明細書の記載及び図面を考慮して，特許請求の範囲に記載された用語の意義を解釈すると定められており（特70条2項），クレーム解釈に当たって発明の詳細な説明及び図面を参酌することを求める。

特許法は，特許出願人に発明を公開させる代償として，一定期間その発明の

＊6　例えば，東京高判平6・12・20（平5（ネ）5431号）判時1529号134頁〔電子翻訳機事件〕は，「本明細書において，翻訳とは，ある国の言語を他国の言語に直すことだけでなく，同一国の言語において文字，記号を音声に，または音声を文字，記号に直すこともいう。よって，同一国の言語であっても方言を標準語に直すことも，又逆も翻訳といい，演算も含む。」との記載から翻訳とは「自然言語を別の自然言語に翻訳すること」と解釈され，特許権者が主張していた人工言語間の変換や自然言語と人工言語間の変換は含まれないとされた。

独占的実施権を付与することを大原則とする。発明の技術的範囲（特許権の効力（独占的実施権）の及ぶ客観的範囲）は，公開された発明の内容に見合うものでなければならず*7，クレーム解釈に当たって明細書の参酌を必要とすることは，特許法の大原則の趣旨に適う。また，クレームの記載は技術的構成を文章で表現するために抽象的にならざるを得ず，その技術内容を理解し，技術的範囲を把握するためには発明の詳細な説明や図面を参酌することは必要というのが現実でもある。

ところで，リパーゼ事件最判（最判平3・3・8民集45巻3号123頁）は，発明の要旨認定は特段の事情のない限り，願書に添付した明細書の特許請求の範囲の記載に基づいてなされるべきものとし，明細書の発明の詳細な説明の記載を参酌することが許されるのは，特許請求の範囲の記載の技術的意義が一義的に明確に理解することができないような例外的な場合に限られるとするが，これはあくまでも発明の新規性及び進歩性についての審理の前提としての発明の要旨認定に関する場面におけるものである*8。上記特許法70条2項は，発明の技術的範囲を画定する場面においては特許法70条2項が適用され，明細書が参酌される*9。

(2) 明細書参酌の手法

明細書の発明の詳細な説明の記載や図面を参酌してクレーム解釈を行う場合に注目されるのは，第1に課題解決原理ないし作用効果であり，第2に実施例や具体的な実施態様の記載である。

---

*7　特許権の効力の及ぶ範囲と開示範囲の一致を担保するものとしては，各種の記載要件（実施可能要件（特36条4項1号）やサポート要件（特36条6項1号））も存在する。

*8　発明の技術的範囲と発明の要旨認定におけるクレーム解釈やリパーゼ事件最判の理解については，飯村敏明「特許出願に係る発明の要旨認定とクレーム解釈について」片山英二先生還暦記念論文集『知的財産法の新しい流れ』35頁，高部眞規子「クレーム解釈の将来」同前355頁，愛知靖之「発明の要旨認定と技術的範囲確定におけるクレーム解釈の手法」中山信弘先生古稀記念論文集『はばたき－21世紀の知的財産法』272頁，塩月秀平「発明の要旨認定と技術的範囲確定－リパーゼ判決を振り返る－」パテ66巻10号99頁等参照。

*9　発明の技術的範囲画定の場面におけるクレーム解釈時の明細書の参酌については，知財高判平18・9・28（平18(ネ)10007号）裁判所ホームページ〔ゲームボーイアドバンス事件控訴審〕も「当該特許発明の特許請求の範囲の文言が一義的に明確なものであるか否かにかかわらず，願書に添付した明細書の発明の詳細な説明の記載及び図面を考慮して，特許請求の範囲に記載された用語の意義を解釈すべきものと解するのが相当である。」と述べ，リパーゼ事件最判の枠組みがあてはまらないことを明確に述べている。

発明の実質的価値は，従来技術では達成し得なかった技術的課題の解決を実現するための，従来技術にはみられない特有の技術的思想に基づく解決手段を，具体的構成をもって公開した点にあることに鑑みれば[10]，明細書を参酌して把握できる課題解決原理ないし作用効果を有さない構成にまで特許権者に独占的実施権を与えることは適当ではない。したがって，明細書を参酌して把握できる課題解決原理ないし作用を含まない部分が生じるようなクレーム解釈は採用し難いといえる。

一方，クレームの文言は，少なくとも当該クレームが対象とする実施例・実施態様を包含するように解釈されることから，実施例の記載はクレームの文言解釈の最小範囲[11]を把握するのに役立つ。したがって，実施例のバリエーションが豊富であれば，帰納的にこれらすべてを含むようなより抽象的なクレーム解釈が採用されやすくなり，技術的範囲を広くすることに役立つ。

(a) 課題解決原理ないし作用効果の参酌

明細書の参酌の中でも課題解決原理ないし作用効果を参酌するに当たっては，発明の課題をどのように把握するかが重要となる。一般に，発明の課題が抽象的で単純であるほど，それを解決する構成の範囲が広がり，クレームは広く解釈される。一方で，発明の課題が具体的で複雑であるほど（例えば，複数の課題がある等），それを解決する構成は限定的となり，クレームは狭く解釈される関係となる。

例えば前述の切餅事件では，第一審は，明細書に記載されている①加熱時の突発的な膨化による吹き出しの抑制，②切り込み部位の忌避すべき焼き上がり防止（美感の維持），③均一な焼き上がり，④食べ易く，美味しい焼き上がりという課題のうち，②も解決すべき重要な課題であるとし，②の作用効果を奏するためには「載置底面又は平坦正面ではなくこの小片餅体の上側表面部の立直

---

*10　伊原友己「特許権侵害訴訟における作用効果の位置づけについて」飯村敏明先生退官記念論文集『現代知的財産法実務と課題』457頁。同論文は知財高判（大合議）平18・1・31（平17（ネ）10021号）裁判所ホームページ〔インクカートリッジ大合議事件〕を引用している。

*11　クレーム解釈は実施例の範囲に限定されるわけではなく，あくまでも「最小範囲」を把握するのに役立つという点に留意が必要である（実施例不拘束の原則，東京地判昭41・11・15無体集1巻121頁〔ボールペン事件〕）。クレーム解釈とは，言い換えると，クレームの文言そのものから最も広く解釈される範囲（最大範囲）と実施例の範囲（最小範囲）の間のどの点で解釈すべきかの問題ともいえる。

側面である側周表面に，……切り込み部及び溝部を設け」との文言は，切り込み部等を設ける切餅の部位が「上側表面部の立直側面である側周表面」であり，かつ，「載置底面又は平坦正面ではない」ことを意味すると解釈した。これに対し控訴審は，②の効果を重視せず，上記文言は，切り込み部等が「載置底面又は平坦正面ではない」ことまで意味しないと解釈した*12。

また，流し台のシンク事件（第一審：東京地判平22・2・24（平21(ワ)5610号）裁判所ホームページ，控訴審：知財高判平23・1・31（平22(ネ)10031号）判時2164号122頁）でも，課題解決原理や作用効果の把握の違いによりクレーム解釈が異なった。すなわち，「後方側の壁面は，前記上側段部と前記中側段部との間が，下方に向かうにつれて，奥方に向かって延びる傾斜面となっている」との構成について，第一審は開口部を広げることなく，内部空間を広くすることができるという作用効果に関連する明細書の記載を重視して「『前記後方の壁面である後方側の壁面は，前記上側段部と前記中段部との間が，下方に向かうにつれて，奥方向に向かって延びる傾斜面になっている』という構成は，後方側の壁面の傾斜面が，中側段部によりその上部と下部とが分断されるように後方側の壁面の前面にわたるような，本件明細書に記載された実施態様のような形状に限られないと解されるものの，その傾斜面は，少なくとも，下方に向かうにつれて奥側に向かって延びることにより，シンク内の奥方に向けて一定の広がりを有する『内部空間』を形成するような，ある程度の面積と垂直方向に対する傾斜角度を有するものでなければならない」と判断した。これに対し，控訴審は「従来技術においては，前後の壁面の上部に上段段部が，深さ方向の中程に中断段部が形成されている流し台のシンクでは，上段段部と中断段部のそれぞれに，上側あるいは中側専用の調理プレートを各別に用意しなければならないという課題があったのに対して，同課題を解決するため，後方側の壁面について，上側段部の前後の間隔と中側段部の前後の間隔とをほぼ同一の長さに形成して，それら上側段部と中側段部とに，選択的に同一のプレートを掛け渡すことができることを図ったものである。……後方側の壁面の形状は，上側段部と中側段部との間において，下方に向かうにつれて奥方に向かって延びる傾斜面を用い

---

*12　②の効果は①の効果に伴う当然の結果であるという表現をしているが，②の課題を重視しない理由付けはやや弱い。

22 技術的範囲の解釈 *289*

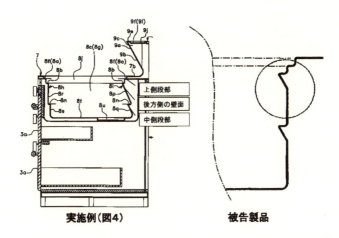

実施例（図4） 被告製品

ることによって，上側段部の前後の間隔と中側段部の前後の間隔とを容易に同一にすることができるものであれば足りるというべきである」と判断し，解決すべき課題を単純化し，クレームを広く解釈した。

現実には，明細書の課題解決原理ないし作用効果を参酌した結果，クレームの文言が限定的に解釈される場合は多いとされるが[*13]，上記のように，いくつかの裁判例では，発明の課題を抽象的に把握することでより広いクレーム解釈を採用している。

(b) 作用効果を参酌した「限定解釈」

上記(a)の明細書の参酌は，あくまでも，クレームの文言そのものから解釈可能な範囲の中で，課題解決原理や作用効果を考慮して解釈を行う手法であるが，過去の裁判例では，明細書の作用効果の記載を参酌して，クレームの文言にない限定的な構成を追加するような解釈（限定解釈）を行った例もある。著名なものに「オール事件」（東京高判昭49・9・18金判466号4頁，最判昭50・5・27裁判集民事115号1頁）がある。同事件の考案の詳細な説明には「（オールの）重さの好みは各人それぞれ異なるものである。然し従来市販されているオールは……各人の異なる好みに応ずることはできない。然るに本案に於ては水かき2の上部にある透孔10より水や砂を空室1内に容れることにより，使用者に適し

[*13] 中山信弘＝小泉直樹編『新・注解特許法〔第2版〕【中巻】』1212頁〔岩坪哲〕。

た重さとすることができ……る」という記載があったにもかかわらず，クレーム＊14には空室に水や砂を入れるための透孔の構成が特定されていないという事案である。被告製品にも空室はあったが，透孔はなかった。東京高裁は「（クレームの）『空室』とは，明細書及び図面の全体に徴し，当然のこととして，透孔の存することをそれ自体に予定し含んだもの，すなわち，外部と通じた空室であると解するのが相当であり，これと反対に解すべき記載は全く存しない」と判断して実用新案権侵害の成立を否定し，最高裁もこの判断を支持した。

　被告製品に対して実用新案権侵害を認めるべきではないという結論は妥当であるが，「透孔」という構成を追加したり「外部と通じた空室」という構成と限定解釈することは，「空室」という文言の用語の意味の解釈（クレーム解釈）の範囲を超えているきらいがある。上記裁判例は昭和40年，50年代のものであるが，現在は，侵害訴訟において無効の抗弁（特104条の３等）が主張でき，また，サポート要件についてより実質的な記載が必要とされる（知財高判平17・11・11（平17（行ケ）10042号）〔偏光フィルムの製造法事件大合議判決〕）ことを合わせて考えると，現在を基準として見れば，クレームにない構成を追加して「限定解釈」を行うよりは，「透孔」という構成を欠く発明（考案）はサポート要件違反で無効とすべきものであるとの判断で請求棄却の判断を導いた方がより適切とも考えられる。

　(c)　実施例不拘束表現

　前掲＊11で述べたように，実施例の範囲に限定してクレーム解釈されるわけではない。しかし，実務上は，念のために明細書に「実施例の構成に限られない」趣旨の表現（実施例不拘束表現）が記載される場合があるが，同記載はクレーム解釈に影響を与えるであろうか。

　この点，前記流し台シンク事件控訴審は，実施例不拘束表現があることを，クレームを広く解釈する根拠の１つとして判示している。実施例不拘束表現によって必ずしも広いクレーム解釈が採用されるというものではないが（前記流

＊14　「空室１を有する合成樹脂製水かき２の上部に雄ネジ３と，その上方に凸条４を有する嵌入部５を設け，合成樹脂製柄６の下部に凸条４と合致する凹条７を設け，該柄６の外部に雄ネジ３と螺合する雌ネジ８を有する合成樹脂製結合環９を回動可能に取り付け，水かき２の凸条４を柄６の凹条７に嵌入し，結合環９の雄ネジ８と水かき２の雄ネジ３を螺合し，水かき２と柄６を一体化してなるオールの構造。」

し台シンク事件第一審は実施例不拘束表現があることを考慮しつつも，課題解決原理の把握に従い狭いクレーム解釈を行っている），広いクレーム解釈を主張する根拠となる可能性もある一方，狭いクレーム解釈の根拠となることは考えにくい。したがって，特許権者としては実施例不拘束表現は，クレームを広く解釈するために簡単に実行できる対策の1つともいえる。

IV　出願経過の参酌

　発明の技術的範囲画定の場面におけるクレーム解釈に当たって出願経過を参酌し，クレーム解釈の資料とすることが認められている。

　クレーム解釈に当たって出願経過が参酌される典型的な場面は，公知技術が提示され，それによる拒絶を免れるために狭いクレーム解釈を主張しておきながら，権利を取得した後に，より広い技術的範囲を主張することが許されないとするものである（いわゆる「包袋禁反言」，「審査経過禁反言」）。

　出願経過としてどの時期の陳述・対応を参酌することができるかについては，出願から登録までに限られず，無効審判手続のものも対象となるとされている[15]（東京地判平12・9・27（平10（ワ）25701号）裁判所ホームページ〔連続壁体の造成工法事件〕）。また，分割出願の元の出願（親出願）における陳述が分割出願（子出願）の技術的範囲のクレーム解釈に参酌することができるとする裁判例もある（東京地判平15・1・27（平14（ワ）23687号）裁判所ホームページ〔テレホンカード事件〕）。

　単にクレーム解釈の資料とするために出願経過を用いる場合には，特許成立に影響を与えた陳述に限らず許されるとされるが（例えば，意見書の記載をクレームの用語の解釈の一つの根拠として用いる場合），包袋禁反言のような強い効果は特許権者の陳述が審査官等に受け入れられ特許成立に影響を与えた場合等一定の場合に限定したり，慎重に検討するといった立場が有力である[16]。　■

---

[15]　市川正己「特許発明の技術的範囲と出願経過」牧野利秋＝飯村敏明編『新裁判実務大系(4)知的財産関係訴訟法』180頁。

[16]　今井弘晃「特許発明の技術的範囲の解釈と出願経過について」牧野利秋ほか編『知的財産法の理論と実務(1)〔特許法［I］〕』105頁，岩坪・前掲*13，塩月秀平「技術的範囲(2)−従前の解釈論の位置づけ」牧野利秋ほか編『知的財産訴訟実務大系I−知財高裁歴代所長座談会，特許法・実用新案法(1)〕』297頁等。

292　第3章　特許権侵害訴訟における攻撃防御方法　第1節　技術的範囲の属否，その他の請求原因事実に関する問題

23 機能的クレームの明細書によるサポート

木村　圭二郎

機能的クレームは，実務上どのように解釈されているか。

キーワード　機能的クレーム，のみ要件，実施例限定，機能的表現

Ⅰ　機能的クレームの意義

　一般に，機能的クレームとは，「明細書の特許請求の範囲の記載が機能的用語によって表現されている場合をいう。」とされ，「例えば，発明の構成が『……するための手段』というように，『機能プラス手段』の形式で表現されたものがこれに該当する。」とされる[*1]。

　「機能的クレームにおいては，発明の構成が一定の機能ないし作用効果の面からのみ規定され，具体的な技術手段によって限定されていないため（この意味において，機能的クレームは，多かれ少なかれ常に抽象的である），クレームの記載自体からは，発明の構成が不特定，不明瞭であったり，一定の機能ないし作用効果を達成しうるものであれば，どのような技術手段でもすべて包含するかのように解釈される可能性が生じたりする。」ことから，「機能的クレームの解釈をめぐる問題とは，結局のところ，このような場合に発明の技術的範囲を確定するに当たっては，いかなる基準・原則に従い，また，どのような事項を考慮すべきか，という点に集約される。」とされる。あるいは，「機能的クレームの解釈といっても，決して特殊な問題ではなく，むしろ，明細書の合理的解釈という普遍的な問題の一場面にすぎないのである。」として，その基本的な考え方が示されている[*2]。

[*1]　安倉孝弘「いわゆる機能的クレームの解釈」牧野利秋編『裁判実務大系(9)工業所有権訴訟法』125頁（以下，「安倉・機能的クレーム」として引用する）。

そうであるとすれば，そもそも機能的クレームを特殊な解釈問題として取り上げる必要があったのかが問われることとなるが，本稿では，既に周知のところとは思われるが，機能的クレームが特殊な解釈問題として取り上げられた背景を確認し，機能的クレームの解釈につき裁判例がいかなる態度をとってきたかを論じる。

Ⅱ　機能的クレームの問題の背景

(1)　「のみ」要件と平成6年特許法改正

「機能的クレーム」に特殊な解釈が必要であるとされていたことには平成6年改正前特許法の特許請求の範囲に関する記載要件が関わっていた。

同特許法36条5項2号は，特許請求の範囲の記載につき，特許を受けようとする「発明の構成に欠くことができない事項『のみ』を記載しなければならない。」と定め，物の発明についての作用や方法は物の発明の構成に欠くことができない事項ではないと解され[3]，また，当時の審査基準は「のみ」要件との関連で，「請求項に発明の目的，作用，効果のみが記載されている場合」，「構成要素の羅列であり，その結果，相互関係が不明瞭となる場合」，「物の発明において，技術的手段が方法的に表現されている場合」を原則として記載要件に反するものとしていた。

当時の特許実務では機能的表現に対し消極的評価があったことが窺えるが[4]，平成6年改正特許法は，特許請求の範囲の記載を「発明を特定するために必要と認められる事項」と定めることとした。当該改正は，情報関連技術等の技術のソフト化を背景として，装置の物理的な構造や具体的手段より作用や動作方法等により表現する方が適切な発明が増えたということのほか，「の

---

[2]　安倉・機能的クレーム126頁及び127頁。青柳昤子『「抽象的・機能的に表現されたクレームの解釈」について』パテ2011年64巻7号も同様の趣旨を述べる。

[3]　末吉亙「いわゆる機能的クレームの解釈」牧野利秋＝飯村敏明編『新・裁判実務大系(4)知的財産関係訴訟法』212頁。

[4]　大阪地判昭55・6・16（昭55(ヨ)1758号）Westlaw〔試験管台事件〕は，実用新案権の事例についてであるが，「本件考案中の(ロ)の構成要件は極めて機能的な表現によりクレームされており，本来物品の形状，構造等にかかる考案であるべき実用新案のクレームとしては不適切かつ好ましくないもの」としている。

み」要件との関連で作用・方法による上位概念による表現を嫌う審査官の対応が過度に特許請求の範囲を限定することになっているとの批判に対応したことによっているとの説明がされている[5]。

特許請求の範囲の記載は作用的又は機能的表現に対する制約の根拠となっていた「のみ」要件から解放され，その改正と合わせて，明細書の記載及び図面を考慮して特許請求の範囲に記載された用語の意義を解釈すること（特70条2項）が規定されたことから[6]，機能的クレームを特殊なものとして扱う法的必要性は解消したということができる。

(2) 機能的クレームと実施例限定：特許無効の抗弁との関係

最判平12・4・11（平10(オ)364号）裁判所ホームページ〔キルビー事件〕が特許に無効理由がある場合には当該特許権に基づく請求は権利の濫用として許されない旨を判示し，平成16年特許法改正により特許無効の抗弁が規定されることになった（特104条の3）。

機能的クレームの解釈につき実施例限定を行った例として，貸ロッカー事件判決（東京地判昭52・7・22（昭50(ワ)2564号）無体集9巻2号544頁）がある。同判決の「本件実用新案権が権利として成立している以上，被告主張のような事実があるとしても，この権利が無内容のものであり，したがつて，実質的にその登録が無効のものとして，取り扱うことはできないから，本件考案の技術的範囲は，右1のとおり限定して解されるべきであり，この範囲における権利の行使が許されないものとはいえない。」との判示に照らし，同判決は無効事由を含む特許権の制限を実施例限定というクレーム解釈を通じ実現したものということができよう[7]。

＊5　特許庁総務部総務課工業所有権制度改正審議会編『平成6・8・10年改正　工業所有権法の解説』（平成6年改正工業所有権法の解説）105頁。

＊6　明細書の記載及び図面に関する参酌を制限するリパーゼ事件（最判平3・3・8（昭62(行ツ)3号）裁判所ホームページ）の趣旨には見解の差があるが，機能的クレームの解釈において，明細書の記載及び図面を参酌しなかった裁判例は見当たらなかった。

＊7　大場正成「特許クレームの解釈」判タ367号217頁は，この裁判例につき解釈の範囲を逸脱しているとする。仮に本件特許が無効理由を含んでいないとすれば，鍵の抜挿という直線運動を遮蔽版を回動させる運動に変える仕組みとして，クランク機構によるかカム機構によるかは当業者の技術常識又は公知情報に基づき容易に実施でき，当該相違を根拠として構成要件非充足を基礎付けることは困難であろう。

Ⅲ　磁気媒体リーダー事件判決までの裁判例の検討

　後述のとおり磁気媒体リーダー事件判決は，機能的クレームの問題点を整理して判示している。そこで便宜上，同判決を区切りとして裁判例を検討する。

　被疑侵害物件が上位概念としての機能的表現の範疇に属さないとする（実施例等による限定を肯定した）裁判例の具体的な論理展開は，被疑侵害物件が実施例と異なることを前提としつつ，技術的範囲が実施例に基づき解釈されるべきことを述べるものと，当該特許の技術的範囲に被疑侵害物件の構成が含まれないことを述べるものとがある。ここでは両者を区分して論じた上で，その後に被疑侵害物件が上位概念としての機能的表現の範疇に属し技術的範囲に含まれるとした（実施例等による限定を否定した）裁判例を検討する。

(1)　上位概念としての機能的表現につき，実施例に基づき技術的範囲を限定解釈した裁判例

　裁判例は，機能的クレームであることそのものを理由として技術的範囲を実施例に限定することには消極的である。具体的事案において技術的範囲を実施例に限定解釈した裁判例として，東京高判昭53・12・20（昭51(ネ)783号）判タ381号165頁〔ボールベアリング自動選択，組立装置事件〕は，「計測手段と協力する組立手段」の「協力する」という構成要件の解釈につき，実施例に基づき技術的範囲を確定したが，あえて「（なお，当裁判所が後記四においてした判断は，単に，一実施例の装置における具体的構成，作用にのみ限定解釈をしたものではない。）」と注意書きを付している。

　その後の東京地判昭62・12・4（昭58(ワ)10463号）〔防煙用仕切り壁事件〕は，「（二つの防煙用仕切り壁を）挟持する」との構成要件の技術的範囲を実施例に基づき解釈したが，「明細書には実施例に記載された以外の構成に関する明示的な記載も示唆もない」ことを理由として挙げており，大阪地判平元・8・30（昭60(ワ)5558号）Westlaw〔ドライプレス事件〕も「（実施例は）あくまで考案の構成の具体化の例示にすぎない……その実施例に記載されていない構成のものが考案の技術的範囲に属しないと判断されてはならない。」と判示し，また，名古屋地判平5・11・26（昭57(ワ)1640号ほか）Westlaw〔包装装置事件〕は，「……密

着部に……フィルムを密着させ……」という構成要件につき，ブレーキ板によりフィルム筒体を載せたローラーに影響を与えることでフィルムの引出しに抵抗力を与える構成に一切言及されていないことを指摘し，さらに当該構成による発明が公知技術であることを参酌しつつ，その技術的範囲を密着部での密着のみによって引出しを阻止する実施例の構成に限定した*8。

(2) 被疑侵害物件が上位概念としての機能的表現の技術的範囲に含まれないと認定した裁判例

　上位概念としての機能的表現に関し，被疑侵害物件がその技術的範囲の範疇に属さないとして限定解釈をした東京地判昭57・11・29（昭51（ワ）5417号）Westlaw〔塗料供給装置事件〕は，「液体塗料を導く装置を備えていること」との構成要件の解釈につき，被疑侵害物件の構成である「霧化機構の高速回転による遠心力の作用によって液体塗料をフィルムに成形して放出縁へ供給する装置」に関する直接的記載又は示唆がないことを認定し，神戸地判平2・10・29（昭62（ワ）62号）判タ752号222頁〔電子晴雨計事件〕は，「インタラプター」の意義につき，技術用語及び発明の詳細な説明を参酌した上で，本件発明は有接点方式を意図的に排除しており，「インタラプター」は「無接点スイッチ」と限定解釈されるべきであると判示した。

　名古屋地判平4・12・21（昭63（ワ）2711号・2712号）Westlaw〔揺動撰穀装置事件〕は，「盤面分布状態を検知し……信号を送る検知装置」の意義につき，発明の詳細な説明や出願経過を参酌し，その発明の効果に照らし「検知装置は，撰別盤の揺下側で籾粒の流量を検知するもの」と実施例に基づく限定解釈により，混合粒の層を検知する被疑侵害物件の構成はこれを充足しないと判示し*9，大阪地判平8・3・26（平5（ワ）8961号）Westlaw〔表示紙事件〕は，「種々の印刷を施した紙4と透明の合成フィルム2と感圧性粘着剤8及び剥離紙9を順に積層した」との構成要件につき，実施例及び発明の詳細な説明を参酌し，他の層を介在させる旨の記載も示唆もないこと，他の層が介在する発明は公知

＊8　名古屋高判平10・2・26（平5（ネ）847号）Westlaw は，原審の判断が公知公用により実施例に限定したものではない旨を付加して判断した。名古屋地判平5・11・26（昭60（ワ）110号ほか）が同一原告に係る判決として存在するが，密着部につき同じ解釈で請求棄却をしている。

＊9　名古屋高判平6・3・29（平5（ネ）21号）Westlaw は原審判示を維持した。

のものであることを指摘し，他の層を介在させる被疑侵害物件の構成要件充足性（以下，単に「充足性」という）を否定した*10。

(3) 被疑侵害物件が上位概念としての機能的表現の範疇に属し技術的範囲に含まれるとした裁判例

大阪地判平元・8・30（昭60（ワ）5558号）Westlaw〔ドライプレス事件〕は，「前方に引き出す」という構成要件の解釈につき，実施例の「引出式」に対し「軸回転式」を採用する被疑侵害物件につき，明細書の趣旨を参酌し当該構成が除外されたとは解されないとして充足性を認めた。

名古屋地判平10・3・18（平6（ワ）1811号）Westlaw〔シャッタの自動開閉システム事件〕は，「前記シャッタ……記憶された閉鎖時刻に……閉鎖動作を行わせる」という構成要件について，実施例が記憶された閉鎖時刻に直ちに閉鎖するものであったのに対し，人が存在するか否かを検知し存在しないと判断したときに閉鎖する被疑侵害物件の構成につき，残留者検出のための検索時間の付加が周知慣用技術であったことを認定し，充足性を肯定した。

東京地判平10・5・29（平5（ワ）24523号）Westlaw〔タイヤ着脱装置事件〕は，「該ピストンに対して……係止可能に取り付けられるセット螺杆とからなる駆動部」という構成要件につき，セット螺杆をピストンの上面に機械的に係止する実施例に限定解釈する理由がないとして，セット螺杆の下端の鍔部上側が油圧によってピストン上部の内壁に押し付けられて止まっている状態も「係止」であるとして被疑侵害物件の充足性を認めた*11。

(4) 磁気媒体リーダー事件判決

東京地判平10・12・22（平8（ワ）22124号）判時1674号152頁〔磁気媒体リーダー事件〕は，機能的表現を実施例に限定解釈するに際し機能的クレームの問題を以下のとおり整理した。「実用新案登録請求の範囲に記載された考案の構成が機能的，抽象的な表現で記載されている場合において，当該機能ないし作用効果を果たし得る構成であればすべてその技術的範囲に含まれると解すると，明細書に開示されていない技術思想に属する構成までもが考案の技術的範囲に含

---

*10 大阪地判平8・3・26（平5（ワ）8961号）は同一特許に関し被告を異にする事件であるが，同旨の判断をしている。

*11 東京高判平11・6・15（平10（ネ）3110号）Westlaw も原審判示を維持した。

298 第3章 特許権侵害訴訟における攻撃防御方法 第1節 技術的範囲の属否，その他の請求原因事実に関する問題

まれ得ることとなり，出願人が考案した範囲を超えて実用新案権による保護を
与える結果となりかねない」，「実用新案登録請求の範囲が右のような表現で記
載されている場合には，その記載のみによって考案の技術的範囲を明らかにす
ることはできず，右記載に加えて明細書の考案の詳細な説明の記載を参酌し，
そこに開示された具体的な構成に示されている技術思想に基づいて当該考案の
技術的範囲を確定すべきものと解するのが相当である。ただし，このことは，
考案の技術的範囲を明細書に記載された具体的な実施例に限定するものではな
く，実施例としては記載されていなくても，明細書に開示された考案に関する
記述の内容から当該考案の属する技術の分野における通常の知識を有する者
（以下「当業者」という。）が実施し得る構成であれば，その技術的範囲に含まれ
るものと解すべきである。」[12]

　この判決は，機能的クレームの問題が機能・作用という上位概念による表現
が明細書で開示された発明にサポートされているか否かという問題であること
を明らかにした。磁気媒体リーダー事件以前の実施例に基づき技術的範囲を限
定解釈した上述の裁判例も，上述のとおり実施例以外の発明の開示がなかった
ことを理由とし，被疑侵害物件が機能的クレームの技術的範囲に属さないとし
た裁判例も，同じく当該構成が明細書に記載又は示唆されていないこと等を認
定している。

IV　磁気媒体リーダー事件判決以後の裁判例の検討

(1)　上位概念としての機能的表現の技術的範囲を限定解釈した裁判例

　紙幅の都合上，詳細を記載することはできないが，磁気媒体リーダー事件以
後の裁判例として以下のものがある。これらの裁判例は明細書を参酌し機能
的・作用的表現による上位概念が，開示された発明によりサポートされている
か又は被疑侵害物件を包含する記載や示唆があるか，その結果当該明細書をも

---

*12　青柳・前掲＊2論文は「抽象的・機能的に表現されたクレームの解釈に当たっては，機能
　や作用等による記載は，クレームの『単なる表現形式』にすぎないこと，また，『明細書にお
　ける発明の開示こそが特許制度の本旨である』ということを，正確に位置付けて理解するこ
　とが必要である」と指摘する。

とに当業者が被疑侵害物件を容易に実施することが可能か否かに基づき充足性の判断をしている。

東京高判平13・2・27 (平11(ネ)855号等) 裁判所ホームページ〔カセット充填装置事件〕(二つの長溝の幅を同じくする実施例の構成以外に記載も示唆もないとする)＊13,大阪地判平11・3・18 (平7(ワ)13135号)〔情報処理装置事件〕(問題となった構成要件の作用効果に着目し, 被疑侵害物件は技術的範囲に含まれないとする)＊14, 大阪地判平13・5・31 (平11(ワ)10596号等) 裁判所ホームページ〔地震時ロック装置事件〕(公知技術・発明の詳細な説明を詳細に検討し実施例に基づき技術的範囲を確定する), 東京地判平16・12・28 (平15(ワ)19733号等) 裁判所ホームページ〔アイスクリーム充填苺事件〕(発明の詳細な説明を検討する), 東京地判平17・12・27 (平15(ワ)23079号) 裁判所ホームページ〔図形表示装置事件〕(明細書の大部分が唯一の実施例の場合), 東京地判平18・4・14 (平17(ワ)8673号) 裁判所ホームページ〔コンクリート型枠保持装置事件〕(被疑侵害物件の構成を開示し又は示唆する記載はなく, 代替的な周知慣用技術であるとの認定もできないとする)。東京地判平18・10・11 (平17(ワ)22834号) 裁判所ホームページ〔地震時ロック方法事件〕(被疑侵害物件につき当業者が発明の詳細な説明及び図面から実施し得る構成ではないとする)＊15, 大阪地判平21・4・27 (平20(ワ)4394号) 裁判所ホームページ〔開き戸の地震時ロック方法事件〕(被疑侵害物件が周知技術でなく, 当業者に自明の構成でないとする)＊16, 大阪地判平21・9・10 (平19(ワ)16025号) 裁判所ホームページ〔調理レンジ事件〕(技術的範囲を, 発明の詳細な説明及び図面を参酌し, そこに開示された加減圧手段に関する記載内容から当業者が実施し得る構成に限るとする)＊17, 知財高判平23・1・31 (平22(ネ)10009号)〔レベル・センサ事件〕(発明の詳細な説明及び図面を参酌して技術的範囲を確定する)＊18, 大阪地判平22・7・22 (平21(ワ)6994号) 裁判所ホームページ〔地震時ロック方法事件Ⅱ〕(実施例の構成によ

＊13　原審東京地判平10・12・22 (平5(ワ)8012号) Westlaw は, 具体的な形状に限定はないとして被疑侵害物件の構成の充足性を肯定した。

＊14　同一特許に関する大阪地判平12・9・14 (平10(ワ)11914号) も同様の判断をした。

＊15　控訴審では, 特許法29条の2違反により無効理由を含むものであるとの判断で原判決が維持された。

＊16　控訴審知財高判平21・12・10 (平21(ネ)10040号) も「明細書……には, 他の部材を介して係止手段が移動することは開示も示唆もされていない」として原判決を支持した。

＊17　控訴審知財高判平22・3・10 (平21(ネ)10062号) も原判決を支持した。

＊18　原審大阪地判平21・12・24 (平20(ワ)10854号)〔レベル・センサ事件〕はサポート要件違反を認定した。

る技術思想以外の記載も示唆もないとする）*19等がある。

大阪地判平24・11・8（平23(ワ)10341号）裁判所ホームページ〔盗難防止用連結具事件〕は，「明細書に開示された内容から，当業者が容易に実施しうる構成であれば，その技術的範囲に属するものといえるが，実施することができないものであれば，技術思想（課題解決原理）を異にするものして，その技術的範囲には属さないものというべきである。」と述べ，また，被疑侵害物件の構成を採用することにより生じる課題は，当該特許発明に存在せず，その課題も自明又は公知とはいえないことを理由に容易実施可能性も否定した。なお，控訴審（知財高判平25・6・6（平24(ワ)10094号）裁判所ホームページ）は，「（控訴人の主張するものが）慣用技術であるとしても，控訴人が慣用技術の根拠として引用する上記各書証に開示された技術等は，発明が解決しようとする課題，発明の目的，課題を解決するための手段，基本構成及び使用態様等が，いずれも本件各特許発明とは異なるものであって，本件明細書には当該慣用技術を採用する動機付けが何ら開示も示唆もされておらず，上記各書証にも，本件各特許発明の技術的課題について何らの開示も示唆もされていないのであるから，本件各特許発明に当該技術を適用して被告各製品の構成を採用する動機付けがない」とした。機能的クレームに関する充足性が，機能・作用という上位概念による表現が明細書で開示された発明にサポートされているか否かという観点から判断されるべきものであるという考え方は裁判例の趨勢といってよいと思われる。

なお，東京高判平15・9・9（平14(ネ)3714号）裁判所ホームページは，技術的範囲を「『コイルスプリングによる付勢』に限られるわけではないものの，これと均等（等価）*20な構成を含む」とする規準を立てたが，この規準に追随する裁判例は見当たらなかった*21。

(2) **被疑侵害物件が上位概念としての機能的表現の範疇に属し技術的範囲に含まれるとした裁判例**

＊19 控訴審知財高判平23・2・28（平22(ネ)10070号）裁判所ホームページは原審判示を維持した。

＊20 米国特許法112条第6パラグラフにおける「実施例＋等価」を想起させる表現である。

＊21 原審東京地判平14・5・29（平12(ワ)11906号）裁判所ホームページ〔ガス圧力式玩具銃事件〕は「開示されている技術内容（これにより当業者が容易に実施し得る技術も含む）」という規準を採用していた。

大阪地判平11・5・27（平8（ワ）12220号）判時1685号103頁〔注射装置事件〕は，構成要件中の「ネジ機構」につき，「上位概念で記載されている構成であるからといって，直ちに限定的な解釈を採るべきでないことはいうまでもなく，当業者が公知技術，周知技術を参酌して，適宜実施できる程度に具体的に記載されていれば足りるものと解すべきである。」と判示し[22]，東京地判平18・7・6（平16（ワ）20374号）裁判所ホームページ〔壁面用目地装置事件〕も実施例との違いに基づく被告の主張（①支持部材部が複数部材から構成されているか否かの違い，②支持体の固定場所の違い，③被疑侵害物件に特有な支持面の存在に基づく技術的範囲の限定の主張）を否定し，被疑侵害物件の充足性を肯定した[23]。

東京地判平19・10・26（平18（ワ）474号）裁判所ホームページ〔カプセル・カード販売装置事件〕も実施例を引き合いに，「回転軸（を含む機構）」が取り外し可能か否かの違い，及び，本体と別個独立した物体を取り付けたか固定されているかの違いをもつ被疑侵害物件は技術的範囲に含まれないとする被告の主張につき，当該限定の理由がないとして，被疑侵害物件の充足性を認め[24]，東京地判平20・12・24（平17（ワ）21408号）裁判所ホームページ〔電圧形インバータの制御装置事件〕は，発明の技術的意義を検討した上で技術的互換性を肯定し，実施例の「電圧制御型電圧インバータ」ではない「電流制御型電圧インバータ」が「電圧形インバータの制御装置」を充足することを肯定した[25]。

知財高判平22・3・24（平20（ネ）10085号）裁判所ホームページ〔サーバーアクセス管理システム事件〕は，「クライアントにおいて記述子を提供する段階」という構成要件の「記述子」の語に特段の限定がないことを指摘し，発明実施の際の当業者の選択に係る設計的事項として，実施例と異なる被疑侵害物件の充足性を認め[26]，東京地判平23・2・24（平20（ワ）2944号）裁判所ホームページ〔流量

---

[22] 控訴審大阪高判平13・4・19（平11（ネ）2198号）裁判所ホームページは，被疑侵害物件の「ネジ機構」の構成につき「当業者が，明細書に開示されている装置の発明，実施例あるいは公知技術，周知技術を参酌して適宜実施することは可能である」との結論を支持した。

[23] 控訴審知財高判平19・2・28（平18（ネ）10067号）裁判所ホームページも原判決を支持した。

[24] 控訴審である知財高判平20・9・29（平19（ネ）10098号等）裁判所ホームページも原審判示を維持した。

[25] 控訴審知財高判平22・2・24（平21（ネ）10012号）は，原判決を支持した。

[26] 原審東京地判平20・10・17（平19（ワ）2352号）裁判所ホームページは，進歩性欠如による無効事由を認定していたため充足性の判断をしていない。

制御バルブ事件〕も発明の詳細な説明を参酌してその意義を確定し，実施例の構成に限定されるものではないと判示し，東京地判平24・11・2（平22（ワ）24479号）裁判所ホームページ〔生海苔の共回り防止装置事件〕も，「生海苔の共回りを防止する防止手段」の構成要件の「共回り」の意義につき明細書における定義をもとに実施例への限定を否定し，被疑侵害物件の充足性を肯定した[27]。

東京地判平26・10・30（平25（ワ）32665号）裁判所ホームページ〔シートカッター事件〕は，発明の詳細な説明に基づき特許発明の効果を確認した上で，実施例と被疑侵害物件との差異は，「当業者が適宜選択し得る実施の形態にすぎない」と判示し[28]，東京地判平28・3・3（平27（ワ）12416号）裁判所ホームページ〔オキサリプラチン製剤事件〕は，「緩衝剤がシュウ酸またはそのアルカリ金属塩であり」という構成要件について，「緩衝剤」の意義につき，実施例が添加されたシュウ酸であること等を理由とする，オキサリプラチンが水に溶解した際に生成されるシュウ酸は含まないとの主張に対し，構成要件に規定されたモル濃度の範囲内にある量のシュウ酸を含んでいれば構成要件を充足するとした[29]。

知財高判平28・3・30（平26（ネ）10080号等）裁判所ホームページ〔スピネル型マンガン酸リチウムの製造方法事件〕では，「上記マンガン……がアルミニウム元素で置換されるように……加えて混合し」という構成要件の「混合」の意義につき，明細書で「乾式」の混合方式のみが開示されている場合に，「どちらの方式（執筆者注：湿式と乾式）も，原料の混合方法として一般的に用いられ，当業者においてスピネル型マンガン酸リチウムの製造に当たって適宜選択される事項にすぎないものと認められる」とし，両方式を含むと判示した。

大阪地判平28・9・29（平26（ワ）10739号）裁判所ホームページ〔臀部拭き取り装置事件〕は，「トイレットペーパーを切断する給紙部」の「給紙部」の意義につ

---

[27]　控訴審知財高判平25・4・11（平24（ネ）10092号）裁判所ホームページも，原判決を支持した。

[28]　控訴審知財高判平27・12・16（平26（ネ）10124号）裁判所ホームページは，特許請求の範囲の限定がないことを理由に，特許法29条1項3号による無効の抗弁を認めた。

[29]　控訴審知財高判平28・12・8（平28（ネ）10031号）裁判所ホームページは，特許請求の範囲の「緩衝剤」の用語の「剤」の「各種の薬を調合すること。また，その薬」という広辞苑の意味を参照し，生成されたシュウ酸の作用等を参酌し，「添加された」シュウ酸を用いない被疑侵害物件は「調合」を意味する「剤」に係る技術的範囲に含まれないとした。

き，実施例ではミシン目で切断をする構成しか開示されていないが，当該給紙部の発明における機能を確認した上で，明細書で引用されている特許公報を参照しつつ，当業者は被疑侵害物件の採用するカッターによる切断方法を容易に想到でき，実施例と被疑侵害物件の相違は設計事項にすぎないとし，充足性を認めた。

V　機能的クレームに関する裁判例の評価

　以上のとおり，機能的クレームの問題は機能的表現として上位概念で表されたクレームが明細書で開示された発明にサポートされているか否かを問うものであり，裁判例は被疑侵害物件の充足性を判断する上で，特許発明の技術的意義を検討し，被疑侵害物件の実施例との相違点が発明の詳細な説明や図面に記載又は示唆されているか否かを判断し，当該記載や示唆がない場合には当業者が出願時の技術常識や慣行技術を参酌し当業者にとって容易に実施可能か否かを問題としている。

　機能的クレームは，典型的には被疑侵害物件が，機能的な表現の範疇に属するが，当該明細書の実施例とは異なる構成を採用している場合に問題となる。とりわけ実施例と被疑侵害物件との構成の相違部分が明細書に具体的に示唆されていない場合，他の特許公報や技術文献等により確認された周知技術や慣行技術が当該相違部分と代替性を有するものとして動機付けられるものか否かを判断し，技術的範囲の属否に関する判断が行われることとなる。

　特許請求の範囲の記載による発明の特定機能を重視し，裁判所はその拡張には厳格な態度で臨んでおり*30，出願に際し上位概念としての機能的表現を用いることには一定の有用性が認められる。機能的クレームについては，他に明確性要件やサポート要件，そして均等論の適用に関する論点もあるが，紙幅も尽きたので，それらの検討は他日を期したい。

---

*30　前掲*29参照。特定された特許請求の範囲の均等による拡大（均等侵害）には低くはないハードルが存在する。

304　第3章　特許権侵害訴訟における攻撃防御方法　第1節　技術的範囲の属否，その他の請求原因事実に関する問題

24　特定の表現を有する特許請求の範囲の解釈

近藤　惠嗣

　いわゆるプロダクト・バイ・プロセス・クレームはどのように解釈されるか。

キーワード　技術的範囲，文言解釈，物の発明，製造方法，明確性要件

I　問題の所在

(1)　プロダクト・バイ・プロセス・クレームとは何か

　プロダクト・バイ・プロセス・クレームとは，物の発明又は考案について，物の特性の少なくとも一部を製造方法によって特定しようとする記載形式を含んでいる特許請求の範囲又は実用新案登録請求の範囲の請求項（クレーム）の記載をいう。しかし，製造方法が記載されているように見えても，表現上の形式にすぎず，単に物の構成が記載されていると解釈できる場合もあれば，製造方法によって物の特性が特定されていると解釈すべき場合もある。例えば，次のようなクレームが存在する。

　　A　米に純度の高い若干量のサラダオイルを配合のうえ炊き上げた飯でおにぎりをつくり，

　　B　該おにぎりは，非透水性のフイルムで包被し，

　　C　かつ，該フイルムの一部が外部に出るようにして容器乃至包装体に収納した，

　　D　以上の構成からなることを特徴とするおにぎり。

　このクレームを形式的に読むと，全体が，「……おにぎりをつくり，……包被し，……収納した」と記載されており，経時的なプロセスを記載しているとも読める。しかし，一般的には，A，B，Cの順番が製造方法を特定していると意識されることは少なく，物の構成要素である「おにぎり」，「フイルム」，

「容器乃至包装体」の相互の関係を規定したクレームであると理解されるであろう。

　一方，上記構成のうち，Aに含まれている「米に純度の高い若干量のサラダオイルを配合のうえ炊き上げた」という記載は，おにぎりの構成要素である「飯」の特性を製造方法によって特定したものであると解釈せざるを得ない。このような製造方法の結果として得られた「飯」には飯粒中の油脂分の分布などに何らかの特徴があるはずであり，そのような特徴を何らかの分析結果に基づいて「物」の構成として記載することは原理的には不可能ではないだろう。しかし，製造方法によって「飯」の特性が表現されていた方が発明の内容を把握しやすいことも考えられる。

　したがって，プロダクト・バイ・プロセス・クレームという記載方式を用いる実益があることになる。

(2)　製造方法の記載と物の特性の関係

　ところで，上記クレームは，ある実用新案権侵害事件に現れたものである（東京地判平4・3・27判タ793号232頁・特企289号43頁）。実用新案は，物品の形状，構造又は組合せに係る考案を対象とするものである（実1条）。したがって，「米に純度の高い若干量のサラダオイルを配合のうえ炊き上げた飯」は何らかの形状，構成又は構造を有する「飯」を特定していると理解するほかはない。この意味で，「米に純度の高い若干量のサラダオイルを配合のうえ炊き上げた」の部分は，製造方法によって間接的に物の形状，構成又は構造物を特定していると解釈すべきことになる。

　もっとも，実用新案登録のクレーム中に方法的な記載がある場合について，「製造方法は考案の構成たりえないものであるから，考案の技術的範囲は物品の形状等において判定すべきものであり，……製造方法の相違を考慮の中に入れることは許されないものというべきである。」と判示した最高裁判決（昭56・6・30民集35巻4号848頁）がある。しかし，この判決の趣旨について，現在では，製造方法の記載を無視して技術的範囲を判断せよ，というものではなく，物品の形状等を特定，説明するための記載として製造方法の記載を解釈せよ，というものであると理解されている。

　上述のとおり，実用新案登録の対象である「考案」は「物品の形状，構造又

は組合せ」に係るものであることから，クレームに製造方法が記載されている場合であっても，特定の製造方法によって製造された物品を記載しているとは解釈されず，当該製造方法によってもたらされる何らかの「形状，構造又は組合せ」が記載されていると解釈される。これに対して，特許は「発明」を対象としているから，製造方法の記載によって間接的に「形状，構造又は組合せ」が特定されていると解釈する必要はないという考え方も成り立つ。

したがって，仮に，上に例示したクレームが「考案」ではなく，「物の発明」に関わるものであった場合，「米に純度の高い若干量のサラダオイルを配合のうえ炊き上げた」の部分がいかなる意味で物を特定しているのかを解釈する必要が生じる。なお，この場合であっても，クレームに記載されている以上，製造方法の記載を無意味なものとして無視することは許されず，何らかの意味で「物」を特定する意味があるものとして解釈することは当然であり，発明を特定する上でまったく意味がないという解釈はあり得ない。このことは，「特許発明の技術的範囲は，願書に添付した特許請求の範囲の記載に基づいて定めなければならない。」とする特許法70条1項の規定に照らしても明らかである。

Ⅱ　2つの解釈の存在

(1)　過去の学説の動向

過去において，プロダクト・バイ・プロセス・クレームの解釈には，「物同一説」（若しくは「物質同一説」又は「同一性説」）と「製法限定説」（又は「限定説」）の対立があるとされてきた[1,2]。

物同一説は，製造方法によって間接的に物の特性等が記載されていると解釈する。したがって，クレームに記載された製造方法と異なる製造方法によって製造された物であっても，物としての同一性がある限り，技術的範囲に属するとする解釈するものである。

---

[1]　三枝英二「プロダクト・バイ・プロセス・クレーム特許の技術的範囲」知管51巻7号1075頁。
[2]　南条雅裕「プロダクト・バイ・プロセス・クレームの権利解釈」パテ55巻5号21頁。

これに対して，製法限定説は，製造方法によって直接的に物が特定されていると解釈する。したがって，クレームに記載された製造方法によって製造された物のみが技術的範囲に属すると解釈するものである。

これらの2つの解釈が対立している状況にあって，特許庁の審査実務は一貫して物同一説に基づいていた。このことは，審査基準において，「請求項中に記載された製造方法が新規であるか否かにかかわらず，その製造方法に係る発明特定事項によっては，請求項に係る発明は，新規性を有しない。」とされていることからも明らかである。すなわち，特許庁は，物としての新規性を問題にしてきた。

(2) 過去の判例の傾向

後述するとおり，いわゆるプラバスタチン事件最高裁判決（平27・6・5（平24（受）1204号））によって最高裁は物同一説の立場を明確にしたが，それ以前にも，わが国における裁判例の大勢は，原則として，物同一説が妥当であると判示していた。もっとも，具体的な同一性の判断においては同一性が否定され，クレームに記載された製造方法と異なる製造方法によって製造された物に対して権利行使を認めた判決例はないとされている[3]。これは，物同一説は，一見，原告（以下，侵害訴訟を念頭におき，特許権者を「原告」，被疑侵害者を「被告」と呼ぶ）に有利なように見えるが，現実の訴訟の場においては，原告に有利な結論が導かれているわけではないことを意味している。

原告の請求を棄却するだけであれば，製法限定説でも可能であるにもかかわらず，多くの判決例が物同一説によることを判示しているのは，物の発明である以上，物がいかなる構成を備えているかを問題とすべきであるという理論的な観点を重視したものであろう。わが国の特許法においては，「物の生産方法」という発明のカテゴリーがあるために，物の発明と物の生産方法の発明とは区別されなければならない。特許侵害訴訟の対象物は，そのものの製造・販売が物の発明についての特許法2条3項1号の実施に該当するのか，物の生産方法の発明についての，同項2号及び3号の実施に該当するのかは区別されなければならないが，製法限定説によれば，その区別は曖昧になってしまう。

---

[3]　南条・前掲[2]・21頁。

さらに，最高裁もいわゆる「紳士服の衿事件」において物同一説をとったものと理解できる。この事件では，「ねかせ角を衿腰半径で弧長（ｔg＋ｔY）cmに取る作図により得られる衿」というクレームの解釈が問題となったが，高裁判決は，「本件作図法を用いたと認めるに足りない」という理由で請求を棄却した。しかし，最高裁は結論を維持して上告を棄却したものの，高裁判決の理由を変更して，「物の発明における特許請求の範囲に当該物の形状を特定するための作図法が記載されている場合には，右作図法により得られる形状と同一の形状を具備することが特許発明の技術的範囲に属するための要件となるのであり，右作図法に基づいて製造されていることが要件となるものではない。これを本件についてみると，被上告人の製造販売する製品が右作図法により得られる形状と同一の形状を有することにつき主張立証がないから，……原審の判断は，結論において是認することができる。」（最判平10・11・10（平10(オ)1579号））と判示した。この事件の場合，仮に，被告が何らの作図も行わずに，単に，原告製品を模倣したにすぎないと仮定してみると，高裁判決よりも最高裁判決のほうが合理的であることは明らかであろう。高裁判決の論理によれば，その場合でも請求棄却となりかねないが，最高裁判決の論理であれば，請求は認容されることになる。

以上のような状況に一石を投じたのが，いわゆるプラバスタチン事件における東京地裁判決（平22・3・31（平19(ワ)35324号））であり，その控訴審である知財高裁特別部（大合議）判決（平24・1・27（平22(ネ)10043号））であった。しかし，最高裁は，前述のとおり，あらためて物同一説をとることを明らかにしたのである。

Ⅲ　プラバスタチン事件

(1)　事件の概要

プラバスタチン事件において，問題となったクレームの記載は次のとおりである。なお，クレームの構造を明示するためにクレーム中に＜製造方法＞と＜物の特定＞の2つの見出しを追加した。

＜製造方法＞

次の段階：ⓐプラバスタチンの濃縮有機溶液を形成し，ⓑそのアンモニウム塩としてプラバスタチンを沈殿し，ⓒ再結晶化によって当該アンモニウム塩を精製し，ⓓ当該アンモニウム塩をプラバスタチンナトリウムに置き換え，そしてⓔプラバスタチンナトリウム単離すること，を含んで成る方法によって製造される，

<物の特定>

プラバスタチンラクトンの混入量が0.5重量％未満であり，エピプラバの混入量が0.2重量％未満であるプラバスタチンナトリウム。

この事件では，被告製品が「プラバスタチンラクトンの混入量が0.2重量％未満であり，エピプラバの混入量が0.1重量％未満であるプラバスタチンナトリウム」であることには争いがなかった。また，被告製法においては，<製造方法>のⓐの工程に対応する工程が「水を含むプラバスタチンの溶液を形成」するものであることが認定され，東京地裁及び知財高裁は，<製造方法>のⓐの工程における濃縮有機溶液は水を含まないと解釈して，被告製法には<製造方法>のⓐの工程は存在しないと判断した。

以上のような事実関係を前提として，原告は，本件発明の技術的範囲は，プラバスタチンラクトンの混入量が0.5重量％未満であり，エピプラバの混入量が0.2重量％未満であるプラバスタチンナトリウムであるから，製造方法を考慮しなければ発明の構成の特定ができないというものではない，と主張した。この主張の是非を争点として，東京地裁，知財高裁の判決が下された。

ここで注意すべきことは，原告の主張は物同一説に基づくものではなく，製造方法記載無視説とでも呼ぶべきであったことである。物同一説においても，製法限定説においても，製造方法の記載が何らかの意味で「物」を特定していることを当然の前提としている。すなわち，本件に即していえば，両説とも，「プラバスタチンラクトンの混入量が0.5重量％未満であり，エピプラバの混入量が0.2重量％未満であるプラバスタチンナトリウム」に何らかの特徴が加わったものが本件発明の技術的範囲であることを当然の前提として，その特徴が特許請求の範囲に記載された製法と異なる製法によっても得られる可能性があることを承認するのか（物同一説），同一の製法によってのみ得られるとみなすのか（製法限定説）の対立はあるものの，製法の記載を無意味なものとして無

視することを認めるものではない。

(2) 東京地裁判決及び知財高裁判決

東京地裁は，物同一説及び製法限定説のいずれとも異なる折衷説を採用し，特段の事情がある場合に限って物同一説を採用し，それ以外の場合には製法限定説を採用すべきであるとした上で，特段の事情を認めず，異なる製造方法で製造された物は特許発明の技術的範囲に属さないと結論した。そして，知財高裁も，折衷説を踏襲して，物同一説を採用すべきクレームを真正プロダクト・バイ・プロセス・クレーム，製法限定説を採用すべき場合を不真正プロダクト・バイ・プロセス・クレームと呼び，真正プロダクト・バイ・プロセス・クレームに該当することの主張立証責任を原告が負うとして，控訴を棄却した。

しかし，プロダクト・バイ・プロセス・クレームに真正と不真正の2種類が存在するとする考え方は東京地裁判決以前には存在せず，両判決は，プロダクト・バイ・プロセスという特許請求の範囲の記載形式が認められるに至った諸外国も含めた歴史的経緯に反するものであった。あらためて「特段の事情」を要求することなく，出願人が物の発明についてプロダクト・バイ・プロセスという記載形式を採用したこと自体から特段の事情の存在を擬制し，常に，真正プロダクト・プロセス・クレームであることを前提として解釈すれば十分であったと思われる。すなわち，本件においては，プラバスタチンナトリウムについて，＜製造方法＞によって，「プラバスタチンラクトンの混入量が0.5重量％未満であり，エピプラバの混入量が0.2重量％未満である」という構成以外の特徴が得られていることが前提とされるとして，製造方法を異にする被告製品においてもその特徴が存在することについて原告の主張立証がないという理由で請求棄却することは容易であったと思われる。

(3) 最高裁判決

最高裁は，上記控訴審判決を取り消して，事件を知財高裁に差し戻した。その理由の要旨は次のとおりである。

① 物の発明についての特許に係る特許請求の範囲にその物の製造方法が記載されている場合であっても，その特許発明の技術的範囲は，当該製造方法により製造された物と構造，特性等が同一である物として確定されるものと解するのが相当である。

② 物の発明についての特許に係る特許請求の範囲にその物の製造方法が記載されている場合において，当該特許請求の範囲の記載が特許法36条6項2号にいう「発明が明確であること」という要件に適合するといえるのは，出願時において当該物をその構造又は特性により直接特定することが不可能であるか，又はおよそ実際的でないという事情が存在するときに限られると解するのが相当である。

以上のとおり，最高裁は，いわゆるプロダクト・バイ・プロセス・クレームの解釈について物同一説を採用すべきことを明らかにした。これによって物同一説と製法限定説の対立は解決することになる。

しかしながら，第1に，「当該製造方法により製造された物と構造，特性等が同一である物」とはいかなる範囲の物であるのかという点と，第2に，明確性要件について求められている，「出願時において当該物をその構造又は特性により直接特定することが不可能であるか，又はおよそ実際的でないという事情」とはいかなる事情であるのかについて，実務上の課題を残す結果となっている。そこで，以下においてこれらの問題を検討する。

IV　実務上の課題

(1) 仮想クレームによる考察

以下においては，金属材料に関する仮想クレームを用いて，実務上の課題を検討する。金属材料，特に合金の分野では冷却速度などの製造方法に関するパラメータを特定することによって物の発明を特定することが古くから行われている。なお，ここで用いる仮想クレームは実際に存在する特許公報等を参考にして作成したものであるが，あくまでも架空のものである。

検討の材料とする仮想クレームは，次のとおりである。

＜仮想クレーム＞

質量%で，

C：0.02～0.35%，

Si：0.002～1.8%，

Mn：0.02～2.5%，

P：0.03％以下，

S：0.04％以下，

Al：0.2％以下，

N：0.005％以下を含有し，

残部がFe及び不可避的不純物からなる鋼板を加熱し，粗圧延した後，仕上げ圧延を1050℃以下で開始，950℃以下で終了し，仕上げ圧延終了温度から780℃までの温度域を85℃/s以上で冷却し，400℃超500℃以下の温度域で巻取りを行い，巻取り後に80分以内に350～400℃の温度域まで冷却し，350～400℃の温度域で90分以上保持することを含む製造方法によって製造された，酸化膜被覆された熱延鋼板。

(2) 構造，特性等が同一である物

最高裁判決は，「特許発明の技術的範囲は，当該製造方法により製造された物と構造，特性等が同一である物として確定される。」と述べている。そこで，上記の仮想クレームを前提として，被告製品の組成がクレームの範囲内であり，被告製品が酸化膜被覆されていることには争いがなく，被告の製造方法が次のようなものであることが認定されたとして，「構造，特性等が同一である物」とは何かを検討する。

「鋼板を加熱し，粗圧延した後，仕上げ圧延を1100℃で開始，1000℃で終了し，仕上げ圧延終了温度から800℃までの温度域を50℃/sで冷却し，550℃の温度域で巻取りを行い，巻取り後に90分で400～450℃の温度域まで冷却し，400～450℃の温度域で80分保持する。」

ここで認定されている被告の製造方法においては，仮想クレームに記載されている冷却条件とは異なる冷却条件が採用されている。しかし，最高裁判決によれば，このような場合であっても仮想クレームに記載されている物と「構造，特性等が同一である物」は特許発明の技術的範囲に属することになる。そこで，どの程度の差異があっても，「構造，特性等が同一である」ことになるのかが問題となる。

この問題について，最高裁判決以前から全部説と作用効果説の対立があるとされている[4,5]。全部説は，プロダクト・バイ・プロセス・クレームに記載された製造方法によって得られた物と訴訟の対象物とが，構造ないし特性上

100％の同一性を有することをもって同一であると判断するものである。一方，作用効果説は，当該製造方法によって与えられる構造・性質であって，発明の目的に適った作用効果を奏するために必要不可欠な構造・性質が同一であれば足りるとするものである。

いずれが妥当であるかという点について，学説には，理論的には，全部説が妥当であるとしながらも，全部説を採用すると，物同一説そのものが，結局のところ，絵に描いた餅になり，判決の立場は，非侵害を導く論理でしかないとさえいえるとするもの[6]，侵害判断の時点までに，特許対象の物の構造が明らかになっていなければ対比が不能であるから，結局のところ排他権を行使できないことになることを指摘するもの[7]などがある。学説は，このような不都合を挙証責任の分配によって避けることを提案したり[8]，あるいは，作用効果の同一性で十分とすべき事例もあるとして，個別事例により作用効果説を採用することを示唆したりしている[9]。

学説が理論的には全部説が正当であるとする理由は，構成要件理論を適用するに当たって，プロダクト・バイ・プロセス・クレームを有利に扱う理由がないとするものである[10]。例えば，被告製品が発明の目的に適った作用効果を奏するために必要不可欠な構造・性質を有し，実際にもその作用効果を奏するが，クレームの生産方法によって生産される限り有し得ない何らかの特徴を有しており，かつ，その特徴が当該作用効果に影響を与えない場合に，侵害の成立を認めることに疑問を呈している[11]。

しかし，全部説を支持すべき理由が上記のようなものであれば，全部説は，形を変えた製法限定説にほかならない。そもそも，プロダクト・バイ・プロセス・クレームは，製法以外の点では同一の物であっても，製法が異なれば物と

---

[4]　南条・前掲[2]・26頁。
[5]　吉田広志「プロダクト・バイ・プロセス・クレイムの特許適格性と技術的範囲（1・2）」知的財産法政策学研究12号241頁，同13号131頁。
[6]　南条・前掲[2]・27頁。
[7]　吉田・前掲[5]・13号161頁。
[8]　南条・前掲[2]・27頁。
[9]　吉田・前掲[5]・13号162頁。
[10]　吉田・前掲[5]・13号161頁。
[11]　南条・前掲[2]・26頁。

して異なることを前提として成立する発明である。この前提の下では，製法が異なるにもかかわらず，一切の構造・性質が同一であることはあり得ない。したがって，製法が異なれば，何らかの構造・性質が異なるはずであるから，全部説によれば，物としての同一性は否定せざるを得ない。この結論は，製法限定説と異なるところがない。

　仮想クレームでは，鋼板の熱間圧延が行われている。また，鋼板は酸化膜被覆されていることが特定されている。技術常識によれば，熱間圧延によって鋼板表面に生じる酸化膜を構成する酸化物の種類及びその比率や結晶粒子径は冷却条件の影響を受ける。したがって，冷却条件が異なればまったく同じ酸化膜被覆を生じることはない。

　結局，被告製品の製法が異なっても特許発明の技術的範囲に属する可能性を残すために物同一説を採用する以上，同一性の判断に全部説を採用することは無意味である。したがって，全部説と作用効果説を比較するならば，作用効果説が妥当であると考える。

　しかし，問題は，クレームに記載された製造方法によって得られるいかなる「構造，特性等」が課題の解決に寄与しているかが出願時には不明であることがプロダクト・バイ・プロセス・クレームの前提である点である。作用効果説が意味をもつためには，出願時の技術常識と，侵害立証時の技術常識に差があることを前提としなければならない。

　例えば，仮想クレームの熱延鋼板について，酸化膜被覆の密着性がよいことが作用効果であったとする。そして，この効果は，製造方法の異なる比較例との比較によって示されていたとする。先願主義の下では，酸化膜の内部構造の分析を待つことなく出願を行うことが普通であろう。密着性に貢献しているのが結晶粒子径の分布なのか，酸化物の種類や比率なのかは不明なままに，得られた製品が優れた性質を有していることが判明した時点で特許を出願し，その後に酸化膜の内部構造の分析を行ったとしても，特許制度の目的に反するものではない。

　しかし，侵害立証時においても何が作用効果の源泉であるのかが不明であれば，作用効果説に基づく同一性の主張は不可能である。仮に，製造方法が異なっても酸化物の結晶粒子径の分布が同じであれば技術的範囲に属するという主

張をしたいのであれば，侵害立証時において結晶粒子径の分布が作用効果の源泉であることと，被告の製造方法における冷却条件によっても結晶粒子径の分布が同一の酸化膜被覆が得られることを主張立証しなければならないだろう。

(3) 物の直接特定が不可能又は実際的でない事情

前述のとおり，プロダクト・バイ・プロセス・クレームの明確性要件について，プラバスタチン事件最高裁判決は，「出願時において当該物をその構造又は特性により直接特定することが不可能であるか，又はおよそ実際的でないという事情が存在するとき」に限って適合するとしている。また，最高裁は，このような事情がある場合には，「（クレーム記載の）当該製造方法により製造された物と構造，特性等が同一である物として特許発明の技術的範囲を確定しても，第三者の利益を不当に害することがないというべきである。」と述べている。そして，このような事情の例示として，「出願時において当該物の構造又は特性を解析することが技術的に不可能であったり，特許出願の性質上，迅速性等を必要とすることに鑑みて，特定する作業を行うことに著しく過大な経済的支出や時間を要するなど，出願人にこのような作業を要求することがおよそ実際的でない場合もあり得るところである。」と述べている。

最高裁は，「技術的に不可能であったり，……出願人にこのような作業を要求することがおよそ実際的でない」ことと，技術的範囲の確定に関して「第三者の利益を不当に害することがない」ことがいかなる論理で結びつくのかを明らかにしていない。しかし，均等論に関する最高裁判決と重ね合わせて理解するならば，「出願時」と「対象製品等の製造等の時点」の差によって出願人の利益と第三者の利益が均衡し得ると理解することが可能である。

前述したとおり，特許出願後，侵害立証時までの研究成果によって作用効果の源泉となっている物の構造又は特性等が判明していなければ，特許権者は作用効果説に基づく物同一説の利益を享受し得ない。しかし，判明している場合は，第三者の側でも，侵害時においてはクレーム記載の製造方法によっていかなるメカニズムで作用効果が得られているのかについて把握する機会があるはずである。例えば，仮想クレームの場合に，特許出願後に酸化物の結晶粒子径の分布が作用効果の源泉であり，冷却条件の一部を変更しても目的を達することが判明しているならば，クレーム記載の冷却条件とは異なる冷却条件で製造

された熱延鋼板を特許発明の技術的範囲に含めても第三者の利益を不当に害することはないであろう。これは，均等論の第2要件，第3要件（置換可能性及び置換容易性）について侵害時を基準時としていることと通じるものである。

したがって，「出願時において当該物をその構造又は特性により直接特定することが不可能であるか，又はおよそ実際的でないという事情」として主張すべきことは，クレームに記載されている物の構造又は特性のみでは物の発明の特定として不十分であること，製造方法の違いによって作用効果が量的又は質的に異なること，作用効果の違いをもたらす物の構造又は特性が出願時においては解析されていないことなどである。

(4) 従来の学説との関係

最高裁判決を以上のように理解すると，製法限定説を採用した上で均等論の適用によって妥当な結論を導こうとする場合の考慮要素と，明確性要件の考慮要素は同じになる。製法限定説では製造方法が違えば，文理上，クレームに記載された構成要件は充足されていないから，文言侵害は否定される。しかし，被告製品がクレーム記載の製造方法によってもたらされる物の構造又は特性の本質的部分を有しているのであれば，均等論による侵害が認められる可能性がある。この場合，文言上の技術的範囲を拡大するわけであるから，第三者の利益を不当に害さないことが必要である。したがって，均等論適用の要件と特許請求の範囲の記載の明確性要件が重なり合うのは当然のことなのである。

このように考えると，過去の裁判例のほとんどが物同一説に立つことを明言しながら，実際の事件の結論としては，クレームに記載されたプロセスとは異なる生産方法によって生産された物に対して権利行使を認めていないという事実の説明もつくことになる。判例上，均等論が認められた後も，均等論によって侵害が認められた例は数えるほどしかないのである。プロダクト・バイ・プロセス・クレームの場合には，通常のクレーム以上に，原告が発明の本質を主張立証することは困難である。したがって，クレームに記載されたプロセスとは異なる生産方法によって生産された物に対して権利行使が認められる可能性は極めて低くなるのである。

V 結 び

　本稿では，プロダクト・バイ・プロセス・クレームの解釈に関する過去の学説，裁判例を概観し，プラバスタチン事件最高裁判決以降の実務の課題について論じた。結論として，最高裁判決は，物同一説に立ってプロダクト・バイ・プロセス・クレームの技術的範囲の拡大を図りながら，特許請求の範囲の第三者保護機能を重視して，明確性要件の観点からプロダクト・バイ・プロセス・クレームの濫用に歯止めをかけたものである。その結果，実務上の考慮要素としては，製法限定説に立って均等論の枠組みを使って異なる製法に技術的範囲を拡大する場合と変わりのないものになっている。このように理解すれば，明確性要件に適合させるために「出願時において当該物をその構造又は特性により直接特定することが不可能であるか，又はおよそ実際的でないという事情」として何を主張するかについても自ずと明らかになると考えられる。

25 ソフトウェア関連発明に係る特許侵害訴訟における留意点

北岡　弘章

いわゆるプログラム・ソフトウェア関連発明に係る特許侵害訴訟において留意すべきクレーム解釈及び特徴点を説明せよ。

キーワード　発明該当性，プログラム，ソフトウェア，複数主体，協働要件

I　ソフトウェア関連発明の特徴

プログラムやソフトウェアに関連する発明（以下，「ソフトウェア関連発明」という）については，次のような特徴がある。

(1)　発明該当性

まず，発明該当性，すなわち自然法則を利用した技術的思想の創作に該当するかが問題となりやすい点である。

ソフトウェア関連発明と呼ばれるものは，多様であり，ビジネス特許やビデオゲームの実行の場合には，特徴的な部分はビジネス方法であったり，ゲームの進行手順であり，これを実現するためのハードウェアは，汎用的なコンピュータや既存のネットワークを使用するような場合，実質的には人為的な取り決めを実行しているにすぎない場合がある。このような場合には，特許となり得るかが問題となるとともに，特許発明として成立した場合には，その技術的範囲が広範囲に及び得る等の問題がある[1]。

(a)　ハードウェア資源との関係

発明該当性の問題に関する，ソフトウェア関連発明に関する審査基準[2]上

---

[1]　相田義明「ビジネス特許に関わる侵害事件の問題点」野村豊弘先生古稀記念論文集『知的財産・コンピュータと法』553頁。

[2]　特許庁『特許・実用新案審査基準』，附属書B第1章「コンピュータソフトウェア関連発明」。

の取扱いも，特許されるクレームとの関係で少なからず影響を及ぼしている。

一般にイメージされているソフトウェアの場合（いわゆるビジネスモデル特許と呼ばれるようなものも含まれる）は，「ソフトウェアの観点に基づく考え方」[3]で判断が行われ，「ソフトウェアによる情報処理が，ハードウェア資源を用いて具体的に実現されている」場合，より具体的には，ソフトウェアとハードウェア資源とが協働することによって，使用目的に応じた特有の情報処理装置又はその動作方法が構築される場合に発明該当性が認められる。この要件は，一般に協働要件と呼ばれている[4]。

ここでのポイントは，「ハードウェア資源」との結びつきが要求されており，クレームの記載において，ハードウェアである，クライアントPC，サーバ，携帯端末等を意識した書き方になる点である。クレーム上，必ずハードウェアを記載しなければならないわけではないが，それを前提とした（意識した）処理内容をクレームに記載する必要が出てくる。

後述のソフトウェアの経時的要素とハードウェア資源との協働要件が相俟って，プログラムの処理上の本質的な要素でないハードウェアが，クレーム解釈に影響を及ぼしやすいこととなる。

(b) 経時的要素

プログラムとは，「電子計算機に対する指令であって，一の結果を得ることができるように組み合わせられたもの」（特2条4項）であって，プログラムは指令が時間的な秩序に基づいて組み合わせられることにより実行される。そのため，プログラムは経時的要素が強く，方法に近いことが指摘されている[5]。したがって，ソフトウェア関連発明のクレーム解釈においては，物の発明であっても，経時的な要素がその前提となる。

(2) **ネットワークとの関係**

また，ソフトウェア関連発明の一種である，コンピュータネットワークを利

---

[3] エンジン等の機器に対する制御又は制御に伴う処理を具体的に行うプログラムは，自然法則を利用した発明として，「ソフトウェアの観点に基づく考え方」による判断は行われない。

[4] 旅行業向け会計処理装置事件（知財高判平21・5・25（平20（行ケ）10151号）判時2105号105頁）で，「会計処理装置の動作方法及びその順序等が具体的に示されている。」として発明該当性を認めており，審査基準と同様の判断をしている。

[5] 中山信弘『特許法〔第3版〕』112頁。

用する発明（以下，「ネットワーク関連発明」という）について，次のような特徴を有する。

ネットワークを利用する発明の場合には，コンピュータハードウェアが複数存在する結果，発明が複数の主体により実施され，当該ハードウェア資源との関係について一主体の行為だけに着目すると特許発明の実施に該当しないとの問題が生じやすい（複数主体による特許権侵害の問題）。さらに，ネットワークを通じて国境をまたいで特許発明の一部が海外で実施されることも起こりやすい。

以上のような問題があるため，ソフトウェア関連発明は，実効的な権利行使が困難であるということもその特徴である。

Ⅱ　文言侵害

文言侵害におけるクレームの解釈について，ソフトウェア関連発明特有の解釈があるわけではない。ソフトウェア関連発明は，前述のように，審査基準で要求される協働要件を満たすような形で出願され登録されるため，クレームの記載も協働要件，すなわちハードウェア資源を意識したものとなる。そのため，クレーム解釈においても，ハードウェア構成に限定したクレーム解釈がなされる傾向にある。方法，物のクレームともに経時的要素の強いクレームとなっており，処理の手順に即したクレーム解釈が行われる[6]。以下，いくつかの判例を紹介する。

(1) ハードウェア資源との関係

(a) 車載ナビゲーション装置事件

車載ナビゲーション装置に関する裁判例（知財高判平23・11・30（平23(ネ)10004号）判時2158号115頁）では，発明の名称が「車載ナビゲーション装置」とする発

---

[6]　また，水谷直紀弁護士は，ゲームやビジネス方法の発明のように，発明の内容がゲームやビジネス方法それ自体を内容とするものであって，ソフトウェアは，これらを実現するための技術的手段に止まる場合，特許発明の技術的範囲について，明細書中に開示されているゲームの内容やビジネス方法の範囲に止めるべきことを指摘し，かかる考え方が窺われる裁判例（東京地判平26・6・6（平23(ワ)29178号）裁判所ホームページ）を紹介する。水谷直樹「ソフトウェア関連発明が特許法29条1項柱書所定の発明として認められるための要件，およびこれが認められた場合の当該特許発明の技術的範囲」野村豊弘先生古稀記念論文集『知的財産・コンピュータと法』540頁。

明について，明細書の記載に車両から持ち出すことを想定した記述がないこと等を理由として，「特許請求の範囲に記載された『車載ナビゲーション装置』における『車載』とは，車両が利用されているか否かを問わず，車両に積載されて，常時その状態に置かれていることを意味するものと解するのが合理的である。」として，被告の実施技術は，サーバ及び携帯端末から構成されていることから，被告サーバは車両に積載されて常置されているものでないとして，非侵害と判断したものである。

クレームが車というものと結びつく形，すなわち「車載」という限定があることがポイントだが，本件発明の出願は1991年であり，この当時サーバ・クライアント型を想定した明細書を作成することは困難だったと思われる事案である。

これと同様に，サーバ，クライアントのいずれで処理がなされるかにより，技術的範囲に属するか否かが判断された事案もある。

(b) 携帯型コミュニケータ事件

携帯型コミュニケータ事件（知財高判平22・3・30（平21（ネ）10055号）判時2074号125頁）における発明の構成は，①携帯可能な端末において，GPSにより現在位置を特定し，②業務名の一覧から画面上で選択された項目の名称に基づき，所定の業務を行う複数の個人，会社，あるいは官庁の中から現在位置に最も近いものの発信先番号を選択し（選択手段），③選択された発信先番号に電話発信することを内容とするものであった。

この構成のうち，本件特許発明について，②の「選択手段」による処理を，「携帯コンピュータ」自体のCPUが実行するものであって，「選択手段」は「携帯コンピュータ」自体が備えるものであると解釈された。これに対し，被告製品では，端末（携帯電話）ではなく，ナビタイムサーバ（データベースを有し，発信先番号の選択に関する検索処理を行うサーバ）で実行しているもので，被告製品においては，「選択手段」を「携帯コンピュータ」自体が備えておらず，特許発明の技術的範囲に属しないと判断された。

有線，無線によるネットワークインフラが整備された現在では，サーバ・クライアントで分散して処理を分散して行うことは一般的となっているが，ハードウェア資源として単一の端末での処理を想定したクレームの場合，単一の端

末を前提とした範囲に技術的範囲が限定されるということになる。

(2) 経時的要素のとの関係

(a) Web-POS事件

Web-POS事件（知財高判平26・5・21（平25(ネ)10108号）裁判所ホームページ）では，ウェブサイトにおけるフレームの表示方法についての方法クレームの特許発明について，当該特許発明が，初期フレームからの画面遷移に応じてプログラムの動作手順を定めるクレームであったのに対し，被控訴人のシステムでは，サーバ装置からクライアント装置に対して一括してHTMLファイルを送信しているものであるとして，構成要件を充足しないと判断した。

方法クレームであることもあって，処理手順が厳密に検討された上で充足性が判断されている。

(b) 人脈関係登録システム事件

人脈関係登録システム事件（東京地判平29・7・12（平28(ワ)14868号）裁判所ホームページ）は，ネットワーク上で，友達関係を登録するためのシステムであるが，構成要件における「上記第二のメッセージを送信したとき，上記第一の登録者の識別情報と第二の登録者の識別情報とを関連付けて上記記憶手段に記憶する手段」等の「送信したとき」との構成について，原告は「とき」を意味するとしてある程度の幅をもった時間であるとの主張を行ったが，明細書にそれを窺わせる記載はなく，「送信したことを条件として」との意味と解釈した。その上で，被告サーバでは，第二のメッセージを受信したことを条件として「マイミク」であることを記憶し，「マイミク」である旨の記憶をしたことを条件として「第二のメッセージ」を送信するという構成であって，送信したことを条件とするものではなく，構成要件を充足しないと判断している。これもソフトウェア関連発明において，具体的な処理の順序，経時的要素を重視して解釈することを示している。また，本件発明は，サーバ，すなわち物の発明であるが，やはり経時的要素に即したクレーム解釈が行われている。

したがって，ソフトウェア関連発明において，文言侵害の主張を行う場合には，プログラムの処理内容の類似性だけでなく，具体的な処理手順においても充足しているかの検討が必要となる。

Ⅲ 均等侵害

　均等を肯定している判決としては，後述の複数主体による特許権侵害の問題についての眼鏡レンズ供給システム事件（東京地判平19・12・14（平16（ワ）25576号））で，構成要件 J（J'）について，周長等の演算処理が眼鏡店コンピュータではなくフレームトレーサに内蔵された CPU によって行われていることにつき，文言侵害ではなく，均等侵害を認めたものがある（ただし，均等の本質的部分，置換可能性，置換容易性の要件について争いなく，自白が成立している）。

　均等を否定した裁判例は多数あるが，以下，均等要件ごとにソフトウェア関連発明の特徴が現れているものをいくつか紹介する。

(1) 第1要件

(a) 外国為替取引システム事件

　外国為替取引システム事件（東京地判平29・2・10（平27（ワ）4461号）裁判所ホームページ）は，データ通信ネットワークを通じて外国為替などを投資家のあらかじめの特定条件に応じてコンピュータが自動で売買を発注する内容の発明であり，相違点については，本件発明1では構成要件1Ｂ−4（利幅を示す情報）及び構成要件1Ｂ−5（値幅を示す情報）を入力するのに対し，被告サービス1では②「注文種類」ないし⑥「対象資産（円）」を入力する点にあると認定されている。

　同判決は，マキサカルシトール事件大合議判決（知財高判平28・3・25（平27（ネ）10014号）民集71巻3号544頁）の規範を援用し，特許発明の本質的部分は，特許請求の範囲及び明細書の記載，特に明細書記載の従来技術との比較から認定されるべきであるとした上で，「本件発明1に記載された課題『システムを利用する顧客が煩雑な注文手続を行うことなく指値注文による取引を効率的かつ円滑に行うことができる金融商品取引管理方法を提供すること』（段落【0006】）は，本件発明1の課題の上位概念を記載したものにすぎず，客観的に見てなお不十分であるといわざるを得ない。」として，従来技術に照らして，構成要件に記載されている各情報に基づいて，「同一種類の金融商品を複数の価格について指値注文する注文情報からなる注文情報群を生成することにより，金融商

品を売買する際，一の注文手続を行うことで，同一種類の金融商品を複数の価格にわたって一度に注文できるという点にその本質的部分があるというべきである。」とし，構成要件に記載されている発注の際の入力情報が本質的部分になるとし，均等の第1要件を満たさないとした。

　ソフトウェア関連発明は，ソフトウェアの処理の目的というレベルでクレームの上位概念化が容易な発明類型であり，本判決は，課題を抽象化，上位概念化することにより本質的部分を認めることについては否定的である。ソフトウェアの具体的な処理手順に関し，従来技術の比較により本質的部分が認定されることに留意する必要がある。なお，同事件の控訴審判決（知財高判平29・12・21（平29（ネ）10027号））では，構成要件1Bの充足性を認め，差止請求を認容した。

（b）　移動体の運行管理方法事件控訴審

　移動体の運行管理方法事件控訴審判決（知財高判平27・11・26（平27（ネ）10038号）裁判所ホームページ）は，本件特許の文言侵害については，第1記録領域及び第2記録領域の意味内容が問題となり，本件各特許発明における，「第1記録領域及び第2記録領域とは，区分されたデータをその区分どおりに記録するため，記録媒体の記録領域を区分して形成された別個の記録領域である。」と認定した上で，被控訴人機器及び方法のデータの記録方法については，上書き可能なデータと同じ領域に上書き禁止処理がなされているデータを書き込むもので，本件各特許発明の「第1記録領域」及び「第2記録領域」に相当する構成を有していないとして，充足性を否定した。

　均等の第1要件の充足については，明細書の記載事項から，従来技術について，車両等の挙動特徴に関する計測データが，危険な運転操作の検出等と日常的な運転中の挙動操作の双方を解析するについては不十分なもので，これらの解析に必要な計測データを効率的に記録媒体に記録することを課題とし，解決方法として，日常的な運転における挙動の特徴に関するデータと，事故につながるような挙動の特徴に関するデータとを峻別し，記録媒体の別々の記録領域に記録し，そのデータを解析することによりきめ細やかな運行管理を可能にするとの課題，課題解決方法及び作用効果を認定した。その上で，限られた容量の記録媒体に，どのようにして複数種の解析されるべきデータを記録するか

が，発明を構成する必須の要素であり，「第1記録領域」及び「第2記録領域」との構成は，本件各特許発明の本質的部分に含まれ，均等の第1要件を充足しないと判断している。

本件特許も被控訴人機器等とも，日常的な運転時のデータと事故時のデータを峻別し，日常的な運転時のデータについては，上書き可能とすることで記憶容量を有効活用するという点では同じであるが，その課題解決のためのデータの具体的処理手順（データを個別の記録領域に記憶させる）を本質的部分と解しており，均等侵害を認めることにかなり限定的な解釈である。

(2) 第2要件

第2要件である置換可能性に関しては，スタンドアローンのコンピュータを前提とした発明が，サーバ・クライアント型の構成に置換可能かということが問題となりやすい。

文言侵害で検討した，携帯型コミュニケータ事件・控訴審判決は，「従来技術において，無線電話装置と携帯型コンピュータとGPS利用者装置とをすべてを携帯することができず，かつ相互を組み合わせてそれらを複合した機能を得ることができないという課題を解決するために，それらを複合した機能を，実用的に得ることを目的としたものである。」と従来技術との関係で解決課題を捉え，本件発明が「携帯コンピュータ」という単独の端末により解決を図ろうとしたものであるのに対し，被告製品が，ナビタイムサーバというサーバとの通信により解決を図るものであるから，解決課題及び解決原理が異なり，置換可能性はないとして，第2要件の充足性を否定している。

また，同じく文言侵害において検討した車載ナビゲーション装置事件においても均等の第2要件が問題となっているが，「車載」の意義が車両に積載されて，常時その状態に置かれていることを意味するとの解釈を前提に「ユーザは，ナビゲーションの利用を欲したにもかかわらず，持ち込みを忘れるなどの事情によって，その利用の機会を得られないことを防止できる効果」があると認定し，被告装置は携帯（保持）されているもので，置換することによって，利用機会を喪失することを防止するという課題解決及び作用効果が得られないとして，第2要件の充足性を否定している。

プログラムの機能としては，スタンドアローン型，クライアント・サーバ型

で同様の構成をとることが可能であったとしても，ハードウェア資源の構成が変わった場合に，解決すべき課題，作用効果も異なることが通常であると思われ，置換可能性を認めることは容易でない。

(3) **第5要件**

第5要件について，医療用可視画像生成方法事件・控訴審判決（知財高判平24・9・26（平24（ネ）10035号）判時2172号106頁）は，「明細書に他の構成の候補が開示され，出願人においてその構成を記載することが容易にできたにもかかわらず，あえて特許請求の範囲に特定の構成のみを記載した場合」であるとして，前記外国為替取引システム事件は，補正に係る意見書の記載から，後記フリー会計処理装置事件は，当該問題となっている構成を追加する補正書を行ったとの出願経過から，特許請求の範囲から意識的に除外したものであるとして，均等侵害を否定したものである。

一般論としては，ソフトウェア関連発明では，同じ目的を達成するための構成が数多く存在するため，特定の構成をとったということにより意識的に除外したと判断される場合が多いと思われる。

Ⅳ　複数主体による特許権侵害

複数関与者による侵害については，**本書**[31]「複数主体による特許権侵害」で検討されているため，複数主体そのものの問題点の詳細についてはそちらを参照されたい。

ここでは，ソフトウェア関連発明において複数主体が問題となる場合の留意点のみ指摘する。複数主体が問題となるのは，クレームにハードウェア資源との関連が窺われるからであり，これは，ソフトウェア関連発明において，協働要件を意識したクレームとなっていることが影響している。

しかし，ハードウェア資源が窺われるとしても，一つの特許発明において，別の法主体が関わっているかは，クレーム上明らかなわけではない[7]。事実上，複数の主体が行うことが想定されるので，複数主体の問題として論じられ

＊7　大須賀滋「複数関与者による特許権侵害」パテ66巻4号97頁。

ている。

複数主体による特許権侵害について判示された裁判例としては，前記眼鏡レンズ供給システム事件，インターネットナンバー事件（知財高判平22・3・24（平20(ネ)10085号）判タ1358号184頁）がある。実施行為者が誰であるのかについては，眼鏡レンズ供給システム事件が支配管理論で，インターネットナンバー事件では，サーバとクライアントの複数者による行為として書いてあるように読めるクレームについて，「アクセスを提供する方法」の実施主体による，単数者による実施行為として解釈したという違いはあるが，いずれの裁判例も構成要件の充足性については，侵害主体性の判断と分けて判断を行っていることは同じである。したがって，複数主体による特許権侵害が問題となるようなクレームを検討する場合は，侵害の主体の問題を捨象した上で構成要件の充足性を判断し，その上で侵害主体は誰かの問題を検討することになる。

どのように実施行為の主体（侵害主体）を判断すべきかについては，裁判例も少なく，学説も一致を見ない状態である。実質的な実施行為者が誰であるかという基準に関し，様々な考え方があるのが現状であり，実務的には事案に応じてあてはめやすい理論構成を考えるほかない。ここで重要なのは，実施概念が有する予測可能性の担保機能を害しないかという観点からの検討であろう*8。その意味では，インターネットナンバー事件のようにクレーム解釈を通じて実施行為の主体を解釈上導き得るか，その上で，その解釈が予測可能性の範囲内にあるかを検討した上で，訴えの相手方を選択することになろう。

V　AI（人工知能）関連侵発明と侵害

フリー会計処理装置事件（東京地判平29・7・27（平28(ワ)35763号）裁判所ホームページ）は，被告方法が広義の人工知能（機械学習）による場合の侵害が争われた事案である。

会計処理ソフトにおいて，問題となった構成要件（13C及び14E）について文言解釈として「取引内容の記載に複数のキーワードが含まれる場合には，キー

---

*8　大須賀・前掲*7・102頁。

ワードの優先ルールを適用して，優先順位の最も高いキーワード１つを選び出し，それにより取引内容の記載に含まれうるキーワードについて対応する勘定科目を対応づけた対応テーブル（対応表のデータ）を参照することにより，特定の勘定科目を選択する」という構成であると裁判所は認定した。

これに対し，被告方法については，いわゆる機械学習を利用して生成されたアルゴリズムを適用して，入力された取引内容に対応する勘定科目を推測していることが窺われ，対応テーブルによる処理ではないとして，文言侵害を否定した。

また，均等侵害については，第１要件につき構成要件14Ｅ等は本質的部分である，第５要件についても，出願経過によれば特許請求の範囲から意識的に除外したものであるとして，均等侵害を否定した。

現在，ソフトウェア関連発明として，ディープラーニング等の人工知能（AI）関連の発明が注目を浴びている。本件の発明は，ディープラーニングではなく，一世代前の機械学習と呼ばれる技術ではあるが，典型的なソフトウェア技術と異なる点では同じであり，今後の特許紛争においては同種の問題を検討すべき場面が増えると思われる。

原告の発明は，対応テーブルをもち，対応テーブルと入力されたキーワードに応じて勘定科目を選択するというもので，一定の条件を人が定めた上で条件を分け，それに従って手順が進行することを内容とするものである。これに対して，機械学習等の技術では，キーワードをもとに勘定科目を推論させる（確率的に計算させる）形で処理を行うため，細かく条件付けを定めない形で処理がなされる。これまでに検討したように，ソフトウェア関連発明では経時的な要素（処理手順）が重視されることから，処理の手順として本質的に異なることになる。均等侵害も含め，侵害とならない場合が増えることが予想される。

Ⅵ　立証上の問題

パソコン用のパッケージソフトウェアのようにスタンドアローンで動作するものであれば，相手方のソフトウェアを入手することにより，ある程度解析することも可能であるが，それでも画面表示などの外部出力等が同様であること

は示せても，具体的な内部処理についての解析は難しく実施態様を明らかにすることは困難である。さらに，クライアント・サーバ形式やクラウドシステムのような，ネットワーク関連発明の場合には，外部からその動作を解析することも困難である。

このような立証の困難さは，通常，工場の内部で使用されるような方法の発明について指摘されることであるが，ソフトウェア関連発明においては，方法の発明だけでなく，物の発明についても同じく問題となる。既に検討したように，ソフトウェアの具体的な処理手順についての充足性を要求される点は，方法クレームであっても物（システム）のクレームでも同様だからである。

この点に関し，AI関連の項目で紹介した，フリー会計処理装置事件（東京地判平29・7・27（平28（ワ）35763号）裁判所ホームページ）では，原告より文書提出命令が申し立てられ，提出を拒むことについて正当な理由の有無（特105条1項ただし書）を判断するためインカメラ手続（同条2項）が行われている。文書提出命令の重要性はより高まると思われる。

■

26 数値限定発明

松井　保仁

被告製品がある測定方法によれば数値範囲に入るが，他の測定方法ではその範囲内に入らないときの侵害の成否について説明せよ。

キーワード　数値限定，測定方法，顕著な効果，臨界的意義，選択発明，利用関係

　数値限定発明とは，発明を特定するための事項を，数値を限定することにより数量的に表現した発明をいい[1]，広義には「パラメータ発明」[2]を含むが，狭義には，温度・圧力・組成・形状・寸法等，通常，ある技術的対象を数値的に特定するために慣用的に使用されている変数の一以上を，独立的に規定した要件を含む発明のことをいう[3]。

　本稿では，狭義の数値限定発明（以下，単に「数値限定発明」という）を対象として，その特許性について概観した上で，侵害を主張する場合の留意点を検討する。

I　数値限定発明の特許性

　数値限定発明は，先行発明との関係で，相違点が数値限定のみである発明（以下，「真正数値限定発明」という）と，数値限定以外にも構成又は用途に係る相違点がある発明（以下，「不真正数値限定発明」という）にさらに分類できる。ここでは，この分類を前提に，数値限定発明の特許性について概観する。

(1)　数値限定発明の新規性

---

[1]　吉藤幸朔〔熊谷健一補訂〕『特許法概説〔第13版〕』（有斐閣，平10）120頁。

[2]　パラメータ発明とは，複数の変数を相関的に（必要なら式を用いて）規定した要件や出願人が自己の発明を表現するために創出した技術的変数（パラメータ）を規定した要件を含む発明をいう（後掲[3]参照）。

[3]　今村玲英子「数値やパラメータによる限定を含む発明」（竹田稔監修・「特許審査・審判の法理と課題」刊行編集委員会編『特許審査・審判の法理と課題』（発明協会，平14）317頁）。

数値限定発明のうち不真正数値限定発明であれば，通常，その構成又は用途に係る相違点から新規性が認められる。また，真正数値限定発明でも，当該発明の数値範囲が先行発明の数値範囲と重複しない場合には，その点において新規性が認められ，後は進歩性の問題となる。

しかし，真正数値限定発明において，先行発明と数値範囲が重複する場合には，当該発明の構成の全部又は一部が既に公知である以上，新規性が否定されるのが原則である。そして，①数値限定発明の数値範囲が先行発明の数値範囲の全部を包含する場合には，先行発明の実施が数値限定発明の実施となる「抵触関係」が常に生じ，先行発明の特許権者（特許権が存在しない場合は公衆）から実施の自由を奪うことになるから，原則どおり新規性を否定すべきである。この場合，当該発明の出願人としては，実施の場面における「用途」の違いが明確に区別できるならば，上記「抵触関係」を実質的に回避できる「用途発明」[4]の形で，そうでないならば，先行発明に開示された数値範囲を除外する補正[5]により新規性の確保を図るべきである。

これに対し，②先行発明に数値範囲の記載がないか，数値限定発明の数値範囲の全部又は一部が先行発明の数値範囲に包含される場合には，常に上記「抵触関係」が生じるわけではなく，また，後記(2)のとおり，数値限定自体が格別の技術的意義を有するときには「選択発明」[6]の一種として進歩性が認められるべきことに異論はない。したがって，この場合には，発明の進歩性が肯定されるときに限り，例外的に新規性も否定されないと考える[7]。

---

[4]　用途発明とは，既知の物質について未知の性質を発見し，当該性質に基づき顕著な効果を有する新規な用途を創作したことを特徴とする発明をいう（用量を特定した医薬品特許に関する知財高判平28・7・28（平28（ネ）10023号）裁判所ホームページ〔メニエール病治療薬事件〕等参照）。用途発明における「実施」は，当該新規な用途に使用するために既知の物質を生産，使用，譲渡等する行為に限られるため，先行発明との「抵触関係」が実質的に回避される。

[5]　審査基準第Ⅳ部第2章3.3.1(3)・(4)参照。

[6]　選択発明とは，構成要件のうちの全部又は一部が上位概念又は選択肢で構成されている先行発明に対し，それらの構成要件に包含される下位概念又は選択肢の一部であって，先行発明記載の明細書又は文献に具体的に示されていないものを構成要素として選択した発明をいう（吉藤〔熊谷補訂〕・前掲*1・133頁，審査基準第Ⅲ部第2章第4節7.1等参照）。

[7]　本文Ⅰ(1)①及び②の区分につき，中山信弘＝小泉直樹編『新・注解特許法〔第2版〕【上巻】』271頁〔潮海久雄〕，飯村敏明＝設樂隆一編著『ＬＰ(3)知的財産関係訴訟』435頁〔岡本岳〕等参照。

(2) 数値限定発明の進歩性

数値限定発明のうち不真正数値限定発明では，その構成又は用途に係る相違点から進歩性が認められれば，特に数値限定自体の技術的意義を検討するまでもない。しかし，真正数値限定発明や，数値限定以外の相違点が容易想到である不真正数値限定発明では，数値限定自体について格別の技術的意義の有無が問題となる。

この点，平成27年９月改訂審査基準[8]は，実験的に数値範囲を最適化又は好適化することは，当業者の通常の創作能力の発揮，すなわち設計変更等にすぎないから，相違点が数値限定のみにある数値限定発明には原則として進歩性がないとしつつ，その数値範囲の全域において出願当時の当業者が予測できなかったような顕著な効果（先行発明とは(i)異質な効果又は(ii)同質でも際立って優れた効果）を奏する場合に限り，例外的に進歩性を認める。そして，特に先行発明と課題が共通する場合に(ii)同質な効果に顕著性が認められるためには，数値限定の内外における効果に量的に顕著な差異（臨界的意義）があることを要求する。

このように，審査基準では，主に数値限定による顕著な「効果」に着目するが，先行発明と(i)同質な効果を奏する数値限定発明について，臨界的意義を認定して進歩性を認めた裁判例は少ない。また，数値限定による(ii)異質な効果についても，これにより進歩性を認めた裁判例よりも，むしろ相違点たる数値限定が，先行発明との「課題」や「解決原理」の相違あるいは特定の構成を採用した「目的」の相違等に基づくことを理由に，数値限定自体に格別の技術的意義があるとして進歩性を認めたものの方が多い[9]。これらは数値限定の技術的意義を異なる観点から評価したものといえるが，裁判所における進歩性肯定の理由付けが必ずしも「効果」の観点に限定されないことには注意すべきである。

---

[8]　審査基準第Ⅲ部第２章第４節6.2参照。

[9]　数値限定発明の進歩性判断に関する裁判例の網羅的な検討として，高石秀樹「『数値限定』発明の進歩性判断」パテ63巻３号46頁，同「進歩性判断における『異質な効果』の意義」パテ69巻５号（別冊15号）44頁がある。

Ⅱ　数値限定発明の侵害判断

(1)　数値の測定方法に関する問題

　数値限定発明に係る特許権の侵害を主張する場合，まず被疑侵害品が請求項記載の数値範囲を満たすことを立証する必要がある。具体的には，被疑侵害品のカタログ等に記載された仕様から数値を特定し，それができない場合は実際に被疑侵害品を入手して実測し又は第三者機関に測定を依頼するなどの方法により立証を行うことになる。そこで，まず数値の測定方法に関する問題から検討する。

(a)　測定方法の認定

　数値の測定方法が，当該特許権に係る請求項や明細書等に明記され，その測定方法により被疑侵害品の数値が実際に測定できる場合には問題はない。しかし，測定方法の明記がない場合でも，発明の技術分野・内容，測定の目的，試料の性質，必要な測定精度等を踏まえ，明細書等の他の記載や出願当時の当業者の技術常識に基づいて，当該数値に適した測定方法を認定できることがある。例えば，知財高判平29・1・18（平28(ネ)10003号）裁判所ホームページ〔透明不燃性シート事件〕は，請求項に含まれるガラス組成物の屈折率の数値について，測定結果が異なり得る複数の測定方法がありながら請求項や明細書等に特定がなかった事案において「本件各明細書におけるガラス組成物等の屈折率に関する記載を合理的に解釈し，当業者の技術常識も参酌して，ガラス組成物の屈折率の測定方法を合理的に推認することができるときには，そのように解釈すべきである。」として，明確性要件違反を認定した原審（東京地判平27・11・30（平26(ワ)10848号）裁判所ホームページ）とは異なり，適切な測定方法を認定した上で数値範囲充足の立証がないとした。したがって，このような場合でも，当業者が出願当時に同種の数値の測定に一般的に用いていたJIS規格その他の測定方法があれば，それが採用できる*10。

(b)　測定方法自体の問題

---

*10　測定値に対する補正について大阪地判昭62・10・26（昭58(ワ)4025号）判時1304号118頁〔軽量耐火物事件〕参照。

数値の測定方法に関する明細書等の記載が，詳細で具体的すぎるのも問題である。典型的には，侵害を主張する時点で明細書等に指定された測定装置が使用できない結果，被疑侵害製品の数値測定が困難となる場合である。仮に後継機種が存在しても，先行機種と測定原理等が異なれば，数値間の相関関係を別途立証する必要がある。

また，測定方法の内容や被疑侵害製品の態様次第では，実際の測定が困難な場合もある。例えば，知財高判平21・8・27（平20(ネ)10073号）裁判所ホームページ〔ソーワイヤ用ワイヤ事件〕では，「ワイヤ表面から15μmの深さまでの層除去の前後におけるソーワイヤの曲率変化から求めた内部応力」の数値範囲の充足性が問題となったが，実際には上記層除去の処理が技術的に容易ではなかったため，特許権者が侵害立証に失敗している。同様に，知財高判平28・10・5（平28(ネ)10056号）裁判所ホームページ〔スパッタリングターゲット事件〕でも，ターゲットの組織において一定の相が「前記ターゲットの全体積又は前記ターゲットのエロージョン面の面積の20％以上」有するとの構成要件について，わずか10か所の測定結果では全体積又は面積について立証がされたとは認められなかった。

さらに，JIS等の外部規格による測定方法を指定する場合でも，被疑侵害品の態様によって測定不能になることがある。例えば，大阪地判平17・9・5（平16(ワ)7239号）裁判所ホームページ〔タッチスイッチ事件〕（控訴審：知財高判平18・9・12（平17(ネ)10115号）裁判所ホームページ）は，「基板の凹凸の平均粗さ(Rz)」の数値範囲の充足性に関し，明細書に指定されたJIS規格における標準の基準長さを用いると測定不能となる被疑侵害品を非侵害とした。この事案では，そもそも明細書記載の作用効果からも，標準値よりも長い基準長さを採用できない事情があったが，上記JIS規格の「標準値以外の基準長さを用いる場合には，基準長さを併記する。」との指示に従った併記が明細書等になかったことは決定的であった[11]。

数値限定発明の出願人としては，過度に詳細な特定は避けつつ，できるだけ幅広い態様の被疑侵害品に適用可能な測定方法を明確に記載すべきである。

---

[11]　東京地判平20・3・13（平18(ワ)6663号）裁判所ホームページ〔粗面仕上金属箔事件〕も参照。

(c) 複数の測定方法が存在する場合

請求項記載の数値について複数の測定方法が存在し，明細書等の記載や技術常識からも1つの測定方法に絞り込めない場合，後記Ⅲの明確性要件違反の問題とともに，特に冒頭設問の「被告製品がある測定方法によれば数値範囲に入るが，他の測定方法ではその範囲内に入らないときの侵害の成否」が問題となる。

この点，東京地判平15・6・17（平14（ワ）4251号）判時1838号121頁〔マルチトール含蜜結晶事件〕（控訴審：東京高判平16・2・10（平15（ネ）3746号）裁判所ホームページ）は，「数値限定された特許請求の範囲について『従来より知られた方法』により測定すべき場合において，従来より知られた方法が複数あって，通常いずれの方法を用いるかが当業者に明らかとはいえず，しかも測定方法によって数値に有意の差が生じるときには，数値限定の意味がなくなる結果となりかねず，このような明細書の記載は，十分なものとはいえない。このような場合に，対象製品の構成要件充足性との関係では，通常いずれの方法を用いるかが当業者に明らかとはいえないにもかかわらず，特許権者において特定の測定方法によるべきことを明細書中に明らかにしなかった以上，従来より知られたいずれの方法によって測定しても，特許請求の範囲の記載の数値を充足する場合でない限り，特許権侵害にはならないというべきである。」とし，上記設問の場合に非侵害とした。

同様の事案において，上記の基準により侵害判断を行った他の裁判例としては，知財高判平28・9・28（平27（ネ）10016号）裁判所ホームページ〔ティシュペーパー製品の製造設備事件〕（原審：東京地判平26・12・4（平24（ワ）6547号）裁判所ホームページも同様），東京地判平26・6・24（平24（ワ）15613号）裁判所ホームページ〔Cu-Ni-Si系銅合金条事件〕，東京地判平25・3・15（平23（ワ）6868号）裁判所ホームページ〔シリカ質フィラー事件〕，東京地判平13・3・27（平11（ワ）17601号）裁判所ホームページ〔感熱転写シート事件〕等があり，この種の事案の判断基準として定着したものといえる。

(2) 数値限定の解釈

請求項に含まれる数値限定自体の解釈についても，いくつかの問題点がある。

(a) 有効数字，測定誤差，製造誤差等の考慮

　まず，被疑侵害品に関する測定値を有効数字として扱うことは当然として，請求項中の数値範囲についても，これを実施例に係る測定値に基づくものとして有効数字として扱い，あるいは測定誤差を考慮できるかという問題があるが，裁判例は総じて否定的である。例えば，大阪地判平16・10・21（平14(ワ)10511号）裁判所ホームページ〔酸素発生陽極事件〕は，「実施例を根拠として，特許請求の範囲に技術的範囲の上限を『3ミクロン』とクレームした場合に，実施例における誤差の最大の範囲が権利範囲に含まれるとすることにも疑問があるところである。なぜなら，実施例において，0.5ミクロンの誤差があるのであれば，その誤差の範囲まで，すなわち，『3.5ミクロン未満』を上限として特許請求の範囲に記載すればよいのである。ところが，これをせずにおいて，特許請求の範囲に上限を『3ミクロン』と記載しておきながら，『3.5ミクロン未満』が技術的範囲であるとすることは，特許請求の範囲の記載の明確性を損なうものである。」とした*12。

　また，製造誤差も，数値範囲の解釈において考慮されない。例えば，東京高判平4・1・31（昭62(ネ)1010号）判時1429号116頁〔光学レンズ事件〕は，「ある製品が特許された発明を侵害しているか否かが問題とされる場合，当該発明の構成要件が，明示されたあるいは解釈上認められる寸法等の数値を含むとき，その数値は設計値であり，かつ，その数値が当該発明の構成要件である。一定の製造上の誤差が予測されるとしても，そのことの故に，構成要件であるその数値がその誤差の分だけ広くなったり狭くなったりするものではない。」としている。

(b) 数値範囲を不確定とさせる表現を含む場合

　「約」，「およそ」，「略」，「実質的に」，「本質的に」等の範囲を不確定とさせる表現を含む請求項は，それにより発明の範囲が不明確になると明確性要件違反の問題が生じるが*13，このような表現を含んだまま特許査定を受けた請求

---

*12　同様に四捨五入の範囲での数値範囲の拡大を認めなかった例として，東京地判平14・7・19（平12(ワ)22926号）裁判所ホームページ〔顆粒状ウィスカー事件〕があり，測定誤差の考慮を認めなかった例として，知財高判平27・12・24（平27(ネ)10031号等）裁判所ホームページ〔ピタバスタチンカルシウム塩事件〕がある。

*13　審査基準第Ⅱ部第2章第3節2.2(5)d参照。

項の侵害判断については，明細書等の記載を参酌して「一定の幅」が認められることが多い。例えば，最判平10・4・28（平6（オ）2378号）裁判所ホームページ〔単独型ガス燃焼窯事件〕は，「本件発明の特許請求の範囲にいう摂氏一〇〇〇度ないし摂氏九〇〇度『付近』の窯内温度という構成における『付近』の意義については，本件特許出願時において，右作用効果を生ずるのに適した窯内温度に関する当業者の認識及び技術水準を参酌してこれを解釈することが必要である。」として，このような参酌をせずに「付近」の意義を判断した原判決を破棄して原審に差し戻している*14。

(c) 不可避的不純物等の含有の許否

成分によって特定された物質特許において，例えば，請求項の記載が「Aと平均粒子径1〜2μmであるBを含有することを特徴とするC」のような「オープン・クレーム」であれば，これに上記数値範囲外のBや，A・B以外の成分を含んでいてもその技術的範囲に属することは明らかである。

これに対し，「Aと……であるBのみからなる……」のような「クローズド・クレーム」であれば，上記数値範囲外のBやA・B以外の成分が含まれているとその技術的範囲には属さないのが原則であるが，製法上不可避的に生じる微量の不純物でも許容できないかという解釈上の問題がある。また，「Aと……であるBからなる……」のように，一見して上記のいずれのタイプか明確ではない請求項も存在する。これらについては，明細書等（特に実施例）の記載や当該発明が属する技術分野における出願当時の当業者の技術常識を踏まえて解釈すべきものと考える*15。

例えば，大阪地判平20・3・3（平18（ワ）6162号）裁判所ホームページ〔無鉛はんだ合金事件〕は，「Cu0.3〜0.7重量%，Ni0.04〜0.1重量%，残部 Sn からなる」無鉛はんだ合金との構成要件Aについて「本件発明は構成要件Aに記載される以外の成分組成を含むことを基本的に許容するものではなく，例外的にそ

---

*14 他に，大阪地判平13・9・18（平12（ワ）11471号）裁判所ホームページ，大阪地判平13・10・4（平12（ワ）11470号）裁判所ホームページ〔腹部揺動器具事件〕（「10〜30mm 程度」「100回〜200回程度」についてある程度の幅を許容），東京高判平9・7・17（平6（ネ）2857号）判時1628号101頁〔インターフェロン事件〕（上下限値とともに誤差範囲が示されていた場合に重ねて「約」による幅を認めず）も参照。

*15 中山信弘＝小泉直樹編『新・注解特許法〔第2版〕【中巻】』1326頁〔岩坪哲〕参照。

れが許容されるとしても，せいぜい，そのようなものとして本件明細書において言及されている不可避不純物か，又はそれと同様に合金の流動性向上に影響を与えないことが特許出願時ないし優先日の技術常識に照らして容易に予見し得るものに限られると解するのが相当である。」として，当時のJIS規格において不純物として許容される範囲を上回るAgを含有する被疑侵害品について非侵害とした*16。他方で，知財高判平28・4・13（平27(ネ)10125号）裁判所ホームページ〔スパッタリングターゲット事件〕のように，明細書及び出願経過からターゲット組織に「粗大粒子」が存在すると特許発明の効果を奏しないと考えられる場合には，仮にその生成が不可避であっても，粗大粒子を含む被疑侵害品は非侵害となる。

(3) 均 等 論

　数値限定発明に関しては，数値限定をわずかに外れる被疑侵害品について，特許権者側から均等侵害の主張が行われることが多い。しかし，数値限定発明では，通常，その明細書や出願経過において，先行発明との関係でその上限値や下限値に関する技術的意義が記載・主張されるため，数値限定が特許発明の本質的部分（第1要件不充足）と解釈され，また，数値限定以外の部分が意識的に除外されたもの（第5要件不充足）とされることが多く，調査した範囲では，数値限定の範囲外の被疑侵害品について均等論により侵害を認めた裁判例は見当たらない*17。

　第1要件に関し，例えば，前記(2)(a)の〔酸素発生陽極事件〕は，「一般に，特許請求の範囲において，数値をもって技術的範囲を限定し，その数値に設定することに意義がある場合には，その数値の範囲内の技術に限定することで，その発明に対して特許が付与されたと考えるべきものであるから，特段の事情のない限り，その数値による技術的範囲の限定は特許発明の本質的部分にあたると解するべきである。」とし，また，東京地判平17・5・30（平15(ワ)25968号）裁判所ホームページ〔熱膨張性マイクロカプセル事件〕は，「物質についての発明に関して，当該物質を構成する全成分についての含有割合が数値的に明示さ

---

*16　製法上，不可避的に生成する数値範囲未満の顆粒が実施例記載の程度にごくわずか含まれる場合は構成要件充足の余地があるとした前掲*12〔顆粒状ウィスカー事件〕（控訴審：東京高判平15・7・15（平14(ネ)4293号）裁判所ホームページ）も参照。

れることによってその発明が特定されている場合においては，その発明の奏する効果のうち，特定の成分により生じるものであることが，当業者にとって明らかである効果以外の効果については，当該物質を構成するすべての成分の組合せによって得られるものであると一般的に解されるから，その効果が当該発明について本質的・特徴的な効果である場合には，それに即応したすべての成分の割合も，原則として，発明の本質的部分に当たるというべきである。」とする。

　これに対し，「数値範囲の境界の近傍で作用効果が明確に相違することは通常起こらないことであり，特許発明の記載が真に作用効果が認められる範囲を規定しているとすれば，僅かに外側の数値であっても，かなりの程度で同様の効果は得られるのが普通であろう。そうすると，禁反言などの理由により，均等論が適用されない明確なケースでなければ，数値の近接の程度により，均等論による侵害が認定されてよい場合も十分あるはずである。」とする見解もある[18]。

　確かに，数値限定以外の相違点から新規性及び進歩性が認められる不真正数値限定発明[19]では，数値範囲外でも実施可能性がありながら，商業ベースの

＊17　第1要件不充足とした例として，大阪地判平28・9・15（平27（ワ）7147号）裁判所ホームページ〔家庭用おかゆ調理器事件〕，東京地判平27・9・29（平25（ワ）3360号）裁判所ホームページ〔スパッタリングターゲット事件〕，知財高判平17・7・12（平17（ネ）10056号）裁判所ホームページ〔緑化土壌安定剤事件〕，本文Ⅱ(3)に引用した〔熱膨張性マイクロカプセル事件〕，前掲＊14の〔腹部揺動器具事件〕，第5要件不充足とした例として，大阪地判平21・4・7（平18（ワ）11429号）裁判所ホームページ，東京高判平15・7・18（平14（ネ）4193号）裁判所ホームページ〔ドクターブレード事件〕，第1要件・第5要件ともに不充足とした例として，前掲＊12〔ピタバスタチンカルシウム塩事件〕，大阪地判平18・6・13（平17（ワ）11037号）裁判所ホームページ〔自動車タイヤ用内装材事件〕（控訴審：知財高判平18・10・26（平18（ネ）10063号）裁判所ホームページ），東京地判平16・5・28（平15（ワ）16055号）裁判所ホームページ〔異形コンクリートブロック事件〕（控訴審：東京高判平16・10・27（平16（ネ）3458号）裁判所ホームページ），東京地判平16・3・5（平15（ワ）6742号）判タ1170号286頁〔細口瓶事件〕，本文Ⅲ(1)(c)引用の〔マルチトール含蜜結晶事件〕の控訴審，前掲＊16〔顆粒状ウィスカー事件〕，第1要件・第2要件・第5要件ともに不充足とした例として，本文Ⅱ(2)(a)及びⅡ(3)に引用した〔酸素発生陽極事件〕がある。なお，他にも第2要件不充足とした例として，本文Ⅱ(2)(c)引用の〔スパッタリングターゲット事件〕，第4要件不充足とした例として，大阪地判平26・2・6（平24（ワ）7887号）裁判所ホームページ〔雨水排水装置事件〕がある。

＊18　増井和夫「数値限定発明の解釈に関する諸問題」パテ67巻14号〔別冊13号〕224頁。

＊19　知財高判平21・9・29（平20（行ケ）10484号）裁判所ホームページ〔無鉛はんだ合金事件〕や東京高判昭60・2・27（昭53（行ケ）169号）判時1158号230頁〔ポリエチレンテレフタレート樹脂組成物事件〕等参照。

実施に乗らないとか，裏付け実験が実施できていないなどの理由で数値限定を行うことも想定されるから，数値限定が発明の本質的部分に当たらない場合もあり得るだろう。しかし，数値範囲の特定は，特許権者がその顕著な効果を奏する範囲で自由に決定できたものである一方で，公示された請求項における数値範囲の記載を前提に回避行動をとる他の当業者にとって，数値範囲外への均等論の安易な適用は，大きく予測可能性を損ねることになる。したがって，真正数値限定発明（数値限定以外の相違点が容易想到である不真正数値限定発明を含む）について均等侵害を認めることには，原則として謙抑的であるべきである。

(4) 利用関係

前記 I(1)のとおり，①数値限定発明の数値範囲が先行発明の数値範囲の全部を包含する場合には，「用途発明」として新規性を確保しない限り，そのままの数値範囲では新規性を欠くから，先行発明との「抵触関係」は回避される。しかし，②先行発明に数値範囲の記載がないか，数値限定発明の数値範囲の全部又は一部が先行発明の数値範囲に包含される場合には，「選択発明」として，その重複範囲における「利用関係」(特72条) が問題となる。

この点については，原則として利用発明とする見解，原則として別発明とする見解，及び個別に判断する見解の対立[20]があるが，個別に判断する見解を支持する。特に，先行発明とは課題・解決原理・目的等を異にして異質な効果を奏するような数値限定発明の存在が当業者にも予測困難であった場合[21]などでは，たとえ先行発明に抽象的な開示があっても，その数値範囲での実施は偶然に依拠しているのであり，実質的に先行発明の特許権者（特許権が存在しない場合は公衆）からその一部を奪うことにはならないと評価できる。したがって，このような場合には，独立した別個の選択発明として，数値限定発明の実施に「利用関係」は成立せず，先行発明に係る特許権について実施権の許諾を受ける必要がないが，それ以外の場合には「利用関係」が成立し，実施権の許諾を受けない限り，先行発明に係る特許権の侵害になるものと考える。

(5) 差止めの範囲

---

[20] 各見解の対立状況について中山信弘＝小泉直樹編『新・注解特許法〔第2版〕【中巻】』1410頁〔川田篤〕参照。

[21] 本文 II(2)参照。

被疑侵害品の製法等に起因する品質のばらつきによりその測定値が，数値限定の内外に分布する場合に被疑侵害品全体の差止めの可否が問題となる。

この点については，事案ごとの判断になるが，例えば，東京地判平27・1・22（平24(ワ)15621号）裁判所ホームページ〔Cu‐Ni‐Si系合金事件〕では，今後も偶然等の事情により数値範囲を充足する製品が製造される可能性はあるものの，証拠上これを充足するサンプルは少なく，そのような事態となる蓋然性が低いこと，被告製品において，たまたま数値範囲を充足するX線ランダム強度比の極大値が測定されたとして，当該製品全体の製造，販売等を差し止めると，構成要件を充足しない部分まで差し止めてしまうことになるおそれがあること，さらに，差止めを認めると，本件発明の内容や原告による差止対象の特定方法等に起因して，被告は，自らが製造した製品ごとに上記測定を行うという多大な負担を強いられ，衡平を欠くことなどを考慮して，差止めの必要性を否定している*22。

Ⅲ　数値限定発明と無効事由

数値限定発明に関する侵害訴訟においても，権利行使制限の抗弁（特104条の3）が主張されることは多い。無効事由のうち新規性及び進歩性については前記Ⅰのとおりであり，記載要件についてサポート要件や実施可能要件違反を認めた裁判例*23もあるが，紙幅の関係で，測定方法との関係で問題となりやすい明確性要件違反と侵害判断の関係についてのみ最後に触れておく。

この点，「平均粒子径」について1つの測定方法に絞り込めない事案において明確性要件違反とした大阪地判平19・12・11（平18(ワ)11880号）裁判所ホー

---

*22　1件の測定を除いて数値範囲外であった場合に当該測定を測定誤差の範囲と認定して非侵害とした東京地判平21・10・8（平19(ワ)3493号）裁判所ホームページ〔経口投与用吸着剤事件〕も参照。

*23　近時の侵害訴訟の裁判例において，サポート要件違反を認めたものとして東京地判平27・12・25（平25(ワ)3357号）裁判所ホームページ〔スパッタリングターゲット事件〕，大阪地判平20・3・3（平18(ワ)6162号）裁判所ホームページ〔無鉛はんだ合金事件〕，実施可能要件違反を認めたものとして大阪地判平18・7・20（平17(ワ)2649号）裁判所ホームページ〔水性接着剤事件〕，両要件の違反を認めたものとして東京地判平26・10・9（平24(ワ)15612号）裁判所ホームページ〔Cu‐Ni‐Si系合金部材事件〕などがある。

ムページ〔遠赤外線放射体事件〕（控訴審：知財高判平21・3・18（平20（ネ）10013号）裁判所ホームページ）に関して，技術常識によれば2種類か3種類の測定方法に絞られるから，このような場合に特許自体を無効とするのは特許権者に酷であり，いずれの測定方法によっても数値範囲を充足するときに侵害成立を認める前記Ⅱ(1)(c)の基準に基づく侵害判断をすべきであったとする見解がある[24]。

　しかし，特許権の技術的範囲を画する数値の測定方法は，本来，標準的な方法でない限り，明細書等において明確に記載されるべきである。特に，冒頭設問のように，採用できる複数の測定方法によって測定結果が異なり得る場合には，他の当業者が，製品開発過程において，偶然に数値範囲に属する結果を示す測定方法を選択し，その手間や費用に鑑みて同範囲に属しない結果を示すはずの他の測定方法を試みることなく開発を断念する可能性や，明確な指針がない中で選択した測定方法や条件が不適切であったために，数値範囲外と誤信して侵害品を発売してしまう可能性等があり，このような場合に，あえて測定方法を特定せず，又は不明確な特定をした特許権者を利する結果となる状況を放置するのは妥当ではないと考えられる。したがって，明細書等の記載や出願当時の当業者の技術常識を踏まえても，測定方法・条件の特定や測定の実施に困難又は相当な負担を強いる場合には，侵害訴訟でも明確性要件違反として処理してよいであろう。調査した範囲では，これまで前記Ⅱ(1)(c)の基準によって実際に侵害を認定した裁判例が見当たらないことからも，数値限定発明の出願人としては，上記基準による救済をあてにはせず，数値の測定方法を明確に特定した形で権利化を図るべきである。

---

*24　増井・前掲*18・217頁。

27 均等侵害(1)

三村 量一

> 特許権の「均等侵害」とは何か。特許権の均等侵害が成立するための要件は何か。

キーワード 均等侵害，ボールスプライン事件最高裁判決，均等侵害の5要件，特許発明の本質的部分，仮想クレーム，同効材

I 特許権の均等侵害

(1) 均等侵害の意義

特許権侵害訴訟の審理においては，①相手方が製造等をする製品又は用いる方法が特許権者の特許発明の技術的範囲に属するかどうか（充足論）[1]，②特許権者の特許に無効事由が存在するかどうか（無効論），③特許権侵害が成立する場合に侵害により特許権者が被った損害の内容の確定及び金額の算定（損害論）という3つの場面が存在する。均等侵害の成否は，このうち充足論（上記①）の場面において検討されるものである。

特許発明の技術的範囲は，願書に添付した特許請求の範囲の記載に基づいて定めなければならない（特70条1項）。相手方製品や相手方方法が特許発明の技術的範囲に記載された文言に合致する場合は，当該製品ないし方法は，特許発明の技術的範囲に属する。これが「文言侵害」と呼ばれるものである。しかし，特許発明の技術的範囲を特許請求の範囲に記載された文言どおりのものとして，厳格に文理解釈を貫くと，衡平に反する結果が生ずることも少なくない。すなわち，特許権者において特許出願の際にあらゆる侵害態様を想定して特許請求の範囲を記載することは極めて困難であり，他方，侵害者は，特許請

---

[1] 充足論を「侵害論」と呼ぶことがあるが，充足論と無効論を併せて「侵害論」ということもある。

求の範囲に記載された要件の一部を他の手段に置き換えることにより，実質上特許発明を模倣しながら特許権者からの差止請求等を免れることができることになる。このような見地から，特許発明の技術的範囲について，特許請求の範囲の記載の文言解釈を超えて，これと均等（等価）と評価される構成にまで及ぶという考え方が唱えられるに至った。これが，「均等論」であり，特許請求の範囲に記載された構成と一部異なる物又は方法であっても，一定の要件を満たす場合には，特許請求の範囲に記載された構成と均等なものとして，特許発明の技術的範囲に属するものと解するという見解である。

(2)　ボールスプライン事件最高裁判決（最判平10・2・24）以前の均等論の状況

均等論は，欧米諸国を含む多くの国々において提唱されている理論であるが，これを認める国においても，実定法ではなく，判例法において認められている。

わが国においても，古くから均等論は議論されていた。そこでは，均等論の内容として，「均等物とか均等方法とは，ある物又は方法が，特許発明と技術的思想を同じくし，相違する技術的要素はこれを取り替えてみても同一の作用・効果が生じ，その置換えが出願当時の平均のいわゆる専門家にとって容易にできるものをいう。」[*2]と説かれていた。ボールスプライン事件最高裁判決以前の状況としては，これを肯定する学説が多数であったが，否定説も存在し，見解が分かれていた。均等を認めるための要件については，①特許請求の範囲に記載された構成の一部をこれと異なる構成と置き換えても，同一の作用効果を生じ（置換可能性），②そのように置き換えることに，特許発明の属する技術の分野における通常の知識を有する者（当業者）が発明の特許出願時に容易に考えつくことができたこと（特許出願時における置換容易性）を挙げるのが，伝統的な肯定説における多数であったが，この点については，肯定説の論者の間でも諸説があり，均等の要件についての定説は存在しない状況であった。裁判例としては，均等論の当否について最高裁の判断は示されておらず，下級審裁判例においては，一般法理としての均等論は一応肯定するものの当該事案に

[*2]　豊崎光衛『工業所有権法〔新版〕』222頁。

おける均等侵害の成立は否定するという判決が多く見られたが，平成6年以降においては，均等論を適用して特許権の均等侵害の成立を認める判決も，高裁段階で散見される状況となっていた。

II ボールスプライン事件最高裁判決

(1) ボールスプライン事件最高裁判決の意義

このような状況のなかで，ボールスプライン事件最高裁判決（最判平10・2・24（平6（オ）1083号）民集52巻1号113頁）が，最高裁として初めて均等論の当否についての判断を示した。

同判決は，均等論を肯定し，均等侵害成立のための要件を提示した。同判決の判示した均等論は，従来の学説において議論されていたものとは異なるものであったが，その後の下級審裁判例が，ボールスプライン事件最高裁判決の示した要件に従って均等侵害の成否を判断したことから，学説においても，同判決の示した均等論に基づいての議論がされている。

ボールスプライン事件最高裁判決の内容については後述するが，同判決は，均等侵害成立の要件として，5つの要件を示している。同判決以前の学説における均等論の主流が，置換可能性と置換容易性という2つの要件だけで均等侵害の成否を判断していたのに比べて，均等侵害の成否につき緻密な判断を要求したものということができる。また，特筆すべきなのは，置換容易性の判断の基準時について同判決の示した内容である。同判決は，置換容易性を侵害行為時を基準時として判断すべきものとしている（侵害時置換容易）。これは，従来の学説の主流が置換容易性の判断の基準時を発明の特許出願時としていた（出願時置換容易）のと，大きく異なる点である。ボールスプライン事件最高裁判決は，置換容易性の判断基準時を侵害時としたが，これは，「均等論」について，同判決が，完璧な特許出願の困難性に起因する状況からの出願人の救済を目的とする法理というよりも，むしろ，出願時には知られていなかった同効材がその後に新たに出現した場合における特許権者の保護を目的とする法理と位置づけたことによるものである[3,4]。

(2) ボールスプライン事件最高裁判決の内容

346 第3章 特許権侵害訴訟における攻撃防御方法 第1節 技術的範囲の属否，その他の請求原因事実に関する問題

（a） ボールスプライン事件最高裁判決の判示

ボールスプライン事件最高裁判決は，次のとおり判示して，均等侵害が成立する要件を明らかにした上，一般法理としての均等論を肯定すべきことを明らかにしている。

「特許権侵害訴訟において，相手方が製造等をする製品又は用いる方法（以下「対象製品等」という。）が特許発明の技術的範囲に属するかどうかを判断するに当たっては，願書に添付した明細書の特許請求の範囲の記載に基づいて特許発明の技術的範囲を確定しなければならず（特許法70条1項参照），特許請求の範囲に記載された構成中に対象製品等と異なる部分が存する場合には，右対象製品等は，特許発明の技術的範囲に属するということはできない。しかし，特許請求の範囲に記載された構成中に対象製品等と異なる部分が存する場合であっても，(1) 右部分が特許発明の本質的部分ではなく，(2) 右部分を対象製品等におけるものと置き換えても，特許発明の目的を達することができ，同一の作用効果を奏するものであって，(3) 右のように置き換えることに，当該発明の属する技術の分野における通常の知識を有する者（以下「当業者」という。）が，対象製品等の製造等の時点において容易に想到することができたものであり，(4) 対象製品等が，特許発明の特許出願時における公知技術と同一又は当業者がこれから右出願時に容易に推考できたものではなく，かつ，(5) 対象製品等が特許発明の特許出願手続において特許請求の範囲から意識的に除外されたものに当たるなどの特段の事情もないときは，右対象製品等は，特許請求の範囲に記載された構成と均等なものとして，特許発明の技術的範囲に属するものと解するのが相当である。けだし，(一) 特許出願の際に将来のあらゆる侵害態様を予想して明細書の特許請求の範囲を記載することは極めて困難であり，相

＊3 ボールスプライン事件最高裁判決当時，わが国の学説において，置換容易の判断基準時を侵害時とする見解が有力となっていた。また，当時，世界知的所有権機構（WIPO）において検討作業が行われていた，いわゆる特許ハーモナイゼーション条約（「工業所有権の保護に関するパリ条約を特許に関し補完する条約（特許法条約）」）の草案でも，21条が，置換容易の判断基準時を侵害時とする均等侵害を規定していた。

＊4 例えば，近年，鋼の代用となる高硬度のセラミックが開発されたことにより，セラミック包丁などの新たな製品が製造販売されるようになったが，侵害行為時を基準として均等を判断する見解を採らないと，包丁や切削工具等に関する特許発明は，刃体の素材としてセラミックを用いることにより容易に潜脱できることになってしまう。

手方において特許請求の範囲に記載された構成の一部を特許出願後に明らかとなった物質・技術等に置き換えることによって，特許権者による差止め等の権利行使を容易に免れることができるとすれば，社会一般の発明への意欲を減殺することとなり，発明の保護，奨励を通じて産業の発達に寄与するという特許法の目的に反するばかりでなく，社会正義に反し，衡平の理念にもとる結果となるのであって，（二）　このような点を考慮すると，特許発明の実質的価値は第三者が特許請求の範囲に記載された構成からこれと実質的に同一なものとして容易に想到することのできる技術に及び，第三者はこれを予期すべきものと解するのが相当であり，（三）　他方，特許発明の特許出願時において公知であった技術及び当業者がこれから右出願時に容易に推考することができた技術については，そもそも何人も特許を受けることができなかったはずのものであるから（特許法29条参照），特許発明の技術的範囲に属するものということができず，（四）　また，特許出願手続において出願人が特許請求の範囲から意識的に除外したなど，特許権者の側においていったん特許発明の技術的範囲に属しないことを承認するか，又は外形的にそのように解されるような行動をとったものについて，特許権者が後にこれと反する主張をすることは，禁反言の法理に照らし許されないからである。」

(b)　均等侵害成立のための5要件

(イ)　概　　説　　ボールスプライン事件最高裁判決は，上記のとおり，均等侵害が成立するための5つの要件を明らかにするとともに，その理由を示している。

同判決の示す均等侵害成立のための5要件は，次のとおりである。

①　特許請求の範囲に記載された構成中の対象製品等と異なる部分が特許発明の本質的部分ではないこと（第1要件・本質的部分−特許発明の非本質的部分における相違）

②　当該部分を対象製品等におけるものと置き換えても，特許発明の目的を達することができ，同一の作用効果を奏すること（第2要件・置換可能性）

③　上記のように置き換えることに，当業者が，対象製品等の製造等の時点において容易に想到することができたこと（第3要件・容易想到性−侵害時置換容易性）

④ 対象製品等が，特許発明の特許出願時における公知技術と同一又は当業者がこれから右出願時に容易に推考できたものではないこと（第4要件・公知技術の除外）

⑤ 対象製品等が特許発明の特許出願手続において特許請求の範囲から意識的に除外されたものに当たるなどの特段の事情がないこと（第5要件・意識的除外等）

ボールスプライン事件最高裁判決後，同判決の示した上記各要件は「均等の第1要件」などと呼ばれている。

以下，これらの要件について解説する。

㈥ 第1要件（本質的部分－特許発明の非本質的部分における相違）　ボールスプライン事件最高裁判決の「特許請求の範囲に記載された構成中の対象製品等と異なる部分が特許発明の本質的部分ではない」という判示はやや理解しにくい表現であるが，これを言い換えれば，特許発明の本質的部分のすべてを対象製品等が備えているということである。クレームの構成中の特許発明の本質的部分が対象製品等において置換されている，すなわち対象製品等が特許発明の本質的部分に該当する構成を備えていないのであれば，対象製品等が特許発明と同様の作用効果を奏するとしても，特許発明と技術思想を異にするものであって，別個の発明と評価すべきものである。

従来の学説には，置換可能性のなかで技術思想の同一性を要求する見解も存在したが，ボールスプライン事件最高裁判決は，これを独立の要件として取り出すことで，均等侵害の成否の要件を明確化し，緻密な判断を求めるとともに，均等侵害の成否についての予測可能性を高めたものである。また，同判決が置換容易性の判断の基準時を侵害行為時としたことで，従来の置換容易の判断の基準時を特許出願時とする見解と比べると均等侵害が成立する範囲が拡大したが，第1要件を独立した要件として取り出すことで，均等侵害の成立する範囲が不相当に拡がらないように配慮したという側面もある。

特許発明の本質的部分とは，特許請求の範囲に記載された特許発明の構成のうちで，当該特許発明特有の課題解決手段を基礎付ける特徴的な部分，言い換えれば，当該部分が他の構成に置き換えられるならば，全体として当該特許発明の技術思想とは別個のものと評価されるような部分をいう。そして，対象製

品等との相違が特許発明における本質的部分に係るものかどうかを判断するに当たっては，単に特許請求の範囲に記載された構成の一部を形式的に取り出すのではなく，特許発明を全体として従来技術と対比して課題の解決手段における特徴的原理を確定した上で，対象製品等の備える解決手段が特許発明における解決手段の原理と実質的に同一の原理に属するものか，それともこれとは異なる原理に属するものかという点から，判断すべきものである*5。特許発明と比較する従来技術としては，特許発明と解決すべき課題を共通とするものであって特許発明における解決手段と最も近い技術を用いるべきである。このような従来技術が特許発明の明細書に記載されていない場合には，裁判所は証拠により認定することになる*6。

下級審裁判例のなかには，特許請求の範囲の記載を構成要件に分説した上で，特許発明の課題解決手段を基礎付ける特徴を含む部分を特定し，当該部分を本質的部分であるとし，当該部分を他の構成に置き換えた場合には均等侵害は成立しないと解するものもあるが*7，そのような見解は誤りである。そのような考え方をとった場合には，特許請求の範囲に記載された具体的構成の上位概念に課題の解決手段が存在する場合に，下位概念である具体的構成を同一の上位概念に属する他の構成に置き換えた対象製品等につき均等侵害の成立が否定されることになり，不合理である*8,*9。

(ハ) 第2要件（置換可能性）　ボールスプライン事件最高裁判決の掲げる第2要件は，特許請求の範囲に記載された構成中の一部を対象製品等におけるものと置き換えても，特許発明の目的を達することである。既に述べたとおり，

＊5　ボールスプライン事件最高裁判決後の下級審裁判例では，いち早く，東京地判平11・1・28（平8（ワ）14828号）判時1664号109頁〔徐放性ジクロフェナクナトリウム製剤東京事件〕がこの趣旨を判示している。知財高判（大合議）平28・3・25（平27（ネ）10014号）判時2306号87頁〔マキサカルシトール事件〕も，同旨を判示している。学説においても，特許発明の本質的部分をこのように解するのが，通説である（中山信弘『特許法〔第3版〕』（弘文堂，平28）472頁等）。
＊6　前掲＊5・知財高判（大合議）平28・3・25〔マキサカルシトール事件〕も，同趣旨を判示している。
＊7　東京地判平20・12・9（平19（ワ）28614号）裁判所ホームページ〔中空ゴルフクラブヘッド事件〕は，このような考え方から均等侵害を否定している。すなわち，同判決は，特許請求の範囲に記載された構成のうち「縫合材」が特許発明の本質的部分と解し，これを文言的には「縫合材」とは呼べないが，同様の作用効果を奏する部材に置き換えた被告製品について，均等の第1要件を満たさないとした。

従来の学説のなかには、「置換可能性」の語を、技術思想の同一性と、作用効果の同一性という２つの要素を包含する上位概念として用いる見解も存在したが、同判決は、技術思想の同一性を第１要件として別個に掲げているので、第２要件は、上記にいう「作用効果の同一性」のみを指すことになる。

対象製品等において、「特許発明の目的を達することができ、同一の作用効果を奏する」かどうかは、特許発明の出願前の公知技術と特許発明とを対比して、従来技術では解決できなかった課題であって当該特許発明により解決されたものを、対象製品等が解決するかどうかにより決せられる。ここでいう特許発明の目的や作用効果は明細書の記載に基づいて確定されるべきものであるが、その際に、明細書に記載された特許発明の作用効果のうち、当該課題の解決に加えてさらに付加して認められる作用効果や実施例に特有の作用効果までも、ここでいう特許発明の「目的」や「作用効果」として第２要件の存否を判断するのは相当ではない。そのように特許発明における課題の解決を超えた付加的作用効果や実施例に特有の効果までも対象製品等が同様に実現することを求めたのでは、均等侵害が成立する余地がほとんどなくなってしまう。第２要件の充足性をある程度概括的に認めたとしても、第１要件（本質的部分）により、均等侵害の成立する範囲は適切に限定される。

　(二)　第３要件（容易想到性－侵害時置換容易性）　第３要件は、従来、「置換容易性」として、説明されていたものである。特許請求の範囲に記載された構成の一部を対象製品等における構成に置き換えたとしても特許発明と同一の作用効果を奏することに容易に想到するということであるが、ここでいう「容易想

＊8　上記＊7・東京地判平20・12・9〔中空ゴルフクラブヘッド事件〕の控訴審判決である知財高判〔（平21（ネ）10006号）。平21・6・29中間判決（判時2077号123頁）、平22・5・27終局判決（裁判所ホームページ）〕は、特許発明の本質的部分を、特許請求の範囲にある「縫合材」の上位概念である「金属製の外殻部材の接合部に貫通穴を設け、貫通穴に繊維強化プラスチック製の部材を通す」構成と捉えて、被告製品について、「縫合材」とは呼べないが当該構成に属する部材を備えたものであり、均等の第１要件を満たすとして、均等侵害の成立を認めた。

＊9　塩酸と硝酸は、教科書設例においてしばしば用いられる均等の例であるが、例えば、塩酸の有する「強酸」としての性質を課題解決のための特徴的手段として利用した便器洗浄剤の特許発明がある場合、特許請求の範囲を複数の構成要件に分説することで本質的部分を特定する見解をとると、特許発明の塩酸を、同じく強酸に属する硝酸に置き換えた対象製品について、均等侵害の成立が否定されることになってしまう。このような結果は、均等侵害を認めた理由に反するものであって、明らかに不合理である。

到性」は，特許要件としての進歩性を判断する場合（特29条2項）のような高度なものではなく，当業者が格別の努力なしに容易に考えつく程度の低い水準のものである。置換容易性の判断基準時について，従来の通説的見解はこれを特許出願時としていたが，ボールスプライン事件最高裁判決当時には，侵害行為時とする見解が有力となっており，また，それが国際的な動向であったことから，同判決がこれを侵害行為時としたことは，既に説明したとおりである。

このように容易想到性の判断の基準時を侵害行為時としたことで，複数の者が時期を異にして同一の対象製品を製造した場合には，製造時期の先後により均等侵害の成否が分かれることがあり得ることになる。

㈭　第4要件（公知技術の除外）　前記のとおり，ボールスプライン事件最高裁判決は，均等の第4要件として，「対象製品等が，特許発明の特許出願時における公知技術と同一又は当業者がこれから右出願時に容易に推考できたものではな」いことを挙げ，その理由として，「特許発明の特許出願時において公知であった技術及び当業者がこれから右出願時に容易に推考することができた技術については，そもそも何人も特許を受けることができなかったはずのものであるから（特許法29条参照），特許発明の技術的範囲に属するものということができ」ないことを述べている。言い換えれば，仮にこのような場合に均等侵害の成立を認めるとすれば，特許出願時において本来認められなかったはずのクレームを，侵害訴訟の時点で特許権者に新たに付与するのと同じことになってしまうからである*10, *11。

㈬　第5要件（意識的除外等）　ボールスプライン事件最高裁判決は，均等の要件のひとつとして，「対象製品等が特許発明の特許出願手続において特許

---

*10　米国連邦巡回控訴裁判所（CAFC）の1990年5月31日のウィルソン・スポーツグッズ事件判決（Wilson Sporting Goods co, v. David Geoffrey & Associates, 14 USPQ2nd 1942 (Fed. Cir. 1990)）においては，仮想クレーム（hypothetical claim）なる解釈手法が明らかにされている。同判決は，「現クレームに近似し，侵害態様をその文言上に含み，かつ，公知技術を超えて特許性を備えたクレームの立証に失敗した特許権者には，当該侵害態様を含む均等を認めることはできない。」と判示している。ボールスプライン事件最高裁判決が，均等の要件として第4要件を挙げたのは，上記のような「仮想クレーム」の考え方を採り入れたものである。

*11　均等の第4要件を満たさないとして均等侵害を否定した裁判例としては，知財高判平25・12・19（平24(ネ)10054号）判時2228号109頁〔ヌードマウス事件〕，東京地判平27・3・25（平26(ワ)11110号）判時2278号106頁〔美顔器事件〕などがある。

請求の範囲から意識的に除外されたものに当たるなどの特段の事情もない」ことを挙げ、その理由として、「特許出願手続において出願人が特許請求の範囲から意識的に除外したなど、特許権者の側においていったん特許発明の技術的範囲に属しないことを承認するか、又は外形的にそのように解されるような行動をとったものについて、特許権者が後にこれと反する主張をすることは、禁反言の法理に照らし許されないからである。」と述べている。

　一般に特許権侵害訴訟においては、「包袋禁反言の法理」と呼ばれる解釈手法があり、特許出願の過程において出願人が特許発明の範囲から除外した技術については、特許登録後にそのような除外のないものとして特許権の効力を主張することは許されない。そして、均等論の適用に当たっても、特許出願過程において出願人が特許請求の範囲から除外した範囲については均等は成立しないものと解されていた。

　ボールスプライン事件最高裁判決は、上記のとおり、特許権者の側においていったん特許発明の技術的範囲に属しないことを承認した場合のみならず、外形的にそのように解される行動をとった場合であっても、特許権者が後にこれと反する主張をすることは許されないとしている。したがって、特許出願過程において行われた補正が審査官の示唆等によりされた場合と、出願人が自発的に行った場合とを区別する理由はなく、補正等に際しての出願人の主観的意図も考慮する必要はない。

　さらに、特許出願過程において補正等がされた場合のみならず、出願人が当初から特許請求の範囲をその記載内容に限定して出願したと認められる場合も、特許権者は均等侵害を主張することは許されない。すなわち、当業者であれば、当初から容易にこれを包含する形の特許請求の範囲により特許出願することができたはずの事項や、特許出願過程において補正により容易に特許請求の範囲に取り込むことが可能であったはずの事項については、出願人がそのような出願ないし補正をしなかったことが、当該事項を特許発明の技術的範囲から除外したと外形的に解される行動に当たるとして、均等侵害の成立が否定されることになる。また、特許出願過程における補正等を理由とする出願経過禁反言は、均等侵害の成立を妨げる「特段の事情」のひとつの例示として掲げられているにすぎない。

上記のうち，特に問題となるのは，具体的にどのような事情が存在する場合に，特許出願時に存在していた同効材や置換可能な構成を特許請求の範囲に採り入れた出願ないし補正をしなかったことが，均等侵害の成立を妨げることになるかどうかである。この点が争点となり，最高裁の判断が示されたのが，最判平29・3・24（平28(受)1242号）民集71巻3号359頁〔マキサカルシトール事件〕である。

　当該事件は，まず，控訴審判決が知財高裁の大合議で審理判断されたことで，話題となった。知財高判（大合議）平28・3・25（平27(ネ)10014号）判時2306号87頁〔マキサカルシトール事件〕である。マキサカルシトール事件については，**本書28**「均等侵害(2)」において，これを詳説することが予定されているので，ここでは，上記最高裁判決の判示内容を簡単に紹介するにとどめる。

　最判平29・3・24（平28(受)1242号）民集71巻3号359頁〔マキサカルシトール事件〕は，発明の名称を「ビタミンDおよびステロイド誘導体の合成用中間体およびその製造方法」とする，方法の発明に係る特許権の侵害訴訟である。特許発明は，概要，出発物質を特定の試薬と反応させて中間体を製造し，その中間体を還元剤で処理して目的物質を製造するという化合物の製造方法であるところ，特許権者（出願人）は，本件特許の特許出願時に，特許請求の範囲に，目的化合物を製造するための出発物質等としてシス体のビタミンD構造のものを記載していたが，その幾何異性体であるトランス体のビタミンD構造のものは記載していなかった。被告らの製造方法を本件特許の特許請求の範囲に記載された構成と比べると，目的化合物を製造するための出発物質等が，本件特許請求の範囲に記載された構成ではシス体のビタミンD構造のものであるのに対し，被告方法ではトランス体のビタミンD構造のものである点において相違するが，その余の点については，被告方法は，本件特許請求の範囲に記載された構成の各要件を充足する。

　最高裁判決は，まず，「出願人が，特許出願時に，特許請求の範囲に記載された構成中の対象製品等と異なる部分につき，対象製品等に係る構成を容易に想到することができたにもかかわらず，これを特許請求の範囲に記載しなかったというだけでは，特許出願に係る明細書の開示を受ける第三者に対し，対象製品等が特許請求の範囲から除外されたものであることの信頼を生じさせるも

のとはいえず，当該出願人において，対象製品等が特許発明の技術的範囲に属しないことを承認したと解されるような行動をとったものとはいい難い」などとして，「それだけでは，対象製品等が特許発明の特許出願手続において特許請求の範囲から意識的に除外されたものに当たるなどの特段の事情が存するとはいえないというべきである。」と判示したが，これに続けて，もっとも，そのような場合であっても，「出願人が，特許出願時に，その特許に係る特許発明について，特許請求の範囲に記載された構成中の対象製品等と異なる部分につき，特許請求の範囲に記載された構成を対象製品等に係る構成と置き換えることができるものであることを明細書等に記載するなど，客観的，外形的にみて，対象製品等に係る構成が特許請求の範囲に記載された構成を代替すると認識しながらあえて特許請求の範囲に記載しなかった旨を表示していたといえるときには，明細書の開示を受ける第三者も，その表示に基づき，対象製品等が特許請求の範囲から除外されたものとして理解するといえるから，当該出願人において，対象製品等が特許発明の技術的範囲に属しないことを承認したと解されるような行動をとったものということができる。」と述べて，そのようなときには，「対象製品等が特許発明の特許出願手続において特許請求の範囲から意識的に除外されたものに当たるなどの特段の事情が存するというべきである。」と判示した。

　マキサカルシトール事件最高裁判決は，上記のとおり，特許出願時に存在していた同効材や置換可能な構成を特許請求の範囲に採り入れた出願をしなかっただけで，直ちに第5要件に該当するものとして均等侵害の成立が妨げられることにはならないが，そのような場合でも，「出願人が，特許出願時に，その特許に係る特許発明について，特許請求の範囲に記載された構成中の対象製品等と異なる部分につき，特許請求の範囲に記載された構成を対象製品等に係る構成と置き換えることができるものであることを明細書等に記載するなど」の事情が存在する場合には，第5要件に該当するものとして，均等侵害の成立が妨げられるとしたものである。

(c)　5要件の判断順序

　次に，均等の5要件の審理順序について述べる。

　前記のとおり，ボールスプライン事件最高裁判決は，均等侵害成立の要件と

して，第1要件から第5要件までの各要件を，その順番に従って判示している。しかし，これは判決文の構成上の要請からこのような順序で記載されているにすぎず，特許権侵害訴訟の審理において，この順序で審理判断をしなければならないわけではない。

　下級審の裁判例のなかには，均等侵害の成否を判断するに際して，最初に第1要件についての判断を示し，第1要件を充足しないという理由で均等侵害を否定する裁判例が少なくない。既に説明したとおり，第1要件は，均等侵害が成立する範囲を技術思想の同一性の観点から適切な範囲に限定するためのものであり，均等侵害を否定する理由としては，最も頻繁に見られるところであり，かつ，従来技術と明細書の記載を比較しての判断という理論的かつ説得的な理由である。均等侵害を否定する結論を採る場合には，判決理由としては，充足のされない要件が存在することを示すだけで足りるため，判決理由の冒頭で第1要件が充足されない理由についての判断を示して均等侵害を否定する判決が多いのは事実であるが，それらの事件において，裁判所が実際に審理の順序として第1要件から判断しているわけではない。多くの事案においては，第2要件が充足されることは，当事者間に争いがないか，あるいは判断が容易である。前記のとおり，第2要件の判断は概括的判断で足りるところ，実務上，対象製品等が特許発明と同様の作用効果を奏さないのであれば，そもそも特許発明の実施品との間に市場における競合は生じないし，侵害訴訟が提起されることもない。このような点を考えると，裁判実務においては，まず第2要件（置換可能性）の充足性を審理し，次いで，第3要件（容易想到性）又は第1要件（本質的部分）を審理し，第1要件ないし第3要件の審理の後に第4要件（公知技術の除外）及び第5要件（意識的除外等）の審理を行うこととなろう*12。

(d)　5要件の主張立証責任

　最後に，均等の5要件の主張立証責任について述べておく。

　現在，下級審裁判例の多くは，第1要件ないし第3要件については，均等侵

＊12　前掲＊7・中空ゴルフクラブヘッド事件控訴審判決（知財高判〔（平21(ネ)10006号）。平21・6・29中間判決（判時2077号123頁），平22・5・27終局判決（裁判所ホームページ）〕）は，均等侵害の成否について，第2要件，第3要件，第1要件，第4要件，第5要件の順番で判断を示している。

害を主張する特許権者において主張立証を要する請求原因事実とし，第4要件及び第5要件については，均等侵害の成立を争う相手方において主張立証を要する抗弁事実と解している。

しかし，第4要件は，特許請求の範囲に記載された構成と文言上一致しない範囲，すなわち特許庁による審理を経ていない領域にまで，本来的な権利範囲を超えて特許権の効力を拡張することが特許出願当時の公知技術との関係で許容されるかどうかを検証するものであり，特許権者の側において立証責任を負担すべきものと解される*13, *14。

Ⅲ　ボールスプライン事件最高裁判決後に均等侵害を認めた裁判例

ボールスプライン事件最高裁判決後に特許権の均等侵害の成否についての判断を示した裁判例は多数存在するが，いずれの裁判例も，ボールスプライン事件最高裁判決の示した均等の5要件に従って均等侵害の成否を判断している。既にその内容を紹介したものも少なくないが，同判決後に均等侵害の成立を認めた裁判例のうち主要なものを示すと，大阪地判平11・5・27（平8（ワ）12220号）判時1685号103頁〔ペン型注射器事件〕及びその控訴審である大阪高判平13・4・19（平11（ネ）2198号）裁判所ホームページ，東京地判平12・3・23（平10（ワ）11453号）判時1738号100頁〔生海苔の異物分離除去装置事件〕及びその控訴審である東京高判平12・10・26（平12（ネ）2147号）判時1738号97頁，東京地判平13・5・22（平12（ワ）3157号）判時1761号122頁〔電話用線路保安コネクタ配置盤装置事件〕，東京高判平13・6・27（平12（ネ）2909号）裁判所ホームページ〔こんにゃくの製造方法事件〕，名古屋地判平15・2・10（平8（ワ）2964号）判時1880号95頁〔圧流体シリンダ事件〕，知財高裁平21・6・29中間判決・判時2077号123頁及び平22・5・27終局判決・裁判所ホームページ（平21（ネ）10006号）〔中空ゴルフクラブヘッド事件〕，知財高判平26・3・26（平25（ネ）10041号）判タ1423号201頁〔オープン式発酵処理

＊13　前掲＊10・米国連邦巡回控訴裁判所のウィルソン・スポーツグッズ事件判決における仮想クレーム関する判示を考慮しても，このように解するのが相当と思われる。

＊14　実務上は，相手方において特定の公知技術との関係で第4要件を充足しない旨を主張した場合に，特許権者において第4要件の充足を立証しなければならないとするのが相当であろう。

装置事件〕，知財高判平23・3・28（平22(ネ)10014号）裁判所ホームページ〔マンホール蓋事件〕，知財高判平23・6・23（平22(ネ)10089号）判時2131号109頁〔食品の包み込み成形方法及びその装置事件〕，東京地判平26・12・24（平25(ワ)4040号）裁判所ホームページ〔マキサカルシトール事件〕，その控訴審である知財高判平28・3・25（平27(ネ)10014号）判時2306号87頁及び上告審である最判平29・3・24（平28(受)1242号）民集71巻3号359頁などがある。

■

28 均等侵害(2)

茶園　成樹

> 均等侵害の第1要件における本質的部分とは何か。また，本質的部分はどのように認定されるか。

キーワード　均等論，均等侵害，本質的部分，解決原理同一説，構成要件区分説

I　均等論の要件と根拠

(1)　均等論とは

　特許請求の範囲（クレーム）は，特許権の及ぶ範囲を公示する機能を果たすものであるから，特許権の保護をクレームを超えて認めると，第三者に不測の不利益を及ぼすこととなる。しかしながら，クレームの文言に拘泥すると，特許権の実質的な保護が損なわれる場合がある。そこで，クレームに記載された構成と異なる部分があるが，それと均等なものであれば，特許権の効力を及ぼすとする考え方がある。この考え方がいわゆる均等論であり，この考え方による侵害が均等侵害である。

　わが国において均等論が採用されるかどうかについては議論があったが，最高裁はボールスプライン事件（最判平10・2・24（平6(オ)1083号）民集52巻1号113頁）において，均等論を是認し，均等論適用の要件を示した。

(2)　ボールスプライン事件最高裁判決

　最高裁は，次のように，均等論の適用のための5つの要件を述べた。

　「特許請求の範囲に記載された構成中に対象製品等と異なる部分が存する場合であっても，(1)右部分が特許発明の本質的部分ではなく，(2)右部分を対象製品等におけるものと置き換えても，特許発明の目的を達することができ，同一の作用効果を奏するものであって，(3)右のように置き換えることに，当該発明の属する技術の分野における通常の知識を有する者（以下「当業者」という。）

が，対象製品等の製造等の時点において容易に想到することができたものであり，(4)対象製品等が，特許発明の特許出願時における公知技術と同一又は当業者がこれから右出願時に容易に推考できたものではなく，かつ，(5)対象製品等が特許発明の特許出願手続において特許請求の範囲から意識的に除外されたものに当たるなどの特段の事情もないときは，右対象製品等は，特許請求の範囲に記載された構成と均等なものとして，特許発明の技術的範囲に属するものと解するのが相当である」。

そして，均等論の実質的根拠として，「特許出願の際に将来のあらゆる侵害態様を予想して明細書の特許請求の範囲を記載することは極めて困難であり，相手方において特許請求の範囲に記載された構成の一部を特許出願後に明らかとなった物質・技術等に置き換えることによって，特許権者による差止め等の権利行使を容易に免れることができるとすれば，社会一般の発明への意欲を減殺することとなり，発明の保護，奨励を通じて産業の発達に寄与するという特許法の目的に反するばかりでなく，社会正義に反し，衡平の理念にもとる結果となる」と説いた。

Ⅱ 第1要件について

均等論の第1要件は，特許請求の範囲に記載された構成中の対象製品等と異なる部分が特許発明の本質的部分ではないというものである。最高裁は，「特許発明の実質的価値は第三者が特許請求の範囲に記載された構成からこれと実質的に同一なものとして容易に想到することのできる技術に及び，第三者はこれを予期すべきものと解するのが相当」と述べており，この前半部分は第1要件（及び第2要件）の根拠を示すものと理解される。

ところで，ボールスプライン事件最高裁判決以前においては，均等論の要件は置換可能性と置換容易性であるとするのが通説的見解であった。置換可能性要件とは，特許発明の構成の一部をこれと異なる対象製品等における構成と置き換えても，同一の作用効果を生じることであり，置換容易性要件とは，そのように置き換えることに当業者が容易に推考することができることである。一見すると，置換可能性要件は第2要件に，置換容易性要件は第3要件に相当す

るものであり，第１要件は新たに追加されたもののようである。しかしながら，以前の置換可能性要件は第２要件のみならず第１要件にも関係したものであり，第１要件は置換可能性要件に含まれていたと考えられる[1]。そして，第３要件の判断基準時を出願時ではなく，侵害行為時としたことにより，均等侵害が成立する範囲が過度に広範なものとならないように，第１要件が独立の要件とされたと説明されている[2]。

Ⅲ　本質的部分の意義

(1)　解決原理同一説と構成要件区分説

　第１要件における本質的部分の意義については，見解が分かれている。第１の見解は，「特許発明の本質的部分とは，特許請求の範囲に記載された特許発明の構成のうちで，当該特許発明特有の課題解決手段を基礎付ける特徴的な部分，言い換えれば，右部分が他の構成に置き換えられるならば，全体として当該特許発明の技術的思想とは別個のものと評価されるような部分をいう」というものである。なぜなら，「特許法が保護しようとする発明の実質的価値は，従来技術では達成し得なかった技術的課題の解決を実現するための，従来技術に見られない特有の技術的思想に基づく解決手段を，具体的な構成をもって社会に開示した点にあるから，……特許請求の範囲に記載された構成のうち，当該特許発明特有の解決手段を基礎付ける技術的思想の中核をなす特徴的部分が特許発明における本質的部分であると理解すべきであり，対象製品等がそのような本質的部分において特許発明の構成と異なれば，もはや特許発明の実質的価値は及ばず，特許発明の構成と均等ということはできないのである」。そして，対象製品等との相違が特許発明における本質的部分に係るものであるかど

---

[1]　渋谷達紀『特許法』（発明推進協会，平25）442頁，設樂隆一「ボールスプライン事件最高裁判決の均等論と今後の諸問題」牧野利秋判事退官記念『知的財産法と現代社会』（信山社，平11）299頁・303頁。

[2]　三村量一「判解」最判解説民事篇平成10年度142頁，飯村敏明「均等論(1)−均等論成立の背景及び適切な活用について」牧野利秋ほか編『知的財産訴訟実務大系Ⅰ』（青林書院，2014年）371頁・381頁。中山信弘『特許法〔第３版〕』（弘文堂，平28）473頁，尾崎英男「均等論についての日米の比較的考察」牧野退官・前掲[1]・187頁・202〜203頁も参照。

うかの判断に当たっては，単に特許請求の範囲に記載された構成の一部を形式的に取り出すのではなく，特許発明を特許出願時における先行技術と対比して課題の解決手段における特徴的原理を確定した上で，対象製品等の備える解決手段が特許発明における解決手段の原理と実質的に同一の原理に属するものか，それともこれとは異なる原理に属するものかという点から判断すべきとされる[3]。この見解は，解決原理同一説（あるいは技術的思想同一説）と呼ばれる。

第2の見解は，特許発明の本質的部分とは，特許発明の技術的思想ではなく，発明の構成中の具体的部分であると解するものである[4]。そして，第1要件の判断に当たっては，対象製品等が，本質的部分とされる特許発明の構成中の具体的部分を備えているかどうかという点から判断すべきことになる。この見解は，構成要件区分説と呼ばれる。

構成要件区分説は，第1要件の文言に適合するものであり，この見解を採用する裁判例も存在した（例えば，大阪地判平10・9・17（平8（ワ）8927号）知財集30巻3号570頁〔徐放性ジクロフェナクナトリウム製剤事件〕，大阪地判平11・5・27（平8（ワ）12220号）判時1685号103頁〔注射液の調製方法及び注射装置事件〕）。しかしながら，この見解によると，特許発明の構成要件を本質的部分と非本質的部分に分けて，前者を置き換える場合，それが些細なものであっても均等が成立しないこととなり妥当性を欠く等の批判がされていた。そして，裁判例の多くは，解決原理同一説を採用した（例えば，東京地判平11・1・28（平8（ワ）14828号・14833号）判時1664号109頁〔徐放性ジクロフェナクナトリウム製剤事件〕，知財高判平21・6・29（平21（ネ）10006号）判時2077号123頁〔中空ゴルフクラブヘッド事件〕，知財高判平23・3・28（平22（ネ）10014号）裁判所ホームページ〔地下構造物用丸型蓋事件〕）。

(2) マキサカルシトール事件知財高裁大合議判決

マキサカルシトール事件の知財高裁大合議判決（知財高判平28・3・25（平27（ネ）10014号）判時2306号87頁）は，解決原理同一説を採用した。

まず，本質的部分の意味について，次のように述べた。「特許法が保護しようとする発明の実質的価値は，従来技術では達成し得なかった技術的課題の解

---

* 3 三村・前掲＊2・141頁。
* 4 西田美昭「侵害訴訟における均等の法理」牧野利秋＝飯村敏明編『新・裁判実務大系(4)知的財産関係訴訟法』（青林書院，平13）182頁・192頁。

決を実現するための，従来技術に見られない特有の技術的思想に基づく解決手段を，具体的な構成をもって社会に開示した点にある。したがって，特許発明における本質的部分とは，当該特許発明の特許請求の範囲の記載のうち，従来技術に見られない特有の技術的思想を構成する特徴的部分であると解すべきである」。

そして，第1要件の判断，すなわち対象製品等との相違部分が非本質的部分であるかどうかの判断について，「特許請求の範囲に記載された各構成要件を本質的部分と非本質的部分に分けた上で，本質的部分に当たる構成要件については一切均等を認めないと解するのではなく，……特許発明の本質的部分を対象製品等が共通に備えているかどうかを判断し，これを備えていると認められる場合には，相違部分は本質的部分ではないと判断すべきであり，対象製品等に，従来技術に見られない特有の技術的思想を構成する特徴的部分以外で相違する部分があるとしても，そのことは第1要件の充足を否定する理由とはならない」と述べた。

IV　本質的部分の認定方法

(1)　明細書に記載されていない公知技術の参酌の可否

本質的部分の認定において，明細書の記載が考慮されるのは当然であるが，明細書に記載のない公知技術も参酌することができるであろうか。参酌を肯定する見解もあるが[5]，そのような公知技術の参酌によって均等侵害の成立範囲を拡大することは，開示されていない技術的思想に保護を与える結果となるため，許容することはできないであろう[6]。

(2)　マキサカルシトール事件知財高裁大合議判決

この点について，マキサカルシトール事件知財高裁大合議判決は，次のように述べた。

---

[5]　高林龍「均等論をめぐる論点の整理と考察」学会年報38号（平27）53頁・58～59頁，飯田圭「均等論に関する近年の裁判例の動向と課題について」学会年報38号（平27）75頁・86頁，設樂隆一「無効の抗弁導入後のクレーム解釈と均等論，並びにボールスプライン最判の第5要件とFESTO最判との比較及び出願時同効材等について」学会年報38号（平27）251頁・259～260頁。

「本質的部分は，特許請求の範囲及び明細書の記載に基づいて，特許発明の課題及び解決手段（特許法36条4項，特許法施行規則24条の2参照）とその効果（目的及び構成とその効果。平成6年法律第116号による改正前の特許法36条4項参照）を把握した上で，特許発明の特許請求の範囲の記載のうち，従来技術に見られない特有の技術的思想を構成する特徴的部分が何であるかを確定することによって認定されるべきである。すなわち，特許発明の実質的価値は，その技術分野における従来技術と比較した貢献の程度に応じて定められることからすれば，特許発明の本質的部分は，特許請求の範囲及び明細書の記載，特に明細書記載の従来技術との比較から認定されるべきであり，そして，①従来技術と比較して特許発明の貢献の程度が大きいと評価される場合には，特許請求の範囲の記載の一部について，これを上位概念化したものとして認定され……，②従来技術と比較して特許発明の貢献の程度がそれ程大きくないと評価される場合には，特許請求の範囲の記載とほぼ同義のものとして認定されると解される。

ただし，明細書に従来技術が解決できなかった課題として記載されているところが，出願時（又は優先権主張日。……）の従来技術に照らして客観的に見て不十分な場合には，明細書に記載されていない従来技術も参酌して，当該特許発明の従来技術に見られない特有の技術的思想を構成する特徴的部分が認定されるべきである。そのような場合には，特許発明の本質的部分は，特許請求の範囲及び明細書の記載のみから認定される場合に比べ，より特許請求の範囲の記載に近接したものとなり，均等が認められる範囲がより狭いものとなると解される」。

このように，マキサカルシトール事件判決は，原則として明細書に記載されていない公知技術の参酌を否定したのであるが，明細書における公知技術の記載が不十分である場合には，明細書に記載されていない公知技術を参酌するこ

＊6　田村善之『特許法の理論』（有斐閣，平21）94〜101頁（初出は，「均等論における本質的部分の要件の意義−均等論は『真の発明』を救済する制度か？(1)(2)」知的財産法政策学研究21号（平20）1頁・22号（平21）55頁），大瀬戸豪志「等価理論（均等論）の現在−裁判官の所説を中心として」同志社大学知的財産法研究会編『知的財産法の挑戦』（弘文堂，平25）121頁・131頁，東海林保「クレーム解釈(2)−均等論，機能的クレーム，プロダクト・バイ・プロセス・クレーム」高林龍ほか編『現代知的財産法講座II知的財産法の実務的発展』（日本評論社，平24）47頁・55頁。

とができるとした。この例外的な取扱いが認められたのは，この場合，明細書に記載されていない公知技術を参酌することができないと保護が不当に広がる結果となりかねないことが考慮されたためであろう＊7。この場合の参酌は保護を拡大するものではない。同判決は，前述のように，「そのような場合には，……均等が認められる範囲がより狭いものとなる」と指摘して，この場合の公知技術の参酌が保護を限定する方向で行われるものであることを明示している（その後の裁判例のうち，明細書における公知技術の記載が不十分であるとして，明細書に記載されていない公知技術が参酌されたものとして，知財高判平28・3・30（平27（ネ）10098号）裁判所ホームページ〔エミュレーションシステム用集積回路事件〕，知財高判平28・6・29（平28（ネ）10007号）判タ1438号102頁〔振動機能付き椅子事件〕，大阪地判平28・12・22（平27（ワ）9758号）裁判所ホームページ〔作業車事件〕，東京地判平28・12・26（平27（ワ）6627号）裁判所ホームページ〔自動車保険料計算システム事件〕，東京地判平29・7・27（平28（ワ）35763号）裁判所ホームページ〔会計処理装置事件〕）＊8。

　この判決がいう明細書における公知技術の記載が不十分な場合とは，結局のところ，明細書に記載されていない公知技術を参酌すれば均等範囲が狭まる結果となる場合である。そのため，本質的部分の認定においては，明細書の記載のほか，明細書に記載されていない公知技術を参酌することもできるが，明細書の記載が均等範囲の最大限を画し，均等論による保護はこの範囲を超えることはない，と表現することもできよう。

(3)　本質的部分の認定の具体例

　(a)　マキサカルシトール事件の事案は，次のようなものであった。特許発明（訂正発明）は出発物質を特定の試薬と反応させて中間体を製造し，その中間体を還元剤で処理して，目的物質を製造するという化合物の製造方法であり，出発物質及び中間体の炭素骨格はシス体のビタミンD構造であり，これに対して，被疑侵害者が使用する方法ではトランス体のビタミンD構造であった。知

＊7　「本件判解」L＆T72号（平28）71頁。

＊8　明細書に記載されていない公知技術は第4要件の問題と位置づけるべきとの見解（田村・前掲＊6・102〜103頁）に対して，「本件判解」・前掲＊7・71頁は，「客観的な公知技術に照らせば特許発明の進歩の幅が非常に少ない場合であっても，対象製品等全体の出願時の容易推考性や無効の抗弁までは認められないという場合には，適切な解決が図れないおそれもある」も述べている。

財高裁は，次のように述べて第1要件が充足されると判断した。「訂正発明の課題は，従来技術に開示されていなかったマキサカルシトールの側鎖を有するビタミンD誘導体又はステロイド誘導体の新規な製造方法を提供すること自体にあることからすれば，訂正発明の効果とは，従来技術に開示されていなかった新規な方法により，マキサカルシトールの側鎖を有するマキサカルシトール等のビタミンD誘導体又はステロイド誘導体を製造できることと認められる」。「訂正発明の上記課題及び解決手段とその効果に照らすと，訂正発明の本質的部分（特許請求の範囲の記載のうち，従来技術に見られない特有の技術的思想を構成する特徴的部分）は，ビタミンD構造又はステロイド環構造の20位アルコール化合物を，末端に脱離基を有する構成要件B−2のエポキシ炭化水素化合物と反応させることにより，一工程でエーテル結合によりエポキシ基を有する側鎖を導入することができるということを見出し，このような一工程でエーテル結合によりエポキシ基を有する側鎖が導入されたビタミンD構造又はステロイド環構造という中間体を経由し，その後，この側鎖のエポキシ基を開環するという新たな経路により，ビタミンD構造又はステロイド環構造の20位アルコール化合物にマキサカルシトールの側鎖を導入することを可能とした点にあると認められる」。「一方，出発物質の20位アルコール化合物の炭素骨格（Z）がシス体又はトランス体のビタミンD構造のいずれであっても，出発物質を，末端に脱離基を有するエポキシ炭化水素化合物と反応させることにより，出発物質にエーテル結合によりエポキシ基を有する側鎖が導入された中間体が合成され，その後，この側鎖のエポキシ基を開環することにより，マキサカルシトールの側鎖を導入することができるということに変わりはない。この点は，中間体の炭素骨格（Z）がシス体又はトランス体のビタミンD構造のいずれである場合であっても同様である。したがって，出発物質又は中間体の炭素骨格（Z）のビタミンD構造がシス体であることは，訂正発明の特許請求の範囲の記載のうち，従来技術に見られない特有の技術的思想を構成する特徴的部分とはいえず，その本質的部分には含まれない」。

（b）マキサカルシトール事件知財高裁大合議判決以後の裁判例のうち均等侵害を肯定した数少ないものの1つである，搾汁ジューサー事件（東京地判平28・6・23（平27（ワ）6812号）裁判所ホームページ）では，特許発明（本件発明）における

「圧力排出路」はハウジングの中央下端部に形成された防水円筒の下部縁に汁が流れる通路として形成されているのに対し，被疑侵害者の製品（Y製品）のハウジング底面における防水円筒の下部縁付近は平坦であり，通路と評価できるものは何ら形成されておらず，Y製品における果汁案内路の構成はハウジングと網ドラムを組み合わせたときにハウジングの底面及び防水円筒の下部縁と網ドラムの下方に突設された果汁案内壁とで形成されるという違いがあった。東京地裁は，「本件発明は，従来技術の問題点を解決し，食材の味を損わず，かつ，食材の種類にかかわらず排出口によく排出できるようにすること，搾汁を迅速に行い，ハウジング内部にとどまることなく下方によく流出させること，作業時の揺れや衝突をなくすこと，材料を押圧することなしに食材が進んで流入するようにし，機器の連続的な使用を可能とすることを目的とする」ものであるから，「圧力排出路の存在は本件発明が解決すべき課題と直接関係するものではない。もっとも，本件発明の効果等に関する……記載をみると，圧力排出路は，食材が網ドラムの底部で最終的に圧縮され脱水される過程で生じる一部の汁が防水円筒を超えてハウジングの外に流出するのを防ぐことを目的とするものであり，汁を排出するための通路をハウジング底面において防水円筒の下部縁に形成することは発明の本質的部分であるとみる余地がある。しかし，上記の効果を奏するためには，上記通路が防水円筒の下部縁に存在すれば足り，これをどのような部材で構成するかにより異なるものではない。そうすると，上記の異なる部分は本件発明の本質的部分に当たらないと解するのが相当である」と述べた（その他，均等侵害の肯定例として，東京地判平28・10・14（平25（ワ）7478号）裁判所ホームページ〔窒化ガリウム系化合物半導体チップの製造方法事件〕）。

V　第1要件と第2要件の関係

　第1要件に関しては，第2要件との関係をどのように把握するかという論点がある。この論点は，おそらく本質的部分の意義やその認定方法に影響するものではないが，ここで紹介しておこう。

　第1要件と第2要件の関係について，ある見解は，第1要件は技術思想の同一性を問題とし，第2要件は作用効果の同一性を問題とするものであると捉え

る。そして，第2要件は，特許発明が解決した課題を同様に解決しているかどうかを従来技術との関係から判断するもので，ある程度概括的に充足性の有無が判断されるが，ある程度概括的に認めたとしても第1要件により均等の成立する範囲は限定されることから，第2要件の存否を最初に判断し，その上で第1要件の存否を判断するという順序を採るべきとする[9]。

別の見解は，第1要件は，明細書に記載された解決原理の同一性を問うものであるから，実際には第2要件の置換可能性が認められる場合でも明細書の記載に基づいたものでなければ均等を否定するものであり，第2要件は，明細書の記載に従えば置換可能性があるように記載されている場合でも実際に置換可能でなかった場合に均等を否定するものであり，両者は，発明＋出願による公開と引き換えに特許権を付与するという特許法の構造に即した要件であると主張する[10]。この見解においては，第1要件と第2要件のどちらを先に判断すべきかは特に問題とならないであろう[11]。

マキサカルシトール事件知財高裁大合議判決以後の裁判例を見るに，ほとんどが均等侵害を否定したものではあるが，第1要件より第2要件が先に判断されるという傾向を観察することはできない。その一方で，後者の見解が採用されていることを示唆するものも見当たらない。おそらく現在のところ，第1要件と第2要件の関係についての何らかの考え方の下に，これらの要件の判断が行われているという状況にはないのであろう。

---

[9] 三村・前掲＊2・142〜144頁。髙部眞規子『実務詳説　特許関係訴訟〔第3版〕』（金融財政事情研究会，平28）180頁，飯村敏明「均等論(2)－均等の各要件と特徴」牧野ほか編・前掲＊2・389頁，401頁，飯田・前掲＊5・86頁，塚原朋一「知財高裁における均等侵害論のルネッサンス」知管61巻12号（平23）1777頁・1784頁も参照。

[10] 田村善之［判批］IPマネジメントレビュー22号（平28）25頁，田村・前掲＊6・108頁。伊藤滋夫編『知的財産法の要件事実』（法科大学院要件事実教育研究所報14号）（日本評論社，平28）18頁〔横山久芳〕も参照。

[11] なお，東海林・前掲＊6・56頁。

29 均等侵害(3)

池下　利男

均等侵害の第5要件における特段の事情とは何か。

キーワード　均等，第5要件，意識的除外，出願時同効材

I　均等侵害の第5要件とは

　均等侵害の第5要件は，「対象製品等が特許発明の特許出願手続において特許請求の範囲から意識的に除外されたものに当たるなどの特段の事情がないとき」（最判平10・2・24（平6（オ）1083号）民集52巻1号113頁〔ボールスプライン事件〕）とされており，均等の成否の判断において禁反言の法理が適用されることを明らかにしたものと解されている[1]。

　同判決では，第5要件を要求する理由について，「特許出願手続において出願人が特許請求の範囲から意識的に除外したなど，特許権者の側においていったん特許発明の技術的範囲に属しないことを承認するか，又は外形的にそのように解されるような行動をとったものについて，特許権者が後にこれと反する主張をすることは，禁反言の法理に照らし許されないからである。」としている。

II　意識的に除外されたものに当たるなどの特段の事情

(1)　特段の事情が認められる事例

　上記ボールスプライン最高裁判決における「特段の事情」とはどのようなも

---

*1　三村量一・最判解説民事篇平成10年度（上）153頁。

のが該当するかが問題となる。

典型的な例としては，特許請求の範囲を補正，訂正して減縮され除外された発明や，出願過程や審判手続で提出した書面において技術的範囲に属さないことを認めた発明等があげられるとされる。

もっとも補正・訂正等による除外が常に「特許請求の範囲から意識的に除外されたもの」に該当するかについては学説上争いがある。

(2) 補正・訂正等の目的が特段の事情の判断に影響するか

(a) 上記ボールスプライン最高裁判決における三村量一・最判解説（前掲＊1）によれば，「右判示によれば，補正が先行技術の存在を理由とする拒絶，異議による取消や無効審決を回避するために行われたのか，発明の構成を特定する趣旨で行われたかを問わず，また，それが特許庁審査官による働きかけ（拒絶理由通知，取消理由通知又は事実上の勧告等）に応じてされたものか，出願人が自発的に行ったものかを問わず，およそ特許出願過程において特許請求の範囲を減縮する補正等がなされていたときは，特許権者は，もはや減縮された部分について均等を主張することは許されない。また，出願人が拒絶取消ないし無効を回避するために特許請求の範囲を減縮する意図の下に補正等を行ったのか，特許請求の範囲の記載を明確にし発明の構成を特定する意図で行ったのかといった，補正等に際しての出願人の主観的意図に関わりなく均等の成立は否定される。」としている（広義説）＊2，＊3，＊4。

これに対し，審査経過による禁反言の適用について審査過程における出願人の主張が，発明の技術的範囲に関する審査官等の判断に影響を与えた場合に限るとする学説も存在する（狭義説）＊5。

(b) この点について補正の目的を問わず意識的除外として特段の事情を認め

＊2　三村・前掲＊1・154頁。

＊3　同様の見解として牧野利秋＝飯村敏明編『新・裁判実務大系(4)知的財産関係訴訟法』（青林書院，平13）201頁〔西田美昭〕。

＊4　ボールスプライン事件最高裁判決が「外形的」という文言を使っていることから，原則として特許請求の範囲が減縮された理由を問わないと解すべきであるが……特許請求の範囲が減縮された場合には，当該減縮された構成に係る均等についていかなる例外をも許さないとしているものではないとする見解もある（飯村敏明＝設樂隆一編著『ＬＰ(3)知的財産関係訴訟』（青林書院，平20）102頁〔嶋末和秀〕）。

＊5　田村善之「判断期間分化の調整原理としての包袋禁反言の法理」知的財産法政策学研究創刊号11頁・17頁。

る裁判例としては，以下のようなものがある。

① 東京地判平11・1・28（平8（ワ）14828号・14833号）判時1664号109頁〔徐放性ジクロフェナクナトリウム製剤事件〕

「本件特許発明の出願経過に照らせば，原告は，特許出願手続において，本件特許発明の技術的範囲を，遅効性ジクロフェナクナトリウムの腸溶性皮膜に特許請求の範囲記載の三物質を用いるものに限定した（すなわち，右三物質以外の腸溶性皮膜を用いるものが本件特許発明の技術的範囲に属しないことを承認したか，少なくともそのように解されるような外形的行動をとった。）ものと認められ，原告には，遅効性ジクロフェナクナトリウムを得るための腸溶性皮膜としてHPに代えて前記の三物質以外のASを用いることについて，均等の成立を妨げる特段の事情があるというべきである。」としている。

② 東京地判平20・1・22（平19（ワ）11981号）裁判所ホームページ〔コンパクト型豆乳・豆腐製造機事件〕

「当初の特許請求の範囲に明確に包含されていたものが補正により意識的に除外された場合のみならず，当初の特許請求の範囲に包含されているかどうかが不明確であったものが補正により包含されないことが明確にされた場合にも，禁反言の法理に照らし，第5要件により，特段の事情が存在するというべきである。」としている。

③ 東京地判平22・4・23（平20（ワ）18566号）裁判所ホームページ〔発泡樹脂成形品の取出方法および装置事件〕

「原告は，……すなわち拒絶理由を回避するためにしたものではなかったことになると解される主張をする。しかしながら，均等の上記第5要件にいう特許請求の範囲からの除外は，拒絶理由を回避するための行動でなければならない必要はない。すなわち，たとえ自発的に行った補正であったとしても，外形的に特許請求の範囲を限定した以上，特許権者が後にこれと反する主張をすることは，やはり禁反言の法理に照らして許されないものであるからである。」として，補正の目的を問わず，特許請求の範囲の限定を行った以上，意識的除外に他ならないとしている。

この他にも，補正等の目的を問わずに特許請求の範囲が減縮された場合には意識的除外に該当するとして特段の事情を認める裁判例が多数である。

29 均等侵害(3) *371*

(c) この点について，拒絶理由の回避のための減縮補正のみを意識的除外とみる裁判例としては，以下のようなものがある。

① 大阪地判平11・5・27（平8（ワ）12220号）判時1685号103頁〔注射液の調整方法事件〕

「手続補正により付加された『ほぼ垂直に保持された状態で』との要件は，右の拒絶理由通知における特許拒絶理由を回避するために付加された要件ではないことは明らか」であるとして，意識的に除外されたものに当たる特段の事情があるということはできないとした。

② 大阪地判平12・5・23（平7（ワ）1110号・4251号）裁判所ホームページ〔マジックヒンジ事件〕

「拒絶理由通知を受けて構成要件Cのように補正したものであるといえる。しかし，右補正の内容からすると，右補正は，召合せ部材22を抱着挟持する構成をより明確にしたものにすぎず，公知技術を回避するためになされたものとは認められないし，また，意見書の内容を見ても，ホ号物件のように挟持壁を厚さ方向に設ける構成を特に意識的に除外したとも認められない。」として，第5要件の充足を認めた。

(d) この点，ボールスプライン最高裁判決において「特許権者の側においていったん特許発明の技術的範囲に属しないことを承認するか，又は外形的にそのように解されるような行動をとったもの」と判示されていること，特許権者が補正等によって特許請求の範囲から除外した理由・目的について第三者がそれを容易に判断できるとはいい難く，第三者保護の観点から，出願経過で減縮補正・訂正がなされた場合には，理由の如何を問わずに，意識的に除外されたものに該当し，特段の事情があるものとして，第5要件の充足性を否定すべきと考える*6.*7。

＊6 米国のワーナージェンキンソン最高裁判決を参考に「出願過程で補正が行われた場合には意識的除外（禁反言適用）が推定され，それが意識的除外に該当しないことの証明責任を特許権者側に転換する」のも一つの解決方法ではなかろうかとするものとして中山信弘＝小泉直樹編『新・注解特許法〔第2版〕【中巻】』（青林書院，平29）1278頁〔岩坪哲〕。

＊7 田中孝一「最高裁重要判例解説（マキサカルシトール事件）」L＆T76号79頁は，後述のマキサカルシトール事件最判を受けて，補正や訂正がされた場合に広義説ではなく，直ちに均等の主張が許されない特段の事情があるとはされない説（狭義説）をとることの方向性が示されるとする。

III 出願時同効材を記載しなかったことが「特段の事情」に当たるか

(1) 出願時同効材の不記載と均等の適用

出願過程において特許権者側が補正・訂正等を行って特許請求の範囲から除外したものや出願過程や審判手続で提出した書面において技術的範囲に属さないことを認めた発明について，意識的除外に該当し特段の事情が認められることについては，前述のとおりである。

これに対し，出願人が特許出願時に容易に想到することができた他人の製品等に係る構成を特許請求の範囲に記載しなかった場合に，均等を適用できるかが問題となる。

(2) 学説及び裁判例

この点，出願時同効材に対して均等論の適用を否定する消極説とこれを認める積極説が対立し，裁判例も分かれていた。

消極説は，「出願人が当初から特許請求の範囲をその記載内容に限定して出願したと認められる場合にも特許権者は均等を主張することが許されないというべきである。すなわち，当業者であれば，容易に，当初からこれを包含した特許請求の範囲により出願することができたはずの事項や，特許出願過程において補正により容易に特許請求の範囲に取り込むことが可能であったはずの事項については，出願人がそのような出願ないし補正をしなかったことが，当該事項を特許発明の技術的範囲から除外したと外形的に解される行動に当たるとして，均等の成立が否定されることになる。」とする[8,9]。

これに対し，積極説は，出願人が特許出願時に特許請求の範囲に容易に想到することができた対象製品等に係る構成を記載しなかったというだけでは，当該対象製品等に係る構成を意識的に除外したとはいえず，出願人が，当該他人の製品等に係る構成が特許請求の範囲に含まれないことを自認しながらあえて

---

* 8　三村・前掲 * 1・156頁。

* 9　消極説に立つと思われるものとして，愛知靖之「出願時におけるクレームへの記載可能性と均等論」中山信弘先生還暦記念論文集『知的財産法の理論と現代的課題』218頁，高林龍「均等論をめぐる論点の整理と考察」学会年報38号68頁等。

特許請求の範囲に記載しなかった旨を表示していたといえる場合や補正又は訂正により当該他人の製品等に係る構成を除外するなど，当該対象製品に係る構成を特許請求の範囲から除外したと外形的に評価し得る行動がとられていることを要するとする*10。

消極説に立つ裁判例*11として知財高判平24・9・26（平24(ネ)10035号）判時2172号106頁〔医療用可視画像生成方法事件〕，知財高判平21・8・25（平20(ネ)10068号）判時2059号125頁〔切削方法事件〕等があり，積極説に立つ裁判例として知財高判平18・9・25（平17(ネ)10047号）裁判所ホームページ〔椅子式エアーマッサージ機事件〕，名古屋高判平17・4・27（平15(ネ)277号）裁判所ホームページ〔圧流体シリンダー事件〕等がある。

(3) 知財高裁判決と最高裁判決〔マキサカルシトール事件〕

この点について，知財高判平28・3・25（平27(ネ)10014号）判時2306号87頁〔マキサカルシトール事件控訴審（大合議）判決〕とその上告審である最判平29・3・24（平28(受)1242号）民集71巻3号359頁〔マキサカルシトール事件最判〕は，積極説に立つことを明らかにした。

(a) 知財高判平28・3・25（平27(ネ)10014号）判時2306号87頁〔マキサカルシトール事件大合議判決〕

この判決は，

「特許請求の範囲に記載された構成と実質的に同一なものとして，出願時に当業者が容易に想到することのできる特許請求の範囲外の他の構成があり，したがって，出願人も出願時に当該他の構成を容易に想到することができたとしても，そのことのみを理由として，出願人が特許請求の範囲に当該他の構成を記載しなかったことが第5要件における『特段の事情』に当たるものということはできない。」と判示し，その理由として，

「(1)上記のとおり，特許発明の実質的価値は，特許請求の範囲に記載された構成以外の構成であっても，特許請求の範囲に記載された構成からこれと実質

---

*10 積極説に立つと思われるものとして，設樂隆一「無効の抗弁導入後のクレーム解釈と均等論，並びにボールスプライン最判の第5要件とFESTO最判との比較及び出願時同効材等について」学会年報38号270頁等。

*11 田中・前掲＊7・L＆T76号74頁は，これらの裁判例も消極説を徹底したものではなく，明細書の記載や出願後の経過等を踏まえて均等の主張が排斥されたものとする。

的に同一なものとして当業者が容易に想到することのできる技術に及び，その理は，出願時に容易に想到することのできる技術であっても何ら変わりがないところ，出願時に容易に想到することができたことのみを理由として，一律に均等の主張を許さないこととすれば，特許発明の実質的価値の及ぶ範囲を，上記と異なるものとすることとなる。また，(2)……先願主義の下においては，出願人は，限られた時間内に特許請求の範囲と明細書とを作成し，これを出願しなければならないことを考慮すれば，出願人に対して，限られた時間内に，将来予想されるあらゆる侵害態様を包含するような特許請求の範囲とこれをサポートする明細書を作成することを要求することは酷であると解される場合がある。これに対し，特許出願に係る明細書による発明の開示を受けた第三者は，当該特許の有効期間中に，特許発明の本質的部分を備えながら，その一部が特許請求の範囲の文言解釈に含まれないものを，特許請求の範囲と明細書等の記載から容易に想到することができることが少なくはないという状況がある。均等の法理は，特許発明の非本質的部分の置き換えによって特許権者による差止め等の権利行使を容易に免れるものとすると，社会一般の発明への意欲が減殺され，発明の保護，奨励を通じて産業の発達に寄与するという特許法の目的に反するのみならず，社会正義に反し，衡平の理念にもとる結果となるために認められるものであって，上記に述べた状況等に照らすと，出願時に特許請求の範囲外の他の構成を容易に想到することができたとしても，そのことだけを理由として一律に均等の法理の対象外とすることは相当ではない。」
としている。

その上で，特段の事情が存在する場合について，

「もっとも，このような場合であっても，出願人が，出願時に，特許請求の範囲外の他の構成を，特許請求の範囲に記載された構成中の異なる部分に代替するものとして認識していたものと客観的，外形的にみて認められるとき，例えば，出願人が明細書において当該他の構成による発明を記載しているとみることができるときや，出願人が出願当時に公表した論文等で特許請求の範囲外の他の構成による発明を記載しているときには，出願人が特許請求の範囲に当該他の構成を記載しなかったことは，第5要件における『特段の事情』に当たるものといえる。」

とし，その理由として

「上記のような場合には，特許権者の側において，特許請求の範囲を記載する際に，当該他の構成を特許請求の範囲から意識的に除外したもの，すなわち，当該他の構成が特許発明の技術的範囲に属しないことを承認したもの，又は外形的にそのように解されるような行動をとったものと理解することができ，そのような理解をする第三者の信頼は保護されるべきであるから，特許権者が後にこれに反して当該他の構成による対象製品等について均等の主張をすることは，禁反言の法理に照らして許されないからである。」と判示した。

(b) 最判平29・3・24（平28(受)1242号）民集71巻3号359頁〔マキサカルシトール事件最判〕

上記マキサカルシトール事件控訴審（大合議）判決の上告受理事件である最判平29・3・24〔マキサカルシトール事件最判〕において，最高裁は，

「出願人が，特許出願時に，特許請求の範囲に記載された構成中の対象製品等と異なる部分につき，対象製品等に係る構成を容易に想到することができたにもかかわらず，これを特許請求の範囲に記載しなかった場合であっても，それだけでは，対象製品等が特許発明の特許出願手続において特許請求の範囲から意識的に除外されたものに当たるなどの特段の事情が存するとはいえないというべきである。」と判示し，その理由について「出願人が，特許出願時に，特許請求の範囲に記載された構成中の対象製品等と異なる部分につき，対象製品等に係る構成を容易に想到することができたにもかかわらず，これを特許請求の範囲に記載しなかったというだけでは，特許出願に係る明細書の開示を受ける第三者に対し，対象製品等が特許請求の範囲から除外されたものであることの信頼を生じさせるものとはいえず，当該出願人において，対象製品等が特許発明の技術的範囲に属しないことを承認したと解されるような行動をとったものとはいい難い。また，上記のように容易に想到することができた構成を特許請求の範囲に記載しなかったというだけで，特許権侵害訴訟において，対象製品等と特許請求の範囲に記載された構成との均等を理由に対象製品等が特許発明の技術的範囲に属する旨の主張をすることが一律に許されなくなるとすると，先願主義の下で早期の特許出願を迫られる出願人において，将来予想されるあらゆる侵害態様を包含するような特許請求の範囲の記載を特許出願時に強

いられることと等しくなる一方，明細書の開示を受ける第三者においては，特許請求の範囲に記載された構成と均等なものを上記のような時間的制約を受けずに検討することができるため，特許権者による差止め等の権利行使を容易に免れることができることとなり，相当とはいえない。」と判示した。

その上で，特段の事情が存在する場合について，「出願人が，特許出願時に，特許請求の範囲に記載された構成中の対象製品等と異なる部分につき，対象製品等に係る構成を容易に想到することができたにもかかわらず，これを特許請求の範囲に記載しなかった場合において，客観的，外形的にみて，対象製品等に係る構成が特許請求の範囲に記載された構成を代替すると認識しながらあえて特許請求の範囲に記載しなかった旨を表示していたといえるときには，対象製品等が特許発明の特許出願手続において特許請求の範囲から意識的に除外されたものに当たるなどの特段の事情が存するというべきである。」とし，その理由として，第三者の表示に対する信頼の保護をあげる（マキサカルシトール事件控訴審（大合議）判決以後，均等第5要件を判断したものとして知財高判平28・6・29（平28（ネ）10007号）判タ1438号102頁〔振動機能付き椅子事件〕）。

(c) 両判決後の問題点

マキサカルシトール事件控訴審（大合議）判決が特段の事情が認められる場合について，出願人の認識が客観的外形的に認められる場合としているのに対し，マキサカルシトール事件最判では，客観的外形的に表示していた場合としており，「表示」されているか否かが要証命題であることを明確化している点に差異があるが，マキサカルシトール事件最判は，マキサカルシトール事件控訴審（大合議）判決を概ね支持したものといえる。

この両判決を受けて問題となるのは，具体的に客観的外形的表示がされた場合とはどのような場合をいうのかという点となる。

まず，明細書に記載されているが，特許請求の範囲には記載されていない技術（例えば実施例で記載されているが特許請求の範囲には含まれていないもの）については，特段の事情ありとして均等が及ばないことになる。

他方で，明細書中に抽象的，一般的な記載があるにすぎないような場合，対象製品等の構成の上位概念，概括的な効果が記載されているにすぎないような場合には，「特許請求の範囲に記載された構成中の対象商品等と異なる部分に

つき，特許請求の範囲に記載された構成を対象商品等に係る構成と置き換えることができるものであること」を明細書等に記載したものといえるかについては，明細書の具体的な記載と第三者の記載に対する信頼を検討する必要があると思われる*12。

　次に，マキサカルシトール事件控訴審（大合議）判決では，「出願人が出願当時に公表した論文等で特許請求の範囲外の他の構成による発明を記載しているとき」には特段の事情が存在する旨判示されているが，マキサカルシトール事件最判では，論文への言及はなされていない。しかしながら，マキサカルシトール事件最判でも「出願人が，特許出願時に，その特許に係る特許発明について，特許請求の範囲に記載された構成中の対象製品等と異なる部分につき，特許請求の範囲に記載された構成を対象製品等に係る構成と置き換えることができるものであることを明細書等に記載するなど，客観的，外形的にみて，対象製品等に係る構成が特許請求の範囲に記載された構成を代替すると認識しながらあえて特許請求の範囲に記載しなかった旨を表示していたといえるとき」としており，論文の掲載自体を排除するものとはいえないと思われる。

　しかしながら，当該発明を第三者に開示するためのものである明細書と，それ以外の論文等を同一に捉え，あえて特許請求に記載しなかった旨を表示したといえるかは疑問である*13。

＊12　田中・前掲＊7・Ｌ＆Ｔ76号79頁は，判例の集積が期待されるとしつつ，このような場合には均等の主張が許されない特段の事情があるとはいえないように思われるとする。
＊13　田中・前掲＊7・Ｌ＆Ｔ76号79頁同旨。

378 第3章 特許権侵害訴訟における攻撃防御方法 第1節 技術的範囲の属否, その他の請求原因事実に関する問題

30 均等侵害⑷

辻村 和彦

均等侵害の第2要件, 第3要件の肯定例と否定例を説明せよ。

キーワード 置換可能性, 作用効果の同一性, 課題解決原理の同一性, 置換容易性

I 均等侵害の第2要件及び第3要件の意義等

⑴ 第2要件及び第3要件の意義

均等侵害の法理を認めたボールスプライン事件最高裁判決 (最判平10・2・24 (平6(オ)1083号) 民集52巻1号113頁) は, 均等侵害の第2要件として, 特許請求の範囲に記載された構成中の対象製品等と異なる部分を「対象製品等におけるものと置き換えても, 特許発明の目的を達成することができ, 同一の作用効果を奏する」ことを挙げ, 第3要件として, 「置き換えることに, 当該発明の属する技術の分野における通常の知識を有する者 (以下「当業者」という。) が, 対象製品等の製造等の時点において容易に想到することができた」ものであることを挙げる。この均等侵害の第2要件は置換可能性・作用効果の同一性, 第3要件は (侵害時) 置換容易性などと呼ばれる。

⑵ 第2要件及び第3要件が要求される根拠

ボールスプライン事件最高裁判決は, 第2要件及び第3要件が要求される根拠として, 「特許発明の実質的価値は第三者が特許請求の範囲に記載された構成からこれと実質的に同一なものとして容易に想到することのできる技術に及び, 第三者はこれを予期すべきものと解するのが相当」であることを挙げる。すなわち, 均等侵害において第2要件が要求されるのは, 特許請求の範囲に記載された構成を対象製品等の相違部分にかかる構成に置き換えたときに, 特許発明の目的を達成できず, 同一の作用効果を奏しないのであれば, 対象製品等

を特許発明と「実質的に同一なもの」ということはできないためであり，第3要件が要求されるのは，特許権の効力の及ぶ客観的範囲は，特許請求の範囲の記載に基づいて決せられるところ，特許請求の範囲に記載された構成を対象製品等の相違部分にかかる構成に置き換えることを，特許請求の範囲の記載に接した当業者が容易に想到できなければ，対象製品等の相違部分にかかる構成が，特許請求の範囲に記載されているものと「実質的に同一なもの」ということはできず，特許権の効力が及ぶことを第三者が予期できないためである。

(3) 均等侵害における第2要件及び第3要件の位置づけ

第2要件及び第3要件は，ボールスプライン事件最高裁判決以前に均等侵害を肯定する学説及び裁判例がほぼ異論なく掲げていた均等侵害成立のための要件であり，均等論の根本である「特許発明との実質的同一性」を基礎づけるための中核的要素と位置づけられている。なお，均等侵害の各要件の相互関係における第2要件及び第3要件の位置づけについては，論者によって若干ニュアンスが異なる部分があるが，この点については後述する。

(4) 第2要件及び第3要件の主張立証責任

第2要件及び第3要件は，対象製品等の特許発明との実質的同一性を積極的に基礎づけるための要件であるため，その主張立証責任を権利者側が負うことについては異論がない。

Ⅱ 第2要件に関する論点及び関連裁判例

(1) 均等侵害の各要件相互の関係における第2要件の位置づけ

上述したとおり，第2要件を均等侵害の各要件の相互関係上どのように位置づけるかについては，論者によって若干のニュアンスの異なる部分があり，概要以下のような見解がある。

(a) 第2要件は，解決原理や技術思想を離れて，客観的に同一結果を実現していれば充足され，それが同一の技術思想ないし解決原理によるものかは，第1要件で判断するとする見解[1]。

この見解は，第2要件は，出願前の公知技術と特許発明を対比して，従来技術では解決できなかった課題であって，特許発明によって解決されたものを，

被告製品が解決するものかによって決せられるとする。そして，第2要件は，被告製品が，客観的にみて特許発明の上記課題を解決しているかどうかを問題とする要件であり，かかる課題解決が特許発明と同一の技術思想ないし解決原理に基づくものかどうかは第1要件の問題であるとする。例えば，自動車において従前にはない優れた燃費を実現するという課題・作用効果について，エンジンの燃焼効率を上げることと車体の重量を軽量化することは，同一の作用効果を奏する限りは第2要件を充足するが，課題解決の技術思想が異なるため第1要件を充足しないとする。

(b) 第1要件と第2要件は，均等の客観的な同一性の要件（技術思想の同一性ないし課題の解決原理の同一性と，作用効果ないし機能の同一性）を別の角度から表現したものであるとする見解[2]。

(c) 第2要件を「課題解決原理の同一性」ないし「作用効果の同一性」を意味するものとし，第2要件は，独立の要件というよりも，第3要件を判断するための前提としての意義を有するにすぎないとする見解[3]。

この見解は，最終的な立証命題は置換が容易であったかという第3要件であるが，置換が容易かを判断するに当たって，解決原理ないし作用効果の同一が重要な前提であることから，特にその点を明確に示すために置換可能性を第2要件として格上げしたにすぎず，第2要件の意義はこれを超えるものではないとする。また，この見解は，均等論においては第2要件と第3要件を中心に考え，第1要件は，第3要件の置換容易性の判断基準時が侵害時とされたことによる均等の過度の拡大のおそれ（及びこれに伴う健全なビジネス活動や技術開発を過度に萎縮させるおそれ）に対してバランスをとるためのツールとして例外的に用いられるものにすぎないとする。この見解は，第1要件ないし第3要件のいずれにおいても，解決原理を中心に据えるものであるが，第2要件及び第3要件で

---

[1] 三村量一「他人の製品等が明細書の特許請求の範囲に記載された構成と均等なものとして特許発明の技術的範囲に属すると解すべき場合」最判解説民事篇平成10年度(上)112頁，東京弁護士会知的財産権法部創部三十周年記念シンポジウム「特許紛争のより適正な解決の模索」パテ65巻8号138頁。

[2] 設樂隆一「均等論について」清永利亮＝設樂隆一編『現代裁判法大系(26)知的財産権』72頁。

[3] 飯村敏明「均等論(1)−均等論の成立の背景及び適切な活用について」「均等論(2)−均等の各要件と特徴」牧野利秋ほか編『知的財産訴訟実務大系I』370頁及び389頁，前掲[1]「特許紛争のより適正な解決の模索」パテ65巻8号136頁。

判断の前提とされる解決原理は一致しなければならないのに対し，第１要件で判断の前提とされる解決原理は，第２要件及び第３要件で判断の前提とされる解決原理と同一であることは要求されないとする。そして，第２要件及び第３要件で判断の前提とされる解決原理が特許発明と被告製品とを比較の対象としているため特段の限定がかからないのに対し，第１要件で判断の前提とされる解決原理は従来技術との比較において従来見られなかった解決原理に限定されるため，同じく解決原理を問題にするといっても，第１要件の判断が第２要件の判断に完全に包摂されるわけではないとする。

なお，以上の見解の違いは，第１要件から第３要件の各要件に担わせる役割についての見方の相違にすぎず，実務上は，これらの見解の違いが，均等侵害の成否に直接影響するとは考え難い。

(2) 第２要件の判断

(a) 特許発明の目的や作用効果の認定

判断の対象となる特許発明の目的や作用効果は，明細書の発明が解決しようとする課題や発明の効果の記載に基づいて確定されるべきであり，明細書に記載されている作用効果であっても，特許発明の出願時の従来技術では解決できなかった課題の解決を超えた付加的に記載された作用効果や実施例に特有のものとして記載された作用効果までは含まないものと解されている。

裁判例も，特許発明の目的や作用効果を，明細書の発明が解決しようとする課題や発明の効果の記載に基づいて認定するものが大半である。また，明細書記載の作用効果の一部を取り出す原告の主張を排斥する裁判例も存する（知財高判平24・3・14（平23(ネ)10035号）判タ1406号181頁〔靴収納庫用棚板事件〕，名古屋地判平12・8・9（平10(ワ)4108号）判タ1109号241頁〔車椅子事件〕）。

一方で，解決原理の同一性をも第２要件に含める上記(1)(c)の見解から，第２要件及び第３要件で判断の前提とされる解決原理（特許発明と被告製品とを比較の対象とするもの）は「技術常識」に照らして確定され，同「技術常識」には明細書の記載も含むが，明細書に記載されていることを要するわけではないとの指摘がなされている。裁判例にも，明細書には記載されていない特許発明の「相違部分の構成にかかる目的・作用効果」を別途認定した上で第２要件を判断したものがある（知財高判平23・11・30（平23(ネ)10004号）判タ1402号269頁〔車載ナビゲ

ーション装置事件〕，東京地判平28・6・23（平27(ワ)6812号）裁判所ホームページ〔搾汁
ジューサー事件〕）。

（b）被告製品の作用効果の量・程度

第2要件の充足のためには，被告製品が特許発明の作用効果と全く同一の作
用効果を奏することまでは必要なく，作用効果の大小・広狭はあっても実質的
に同一の作用効果であれば足りると解されている。

裁判例においても，①特許発明と被告製品の作用効果に若干の程度の差があ
っても，実質的には作用効果は同一であるとして第2要件充足を認めたものが
ある（知財高判平18・9・25（平17(ネ)10047号）裁判所ホームページ〔椅子式エアーマッ
サージ機事件〕，知財高判平23・3・28（平22(ネ)10014号）裁判所ホームページ〔マンホー
ル蓋用受枠事件〕）。また，②明細書の記載及び公知技術との対比から，考案が負
荷の大小といった量的なものを改善したものとは解することはできないと認定
した上で，定性的な作用効果が奏される限り，第2要件を充足するとした裁判
例（大阪地判平12・5・23（平7(ワ)1110号・4251号）裁判所ホームページ〔召合せ部材取
付け用ヒンジ事件〕）も存する。

一方で，③明細書に記載された従来技術との対比で，特許発明の作用効果を
量的に把握した上で，被告製品は従来技術を超える量的な作用効果を奏さない
として，第2要件の充足を否定した裁判例（知財高判平24・9・26（平24(ネ)10035
号）判タ1407号167頁〔医療用可視画像の生成方法事件〕，東京地判平28・1・29（平26(ワ)
34467号）裁判所ホームページ〔家畜の人工授精用精子または受精卵移植用卵子の注入器事
件〕）や，④被告製品において特許発明と同一の作用効果を奏させる方法がな
いわけではないが，その方法の容易さに大きな違いがあるため同一の作用効果
を奏するということはできないとして第2要件の充足を否定した裁判例（東京
地判平25・12・19（平23(ワ)30214号）裁判所ホームページ〔センサ付き省エネルギーラン
プ事件〕），さらには，⑤被告製品が，何らかの同種の作用効果を奏する可能性
（一定の疑義を含む）はあるものの，証拠資料上，特許発明の作用効果を実現でき
るかは不明であるとして第2要件の充足を否定した裁判例（知財高判平28・4・
13（平27(ネ)10125号）裁判所ホームページ〔非磁性材粒子分散型強磁性材スパッタリング
ターゲット事件〕，東京地判平19・10・23（平18(ワ)6548号）裁判所ホームページ〔シャッ
トダウン機能を有する安定器用集積回路事件〕，東京地判平25・12・19（平24(ワ)18353号）

裁判所ホームページ〔雨水貯留浸透槽・軽量盛土用部材事件〕）なども存する。

(c) 被告製品の付加的作用効果

被告製品の置換部分によって，特許発明の作用効果とは別の有用な付加的作用効果がある場合であっても，特許発明と同一の作用効果を奏する以上は，第2要件は充足されるものと解されている（知財高判平26・3・26（平25（ネ）10017号・10041号）判タ1423号201頁〔撹拌機用パドル及び発酵処理装置事件〕，東京地判平28・6・23（平27（ワ）6812号）裁判所ホームページ〔搾汁ジューサー事件〕，東京地判平13・5・29（平12（ワ）12728号）及び東京地判平13・1・30(平12（ワ）186号)裁判所ホームページ〔カード発行システム事件〕，東京地判平13・5・22（平12（ワ）3157号）判タ1094号261頁〔電話用線路保安コネクタ配線盤装置事件〕，名古屋地判平15・2・10（平8（ワ）2964号）判時1880号95頁〔圧流体シリンダ事件〕）。

この点については，第2要件を第3要件を判断するための前提としての意義を有するにすぎないとする上記(1)(c)の見解からも，他の有用性があることをもって，置換可能性を否定する論理は適切ではなく，置換容易性判断の一要素と理解する方が合理的であるとの指摘がなされている。

(d) 課題解決原理の同一性

裁判例における第2要件の判断部分は，特許発明の内容，明細書の記載内容，被告製品の相違部分にかかる構成，当事者の主張及び結論として充足性を肯定するか否か等，個別事案の影響を受けるところも大きく，結局はケース・バイ・ケースのものといわざるを得ないものではあるが，第2要件の判断に課題解決原理の同一性を取り込むのかという点に関しては，各裁判例において考え方を異にしているように思われる。

具体的には，第2要件の判断において，

① 特許発明及び被告製品の課題解決原理や作用機序には踏み込まず，専ら作用効果の同一性のみを検討するもの

（東京地判平11・1・28（平8（ワ）14828号・14833号）判タ994号292頁〔徐放性ジクロフェナクナトリウム製剤事件〕，東京地判平12・8・31（平10（ワ）7865号）裁判所ホームページ〔フィルムカセット事件〕，東京地判平13・5・29（平12（ワ）12728号）及び東京地判平13・1・30（平12（ワ）186号）裁判所ホームページ〔カード発行システム事件〕，東京地判平13・5・22（平12（ワ）3157号）判タ1094号261頁〔電話用線路保安コネクタ配線盤装置事

件〕，東京地判平13・10・30（平12（ワ）25830号）裁判所ホームページ〔重量物吊上用フック装置事件〕，東京地判平25・9・12（平23（ワ）8085号・22692号）裁判所ホームページ〔洗濯機用水準器事件〕，大阪高判平19・11・27（平16（ネ）2563号・3016号）裁判所ホームページ〔置棚事件〕，大阪地判平16・1・15（平14（ワ）12410号）裁判所ホームページ〔ポスト用異物収集装置事件〕，大阪地判平25・7・11（平22（ワ）18041号）裁判所ホームページ〔ソレノイド駆動ポンプの制御回路事件〕，大阪地判平25・10・17（平24（ワ）3276号）裁判所ホームページ〔角度調整金具事件〕，大阪地判平28・1・21（平26（ワ）5210号）裁判所ホームページ〔パック用シート事件〕，大阪地判平28・3・17（平26（ワ）4916号）裁判所ホームページ〔足先支持パッド事件〕）

② 特許発明及び被告製品が同一の作用効果を奏しているかを検討するに当たり，双方の作用機序を認定して比較するもの

（知財高判平27・11・12（平27（ネ）10076号）裁判所ホームページ〔円テーブル装置事件〕，知財高判平28・9・28（平27（ネ）10016号）裁判所ホームページ〔ティシュペーパーの製造設備事件〕，知財高判平27・10・8（平26（ネ）10111号）裁判所ホームページ〔粉粒体の混合及び微粉除去装置事件〕，東京地判平12・3・23（平10（ワ）11453号）裁判所ホームページ〔生海苔の異物分離除去装置事件〕，東京地判平28・8・30（平26（ワ）25928号）裁判所ホームページ〔ナビゲーション装置及び方法事件〕，東京地判平28・10・14（平25（ワ）7478号）裁判所ホームページ〔窒化ガリウム系化合物半導体チップの製造方法事件〕，大阪地判平11・10・14（平8（ワ）13483号・平9（ワ）1959号・5847号）裁判所ホームページ〔混合材の塗布方法事件〕，大阪地判平12・8・24（平8（ワ）11946号）裁判所ホームページ〔建方補助具事件〕，大阪地判平14・4・16（平12（ワ）6322号）判時1838号132頁等〔こんにゃくの製造装置事件〕，大阪地判平23・8・30（平22（ワ）10984号）裁判所ホームページ〔地盤改良機事件〕，大阪地判平26・9・18（平25（ワ）5744号）裁判所ホームページ〔預かり物の提示方法事件〕，大阪地判平28・9・29（平26（ワ）10739号）裁判所ホームページ〔臀部拭き取り装置事件〕，また，第1要件と第2要件を関連させて判断するものとして，東京地判平17・7・7（平16（ワ）7716号）裁判所ホームページ〔施工面敷設ブロック事件〕，東京地判平19・10・23（平19（ワ）11136号）裁判所ホームページ〔人工漁礁の構築方法事件〕，大阪地判平17・3・31（平16（ワ）12945号）裁判所ホームページ〔電子レンジ用容器事件〕）

③ 課題解決原理の同一性を正面から検討するもの

（知財高判平22・3・30（平21（ネ）10055号）判タ1324号239頁〔携帯型コミュニケータ事

件〕，知財高判平24・6・28（平23(ネ)10060号）裁判所ホームページ〔地盤改良機事件〕，知財高判平24・10・30（平23(ネ)10081号）裁判所ホームページ〔送受信線切替器事件〕，東京地判平29・2・10（平27(ワ)4461号）裁判所ホームページ〔金融商品取引管理システム事件〕）

がある。

　もっとも，これは上記(1)の見解の違いと同様，第1要件から第3要件の各要件に担わせる役割についての見方の相違にすぎず，したがって，この点が，均等侵害の成否に直接影響するとは考え難い。

Ⅲ　第3要件に関する論点及び関連裁判例

(1)　容易想到性の程度及び「当業者」の意味

　第3要件における容易想到性の程度については，特許法29条2項の進歩性がないとされる場合と同様の基準で判断して差し支えないとする見解もあるが，進歩性なしとされる場合ほどの広がりはなく，当業者であれば誰もが，特許請求の範囲に明記されているのと同じように認識できる程度の容易さであることを要するものと解されている。また，容易相当性判断の主体である「当業者」の意味も，従来技術に関する知識を全部有しているものとして想定される特許法29条2項の当業者ではなく，かかる知識を有することを前提としない当該技術分野に属する全部門の当業者と理解すべきである。

　裁判例において，この点についての一般的規範を定立しているものは少ないが，大阪地判平10・9・17（平8(ワ)8927号）判時1664号122頁〔徐放性ジクロフェナクナトリウム製剤事件〕は「当業者が対象製品等の製造時に容易に想到することができたというためには，イ号医薬品の製造，販売開始時において，当業者が，本件明細書の記載及びその時点における公知技術により，特段の実験追試を試みるまでもなく，ASが有効成分であるジクロフェナクナトリウムに対し，HPと同様の腸溶性効果を奏することが容易に想到できたといい得ることが必要である。」と判示し，大阪地判平12・2・22（平10(ワ)12235号）裁判所ホームページ〔シュレッダー用切断刃事件〕は「均等要件としての容易想到性は，当業者たる第三者であれば，特許請求の範囲に記載された発明と実質的に同一な

ものとして特許権の実質的価値が及ぶものと当然に予期すべき範囲を画するための要件であるから，特許法29条2項の場合とは異なり，当業者であれば誰もが，特許請求の範囲に明記されているのと同じように認識できる程度の容易さをいうものと解するのが相当である。」と判示している。また，大阪高判平13・10・2（平12(ネ)2290号・4067号）裁判所ホームページ〔採光窓付き鋼製ドアの製造方法事件〕は「そのように置き換えることに，当業者であれば誰でもが，対象製品等の製造等の時点において特許請求の範囲に明記されているときに認識できるのと同程度の容易さで想到することができたことをいうものと解すべきである。」と判示している。その他，知財高判平18・9・25（平17(ネ)10047号）裁判所ホームページ〔椅子式エアーマッサージ機事件〕も「特許庁における発明自体の容易想到性の判断と，当該発明の一部の構成を置換することについての容易推考性の判断は，その判断の内容及び基準時点が全く異なるものである。」と判示している。

　具体的なあてはめにおいて，第3要件の充足が否定された理由としては，①特許発明の明細書に置換した場合に生じる特有の技術的事項についての記載や示唆がない（知財高判平17・12・28（平17(ネ)10103号）裁判所ホームページ〔施工面敷設ブロック事件〕），②置換部分について明細書以外の公知技術を適用してもなお容易想到とはいえない（知財高判平25・6・6（平24(ネ)10094号）裁判所ホームページ〔パソコン等の器具の盗難防止用連結具事件〕，知財高判平27・5・28（平26(ネ)10112号）裁判所ホームページ〔パチンコ台取付装置事件〕，東京地判平29・2・10（平27(ワ)4461号）裁判所ホームページ〔金融商品取引管理システム事件〕，東京地判平24・9・13（平21(ワ)45432号）裁判所ホームページ〔ペット寄生虫の治療・予防用組成物事件〕，大阪地判平12・2・22（平10(ワ)12235号）裁判所ホームページ〔シュレッダー用切断刃事件〕），③相違部分にかかる構成を具体的に開示した技術文献がない（東京地判平12・8・31（平10(ワ)7865号）裁判所ホームページ〔フィルムカセット事件〕），④被告製品の構成は特許発明よりも複雑化し，その結果別途の付加的効果が得られている，⑤特許請求の範囲の文言の一部修正や上位概念化で相違部分を捕捉することは困難である（東京地判平26・9・25（平25(ワ)31341号）裁判所ホームページ〔パチンコ台取付装置事件〕），⑥特許発明の内容から見て置換に阻害要因がある（東京地判平29・2・10（平27(ワ)4461号）裁判所ホームページ〔金融商品取引管理システム事件〕），⑦相違部分

の付加的作用効果を奏する付加的構成も含めると，設計事項とはいえず，公知技術でもない（大阪地判平16・1・15（平14（ワ）12410号）裁判所ホームページ〔ポスト用異物収集装置事件〕），といったものが挙げられる。

　一方，第3要件を充足するとされた理由としては，①特許発明の構成よりも置換した構成の方が一般に部材を製作するに当たって容易である（知財高判平23・3・28（平22（ネ）10014号）裁判所ホームページ〔マンホール蓋用受枠事件〕），②設計上の微小な点に関する変更にすぎない（東京地判平12・3・23（平10（ワ）11453号）裁判所ホームページ〔生海苔の異物分離除去装置事件〕），③置換に何らかの工夫を要するものではない，④当業者が設計事項として任意に決定し得る（東京地判平13・5・22（平12（ワ）3157号）判タ1094号261頁〔電話用線路保安コネクタ配線盤装置事件〕），⑤出願当時において公知である（名古屋地判平15・2・10（平8（ワ）2964号）判時1880号95頁〔圧流体シリンダ事件〕），⑥特許請求の範囲及び明細書の記載に接した当業者は，特段の技術的意義がない限りは，部品の数を減らすために相違部分にかかる構成への設計変更を試みる（東京地判平26・12・18（平24（ワ）31523号）判時2253号97頁〔流量制御弁事件〕），⑦製造時の公知技術との組み合わせ（東京地判平28・6・23（平27（ワ）6812号）裁判所ホームページ〔搾汁ジューサー事件〕），⑧置換部分の構成がもともと特許発明の構成に対して新たに開発された置換技術である（東京地判平28・10・14（平25（ワ）7478号）裁判所ホームページ〔窒化ガリウム系化合物半導体チップの製造方法事件〕），⑨相互に置換可能な常套手段である（大阪地判平12・5・23（平7（ワ）1110号・4251号）裁判所ホームページ〔召合せ部材取付け用ヒンジ事件〕），⑩置換が技術常識上明らかである（大阪地判平25・7・11（平22（ワ）18041号）裁判所ホームページ〔ソレノイド駆動ポンプの制御回路事件〕），⑪特許発明が特定の構成に主眼を置いた説明をしている一方，被告製品がその特定の構成をとらないことで付加的効果が生じている（大阪地判平25・10・17（平24（ワ）3276号）裁判所ホームページ〔角度調整金具事件〕），⑫置換しても同一の作用効果を奏することが自明である（大阪高判平13・4・19（平11（ネ）2198号）裁判所ホームページ〔注射液の調整及び注射装置事件〕，大阪地判平14・4・16（平12（ワ）6322号）判時1838号132頁等〔こんにゃくの製造装置事件〕，大阪地判平28・1・21（平26（ワ）5210号）裁判所ホームページ〔パック用シート事件〕，大阪地判平28・3・17（平26（ワ）4916号）裁判所ホームページ〔足先支持パッド事件〕），⑬当業者であれば，考え得る形状の一つであり，選択肢の中

に容易に想到される付加的手段である（大阪高判平19・11・27（平16（ネ）2563号・3016号）裁判所ホームページ〔置棚事件〕），といったものが挙げられる。

(2) 「対象製品等の製造等の時点」の意味──容易想到性の判断基準時

容易想到性の判断基準時は，特許出願の時ではなく，「対象製品等の製造等の時点」であるため，特許出願後の時の経過に伴う技術の進展によって，容易想到とされる範囲は広がっていくことになる。

容易想到性の判断基準時とされる「対象製品等の製造等の時点」は，実務的には，特段の事情がない限り，対象製品等の量産開始時とされることが多いであろうが，必ずしも対象製品等の量産開始時である必要はなく，同一人が対象製品等の試作などの量産と一連一体と評価できる行為を開始した時点にまで遡ることができると解されている。また，モデルチェンジ等があった場合には，特許発明との対比という視点でみて，モデルチェンジ前後の製品を同視できるときには，モデルチェンジ前の製品の製造時を容易想到性の判断基準時とすべきものと解されている。

なお，容易想到性の判断基準時を一回一回の対象製品の製造の時点であると考えると，対象製品の量産販売が繰り返されることによって，相違部分が特許発明の構成と置換容易であることが当業者に知れ渡ると，それ以降に製造された対象製品は，置換容易性を充足することになるが，かかる解釈は，一旦適法とされた自らの行為が原因でその後の行為が違法とされる点でいかにも背理である上，当初において置換困難な技術開発へのインセンティブを阻害する結果を招く点でも妥当ではない。当初の対象製品の製造の時点で置換容易性が否定される者は，その後も対象製品の製造販売を継続できると解すべきである。また，かかる製造販売行為が特許権侵害とならないとする以上は，対象製品を流通に置く自由も保障される必要があるから，対象製品を購入した者がこれを販売する行為もやはり特許権侵害とはならないと解すべきである。

裁判例においても，かかる考え方は当然の前提とされているものと解される。

(3) 第三者が先行製品と同じ製品を製造販売した場合

上記のとおり，当初の対象製品の製造の時点で置換容易性が否定された者が，対象製品の量産販売を繰り返すことで，相違部分が特許発明の構成と置換

容易であることが当業者に知れ渡ることが起こり得るが，その後，第三者が製造販売を開始した対象製品と同一の製品について置換容易性を認めてよいかについては見解が分かれる。置換容易性を認めてよいとする見解は，各人の製造時期の先後によって判断が異なるのは均等論が衡平の見地から権利者と第三者の権利関係を調整する理論である以上は当然のことであるとする*4。これに対し，均等の成否は技術的範囲の属否の問題である以上，あらかじめ客観的に定まっているべきであって，同一の製品について各人の製造時期の先後によって判断を異ならしめるのは，先行する製造者の発明行為という事後の事情のよって技術的範囲を拡張するに等しく，法的安定性を害するとして反対する見解がある*5。

■

---

*4　三村・前掲*1等。

*5　田中成志「均等侵害について」牧野利秋ほか編『知的財産法の理論と実務(1)特許法［Ⅰ］』162頁，嶋末和秀「特許発明の技術的範囲2」飯村敏明＝設樂隆一編著『ＬＰ(3)知的財産関係訴訟』101頁等。

31 複数主体による特許権侵害

愛知　靖之

特許発明の実施行為に複数主体が関与する場合に，一部実施を行った者につき特許権侵害が成立するか。

キーワード　複数主体，特許発明の実施，共同直接侵害，道具理論，支配管理

I　はじめに

　デジタル技術・ネットワーク技術が急速に進歩する中，サーバやユーザー端末などがネットワーク上で結び付いたシステム全体について，物の発明あるいは方法の発明として特許権が成立することも多くなっている。このようなネットワーク関連発明においては，その実施行為に，サービス提供者，サーバ管理者，エンドユーザーなど複数の主体が関与し，各主体は当該発明の一部のみを実施しているが，全体として見れば発明の構成要件すべてが実施されているというケースが生じ得る。

　他方，特許権侵害は，クレームを基礎として画定された特許発明の技術的範囲に属する技術を業として実施して初めて成立する（「直接侵害」）。クレームの構成要件すべてを充足する技術を無断で業として実施した者に対してのみ，侵害責任を課すことが認められるのである。また，直接侵害を教唆・幇助するという形で他者が直接侵害に関与した場合には，民法719条の共同不法行為として，損害賠償請求の対象となるのが原則である。この直接侵害に関する2つの原則のうち，後者については直接侵害に対する一定の幇助行為・予備行為を侵害とみなす例外規定が設けられている（特101条。間接侵害）。他方，現行特許法は，前者の原則に対する例外規定を未だ備えていない。

　しかしながら，上記のネットワーク関連発明のように，全体として見ればクレームの構成要件すべてを充足する技術が無断実施されているにもかかわら

ず，実施を複数主体が分担しているという一事をもって常に侵害を否定することは，特許権侵害の迂回を容易とし，特許権保護を脆弱なものとしかねない。そこで，明文の規定がない中，特許発明の一部実施を行ったにすぎず，本来であれば侵害責任を負わない者に対し，実施行為の全部を行った者と同様の責任（「一部実施による全部責任」。すなわち，差止めを受ける責任[*1]，特許法102条の推定規定の適用を受ける損害賠償支払の（連帯）責任[*2]，刑事罰の対象となる責任）を成立させることが要請されている（侵害責任範囲の拡大）。この「一部実施による全部責任」をいかにして根拠づけるのか，これが，本稿で検討する課題である。

なお，サーバやユーザー端末などがネットワーク上で結び付いたネットワーク関連発明については，当該サーバやユーザー端末が外国に置かれているというケースもあり得る。このように当該発明の実施行為が国境をまたいで行われた場合に，わが国の特許権侵害の成立を認めることができるかという重要な問題が生じる。また，このような事例は渉外的要素を伴うため，国際裁判管轄や準拠法選択の問題も絡んでくる。ただし，本稿に課せられたテーマは，「特許発明の実施行為に複数主体が関与する場合に，一部実施を行った者につき特許権侵害が成立するか」という問題であるところ，国境をまたぐ侵害の問題は単独の実施行為者による実施においても生じるものでもあるため，紙幅の都合か

＊1 ネットワーク関連発明においては，これを構成するクライアント側コンピュータのように，汎用性・多機能性を備える機器が差止めの対象となる可能性が大きく，適法用途を含めた製品全体に対する過剰差止め（廃棄請求など）が問題となる場面が多くなると考えられる。権利濫用等による差止制限が要請されるところであるが，この差止制限の問題自体は通常の直接侵害や多機能品型間接侵害と基本的には同様に考えてよいと思われるので，本稿では詳述しない。多機能品型間接侵害を含め差止制限に係る筆者の見解については，愛知靖之『特許権行使の制限法理』（商事法務，平27）243〜320頁を参照。

＊2 仮に，特許発明の一部を分担実施する複数主体のいずれについても特許権侵害の成立を否定しつつ，共同不法行為の成立のみを肯定することができるとすれば，その場合には，共同不法行為として民法719条の損害賠償請求は可能である（損害賠償債務は連帯債務）ものの，特許法102条の適用はできない。各人の行為自体は権利侵害を構成しないためである。

他方，複数の主体がともに特許権侵害行為を行った主体と評価された結果，損害賠償責任が課されるという場合（IIで詳述する）には，特許法102条の適用が認められる。また，その損害賠償債務は，民法719条1項により同様に連帯債務になると解される。

また，損害賠償責任の連帯について，民法学では，伝統的には共同不法行為が成立すれば，全員が損害賠償全額について連帯して全部責任を負担すると考えられてきたところ，近時は，行為者各人の責任内容に応じた減責を認め，一部責任の連帯のみに留めるべき場合もあり得るとの立場も有力になっているようである（さしあたり，潮見佳男『不法行為法II〔第2版〕』（信山社，平23）135〜144頁）。

ら，本稿ではこの問題を扱わないこととする*3。

Ⅱ　人的支配関係

(1)　実施行為を分担していない背後者の侵害主体性

(a)　共有者・先使用権者・通常実施権者等と実施主体

本論に入る前提として，確認しておかなければならない一群の裁判例がある。以下の裁判例は，本稿の直接の対象である特許発明の一部実施のケースではなく，形式的には特許発明のすべての構成要件を単独で実施する者Bがいる場合について，その背後者Aが実質的な実施主体と評価されたケースである。AとBとの間に発注元と完全下請のような関係が認められるケースがその典型例である。

例えば，背後者について共有者の実施主体性が問題となったものとして，大判昭13・12・22民集17巻2700頁〔模様メリヤス事件〕，仙台高秋田支判昭48・12・19判時753号28頁〔蹄鉄事件〕，東京地判平29・4・27（平27(ワ)556号・20109号）〔切断装置事件〕，背後者について先使用権者の実施主体性が問題となったものとして，最判昭44・10・17民集23巻10号1777頁〔地球儀型トランジスターラジオ事件〕，背後者について通常実施権者の実施主体性が問題となったものとして，最判平9・10・28裁時1206号4頁〔鋳造金型事件〕などがある。共有や先使用権等の制度趣旨を前提としつつも，総じて，形式的には自ら直接には実施行為をしていなくとも，自己のため（自己の名義で）かつ自己の計算で，特許発明の全部実施を行っていると評価できれば，実施主体に当たると判断される傾向にある。特許発明の一部実施はおろか物理的にはまったく実施行為に携わっていな

＊3　この問題については，高部眞規子『実務詳説　特許関係訴訟〔第3版〕』（金融財政事情研究会，平28）316頁，平成27年度特許委員会第3部会「クラウド時代に向けた域外適用・複数主体問題」パテ70巻1号（平29）39頁，鈴木わかな「国境を越えた特許権侵害」高部眞規子編『特許訴訟の実務〔第2版〕』（商事法務，平29）240頁，滝澤ゆかり＝黒川美陶「ネットワークを介した海外からの特許侵害行為への対処」知管67巻5号（平29）631頁，茶園成樹「ネットワーク関連発明における国境を跨いで構成される侵害行為に対する特許保護」IPジャーナル2号（平29）4頁，山内貴博「『国境を跨ぐ侵害行為』に対するあるべき規律－実務家の視点から－」同11頁，早川吉尚「国境を跨ぐ特許侵害と国際知的財産法の解釈論的基盤」同15頁，平嶋竜太「『国境を跨ぐ侵害行為』と特許法による保護の課題」同24頁，飯塚卓也「国境を越えた侵害関与者の責任」ジュリ1509号（平29）28頁などを参照。

いにもかかわらず，このような基準で実施主体性が肯定されているのである。

　ただし，これらの事案は，本稿で対象としている「侵害主体」を肯定し，本来であれば侵害責任を負わない者に対し，実施行為の全部を行った者と同様の責任（「一部実施による全部責任」）を課したという事案ではない。共有に係る特許法73条2項にいう「実施」の主体は誰か，先使用権に係る79条の「実施である事業をしている者又はその事業の準備をしている者」とは誰か，通常実施権に係る78条2項にいう「実施」の主体とは誰かを，これらの制度趣旨に即して判断したものにすぎないと考えられる。例えば，前掲切断装置事件では，特許法73条2項は，「特許発明のような無体財産は占有を伴うものではないから，共有者の一人による実施が他の共有者の実施を妨げることにならず，共有者が実施し得る範囲を持分に応じて量的に調整する必要がないことに基づくものである。もっとも，このような無体財産としての特許発明の性質は，その実施について，各共有者が互いに経済的競争関係にあることをも意味する。すなわち，共有に係る特許権の各共有者の持分の財産的価値は，他の共有者の有する経済力や技術力の影響を受けるものであるから，共有者間の利害関係の調整が必要となる」。そこで，同条1項と3項が規定されている。「このような特許法の規定の趣旨に鑑みると，共有に係る特許権の共有者が自ら特許発明の実施をしているか否かは，実施行為を形式的，物理的に担っている者が誰かではなく，当該実施行為の法的な帰属主体が誰であるかを規範的に判断すべきものといえる。そして，実施行為の法的な帰属主体であるというためには，通常，当該実施行為を自己の名義及び計算により行っていることが必要であるというべきである。」と論じており，73条の趣旨に基づいた判断を行っているにすぎない。その判旨の射程が直ちに侵害主体に関するケースに及ぶわけではない。

　(b) 背後者と侵害主体

　とはいえ，背後者Aと直接的・物理的に実施行為を行っている者Bとの間に，それぞれ発注元と完全下請の関係や親会社と子会社の関係が認められる場合，あるいは法人とその従業員の場合のように，Aが自己のため（自己の名義で）かつ自己の計算で業としての実施行為を形式的にBに行わせているにすぎないというケースでは，結果的には，本稿が対象としている侵害責任範囲の拡大が問題となる場面でも同様に，Aの侵害主体性を肯定して差し支えないと考

えられる*4。このようなケースにおいては，実施行為を行うという意思決定を行い，侵害行為の実現過程全体を支配することで，侵害惹起に対する主導的役割を果たしたのは背後者Aであり，侵害結果の実現に対する責任を第1次的に帰せられるべき主体はAであると評価できるためである。

このようにAとBの間に人的支配関係が認められる場合には，たとえ実施行為に物理的には加担していないとしても，業としての実施行為全部を行った者と同様の責任を成立させることを正当化することができる。著作権法分野の侵害主体論におけるいわゆる「手足論」に相当するもの*5，また，刑法の間接正犯・共謀共同正犯に類する考え方と評価することもできよう。

(2) 「道具理論」──一部分担者が単独で侵害行為を行ったと評価するための理論

以上のように，実施行為に向けた意思決定を行い，侵害実現過程を支配することで，侵害惹起に対する主導的役割を果たした者Aが侵害主体となるという点は，Bが特許発明を全部実施しているケースでも，AとBが分担してそれぞれ一部実施を行っているケースでも同様と考えられる。

大阪地判昭36・5・4下民集12巻5号937頁〔スチロピーズ事件〕は，傍論ながら，他人の特許方法の一部の実施行為が他の者の実施行為とあいまって全体として他人の特許方法を実施する場合に該当するとき，例えば，一部の工程を他に請け負わせ，これに自ら他の工程を加えて全工程を実施する場合には，注文者が自ら全工程を実施するのと異ならないのであるから，特許権の侵害行為を構成するといえるであろうと判示している。

また，東京地判平13・9・20判時1764号112頁〔電着画像形成方法事件〕は，方法発明の工程のうち，最終工程（構成要件⑥に該当する工程）のみを被告以外の者（文字盤製造業者）が行い，それ以外の工程についてはすべて被告が実施していたという事案について，以下のような判示を行っている。すなわち，「被告製

---

*4　水谷直樹「複数者が特許侵害に事実上関与している場合の侵害主体の認定」牧野利秋先生傘寿記念『知的財産権−法理と提言』（青林書院，平25）110頁，八木貴美子「複数の主体が関与する特許権侵害について」野村豊弘先生古稀記念『知的財産・コンピュータと法』（商事法務，平28）431頁，高部・前掲*3・128〜129頁など。

*5　「手足論」の詳細については，上野達弘「いわゆる手足論の再検討」飯村敏明先生退官記念『現代知的財産法−実務と課題』（発明推進協会，平27）1113頁以下参照。

品の製造過程においては，構成要件⑥に該当する工程が存在せず，被告製品の時計文字盤等への貼付という構成要件⑥に該当する工程については，被告が自らこれを実施していないが，被告は，この工程を，被告製品の購入者である文字盤製造業者を道具として実施しているものということができる。したがって，被告製品の時計文字盤等への貼付を含めた，本件各特許発明の全構成要件に該当する全工程が被告自身により実施されている場合と同視して，本件特許権の侵害と評価すべきものである」。

　電着画像形成方法事件は，発明の構成のうち主要部分の実施を行っているAと，残りの部分を実施しているBがいる場合に，AがBを道具・手足として用いて実施行為の一部を分担させることで，実質的にA自らが特許発明の構成すべてを実施していると評価し，Aについて直接侵害の成立を認めたものである（いわゆる「道具理論」）。本判決は，「被告製品には，他の用途は考えられず，これを購入した文字盤製造業者において上記の方法により使用されることが，被告製品の製造時点から，当然のこととして予定されている」という点をもって「道具」との評価を根拠づけているようである。しかしながら，「道具」という位置づけを素直に捉えれば，AがBを「道具」として利用したとの関係が成立するのは，まさに(1)で述べたように，両者に人的支配関係が認められる場合に限られるというべきであろう。すなわち，Aが実施行為を行うという意思決定を行い，Bによる一部実施を含めた侵害行為の実現過程全体を支配することで，侵害惹起に対する主導的役割を果たしたといえる場合には，侵害結果の実現に対する責任を第1次的に帰せられるべき主体もAであると評価することができる。このようにAとBの間に人的支配関係が認められる場合には，特許発明の一部実施を行ったにすぎず，本来であれば侵害責任を負わないAに対し，実施行為の全部を行った者と同様の侵害責任（「一部実施による全部責任」）を負わせることが正当化できる（Bには侵害責任を課すことはできない）。ただし，このような関係が成立する事案は必ずしも多くはないかもしれない。

III　物的支配関係

　特許発明の構成要件の一部を実施したにすぎない者を単独で構成要件全部を

実施したものと評価するに当たって，「支配管理」に言及した裁判例は他にも存在する。東京地判平19・12・14（平16（ワ）25576号）〔眼鏡レンズの供給システム事件〕がそれである。本判決によれば，「構成要件の充足の点は，2つ以上の主体の関与を前提に，行為者として予定されている者が特許請求の範囲に記載された各行為を行ったか，各システムの一部を保有又は所有しているかを判断すれば足り，実際に行為を行った者の一部が『製造側』の履行補助者ではないことは，構成要件の充足の問題においては，問題とならない。」。「これに対し，特許権侵害を理由に，だれに対して差止め及び損害賠償を求めることができるか，すなわち発明の実施行為（特許法2条3項）を行っている者はだれかは，構成要件の充足の問題とは異なり，当該システムを支配管理している者はだれかを判断して決定されるべきである」。「以上を前提に検討すると，被告が被告システムを支配管理していることは明らかであり，原告は，被告に対し，本件特許……に基づき，他の要件も満たす限り，被告システムの差止め及び損害賠償を求めることができる」。

　この判決では，侵害の有無（構成要件の充足）の問題と侵害責任主体の確定の問題が区別されている。そして，前者の問題については，複数人による実施が，全体としてクレームの全部を充足しているかどうかのみを問い，後者の問題については，システム全体を支配管理している者は誰かを問うというのである。複数主体による特許権侵害について，誰が侵害責任を負担するかという本稿が対象とする課題において，複数主体の行為によって全体として見ればクレームの構成要件すべてを充足する技術が無断実施されていることは当然の前提となっており，前者の問題は，前述の道具理論を含めすべてのケースにおいて当然に等しく妥当する要件にすぎない。

　本判決の特徴は，後者の問題，すなわち，侵害責任主体の確定に際して，「システムを支配管理している者はだれかを判断して決定されるべき」と述べた点にある。しかしながら，「一部実施による全部責任」を根拠づけるには，何をどの程度「支配管理」していることが必要となるのかが，必ずしも明らかではない。

　もっとも，本判決は，複数行為主体である製造側A（被告）と発注側Bについて，BがAの履行補助者ではないと判示しているにもかかわらず，Aが「シ

ステムを支配管理」していることを根拠に侵害主体性を肯定していることなどから，ここでの「支配管理」は上記Ⅱで述べた人的支配関係がない，あるいはそれが希薄な場合にも，特許発明に係る「システム」に対する物的支配関係を根拠に，侵害主体性を肯定していることが窺える*6。この点で，上記Ⅱとは一線を画することになる*7。

それでは，人的支配関係が認められない，あるいは，それが希薄であるにもかかわらず，物的支配関係があることを理由に「一部実施による全部責任」を肯定するには，どの程度の「支配管理」が必要となるのであろうか。上述のように，本判決には，その基準に関する詳細な説示はなく，この点は必ずしも明らかとはされていない。学説の中には，ネットワーク関連発明の対象であるシステムにおいて，Aの保有する機器・機能が当該システム全体の形成・稼働に主導的な役割を果たしているのに対し，Bの保有する機器・機能が技術的にこれに従属しているとの事実のほか，AがBに対しシステムの稼働に要するソフトウェア等を提供している等の事実が存在すれば，Aが特許発明に係るシステムを物的に「支配管理」しているとして，Aに侵害主体性を認め得るのではないかと指摘するものもある*8。例えば，特許発明に係るシステムがサーバ側コンピュータとクライアント側コンピュータから構成される場合に，当該システムの情報処理を行う上での大半の機能がサーバ側に依存しているところ，当該サーバ側コンピュータを保有・運用するAが，クライアント側コンピュータの保有者・運用者であるBに対し，システムの稼働に必要なソフトウェアを提供しているという場合がその例に当たるとされている。なお，このようにサーバ側コンピュータとクライアント側コンピュータの接続を前提とするシステムにおいては，もともと複数者の関与を前提としたクレームで構成されていることも多いという特徴がある*9, *10。

＊6　八木・前掲＊4・437〜438頁。

＊7　吉田克己「著作権の『間接侵害』と差止請求」知的財産法政策学研究14号（平19）171頁以下がいうところの「システム支配型」に相当し，同論文のいう「行為支配型」が，本稿がⅡで述べた人的支配関係に相当する。

＊8　水谷・前掲＊4・111〜112頁。

＊9　水谷直樹「複数者による侵害と差止請求」大渕哲也ほか編『専門訴訟講座⑥特許訴訟【下巻】』（民事法研究会，平24）815〜816頁。

398 第3章 特許権侵害訴訟における攻撃防御方法 第1節 技術的範囲の属否，その他の請求原因事実に関する問題

　しかしながら，この例において，Ｂが特許発明の一部実施を行うに当たっては，Ｂ自身が自ら当該システムを利用するという主体的な意思決定を行っており，ＡがＢによる一部実施を含めた侵害行為の実現過程全体を支配することで，侵害惹起に対する主導的役割を果たしているとはいえない。ＡとＢの間に人的支配関係が認められない以上，侵害行為が惹起されるか否かは，Ａのみならず，Ｂ自身による当該システムの利用に対する主体的関与にも大きく依存するのである。それゆえ，たとえ特許発明自体がもともと複数行為者の関与を前提とするようなものであったとしても，あるいは，著作権法分野におけるカラオケ法理のように，たとえＡがシステムから「利益」を受けていることを加味したとしても，Ａに侵害主体性を肯定し，「一部実施による全部責任」を課すことは，（次のⅣの事例に該当しない限り）原則として許されるべきではないと考える。

Ⅳ　共同直接侵害

(1)　客観的関連共同性と主観的関連共同性

　他方で，上記のように，ＡとＢとの間に人的支配関係が成立せず，ＡとＢ双方それぞれの主体的関与のもとで侵害行為が惹起されたという場合であったとしても，ＡとＢによる分担実施の間に「共同性」が肯定され，ＡとＢが「共同して」１つの直接侵害を行ったと評価できる場合には，当該複数主体全員に「一部実施による全部責任」を課すことが可能と考えられる。刑法の実行共同正犯に相当する類型である。

　分担実施の間の「共同性」を肯定するためには，まずは，ＡとＢそれぞれの行った行為が相互に関連し，それらが一体となって客観的に１つの実施行為が行われたと評価できること（客観的関連共同性）は必要不可欠である。すなわち，ＡとＢそれぞれの行為が特許発明の実施行為の一部を構成し，それらが相互に関連し一体となって，最終的に構成要件のすべてを充足することが必要となる。

＊10　酒迎明洋〔眼鏡レンズの供給システム事件判批〕知的財産法政策学研究29号（平22）272頁は，眼鏡レンズの供給システム事件の射程はこのような事案に限定されるとする。

民法719条1項の共同不法行為の成立に関しては，この客観的関連共同性さえ認められれば足りるという立場が通説となっている[11]。したがって，AとBについて特許権侵害の成立は否定しながらも，別途共同不法行為の成立のみを肯定するということが仮にできるとすれば，その場合には，客観的関連共同性さえ認められれば共同不法行為として民法719条の損害賠償請求（特許法102条の適用は受けられない）は可能である。もっとも，客観的関連共同性は認められるものの，Bは単に（特許発明に係るシステムに包含されはするが）公知の技術を使用していただけであり，他の主体がどのような行為を行っているかを認識せず，特許発明に係るシステム全体を共同で実施するという意思もなかったという場合には，故意・過失が否定されることもあり得る[12]。

このように民法上の共同不法行為においては，客観的関連共同性のみを要件としても，故意・過失要件による調整があり得るのに対し，特許権侵害（共同直接侵害）が肯定される場合，故意・過失が要求されない差止めの対象ともなるし，損害賠償請求においても過失が推定される。このように，単なる不法行為責任ではなく，実施行為の全部を行った者と同様の特許権侵害責任（「一部実施による全部責任」）を課すことを正当化するには，やはり，客観的関連共同性では不十分であり，主観的関連共同性まで必要と考えるべきであろう[13]。このような重大な責任を正当化するのに必要となる主観的関連共同性としては，複数主体がそれぞれ，（特許発明の対象となった）[14]システム全体の実施に向けて，自らの意思で他人の行為を利用し，他方で自己の行為が他人に利用されていることを相互に認容（片面的な認容では足りない）していることが少なくとも必要と考えるべきである。学説の中には，侵害判断に主観的要件を持ち込むことの不安定性を危惧するものもある[15]。しかし，要件の内実が異なるとはいえ，す

---

[11]　潮見・前掲[2]・155頁。

[12]　梶野篤志「複数主体が特許発明を実施する場合の規律－いわゆる共同直接侵害について－」知的財産法政策学研究2号（平16）66頁。特許権侵害の場面ではないため，当然ながら，特許法103条の過失推定は適用されない。

[13]　主観的関連共同性を必須の要件とする趣旨とまではいえないであろうが，スチロピーズ事件も，傍論ながら，「数人が工程の分担を定め結局共同して全工程を実施する場合には，……数人が工程の全部を共同して実施するのと異ならないのであるから，……特許権の侵害行為を構成するといえるであろう。」と述べている。

[14]　ただし，後述するように，主観的関連共同性要件としては，特許権の存在及び特許発明の内容の認識までは不要である。

でに多機能品型間接侵害（特101条2号・5号）においても侵害要件として主観的要件が規定されているところである。

　客観的関連共同性・主観的関連共同性を充足する場合（主観的関連共同性を充足すれば当然に客観的関連共同性も充足するのが一般的である）には，複数主体A・Bいずれもが，システム全体の実施に向けて，自らの意思で他人の行為を利用し，他方で自己の行為が他人に利用されていることを相互に認容しながら，特許発明の実施行為の一部を分担し，それらが相互に関連し一体となって，最終的に構成要件すべての充足に至ったことになる。この場合，AとBは，自らの主体的関与による実施行為の分担を通じて，共同して侵害惹起に対する主導的役割を果たしたということができる。そのため，侵害結果の実現に対する責任をともに帰せられるべき主体と評価できるのである。また，このような意味での客観的関連共同性・主観的関連共同性が認められる限り，Aがシステムについて物的支配関係を有し，Bは，例えば最終工程を行ったにすぎないという場合にも，AのみならずBも同じく侵害責任を負うと考えられる[16]。「一部実施による全部責任」が正当化される根拠が主観的関連共同に基づく主体的関与を行ったことそれ自体にあるためであり，客観的に特許発明全体のうちでどの程度の部分を実施したのか（分担実施が特許発明の大部分であったか否か）といった事情は関係しないからである。

　なお，主観的関連共同性として，多機能品型間接侵害（特101条2号・5号）の主観的要件と同様に，特許権の存在及び特許発明の内容の認識をも要求するという立場もあり得る[17]。これらの認識を，故意・過失ではなく，主観的関連共同性要件に取り込むことの実質的意義の1つは，（故意・過失が不要な）差止めにおいても要件充足を要求できる点にあるのであろう。しかし，多機能品型間接侵害の主観的要件でも説かれているように，実際には遅くとも口頭弁論終結

---

*15　潮海久雄「複数主体による侵害形態に関する特許法上の規整の意義と機能－間接侵害規定を中心として－」知財研フォーラム55号（平15）4頁，平嶋竜太「複数主体が介在する特許権侵害法理を巡る新たな方向性について－覚書的検討」牧野利秋先生傘寿記念『知的財産権－法理と提言』（青林書院，平25）152～153頁。

*16　もっとも，具体的な差止請求や損害賠償請求の場面で，責任負担の調整を行う余地は残るであろう。差止めに関しては前掲*1，損害賠償請求については前掲*2も参照。

*17　潮海久雄「分担された実施行為に対する特許間接侵害規定の適用と問題点」特研41号9頁は，「特許権侵害をしているという認識まで要求すべきであろう。」とする。

時には，侵害者の認識は肯定されるのであって，実質的には差止めについては要件として機能しない。主観的関連共同性としては特許権の存在等の認識を求める必要はなく，故意・過失の問題としておけば足りると思われる。単独での特許権侵害と同様に過失推定規定（特103条）が適用されることになるが，この点でも共同直接侵害を別異に取り扱う必要はない。

(2) 「業として」

また，共同直接侵害において，一部の者が「業として」要件を欠く場合の処理が問題となる。個人ユーザーがクライアント側コンピュータの保有者・運用者であるケースが，その典型例である。

ただし，個人ユーザーが分担実施を行うケースは，通常は，サービス提供者など他の分担実施主体との間に主観的関連共同性自体が認められないとして，共同直接侵害が否定されるケースが多いであろう[18]。

仮にAとBとの間で客観的関連共同性・主観的関連共同性を満たしつつも，Aは業として分担実施し，Bの分担実施は業として行われたわけではないというケースがあったとして，その場合には，Aのみが侵害主体になると解される。というのも，Aが，自らの主体的関与による実施行為の分担を通じて，システム全体の実施に対する主導的役割をBと共同で果たしたという点に変わりはなく，侵害結果の実現に対する責任を帰せられるべき主体であるとの評価は依然として可能である。そして，Aの実施が「業として」要件を満たす以上，当該システム全体がすべて私的領域内で完結的に行われたことにはならず，私的領域内での行為自由の積極的保障という「業として」要件を満たさない場合に特許権の効力が否定される趣旨はもはや貫徹できない。実際に私的領域内での行為を行っているBについてのみ侵害を否定するのみで十分である。当該発明自体が事業として実施されている以上，特許権者に対する需要が喪失し，経済的不利益を受けるという観点からも，侵害を否定すべきではない[19]。これらのことから，「業として」要件を充足するAを免責すべき理由はないと考えられるのである[20]。これに対し，複数主体全員が「業として」要件を充足しない場合には，全体として非侵害とすべきことは当然である。

---

[18] 水谷・前掲*4・123頁。
[19] 梶野・前掲*12・70～71頁。

V クレーム解釈による対応

以上と異なり，ネットワーク関連発明に係るクレーム文言を手がかりに，クレーム解釈を通じて，当該発明に関与する複数主体のうち，特定主体の実施行為のみをもって特許発明全体が実施されるものと評価した事案もある。

知財高判平22・3・24判タ1358号184頁〔インターネットサーバーのアクセス管理及びモニタシステム事件〕は，サービス提供者のサーバ側コンピュータにおける処理とクライアント側コンピュータにおける処理を含むネットワーク関連発明について，クレームの記載に基づいて，本件発明は，「アクセス」の発明ではなく，サービス提供者が行う「アクセスを提供する方法の発明」であるとした。その上で，クライアント側コンピュータにおける処理も，あくまでサービス提供者が「アクセスを提供する」ための一段階を構成するもの（「提供される『アクセス』が備える段階を特定するもの」）にすぎず，その主体はサービス提供者のみであるとの判断を行った。本判決いわく，「本件発明に係る『アクセスを提供する方法』が提供されている限り，クライアントは，被控訴人方法として提供されるアクセス方法の枠内において目的の情報ページにアクセスすることができるにとどまるのであり，クライアントの主体的行為によって，クライアントによる個別のアクセスが本件発明の技術的範囲に属するものとなったり，ならなかったりするものではないから，クライアントの個別の行為を待って初めて『アクセスを提供する方法』の発明である本件発明の実施行為が完成すると解すべきでもない」。「そうすると，被控訴人による『アクセスを提供する方法』が本件発明の技術的範囲に属するのである以上，被控訴人による被控訴人方法の提供行為が本件発明の実施行為と評価されるべきものである」。

本判決は，本稿でこれまで述べてきたような複数主体間の関係を直接には考

---

*20　以上の点は，AとBの間に主観的関連共同性が認められる限りにおいて，Bがシステムの大部分を業としてではなく分担実施し，Aはシステムのわずか一部分のみを業として実施していたにすぎないというケースにも妥当する。前述したように，「一部実施による全部責任」が正当化される根拠が主観的関連共同に基づく主体的関与それ自体にあるためであり，客観的に特許発明全体のうちでどの程度の部分を実施したのか（分担実施が特許発明の大部分であったか否か）といった事情は関係しないからである。

慮することなく，クレーム・発明内容を吟味し，それに即した形で侵害主体を特定するという手法を用いている。本件発明の内容が，あくまでサービス提供者がクライアントに「アクセスを提供する方法の発明」にすぎないため，クライアントが実際に構成要件の一部に該当する行為を行ったときに一定の「アクセス」が実現される技術環境を，あらかじめシステムとしてサービス提供者が提供しさえすれば，その段階で，発明本来の内容が実現し，その後，クライアントが実際に当該行為を行うか否かは無関係であると捉えたのであろう。それゆえ，サービス提供者による行為のみをもって完結的に本件発明の実施行為が行われたとの評価につながったのである。

　これまで述べてきたように，特許発明の一部実施を行ったにすぎない者を侵害主体と評価し，全部実施を行った者と同様の侵害責任を負担させることが可能なケースはどうしても限定される。そうである以上，本件事案におけるこのような具体的なクレーム解釈が正しいか否かはともかく，実務上は，例えばサービス提供者1人の行為により発明の構成が全部実施される形にするようなクレーム・ドラフティングも求められよう[*21]。もっとも，この点を意識しすぎたクレームでは，発明の本質が簡潔・的確に表現されていない記載になることもあり得るため，このような方策にもやはり限界はあるだろう。

VI　終わりに

　以上で検討したように，「特許発明の実施行為に複数主体が関与する場合に，一部実施を行った者につき特許権侵害が成立するか」という問いに対する本稿の回答は，①実施行為を行うという意思決定を行い，人的関係に基づいて侵害行為の実現過程全体を支配（人的支配関係）することで，侵害惹起に対する主導的役割を果たした者，②客観的関連共同性・主観的関連共同性を満たす複数主体，すなわち，システム全体の実施に向けて，自らの意思で他人の行為を

---

*21　加藤公延「複数主体により構成される発明の明細書作成に関する実務的一考察－より実効性のある複数主体特許発明の取得への模索・チャレンジ－」知管56巻4号（平18）573頁以下。富岡英次「複数の者が共同して特許権侵害を行った場合の法律関係について（特許権侵害に基づく差止請求の場合における間接侵害との関係）」牧野利秋ほか編『知的財産法の理論と実務(1)』（新日本法規出版，平19）224～225頁も参照。

利用し，他方で自己の行為が他人に利用されていることを相互に認容しながら，特許発明の実施行為の一部を分担し，それらを一体として最終的に構成要件すべての充足に至らしめた者全員（ただし，「業として」行っていない者は除く）について特許権侵害が成立するということになる。

　ただし，このような比較的厳格な結論に至ったのは，特許発明の一部実施を行ったにすぎず，本来であれば侵害責任を負わない者に対し，実施行為の全部を行った者と同様の侵害責任（「一部実施による全部責任」）を課すことを正当化しなければならないためであった。これに対し，学説上は，「侵害主体」として侵害責任全体を負担させるのではなく，差止責任のみを負担する「差止請求主体」（差止請求権の行使対象）としての適格性を評価するものとして問題を再構成すべきであると説くものもある[22]。傾聴に値すべき見解ではあるが，複数主体が分担して行っているものの，全体として見れば特許発明が無断実施されているという状態（結果的には通常の直接侵害と同様の侵害状態となる）からの特許権保護を十全ならしめるためには，通常の直接侵害と同様に，差止め以外の救済も十分に保障することが必要だと思われる。例えば，単なる共同不法行為ではなく，特許権侵害を理由に特許法102条の適用を受ける損害賠償請求を保障することは，特許権者の救済にとって極めて重要な意義を有している（さらに，実効性はともかく，特許権侵害罪という刑事罰も適用可能となる）[23]。そうすると，「共同直接侵害の理論的位置付けを改めて見直して，差止請求対象の問題として再構成」[24]することの意味については，さらなる検討を要しよう。

■

---

[22] 平嶋・前掲＊15・155〜158頁。ただし，平嶋自身は，侵害責任全体を負担させる場合よりも，必ずしも要件が緩やかになるとは限らないと考えているようである（同160頁注55参照）。

[23] 多機能品型間接侵害に関する記述ではあるが，愛知・前掲＊1・303〜308頁も参照。

[24] 平嶋・前掲＊15・160頁。

32 間接侵害(1)

藤川　義人

間接侵害とは何か。専用品型間接侵害における「にのみ」とは，どのような意味か。

キーワード　間接侵害，のみ要件，専用品型間接侵害，多機能品型間接侵害

I　間接侵害とは何か

(1)　間接侵害の意義

特許権侵害訴訟において，被告による実施が，特許発明の構成要件のすべてを充足する場合，侵害（直接侵害）が成立する。間接侵害とは，特許発明の構成要件がすべて充足されておらず，直接侵害が成立しない場合であっても，直接侵害が生じる蓋然性が高い予備的・幇助的行為のうち一定のものを侵害行為とみなすという講学上の概念を指す。間接侵害の規定は，次のとおり，特許法101条1号ないし6号で設けられている。

（侵害とみなす行為）
第101条　次に掲げる行為は，当該特許権又は専用実施権を侵害するものとみなす。
　一　特許が物の発明についてされている場合において，業として，その物の生産にのみ用いる物の生産，譲渡等若しくは輸入又は譲渡等の申出をする行為
　二　特許が物の発明についてされている場合において，その物の生産に用いる物（日本国内において広く一般に流通しているものを除く。）であつてその発明による課題の解決に不可欠なものにつき，その発明が特許発明であること及びその物がその発明の実施に用いられることを知りながら，業として，その生産，譲渡等若しくは輸入又は譲渡等の申出をする行為
　三　特許が物の発明についてされている場合において，その物を業としての譲渡等又は輸出のために所持する行為

四　特許が方法の発明についてされている場合において，業として，その方法
　　の使用にのみ用いる物の生産，譲渡等若しくは輸入又は譲渡等の申出をする
　　行為

五　特許が方法の発明についてされている場合において，その方法の使用に用
　　いる物（日本国内において広く一般に流通しているものを除く。）であつてその
　　発明による課題の解決に不可欠なものにつき，その発明が特許発明であるこ
　　と及びその物がその発明の実施に用いられることを知りながら，業として，
　　その生産，譲渡等若しくは輸入又は譲渡等の申出をする行為

六　特許が物を生産する方法の発明についてされている場合において，その方
　　法により生産した物を業としての譲渡等又は輸出のために所持する行為

(2)　現行法の間接侵害制度に至る歴史的経緯

　旧法（大正10年法）時代には，特許法中に間接侵害に関する規定は設けられて
おらず，共同不法行為（民719条）の問題として取り扱われていたが，昭和34年
改正法において現行法の１号及び４号に相当する，いわゆる専用品型間接侵害
に関する規定が設けられた。

　しかし，その後，「その物の生産にのみ」又は「その方法の使用にのみ」用
いるという場合の「のみ」という要件を満たす場合，すなわち，専用品型間接
侵害の場合だけを規制しただけでは，特許権の保護として不十分であるとの指
摘がなされるようになり，平成14年改正法で，現行法の２号及び４号が新設
され，いわゆる多機能品型間接侵害に関する規定が設けられた。

　さらに，平成18年改正法で，現行法の３号及び６号が追加され，業として
の譲渡等又は輸出のために所持する行為を間接侵害とすることとされ，特許権
の実効性確保が強化された。

　このように，歴史的にみれば，特許権の保護強化の観点から，間接侵害の規
定が段階的に拡充されてきたものである。しかし，これら拡充の経過に当たっ
ても常に意識されてきたとおり，間接侵害制度の趣旨は，直接侵害とはならな
いものの，その蓋然性が高い予備的・幇助的行為を規制することにより，特許
権の実効性を確保するものにすぎないのであるから，その趣旨を超えて，特許
権の不当な実質的拡張とならないように留意する必要がある。すなわち，間接
侵害の規定の解釈に当たっては，特許権の実効性確保と特許権の不当な実質的
拡張の回避という２つの点を考慮する必要がある。

(3)　間接侵害の効果

(a)　はじめに

特許法101条本文は，同条各号の間接侵害行為に該当する場合には，当該特許権又は専用実施権を「侵害するものとみなす。」と規定しており，一見すると，直接侵害とまったく同じ法的救済が与えられるように読むことができそうである。しかし，間接侵害の性質上，直接侵害とまったく同視することが適切ではない点もあり，直接侵害の場合とどこまで同様の法的救済を与えることができるのかは，様々な議論が存する。

(b)　差止請求権

間接侵害行為に対しては，直接侵害の場合と同様，特許法100条1項に基づく差止め，予防請求及び同条2項に基づく廃棄請求等をすることができる。直接侵害行為の着手前であっても，間接侵害行為の差止め等の請求ができる。

専用品型間接侵害における専用品に対しては，その生産，譲渡等に対して全面的に差止めを認めることは問題ないが，多機能品型間接侵害における多機能品については，他の用途も存することから，その生産，譲渡等に対して全面的に差止めを認めることは広すぎるのであって，例えば，当該多機能品を侵害用途で使用する顧客への販売の差止めに限定するなど，過剰とならない範囲でのみ認めるべきである旨指摘する論者も存する[1]。

もっとも，多機能品型間接侵害に該当するとして差止請求を認めた裁判例（東京地判平17・2・1（平16(ワ)16732号）判タ1175号120頁，東京地判平20・11・13（平18(ワ)22106号）裁判所ホームページ，東京地判平22・6・24（平21(ワ)3527号ほか）裁判所ホームページ，東京地判平22・6・24（平21(ワ)3529号）裁判所ホームページ，大阪地判平25・2・21（平20(ワ)10819号）判タ1401号341頁，大阪地判平25・8・27（平23(ワ)6878号）裁判所ホームページ）は，いずれも差止め等の対象を上記観点から限定していない。

(c)　損害賠償請求権

直接侵害の場合と同様，間接侵害行為に対する損害賠償請求権（民709条）も

---

[1]　三村量一「非専用品型間接侵害（特許法101条2号，5号）の問題点」知的財産法政策学研究19号85頁，中島基至「充足論－間接侵害の場合」髙部眞規子編『特許訴訟の実務〔第2版〕』132頁など。

認められる。

ただし，間接侵害による損害賠償について，特許法102条の損害額の推定規定及び特許法103条の過失の推定規定が適用されるか否か争いがある。

まず，間接侵害に特許法102条の損害額の推定規定が適用されるか否かという論点については，裁判例は基本的に肯定しており（東京地判平6・7・29（平元（ワ）3743号）判時1513号155頁〔混水精米方法事件〕，東京高判平8・5・23（平6（ネ）1708号）判時1570号103頁〔位置合せ載置方法事件〕，東京地判平10・12・18（平8（ワ）18246号）判時1676号116頁〔ヒートシール装置事件〕，東京地判平17・3・10（平15（ワ）5813号）判時1918号67頁，東京地判平19・2・27（平15（ワ）16924号）判タ1253号241頁，大阪地判平25・2・21（平20（ワ）10819号）判タ1401号341頁など），学説上も適用肯定説が通説とされるが[2]，適用否定説[3]も存する。

次に，特許法102条1項及び2項の適用に当たり，特許権者が間接侵害品を製造している必要があるか否かという論点については，「間接侵害の場合には，当該間接侵害品自体を権利者が製造等していなくても，特許発明を実施していれば足りると解すべき」とする肯定説[4]と，ライセンス料相当額に限られるとする否定説[5]がある。この点，特許法102条1項及び2項の趣旨が，特許侵害による逸失利益の推定にあることからすれば，被告が間接侵害品を製造販売等することによって，特許権者に逸失利益が生じたといえるか否かで判断すべきであり，そのようにいえるためには両者が市場において競合すべき関係にあることが必要であるのが通常であると考えられるところ，特許権者が間接侵害相当品ではなく特許発明の実施品（直接侵害相当品）を製造販売等している場合において，被告による間接侵害品の製造販売によって，特許権者に逸失利益が生じたと経験則上推定が働くような競合関係に立つ事案は少ないのではないだろうか。

さらに，特許法103条の過失の推定規定が間接侵害の場合に適用されるか否かという論点がある。まず専用品型間接侵害の場合には，その成立に故意又は

---

[2]　中山信弘＝小泉直樹編『新・注解特許法〔第2版〕【中巻】』1744頁〔渡辺光〕。

[3]　中山信弘編『注解特許法〔第3版〕【上巻】』970頁〔松本重敏＝安田有三〕。

[4]　髙林龍『標準特許法〔第4版〕』176頁。

[5]　角田正芳「特許権の間接侵害に基づく損害賠償」紋谷暢男教授還暦記念『知的財産権法の現代的課題』92頁。

過失は要求されておらず，差止請求の成否には影響しない。適用が問題となるのは損害賠償請求（民709条）の場合である。この点は，適用は肯定される（前掲東京高判平8・5・23〔位置合わせ載置方法事件〕）。

　他方で，多機能品型間接侵害の場合には，その成立のためには被疑間接侵害者の故意が要件となっており，損害賠償請求をする場合にも故意があることを前提とした主張がされることから，過失の推定規定の適用が問題となる場合はないとする見解[6]があるが，客観的要件である「不可欠なもの」であるかどうかについては過失の有無が問題となり得る旨を述べる見解[7]も存する。

　(d)　刑　事　罰

　平成18年改正前の特許法196条は特許権又は専用実施権を侵害した者に刑事罰を科していたが，間接侵害にも適用があるか否かは見解が分かれていた。しかし，平成18年法改正により，196条から間接侵害が除外される旨が明記され，196条の2で間接侵害行為に対する刑事罰が新設された。

II　専用品型間接侵害に関する議論

(1)　「にのみ」の意味をめぐる議論

　(a)　従来からの議論

　1号の「その物の生産にのみ用いる物」あるいは4号の「その方法の使用にのみ用いる物」における「にのみ」（以下「のみ」要件ということがある）の意義について，従来より議論がなされてきた。これを極めて厳格に解して，「およそその物一般が客観的に侵害と主張される時点において他の用途に供されることが知られていない物であることを要すると解するのが相当である」と判示した裁判例（大阪地判昭47・1・31無体集4巻1号9頁・判タ276号360頁〔チューブマット事件〕）があるが，ここまで厳格に解すると本要件を充足する余地がほぼなくなってしまうことから，現在，この判示と同様の見解をとる裁判例・学説は存しないといわれている。

---

*6　高林・前掲*4・177頁。
*7　吉田広志「多機能型間接侵害についての問題提起−最近の裁判例を題材に−」知的財産法政策学研究8号163頁。

410 第3章 特許権侵害訴訟における攻撃防御方法 第1節 技術的範囲の属否, その他の請求原因事実に関する問題

現在では, 他の用途があり, 「のみ」要件を充足しないというためには, 特許発明に係る物の生産又は方法の使用に用いる以外の用途が, 抽象的ないし試験的な使用の可能性では足りず, 社会通念上経済的, 商業的ないしは実用的であると認められる用途であることを要するという見解が, 実務上ほぼ定着しているとされる*8。

ただし, この見解の中でも, ニュアンスが若干異なるように見えるものが存する。すなわち, 「のみ」要件の意義について「他用途における使用が経済的, 商業的ないしは実用的な使用の可能性がないこと」を指すとする「使用可能性」説 (東京地判昭50・11・10 (昭47(ワ)3375号) 無体集7巻2号426頁〔オレフィン重合触媒事件〕, 東京地判昭56・2・25 (昭50(ワ)9647号) 無体集13巻1号139頁・判時1007号72頁〔一眼レフ交換レンズ事件〕, 東京地判昭63・2・29 (昭59(ワ)2996号) 無体集20巻1号76頁・判時1267号134頁・判タ663号188頁〔ソフトコンタクト・レンズ洗浄法事件〕) のほか, 「他の用途」があるために「のみ」要件が充足しないというためには, 「『他の用途』が商業的, 経済的にも実用性のある用途として社会通念上通用し承認されうるものであり, かつ原則としてその用途が現に通用し承認されたものとして実用化されている必要がある」という「使用事実」説 (大阪地判昭54・2・16 (昭52(ワ)3654号) 無体集11巻1号48頁・判時940号77頁〔装飾化粧板事件〕) がある。

もっとも, 「使用事実」説も「原則として」とあるとおり, 実用化されていない事案についても例外的に「のみ」要件を充足する余地を残しており, 両説の差は大きくないとされる*9。

(b) 近時の議論

さらに, 近時, 「のみ」要件の適用範囲を従前の一般的解釈よりも緩和して解釈したと評されることもある裁判例がいくつか出てきている。

大阪地判平12・10・24 (平8(ワ)12109号) 判タ1081号241頁〔製パン器事件〕は, タイマー制御による製パン工程に係る製パン方法の特許発明の特許権者である原告が, タイマー付製パン器である被告製品を製造販売する被告に対し

---

*8 中島・前掲*1・123頁。

*9 牧野利秋編『裁判実務大系(9)工業所有権訴訟法』265頁〔松尾和子〕, 渡辺・前掲*2・1244頁。

て，間接侵害である旨を主張した事件である。被告は，確かに被告製品でタイマー機能を用いてパンを焼成すれば原告の特許発明の実施になるものの，タイマーを使用せずに被告製品を使用することもできるなどと反論した。これに対し，裁判所は，「ある物が，当該特許発明を実施する機能と実施しない機能の複数の機能を切り替えて使用することが可能な構造になっており，当該発明を実施しない使用方法自体が存する場合であっても，当該特許発明を実施しない機能のみを使用し続けながら，当該特許発明を実施する機能は全く使用しないという使用形態が，当該物件の経済的，商業的又は実用的な使用形態として認められない限り，当該物件を製造，販売等することによって侵害行為（実施行為）が誘発される蓋然性が極めて高いことに変わりはないというべきであるから，なお『その発明の実施にのみ使用する物』に当たると解するのが相当である。」と判示して，間接侵害を認めた。

知財高判平23・6・23（平22(ネ)10089号）判時2131号109頁〔食品包み込み成形方法事件〕における原告保有の特許発明は，パン生地，饅頭生地等の外皮材によって，餡，調理した肉・野菜等の内材を確実に包み込み成形することができる食品の包み込み成形方法に関するものであり，パン生地等の外皮材によって，内材を包み込み成形する際に「押し込み部材をさらに下降させることにより……外皮材を椀状に形成する」ことを特徴とする方法の発明であった。他方で，被告の製造販売に係る装置がユーザーに納品された時点では，ノズル部材が1ミリメートル以下に下降できず，外皮材を椀状に形成することはできない状態であるものの，ユーザーがノズルを低く下降するように改造することが可能であり，これにより発明の実施が可能になるというものであった。裁判所は，「特許発明に係る方法の使用に用いる物に，当該特許発明を実施しない使用方法自体が存する場合であっても，当該特許発明を実施しない機能のみを使用し続けながら，当該特許発明を実施する機能は全く使用しないという使用形態が，その物の経済的，商業的又は実用的な使用形態として認められない限り，その物を製造，販売等することによって侵害行為が誘発される蓋然性が極めて高いことに変わりはないというべきであるから，なお『その方法の使用にのみ用いる物』に当たると解するのが相当である。」として，間接侵害の成立を認めた。

東京地判平24・11・2（平22(ワ)24479号）判時2185号115頁〔生海苔異物分離除去装置における生海苔の共回り防止装置事件〕は，「本件発明において，回転板は『共回り防止装置』の必須の構成部品であると認められるところ，被告装置においても，クリアランスの目詰まりをなくして共回りの発生を防ぐためには，本件回転板が本件プレート板とともにその必須の構成部品であると認められるから，本件回転板において，本件発明を実施しない機能のみを使用し続けながら，当該発明を実施する機能は全く使用しないという使用形態が，当該製品の経済的，商業的又は実用的な使用形態と認めることはできない。」として，間接侵害の成立を認めた。

もっとも，その控訴審である知財高判平25・4・11（平24(ネ)10092号）判時2192号105頁は，間接侵害を認めた原審の判断を是認しつつも，「特許法101条1号は，その物自体を利用して特許発明に係る物の生産にのみ用いる物についてこれを生産，譲渡等する行為を特許権侵害とみなすものであるところ，同号が，特許権を侵害するものとみなす行為の範囲を，『その物の生産にのみ用いる物』を生産，譲渡等する行為のみに限定したのは，そのような性質を有する物であれば，それが生産，譲渡等される場合には侵害行為を誘発する蓋然性が極めて高いことから，特許権の効力の不当な拡張とならない範囲でその効力の実効性を確保するという趣旨に基づくものであると考えられる。このような観点から考えれば，その物の生産に『のみ』用いる物とは，当該物に経済的，商業的又は実用的な他の用途がないことが必要であると解するのが相当である。

そうすると，本件回転板及び本件プレート板は，本件発明における『共回り防止装置』の専用部品であると認められる以上，これらにおいて，経済的，商業的又は実用的な他の用途は認め難く，したがって，本件回転板及び本件プレート板は，『その物の生産にのみ用いる物』に当たるといわざるを得ない。」と判示し，「のみ」要件に関して従来の判断基準を採用した。

　(c)　近時の議論に関する検討

多機能品型間接侵害に関する規定が平成14年改正法で設けられる以前においては，専用品型間接侵害に関する規定だけでは，たとえ直接侵害が生じる蓋然性が高い予備的・幇助的行為がなされている事案であっても，これを適用できずに特許権の保護を十分に図ることができなかったり，あるいはこれを適用

するとしても条文の「のみ」という文言に含めるのにやや躊躇するような解釈論をとらざるを得ない場合があったと思われる。このような事態を解消すべく，平成14年改正法により多機能品型間接侵害の規定が設けられたものである。

かかる法改正の経緯に鑑みれば，専用品型間接侵害の規定の適用に当たっては，条文の「のみ」という文言に含めるのに不自然な解釈論を採用することは極力避けるべきであり，そのような場合には原則として多機能品型間接侵害により保護を図るべきであると思料する。

この観点からすれば，前掲知財高判平25・4・11（平24(ネ)10092号）判時2192号105頁が，「のみ」要件の解釈に当たり，その該当性を是認した原判決の結論を維持しつつも，原判決の理由を採用せずに，「その物の生産に『のみ』用いる物とは，当該物に経済的，商業的又は実用的な他の用途がないことが必要である」として従来の解釈論を採用したことは適切であると考える。

他方で，前掲知財高判平23・6・23（平22(ネ)10089号）判時2131号109頁〔食品包み込み成形方法事件〕については，被告製の装置がユーザーに納品された時点では特許発明を実施しない使用をなす状態となっているものの，ユーザーのもとでこれを改造した場合には特許発明を実施することが可能な状態になる，という事案であるところ，このような場合についてまで，被告製の装置が特許発明に係る方法の使用に「のみ」用いる物に該当すると解釈することは，やや不自然であるとの印象が拭えない。

改造せずに納品時の状態で使用することが経済的，商業的又は実用的ではなく，したがってユーザーが改造せずに使用することが事実上考え難いような場合であれば，「のみ」要件を充足し得ると考えられるが，改造せずに使用することが経済的，商業的又は実用的にあり得るのであれば，「のみ」要件は充足しないというべきである。

前掲製パン器事件では，被告がユーザーに販売した時点において，一つの製パン器に特許発明を実施する機能と実施しないで使用する機能が同時に備わっている事案であったが，食品包み込み成形方法事件では，被告がユーザーに販売した時点において，被告製の装置は特許発明を実施しない状態となっており，購入後にユーザーが改造して初めて特許発明を実施可能な状態となった点

で，製パン器事件の事案とは異なるように思われる。

なお，被告が原告の特許発明に該当することを回避するため，特許発明に該当しない状態でユーザーに被告製品を納品し，納品後にユーザーのもとで簡単に被告製品を改造して，特許発明に該当させる状態に仕向けるというような事案は，間接侵害の成否だけでなく，複数行為主体のもとでの直接侵害の成否も問題にする余地があると考えられる。

(d) その他の議論

以上のほか，複数の物品からなるセット商品について，「のみ」要件の充足性を判断した裁判例として，大阪高判平13・1・30（平11(ネ)18号）裁判所ホームページ〔排気口へのフィルター取付方法事件〕がある。

この事案においては，被告は，レンジフードフィルターと磁石を入れた突起付きケースとをセットにして，取付方法の説明書とともに一体として販売していた。レンジフードフィルターや磁石を入れた突起付きケースを個々に見れば，他の用途もあり得るが，裁判所は，「セット商品につき，『実施にのみ使用』する物か否か，すなわち，他の用途があるか否かについて検討するに当たっては，セット商品を一体として，経済的・商業的・実用的な使用可能性があるか否かを検討すべきであり，物件一を構成するレンジフードフィルター及び磁石を入れた突起付きケースのそれぞれは，単独で使用することが可能であるとしても，セット全体としては，本件発明①の実施に使用する以外の使用は考えられないから，物件一は，本件発明①の実施にのみ使用する物というべきである。」と判示し，セット商品を一体として「のみ」要件を判断すべきとした。

この事案のように，特許発明（特に方法の発明）の構成要件が複数の物品を使用することを前提としているような場合には，当該個々の物品を見れば他の用途があり得るものの，複数の物品セット全体で見れば特定の用途以外の使用が考えられないという場合が実務上もあり得る。このような場合には，特許権保護の実効性確保の観点から，上記裁判例のようにセット商品について間接侵害を認めるべきであり，また，そのように判断しても，個々の物品の他の用途にまで規制を及ぼすものではないので，特許権の不当な拡張にはならないというべきである。

(2) 判断時期

「のみ」の判断基準時は，差止請求については事実審の口頭弁論終結時であり，損害賠償請求については侵害行為時である[10]。

(3) 証明責任

「のみ」要件の立証責任は，特許権者が負う。しかし，その立証は一般に非常に困難であることから，被告から他の用途の存在について一応の合理性のある主張がなされたとき，権利者側において当該他の用途が存在しないことについて証明責任を負うとされる[11]。

---

[10] 松尾・前掲＊9・267頁ほか。
[11] 松尾・前掲＊9・268頁ほか。

416 第3章 特許権侵害訴訟における攻撃防御方法　第1節　技術的範囲の属否，その他の請求原因事実に関する問題

33 間接侵害⑵

重冨　貴光

多機能型間接侵害の要件について説明せよ。

キーワード　多機能型間接侵害，生産，課題の解決に不可欠なもの，汎用品，主観的要件

I　は じ め に

　いわゆる多機能型間接侵害規定である特許法101条2号及び5号は，平成14年特許法改正により新設され，平成15年1月1日に施行された。多機能型間接侵害規定新設の趣旨は，改正前の間接侵害規定における「にのみ」との要件を緩和する代わりに，行為者の主観を新たに要件として加えることによって，侵害につながる蓋然性の高い予備的・幇助的行為を間接侵害と位置づけて適切な権利保護を図ることにあると説明されている[1]。

　特許法101条2号及び5号の規定は次のとおりである。

■特許法101条2号・5号

二　特許が物の発明についてされている場合において，その物の生産に用いる物（日本国内において広く一般に流通しているものを除く。）であつてその発明による課題の解決に不可欠なものにつき，その発明が特許発明であること及びその物がその発明の実施に用いられることを知りながら，業として，その生産，譲渡等若しくは輸入又は譲渡等の申出をする行為

五　特許が方法の発明についてされている場合において，その方法の使用に用いる物（日本国内において広く一般に流通しているものを除く。）であつてその発明による課題の解決に不可欠なものにつき，その発明が特許発明であること及びその物がその発明の実施に用いられることを知りながら，業として，その生

＊1　特許庁総務部総務課制度改正審議室編『平成14年改正産業財産権法の解説』（「立法解説」）23頁以下。

> 産，譲渡等若しくは輸入又は譲渡等の申出をする行為

　上記の各多機能型間接侵害規定の成立要件は，大要，以下のとおり整理される。

［特許法101条2号］
① 　その物の生産に用いる物であること
② 　発明による課題の解決に不可欠なものであること
③ 　日本国内において広く一般に流通しているものでないこと
④ 　発明が特許発明であること及びその物が発明の実施に用いられることを知っていること

［特許法101条5号］
① 　その方法の使用に用いる物であること
② 　発明による課題の解決に不可欠なものであること
③ 　日本国内において広く一般に流通しているものでないこと
④ 　発明が特許発明であること及びその物が発明の実施に用いられることを知っていること

　本稿では，多機能型間接侵害規定の要件について，各要件の意義を含め，裁判例を中心に，紹介・検討する。

Ⅱ　「その物の生産に用いる物」，「その方法の使用に用いる物」

(1)　裁判例

　この要件に関しては，特許法101条2号における「その物の生産に用いる物」の該当性を判断した裁判例を紹介する。

　(a)　知財高判平17・9・30（平17(ネ)10040号）判時1904号47頁〔一太郎事件〕は，①控訴人製品（ワープロソフト）をインストールしたパソコンは，対象特許発明の構成要件を充足するものであるところ，控訴人製品は，前記パソコンの生産に用いるものである，②控訴人製品のインストールにより，ヘルプ機能を含めたプログラム全体がパソコンにインストールされ，対象特許発明の構成要件を充足する「控訴人製品をインストールしたパソコン」が初めて完成するの

418 第3章 特許権侵害訴訟における攻撃防御方法 第1節 技術的範囲の属否，その他の請求原因事実に関する問題

であるから，控訴人製品をインストールすることは前記パソコンの生産に当たると判断した。

（b）東京地判平23・6・10（平20（ワ）19874号）裁判所ホームページ〔医療用器具事件〕は，被告製品（胃壁固定具）について，胃瘻造設のための胃壁固定術における穿刺及び縫合糸の受渡しに使用するために，被告製品のイエロー針を体表ガイドのイエロー針挿入口に挿入し，一体化機構によってホワイトウイングとブルーウイングを係止し，これをもって一体化機構による係止状態にある被告製品を作出することは，対象特許発明の技術的範囲に属する物を「生産」する行為に当たり，被告製品が特許法101条2号の「その物の生産に用いる物」に該当するとした。被告製品には他の用途も存在していたものの，一体化機構による係止状態である被告製品を用いることが，医師らによる使用態様として格別特異なものではなく，通常行われる被告製品の使用態様の一つであるとして，特許法101条2号の「その物の生産に用いる物」に該当するとした。

（c）大阪地判平24・9・27（平23（ワ）7576号）判時2188号108頁〔ピオグリタゾン大阪事件〕は，特許法101条2号の「物の生産」について，「発明の構成要件を充足しない物」を素材として「発明の構成要件のすべてを充足する物」を新たに作り出す行為をいい，素材の本来の用途に従って使用するにすぎない行為は含まれないと判示したうえで，被告製品（単剤に係る医薬品）は特許発明の対象である「組み合わせてなる……医薬」との関係において「その物の生産に用いる物」に該当しないと判断した。

(2) 検　　討

一太郎事件判決は，ソフトウェアのインストール行為がパソコンの生産に該当するとしたが，この「生産」解釈は，ソフトウェアに関連する発明の属性をも考慮しつつ規範的解釈を施したものと評価可能である。この解釈に関し，一太郎事件における情報処理装置に係る発明の特許権がソフトウェアの製造販売に及ぶことにより，適切な保護を享受するためにはかような「生産」解釈が是認されるべきであると評する解説がある[2]。ピオグリタゾン大阪事件判決は，素材を本来の用途に従って使用するにすぎない行為は「生産」に含まれないと

＊2　茶園成樹「判批」ジュリ1316号18頁。

したが，この点に関しては，①特許発明に係る医薬はピオグリタゾン及び併用医薬を「組み合わせてなる」ものであるから，「生産」とは各医薬を組み合わせることを含み，「生産」に当たると解すべき*3，②「生産」とは，特許製品の作出，特許発明の技術的思想を具現化した状態を作出する行為であると解しつつ，「生産」概念の解釈としては複数薬剤の物理的な組み合わせ行為に限られるものではなく当該特許発明を具現化する行為をもって「生産」該当性を肯定できる*4との批評がなされており，かような発明類型における「生産」該当性は今後も議論となろう。

Ⅲ　「課題の解決に不可欠なもの」

(1)　「課題の解決に不可欠なもの」とは

『立法解説』によれば，「課題の解決に不可欠なもの」とは，それを用いることにより初めて「発明の解決しようとする課題」が解決されるような部品，道具，原料等をいうとされ，「発明」という観点からみて重要な部品等に限定するための要件とされている*5。

(2)　裁　判　例

裁判例を概観するに，「課題の解決に不可欠なもの」の意義については，大要，①プリント基板用治具用クリップ事件判決が示す規範を採用するものと，②当該規範に言及することなく直截に被疑侵害品によって対象発明の課題が解決されるかを検討するものとに分けられる。

　(a)　プリント基板用治具用クリップ事件判決が示す規範を採用する裁判例

　(イ)　東京地判平16・4・23（平14(ワ)6035号）判時1892号89頁〔プリント基板用治具用クリップ事件〕は，「課題の解決に不可欠なもの」とは，①従来技術の問題点を解決するための方法として，当該発明が新たに開示する，従来技術に見られない特徴的技術手段について，当該手段を特徴付けている特有の構成ないし成分を直接もたらす，特徴的な部材，原料，道具等が，これに該当する，②特

＊3　田中正哉「複数薬剤を『組み合わせてなる』医薬の特許と間接侵害」L＆T63号20頁。
＊4　平嶋竜太「複数薬剤の組合せからなる医薬特許の間接侵害」L＆T61号40頁。
＊5　前掲＊1・立法解説27頁。

許請求の範囲に記載された部材，成分等であっても，課題解決のために当該発明が新たに開示する特徴的技術手段を直接形成するものに当たらないものは，これに該当しないとの判断規範を示している。以降，プリント基板用治具用クリップ事件判決と同様の規範を示した裁判例として，東京地判平24・3・26（平21(ワ)17848号）裁判所ホームページ〔医療用可視画像生成方法事件〕，大阪地判平25・2・21（平20(ワ)10819号）判時2205号94頁〔流動ホッパー事件〕，東京地判平25・2・28（平23(ワ)19435号・19436号）裁判所ホームページ〔ピオグリタゾン東京事件〕がある。

　(ロ)　医療用可視画像生成方法事件判決は，被告製品（ワークステーション）は，特許発明の特徴に係る方法（補間区間を設定し，該補間区間内で色度及び不透明度を画像データ値の大きさに応じて連続的に変化させる方法）を実現するような使用方法があるものと認めるに足りず，仮にそのような使用方法があり得るとしても，極めて例外的な使用方法であるというべきものであるから，特許発明の技術的特徴を基礎付ける方法をもたらすことを予定しているものではなく，技術的特徴を基礎付ける構成を直接もたらす道具に当たると評価することは相当ではないとしている。

　(ハ)　ピオグリタゾン東京事件判決は，既存の部材（対象事件におけるピオグリタゾン）が「その発明による課題の解決に不可欠なもの」に該当するか否かについて，これを肯定すると，当該発明に係る特許権の及ぶ範囲を不当に拡張する結果をもたらすとの非難を免れないと判示する。すなわち，組み合わせてなる医薬発明において，既存の部材自体は，その発明が解決しようとする課題とは無関係に従来から必要とされていたものにすぎず，既存の部材が当該発明のためのものとして製造販売等がされているなど，特段の事情がない限り，既存の部材は，「その発明による課題の解決に不可欠なもの」に該当しないとしている。

　(b)　プリント基板用治具用クリップ事件判決の規範に言及することなく直截に被疑侵害品によって対象発明の課題が解決されるかを検討する裁判例

　(イ)　一太郎事件判決は，控訴人製品（ワープロソフト）は，対象特許発明の課題を解決する構成が控訴人製品をインストールすることによって初めて実現されるものであることを理由として，控訴人製品が課題の解決に不可欠なものに

該当すると判示している。

　㈹　東京地判平22・6・24（平21（ワ）3529号）裁判所ホームページ〔プリンタ用インクタンク事件〕は、被告製品（インクタンク）はプリンタに装着すると対象特許発明の液体供給システムを生成し、インクタンクへの誤った位置への装着を解消するという対象特許発明の課題を解決するとしたうえで、被告製品はプリンタと協働してシステムとしての機能を達成しているといえるから課題の解決に不可欠なものであると判断した。

　㈭　医療用器具事件判決は、被告製品の2本の穿刺針（イエロー針とホワイト針）は、そのホワイトウイングとブルーウイングにある一体化機構を用いて係止状態とすれば、それによって本件各発明に係る上記構成が実現されることとなるものであるから、これら2本の穿刺針が、本件各発明による課題の解決に不可欠なものであるとした。

　㈤　大阪地判平24・11・1（平23（ワ）6980号）裁判所ホームページ〔位置検出器事件〕は、対象特許発明の課題は、接触体が被加工物等との当接離隔を繰り返すことで摩耗や変形による測定誤差が発生することを防止することにあるとし、その解決方法として、接触体の接触部が非磁性材で形成されている（構成要件B）としたうえで、接触部が非磁性材で形成されている被告製品（スタイラス）は「課題の解決に不可欠なもの」に該当すると判断した。

　㈥　東京地判平26・2・20（平22（ワ）20084号）判時2256号74頁〔レーザー加工装置事件〕は、対象特許発明は、被覆材の膨張や剥離を防止するために被覆材を処理する第1加工工程と被加工物の切断等を行う第2加工工程を含むレーザー加工方法において、材料表面の保護及び加工時間の短縮を目的として、加工開始部位又は／及び加工終了部位を被覆材の除去範囲とする構成を採用したものであり、第1加工工程を行う範囲を限定する構成要件2Eは、対象特許発明の課題の解決に不可欠なものであるとしたうえで、被告製品に搭載された被告記憶媒体は、被加工物のピアス加工及び切断加工の前にピアス部分の被覆材を溶融し、その余の加工軌跡上の被覆材の処理をしないという構成要件の実現を可能にするものであるとして「課題の解決に不可欠なもの」に該当するとした。

　㈦　東京地判平27・3・23（平24（ワ）31440号）裁判所ホームページ〔OFDMA

セルラー・ネットワークの媒体アクセス制御事件〕は，被告製品（LTE ワイヤレス基地局施設）は，対象ネットワークに不可欠な基地局施設において LTE 通信に用いられるものであり，対象ネットワークが対象特許発明の課題を解決するのに不可欠なものと認められるとした。

(3) 検　　討

「課題の解決に不可欠なもの」の意義の解釈については，裁判例上必ずしも統一しているとはいえない状況にある。東海林保「間接侵害」*6は，上記(2)(a)の裁判例を本質的部分説，本質的部分説を明示しない裁判例（上記(2)(b)の一部の裁判例）を条件関係説と称したうえで，裁判例も両説に二分されている状況にあるとしつつ，本質的部分説が有力であるように思われるとする。

　検討するに，いずれの立場によるにせよ，対象特許発明の課題を認定し，被疑侵害品を用いることによって当該課題が解決されるか否かを判断する作業は最低限行われている。もっとも，課題解決を超えて，「被疑侵害品が発明が新たに開示する特徴的技術手段を直接形成するものであること」を要求するかという点で考え方が異なるといえよう。なお，本質的部分説を採用する裁判例においても，医療用可視画像生成方法事件判決は技術的特徴を基礎付ける方法は極めて例外的な使用方法であると判示し，使用方法の本来性に着目して課題の解決に不可欠なものの該当性を判断している。また，ピオグリタゾン東京事件判決は，既存の部材は，特段の事情のない限り，課題の解決に不可欠なものに該当しないとしている。このような「使用方法の本来性」や「特段の事情」が不可欠性の肯否にどのように影響するのか，その理論的根拠・位置付けについては必ずしも定かではない。かような意味においても，「課題の解決に不可欠なもの」の意義に関する裁判例の考え方が固まっているとはいえない状況にある。

　学説に目を向けると，「課題の解決に不可欠なもの」とは，①発明の本質的な部分（つまり従来技術では解決できなかった課題の解決の実現に不可欠なもの）をいう*7，②発明の構成要件中の本質的部分をいう*8，③それを欠くことにより

---

*6　東海林保「間接侵害」牧野利秋ほか編『知的財産訴訟実務大系Ⅰ』（青林書院，平26）352頁。
*7　中山信弘『特許法〔第3版〕』（弘文堂，平28）437頁。
*8　髙林龍『標準特許法〔第6版〕』（有斐閣，平29）178頁。

特許発明の直接実施ができなくなるものをいう*9とするもの等がある。

Ⅳ 「日本国内において広く一般に流通しているもの」

(1) 趣　旨

『立法解説』は，市場において一般に入手可能な状態にある規格品，普及品のような物の生産・譲渡等まで間接侵害行為に含めることは取引の安全性の確保という観点から好ましくはないため，間接侵害規定の対象外としたと説明している*10。

(2) 裁判例

(a) 一太郎事件判決は，典型的には，ねじ，釘，電球，トランジスター等のような，日本国内において広く普及している一般的な製品，すなわち，特注品ではなく，他の用途にも用いることができ，市場において一般に入手可能な状態にある規格品，普及品を意味すると判示している。

(b) プリンタ用インクタンク事件判決は，「日本国内において広く一般に流通しているもの」とは，より広い用途を有するねじや釘のような普及品を想定して制定されたものであるとし，原告製プリンタにしか使用することができない被告製品は，対象特許発明の特徴的機能を有しない機種計67機種の他の原告製プリンタにも使用することができるとしても，汎用品ということは到底できないとしている。

(c) 医療用器具事件判決も，一太郎事件判決と同旨の説示をしたうえで，被告製品の2本の穿刺針は胃瘻増設のための胃壁固定具に特有の構成を備えたものであり，規格品，普及品に相当するような単なる医療用の中空針とはいえないとしている。

(d) 位置検出器事件判決は，①スタイラスの用途は位置検出器にその接触体として装着することに限定されており，ねじや釘などの幅広い用途をもつ製品

＊9　田村善之『知的財産法〔第5版〕』（有斐閣，平22）266頁，田村善之「多機能型間接侵害制度による本質的部分の保護の適否−均等論との整合性−」知的財産法政策学研究15号（平19）167頁。

＊10　前掲＊1・立法解説28頁。

とは異なる，②市場において一般に流通している物とはいえようが，「広く」流通しているとはいい難い，③用途及び需要者が限定されるスタイラスにつき取引の安全を理由に間接侵害の対象から除外する必要性に欠けるとして，「日本国内において広く一般に流通しているもの」には当たらないと判示した。

(3) 検 討

裁判例の傾向をみると，いわゆる規格品，普及品を意味すると解する点において共通している。規格品，普及品に該当するか否かの判断に際し，被疑侵害品の用途の多様性や市場における流通性について，個別具体的事案の事情を勘案して判断している。プリンタ用インクタンク事件判決は被疑侵害品が少なからぬ他の発明非実施用途が存在しても原告製プリンタにしか使用できないことをもって汎用品でないとし，位置検出器事件判決は用途が限定されており流通性も高いとはいえないこと等を勘案して汎用品でないとしており，汎用品該当性判断において参考となる事例である。

V 「その発明が特許発明であること及びその物がその発明の実施に用いられることを知りながら」

(1) 「知りながら」の意義

「知りながら」とは，実際に知っていたことを必要とし，過失により知らない場合は含まない[11]。

この主観的要件の充足性判断基準時は，差止請求との関係では口頭弁論終結時であり，損害賠償請求との関係では侵害時である[12]。

裁判例をみるに，「知りながら」との要件を充足すると判断された基準時として，①警告書・催告書受領時としたもの（知財高判平21・5・25（平20(ネ)10088号）裁判所ホームページ〔対物レンズ事件〕，位置検出器事件，流動ホッパー事件），②訴状送達時としたもの（一太郎事件，医療用器具事件（ただし，特許発明については通知書受領時），知財高判平25・8・9（平24(ネ)10093号）裁判所ホームページ〔液体インク収

---

[11] 前掲＊1・立法解説31頁。
[12] 髙部眞規子『実務詳説 特許関係訴訟〔第3版〕』（きんざい，平28）172頁。

納容器事件〕，レーザー加工装置事件，OFDMA セルラー・ネットワークの媒体アクセス制御事件）がある。

(2) 特許発明の実施用途（違法用途）の認識の程度について

「知りながら」の意義については，特許発明の実施に用いられることをどの程度まで具体的に認識している必要があるかという論点がある。

(a) 医療用器具事件判決は，被告らにおいて，被告製品を製造，販売するに当たり，被告製品を入手した医師らがこれを用いて胃壁固定術を行う際に一体化同時穿刺を行うことがあり得ることを認識していたとすれば，被告らは，被告製品が本件各発明の実施に用いられることを知っていたものということできるとしている。

(b) 流動ホッパー事件判決は，被告は，イ号製品が複数の材料の混合に用いられることのある（本件特許発明の装置の一部として用いられることのある）ものであることは認識していたとしている。

上述の各裁判例について，東海林・前掲＊6「間接侵害」は，被疑侵害品の供給者が適法用途のほかに違法用途にも使用されることを抽象的にでも認識していれば，主観的要件の充足性を認める見解に立つものと評価できると解説する[13]。かような裁判例をみる限り，少なくともいわゆるB to Bの類型にて被疑侵害品が違法用途で使用される態様があることを認識している場合には「知りながら」との要件を充足すると判断される傾向にあると思われる。

これに対し，学説では，違法用途の蓋然性が極めて高く，かつそれを認容しているような場合に主観的要件充足を認めるべきではないかとする考え方がある[14]。また，主観的要件充足性及び差止めの範囲に関する論点として，被疑侵害品の供給者にとって当該被疑侵害品を違法用途に使用している購入者が特定されている場合と特定されていない場合に分けて検討を行うべきとする解説がある[15]。

---

[13] 東海林・前掲＊6・363頁。
[14] 中山・前掲＊7・438頁。
[15] 西理香「非専用品型間接侵害（特許法101条2号・5号）における差止めの範囲と主観的要件」L＆T63号8頁。

Ⅵ 再間接侵害について

特許法101条5号の「その方法の使用に用いる物」の解釈に関しては，「その方法の使用に用いる物」を生産する「物」（いわゆる再間接侵害品）も含むか否かという論点がある。

一太郎事件判決は，特許法101条5号は，その物自体を利用して特許発明に係る方法を実施することが可能である物についてこれを生産，譲渡等する行為を特許権侵害とみなすものであって，そのような物の生産に用いられる物を製造，譲渡等する行為を特許権侵害とみなしているものではないと判示し，再間接侵害品を含まないとの立場を採った。

このように，裁判例では，再間接侵害品を含まないとの解釈が採用されている状況にあるが，他方で，間接侵害品の部品などのように，物を生産する物の一部として，「物」として独立に観念することができる場合には再間接侵害を認めることも可能であろうとの説明もなされている[16]。実務的には，「その方法の使用に用いる物」の該当性について問題となった対象物の属性（構成，部品相互の関係等）に着目して個別具体的に事実認定する作業が必要となろう。

■

---

[16] 中島基至「充足論－間接侵害の場合」高部眞規子編『特許訴訟の実務〔第2版〕』（商事法務，平29）124頁。

34 間接侵害(3)

山本　隆司＝佐竹　希

間接侵害の成立に直接侵害の存在は要件となるか。また，いわゆる再間接侵害は，特許権侵害となるか。

キーワード　特許権侵害に対する教唆・幇助，独立説・従属説，再間接侵害

I　問題の所在

特許法101条は，「侵害とみなす行為」として特許権の間接侵害を定めている。そこで，特許権の間接侵害は，特許権の直接侵害とどのような関係に立つのか，すなわち，特許権の直接侵害が成立する場合にのみ特許権の間接侵害は成立するのかが問題となる。以下では，この問題と関連する論点を検討する。

II　間接侵害理論

(1)　間接侵害の意義

ある者（X）の権利を侵害する場合，他人（Y）が権利侵害の構成要件を充足する行為を行うことを直接侵害といい，第三者（Z）が自らは直接侵害を行わないが他人（Y）による直接侵害を生じさせる場合[1]に，当該第三者（Z）の行為を間接侵害という。なお，直接侵害を2人以上の者が行う場合，すなわち，2人以上の者がそれぞれ少なくとも権利侵害の構成要件の一部を分担する場合は，それぞれの者の行為は，間接侵害ではなく，共同の直接侵害である。

以上の間接侵害（広義の間接侵害）は，日本では，不法行為の態様として議論

---

[1]　教唆・幇助のほか，侵害の発生の危険を自ら作りながらその危険を適切に管理しない行為（代位責任ないし管理監督者責任（民714条〜718条参照））も間接侵害行為として認識されている。

されている。その結果，権利侵害に対する救済の場面においては*2，この間接侵害の態様は，損害賠償請求権の成立にしか適用されず，差止請求権の成立には適用されていない。しかし，間接侵害が不法行為の態様であるのは，不法行為の要件である「権利または法律上保護される利益を侵害」する行為の一態様に該当するからにすぎない*3。すなわち，間接侵害は，不法行為の態様である前に，権利侵害の態様である。したがって，権利侵害に対する救済として法律が差止請求権を認めている場合には，間接侵害に対しては，民法709条に基づく損害賠償請求権だけでなく，法律が排除していない限り，当該権利に対する侵害として差止請求権も認められるべきところである。

(2) アメリカ法における間接侵害

アメリカでは，特許権の侵害に関する1871年のウォレス判決*4以降，特許権，著作権および商標権の分野において判例法として寄与侵害（contributory infringement）の法理が発展してきた。「寄与侵害」は，①直接侵害が成立する場合に，②侵害行為について認識をもちながら，③他者の侵害行為についてこれを誘引し，生じさせまたはこれに重大な寄与を行う者に認められる。すなわち，間接侵害の違法性は，直接侵害の違法性に依拠しており，従属する。

寄与侵害の法理は，後に，1952年特許法において，積極的誘引行為を規定する271条(b)*5と寄与侵害行為（狭義）を規定する同条(c)*6として明文化された。条文上，寄与侵害行為（狭義）を規定する同条(c)は，直接侵害の存在を要件とすることを明示しなかった。そこで，直接侵害がなくても寄与侵害の責任

＊2　実体法と救済法の関係については，注意を要する。比較法的に見ると，特許権などの実体権を規律する実体法と，その侵害に対する救済を規律する救済法が概念的に二分され，大陸法および英米法においては，損害賠償請求権も差止請求権も救済法の問題と理解する。ところが，日本法では，損害賠償請求権は救済法に分類するが，差止請求権は実体法に分類する（最判平14・9・26民集56巻7号1551頁〔カードリーダー事件〕，知財高判平20・12・24（平20（ネ）10012号）裁判所ホームページ〔北朝鮮映画事件〕等）。

＊3　最判昭49・3・22民集28巻2号347頁，最判昭62・1・22民集41巻1号17頁は，民法709条の規定によって権利侵害に対する教唆幇助に損害賠償請求権が成立することを認める。したがって，民法719条2項の規定によって初めて権利侵害の教唆幇助に対して損害賠償請求権が成立する（成立要件説）のではなく，権利侵害の教唆幇助に対する損害賠償請求権は民法709条の規定によって成立し，民法719条2項の規定は直接侵害者との連帯責任の効果を生ずるためのものである（責任効果説）と考えられる。

＊4　Wallace v. Holmes, 29 F. Cas. 74 (C. C. D. Conn. 1871)

＊5　「何人も，積極的に特許侵害を誘引した者は侵害者としての責を負う」。

が成立するのかが問題となった。しかし，裁判所は，271条(b)(c)は，判例法として確立した寄与侵害の法理を変更するものではないとして，直接侵害が存在しなければ寄与侵害は成立しないと判断している*7。もっとも，直接侵害の成立を証明する必要があるとする裁判例と，その蓋然性（部品全体がすぐ組み立てられる状態で買主の手元にある）の証明で足りるとする裁判例に分かれている*8。

ただし，最終的な組み立てを外国で行わせる意図をもって，完成品の構成部品を輸出する行為については，1984年法は，271条(f)を制定して，直接侵害が成立しなくとも寄与侵害責任が成立することとした。この規定は，直接侵害が成立しないと寄与侵害も成立しないので，特許権に域外適用を認める独立の侵害行為類型を定めたものである。

なお，アメリカでは，間接侵害として，判例法上，代位侵害（vicarious infringement）も認められている。この代位侵害の法理は，「代位侵害」としての責任を，①直接侵害が成立する場合に，②侵害行為を監督する権限と能力（right and ability to supervise the infringing activity）を有し，③侵害行為に対して直接の経済的利益（direct financial interest）を有する者に認めるものである。アメリカ特許法には代位侵害に関する規定は置かれていないが，特許権侵害にも，判例法上，代位侵害責任の成立が認められている*9。

(3) ドイツ法における間接侵害

ドイツにおいても，1928年のライヒ裁判所判決*10以来，間接侵害に特許権が及ぶと解されていた。その趣旨は，直接侵害の訴追が困難なときに，その実質において侵害行為者にほかならない間接実施者をもって侵害者とすることにより，侵害排除の実効性を強化することにあるとされ，直接侵害の排除を徹底

＊6　「何人も，特許された機械，製造物，組み合わせ，もしくは混合物の構成部分，または特許された方法を実施するために使用する物質もしくは装置であって当該発明の不可欠な部分を構成するものを，それが当該特許を侵害して使用するための特別に製造されたものであることと，または，特別に変形されたものであって実質的な非侵害の用途に適した汎用品または流通商品でないことを知りながら，合衆国内で販売の申込みをし，もしくは販売し，または合衆国内にこれらを輸入する者は，寄与侵害者としての責任を負う」。

＊7　Aro Mfg. Co. v. Convertible Top Replacement Co., 365 U. S. 336 (1961)

＊8　川口博也『アメリカ特許法概説』71頁。

＊9　例えば，Baut v. Pethick Const. Co., 262 F. Supp. 350 (D.C. Pa. 1966); Crowell v. Baker Oil Tools, 143 F. 2d 1003 (9th Cir. 1944), cert. denied 323 U. S. 760

＊10　Markschutz und Wettbewerb, 1927/28, S. 312.

させることが目的であると考えられた*11。すなわち，ドイツにおいても，間接侵害の違法性を直接侵害の違法性に置いた。

その後，1981年ドイツ特許法は，10条に，間接侵害を明文化した。ただし，1981年法は同時に，直接侵害が成立せずとも間接侵害が成立する例外的な場合について，明文の規定を置いた。すなわち，10条3項によれば，直接行為が，11条1号ないし3号において特許権の効力が及ばないとされる，非商業目的で私的な範囲で行う実施，実験目的での実施，医師の処方に基づく医薬の調合に関する行為である場合であっても，その間接行為が10条1項の要件を充足する限り，間接侵害が成立するとする。

(4) わが国特許法における間接侵害

特許権者Xが保有する特許発明の技術的範囲のすべてを，Yの被告製品または被告方法が充足する場合，Yの行為は直接侵害である。Yによる特許権侵害を第三者Zが教唆・幇助して，Yによる特許権侵害を生じさせる場合，Yの行為は間接侵害（広義）である。

しかし，前述のとおり，日本では，間接侵害は，不法行為の態様としてのみ議論され，特許権侵害についてもその間接侵害には差止請求権を認めてこなかった。そこで，立法上，間接侵害の類型を法定化し，特許権侵害とみなすことによって差止請求権を認める道を開いたのが，特許法101条（狭義の間接侵害）である。

Ⅲ　間接侵害の違法従属性

(1) 独立説と従属説

ところが，特許法101条は，条文上，直接侵害の存在を要件とすることを規定しなかった。そこで，直接侵害がなくても特許法101条の間接侵害が成立するのかが問題となる。

かつては，101条が直接侵害を要件として規定していないことから，101条所定の行為を特許権侵害の独立類型と理解し，間接侵害の成立に直接侵害の成

---

*11　松本重敏『特許発明の保護範囲－その理論と実際〔新版〕』235頁・236頁。

立を必要としないと考える（独立説*12）のが一般であった。

　しかし，その後，101条所定の行為の違法性を直接侵害に置き，直接侵害の成立しない行為に対する間接侵害には，101条所定の間接侵害の成立を否定する考え方（従属説*13）が登場してきた。なお，従属説をとる場合，直接侵害に対する立証責任の程度・範囲に関して，①直接侵害の成立を立証することを必要と考えるのか，②直接侵害成立の蓋然性が存在すれば足りると考えるのか，それとも，③被告がおよそ直接侵害が成立しないことを立証する必要があるのか，という問題がある。わが国において従属説をとる学説は，②直接侵害の蓋然性が存在すれば足りると考えているようである*14。

　これに対して，現在の多くの学説は，直接侵害が成立し得ない場合における間接侵害の成立について，独立説，従属説の立場から一律に間接侵害の成否を決めるのではなく，それぞれの場合に即して間接侵害の成否を検討すべきであるとする（折衷説*15）。

　そこで，直接侵害が成立しえない場合における間接侵害の成立が問題となる類型を，以下では検討する。

(a)　直接行為が海外で行われる場合

　直接行為が海外で行われる場合には，直接侵害は成立しない。というのは，属地主義の原則から，日本の特許権は外国には及ばないから，外国で行われる実施行為は，当該国の特許権を侵害することはあってもわが国の特許権を侵害することはないからである。したがって，この場合，独立説によれば，特許法101条所定の間接侵害の成立が認められるが，従属説では，その成立は認められない。学説上は，結論として間接侵害の成立を認めないのが多数説である。

　大阪地判平12・10・24判タ1081号241頁〔製パン器事件〕等の裁判例も，直接行為が海外で行われる場合に間接侵害の成立を否定している。製パン器事件で

───────────────

＊12　独立説をとるものとして，吉藤幸朔〔熊谷健一補訂〕『特許法概説〔第13版〕』461頁等。

＊13　従属説をとるものとして，羽柴隆「間接侵害について（その2）」特管27巻5号481頁，高林龍『標準特許法〔第5版〕』172頁等。

＊14　羽柴・前掲＊13・479頁，高林・前掲＊13・172頁。

＊15　松尾和子「間接侵害(1)」牧野利秋編『裁判実務大系(9)工業所有権訴訟法』272頁，竹田稔『知的財産権侵害要論（特許・意匠・商標編）〔第5版〕』164頁，窪田英一郎「間接侵害について」牧野利秋ほか編『知的財産法の理論と実務(1)』208頁，田村善之『知的財産法〔第5版〕』259頁，中山信弘『特許法〔第3版〕』433頁等。

は，被告によるタイマー付の製パン器の製造・販売について，原告が保有する製パン方法に関する特許の間接侵害が成立するかが問題となった。被告は，被告製品を，①日本で製造して日本で販売し，②日本で製造して米国に輸出し，また③中国で製造させ日本を経由せずに米国に輸出していたため，②③については直接行為が海外で行われていた。判決は，「外国で使用される物についてまで『その発明の実施にのみ使用する物』であるとして特許権の効力を拡張する場合には，日本の特許権者が，本来当該特許権によっておよそ享受し得ないはずの，外国での実施による市場機会の獲得という利益まで享受し得ることになり，不当に当該特許権の効力を拡張することになる」として，当時の101条2号（現4号）の「その発明の実施にのみ使用する物」との要件における「実施」は日本国内におけるもののみを指すと述べ，間接侵害の成立を否定した。その後，大阪地判平12・12・21判タ1104号270頁，東京地判平19・2・27判タ1253号241頁〔多関節搬送装置事件〕も，上記製パン器事件と同様の判示をする。

　では，日本向けの製品を作るための部品を製造・輸出する行為には，特許法101条所定の間接侵害の成立が認められるか。従属説に立っても，当該完成品が日本に輸入されればわが国の特許権の直接侵害が成立するから，この場合には，特許法101条所定の間接侵害の成立が認められると考えられよう。

　なお，ドイツでは，ドイツ国内から外国に部品が供給され，これを用いて外国の事業者がドイツ国内向けの製品（特許発明の実施製品）を製造する場合には，当該部品供給者については間接侵害が成立し得ると考えているようである*16。

　また，前述のとおり，アメリカでは，最終的な組み立てを外国で行わせる意図をもって，完成品の構成部品を輸出する行為は，特許権の域外適用を認める独立の侵害類型として271条(f)により特許権侵害とされている。したがって，たとえ完成品がアメリカに還流しない場合であっても，間接侵害責任が成立する。

(b)　直接行為者が実施権者である場合

　直接行為者が実施権者である場合，特許権の直接侵害は成立しない。したがって，従属説では，この場合に，間接侵害の成立を認めない。特許製品の製造

＊16　鈴木將文「複数国にまたがる行為と特許権侵害に関する予備的考察」名古屋大学法政論集255号576頁。

の実施許諾を受けている場合に，その製造過程において，特許法101条所定の部品を製造することは当然予定されることであるから，独立説によっても，直接行為者が実施権者である場合には，やはり特許権の間接侵害を認めることは，困難であろう。学説の多数も，この場合には間接侵害の成立を否定する。

しかし，実施許諾の範囲と契約条件による制限が絡む場合に，微妙な問題を生ずる。例えば，特許製品の販売のみについて実施許諾を受けた場合，特許製品を製造する行為は実施許諾の範囲を超えるから，その部品を製造することには，間接侵害が成立すると考えられる。また，特許製品100個の製造について実施許諾を受けた場合，特許製品1000個分の部品を製造する行為は，①製造数量の制限違反に該当する特許製品900個分の部品の製造について実施許諾がないから，間接侵害が成立すると考える説と，②製造数量の制限違反は債務不履行にとどまると考え[17]，間接侵害が成立しないと考える説があり得る。さらに，特許製品の販売について実施許諾を受けたが販売先制限が加えられた場合，①販売先制限に違反する行為は，実施許諾の範囲を超えるから，間接侵害が成立すると考える説と，②販売先制限の違反は債務不履行にとどまると考え，間接侵害が成立しないと考える説がありうる。

(c) 直接行為者が個人的・家庭的な実施である場合

直接行為者が個人的・家庭的な実施である場合，特許法68条は「業として」の実施であることを求めているため，特許権の直接侵害は成立しない。

したがって，この場合，独立説によれば，特許法101条所定の間接侵害の成立が認められるが，従属説では，その成立は認められない[18]こととなる。

しかし，学説の多くは，独立説または折衷説の立場から，その成立を認める。その論拠は，特許法68条は，「業として」ではない実施にまで特許権の効力を及ぼすのは行きすぎであるという考慮に基づいているが，一般消費者に間接侵害品を販売することにより大量に直接実施行為を惹起する者についてはこのような配慮は不要であるということにある。

この結論は，従属説からの理論的説明は困難なように見えるが，私見では，

---

[17] 中山・前掲[15]・500～501頁は，専用実施権の制限としての数量制限に対する違反について，それが特許権侵害を生ずることなく契約違反を生ずるにすぎないとする。

[18] 羽柴・前掲[13]・491頁，高林・前掲[13]・174頁はこの場合も間接侵害の成立を否定する。

直接侵害行為の違法性の実態に注目すれば，従属説からも根拠付けが可能である。すなわち，特許権の構成要件から除外（構成要件阻却事由）され，または特許権の権利が制限（違法阻却事由）される場合には，違法性がそもそもない場合と，違法性はあるがそれが零細であるためにいわば可罰的違法性が否定された場合がある。後者の場合には，個々の直接侵害の違法性は零細であるが，これを間接的に教唆・幇助する側がこれを組織的・営業的に行えば，その違法性は十分に可罰的違法性の域に達する。すなわち，個々の零細な直接侵害の違法性が否定されるのは，一身専属的違法阻却と考えられる。それゆえ，組織的・営業的な間接侵害には，従属説に立っても，特許法101条の適用が認められると考えられる*19。

　裁判例も，直接行為者が個人的・家庭的な実施である場合に，間接侵害の成立を認めている。東京地判昭56・2・25無体集13巻1号139頁〔交換レンズ事件〕は，特許法101条はまさに，「組立て，完成が最終の需要者によつて個人的，家庭的に行われるためこれに対して権利行使をすることが許されないときなどのように，特許権の効力が著しく減殺されることがあることに鑑み」，制定されたものであるとして，間接侵害の成立を認めた。

　また，前述の製パン器事件判決は，特許法101条の趣旨については明言せず，特許法68条が「特許権の効力の及ぶ範囲を『業として』行うものに限定したのは，個人的家庭的な実施にすぎないものにまで特許権の効力を及ぼすことは，産業の発達に寄与することという特許法の目的からして不必要に強力な規制であって，社会の実情に照らしてゆきすぎであるという政策的な理由に基づくものであるにすぎず，一般家庭において特許発明が実施されることに伴う市場機会をおよそ特許権者が享受すべきではないという趣旨に出るものではない。」と述べて，間接侵害の成立を認めた。

　(d)　直接行為者が試験研究目的の実施である場合

　直接行為者が試験研究目的での実施である場合，特許法69条1項によって，特許権の直接侵害は成立しない。したがって，この場合，独立説によれば，特許法101条所定の間接侵害の成立が認められるが，従属説では，その成立は認

---

*19　山本隆司「権利制限の共犯従属性－権利制限の従属性と一身性－」著作権研究35号132頁。

められないこととなる。

学説上は，その成立を認めるものも否定するものも有力である。間接侵害の成立を認めない説は，試験又は研究のための実施についてまで特許権の効力を及ぼすことは，技術の進歩を阻害することになるとして，特許法69条1項の趣旨を徹底する[20]。一方，間接侵害の成立を認める説は，69条1項は直接実施のみを念頭に置いたものであって，間接実施に対しても特許権者が何らの対価も得られないのは不当であるとする[21]。

私見では，試験又は研究のための実施について直接侵害を認めない理由は，違法性の零細性にあるのではなく，技術の進歩を促すために，違法性を完全否定することにある。したがって，違法性のない直接侵害に対する間接侵害にも，実質的な違法性は存在し得ないから，間接侵害の成立を認めるべきではないと考える。

この点について判断した裁判例は見当たらず，実務上は，どのように取り扱うべきか不明確な状況にある。

なお，他国での取扱いをみてみると，アメリカでは，そもそも直接行為である試験研究目的での実施について免責されるのは，271条(e)に定める，FDA（食品医薬局）等の承認を得るために必要な情報を収集するために行う特許発明の使用行為など限定的な場合に限られている。また，ドイツでは，11条2号は発明の主題部分に限って試験研究目的での実施について直接侵害が成立しない旨を規定する（ただし，10条3項がこれに対する間接侵害が成立することを明文で規定している）。

(2) 再間接侵害の成否

いわゆる再間接侵害とは，間接侵害にのみ使用できる物を生産・譲渡等する行為が侵害になるか，という問題である。

独立説に立てば，特許法101条に該当する行為に対して，さらに特許法101条の適用を考える余地も生ずる。他方，従属説に立てば，間接侵害の違法性は

---

[20] 田村・前掲*15・260頁，松尾・前掲*15・275頁等。
[21] 松本・前掲*11・253頁，中島基至「充足論－間接侵害の場合」髙部眞規子編『特許訴訟の実務』106頁。窪田・前掲*15・208頁は，物の発明と方法の発明とでは別に考えるべきだとして，方法の発明については間接侵害の成立を認めるべきであるとする。

直接侵害の違法性に依拠しており，かつ，法律上，間接侵害の成立する範囲は特許法101条の行為に制限されているのであるから，それ自身が特許法101条に該当しない行為について，間接侵害の成立は認められない。したがって，従属説によれば，再間接侵害を認める余地はないこととなる。

知財高判平17・9・30判タ1188号191頁〔一太郎事件〕は，特許法101条5号（当時の4号）が，「その物自体を利用して特許発明に係る方法を実施することが可能である物についてこれを生産，譲渡等する行為を特許権侵害とみなすものであって，そのような物の生産に用いられる物を製造，譲渡等する行為を特許権侵害とみなしているものではない。」として，再間接侵害の成立を否定した。一太郎事件では，被告が製造・販売する文書作成ソフトウェア「一太郎」を購入したユーザーがこれをパソコンにインストールして使用する事案において，当該パソコンは原告が特許権を保有する「情報処理装置」に関する物の発明に該当し，また当該パソコンの使用は原告が特許権を保有する「情報処理方法」に該当する場合に，被告の行為が間接侵害として当該特許権侵害を構成するかが問題となった。知財高裁は，被告の行為が物の発明について間接侵害に当たることを認める一方で，方法の発明については，前述のとおり再間接侵害を否定し，「一太郎」をインストールしたパソコンは「その方法の使用に用いる物」であるが，「一太郎」はこれに当たらないとして，間接侵害の成立を否定したのである。

一太郎事件の上記判断については，再間接侵害を認めると，無限の連鎖行為まで侵害とされるおそれがあるとして，当該判断に賛同する見解がある[22]。しかし，この判決に対しては，101条の解釈適用について数々の批判がなされている[23]。

なお，間接侵害品の部品などであっても，それ自体が特許法101条に定める物の生産に用いる「物」又は方法の使用に用いる「物」として独立に観念することができる場合には，他の要件を充足する場合には，特許法101条に定める間接侵害を認めることができる[24]。

---

[22] 中山・前掲[15]・433頁参照。

[23] 上山浩「判批」NBL820号8頁，竹田・前掲[15]・259頁，井上雅夫「判批」判評566号197頁等。

IV 間接侵害に対する不法行為の成否

　特許法101条に該当する狭義の間接侵害行為については，それ自身が侵害（直接侵害）とみなされるので，民法709条の適用を受け，不法行為として損害賠償も当然に認められる。

　また，広義の間接侵害，すなわち特許法101条に該当しない教唆・幇助行為についても，民法719条の共同不法行為として，損害賠償が認められ得ることには争いがない。ただし，特許法101条に該当する場合と異なり，過失の推定規定や損害額の推定等の規定の適用がない点において，立証のハードルはやや高くなると思われる[25]。

　裁判例は，数はきわめて少ないが，特許法101条に該当しない幇助行為について不法行為の成立を認めた例が存在する。例えば，東京地判平26・2・20判時2256号74頁は，その認定事実によれば，被告がレーザ加工条件の設定ルーチンを含む記憶媒体を顧客に提供し，その使用方法の説明や指導をしたうえで，被告の顧客がレーザ加工を行っていたという事案である。裁判所は，被告の当該記憶媒体の提供が，原告のレーザ加工方法の特許に対する間接侵害（特101条）に当たると判断するとともに，被告が顧客に対して使用方法を説明，指導する行為が，顧客による直接侵害行為を幇助するものであるとして，不法行為の成立も認めた。ただし，幇助による損害は，間接侵害（特101条）により生じた損害を超えるものではないとして，認められなかった。

V 終わりに

　日本における間接侵害の理論は，ガラパゴス的に発展してきた。この問題をさらに掘り下げるうえで，比較法と関連法に対するいっそうの研究が待たれる。

---

[24] 中島・前掲[21]・116頁。
[25] 中山・前掲[15]・439頁。

35 特許権の共有

谷口　由記

特許権の共有者の下請会社による当該共有者のためにする製品の製造販売は特許権侵害となるか。

キーワード　特許権の共有，共有特許の実施，道具理論

I　特許権の共有関係

(1)　特許権の共有

共同開発等によって発明者が複数いる場合，特許を受ける権利は複数発明者の共有となり，特許登録を受けた後は特許権の共有となる。その他に特許権の相続により特許権の共有が発生することもある。

共有とは，文字どおり2人以上の者が1つの物を共同所有する形態であり，所有権として支配する対象物が1つの物であるから，共有者の権利は1つの物の全部に及ぶものの，その所有権は持分となり，その権利行使について一定の制限を受けることになる。

民法は所有権以外の財産権の共有を「準共有」として所有権の共有に関する規定（民249条～264条）を適用するとし，特許を受ける権利の共有及び特許権の共有に関して，特別法として特許法が優先的に適用され，規定がない場合は一般法である民法が適用されることになる。

(2)　特許共有者の実施

特許法は，共有特許権の実施に関して，各共有者は契約で別段の定めをした場合を除き，他の共有者の同意を得ずに特許発明の実施をすることができるが（特73条2項），他の共有者の同意を得なければ，その特許権について専用実施権を設定し，又は他人に通常実施権を許諾することができない（同条3項）と規定している。同条3項の立法理由については，専用実施権の設定は，それを

設定すれば他の共有者も実施できなくなり，他の共有者に重大な利害関係を有することになり，通常実施権の許諾の場合でも，許諾を受ける者の数，その資本力，信用力又は技術能力のいかんによって，大きな利害関係が生ずるからとされる*1。

(3) 外国法の規定

外国法をみると，実施許諾に対してわが国と同じく他の共有者の同意を必要とする国（独・伊・蘭・英等）が多いが，自由に実施許諾ができる国（米国判例法）や共有者は約定した場合を除き，単独で実施又は他人に通常実施許諾することができ，ただし，他人に実施許諾した場合は取得した実施料は共有者に分配しなければならないとする国（中国）もある。わが国特許法の規定についても，実施許諾について他の共有者の同意なく通常実施権を許諾することが可能な制度が望ましいとする見解もある*2。

(4) 特許共有者の実施の問題点

わが国では，特許権者が特許発明の実施として製品を生産する場合，下請会社にその全部又は一部を請け負わせる形態が多いのが現実であり，また，近時はジョイント・ベンチャー企業が増加傾向にあり，特許権者自らが自己実施するよりも，第三者に実施許諾するケースが増加する場合が多く，特許共有者の1人が第三者に下請けをさせる場合に共有特許権の実施として他の共有者の同意が必要であるか否かが問題となり，判決例も事案の内容により判断が分かれるケースもみられる。

(5) 道具理論

その議論の中で，下請業者は特許共有者の機関にすぎないとして，あるいは特許共有者の1人が下請業者をいわば道具として利用しているにすぎず，いずれも特許共有者の自己実施と評価できることから，他の共有者の同意は不要であるとする考え方が唱えられている（道具理論）。

道具理論は，法律解釈として，当該人（法人を含む）が自ら直接ではなく，他

＊1　吉藤幸朔〔熊谷健一補訂〕『特許法概説〔第13版〕』549頁，織田季明＝石川義雄『増訂新特許法詳解』（日本発明新聞社，昭47）306頁。

＊2　中山一郎「共有に係る特許権の実施許諾に対する他の共有者の同意について－発明の実施形態に中立的な制度設計の視点から－」AIPPI47巻2号（平14）82頁。

人（法人を含む）を道具として行為を行ったとみて，他人は単なる道具にすぎず，道具となった他人ではなく，道具として利用した者を行為者と認定する解釈論であるが，特許法のほかにも，刑法では間接正犯の問題として議論され，カラオケによる著作権侵害問題では道具理論は「カラオケ理論」と呼ばれている。

本件の下請業者の製造販売が特許発明の実施に当たるか否かの議論では，リーディング・ケースとなる大審院判決は「機関としての実施」の有無を問題にしており，「道具としての実施」とは表現していないが，実質的な考え方は同じと考えられる。

II 判 例

特許権共有者の一人が下請業者に製造販売させた場合，これが他の共有者の同意を得ない実施許諾であり特許権侵害となるかが争われた判例として，大審院のリーディング・ケースとその後の下級審判決がある。

(1) 大判昭13・12・22（民集17巻24号2700頁）〔模様メリヤス事件〕

これがリーディング・ケースとされており，AとXの共有に係る模様メリヤスの実用新案権で，共有者Aが同一構造の製品をYに下請け製造させたところ，他の共有者XがYに対して実用新案権侵害を理由に損害賠償請求を行った事案である。大審院は共有者の1人の指揮監督の下にその者の事業として物の製造を行う場合は，当該共有者の一機関として製造を行うにすぎず，かかる場合，下請製造業者が他人の実用新案を実施しているとは評価できないとして，Xの請求を棄却した原判決を維持する判決を言い渡した。ここで下請業者が特許共有者（施主）の機関として製造を行った場合は，下請業者の製造は実用新案権の実施とはいえないとしたのである。原判決（控訴審）は下請業者Yにおいて，原料の購入，製品の販売，品質，模様等の一切につき，共有者の1人Aの指揮監督の下で工賃を得て製造作業に従事していたことや，製造した全量をAに引き渡していたことから，実用新案権侵害を否定し，大審院もこれを肯定したものである。

(2) 仙台高秋田支判昭48・12・19判時753号28頁〔蹄鉄考案事件〕

リーディング・ケース後の下級審判例であり，事案は馬の蹄鉄に関するAとXの共有に係る実用新案権につき，共有者の1人AがYに下請け製造させたところ，他の共有者XがYに対して実用新案権侵害差止及び損害賠償訴訟を提起したケースで，判決は，Aが蹄鉄の金型の原型を作出し，蹄鉄の釘穴，溝等の構造に関する詳細な技術指導，材料の品質，製造機械の性能等に関する具体的な指示をし，製品につき綿密な検査をし，製造量及び製品の単価も終局的に決定し，Yはその範囲内において製造し，包装にはAの指示で商標が記され，Yの製造であることを示すようなものは製品及び包装にも全く記されてはいなかったことから，第1審秋田地判昭47・2・7（判時664号80頁）は，Y（下請業者）と共有者Aの関係は請負契約的要素を含むいわゆる製造物供給契約であるとし，「Yが製造のための機械設備等を所有し，自己の計算において材料を調達し，利潤を上げている」ことに着目し，単に他の共有者の機関として工賃を得て製造しているとは認められず，自己のための独立の事業として製造しているから，X（共有者）の同意なく行われた製造は，Xの実用新案権の侵害に該当すると判示した。しかし，その控訴審である本判決は，共有者AとYとは製造物供給契約であるものの，Yは製造のための機械設備を所有し，自己の負担において材料を調達していたとはいえ，製品の代金は実質的には売買代金とみるべきではなく，材料費・設備償却費の要素と工賃の要素とを含むものと認められること，原料の購入，製品の販売，品質等につきAが綿密な指揮監督を行っていること，製品はすべて共有者Aの指示により専ら同人の経営する会社に納入されていて他に売り渡されたことは全くないこと等の諸事情に鑑み，Yによる製造はAの一機関としての製造行為であり，共有者が「自己の計算において，その支配管理の下に本件登録実用新案権の実施をしたものと解すべきであり，Yが実用新案権を独立の事業として実施したものとは認められない」として，Yの実用新案権侵害を否定し，これを肯定した第1審判決を取り消して，Xの請求を棄却したのである。

(3) 東京地判平26・3・26裁判所ホームページ〔電池式警報器事件〕

これは最近の判例であり，事案は，XとAとの共有特許である発明の名称「電池式警報器」の特許について，製造販売者であるYが特許共有者Aに被疑侵害品の一部を販売していたことが特許権侵害であるとしてXがYを提訴した

ケースである。被疑侵害品について特許共有者Aの自己実施と評価されるかが
争点となり，裁判所は，当該製品のうち一部の型式の取扱説明書には製造者と
してYの名称のみが記載されているが，Yはその他の製品を自社製品として市
販していること，当該製品の製造に当たり，材料の調達，品質管理等において
共有者Aが関与したことはうかがわれず，共有者Aに対する納入も通常の売買
契約によるものであったことがうかがわれると認定して，当該製品の製造及び
納入を特許共有者Aの自己実施と同視することはできないと判示した。もっと
も，XにはYの特許実施につき黙示の同意があったと認定し（共有者Aが製造各
社に特許権を実施させる趣旨で本件特許発明の特許を受ける権利の持分譲渡を受けたものと
解され，Xはこれを認識しており，加えてAはXの提案を受けて，本件発明に係る構成を含
む技術仕様を製造各社に提案し，その会合にXも出席していたことから，XはAが他社に特
許権を実施許諾することにつき黙示の同意をしていた）として，結論としてはYの共有
者Aへ納入された製品についての特許権侵害を否定したものである。

(4) **最判昭44・10・17民集23巻10号1777頁・判時577号74頁〔地球儀型トラン
ジスターラジオ受信機意匠権侵害事件〕**

共有に関する判決ではないが，参考判例として，意匠権の先使用権の「実
施」の意義（旧意匠法9条の「実施」）に関する最高裁判例があり，「意匠実施の事
業を為し」とは，当該意匠についての実施権を主張する者が，自己のため，自
己の計算において，その意匠実施の事業をすることを意味するが，それは単に
その者が自己の有する事業設備を使用し，自ら直接に右意匠に係る物品の製
造，販売等の事業をする場合だけを指すものではなく，さらにその者が事業設
備を有する他人に注文して，自己のためにのみ，右意匠に係る物品を製造さ
せ，その引渡しを受けて，これを他に販売する場合等をも含むものと解するの
が相当であるとした判決であり，この実施の意義が，特許共有者の実施を理解
する上で参考になるといえる。

(5) **東京地判平20・2・20判時2009号121頁〔テレフォンカードリーダー事件〕**

侵害訴訟ではないが，X（従業者）のY（使用者）に対する職務発明の対価請
求の前提として，他の共有者の実施に該当するか否かが争点となったケース
で，AとYとの共有特許があり，AがB・Cに実施品を製造させてAに納入さ
せたことにつきYが受けるべき利益が存するか否かにつき，YはB・CがAか

らカードリーダー及びそれが組み込まれた公衆電話機の発注を受ける前から，その具体的な仕様，監督の下，Aと共同でこれらを開発したこと，同カードリーダーに取り付ける磁気ヘッドについて，Aの指示によりYの製造した製品を使用し，その他の材料等についても，同様にAの指示に従っていたものと推測されること，公衆電話の品質についても，Aからの厳しい指揮，管理が行われていたこと，B・Cが製造した公衆電話機はすべてAに納入することを予定しており，実際にも他に販売していないことが推認されること等の事実関係に基づけば，B・Cによる製造はA自身による製造と評価するのが相当であり，したがって本件特許権の共有者であるAがB・Cに製造させることについてYの同意は要しない（特73条2項）と認定した。

Ⅲ　道具理論の展開

(1)　「機関としての実施」の意義

上記リーディング・ケースである前記大審院判決の控訴審の認定事実として，①下請業者が特許共有者の1人から工賃を得ていること，②下請業者が特許共有者の1人の指揮監督下にあったこと，③製造した製品の全量が共有者の1人に引き渡されたこととしており，これを3要素と捉え，この3要素を充足すれば，下請業者の製造販売行為は特許共有者の1人の実施であると評価されるとしつつ，その中でも指揮監督の要素を重視する考え方も唱えられている*3。

(2)　指揮監督関係と全量納品

大審院が判示した「機関としての製造」に当たるか否かの判断において，下請業者との法律関係が請負契約，製造物供給契約や売買契約といった形式的な契約関係だけの判断ではなく，実質的な事実関係が重要であり，その中でも指揮監督関係，全量納品の事実が重視されるものと解される。その中でも，指揮監督関係について，大審院判決の原審（控訴審）が認定した原料の購入，製品の販売，品質，模様等の一切についての指揮監督のうち，「機関としての面の

＊3　辻本希世士「下請による製造が共有者ないし実施権者による『実施』に含まれるか」知財ぷりずむ2016年3月号1頁。

指揮監督関係」と「技術的な面の指揮監督関係」が考えられるが，特許発明の実施である以上は問題にされるべきは技術的観点からの指揮監督関係とすべきである*4。また，共有者の自己実施と評価する以上は，全量を納品させることが前提であると考えられるのであり，下請業者に製造させること以外に考えられる実施としての販売は，共有者への販売だけであり，第三者への販売までも共有者の実施と評価することはできないと考えられる。

上記の蹄鉄考案事件，テレフォンカードリーダー事件も，リーディング・ケースである大審院判決が示した機関としての実施の成否を検討しているが，蹄鉄考案事件の第1審が自己のために独立の事業として製造しており機関としての実施に当たらないとしたが，その控訴審が独立の機関としての実施に当たるとして，その判断が分かれたのも実質的な事実関係についての評価が違ったものといえる。

IV 学　説

この点に関する学説として，共有者の事業として特許に係る物の製作その他の行為をする場合は他の共有者の同意を要せず，その者の一機関（手足）にすぎないからであり*5，またわが国では下請けが重要な意味を有しており，下請けが共有者の指示に従い，全量を共有者に納入し，商標等も共有者のものが付されているような状況であれば，下請けは共有者の手足と見ることができ，その実施は共有者の実施としてもよいとの説*6，下請けや外部への発注が共有者自らの実施に当たるか否か，余りに厳格に解すると妥当でない場合も生じうるし，他方，共有者の実施の範囲を余り広く解釈しすぎると，特許法73条2項と3項の区別がなくなり，他の共有者の権利を害することにもなりかねないとし，この問題はどこで調和をとるのが最も衡平に合致するかという点に帰着せざるをえない*7とする説などがあり，「機関としての実施」を共有者の実

＊4　中山信弘＝小泉直樹編『新・注解特許法〔第2版〕【中巻】』1424頁〔森﨑博之＝根本浩〕は指揮監督関係の存在は技術的観点から判断されるべきことを指摘している。特許発明の実施の成否の判断という点からみて正しい視点といえる。

＊5　吉藤〔熊谷補訂〕・前掲＊1・546頁。

＊6　中山信弘『特許法〔第3版〕』314頁。

施と考えて，他の共有者の同意を不要とする判例の考え方が支持されていると
いえる。

Ⅴ　特段の合意の有無の影響

(1)　特段の合意の意義
　特許法73条2項は，各共有者は他の共有者の同意を得ずとも自己実施でき
るが，「契約で別段の定をした場合を除き」として，自己実施についても他の
共有者の同意が必要である等の特段の合意を締結することができることを規定
している。また，合意は無条件のほかに実施料（実施料の持分割合か，自己実施利
益に対する持分割合の実施料）の支払を条件にすることも考えられる。この点は例
えば持分割合が1対9の特許共有で10分の1の持分しか有しない共有者が自
己実施した場合に，その利益の全部を無条件に取得させる（利益を各共有者に持
分割合に応じて分配することを要しない）ことの不合理性の修正といえる。また，そ
もそも共有に関する規定については任意規定（デフォルト・ルール）で，契約の
ない場合に適用されるものであり，共有特許の共有関係の実態には種々の形態
があり，それらをすべて一律に強行法で規律したり，あらゆる共有関係を想定
した規定を設けることが困難であり，特許法73条2項はその状態を好ましく
ないと考える者には事前に契約を締結するように仕向けているともいえようと
評されている*8。したがって，特許共有の原因となる共同開発契約において
は，自己実施についての条件を相手方が納得できる内容で定めることも必要と
いえる。

(2)　特段の合意に違反した場合
　自己実施に他の共有者の同意等が必要との特段の合意が締結されている場合
に，その合意に違反して自己実施した場合，特許法73条3項の同意を得ない
第三者への無断実施許諾と同様に実施行為が特許権侵害になるとまでは結論付
けにくいといえよう。なぜならば，特許権を共有しているからであり，特許権
侵害の不法行為というよりも，契約（特約）違反の債務不履行に基づく損害賠

---

*7　中山信弘編『注解特許法〔第3版〕【上巻】』804頁。
*8　中山・前掲*6・315頁。

償が認められるにとどまると解すべきであろう*9。

また，特許法73条３項の共有者の第三者への専用実施権の設定又は通常実施権の許諾について他の共有者の同意を必要とするとの規定に違反した場合の第三者の当該実施は特許権侵害を構成するか否かについて，特許権侵害を構成しないとする見解と，少なくとも同意をしていない共有者との関係では実施許諾の契約は効力を生ぜず，当該第三者の実施は特許権侵害になるとの見解がある*10。

VI 損 害 論

(1) 損害額への影響

共有者の下請業者の製造販売が共有者の機関としての実施とならず，かつ，他の共有者の同意を得ないときは，下請業者の実施行為は特許権侵害となるが，この場合，他の共有者が侵害者である下請業者に対して請求できる損害賠償額はどうなるのかについて考える。

共有特許権の損害賠償請求権は可分債権であり，判例は，各共有者は各自の持分に応じて単独で請求権を行使することができるとする（東京地判昭44・12・22無体集１巻396頁，大阪地判昭62・11・25無体集19巻３号434頁・判時1280号126頁）。学

＊9　森崎＝根本・前掲＊４・1424頁は「同意権の侵害を理由とした損害賠償請求が可能である」とするが，あえて同意権の侵害というまでもなく，特約違反の債務不履行といえばよいのではないかと考える。このようなケースについての判例は見当たらないが，大阪高判昭44・7・17判タ240頁279頁〔カーテン事件〕は，販売先限定の特許実施許諾契約に違反して限定外の者への実施品の販売行為について，まったく無権限者による行為でないことを認識しつつも，「別に不法行為をも構成するかどうかはさておき，契約違反ともなることは多言を要しない」とし，契約違反と実用新案権侵害との関連性について特段明示的な判断を示していないが，販売先を相手にした場合は実用新案権侵害を問題にせざるを得ない。

＊10　吉藤〔熊谷補訂〕・前掲＊１・549頁は，野口良光『国内実施契約の実務』50頁が元木伸『特許民法』209頁を敷衍して，「共有特許権者の１人が他の共有者の同意を得ないで共有特許につき第三者に実施権を許諾する契約は，他人の権利をもって実施許諾の目的とした場合に該当するから，右契約は当事者間では有効に成立し，他人の権利をもって実施許諾の同意を取得して，実施権者のために約定の実施権を創設する義務を負うものと解される（民560条，599条）。しかし，実施権者はその実施権をもって同意を与えない特許共有者に対抗することができず，実施権者は許諾者に対し解約権等を行使し得るにすぎない（民561条）とする。森崎＝根本・前掲＊４・1424頁は特許権侵害を認めることが他の共有者の利益保護を図った本条３項の趣旨に沿うであろうとする。

説も「共有時……の損害の算定は持分権の侵害につき生じた各共有者固有の損害を認定・算定すべき」との説[11]，理論的には各共有者の被る損害は侵害行為の態様や各共有者の実施状況等の諸事情に応じて異なったものとなるはずであり，従って各共有者の損害額は各共有者ごとに個別に算定されるべきである」との説[12]がある。

そして，同意しなかった他の共有者が無断で実施した下請業者に対して自己の持分に応じて損害賠償請求ができるといえるが，侵害行為が共有者の一部の無断許諾による実施であるという特殊事情があり，これが特許法102条1項，2項及び3項に基づく損害算定にどのように影響するかという問題が生じるが，これまでそれを検討した論述は見当たらない。他の共有者の特許権侵害となった下請業者の実施を無断で許諾した共有者について，適法な実施許諾ではないので不実施の共有者として扱うことになるのであろうか。また，不実施の共有者といえたとして共有者が下請業者に対して同法102条3項の実施料相当額を請求することは考えにくい，むしろそれを請求しない場合の他の共有者の同条2項の請求にどのように影響するかが問題となろう。他方，そもそも下請業者に無断実施を許諾した共有者は違法行為を行ったことを理由に不実施の共有者としての同法102条3項の請求も認めるべきではないという考え方もあり得る。

以下は，不実施の共有者が同法102条3項の請求権を有することを前提として実施共有者の同法102条2項の請求との関係に関する裁判例を検討する。

(2) 特許法102条2項の請求と3項の請求の関係

共有特許権の侵害に基づく損害賠償請求において，実施している共有者と実施していない共有者がいて，実施共有者が特許法102条2項の請求をし，不実施共有者が3項の請求をした場合，どのように算定すべきかに関して，いくつかの参考判決例がある。

① 大阪地判昭57・8・31判例工業所有権法2535の5の495の805頁〔蚊遣線

---

[11]　金子敏哉「知的財産権の共有と損害賠償額の算定」同志社大学知的財産法研究会編『知的財産法の挑戦』（弘文堂，平25）314頁等。

[12]　宮脇正晴「共有にかかる特許権が侵害された場合の損害額の算定」AIPPI56巻（平23）11号25頁。

香燻し器事件〕は，他方共有者の不実施を認定しつつも，一方共有者の侵害者利益額での推定損害額を全額認め，他方共有者の実施料相当額を控除しなかった。

②　東京地判平17・3・10判時1918号67頁〔トンネル断面のマーキング方法事件〕は，不実施共有者の特許法102条3項の実施料相当額を持分比例し，一方共有者の侵害者利益額での推定損害額も持分比例して算定した。

③　知財高判平22・4・28裁判所ホームページ〔鉄骨柱の建入れ直し装置事件〕は，「特許権の共有者は持分権にかかわらず特許発明全部を実施できるものであるから，特許権の侵害行為による損害額も特許権の共有持分に比例するものではなく，実施の程度に応じて算定されるべきものである。そして，このことは損害額の推定規定である特許法102条2項による場合も同様であるということができる」と判示した。ただし，特許共有者A・BのうちAが差止・損害賠償請求を行った事案であり，実施していない共有者Bが損害賠償請求権をAに譲渡していることから，不実施共有者が同条3項の請求をすることはあり得ないといえるのであって，もし譲渡していなかった場合はどのように算定したかについては不明である。

④　大阪地判平27・10・1裁判所ホームページ〔発泡合成樹脂容器事件〕は，「（一方共有者は）持分権に基づいて本件発明の全部を実施することができる（特73条2項）ものの，本件発明の価値全体を単独で支配し得るわけではない。そして，被告が本件特許権の侵害行為によって得た利益は，（一方共有者）の持分権だけでなく，（他方共有者）の持分権を侵害することによっても得られたものである。そうすると，特許法102条2項による（一方共有者の）損害額の推定は，（他方共有者）に生じた損害額（実施料相当額の逸失利益）の限度で一部覆滅されると解するのが相当である」と判示し，他方共有者の実施料相当額を持分比例にするとともに，一方共有者の侵害者利益額での推定損害額から他方共有者の持分否定の実施料相当額を控除して算定した。

(3)　**学　　説**

学説[13]としては，①持分比割によるとする見解，②売上比割によるとする

---

*13　中山信弘＝小泉直樹編『新・注解特許法〔第2版〕【中巻】』2074頁〔飯田圭〕。

見解，③実施数量比割によるとする見解，④利益比割によるとする見解があり，④が多数とされる*14。

Ⅶ おわりに

下請業者の実施が，共有者の「機関としての実施」と評価できる基準となるのが，技術的観点からの指揮監督関係と全量納品であり，この2つの基準を満たすことで他の共有者の同意を要することなく下請業者に製造させることができると解されるのであり，下請業者に製造させざるを得ないわが国の中小企業の実情に沿った解釈といえる。

---

*14 飯田・前掲*13・2074頁に多くの学説が掲載されている。

第2節　侵害論における被告の抗弁に関する問題

36 特許無効の抗弁とは何か

合路　裕介

特許無効の抗弁と訂正の再抗弁は，いつまで提出可能か。

キーワード　訂正の再抗弁，時機に後れた攻撃防御方法，紛争の迅速解決

I　特許法104条の3の経緯及びその要件事実

(1)　キルビー最高裁判決以前

キルビー最高裁判決以前は，「特許に無効理由が存する場合であっても，いったん登録がされた以上，その登録を無効とする審決が確定しない限り，当然その効力失うものではなく，通常裁判所において特許の当否その効力の有無を判断することはできず，特許権を侵害したとして被告となった者は，必ず審決をもって特許を無効ならしめることを要する」とする大審院判決（大判明37・9・15刑録10輯1679頁〔導火線製造器械事件〕等）があり，侵害訴訟においては特許の無効理由について審理判断することができないとされていた。

このため，当時は，公知技術の除外や権利範囲の限定解釈等を駆使して結論を導き出す裁判例も多く見受けられた。

(2)　キルビー最高裁判決

このような状況下において，最高裁判所は，平成12年4月11日，「特許の無効審決が確定する以前であっても，特許権侵害訴訟を審理する裁判所は，特許に無効理由が存在することが明らかであるか否かについて判断することができると解すべきであり，審理の結果，当該特許に無効理由が存在することが明ら

かであるときは，その特許権に基づく差止め，損害賠償等の請求は，特段の事情がない限り，権利の濫用に当たり許されないと解するのが相当である。」として，大審院判決を変更した。その趣旨とするところは，①衡平の理念，②訴訟経済（紛争の一回的解決），③特許権侵害訴訟の審理の迅速化の３点にあるとされている*1。また，判決における「特段の事情」とは，訂正審判請求又は訂正審判によって訂正が認められることで，もはや特許が無効とはいえなくなる場合を念頭においたものとされている。

　この最高裁判決以降は，当該最高裁の判決を引用して権利濫用の抗弁を認める裁判例が続くこととなった。

(3)　特許法104条の３

　上記キルビー最高裁判決では，無効理由の存在が「明らか」であるという要件が示されていたが，上記最高裁判決以降の下級審においては，無効理由の存在が「明らか」であるという要件を重視せず，積極的に，特許等の無効を判断するようになっていた*2。また，特許無効の理由があることが明らかと認められるか否かの予測が困難であり，結局，無効審判の申立てを並行して行わざるを得ないという負担があることから，明らかか否かにかかわらず侵害訴訟で特許の有効性の判断がされることが望ましい，という産業界等からの要望もあった*3。以上を受けて，司法制度改革推進本部知的財産権検討会における検討を経て，平成16年の特許法改正により，特許法104条の３が立法されるに到った。これにより，立法以前の権利濫用の抗弁は，無効の抗弁へと変わっている。

　なお，平成23年特許法改正により，延長登録の有効性についても無効の抗弁の対象となること（改正特104条の３第１項），冒認・共同出願違反を理由とする無効の抗弁については，特許法123条２項とは異なり，真の権利者以外の者であっても可能であること（改正特104条の３第３項），がそれぞれ明文化された。

(4)　無効の抗弁の要件事実

＊1　髙部眞規子「特許の無効と訂正をめぐる諸問題」知的財産法政策学研究24号（平21）２頁。
＊2　阿部・井窪・片山法律事務所編／長沢幸男監修『裁判所法等を改正する法律の解説−平成16年改正−』11頁。
＊3　近藤昌昭＝齊藤友嘉『知的財産関係二法・労働審判法』56頁。なお，当該経緯については，村林隆一『産業財産権者の権利行使の制限』63〜68頁参照。

被告が無効の抗弁を主張する場合には，「当該特許が特許無効審判により無効にされるべきものと認められる」ものであることを主張・立証することになる。

具体的には，当該特許が「無効にされるべき」理由を基礎づける事実，すなわち評価根拠事実を主張・立証すべきとされる*4。

なお，無効の抗弁においては，現実に無効審判が請求されていることは求められておらず，ましてや無効審決が確定することも求められていない。これは，104条の3の立法の契機となったキルビー最高裁判決の理由の1つが，「紛争はできる限り短期間に一つの手続で解決するのが望ましいものであるところ，右のような特許権に基づく侵害訴訟において，まず特許庁における無効審判を経由して無効審決が確定しなければ，当該特許に無効理由の存在することをもって特許権の行使に対する防御方法とすることが許されないとすることは，特許の対世的な無効までも求める意思のない当事者に無効審判の手続を強いることとなり，また，訴訟経済にも反する。」とされていることによる。

Ⅱ　訂正の再抗弁の意義，要件事実

(1) 訂正の再抗弁の意義

特許庁における審判手続では，無効審判手続中における対抗手段として「訂正の請求」が認められており，無効と訂正が一体的に審理，判断されている。また，キルビー最高裁判決では，権利濫用の抗弁に対する「特段の事情」が再抗弁として位置づけられていた。そして，キルビー最高裁判決及び特許法104条の3の趣旨では，侵害訴訟における紛争の一回的解決を目指し，対世的無効を求める意思のない当事者に無効審判請求を強いることなく，無効の抗弁を主張し得るとされている。

以上より，当該一回的解決を目指すためには，無効審判手続中の対抗手段としての訂正の請求と同様に，無効の抗弁に係る無効理由を解消させる訂正の対抗主張も侵害訴訟において併せて審理，判断するのが相当である*5。

＊4　大渕哲也ほか編『専門訴訟講座⑥特許訴訟【下巻】』1124頁。

このように，特許法104条の３の無効の抗弁が主張された場合であっても，さらに訂正の再抗弁が認められる場合には，特許法104条の３により権利行使が制限される場合には当たらない。

(2) 訂正の再抗弁の要件事実

特許法104条の３の無効の抗弁に対して，特許権者が訂正の再抗弁を主張する場合には，原則として，以下の３つを主張・立証することが求められる*6（知財高判平21・8・25（平20(ネ)10068号）判タ1319号246頁〔切削方法事件〕，大阪地判平28・2・29（平25(ワ)6674号）裁判所ホームページ〔棚装置事件〕，東京地判平29・4・21（平26(ワ)34678号）裁判所ホームページ〔ピストン式圧縮機事件〕，東京地判平28・12・6（平25(ワ)31727号）裁判所ホームページ〔モータ駆動双方向弁とそのシール構造事件〕，東京地判平22・6・24（平21(ワ)3527号）等，東京地判平21・2・27（平19(ワ)17762号）判時2082号128頁・判タ1332号245頁〔ふみのすけオリジナルボールペン事件（筆記具のクリップ取付装置事件）〕，東京地判平19・2・27（平15(ワ)16924号）判タ1253号241頁〔多関節搬送装置事件〕等）。

---

① 適法な（特許法126条又は134条の２の要件を充たす）訂正審判又は訂正請求がされていること

② 上記訂正により，抗弁に係る無効理由が解消されること

③ 被告製品が訂正後の特許発明の技術的範囲に属すること

また，③は，再抗弁として，権利行使ができることを主張することになるため，訂正後の特許請求の範囲の記載に従って被告製品が技術的範囲に属することを改めて主張・立証することが必要になる。

ところが，①の「訂正請求等が行われること」の要件については，後述するように争いがあるものの，「実際に適法な訂正審判請求等を行っていることが必要」等とする裁判例が複数存在し，訂正審判請求又は訂正の請求が法律上可能な状況である限りは，特許庁への訂正審判請求や訂正請求を行わずに侵害訴

＊５　高部眞規子編『特許訴訟の実務』130〜131頁。なお，侵害訴訟における無効の抗弁に対する訂正の主張は，予備的請求原因と位置づける説も存在するが，実務上は再抗弁との位置づけでほぼ統一されており（清水節「無効の抗弁と訂正の再抗弁の審理及び問題点について」パテ69巻３号（平28）86頁），本稿においても再抗弁説を採用している。

＊６　大渕ほか編・前掲＊４・1126〜1127頁，高部編・前掲＊５・132〜134頁。

訟において訂正の再抗弁を行うことはできない，という考え方で概ね統一されており，実際にそのような運用がなされている。

上記①の「訂正請求等が行われること」の要件に関し，知財高裁判決（知財高判平26・9・17（平25（ネ）10090号）判時2247号103頁〔共焦点分光分析事件〕）は，訂正審判請求等を要件としない訂正の再抗弁が原則として認められない理由を，以下のように述べている。

(i) 訂正の再抗弁による訂正が当該訴訟限りの相対的・個別的なものとなり，訴訟の被告ごとに又は被疑侵害品等ごとに訂正内容を変えることも可能となりかねず，法的関係を複雑化させ，当事者の予測可能性も害する。

(ii) 訂正審判等が行われずに無効の抗弁に対する再抗弁の成立を認めた場合には，訴訟上主張された訂正内容が将来的に実際になされる制度的保障がないことから，対世的には従前の訂正前の特許請求の範囲のままの特許権が存在することとなり，特許権者は，一方では無効事由を有する部分を除外したことによる訴訟上の利益を得ながら，他方では当該無効事由を有する部分を特許請求の範囲内のものとして権利行使が可能な状態が存続する。

これに対して，最高裁判決（最〔1小〕判平20・4・24（平18（受）1772号）民集62巻5号1262頁〔ナイフの加工装置事件〕*7）において，訂正の再抗弁では現実に訂正請求等がなされている必要はないとする泉徳治裁判官の意見が示されている。当該訂正請求等を不要とする意見の根拠は，無効の抗弁において無効審判の請求が必要とされていないこととの公平の観点にあるとされる。

しかし，上記共焦点分光分析事件で示された(i)，(ii)の理由が妥当するとともに，実務上も，裁判所においては訂正請求等が可能な状況である限りは訂正請求等が求められているというのが実情である*8。

＊7　上告受理申立て理由書の提出期間内に訂正審決が確定したことで，原判決の基礎となった行政処分が後の行政処分により変更されたものとして民事訴訟法338条1項8号に規定する再審事由があり，原判決には判決に影響を及ぼすことが明らかな法令の違反がある（民訴325条2項）という点が争われた事件。

＊8　清水節「無効の抗弁と訂正の再抗弁の審理及び問題点について」パテ69巻3号（平28）87頁には，訂正請求等ができるのにしなくていいという裁判官はほとんどいない，請求できる以上はしてくださいという裁判所の立場は変わらない，と述べられている。

Ⅲ　訂正審判請求又は訂正の請求ができない場合の訂正の再抗弁の可否

　上述したように，裁判所においても，原則として，訂正請求等が可能な状況である限りは，訂正の再抗弁を行うに当たって訂正請求等が必要であるとされている。

　ところが，平成23年特許法改正により，審決取消訴訟提起後の訂正審判の請求が禁止され（特126条2項），特許権者が訂正審判を行うことができる時期が制限されたことに伴い，「訂正請求等が行われること」という要件を緩和させる見解が生じている*9。

　平成23年改正法後の裁判例である共焦点分光分析事件においても，原則としては，訂正請求等が行われることが必要であるとしつつも，その例外として，特許権者による訂正請求等が法律上困難である場合には，公平の観点から，その事情を個別に考察し，適法な訂正請求等を行っているとの要件を不要とすべき特段の事情が認められるときには，当該要件を欠く訂正の再抗弁の主張も許される，としている。

　さらに，共焦点分光分析事件では，公平の観点から例外的に訂正請求等を要求すべきでない場合があるとして，次の2つの例外を挙げている。

（ⅰ）平成23年改正後の特許法は，審決取消訴訟提起後の訂正審判請求を禁止して（126条2項），無効審判手続における審決予告制度（164条の2第2項）を導入することにより特許権者に訂正請求の機会を与えることとした（134条の2第1項・164条の2第2項）ため，当該改正法により特許権者が訂正請求等を行う機会が制限されている（審決取消訴訟が裁判所に係属している間は訂正請求等が困難である）。

（ⅱ）例えば，侵害訴訟において被告が無効理由Aによる無効の抗弁を提出するのと並行して無効審判請求を行った後に，新たな無効理由Bについて無効審判を請求することなく無効の抗弁を追加して提出した場合は，無効理

---

*9　大渕ほか編・前掲*4・1126～1127頁，高部編・前掲*5・132～134頁。

由Aの無効審判による審決が確定しない間は特許権者において新たな無効理由Bに対する訂正請求等を行う余地がない。

以上のように，平成23年改正法後は，訂正の再抗弁の要件としての訂正請求等の要件を緩和すべきとの見解が生じていたところ，実際に，裁判例（知財高判平29・3・14（平28（ネ）10100号）裁判所ホームページ〔魚釣用電動リール事件〕）においても，当該要件の緩和が確認されている*10。

この魚釣用電動リール事件において，緩和された訂正の再抗弁の要件事実は，以下のとおりである。

> ① 適法な（特許法126条又は134条の2の要件を充たす）訂正審判又は訂正請求がされていること
> （訂正審判請求及び訂正請求が制限されるためにこれをすることができない場合には，訂正審判請求又は訂正請求できる時機には，必ずこのような訂正を請求する予定である旨の主張がされていること）
> ② 上記訂正により，抗弁に係る無効理由が解消されること
> ③ 被告製品が訂正後の特許発明の技術的範囲に属すること

IV 時機に後れた攻撃防御方法等

(1) 民事訴訟法156条及び157条

特許権等のビジネス関連訴訟では，特に，訴訟による迅速な紛争解決が求められており，計画審理（民訴147条の2・147条の3）に沿った審理の迅速化が図られている。

そして，民事訴訟法では，無効の抗弁や訂正の再抗弁等の攻撃又は防御の方法は，訴訟の進行状況に応じ適切な時期に提出しなければならないとされており（民訴156条），当事者が「故意又は重大な過失」により「時機に後れて提出した」攻撃又は防御の方法については，これにより「訴訟の完結を遅延させる」こととなると認めたときは，裁判所は，申立てにより又は職権で，却下の

---

*10 田上洋平「訂正の対抗主張とその要件」知財ぷりずむ15巻177号（平29）41〜45頁では，共焦点分光分析事件の要件を緩和したものとの位置づけとして説明されている。

決定をすることができるとされている（民訴157条1項）。

(2) 特許法104条の3第2項

また，無効の抗弁は，その濫用防止の観点から，審理を不当に遅延させることを目的として提出されたものと認められる場合には，時機に後れたものでなく適時に提出されたものであっても，却下され得る（特104条の3第2項）。

なお，訂正の再抗弁については，条文上の規定はないものの，104条の3の無効の抗弁に対する対抗手段として位置づけられるものであるため，公平の観点から，同様に，審理を不当に遅延させることを目的として提出されたものと認められる場合には，時機に後れたものでなく適時に提出されたものであっても，却下され得る（最〔1小〕判平20・4・24（平18(受)1772号）民集62巻5号1262頁〔ナイフの加工装置事件〕）。

(3) 無効の抗弁

無効の抗弁の主張は，上述したように，適時に主張すること，審理を不当に遅延させることを目的とするものではないことが求められる。

民事訴訟法157条による無効の抗弁の却下が問題となる具体的状況について，以下，裁判例等を参考に検討する。

侵害論の審理を終えて，特許有効を前提とした損害論の審理又は控訴審の審理が行われている段階で，新たな無効理由による抗弁を主張することは，時機に後れた攻撃防御方法等として却下されると考えられる[11]（大阪地判平14・4・25（平11(ワ)5104号）裁判所ホームページ〔実装基盤検査位置生成装置事件〕，東京地判平29・3・3（平26(ワ)7643号）裁判所ホームページ〔引戸装置の改修方法事件〕）。なお，裁判所からの暫定的な心証開示がなされ，損害論の審理に入った段階で初めて提出された無効の抗弁について，たとえ特許庁において無効審決がなされたような無効理由に関するものであっても，時機に後れたものとして却下された例もある（東京地判平24・5・23（平22(ワ)26341号）裁判所ホームページ〔油性液状クレンジング用組成物事件〕）。

なお，無効の抗弁の主張自体が時機に後れたものであっても，訴訟の完結を遅延させるものとまではいえない場合には，却下はなされていない（東京地判

---

[11] 髙部編・前掲*5・137～138頁。

平18・7・6（平16（ワ）20374号）裁判所ホームページ〔壁面用目地装置事件〕，知財高判平
25・4・11（平24（ネ）10092号）判時2192号105頁〔生海苔異物分離除去装置事件〕，知財高
判平27・12・16（平26（ネ）10124号）裁判所ホームページ〔シートカッター事件〕）。

　また，訂正の再抗弁が行われた場合に，当該訂正の再抗弁に対する新たな無
効の抗弁を適時にするのであれば，時機に後れたものとはされず，却下されな
いものと考えられる。

　なお，2015年12月当時の清水判事の私見として，原判決後に発見した引用
例に基づく無効の主張であっても，第1審で訴訟の経過により却下された主張
であっても，控訴審の第1回期日までに主張していれば，原則として，時機に
後れたとして却下されることはないという見解がある*12。しかし，原審にお
いて時機に後れたとして却下された無効主張を，控訴審においても，原審の審
理経過を考慮して同様に却下した裁判例（知財高判平25・1・30（平24（ネ）10030
号）判時2190号84頁〔カニューレ挿入装置事件〕）や，控訴審に至って主張された新
たな無効の抗弁について，原審口頭弁論終結以前に主張できたものであるとし
て，控訴審で却下した裁判例（知財高判平25・8・28（平25（ネ）10012号）裁判所ホー
ムページ〔護岸の連続構築方法事件〕）もあり，原審からの続審主義を考慮すれば妥
当であると考えられることから，原審において適時に提出させる傾向が強く生
じてきているように思われる*13。なお，上記生海苔異物分離除去装置事件で
は，「訴訟の完結を遅延させる」とまでは認められないことを理由に結果的に
審理判断されてはいるが，控訴審に至って初めて提出した無効の抗弁を「時機
に後れたもの」と判断している（知財高判平25・8・9（平24（ネ）10093号）裁判所ホー
ムページ〔液体インク収納容器事件〕も同様）。

　これに対して，引用文献が外国語文献である場合のように，調査検索や翻訳
作業に相当な時間を要するものと認められる場合には，時機に後れたものとし
ては却下されていない（知財高判平17・9・30（平17（ネ）10040号）判タ1188号191頁

---

*12　清水・前掲*8・84頁。
*13　小松陽一郎「特許権等に関する訴訟の計画審理と時機に後れた攻撃防御方法」飯村敏明先
　　生退官記念論文集『現代知的財産法−実務と課題』（発明推進協会，平27）118頁においても，
　　第1審が実質的に計画審理でありまた1審重視の裁判実務であるとともに控訴審が続審であ
　　ることからすれば，審理の対象とされることはなかなか難しい傾向にあると思われる，と述
　　べられている。

〔一太郎事件〕，大阪地判平20・7・22（平19（ワ）6485号）裁判所ホームページ〔商品展示用ケース事件〕）。ただし，外国語文献であることを考慮したとしても提出が大きく後れた事案では，却下されることとなるため，注意を要する（知財高判平25・1・30（平24（ネ）10030号）判時2190号84頁〔カニューレ挿入装置事件〕）。

特許法104条の3第2項にいう審理を不当に遅延させることを目的として提出された無効の抗弁の例として，『逐条解説』では，20～30もの明らかに理由のない無効理由を挙げた主張が例示されており*14，具体的な裁判例としては，無効理由をある程度類型化させる等の要請を裁判所から受けたにもかかわらず，被告が極めて多数の無効主張を漫然と維持した場合が示されている（東京地判平20・3・27（平18（ワ）29554号）判タ1298号269頁〔セサミン健康食品事件〕）。この点に関し，裁判実務では，2，3個以内の無効理由を順位づけして主張させる運用とされている*15。

また，平成23年改正により特許法104条の4が新設され，訴訟の終局判決が確定した後に無効審決や訂正審決等が確定した場合であっても，蒸し返しを防ぐために，当該審決の確定を再審事由として主張することが制限されることとなったものの，そうであっても，控訴審の終局に近い時期に至っての新たな無効の抗弁は却下される可能性があると考えられる*16。

(4) 訂正の再抗弁

訂正の再抗弁の主張についても，無効の抗弁と同様に，適時に主張すること，審理を不当に遅延させることを目的としないものであることが求められる。

民事訴訟法157条による訂正の再抗弁の却下が問題となる具体的状況について，以下，裁判例等を参考に検討する。

---

*14　特許庁編『工業所有権法（産業財産権法）逐条解説〔第20版〕』333頁。
*15　設樂隆一＝古城春実「現代産業と知的財産侵害訴訟」知財ぷりずむ6巻62号（2007年11月）35頁。
*16　清水・前掲＊8・85頁。清水判事の見解として，控訴審の終盤で提出された無効の抗弁について，平成23年改正特許法104条の4により，終局判決確定後に確定した審決は再審において主張できないこととなるため，控訴審の終局に近いときでも救済していくべきようにも思われるが，平成23年改正法の趣旨がむしろ紛争の解決の迅速性，一回的解決の重要性にあるため，控訴審の終局に近いときの新たな無効の抗弁は取り上げなくてもよいとの見解が示されている。

460 第3章 特許権侵害訴訟における攻撃防御方法 第2節 侵害論における被告の抗弁に関する問題

裁判所から無効の心証が示された場合に，その後速やかに訂正の再抗弁を主張しない場合には，時機に後れた攻撃防御方法等として却下されるものと考えられる*17。また，弁論準備手続終結後になって主張された訂正の再抗弁を却下した裁判例（東京地判平22・1・22（平21（ワ）6505号）判時2080号105頁〔食品材料の連続加熱装置事件〕）や，訂正の意思を含めて他に主張がないことが確認されたにもかかわらず，後になって主張された訂正の再抗弁を却下した裁判例がある*18（東京地判平23・11・30（平22（ワ）40331号）裁判所ホームページ〔移動体の操作傾向解析方法事件〕）。

また，新たな無効の抗弁が許された場合には，通常は，これに応じる訂正の再抗弁であって，適時にされたものであれば許されると考えられている*19。

なお，第1審で無効を理由として棄却判決を受けた後，控訴審で訂正の再抗弁を主張する場合について，104条の3第2項の関係で濫用的とまではいえないが時機に後れたとされる可能性があるとする見解*20や，控訴審の第1回期日までに迅速に主張するのであれば却下はされないとの見解があるが*21，近時の裁判例である上記「平成28年（ネ）第10100号」〔魚釣用電動リール事件〕では，控訴審における訂正の再抗弁が速やかに提出されており，訂正の内容としても訴訟の完結を遅延させるものではないと判断されることで，却下はされていない（ただし，訂正によっても無効理由が解消されず，結論が変わらない事例であった*22）。

特許法104条の3第2項及び104条の4の規定に関連し，訂正の再抗弁を主張し得るタイミングを示唆する2つの最高裁判決がある（ナイフの加工装置事件（最〔1小〕判平20・4・24（平18（受）1772号），シートカッター事件（最〔2小〕判平29・7・10（平28（受）632号））。

---

*17 髙部編・前掲＊5・138〜139頁。
*18 清水・前掲＊8・89頁。
*19 清水・前掲＊8・90頁。
*20 「知財高裁・東京地裁知財部と日弁連知的財産制度委員会との意見交換会（平成18年度）」判タ1240号4頁〔岡本岳発言〕。
*21 清水・前掲＊8・89頁。
*22 このように，訂正の再抗弁の主張が却下されない場合としては，訂正後の内容であっても無効理由が解消されないため訴訟の完結を遅延させるものではないとの実質的判断があるように思われる（知財高判平28・3・28（平27（ネ）10107号）裁判所ホームページ〔多接点端子を有する電気コネクタ事件〕，上記移動体の操作傾向解析方法事件の控訴審である知財高判平25・3・5（平23（ネ）10087号））。

「ナイフの加工装置事件」と「シートカッター事件」は，いずれにおいても，裁判所において無効の抗弁が採用されて請求棄却の控訴審判決がなされた後に，特許庁において訂正審決が確定した場合であって，民事訴訟法338条1項8号の再審事由が存するとして控訴審の判断を争った事案である。結論としては，いずれも特許法104条の3の規定の趣旨に照らし許されないとされている（「シートカッター事件」については，さらに平成23年法改正により新設された特許法104条の4の規定の趣旨にも照らして許されないとされている）。

具体的には，特許法104条の3第1項の規定における「紛争をできる限り特許権侵害訴訟の手続内で迅速に解決する」との趣旨や，同条2項の「無効の抗弁について審理，判断することによって訴訟遅延が生ずることを防ぐ」との趣旨は，無効の抗弁だけでなく訂正の再抗弁についても妥当するとして，事実審の口頭弁論終結時までに裁判所において訂正の再抗弁の主張を行わなかった両事件について，控訴審判決後に確定した訂正審決を根拠とする主張を認めなかった。

ここで，「ナイフの加工装置事件」は，事実審の口頭弁論終結時までに複数回の訂正審判の請求と取下げが繰り返された事例であり，訂正審判が請求可能であり，無効の抗弁に対して訂正の再抗弁を主張する機会が十分に存在した事例であると評価することができる。

これに対して，「シートカッター事件」は，事実審の口頭弁論終結時までに特許庁において訂正請求等を行うことができなかった事例である。具体的には，被告が第1審とほぼ同時に請求した無効審判の審決取消訴訟が係属中であったため，控訴審において被告が新たに主張した無効の抗弁に対する訂正審判や訂正の請求を現に行うことができなかったという事例である。そして，裁判所は，訂正請求等を行う機会がない状況であった場合には，訂正の再抗弁を行うために現に訂正請求等をしている必要はないというべきであるとした上で，裁判所において訂正の再抗弁の主張をしなかったことについてやむを得ないといえるだけの特段の事情がうかがわれないと判断した。

以上によれば，現に訂正請求等を行うことができない状況であった場合には，訂正の再抗弁を主張するに際して，現に訂正請求等が行われていることは要求されず，被告の無効の抗弁に対しては，事実審の口頭弁論終結時までに適

時に「訂正審判請求又は訂正請求できる時機には，必ずこのような訂正を請求する予定である旨の主張」をすることが必要になる。なお，「シートカッター事件」には，訂正請求等が可能な状況下においてまで，訂正請求等を不要とすることは判示されていない。

V 考　　察

平成23年特許法改正により，実務は，より一層，紛争の迅速解決を目指す方向に進んでいるように思われる。また，上述した時機に後れた攻撃防御方法の却下に関する裁判例の蓄積により，両当事者に，より早期段階での主張を促す実務に変化してきているように思われる。

しかし，私見としては，紛争の迅速解決だけでなく，発明の十分な保護の実現もより重要であると考える。

技術的専門官庁である特許庁での審査を経て登録に到った各請求項に係る発明は，無効理由がなく，保護に値する可能性が十分にあるものであるが，登録に至った発明が更に限定的に減縮されてなる訂正発明は，保護に値する可能性がより高いものということができる。このように，訴訟提起の時点では請求項に現れていない発明についても十分に保護に値するものが存在するのであり，手続的な観点からこれらが保護されない事態を招くことは遺憾である。

侵害訴訟の被告側であれば，無効理由の根拠となる証拠を多く提出するほど無効の抗弁を成立させやすい点で有利であり，これによる不利益は生じないため，早期に提出することを拒む理由は考えにくい。これに対して，特許権者である原告側は，訂正により権利範囲を狭めことで再抗弁を成立させやすくできる点で有利ではあるが，訂正は自らの財産権の範囲を狭める不利益行為でもあるため，早い段階で減縮訂正を行うことを躊躇するのが通常である。裁判所には，被疑侵害品を訂正後の権利範囲に入れつつ無効理由を解消できるような訂正が可能な事案（そのような訂正の材料となる記載が従属請求項や明細書に存在する蓋然性が高い事案）では，特に，より早期に，特許権者に対して訂正の再抗弁の意思を確認する等の訴訟指揮を期待したい[23]。

なお，「シートカッター事件」では，特許明細書の記載が比較的乏しく（明

細書全体の記載が特許公報の1頁に収まる程度の記載量であった），被疑侵害品を訂正後の権利範囲に入れつつ無効理由を解消できるような訂正の余地が少なく，特許権者としても訂正の再抗弁の検討を十分に尽くせたはずであり，裁判所としても訂正による無効理由の解消可能性を比較的容易に予期できた事案であったように思われる。これに対して，被疑侵害品を訂正後の権利範囲に入れつつ無効理由を解消できるような訂正の再抗弁を様々な観点から行い得る事案であれば，裁判所が特許権者側に訂正の再抗弁の意思を確認することが特に重要になるものと思われる。

また，特許権者側としても，より無効にされにくい従属請求項に関する侵害の事実の予備的主張や，訂正の予備的主張も，より早い段階で行っておくことが，納得感の高い迅速な紛争解決に資することになるように思われる[24]。あるいは，訴訟提起の前に予備的請求のための従属項を用意するための訂正を行っておいてもよい。

なお，上述した「共焦点分光分析事件」では，訂正審判請求等を要件としない訂正の再抗弁を原則として認めないとしており，「シートカッター事件」では現に特許庁に対する訂正請求等ができない場合について実際の訂正請求等が不要であることが確認されているが，上述の訂正の予備的主張は，特許庁に対する訂正請求等を前提としないものということになる。事後的に訂正請求等に

---

[23]　田村善之「特許権侵害訴訟の事実審で無効の抗弁を容れて侵害を否定する判決が下された後の上告審の段階で訂正審決が確定した場合の処理」Westlaw WLJ 判例コラム125号（https://www.westlawjapan.com/column-law/2018/180111/）17頁には，無効審判のなかで特許権者に訂正の機会を保障するために，審決予告の制度を設け（特164条の2第1項）特許権者に訂正の機会を与えたことと同様に，裁判所が無効の抗弁を理由があると判断する場合には，判決を下す前にその心証を開示し，特許権者に訂正の再抗弁を主張する機会を保障するべきであろうとの見解が示されている。すべての事案において判決を下す前に裁判所が心証を開示するという運用では，両当事者の公平性を保てない場合もあろうと思われるが，無効理由を解消でき，かつ，被疑侵害品が依然として技術的範囲に属するという訂正が十分に可能であると予想される事案では，裁判所による事前の心証開示は妥当すると思われる。

[24]　従属項に係る侵害の主張についても，早期に提出しておくことが必要となる。例えば，裁判所から損害論に入らないとの心証が開示された後に，従属項の侵害主張を追加したが，訴訟手続を著しく遅滞させることになるものであり，民事訴訟法143条1項ただし書の場合に当たる不適法なものであるとして却下した裁判例（東京地判平23・8・30（平21（ワ）8390号）裁判所ホームページ〔伝送フレーム事件〕）や，請求原因として別の請求項に係る発明を追加する主張をしたが，時機に後れた攻撃防御方法に当たるものとして民事訴訟法157条1項により却下した裁判例（知財高判平28・12・8（平28（ネ）10031号））がある。

464   第3章　特許権侵害訴訟における攻撃防御方法　　第2節　侵害論における被告の抗弁に関する問題

より予備的主張に係る訂正の内容は実現可能であり，訂正の再抗弁の要件事実を満たすことができるのであれば，手続的に訂正請求等が制限されている状態とそうでない状態とで，特許庁に対する実際の訂正請求等の手続の要否を区別する理由はないと考えられるため，実際の訂正請求等の手続を伴わない訂正の予備的主張も侵害訴訟において十分に審理されるべきであると考える。また，「ナイフの加工装置事件」における泉徳治裁判官の意見として，無効の抗弁が無効審判の請求を要件としないことと同様に訂正の再抗弁においても訂正請求等を不要とすべきとの見解が示されているように，攻撃防御の公平の観点からも，訂正請求等を不要とすることが妥当である*25。さらに，判決の効力が当事者にしか及ばない裁判手続において，一回的解決を重視するのであれば，対世的な効力である訂正請求等を必須とする必要はなく，訴訟経済にも資するものと考える。なお，実際の訂正請求等を伴わない訂正の再抗弁は，裁判所が安定的判断を行うことを妨げる結果となることが指摘されているものの*26，実際の訂正請求等の手続を強いたとしても，訂正はその後に取り下げ得るし，当初の訂正請求等の内容とは異なる内容で決着することもあるのであるから，安定性の問題については差がないと考えられる。

＊25　竹下明男「特許法104条の3に関する攻撃防御について」パテ63巻2号（平22）53頁，岩坪哲「特許無効の抗弁に対する訂正の位置づけ」AIPPI52巻4号28頁も，実際の訂正請求等を不要とすべきとしている。
＊26　三村量一「権利範囲の解釈と経済活動の自由」別冊NBL120号217頁。

37 特許要件——発明該当性

山下　英久

特許の対象となる「発明」とは，具体的にどのような意味か。発明該当性が問題となる事案として，どのようなものがあるか。

キーワード　発明，発明該当性，自然法則の利用，技術的思想，創作性，用途発明，高度性，ビジネスモデル特許（ビジネス関連発明），未完成発明

I　問題の所在

　特許法で保護されるためには，特許の対象が「発明」でなければならず，「発明」に該当しない客体については，特許を受けることができない。

　ところで，日本の特許法では，保護されるべき「発明」に定義を与えており，それが特許成立のための判断基準のひとつであるが，社会が複雑・高度化するにつれ，従来の「発明」の定義・基準への疑問も呈されるに至っており，その典型例が，コンピュータ・プログラム，ソフトウェアやバイオテクノロジーの分野の問題である。

　「発明該当性」の問題は，手続上まずは査定や審査の段階で顕著に問題となり，そのほとんどが審決取消訴訟で現れ，侵害訴訟の裁判例は僅少である。本稿は，特許法において保護されるべき「発明」の意義を明らかにし，発明該当性が問題となる諸点を明らかにするとともに，侵害訴訟において「発明」該当性に関する主張・立証を行う場合の位置づけを明らかにすることを目的とする。

II　「発明」の定義

　特許法で，「発明」とは，「自然法則を利用した技術的思想の創作のうち高度

のもの」*1であると定義されている（特2条1項)*2。つまり，「発明」に該当するには，①自然法則の利用，②技術的思想，③創作性，④高度性の4要件を充足する必要がある。

Ⅲ 「発明」該当性の各要件

(1) 自然法則の利用の意義

自然法則とは，自然界に存在する現象の背後にある物理的・化学的・生物的な法則性をもつ原理原則（厳密な意味ではなく，辞書的な意味と解すれば足りる*3)である。

具体的には，次のようなものは「発明」に該当しないとされている。つまり，「自然法則の利用」要件は，次にあげられたものを排除する働きをなす。審査基準にも多く例があげられている。

(a) 自然法則自体

エネルギー保存の法則，万有引力の法則などの自然法則自体は発明ではない。

(b) 自然法則に反するもの

例えば，永久機関は，エネルギー保存の法則という自然法則に反するから発明ではない（東京高判昭48・6・29判タ298号255頁）。大昔，長年研究されていた「錬金術」（卑金属から貴金属のような物質を取り出す技術）などはこの例になるであろう。

(c) 自然法則を利用していないもの

(イ) 自然法則以外の法則　　経済法則，心理法則のようなものである。例えば，経済学にいう「需要と供給の法則」を利用するに尽きるものであるとか，複式簿記に基づく貸借対照表や損益計算書などの仕組み自体は，発明ではないということになるであろう。

---

*1　コーラー (Kohler, Josef。1849～1919，ブリタニカ国際大百科事典）による定義にその基礎を置いていると考えられている（中山信弘『特許法〔第3版〕』93頁)。

*2　世界の特許法で発明の定義規定を設けている例は少ない（中山・前掲*1・93頁，茶園成樹編『特許法〔第2版〕』15頁，島並良＝上野達弘＝横山久芳『特許法入門』18頁〔島並良)。

*3　中山信弘＝小泉直樹編『新・注解特許法〔第2版〕【上巻】』13頁〔平嶋竜太]。

37 特許要件——発明該当性　　*467*

(ロ)　人為的な取り決め　　ゲームのルール（遊戯方法）それ自体であるとか，新しいスポーツの遊戯方法のルールそれ自体といったものは，発明ではない。

(ハ)　自然法則・自然現象を見いだすこと　　自然法則・自然現象を見いだすだけでは発明に該当しない。例えば，A物質とB物質を混合すると発熱するとの自然法則を見いだしても，この法則自体は発明に該当するものではなく，この発熱作用を何らかの形で利用して初めて発明となる*4。

(ニ)　数学上の公式・解法　　三平方の定理であるとか，数学の解法（アルゴリズム）などの抽象的概念も，単にこれを見いだしただけでは，自然法則を見いだした場合と同様に発明の対象ではない。これらを利用して具体的結果を生じさせた場合に発明と認められ得る*4。

(ホ)　人間の精神活動　　記憶術，商品の陳列方法や販売方法（これにより売上は大いに伸びるかもしれないが，単に人の心理状態を利用しているにすぎない）などといった単なる人間の精神活動は，発明とならないものと解されている*5。

(ヘ)　その他　　上記(イ)から(ホ)までのみを利用しているもの，例えばビジネスを行う方法それ自体も「発明」ではないとされている。

(2)　技術的思想

(a)　「技術」とは，一定の目的を達成するための具体的かつ客観的な手段をいい，「思想」とは，アイディアであって，著作権のような思想・感情の創作的な「表現」ではないアイディア自体である。技術は，当該技術分野で平均的水準にある技術者すなわち「当業者」が行っても同じ結果に到達できなければならないから，個人の技量や演奏技術などとは異なる。そのような「技術」は，人の頭の中のアイディアを伝達可能な情報とするため，これを書面（明細書）に記載して，他の者に理解して利用できるようにする必要がある。このように「技術」は，実施可能性，反復可能性のあることが必要である*6。

(b)　植物特許の反復可能性に関し判例は，必ずしも高確率での反復可能性を求めていない。最判平12・2・29民集54巻2号709頁〔黄桃の育種増殖法事件〕は，「反復可能性は，『植物の新品種を育種し増殖する方法』に係る発明の育種

＊4　いずれも高林龍『標準特許法〔第6版〕』27頁。
＊5　中山・前掲＊1・95頁。
＊6　中山・前掲＊1・104〜105頁，高林・前掲＊4・34〜35頁。

過程に関しては，その特性にかんがみ，科学的にその植物を再現することが当業者において可能であれば足り，その確率が高いことを要しないものと解するのが相当である。けだし，右発明においては，新品種が育種されれば，その後は従来用いられている増殖方法により再生産することができるのであって，確率が低くても新品種の育種が可能であれば，当該発明の目的とする技術効果を挙げることができるからである。」と判示する。

(c) 「反復可能性」「具体性」「客観性」を欠く発明は「未完成発明」とされる。

最判昭44・1・28民集23巻1号54頁〔原子力エネルギー発生装置事件〕は，「発明は自然法則の利用に基礎づけられた一定の技術に関する創作的な思想であるが，特許制度の趣旨にかんがみれば，その創作された技術内容は，その技術分野における通常の知識・経験をもつ者であれば何人でもこれを反覆実施してその目的とする技術効果をあげることができる程度にまで具体化され，客観化されたものでなければならない。従つて，その技術内容がこの程度に構成されていないものは，発明としては未完成であり，もとより旧特許法1条にいう工業的発明に該当しないものというべきである。」と判示する*7。

(3) 創 作 性

(a) 創作性の意義

発明は，新しく創作されるものであるから，発明前には存在していなかったものである。この点で，単に既存のものを見つけ出しただけの「発見」と区別され，その峻別をするのが創作性の要件となる。

ここにいう「新しく」とは，従来にない新たな，あるいは陳腐ではない，ということとは異なる。これらは，特許要件である「新規性」（特29条1項）や「進歩性」（特29条2項）の問題であり，発明か否かにおける創作性の問題と区別しなければならない。ここでは，発明時に既に存在していたか否かという発見

---

*7 反復可能性については，「自然法則の利用」要件として位置づける立場（髙部眞規子『実務詳説 特許関係訴訟〔第2版〕』327頁，島並ほか・前掲＊2・19頁〔島並良〕）と，「技術的思想」要件として位置づける立場（中山信弘，高林龍など。後掲＊8参照）とがある。また，反復可能性を開示要件の問題と捉える立場もあるが（相澤英孝『バイオテクノロジーと特許法』58頁），反復可能性要件と開示要件を厳格に峻別することには，実際には実益が少ないとされる（髙部・前掲327頁）。

との区別の問題と捉えるべきであろう。

(b) 用途発明

用途発明とは，ある物質について，これまでAという用途が知られていたが，新たにBという効能があることを見つけて，これを発明とするような場合をいう。本来，用途を「見つけ出す」のは発見であり発明ではないとも思えるが，発見された一定の用途も「発明の作用効果」であり「発明の目的」といえ，発明該当性を認めるものである。

裁判例では，東京高判平2・2・13判時1348号139頁〔錦鯉飼育方法事件〕が，「スピルニナプラテンシス」というある種の藍藻類について，これには生体に色揚げ効果があることを見いだし，これを利用して赤色系錦鯉に餌として与えると，錦鯉の赤色を鮮やかにする飼育方法があるが，これは，自然法則の単なる発見を超えて発明となると判示した。

用途発明は，化学物質や医薬品の分野でよく利用されるが，機械分野のように通常その物と用途が一体となっているものについてはほとんど利用されないといわれている。

(4) 高 度

この要件は，実用新案権との区別のために必要とされるものである。

IV 「発明」該当性の関連問題

(1) コンピュータ・システム，ソフトウェア特許の問題[8]

(a) コンピュータのプログラムやソフトウェアについては，当初は，著作権で保護されれば足り，特許性は否定すべきとの流れであって，昭和60年の改正著作権法10条1項9号では「プログラムの著作物」が著作物の例示として明記された。しかし，それだと依拠性がなく偶然開発されたようなケースに対応できず，特許法上の保護の必要が再認識されたし，また，特許性を認めることができるとしても，「物の発明」としてなのか「方法の発明」としてなのかは不明であった。その後，平成9年の運用指針では，①プログラムによって実

---

[8] 高林・前掲[4]・29~32頁，中山・前掲[1]・100~103頁。

行されるコンピュータ操作方法は「方法の発明」として，②コンピュータによって制御する機械は「物の発明」としてそれぞれ保護するものとされたが，平成13年の審査基準を経て，平成14年の特許法改正で，プログラム自体を「物の発明」として保護し得ることが平成14年改正特許法2条3項1号で明文化され，また，同条4項で，「この法律で『プログラム等』とは，プログラム（電子計算機に対する指令であつて，一の結果を得ることができるように組み合わされたものをいう。以下この項において同じ。）その他電子計算機による処理の用に供する情報であつてプログラムに準ずるものをいう」とされた。これにより，偶然開発のケースのみならず，無断複製，複製物の無断譲渡といった場合には物の生産や譲渡があったことになり，特許権侵害として禁止できるに至った。

(b) 現在の審査基準

上記で述べた歴史的推移に伴い，審査基準も改訂されてきたが，現在の審査基準では，概ね次の観点で判断されているといえる。

第1に，上記で述べた「発明」該当性について具体的に検討がなされ，自然法則自体であるとか，計算方法自体であるといった「発明」概念にあてはまらないケースではないか否かという点で審査が行われる。

第2に，ソフトウェア関連発明が「自然法則を利用した技術的思想の創作」に当たるには，「ソフトウェアによる情報処理がハードウェア資源を用いて具体的に実現されている」こと，換言すれば，「ソフトウェアとハードウェア資源とが協働することによって，使用目的に応じた特有の情報処理装置又はその動作方法が構築されること」が必要であるとされる。

(2) ビジネスモデル特許[9]

いわゆる「ビジネスモデル特許」は，1998年の米国での判決[10]を皮切りに2000年に急増して一時ブーム化し（前年比4.8倍），多くは銀行・証券業界等からのビジネス方法について多数の出願があったようである。特許庁は，既に1999年に「ビジネス関連発明に関する審査における取扱いについて」との指

---

[9] 高林・前掲*4・29〜32頁。

[10] 1998年のアメリカ連邦巡回区控訴裁判所（CAFC）のステート・ストリート・バンク判決（金融業務に関するビジネスメソッド特許の有効性を認めた判決。中山・前掲*1・103頁。そこでは「米国にはビジネス方法は特許となり得ないとする原則（business method exception）はない」旨判示している（高林龍『標準特許法〔第5版〕』32頁）。

針で，ビジネス関連発明はコンピュータ・ソフトウェア関連発明として出願審査を行う旨を明確に審査基準で明らかにしている。その他の広報活動もあり，2000年－2001年をピークに出願件数は徐々に落ち着きを見せているが，2011年からは出願件数は若干増加傾向に転じている。また，審査請求動向も概ね同様の動きを示しているようである[*11]。

V　発明該当性に関する典型的な裁判例

　発明該当性は，審査段階でまず問題とされることから，審決取消訴訟での判断が圧倒的に多い。そこで，Vでは審決取消訴訟での裁判例における否定例，肯定例をあげ，後記VIで侵害訴訟を取り扱う。多くは「自然法則の利用」要件の該否で問題となるが，総じて，発明該当性を否定するものが多い。

(1)　「発明」該当性を否定した裁判例

(a)　東京高判平16・12・21判時1891号139頁〔回路のシミュレーション方法事件〕

　原告大手電機メーカーによる，発明の名称を「連立方程式解法」（後に「回路のシミュレーション方法」と補正）とする発明について，判決は，「数学的課題の解析方法自体や数学的な計算手順を示したにすぎないものは，『自然法則を利用した技術的思想の創作』に該当するものでないことが明らかである」「この効果は，非線形連立方程式の解曲線をBDF法を用いて数学的に解析した結果に基づくものであって，数学的な解が得られたことにより達成されるものであるが，本願発明は，前示のとおり，このような数学的な解析手段を提供しようとするに止まるものであるから，上記の効果は，本願発明自体が有する効果ということはでき」ないなどと判示した。

(b)　知財高判平20・2・29判時2012号97頁〔ハッシュ関数事件〕[*12]

　判決は，「数学的課題の解法ないし数学的な計算手順（アルゴリズム）そのものは，純然たる学問上の法則であって，何ら自然法則を利用するものではないから，これを法2条1項にいう発明ということができない」「既存の演算装置を用いて数式を演算することは，上記数学的課題の解法ないし数学的な計算手

[*11]　特許庁ホームページ。
[*12]　本判決の評釈としては，発明106巻4号46頁，パテ62巻3号24頁。

順を実現するものにほかならないから，これにより自然法則を利用した技術的思想が付加されるものではない。したがって，本願発明のような数式を演算する装置は，当該装置自体に何らかの技術的思想に基づく創作が認められない限り，発明となり得るものではない（仮にこれが発明とされるならば，すべての数式が発明となり得べきこととなる。）。」「本願発明は既存の演算装置に新たな創作を付加するものではなく，その実質は数学的なアルゴリズムそのものというほかないから，これをもって，法2条1項の定める『発明』に該当するということはできない。」などと判示した。

(c) 知財高判平25・3・6（平24(行ケ)10043号）判時2187号71頁〔偉人カレンダー事件〕

偉人に関する情報の掲載に工夫を凝らしたカレンダーの発明について，判決は，「提示する情報が，社会人として身に付けるべき知識，学業に役立つ教養であるか否かという判断は，自然法則とは無関係な人間の主観に基づく選択にすぎず，その結果として偉人情報を採用することについても，たとえ採用に至る過程で何らかの労力を伴ったとしても，単なる人為的な取決めにすぎない。」「表紙において偉人情報を提示する際，提示すべき事項としてどのような情報を選択するかは，発明者の主観に基づく単なる人為的な取決めにすぎず，また，その結果として特定された提示項目の集合についても，情報の単なる提示の域を超えるものではない。」「(情報の)提示形態自体は，何ら自然法則を利用した具体的手段を伴うものではなく，情報の単なる提示の域を超えるものではない。」などとして，発明該当性を否定した。

(d) 知財高判平26・9・24裁判所ホームページ（平26(行ケ)10014号）〔知識データベース，論理演算方法，プログラム等特許審決取消請求事件〕

判決は，「(本件補正発明の)記載からは，従来技術において，知識のデータベース等が言語に依存していることによって生じている技術的課題は明らかではない。」「本件補正発明が前提としている課題は，言語に依存しないデータベース等の構築であるが，その前提として挙げられた言語に依存したデータベース等に具体的にどのような課題があるのか，言語に依存しないデータベース等にどのような技術的意義があって，従来技術と比較して，本件補正発明がどのような位置付けにあるのかについては，明らかとはいえない。」「原告の主張する

『自然法則』は，意味，概念，言葉をどのようなものとして捉えるかという抽象的な概念の整理をするものであって，人の精神活動に基づくものというべきであり，自然界の現象や秩序に関する因果関係とは無関係であるから，自然法則には該当するものではない。本件補正発明は，物を符号により識別した上で，言葉に関連するデータとそれ以外のデータに分類するという整理方法を提示したにすぎず，その整理方法が何らかの自然法則を利用しているとはいえず，また，その整理方法（データ構造）をとることによって，コンピュータによる処理効率が高まるなど何らかの技術的な効果が得られるともいえない。」などとして，発明該当性を否定した。

(e) 知財高判平28・2・24（平27(行ケ)10130号）判タ1437号130頁〔省エネ行動シート事件〕*13

発明の名称は「省エネ行動シート」であり，これは，省エネ行動をリストアップして箇条書きする際に，各省エネ行動によってどれくらいの電力量等を節約できるのかや，どの省エネ行動を優先的に行うべきかを一見して把握できるようにするため，建物内の場所名をあげ，時間単位当たりの電量消費量と時間の各軸を図形化するなどして，利用者が省エネ行動をとるべき時間と場所とが一見して把握可能となり，それにより省エネできる電力量を把握できるものである。判決では，「『発明』は，……『自然法則を利用した技術的思想の創作』であるところ，単なる人の精神活動，意思決定，抽象的な概念や人為的な取決めそれ自体は，自然法則とはいえず，また，自然法則を利用するものでもないから，直ちには『自然法則を利用した』ものということはできない」とした上で，その判断は，原告が主張するような，単に構成要件自体（発明特定事項）が自然法則に従う要素であるか否かによって判断すべきなのではなく，「前提とする技術的課題，課題を解決するための技術的手段の構成及び技術的手段の構成から導かれる効果等の技術的意義に照らし，全体として考察した結果，『自然法則を利用した技術的思想の創作』に該当するといえるか否かによって判断すべきもの」だとし，本願発明は，専ら人の精神活動そのものに向けられたものであるなどとして，発明該当性を否定した。つまり，発明該当性の判断は，

---

*13 原出願関係は，知財高判平24・12・5（平24(行ケ)10134号）判タ1392号267頁。

474　第3章　特許権侵害訴訟における攻撃防御方法　　第2節　侵害論における被告の抗弁に関する問題

クレームだけではなく，明細書の記載や作用効果の記載も参酌して全体として判断すべきとする。

(2)　「発明」該当性を肯定した裁判例

(a)　双方向歯科治療ネットワーク事件（知財高判平20・6・24（平19（行ケ）10369号）判時2026号123頁・特許判例百選〔第4版〕№2事件）

　歯科治療では，従前，材料及び技術の数が限られていたため，治療方式の選択が簡単だったものが，近年，新しい材料及び技術が開発され，処置の選択が劇的に増大した結果，歯科医師が個々のケースについて最適の材料及び治療方法を選択するための情報が過多となったという課題がある。そこで，本件の本願発明は，歯科医師と歯科技工士が治療計画等を作成する上で，最適な材料を使用することを支援する方法・システムを提供するものであり，従来歯科医師や歯科技工士が行っていた行為の一部を支援する手段を提供するものである。概ねこのような理由で本願特許が出願されたが，拒絶査定がなされ，審決でも，2条1項にいう「発明」に該当しない，などと判断された。

　判決は，本件の双方向歯科治療ネットワークの請求項にある最適な治療方法に関する判定・計画策定手段については，「人の行為により実現される要素が含まれ，また，本願発明1を実施するためには，評価，判断等の精神活動も必要となるものと考えられるものの，明細書に記載された発明の目的や発明の詳細な説明に照らすと，本願発明1は，精神活動それ自体に向けられたものとはいい難く，全体としてみると，むしろ，『データベースを備えるネットワークサーバ』，『通信ネットワーク』，『歯科治療室に設置されたコンピュータ』及び『画像表示と処理ができる装置』とを備え，コンピュータに基づいて機能する，歯科治療を支援するための技術的手段を提供するものと理解することができる。」として，本願発明は，「自然法則を利用した技術的思想の創作」に当たるとし，発明該当性を否定した審決を取り消した。

(b)　対訳辞書事件（知財高判平20・8・26判タ1296号263頁・特許判例百選〔第4版〕№3事件）

　従来の英語辞典の場合は，ａｂｃ順に配列され英単語の綴り字を知らなければ引けないところ，本発明は，単語のうち子音の発音に着目して，読者は発音を手掛かりにして，段階的に発音記号で辞書を引くことができ，さらに候補単

37 特許要件——発明該当性　*475*

語の対訳語と綴り字を照合しながら，目標単語を見つけることもできる，とする。この発明の名称を「音素索引多要素行列構造の英語と他言語の対訳辞書」とする本発明について，拒絶査定を経て，審判請求不成立とされた。

　判決は，「本願発明は，人間（本願発明に係る辞書の利用を想定した対象者を含む。）に自然に具えられた能力のうち，音声に対する認識能力，その中でも子音に対する識別能力が高いことに着目し，子音に対する高い識別能力という性質を利用して，正確な綴りを知らなくても英単語の意味を見いだせるという一定の効果を反復継続して実現する方法を提供するものであるから，自然法則の利用されている技術的思想の創作が課題解決の主要な手段として示されており，特許法2条1項所定の『発明』に該当するものと認められる。」などと判示し，発明該当性を否定した審決を取り消した。

　(c)　知財高判平21・5・25（平20（行ケ）10151号）判時2105号105頁・判タ1386号309頁〔旅行業向け会計処理装置事件〕

　発明の名称を「旅行業向け会計処理装置」とする特許発明について，「経理ファイル上に，『売上』と『仕入』とが，『前受金』，『未収金』，『前払金』，『未払金』と共に，一旅行商品単位で同日付で計上されるようにしたことを特徴とする。」その構成は，各処理手段を含み，「各手段は，コンピュータプログラムがコンピュータに読み込まれ，コンピュータがコンピュータプログラムに従って作動することにより実現されるものと解され，それぞれの手段について，その手段によって行われる会計上の情報の判定や計上処理が具体的に特定され，上記各手段の組み合わせによって，経理ファイル上に，『売上』と『仕入』とが，『前受金』，『未収金』，『前払金』，『未払金』と共に，一旅行商品単位で同日付で計上されるようにするための会計処理装置の動作方法及びその順序等が具体的に示されている。」とし，「そうすると，請求項1に係る発明は，コンピュータプログラムによって，上記会計上の具体的な情報処理を実現する発明であるから，自然法則を利用した技術的思想の創作に当たると認められる」旨判示し，被告が本件発明について，「一般的な会計原則に基づいて会計を処理するものにすぎない」などと主張したのを排斥した。

Ⅵ　侵害訴訟における発明該当性の裁判例 （資金別貸借対照表事件）

公刊された裁判例のうち，発明該当性を判断した侵害訴訟に関する裁判例はほとんどないが，実用新案権についての東京地判平15・1・20判タ1114号145頁〔資金別貸借対照表事件〕が数少ない例である。発明該当性は否定された事案である。

(1)　事案の概容

本件事案は概ね次のとおりである。

ＸとＹは，いずれも税理士業を営む者であるが，Ｘが通常の「貸借対照表」を改良した「資金別貸借対照表」を考案し，実用新案登録を得ている。この考案は，資金を「損益資金」の部，「固定資金」の部，「売上仕入資金」の部，「流動資金」の部に分け，この４つの資金の観点から捉え，各資金に属する勘定科目（これは通常の会計の「資産の部」に属する勘定科目が用いられているといえる）を，貸方と借方とに分類することにより，各部ごとの貸方と借方との差額により求めた現金預金を認識できるようにしたとの特徴があるものだと判決で認定されている。

これに対し，Ｙは，資金を「利益剰余金」「営業活動資金」「設備投資資金」「営業外資金・調整資金」に分けた貸借対照表を用いたところ，これがＸの実用新案権を侵害するとして，その使用差止め及び損害賠償を求めたのが本件事案である。

(2)　裁判所の判断

本件の争点のひとつが，本件実用新案登録は，無効理由の存在が明らかであるか，という点であり，裁判所は次のとおり判断をした。

まず，「たとえ技術的思想の創作であったとしても，その思想が，専ら，人間の精神的活動を介在させた原理や法則，社会科学上の原理や法則，人為的な取り決めを利用したものである場合には，実用新案登録を受けることができない」などとした上，本件考案については，「専ら，一定の経済法則ないし会計法則を利用した人間の精神活動そのものを対象とする創作であり，自然法則を利用した創作ということはできない。また，本件考案の効果，すなわち，企業

の財務体質等を知ることができる，企業の業績の予想を的確に行うことができる，損益の認識が容易にできる，貸借対照表，損益計算書，資金繰り表など個別に表を作成する必要がない等の効果も，自然法則の利用とは無関係の会計理論ないし会計実務を前提とした効果にすぎない。」などと判示した。

なお，本判決は，本件考案が「ビジネスモデル」に関する発明や考案として保護対象となることに関しても言及している。判旨は，「コンピュータ・ソフトウエア等による情報処理技術を利用してビジネスを行う方法に関連した創作が実用新案登録の対象になり得るとすれば，その所以は，コンピュータ・ソフトウエアを利用した創作が，法2条1項所定の『自然法則を利用した技術的思想の創作』であると評価できるからであって，ビジネスモデル関連の発明が特許され，考案が登録された例があったとしても，そのことにより，本件考案が実用新案登録要件を充足するか否かに関する結論に影響を与えるものではない。」とする。

VII　侵害訴訟における発明該当性の主張立証責任（無効の抗弁）

(1)　主張立証責任の構造

上記資金別貸借対照表事件の判決当時は，まだ特許法104条の3がなく，いわゆるキルビー判決（最判平12・4・11民集54巻4号1368頁）以来，しばしば裁判の被告が「権利濫用の抗弁」（明らかな無効理由の存在）を主張し，判決でもこれが認められたものがあるが，そのほとんどが新規性や進歩性の欠如に関するとみられる。

資金別貸借対照表事件では，発明該当性の有無に関して，「権利濫用の抗弁」という形で主張がなされ，裁判所の判断がなされた。判決の結語は，「本件考案は，法2条1項にいう『自然法則を利用した技術的思想』に該当しないことが明らかであるから，本件実用新案登録は，法3条1項柱書きに反する無効理由を有することが明らかである。したがって，原告の本件実用新案権に基づく本訴請求は，権利の濫用に当たり許されない。」とする。

この権利濫用の抗弁は，平成16年の特許法等の改正により，特許法104条の3や，同条を準用する実用新案法30条などの規定へと昇華されたといえるの

478 第3章 特許権侵害訴訟における攻撃防御方法 第2節 侵害論における被告の抗弁に関する問題

で，今後は，被告が，特許法104条の3の抗弁（権利行使阻止の抗弁）として，「発明」に該当しない（発明該当性を否定する）との主張を行うという構造になるとみられる。

なお，発明該当性についての無効の抗弁は，厳密にいえば，事実主張となるとは限らないのではないだろうか。つまり，「自然法則の利用」「技術的思想」「創作性」「高度性」の要件のあてはめや評価に関する法律上の主張となる場合も多いのではないか。とすれば，それは本来の抗弁ではないとも思えるが，判断の構造としては，抗弁的に，発明該当性を否定する要素を主張等すべきこととなろう。

(2) 侵害訴訟における注意点等

発明該当性を侵害訴訟で問題とする場合，基本的には，特許審査段階と全く同じ事項を，裁判で再び主張し審理・判断することになる場合が多いと思われるので，侵害訴訟の当事者訴訟代理人は，審判段階での攻防について，十分検討する必要があるだろう。

もっとも，侵害訴訟提起後に，訂正審判を申し立てたり訂正請求をしたり，あるいは当該侵害訴訟で訂正の再抗弁を主張することによって，新たに発明該当性が問題となることもあるかもしれない。しかし，訂正においては新規事項の追加が認められない（原則として，願書に添付した明細書等に記載した事項の範囲内に制限される。特126条5項）とすれば，訂正後に新たに発明該当性が問題となるケースはあまり想定できないレアケースなのではないだろうか。

仮に稀に訂正の再抗弁の中で新たに発明該当性が問題となるとすれば，「発明該当性否定の再々抗弁」という位置づけになろう。この場合，被告は，かかる再々抗弁を主張することのほかに，訂正要件の不充足，例えば，訂正審判を申し立てるか訂正請求を行うことが訂正の再抗弁が許容される要件だとすれば（東京地判平19・2・27判タ1253号241頁，東京地判平29・4・21裁判所ホームページ），その点を主張することも考え得る。

また，無効の抗弁一般でも問題となるように，平成23年改正特許法104条の4の新設によって，特許権侵害訴訟の終局判決が確定した後に，無効審決，訂正審決等が確定したときは，当事者は再審の訴えによって審決が確定したことを主張できないことになった。したがって，今後，侵害訴訟の早い段階におけ

37 特許要件——発明該当性　*479*

る無効の主張の重要性が増し，時機に後れた攻撃防御方法とならないように注意することとなろう。

■

480　第3章　特許権侵害訴訟における攻撃防御方法　第2節　侵害論における被告の抗弁に関する問題

38 特許要件──新規性

伊　藤　　真

> 新規性の要件と新規性喪失の立証について説明せよ。

キーワード　新規性，公知，公用，文献公知，公然実施

I　新規性要件

(1)　意　　義

特許法29条は「……次に掲げる発明を除き，その発明について特許を受けることができる」と規定し，公知，公用，文献公知に至った発明を新規性を喪失した発明としてを特許を受けることができないとする。特許権を付与するのは発明奨励・公開の代償であるから，新規性のない発明に特許権を付与する実益がない上，独占権を付与することは当該発明の実施者等との関係で弊害が大きいからである。

この新規性の要件は，特許を受けることができないことを主張する側（審査官，無効審判の場合には申立人）が新規性の不存在を主張立証しなければならない。

新規性を喪失した発明に係る特許出願は拒絶査定されるが（特49条2号），過誤登録された場合には利害関係人は無効審判を提起でき（特123条1項2号），また，権利行使に対しては無効抗弁事由となる（特104条の3第1項）。

本条については，平成11年法により改正され，国内公知，国内公用に限定されていたのを外国における公知，公用にまで拡大し，また，文献公知について刊行物以外にインターネットなど「電気通信回線を通じて公衆に利用可能となつた発明」が加えられている。

(2)　新規性喪失を示す証拠が上位概念又は下位概念で発明を表現している場合

38　特許要件——新規性　*481*

(a)　先行技術を示す証拠が上位概念で発明を表現している場合は，下位概念で表現された発明が示されていることにならない（下位概念が上位概念に含まれるというだけでは，下位概念で表現された発明が示されていることにはならない）から，必ずしも新規性を喪失しない。

(b)　他方，先行技術を示す証拠が下位概念で発明を表現している場合は，先行技術を示す証拠が発明を特定するための事項として「同族的若しくは同類的事項又はある共通する性質」を用いた発明を示しているならば，新規性を喪失する。また，引用発明の認定としては，上位概念で表現された発明を認定せず，下位概念の発明を認定したとしても，出願に係る発明との対比において新規性を否定することもできる*1。

(3)　新規性判断の基準時

新規性判断の基準時は，特許出願時であり，時，分，秒まで考慮してなされる*2。先後願の判断は日単位であり同日出願とされる場合があるが（特39条2項），これと異なる。したがって，午後出願した特許については午前中に公知となった場合は，新規性を失うことになる。

Ⅱ　公　　　知（特29条1項1号）

(1)　公知の意義

公知とは，「特許出願前に日本国内又は外国において公然知られた発明」（特29条1項1号）をいい，不特定の者に秘密でないものとしてその内容が知られた発明（秘密の範囲を脱した発明）をいう。不特定の者に現実に知られた発明であるが，実施物から知られたのであれば特許法29条1項2号の公用に該当し，文献等から知られたのであれば同3号の文献公知に該当するので，学会発表等やテレビ報道された場合などにより知られた場合が該当する*3。

公然知られた事実をもとに，その時における技術常識を参酌することにより

＊1　特許庁編『特許・実用新案審査基準』第Ⅲ部第2章第3節3.2参照。
＊2　特許庁編・前掲＊1・審査基準第Ⅲ部第2章第3節3.1。
＊3　特許庁編・前掲＊1・審査基準第Ⅲ部第2章第3節3.1.3では，「通常，講演，説明会等を介して知られたものであることが多い。」とされている。

当業者が導き出せる事項も,「公然知られた発明」の認定の基礎となる*4。

(2) 公然の意味

(a) 公知については,現実に知られている場合に限られるか,知られる状態であれば足りるかについて,裁判例や学説において争いがある。

現実に知られている場合に限られるとする裁判例としては,東京地判昭48・9・17(無体集5巻2号280頁),東京高判昭54・4・23(無体集11巻1号281頁)があり,知られる状態であれば足りるとする裁判例としては,東京高判昭51・1・20(無体集8巻1号1頁)がある。また,近時の裁判例では,物の発明の特許に関し,その実施に係る完成図面が出願前に情報公開法により何人も入手できるものとなっていたとしても,「法29条1項1号による『公然知られた』とは,秘密保持義務のない第三者に実際に知られたことをいう」とした上で,「出願日前に情報公開請求により第三者に対して開示されたことを認めるに足りる証拠はな(い)」(開示請求はなかった)として,公知を否定している(大阪地判平24・10・4判タ1399号237頁・判時2202号104頁)。

特許法29条1項2号,3号が,「知られうる状態」を1号とは別に規定されていることに照らすと,文言解釈としては「現実に知られている場合に限られる」と解釈せざるを得ないと思われる。ただし,「現実に知られうる状態」が立証されれば,「現実にも知られている」ことが推認され,特許権者が「知られていないこと」を立証しなければならないと考えられる。前記大阪地判平24・10・4は,「知られていないこと」を立証して推認を反証した裁判例と理解できる。

(b) きわめて少数の者が知っている場合であってもこれらの者が秘密を保つ義務を有しない者である場合は「公然知られた」ことになる。逆に,多数の者が知っているということは必ずしも公然であるということにはならない。すなわち,その多数の者が,秘密を保つべき義務のある特許庁の職員,会社の従業員のような場合は公然ではない。近時の裁判例では,コンクリート製構造物を作製するための内型枠構造という物の発明の特許に関し,工事が実際に実施され,工事に多数の関係者が関与していることが窺えるが,工事が防衛庁の施設

---

*4 特許庁編・前掲*1・審査基準第Ⅲ部第2章第3節3.1.3参照。

であることから，「設備の具体的な内容（構造や強度など）は，高い機密性が求められることは容易に推認される」としたものがある（前掲大阪地判平24・10・4)＊5。

（c）秘密保持の義務については，明示の義務だけでなく，社会通念上あるいは社会慣習上，秘密保持が期待される関係にある場合も，「公知」には当たらないとされる。例えば，学会誌等の原稿は，一般に，その原稿が受け付けられても不特定の者に知られる状態に置かれるものではない。したがって，その原稿の内容が公表されるまでは，その原稿に記載された発明は，「公然知られた発明」とはならないとされる。

（d）守秘義務を負う者に対し発明を開示した場合には，公然知られたことにはならない。発明者のために秘密を保つべき関係は，法律上又は契約上秘密保持の義務を課せられることによって生ずるほか，「社会通念上又は商慣習上，発明者側の特段の明示的な指示や要求がなくとも，秘密扱いとすることが暗黙のうちに求められ，かつ，期待される場合においても生ずるものであったというべきである。」とされる（東京高判平12・12・25（平11(行ケ)368号）裁判所ホームページ・特許判例百選〔第3版〕（別冊ジュリ170号）22頁〔6本ロールカレンダー事件〕)。

（e）当然ながら，秘密保持義務が終了した場合には，その時点で公知となる。例えば，組合契約において「組合員使用の某機械はこれを秘密にし組合員以外の者に観覧又は使用させない」と定めていたとしても「組合解散後においても各員はこれを秘密にしなければならない」というような明文がない限り，組合解散と同時に秘密厳守の義務も解除され，その組合解散時にその組合員の発明の利用が公然性を有することになるとされている（東京地判平21・12・21（平20(ワ)38425号・平21(ワ)36365号）裁判所ホームページ)。

（f）なお，守秘義務を負う者から秘密でないものとして守秘義務を負わない者に漏泄された発明は，その漏泄された時に「公然知られた発明」となる（特許法30条1項の「新規性の喪失の例外」に該当する)。

＊5　この裁判例では，同様の理由から，2号の公然実施も認められないとしている。

III 公　　　　用（特29条1項2号）

(1) 公用の意義

　公用とは，「特許出願前に日本国内又は外国において公然実施をされた発明」（特29条1項2号）をいい，「公然実施をされた発明」とは，その内容が公然知られる状況又は公然知られるおそれのある状況で実施をされた発明をいうとされる。

　発明が実施された時における技術常識を参酌することにより当業者が導き出せる事項も，「公然実施をされた発明」である。

(2) 公然知られるおそれのある状況で実施をされた発明

　例えば，工場で，ある物を製造する状況を不特定の者に見学させた場合において，その製造している装置を外部から見学しただけではその発明全体を知ることはできない状況であっても，見学者がその装置の内部を見ること，又は内部について工場の人に説明してもらうことが可能な（工場で拒否しない）状況であれば，公然知られるおそれのある状況で実施をされたと認められる*6。

(3) 実施品の内部構造等

　発明の実施品が市場において販売されていても，実施品を分析してもその構成ないし組成を知り得ないのであれば，公然実施に該当しない（東京地判平17・2・10判タ1196号209頁・判時1906号144頁〔アミノ酸含有顆粒製剤事件〕）。

　他方，物の内部構造については，これをいわゆる「ブラックボックス」とし，分解禁止を誓約させ，かつ，容易に分解できない又は分解した場合にはそのことが容易にわかる処置を講じて，特定少数者に販売した場合には，公然実施にならない場合があるが，不特定多数に販売される商品で容易に分解して発明の内容を知り得る場合には，公然実施に当たる。また，製品のパッケージ裏面に分解禁止の文言を付していても，「意図的な分解・改造が破損，故障の原因となることについて購入者の注意を喚起するためのものにすぎず，原告の意図がどのようなものであれ，これによってこの記載を看取した購入者と販売者

＊6　特許庁『特許・実用新案審査ハンドブック』第III部第2章「新規性・進歩性」3213参照。

等との間に本件製品の分解等について何らかの法的関係を発生させるものではない。」とする裁判例がある（知財高判平28・1・14（平27（行ケ）10069号）判時2310号134頁〔棒状ライト事件〕）。

特許発明が実施されていたことは，無効を主張するものが立証しなければならない。近時の裁判例では，原告（無効審判申立人）は，発明の実施品を展示会に出展していたこと，取引書類に当該商品の型番が記載されていること，雑誌に当該商品が写真付きで紹介されていたことなどをもって，公知を主張したが，展示会で配布されたカタログ掲載の写真からは商品の形状の詳細が明らかではないこと，展示会で当該カタログが配布されたことの証明が展示会後約12年経過した陳述書などしかないこと，取引書類には型番しか掲載されていないので同一形状をした物が販売されたか不明とされ，公然知られていたことの立証ができていないとされた事例がある（知財高判平26・3・26判時2228号103頁〔スノーボード用ビンディング事件〕）。

Ⅳ　文献公知（特29条1項3号）

(1)　意　　義

特許出願前に日本国内又は外国において，頒布された刊行物に記載された発明又は電気通信回線を通じて公衆に利用可能となったことを文献公知という。平成11年改正により，ウェブページ等のインターネット上に掲載された発明も刊行物と同様に新規性を喪失することとされた。

(2)　刊　行　物

「刊行物」とは，公衆に対し，頒布により公開することを目的として複製された文書，図面その他これに類する情報伝達媒体をいい，不特定の者が見得る状態に置かれた刊行物に記載された発明が新規性を失う。現実に誰かが見たという事実を必要としない。裁判例としては，東京高判昭53・10・30無体集10巻2号499頁がある。また，特許庁が保管し公開され複写物の交付が認められている明細書について，最高裁判決では，「特許法29条1項3号にいう刊行物とは，公衆に対し頒布により公開することを目的として複製された文書，図画その他これに類する情報伝達媒体をいうのであり，公衆からの要求をまつてそ

の都度原本から複写して交付されるものであつても，右原本自体が公開されて公衆の自由な閲覧に供され，かつ，その複写物が公衆からの要求に即応して遅滞なく交付される態勢が整つているときは，右刊行物にあたる」とする判決（最判昭55・7・4民集34巻4号570頁〔一眼レフカメラ事件〕）と「明細書原本は刊行物ではないが，明細書の複製物であるマイクロフィルムは，明細書に記載された情報を広く公衆に伝達することを目的として複製された明細書原本の複製物である。」「特許庁本庁及び支所において一般公衆による閲覧，複写の可能な状態におかれた時に頒布されたものということができる」とする判決（最判昭61・7・17民集40巻5号961頁〔第2次箱尺事件〕）がある。

(3) 電気通信回線を通じて公衆に利用可能となった発明

(a) インターネット上に掲載された発明も刊行物と同様に新規性を喪失することとされた。しかしながら，インターネット上の情報は無数にあり，発信される情報が随時更新されたり，その更新履歴がないことも多く，当該情報が掲載された日時が不明なことも少なくない。新規性喪失を主張する側が，掲載された情報の内容と掲載（公衆に利用可能となった）日時を立証しなければならないが，立証に難しさが伴う。(i)刊行物等を長年出版している出版社のウェブページ，(ii)学術機関（学会，大学等）のウェブページ，(iii)国際機関（標準化機関等）のウェブページ，(iv)公的機関（省庁等）のウェブページなどであれば，掲載時期に掲載されていたものと推認されるであろう[7]。

(b) 「公衆に利用可能となった」の意味

インターネットにおいて，公知のウェブページ等からリンクをたどることで到達でき，検索エンジンに登録され，又はアドレス（URL）が公衆への情報伝達手段（例えば，広く一般的に知られている新聞，雑誌等）に載っていることと公衆からのアクセス制限がなされていないことが必要である。パスワードなどのアクセス制限がなされていても，有料であっても誰でもパスワードを入手できるのであれば，公衆に利用可能となっているといえる。

他方，アドレスが公開されていないために，偶然を除いてはアクセスできないもの，情報にアクセス可能な者が制限されており，かつ，部外秘の情報の扱

---

[7] 特許庁・前掲[7]・ハンドブック第Ⅲ部第2章「新規性・進歩性」3209参照。

いとなっているもの（限定された社内のイントラネット），情報の内容に通常解読できない暗号化がされて限定されたものしか暗号解読できないもの，公衆が情報を見るのに十分なだけの間公開されていないものは，公衆に利用可能となっているとはいえないとされる[8]。

■

---

[8]　特許庁編・前掲[1]・審査基準第Ⅲ部第2章第3節3.1.2参照。

39 特許要件——進歩性(1)

岩 坪 哲

進歩性はどのような手法で判断されるか。また，発明実施品が商業的成功をおさめたことは，進歩性判断にどのような影響を及ぼすか。

キーワード 想到容易性，当業者，動機付け，設計事項，商業的成功

I 緒 言

特許法29条2項は，その発明の属する技術の分野における通常の知識を有する者（当業者）が同条1項各号記載の発明（公知技術）に基づいて容易に発明をすることができたときは，その発明（進歩性を有していない発明）について，特許を受けることができないことを規定している。

同条項の記載振りから，請求項に係る発明が進歩性を有していることが，出願人，特許権者の主張立証すべき主要事実であるのではなく，進歩性を有していないこと，すなわち，同条1項各号の発明から想到容易であることにつき，特許性を争う者（出願手続における審査官，当事者系審判における審判請求人，侵害訴訟において特許法104条の3第1項の抗弁を主張する者）がその立証責任を負う者と解されており，この点についてはほぼ争いを見ない。

本稿では，進歩性（想到容易性）の判断手法，想到容易性（公知技術の組合せ容易性）の評価根拠事実及び評価障害事実，発明実施品が商業的成功をおさめたことが進歩性判断に及ぼす影響につき，主として『特許・実用新案審査基準』（第Ⅲ部第2章第2節「進歩性」）を引用しながら解説を加える。

II 進歩性の判断基準

進歩性の判断基準の参考として，以下，特許庁が示している特許・実用新案

審査基準を引用する*1。

(1) 対象となる発明

「進歩性の判断の対象となる発明は，請求項に係る発明である。

審査官*2は，請求項に係る発明の進歩性の判断を，先行技術に基づいて，当業者が請求項に係る発明を容易に想到できたことの論理の構築（論理付け）ができるか否かを検討することにより行う。

当業者が請求項に係る発明を容易に想到できたか否かの判断には，進歩性が否定される方向に働く諸事実（著者注：想到容易性の評価根拠事実）及び進歩性が肯定される方向に働く諸事実（著者注：想到容易性の評価障害事実）を総合的に評価することが必要である。……。」

(2) 当業者

「『当業者』とは，以下の(i)から(iv)までの全ての条件を備えた者として，想定された者をいう。当業者は，個人よりも，複数の技術分野からの『専門家からなるチーム』として考えた方が適切な場合もある。

(i) 請求項に係る発明の属する技術分野の出願時の技術常識を有していること。

(ii) 研究開発（文献解析，実験，分析，製造等を含む。）のための通常の技術的手段を用いることができること。

(iii) 材料の選択，設計変更等の通常の創作能力を発揮できること。

(iv) 請求項に係る発明の属する技術分野の出願時の技術水準にあるもの全てを自らの知識とすることができ，発明が解決しようとする課題に関連した技術分野の技術を自らの知識とすることができること。」

(3) 判断手法

「審査官は，先行技術の中から，論理付けに最も適した一の引用発明を選んで主引用発明とし，以下の(1)から(4)までの手順により，主引用発明から出発して，当業者が請求項に係る発明に容易に到達する（著者注：副引用発明を適用して

---

*1 引用箇所は「 」で示したが，その直前に適当な見出語を付けた。
*2 審査基準であるため，審査手続における審査官が主体として記載されているが，当事者系審判における審判請求人，侵害訴訟において特許法104条の3第1項の抗弁を主張する者がこれらを主張し，それを審判官や裁判官が判断することになろう。

請求項に係る発明に容易に想到できる）論理付けができるか否かを判断する。審査官は，独立した二以上の引用発明を組み合わせて主引用発明としてはならない。審査官は，特許請求の範囲に二以上の請求項がある場合は，請求項ごとに，進歩性の有無を判断する。

(1) 審査官は，請求項に係る発明と主引用発明との間の相違点に関し，進歩性が否定される方向に働く要素（著者注：想到容易性の評価根拠事実）に係る諸事情に基づき，他の引用発明（以下この章において「副引用発明」という。）を適用したり，技術常識を考慮したりして，論理付けができるか否かを判断する。

(2) 上記(1)に基づき，論理付けができないと判断した場合は，審査官は，請求項に係る発明が進歩性を有していると判断する。

(3) 上記(1)に基づき，論理付けができると判断した場合は，審査官は，進歩性が肯定される方向に働く要素（著者注：想到容易性の評価障害事実）に係る諸事情も含めて総合的に評価した上で論理付けができるか否かを判断する。

(4) 上記(3)に基づき，論理付けができないと判断した場合は，審査官は，請求項に係る発明が進歩性を有していると判断する。上記(3)に基づき，論理付けができたと判断した場合は，審査官は，請求項に係る発明が進歩性を有していないと判断する。」

図　論理付けのための主な要素

Ⅲ　組合せの評価根拠事実——進歩性否定方向の判断要素

　進歩性否定方向の判断要素である組合せの評価根拠事実に関して，以下，特許庁が示している特許・実用新案審査基準を引用する*3。

(1)　技術分野の関連性

　「主引用発明の課題解決のために，主引用発明に対し，主引用発明に関連する技術分野の技術手段の適用を試みることは，当業者の通常の創作能力の発揮である。例えば，主引用発明に関連する技術分野に，置換可能又は付加可能な技術手段があることは，当業者が請求項に係る発明に導かれる動機付けがあるというための根拠となる。

　審査官は，主引用発明に副引用発明を適用する動機付けの有無を判断するに当たり，（著者注：上記図の）(1)から(4)までの動機付けとなり得る観点のうち『技術分野の関連性』については，他の動機付けとなり得る観点も併せて考慮しなければならない。

　ただし，『技術分野』を把握するに当たり*4，単にその技術が適用される製品等の観点のみならず，課題や作用，機能といった観点をも併せて考慮する場合は，『技術分野の関連性』について判断をすれば，『課題の共通性』や『作用，機能の共通性』を併せて考慮したことになる。このような場合において，他の動機付けとなり得る観点を考慮しなくても，『技術分野の関連性』により動機付けがあるといえるならば，動機付けの有無を判断するに当たり，改めて『課題の共通性』や『作用，機能の共通性』について考慮する必要はない。

【例1】

> ［請求項］
> 　アドレス帳の宛先を通信頻度に応じて並べ替える電話装置。

＊3　引用箇所は「　」で示したが，その直前に適当な見出語を付けた。また，引用文中，【例】と【説明】のレイアウトは原文を変更している。

＊4　技術分野は，適用される製品等に着目したり，原理，機構，作用，機能等に着目したりすることにより把握される。

[主引用発明]
　アドレス帳の宛先をユーザが設定した重要度に応じて並べ替える電話装置。
[副引用発明]
　アドレス帳の宛先を通信頻度に応じて並べ替えるファクシミリ装置。

【説明】

　主引用発明の装置と，副引用発明の装置とは，アドレス帳を備えた通信装置という点で共通する。このことに着目すると，両者の技術分野は関連している。

　さらに，ユーザが通信をしたい宛先への発信操作を簡単にする点でも共通していると判断された場合には，両者の技術分野の関連性が課題や作用，機能といった観点をも併せて考慮されたことになる。」

(2)　課題の共通性

「主引用発明と副引用発明との間で課題が共通することは，主引用発明に副引用発明を適用して当業者が請求項に係る発明に導かれる動機付けがあるというための根拠となる。

　本願の出願時において，当業者にとって自明な課題又は当業者が容易に着想し得る課題が共通する場合も，課題の共通性は認められる。審査官は，主引用発明や副引用発明の課題が自明な課題又は容易に着想し得る課題であるか否かを，出願時の技術水準に基づいて把握する。

　審査官は，請求項に係る発明とは別の課題を有する引用発明に基づき，主引用発明から出発して請求項に係る発明とは別の思考過程による論理付けを試みることもできる。試行錯誤の結果の発見に基づく発明等，請求項に係る発明の課題が把握できない場合も同様である。

【例２】

[請求項]
　表面に硬質炭素膜が形成されたペットボトル。
[主引用発明]
　表面に酸化ケイ素膜が形成されたペットボトル。
　（主引用発明が記載された刊行物には，酸化ケイ素膜のコーティングがガスバリア性を
　　高めるためのものであることについて記載されている。）
[副引用発明]
　表面に硬質炭素膜が形成された密封容器。

| 39 | 特許要件——進歩性(1) | 493

（副引用発明が記載された刊行物には，硬質炭素膜のコーティングがガスバリア性を高めるためのものであることについて記載されている。）

【説明】

膜のコーティングがガスバリア性を高めるためのものであることに着目すると，主引用発明と副引用発明との間で課題は共通している。

【例3】

［請求項］
握り部に栓抜き部が備えられた調理鋏。
［主引用発明］
握り部に殻割部が備えられた調理鋏。
［副引用発明］
握り部に栓抜き部が備えられたペティーナイフ。

【説明】

調理鋏やナイフ等の調理器具において多機能化を図ることは，調理器具における自明の課題であり，主引用発明と副引用発明との間で課題は共通している。」

(3) **作用，機能の共通性**

「主引用発明と副引用発明との間で，作用，機能が共通することは，主引用発明に副引用発明を適用したり結び付けたりして当業者が請求項に係る発明に導かれる動機付けがあるというための根拠となる。

【例4】

［請求項］
膨張部材を膨張させて洗浄布を接触させ，ブランケットシリンダを洗浄する印刷機。
［主引用発明］
カム機構を用いて洗浄布を接触させ，ブランケットシリンダを洗浄する印刷機。
［副引用発明］
膨張部材を膨張させて洗浄布を接触させ，凹版シリンダを洗浄する印刷機。

【説明】

主引用発明のカム機構も，副引用発明の膨張部材も，洗浄布を印刷機のシリンダに

494 第3章 特許権侵害訴訟における攻撃防御方法 第2節 侵害論における被告の抗弁に関する問題

接触又は離反させる作用のために設けられている点に着目すると，主引用発明と副引用発明との間で作用は共通している。」

(4) 引用発明の内容中の示唆

「引用発明の内容中において，主引用発明に副引用発明を適用することに関する示唆があれば，主引用発明に副引用発明を適用して当業者が請求項に係る発明に導かれる動機付けがあるというための有力な根拠となる。

【例5】

> [請求項]
> 　エチレン／酢酸ビニル共重合体及び当該共重合体中に分散された受酸剤粒子を含み，当該共重合体が，さらに架橋剤により架橋されている透明フィルム。
> [主引用発明]
> 　エチレン／酢酸ビニル共重合体及び当該共重合体中に分散された受酸剤粒子を含む透明フィルム。
> 　(主引用発明が記載された刊行物には，エチレン／酢酸ビニル共重合体が太陽電池の構成部品と接触する部材として用いられることについて言及されている。)
> [副引用発明]
> 　太陽電池用封止膜に用いられ，エチレン／酢酸ビニル共重合体からなる透明フィルムであって，当該共重合体が架橋剤により架橋された透明フィルム。

【説明】

　主引用発明が記載された刊行物の前記言及は，主引用発明に，太陽電池用封止膜として用いられる透明フィルムに関する技術を適用することについて，示唆しているものといえる。」

(5) 設計変更等

「請求項に係る発明と主引用発明との相違点について，以下の(i)から(iv)までのいずれかにより，主引用発明から出発して当業者がその相違点に対応する発明特定事項に到達し得ることは，進歩性が否定される方向に働く要素となる。さらに，主引用発明の内容中に，設計変更等についての示唆があることは，進歩性が否定される方向に働く有力な事情となる。

　(i) 一定の課題を解決するための公知材料の中からの最適材料の選択

　(ii) 一定の課題を解決するための数値範囲の最適化又は好適化

　(iii) 一定の課題を解決するための均等物による置換

(iv) 一定の課題を解決するための技術の具体的適用に伴う設計変更や設計的
事項の採用」

Ⅳ 組合せの評価障害事実──進歩性が肯定される方向に働く要素

進歩性肯定方向の判断要素である組合せの評価障害事実に関して，以下，特
許庁が示している特許・実用新案審査基準を引用する*5。

(1) 引用発明と比較した有利な効果

「引用発明と比較した有利な効果は，進歩性が肯定される方向に働く要素で
ある。このような効果が明細書，特許請求の範囲又は図面の記載から明確に把
握される場合は，審査官は，進歩性が肯定される方向に働く事情として，これ
を参酌する。ここで，引用発明と比較した有利な効果とは，発明特定事項によ
って奏される効果（特有の効果）のうち，引用発明の効果と比較して有利なもの
をいう。

(1) 引用発明と比較した有利な効果の参酌

請求項に係る発明が，引用発明と比較した有利な効果を有している場合は，
審査官は，その効果を参酌して，当業者が請求項に係る発明に容易に想到でき
たことの論理付けを試みる。そして，請求項に係る発明が引用発明と比較した
有利な効果を有していても，当業者が請求項に係る発明に容易に想到できたこ
とが，十分に論理付けられた場合は，請求項に係る発明の進歩性は否定され
る。

しかし，引用発明と比較した有利な効果が，例えば，以下の(i)又は(ii)のよう
な場合に該当し，技術水準から予測される範囲を超えた顕著なものであること
は，進歩性が肯定される方向に働く有力な事情になる。

(i) 請求項に係る発明が，引用発明の有する効果とは異質な効果を有し，こ
の効果が出願時の技術水準から当業者が予測することができたものではな
い場合

(ii) 請求項に係る発明が，引用発明の有する効果と同質の効果であるが，際

---

*5 引用箇所は「　」で示したが，その直前に適当な見出語を付けた。また，引用文中，【例】
のレイアウトは原文を変更している。

だって優れた効果を有し，この効果が出願時の技術水準から当業者が予測することができたものではない場合。特に選択発明のように，物の構造に基づく効果の予測が困難な技術分野に属するものについては，引用発明と比較した有利な効果を有することが進歩性の有無を判断するための重要な事情になる。

【例】

　　請求項に係る発明が特定のアミノ酸配列を有するモチリンであって，引用発明のモチリンに比べ6～9倍の活性を示し，腸管運動亢進効果として有利な効果を奏するものである。この効果が出願当時の技術水準から当業者が予測できる範囲を超えた顕著なものであることは，進歩性が肯定される方向に働く事情になる。

(2)　意見書等で主張された効果の参酌

　以下の(ⅰ)又は(ⅱ)の場合は，審査官は，意見書等において主張，立証（例えば，実験結果の提示）がなされた，引用発明と比較した有利な効果を参酌する。

(ⅰ)　その効果が明細書に記載されている場合

(ⅱ)　その効果は明細書に明記されていないが，明細書又は図面の記載から当業者がその効果を推論できる場合

　しかし，審査官は，意見書等で主張，立証がなされた効果が明細書に記載されておらず，かつ，明細書又は図面の記載から当業者が推論できない場合は，その効果を参酌すべきでない。」

(2)　**阻害要因**

「副引用発明を主引用発明に適用することを阻害する事情があることは，論理付けを妨げる要因（阻害要因）として，進歩性が肯定される方向に働く要素となる。ただし，阻害要因を考慮したとしても，当業者が請求項に係る発明に容易に想到できたことが，十分に論理付けられた場合は，請求項に係る発明の進歩性は否定される。

　阻害要因の例としては，副引用発明が以下のようなものであることが挙げられる。

(ⅰ)　主引用発明に適用されると，主引用発明がその目的に反するものとなるような副引用発明

39　特許要件——進歩性(1)　*497*

(ii)　主引用発明に適用されると，主引用発明が機能しなくなる副引用発明

(iii)　主引用発明がその適用を排斥しており，採用されることがあり得ないと考えられる副引用発明

(iv)　副引用発明を示す刊行物等に副引用発明と他の実施例とが記載又は掲載され，主引用発明が達成しようとする課題に関して，作用効果が他の実施例より劣る例として副引用発明が記載又は掲載されており，当業者が通常は適用を考えない副引用発明」

V　商業的成功

(1)　特許庁審査基準

進歩性否定肯定方向の商業的成功に関して，以下，特許庁が示している特許・実用新案審査基準を引用する*6。

「審査官は，商業的成功，長い間その実現が望まれていたこと等の事情を，進歩性が肯定される方向に働く事情があることを推認するのに役立つ二次的な指標として参酌することができる。ただし，審査官は，出願人の主張，立証により，この事情が請求項に係る発明の技術的特徴に基づくものであり，販売技術，宣伝等，それ以外の原因に基づくものではないとの心証を得た場合に限って，この参酌をすることができる。」

(2)　商業的成功に関する裁判例等

商業的成功は二次的考慮要素であるから，想到容易性の評価根拠事実により想到容易性が立証された場合，考慮外の事項となる。

加えて，商業的成功が請求項に係る発明の技術的特徴に基づくものであるかの吟味も怠ることはできない。

知財高判平24・10・25（平23(行ケ)10433号）〔蛍光Ｘ線分光システム事件〕は，「原告は，本願発明と同様の構成を有する米国特許発明に係る製品は，商業的成功を収めており，本願発明の進歩性は肯定されるべきである旨主張する。しかし，……，本願発明は，引用発明及び公知の技術から当業者が容易に想到する

＊6　引用箇所は「　」で示した。

ことができたものであるから，仮に原告の製品が商業的成功を収めていたとしても，特許を受けることができない（特許法29条2項）」と判示している。

また，知財高判平18・7・31（平17(行ケ)10748号）〔多極型モジュラジャック事件〕は，「原告は，本件発明1～3については，原告自らが実施しているのみならず，多くのライセンス契約が締結されていて，商業的成功を収めているから，そのことも考慮されるべきであると主張する。しかしながら，製品の販売において商業的成功を収めるかどうかは，発明の内容のほか，製品の内容や価格，宣伝広告の方法などに左右されるところが大きいし，また，ライセンス契約を締結するかどうかについても，発明の内容のほか，対価の額，製品の内容や価格，両会社の置かれた状況などに左右されるものと考えられるから，商業的成功を収めているからといって，必ずしも発明に進歩性があるということはできず，その有無の判断は，引用例との対比により，厳密になされるべきものである。そして，本件発明1～3は，後記のとおり，引用例たる刊行物1～3との対比により，進歩性が認められないのであるから，原告の前記主張も当を得ないことに帰する」と判示している。

40　特許要件──進歩性(2)

伊原　友己

進歩性の判断傾向の推移について説明せよ。

キーワード　キルビー事件，権利濫用，無効の抗弁，進歩性，阻害要因，後知恵

I　侵害訴訟における進歩性欠如の反論の許否の流れ

(1)　最高裁平成12年4月11日キルビー事件判決前

　長年にわたって，特許権侵害訴訟において侵害被疑者側（多くのケースで被告側）は，請求原因である特許権は進歩性要件を欠くものであって（進歩性欠如），本来登録されるべきものではなかったということを内実とする反論（抗弁）を提出できない実務状況にあった。これは，特許要件を充足するものとして特許権を設定付与するかどうか，あるいは無効理由があるとしてこれを無効審判手続で剥奪するかは，専門行政官庁である特許庁の判断（役割）が尊重されるべきであり[1]，侵害訴訟を司る裁判所としては，特許権自体の有効を前提として判断するのが適切であり，特許権自体の有効性についてまで実質的に判断するのは（三権分立の精神から）あまり好ましいことではなく，また訴訟現場の負荷等も勘案すれば適切ではないという価値観に基づいていたといえる。

　他方，その行政庁（特許庁）で付与された特許権の権利範囲（技術的範囲）の画定作業は，権利解釈であって個別の事件処理に際してその広狭の判断をなし得ることは，司法として当然というものである。

　とりわけ進歩性要件についての判断は，公知技術や周知技術，技術水準等の既存の技術情報や技術的思考力等との兼ね合いによる微妙な判断を迫られるこ

---

[1]　その手続過程における審決取消訴訟等での司法審査は別論である。

とが少なくないため，その評価・判断については，特許庁における技術専門的な判断が先行するのが合理的であるということでもあった。

　そのような見地から，侵害訴訟において，特許が無効であると反論する場合には，特許無効審判手続で特許無効の審決判断を確定させてから，当該特許権の遡及的消滅を抗弁として提出すべきであるとか，無効審判手続にそれ相応の期間を要するのであれば，その間，侵害訴訟手続を中止するという手立ても特許法上用意されているのであるから，それを活用するのが筋であろうということであった。

　もっとも，侵害訴訟の現場においては，明らかに請求原因たる特許権の特許発明と同一の発明が記載された公知文献などが証拠提出されることもあり（いわゆる全部公知），その場合には，さすがに侵害裁判所においても，かかる特許権を行使させることは不相当であるとのことから，技術的範囲の解釈に工夫を凝らして権利範囲を狭く判断し（画定し），被告製品等は，その技術的範囲に属しないということで請求棄却の結論を導いていた。

　ちなみに，全部公知の場合は，特許発明とある特定発明の公知発明とが同一であるかどうかという判断（同一性判断）であって，ある意味，被告製品等が原告の特許発明の技術的範囲に属するかどうかの判断と同様の対比・検討なので，進歩性判断よりは訴訟現場での審理負担は少なくてすみ，侵害裁判所での判断も可能であった。

　また，判断できるものであれば，侵害訴訟を長期にわたって中止させておく（被疑侵害者を長期にわたって被告の地位においたままの長期未済事件となる）のも迅速かつ適正な事件処理という観点からして憚られるという実務感覚もあって，全部公知すなわち新規性欠如と判断できるような事案については，権利範囲を実施例に限定するなどの権利解釈上の工夫により，事件を処理していた。

　つまり，キルビー事件最判以前は，新規性欠如は侵害訴訟においても何らかの形で被疑侵害者側に有利に考慮され得るが，進歩性欠如は反論や抗弁とはならないというのが実務であった。

(2)　キルビー事件最判後

　この流れを変える歴史的契機となったのは，キルビー事件控訴審判決の東京高判平9・9・10（知財集29巻3号819頁）であった。

もっとも，これは侵害裁判所においても進歩性欠如の無効判断をなし得るというような直截な判示ではなく（そのような判断をすれば，後にキルビー最判が判例変更を宣言した大審院判例等に反する判断となり，明らかに判例違反の上告理由を包含する判決となっていた（平成10年改正前民事訴訟法394条の法令違背)），被疑侵害装置は侵害が疑われる特許権の特許発明の技術的範囲に属しないという判断と，原出願発明と実質的同一の発明を分割出願した場合の不適法性判断から導かれる存続期間満了による特許権の消滅についての判断が並行的になされたものである。それに加えて，既に特許庁において原出願が進歩性欠如を理由に拒絶査定が確定している以上，これと実質的に同一の発明である本件特許にも同一の無効理由が内在するといえるので，無効とされる蓋然性がきわめて高い特許権に基づき第三者に対して権利を行使することは，権利の濫用として許されるべきことではないと判断するものであった。控訴審判決は，技術的範囲論，分割要件違反に伴う存続期間満了による権利消滅と権利濫用論とを鼎立させて結論を盤石なものとしていたのであるが，その心は，無効となるべき特許権の行使を許すことは正義に反して適切ではないということであった（この点については，控訴審裁判長を務められた牧野利秋元判事へのインタビュー記事である「牧野利秋先生に聞く」L＆T54号14頁以下を参照されたい。牧野元判事が担当された昭和43年のステッピングモータ特許権侵害仮処分事件以来の思いが歴史的証言として語られている)。

その意味においては，進歩性欠如を理由に拒絶査定が確定した原出願の発明と実質的に同一の発明であり，実質的に同一の発明であると評価できる以上は，原出願について特許庁が進歩性欠如の判断をした以上，本件特許も進歩性がないと判断されてしかるべきであるという点が重要な論理ステップとなっており，特許庁の判断を下敷きにした権利濫用論として，専門官庁の判断をなお尊重したロジックが組まれていたと評することもできるものであった。

しかし，キルビー事件最判は，過去の大審院判例等を変更して，特許に無効理由が存在することが明らかであれば権利の濫用としてその行使ができないという権利濫用の法理を真正面から打ち出した。

これにより，侵害裁判所においても，無効理由が何であれ，権利濫用論の基礎事情として斟酌できることとなり，進歩性欠如も侵害訴訟において権利濫用の抗弁という形で反論主張ができるようになった。

そして，その考え方は，平成16年の特許法改正により，104条の3（いわゆる無効の抗弁）として条文化された[*2]。

Ⅱ　侵害訴訟における進歩性判断の変遷とその意味合い

(1)　進歩性判断の規範的評価性

(a)　進歩性判断は，上述した発明同士の同一性判断ではなく，請求原因である発明が，当該発明とは同一といえない（相違点がある）公知技術（特29条1項各号の発明（主たる引用発明といわれるものである））の存在を踏まえれば，当業者であれば出願時において，他の公知技術（副引用発明，周知技術）や技術常識を加味すれば，その相違点は簡単に克服でき，容易に特許発明を推考できたもの（容易想到）かどうかを問題とするものである。

換言すれば，公知技術を踏まえて，それから容易に特許発明に到達することができたかどうかの技術的・法律的価値判断であって，いわば容易想到といえるかどうかのレベル評価である。端的にいってしまえば，法律的には掴み所のないものである。

特許庁の審査基準においても，下記のような衡量要素を勘案して判断すべきものとされている（審査基準第Ⅲ部第2章第2節では，「2. 進歩性の判断に係る基本的な考え方」として，「進歩性の判断の対象となる発明は，請求項に係る発明である。審査官は，請求項に係る発明の進歩性の判断を，先行技術に基づいて，当業者が請求項に係る発明を容易に想到できたことの論理の構築（論理付け）ができるか否かを検討することにより行う。当業者が請求項に係る発明を容易に想到できたか否かの判断には，進歩性が否定される方向に働く諸事実及び進歩性が肯定される方向に働く諸事実を総合的に評価することが必要である。そこで，審査官は，これらの諸事実を法的に評価することにより，論理付けを試みる。」などと総説的に記載されている）。

[*2]　条文化に際してキルビー事件最判が判示した明白性要件を明記するかどうか議論されたが，結論的には入れられなかった。

進歩性が否定される方向に働く要素		進歩性が肯定される方向に働く要素
・主引用発明に副引用発明を適用する動機付け 　(1) 技術分野の関連性 　(2) 課題の共通性 　(3) 作用、機能の共通性 　(4) 引用発明の内容中の示唆 ・主引用発明からの設計変更等 ・先行技術の単なる寄せ集め	⇔	・有利な効果 ・阻害要因 例：副引用発明が主引用発明に適用されると、主引用発明がその目的に反するものとなるような場合等

図　論理付けのための主な要素

(b)　進歩性判断は，機械的に結論が導き出せるというものではなく，諸般の事情を踏まえた評価判断である。対象となる（特許・出願）発明に進歩性欠如の無効理由（や拒絶理由）があると主張する側が，特許法29条2項の所定の当業者であれば同条1項各号に掲げる発明に基づいて容易に発明をすることができたことを主張立証しなければならない。要件事実的に説明すれば，上記の図表の進歩性が否定される方向に働く要素（評価根拠事実）については無効や拒絶を主張する側が，逆に進歩性が肯定される方向に働く要素（評価障害事実）については，特許権者や出願人側が主張立証することにより，裁判所や審査官や審判合議体が総合的に規範的評価を下すということになる[3]。

そのような諸要素を総合しての規範的評価であることから，特許庁での審査・審判での評価判断と，事業の差止めや損害賠償責任の負担に直結し原告と被告との対決（修羅場）となっている侵害訴訟における評価判断とは異なることは当然あり得る。また，同じく侵害訴訟の場面であっても，民事訴訟の基本原則である弁論主義の建前からして，事件ごとに当事者の主張立証には自ずから個性が顕れるものであることから，裁判合議体の判断も区々になることも想

＊3　進歩性欠如の無効の抗弁についての訴訟要件的な解説は，高部眞規子「特許無効の抗弁」牧野利秋＝飯村敏明＝高部眞規子＝小松陽一郎＝伊原友己編『知的財産訴訟実務大系I』（青林書院，平26）433頁，高部眞規子『実務詳説　特許関係訴訟〔第3版〕』（金融財政事情研究会，平28）149頁参照。

504 第3章 特許権侵害訴訟における攻撃防御方法 第2節 侵害論における被告の抗弁に関する問題

定されるところである。

(2) 進歩性を否定する方向から肯定する方向へ

(a) 平成17年（2005年）4月の知財高裁創設前後の進歩性判断の大きな見か
け上の傾向（トレンド）をいえば，特許無効審判の審決の取消しについての公
表データをみても（**図表1**参照），平成20年（2008年）頃を転機として，それまで
の有効審決が取り消される率が高かった（つまり審決取消訴訟において進歩性が否定
されることが多かった）時代から，無効審決が取り消される率が高い時代（つまり
訴訟において進歩性が肯定される方向性）に推移し，それ以降は安定しているといえ
るのかもしれない。

もとより，かかるデータは，侵害訴訟の特許無効の抗弁の判断における進歩
性判断の傾向を示すデータ*4ではなく，特許無効審判の審決取消訴訟につい
てのものであるし，また進歩性要件だけが問題となったものが抽出されている
わけでもない。さらに対象審決の判断内容や事件ごとの個性がつぶさに検討さ
れたものでもない。

知財高裁が侵害訴訟における進歩性判断において，どのような判断傾向にあ
るのかということをみる場合に，このようなデータに依存して一般的な傾向を
読み取ろうというのは実態を見誤るおそれがないともいえず，注意を要すると
ころである*5。

(b) それを踏まえつつ，あくまでも参考資料的なものとして，**図表1**のグラ
フに続く年の状況を追いかけてみた。

---

*4　清水節「この10年の進歩性の判断について」判タ1413号（2015年8月号）5頁の冒頭の説
　　明によれば，知財高裁における侵害訴訟（控訴審）の無効の抗弁についての判断傾向の統計
　　データを取るのが難しいようであり，知財高裁による公表可能な統計データは存在していな
　　いのではないかと思われる。
*5　牧野利秋ほか編『知的財産訴訟実務大系Ⅰ』（青林書院，平26）所収の「知財高裁歴代所長
　　座談会」において，篠原勝美初代知財高裁所長（48〜49頁）や飯村敏明第4代所長（50頁）
　　もその旨コメントされている。また，2015年4月号の「自由と正義」掲載の設樂隆一知財高
　　裁所長［当時（第5代所長）］の「知的財産高等裁判所の10年間の歩みと展望」46頁の注2に
　　おいても，統計値から裁判所の傾向を述べることは表層的に過ぎると指摘されており，さら
　　に前掲*4の論攷において清水所長も同様の注意喚起をしている（5頁右欄）。また，一般財
　　団法人知的財産研究所「特許権等の紛争解決の実態に関する調査研究報告書」（平成27年3
　　月）における特許無効に関するデータに関するものであるが，こういったデータの読み方を
　　説示するものとして，品川幸男＝松川充康「知財高裁を中心とする知財訴訟の概況」（判タ
　　1412号〔2015年7月号〕59頁）があるので参照されたい（69頁以下）。

図表 1　無効審判の審決取消率の推移（特許・実用新案）

[1]
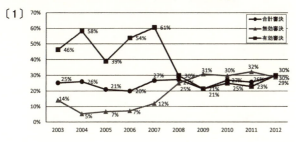

[2]
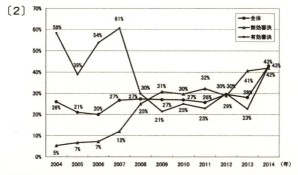

〔1〕　牧野利秋ほか編『知的財産訴訟実務大系Ｉ』（青林書院，平26〔2017〕）所収の「知財高裁歴代所長座談会」46頁飯村敏明所長〔当時〕発言箇所掲載資料より。2003年〜2012年の統計データが示されている。なお，2015年4月号の「自由と正義」掲載の設樂隆一知財高裁所長〔当時〕の「知的財産高等裁判所の10年間の歩みと展望」46頁にも同じ統計グラフが掲載されている。

〔2〕　清水節＊6「この10年の進歩性の判断について」（判タ1413号（2015年8月号）5頁以下）の15頁に掲載されているグラフである。2004年〜2014年の統計データが示されている。髙部眞規子知財高裁（部総括）判事は，「国際知財司法シンポジウム2017」（日・中・韓＋ASEAN10ヵ国の知財裁判官や弁護士らが参加して平成29年10月30日〜11月1日にかけて日弁連クレオにて開催された）の報告記事のなかで，「その後，年によってばらつきがあるが，直近の平成26年から28年までをみると，有効審決も無効審決も3〜4割程度が取り消されており，両者の差は小さくなっている。」と説明されている（知財ぷりずむ16巻185号（2018年2月号）71頁。なお，2015年〜2017年の推移については，藤野睦子・**本書**77「審決取消訴訟(1)」の図表1のグラフも参照されたい。

＊6　第6代の知財高裁所長である。初代は篠原勝美判事，第2代は塚原朋一判事，第3代は中野哲弘判事，第4代は飯村敏明判事，第5代は設樂隆一判事である（現所長のほかはいずれも退官されているので，現在は「判事」でなく，弁護士や大学教授職であるが，在官当時の地位なので，便宜上，判事と称させていただいた）。

図表2　特許審決取消訴訟（当事者系）の取消率の推移（2013年～2016年）

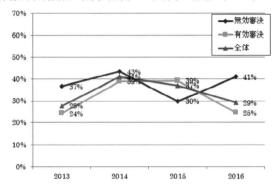

(イ)　まず，日本弁理士会の会報である「Patent（パテント）」に毎年掲載されている「特許審決取消訴訟の概況」の中で公表されているデータを元にして取消率を算出し，グラフ化してみたのが**図表2**のグラフである[*7]。

(ロ)　また，特許庁より毎年公表されている「特許行政年次報告書2017年版」の67頁のデータを元に取消率をグラフにしたものが，**図表3**のグラフである。

図表3　特許・実用新案／当事者系審判の審決取消率の推移（2013年～2016年）

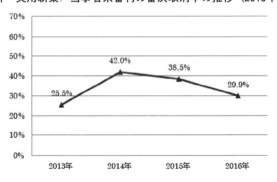

＊7　2013年分は2014年（67巻）7月号106頁〔執筆者は井上裕史弁護士，佐合俊彦弁護士。統計データは井上弁護士の担当箇所に掲載〕，2014年分は2015年（68巻）8月号129頁〔執筆者は井上裕史弁護士，佐合俊彦弁護士。統計データは井上弁護士の担当箇所に掲載〕，2015年分は2016年（69巻）8月号96頁〔執筆者は井上義隆弁護士，小林英了弁護士。統計データは井上弁護士の担当箇所に掲載〕，2016年分は2017年（70巻）8月号129頁〔執筆者は井上義隆弁護士，小林英了弁護士。統計データは井上弁護士の担当箇所に掲載〕。

40　特許要件——進歩性(2)　*507*

なお，このデータからは，無効審決・有効審決それぞれの取消率は読み取れない
が，特許庁の審決が知財高裁でも維持されているのが，2016年で約7割と
いう数字だということがわかる。当事者系審判で多くを占めているであろう無
効審判等において，特許庁段階で維持審決が多く出されていれば，その7割が
知財高裁でも支持される状況にあるということである。

　(c)　上記のとおり，こういった統計データに基づく全体傾向の読み取りには
注意を要する点が多々あり，加えて，あるタイミングで知財高裁が政策的にそ
の組織体として個々の裁判体（裁判官）の心証に縛る（誘導する）ような形で一
定の方向性を指示や示唆をして舵を切ったということでもないというべきであ
る[8]。ただ，2003年〜2012年のデータだけを見れば，特許の無効理由の多く
を占めるのが進歩性の有無であることからすれば，進歩性については，平成19
年（2007年）以前は知財高裁の求める進歩性のレベルは比較的高いものが求め
られ，それ以降は相対的に落ち着いているというように受け止める者がいたと
しても不思議ではない。

　なお，知財高裁の所長経験者の受け止め方としては，塚原朋一元所長の論
攷[9]においては，東京高裁知的財産権専門部時代から知財高裁の初期頃まで
は，「同一技術分野論」と称されるアプローチが採用されており（阻害要因がな
い限り，主引用発明と副引用発明等とは結合が容易であり，進歩性欠如の判断になりやす
い），その後是正されたと説明されている。他方，清水節現所長の論攷では，
自身の勤務経験と照らし合わせて，塚原コートではそのような状況だったのか
も知れないが，東京高裁知的財産権専門部時代から知財高裁の歴史のなかで，
裁判所全体がそのようなことだったということはなく，自身も進歩性判断基準
を徐々に緩和していったというような経験もないと証言されている[10]。

---

[8]　そのようなことをすれば，裁判官の独立を侵害するものであって憲法違反であることは論
　　を待たない。
[9]　塚原朋一「同一技術分野論は終焉を迎えるか」特研51号（工業所有権情報・研修館，平
　　23）2頁。
[10]　清水・前掲[4]・9頁以下参照。審決取消訴訟における進歩性判断に関する平成8年から
　　平成27年頃までの傾向等については，清水節「裁判官からみた進歩性－東京高裁・知財高裁
　　における裁判例を中心として－」飯村敏明先生退官記念論文集『現代知的財産法　実務と課
　　題』（発明推進協会，平27）を参照されたい。これは清水判事が自身の東京高裁・知財高裁の
　　裁判官としての執務経験等に基づいて詳論されたものである。

また，牧野利秋ほか編著『知的財産訴訟実務大系Ⅰ』に収録されている知財高裁歴代所長座談会でも，篠原初代所長，飯村第4代所長あるいは牧野利秋元東京高裁部総括判事は，平成19年〜平成20年（2007年〜2008年）にかけて，知財高裁全体として「同一技術分野論」から脱却したが故の傾向変化だというような受け止めはされていない。むしろ，平成20年（2008年）改訂前の審査基準は，進歩性欠如による拒絶理由を出しにくい規定振りであったところ，同改訂後は，より的確に拒絶理由を指摘できるようになったことの裏返しとして，新基準のもとで登録になったものの質が向上し，結果として（進歩性が欠如しているものとして）無効と判断すべきではないと判決をしたケースが相対的に増えたのではないかという指摘や，知財高裁の判断が適切に審査・審判実務にもフィードバックしたことなどから，有効審決の取消率が低減したのではないかなどの指摘がなされている（牧野ほか編著・前掲45〜51頁を参照されたい）。

Ⅲ 進歩性判断の精緻化

(1) 阻害要因の扱い方について

巷間，進歩性の判断傾向について当事者実務家の間でよくいわれるのは，以下のようなことである。

(a) 昔は（2007年〔平成19年〕以前）は，例えば主引例と副引例とで進歩性欠如を主張立証しようとした場合，その主引用の発明の構成要素中に，有効性が問題とされる対象特許の特許発明の構成と相違する部分を副引例に記載されている副引用発明から取り込むことに特段の技術上の支障がなければ，相違点を埋めるために当業者はそこから構成要素を補うものであるという意味合いで，結合阻害要因はないという判断に流れやすかった（つまり，塚原朋一元所長が指摘される同一技術分野論的な思考パターンである）。

(b) しかしながら，2008年（平成20年）以降は，飯村コートの下記の各判決例においても牽引・主導されるように[11]，阻害要因がなければ何でも結合し得る（対象特許の特許発明の構成にたどり着くのは容易である）というような判断ではなく，さらに特許発明や引用発明の技術的思想を深く探求し，それぞれの技術的課題との兼ね合いや課題解決原理の内容・異同等を慎重に判断するようにな

り，従前よりは進歩性が認められやすくなったというものである。

(2) 主導的判決例

(a) 知財高判平21・1・28 (平20(行ケ)10096号) 〔回路用接続部材事件〕も，当時の知財高裁の判断傾向を知るうえで，有名な裁判例である。なお，この事件は，拒絶査定不服審判 (つまり査定系) の不成立審決の取消訴訟であり，当事者系 (無効審判) ではなく，侵害訴訟のものでもない。

その判示部分を引用すると，以下のとおりである。

「2 判断

(1) 特許法29条2項が定める要件の充足性，すなわち，当業者が，先行技術に基づいて出願に係る発明を容易に想到することができたか否かは，先行技術から出発して，出願に係る発明の先行技術に対する特徴点 (先行技術と相違する構成) に到達することが容易であったか否かを基準として判断される。ところで，出願に係る発明の特徴点 (先行技術と相違する構成) は，当該発明が目的とした課題を解決するためのものであるから，容易想到性の有無を客観的に判断するためには，当該発明の特徴点を的確に把握すること，すなわち，当該発明が目的とする課題を的確に把握することが必要不可欠である。そして，容易想到性の判断の過程においては，事後分析的かつ非論理的思考は排除されなければならないが，そのためには，当該発明が目的とする『課題』の把握に当たって，その中に無意識的に『解決手段』ないし『解決結果』の要素が入り込むことがないよう留意することが必要となる。さらに，当該発明が容易想到であると判断するためには，先行技術の内容の検討に当たっても，当該発明の特徴点に到達できる試みをしたであろうという推測が成り立つのみでは十分ではなく，当該発明の特徴点に到達するためにしたはずであるという示唆等が存在することが必要であるというべきであるのは当然である。」

(b) この判決は，進歩性判断において，特許発明に接した後で引用発明を検討することから起こりがちな，いわゆる後知恵 (事後分析的かつ非論理的思考)

---

*11 ここでの主導という意味は，東京地裁時代から飯村コートの判決は，当事者に対する判決の教育的側面を意識して付言がつけられるなどしていたことの延長線上のものとして，当事者 (あるいは行政庁) に対する考え方の提示ということである。知財高裁は東京地裁，大阪地裁の知的財産専門部など他の裁判体への影響があったとしても，それは反射的効果であろう。

や，当該発明が目的とする「課題」の把握に当たって，その中に無意識的に「解決手段」ないし「解決結果」の要素が入り込むことについての注意喚起をしている（飯村コートの判決例には，知財実務を牽引・先導せんとする意図を秘めた指導的判例がまま存在するが，本件もその一つである）。

また，「当該発明が容易想到であると判断するためには，先行技術の内容の検討に当たっても，当該発明の特徴点に到達できる試みをしたであろうという推測が成り立つのみでは十分ではなく，当該発明の特徴点に到達するためにしたはずであるという示唆等が存在することが必要である」と判示しているため，特許発明と主引用発明との相違点を埋めるために，当業者であれば副引用発明からその構成の一部をもってきて，これを補うことの根拠が明確でなければならないというものである。補うことについての積極的な動機付けが存在しない限り，これを補ったことが評価されるべきものであり，そこに進歩性を見出すことができるということであろう。

(c) 進歩性判断の在り方についての同様の一般論を展開して判断している知財高裁の判決例は，この回路用接続部材事件判決以降，（この頃は）何件か出されている。

知財高裁第3部（飯村コート）の平成21年3月25日判決（平20(行ケ)10261号）〔キシリトール事件〕も，拒絶査定不服審判の不成立審決に対する取消訴訟であるが，下記のように回路用接続部材事件判決で判示した一般論を踏まえて，当該事案において拒絶引例1及び2を単純に足し合わすことは適切ではないと判断している*12。

「特許法29条2項が定める要件は，特許を受けることができないと判断する側（特許出願を拒絶する場合，又は拒絶を維持する場合においては特許庁側）が，その要件を充足することについての判断過程について論証することを要する。同項の要件である，当業者が先行技術に基づいて出願に係る発明を容易に想到することができたとの点は，先行技術から出発して，出願に係る発明の先行技術に対する特徴点（先行技術と相違する構成）に到達することが容易であったか否かを基

---

*12 知財高裁第3部（飯村コート）の平成21年3月25日判決（平20(行ケ)10153号）〔エァセルラー緩衝シート事件〕もある。これは無効審判の無効審決取消訴訟である。この判決は，訴訟対象の請求項3についての審決の無効判断を取り消している。

準として判断されるべきものであるから，先行技術の内容を的確に認定することが必要であることはいうまでもない。また，出願に係る発明の特徴点（先行技術と相違する構成）は，当該発明が目的とした課題を解決するためのものであることが通常であるから，容易想到性の有無を客観的に判断するためには，当該発明の特徴点を的確に把握すること，すなわち，当該発明が目的とする課題を的確に把握することが必要不可欠である。そして，容易想到性の有無の判断においては，事後分析的な判断，論理に基づかない判断及び主観的な判断を極力排除するために，当該発明が目的とする『課題』の把握又は先行技術の内容の把握に当たって，その中に無意識的に当該発明の『解決手段』ないし『解決結果』の要素が入り込むことのないように留意することが必要となる。さらに，当該発明が容易想到であると判断するためには，先行技術の内容の検討に当たっても，当該発明の特徴点に到達できる試みをしたであろうという推測が成り立つのみでは十分ではなく，当該発明の特徴点に到達するためにしたはずであるという示唆等の存在することが必要であるというべきである。」

「イ　引用例１及び引用例２の組合せの容易性に関する判断

　以下のとおり，引用例１に引用例２を組み合わせることによって，相違点１(本願発明が鼻内へ投与するための鼻洗浄調合物であるのに対し，引用発明は経口投与用溶液製剤であるとの相違点)に係る構成に到達することはないと判断する。すなわち，

(ア)引用例１には，『水溶液１mlあたり400mgのキシリトールを含有する，S.pneumoniaeによる上気道感染を治療するための経口投与用溶液製剤』が記載され，また，『上気道感染において子供に食品であるキシリトールチューインガムによって，キシリトールを経口（全身）投与する臨床試験結果』が示されているが，キシリトールを『経口投与用』溶液製剤として用いることによる作用，機序，副作用回避等の事項までが格別開示されているわけではない。

　引用例２には，PIV3，Ad-5，又は他の感染性剤により引き起こされた病気を患っている検体の気道下部に，病気等の緩和，回復のために，小さい粒子のエアロゾルの形態の有効量のコルチコステロイド又は抗炎症薬を直接デリバリーするための手段を含んで成る治療装置を提供する発明が開示されている。引用発明（上気道感染について子供達にキシリトールチューインガムの形態で経口（全身）投与をするとの臨床試験に基づいて想到した『水溶液１mlあたり400mgのキシリトールを含

有する，……上気道感染を治療するための経口投与用溶液製剤」）と引用発明２（肺炎等の気道下部感染症においてコルチコステロイド等をエアロゾルの形態で局所投与をする処置方法）とは，解決課題，解決に至る機序，投与量等に共通性はなく，相違するから，それらを組み合わせる合理的理由を見いだすことはできないし，そもそも，エアロゾルの形態のままでは吸気しながら鼻へ投与すると，有効成分（キシリトール）が感染部位とは異なる気道下部にまで到達することがあるため，感染部位である鼻内への局所投与の実現は，困難であるというべきである。

　以上のとおりであり，引用例１に接した当業者は，これに気道下部の感染を緩和するための目的でエアロゾルの形態の有効量のコルチコステロイド又は抗炎症薬を投与する引用例２を適用することによって，安全性，多目的性，効率性，安定性等を有するとともに，安価で調合及び投与を可能とするために採用された本願発明の構成（相違点１の構成）に容易に想到できたと解することはできない。」

　(d)　ところで，査定系の審判事件にかかる取消訴訟の判決であっても，登録後に特許要件の有無が問題とされる無効審判（当事者系）事件であっても，その判断の在り方については同じと考えてよいであろう。また，侵害訴訟における進歩性欠如を無効理由とする無効の抗弁についても，特許法104条の３第１項が，“特許無効審判により無効にされるべきものと認められるときは権利の行使ができない”と規定しているとの文言を引き合いに出すまでもなく，審決取消訴訟における進歩性判断の在り方と無効の抗弁における判断の在り方とで差異があるとは思われない（上述のとおり，進歩性判断は規範的評価であることから，判断者の考え方，争われる土俵や当事者の主張立証活動の内容によっては，判断結果が異なり得るが，個別の事件における審判の判断については知財高裁や最高裁の判断が優先するし，裁判所でも上級審の判断が下級審の判断を是正する制度となっており，また同一のタイミングで知財高裁に係属している侵害訴訟と審決取消訴訟は，同一の裁判合議体に事件が配てんされるようにして，判断に齟齬が生じないように事実上の工夫がされている）[13]。

---

[13]　進歩性に関する判決例の紹介については，高橋淳『裁判例から見る進歩性判断』（経済産業調査会，平26）参照。

IV おわりに

　進歩性の判断傾向の推移を歴史的な観点も踏まえて検討してきたが，その判断に際しては，極端にプロパテントに針が振れて，公知技術に近似する技術についてまで特許として独占を認めるのは，自由競争を阻害して特許法第1条の目的にそぐわないので，闇雲に有効性を認める方向で判断するというのはよろしくない。

　また逆に，これまでにはない技術的視点・観点での課題解決原理を提示し得ているにもかかわらず，構成要件的には，似通った構成のものが既に公知技術に存在しているというだけで，相違点を他の公知技術（副引用発明，周知技術）や技術常識等で補えるものと安易に判断してしまう（進歩性欠如の評価をしてしまう）のも発明のインセンティブを失わせる結果を招来せしめることになる。

　進歩性判断は，上記のバランスを探る法的判断であるといえ，その時代時代の空気感も織り込んでの判断なのであろう*14。

＊14　前掲＊5の知財高裁歴代所長座談会45～51頁の飯村元所長発言等参照。

41 特許要件──進歩性(3)

辻本　希世士

> 周知技術，設計事項とは，具体的にどのような意味か。これらは，進歩性判断にどのような影響を与えるか。

キーワード　周知技術，設計事項，課題，動機づけ，慣用技術

I　周知技術，設計事項の意義

(1)　設計事項，周知技術が提示される場面

　無効審判や侵害訴訟においては進歩性を否定したい当事者から，特許出願の審査時においては審査官や審判官から，周知技術や設計事項といった概念が頻繁に主張ないし指摘される。

　ある発明の進歩性を否定するには，先行技術の中から当該発明と類似する構成を備えるものを主引例として特定し，当該発明と主引例の一致点及び相違点を踏まえ，当業者が当該発明に容易に想到できたことを説明する必要があるが，当該発明の有効性を争う当事者や，特許出願を拒絶する旨の判断をする審査官なり審判官は，当該発明と主引例の相違点に係る構成（以下，単に「相違点に係る構成」という）が容易想到であることを説明するための論理の1つとして，相違点に係る構成が周知技術から容易に想到できるとか，設計事項であると説明する。

(2)　周知技術，設計事項の定義

　周知技術や設計事項といった概念は特許法等において厳格に定義づけされておらず，進歩性を否定する論理づけのために用いられる講学上の概念である。

　特に，周知技術については，実務上，概ね，当業者にとって自明の技術事項であるとの意味で用いられているように見受けられるが，審決例等において必ずしも統一的な用語として用いられていないとの指摘もある[*1]。定義づけに

不明確な部分がある以上，周知技術という用語のみに拘泥せず，個々の事案において周知技術として指摘されている技術事項の内容や程度を慎重に特定し，特定された技術事項の内容や程度によって，進歩性の判断に与える影響を事案ごとに検討すべきである。

これに対し，設計事項とは，特許庁『特許・実用新案審査基準』(以下，「審査基準」という)[2]において，以下の類型で整理されている[3]。

① 一定の課題を解決するための公知材料の中からの最適材料の選択
② 一定の課題を解決するための数値範囲の最適化又は好適化
③ 一定の課題を解決するための均等物による置換
④ 一定の課題を解決するための技術の具体的適用に伴う設計変更や設計的事項の採用

以上より，設計事項とは，一定の課題を解決するために当業者が通常の創作能力を発揮して行う事項であると考えられるが，実務上も概ねかかる意味で用いられているように見受けられる。

Ⅱ　進歩性判断における周知技術の位置づけ

(1)　問題点の整理

周知技術を根拠とする容易想到性の主張立証については，樹脂封止型半導体装置の製造方法に係る発明の進歩性が争われた裁判例 (知財高判平24・1・31 (平23(行ケ)10121号) 判時2168号124頁) が，以下のとおり判示する。

「①当業者の技術常識ないし周知技術の認定，確定に当たって，特定の引用文献の具体的な記載から離れて，抽象化，一般化ないし上位概念化をすることが，当然に許容されるわけではなく，また，②特定の公知文献に記載されている公知技術について，主張，立証を尽くすことなく，当業者の技術常識ないし周知技術であるかのように扱うことが，当然に許容されるわけではなく，さら

＊1　相田義明「進歩性の判断構造と，『阻害事由』『発明の効果』『周知技術』について」パテ63巻5号 (別冊3号) (平22) 7～8頁。

＊2　https://www.jpo.go.jp/shiryou/kijun/kijun2/pdf/tukujitu_kijun/03_0202.pdf

＊3　審査基準第Ⅲ部第2章第2節「進歩性」3.1.2(1)。

に，③主引用発明に副引用発明を組み合わせることによって，当該発明の相違点に係る技術的構成に到達することが容易であるか否という上記の判断構造を省略して，容易であるとの結論を導くことが，当然に許容されるわけではない。」

　判示事項①は，周知技術の内容は，公知文献の具体的な記載等に基づいて特定することを要請し，かかる記載等から離れた抽象化，一般化ないし上位概念化は認められないことを指摘するものである。また，判示事項②は，周知技術の内容は，主張立証が尽くされることによって認定されることを指摘するものである。そして，判示事項③は，相違点に係る構成が周知技術に該当すれば直ちに相違点に係る構成の容易想到性が肯定されるのではなく，他の場合と同様，主引例に周知技術を組み合わせて相違点に係る構成に容易に想到することの論理づけも問われることを指摘するものである。

　このうち，判示事項①及び②は周知技術の特定に係る問題であり，判示事項③は特定された周知技術に基づく論理づけに係る問題であるため，以下，この２つの観点から検討を進める。

(2) 周知技術の特定に係る問題

(a) 引用文献の具体的な記載等から離れて特定してはならないこと

　周知技術は，他の公知技術と同様，公知文献の記載等から導かれる事項との関係で具体的に特定される必要がある。例えば，上記(1)の裁判例では，樹脂封止型半導体装置の製造方法において，「製造工程において素材あるいは製品を分割して，個々の製品を製造する場合に，分割前の素材に，素材の機能に影響を与えない箇所に記号等を表示しておき，製品となった後に，その記号等を利用して分割前の場所に起因する不良解析を行う」との技術が，相違点に係る構成を容易想到とする根拠としての周知技術として提示された。しかるに，裁判所は，当該技術は，訴訟で提示された周知例の具体的な記載内容を抽象化ないし上位概念化しない限り，周知技術であるとは認定できないと判示し，当該技術を周知技術であるとは認めなかった。

　公知文献の具体的な記載等から離れて，抽象化，一般化ないし上位概念化された事実が認定され得ないことは当然であるが，周知技術とは当業者にとって自明な技術常識に属する事項であるため，発明の進歩性を否定したい者として

はその内容を広く捉えたい欲求にかられる。にもかかわらず、上記(1)の裁判例でも判示されているとおり、周知技術は、当業者にとって自明の技術事項であるという性質上、改めて公知文献に明記されない場合も多い。これらのことから、周知技術の内容は、特定の公知文献から読み取れる技術内容を抽象化、一般化ないし上位概念化して提示されがちであるため、判示事項①のような注意喚起がなされる。

　また、上記(1)の裁判例は、「当業者の技術常識ないし周知技術についても、主張、立証をすることなく当然の前提とされるものではなく、裁判手続（審査、審判手続も含む。）において、証明されることにより、初めて判断の基礎とされる」とも判示する。周知技術も事実である以上、争いがあれば証拠による証明の対象になることは当然であるが、周知技術が当業者にとって自明の技術事項である以上、その該当性の判断には「自明」といった評価的な概念が含まれ、立証に困難を伴う場合もある。このため、上記(1)の裁判例も、「当業者の技術常識ないし周知技術は、必ずしも、常に特定の引用文献に記載されているわけではないため、立証に困難を伴う場合は、少なくない」との配慮は示すものの、だからといって争いのある事実が証拠に基づかずに認定されてはならないため、判示事項②のような念押しもなされる。

　(b)　周知技術が採用される目的や課題との関係にも配慮すべきであること

　周知技術の内容は、当該技術が採用される目的や課題との関係で特定することが要請されることもある。例えば、臭気中和化及び液体吸収性廃棄物袋に係る発明の進歩性が争われた裁判例（知財高判平23・9・28（平22(行ケ)10351号）判時2135号101頁）では、「液透過性のライナーが、吸収材に隣接して配置された技術」が周知技術として提示されていたが、裁判所は、当該技術の有する機能、目的ないし解決課題、解決方法等を捨象し、当該技術一般につき一様に周知であるとして、相違点に係る構成が容易想到であるとの結論を導くことは妥当でないと判示した*4。

　判示事項③のとおり、容易想到性の判断には、主引例に周知技術を組み合わ

＊4　周知技術の認定に際して当該技術の有する機能や課題等に触れる裁判例は、他にも見受けられる（知財高判平23・2・8（平22(行ケ)10056号）判タ1357号190頁）。

せて相違点に係る構成に想到することの論理づけも問われるところ，論理づけのうち主要なものとしては，主引例に周知技術を組み合わせることの動機づけがある。そして，この動機づけの有無は，課題や作用，機能の共通性等を総合考慮して判断されるため*5，周知技術の内容も，課題や作用，機能との関連も含めて特定すべき場合が必然的に多くなる。

(c) ま と め

上記(a)(b)を総合すると，周知技術を特定する場面においては，公知文献の記載等に基づき具体的に特定すること，及び，課題や作用，機能との関連も含めて特定すべき場合も多いこと，に留意すべきである。

(3) 周知技術に基づく容易想到性の論理づけ

(a) 論理づけの必要性

周知技術とは自明な技術常識に属する事項であるから，相違点に係る構成が周知技術に該当すれば，当該構成の容易想到性は当然に肯定されるようにも思える。

しかしながら，容易想到性は，主引例に他の公知技術を組み合わせることが容易である場合に肯定されるから，相違点に係る構成が周知技術に該当するというのみでは足りず，もう一歩踏み込んで，当該周知技術を主引例に組み合わせることの容易性を論理づけることも必要とされる。

(b) 主引例が動機づけを含有する場合

周知技術を主引例に組み合わせることの論理づけは，上記(2)(b)のとおり主引例に副引例を組み合わせることの動機づけの観点から説明されることが多い。そして，主引例中に，進歩性が問われる発明と共通の課題や，周知技術を適用することの示唆が記載されている場合には，動機づけが肯定されやすい。

例えば，印刷物に係る発明の進歩性が問われた裁判例（知財高判平24・12・17（平24(行ケ)10090号・10414号）裁判所ホームページ）は，周知技術の内容を「広告の一部に返信用葉書を切取り可能に設けること」と認定し，プリペイドカード付きシートに係る主引例記載の発明のプリペイドカードに代えて葉書を採用することは容易想到であると判断した。その際，裁判所は，主引例には「プリペイ

---

*5　詳細は，審査基準第Ⅲ部第2章第2節「進歩性」3.1.1参照。

ドカードに代えてかかる分離させる必要があるものを採用するについての動機付けを含有する」ことを前提にしていた。この裁判例のように，主引例に他の技術を組み合わせることの動機づけが包含されていると評価される場合，当業者にとって自明の技術事項である周知技術を主引例に組み合わせることは，原則として容易であると考えられる[6],[7]。

(c) 各種の技術分野で各種用途に汎用的に用いられる場合

周知技術を主引例に組み合わせることの論理づけは，周知技術が各種の技術分野で各種用途に汎用的に用いられるとの観点から説明されることもある。このことは，「当該技術が，当業者にとっての慣用技術等にすぎないような場合は，必ずしも動機付け等が示されることは要しない」と判示する裁判例（知財高判平23・3・8（平22(行ケ)10273号）判タ1375号195頁）[8]のように，慣用技術という観点から説明されることもある。

例えば，球技用ボールにおける外皮側とボール側との接着方法に係る発明の進歩性が争われた裁判例（知財高判平24・7・11（平23(行ケ)10297号）裁判所ホームページ）は，接着用途として水反応型接着剤を用いることを周知技術として特定し，メルトン貼りボールに係る主引例において，ボールの接着用途として周知技術である水反応型接着剤を適用することに困難性はないと判示した。その際，裁判所は，「シアノアクリレートやポリウレタン等の水反応型接着剤が知られており，電気カーペット等の面状採暖具の接着用途のみならず，卓球ボー

---

*6 主引例が動機づけを含有する場合に周知技術を組み合わせることによる論理づけを肯定する裁判例は，他にも見受けられる（知財高判平22・3・17（平21(行ケ)10191号）裁判所ホームページ，知財高判平25・10・16（平25(行ケ)10035号）裁判所ホームページ）。

*7 逆に，水処理装置に係る発明の進歩性が争われた裁判例（知財高判平24・9・19（平23(行ケ)10398号）裁判所ホームページ）は，「一般に，被処理水にガスを供給することについて，圧力を高める機能を有するエジェクターを用いることは，本件出願前周知の事項である」としつつも，主引例には「エジェクターと噴霧装置とを併用することの示唆や動機付けはない」ことを前提に，噴霧装置を既に備える主引例にさらにエジェクターを組み合わせることの論理づけを否定した。この裁判例のように，主引例に他の技術を組み合わせることの動機づけが包含されているとは評価されない場合，周知技術を主引例に組み合わせることが容易であるとの論理は成立しづらい。そして，主引例が動機づけを含有しない場合に，周知技術を組み合わせることによる論理づけを否定する裁判例は，他にも見受けられる（知財高判平21・9・30（平20(行ケ)10431号）裁判所ホームページ，知財高判平21・10・22（平20(行ケ)10398号）判時2080号69頁）。

*8 結論としては当該技術を慣用技術としては認定せず，容易想到性を否定し，進歩性を肯定した。

ル，ソフトテニスボール，ゴルフボールなどの球技用ボールの接着用途も含めて，一般的に用いられる，すなわち，汎用性を有するものと認められる」ことを前提にしていた。この裁判例のように，相違点に係る構成が各種の技術分野で各種用途に汎用的に用いられる事項であるにすぎない場合は，課題の共通性や主引例中の示唆に基づく動機づけが特に示されなくても，容易想到性が肯定されることがある*9, *10。

(4) 周知技術を踏まえた容易想到性判断のステップ

上記(2)(3)を踏まえると，進歩性の判断に周知技術を用いる場合，以下のようなステップで検討を進めるとよい。

［ステップ1——特定に際して］

・周知技術の内容は，公知文献の記載等から具体的に特定する。

・内容の特定に際しては，当該技術の目的や機能ないし適用される技術分野や用途に係る汎用性の程度にも配慮する。

［ステップ2——論理づけに際して］

・相違点に係る構成が周知技術に該当するというのみで，容易想到性は肯定してはならず，周知技術を主引例に組み合わせることの論理づけを検討する。

・論理づけの成否は，周知技術を組み合わせる動機づけが主引例に含有されているか，周知技術が当該事案における技術分野においても汎用的に用い

---

*9　各種の技術分野で各種用途に汎用的に用いられる技術を組み合わせることによる論理づけを肯定する裁判例は，他にも見受けられる（知財高判平18・1・31（平17(行ケ)10488号）裁判所ホームページ，知財高判平25・4・26（平24(行ケ)10266号）裁判所ホームページ）。

*10　ただし，周知技術が当該事案における技術分野でも用いられるものか否かは，慎重に問われる。例えば，半導体装置の製造方法及び半導体装置に係る発明の進歩性が争われた裁判例（知財高判平24・6・26（平23(行ケ)10316号）裁判所ホームページ）は，「樹脂封止は，半導体装置の封止手段として一般的に行われている方法であり，樹脂封止のうち，ポッティング法，キャスティング法，コーティング法，トランスファ成型法において，封止用樹脂としてシリコン系樹脂を使うことは，当業者に周知な技術であると認められる。」としつつも，「引用発明のように，半導体装置を金型中に載置し，金型と半導体装置との間に封止用樹脂を供給して圧縮成形する樹脂封止方法において，封止用樹脂としてシリコン系樹脂を使うことが当業者に周知な技術であると認めるに足りる証拠はない。」として，出願に係る発明の技術分野に周知技術を適用することを否定した。また，一定の範囲で周知技術の存在を認めつつも，当該事案における技術分野でも用いられることを否定する裁判例は，他にも見受けられる（知財高判平23・10・24（平23(行ケ)10021号）裁判所ホームページ）。

られる程度の内容に至っているか，といった観点から判断する。

上記Ⅰ(2)のとおり，周知技術という用語自体には法的な定義づけがないため，周知技術の定義のみを抽象的に議論する意義は乏しい。それよりも，個々の事案において提示されている周知技術の意味を具体的に特定し，特定された内容を適切に評価することが重要であり，それにより，周知技術を踏まえた容易想到性の判断の精度は高められる。

Ⅲ 進歩性判断における設計事項の位置づけ

(1) 設計事項該当性の判断

上記Ⅰ(2)のとおり，設計事項とは当業者が通常の創作能力を発揮して行う事項であるが，当業者が通常の創作能力を発揮して行えるということは，当業者が容易になし得ることと同義である。このため，相違点に係る構成が設計事項であると判断されれば，その容易想到性は肯定される方向に働く[11]。

この点，審査基準では設計事項が上記Ⅰ(2)の4類型に整理されているところ，いずれも「一定の課題を解決するための」という限定が付されている。すなわち，ある事項が設計事項に該当するためには，進歩性が争われる発明の課題を解決するために行われる必要がある。例えば，エレベータに係る発明の進歩性が争われた裁判例（知財高判平24・1・16（平23(行ケ)10144号）裁判所ホームページ）は，「エレベータ，クレーン等の巻上機に用いる巻上用のワイヤロープを0.3mm程度の太さの鋼ワイヤで構成すること」を周知技術であると認定し，この周知技術を主引例に組み合わせることは設計事項であると判断したが，その際，裁判所は，「エレベータの巻上ロープの太さを低減しようとすることが周知の技術的課題1と認められる」ことを前提にしていた[12]。

以上のとおり，設計事項の該当性を判断する際には，当該事項が解決しようとする課題に配慮することが重要である。

(2) 周知技術との関係

上記(1)のとおり，相違点に係る構成が設計事項であると判断されれば，原則

---

[11]　審査基準第Ⅲ部第2章第2節「進歩性」3.1.2(1)。

として容易想到性が肯定される。このことは，周知技術につき，相違点に係る構成が周知技術に該当するというのみでは容易想到性は肯定されず，主引例と組み合わせることの論理づけが問われることと対照的であるが，上記(1)のとおり，設計事項該当性の判断に際しては，当該事項が解決しようとする課題に配慮することが求められる。そして，課題に配慮するためには，周知技術を主引例に組み合わせることの論理づけと同様の検討を行う必要がある。

　例えば，化粧料用容器に係る発明の進歩性が争われた裁判例（知財高判平26・8・28（平25(行ケ)10314号）裁判所ホームページ）は，容器本体に対して中蓋ないし中皿を抜き取り再差し込み可能とし，化粧料を補充可能とすることにより，容器を使い捨てすることなく再使用する構成を周知技術として認定し，かかる周知技術と主引例は作用，機能において共通すると判断した。そして，かかる判断を根拠として，相違点に係る構成に想到することは当業者において容易であり，その際，収納された化粧料の漏れ等を防ぐため，中枠を容器本体に密接状態で配置することも設計事項であると判示した。この裁判例では，主引例と周知技術の作用，機能の共通性を根拠として，設計事項該当性を肯定しているが，作用，機能の共通性は，周知技術を主引例に組み合わせる際の論理づけのうち，上記Ⅱ(3)(b)の動機づけを構成する要素の１つである。

　このように，設計事項該当性の判断は，周知技術を主引例に組み合わせることの論理づけと重なる部分が多い。この点，設計事項とは当業者が通常の創作能力を発揮して行う事項であるが，当業者が通常の創作能力を発揮するには自らにとって自明な技術事項を利用するはずであるから，設計事項とは，周知技術を適用することで容易に行われる事項であると言い換えることもできる。す

＊12　逆に，インクカートリッジ及びインクカートリッジホルダに係る発明の進歩性が争われた裁判例（知財高判平21・9・1（平20(行ケ)10405号）判時2070号118頁）では，進歩性が争われた発明と主引例の相違点である「位置決め部」と「接続電極部」の位置関係に関し，「課題として解決すべき位置ずれについて，本件補正発明においては，上記のとおり製品ごとのばらつきやインクカートリッジホルダのクリアランスによるものが意識されており，本件補正発明はこのような位置ずれによる影響を最小限に抑えようとするものであるのに対し，引用発明においては，一般的な位置決め精度の向上という観点が記載されるのみであり，製品ごとのばらつき等による位置ずれを解消しようとするものではないと解されることから，両者の課題認識は，少なくともこの点において相違している。」として，相違点に係る構成は設計事項に該当しないと判断された。このように，進歩性が争われる発明とは異なる課題を解決するために行われる事項は，設計事項には該当しないと判断される傾向にある。

なわち，周知技術が技術そのものを指す概念であるのに対し，設計事項は，周知技術を利用する行為に着目した概念であると整理できるから，周知技術を主引例に組み合わせることの論理づけと設計事項該当性の判断が重なるのも当然である。

以上のように，相違点に係る構成が設計事項に該当すると判断されれば，その容易想到性は原則として肯定されるが，このことは，設計事項の判断においては容易想到性の論理づけが不要になることを意味するのではなく，周知技術を主引例に組み合わせることの論理づけと同様の判断が設計事項の定義の中に含有されていると考えるべきである。

Ⅳ　手続上の問題

(1)　拒絶理由に追加変更される場合

拒絶査定不服審判の審理において，拒絶査定で示されたものから理由を追加変更して出願を拒絶する旨の審決がなされる場合，特許庁は出願人に対し，意見書提出の機会を付与しなければならない（特159条2項で準用する特50条）。周知技術を追加変更的に指摘して出願を拒絶する場合も，裁判例（知財高判平21・9・16（平20(行ケ)10433号）裁判所ホームページ）は，「周知技術1及び2が著名な発明として周知であるとしても，周知技術であるというだけで，拒絶理由に摘示されていなくとも，同法29条1，2項の引用発明として用いることができるといえないことは，同法29条1，2項及び50条の解釈上明らかである。」と判示する。

もっとも，周知技術の場合，例外的に意見書提出の機会を付与しなくても違法にならないことがある。例えば，「拒絶理由を構成する引用発明の認定上の微修整や，容易性の判断の過程で補助的に用いる場合，ないし関係する技術分野で周知性が高く技術の理解の上で当然又は暗黙の前提となる知識として用いる場合」（上記裁判例）や，「付加変更した部分が，当業者において，先行技術を理解し，新たな発明をしようとする上で周知の事項であり，請求人に対して意見を述べる機会を付与しなくとも，手続の公正を害さないと認められる事情が存する場合」（知財高判平22・1・28（平21(行ケ)10150号）判時2083号130頁）は，拒

絶査定不服審判の審理において周知技術を追加変更的に指摘して出願を拒絶するに際し，意見書提出の機会を付与しなくても違法にはならないと判示する。

このように，出願を拒絶する理由に周知技術が追加変更的に指摘される場合，原則として意見書提出の機会が付与される必要があるが，手続の公正を害さないと認められる場合には，かかる機会の付与がなくても例外的に違法とはされない。

(2) 周知技術を裏づける証拠が追加される場合

出願手続及び無効審判の双方において，審決に至って，周知技術を裏づける証拠が追加的に指摘されることがある。審判手続は職権探知主義に基づいて進められるため（特150条1項），特許庁が自ら進歩性を否定する証拠を収集することは可能であるが，職権証拠調べを行った場合，当事者に意見を申し立てる機会を付与しなければならない（特150条5項）。仮にかかる手続に反して審決がなされた場合，反論や反証の機会が実質的に与えられていたと評価できるか，不意打ちにはならないと認められるような特別の事情がなければ，審決取消事由を構成するとされている（最判平14・9・17（平13（行ヒ）7号）裁判集民事207号155頁）。

もっとも，周知技術については，「審決が引用した甲6～甲8の文献は，いずれも周知技術であることを示すものとして例示されているにすぎないものであり，周知技術であることを示すものとして文献を引用したことをとらえて，職権で証拠調べをしたことに当たるとすることはできないから，同文献について審判請求人に意見を述べる機会を与えなかったからといって，特許法150条5項の手続違反があるということはできない。」と判示する裁判例（知財高判平17・10・26（平17（行ケ）10199号）裁判所ホームページ）がある。

このように，周知技術を裏づける個別の公知例については，職権で証拠調べを行ったものについては意見を述べる機会が付与されなければならないが，周知技術の例示として挙げたにすぎず，証拠調べによって認定したものではないとの論理が成立すると，意見を述べる機会が付与されなくても違法にならないこともある。

(3) ま と め

周知技術は，当業者にとって自明な技術事項であるという性質上，当然の前

提として審理を進めることが許容される場合もあると考えられる。しかしながら，周知技術の内容をどのように特定するかが進歩性判断に大きな影響を与えることに鑑みれば，特許出願を拒絶する場合や特許権を無効とする場合の理由や裏づけとなる証拠の指摘を安易に省略して審決に至ることは望ましくない。特に審決で不利を受けることになる当事者に対しては，審判手続において，不意打ちになることなく反論反証の機会が十分に付与されるよう適切な指揮がなされるべきである。

42 特許要件——進歩性(4)

梶崎　弘一

化学関連発明の進歩性判断（特に効果の参酌）は，どのように行われるか。

キーワード　化学関連発明，数値限定発明，用途限定発明，選択発明，パラメータ発明

I　はじめに

特許法上，進歩性については，「前項各号に掲げる発明に基いて容易に発明をすることができたときは，……特許を受けることができない。」（特29条2項）と規定され，「発明をする」とは，効果等を含めた「発明概念[1]」ではなく，「発明の構成」に想到することと解されている[2]。

しかし，進歩性の判断において，効果が参酌される場合があり，化学関連発明[3]とその他の発明（以下，「他分野発明」という）とでは，効果の参酌の程度が異なる[4]。このような相違は，両発明の性質の相違（効果の予測性の違い）と，

---

[1]　本稿では，課題，構成（又は解決手段），及び効果で把握される発明の概念を「発明概念」という。

[2]　典型的な判決として，知財高判平23・1・31（平22（行ケ）10122号）裁判所ホームページ〔オキサリプラティヌム事件〕では「一般に，当該発明の容易想到性の有無を判断するに当たっては，当該発明と特定の先行発明とを対比し，当該発明の先行発明と相違する構成を明らかにして，出願時の技術水準を前提として，当業者であれば，相違点に係る当該発明の構成に到達することが容易であったか否かを検討することによって，結論を導くのが合理的である。」と説示する。

[3]　特許明細書には，実施例（実際に行った実験例）による効果の裏付けの記載がある場合と，当該記載がない場合とがあり，化学関連発明は前者の場合が通常であるため，本稿では，「明細書に実施例による効果の裏付けの記載がある発明」を「化学関連発明」として扱う。

[4]　特許庁の『審査基準』第III部第2章第2節「進歩性」3.2.1「引用発明と比較した有利な効果」(1)には，「物の構造に基づく効果の予測が困難な技術分野に属するものについては，引用発明と比較した有利な効果を有することが進歩性の有無を判断するための重要な事情になる。」と記載され，化学関連発明への適用を示唆する。

明細書の記載の相違（実験例の記載の有無）とにより生じている*5。そして，化学関連発明の進歩性判断の特殊性は，効果の参酌の相違から生じるといっても過言でない。

一方，裁判例を分析すると，進歩性を判断する手法にはいくつかのパターンがあり，「発明概念」との関係では，後述する3つの類型に分類できる。これらの類型ごとに効果の参酌が行われる理由を考察しないと，化学関連発明の進歩性判断に関する裁判例で，どのように効果が参酌されるかうまく理解できない。

したがって，本稿では進歩性判断の類型に応じた効果の参酌のされ方をまず検討し，それに基づいて，化学関連発明のタイプに応じた進歩性について，裁判例を挙げながら，考察を試みたい。

Ⅱ　進歩性判断の類型に応じた効果の参酌

(1)　進歩性判断の類型

「構成への想到」の容易性を判断する手法を，「発明概念」との関係で理論的に漏れなく分類するには，まず，共通性が大きい発明概念が既に存在する場合と，存在しない場合とに分類し，次に後者の場合を，対象発明の課題との関係で構成の想到容易性を判断する場合と，当該課題とは無関係に構成の想到容易性を判断する場合とに分類すればよい。より具体的には，次の3つの類型となる。

1つ目は，判断対象となる発明が，公知の発明に対して発明概念の共通性が大きい場合に，当該公知発明との構成の差異が，単なる常套手段の適用である場合に進歩性なしと判断する手法である（以下，「発明概念共通型」という）。2つ目は，共通する公知の発明概念は存在しないものの，課題への想到と課題から構成への推考とが容易な場合に進歩性なしと判断する手法である（以下，「発明

---

*5　他分野発明の場合，作用効果が予測しやすい傾向のため，特定の解決手段により課題が解決できること（作用機序）を，明細書において論理的に説明するのが通常である。これに対して，化学関連発明の場合，作用効果が予測し難い傾向があるため，効果を裏付ける実施例を明細書に記載し，特定の解決手段により，所期の効果が得られることを実験的に裏付けるのが通常である。

概念想到型」という)。3つ目は，これら発明概念とは関係なしに，まったく別の思考過程により構成に容易に想到できる場合に進歩性なしと判断する手法である（以下，「別思考想到型」という）。

(2) 「発明概念共通型」について

この類型の判断で進歩性が否定され得る発明としては，引用発明との相違点が，設計的事項の採用，数値範囲の最適化又は好適化，公知材料の中からの最適材料の選択，などの場合である[6]。いずれも新規性は一応有しているものの，共通性の大きい公知の発明概念が存在する場合に，当業者の常套手段を適用すること自体が，当業者の通常の創作能力の発揮といえるため，その適用により構成が想到容易であると判断される。

他分野発明の場合，常套手段による特別な効果が明細書で裏付けられておらず，常套手段に特別な技術的意義が生じないし，常套手段の適用による効果も当業者が予測できる場合が多い。結局，「発明概念共通型」として進歩性を否定できる場合，構成への想到だけでなく，発明概念への想到も容易となり，「構成の容易想到性」と「発明概念の容易想到性」の判断の結論が一致することになる。

一方，化学関連発明では，常套手段の適用によっても，当業者に予測できない顕著な効果が生じ，それが明細書に記載される場合がある。例えば，上位概念が公知である化合物群から，その一部を選択することは当業者の常套手段といえるが，群全体に認められる効果とは異質の効果（異なる属性）が見出された場合である。その場合，最早，発明概念が共通する公知技術が存在するとはいえず，しかも効果が顕著であれば何らかの形で保護すべきと解されている[7]。ただし，常套手段の適用による効果が当業者に予測可能な場合，当該効果が新たに見出されたとはいえず，保護に値しない。

---

[6] 特許庁の『審査基準』第Ⅲ部第2章第2節「進歩性」3.1.2「動機付け以外に進歩性が否定される方向に働く要素」にも，これらを「進歩性が否定される方向に働く要素となる」として例示している。

[7] 東京高判昭62・9・8（昭60(行ケ)51号）裁判所ホームページ〔無定形合金事件〕では，「いわゆる選択発明は，……発明をいい，この発明が先行発明を記載した刊行物に開示されていない顕著な効果，すなわち，先行発明によって奏される効果とは異質の効果，又は同質の効果であるが際立って優れた効果を奏する場合には<u>先行発明とは独立した別個の発明として特許性を認めるのが相当である。</u>」と説示する。

42 特許要件──進歩性(4) 529

　結局のところ，化学関連発明の場合，常套手段の適用が当業者の通常の創作
能力の発揮であるとの判断は，「推定」の域を出ないことになり＊8，効果の顕
著性によって，「発明概念共通型」の進歩性判断における「推定」が覆ること
になる。

(3) 「発明概念想到型」について

　この類型は，一般的な発明完成の過程に倣って，課題への想到＊9と課題か
ら構成への推考＊10とが容易な場合に進歩性なしとする判断手法である。課題
は効果の裏返しであるため，この判断手法は，発明概念への容易想到性を実質
的に判断するものといえる。

　他分野発明では，公知の課題を複数の構成の組合せによって解決する発明が
典型的であるが，その場合，同じ技術分野の複数の引用例に，各々の構成が記
載されているだけで，進歩性が否定されやすくなる。課題を解決するための複
数の構成の組合せについて，その効果が予測しやすいため，動機付けが論理付
けできる傾向があるからである。

　これに対して，化学関連発明が複数の構成の組合せに関する発明である場合
(例えば組成物の発明)，構成から作用効果を予測しにくいため，構成のみを示す
引用例では，その構成を他の引用例に組み合わせた場合に，所期の効果が得ら
れるか否かが予測しにくい。このため，特定の課題に対して，解決手段（構

＊8　特許庁の『審査基準』第Ⅲ部第2章第4節6「数値限定を用いて発明を特定しようとする
　　記載がある場合」6.2の「主引用発明との相違点がその数値限定のみにあるときは，通常，そ
　　の請求項に係る発明は進歩性を有していない。実験的に数値範囲を最適化又は好適化するこ
　　とは，通常，当業者の通常の創作能力の発揮といえるからである。」との記載は，数値限定が
　　通常の創作能力の発揮であると「推定」していることの表れである。

＊9　特許庁の『審査基準』第Ⅲ部第2章第2節「進歩性」3.3「進歩性の判断における留意事項」
　　(2)には，「請求項に係る発明の課題が新規であり，当業者が通常は着想しないようなものであ
　　ることは，進歩性が肯定される方向に働く一事情になり得る。」との記載があり，課題への想
　　到性が進歩性判断の前提となり得る。

＊10　代表的な判決例として，知財高判平21・1・28（平20(行ケ)10096号）裁判所ホームページ
　　〔回路用接続部材事件〕では，「ところで，出願に係る発明の特徴点（先行技術と相違する構
　　成）は，当該発明が目的とした課題を解決するためのものであるから，容易想到性の有無を
　　客観的に判断するためには，……当該発明が目的とする課題を的確に把握することが必要不
　　可欠である。……さらに，当該発明が容易想到であると判断するためには，先行技術の内容
　　の検討に当たっても，当該発明の特徴点に到達できる試みをしたであろうという推測が成り
　　立つのみでは十分ではなく，当該発明の特徴点に到達するためにしたはずであるという示唆
　　等が存在することが必要であるというべきであるのは当然である。」と説示した上で，進歩性
　　を肯定した。

530　第3章　特許権侵害訴訟における攻撃防御方法　第2節　侵害論における被告の抗弁に関する問題

成）の推考の困難性が高く，効果の予測性が構成の推考の容易性に直接影響する。

　一方，効果が顕著であっても，効果の予測性が高いと進歩性が否定されるのが通常である*11。化学関連発明の多くの裁判例では，構成が想到容易な点に加えて，効果が予測できる点を指摘して，進歩性を否定しているが，効果が予測できるという事実によって，発明概念についても容易想到であることを念押ししていると解される。

　効果の顕著性については，「異質で顕著な効果」と「同質で量的に顕著な効果」とを分けて考える必要がある。「異質で顕著な効果」については，効果が公知技術とは異質であるほど，効果の予測性も低くなりやすく，また，「同質で量的に顕著な効果」についても，臨界的に量が変化するような場合には，効果の予測性も低くなる。したがって，予測性に与える影響は，「異質で顕著な効果」のほうが大きく，その場合，「新たな課題を解決」したとの主張も可能となり，「発明概念想到型」での進歩性が否定しにくくなる*12。

　以上のように，化学関連発明では，「発明概念想到型」の判断を前提とする場合，予測困難で顕著な効果があるという事実*13によって，これが直接的に進歩性を肯定する方向に働く*14。

---

*11　例えば，知財高判平17・6・2（平17（行ケ）10458号）裁判所ホームページ〔局所投与製剤事件〕では，原告の「本件発明1の点鼻剤が極めて高い有効率を有する優れた医薬であることがわかる。」との主張に対して，「3剤の配合によれば……期待し得る効果として十分に期待可能であるという意味で予測可能な範囲内にあるということができる。」と判示して，顕著性を検討するまでもなく進歩性を否定する。

*12　高石秀樹「進歩性判断における『異質な効果』の意義」別冊パテ15号39～69頁では，多くの裁判例に基づいて，「『異質な効果』は本願発明が引用例とは異なる新たな課題等を設定し，これを解決したことが構成の容易想到性を否定（進歩性を肯定）する方向に働く要素の一つと理解することが可能である。」と述べている。

*13　高石秀樹・前掲*12論文では，この事実を「評価障害事実」と呼んで，進歩性判断における「効果」の位置付けにつき，評価障害事実説の立場をとるが，本稿では，「発明概念想到型」の判断において，「効果」の位置付けの説明を試みた。

*14　知財高判平28・4・13（平27（行ケ）10114号）裁判所ホームページ〔タイヤ事件〕では，「本願発明の効果が，上記容易想到に係る構成を前提としても，引用発明1に引用発明2を適用することによって生じ得る相乗効果を大きく上回るなど，当業者にとって予測し難い顕著なものである場合でない限り，本願発明の進歩性を肯定することはできない。」と説示し，「発明概念想到型」の判断において，当該効果が直接的に進歩性の判断に影響することを示唆する。

(4) 「別思考想到型」について

　この類型は，発明概念や課題とは関係なしに，まったく別の思考過程により構成に想到できるか否かを判断する手法であり，特許法の規定から許容される判断手法である*15。

　他分野発明の場合，結果的に発明の構成全体が容易に想到できる場合には，それによる効果も予測しやすく，発明概念に対する容易想到性の判断を実質的に行っているため，「別思考想到型」の判断で進歩性を否定することに違和感はない。

　しかし，化学関連発明が，発明概念や課題とは関係なしに，まったく別の思考過程により構成に容易に想到できる場合，想到される発明概念は，判断対象となる発明の発明概念とまったく異なる場合が生じる。このため，構成に想到容易であると判断できても，発明概念には到達していないことになり，これをもって，進歩性なしとし得るのかという問題が残る。

　この点に関する裁判例*16として，「別思考想到型」の判断により構成の容易想到性を認めた上で，「その作用効果が，その構成を前提にしてなおかつ，その構成のものとして予測することが困難であり，かつ，その発見も困難である，というようなときに，一定の条件の下に，推考の容易なものであるとはいえ新規な構成を創作したのみでなく，上記のような作用効果をも明らかにしたことに着目して，推考の困難な構成を得た場合と同様の保護に値すると評価してこれに特許性を認めることには，特許制度の目的からみて，合理性を認めることができると考えられる。しかし，……構成自体の推考は容易であると認められる発明に特許性を認める根拠となる作用効果は，当該構成のものとして，予測あるいは発見することの困難なものであり，かつ，当該構成のものとして

---

*15　欧州特許庁では課題解決アプローチが採用されているが，日本特許庁では，『審査基準』第Ⅲ部第2章第2節「進歩性」3「進歩性の具体的な判断」の「(1)　審査官は，請求項に係る発明と主引用発明との間の相違点に関し，進歩性が否定される方向に働く要素（3.1参照）に係る諸事情に基づき，他の引用発明（以下この章において『副引用発明』という。）を適用したり，技術常識を考慮したりして，論理付けができるか否かを判断する。」との記載からもわかるように，発明概念や課題とは関係なしに，結果的に発明への想到が容易であれば進歩性を否定する手法をとる。

*16　東京高判平14・3・28（平12(行ケ)312号）裁判所ホームページ〔焼き菓子の製造方法事件〕。ただし，この判決では顕著な効果を否定している。

予測あるいは発見される効果と比較して，よほど顕著なものでなければならないことになるはずである。」と判示したものがある。

最近の判決でも，「別思考想到型」の判断において，顕著な効果を認めた裁判例（知財高判平24・11・13（平24（行ケ）10004号）裁判所ホームページ〔シュープレス用ベルト事件〕）が存在するが，「別思考想到型」の判断では，特別に顕著な効果が構成とは独立して進歩性を基礎付ける要件として機能するという「独立要件説」*17が妥当とせざるを得ないだろう。

(5) 小　　括

以上のように，化学関連発明では，いずれの類型においても，当業者に予測困難で顕著な効果（特に異質な効果）があるという事実により，進歩性が認められやすくなる。つまり，構成の容易想到性のみではなく，「発明概念」への容易想到性によっても進歩性が判断される側面を有する。

ただし，効果の参酌の方法・程度は，進歩性判断の類型により異なり，「発明概念共通型」の判断では，発明概念の共通性との関係で顕著な効果が参酌され，「発明概念想到型」では，効果の予測性が重要となり，「別思考想到型」では，特に高い「効果の顕著性」が要求され得る。

Ⅲ　化学関連発明のタイプに応じた進歩性

(1) 選択発明

選択発明は，元々，その新規性を判断する際に，効果を参酌して発明を区別するという考え方で発展した法理であるが*18，一般式で特定された有機化合

＊17　田村善之「『進歩性』（非容易推考性）要件の意義：顕著な効果の取扱い」別冊パテ15号1〜12頁では，独立要件説を否定しつつも，二次的考慮説を許容する結論となっている。

＊18　東京高判昭56・11・5（昭54（行ケ）107号）裁判所ホームページ〔新規ペニシリン及びその塩の製造法事件〕では「けだし，特許出願に係る発明の構成要件が，既知の文献又は特許明細書に記載された発明にその下位概念として全部包摂されるときは，原則として同一発明として特許を受けることができないというべきであるが，しかし，先行発明には具体的には開示されていない選択肢を選び出し，これを結合することにより先行発明では予期できなかった特段の効果を奏する発明に特許を与えることは，発明を奨励し，産業の発達に寄与することを目的とする特許法の精神に合致するから，形式的に二重特許になる場合であっても，右のような選択発明に特許を与えることを否定すべき理由はないからである。」と説示する。

物からの選択だけでなく，合金のような組成物[19]，用途限定した発明（例えば，東京高判平15・12・26（平15(行ケ)104号）裁判所ホームページ〔タキキニン拮抗体の医学的新規用途事件〕）などの場合にも，その法理が適用され得る。

典型的な判決例[20]では，「いわゆる選択発明とは，構成要件の中の全部又は一部が上位概念で表現された先行発明に対し，その上位概念に包含される下位概念で表現された後行発明であって，先行発明が記載された刊行物中に具体的に開示されていないものを構成要件として選択した発明をいい，後行発明が先行発明を記載した刊行物に開示されていない顕著な効果を奏する場合に，先行発明とは独立した別個の発明として認められるものである。」と判示する。ここで，構成要件が刊行物中に具体的に開示されている場合は，効果の顕著性とは無関係に「新規性なし」と判断される[21]。また，下位概念で表現された後行発明は，選択肢として記載された先行発明の一部であってもよい[22]。

さらに，当該選択による効果が，当業者に予測困難であることまで要求する判決例[23]もあり，特許庁の審査基準も同様にこれを要求する。「発明概念共通型」の判断では，選択が当業者に容易との推定を覆すためには，保護に値する効果の顕著性に加え，新たな発見といえるだけの効果の予測困難性が要求されるためだろう。

この類型の判断から考えると，当該予測困難で顕著な効果は，選択された構成のすべてにおいて奏することが必須と解すべきであるが[24]，選択の一部で顕著な効果が実証されていないというだけでは，進歩性を否定するのは困難だ

---

*19 前掲＊7の〔無定形合金事件〕。

*20 東京高判平16・7・22（平15(行ケ)474号）裁判所ホームページ〔リウマチ治療剤事件〕では，この要件を前提として，顕著な効果を否定することで，進歩性なしと判断している。

*21 公知文献の具体例（公開公報の実施例等）が対象発明のすべての構成を備える場合は，新規性なしとなる。事実上，公知のものには特許性を認めないという考え方であり，他のタイプの化学関連発明でも同様である。

*22 前掲＊7の〔無定形合金事件〕では「およそ先行発明の特許請求の範囲がマーカッシュ型式で表現されている場合は，たとえ後行発明が顕著な作用効果を奏することが証明されても，選択発明の特許出願をいわば門口で退けることにもなり，相当でない。」と判示する。

*23 前掲＊18の〔新規ペニシリン及びその塩の製造法事件〕では「先行発明では豫期できなかつた特段の効果」としている。

*24 前掲＊18の〔新規ペニシリン及びその塩の製造法事件〕では「本件発明は，原告が主張するような薬効をもつ化合物のみに関する発明ではないから，本件発明の効果は全体として引用例のそれに比して特段のものではないとした審決の判断には誤りはない。」と説示する。

534 第3章 特許権侵害訴訟における攻撃防御方法 第2節 侵害論における被告の抗弁に関する問題

ろう*25。

(2) 数値限定発明

数値限定発明は，元々，数値範囲のみが公知技術と相違する場合の判断から始まった法理であるが，最近では進歩性判断における解決手段の量的限定の想到困難性の問題として，議論されることが多い。

「選択発明」と同様に，「発明概念共通型」の判断がなされ，量的限定により，当業者に予測困難で顕著な効果（特に異質な効果）を奏する場合は進歩性が認められ*26，奏しない場合には当該量的限定は想到容易と判断される*27。

臨界的意義については，公知技術に対し効果が異質な場合は要求されないが*28，同質の効果の場合，公知技術の延長線上にあるとみなされ（すなわち，発明概念の共通性が大きい），量的に顕著な効果として，数値限定の臨界的意義が要求されると解する*29。臨界的意義は，裁判上，対象発明の数値範囲が公知技術と重複する場合や，発明の効果が予測できる場合などにも要求されるが，それらの詳細に関しては，筆者拙稿を参照されたい*30。

---

*25 知財高判平22・7・15（平21(行ケ)10238号）裁判所ホームページ〔日焼け止め剤組成物事件〕では「発明の効果について，特許請求の範囲の全体にわたって，あまねく実験による確認を求めることは，効果の裏付けのために過度な実験を要求するものであり，発明の保護の観点に照らして相当ではなく……」と説示した上で，効果の顕著性を認めている。

*26 東京高判昭62・7・21（昭59(行ケ)180号）取消集62525頁〔第3級ブチルアルコール事件〕では，「数値の特定がそれぞれ別異の目的を達成するための技術手段としての意義を有し，しかも，当該発明がその数値の特定に基づいて公知技術とは明らかに異なる作用効果を奏するものであることが認められる時は，当該発明の数値限定の困難性を肯定することを妨げられないと言うべきである。」と説示する。

*27 特許庁の『審査基準』第Ⅲ部第2章第4節「特定の表現を有する請求項等についての取扱い」6「数値限定を用いて発明を特定しようとする記載がある場合」にも同旨の記載がある。

*28 東京高判平14・6・18（平12(行ケ)91号）裁判所ホームページ〔窒素－3族元素化合物半導体発光素子事件〕では，「訂正第1発明と刊行物5記載の発明との間には，上記数値範囲に関する構成上の相違以外に，目的及び効果の相違も認められるのであるから，ホール濃度に関する数値限定に臨界的意義が存することが要求されるものではないというべきである。」と説示する。

*29 東京高判平7・7・12（平5(行ケ)202号）取消集(51)72頁〔育児用調製乳事件〕では，「育児用調製乳の含有蛋白質のβ-ラクトグロブリンの含有率を引用例に開示された公知の13.46重量％よりもさらに少なくし，β-ラクトグロブリンによる悪影響を公知のものよりもさらに防止できる一定の数値以下の含有率となるように試みることは当業者が容易になしうることということができる。そして，……に照らせば，本願発明の10重量％との数値も実験的に求めた数値であることが明らかであり，これが特に臨界的意義を持つ数値であることは認めることができない。」として同旨を説示する。

(3) パラメータ発明

　対象発明の属する技術分野の公知文献に，ほとんど記載のない物性等を限定する発明は，いわゆる「パラメータ発明」として「数値限定発明」と区別される場合がある。このようなパラメータ発明は，数値限定発明と進歩性の判断が大きく異なる。パラメータがそれなりの技術的意義を有する場合，当該パラメータを限定するだけで，「発明概念共通型」の判断で進歩性なしとし得ない。また，「発明概念想到型」や「別思考想到型」の判断でも，公知文献にパラメータの言及がほとんどないため，進歩性が否定されにくい。

　例えば，「発明概念想到型」の判断において，課題をそのままパラメータとして限定した発明でも，課題が新規であるため，構成への想到が困難であるとした判決[31]がある。また，「別思考想到型」の判断により，物としては同じ物に容易に想到できた場合でも，それだけでは進歩性は否定できず，さらにパラメータを設定することが容易に想到できることが要求されると解する[32]。ただし，その場合でも特別に顕著な効果を有する場合は，進歩性が肯定されるだろう。

(4) 用途限定発明

　通説・判例では，「用途発明とは，ある物の未知の属性を発見し，この属性により，その物が新たな用途への使用に適することを見いだしたことに基づく発明をいう。」[33]とされ，単一物質の新規性の議論から始まった法理であるが，

---

[30]　梶崎弘一「数値やパラメータによる限定を含む発明」竹田稔監修『特許審査・審判の法理と課題』305頁。

[31]　知財高判平29・7・11（平28(行ケ)10180号）裁判所ホームページ〔ランフラットタイヤ事件〕では「以上の各文献によれば，本件特許の原出願日当時において，ランフラットタイヤの補強用ゴム組成物の温度範囲は，せいぜい150℃以下の温度範囲で着目されていたものにすぎず，ランフラットタイヤの補強用ゴム組成物において，170℃から200℃までの温度範囲に着目されていたということはできない。そして，他に，この事実を認めるに足りる証拠もない。したがって，本件特許の原出願日当時，ランフラットタイヤの補強用ゴム組成物において，170℃から200℃までの動的貯蔵弾性率の変動に着目することを，当業者が容易に想到することができたということはできない。」と説示する。

[32]　知財高判平29・2・14（平28(行ケ)10112号）裁判所ホームページ〔ピペリジンジオン多結晶体及薬用組成物事件〕では，回折ピークをパラメータとして限定する多結晶体の発明について，「引用発明に接した当業者は，上記の医薬品において特に重視される性質がより優れた異なる構造の結晶を求めて，さらに溶媒再結晶化等の公知の方法による化合物Pの結晶の製造及びX線粉末回折法等の周知技術による検出を試行する動機付けがあるものというべきである。」と説示して，測定方法への動機付けを含めて，進歩性を否定している。

最近では，用途限定した組成物等の進歩性判断において，議論されることがある。

用途が相違する場合，その相違により公知の発明概念との共通性が小さくなるため，「発明概念共通型」の判断はされない。また，「別思考想到型」の判断により進歩性が否定されるとすれば，当該用途に異なる課題が存在し，その解決手段として別の属性が知られた物が容易に推考できる場合だけである。このようなケースは稀なため，用途限定発明では，主に「発明概念想到型」の判断がなされる。

用途のみが公知技術と相違する場合，「発明概念想到型」の判断では，用途以外の構成全体による属性が公知又は予測容易か否かにより，用途の容易推考性が判断される*34。用途の推考が容易であると，「発明概念想到型」の判断のため，前述のように効果の顕著性によっても，進歩性なしとの判断は覆りにくい。

用途と構成の一部が相違する場合，相違点である構成への推考容易性の判断が加わるため，当該構成を採用した場合の構成全体の属性が，他の構成との関係性において，予測容易か否かにより，構成の容易推考性が判断されることになり，論理付けが通常困難となる。

(5) 新規物質の発明

「化学物質発明の本質は有用な化学物質の創製にある」と解されており*35，まったく新しい化学物質の場合は，その有用性と製造法を明らかにした点に発明の価値が見出される。その場合，共通する発明概念も存在せず，課題や公知技術の組合せの発想も存在しないため，基本的にはいずれの類型でも進歩性は否定されない。

したがって，化学構造が近似する場合に限り，進歩性が否定される場合がある。裁判例は少ないが，22個のアミノ酸が結合した公知のペプチドに対して，

---

*33　特許庁の『審査基準』第Ⅲ部第2章第4節「特定の表現を有する請求項等についての取扱い」3.1.2「用途限定が付された物の発明を用途発明と解すべき場合の考え方」参照。
*34　前掲Ⅲ(1)の〔タキキニン拮抗体の医学的新規用途事件〕では，化合物を選択した発明であるが，効果の顕著性をさほど議論せずに用途の相違で進歩性を認めている。
*35　東京高判平12・2・22（平10(行ケ)95号）裁判所ホームページ〔Ｔ－細胞レセプター－β－サブユニットポリペプチド事件〕では同旨を説示する。

14位のみが類似のアミノ酸に置換されたペプチドの発明について，「発明に想到することが一見容易であるように見えても，その発明が当時の技術水準から予測される範囲を超えた顕著な作用効果をもたらすのであれば，これを特許するのが相当というべきである」と判示して，進歩性を認めたものがある（東京高判平10・7・28（平8（行ケ）136号）LEX／DB28040144〔新規ペプチド事件〕）。

また，ラセミ体が公知で，一方の光学異性体を単離した発明について，選択発明と同様に進歩性を判断した判決例がある*36。

Ⅳ　おわりに

論文集において「化学関連発明の進歩性」との題目を頂戴し，どの論点に重きを置くべきか考えたとき，「効果の参酌」の検討は避けられなかった。この最も重要かつ難解な論点について，実務を行う弁理士として，非力ながら整理と考察を試みた。本稿には，無学故に至らぬ点も多いが，化学関連発明の進歩性判断の特殊性を理解する一助になればとの小職の切なる思いに免じて，お許しいただきたい。

■

---

*36　知財高判平25・7・24（平24（行ケ）10207号）裁判所ホームページ〔光学活性ピペリジン誘導体の酸付加塩事件〕では，製法への想到が容易と判断しながらも，効果の顕著性により進歩性を認めている。

43 特許要件──記載要件(1)

福 井 　清

> 特許権侵害訴訟において実施可能要件はどのように機能するか。

キーワード 限定解釈，無効の抗弁，当業者，技術常識

I 特許制度における実施可能要件の意義

　実施可能要件とは，明細書における発明の詳細な説明の記載要領を規定した特許法36条4項のうち，1号における「その発明の属する技術の分野における通常の知識を有する者がその実施をすることができる程度に明確かつ十分に記載したものであること。」を指す。この実施可能要件は，同条6項1号のサポート要件，すなわち「特許を受けようとする発明が発明の詳細な説明に記載したものであること。」とともに，発明の詳細な説明の記載要件を構成している。なお，実施可能要件とサポート要件とは，別個の要件として規定されているが，互いに重なり合うことも多い[1]。

　特許制度は，自己の発明を公開して社会における産業の発達に寄与した者に対し，その公開の代償として，当該発明を一定期間独占的，排他的に実施する特許権を付与してこれを保護することにしつつ，同時に，そのことにより当該発明を公開した発明者と第三者との間の利害の調和を図るものである。発明の詳細な説明の記載要件は，上記特許制度の趣旨における発明の公開の側面を具体化するために定められたものであり，特許制度において極めて重要な意義を有している（知財高判平18・9・28（平18(ネ)10007号）裁判所ホームページ〔図形表示

---

[1]　末吉剛「実施可能要件とサポート要件とが別個の要件として存在する意義」知管63巻3号（平25）311～312頁。

装置事件〕)。

Ⅱ　特許権侵害訴訟における実施可能要件の機能

(1)　限定解釈の局面における機能

　特許権侵害訴訟における侵害論では，侵害の成否を判断するために特許発明の技術的範囲を特定する必要があり，その範囲は特許請求の範囲の記載に基づいて定めなければならないが（特70条1項），その記載の意味内容をより具体的かつ正確に判断する資料として明細書の発明の詳細な説明の記載を考慮することはなんら差し支えないものと解されている（最判昭50・5・27（昭50（オ）54号）判時781号69頁〔オール事件〕)。このことを明確にするために，平成6年の特許法改正において，特許請求の範囲に記載された用語の意義については，明細書の記載及び図面を考慮して解釈するものと規定された（特70条2項）。

　これらの考え方に則し，前掲知財高判平18・9・28では，「特許権侵害訴訟において，相手方物件が当該特許発明の技術的範囲に属するか否かを考察するに当たって，当該特許発明が有効なものとして成立している以上，その特許請求の範囲の記載は，発明の詳細な説明の記載との関係で特許法36条のいわゆるサポート要件あるいは実施可能要件を満たしているものとされているのであるから，発明の詳細な説明の記載等を考慮して，特許請求の範囲の解釈をせざるを得ないものである。」と判示し，特許発明の技術的範囲を，発明の詳細な説明の記載等により限定して解釈し得ることを明らかにした。

　これによれば，特許発明の技術的範囲は，発明の詳細な説明の記載を考慮して実施可能要件及びサポート要件を満たすように解釈すべきと解される。換言すれば，実施可能要件は，特許発明の技術的範囲の解釈を限定解釈するための1つの根拠として機能するものといえる。

(2)　無効の抗弁の事由としての機能

　従来，特許権侵害訴訟では，被告は特許の無効を主張することができず，別途，特許庁に対して特許無効審判を請求することにより特許を無効にする必要があった。その後，最判平12・4・11（（平10（オ）364号）民集54巻4号1368頁〔キルビー事件〕）により，特許に無効理由が存在することが明らかであるときに権利

濫用の抗弁が認められることとなり，さらに，平成16年の特許法改正において特許無効の抗弁（特104条の3）が認められ，特許権侵害訴訟において当該特許が特許無効審判により無効にされるべきものと認められるときは，特許権者は相手方に対してその権利を行使することができないこととされた。

実施可能要件違反は，特許無効審判における無効理由の1つであるから（特123条1項4号），無効の抗弁の事由として機能する。

(3) 事　例

東京地判平22・8・31（（平21（ワ）1986号）裁判所ホームページ〔フラッシュメモリ装置事件〕）では，実施可能要件を考慮して特許発明の技術的範囲が限定解釈されたと考えられる。

本件では，特許請求の範囲に記載された「奇数番グローバルワードライン」，「偶数番グローバルワードライン」の各用語の意味を原告主張のとおり広く解釈すると，正常に動作しない状態のメモリ装置を含み不合理であることを理由に，上記用語の意味が「順に並んだローカルワードラインのうち奇数番が付されたローカルワードラインのみに対応するグローバルワードライン」（偶数番についても同様）と限定解釈され，被告製品は本件発明の技術的範囲に属しないと判断された。

限定解釈の必要性を認めた理由が，正常に動作しない状態のメモリ装置を含み不合理であるということであるから，その背景には実施可能要件又はサポート要件が考慮されたものと考えられる（ただし，判決文ではそのように明記されているわけではない）。なお，本件では，被告は実施可能要件違反及びサポート要件違反による無効の抗弁も主張したが，これらについては裁判所は判断を示さなかった。

一方，東京地判平26・10・9（（平24（ワ）15612号）裁判所ホームページ〔Cu-Ni-Si系合金部材事件〕）では，実施可能要件違反による無効の抗弁が認められた。

本件では，特許請求の範囲には「直径4μm以上の介在物が86個/mm²以下である」と記載されている一方，明細書において開示されている介在物の下限は25個/mm²であったことから，被告は，上記記載を「25個/mm²以上86個/mm²以下」などと限定解釈すべきことや，サポート要件違反及び実施可能要件違反による無効の抗弁を主張した。裁判所は，上記記載は一義的に明確に定

められているとして被告の主張した限定解釈を退け，さらには被告製品は上記記載を充足していると判断する一方，サポート要件違反及び実施可能要件違反を認め原告の請求を棄却した。

前掲東京地判平22・8・31では，無効の抗弁について判断が示されなかったため，限定解釈及び無効の抗弁の双方において実施可能要件が機能した可能性があるが，前掲東京地判平26・10・9では，実施可能要件は，限定解釈においては機能せず，無効の抗弁においてのみ機能している。このように，実施可能要件は，限定解釈の判断，無効の抗弁の判断において，一方では機能し他方では機能しない場合があるため，実務的には双方の主張を行うことが望ましいといえる。

特に，化学・材料分野における組成の特定や数値限定による発明は，特許請求の範囲の記載が一義的に明確であることが多い一方，明細書には特許請求の範囲に含まれる発明すべてについての実施例はなく，一部についてにとどまることが多い。このような事例においては，特許発明の技術的範囲を限定解釈しようとすると，特許請求の範囲に記載された用語の意味についての解釈の範疇を逸脱し得ることから，無効の抗弁に基づき権利行使を制限する方が適しているものと思料する。ただし，実際の裁判においては，実施可能要件違反による無効の抗弁を適用した事例は少ないようである*2。

Ⅲ　実施可能要件の判断規範とそれにまつわる論点

(1)　一般的規範

特許庁の『特許・実用新案審査基準』（平成27年10月改訂）によれば，実施可能要件についての判断に係る基本的な考え方は，次のとおりとされている*3。

＊2　潮海久雄「特許法において開示要件（実施可能要件・サポート要件）が果たす役割」知的財産法政策学研究16号159頁。同稿の見解は平成19年ころのものである。その後の報告（道坂伸一「訂正により生じうる実施可能要件違反の無効理由について」知管65巻7号986～987頁）によれば，平成20年～平成26年の7年間において，実施可能要件違反が認められて特許無効により権利行使が制限された訴訟事件は4件であったとされている。
＊3　審査基準第Ⅱ部「明細書及び特許請求の範囲」第1章「発明の詳細な説明の記載要件」第1節「実施可能要件」2「実施可能要件についての判断に係る基本的な考え方」。

① 発明の詳細な説明は，請求項に係る発明について，当業者が実施できる
程度に明確かつ十分に記載されていなければならない。

② 当業者が，明細書及び図面に記載された発明の実施についての説明と出
願時の技術常識とに基づいて，請求項に係る発明を実施しようとした場合
に，どのように実施するかを理解できないときには，当業者が実施するこ
とができる程度に発明の詳細な説明が記載されていないことになる。

③ どのようにすれば実施できるかを見いだすために，当業者に期待し得る
程度を超える試行錯誤，複雑高度な実験等をする必要がある場合も，当業
者がどのように実施するかを理解できるとはいえないので，当業者が実施
することができる程度に発明の詳細な説明が記載されていないことにな
る。

この考え方は，従来，実施可能要件について判示してきた多くの裁判例にお
ける考え方とも符合しており，一般的規範をなしているものといえる。しかし
ながら，この一般的規範を具体的な事例に当てはめる場面においては，種々の論
点が浮き彫りになってくる。

その原因は，発明を具体化して記載する発明の詳細な説明によっては，発明
を概念として特定する特許請求の範囲に含まれる事項のすべてを裏付けること
は現実的には不可能であるところ，その裏付けがなされていない部分をどのよ
うに取り扱うべきかにおいて，発明の実施を独占する特許権者と，発明の自由
実施を求める第三者との間において調整が必要となるからである。

そこで，以下では，上記裏付けがなされていない部分についての取扱いに着
目しつつ，主な論点について概説することとする。

(2) 判断規範にまつわる論点

特許出願人は，より広い技術的範囲を有する特許権を取得すべく，発明の詳
細な説明に記載した発明の具体的態様を一般化し，上位概念として特許請求の
範囲を記載しようとする。その結果，発明の詳細な説明に記載された具体的態
様と，特許請求の範囲から想定される具体的態様とは完全には一致せず，前者
に記載されていない具体的態様が後者に含まれることになる。このように発明
の詳細な説明に記載されていない具体的態様については，発明の詳細な説明の
記載のみからは当業者が実施できない場合が多く，そのような場合に実施可能

要件違反の問題が生じ得る。

この点，知財高判平21・9・2（（平20（行ケ）10272号）裁判所ホームページ）は，「特許権は，公開することの代償として，物の発明であれば，特許請求の範囲に記載された『その物』について，実施する権利を専有することができる制度であることに照らすならば，公開の裏付けとなる明細書の記載の程度は，『その物』の全体について実施できる程度に記載されていなければならないのは当然であって，『その物』の一部についてのみ実施できる程度に記載されれば足りると解すべきではない。」と判示している。

ただし，特許請求の範囲に含まれるが発明の詳細な説明には記載されていない具体的態様が想定されることをもって，直ちに実施可能要件違反と判断されるわけではなく，以下の事情が考慮されることになる。

(a) 技術常識・実験成績証明書

前掲東京地判平26・10・9では，特許請求の範囲に記載された「直径4μm以上の介在物が86個/mm²以下である」Cu-Ni-Si系合金部材のうち，上記介在物が25個/mm²よりも少ないものについての実施例が記載されていなかった。このことから直ちに実施可能要件違反と判断されたわけではなく，上記介在物を0個/mm²とするCu-Ni-Si系合金部材については，当業者が出願時の技術常識に基づいて製造できたと認めることはできないと判断されたうえで，実施可能要件違反の結論が下されている。つまり，出願時の技術常識に基づいて製造できたと認められれば，実施可能要件違反は免れたことになる。

一方，発明の詳細な説明に出願時の技術常識を加味しただけでは当業者が実施可能であることを示すことが困難な場合，特許権者は，実験成績証明書の提出により実施可能要件違反を免れようとすることがある。しかしながら，実験成績証明書に関しては，サポート要件に関してではあるが，「特許出願後に実験データを提出して発明の詳細な説明の記載内容を記載外で補足することによって，その内容を特許請求の範囲に記載された発明の範囲まで拡張ないし一般化し，明細書のサポート要件に適合させることは，発明の公開を前提に特許を付与するという特許制度の趣旨に反し許されないというべきである。」との判示がなされていることから（知財高判平17・11・11（平17（行ケ）10042号）判時1911号48頁〔パラメータ特許事件〕），発明の詳細な説明の記載内容を補足する目的では考

慮されず，出願時の技術常識の内容や発明の詳細な説明の記載を確認するといった目的において考慮されるにすぎない。

(b) 当業者に期待し得る程度を越える試行錯誤

前掲知財高判平21・9・2は，バイオテクノロジー関連の分野を前提とした議論として，「特許請求の範囲に，新規かつ有用な活性のあるポリペプチドを構成するアミノ酸の配列が包括的に記載（配列の一部の改変を許容する形式で記載）されている場合において，元のポリペプチドと同様の活性を有する改変されたポリペプチドを容易に得ることができるといえる事情が認められるときは，いわゆる実施可能要件を充足するものと解して差し支えないというべきであるが，これに対し，上記のような形式で記載された特許請求の範囲に属する技術の全体を実施することに，当業者に期待し得る程度を越える試行錯誤や創意工夫を強いる事情のある場合には，いわゆる実施可能要件を充足しないというべきである。」とも判示している。

本件において指摘された「当業者に期待し得る程度を越える試行錯誤や創意工夫を強いる事情」は，前述した一般基準における「当業者に期待し得る程度を超える試行錯誤，複雑高度な実験等をする必要がある場合」に対応し，他の裁判例においては「過度の試行錯誤」などともいわれるものであるが，実施可能要件の充足性においてはこれらをめぐって争われることが多い。ところが，必要となる試行錯誤や実験等がどの程度のものであれば，「当業者に期待し得る程度を越える」あるいは「過度」というべきかについては，基準があるわけではない*4。

実際の裁判例においては，実験等に要する期間や費用，手間についての試算を行い，それらの多寡に基づいた議論がなされている（東京高判平17・1・31（平15(行ケ)220号），知財高判平17・11・17（平17(行ケ)10295号）など）。

例えば，前掲知財高判平21・9・2では，原告は，「ペップスキャン技術，タンパク質技術における法則性等を考慮すると，仮に網羅的に個々のペプチドを入手することが必要であったとしても，当業者に過度の実験を要することなく実施することができ，その実験数は2万6320種類で足りる。」と主張したの

---

*4 細田芳徳「実施可能要件における『過度』の基準」知管57巻10号1654頁。

に対し，裁判所は，「ペップスキャンの対象となるペプチドの数は7万2000通りとなり，該ペプチドの調整とアッセイは3～4ヵ月程度を要すること」等の事情を考慮し，「膨大な回数のペップスキャンを行うことが必要となり，当該作業は当業者に期待し得る程度を超える過度の試行錯誤を伴うというべきであって，実施可能ということはできない。」と判断している。

(c) 前提事項を考慮

一方，特許請求の範囲の記載から想定される具体的態様の中に実施できない態様が含まれている場合であっても，実施可能要件違反とは判断されなかった以下のような事例も存在する。

知財高判平24・6・13（（平23(行ケ)10364号）裁判所ホームページ）では，「……モータ・ハウジング（20）のポリマー材料が，……該モータ・ハウジング（20）に沿って流れるポンプ流体への該固定子（24）からの熱の放散を容易にするために，熱伝導性で電気絶縁性の充填剤を少なくとも40重量％の量で含有することを特徴とする電動モータ。」という特許請求の範囲に関し，被告（特許庁長官）が，充填剤の充填量が100重量％近くの場合も含まれる結果，モータ・ハウジングをどのようにして形成するのかを当業者が容易に実施し得ない旨を主張したのに対し，裁判所は，「本願発明の『モータ・ハウジング』は，ポンプ及び電動マイクロモータ等を備える構造的な部材であることが明らかであって，『流体によって冷却される，比出力が高い電動モータ』として使用可能な程度に強度等を備えていることは，当然の前提であるというべきであって，モータ・ハウジングを構成する『ポリマー材料』について，充填剤が100重量％近くとなり，主たる成分であるデュロマーをほとんど含まない材料を使用することは，それ自体，想定することが不合理な前提である。したがって，被告の上記主張は，それ自体不合理なものとして採用できない。」と判断して実施可能要件違反を認めなかった。

本件のように，特許請求の範囲の一部の記載を形式的に解釈すると，想定される具体的態様の中に原理的に実施できない態様が含まれる場合であっても，前提となる記載を含めて総合的に特許請求の範囲の記載を解釈することによって，実施可能要件違反を免れる可能性がある。

(d) 付随的事項

知財高判平22・7・20（（平21（行ケ）10246号）裁判所ホームページ）では，導出圧力の最小化という目的に対応した，流路の有効内径に関する数値限定を含む特許発明に関し，この数値限定部分は，訂正前においては発明の本質的事項の一部としていたといえるが，訂正により，同部分は，それによって進歩性が認められる事項ではなく，単に望ましい構成を開示しているにすぎないといえるという認定のもと，「導出圧力の最小化のみを目的とする場合の数値限定と，これが単に付随的な目的にすぎない場合の数値限定では，必然的に相違が生じ，後者の場合には，他の条件との兼ね合いにより，当該目的達成の程度が変化することは明らかである。以上からすれば，本件特許発明における，流路の有効内径に関する数値限定部分において，他のパラメータにつき記載がないことをもって，実施可能要件に違反するということはでき」ないと判断された。

このように発明の本質的事項か付随的事項かにより実施可能要件の判断基準を変更すべきとする考え方は，数値限定の形態をとる発明特定事項に限らず，他の形態の発明特定事項に関しても見られる。

知財高判平22・7・28（（平21（行ケ）10252号）裁判所ホームページ）では，電気回路要素である「接点具」の機能を特定した構成要件に関し，「電気スイッチの一般的な機能を規定するもので，本件発明の技術的特徴ではないと考えられるところ，特許法はそうした部分についてまで，実施可能要件及びサポート要件として網羅的に実施例を開示することを要求しているとは解されない」と判断された。

以上のとおり，実施可能要件について判断するに当たっては，問題となる発明特定事項が特許発明の本質的事項か付随的事項かを見極めることが重要である。

なお，前掲知財高判平22・7・20のように，訂正によって特定の構成要件が発明の本質的事項から単に望ましい構成に変化したことをもって，実施可能要件違反が解消するのであれば，特殊な事例においては，訂正が実施可能要件違反の回避策となり得ることになる。

Ⅳ　実施可能要件と進歩性要件との関係

(1) トレードオフの関係

実施可能要件は，前述した一般規範のとおり，発明の詳細な説明の記載と出願時の技術常識とに基づいて，当業者が，特許請求の範囲に記載された発明をどのように実施するか理解できることを求めるものである。

この判断において考慮される「出願時の技術常識」及び「当業者」については，進歩性要件（特29条2項）の判断においても考慮される事項である。すなわち，進歩性要件の判断は，先行技術に基づいて，当業者が特許請求の範囲に記載された発明を容易に想到できたことの論理付けができるか否かを検討することによって行われ，その論理付けの検討の際には，技術常識も考慮されることになる*5。

なお，実施可能要件を判断する「当業者」と，進歩性要件を判断する「当業者」とは理念的に異なり，前者は後者よりも低い技術水準の者も含むとされつつも，裁判例では各要件の「当業者」を区別していないと指摘されている*6。

このように，実施可能要件と進歩性要件とは「出願時の技術常識」及び「当業者」を介して互いに関連していることから，一定範囲でトレードオフの形で連動する。すなわち，出願時の技術水準に対して進歩性の程度が高い特許発明ほど多くの開示が要求され，実施可能要件違反によって無効とされるリスクが高まる一方，出願時の技術水準に対して進歩性の程度が低い特許発明は詳細な開示を要求されないが，進歩性要件によって無効とされるリスクが高まることになる*7。

(2) 事　例

東京地判平20・11・26（（平19(ワ)26761号）判時2036号125頁）は，前述した関係により，実施可能要件と進歩性要件とによって特許が板挟みのような格好になった事例である。

本件では，特許権者である原告が，「水とは別に約93重量％以上のアカルボース含有量を有する精製アカルボース組成物。」と特定された特許発明に係る

＊5　審査基準第Ⅲ部「特許要件」第2章「新規性・進歩性」第2節「進歩性」3「進歩性の具体的な判断」。
＊6　潮海・前掲＊2・143頁。
＊7　潮海・前掲＊2・165頁。岩永俊彦「近時の特許侵害訴訟における記載不備による無効の判決について」知管60巻4号633頁においても類似の指摘がある。

特許権の侵害を主張した。被告は，本件特許発明の技術的範囲の限定解釈や本件特許発明は新規性を欠くとの主張とともに，「本件特許発明の構成要件Ａは，「93重量％以上」として含有量98重量％を超えるものを含む記載となっているが，本件明細書の発明の詳細な説明には，含有量98重量％を超えるアカルボース組成物は記載されておらず，本件明細書に開示された製法ではこれを精製することができないから，当業者がこれを実施することは不可能である。」旨の主張を行った。これに対し，原告は，「本件明細書には高純度の精製アカルボース組成物を得るための一般的な製造条件について詳細に記載され……，実施例１～10においては更に詳細な製造方法が記載されているから，これらの記載及び当業者の技術常識に基づけば，98重量％以上の純度のアカルボース組成物を過度な試行錯誤を行うことなく得ることができる。」と反論したが，被告は，「原告は，当業者であれば含有量98重量％以上のアカルボース組成物を過度の試行錯誤を行うことなく得ることができると主張するが，そうであれば，従来技術によっても含有量88重量％以上のアカルボース組成物を得ることも可能ということになり，結局，本件特許発明の存在意義はないことになる。」と再反論した（なお，この再反論は，含有量88重量％以下のアカルボース組成物は公知であることを前提としている）。

　原告の上記反論では，本件発明の詳細な説明の記載をベースとすることにより，過度な試行錯誤を要しないと主張されている一方，被告の上記再反論では本件発明の詳細な説明の記載をベースとするものではないことから，上記反論が上記再反論によって直ちに覆されるわけではない。しかしながら，上記議論においては，原告は「当業者の技術常識」について具体的に主張立証することは極めて困難であったと考えられる。もしそのような主張立証を行うと，自認した主張立証事項によって，本件発明が進歩性要件を欠くリスクが高まるからである。なお，本件において裁判所は，結果的には，本件特許発明は新規性を欠き，本件明細書は実施可能要件を欠くと判断した。

　以上のように，実施可能要件は進歩性要件と密接に関連することから，実施可能要件違反を主張された特許権者は，進歩性要件との関係を考慮した慎重な対応が必要となる。一方，特許無効を主張する立場においては，事情によっては上記関連をうまく活用し，実施可能要件及び進歩性要件の双方から特許無効

の主張を行い得る。

V 結　語

　以上のとおり，実施可能要件は，特許権侵害訴訟において，特許発明の技術的範囲を解釈する場面において限定解釈の根拠となり得るとともに，無効の抗弁により直接的に同要件違反を主張することができるほか，事例によっては進歩性要件との兼ね合いにより板挟みのような格好で特許を無効に導き得るものとして，特許権侵害訴訟における防御方法として種々の形態で機能するものである。

　しかしながら，実施可能要件の判断においては，一般的規範は存在するものの，それにまつわる種々の論点も存在している。さらに，本稿では取り上げていないが，特許権侵害訴訟における無効の抗弁と並行して特許庁における特許無効審判を請求することも可能であり，その場合には，特許の有効・無効の判断が裁判所と特許庁との双方で争われるというダブルトラックの問題も発生する。

　これらにより，実施可能要件をめぐる争点については，その結論についての予測性が低いという特徴がある。この予測性の低さは，本来，無効にされるべき特許が現実的には存続している状況下において，その発明の実施を第三者が自粛せざるを得ないという弊害を招来しているものと思料する。

　今後，これらの諸問題に対してさらなる議論が尽くされ，実施可能要件をめぐる争点についての予測性が高まることを期待する。

550　第3章　特許権侵害訴訟における攻撃防御方法　第2節　侵害論における被告の抗弁に関する問題

44　特許要件——記載要件⑵

大月　伸介

> サポート要件違反とは何か。具体例を示しながら説明せよ。

キーワード　サポート要件，機能的クレーム，ＰＢＰクレーム，数値限定発明

Ⅰ　サポート要件の意味

　サポート要件は，「特許を受けようとする発明が発明の詳細な説明に記載したものであること。」と規定され（特36条6項1号），請求項に係る発明が発明の詳細な説明に記載した範囲を超えるものであってはならない旨を規定する明細書の記載要件であり[1]，この要件を満たさない場合，サポート要件違反となる。

　この趣旨として，偏光フィルムの製造法事件の大合議判決（知財高判平17・11・11（平17(行ケ)10042号）裁判所ホームページ）では，「ある発明について特許を受けようとする者が願書に添付すべき明細書は，本来，当該発明の技術内容を一般に開示するとともに，特許権として成立した後にその効力の及ぶ範囲（特許発明の技術的範囲）を明らかにするという役割を有するものであるから，特許請求の範囲に発明として記載して特許を受けるためには，明細書の発明の詳細な説明に，当該発明の課題が解決できることを当業者において認識できるように記載しなければならないというべきである。特許法旧36条5項1号の規定する明細書のサポート要件が，特許請求の範囲の記載を上記規定のように限定したのは，発明の詳細な説明に記載していない発明を特許請求の範囲に記載すると，公開されていない発明について独占的，排他的な権利が発生することに

＊1　逐条解説〔第20版〕128頁。

なり，一般公衆からその自由利用の利益を奪い，ひいては産業の発達を阻害するおそれを生じ，上記の特許制度の趣旨に反することになるからである。」としている。

また，現行の審査基準にも，「発明の詳細な説明に記載していない発明を特許請求の範囲に記載することになれば，公開されていない発明について権利が発生することになるからである。」と記載され，上記大合議判決と同じ趣旨が規定されている*2。

II　特許請求の範囲と明細書の記載の関係

(1)　裁判所におけるサポート要件の判断手法

上記大合議判決では，サポート要件の判断手法として，「特許請求の範囲の記載が，明細書のサポート要件に適合するか否かは，特許請求の範囲の記載と発明の詳細な説明の記載とを対比し，特許請求の範囲に記載された発明が，発明の詳細な説明に記載された発明で，発明の詳細な説明の記載により当業者が当該発明の課題を解決できると認識できる範囲のものであるか否か，また，その記載や示唆がなくとも当業者が出願時の技術常識に照らし当該発明の課題を解決できると認識できる範囲のものであるか否かを検討して判断すべきものである。」と判示している。

したがって，サポート要件は，請求項に係る発明と，発明の詳細な説明に出願人が発明として記載したものとを対比し，両者の開示内容についての包含関係を評価し，この包含関係は，特許請求の範囲に記載された発明が，発明の詳細な説明に形式的に記載されているものであり（形式的な包含関係），かつ，発明の詳細な説明の記載，又は，出願時の当業者の技術常識によって補足することが可能な部分に基づいて，当該発明の課題が解決できることを当業者が認識できる範囲のものであるか否か（実質的な包含関係）を検討して判断され，実質的な包含関係の検討においては，明細書全体の記載を総合して当該発明の課題を特定して，当該発明の課題を解決するために具体例がどの程度明細書に開示さ

---

*2　審査基準第II部第2章第2節「サポート要件（特許法第36条第6項第1号）」1「概要」。

552 第3章 特許権侵害訴訟における攻撃防御方法　第2節　侵害論における被告の抗弁に関する問題

れているかを検討し，請求項によって特定される発明の全範囲が，当業者が当該発明の課題を解決できると認識できる範囲内にあるかを評価して判断される*3。

(2) 特許庁におけるサポート要件の判断手法

審査基準には，サポート要件についての審査に係る基本的考え方として，以下の①〜③が記載されている*4。

① 特許請求の範囲の記載がサポート要件を満たすか否かの判断は，請求項に係る発明と，発明の詳細な説明に発明として記載されたものとを対比，検討してなされ，この対比，検討は，請求項に係る発明を基準にして，発明の詳細な説明の記載を検討することにより進める。

② この対比，検討に当たって，請求項に係る発明と，発明の詳細な説明に発明として記載されたものとの表現上の整合性にとらわれることなく，実質的な対応関係について検討する。

③ この実質的な対応関係についての検討は，請求項に係る発明が，発明の詳細な説明において「発明の課題が解決できることを当業者が認識できるように記載された範囲」を超えるものであるか否かを調べることによりなされ，請求項に係る発明が，「発明の課題が解決できることを当業者が認識できるように記載された範囲」を超えていると判断された場合は，請求項に係る発明と，発明の詳細な説明に発明として記載されたものとが，実質的に対応しているとはいえず，特許請求の範囲の記載はサポート要件を満たしていないことになる。

上記の発明の課題を，原則として，発明の詳細な説明の記載から把握するが，(i)発明の詳細な説明に明示的に課題が記載されていない場合，(ii)明示的に記載された課題が，発明の詳細な説明の他の記載や出願時の技術常識からみて，請求項に係る発明の課題として不合理なものである場合には，明細書及び図面のすべての記載事項に加え，出願時の技術常識を考慮して課題を把握し，「発明の詳細な説明において発明の課題が解決できることを当業者が認識でき

＊3　中山信弘＝小泉直樹編『新・注解特許法【上巻】』663頁〔内藤和彦＝伊藤健太郎〕。
＊4　審査基準第Ⅱ部第2章第2節「サポート要件」2.1「サポート要件についての審査に係る基本的な考え方」。

るように記載された範囲」の把握に当たっては，明細書及び図面のすべての記載事項に加え，出願時の技術常識を考慮する。

　上記のように，サポート要件は，特許庁においても，上記の裁判所と同様の判断手法により判断される。

(3)　サポート要件の立証責任

　上記大合議判決では，「明細書のサポート要件の存在は，特許出願人（特許拒絶査定不服審判請求を不成立とした審決の取消訴訟の原告）又は特許権者（平成15年法律第47号附則2条9項に基づく特許取消決定取消訴訟又は特許無効審判請求を認容した審決の取消訴訟の原告，特許無効審判請求を不成立とした審決の取消訴訟の被告）が証明責任を負うと解するのが相当である。」と判示しており，サポート要件の立証責任は出願人又は特許権者にあると解されている。

(4)　サポート要件適合性の留意点

　サポート要件を満たすためには，特許請求の範囲に記載された発明の全範囲を明細書の実施例として具体的にかつ詳細に記載する必要があるが，広い範囲を有する請求項の外延を明確に規定できるだけの多数の実施例を完全に記載することは実務的に困難である。また，先行技術との差異を明確にするため，明細書に詳細に記載されていない事項を請求項に限定せざるを得ない場合もある。これらの場合に，特許権者等は，明細書の記載のみに基づく主張を行ったのでは，サポート要件違反を回避することが容易ではない場合もある。

　したがって，出願時にできるだけ明細書の実施例の記載を充実させ，特許侵害訴訟等においては，できるかぎり実施例の記載に基づく主張を行うべきであるが，明細書に直接記載された事項のみでは，十分な主張ができない場合，サポート要件の判断には，当業者の出願時の技術常識が参酌されるため，当業者の出願時の技術常識に基づいてサポート要件違反を回避することを検討すべきである。

　上記の当業者の出願時の技術常識に基づく主張により，審決においてサポート要件が否定された事例でも，明細書に直接記載されていない技術常識が参酌され，サポート要件を具備すると判示された例もある（知財高判平25・9・10（平24（行ケ）10424号）裁判所ホームページ〔船舶事件〕）。ただし，技術常識に基づくサポート要件具備の主張は，進歩性との関係では，自ら進歩性を否定することにな

る場合もあり，進歩性との関係を十分に検討した上で行うべきである。

また，必ずしも採用されるわけではないが，実験データに基づく主張も検討すべきである。明細書等に記載された事項と出願時の技術常識とに基づいて，当業者が特定の実験結果を得ることができることを裏付けることを目的として出願後に提出された実験データは，サポート要件を満たすことの根拠として採用され得る＊5。また，審決においてサポート要件が否定された事例でも，事後の実験データに基づく主張が参酌され，サポート要件を具備すると判示された例がある（知財高判平24・6・6（平23（行ケ）10254号）裁判所ホームページ〔減塩醤油類事件〕）。

Ⅲ　機能的クレーム，PBP クレーム，数値限定発明等における明細書記載の留意点

(1)　機能的クレーム

近年の技術革新に伴い，特許保護の対象となる発明の内容が多様化し，平成6年の特許法の改正により，「特許請求の範囲には，請求項に区分して，各請求項ごとに特許出願人が特許を受けようとする発明を特定するために必要と認める事項のすべてを記載しなければならない」と規定され（特36条5項），機能等の多様な表現形式を用いて発明を特定することが可能となり，機能的クレームが種々の技術分野において用いられるようになった。

機能的クレームは，機能的，抽象的な表現で記載されたクレームであり，電気，情報通信及びソフトウェア等の技術分野では，具体的な物の構成により発明を定義することが困難であるため，機能的クレームが一般的に使用されている。

また，特許侵害訴訟等において，機能的な表現で記載されたクレームの技術的範囲は実施例に即して限定的に解釈される場合があるが（東京地判平10・12・22（平8（ワ）22124号）判時1674号152頁〔磁気媒体リーダー事件〕），実施例の充実度に応じて広く解釈することも可能であるため，具体的な物の構成により発明を定義

＊5　内藤＝伊藤・前掲＊3・665頁。

することが可能な機械分野等においても，機能的クレームが使用されている。

審査基準には，機能的クレームに関して，請求項中に作用，機能，性質又は特性を用いて物を特定しようとする記載がある場合は，審査官は，原則として，その記載を，そのような機能，特性等を有するすべての物を意味していると解釈するとしている[6]。

上記のように，機能的クレームは，機能・特性等により表現されるため，抽象的又は概念的な記載となる場合が多く，抽象的又は概念的に請求項が記載された場合，技術的範囲は広く解釈され得る。したがって，広範な技術的範囲を十分にサポートするためには，発明の詳細な説明中に種々の実施例を記載し，技術的範囲の外延までサポートする必要がある。

また，審査基準には，具体例として，ワードプロセッサにおいて，請求項に記載された「データ処理手段」が，発明の詳細な説明中の「文字サイズ変更手段」か，「行間隔変更手段」か又はその両方を指すのかが不明瞭な場合が記載されており，この例では，請求項及び発明の詳細な説明に記載された用語が不統一であり，その結果，両者の対応関係が不明瞭となる場合，特許請求の範囲の記載がサポート要件を満たさないと判断されると記載されている[7]。

上記のように，機能的クレームは，請求項の各構成を表す文言及び発明の詳細な説明中の構成を表す文言がともに造語である場合が多いため，機能的クレームを記載した明細書がサポート要件を満たすためには，請求項の各構成を表す文言と発明の詳細な説明中の構成を表す文言との対応関係を明確に記載する必要がある。

(2) PBP クレーム

PBP クレーム（プロダクト・バイ・プロセス・クレーム）とは，物の発明のクレームの一部が製造方法によって特定されているものをいい，上記の平成6年の特許法の改正により，特許庁での審査・審理において，プロダクト・バイ・プロセス形式で記載されたクレームが広く許容されることとなった[8]。

---

*6　審査基準第Ⅲ部第2章第4節「特定の表現を有する請求項等についての取扱い」2「作用，機能，性質又は特性を用いて物を特定しようとする記載がある場合」2.1。
*7　審査基準第Ⅱ部第2章第2節「サポート要件（特許法第36条第6項第1号）」2「サポート要件についての判断」2.2(2)。
*8　中山信弘＝小泉直樹編『新・注解特許法【上巻】』302頁〔内藤和彦＝酒井仁郎〕。

このPBPクレームについては，2015年6月5日に，最高裁判決があり（最判平27・6・5（平24㈷1204号・2658号）裁判所ホームページ〔プラバスタチンナトリウム事件〕），本最高裁判決において，「物の発明についての特許に係る特許請求の範囲にその物の製造方法が記載されている場合において，当該特許請求の範囲の記載が特許法36条6項2号にいう『発明が明確であること』という要件に適合するといえるのは，出願時において当該物をその構造又は特性により直接特定することが不可能であるか，又はおよそ実際的でないという事情が存在するときに限られると解するのが相当である。」と判示され，出願時において当該物をその構造又は特性により直接特定することが不可能であるか，又はおよそ実際的でないという事情（不可能・非実際的事情）が存在しないPBPクレームは，明確性要件に違反することとなった。したがって，不可能・非実際的事情が存在しないPBPクレームは，明確性要件違反として拒絶又は無効とされるので，基本的にサポート要件の問題はなくなると解される。

　一方，不可能・非実際的事情が存在するPBPクレームの場合，上記の最高裁判決では，技術的範囲の認定及び発明の要旨の認定について，物同一説を採用するとしている。しかしながら，不可能・非実際的事情が存在するPBPクレームは，出願時において当該物をその構造又は特性により直接特定することが不可能であるか，又はおよそ実際的でないクレームであるから，特許権侵害訴訟時等においても，請求項に係る発明の認定が困難である。したがって，この場合にどのようにサポート要件を判断すべきかについては，今後解決されるべき課題となる。

⑶　数値限定発明

　数値限定発明とは，発明を特定するための事項を数値範囲により数量的に表現した，特に，化学分野の発明において見られる記載形式の発明のことである[9]。

　審査基準には，サポート要件違反の例として，請求項においては数値限定されているが，発明の詳細な説明では，具体的な数値については何ら記載も示唆もされていない場合が記載されているが，数値範囲に特徴がある場合ではな

---

[9]　中山信弘＝小泉直樹編『新・注解特許法【上巻】』291頁〔内藤和彦＝山田拓〕。

く，単に望ましい数値範囲を請求項に記載したにすぎない場合は，発明の詳細な説明にその数値範囲を満たす具体例が記載されていなくても，サポート要件違反に該当しないとされている*10。

この裁判例として，Cu と Ni の数値限定は，望ましい数値範囲を示したものにすぎないから，具体的な測定結果をもって裏付けられている必要はなく，請求項に記載された数値範囲が詳細な説明に記載されていなくてもサポート要件を満たすと判示したものがある（知財高判平21・9・29（平20(行ケ)10484号）裁判所ホームページ〔無鉛はんだ合金事件〕）。

一方，数値範囲に特徴がある場合，数値限定と，これにより得られる効果との関係の技術的意義について，具体例を欠くものであり，また，具体例の開示がなくとも当業者が理解できる程度に記載されているということもできないとしてサポート要件を満たしていないと判示した裁判例がある（知財高判平20・10・16（平19(行ケ)10367号）裁判所ホームページ〔光触媒体の製造法事件〕）。

したがって，数値範囲に特徴がある場合には，その数値範囲内であれば課題を解決できると当業者が認識できる程度に具体例又は説明が記載されている必要があり，この点に留意して実施例の記載を充実させ，数値範囲の効果をサポートする実験データ等を記載すべきである。

Ⅳ　補正の場合の留意点

特許請求の範囲を補正又は訂正する場合，サポート要件を満たすためには，補正後又は訂正後の特許請求の範囲の記載内容が発明の詳細な説明に出願時から記載されている必要がある。一般的には，サポート要件違反を解消するために，請求項を補正又は訂正する場合は，実施例に即して請求項を限定する場合が多く，このような場合の補正又は訂正ではあまり問題は発生しない。

一方，補正又は訂正により特許請求の範囲の記載を削除する場合，請求項に係る発明が拡大され，発明の詳細な説明の開示では不十分となり，サポート要件違反と判断される場合がある。

---

*10　審査基準第Ⅱ部第2章第2節「サポート要件」2.2「サポート要件違反の類型」。

この裁判例として，補正により実施例の化合物がクレームから除かれた結果，本願補正発明の化合物（「A」の部分につき実施例とは異なる構造を有するもの）の発光特性，発光の寿命，保存安定性等の有機 EL 素子としての有用性につき，発明の詳細な説明には記載がないことになるから，サポート要件を満たさないと判示したものがある（知財高判平21・11・11（平20(行ケ)10483号）裁判所ホームページ〔ヘキサアミン化合物事件〕）。

したがって，削除を伴う補正又は訂正を行う場合は，補正後又は訂正後の特許請求の範囲の記載内容が出願時の発明の詳細な説明に具体的に記載されているかを十分に検討すべきである。

また，上記の PBP クレームでは，明確性要件の違反を回避するために，請求項から製造方法により特定した記載を削除する補正又は訂正を行う場合が想定される。この場合，製造方法により特定した記載以外の構成によって特定される発明が，発明の課題が解決できることを当業者が認識できるように記載された範囲にある必要がある。したがって，PBP クレームに対する明確性要件の違反を回避するために，請求項から製造方法により特定した記載を削除する補正又は訂正を行う場合も，サポート要件を満たさなくなる場合があり，サポート要件の充足性についても十分に検討し，請求項の補正又は訂正を行うべきである。

V　サポート要件に関する近時の裁判例

(1)　機能的クレーム

機能的クレームのサポート要件違反の裁判例として，拒絶査定不服審判においてサポート要件を満たしていないと判断された審決を取り消したものがある（知財高判平26・10・16（平26(行ケ)10018号）裁判所ホームページ〔システム事件〕）。

本件の請求項1には，「少なくとも1つの記憶素子を有し，命令シーケンスを記憶するメモリと，前記メモリに結合され，前記記憶された命令シーケンスを実行するプロセッサと，前記プロセッサに結合され，前記プロセッサおよび前記メモリと同じく前記システム内に含まれる記憶装置と，を含み，……前記記憶装置はファイル・システムを含み，」と記載され，この「記憶装置」に関

して，不揮発性記憶装置であるとの限定はないため，RAMディスクなどの揮発性の主記憶装置も含まれるとの被告（特許庁）の主張に対して，原告は，本願発明の「記憶装置」が不揮発性の大容量記憶手段であることは，当業者にとって明らかであると反論した。

裁判所は，「請求項1には，『前記プロセッサに結合され，前記プロセッサおよび前記メモリと同じく前記システム内に含まれる記憶装置』であって，『前記記憶装置はファイル・システムを含み』と記載されており，特許請求の範囲の請求項1の『記憶装置』は，システム内に含まれ，かつ，ファイル・システムを含むものとして特定されており，その技術内容が一義的に明確とはいえないものの，本願明細書の発明の詳細な説明における前記(1)の記載によれば，本願発明の『記憶装置』は，当業者であれば，ハード・ディスク等の不揮発性の大容量記憶装置等と解し，少なくとも揮発性のRAM（主記憶装置）を含むものとは解さない。」として，サポート要件を満たしていないとの審決は誤りであると判示した。

上記のように，請求項1の「記憶装置」には，不揮発性との限定がないため，特許庁は，RAMディスクなどの揮発性の主記憶装置も含まれると判断したが，裁判所は，発明の詳細な説明を参酌して，請求項1の「記憶装置」は，ハード・ディスク等の不揮発性の大容量記憶手段であり，少なくとも揮発性のRAMはこれに含まれないと判断している。

このように，特許庁は請求項を文言通りに広く解釈しているが，裁判所は，請求項の文言を実施例に基づいて限定解釈しており，この解釈手法の相違により，本判決では，審決が取り消されたものと解されるが，上記の主張を行うのであれば，特許出願人は，遅くとも拒絶査定不服審判の段階で，記憶装置が不揮発性の記憶手段であることを限定すべきであったと考えられる。

(2) 数値限定発明

数値限定発明の一態様として，パラメータ発明があり，パラメータ発明は，「発明特定事項に同一技術分野で使用頻度が低い物性・特性等の数値限定を含む発明」などと定義されている[11]。このパラメータ発明で数値限定が用いら

---

[11] 竹田稔監修『特許審査・審判の法理と課題』314頁。

れたもののサポート要件違反の裁判例として，無効審判において，訂正請求を認め，サポート要件を満たしていると判断された審決を取り消したものがある（知財高判平29・6・8（平28(行ケ)10147号）裁判所ホームページ〔トマト含有飲料事件〕）。

本件の訂正請求後の請求項1には，「糖度が9.4～10.0であり，糖酸比が19.0～30.0であり，グルタミン酸及びアスパラギン酸の含有量の合計が，0.36～0.42重量％であることを特徴とする，トマト含有飲料」と記載され，上記の数値範囲で，本件発明の課題を解決できることは，当業者なら想定し得ると判断した審決に対して，裁判所は，以下のように判示した。

すなわち，「『甘み』，『酸味』及び『濃厚』という風味の評価試験をするに当たり，糖度，糖酸比及びグルタミン酸等含有量を変化させて，これら三つの要素の数値範囲と風味との関連を測定するに当たっては，少なくとも，①『甘み』，『酸味』及び『濃厚』の風味に見るべき影響を与えるのが，これら三つの要素のみである場合や，影響を与える要素はあるが，その条件をそろえる必要がない場合には，そのことを技術的に説明した上で上記三要素を変化させて風味評価試験をするか，②『甘み』，『酸味』及び『濃厚』の風味に見るべき影響を与える要素は上記三つ以外にも存在し，その条件をそろえる必要がないとはいえない場合には，当該他の要素を一定にした上で上記三要素の含有量を変化させて風味評価試験をするという方法がとられるべき」であり，「本件明細書の発明の詳細な説明に記載された風味評価試験の結果から，直ちに，糖度，糖酸比及びグルタミン酸等含有量について規定される範囲と，得られる効果というべき，濃厚な味わいでフルーツトマトのような甘みがありかつトマトの酸味が抑制されたという風味との関係の技術的な意味を，当業者が理解できるとはいえない。」とし，「本件出願日当時の技術常識を考慮しても，本件明細書の発明の詳細な説明の記載から，糖度，糖酸比及びグルタミン酸等含有量が本件発明の数値範囲にあることにより，濃厚な味わいでフルーツトマトのような甘みがありかつトマトの酸味が抑制されたという風味が得られることが裏付けられていることを当業者が理解できるとはいえないから，明細書のサポート要件に適合するということはできない。」とした。

本判決はパラメータ発明に関するものであり，数値限定発明一般に適用されるか不明であるが，少なくとも数値範囲に特徴がある数値限定発明では，数値

限定したパラメータ以外の他の要素が評価試験に影響しないことを技術的に説明するか，又は他の要素を一定にした上で評価試験を行うことが要求される可能性があることに留意すべきである。

また，本判決では，「甘み」，「酸味」及び「濃厚」の各風味が本件発明の課題を解決するために奏功する程度を等しくとらえて，各風味についての全パネラーの評点の平均を単純に足し合わせて総合評価する方法が合理的であったと当業者が推認することもできないとも判示されており，風味の評価のように人の官能による評価を行う場合，評価結果の客観性を十分に担保する必要があることにも留意すべきである。

45 特許要件——記載要件(3)

神谷　惠理子

明確性要件とは何か。具体例を示しながら説明せよ。

キーワード　明確性要件，発明特定事項，出願時の技術常識，機能的クレーム，技術的意味

I　明確性要件

(1)　立法経緯

　明確性要件とは，特許請求の範囲の請求項に記載される「特許を受けようとする発明が明確であること」（特36条6項2号）をいい，請求項に記載された発明が明確性要件を充足しない場合，当該発明に係る特許出願は拒絶され（特49条4号），それについてなされた特許は無効とされる（特123条1項4号）。

　平成6年特許法改正前は，請求項には「特許を受けようとする発明の構成に欠くことができない事項のみ」を記載すべきとされていた（平成6年改正前特36条5項2号）。しかし，①技術の多様化に伴い，「作用的又は方法的記載」が必要な場合が生じたこと，②請求項の旧定義下，出願人が自らの意志で表現したクレームの記載について，具体的記載に変更，限定を求められる実務が見受けられたこと，③国際的調和の観点からクレームの記載について見直しが求められていたことから*1，平成6年法改正で，請求項には，「特許出願人が特許を受けようとする発明を特定するために必要と認める事項のすべてを記載しなければならない」（特36条5項）と改正され，これにより技術の多様性に柔軟に対応した特許請求の範囲の記載を可能にする一方，特許請求の範囲に記載された発明の範囲が不明確となる問題に対処するために，明確性要件が定められた。

＊1　熊谷健一『逐条解説改正特許法』（有斐閣）178〜181頁。

なお，現行特許法36条5項は，特許を受けようする発明を特定する責務は出願人にあるという特許請求の範囲の性格を明らかにしたものであることから[2]，拒絶理由，無効理由とはされていない。

(2) 判断基準

請求項に記載された発明が明確でない場合，①新規性や進歩性等の特許要件を充足しているかどうかを的確に判断することができず，また②特許発明の技術的範囲（特70条1項）が不明確となり，第三者に不測の不利益を及ぼす。

したがって，特許を受けようとする発明が明確であるか否かは，特許請求の範囲の記載が，第三者に不測の不利益を及ぼすほどに不明確であるか否かという観点から判断すべきである。このためには，「ある具体的な物や方法が請求項に係る発明の範囲に入るか否かを当業者が理解できるように記載されている」か否か[3]，具体的には，「一の請求項に記載された事項に基づいて一の発明が把握される」か否かにより判断される。

(3) 判断材料

一の請求項に記載された事項に基づいて一の発明が把握されるか否かは，請求項の記載に基づいて判断されるが，発明の内容把握のために，明細書及び図面の記載並びに出願時の技術常識が考慮される[4]。「特許請求の範囲の記載の技術的意味がそれ自体では不明確であったとしても，発明の詳細な説明の記載を参酌して明確になる場合には，出願に係る発明の要旨の確定には何ら支障がない」からである（東京高判平15・3・13（平13(行ケ)346号）裁判所ホームページ〔織機の再起動準備方法と，それを使用する織機の再起動方法事件〕）。同判決がさらに「特許請求の範囲に使用されている用語は……その意味が発明の詳細な説明において定義されている場合には，その用語の有する普通の意味に従うのではなく，その定義の方に従うことになる。」と判示しているように，請求項の記載それ自体が明確であると認められる場合であっても，明細書中の定義は考慮され，当該定義が請求項に記載された用語について矛盾又は通常の意味と異なる意味

---

*2　熊谷・前掲*1・184頁。
*3　審査基準第Ⅱ部第2章第3節2.1(1)。
*4　審査基準第Ⅱ部第2章第3節2.1(2)。
*5　審査基準第Ⅱ部第2章第3節2.1(3)。

をもつ場合，請求項に記載の発明は不明確になることがある*5。

明確性の有無は，一の請求項の記載から一の発明が把握されるか否かを判断すること，すなわち一の請求項の記載から複数の発明が把握されるものを排除することにあるので，意見書・答弁書等の審査経過の参酌といった技術的範囲の解釈手法を明確性の有無の判断に用いることは妥当でない。知財高判平28・3・9（平27（行ケ）10105号）〔オキサリプラティヌムの医薬的に安定な製剤事件〕は，意見書や答弁書における特許権者の主張からみて，「（A）からなる」との請求項の記載は他の要素を排除する意味で用いられていたと解釈可能であるから必須成分（A）以外の成分を含有するか否か不明確であるとの無効審判請求人の主張に対し，「出願経過や審判における対応を斟酌することは，かえって，特許が付与された権利範囲を不明確にするものといわざるを得ない」と，明確性要件の判断に審査経過を考慮することはできないとしている*6。

II　明確性要件違反の類型

(1)　審査基準による明確性要件違反の類型

審査基準*7は，違反の類型として，以下の①〜⑦を示している。

① 請求項の記載自体が不明確である結果，発明が不明確となる場合

② 発明特定事項に技術的な不備がある結果，発明が不明確となる場合

③ 請求項に係る発明の属するカテゴリーが不明確であるため，又はいずれのカテゴリーともいえないため，発明が不明確となる場合

④ 発明特定事項が選択肢で表現されており，その選択肢同士が類似の性質又は機能を有しないために，発明が不明確となる場合

⑤ 範囲を曖昧にし得る表現がある結果，発明の範囲が不明確となる場合

⑥ 機能，特性等を用いて物を特定しようとする記載がある場合

⑦ 製造方法によって生産物を特定しようとする記載がある場合

＊6　当該判決では，「特許権の権利行使場面において，その技術的範囲を判断する際に，出願経過等の事情を参酌することはともかくとして」と述べており，対応の侵害訴訟事件の判決（知財高判平29・7・27（平29（ネ）10016号）〔オキサリプラティヌムの医薬的に安定な製剤事件〕）では，出願経過等も参酌して特許発明の技術的範囲を画定している。

＊7　審査基準第II部第2章第3節。

審査基準が挙げる類型は，請求項に記載されている発明が不明確になる原因（類型①②⑤）と請求項に記載の発明が不明確となる態様（類型③④⑥⑦）に着目して類型化したものである。

(2) 発明（の範囲）が不明確な場合とは

明確性要件違反となるのは，「発明（の範囲）が不明確」となる場合である。以下では，いかなる記載が「発明（の範囲）が不明確」な場合に該当するのかということについて，裁判例（いずれも裁判所ホームページ）に基づいて説明する。

(a) 日本語として不適切な表現

発明の明確性が問題となる不適切な表現とは，単なる誤記ではなく[8]，日本語の表現が不適切なために，多義的に解釈できる場合をいう。例えば，知財高判平25・9・19（平24（行ケ）10387号）〔安定化された臭化アルカン溶媒事件〕では，請求項に記載された「安定化された溶媒組成物」について，「同一溶媒組成物を用いても，使用条件によって『安定化された』場合とそうでない場合が存在し得る」（多義的解釈可能）ので，「安定化」の用語を用いて特定された発明は明確性要件を欠くと判断した。

請求項の記載が多義的に解釈される場合であっても，明細書，図面，出願時の技術常識に基づき，問題となる記載が一義的に特定できるのであれば，不明確とはされない。例えば，知財高判平20・8・26（平19（行ケ）10299号）〔プレスフェルト事件〕は，審決が発明特定事項「撚成されたモノフィラメントからなるシングル撚糸」について，「撚成された」の記載が「モノフィラメント」「シングル撚糸」のいずれを修飾するのか，「モノフィラメント」の記載が単数あるいは複数のいずれであるのか一義的に明らかではないから明確でないと判断したのに対し，裁判所は，技術常識に照らせば1本のモノフィラメントを対象として再度撚りをかけることは意味のない解釈であり，明細書の記載から，「撚成されたモノフィラメント」を複数本集めて撚られたシングル撚糸を指すと理解できるとして審決を取り消した。

(b) 範囲を曖昧にする記載・客観的特定が困難な特性で特定する場合

範囲を曖昧にする記載とは，「約」，「略」といった範囲を不確定にさせる表

---

*8 審査基準第Ⅱ部第2章第3節2.2(1)に「軽微な記載不備であって，それにより，当業者にとって発明が不明確とならないようなものは除く」と説明されている。

現，「高温」，「滑りにくい」といった比較の基準若しくは程度が不明確な表現をいう。客観的な特定が困難な記載とは，味や色など官能的に認識される特性のみで特定している場合をいう。

このような記載は，発明の範囲を不明瞭にし得るが，「範囲を曖昧にし得る表現があるからといって，発明の範囲が直ちに不明確であると判断するのではなく，明細書及び図面の記載並びに出願時の技術常識を考慮して<u>その表現を含む発明特定事項の範囲を当業者が理解できるか否かを検討する</u>」*9（下線は筆者）と説明しているように，かかる記載自体が理由となって明確性要件違反とされるわけではない。

知財高判平22・7・28（平21(行ケ)10329号）〔撹拌・脱泡方法事件〕では，請求項の「上端部近傍」という文言について，数値により具体的に特定しなければ位置が特定されないので不明確であるとの主張に対し，溶剤の撹拌脱泡作業における技術課題から，溶剤の温度を測定できる位置に設置すれば役割を果たすことができると認められるので，数値による具体的特定がなくても構成が不明瞭になるものではないとの審決判断を支持している。

また，知財高判平25・2・27（平24(行ケ)10200号）〔ディスプレイ用遮断層事件〕は，審決が発明特定事項である「黒色の金属」の定義がなく，意義が不明確であると判断したのに対し，発明の課題，内容から，「光の吸収が可能な程度の黒色」であると理解でき，具体的に黒色の金属粉末がどのようなものであるかを当業者は理解できるので不明確ではないと判断している。この事件では，実施可能要件違反も拒絶審決の理由となっていたが，「金属粉末として黒色のものが存在することは技術常識というべきであり，当業者は黒色の金属粉末が具体的にどのようなものであるかを理解できるものと認められる」として，実施可能要件も充足すると判断された。

一方，知財高判平26・3・26（平25(行ケ)10172号）〔渋味のマスキング方法事件〕では，明細書に具体的測定方法が記載されていない「甘味を呈さない量」が問題となった。審決は，当該量の前提となる「甘味閾値」は極限法により求められると文献から認定し，技術常識を勘案すると不明確であるとはいえないと判

---

*9　審査基準第Ⅱ部第2章第3節2.2(5)。

断したが，同判決は，甘味閾値の測定方法は極限法以外にも存在し，極限法により測定することが自明であるという技術常識が存在していたとまではいえないこと，また極限法はバラツキが大きく，請求項に記載されたスクラロースの量「0.0012～0.003重量％」との関係が不明確であるとの理由で，明確性要件違反を肯定している。

「第三者に不測の不利益を及ぼすほどに不明確でなければ」という判断基準は，権利範囲を画定する外延について，ある程度の幅を許容する意図であると考えられ，特許請求の範囲が権利書的役割を有することに鑑みれば具体的範囲の特定を避けるほうが合理的な場合もある。「甘味の閾値」のように具体的な数値範囲で特定することが困難な場合，当業者が発明の課題，作用効果からその範囲を認識できるような明細書の記載，測定方法の明示により，明確性要件違反を免れることができる。

(c) 数値範囲が特定されている場合において測定方法が明記されていない場合

「粒径」，「平均分子量」といった一般的な技術特性を数値範囲で特定しても，その技術的特性が一義的に定まらない場合には不明確とされる。

例えば，高分子の分野における「平均分子量」には，重量平均分子量，数平均分子量，粘度平均分子量が存在し，これらは通常一致しないことから，明細書に定義又は測定方法の記載がない場合，特定された数値範囲は不明確となる（知財高判平29・1・18（平28(行ケ)10005号）〔眼科用組成物事件〕）。また，「粒径」についても，最大粒径，平均粒径などが存在し，測定される粒子の形状や測定方法・条件によっても粒径値が異なるため，測定方法が明記されていない場合，範囲を特定できないので不明確とされる（大阪地判平19・12・11（平18(ワ)11880号～11882号）〔赤外線放射体事件〕，知財高判平29・8・30（平28(行ケ)10187号）〔可逆熱変色性筆記具用水性インキ組成物事件〕）。

しかしながら，明細書に測定方法の記載がないからといって，即不明確というわけではない。技術常識により測定方法を特定できる場合，又は「粒径」，「分子量」の意味を一義的に特定できる場合，明確性要件違反ではない。例えば，前掲の眼科用組成物事件では，問題のコンドロイチン硫酸の平均分子量については，重量平均分子量，粘度平均分子量のいずれであるのかが特定できな

いとする一方，明細書中の他の高分子であるセルロース類やPVAについて
は，重量平均分子量を意味すると解している。

　知財高判平19・2・21（平17（行ケ）10661号）〔水架橋性ポリマー事件〕では，重合
方法の発明で用いるグラニュラー状物の平均粒径の特定について，明細書に平
均粒径の測定方法の記載があるか否かのみを問題にした審判決定の判断手法，
結論は失当であるとした。「本件重合方法がどのような技術的意義を有するも
のであるか，平均粒径の測定の前提となる原理，試料の性質，測定の目的，必
要な測定精度等が開示されているかの検討を抜きにして，本件発明に係る平均
粒径を論ずることはできない」と説示し，この事件では，当該分野の技術常識
から「ふるい分け法」により測定されることが理解できるとしている。

　なお，測定方法の記載は，測定装置の記載のみでは足りない場合がある。知
財高判平24・12・25（平23（行ケ）10418号）〔防眩フィルム事件〕では，「内部ヘイズ
値」について，明細書に測定器の記載があったが，当該測定器の取扱説明書に
内部ヘイズ値の具体的測定方法に関する説明がなかったため，当業者はその値
を一義的に決めることができないので，明確性要件違反とされた。一方，知財
高判平25・4・16（平24（行ケ）10321号）〔合わせガラス用中間膜事件〕では，測定条
件の詳細な記載がなくても，請求項で特定した測定方法（TOF-SIMS）の特殊
性から測定可能であり，実施可能であるとして，明確性要件違反，実施可能要
件違反を肯定した審決を取り消した。

　(d)　技術的意味が不明確

　特殊パラメータや機能的表現を用いて特定される事項の技術的意味が理解で
きず，具体的事物，方法を想定できない場合，新規性等の特許要件の審査が困
難となるので，特許を受けようとする発明が明確とはいえない。

　大阪地判平19・4・19（平17（ワ）12207号）〔ゴーグル事件〕の判決で，「特許法36
条6項2号の趣旨は，特許請求の範囲は対世的な絶対権たる特許請求の効力範
囲を明確にするためのもので，その記載は正確なものでなければならないこと
から，特許を受けようとする発明が明確でなければならないとしたもの」であ
り，「法36条6項2号は，その技術的意義の有無を問う規定でなく，その記載
から技術的事項を明確に把握することができることを要求する規定である」と
判示され，かかる見解は，知財高判平22・8・31（平21（行ケ）10434号）〔伸縮性ト

ップシート事件〕，知財高判平27・11・26（平26(行ケ)10254号）〔青果物包装用袋事件〕
に受け継がれている。すなわち，伸縮性トップシート事件は，請求項に記載の
「伸縮時短縮物品長」，「収縮時短縮物品長」，「第1負荷力」といったパラメー
タの技術的意味の明確性が争点となった事件において，これらのパラメータに
ついて明細書に説明があり，測定方法が記載されているので，その技術的範囲
は明確であり，第三者に対して不測の不利益を及ぼすほどに不明確な内容は含
んでいないとの理由で明確性要件違反とした拒絶審決を取り消した。また，青
果物包装用袋事件では，発明特定事項を充足する領域には，従来技術を下回る
鮮度保持効果しか奏さない領域が含まれているから，発明特定事項が不足して
いるという原告の主張に対して，「請求項の構成の意義は一義的に明らかであ
って，特許が付与された発明の技術的範囲が不明確となり，第三者に不測の不
利益を及ぼすようなものではない」として，原告主張は理由がないとした。こ
れらの事件は，「発明特定事項の技術的意味が一義的に特定できる」か否かと
いう基準のみで明確性要件の有無を判断している。

　一方，審査基準は，違反の類型②について，発明特定事項の技術的意味が理
解できないことに加えて，さらに出願時の技術常識を考慮すると発明特定事項
が不足していることが明らかな場合が該当すると説明している。「発明特定事
項の技術的意味」とは，「発明特定事項が請求項に係る発明において果たす働
きや役割のことを意味する」*10。また，違反の類型⑥は，出願時の技術常識を
考慮すると，機能，特性等によって記載された発明特定事項が技術的に十分に
特定されていないことが明らかな場合*11と説明している。以下の明確性要件
違反を肯定した裁判例は，発明が一義的でないというだけの理由で違反を肯定
したわけではないが，発明特定事項が不足又は不十分であることまでを認定し
たのかは判然としない。

　すなわち，知財高判平17・11・1（平17(行ケ)10148号）〔管状部材の接合方法事
件〕は，発明特定事項である数式の技術的意味が問題とされた事件であるが，
数式が技術事項aと技術事項bとの関係を規定するものとしては不十分である

---

*10　審査基準第Ⅱ部第2章第3節2.2(2)b。
*11　審査基準第Ⅱ部第2章第3節4.1.1(2)。

ため当該数式が想定している好適な範囲が明らかにならないと認定している。知財高判平23・4・26（平22(行ケ)10331号）〔マッサージ機事件〕では，マッサージ機の肘掛け部におけるカバー部について，「第2部分における左右方向内側部分の前後方向寸法が，前記第3部分の前後方向寸法よりも小さくなるように構成されている」のように寸法関係を用いて特定していたため，「『肘掛け部』の形状には種々のものが想定され得るのであって，その外延は当業者においても明確ではないといわざるを得ない」と認定するとともに，発明特定事項を充足する「肘掛け部」の形状には，技術常識に照らして考察される作用効果「前腕の出し入れや前腕の前後方向の位置調整を容易に行うことができる」を奏しない構成も含まれることになるので明確でないとしているが，このことが特定事項の不足を指しているのかは不明である。

　また，知財高判平19・6・28（平18(行ケ)10208号）〔ブリーチ増強剤事件〕は，発明特定事項としての化合物（置換基を含む化学式で化学構造の一部を特定した化合物）が問題とされた事件で，「当業者が一定の範囲に特定することができるなどの特段の事情がない限り，同じ性質を有しない化学物質や同じ性質を有することが実験等によって確認されていない化学物質までも特許権の権利範囲に含まれてしまう結果となる」と説示した上で，出願時の技術常識を示す各種文献を参酌しても，どのような基が結合するのかは当業者の技術常識の範囲によって特定できないので，不明確であると判断した。つまり，請求項に記載されている発明が明細書に記載されている課題を解決できるものであるか否かが不明であるから明確性要件違反が肯定されたことは理解できるが，技術常識に照らして特定されるべきである置換基の化合物についての記載（発明特定事項）が請求項の記載から欠如していることを理由として明確性要件違反が肯定されたのかは不明である。

　(e)　プロダクト・バイ・プロセス・クレーム（PBPクレーム）

　構造による特定が困難であり，製造方法によって特定せざるを得ない場合があることから，PBPクレームは従来より認められている。一方，PBPクレームにより特定された物は，最終的に得られた生産物を意味しているものと解して，新規性，進歩性が判断されるが，技術常識を考慮しても，特許を受けようとする物の特徴（構造，性質等）を，当業者が理解できない場合があることか

ら，違反の類型⑦で挙げられている。

　プラバスタチンナトリウム事件の最高裁判決（最〔2小〕判平27・6・5（平24
（受）1204号・2658号）裁判所ホームページ）は，「物の発明についての特許に係る特
許請求の範囲にその物の製造方法が記載されている場合において，当該特許請
求の範囲の記載が特許法36条6項2号にいう『発明が明確であること』とい
う要件に適合するといえるのは，出願時において当該物をその構造又は特性に
より直接特定することが不可能であるか，又はおよそ実際的でないという事情
が存在するときに限られると解するのが相当である。」と判示し，審査基準*12
に，その旨が明記された。

　したがって，上記事情が存在する場合には，予め発明の詳細な説明に記載し
ておく，あるいは拒絶理由を受けた場合に，出願人が意見書等において説明す
ることになり，それ以外の場合には，「物を生産する方法」の発明に書き換え
る，あるいは方法を用いない表現に書き換えることで，明確性要件違反の解消
を図る必要がある。

Ⅲ　明確性要件と他の特許要件との関係

(1)　実施可能要件・サポート要件との関係

　前記Ⅱ(2)(d)で述べたように，違反の類型②⑥の判断基準は，明確性要件の有
無を技術的意味の明確性（一義的に特定される）ということだけで判断するとい
う裁判所の判断基準とは異にする。

　ゴーグル事件の流れを受け継ぐ裁判所は，「仮に法36条6項2号を解釈する
に当たり，特許請求の範囲の記載に，発明に係る機能，特性，解決課題ないし
作用効果との関係で技術的意味が示されていることを要件とするように解釈す
るとするならば，<u>法36条4項への適合性の要件を法36条6項2号の適合性の
要件として，重複的に要求</u>することになり，公平を欠いた不当な結果を招来す
ることになる。」（伸縮性トップシート事件），「特許請求の範囲には，特許出願人
が発明を特定するために必要と認める全てを記載すればよいのであり（特36条

---

*12　審査基準第Ⅱ部第2章第3節4.3.2。

5項），同条6項に規定する要件を満たす範囲で，発明特定事項として何を挙げるかは特許出願人の意思に委ねられている。そして，特許法36条6項2号の趣旨は，特許請求の範囲の記載に関して，特許を受けようとする発明が明確であることを要件とすることに尽きるのであって，発明に係る機能や作用効果を左右する要因となる事項の全てを記載することを要件としているわけではない。」（青果物包装用袋事件）（いずれも下線は筆者）と説示し，サポート要件，実施可能要件と，明確性要件は区別されるべきとしている。

上記審査基準の取扱いは，「あるべき具体的事物・方法」を想定した上で，請求項に記載の発明特定事項が不足又は技術的に不十分と判断しているともいえ，かかる取扱いは，旧特許法36条5項2号と同じ取扱いになり得る。

特殊パラメータや機能的表現を用いたクレーム，請求項に記載された発明が広がりすぎて課題を解決できるか否か不明な場合を含むクレームについて，明確性要件，実施可能要件，サポート要件のいずれの問題として処理されるのかについては，今後の裁判例の蓄積を待ちたい。

(2) 新規性・進歩性との関係

新規性・進歩性の審査対象となる発明の要旨を一義的に特定できない場合，明確性要件違反である。したがって，明確性要件違反の蓋然性が高いにもかかわらず特許された発明は，誤った要旨認定に基づいて新規性，進歩性を肯定した可能性があるから，無効審判では，明確性要件違反と併せて，新規性，進歩性の有無も争点となる。

知財高判平29・3・8（平27(行ケ)10167号）裁判所ホームページ〔オキサリプラチン溶液組成物事件〕では，請求項の「緩衝剤の量」の解釈について，「溶液組成物を作製するためにオキサリプラチン及び担体に追加され混合された緩衝剤の量」と「溶液組成物に現に含まれる全ての緩衝剤の量」の2通りの解釈のうち，いずれであるのか不明であるとして明確性要件違反が争われた。審査，審判では，後者の解釈に基づき特許性を肯定した（無効理由なし）が，裁判所は，前者であると要旨認定し，要旨認定の誤りは新規性，進歩性に影響を及ぼすとして審決を取り消した。

明細書及び図面並びに出願時の技術常識を参酌した結果，技術的範囲が一義的に定まる場合，明確性要件違反は存在しなくなるが，結果として認定された

要旨が，審査時に認定された要旨と相違する場合，新規性，進歩性の判断に影響を与える場合があることに留意すべきである。

■

46 実施可能要件とサポート要件の関係

川端　さとみ

> 実施可能要件とサポート要件の関係に関する最近の傾向について説明せよ。

キーワード　記載要件，実施可能要件，サポート要件

I　はじめに

　わが国の特許法は，法36条各項において，特許付与の要件として記載要件を定めている。記載要件の中心をなす要件は，発明の詳細な説明は当業者がその実施をすることができる程度に明確かつ十分に記載しなければならないという「実施可能要件」(特36条4項1号)，特許を受けようとする発明は，発明の詳細な説明に記載したものでなければならないという「サポート要件」(特36条6項1号)，及び特許請求の範囲に記載された発明は明確でなければならないという「明確性の要件」(特36条6項2号)である。記載要件は，発明の内容を公開する代償として，発明者に一定期間独占権を付与することを根本とする特許制度において，公衆への開示を実質的に担保するという役割を担っており，開示要件とも呼ばれる。このうち，実施可能要件とサポート要件の関係性については，後述するサポート要件に関するリーディング・ケースである知財高判平17・11・11(平17(行ケ)10042号)〔パラメータ特許大合議事件判決〕(以下，「平成17年大合議判決」という)を契機として，議論がなされているが，いまだ定まった見解がない。そこで，本稿は，両要件の沿革や他国の状況に触れつつ，平成17年大合議判決及びそれとは異なる判断基準を説示したフリバンセリン事件判決を検討した上で，近時の裁判例の傾向について探るものである。

Ⅱ 両要件の沿革とその関係

(1) 沿　革

　実施可能要件とサポート要件はいずれも，遅くとも昭和34年改正特許法に見ることができる。すなわち，昭和34年改正特許法において，36条4項に「第2項第3号の発明の詳細な説明には，その発明の属する技術の分野における通常の知識を有する者が容易にその実施をすることができる程度に，その発明の目的，構成及び効果を記載しなければならない。」と実施可能要件が規定され[1]，また「第2項第4号の特許請求の範囲には，発明の詳細な説明に記載した発明の構成に欠くことができない事項のみを記載しなければならない」と規定する同条5項がサポート要件のように運用されていた[2]。

　このように，以前から実施可能要件とサポート要件は根拠条文を異にする別個の要件とされてきたわけであるが，比較的近年に至るまで，サポート要件はあまり顧みられることがなかった。それというのも，昭和62年改正特許法に対応して平成5年に公表された旧審査基準において，サポート要件は特許請求の範囲と明細書との間の用語の統一など形式的な整合性を求める形式的な要件であるものとされ，このような形式的運用の下では，特許請求の範囲の記載事項が，そのまま発明の詳細な説明の欄に単に形式的に書き写されていれば，「発明の詳細な説明に記載」されているとして，サポート要件を満たすものとされていたからである。一方，旧審査基準は「請求項に上位概念の事項が記載されており，発明の詳細な説明に当該上位概念に含まれる一部の実施例のみが記載されている場合であって，上位概念に含まれる他の部分について，当業者がその実施をすることができる程度に，その発明の目的，構成及び効果が記載されていない場合」は実施可能要件違反となるとしていたことから[3]，実施可能要件がサポート要件を実質的に担保していたといえる。

＊1　中山信弘＝小泉直樹編『新・注解特許法【上巻】』（青林書院，平23）622頁〔内藤和彦＝赤堀龍吾〕。

＊2　村上聡＝小原深美子「サポート要件の裁判例の現状と今後の課題」知管59巻5号（平21）500頁。なお，その後，昭和62年改正特許法により，36条4項1号（現行法同条6項1号）に「特許を受けようとする発明が発明の詳細な説明に記載したものであること」と規定された。

576　第3章　特許権侵害訴訟における攻撃防御方法　第2節　侵害論における被告の抗弁に関する問題

　上記のような運用が変更され，サポート要件と実施可能要件との関係が注目
されるようになったのは，平成15年の審査基準改訂による。平成6年の特許
法改正により，特許請求の範囲の記載の自由度が高まった（特36条5項）ことに
伴い，抽象的・機能的な特許請求の範囲の記載が多くなされるようになり，特
許請求の範囲が明細書の開示に比して広すぎるような場合への対応が必要とな
ったこと，及び国際的な調和の観点を勘案し，審査基準が改訂され，36条6
項1号に関し，「請求項に係る発明」と「発明の詳細な説明に発明として記載
したもの」との実質的な対応関係を審査することが明らかにされた*4（なお，
特許法36条4項1号についての審査基準は基本的に変更されていない）。これにより，サ
ポート要件に関する判断が実施可能要件の判断と重複し，両要件の関係性が問
題となる場面が出てきた。

(2)　両要件の区別（表裏一体説と区別説）

　両要件の関係については，大きく分けて表裏一体説と区別説という2つの考
え方があるが*5，いまだ定まった見解はない。

　表裏一体説は，両要件は，いずれも新規な技術を秘匿せず公衆に広く利用可
能とする代償として一定期間の排他権を付与するという特許制度の趣旨を実質
的に担保する要件として，実質的に同じ要件であり，特許請求の範囲と明細書
の関係をどちら側から見るか，というコインの表と裏にすぎないと見る考えで
ある。これに対して，区別説は，サポート要件と実施可能要件は，異なった趣
旨から規定されるものであり，判断の基準も異なるとして，両要件を明確に区
別する考えである。

Ⅲ　他国における記載要件

(1)　米　　国

　米国特許法は，112条(a)*6において，実施可能要件と記述要件（Written

＊3　審査基準（平成5年）第Ⅰ部第1章4.「発明の詳細な説明」4.2.5「特許請求の範囲との
　　関係の記載不備」。
＊4　村上＝小原・前掲＊2・500頁。
＊5　前田健「実施可能要件とサポート要件」特許判例百選〔第4版〕（別冊ジュリ209号）（平
　　24）47頁。

Description）を規定し，同条(b)において明確性の要件を規定している。実施可能要件は日本と同様，クレームされた発明を当業者が実施できるように明細書に記載することを要求するものである。一方，記述要件は，伝統的には補正後のクレームが出願当初の明細書の記載により支持されていることを求めることにより，補正によって不当に広い範囲のクレームを要求することを防ぐ役割で用いられてきた[7]。すなわち，日本ではクレームの新規事項の追加に相当する拒絶理由は，米国では明細書の記述要件で判断されてきた[8]。したがって，米国特許法112条の記述要件は，実施可能要件とは明確に区別される要件であった。

ところが，1997年，イーライリリー事件[9]において，出願当初のクレームが明細書に記述されていないため記述要件違反により無効であるとの判決が出されたことをきっかけに，特にバイオテクノロジーの分野において，同様の判決が相次いだ[10]。このような出願当初のクレームが記述要件を満たさないという結論は，補正されたクレームに対してのみ記述要件を判断してきた従来の運用を離れ，記述要件の適用範囲を拡大するもので，実施可能要件との混乱を招くとして，その是非について論争を巻き起こした。

そして，2010年，連邦巡回控訴裁判所（CAFC）は，アリアド事件[11]大法廷（en banc）判決において，記述要件が実施可能要件とは別個独立の要件であることを明確に確認するとともに，出願当初のクレームに対しても，補正されたクレームと同様に，記述要件が適用されることを明らかにした。これにより，

＊6 「明細書は，その発明の属する技術分野又はその発明と極めて近い関係にある技術分野において知識を有する者がその発明を製造し，使用することができるような完全，明瞭，簡潔かつ正確な用語によって，発明並びにその発明を製造，使用する手法および方法の説明を含まなければならず，（以下略）」（特許庁参考仮訳）。

＊7 上田真誠「米国の記述要件と日本のサポート要件・発明完成要件」特技懇264号114頁。

＊8 なお，米国ではクレームの変更は米国特許法112条の記述要件に従い判断されるが，明細書の記載の変更は同132条に従い判断される（In re Rasmussen, 650 F. 2d 1212, 211 USPQ 323 (CCPA 1981)）。

＊9 Regents of the University of California v. Eli Lilly and Co., 119 F. 3d 1559, 43 USPQ2d 1398 (Fed.Cir.1997)

＊10 Enzo Biochem, Inc. v. Gen-Probe Inc., 323 F. 3d 956 (Fed Cir.2005); University of Rochester v. G. D. Searle & Co., Inc., 358 F. 3d 916 (Fed. Cir.2004); Carnegie Mellon University v. Hoffmann-La Roche Inc., 541 F. 3d 1115 (Fed. Cir.2008)

＊11 Ariad Pharms., Inc. v. Eli Lily & Co., 598 F. 3d 1336 (Fed. Cir.2010)

578 第3章 特許権侵害訴訟における攻撃防御方法 第2節 侵害論における被告の抗弁に関する問題

記述要件に関する上記論争は一応の決着をみたが，上記判決に対しては，記述要件と実施可能要件は別個独立の開示要件であると述べながら，同判決が説示した記述要件違反の判断要素に実施可能要件と重複するものがあるために，実施可能要件と記述要件の区別がむしろ不明確になり，さらに混迷を深めただけとの批判もあり*12，将来，別の事件において，最高裁により覆されることを期待する論文も存在する*13。このように，米国において，サポート要件違反に該当する問題は記述要件違反の問題として議論されており，実施可能要件との関係性が問題となっているという点では，日本と同様の状況にあるといえよう。

(2) 欧　州

欧州特許条約には，83条において実施可能要件が，同条84条2文において明確性要件及びサポート要件が規定されている*14。そして，2000年6月，欧州特許庁は審査ガイドラインを改訂し，開示内容に見合わない過度に広いクレームにつき，厳格な運用を示唆したことが*15，平成15年の日本における特許審査基準の改訂によるサポート要件の実質化に影響を与えた*16。ただし，欧州では，サポート要件違反は，拒絶の理由になるだけで，異議の理由にならない（同100条）。また，有効化された欧州特許権の無効を求める場合は，各指定国の裁判所に対して訴訟を提起することになるが，記載要件に関する欧州各国

＊12　Patent Law Fourth Edition, Janice M. Mueller, Wolters Kluwer, 150頁。

＊13　Allen K. Yu The En Banc Federal Circuit's Written Description Requirement: Time for the Supreme Court to Review Again? 33 Cardozo L. Rev. 895

＊14　83条「欧州特許出願は，当該技術の熟練者が実施することができる程度に明確かつ十分に，発明を開示しなければならない」，84条2文「クレームは，明確かつ簡潔に記載し，明細書により裏付けがされているものとする。」（特許庁参考仮訳）

＊15　旧欧州特許庁審査便覧C部第Ⅲ章6.3（現行審査便覧F部第Ⅳ章6.3）「一般原則として，クレームは，明細書によって裏付けられているものとみなされる。ただし，出願時の願書に示された情報に基づけば，日常的な実験または分析の方法を使用することによって，当業者が明細書中の特定の教示をクレームされた分野全体に拡張することができないと信ずるに足りる，十分に根拠のある理由が存在する場合を除く。」「審査官が，例えば，概括的なクレームがその全範囲で裏付けされていない旨の拒絶理由を述べた場合，クレームが十分裏付けられている旨を立証する責任は出願人にある。」（特許庁参考仮訳）。上記改訂に関し，欧州特許庁公報には，サポート要件がクレームと明細書の記載との単なる形式的な合致を意味するとの誤解を避けるためになされたとの記載がある（OJ/EPO 5/2000, 232-233）。

＊16　「『特許請求の範囲』の記載要件の明確化」（産業構造審議会知的財産政策部会特許小委員会第3回配布資料7）。

特許法の規定，裁判例は一様ではない。例えば，英国特許法14条(5)(C)は，サポート要件を規定しているが*17，ドイツ特許法には，記載要件としては実施可能要件を定めた34条4項しかなく，明確性要件，サポート要件は明示的にはないことから，サポート要件違反は無効理由にならない*18。

(3) 小　括

以上のとおり，記載要件に関する各国の取扱いは一様ではないが，産業経済のグローバリゼーションの中，特許制度や審査基準の国際的調和の観点はますます重要になってきている。特に，記載要件を他国に比して厳格に適用すると，自国企業にとって不利になりかねないという問題も出てき得る。このような観点からも，運用に際し，他国の制度や審査基準の実情を考慮することは極めて重要であろう。

IV　平成17年大合議判決

(1) 概　要

平成17年大合議判決は，サポート要件に関する実質的なリーディング・ケースである。同判決は，偏光フィルムの製造法に関するいわゆるパラメータ発明の事案において，サポート要件適合性の一般的判断基準とパラメータ発明の場合の具体的判断基準とを示し，サポート要件違反を理由に当該特許を取り消した特許庁の決定を支持したものであり，平成15年の特許審査基準改訂を是認したものといわれる。

(2) 判示内容

本判決は，サポート要件の適合性は，「特許請求の範囲の記載と発明の詳細な説明の記載とを対比し，特許請求の範囲に記載された発明が，発明の詳細な説明に記載された発明で，発明の詳細な説明の記載により当業者が当該発明の課題を解決できると認識できる範囲のものであるか否か，また，その記載や示唆がなくとも当業者が出願時の技術常識に照らし当該発明の課題を解決できる

---

*17　The claim or claims shall be supported by the description.
*18　潮海久雄「特許法において開示要件（実施可能要件・サポート要件）が果たす役割」知的財産法政策学研究16号（平19）139頁。

と認識できる範囲のものであるか否かを検討して判断すべき」ことを一般的判断基準として判示した上で，パラメータ発明の場合の具体的な判断基準として，「発明の詳細な説明は，その数式が示す範囲と得られる効果（性能）との関係の技術的な意味が，特許出願時において，具体例の開示がなくとも当業者に理解できる程度に記載するか，又は，特許出願時の技術常識を参酌して，当該数式が示す範囲内であれば，所望の効果（性能）が得られると当業者において認識できる程度に，具体例を開示して記載することを要するものと解するのが相当である」と判示した。

(3)　本判決の影響

　本判決は，それまでさほど顧みられることのなかったサポート要件を，開示された発明に比して広範な特許を排除する有効なツールとして積極的に活用することを説示したものとして，概ね肯定的に受け入られた[19]。また以降，多数の裁判例において，本判決が示したサポート要件適合性の一般的基準が採用されるようになった。

　例えば，知財高判平18・10・4（平17（行ケ）10579号）〔像処理装置，像記録装置および像再現装置事件〕は，「特許請求の範囲の記載が明細書のサポート要件に適合するか否かは，特許請求の範囲の記載と発明の詳細な説明の記載とを対比し，特許請求の範囲に記載された発明が，発明の詳細な説明に記載された発明で，発明の詳細な説明の記載により当業者が当該発明の課題を解決できると認識できる範囲のものであるか否か，また，その記載や示唆がなくとも当業者が出願時の技術常識に照らし当該発明の課題を解決できると認識できる範囲のものであるか否かを検討して判断すべきものである。」と本判決と同様の基準を示している。

　また，本判決は，パラメータ発明に関するものではあるが，判断の前提としてサポート要件一般の意義，判断基準を示したため，すべての種類の発明に妥当するものであると理解され，本判決以降，パラメータ特許に限らず，特許全般に関してサポート要件が活用される場面が増加した（知財高判平20・9・8（平19（行ケ）10307号）〔無鉛はんだ合金事件〕，知財高判平20・6・12（平19（行ケ）10308号）〔被

---

*19　例えば，平嶋竜太「特許出願における発明開示と実効的保護の調和－パラメータ特許事件大合議判決と今後の方向性－」ジュリ1316号23～29頁等。

覆硬質部材事件〕，知財高判平21・6・30（平20（行ケ）10286号）〔有機装置のための透明コンタクト事件〕，知財高判平21・8・18（平20（行ケ）10304号）〔樹脂配合用酸素吸収剤及びその組成物事件〕等）。

　一方で，従来は実施可能要件において，明細書の記載の充実度を判断していたわけであり，サポート要件を実質的に判断することで，両要件が適用において重複する場面が出てきたことから，両要件の関係が混迷化することとなった。

V　知財高判平22・1・28（平21（行ケ）10033号）〔フリバンセリン事件〕
（以下「フリバンセリン事件判決」という）

(1)　概　　要
　サポート要件適合性に関し，平成17年大合議判決の示した基準が定着しつつあった実務の流れに対し，異なる判断基準を示し，議論を巻き起こした裁判例がフリバンセリン事件判決である。本判決は，医薬用途発明に関して，本願発明の明細書の発明の詳細な説明において，医薬用途の有用性を裏付ける記載（薬理データ又はそれと同視すべき程度の記載）がないため，特許法36条6項1号の要件を満たさないとした審決を理由不備の違法があるとして取り消した。

(2)　判示内容
　本判決は，サポート要件適合性判断について，実施可能要件（特36条4項1号）との関係を踏まえて，「36条6項1号の規定の解釈に当たり，『発明の詳細な説明において開示された技術的事項と対比して広すぎる独占権の付与を排除する』という同号の趣旨から離れて，法36条4項1号の要件適合性を判断するのと全く同様の手法によって解釈，判断することは，同一事項を二重に判断することになりかねない。(中略)（仮にこのような）解釈を許容するとしたならば，同条4項1号の規定を，同条6項1号のほかに別個独立の特許要件として設けた存在意義が失われることになる。したがって，法36条6項1号の規定の解釈に当たっては，特許請求の範囲の記載が，発明の詳細な説明の記載の範囲と対比して，前者の範囲が後者の範囲を超えているか否かを必要かつ合目的的な解釈手法によって判断すれば足り，……（特段の）事情がない限りは，同

条4項1号の要件適合性を判断するのと全く同様の手法によって解釈，判断することは許されないというべきである」と判示し，両要件は，異なる趣旨の規定であり，その解釈，判断の手法は異なるとした。

そして，医薬用途発明に関して法36条6項1号の要件充足には，「『発明の詳細な説明』において実施例等で記載・開示された技術的事項を形式的に理解することで足り」，「特段の事情のない限り，薬理データ又はそれと同視すべき程度の記載をすることが，必要不可欠な条件（要件）ということはできない。」とし，本件事案において，フリバンセリンが性欲強化特性を有する等の技術的事項が確かであること等の論証過程の記載が欠如しているという点については，「専ら，法36条4項1号の趣旨に照らして，その要件の充足を判断すれば足りるのであって，法36条6項1号所定の要件の充足の有無の前提として判断すべきでない」と判示して，審決を取り消した。

(3) 本判決の評価

本判決に対しては，実施可能要件が明細書とクレームの対応を実質的に審査し，サポート要件は形式的な審査をするという厳格な区別説の立場をとったものであり，平成17年大合議判決と相入れない判断基準を示したとの評価もある[20]。

しかし，本判決がそのように厳格な区別説を説示したものとは必ずしも解されないのではなかろうか。「必要かつ合目的的な解釈手法によって判断すれば足り」るとも判示している点を勘案すると，「形式的に理解することで足りる」とは，「事案に応じて規範的に理解する」との趣旨と解することが可能なように思われる[21]。平成17年大合議判決はサポート要件と実施可能要件の関係については言及していない。そこで，本判決は，両要件は区別されるべきであるということを明らかにし，同大合議判決以降のサポート要件の際限のない拡大化に歯止めをかけようとしたものであって，同要件の実質化自体を否定したものではないとも考えられよう[22]。また，本判決が，平成17年大合議判決

---

*20　前田・前掲*5・47頁。

*21　大野聖二「パラメータ特許事件－サポート要件と実施可能要件の関係に関する判例・学説の展開」ジュリ1478号（平27）24頁は，「『形式的に理解することで足りる』とすると，このようなクレームをコピペすれば足りるという誤解を招くのであれば，『規範的に理解する』といったほうがよいのかもしれない」としている。

46 実施可能要件とサポート要件の関係　583

との整合性の観点から，同大合議判決がパラメータ発明に関するものであることを事案の相違点として判示した点については，あくまでも被告の主張に対する応答として述べられたものであり，積極的に平成17年大合議判決の射程をパラメータ発明に限定する趣旨ではないと解することが可能であろう*23。

VI　両要件を区別する近時の裁判例

(1)　知財高判平24・4・11（平23（行ケ）10146号・10147号）〔ピオグリタゾン併用医薬事件〕

本件は，医薬を併用投与することを技術的思想とする発明に関する無効審決取消訴訟において，実施可能要件違反，サポート要件違反が争われた事案である。本判決は，実施可能要件につき，物の発明については，明細書にその物を製造する方法についての具体的な記載があるか，又は，そのような記載がなくても明細書及び図面の記載並びに出願当時の技術常識に基づき当業者がその物を製造することができるか否かという基準を用い，サポート要件については，特許請求の範囲に記載された発明が本件明細書に記載されているか，当該記載又は出願時の技術常識により当業者が本件各発明の上記課題を解決できると認識できる範囲内のものであるか否かという基準を用いて，いずれの要件についても充足性を認めた。

また，本判決は，審決が，本件発明について実施可能要件違反があると結論付けたことについて，「その理由と目される部分は，専ら後記のサポート要件の適否を説示したものであって，実施可能要件について説示したものとは思われない」から，「本件明細書が法36条4項に違反するとした本件審決の判断

---

*22　同じ知財高裁第3部が知財高判平23・2・28（平22（行ケ）10109号）〔毛髪パーマネント再整形方法事件〕において，「36条1項1号への適合性を判断するに当たっては，『特許請求の範囲』と『発明の詳細な説明』とを対比することから，同号への適合性を判断するためには，その前提として，『特許請求の範囲』の記載に基づく技術的範囲を適切に把握すること，および『発明の詳細な説明』に記載・開示された技術的事項を適切に把握することとの両者が必要になる。」と説示している点につき，吉田広志・判評631号（平23）41頁は，ともすれば実質的立場へのシフトしているように見えるとするが，そもそも，本判決が形式的運用を説示するものではなかったことを示す根拠と解することも可能ではなかろうか。
*23　武宮英子「特許要件(2)」牧野利秋ほか編『知的財産訴訟実務大系Ⅰ』（青林書院，平26）153頁。

584　第3章　特許権侵害訴訟における攻撃防御方法　　第2節　侵害論における被告の抗弁に関する問題

は，その理由を形式的にも実質的にも欠くものとして到底是認することができ（ない）」と判示しており，明確に実施可能要件とサポート要件を区別している。

(2)　知財高判平24・10・29（平24(行ケ)10076号）〔ヒンダードフェノール性酸化防止剤組成物事件〕

　本件は，拒絶審決取消訴訟において，サポート要件適合性が争われた事案である。実施可能要件は争点となっていなかったが，被告（特許庁）の発明の詳細な説明の記載と出願時の技術常識からは本願発明に係る組成物を製造することはできないという主張について，「発明の詳細な説明の記載と出願時の技術常識からは本願発明に係る組成物を製造することはできないというのであれば，これは特許法36条4項1号（実施可能要件）の問題として扱うべきものである。審決は，本件出願が特許法36条6項1号（サポート要件）に規定する要件を満たしていないことを根拠に拒絶の査定を維持し，請求不成立との結論を出したものであるから，被告の上記主張は，審決の判断を是認するものとしては採用することができない。」と判示し，サポート要件と実施可能要件の相違を説示している。

(3)　知財高判平25・4・11（平24(行ケ)10299号）〔液体調味料の製造方法事件〕

　本件は，液体調味料の製造方法の発明に関する審決取消訴訟において，実施可能要件違反とサポート要件違反が争われ，両要件の充足性について異なる判断がなされた事案である。

　すなわち，本判決は，実施可能要件について，明細書の具体的な記載，又は，明細書及び図面の記載並びに出願当時の技術常識に基づき，当業者が当該方法の使用が可能か否か（方法の発明の場合），あるいは，当該物の製造が可能か否か（物の発明の場合）という基準に基づいて，充足性を認めたが，サポート要件については，明細書の記載により当業者が特許請求の範囲に記載された発明の課題を解決できると認識できる範囲のものであるか否か，又は，その記載や示唆がなくとも当業者が出願時の技術常識に照らし当該発明の課題を解決できると認識できる範囲内のものであるか否かという基準を用いて，充足性を否定した。

　また，本判決は，「原告は，（中略）ACE阻害ペプチドを使用する場合についての実施例が発明の詳細な説明に記載されていない限り，実施可能要件を満た

さないと主張する。しかしながら，本件明細書に本件発明1ないし8の使用を可能とする具体的な記載があり，かつ，当業者が本件発明9を製造することができる以上，本件発明は，実施可能であるということができるのであって，原告の上記主張は，サポート要件に関するものとして考慮する余地はあるものの，実施可能要件との関係では，その根拠を欠くものというべきである。」と判示し，実施可能要件とサポート要件の相違についても言及している。

(4) **知財高判平29・2・2** （平28（行ケ）10001号・10018号・10082号）〔葉酸代謝拮抗薬の組み合わせ療法事件〕

本件では，医薬の組み合わせ療法の発明に関する審決取消訴訟において，実施可能要件違反とサポート要件違反が争われ，本判決は，いずれの要件についても充足性を肯定した。

そして，本判決は，原告がサポート要件違反と同じ理由により，本件明細書の記載は実施可能要件に反する旨主張した点について，「本件明細書の発明の詳細な説明の記載が実施可能要件を充足するか否かは，当業者が，同記載及び出願時の技術常識に基づき，過度の試行錯誤を要することなく，その物を生産し，かつ，使用することができる程度の記載があるか否かの問題である。他方，サポート要件は，特許請求の範囲の記載要件であり，本件特許請求の範囲の記載がサポート要件を充足するか否かは，本件特許請求の範囲に記載された発明が，発明の詳細な説明に記載された説明であり，同記載及び出願時の技術常識により当業者が本件発明の課題を解決できると認識し得るか否かの問題であり，実施可能要件とは異なる。」と説示し，原告の上記主張は主張自体失当とした。

VII む す び

上記VIの近時の判例はいずれも，平成17年大合議判決が示したサポート要件適合性の判断基準を採用しつつ，両要件を明確に区別する立場であり，サポート要件は，明細書の記載により当業者が特許請求の範囲に記載された発明の課題を解決できると認識できる範囲のものであるか否か，を判断する要件であり，実施可能要件は，当業者が（過度の試行錯誤なく）実施できるような記載が

明細書においてなされているかどうか，を判断する要件であって，両要件は異なる判断基準を有する異なる要件と解するのが現在の実務の趨勢といえそうである（もっとも，いずれの要件についても判断している裁判例の数はそれほど多くなく，しかも化学や医薬分野に偏っていることには留意を要する）。

　しかし，上記基準により両要件を明確に区別しようとしても，実質的に両要件の判断が重複する場面が出てきうるのではないだろうか。例えば，数値限定発明で，実施例が少ない場合には，技術水準如何によっては，クレーム全体を過度の試行錯誤なく実施することもできず，また，課題解決の認識もできない場合もあり得よう。また，化学分野における「化合物」の発明においては，課題を解決することは化合物そのものやその用途の提供であり，その記載はすなわち発明の実施であると考えられることから，サポート要件違反と実施可能要件違反が重複することがあり得る[24]。どこまで明確に両要件の区別が可能か，また，その区別を厳格に追求することに意味があるのか（手続の無駄などの方が大きいという指摘もある[25]）といった点は今後も議論の余地があるものと思われる。

　また，サポート要件の実質化は，ともすれば厳格な適用につながりかねないが，サポート要件をあまり厳格に適用すると，革新的な技術の中核部分が開示されているにもかかわらず，特許が無効になってしまいかねず，特にパイオニア発明を適切に保護することができない。その結果，開示のインセンティブを削ぎ，結果として技術を開示させて公衆の知識を豊富にするという特許制度の目的にむしろ逆行することになり得ると危惧されている。また，日本のサポート要件判断は他国に比べて厳格であるとの評価もあるが，厳格にサポート要件が適用された結果，日本では権利の狭い特許しか成立しないとなると，日本企

---

[24]　中山＝小泉編・前掲＊1・640頁〔内藤＝赤堀〕。知財高判平27・4・28（平25（行ケ）10250号）（「少なくともODA／BPDAの2成分系ポリイミドフィルムについては，当業者が，本件明細書の記載及び本件優先日当時の技術常識に基づき，これを実施することができない。そうすると，上記2成分系のポリイミドフィルムの構成に係る本件発明9は，本件明細書の記載及び本件優先日当時の技術常識によっては，当業者が本件発明9の上記課題を解決できると認識できる範囲のものということはできず，サポート要件を充足しないというべきである。」と判示している）も参考になろう。

[25]　前田健「明細書の開示が特許法の中で果たしている役割について」別冊パテ9号（平25）154頁。

46 実施可能要件とサポート要件の関係 *587*

業が特許ハイウェイ出願制度を利用した場合，他国でもそのような権利の狭い特許権しか取得できないこととなってしまいかねない。

　したがって，判断基準を実際の事案に具体的にどのように適用するかは，特許制度の趣旨目的や国際的調和の観点なども勘案しつつ，両要件を適用する審決例，裁判例の今後の蓄積により，適切な範囲にその基準を統一していくことが望まれる。

■

588　第3章　特許権侵害訴訟における攻撃防御方法　　第2節　侵害論における被告の抗弁に関する問題

47 冒認出願，共同出願違反

松田　誠司

> 冒認出願・共同出願違反とはどのような場合か。その効果について
> 説明し，移転登録請求について説明せよ。

キーワード　冒認出願，共同出願違反，移転登録請求

I　は じ め に

　近年，共同研究開発の一般化に伴い，冒認出願及び共同出願違反（以下，両者を合わせて「冒認出願等」ということがある）が生じやすい状況にあるといわれている[1],[2]ところ，これを前提として平成23年特許法改正[3]により，冒認出願等に係る移転登録請求制度が創設された（特74条〔特許権の移転の特例〕）。本稿では，特許法74条1項に基づく移転登録請求権の要件及び効果を中心に実務上生じ得る問題点について若干の検討を行う[4]。

　まず，冒認出願とは，現行特許法には規定されていないが，「特許出願権をもたない者による出願」[5]である。次に，共同出願違反とは，「特許を受ける

---

[1]　特許庁工業所有権制度改正審議室編『平成23年　特許法等の一部改正　産業財産権法の解説』43頁。

[2]　平成22年3月社団法人日本国際知的財産保護協会『平成21年度　特許庁産業財産権制度各国比較調査研究等事業特許を受ける権利を有する者の適切な権利の保護の在り方に関する調査研究報告書』1頁。

[3]　「特許法等の一部を改正する法律」（平成23年法律第63号。以下，「平成23年改正法」といい，平成23年改正法による改正を「平成23年改正」という）によって改正された。

[4]　移転登録請求権についての論稿には，小松陽一郎「冒認出願と実務上の若干の課題」牧野利秋先生傘寿記念論文集『知的財産権－法理と提言』（青林書院，平24），髙部眞規子「冒認による移転登録」『実務詳説　特許関係訴訟〔第3版〕』（きんざい，平28）414頁以下等がある。

[5]　中山信弘『特許法〔第3版〕』46頁。なお，髙部・前掲[4]・414頁は「発明について正当な権原を有しない者，すなわち，特許を受ける権利を有していない者が，特許出願人となっている出願」と定義しているが，同義であるものと思われる。

権利が共有に係るときは，各共有者は，他の共有者と共同でなければ，特許出願をすることができない」（特38条）とされているにもかかわらず，これに違反してなされた出願である。冒認出願等の場合には，拒絶理由（特49条2号及び7号）及び無効理由（特123条1項2号及び6号）を構成し，侵害訴訟における無効の抗弁を基礎づける理由となる（特104条の3）。このように両者は発生する場面が異なるものの，基本的な法律効果は同じであり，自己が特許を受ける権利を有しない部分があるにもかかわらず，権利者の同意を得ることなく特許出願を行ったという点で共通するため，本稿では断りのない限り一括して論ずる。

冒認出願等がなされた場合，真の権利者として考えられる対応は，①特許無効審判請求（特123条1項2号及び6号）[6]，②損害賠償請求（民709条）及び③新たな特許出願（特30条1項）が挙げられる。もっとも，①により特許無効となった場合には，真の権利者は適法に発明を実施できることとなるが，当該特許に係る発明は自由技術となるため，競業者も実施できることになってしまう。また，②については，冒認出願等という行為は違法であり不法行為は成立し得るように思われる[7]が，相当因果関係のある損害が何か[8]は困難な問題であり，その立証も容易ではない[9]。③については，平成23年改正により特許法39条旧6項が削除され，冒認出願についても先願の地位が認められることとなったため，現行法上，真の権利者が新たな特許出願により特許権を得ることは困難である[10]。

---

[6]　平成23年改正によって，冒認出願等については，請求人適格が「特許を受ける権利を有する者」に限定された（特123条2項括弧書）。

[7]　中山・前掲[5]・342頁は，「特許を受ける権利を有しない者が，真の権利者に無断で特許出願する行為は不法行為となり得るが，具体的には第三者による発明の知得態様や出願に至った事情等を総合的に勘案して違法性が判断されることとなろう」と述べている。これに対し，佐藤恵太「冒認による意匠登録を受ける権利の侵害」特許判例百選〔第4版〕53頁は，「稀な事例であろうが，出願人が，真の創作者に対して，出願人たる地位または成立後の意匠権を自発的に移転した場合を想定すれば，冒認出願したことのみをもって不法行為が成立するという考え方には，躊躇を覚える」と述べている。

[8]　この点に関し，後掲生ゴミ処理装置事件最判は，「特許権の設定の登録を受けていれば得られたであろう利益」を損害とみているようである。

[9]　冒認出願等行為を不法行為とする損害賠償請求訴訟は特許権等侵害訴訟ではないため，特許法102条（損害の額の推定等）は適用されない。

[10]　特許法30条1項は，新規性喪失の例外として，権利者の意に反して新規性が喪失した場合における権利者の救済規定であるが，第三者が先んじて出願した場合に29条の2又は39条の適用を回避できるわけではない。

このように，上記①から③までの各対応には難点があるため，端的に特許権の移転登録が認められるのであれば，真の権利者の救済に資することになる。

Ⅱ　移転登録請求

(1)　平成23年改正前

　冒認出願等を理由とする特許権の移転登録請求[11]については，従前の特許法には明文がなく，これを否定する見解が有力であったが，最判平13・6・12民集55巻4号793頁〔生ゴミ処理装置事件〕は，不当利得（民703条）を念頭に置いたとみられる法律構成により移転登録請求を認める旨判示した。

　もっとも，同最判の事案は，特許出願自体は真の権利者によってなされた後，侵害者が特許を受ける権利に係る譲渡証書を偽造して特許庁長官に届け出たことにより出願人の名義変更がなされた（特34条4項）という事案（いわゆる権利者出願型[12]）であり，その射程は限定的であると解されていた[13]。したがって，旧法下においても移転登録は可能であったものの，真の権利者の保護は十分ではなかった。

(2)　移転登録請求権の創設

　上記生ゴミ処理装置事件最判後の平成23年改正において，特許法74条の創設により移転登録請求権が明文上認められることとなった。上記のとおり，生ゴミ処理装置事件最判は，権利者出願型についてのみ移転登録を認めたものと解されていたのに対し，特許法74条1項にはそのような制限はなく，無権利者出願型の事案についてもその適用が可能である。

　なお，特許法74条は平成23年改正法の施行日である平成24年4月1日[14]以

---

*11　なお，特許権設定登録前は，真の権利者は，冒認出願人が任意に出願人名義変更の手続に協力しない場合には，特許を受ける権利を有することの確認訴訟において確定判決を得ることにより，単独で冒認出願等の出願人名義を変更することが可能であると解されており（東京地判昭38・6・5下民集14巻6号1074頁〔自動連続給粉機事件〕），この点は平成23年改正後も同様である。

*12　本判決についての調査官解説によれば，冒認出願の類型として，無権利者が特許出願をした場合（無権利者出願型）と権利者出願型の2つが挙げられている（長谷川浩二「判批」最判解説民事篇平成13年度（下）526頁）。

*13　生ゴミ処理装置事件最判より後の下級審では，移転登録請求は棄却されている。

後になされた特許出願について適用される*15ため，施行日前になされた特許
出願に係る特許権については，従前と同様，上記生ゴミ処理装置事件最判の設
定したルールが適用されることになる。

(3) 要件事実

特許法74条1項は，移転登録請求権について次のとおり規定している。

(特許権の移転の特例)

第74条　特許が第123条第1項第2号に規定する要件に該当するとき（その特許
が第38条の規定に違反してされたときに限る。）又は同項第6号に規定する要件に
該当するときは，当該特許に係る発明について特許を受ける権利を有する者
は，経済産業省令で定めるところにより，その特許権者に対し，当該特許権の
移転を請求することができる。

2～3　（略）

(特許無効審判)

第123条　特許が次の各号のいずれかに該当するときは，その特許を無効にする
ことについて特許無効審判を請求することができる。この場合において，二以
上の請求項に係るものについては，請求項ごとに請求することができる。

一　（略）

二　その特許が第25条，第29条，第29条の2，第32条，第38条又は第39条第
1項から第4項までの規定に違反してされたとき（その特許が第38条の規定に
違反してされた場合にあつては，第74条第1項の規定による請求に基づき，その特
許に係る特許権の移転の登録があつたときを除く。）。

三～五　（略）

六　その特許がその発明について特許を受ける権利を有しない者の特許出願に
対してされたとき（第74条第1項の規定による請求に基づき，その特許に係る特
許権の移転の登録があつたときを除く。）。

七～八　（略）

2～4　（略）

特許法74条1項の条文構造からすれば，移転登録請求の要件*16は，①特許
が38条の規定に違反してされたとき又は特許がその発明について特許を受け
る権利を有しない者の特許出願に対してされたときのいずれかに該当するこ

---

*14　平成23年改正法附則1条，特許法等の一部を改正する法律の施行期日を定める政令（平成
　　23年政令第369号）。

*15　平成23年改正法附則2条9項。

と，及び②原告が「当該特許に係る発明について特許を受ける権利を有する者」であること——発明者であること[17]となるように思われるが，その証明責任の所在及び具体的内容については争いがある。

(4) 証明責任

(a) 総　論

一般に証明責任の所在は，いわゆる修正された法律要件分類説に従い，自己に有利な法律効果の発生を主張する者は，その要件（構成要件）に該当する事実について証明責任を負うと解されているところ，特許無効審判では，審判請求人において特許権者は発明者又は特許を受ける権利を譲り受けた者ではなかったにもかかわらず特許出願を行ったことを，特許法74条1項に基づく移転登録請求訴訟でも同様に，原告において特許権者は発明者又は特許を受ける権利を譲り受けた者ではなかったにもかかわらず特許出願を行ったことを主張立証する必要がありそうである。また，冒認出願等を不法行為として損害賠償を請求する場合にも原告において，被告は発明者でないにもかかわらず特許出願を行ったとの権利侵害行為を主張立証することになりそうである[18]。

(b) 特許無効審判

まず，特許無効審判及び審決取消訴訟においては，特許法が発明者主義を採用していることを理由として，出願人たる特許権者は，特許出願に当たって，発明者主義の要件を満たしていること，すなわち，自らが発明者等として正当に特許出願を行ったとの事実につき証明責任を負うものと解されている（知財

---

*16　髙部眞規子「特許無効の抗弁」牧野利秋ほか編『知的財産訴訟実務大系Ⅰ』434頁では，請求原因は，
　①　原告は，平成○年○月○日，別紙特許権目録記載の特許権に係る発明をした。
　又は①に代えて，
　①'−1　Aは，平成○年○月○日，別紙特許権目録記載の特許権に係る発明をした。
　①'−2　原告は，平成○年○月○日，Aから，上記発明に係る特許を受ける権利を譲り受けた。
　②　被告は，本件特許権の登録名義人である。
　とされている。
*17　特許を受ける権利を有する者の原則形態は，①発明者（特29条1項柱書）であるが，その他にも②職務発明について特許を受ける権利を原始的に取得した使用者（特35条3項）及び③特許を受ける権利を承継した者（職務発明について特許を受ける権利を承継した使用者（特35条2項反対解釈）を含む）が考えられるが，本稿では①について検討する。
*18　この点について，明示的に判断した裁判例は見当たらない。

高判平18・1・19（平17(行ケ)10193号）裁判所ホームページ〔緑化吹付け資材事件〕等）。

　もっとも，このことは特許権者に対して常に具体的に発明の創作過程等を主張立証させることを意味するものではない。この点につき，知財高裁は，「先に出願したという事実は，出願人が発明者又は発明者から特許を受ける権利を承継した者であるとの事実を推認させる上でそれなりに意味のある事実であることをも考え合わせると，特許権者の行うべき主張立証の内容，程度は，冒認出願を疑わせる具体的な事情の内容及び無効審判請求人の主張立証活動の内容，程度がどのようなものかによって左右されるものというべきである。すなわち，仮に無効審判請求人が冒認を疑わせる具体的な事情を何ら指摘することなく，かつ，その裏付けとなる証拠を提出していないような場合は，特許権者が行う主張立証の程度は比較的簡易なもので足りるのに対し，無効審判請求人が冒認を裏付ける事情を具体的に指摘し，その裏付けとなる証拠を提出するような場合は，特許権者において，これを凌ぐ主張立証をしない限り，主張立証責任が尽くされたと判断されることはないものと考えられる」と説明している（知財高判平29・1・25裁判所ホームページ〔噴出ノズル管の製造方法並びにその方法により製造される噴出ノズル管事件〕）。

　(c)　特許法74条1項に基づく移転登録請求訴訟

　では，特許法74条1項に基づく移転登録請求の場合はどうか。この点に関し，臀部拭き取り装置事件（大阪地判平29・11・9（平28(ワ)8468号）裁判所ホームページ）*19は，当事者間に技術提携契約及び被告が原告に対して被告の新商品開発に伴う事前調査等の業務を委託する旨の業務委託契約が存し，原告が被告に対し設計開発した装置を納品したが，その後，両者の関係は解消され，原被告それぞれ特許出願を行っていたという事案において次のとおり判示した。

　まず，証明責任について，「（特許法74条1項）に基づく移転登録請求をする者は，相手方の特許権に係る特許発明について，自己が真の発明者又は共同発明者であることを主張立証する責任がある」と述べ，発明者であることは要件事実であることを明らかにした。

　さらに，「異なる者が独立に同一内容の発明をした場合には，それぞれの者

---

*19　本裁判例以前には，特許法74条1項に基づく移転登録請求に係る判決は見当たらない。

が，それぞれがした発明について特許を受ける権利を個別に有することになる。このことを考慮すると，相手方の特許権に係る特許発明について，自己が真の発明者又は共同発明者であることを主張立証するためには，単に自己が当該特許発明と同一内容の発明をしたことを主張立証するだけでは足りず，当該特許発明は自己が単独又は共同で発明したもので，相手方が発明したものでないことを主張立証する必要があり，これを裏返せば，相手方の当該特許発明に係る特許出願は自己のした発明に基づいてされたものであることを主張立証する必要があると解するのが相当である」と判示し，冒認に係る特許出願につき依拠性を要求している。

上記判示内容は，特許法74条1項の条文構造上，冒認出願等及び移転登録請求を行う者が発明者であることを積極的に位置付けていることからすれば自然な解釈である[20]。無効審判における証明責任の所在との整合性は問題となるが，前掲の知財高判平29・1・25〔噴出ノズル管の製造方法並びにその方法により製造される噴出ノズル管事件〕に見られるように，形式的には特許権者が証明責任を負うとしても，事実上の推認という考え方に基づき，実質的には無効審判請求人が立証を負担することになることに照らせば，大きな相違はないように思われる。

(5) 特許を受ける権利の譲渡契約の解除等

典型的な冒認出願等以外に，特許を受ける権利の譲渡契約が債務不履行により解除された場合又は詐欺若しくは錯誤[21]を理由に取り消された場合（以下，「解除等」という）において無権利者が特許出願をしたときに特許法74条が適用されるかが問題となる[22]。

まず，条文の文言からすると解除等についての適用が明示的に排除されているわけではない[23]。次に，実質的な利益状況を検討するに当たり，第三者保

---

*20　高部眞規子「冒認による移転登録の実務」L＆T55号6頁は，「冒認による移転登録請求に期間制限がないことからも，登録名義人の側に立証責任を課するのは妥当でないケースがあろう」と述べている。

*21　平成29年法律第44号による改正後の民法95条では，錯誤の効果は無効ではなく取り消し得るものとされている。

*22　本論点を検討したものとして，中山・前掲＊5・348頁以下，竹田稔「冒認出願等に対する真の権利者の救済措置」L＆T54号49頁，「座談会　改正特許法の課題」L＆T53号15頁〔加藤幹之＝三村量一発言〕がある。

護を考慮する必要がある。特許権の転得者，専用実施権者又は通常実施権者である善意の第三者は，特許法74条1項が適用される場合には通常実施権を取得し得る（特79条の2）にすぎないのに対し，民法の第三者保護規定（民96条3項及び545条3項）の適用を受けることができれば，より強く保護される可能性がある[24]。

私見によれば，解除等の場合には，その遡及効により観念的には冒認出願等があったかのようにも解されるが，出願時においては，出願人は正当に特許を受ける権利を有していたのであり，また特許原簿における公示を信頼して取引に入った第三者を保護する必要があることに鑑みれば，特許法74条1項は適用されるべきでない。

(6) 適用範囲

移転登録請求権の行使について，条文上期間制限はない[25]。特許法74条1項には，無効審判（特123条3項）と異なり，文言上，「特許権の消滅後」の請求の可否は明示されていないが，真の権利者に対しては，移転登録を受けることにより，侵害者に対して損害賠償を請求し，又は冒認出願人等に対して不当利得の返還を請求することが保障されるべきであるから，特許権消滅後であっても移転登録請求権の行使は可能であると解すべきである。

職務発明制度については，平成27年に原始使用者帰属を可能とすること等を内容とする改正（以下，「平成27年改正」という）[26]がなされたが，同改正は職務発明について特許を受ける権利につき特許法74条1項が適用されるか否か

---

[23] 立案を担当した特許庁は，明示的に解釈を示しているわけではないが，産業構造審議会知的財産政策部会特許制度小委員会報告書「特許制度に関する法制的な課題について」62頁脚注20において，冒認者等からの特許権の譲受人等の扱いについて，「冒認者等が善意である場合（例えば，特許を受ける権利を譲り受ける契約が無効であったことを知らずに出願を行ってしまった場合等）も，善意の譲受人と同様に法定実施権による保護を与えるべきである」との見解を述べている。

[24] もっとも，詐欺取消し又は解除における第三者が保護を受けるためには権利保護要件又は対抗要件としての登記をしておくことが必要であるとの見解が有力であり（川島武宜＝平井宜雄編『新版注釈民法(3)総則(3)』487頁，谷口知平＝五十嵐清編『新版注釈民法(13)債権(4)〔補訂版〕』885頁），登録制度が存しない通常実施権の場合にどのように解すべきかは別途問題となる。

[25] 無効審判については，「特許権の消滅後においても，請求することができる」（特123条3項）と規定されている。

[26] 「特許法等の一部を改正する法律」（平成27年法律第55号）によって改正された。

に関わる。平成27年改正前の職務発明について特許を受ける権利又は平成27年改正後において原始使用者帰属（特35条3項）の適用を受けない特許を受ける権利が，従業者等から使用者等及び第三者に対して二重譲渡された場合，使用者等と第三者の優劣は特許出願の先後によることとされている（特34条1項）。したがって，第三者が使用者等に先んじて特許出願を行った場合には，当該第三者が確定的に権利者となるため，使用者等において特許法74条1項に基づく移転登録請求権を行使することはできない。これに対し，平成27年改正後において原始使用者帰属の適用を受ける特許を受ける権利については，発明者たる従業者等と使用者等との間での承継を行うことなく，使用者等が発明完成当初から権利者となっている。したがって，原始使用者帰属の場合には，第三者が特許出願をしていたとしても，使用者等は第三者に対して特許法74条1項に基づく移転登録請求を行うことができる[27]。

(7) 効　果

特許法74条1項の要件を充たす場合には，原告は特許権者に対し，当該特許権の移転を請求することができる。そして，特許権の移転登録は遡及効を有するから（同条2項），冒認出願等による特許権者が実施許諾契約に基づく実施料，特許権侵害を理由とする損害賠償金，不当利得金又は補償金等を受領していた場合には，移転登録を受けた特許権者は，これらにつき不当利得として返還請求をできることになる。

第74条

2　前項の規定による請求に基づく特許権の移転の登録があつたときは，その特許権は，初めから当該登録を受けた者に帰属していたものとみなす。当該特許権に係る発明についての第65条第1項又は第184条の10第1項の規定による請求権についても，同様とする。

---

(8) 他の制度との関係

(a) 特許無効審判及び特許異議申立て

冒認出願等があった場合，特許を受ける権利を有する者は特許無効審判を請求することができる（特123条1項2号及び6号）。無効審判の請求人適格は利害関

---

*27　深津拓寛＝松田誠司ほか『実務解説　職務発明－平成27年特許法改正対応』（商事法務，平28）117頁。

係人に限定されているが，冒認出願等の場合には「真の権利者（特許を受ける権利を有する者）が移転請求により特許権を取得する機会を担保する必要性」*28から，特許を受ける権利を有する者のみとされている（特123条2項）。

　これに対し，特許異議においては，冒認出願等は申立理由とされていない（特113条参照）。このような無効審判と特許異議との相違は，特許異議は特許見直しの契機を広く求めるべく公衆審査を採用し，「何人も」申し立てることができる制度として設計されたのであり，「権利帰属に関する事由は当事者間の紛争解決を主目的とする無効審判により争うことが望ましいため，特許異議の申立ての理由は公益的事由のみに限定」したものと説明されている*29。

　(b)　侵害訴訟における無効の抗弁

　侵害訴訟の被告にとって無効の抗弁（特104条の3）は重要な防御手段であるところ，無効審判と異なり，冒認出願等を理由とする無効の抗弁は真の権利者でなくとも主張することができる（同条3項）。これは，冒認者等による権利行使を認めることは適切でないからという理由に基づく*30。

III　実務上の問題点

(1)　請求項ごとの移転登録請求の可否

　まず，特許権全部ではなく請求項ごとの移転登録請求をなし得るかが問題となる。特許法74条1項は「当該特許権の移転」と規定しており，移転登録の単位を特許権としているように思われる。そして，請求項ごとの取扱いを許容する根拠規定である特許法185条には74条は列挙されていない。また，特許法の下位法令ではあるが，特許登録令においても請求項ごとに特許権者を登録することを予定した規定はない。条文を形式的に解すると，請求項ごとの移転登録は認められないと解するほかなさそうである*31。なお，特許権の共有物分

＊28　特許庁編『工業所有権法（産業財産権法）逐条解説〔第20版〕』408頁以下。

＊29　前掲＊28・逐条解説378頁。

＊30　平成23年改正解説57頁。

＊31　特許法施行規則40条の2（特許権の移転の特例）は，「特許法第74条第1項の規定による特許権の移転の請求は，自己が有すると認める特許を受ける権利の持分に応じてするものとする」と規定している。

割請求（民256条1項）及び分割後の特許権についての移転登録をすれば，請求項ごとの移転登録と同様の状態を実現できるように思われるが，特許権の現物分割は否定的に解されているため，この方法によることは困難であろう*32。

実務的観点からすれば，当該特許権のうち特定の請求項に係るもののみ発明したというケースはないわけではないように思われる。請求項ごとの移転登録ができないという不都合をカバーしようとすると，特許権の一定の持分につき移転登録せよとの判決を下さざるを得ないが，そうすると，移転登録を受けた者は特定の請求項に係る発明しかしていないにもかかわらず，当該特許権の発明全部を実施できることになってしまう。また，無効審判の場合には請求項ごとに審判を請求することができること（特123条1項柱書）と均衡がとれないように思われる。このような実態に即しない結論は不当であるので，請求項ごとの移転登録を認める法改正が望まれる。

(2) 一部認容判決の可否

次に，原告が特許権全部の移転登録を請求したのに対し，裁判所が原告は一定の持分のみを有するとの心証を得た場合，裁判所は一部認容判決として心証どおりの判決を下すことができるかが問題になる。この点に関し，不動産の単独所有権の確認を求める訴訟において，裁判所は質的一部認容として持分を有する旨の判決を下すことができると解されている（最判昭42・3・23裁判集民事86号669頁，最判平9・3・14判タ937号104頁）から，特許権の移転登録請求についても一部認容判決を下すことは可能であると解すべきである*33。

(3) 請求の趣旨

特許法74条1項に基づく移転登録請求訴訟において，請求の趣旨をどのように記載すべきか*34。この点は，移転登録の可否及び譲渡による移転と異なる遡及効という効果発生という観点から考えるべきである。髙部・前掲*4・422頁では，以下の記載例が提案されている。

---

*32　髙部・前掲*4・427頁。

*33　訴訟運営において，裁判所としては，当事者に対する不意打ちを避けるため，原告の意思を確認することが望ましいものと考えられる（最判平9・7・17判タ950号113頁の藤井補足意見参照）。

*34　前掲大阪地判平29・11・9〔臀部拭き取り装置事件〕（結論は請求棄却）では，全部移転登録請求に係る請求の趣旨は，「被告は，原告に対し，別紙『特許目録』記載の特許権について，移転登録手続をせよ。」とされていた。

> 被告は，原告に対し，別紙特許権目録記載の特許権につき，特許法74条1項を原因とする移転登録手続をせよ。

　請求の趣旨の記載につき，特許庁から特段の発表はされていないようであるが，勝訴判決を得たにもかかわらず適切に移転登録をすることができないといったことがないよう，原告において検討のうえ，訴え提起前に特許庁に照会しておくべきであろう。

(4) 仮 処 分

　真の権利者としては，移転登録請求訴訟係属中に，対象となる特許権が譲渡されたり，放棄されたりすれば，勝訴判決を得ても実効性が失われてしまうことから，仮処分を申し立てることを検討すべきである。具体的には，特許法74条1項に基づく移転登録請求権を被保全権利とする処分禁止の仮処分が考えられる。

　これに対し，特許権設定登録前の段階では，平成23年改正前と同様，真の権利者は特許を受ける権利を有することの確認請求訴訟の確定判決により単独で出願人名義の変更申請を行うこととされており，法律上，特許を受ける権利の移転請求権は認められていない。また，特許を受ける権利には公示制度がない以上，仮処分命令が発令されたとしてもこれを執行する手段がない。したがって，当事者恒定の必要性はあるものの，仮処分は認められないと解さざるを得ないであろう[35]。

---

[35]　この点を詳細に検討したものとして，高部・前掲[4]・428頁以下。

600 第3章 特許権侵害訴訟における攻撃防御方法 第2節 侵害論における被告の抗弁に関する問題

48 先願主義，拡大先願

山　田　　徹

┌───┐
│　先願主義の意義及び効果について説明し，拡大先願の範囲及び効果│
│について説明せよ。　　　　　　　　　　　　　　　　　　　　　│
└───┘

キーワード　　先願主義，拡大先願，発明の同一性

I　先　願　主　義

(1)　先願主義の意義及び効果

特許制度は独占権を付与する制度であるから，同一の発明については複数の特許が与えられてはならない（重複特許禁止の原則）。そこで，同一の発明について複数の出願がなされた場合の処理が問題となる。

先願主義とは，同一の発明について複数の出願がなされた場合に，先に出願した者が特許を受けることができるという主義である。先願主義は，先に発明した者が特許を受けることができるという先発明主義とは異なる主義である。

特許法は，39条1項において，「同一の発明について異なつた日に二以上の特許出願があつたときは，最先の特許出願人のみがその発明について特許を受けることができる。」として，先願主義を採用している。

また，同日付の出願については，「同一の発明について同日に二以上の特許出願があつたときは，特許出願人の協議により定めた一の特許出願人のみがその発明について特許を受けることができる。協議が成立せず，又は協議をすることができないときは，いずれもその発明について特許を受けることができない。」（特39条2項）として，協議制が採用され，重複特許禁止の原則が維持されている。なお，特許出願と実用新案登録出願との関係については，特許法39条3項が特許法39条1項に，特許法39条4項が特許法39条2項に，それぞれ対応する規定を設けている。

特許制度は，新しい発明を公開した者にその代償として一定期間に限って実施権の専有（特68条）を認めるものであるところ，先願主義は，先発明主義よりも早期の出願及び技術の公開を促すものであることから，「発明の保護及び利用を図ることにより，発明を奨励し，もつて産業の発達に寄与する」（特1条）という法の目的に資するものである。また，先願主義は，複数の出願があった場合にいずれの出願の発明が先になされたものであるかを認定することが困難である先発明主義とは異なり，先後の判定が容易である。さらに，先願主義は先発明主義とは異なり，先願よりも先に発明された発明に係る後願に特許が付与され，先願に係る特許が無効とされるということもないから，権利上の不安定を免れることができるという利点がある[1]。アメリカでは先発明主義が採用されてきたが，2013年3月16日施行の法律改正により先願主義に移行し，現在では，先発明主義を採用する国はなくなった。

(2) 先願とはならない出願

特許法39条5項は，「特許出願若しくは実用新案登録出願が放棄され，取り下げられ，若しくは却下されたとき，又は特許出願について拒絶をすべき旨の査定若しくは審決が確定したときは，その特許出願又は実用新案登録出願は，第1項から前項までの規定の適用については，初めからなかつたものとみなす。ただし，その特許出願について第2項後段又は前項後段の規定に該当することにより拒絶をすべき旨の査定又は審決が確定したときは，この限りではない。」として，先願とはならない出願を規定する。

(3) 先願の対象となる発明

特許法39条の先願の対象となる「発明」は，「特許出願があつた」「発明」であるから，特許請求の範囲に記載された発明である。なお，訂正審判により特許請求の範囲が訂正された場合には，訂正後の特許請求の範囲に記載された発明が対象とされる（東京高判昭47・10・27（昭36（行ナ）36号））。

---

[1] 以上につき，特許庁編『工業所有権法（産業財産権法）逐条解説〔第20版〕』155頁，吉藤幸朔〔熊谷健一補訂〕『特許法概説〔第13版〕』191頁。

II 拡 大 先 願

(1) 拡大先願の範囲及び効果

特許法29条の２は，特許出願（後願）に係る発明が後願の日前の出願（先願）に係る「願書に最初に添付した明細書，特許請求の範囲若しくは実用新案登録請求の範囲又は図面」に記載された発明又は考案と同一であるとき（発明者が同一である場合及び後願出願時に先願と出願人が同一である場合を除く*2）は，先願が出願公開等されたときには，後願の発明について特許を受けることができないことを規定する。昭和45年特許法改正により追加されたこの規定により，先願が後願を排除する範囲につき，特許法39条が規定する場合のみよりも拡がったことから「拡大先願」と称される。また，「公知の擬制」ないし「準公知」とも称される*3。

この規定の趣旨は，主として以下のとおりである*4。

① 先願の明細書等に記載されている発明は，特許請求の範囲以外の記載であっても出願公開等により一般にその内容が公開されるから，後願について特許を付与することは，新しい発明の公表の代償として発明を保護しようとする特許制度の趣旨から外れる。

② 審査請求制度の採用に基づき審査は出願審査請求順になされるところ，補正により請求の範囲を増減変更できる範囲の最大限である出願当初の明細書等に記載された範囲全部に先願の地位を認めておけば先願の処理を待つことなく後願を処理できる。

③ 明細書の詳細な説明に記載された関連技術については，出願人として権利を取得する必要がないと思えば別個に出願しなくてもそれと同一の発明についてされた後願を排除することができ，無駄な出願の必要がなくなる。

---

*2 発明者が同一である場合とは，共同発明の場合，発明者全員が一致している必要がある（大阪地判平13・4・19（平10(ワ)13560号））。また，出願人が同一である場合とは，共同出願の場合，出願人全員が一致している必要がある（東京高判平12・10・11（平11(行ケ)31号）判時1741号142頁）。
*3 中山信弘『特許法〔第３版〕』131頁。
*4 特許庁編『工業所有権法（産業財産権法）逐条解説〔第20版〕』87頁以下。

④　自分が発明したもの又は自分が出願したものによっては拒絶されることがないようにする必要がある。

(2)　特許法39条と特許法29条の2の規定の関係

特許法39条と29条の2とでは，主として以下の差異がある*5。

①　時間的範囲として，特許法39条は同一日出願にも適用があるが，特許法29条の2は同一日出願には適用がないという差異がある。

②　また，特許法39条における先願の範囲は，特許請求の範囲に記載された発明に限定されるが，特許法29条の2の拡大先願の範囲は，「願書に最初に添付した明細書，特許請求の範囲若しくは実用新案登録請求の範囲又は図面」に記載された発明である。

③　さらに，特許法39条においては，先願が放棄され，取り下げられ，若しくは却下されたとき，又は特許出願について拒絶をすべき旨の査定若しくは審決が確定したときは後願を排除しないが，特許法29条の2については，先願が出願公開等された場合には後願を排除する。

④　特許法39条とは異なり，特許法29条の2においては，先願と後願の発明者又は出願人が同一の場合には，適用がない。

特許法39条と特許法29条の2については，以上のような差異があるが，審査実務上は，先願の多くは特許法29条の2の適用により処理がなされ，同一出願人，同一発明者又は同一日出願という特許法29条の2の適用のない場合に特許法39条により処理がなされるものとされている*6。

(3)　特許法29条の2における発明の同一性の判断基準について

特許法29条の2における「願書に最初に添付した明細書，特許請求の範囲若しくは実用新案登録請求の範囲又は図面」に「記載された発明又は考案と同一である」とは，形式的な同一をいうのではなく，実質的同一をいうものとされている*7。

この点について，例えば，東京高判昭61・9・29（昭61（行ケ）29号）は，「明

＊5　中山・前掲＊3・132頁。
＊6　中山信弘＝小泉直樹編『新・注解特許法〔第2版〕【上巻】』814頁〔加藤志麻子〕。
＊7　中山信弘編『注解特許法〔第3版〕【上巻】』275頁以下〔後藤晴男＝有阪正昭〕に，実質同一性につき判断された裁判例が多数掲載されている。

細書は当該発明に関するすべての技術を網羅してこれを説明しているものではなく，出願当時の当業者の技術常識を前提としたうえで作成されるのが通常であるから，特に明細書に記載がなくても，当該発明を理解するに当つて当業者の有する技術常識を証拠により認定し，これを参酌することを禁ずべき理由はない。

また，原告は，審決が両発明が『実質的に同一』であると判断したことをとらえて，特許法29条の２に用いられていない『実質的』なる文言を使用して，両者の同一性を判断することは許されない旨主張する。しかし，対比すべき複数の発明間において，その構成，これにより奏せられる効果がすべて形式的に合致するということはおよそあり得ないところであり，要は両発明に形式的な差異があつても，その差が単なる表現上のものであつたり，設計上の微差であつたり，また，奏せられる効果に著しい差がなければ，両発明は技術的思想の創作として同一であると認めて差支えないのである。このような場合に両発明が実質的に同一であると称せられるのであり，特許法29条の２も同条所定の先願発明と後願発明が右の意味で実質的に同一であるときは後願発明は特許を受けることができないとする趣旨と解すべきである。」と判示するところである。

また，東京高判平16・２・19（平13(行ケ)533号）は，「特許出願に係る発明と先願発明との間の相違点が周知の手段の付加であり，その特許発明が奏する作用効果が，先願発明が奏する作用効果と前記周知の手段がもたらす作用効果との総和にすぎない場合には，前記相違点はいわゆる設計上の微差にすぎず，その特許出願に係る発明は先願発明に単なる周知の手段を付加したものであつて，先願発明と『実質的に同一である』と解するのが相当である。相違点はあってもその相違点に係る両発明の差が設計上の微差にすぎず，作用効果にも顕著な差がない場合にまで，これらを別個の発明としてそれぞれに特許を認めたのでは，特許制度になじまないことになるというべきであり，このような場合には，それぞれの発明は，技術的思想の創作としては同一であると評価するのが相当である。そして，このことは，たとい，原告主張のとおり，当該周知技術が，慣用技術でも必要不可欠な技術でもないために，先願明細書に実質的に記載されているとは認めることができないとしても，そのことによって妨げられるものではない，というべきである。」と判示している。

特許庁審査基準においても，「審査官は，本願の請求項に係る発明と，引用発明とを対比した結果，以下の(i)又は(ii)の場合は，両者をこの章でいう『同一』と判断する。

(i) 本願の請求項に係る発明と引用発明との間に相違点がない場合

(ii) 本願の請求項に係る発明と引用発明との間に相違点がある場合であっても，両者が実質同一である場合

ここでの実質同一とは，本願の請求項に係る発明と引用発明との間の相違点が課題解決のための具体化手段における微差（周知技術，慣用技術の付加，削除，削除，転換等であって，新たな効果を奏するものではないもの）である場合をいう。」（審査基準第Ⅲ部第3章3.2）とされている。

もっとも，東京高判昭60・9・30（無体集17巻3号428頁）が「明細書には微生物由来のコレステリンエステラーゼに関する記載があることが認められる。そして，明細書の記載を解釈するに当たり，その出願前（優先権主張のある場合は優先権主張日前）の公知技術或は公知事実を参酌することは許されないわけではないが，それはあくまで当該明細書自体から知ることができる具体的内容に関連する場合に限られるものと解すべきであつて，前記三，2に引用したような極めて抽象的記載についてまでかかる解釈方法を持込むことは，いたずらに明細書の記載内容を技術的に広く認めることとなり，後願者に対する関係で不当に有利に扱うこととなり相当とは認めがたい。したがつて，鐘紡出願明細書の右記載は，本願発明につき特許法29条2項の進歩性を判断する場合は格別，同法29条の2第1項により先願発明との同一性を判断するに当つては参酌すべきものではない。」と判示し，東京高判平5・6・24（平3(行ケ)260号）も，「構成を異にする二つの考案を周知の慣用技術との関連において対比する場合，単なる設計変更か否かの同一性の問題として捉えるか，容易になし得る設計変更か否かの進歩性の問題として捉えるかは一概に明確な基準を以て論ずることはできないが，少なくとも，相違する一方の構成に周知の慣用技術をそのまま適用することによって直ちに他の構成が得られ，かつその構成の変更に技術的意義を見い出しがたいような場合を除いては，両者を同一性の問題ではなく，進歩性の問題として扱うのが相当というべきである。」と判示するように，特許法29条の2の同一性判断はあくまで特許法29条2項における進歩性の判断と

は異なる判断基準により判断されるべきものであることには留意が必要である[8]。

(4) パリ条約による優先権主張を伴う出願について

優先権主張を伴う出願については,「他の同盟国においてされた後の出願は, その間に行われた行為, たとえば, 他の出願, 当該発明の公表又は実施, 当該意匠に係る物品の販売, 当該商標の使用等によつて不利な取扱いを受けないものとし, また, これらの行為は, 第三者のいかなる権利又は使用の権能をも生じさせない」ものとされている (パリ条約4条B)。

優先権主張を伴う特許出願については, 優先権主張の要件を満たす限り, 第一国出願の出願書類全体とわが国への出願の当初の明細書等に共通して記載された発明については, 第一国出願の後に第三者が提出した特許出願等の当初の明細書等に記載された発明と同一の発明であるとして特許法29条の2の規定により拒絶をされることはない。また, 先願が優先権主張を伴う出願である場合については, 先願が優先権主張の要件を満たせば, 先願の第一国出願の出願書類全体と先願のわが国への出願の当初の明細書等に共通して記載された発明については, 先願の第一国出願日に先願のわが国への出願がされたものとして取り扱われる (東京高判昭63・9・13 (昭56(行ケ)222号))[9]。

(5) 先願明細書等に記載された未完成発明について

一般に, 特許出願に係る発明が特許法29条の2により, 特許を受けることができないとされるためには, 先願明細書等に記載された発明は, 発明として完成していることが必要とされる[10]。例えば, 東京高判平13・4・25 (平10(行ケ)401号) は,「先願発明が本願発明に対するいわゆる後願排除効を有するためには, 必ずしも先願発明が客観的に特許性を備えた発明であることを要するものではないが, 特許性の具備以前の問題として, 先願発明が完成した用途発明として先願明細書に開示されていることを要する」と判示している。また,

---

[8] 「29条の2の29条2項化」を懸念する論考として, 植木久彦「特許法第29条の2における実質同一」知管64巻6号がある。

[9] 審査基準第III部第3章6.1.2。以上につき, 詳しくは, 中山信弘=小泉直樹編『新・注解特許法〔第2版〕【上巻】』339頁以下〔酒井宏明=川﨑隆二〕。

[10] 特許第1小委員会第3小委員会「特許法36条6項1号と同法29条の2との関係について」知管57巻4号588頁。

知財高判平21・11・11（平20（行ケ）10483号）は，特許法29条の2との関連で，「いわゆる化学物質の発明は，新規で，有用，すなわち産業上利用できる化学物質を提供することにその本質が存するから，その成立性が肯定されるためには，化学物質そのものが確認され，製造できるだけでは足りず，その有用性が明細書に開示されていることを必要とする。」と判示している。

■

49 特許無効理由としての補正要件違反

谷口　俊彦

補正要件違反により特許が無効になるのはどのような場合か。また，具体的にどのように判断がなされるのか。

キーワード　新規事項，新たな技術的事項，上位概念化，発明特定事項，自明な事項

Ⅰ　は じ め に

⑴　本稿で取り上げる補正要件違反について

　侵害論における被告の抗弁として特許無効の抗弁があり，多くの侵害訴訟において特許無効の主張がなされている。一般的には，新規性，進歩性の規定に違反しているという主張が多いが，特許法123条にも規定されているように，無効理由はそれ以外にも種々の規定が設けられている。本稿では特に特許無効理由としての補正要件違反について解説する。

　特許査定に至るまでの補正要件違反については，新規事項を追加する補正であることのほかに，特許法53条に規定する補正の却下の対象になるもの等があるが，それらは無効理由の対象ではないため，無効理由の対象になっている新規事項の追加に関する補正要件違反を取り上げる。

⑵　補正要件が争点になった裁判例の統計データ

　まずは，平成26年以後に判決が出された裁判例（平成29年は9月末までの統計）のうち，新規事項の追加が争点になり裁判所の判断が示されたものの件数について，次頁の表にまとめた。裁判例は，裁判所ホームページで検索できるものに限定した。また，新規事項に関する判断は，特許登録後に行われる訂正についても同じであるので，統計にカウントしている（ただし，基準となる明細書等の補正の場合は，出願当初の明細書等，訂正が特許登録時の明細書等という点では異なる）。

　表において○○は特許庁（地裁）と知財高裁がいずれも新規事項ではないと

H26-H29	事件	補正				訂正				分割			
		○○	××	○×	×○	○○	××	○×	×○	○○	××	○×	×○
侵害訴訟	地裁	4	3				4			3	3		
	高裁	2	1		1	1							
審決取消訴訟	当事者系	6	9	1	1	16	1	4	6	7	3		
	査定系		5						1	1			

判断したもの，××は特許庁（地裁）と知財高裁がいずれも新規事項であると判断したもの，○×は特許庁（地裁）は新規事項ではないとしたが知財高裁は新規事項であると判断したもの，×○はその逆である。

　分割出願はその適法性（出願日が親出願に遡及するか否か）を判断するときに，補正要件と同じ判断基準で新規事項か否かを判断するため，表に掲載している。

　表にもあるとおり，補正（訂正，分割）が争われた事案は多く，多くの裁判例の積み重ねがある。争点にはなったが裁判所の判断が示されない事案も多くあり，無効の抗弁の１つとして補正要件違反は非常に有力である。補正要件違反が争点になる場合は，新規性や進歩性も争点になるのが普通であり，さらに，サポート要件や実施可能要件等も争点になることが多い。無効の抗弁（無効理由の主張）において，様々な観点から無効理由を探るのが重要である。

　また，新規事項の判断が特許庁（地裁）と知財高裁で分かれた事案も多く存在する。したがって，それだけ判断が難しい事案もあるということであろう。

Ⅱ　明細書，特許請求の範囲又は図面についての補正

(1)　補正を認める理由

　明細書等の補正を認める理由について，特許庁・審査基準[1]には「手続の円滑で迅速な進行を図るためには，出願人が初めから完全な内容の書類を提出することが望ましい。しかし，先願主義の下では出願を急ぐ必要があること等

---

*1　審査基準第Ⅳ部第１章１。

により，実際には完全なものを望み得ない場合がある。また，審査の結果，拒絶理由が発見された場合等，明細書等に手を加える必要が生じる場合もある。そのため，特許法17条の2は，明細書等について補正をすることができることとしている。」と説明されている。

実際に，特許出願してから一度も拒絶理由がなく特許査定になることは，非常に少ない。筆者の担当する技術分野（機械・制御）では10％を超えているかどうか，という感覚である。特許庁から何らかの拒絶理由通知を受け，補正をした上で特許査定になるのが一般的である。拒絶理由で指摘された新規性や進歩性違反等を解消するために，請求項（特許請求の範囲）の補正を行うことは，実務上，頻繁に行われている。また，補正は一度に限らず複数回行われることも普通である。したがって，補正の適法性を検討することは重要になる。

(2) 補正要件

前述のように特許法では出願人の便宜を図るため補正を認めているが，一方，これを自由に認めると第三者に不測の不利益を与えることになる。補正は出願時に遡って効力を有するからである。そこで，迅速な権利付与を担保し，出願の取扱いの公平性や出願人と第三者のバランスを確保する必要がある。

そこで，特許法17条の2第3項は，「明細書，特許請求の範囲又は図面について補正をするときは，……願書に最初に添付した明細書，特許請求の範囲又は図面……に記載した事項の範囲内においてしなければならない。」と規定する。すなわち，補正は新規事項を追加するものであってはならない。

(3) 補正要件違反の効果

特許法17条の2第3項の補正要件に違反した場合は，拒絶理由（特49条1号）となり，無効理由（特123条1項1号）となる。

III　新規事項か否かの判断基準について

(1) ソルダーレジスト事件（大合議判決）

「願書に添付した明細書又は図面に記載した事項の範囲内」の判断基準について，有名なソルダーレジスト事件（知財高判平20・5・30（平18(行ケ)10563号））がある。判示事項は次のとおりである。

49 特許無効理由としての補正要件違反 *611*

「『明細書又は図面に記載した事項』とは，技術的思想の高度の創作である発明について，特許権による独占を得る前提として，第三者に対して開示されるものであるから，ここでいう『事項』とは明細書又は図面によって開示された発明に関する技術的事項であることが前提となるところ，『明細書又は図面に記載した事項』とは，<u>当業者によって，明細書又は図面のすべての記載を総合することにより導かれる技術的事項であり，補正が，このようにして導かれる技術的事項との関係において，新たな技術的事項を導入しないものであるとき</u>は，当該補正は，『明細書又は図面に記載した事項の範囲内』においてするものということができる。」

この事案は，特許後の訂正に係るものであるが，前述のように補正と訂正は同じ判断基準が採用される。審査基準も同じ基準を採用している。

(2) 補正の類型について

新規事項の具体的な判断に関して，審査基準*2では補正の類型ごとに分けて説明されており，新規事項にならないケースとして下記の3つを挙げている。

① 補正された事項が「当初明細書等に明示的に記載された事項」である場合

② 補正された事項が「当初明細書等の記載から自明な事項」である場合

③ 上記の①②いずれではなくても，「当初明細書等に記載した事項」との関係において新たな技術的事項を導入するものでない場合

実際に裁判において争点になるのは③のケースがほとんどである。以下，そのような裁判例のうち，特許庁と知財高裁で判断が分かれた事案を中心に解説する。

IV 裁　判　例

(1) 発明の対象の上位概念化が新規事項とされた事例

(a) 事案の概要

---

*2　審査基準第IV部第2章3。

補正は新規事項ではないと判断した審決を，知財高裁が取り消した事例である（知財高判平27・3・11（平25(行ケ)10330号）裁判所ホームページ〔揺動型遊星歯車装置事件〕）。

遊星歯車を用いた減速装置に関する発明であり，出願当初の発明の名称は「内歯揺動型内接噛合遊星歯車装置」（以下，「内歯揺動型」という）であったが，その後，補正により「揺動型遊星歯車装置」（以下，「揺動型」という）として「外歯揺動型遊星歯車装置」（以下，「外歯揺動型」という）も含めるようにするとともに，請求項の発明特定事項も合わせて上位概念化した補正が争点となった。ちなみに，明細書等には外歯揺動型に関する記載は全くなかった。

(b) 補正後の請求項1

補正後の請求項1は下記のとおりである（下線は補正箇所を示す）。

「複数の偏心体軸の各々に配置された偏心体を介して揺動歯車を揺動回転させる揺動型遊星歯車装置において，

前記複数の偏心体軸にそれぞれ組込まれた偏心体軸歯車と，

該偏心体軸歯車及び駆動源側のピニオンがそれぞれ同時に噛合する伝動外歯歯車と，

該伝動外歯歯車の回転中心軸と異なる位置に平行に配置されると共に，該駆動源側のピニオンが組込まれた中間軸と，を備え，

前記中間軸を回転駆動することにより前記駆動源側のピニオンを回転させ，前記伝動外歯歯車を介して該駆動源側のピニオンの回転が前記複数の偏心体軸歯車に同時に伝達される

ことを特徴とする揺動型遊星歯車装置。」

(c) 審決の理由

「本件補正前発明の課題を，入力軸が出力軸と同軸に配置されていることにより，歯車装置全体を貫通するホローシャフトを有するように設計することが困難であるという課題……『内歯揺動型』を『揺動型』と上位概念化することで，……『外歯揺動型』が発明の対象となることが想定されるとしても，このような課題は，本件当初明細書等に従来の技術として例示された内歯揺動型だけでなく，入力軸から偏心体軸歯車までの構成が共通する外歯揺動型にも内在することが，技術的に明らかである……。」

(d) 判示事項

「出願前に刊行された……によれば，減速機に関する技術については，内歯揺動型と外歯揺動型に共通する技術，すなわち，偏心体を介して揺動回転する歯車が内歯であるか外歯であるかには依存しない技術があると認められ，内歯揺動型と外歯揺動型との間には，両者で異なる技術も存在すれば，両者に共通する技術も存在すると認められる。したがって，本件補正が外歯揺動型を含めることになるからといって，そのことから直ちに本件補正が新たな技術的事項を導入するとまでいうことはできない。」

「下記模式図のとおり，①外側の内歯歯車を出力歯車とする型（外側に出力軸，内側に固定部材を配置する動作。以下，『①型』という。），②外側の内歯歯車を固定部材とする型（内側に出力軸，外側に固定部材を配置する動作。以下，『②型』という。）が想定される。」

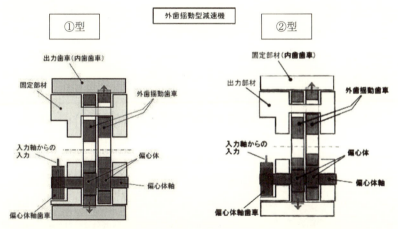

「②型においては，出力部材が内側となることから，『伝動外歯歯車は単一の歯車からなり，出力軸（出力部材）に軸受を介して支持され』る構成を想定できるとしても，①型においては，下記模式図のとおり，伝動外歯歯車は，減速機の一番外側に位置する出力軸とはかけ離れた位置に存在することとなる。

そうすると，このようなかけ離れた位置にある伝動外歯歯車を出力軸に軸受を介して支持する構成については，当業者であっても明らかではない……。」

(e) 解　説

出願当初の明細書，図面には，外歯揺動型に関する記載が全くなかった。したがって，発明対象の上位概念化は，一見すると新規事項の疑いありと見えるが，裁判所は，上位概念化が直ちに新規事項であると判断するのではなく，本件発明の構成との関係で外歯揺動型が実現可能かどうかという観点で判断した。そして，先行文献の記載も参酌しつつ，明細書等のすべての記載を総合して判断した。

そして，外歯揺動型の出力軸の構成に関して，②型は想定できるとしても①型は想定できないとして新たな技術的事項を導入するとの判断をしたが，その根拠の１つとして，請求項には出力軸の限定はなく，①型と②型の両方が含まれるとの理由を示している。つまり，請求項において，出力軸が②型に限定されていれば，新規事項にはならないと示唆しているようにも感じる。ただ，明細書等に記載された実施例を前提とすれば，出力軸の構成は別として，①型を想定するのが自然であるとしている。請求項が②型に限定されていたと仮定すれば，どうだったのか曖昧な内容の判決であった。しかし，本件は出願当初の明細書等には内歯揺動型の開示しかなく，課題も内歯揺動型に特有のものと思われ，外歯揺動型を含ませること自体に無理があると感じる。結論は妥当であると考える。

なお，この事案は審決が取り消されたため再び審判に戻ることになった。そして，審判段階で原告は訂正を行った。その訂正の内容は，再び外歯揺動型を含む上位概念化された内容であり，前述の②型に限定するものであった。ところが，審決は，当該訂正は親出願（実は，本件特許は分割出願である）に記載されていない事項（つまり新規事項）であるから，分割要件を満たさず，出願日は遡及しないとの審決がなされた（その結果，新規性や進歩性が否定された）。それに対して，再び審決取消訴訟（第２次訴訟）が提起された（知財高判平29・5・10（平28（行ケ）10114号））。そして，知財高裁は，「明細書に開示された技術は，従来の内歯揺動型における問題を解決すべく改良を加えたものであって，その対象は内歯揺動型に関するものであると解するのが相当」であるとして審決の判断が支持された。さらに，①型と②型にも言及しており，第１次訴訟と同じく，実施例を前提にすれば①型に比べて②型は想定しがたいことが指摘されている。また，②型にしても多くの設計変更を要し，当初明細書からは②型を想定しがた

いと結論している。

ちなみに，第1次訴訟と第2次訴訟は，同じ第1部ではあるが，不幸にも（？）裁判官は3人とも替わっていた。同じ裁判官ならどのように判断したであろうか興味深いが，おそらく同じ結論であっただろう。

さらに，第2次訴訟では分割要件違反とされているが，これは第1次訴訟でも主張可能な内容であるものの，なぜか争点になっていない。ただ，新規事項であるか否かの判断は同じになる。

本事案では，請求項の上位概念化は新規事項を含むものとされたが，逆に新規事項ではないとされた裁判例がある（知財高判平27・12・16（平26(行ケ)10198号)）。この事案は，発明の対象である「シートカッター」を用途限定しない「カッター」に補正したが，裁判所は「<u>その切断手段の構成上</u>，シート以外の対象物であっても，刃を切断しようとする箇所に沿って移動させて切断することのできるものであれば当該対象物の切断の用途に用いることができることは，本件出願当初明細書の記載から自明である。」とし，<u>切断対象物の範囲が無制限に広がるというものではない</u>として，新規事項ではないと判断した。2つの裁判例は，発明対象が上位概念化された点は同じであり，請求項に記載の構成との関係で判断される点は共通している。

(2) 特定のタイプを除外する意図で行った補正が新規事項ではないとされた事例

(a) 事件の概要

補正は新規事項であると判断した審決を，知財高裁が取り消した事案である（知財高判平24・10・10（平23(行ケ)10383号）裁判所ホームページ〔ダイアフラム弁事件〕）。

本発明は，高圧流体の供給制御を行うダイアフラム弁に関するものである。原告は，引用例として挙げられた「ローリングダイアフラム弁」を除くために「<u>前記膜部を反転させることなく</u>」との補正を行った。本発明は，通常のダイアフラム弁で膜部が反転しないタイプであり，膜部が反転するローリングダイアフラム弁が対象ではないことを明確にする意図で行った補正である。なお，明細書等にはローリングダイアフラム弁に関する記載は存在しない。

(b) 審決の理由

「当初図面の【図1】及び【図2】には，『膜部22』において，弁の閉鎖時

と開放時とで，請求人が主張する『膜部を反転させる』ような部分が存在しない構成とする技術思想が記載されていることが明らかであるということはできないから，当初明細書等の記載から，上記事項が，当業者に自明であるとも，当初明細書等に記載されていたに等しい事項であるともいえず……」

（c）請求項1（下線は補正箇所を示す）

「……前記ダイアフラムは，弁座に当接する弁体部と，弁体部から外側に広がった膜部と，膜部外周縁に形成された固定部とを有し，前記膜部が，前記弁体部に接続され鉛直方向に形成された鉛直部と，前記固定部に接続され水平方向に形成された水平部と，前記鉛直部と前記水平部とを接続するために断面円弧状に形成された接続部とを備えること，

前記駆動軸の先端には，前記鉛直部および前記接続部に接触して前記膜部を受け止めるために前記ダイアフラムに一体化されたバックアップが設けられていること，

前記膜部を反転させることなく，前記閉鎖または開放を行うこと，
を特徴とするダイアフラム弁。」

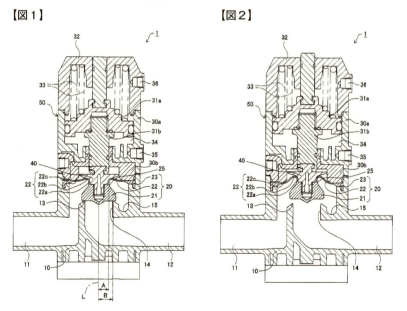

【図1】　【図2】

【図1】は閉弁時，【図2】は開弁時を示し，膜部は符号22で示されている。

(d) 判示事項

「ダイヤフラム弁の技術領域において，通常のダイヤフラム弁と，それとは異なり『ロール及び非ロール動作』を伴うローリングダイヤフラム弁とが存在することは，……特段の説明を要しない技術常識であったことが理解できる。」

「上記の『反転』の一般的意味及び技術常識に照らし，……本件補正によって追加された『前記膜部を反転させることなく，前記閉鎖または開放を行うこと』の構成は，『膜部の一部が天地を逆転することがなく，具体的には，ロールダイアフラム式ポペット弁のような開閉時に薄膜のロール・非ロール動作を伴うことなく』との意味であることが明らかである。」

「以上によれば，『前記膜部を反転させることなく，前記閉鎖または開放を行うこと』とは，ロールダイアフラム式ポペット弁のような開閉時に薄膜のロール・非ロール動作を伴うものではないものである，という程度の意味で膜部の一部で天地が逆転しないものであることと理解すべきであり，係る事項を加えることは，当初明細書等のすべての記載を総合することにより導かれる技術的事項との関係において，新たな技術的事項を導入しないものといえる。」

(e) 解　説

明細書にはローリングダイアフラムという用語は一切出てこない。ただ，当初図面（前掲）の【図1】と【図2】を対比してみると，膜部22は，【図1】において少し上に凸，【図2】において大きな凸になっており，いずれも凸であるから反転していないと読み取れる（原告もこの点を主張）。審決では「弁の開放時における『接続部22ｂ』の屈曲によりバックアップ40から離間する部分が存在しており，しかも，当該部分において，弁の閉鎖時と開放時とで，『膜部22』の延在方向の隣接部との間で上下関係が逆となる箇所が存在しないともいえない。」と判断したが，【図1】，【図2】を見る限り，閉弁時から開弁時に至る途中で，下に凸になる過程が存在するとは想定しがたい。特許庁はいったいどのような形態を想定したのであろうか。裁判所も【図1】，【図2】には通常のダイアフラム弁が記載されていると認定している。さらに，「反転」の意味，審判請求書における原告の主張，技術常識も考慮して，新規事項ではないとした。

実務上でも，明細書に記載がなくても図面のみに記載された事項を発明特定事項とする補正は行われている。本事案においても，上記の図面等から読み取れる事項と，裁判所が認定した技術常識等を合わせて考えてみれば自明であるといえる。本発明は，審判に戻り再度審理され特許になっている。

(3) 発明特定事項の削除による上位概念化が新規事項とされた事例

(a) 事案の概要

補正は新規事項ではないと判断した審決を，知財高裁が取り消した事例である（知財高判平28・8・24（平27（行ケ）10245号）裁判所ホームページ〔臀部拭き取り装置事件〕）。

温水洗浄便座における臀部拭き取り装置に関する発明において，出願当初の請求項1において，「<u>前記便座昇降部によって前記便座が上昇された際に生じる便器と前記便座との間隙を介して，……前記拭き取りアームを駆動させる</u>」とあるのを「<u>便器と便座との間隙を介して，前記拭き取りアームを移動させる</u>」と補正した独立請求項15を新設した。すなわち，便座が上昇された際に生じる隙間に限定していたのを削除して，便座が上昇していない状態での隙間も含まれるように上位概念化した。かかる補正が審決では新規事項ではないと判断されたが，裁判所では新規事項であるとして審決を取り消した。ちなみに，便座昇降部により形成される間隙以外のものは，明細書等には明示的には記載されていない。

(b) 審決の理由

「①本件発明の目的は，便座に座ったままの状態で，水滴や汚れの拭き取り作業を行うことができる臀部拭き取り装置……を提供することであり……②便座昇降部は，便座本体を傾斜させることによって，人が容易に立ち上がれるようにするためのものであること……に照らせば，②のような人が容易に立ち上がれるようにするための便座昇降部は，上記①の本件発明の目的を達成するために必ずしも必要なものではなく，拭き取りアームを移動させるための間隙が便器と便座との間に形成されさえすればよいことは，当業者にとって自明の事項である。」

(c) 請求項15（下線部は筆者が付した）

「トイレットペーパーで臀部を拭く臀部拭き取り装置であって，

前記トイレットペーパーを取り付けるための拭き取りアームと,

前記臀部を拭き取る位置まで前記拭き取りアームを移動させる拭き取りアーム駆動部とを備え,

<u>前記拭き取りアーム駆動部は,便器と便座との間隙を介して,前記拭き取りアームを移動させる</u>ことを特徴とする,臀部拭き取り装置。」

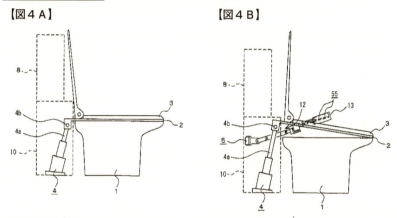

【図4A】　　　　【図4B】

(d) 判示事項

「補正前発明は,便座に座ったままの状態で水滴や汚れの拭き取り作業を十分にできることを目的としており,その便座昇降装置は,便座と便器との間に間隙を設けて,そこから拭き取りアームを露出させるという技術的意義を有するものと認められるが,当該装置を用いて,使用者が便器から容易に立ち上がれることを目的としているものとは解されない。」

「当初明細書等の記載には,……便器と便座との間隙を形成する手段としては便座昇降装置が記載されているが,他の手段は,何の記載も示唆もない。

すなわち,補正前発明は,便器と便座との間隙を形成する手段として,<u>便座昇降装置のみをその技術的要素として特定するものである</u>。

そうすると,便座と便器との間に間隙を設けるための手段として便座昇降装置以外の手段を導入することは,新たな技術的事項を追加することにほかならず……」

「便器と便座との間の間隙を形成する手段が自明な事項というには,その手段が明細書に記載されているに等しいと認められるものでなければならず,単

に，他にも手段があり得るという程度では足りない。」

(e) 解　説

本事案は発明特定事項の削除による上位概念化の補正が問題になった。削除される事項が発明の本質ではない場合（任意の付加的事項）であれば，新規事項ではないといえるだろう。しかし，本事案は拭き取りアームを露出するために，前掲の【図4B】に図示するように，便座と便器との間隙が，便座昇降部により形成される構成を採用したものであり，任意の付加的事項とはいえない。仮に，【図4A】や【図4B】を見て便座昇降部以外の方法で間隙を形成するとすれば，便器1に露出させるための切り欠き部を設けるなど必要であるが，便器1に切り欠き部を設けると，そこから漏れてしまうなどの不具合が発生してしまうため，さらなる設計変更が必要となり，その構成は自明ともいい難く，その実施形態を当業者には想定しがたいと考えられる。

なお，本件のように，請求項から発明特定事項を削除する補正がなされた場合に，補正後の請求項に係る発明がサポート要件を充足しているときには，新規事項の追加にはならないとの見解がある[3]。新規事項か否かとサポート要件は密接に関係するものであり，本事案においても，サポート要件が争点になっており，新規事項での判断を援用する形でサポート要件違反と判断している。その他にも両方が争点になった裁判例は多数見受けられる。

V　最　後　に

(1) 補正要件違反の検討

特許無効理由としての補正要件違反について裁判例も含めて解説してきた。実際に，補正要件違反が争われた裁判例は数多くあり，裁判例の積み重ねもある。係争事件に遭遇することになったときは，まずは，イ号が技術的範囲に属するか否かを検討することが第1であるが，合わせて無効理由の検討も重要である。一般的には先行技術の調査に基づき新規性や進歩性の有無を検討することであるが，それ以外の無効理由として補正要件を検討することも重要であ

＊3　小林茂「発明特定事項を削除する補正と新規事項の追加」パテ62巻13号（平21）102頁。

る。そのためには出願経過書類を調査し，どのような補正を行ったのか，その補正の根拠は明細書等のどこにあるのかを意見書で確認し，評価を行うことである。そして，その補正がどの類型（前掲Ⅲ(2)の①②③型）に属するのかを検討し，特に③型であれば，十分に吟味する必要があろう。過去の多くの裁判例や審査基準などからある程度の結論は導けるのではないか。

(2) ソルダーレジスト事件以後

さて，ソルダーレジスト事件以後の新規事項の裁判例を研究した論文として，日本弁理士会近畿支部 知的財産制度検討委員会 判例研究部会編「新規事項追加となる，ならないの境界線」（2012年3月）があるので参考になる。ここでは14の裁判例が紹介されているが，そのうち特許庁と知財高裁の判断が分かれたものが8件あり，そのうちの7件は，特許庁が新規事項であると判断したにもかかわらず知財高裁は新規事項ではないと判断した案である。現在（平成29年）は，そこまで判断が分かれる事案は多くなく，両者の判断が近くなっていると思われる。

(3) 分割出願について

分割出願の適法性の判断の場合にも，親出願に対して新規事項の追加の有無が検討され，補正要件と同じ判断基準が採用される。したがって，分割出願である場合には，当然に検討すべき事項である。企業によっては，積極的に分割出願を活用する企業もあり，第4世代，第5世代まで分割された事例がある。このような分割出願は（補正の場合も時にはそうだが）競業他社の製品が含まれるように行われることも多い。そういう場合は，冒険的な補正を行うことも考えられ，新規事項のリスクも生じる。分割出願の出願日が遡及しなければ，親出願の公開により新規性・進歩性を失うケースが多い。

(4) 優先権を伴う場合

また，優先権（パリ条約，国内）を伴う出願の場合，補正要件とは直接関係ないが，補正により優先権の効果が得られなくなるか，複数優先の場合は優先日が変動することがあり得る。そうすると，新規性や進歩性の判断に影響を与えるので検討すべき事項の1つである。

(5) 原文新規事項について

そのほか，通常の新規事項以外に原文新規事項というのがある。PCT 出願

や外国語書面出願の場合，当初明細書が外国語で記載されており，日本語翻訳文に基づいて審査がされる。この場合，翻訳文に原文に記載のない事項が含まれると，無効理由になる。補正された場合は，翻訳文に対する新規事項だけでなく，原文に対する新規事項の両方を検討すべきである。原文新規事項が争点になった裁判例として東京地判平22・12・3（平21(ワ)36145号）〔ビデオカセットレコーダインデックスと電子番組ガイドの組み合わせ事件〕がある。

　いずれにせよ，あらゆる観点から無効理由を探るのが無効の抗弁（無効理由）を主張する側として重要である。

50 先 使 用

松村　信夫

> 先使用権の要件と効力範囲について説明せよ。

キーワード　営業秘密，発明の完成，実施たる事業又はその準備，発明の同一性

I　はじめに

(1)　本稿の目的

　先使用による通常実施権（特79条）（以下，「先使用権」という）に関しては，既
に公刊された論文，解説も数多く，また，この論点に関する判例もリーディン
グ・ケースとされる，いわゆる「ウォーキングビーム加熱炉事件」最高裁判
決[1]をはじめ，きわめて多数の下級審判決が存在する。

　かような状況の下において，本稿において，その概略を論述しても，既に存
在する優れた論考[2]に対して，さらに「屋上屋を架す」の弊を免れず，また，
より詳細な検討を行うとすれば，許された紙幅（字数）を大幅に超過すること
は必至である。

　したがって，本稿では，従来の論考とはいささか趣旨を異にするが，先使用
権に関する要件や効力範囲に関する論述は必要最小限にとどめ，むしろ予防法

＊1　最判昭61・10・3判時1219号116頁。
＊2　以下に各注＊で引用する文献又は論文以外にも主要な論考としては，次のようなものがあ
　　る。
　　　牧野利秋「特許法79条にいう発明の実施である事業の準備の意義と先使用による通常実施
　　権の制限」内田修先生傘寿記念論文集『判例特許侵害法(2)』743頁，盛岡一夫「先使用権の要
　　件と範囲」東洋法学30巻122号201頁，同「先使用権とノウ，ハウ」染野義信博士古稀記念論
　　文集『工業所有権－中心課題の解明－』173頁，森本稔「特許法における先使用権の成立要
　　件」企研175巻，滝井朋子「先使用権の範囲」企研238巻，富岡健一「先使用の要件としての
　　事業の準備」特管36巻4号435頁。

務（企業実務）において，将来先使用権を主張するために必要な要件とこれを証明する根拠，資料をいかに充実させるか，あるいは，営業秘密の保護との調和をはかりつつ，いかに効果的に主張するかという視点に立ち，本制度の趣旨（目的），要件，効果を論じてみたい。

(2) 先使用権の主張が問題となる場面

先使用権の成立には「特許出願に係る発明の内容を知らないで自らその発明をし，又は特許出願に係る発明の内容を知らないでその発明をした者から知得」すること，すなわち，先使用権の根拠となる発明が特許出願に係る発明と別個独立の発明（いわゆる「二重発明」）であることが必要とされている。

一般に，かような事態が生じるのは，発明者若しくは発明者からその発明を知得した者（以下，「知得者」という）が当該発明を特許要件に該当することを知らず，あるいは単に出願を失念するなどの事情から他者が同一発明を特許出願した際にその実施である事業を行い又はその事業の準備をしている場合と，発明者若しくは知得者が，当該発明を公開するよりもこれを「秘密」として保持することを意図し，あえて特許出願を行わなかった場合が考えられる。

この場合，前者にあっては，通常少なくとも将来自らの発明につき先使用権を主張する必要があることを意識せず漫然と発明の実施たる事業をし，若しくはその準備を行っていることが多いため，予防法務として，先使用権の主張，立証の準備が十分に行われていないことも多い。

これに対して，後者にあっては，自らの発明（ノウハウ）と同一の発明が第三者によって特許出願される可能性を意識し，先使用権の主張，立証の準備のための予防法務を行う余裕はあるものの，他方で当該発明（ノウハウ）を営業秘密（不競2条6項）として保護するため，「非公知性」や「秘密管理性」の要件を充足する必要があり，公然と実施をしたり，あるいは実施の事業又はその準備を行うことに対して数々の制限が存在する。

そのために実際は，先使用権の主張及び立証の準備には営業秘密としての「非公知性」や「秘密管理性」の要件を満たしつつ，後発者の出願の際に実施たる事業を行い，あるいはその準備を行っていることを立証する必要があり，その立証だけでなく将来の立証に備えて行う予防法務的な活動にも相当の工夫が必要である。

本稿は先使用権の要件や効果に関する従来の判例や学説の動向を概観しつつ，特に上記のような発明に該当する技術的な営業秘密についてその営業秘密としての非公知性や秘密管理性を維持しつつ，将来の先使用権の主張や立証に備えていかなる点に留意すべきかについても適宜検討を行うことにする。

(3) 先使用権の主張，立証に関する判例や指針の役割

前述したように，先使用権に関する判決例は多数存在し，その判断が先使用権の要件につき解釈規範を定立している。ただ判決例に示された判示（解釈規範の定立や事案への適用）はあくまで個々の事案における事実関係を前提にしたものであるから，その判断が，異なる事案における予防法務や訴訟活動について一般化できない場合も多い。

したがって，先使用権の成否に関する判決例は，個々の要件の解釈規範と事実へのあてはめについてその一般的傾向を知るという意味において重要であるが，予防法務において一般的にどのような準備が必要あるいは有効かという行為規範を明示しているとはいい難い。

そこで，先使用権の主張・立証を容易にする目的で特許庁から平成18年6月に「先使用権の円滑な活用に向けて−戦略的なノウハウ管理のために−」と題するガイドライン（以下「先使用権の活用に関するガイドライン」という）が公表された。このガイドライン[3]は，平成17年度の産業構造審議会特許制度小委員会の答申に基づき特許庁に設けられた法曹界，学界，産業界等の有識者らからなる委員会が，判例や企業内における実務等を参考にして作成したものであり，先使用権の要件や効果に関する一般的な解説のほか，先使用権の立証方法を具体的に示しており，企業の研究部門や開発部門の担当者（以下，「開発担当者」という）あるいは法務部門又は知的財産権の保護を行う担当者（以下，「法務等担当者」という）が予防法務を行う上で手引きとしては有用である。

ただ，この先使用権の活用に関するガイドラインは，先使用の要件の立証準備のため「望ましい」方法を列挙したものではあるが，実際の企業活動において列挙された方法をすべて実践することは難しいのが実態ではないかと思われる。

---

[3]　なお，同ガイドラインは平成28年5月に改訂されている。

626 第3章 特許権侵害訴訟における攻撃防御方法 第2節 侵害論における被告の抗弁に関する問題

したがって，本稿においては，その詳細に立ち入ることなく先使用権の要件に関する論点ごとに，適宜前提とする判例や上記ガイドラインを引用するにとどめる。

II 発明の完成と保護方法の選択

(1) 発明内容の把握

先使用権の主張，立証の準備活動は，まず，日常で行われている研究，開発，製造等活動において創作されている「発明」を発見し，その内容を把握しかつその成果を管理することから始まる。

そのためには，個々の研究開発等の実務を担っている開発担当者等が，日常行っている研究，開発活動において，発明の創作に該当する可能性があることを認識しつつ，研究，開発の過程を詳細に記録し検討を行う必要があることはいうまでもない。そのためには，開発担当者に対する教育，研修において知的財産権の重要性に関する認識を共有させることは当然であるが，「研究ノート (Labo Note)」等により日々の研究活動を記録する書類の作成やデータ等の保存を義務づけることが必要である[4]。

ただ，多くの研究者が各々独立しあるいは他の者と連携して多様な研究開発に取り組んでいる企業の内部において，系統的かつ網羅的に発明を把握し，かつ，これを的確に管理するためには，より組織的な対応が必要となる。

特に，発明について，特許出願の可能性あるいは他の方法を含めた法的保護の可能性についての検討を行うのであれば，法務，知財，市場調査部門の担当者などとも連携をはかり，早期に当該発明の価値（単に技術的な評価にとどまらず当該発明の実施可能性や実施商品の市場や役務の取引市場における市場価値，すなわち技術市場や製品市場における保護及び活用の優位性等）や，自社の知的戦略（ポリシー）に

---

[4] 前記「先使用権の活用に関するガイドライン」の第3章「先使用権の立証について」[2] 1「(1) 研究ノート」（同ガイドライン第3章39頁。なお，先使用権の過去の判例を分析し，企業内における予防法務として，先使用権の立証資料の収集等について検討したものとして知的財産協会特許第2委員会第1小委員会「先使用権に関する判例研究－ウォーキングビーム加熱炉事件から最近の判決まで－」知管51巻9号1417頁，知的財産協会特許第2委員会第1小委員会「企業経済活動の変化等と先使用権に関する考察」知管56巻7号1007頁がある。

おける寄与の程度を総合的に評価し，その保護の方策を決定する必要がある。

(2) 保護方法の選択

　前述したように，創作された発明の保護ないし活用方法としては，特許法に基づく特許発明として保護を受けるか，不正競争防止法上の営業秘密（不競2条6項）として保護を受けるか，あるいは積極的に当該技術を公開し，自ら実施し，あるいは，他者の自由な実施を促進するかという選択方法が考えられる。

　このうち，営業秘密として法的な保護を受ける場合には，当該営業秘密の不正取得，不正開示等の行為や，悪意，重過失及び事後的な悪意，重過失の取得者による取得，使用，開示行為及びこれらの行為により生じた物の譲渡等の不正競争行為（不競2条1項4号及び10号）に対し差止請求（不競3条）と損害賠償請求（不競4条，民709条）等の権利を行使して救済を受けることができるが，当該営業秘密侵害行為によらないで同一の発明を行い，あるいは，これを知得して出願し特許権を取得した者に対しては，上記のような方法により救済を受けることができないだけでなく，その出願公開（特64条）により発明の内容が公知となれば，それ以降，当該発明と同一内容の秘密情報は公知となってしまい，営業秘密としての保護が失われるリスクがある。

　したがって，発明を営業秘密として保護する場合にもその保護要件である非公知性や秘密管理性と反しない範囲で，先使用権の要件を充足させるような方法を考えなければならない（この点は後記III(4)(b)「実施たる事業の準備」で論及する）。

　また，オープンイノベーションなどの目的で特許出願をせずに自己の発明を公開し，事業者による実施を促進する場合がある。この場合には，他者が同一発明について事後的に特許出願を行ったとしても，新規性や進歩性要件の欠如により登録を受けられないことが多く，また仮に登録を受けた場合にも無効審判（特123条）によりこれを無効とし，あるいは当該特許権の権利行使に対しては権利行使制限抗弁（特104条の3）により救済を受けることができる。しかし，その前提となる公知（特29条1項1号）や公然実施（特29条1項2号）に該当する事実を事後に立証することが難しい場合があることを考えれば，少なくとも自らが実施たる事業又はその準備を行っている範囲では先使用権による保護を受けられるように準備活動を行う必要があろう。

628　第3章　特許権侵害訴訟における攻撃防御方法　　第2節　侵害論における被告の抗弁に関する問題

Ⅲ　先使用権の要件と予防法務

(1)　先使用権の要件

　先使用権が成立するためには，①先使用権の対象となる発明が完成していること（以下，「発明の完成」という），②特許出願に係る発明の内容を知らないでその発明をし，又は特許出願に係る発明の内容を知らないで，その発明をした者から知得したこと（以下，「発明の知得等」という），③特許出願の際に現に日本国内において発明の実施である事業をしている者又はその実施の事業の準備をしている者であること（以下，「実施の事業又はその準備」という）が必要である（特79条）。

　以下，この要件につき順次，判例の解釈規範やあてはめを参考にしつつ訴訟の主張，立証に必要な予防法務について検討したい。

(2)　発明の完成

　これは特許法79条に要件として明確に記載されているわけではないが，判例は，先使用権の対象とする発明が「完成」していることが必要であると解釈している。

　下級審判決もウォーキングビーム加熱炉事件最高裁判決の判旨を踏まえて発明の完成が必要であることを前提として判示を行っているが*5，これらの判決例はいずれもこれを必要とする理由を明らかとしていない。

　他方，学説では，先使用権は法定実施権として業として特許発明の全部又は一部を実施する権利である以上，その権利の客体も少なくとも発明として完成していなければならないこと*6や，先使用権が，「実施又はその準備をしている発明及び事業の目的の範囲内」で権利行使が認められていることからも，そ

＊5　ウォーキングビーム加熱炉事件以降この判決の判示する先使用権の要件や効果に関する規範に従ったと見られる主要な下級審判決としては，名古屋地判平元・12・22裁判所ホームページ〔耐火炉事件〕，千葉地判平4・12・14知財集29巻3号894頁〔建築用板材連結具事件〕，広島地福山支判平7・1・18裁判所ホームページ〔編手袋事件〕，大阪地判平7・7・11裁判所ホームページ〔アンカーの製造方法事件〕，大阪地判平11・10・7裁判所ホームページ〔掴み機事件〕，東京地判平12・4・27判時1723号117頁・裁判所ホームページ〔芳香族カーボネート類の連続的製造法事件〕，大阪地判平17・7・28裁判所ホームページ〔モンキーレンチ事件〕，東京地判平18・3・22判タ1249号220頁〔生理活性タンパク質の製造法事件〕。

の前提である発明の範囲が明確になる程度に完成していなければならないのは，いわば当然のことと考えられている＊7。

判例は，先使用権における発明の完成は「その技術的手段が当該技術分野における通常の知識を有する者が反復実施して目的とする効果を挙げることができる程度にまで具体的，客観的なものとして構成されていることを要し，またこれをもって足りる」と解している＊8。

しかし，出願審査の対象としての「発明」は願書に添付された「明細書」や「特許請求の範囲」の記載によって当業者がその技術的思想を理解することが容易であるが，先使用権の客体となる発明は通常このような形でその技術的思想を特定していないため，上記のような判例の示した解釈基準をもってしてもその発明の内実や外縁を認定することが難しく，また個々の事案における技術的思想としての発明の実施態様や根拠となる資料の記載方法等によっても結論が左右する。

そこで，判例では，例えば最終的な設計図面が作成されていなくても物の具体的構成が設計図面等によって示され，当該技術分野における通常の知識を有する者がこれに基づいて最終的な製作図面を作成し，これらに基づいて物を製造することができる状態にあれば発明は完成しているとされ（前掲＊1），さらに，下級審では，この判例を引用しつつ，実用新案出願日以前に，先使用権の対象となる物品の試作材料を発注し製造金型の制作に着手するとともにその意匠登録出願の準備を行っていた者が鋳造金型を製作するための図面を完成していた事案について，これらの行為は「製品の最終的な形状が決定しなければ行うことができないものであるし，また上記の通り完成された図面をもとにすれば，これらから金型を製作して製品の製造に至ることが可能であった」として発明（考案）の完成を認定した判決＊9半導体装置のテスト用プローブ針に関す

＊6　富岡健一「先使用権に関する諸問題」学会年報11号21頁，同「先使用権の要件と効果について」特管38巻1号5頁，飯田秀郷「先使用権(1)−発生要件事実」牧野利秋編『裁判実務大系(9)工業所有権法』299頁。

＊7　中山信弘『特許法〔第2版〕』491頁，中山信弘＝小泉直樹編『新・注解特許法【上巻】』1245頁〔森崎博之＝岡田誠〕等。

＊8　前掲＊1判決が引用する最判昭52・10・13民集31巻6号805頁〔獣医用組成物事件〕。

＊9　大阪地判平17・7・28裁判所ホームページ〔モンキーレンチ事件〕，知財高判平21・3・25裁判所ホームページ〔半導体装置のテスト用プローブ針事件〕。

る発明の特許権侵害訴訟において，被告が提出した管理基準表等の記載から先使用権を認めた第一審の判決に対して，控訴人（一審原告）が，「被控訴人（一審被告）が提出した管理基準表の『実験結果報告書』の記載からは実用的に使用できるプローブ針が得られなかった」として「優先日以降に被控訴人が従前と異なる製造方法で前記管理基準表と同じ粗面が実現できるようになった事実からも優先日の時点では被控訴人の発明は未完成であった」と主張した事案において，かような事実は「従前の方法で製作されていたプローブ針で未完成であることを意味するものではない」として先使用権を認容した第一審判決を支持した高裁判決*10などがある。

　さらに，実施の事業又はその準備の要件の充足性に関連して発明の完成の有無が争点となった事案において，原告（先使用権の存在を主張する者）の製造，販売したスパッタリングターゲット材が被告（特許権者）の「Ａ１系スパッタリング用ターゲット材及びその製造方法」に関する特許発明の構成要件の一部を充足する発明であるか否かが争点となり，この点に関して，被告が「特許発明の構成要件（特に訴訟においてＣ，Ｅとして特定された要件）充足性判断のためには最終的な製品となったターゲット材を観察すべきであり，端材と最終製品であるターゲット材が同一の組織になるとは言えないから，原告が発明の実施の証拠として提出した端材の写真等では前記特許発明の構成要件充足性を判断することができない」旨主張をした。しかし，判決は「前記構成要件（Ｃ，Ｅ）の技術的意義等を検討し，構成要件（Ｃ，Ｅ）を充足するか否かを判断するためには，その商品全体を勘案しなくとも，製造方法と製造要件を同一にして複数のターゲット材を製造する場合にはその事実を勘案した結果によって構成要件（Ｃ，Ｅ）を充足することができる」旨を判示し，原告が提出したターゲット材を製造する際に生じた端材の光学顕微鏡写真等により先使用権の成立を認めている*11。

　以上のように，判例は先使用権の要件としての「発明の完成」に関しては必ずしもそれが特許発明の構成要件のすべてを充足する必要はなく，その一部を充足する場合であってもその範囲で発明が完成していれば完成した発明の範囲

---

*10　知財高判平21・3・25裁判所ホームページ〔半導体装置のテスト用プローブ針事件〕。
*11　大阪地判平17・2・28裁判所ホームページ〔スパッタリングターゲット材事件〕。

で先使用権が認められること（後記Ⅳ(1)「先使用権の範囲」参照），発明の完成の程度も当業者が当該発明に基づき「その実施たる事業又はその準備」を行うことができる程度に具体的，客観的なもので足りることを明確にしているように見受けられる。

また，発明の完成の成否は，発明の性格によっても相違するので，その主張及び立証のために一義的な対策を示すことが困難である。

ただ，前述のように発明の対象である技術的思想は当業者が実施して目的とする効果をあげることができる程度に具体的，客観的なものであれば足りるのであるから，後日これが証明できる程度に発明の完成に至る過程をできる限り具体的に記録しておく必要がある。

そのための対策としては，前述したように研究ノートや成果報告書等を随時作成するとともに，日々の研究開発の成果の技術的な意義，すなわち設定した課題の解決（研究テーマ）に対して行った検討や実験の結果からどのような成果が得られたのか，さらに今後解決すべき課題は何か，等を具体的に記述し，他の技術者による確認評価の結果等も適宜記述するなど技術的な意義の評価に関する客観性の担保に努める必要がある。また，物の発明等については可能な限り成果物（中間成果物を含む）の構造について当業者が発明の内容を理解することができるように図面データ等も作成し添付するべきであろう[12]。

(3) 発明の知得等

自ら発明を行った者が先使用権を主張する場合には，その発明の過程を詳細に記録することが同時に知得の要件の証明にも資することになる（もっとも従業員による職務発明の場合には，当該従業員が発明を完成した時点でただちに本要件を充足するのか，職務発明規程等に基づき使用者が発明に関して特許を受ける権利を承認したときに知得をしたことになるのかは争いがある）。

これに対して，特許発明を知らずして発明をなした者から当該発明を知得した場合には，発明を知得した経緯を主張，立証しなければならない。先使用権を主張する者が，ライセンス等によって知得するだけでなく，当該発明を記載した書面や実施製品の譲渡によっても知得が認められる可能性がある[13]。

---

[12]　大阪地判平17・7・28裁判所ホームページ〔モンキーレンチ事件〕，知財高判平21・3・25裁判所ホームページ〔半導体装置のテスト用プローブ針事件〕。

しかし，実施品等の譲渡による場合には，当業者が当該実施品の構造，構成からただちに発明の対象となる技術的な思想が認識できる場合でない限り，実施品の譲受によってただちに発明を知得したことにはならないだろう。

そこで，実施品の構造，構成等の解析により発明の内容を知ることができない場合には知得の経緯についてより詳細な主張，立証が必要となる。

もっとも，先使用権の主張，立証には，発明の知得とともに，後述するように特許発明の出願の際に現に知得した発明の実施の事業を行うか又はその準備を行っていたことが必要である。

したがって，実際に実施の事業の対象となる発明とそれ以前に入手した製品に実施された発明との間の同一性を主張，立証することができれば，これにより発明の知得の事実を推認させることができよう。

(4) 実施たる事業又はその準備

(a) 実施たる事業

まず，「実施たる事業」が何を意味するかが問題となる。これは，先使用権成立の要件であるだけでなく，後述のように先使用権の権利範囲の確定にも重要である。

過去の判決で問題となった事例として，先使用権を主張する者が発明の実施行為のうちある実施行為に限定した事業を営んでいる場合（例えば物の発明において，物の製造は第三者が行い，先使用権を主張する者がその販売のみを行っている場合）における先使用権成立の範囲である。先使用権の要件としては，その者が販売のみを行っていても「発明の実施たる事業」を行っていることにかわりがない。しかし，問題はかような者に対して認められる先使用権の範囲は「販売」の範囲にとどまると解すべきかという点にある*14。勿論，製造者と販売者がそれぞれ独立して事業を行っており，その両者の間に単に物の売買という関係のみが存在する場合には，製造者は製造について販売者は販売について各々先

---

*13　東京地判平元・9・27裁判所ホームページ〔なす鐶事件〕，神戸地判平9・11・19裁判所ホームページ〔ホイルクレーン事件〕。

*14　広島地福山支判平7・1・18裁判所ホームページ〔編手袋事件〕，東京地判平12・1・28裁判所ホームページ〔手術用縫合針事件〕。なお，意匠法上の先使用権につき，先使用権者から当該意匠の実施品の製造の事業を承継したものが先使用権に援用ができることを認めた判例として千葉地判平4・12・14知財集24巻3号894頁〔面構造材の連結方法事件〕。

使用権が成立すると解せられる。

これに対して，製造者が販売者の下請として，あるいは販売者の委託を受け，その製造に係る物品の全量を販売者に納入するとの合意（以下「全量引取合意」という）の下で製造を担当していた場合も同様に解すべきか否かについては明らかでない。

この点については，特許権の共有者が他の共有者の許諾を受けることなく，上記のような下請や全量引取合意の下での製造委託を行った場合も，それが共有者自身の実施行為に該当するかという論点と同様に，製造担当者による製造が先使用権を主張する者の実施（製造）行為と認定することができる要件は何かという問題に帰着する。

この点に関しては，共有者の一人がその原材料の仕入れや品質等の維持のすべてに指揮監督を行い，製造担当者が製造した物品の全量を購入していた事例に関して，「登録實用新案ヲ自ラ實施シ實用新案權者ノ指揮監督ノ下ニ其ノ者ノ事業トシテ其ノ實用新案ニ係ル物品ノ製作其ノ他ノ行爲ヲ爲ス者ノ如キハ其ノ權利者ノ實施事業ノ内ニ在リテ實施シ行爲ニ從事スル者タルニ止マリ畢竟實施事業主タル實用新案ヲ實施スルモノト云フコトヲ得ズ」と判示した大審院判決[15]が先例となり，同じく実用新案権の共有者の一人が当該特許の実施品を下請業者に発注し製造させた事例において，発注者が(i)金型の原型を作成し，製造につき詳細な技術指導を行ったこと，(ii)材料の品質，購入先等についても具体的に指定を行い，製造者，出荷時期等も決定し，実質的に製品の単価の決定権も有していたと認めていること，(iii)製品の包装等にも発注者の商標は付されており下請人の製品であることを示すような記載は製品にも包装にも存在しないこと，(iv)下請業者はその製造に係る製品の全量を発注者に納入し下請業者が発注者（共有者）に実施料を支払った事実もないこと等の事実を認定して，かかる事実の下では下請人は共有者である発注者の一機関として実施製品を製造していたものであり，共有者（発注者）の支配管理の下で本件登録実用新案を実施したものと判示した判決[16]がある。

---

[15]　大判昭13・12・22民集17巻2700頁。
[16]　仙台高秋田支判昭48・12・19判時753号28頁。なお，同判決に対して上告されたが，最判昭49・12・24（昭49(オ)328号）判例集未登載により上告が棄却され確定している。

いずれの判決も，製造担当者が発注者の一機関として製造を行っていると認められる場合は発注者自身の製造に関する実施行為とみなされることを明らかにしているが，製造担当者が発注者の一機関と認定されるための前提事実（要件事実）について明確にしているとはいい難い。

したがって，現時点では，個々の事案に応じて，⑦発注者による製造担当者の製造行為に対する管理支配の程度，④製造された製品の納入先あるいはその価格決定その他流通過程に関する発注者と製造担当者の関与の程度，⑦製造担当者が発注者の有する特許について実施料その他の対価を支払っている程度，㊀発注者と製造担当者間の資本的あるいは組織的な結合の強弱等の諸要素を総合的に考慮した実質的な判断によって決定されるという以外にない。

そこで，予防法務として，他社に実施製品の製造の委託を行う場合には，その製造委託の趣旨，内容，製造過程における当事者の役割（発注者の関与の程度），製造数量や価格等の決定方法，製品の品質等に関する発注者の関与（材料の技法や販売先の指定あるいは完成時の検査）の程度等について，できる限り事前に詳細に決定するとともに，その内容を契約書等に記載して明確にすべきである*17。

(b)　実施たる事業の準備

旧特許法37条は先使用権の主体を「事業設備を有する者」に限定していたが，先発明者と特許権者の公平という先使用権の立法趣旨に照らしてその範囲を拡充する趣旨で昭和34年改正時に本要件が設けられた。

しかし，改正直後はどの程度の準備行為があれば本要件を充足するのかについて明確な解釈基準が存在しないため，下級審の判決は本要件を比較的厳格に解釈し先使用権の成立を否定する傾向にあった*18。

しかし，その後，前出の「ウォーキングビーム加熱炉事件」の最高裁判決が，この要件に関して「いまだ事業の実施の段階に至らないものの，即時実施

＊17　ただし，製造数量や価格等の決定に関しては，仮に製造担当者が独立の製造者，販売者と認定されると事業者の事業活動に対する制限の程度が市場における公正かつ自由な競争を阻害する程度等によって独禁法の不公正な取引方法の規制（独禁2条9項・19条）等に抵触するおそれがあるので注意を要する（公正取引委員会「知的財産の利用に関する独占禁止法上の指針」第4の4(3)(4)参照）。

＊18　東京地判昭39・5・26判タ162号168頁，東京地判昭48・5・28裁判所ホームページ。

の意図を有しており，かつ，その即時実施の意図が客観的に認識される態様，程度において表明されていること」を必要とするとの解釈規範を定立した後は，多くの下級審判決がこの解釈規範に従い，個々の事案に応じて本要件の成否を判断している[19]。

ただ，ウォーキングビーム事件の事案は，実施製品の引合から納品までに相当の期間を要しかつ大量生産品ではなく個別的注文を得て初めて生産に取り掛かるという特殊性を有していることから，同判決が前記解釈規範をあてはめて本要件の充足性を肯定した判断過程を一般化することは難しい上，その後の下級審判決の判断も各々の事案における事例判断の域を出ず，いまだ前記最高裁判決の解釈規範をより具体化した判断基準は存在しないといっても過言ではない。

そこで本稿では，この問題に対する判例や学説の動向を概観するのではなく，冒頭にも述べたように，予防法務として営業秘密として法的保護を受ける発明に関して，本要件との関係で，いかにその実施たる事業の準備を行っていたかを立証する具体的な方法について検討を行いたい。

まず，営業秘密の「非公知性」の要件に関する一般的な解釈は，対象となる情報が「不正の手段によらずして不特定の者が公然と知りうる状態となっていないこと」を意味し[20]，たとえ当該情報が多数の者に知られたとしても，その開示に際して被開示者に対して法律，契約，勤務規則等による秘密の保持が義務づけられていれば，なお公知性は失われていないと解釈されている[21]。

また，営業秘密の対象となる情報が物の構造，構成に関する技術的情報であ

---

[19] この解釈規範に基づいて「事業の実施の準備」に該当することを肯定したと認められる判決例として，東京地判平3・3・11裁判所ホームページ〔汗取バンド事件〕，千葉地判平4・12・14知財集24巻3号894頁〔建築用板材連結具事件〕，大阪地決平9・2・17判時1619号124頁〔ノルフロキサシン事件〕，大阪地判平17・7・28裁判所ホームページ〔モンキーレンチ事件〕，東京地判平19・3・23裁判所ホームページ〔搬送用加圧式取鍋事件〕。これに対して「事業の実施の準備」に該当しないと判示した判決例として，福岡地久留米支判平5・7・16裁判所ホームページ〔提灯袋製造装置事件〕，東京地判平19・10・31裁判所ホームページ〔スピーカ用振動板製造方法事件〕。

[20] 産業構造審議会財産的情報部会平成2年3月16日「財産的情報に関する不正競争行為についての救済制度のあり方について」16頁。

[21] 田村善之『不正競争法概説〔第2版〕』332頁，小野昌延＝松村信夫『新・不正競争防止法概説〔第2版〕』315頁。

る場合には、当該情報を化体した製品から容易に知得できる情報は製品を市場に流通させる時点で公知となるが[22]、当該製品を解析して、営業秘密の対象となる情報を得ようとすれば、相当の専門的知識を要しあるいは多額の費用及び時間を要する場合には、少なくとも実際に何人かが適法に解析を行い、秘密情報を入手するまではなお非公知性を失わないと解されている[23]。

　したがって、一般論としては、上記のような方法で非公知性を維持しつつ、その発明の実施たる事業若しくは事業の準備を行うことは可能といわねばならない。より具体的には、営業秘密たる発明の内容を公知にすることなく、当該発明について「即時実施の意図が客観的に認識される態様、程度において表明されている」との要件に該当する事実関係をいかに形成するかが予防法務における課題となる。

　下級審判決がこの観点から先使用権の成立を認めた事例としては、物の発明で試作品の設計図面を作成し、自らこれを制作するか下請業者に製造を発注し完成させた事例[24]、物の製造方法の発明につき、当該方法で下請業者に制作させたサンプル製品を顧客に示して売込みを行い、取引者に継続的な販売を行う旨の合意を成立させた事例[25]、製品そのものではないが、その製造のための試作材料の発注や金型制作に着手した事例[26]、第三者立会いの下で試作機の試験を行った事例[27]などがある。

　このように、単に自社内で試作品やサンプルの製造又はその準備を行うよりも、第三者に製造を委託したり、第三者立会いの下で試作品の試験を行う等して自己の即時実施の意図を客観的に認識可能とする方が、後に先使用権の成否が争点となったときはその立証が容易となることがある。ただ、営業秘密たる発明の非公知性を失わないためには、その製造や試験・研究過程自体を非公開

---

[22]　知財高判平23・7・21判時2132号118頁〔光通風雨戸事件〕、東京地判平24・2・21裁判所ホームページ〔医療用三次元画像システム事件〕。

[23]　奈良地判昭45・10・23判時624号78頁〔フォセコ・ジャパン事件〕、大阪地判平15・2・27裁判所ホームページ〔セラミックコンデンサー設計図事件〕。

[24]　東京地判昭39・5・30判タ162号167頁〔テトラポット事件〕、東京地判平3・3・11裁判所ホームページ〔汗取バンド事件〕、大阪地判平11・10・7裁判所ホームページ〔摘み機事件〕。

[25]　大阪地判平7・7・11裁判所ホームページ〔アンカーの製造方法事件〕。

[26]　大阪地判平17・7・28裁判所ホームページ〔モンキーレンチ事件〕。

[27]　東京地判平19・3・23裁判所ホームページ〔搬送用加圧式取鍋事件〕。

にするとともに参加する第三者には契約等により秘密保持義務を負担させる必要があることはいうまでもない。

また，試作品やサンプルについても特に必要がない限り第三者に交付せずあるいは提示後すみやかに回収を行い，当該製品が市場に流通し秘密保持義務を負わない第三者によりアクセスや解析される危険を防止するなどの心がけが必要である。

また，市場に製品を流通させる場合にも容易に解析をできないように技術的保護（制限）手段を設けたり，譲受人との間で製品に関する一切の解析を禁じる旨の合意を行う等，物理的，技術的及び法的に可能な限りの防衛手段を講じる必要があろう*28。

いずれにせよ，実施の事業の準備を証明する手段を厳選し，営業秘密たる発明の非公知性や秘密管理性を維持しつつ，本要件の立証に備えるべきであろう。

なお，先使用権の活用に関するガイドラインでは，実施の事業又はその準備を証明する方法として，事業計画書，事業開始決定書，見積書，請求書，納品書，帳簿，作業日誌等の業務文書を作成するとともに，これらの文書や製品の作成時期を証明するために公証人による確定日付の付与等の制度の利用を提言している。また，方法の発明や物を生産する方法の発明の場合には，その実施の過程等を映像として記録することや公証人に対する事実実験公正証書の作成依頼等によって証明を行うことも提案されている。

ただ，これらの文書の秘密管理性にも留意すべきはあえて指摘するまでもないであろう。

Ⅳ　先使用権の権利範囲と活用

(1)　先使用権の権利範囲

(a)　発明の同一性

先使用権は「その実施又は準備をしている発明及び事業の目的の範囲内にお

---

*28　もっともかような技術的解析を禁止する合意の法的拘束力については特許法69条1項や独占禁止法19条との関係で争いがある。

いて」成立する。

このうち「その実施又は準備をしている発明」に関しては，現に実施してきた形式ないし態様の範囲に限ると解する，いわゆる「実施形式限定説」と，これに限定されず実施された態様に具現された発明と同一性を失われない発明の範囲にまで及ぶと解する，いわゆる「発明思想同一説」の対立があることは周知のとおりである[29]。判例は前出のウォーキングビーム加熱炉事件最高裁判決が後者の立場をとったものと理解されており，その後の下級審判決もほぼ同様の基準を用いた立場から特許発明と先使用権が認められる発明の同一性を肯定している[30]。

ただ，先使用権の成立を認めた上記判例とその成立を否定した判例[31]とを比較しても，裁判所が発明としての同一性を認定する場合の具体的な基準や要素が明確であるとはいい難い。

(b) 事業の目的の同一性

事業の目的の同一性については，特許出願時点における先使用発明の実施形態と現に実施されている実施形態（侵害訴訟における被告製品（イ号物件）における実施形態）とを比較して，両者の実施形態が同一であれば同一の「事業の目的の範囲内」であることを肯定する考え方と，物の発明における物の製造や物を生産する方法の発明における当該方法の使用のように物の生産に係る事業を行っている場合には，そのような実施の事業において通常行われる生産された物の譲渡，貸渡し等以外のすべての実施形態であっても，なお「事業の目的の範囲」の実施に該当するとの解釈[32]が存在する。

この点は，先使用権が「発明」の同一性以外に「事業の目的の範囲」を要件とした趣旨をどのように理解するかによっても相違するであろう。「事業の目

---

[29] この点について詳細に検討したものとして，松尾和子「先使用によって実施権が認められる範囲」馬瀬文夫先生古稀記念論文集『判例特許侵害法』661頁，富岡健一「先使用権に関する諸問題」学会年報11号27頁，同「先使用権の要件と効果について」特管38巻1号5頁。

[30] 大阪地判平7・5・30財集27巻2号386頁〔配線用引出棒事件〕，大阪地判平11・10・7裁判所ホームページ〔掴み機事件〕，東京地判平12・3・17裁判所ホームページ〔基礎杭構造事件〕，東京高判平14・3・27判時1799号148頁〔熱交換パイプ事件〕。

[31] 松山地決平8・11・19判時1608号139頁，大阪地判平12・12・26裁判所ホームページ，大阪地判平14・4・25裁判所ホームページ。

[32] 中山信弘編『注解特許法〔第3版〕【上巻】』858頁〔松本重敏＝美勢克彦〕等。

的」の同一性の要件に実質的な意義を認め，出願前に先使用者が行っていた発明の実施たる事業（準備中の事業を含めて）の継続性を保証することを目的とすれば，自ずと「事業の目的の範囲」における実施態様を広く認める方が合理的といえよう。

しかし，少なくとも事業に関連して特許法2条3項に掲記される実施形態のいずれかを行っておれば，当該事業の範囲に属するあらゆる実施形態に関して先使用権が及ぶと解することは，特許権者と先使用者間の公平をはかるという先使用権制度の趣旨を逸脱しているといわねばならない。

そのうえ，先使用者が将来の譲渡等の準備行為として生産を行っている場合には，その意思が外部から認識可能であるかぎり譲渡等の事業の準備と評価することができ，「実施の目的の範囲内」であることが肯定できるとも考えられ[33]，実際上もこの要件が問題となる例はそう多くない。

(2) 先使用権の行使と移転

先使用権が成立すると，その範囲内で先使用者に対して当該特許権につき通常実施権が認められる（特79条）。

したがって，先使用権を有する者は，物の発明にあっては物を生産し，あるいはこれを譲渡することができ，物を生産する方法の発明にあっては当該方法を使用し，あるいは使用した物を生産し譲渡することができる。

問題は，上記のようにして譲渡された物の譲受人は，その物を業として使用し，あるいは譲渡等の行為をするに当たり，特許権を侵害しないことの根拠をどのように構成するかである。

この点に関する下級審判決は，譲受人が先使用者の有する先使用権を援用することができることを理由とするものと[34]，明確な理由を示さずに先使用権者が製造販売した製品を使用する行為が特許権侵害行為に当たらないのであるからその製品を譲り受けた者の使用も特許権侵害に当たらないと判示するもの[35]がある。

一般に，許諾による通常実施権の場合にも，通常実施権に基づいて生産され

---

[33]　中山信弘＝小泉直樹編『新・注解特許法【上巻】』1233頁〔城山康文〕。
[34]　名古屋地判平17・4・28判時1917号142頁〔移載装置事件〕。
[35]　東京地判平19・7・26裁判所ホームページ〔半導体製造装置事件〕。

た物の譲受人がこれを業として使用し，あるいは譲渡等を行う場合にも特許権がこれに及ばないことがないのは，通常実施権者により譲渡された製品は，特許権者若しくはこれと実質的に同一の者による実施製品の譲渡の場合と同様に特許権が消尽したものと解されているからである。法定通常実施権である先使用権は必ずしもこれと同一には解し得ないものの，特許権者に対する関係では一定の範囲で適法な実施が保証されている点においては許諾による通常実施権と異ならない。そこで，これを特許権者若しくはこれと実質的に同一の者による譲渡と同様に解すべき実質的な根拠が存在する。

他方，譲受人が先使用権を援用できると解しても，援用できる範囲は先使用権者が有する通常実施権のうち，実施製品の使用及び譲渡等にとどまるのであるから，あえてこのような構成をとる必要性はないといえよう。

なお，先使用による通常実施権は，事業とともにする場合，特許権者の承諾を得た場合及び相続その他の一般承継の場合に限り移転することができる（特94条1項）。

この場合，事業の譲渡人が先使用権の成立を知らず，また譲受人も特段これを意識せずに事業譲渡を行った場合にも先使用権は当事者間の黙示の合意により移転すると解すべきであろう[36]。

さらに，特許権成立前に事業譲渡が行われた場合にも，当該事業に付随して存在する先使用者としての地位（将来特許権が成立した場合には先使用権を取得できる地位）も譲受人は承継し得ると解することができる[37]。

なお，この点に関しては，学説上は肯定説[38]と否定説[39]が対立している。もっとも，否定説も，上記のような譲受人は「特許出願に係る発明」の内容を知らないでその発明をした者から知得して「発明の実施たる事業又はその準備をしている者」に該当するので，独自に先使用権を主張できる，としている。したがって，あえて譲受人は先使用者たる地位の譲渡を認める必要はないというのであり，かような譲受人が，将来先使用権により保護されるべき必要性そ

---

[36] 神戸地判平9・11・19裁判所ホームページ〔ホイールクレーン杭打工法事件〕。
[37] 札幌高判昭42・12・26下民集18巻11・12号1187頁〔構築用コンクリートブロック意匠事件〕。
[38] 中山信弘『特許法〔第2版〕』496頁，飯田秀郷「先使用権(1)発生要件事実」牧野利秋編『裁判実務大系(9)工業所有権法』312頁（ただし特許権者の許諾も要件とする）。
[39] 一場康宏「先使用権について」牧野利秋ほか編『知的財産法の理論と実務(1)』239頁。

のものを否定しているわけではない。

■

642 第3章 特許権侵害訴訟における攻撃防御方法 第2節 侵害論における被告の抗弁に関する問題

51 試験又は研究のための実施

中野 睦子

特許法69条1項「試験又は研究のためにする特許発明の実施」の意義について，説明せよ。

キーワード 試験又は研究，後発医薬品製造承認申請のための実施，特許法69条1項，特許権の効力の制限

I 特許権の効力の制限 (特69条1項)

⑴ 特許法69条1項の趣旨

特許法69条1項は，「特許権の効力は，試験又は研究のためにする特許発明の実施には，及ばない」旨を規定する。この立法趣旨については，「試験又は研究がもともと特許に係る物の生産，使用，譲渡等を目的とするものではなく，技術を次の段階に進歩せしめることを目的とするものであり，特許権の効力をこのような実施にまでおよぼしめることは却って技術の進歩を阻害することになるという理由に基づく」[1]とか，「他人の特許発明を専らその発明の効果（技術的効果のみならず，経済的効果をも含む）の存否もしくは程度を試験するため又はこれをステップとしてよりよき発明を研究するために業として実施することが少なくない。以上のような実施は，技術の進歩に寄与することは明らかであり，また一方，特許権者の利益を特に害しないばかりか，むしろ特許権者にとって利益になることもあろう」[2]とか，「特許制度は，発明者に特許権という独占権を与える代償として，発明を公開させるとともに，公開された発明を土台として他の者によりよい発明をなさしめこれを公開させるというサイクルの繰り返しによって，産業の発達を目指すものである。このような目的のも

---
[1] 特許庁編『工業所有権法（産業財産権法）逐条解説〔第20版〕』（発明協会，平29）262頁。
[2] 吉藤幸朔〔熊谷健一補訂〕『特許法概説〔第13版〕』（有斐閣，平10）441頁。

とでは，第三者が特許出願によって公開された発明の技術的内容を把握することや，その発明を土台として技術を改良，発展させることが可能となるように，公開された発明を試験又は研究のために実施（主として生産，使用）することは当然に予定されているものといえるし，第三者のこのような実施を認めても，通常は特許権者の有する経済的利益を害することがない」*3等と諸々説明されているが，集約すると，「発明の保護及び利用を図ることにより，発明を奨励し，もって産業の発達に寄与する」という特許法の目的（特1条）に照らして，特許権者と一般公共の利益との調和点を主に産業政策上の見地から規定したものといえる。

(2) 特許法69条1項の適用範囲

(a) 適用される実施行為

特許法69条1項の規定は試験又は研究のためにする「業としての実施」に適用される。特許法68条に規定されるように，現行法では特許権の効力は「業としての実施」以外の実施には及ばない。このため，特許法69条1項の存在意義に関して，『工業所有権法（産業財産権法）逐条解説』*4では「試験又は研究のためにする実施の多くは1項の規定がなくとも業としての実施ではないという理由で特許権の効力がおよばないわけであるが，試験又は研究のためにする業としての実施ということもあり得ると考え1項の規定をおいたものである。」と説明されている。

今日，試験又は研究を受託事業とする企業は多く存在するし，また試験又は研究が本来の事業でないとしても自社製品の開発には試験又は研究が不可欠である現状において，その場合の試験又は研究が「業としての実施」に当たらないというのは妥当でない。このため，特許法68条でいう「業としての実施」とは，個人的又は家庭的実施以外の実施をすべて含むという多数説の立場に立ち，特許法69条1項の規定は，試験又は研究が業としてなされる場合にも特許権の効力が及ばないことを定めたものであって，「問題は，業としてなされる試験・研究のための特許発明の実施がどこまで特許権の効力を免れるかとい

---

*3　中山信弘＝小泉直樹編『新・注解特許法〔第2版〕【中巻】』（青林書院，平29）1179頁〔北原潤一〕。

*4　特許庁編・前掲＊1・262～263頁。

う点にある」という指摘[5]が妥当であろう。

(b) 適用されない実施行為

特許法69条1項が適用されない行為，つまり，試験又は研究の目的から外れる特許発明の業としての実施行為に対しては特許権の効力が及ぶことになる。ここで「試験又は研究の目的」については，後述するように諸説あるものの，特許性調査，機能性調査及び改良・発展を目的とする試験又は研究は特許法69条1項の適用範囲内であり，経済性調査のための試験又は研究は特許法69条1項の適用範囲外であることについてはほぼ異論がなさそうである。このため，商品販売のための市場調査目的の試験的実施行為には特許権の効力が及ぶことになる。こうした行為は，技術の進歩を目的としたものではなく，単なる利益目的の実施であり，特許法が目的としている産業発達に資するものではないからである[6]。

(c) 論　点

それでは，特許法69条1項が適用される試験又は研究の結果，製造された物又は取得された物（「試験生産物」という）を販売する行為及び所持する行為は特許権の侵害になるであろうか。また特許期間満了後の実施に備えた特許期間中の試験又は研究行為はどうか。

(イ) 試験生産物の販売行為及び所持行為　　試験生産物を販売することが特許権の侵害になるかという点については，試験生産物そのものが特許発明である場合は侵害になることに相違しないが，試験研究に使用する方法や装置が特許発明である場合は特許発明のカテゴリーによって相違する。具体的には，特許発明が製法発明である場合，その使用が試験又は研究のためにする実施に該当する場合であっても，その結果物（試験生産物）を業として販売する行為は特許権の侵害になる。しかし，特許発明が製造機等の装置発明である場合や単純方法発明である場合，その実施によって得られた結果物（試験生産物）の販売行為は特許法2条3項で規定する「実施」に該当しないから，特許権の効力は及ばない。つまり，試験生産物の販売行為が侵害となるのは，特許発明が試験生産物そのものである場合と試験研究に使用する製造方法である場合である。な

＊5　染野啓子『試験・研究における特許発明の実施（Ⅰ）（Ⅱ）』AIPPI33巻3号4頁・4号2頁。
＊6　中山信弘『工業所有権法（上）特許法〔第2版〕』（弘文堂，平10）319頁。

お，これらの場合でも特許権の効力が及ぶのは特許権の存続期間内であり，特許権の存続期間満了後に販売する行為については特許権の効力は及ばない。

それでは，試験生産物を，特許権の存続期間満了後に業として販売するために，特許権の存続期間中に所持する行為に対して特許権の効力は及ぶであろうか。特許法101条3号及び6号において，物の発明及び製法の発明について，その物又はその方法で生産した物を業として譲渡等するために所持する行為は侵害とみなすことが規定されている。このため，この規定によれば，試験生産物を販売目的で特許権の存続期間中に所持することは特許権の侵害行為であると考えられる。しかし，この規定の立法趣旨が「侵害物品を『譲渡等』又は『輸出』する行為は，それがなされた場合には侵害物品が拡散して事後的な侵害防止措置が困難になる蓋然性の高い行為であるため，模倣品問題対策強化の観点から，これらを目的として『所持』する行為を侵害とみなす行為とすることにより，侵害行為禁止の実効性を高めるとともに，侵害物品拡散の抑止を図る規定である」*7ことからすると，侵害物品の「所持」の目的は，特許権の存続期間中の「譲渡等又は輸出」であって，特許権の存続期間満了後に行う「譲渡等又は輸出」は予定していないとも考えられる。そうであれば，前記の問いについては特許権の効力は及ばないとも解することができるのではないだろうか。

(ロ)　特許期間満了後の実施に備えた特許期間中の試験又は研究行為　　特許権の存続期間が満了になった時に直ちに実施できるように，存続期間中に試験又は研究のために特許発明を実施する行為に対して，特許法69条1項の規定が適用されるか否かについては，従前より争いがある。

これに関しては，従来長い間，東京地判昭62・7・10無体集19巻2号231頁・判時1246号128頁・判タ655号233頁〔除草剤事件〕がリーディング・ケースとされてきた。同判決は，農薬取締法上の農薬登録を受けるための試験について，「特許法69条は『特許権の効力は試験又は研究のためにする特許発明の実施には及ばない』と規定しているが，右規定の立法趣旨は，試験又は研究は本来技術を次の段階に進歩せしめることを目的としたものであって，特許に係る

---

*7　特許庁編・前掲*1・321頁。

物の生産，譲渡等を目的としたものではないから，特許の効力をこのような試験，研究にまで及ぼしめることは，かえって技術の進歩を阻害するということであり，同条の立法趣旨からすれば，本件のような農薬の販売に必要な農薬登録を得るための試験は，技術の進歩を目的とするものではなく，専ら被告除草剤の販売を目的とするものであるから，特許法69条にいう『試験又は研究』には当たらないというべきである」として，69条1項の立法趣旨に基づいて「技術の次の段階への進歩」をメルクマールとしていることが注目される*8。医薬や農薬については，厚生労働省や農林水産省の製造承認を得るために膨大なデータを提出する必要がある。特許期間満了後に直ちに製造あるいは輸入し販売するためには，特許期間中に製造・販売承認を得ておく必要があるが，そのためには，特許期間中に臨床試験等を行って承認申請に必要なデータを揃えておく必要がある。本判決は，このような目的での試験又は研究の実施を営利目的であるとして特許法69条1項の「試験又は研究」には当たらず，侵害であるとしたものである。

　しかし，その後，平成11年に出された最高裁判決（最判平11・4・16民集53巻4号627頁〔グアニジノ安息香酸誘導体事件〕）により，特許期間満了後に後発医薬品を販売することを目的として，特許期間中に特許発明を使用して薬機法（正確には「医薬品，医療機器等の品質，有効性及び安全性の確保等に関する法律」を指す。旧「薬事法」）14条の製造承認申請を行うための試験を行うことは，特許法69条1項の『試験又は研究』に該当し非侵害であることが確定された。その詳細は後述するが，この判決の射程範囲はさほど広くないとの意見が多数である。最高裁判決によって，実務上，特許期間満了後の後発医薬品の販売を目的とする承認申請のための試験に対しては特許法69条1項が適用されることで決着がつき，前記農薬のケースもこの判決の射程範囲内とみられる。しかし，この判決は同項の「試験又は研究」の意味内容を積極的に定義しておらず，その該当性を判断するための基準は判例上未だ確立されていないとされている*9。

＊8　北原・前掲＊3・1182頁。
＊9　北原・前掲＊3・1184頁。

Ⅱ　試験又は研究のためにする特許発明の実施

(1)　「試験又は研究」の意味

　特許法69条1項において特許権の効力が及ばないとされる「試験又は研究」が何を意味するのか，また何を基準として判断すべきかは，法文上明らかでなく，従来より多くの学説がある。

(a)　学　　説

(イ)　染野説（対象・目的限定説）　　染野説は，「試験又は研究」に関して染野啓子教授が示した先駆的な判断基準である[*10]。染野教授は，「試験又は研究」の該当性の判断基準として「対象による限定」と「目的による限定」との2つを挙げ，特許法69条1項の「試験又は研究」といえるためには，「対象」については特許発明それ自体を対象とする試験又は研究に限定されるとし，また「目的」については「技術の進歩」を目的とするものに限定されるとしている。

　　(ⅰ)　対象による限定（特許発明それ自体）　　吉藤氏も，「試験又は研究のためにする」とは，「試験又は研究としてする」の意味に解すべきとして同旨の説明をしている[*11]。その理由として，試験又は研究のために用いる試験器具・装置（例えば摩耗試験機等）の発明について，これらの製造及び使用等が特許発明の試験又は研究のためにするものと解されるとき，これらを業としてする行為は完全に特許権の効力の範囲外となり，この種の発明に特許を付与することがほとんど無意義に帰するからであるとする。すなわち，特許法69条1項が適用される「試験又は研究」は，特許発明それ自体を対象とする試験又は研究である。

　　(ⅱ)　目的による限定（技術の進歩）　　染野教授は，試験又は研究の目的は，「技術の進歩」を目的とするものに限定されるとして，その許容される態様を下記の3つに分類している。

------

①　特許性調査（特許発明が新規性，進歩性を有するかどうかの調査）

[*10]　染野・前掲*5・3号2頁・4号2頁。
[*11]　吉藤〔熊谷補訂〕・前掲*2・442頁。

このような試験は，本来特許性のない発明が特許されることを防ぐという意味で，技術の進歩・発展に結びつく性質のものといえる。

② 機能調査（特許発明が実施可能であるか，明細書記載どおりの効果を有するか，副作用等の副次的影響を生じるものかどうか等の調査）

このような試験は，特許権が有する情報機能に基づくもので，特許発明がもつ技術的知見の範囲を拡げ，改良・発展への道を開くものである点で，法の目的に合致するものである。

③ 改良・発展を目的とする試験（特許発明の対象について，さらに改良を遂げ，より優れた発明を完成するための試験）

法の目的に最も適合する試験である。特許発明の対象について，さらに改良を遂げ，より優れた発明を完成することはまさに特許法69条の目的の実現である。

これに対して，許容されない目的の試験又は研究として，前述したように「経済性調査のための試験又は研究」が挙げられている。ここで経済性とは，特許発明に係る物や特許発明の方法によって生産された物について，経済的に，すなわち市場との関連において販売可能性等を試験することであり，こうした市場テストは，もはや特許法69条が予定するところではないとする[12]。

　㈹　他の学説

　　（i）　対象による限定（特許発明それ自体）　　前記染野説に異論はないとするものが多いが，「1項の試験・研究の対象は特許発明に限られるものではないと解したうえ，特許発明の本来の目的に従った使用である限り，同項の試験・研究には該当しないと解すれば足りる」という意見もある[13]。その理由として，1項の試験・研究の対象を特許発明に限定してしまうと，たとえ特許発明の目的とは異なる目的に向けられた試験・研究の場合にも同項の適用が否定され，特許権侵害になってしまうこと，また試験・研究の対象が特許発明自体かそれ以外なのかを区別することは必ずしも容易でなく，試験・研究の対象が特許発明であることを1項の必須要件にするのは狭きに失し，試験・研究の対象が特許発明であるといえない場合でも，同項の適用の余地を残しておくのが合理的であるとしている。

---

[12]　染野・前掲＊5・3号2頁。
[13]　吉藤〔熊谷補訂〕・前掲＊2・1181頁。

（ⅱ） **目的による限定（技術の進歩）**　前記染野説と同旨の学説を示すものがある一方[*14, *15]，後発医薬品の製造承認申請に関する訴訟において上記染野説とは異なる結論をとる裁判例（前記の最高裁判決を含む）が多数出現するのと相前後して，目的による限定は狭すぎるとして，これを否定する説（目的非限定説），並びに，技術の進歩は直接的かつ次の段階への進歩であることを要しないとする説（間接的限定説）も多く見られるようになっている[*16]。

　これらの説は，特許法69条1項の「試験又は研究」といえるには，その立法趣旨から「技術の次の段階への進歩」を目的にすることが必要であるとの前記除草剤事件の判旨に反するものである。染野説が掲げる特許性調査や機能性調査も，それを行ったからといって必ずしも技術が直接的又は次の段階に進歩するとはいえないことからすると，学説において「技術の次の段階への進歩」を試験又は研究の不可欠要件と解する必要はないというのが主流である。しかし，後述する後発医薬品について，（旧）薬事法所定の製造承認申請のために必要な試験が，同項の「試験又は研究」に該当するか否かの点において，見解を異にする。

（b）**裁判例**

　特許法69条1項で規定する「試験又は研究」のための実施か否かが問題となった裁判例は，後述する後発医薬品について（旧）薬事法所定の製造承認申請のために必要な試験に関して同条項の適否が問題となった事例を除けば，数は多くない。

＊14　中山信弘＝小泉直樹編『新・注解特許法〔第2版〕【上巻】』676頁〔飯塚卓也＝田中浩之〕。

＊15　田村善之『特許権の存続期間と特許法69条1項の試験・研究（上）（下）』NBL634号17頁・636号40頁。

＊16　北原・前掲＊3・1180頁，牧野利秋ほか編『知的財産法の理論と実務(1)〔特許法［Ⅰ］〕』（新日本法規出版，平19）244頁〔東海林保〕，土肥一史『発明を実施した医薬品を特許権の存続期間満了後，製造・販売するための臨床試験と発明の実施である事業の準備行為』発明1997年12号91頁，辰巳直彦「いわゆる後発医薬品について薬事法14条所定の承認を申請するために必要な試験を行うことと特許法69条1項にいう『試験又は研究のためにする特許発明の実施』」民商122巻6号832頁，角田政芳「医薬品の製造承認申請のための試験」ジュリ1179号269頁，清水幸雄＝辻田芳幸「特許法69条1項における『試験又は研究』の理論的根拠と著作権法」田倉整先生古稀記念『知的財産をめぐる諸問題』141頁，髙部眞規子「重要判例解説・いわゆる後発医薬品について薬事法14条所定の承認を申請するため必要な試験を行うことと特許法69条1項にいう『試験又は研究のためにする特許発明の実施』」L＆T19号80頁及び曹時57巻8号177頁。

(イ) 大判昭16・3・28（審決公報号外23号75頁）〔開閉器事件〕　商取引の前提として商品見本を提供するために見本品を製作する行為は，「試験又は研究」のための実施でないと判示。

(ロ) 浦和地判昭55・12・3（判例工業所有権法2305の137の1354頁）・東京高判昭59・1・30（速報105号2679）〔人形頭の製造型事件〕　人形頭の製造販売に際し，シリコンゴムを利用して特許発明に類似する製造型を作り，これを使用して人形頭を試作・研究し，その後自ら開発した非侵害の製造型を使用して，業として人形頭の製造・販売を開始した場合，前記特許発明に類似する製造型の製造・使用は，「試験又は研究」のための実施であると判示。

(ハ) 東京地判昭62・7・10（判時1246時128頁）〔除草剤事件〕　前述したとおりである。農薬取締法2条に基づく農薬の登録申請に必要な除草剤の薬効，薬害及び残留性に関する適性試験は，技術の進歩を目的とするものではなく，専ら被告除草剤の販売を目的とするものであるから，「試験又は研究」のための実施でないと判示。

Ⅲ　後発医薬品の製造承認申請のための特許期間満了前の試験の実施に関する裁判例

(1)　問題の所在

　医薬品を製造・販売するためには，薬機法14条所定の承認を得た上，同法12条所定の製造業の許可を得ることが必要であり，その資料を得るためには長時間の基礎研究や臨床試験等が必要である。後発医薬品メーカーは，先発医薬品によって有効性と安全性が既に確立されているため，比較的簡略化された規格試験（有効成分の量等が先発医薬品と同一であるか否かを調べる試験），加速試験（保存における安定性が先発医薬品と同一であるか否かを調べる試験），及び生物学的同等性試験（健常人に投与し血中濃度を測定することで先発医薬品と生物学的に同等であるか否かを調べる試験）に基づく資料を提出するだけで製造承認申請をすることができる。しかし，これらの試験を行い，必要なデータを揃えて承認申請を得るには，なお相当な期間を要する。そこで，後発医薬品メーカーは，先発医薬品メーカーの特許期間終了後に直ちに後発医薬品を販売するために，特許期間中

にその承認申請に必要なデータを取得するための試験を行う必要がある。そのためには，特許期間中に先発医薬品の有効成分となる化学物質を生産し，それを成分とする製剤を調製して，それを使用して試験を行う必要がある。これらの行為は，通常であれば侵害に該当する行為であるため，これらの実施行為が特許法69条1項で規定する「試験又は研究」のための実施に該当するのかどうかが問題とされた。

(2) 最高裁判決に至るまでの下級審における裁判例

この問題については，平成7年頃から次々と仮処分申請や本案訴訟が提起され，多くの裁判例が現れた。平成8年までは，前掲除草剤事件と同旨の理由で1項の適用を否定し「侵害」とする裁判例が多く現れた（①名古屋地決平8・3・6判例工業所有権法〔第2期版〕2229の52頁〔塩酸チアプリド事件〕，②大阪地決平9・2・7判時1614号124頁〔新規置換キノリンカルボン酸事件〕，③名古屋地判平9・11・28知財協判例集平9年V2145頁）。その後，平成9年に入ると1項の適用を肯定し「非侵害」とする裁判例が次々出され，平成10年にはそれが多数を占めるようになった（①' 東京地判平9・7・18判時1616号34頁〔カルボスチリル誘導体事件〕，②' 東京地判平9・8・29判時1616号44頁〔アシクロビル事件〕，③' 東京高判平10・3・31判時1631号3頁〔塩酸プロカテロール事件〕，④' 大阪地判平10・4・16判タ998号232頁〔グアニジノ安息香酸誘導体事件〕，⑤' 大阪高判平10・5・13知財集30巻2号271頁〔前記④' の控訴事件〕，⑥' 東京高判平10・9・24判時1668号126頁〔前記②' の控訴事件〕ほか）。これらの理由として，特許法69条1項の「試験又は研究」は，技術を次の段階に進歩させることを目的とするものに限定解釈することは相当でないとし，特許発明の明細書に開示された有効成分と同一の薬品を製造する場合であっても，製剤処方を検討した上で製剤化することが必要となるから，被告らの行為には医療用技術の進歩に寄与する側面もある（前掲裁判例①'）とか，特許発明の技術レベルに達するための試験又は研究のための特許発明の実施も特許法69条1項に当たる（前掲裁判例②'，④'）とか，生物学的同等性試験によって同等であることが判明することも技術的進歩に当たる（前掲裁判例③'）など，若干の相違はあるものの，「特許法69条1項の『試験又は研究のための実施』とはあくまでも広く科学技術の進展に資するものまたはそれを目的とするものでなければならないが，成果が直接具体的な形に現れた場合のみに限られない。新規発明

652　第3章　特許権侵害訴訟における攻撃防御方法　　第2節　侵害論における被告の抗弁に関する問題

や利用発明に直結する性格の技術でないために，直ちに製薬技術に関する新たな改良進歩が得られない場合であっても，薬剤の規格や製剤化技術等，製薬に関する幅広い技術的・基礎的検討を経て，それが蓄積されることにより，将来にわたる製薬技術進歩の基礎となりうる各種知見や情報が得られるものであり，その点において，広く科学技術の進歩に寄与している」と判断した前掲裁判例⑤'の見解に集約されているといえる*17。

(3)　最高裁平成11年4月16日第二小法廷判決

　このような状況のなか，前記⑤'の上告審（民集53巻4号627頁・判タ1002号83頁）において，最高裁は次のように述べて1項適用肯定・非侵害説の立場に立つことを明らかにした。

　「ある者が化学物質又はそれを有効成分とする医薬品について特許権を有する場合において，第三者が，特許権の存続期間終了後に特許発明に係る医薬品と有効成分等を同じくする医薬品（以下「後発医薬品」という）を製造して販売することを目的として，その製造につき薬事法14条所定の承認申請をするため，特許権の存続期間中に，特許発明の技術的範囲に属する化学物質又は医薬品を生産し，これを使用して右申請書に添付すべき資料を得るのに必要な試験を行うことは，特許法69条1項にいう『試験又は研究のためにする特許発明の実施』に当たり，特許権の侵害とはならないものと解するのが相当である。」

　同最高裁判決は，その理由として次の3点を挙げる。

　「1．特許制度は，発明を公開した者に対し，一定の期間その利用についての独占的な権利を付与することによって発明を奨励するとともに，第三者に対しても，この公開された発明を利用する機会を与え，もって産業の発達に寄与しようとするものである。このことからすれば，特許権の存続時間が終了した後は，何人でも自由にその発明を利用することができ，それによって社会一般が広く益されるようにすることが，特許制度の根幹の一つであるということができる。

　2．薬事法は，医薬品の製造について，その安全性等を確保するため，あらかじめ厚生大臣の承認を得るべきものとしているが，その承認を申請するに

---

*17　東海林・前掲*16・248〜249頁。

は，各種の試験を行った上，試験成績に関する資料等を申請書に添付しなければならないとされている。後発医薬品についても，その製造の承認を申請するには，あらかじめ一定の期間をかけて所定の試験を行うことを要する点では同様であって，その試験のためには，特許権者の特許発明の技術的範囲に属する化学物質ないし医薬品を生産し，使用する必要がある。もし特許法上，右試験が特許法69条1項にいう『試験』に当たらないと解し，特許権存続期間中は右生産等を行えないものとすると，特許権の存続期間が終了した後も，なお相当の期間，第三者が当該発明を自由に利用し得ない結果となる。この結果は，前示特許制度の根幹に反するものというべきである。

3．他方，第三者が，特許権存続期間中に，薬事法に基づく製造承認申請のための試験に必要な範囲を超えて，同期間終了後に譲渡する後発医薬品を生産し，又はその成分とするため特許発明に係る化学物質を生産・使用することは，特許権を侵害するものとして許されないものと解すべきである。そして，そう解する限り，特許権者にとっては，特許権存続期間中の特許発明の独占的実施による利益は確保されているのであって，もしこれを，同期間中は後発医薬品の製造承認申請に必要な試験のための右生産等をも排除し得るものと解すると，特許権の存続期間を相当期間延長するのと同様の結果となるが，これは特許権者に付与すべき利益として特許法が想定するところを超えるものといわなければならない。」

この最高裁判決に対しては，「従来，このような試験を侵害とする説の根拠は，技術の進歩を目的としたものでなく単なる利益目的の実施であったことからすると，この点について明確な判断をなすべきであった」という意見[18]，並びに「特許法は，特許期間終了後の第三者の使用を自由としているが，第三者の実施可能性までは保証していない。……つまり，他の法令によりあるいは事実上の理由により実施できないとしても，特許法の解釈としてはそのことに配慮することはない」[19]といった批判的意見があり，これに同調した意見もある[20]。しかし，この最高裁判決によって，実務においては，少なくとも，特

---

*18　竹田稔『知的財産訴訟要論［特許・意匠・商標編］』（発明推進協会，平24）141頁。
*19　中山信弘編『注解特許法〔第3版〕【上巻】』（青林書院，平12）678頁〔中山信弘〕。
*20　北原・前掲*3・1184頁。

許期間満了後に後発医薬品を販売することを目的として，特許期間満了前に特許発明を使用して薬機法14条の承認申請のために行う試験は，特許法69条1項規定の「試験」に該当し，特許権侵害にならないという点は明白になったといえる。

(4) 最高裁判決の射程範囲

(a) 本件判決では，後発医薬品について薬機法上の製造承認申請を行うための試験等の行為を特許権存続期間内に行った場合について，69条1項の「試験又は研究」への該当性を認めているため，同様の行政法規による承認を要する製品についても適用されるという見解が示されている[21]。このため，農薬取締法における登録に要する試験についても適用されると考えられる。

(b) 本件判決以降の下級審判決において，医薬品に関する製造承認のうち，小分け製造承認の申請に伴う試験等についても，本件判決をもとに特許法69条1項の該当性が認められている（大阪地判平11・8・31（平10(ワ)2174号），大阪地判平11・9・2（平10(ワ)2175号），東京高判平12・1・18（平11(ネ)3546号））。小分け製造承認申請のための試験が技術進歩に結びつく可能性は極めて低いことから考えると，特許法69条1項における「試験又は研究」の裾野は，判例上，極めて広く解釈されているようである[22]。

(c) 本件判決は，特許制度の趣旨から結論が導かれており，特許法69条1項により許容される試験又は研究の範囲が正面から述べられていないといわれている[23]。確かに，最高裁判決は，特許法69条1項の適用範囲及びその限界についての基準は何ら示していない。つまり，医薬品や農薬の承認申請以外の一般的事例における判断基準は何ら示されていないといえる。最高裁判決が判断していない基準について，仮に下級審の判断に従うとすると，科学技術の一般的進歩への寄与が少しでも見込まれれば「試験又は研究」の名のもとで侵害を構成しない場合が生じるとして，何らかの歯止めが必要であるとの意見がある[24]。

---

[21] 髙部眞規子・ジュリ1162号133〜135頁。

[22] 平嶋竜太「特許法69条1項の解釈」中山信弘編著『知的財産権研究V』（レクシスネクシス・ジャパン，平20）38頁。

[23] 辰巳・前掲[16]・858頁。

いずれにしろ，特許法69条1項の適用範囲及び限界については，判例上まだ十分な判断基準が確立されているとはいえない状況であり，今後，さらに，裁判例の動向を注視する必要があるといえる。

∎

＊24　中山・前掲＊19・678頁。

52 国内消尽(1)

牧野　知彦

> 特許権の消尽について，概括的に説明せよ。

キーワード　消尽説，黙示実施許諾説，リサイクル・リユース

I　「消尽」とは

(1)　消尽の意義

特許権者は業として特許発明を実施する権利を専有するところ（特68条），物の発明についての実施とは，「その物の生産，使用，譲渡等（譲渡及び貸渡しをいい，その物がプログラム等である場合には，電気通信回線を通じた提供を含む。），輸出若しくは輸入又は譲渡等の申出（譲渡等のための展示を含む。）をする行為」（特2条3項1号）のことであるから，特許権者が特許発明の実施品を譲渡等する行為は適法であり，そうである以上，特許権者から当該実施品を購入した者（譲受人）がこれを自ら使用したり，あるいは他に転売する行為もやはり適法といわなければならない。

この結論自体には争いはないが，特許法にはこの点に関する規定はなく[*1]，形式的に考えると，上記譲受人の行為は特許権侵害に該当することになってしまう。このような事態を避けるための理論構成の一つが消尽論である。

(2)　理論構成

上記のような事例を適法と考えるための理論構成としては大きく分けると3つの考え方があるとされている[*2]。

[*1]　半導体集積回路の回路配置に関する法律12条3項，種苗法4条あるいは著作権法26条の2などは明文で消尽を規定している。

(a) 所有権移転説

他人が適法に特許製品の所有権を取得した以上，特許権者の権利範囲から離脱したとする見解である。ただし，特許権と所有権を混合した見解であり，現在では支持する者はいない。

(b) 消 尽 説

権利者が特許製品を適法に譲渡した場合，当該物に関する限り，特許権はすでにその目的を達成しており，その物については特許権は消尽（消耗，用尽などともいわれる）しているとする見解である。この見解が通説であり，後述する最高裁においても認められている[3]。法理論的には，信義則の定型化であるとか[4]，権利濫用の法理の定型化である[5]などと説明される。

なお，消尽が認められるのは，物の発明についての使用・譲渡[6]などの行為であって，生産には及ばない。また，方法の発明についての使用には及ばない。

(c) 黙示実施許諾説

特許権者は特許製品を譲渡するときに黙示の実施許諾を与えたとする見解である。この説については，特許権者が明示的に実施許諾しない旨を表示した場合には適用できない可能性があることや，実施許諾は債権関係であることから転得が生じた場合には適用できない可能性などが指摘されている。

もっとも，この見解と消尽説は互いに排斥しあう関係にあるわけではなく，問題とされる事案を適切に解決する説明としてどちらが使いやすいかという問題であると思われる[7]。

(3) 消尽を巡る問題の背景

* 2　以下の３つの分類は飯村敏明＝設樂隆一編著「ＬＰ(3)知的財産関係訴訟」（青林書院，平20）177頁〔山田知司〕によった。
* 3　最判平９・７・１民集51巻６号2299頁〔BBS事件最高裁判決〕が傍論として認め，最判平19・11・８民集61巻８号2989頁〔インクタンク事件最高裁判決〕で正面から認められた。
* 4　玉井克哉「日本国内における特許権の消尽」牧野利秋＝飯村敏明編『新・裁判実務大系(4)知的財産関係訴訟法』（青林書院，平13）255頁。
* 5　田村善之「修理や部品の取替えと特許権侵害の成否」知的財産法政策学研究６号35頁。
* 6　生産方法の発明によって生産された物についても同様。
* 7　例えば，BBS事件最高裁判決は，いわゆる並行輸入の問題について，消尽論ではなく黙示実施許諾説を踏まえた判断を示している。また，田村・前掲＊５は消尽論を認めたうえで消耗品の取替えのような事案については黙示の承諾（ライセンス）法理で対応すべきとする。

消尽論は古くから認められてきた理論であるが，近時では，以下のような利益状況があり，この点は消尽論が問題となるような事案を解決するうえで常に意識すべき問題である。

すなわち，これまでの大量消費社会に代えて，近年は，限りある資源を有効活用しようとする循環型社会*8を迎えており，これに伴い，社会的なニーズとしてリサイクル（再生利用）やリユース（再利用）の重要性が高まっている。また，企業の経済活動としても，プリンタなどの本体部分は比較的安価に販売し，その交換部品の販売やメンテナンスで収益を上げるビジネスモデルが広く行われるようになっている。

一方，特許法では，特許発明にかかる物の使用や譲渡等といった発明の実施行為は特許権者が専有するとされているから（特68条），リサイクルやリユースといった行為との抵触関係が生じる。

この点について，知財高裁大合議判決平18・1・31判時1922号30頁〔インクタンク事件控訴審判決〕は，「特許法の解釈に当たっても，環境の保全についての基本理念は可能な限り尊重すべきものであって，例えば，製品等を再使用する方法の発明，再生利用しやすい資材の発明等を特許法により保護することが環境保全の理念に沿うものであることは明らかである。他方，特許法は，発明をしてこれを公開した者に特許権を付与し，その発明を実施する権利を専有させるものであるから，上記のような発明につき特許権が付与されたときは，第三者は，特許権者の許諾を受けない限り，特許発明に係る製品の再使用や再生利用しやすい資材の製造，販売等をすることができないという意味において，環境保全の理念に反する面もあるといわざるを得ない（仮に，常に環境保全の理念を優先させ，上記のような場合に第三者が自由に特許発明を実施することができると解するとすれば，短期的には，製品の再使用等が促進されるとしても，長期的にみると，新たな技術

＊8　循環型社会形成推進基本法2条1項は「この法律において『循環型社会』とは，製品等が廃棄物等となることが抑制され，並びに製品等が循環資源となった場合においてはこれについて適正に循環的な利用が行われることが促進され，及び循環的な利用が行われない循環資源については適正な処分（廃棄物（ごみ，粗大ごみ，燃え殻，汚泥，ふん尿，廃油，廃酸，廃アルカリ，動物の死体その他の汚物又は不要物であって，固形状又は液状のものをいう。以下同じ。）としての処分をいう。以下同じ。）が確保され，もって天然資源の消費を抑制し，環境への負荷ができる限り低減される社会をいう。」と定義している。

開発への意欲や投資を阻害することにもなりかねない。）。そうすると，たとえ，特許権の行使を認めることによって環境保全の理念に反する結果が生ずる場合があるとしても，そのことから直ちに，当該特許権の行使が権利の濫用等に当たるとして否定されるべきいわれはないと解すべきである。」と述べている。

この点，一般論としては当該判決が述べるとおりであるが，消尽論を適用する際の具体的なあてはめにおける考慮要素の一つとはなろう*9。

(4) 消尽の成立範囲

特許権者自身が流通においた特許製品を購入した者が，そのままの形でこれを使用し，あるいは譲渡をする行為は，消尽論によって適法とされる。

消尽の成立が問題となる論点については，**本書53**で詳細に説明するので，ここでは概略だけを述べておくと，①主体に関する問題としては，権利不行使特約（「Covenant not to sue」，「Non-Assertion of Patents（いわゆる「NAP条項」）」などその表現にも各種あり得る）が認められた者が流通に置いた場合に消尽は成立するか*10，あるいは，特許権者が外国で製造販売した製品が並行輸入された場合に消尽は成立するか（いわゆる「国際消尽」の問題。**本書54**），また，②客体の問題としては，特許製品に加工があったり，あるいは，交換部品が交換されたような場合に消尽が成立するか（**本書53**），あるいは，実施権者がライセンス契約に違反して販売した特許製品について消尽が成立するかなど，様々な論点がある。

---

*9　インクタンク事件高裁判決においても，同判決が消尽を認めるべき類型として挙げた「特許製品が製品としての本来の耐用期間を経過してその効用を終えたものとなるかどうか」の検討において環境保護の観点が検討されている。

*10　権利不行使特約が認められた者が製造販売した製品に消尽が成立するか否かについては，特許権を単なる排他権と理解するか，専用権を含むと理解するかという特許権の本質論とも関わる問題であり，これを排他権と理解するアメリカでは，実施許諾も権利不行使特約もその実質は権利不行使にかかる不作為請求権と理解されるため消尽が認められるのに対し，これを専用権を含むと理解するドイツでは消尽の成立を否定する判例がある（詳細は，齊藤尚男「特許法における『権利不主張』をめぐって−権利不主張の法的性質と当然対抗制度について−」知管64巻6号916頁を参照）。私見としては，ひと口に権利不行使特約といってもその内容は様々であることからすれば，当該契約の趣旨が当該相手方のみに対する権利不行使を定めたにすぎないと解釈されるような場合には消尽を認めない解釈があってよいと考えている。いずれにせよ，この問題は，取引の安全と当事者の意思・利益のどちらをどの程度重視するのかという価値観の相違によって結論が変わり得る問題である。

II 消尽を認めるべき根拠

上述した消尽を認めるべき実質的な根拠としては，①市場における特許製品の円滑な流通確保の要請（特許製品を適法に取得したにもかかわらず，その使用や譲渡にいちいち特許権者の了解を得る必要があるとすれば，円滑な流通が阻害される）と，②特許権者の利得確保の機会の存在（「フル・バリュー原則」などともいわれる。特許権者は特許製品を市場に供給することで公開の代償にかかる利益を得ているのであるから，特許権者に再度の利益を得る機会を与える必要はない）との点が挙げられる*11。

なお，先使用や職務発明に基づく無償の法定実施権を有する者が製造した製品を使用・販売等する行為に消尽論が適用されるのかといった論点*12を考えると，このうち，どちらの利益を重視するのかで結論が変わり得る事案もあり得るであろう。

III 消尽に関する判例

消尽に関する判例は古くから数多く存在するが，以下では，最も代表的なものを挙げる。

① BBS事件最高裁判決

発明の名称を「自動車の車輪」とする日本国特許権及び対応ドイツ特許権を保有する上告人が，いわゆる並行輸入品である自動車用アルミホイールを販売する被上告人らに対し提起した特許権侵害訴訟である。

本件の争点は並行輸入の可否であるが，最高裁は傍論として「特許権者は，

---

*11 飯村＝設樂編・前掲*2は，この他に「特許製品の譲受人が，これを使用・譲渡する度にいちいち特許権者の承諾を要するとすれば，特許製品を取得するために対価を支払っても回収の見込みが立たないから，製品の買い手がいなくなり，結局特許権者の利益にならないことにある」として，「特許権者の意思ないし利益」を挙げているが（インクタンク事件最高裁判決も「特許権者自身の利益を害する」ことを挙げている），特許権者としては消尽の適用を否定したい場合が多いことを考えると，このような点を根拠に挙げることには疑問もある。

*12 千葉地判平4・12・14知財集24巻3号894頁〔建築用板材の連結具事件〕及びその控訴審である東京高判平7・2・22知財集27巻1号23頁は消尽を認める（ただし，意匠権の事案であり，消尽の用語は使用されていない）。

業として特許発明の実施をする権利を専有するものとされているところ（特許法68条参照），物の発明についていえば，特許発明に係る物を使用し，譲渡し又は貸し渡す行為等は，特許発明の実施に該当するものとされている（同法2条3項1号参照）。そうすると，特許権者又は特許権者から許諾を受けた実施権者から当該特許発明に係る製品（以下『特許製品』という。）の譲渡を受けた者が，業として，自らこれを使用し，又はこれを第三者に再譲渡する行為や，譲受人から特許製品を譲り受けた第三者が，業として，これを使用し，又は更に他者に譲渡し若しくは貸し渡す行為等も，形式的にいえば，特許発明の実施に該当し，特許権を侵害するようにみえる。しかし，特許権者又は実施権者が我が国の国内において特許製品を譲渡した場合には，当該特許製品については特許権はその目的を達成したものとして消尽し，もはや特許権の効力は，当該特許製品を使用し，譲渡し又は貸し渡す行為等には及ばないものというべきである。けだし，(1)特許法による発明の保護は社会公共の利益との調和の下において実現されなければならないものであるところ，(2)一般に譲渡においては，譲渡人は目的物について有するすべての権利を譲受人に移転し，譲受人は譲渡人が有していたすべての権利を取得するものであり，特許製品が市場での流通に置かれる場合にも，譲受人が目的物につき特許権者の権利行使を離れて自由に業として使用し再譲渡等をすることができる権利を取得することを前提として，取引行為が行われるものであって，仮に，特許製品について譲渡等を行う都度特許権者の許諾を要するということになれば，市場における商品の自由な流通が阻害され，特許製品の円滑な流通が妨げられて，かえって特許権者自身の利益を害する結果を来し，ひいては『発明の保護及び利用を図ることにより，発明を奨励し，もって産業の発達に寄与する』（特許法1条参照）という特許法の目的にも反することになり，(3)他方，特許権者は，特許製品を自ら譲渡するに当たって特許発明の公開の対価を含めた譲渡代金を取得し，特許発明の実施を許諾するに当たって実施料を取得するのであるから，特許発明の公開の代償を確保する機会は保障されているものということができ，特許権者又は実施権者から譲渡された特許製品について，特許権者が流通過程において二重に利得を得ることを認める必要性は存在しないからである。」として，国内消尽を認めた。

② インクタンク事件最高裁判決

662 第3章 特許権侵害訴訟における攻撃防御方法 第2節 侵害論における被告の抗弁に関する問題

一審原告（控訴人，被上告人）はインクタンクにかかる物の発明（本件発明1）及びその製造方法にかかる発明（本件発明10）の特許権者であり，それらの技術的範囲に含まれる方法によりインクタンクを製造し，販売している。本件は，一審原告が，インク費消後の使用済みの一審原告製品にインクを再充填するなどして製品化した製品を販売している一審被告（被控訴人，上告人）に対し，特許権を侵害するとして提起した侵害訴訟である。

一審（東京地裁）は消尽の成否について，「新たに別個の実施対象を生産するものと評価される行為をするか否か」との基準を示し*13，「本件のようなリサイクル品について，新たな生産か，それに達しない修理の範囲内かの判断は，特許製品の機能，構造，材質，用途などの客観的な性質，特許発明の内容，特許製品の通常の使用形態，加えられた加工の程度，取引の実情等を総合考慮して判断すべきである。」とし，結論としては，新たな生産に該当しないとして侵害を否定した。一方，控訴審である前掲インクタンク事件高裁判決は，消尽が成立しない類型として，第1類型（特許製品が製品としての本来の耐用期間を経過してその効用を終えた後に再使用又は再生利用がされた場合）と第2類型（特許製品につき第三者により特許製品中の特許発明の本質的部分を構成する部材の全部又は一部につき加工又は交換がされた場合）を挙げ，これらの類型に該当する場合には特許権は消尽しないとの判断基準を示し，結論としては，本件は第2類型に該当するとして侵害を認めた*14。

これに対し，最高裁は「特許権の消尽により特許権の行使が制限される対象となるのは，飽くまで特許権者等が我が国において譲渡した特許製品そのものに限られるものであるから，特許権者等が我が国において譲渡した特許製品につき加工や部材の交換がされ，それにより当該特許製品と同一性を欠く特許製品が新たに製造されたものと認められるときは，特許権者は，その特許製品について，特許権を行使することが許されるというべきである。そして，上記にいう特許製品の新たな製造に当たるかどうかについては，当該特許製品の属性，特許発明の内容，加工及び部材の交換の態様のほか，取引の実情等も総合考慮して判断するのが相当であり，当該特許製品の属性としては，製品の機

---

*13 物の発明及び生産方法の発明について消尽を認めた。
*14 同判決は傍論としてではあるが，方法の発明の消尽についても判断を示している。

能，構造及び材質，用途，耐用期間，使用態様が，加工及び部材の交換の態様としては，加工等がされた際の当該特許製品の状態，加工の内容及び程度，交換された部材の耐用期間，当該部材の特許製品中における技術的機能及び経済的価値が考慮の対象となるというべきである。」とし，結論としては原審の判断を是認した。

　また，本判決は，特許権者が国外で譲渡した特許製品についての加工や部品の交換がされた場合について，「それにより当該特許製品と同一性を欠く特許製品が新たに製造されたものと認められるときは，特許権者は，その特許製品について，我が国において特許権を行使することが許されるというべきである。そして，上記にいう特許製品の新たな製造に当たるかどうかについては，特許権者等が我が国において譲渡した特許製品につき加工や部材の交換がされた場合と同一の基準に従って判断するのが相当である。」との判断を示している。

　③　知財高裁大合議判決平26・5・16判時2224号146頁〔アップル対サムスン事件高裁判決〕

　FRAND 宣言をした特許権に基づく権利行使の可否などが争われた事案であるが，間接侵害（特101条1項）と消尽の関係について，以下の判断を示している（ただし，本件ではそもそも本件製品はライセンスの対象外と認定されているため，以下の判断は傍論である）。なお，この判決では，消尽の成立を否定し黙示の承諾の成否で判断しているが，この点の判断は，同様な論点を判断したインクタンク事件高裁判決とは必ずしも一致していない。

　「(ア)　特許権者又は専用実施権者（この項では，以下，単に「特許権者」という。）が，我が国において，特許製品の生産にのみ用いる物（第三者が生産し，譲渡する等すれば特許法101条1号に該当することとなるもの。以下「1号製品」という。）を譲渡した場合には，当該1号製品については特許権はその目的を達成したものとして消尽し，もはや特許権の効力は，当該1号製品の使用，譲渡等（特許法2条3項1号にいう使用，譲渡等，輸出若しくは輸入又は譲渡等の申出をいう。以下同じ。）には及ばず，特許権者は，当該1号製品がそのままの形態を維持する限りにおいては，当該1号製品について特許権を行使することは許されないと解される。しかし，その後，第三者が当該1号製品を用いて特許製品を生産した場合におい

ては，特許発明の技術的範囲に属しない物を用いて新たに特許発明の技術的範囲に属する物が作出されていることから，当該生産行為や，特許製品の使用，譲渡等の行為について，特許権の行使が制限されるものではないとするのが相当である（BBS最高裁判決（最判平成9年7月1日・民集51巻6号2299頁），最判平成19年11月8日・民集61巻8号2989頁参照）。

　なお，このような場合であっても，特許権者において，当該1号製品を用いて特許製品の生産が行われることを黙示的に承諾していると認められる場合には，特許権の効力は，当該1号製品を用いた特許製品の生産や，生産された特許製品の使用，譲渡等には及ばないとするのが相当である。

　そして，この理は，我が国の特許権者（関連会社などこれと同視するべき者を含む。）が国外において1号製品を譲渡した場合についても，同様に当てはまると解される（BBS最高裁判決（最判平成9年7月1日・民集51巻6号2299頁参照））。

　⑷　次に，1号製品を譲渡した者が，特許権者からその許諾を受けた通常実施権者（1号製品のみの譲渡を許諾された者を含む。）である場合について検討する。

　1号製品を譲渡した者が通常実施権者である場合にも，前記⑺と同様に，特許権の効力は，当該1号製品の使用，譲渡等には及ばないが，他方，当該1号製品を用いて特許製品の生産が行われた場合には，生産行為や，生産された特許製品の使用，譲渡等についての特許権の行使が制限されるものではないと解される。さらには，1号製品を譲渡した者が通常実施権者である場合であっても，特許権者において，当該1号製品を用いて特許製品の生産が行われることを黙示的に承諾していると認められる場合には，前記⑺と同様に，特許権の効力は，当該1号製品を用いた特許製品の生産や，生産された特許製品の使用，譲渡等には及ばない。

　このように黙示に承諾をしたと認められるか否かの判断は，特許権者について検討されるべきものではあるが，1号製品を譲渡した通常実施権者が，特許権者から，その後の第三者による1号製品を用いた特許製品の生産を承諾する権限まで付与されていたような場合には，黙示に承諾をしたと認められるか否かの判断は，別途，通常実施権者についても検討することが必要となる。

　なお，この理は，我が国の特許権者（関連会社などこれと同視するべき者を含む。）からその許諾を受けた通常実施権者が国外において1号製品を譲渡した場合に

ついても，同様に当てはまると解される。」

■

53 国内消尽(2)

日野　英一郎

特許実施品を購入し，再利用する場合に，当該製品に対する特許権は消尽するか。

キーワード　消尽，特許製品の新たな製造，黙示の承諾

Ⅰ　はじめに

　特許権の国内消尽に関する特許法上の明文の規定は存在しないものの，特許権者又は実施権者が日本国内において特許製品を譲渡した場合には，当該特許製品について特許権は消尽し，特許権の効力は，当該特許製品を使用，譲渡する行為等には及ばないことは裁判例によって確立されている（最判平9・7・1（平7（オ）1988号）民集51巻6号2299頁〔BBS並行輸入事件〕，最判平19・11・8（平18（受）826号）民集61巻8号2989頁〔インクカートリッジ上告事件〕）。

　他方で，実務的には，当該特許製品に加工や部材の交換等を行った場合，間接侵害品の譲渡を行った場合に特許権の行使が制限されるかが問題となることも多い。本稿ではこれらの問題点について，いわゆる国内消尽の観点から扱う。

Ⅱ　特許製品の加工等と消尽

⑴　概　　要

　上述のとおり，特許権者が日本国内において特許製品を譲渡した場合には，当該特許製品について特許権は消尽する。もっとも，譲渡された特許製品に摩耗や故障が生じた場合に，加工，修理，部材の交換，消耗品の補充等を行うことは特許権を侵害しないかは別途問題となる。

53 国内消尽(2) *667*

　この点については，従前様々な裁判例が存在していたところ*1，知財高判平18・1・31（平17(ネ)10021号）判時1922号30頁〔インクカートリッジ大合議事件〕は，消尽が認められる2類型を示し，それぞれについて比較的明瞭な判断基準を設けるという予測可能性の高い規範を打ち立て裁判例の統一を図った*2。他方で，インクカートリッジ上告事件判決は，諸事情を総合的に考慮する総合考慮型の判断基準を採用した*3。

(2) インクカートリッジ上告事件判決について

　インクカートリッジ上告事件判決は，まず，本論点について，「特許権の消尽により特許権の行使が制限される対象となるのは，飽くまで特許権者等が我が国において譲渡した特許製品そのものに限られるものであるから，特許権者等が我が国において譲渡した特許製品につき加工や部材の交換がされ，それにより当該特許製品と同一性を欠く特許製品が新たに製造されたものと認められるときは，特許権者は，その特許製品について，特許権を行使することが許されるというべきである。」と判示した。同判決は，大合議事件判決とは異なり，加工等により販売された特許製品と同一性を欠く特許製品が新たに製造されたものと認められるときにその製品について特許権を行使することができるという，一元的な判断枠組みを採用したものといえる*4。

　また，同判決は，特許製品と同一性を欠く特許製品が新たに製造されたといえるかどうかを判断するための基準について，「特許製品の属性，特許発明の

＊1　小松陽一郎「国内消尽論」村林隆一先生傘寿記念『知的財産権侵害訴訟の今日的課題』159頁，中吉徹郎「判批」最判解説民事篇平成19年度（下）778頁参照。

＊2　インクカートリッジ大合議事件判決は，特許製品が製品としての本来の耐用期間を経過してその効用を終えた後に再使用又は再生利用がされた場合（第1類型），特許製品につき第三者により特許製品中の特許発明の本質的部分を構成する部材の全部又は一部につき加工又は交換がされた場合（第2類型）には，特許権は消尽しないと判示するとともに，第1類型に該当するかどうかは，特許製品を基準として，当該製品が製品としての効用を終えたかどうかにより判断されるのに対し，第2類型に該当するかどうかは，特許発明を基準として，特許発明の本質的部分を構成する部材の全部又は一部につき加工又は交換がされたかどうかにより判断されるべきとの判断基準を示した。

＊3　この点について，田中孝一「特許権と国内消尽」牧野利秋ほか編『知的財産訴訟実務大系Ⅰ』477頁は，インクカートリッジ上告事件判決は，同大合議事件判決を基本的に生かしつつ，同大合議事件判決が生産アプローチをとらず消尽アプローチをとった点，「本質的部分」という判断基準が特許出願実務に与える影響，「本質的部分」の判断手法等の問題点に関する指摘を踏まえた上で，規範立てを志向した結果，総合考慮のようなアプローチになったとの見方もできるとの指摘をしている。

内容，加工及び部材の交換の態様のほか，取引の実情等も総合考慮して判断するのが相当であり，当該特許製品の属性としては，製品の機能，構造及び材質，用途，耐用期間，使用態様が，加工及び部材の交換の態様としては，加工等がされた際の当該特許製品の状態，加工の内容及び程度，交換された部材の耐用期間，当該部材の特許製品中における技術的機能及び経済的価値が考慮の対象となるというべきである。」と判示した。同判決は，消尽の是非について様々な事情を取り込むことを可能とすることで，柔軟な判断を行うことができるようにする一方で，「特許製品の属性」，「特許発明の内容」，「加工及び部材の交換の態様」，「取引の実情」といった具体的な考慮要素を示すことで，予測可能性を高めようとするものであると考えられる。

(3) インクカートリッジ上告事件判決を前提とした審理について

特許製品に加工等を加えた場合の特許権行使の可否については，インクカートリッジ事件最高裁判決が規範を提供したので，今後は，当該規範に沿って審理が進むと考えられる。もっとも，インクカートリッジ事件判決は判断枠組みを提示したにすぎず，具体的にどのような場合に同判決の規範が充足されるかについては，裁判例の集積を待つほかはなく，この点は残された問題であるといえる[5],[6]。

なお，特許製品と同一性を欠く特許製品が新たに製造されたとの要件を要件事実の観点から整理する場合について，これを被告の消尽の抗弁に対する再抗弁を構成するとの見解[7]と，これを新たな請求原因を構成するとの見解[8]が存在する。本要件は，いわゆる規範的要件であり，特許権者側がこれを基礎づ

---

[4] 特許製品の加工等が特許権侵害に該当するかどうかについては，一般に，特許製品の生産行為に当たるか否かによりこれを決すべきとする生産アプローチと，特許発明の保護と取引の安全の調和を係る消尽論の目的論的な解釈から消尽の適用範囲を画すべきであるという消尽アプローチが存在するといわれ，本判決はいわゆる生産アプローチを採用したものと考えられる（例えば，設樂隆一「リサイクル・インクカートリッジ最高裁判決について」斎藤博先生御退職記念論集『現代社会と著作権法』417頁）。

[5] 具体的な規範のあてはめの参考になるものとして，長谷川浩二「その余の抗弁－消尽」髙部眞規子編『特許訴訟の実務〔第2版〕』170頁，山田知司「国内消尽」飯村敏明＝設樂隆一編著『ＬＰ(3)知的財産関係訴訟』192頁等がある。

[6] インクカートリッジ上告事件判決が示した判断基準の意義及びその適用範囲等に関する評釈等については，長谷川・前掲[5]・170頁に紹介されているので適宜参考にされたい。

[7] 長谷川・前掲[5]・168頁。

[8] 設樂・前掲[4]・414頁。

ける評価根拠事実を主張し，その障害となる評価障害事実を被請求者側が主張すべきと考えられる[9]。

Ⅲ　間接侵害品の譲渡と消尽

(1)　概　　要

　BBS 並行輸入事件，インクカートリッジ上告事件の判示を通して，特許製品が譲渡された場合の消尽については判示がなされたが，間接侵害品に当たる部材の譲渡があった場合の特許権行使の制限の可否については，依然として問題が残っている[10]。この点については，インクカートリッジ大合議事件判決が物を生産する方法の発明について広く消尽を認める判示をする一方で，知財高判平26・5・16（平25(ネ)10043号）〔iPhone 事件〕は黙示の承諾の理論[11]によって事案の解決を図っており，相反する知財高裁判例が複数存在するという状況になっている。

(2)　物の発明の場合

　間接侵害品の譲渡が物の発明の特許権との関係で消尽するかという問題については，従前学説上，意識的に議論をされてこなかったといわれている[12]。他方で，特許権者が，特許製品に極めて近い専用品を譲渡した場合等に，特許

---

*9　長谷川・前掲*5・168頁。

*10　部品が完成品の汎用品である場合については，消尽は認められないと考えられる（小松陽一郎「アップル対サムスン（iPhone 事件）－消尽関係」ジュリ1475号51頁，吉田広志「用尽とは何か－契約，専用品，そして修理と再生産を通して－」知的財産法政策学研究 6 号96頁参照）。

*11　インクカートリッジ大合議事件判決が，間接侵害品の譲渡により方法の発明に係る特許が消尽する場合，特許権者は特許発明の実施品を譲渡するものではなく，また，特許権者の意思のいかんにかかわらず特許権に基づく権利行使をすることは許されないというべきであるが，このような場合を含めて，特許権の「消尽」といい，あるいは「黙示の許諾」というかどうかは，単に表現の問題にすぎないと判示し，消尽と黙示の許諾の理論を別個の権利制限根拠として捉えていないように解される一方で，iPhone 事件判決は両者を区別している。両者の区別を示唆する文献としては，服部誠「特許権の消尽論と黙示の承諾論に関する一考察」Ｌ＆Ｔ別冊『知財争訟の最前線』 1 号131頁や，同130頁において引用されている文献が存在する。

*12　田村善之『FRAND 宣言をなした特許権に基づく権利行使と権利濫用の成否(1)－アップルジャパン対三星電子事件知財高裁大合議判決』NBL1028号34頁参照。この点について田村教授は単なる部品の譲渡での全体の特許権の消尽を認めるわけにはいかないという判断が暗黙裡になされた可能性を指摘している。

670　第3章　特許権侵害訴訟における攻撃防御方法　　第2節　侵害論における被告の抗弁に関する問題

権の行使を制限すべき事案が存在することは否定できないと考えられる。

　このような状況の下，iPhone 事件判決は，間接侵害品の譲渡と物の発明に係る特許権との関係について傍論ではあるものの判断を行った。同判決は，まず，①特許権者が，国内で専用品（第三者が生産し，譲渡する等すれば特許法101条1号に該当することとなるもの）を譲渡した場合には，当該専用品について特許権は消尽し，特許権者は，当該専用品がそのままの形態を維持する限りにおいては，当該専用品について特許権を行使することは許されないと判断した。②他方で，第三者が当該専用品を用いて特許製品を生産した場合については，消尽を否定した。③ただし，②の場合であっても，特許権者[*13]が，当該専用品を用いて特許製品の生産が行われることを黙示的に承諾していると認められる場合には，特許権の効力は，当該専用品を用いた特許製品の生産や，生産された特許製品の使用，譲渡等には及ばないと判断した。

　以上のとおり，同判決は，専用品の譲渡については，消尽の問題ではなく，黙示の承諾の理論によるべきとしたものである。

(3)　方法の発明の場合

　単純方法の発明については，権利者によって方法自体が流通することが観念できないので，原則として消尽の問題は生じないものとされている[*14]。他方で，方法の発明と，当該方法の発明の全工程に関わる専用装置の発明といったように，クレームの形式で効果が異ならせることが不適切な場面も考えられるため，例外的に消尽が生じる場面が問題となる。

　この点について，インクカートリッジ大合議事件判決は，「特許権者又は特許権者から許諾を受けた実施権者が，特許発明に係る方法の使用にのみ用いる物（特許法101条3号（筆者注：現4号））又はその方法の使用に用いる物（我が国の国内において広く一般に流通しているものを除く。）であってその発明による課題の解決に不可欠なもの（同条4号（筆者注：現5号））を譲渡した場合において，譲受人ないし転得者がその物を用いて当該方法の発明に係る方法の使用をする行

[*13]　iPhone 事件判決は，通常実施権者が専用品を譲渡した場合についても，黙示の承諾の有無は特許権者について検討されるべきであるとしつつ，通常実施権者が，特許製品の生産を承諾する権限まで付与されていたような場合には，黙示の承諾を通常実施権者についても検討することが必要になると判示している。

[*14]　中山信弘『特許法〔第3版〕』413頁参照。

為，及び，その物を用いて特許発明に係る方法により生産した物を使用，譲渡等する行為については，特許権者は，特許権に基づく差止請求権等を行使することは許されないと解するのが相当である。」と，方法の発明に関連して間接侵害品が譲渡された場合に広く特許権の消尽を認める立場を採用した＊15。

　他方で，iPhone 事件判決は，上述のとおり直接的には物の発明との関係について言及をしたものであるが，物の発明との関係に関する判示は方法の発明にも適用されるとの指摘がなされている＊16。そうすると，iPhone 事件判決とインクカートリッジ大合議事件判決は少なくとも方法の発明に関する判示という点では矛盾していると考えられる。

⑷　インクカートリッジ大合議事件判決と iPhone 事件判決の関係について

　特許法104条４号・５号に係る物の譲渡と消尽に関するインクカートリッジ大合議事件判決の判示について，同上告事件判決はこれを審理対象としていないため，同大合議判決の判示内容は，現時点でも先例としての効力を少なくとも形式的には有していると考えられる。また，上述のとおり，インクカートリッジ大合議事件判決と iPhone 事件判決の判断は相反すると考えられるものの，iPhone 事件判決はあくまで傍論として本論点を扱ったものであるから，形式的な論理を貫けば現時点において先例としての効力を有している知財高裁判例はインクカートリッジ大合議事件判決であると考えることもできる＊17。

　もっとも，インクカートリッジ上告事件判決が生産アプローチに近接する立場をとっていることからすれば，同判決は消尽アプローチに近い立場に近接する，間接侵害品の譲渡と消尽に関するインクカートリッジ大合議事件判決の判

＊15　この点について，方法の発明について消尽を認める立場に立ちつつも，複数の工程からなる方法の発明に係る特許に関して，一部の工程のみに使用される物が譲渡されることを根拠に消尽を認めることや，特許法101条５号は主観的要件も定めているところ，１課題の解決に不可欠な物の譲渡によって一律に消尽を認めることに否定的な見解があることについて，中山信弘＝小泉直樹編『新・注解特許法【下巻】』1026頁〔鈴木將文〕参照。

＊16　田村・前掲＊12・33頁は，iPhone 事件判決が，争点２の方法発明の間接侵害の判断について判断を留保しているため，争点４の黙示の承諾に関する判断が物の発明についてなされたものとなっているが，争点２に対する判断を留保した理由として，争点３以下の判断が争点１と同様であることがあげられているため，争点２の方法発明についても，争点４の黙示の承諾に関する判断が及ぶものと解している。

＊17　三村量一「部材等の販売と特許権の消尽」飯村敏明先生退官記念論文集『現代知的財産法－実務と課題』652頁参照。

672　第3章　特許権侵害訴訟における攻撃防御方法　　第2節　侵害論における被告の抗弁に関する問題

示を実質的に否定するものであり，iPhone事件判決もこのような評価を前提とするものであるとの指摘もある[18]。このような立場からすれば，先例的な価値があるのはむしろiPhone事件判決であると考えられる。

　2度にわたる大合議事件判決や，最高裁判決によっても本論点について理論的な解決がなされていないことは不幸であるといわざるを得ないが，形式的な論理はともかく，本論点については実質的に相反する裁判例が存在することは明らかであるから，本論点を巡っては当事者としてはこの点について留意して訴訟活動を進めざるを得ない。

(5)　黙示の承諾を前提とした審理について

　iPhone事件判決のように黙示の承諾によるアプローチをとる場合は，黙示の承諾の有無について個別具体的な事案に即して判断をすることになる。具体的な考慮要素としては，①間接侵害品と特許製品の技術的・経済的関係（間接侵害品と特許製品の各構造，間接侵害品が完成に組み込まれる態様，専用品や中用品と完成品の部品点数の多寡，特許製品が解決すべき課題と専用品や中用品の寄与の有無及び程度等），②両当事者の譲渡前後における交渉やその他のやりとり，③業界における取引慣行などが指摘されている[19]。具体的にどのような場合に黙示の承諾が認められるかについては今後の事例の集積を待つことになると考えられる。

　なお，iPhone事件判決のように黙示の承諾の理論をとる立場については，実務上ライセンス契約において明示で消尽を否定する条項が設けられることもあり，このように特許権者が明示で許諾を否定した場合に流通の連鎖が切れるのではないかという問題点が指摘されている[20]。この点については，特許権者の明示の不承諾の表明があったとしても権利行使を否定すべき場合について

---

[18]　飯村敏明「完成品に係る特許の保有者が部品を譲渡した場合における特許権の行使の可否について」中山信弘先生古稀記念論文集『はばたき－21世紀の知的財産法』348頁参照。

[19]　重冨貴光「部材の譲渡・部材特許の実施許諾と完成品特許による権利行使－消尽と黙示の実施許諾の成立範囲に関する考察－」知管58巻3号393頁，飯村・前掲[18]・351頁。

[20]　小松・前掲[10]・61頁。他方で，消尽を認めるアプローチに対しては，生産は消尽しないと解するのが一般的理解であるところ，専用品・中用品の譲渡の場合は，特許発明の技術的範囲に属しない物（専用品・中用品）を用いて，特許発明の技術的範囲に属する者が作出されており，明確に生産に該当する行為があるにもかかわらず，これを考慮の対象としないことは，生産は消尽しないとの一般的理解と整合を欠くなどといった批判が加えられている（飯村・前掲[18]・350頁）。なお，生産は消尽をしないという点については，吉田・前掲[10]・75頁参照。

は，黙示の承諾の理論ではなく，権利濫用等の一般条項や，独占禁止法の適用によって問題の解決を図るべきとの指摘もなされている[21]。特許権者の明示の不承諾があったとしても，権利を制限することが妥当である場面も観念し得るので，このような場面に適用される法理について，理論的な整備が待たれるところである。この点について，独占禁止法の適用を検討することは客観的な判断を担保する見地から有用と考えられるが，独占禁止法のような強行規定に反しなければ，すべからく契約自由の原則の適用が認められるというのでは不都合が生じると思われることから，結局は権利濫用等の一般条項も併用せざるを得ないと思われる。

IV ま と め

特許製品の加工等と消尽については，インクカートリッジ上告事件判決が具体的な規範を定立しており，今後は，当該規範を具体的な事案に基づいてどのようにあてはめるかが問題となる。

間接侵害品の譲渡と消尽については，2つの相反する知財高裁判決が存在し，いまだ理論的な問題について収束がなされたとはいい難い状況である。もっとも，iPhone事件判決の判示がインクカートリッジ大合議事件判決に対する批判を受けて下された新しい判示であることや，筆者の実務感覚としてiPhone事件判決の判示については，インクカートリッジ大合議事件判決と比較して実務的観点からの批判が少ないことからすると，今後はiPhone事件判決の判示に従って，「黙示の承諾」がどのような場合に認められるかが問題になるのではないかと考えられる。

いずれの論点についても，現時点では具体的な事案においてどのような結論が導かれるかの予測可能性が高いといいづらく，今後の実務に委ねられている部分が大きいといえる[22]。　■

---

[21] 服部・前掲[11]・131頁，田村・前掲[12]・46頁参照。

[22] ライセンス第2委員会第1小委員会「特許権消尽が商取引に及ぼす影響についての一考察」知管60巻2号255頁は，商取引が特許権消尽によって受ける影響を分析するとともに，契約内容や商取引の形態によって消尽に対応することに関する案を示唆しており，消尽に関する結論の予測可能性が低い現状の下で，特許権者がとり得る対策の参考になる。

674 第3章 特許権侵害訴訟における攻撃防御方法 第2節 侵害論における被告の抗弁に関する問題

54 国際消尽(1)

宮脇 正晴

> 特許権における国際消尽の意味及び効果並びに国際消尽が生じない
> 場合について説明せよ。

キーワード 国際消尽，並行輸入，特許製品上の表示

I 「国際消尽」とは

特許権の「消尽」とは，わが国の特許権者ないし特許権者から許諾を受けた実施権者が特許製品を譲渡した場合に，当該製品のそれ以降の譲渡等や使用に対して特許権の効力が及ばなくなることを比喩的に表した語である（なお，この「消尽」と同じ意味で「消耗」，「用尽」などといった語も使われてきたが，後述の BBS 事件最高裁判決が「消尽」という語を用いてからは，「消尽」に収斂していったことから，本節においては引用元が「消耗」や「用尽」という語を用いている場合でも統一的に「消尽」と表記する）。「国内消尽」が，最初の譲渡が国内でなされた場合の消尽を指すのに対し（消尽全般及び国内消尽の詳細については**本書52**を参照），「国際消尽」は，最初の譲渡が国外でなされた場合の消尽を指す。

国内消尽については，その結論については異論がなかったものの，国際消尽についてはそもそも認められるのか，及び認められるとしていかなる範囲で特許権の効力が否定されるのかについて争いがあった。この問題に実務上決着をつけたのが後述の BBS 事件最高裁判決である。そこで，以下では同判決以前の状況について簡単に概観し，同判決の射程や残された問題について検討することとする。

Ⅱ　BBS事件最高裁判決までの状況

　国際消尽をめぐる議論は，特許製品の並行輸入が許されるかという文脈でなされていた。この点に関する初期の裁判例といえるボーリング用自動ピン立て装置事件（大阪地判昭44・6・9無体集1巻160頁）においては，国際消尽を否定し，わが国に輸入された特許製品（中古のボーリング用自動ピン立て装置）の使用差止めを認めている。この事件で被告は「本件のように，各国における特許権が同一人に帰属している場合には」国際消尽を認めるべき旨主張したが，判決は属地主義の原則及び特許独立の原則を根拠として，国際消尽を否定した。

　国際消尽を肯定した判決としては，BBS事件控訴審判決（東京高判平7・3・23判時1524号3頁）がある。この事件は，「自動車の車輪」との名称の発明について特許権を有し，その技術的範囲に属する製品（自動車用アルミホイール）をドイツ国内で製造販売するXが，当該製品を並行輸入して販売するYに対し，これら行為の差止め等を求めた，というものである。一審判決（東京地判平6・7・22民集51巻6号2401頁）は，国際消尽を否定し，侵害を肯定した。ただし，その根拠は属地主義の原則や特許独立の原則ではなく，国際消尽については（国内消尽とは異なり）「現在の特許法が前提としていたものとは認められない」などというものであった。

　控訴審判決は，まず一審判決と同様に，属地主義の原則や特許独立の原則を消尽の許否の根拠とすることを否定した。その理由は，「我が国で成立した特許権の効力範囲を定めるに当たって，外国で行われた特許製品の適法な拡布の事実を考慮することが許されるか否かの問題は，正に，我が国特許法の解釈問題」であって，上記の諸原則に何ら抵触するものではない，というものであった。同判決は次に，国内消尽が認められる根拠について，これを「発明者の利益の保護と産業の発達という社会公共の利益の保護との適切な調和」の観点から，「特許権者等には，特許に係る製品を拡布する際に，発明公開の代償を確保する機会が保障されている以上，その保護は右機会の保障をもって足りるものとすることが，両者の利益保護の調和点として最も合理的である」と解されるからであると述べた。

その上で，国際消尽の検討に進み，「特許権者等による発明公開の代償の確保の機会を一回に限り保障し，この点において産業の発展との調和を図るという前記の国内消尽論の基盤をなす実質的な観点からみる限り，拡布が国内であるか国外であるかによって格別の差異はなく，単に国境を越えたとの一事をもって，発明公開の代償を確保する機会を再度付与しなければならないという合理的な根拠を見いだすことはできないというべきである」として，国内消尽について述べた利得機会保障論が国際消尽についても同様に妥当すると述べた。そして，Ｘが上記発明と同一の発明についてドイツで特許権を有していること，及びドイツにおいて本件製品を適法に拡布したことによれば，Ｘに「発明公開の代償を確保する機会が既に一回保障されていたことは明らかである」として，「拡布の際に，右代償確保の機会を法的に制約されていたとの事実を認めるに足りる証拠のない本件においては」国際消尽が認められると結論した。

このように，裁判例は，国際消尽について，属地主義の原則及び特許独立の原則をもってこれを否定するという姿勢から，これら諸原則とは無関係に，国内消尽が認められる実質的な根拠を探求し，その根拠が国際消尽に妥当するかどうかで国際消尽の許否や範囲についての結論を導く，という姿勢に変化してきていた。後述の最高裁判決は，このような傾向を踏まえたものであったといえよう。

学界においても，上記一審・控訴審判決をめぐって活発に議論がなされた。学説の多くは，上記裁判例の傾向と同様に，属地主義の原則や特許独立の原則とは別の問題として，国際消尽が認められる理論構成や，それから導出される国際消尽が妥当する範囲について検討するというものであった。その結論のバリエーションとしては，例えば，控訴審判決と同様に，問題の特許製品が最初に拡布された国においてわが国の特許発明と同一発明についての特許権（対応特許権）が存在することを前提に国際消尽を肯定するもの[1]，対応特許の存在にかかわりなく，特許権者や実施権者による外国における適法な拡布があれば国際消尽を認めるべきとするもの[2]，権利濫用論という構成を採りつつ結論としては多くの場合に国際消尽を認めるもの[3]等があった[4]。

---

[1]　渋谷達紀「特許品の並行輸入について（上）」ニュース8963号１頁，同「特許品の並行輸入について（下）」ニュース8967号１頁。

Ⅲ　BBS事件最高裁判決

(1)　規範の概要

　上記 BBS 事件の最高裁判決（最判平9・7・1民集51巻6号2299頁）は，特許製品の並行輸入が許容される（国際消尽が認められる）場合について，次のように判示している。すなわち，同判決は，「我が国の特許権者又はこれと同視し得る者が国外において特許製品を譲渡した場合においては，特許権者は，譲受人に対しては，当該製品について販売先ないし使用地域から我が国を除外する旨を譲受人との間で合意した場合を除き，譲受人から特許製品を譲り受けた第三者及びその後の転得者に対しては，譲受人との間で右の旨を合意した上特許製品にこれを明確に表示した場合を除いて」当該製品の使用，譲渡，又は貸渡し行為等に特許権の効力が及ばないとの規範を示している。そして，本件においては，上記のような合意やそのことを特許製品に明示したことについてもXによる主張立証がないとして，結論として侵害を否定した。

　上記の規範と主張立証責任についてまとめると，次のとおりとなろう。まず，被疑侵害者が，

[a]　その輸入等にかかる製品が特許権者又はこれと同視し得る者によって国外において譲渡されたものであること

の証明に成功すると，特許権者は，その被疑侵害者が [a] の譲渡の相手方（譲受人）である場合には，

[b-1]　当該製品について販売先ないし使用地域からわが国を除外する旨を譲受人との間で合意したこと

の証明を，被疑侵害者が譲受人でない場合には，[b-1] に加え，

[b-2]　当該製品について販売先ないし使用地域からわが国を除外する旨を特許製品に明確に表示したこと

＊2　中山信弘「並行輸入と特許権侵害」知的財産研究所五周年記念論文集『知的財産の潮流』3頁，角田政芳「特許権の国際的用尽論について」パテ48巻10号48頁。
＊3　田村善之「並行輸入と知的財産権」ジュリ1064号50頁。
＊4　当時の議論状況の詳細については，三村量一「判解」曹時52巻5号239頁以下を参照。

の証明をしない限り，国際消尽が認められることになる。特許権侵害訴訟において，［a］は抗弁，［b－1］及び［b－2］は再抗弁ということとなろう*5。

(2) 判決の特徴

上記最高裁判決（以下，「BBS最判」という）の特徴としては，次の3点を挙げることができる。

第1に，特許独立の原則及び属地主義の原則の内容を最高裁として示し，これらの原則によって国際消尽の許否が導き出されるものではないと判示した点が挙げられる。すなわち，BBS最判は特許独立の原則を「特許権自体の存立が，他国の特許権の無効，消滅，存続期間等により影響を受けないということ」であるとし，属地主義の原則を「各国の特許権が，その成立，移転，効力等につき当該国の法律によって定められ，特許権の効力が当該国の領域内においてのみ認められること」であるとしたうえで，これらの原則のいずれも，わが国の特許権の行使の可否の判断に当たって国外で生じた事情をどのように考慮するのかという問題に影響しないと述べている。これは一審判決及び控訴審判決と同様の見解に立つものであり，学説でも多数を占める立場に沿うものであったといえよう。

第2に，控訴審判決のようなシンプルな国際消尽論を採用せず，真正商品の並行輸入が侵害となる余地を残した点である。このような結論を導出するに当たり，BBS最判は，まず国内消尽が認められるべき根拠として，①発明の保護と社会公共の利益との調和の必要性，②商品の自由な流通の保護，及び③特許権者に二重利得を認めることの不要性，の3つを挙げた。

そして，特許製品の権利者（又はそれと同視し得る者）による譲渡が国外でなされた場合には，「特許権者は，特許製品を譲渡した地の所在する国において，必ずしも〔対応特許権〕を有するとは限らないし，対応特許権を有する場合であっても，我が国において有する特許権と譲渡地の所在する国において有する

＊5　吉川泉「特許製品の国際消尽と並行輸入」牧野利秋ほか編『知的財産法の理論と実務(2)』219頁（注6）参照。なお，長谷川浩二「その余の抗弁－消尽」高部眞規子編『特許訴訟の実務〔第2版〕』176頁は，［a］のうち第一譲渡が国外であることについては権利者側の再抗弁としている。

対応特許権とは別個の権利であることに照らせば，特許権者が対応特許権に係る製品につき我が国において特許権に基づく権利を行使したとしても，これをもって直ちに二重の利得を得たものということはできない」として，国内消尽の場合と区別している。他方で，最初の譲渡が国内でなされた場合であっても，「輸入を含めた商品の流通の自由は最大限尊重することが要請されて」おり，「譲受人又は譲受人から特許製品を譲り受けた第三者が，業としてこれを我が国に輸入し，我が国において，業として，これを使用し，又はこれを更に他者に譲渡することは，当然に予想される」ことも考慮している。

　以上要するに，国内消尽が認められるべき根拠①及び②については国際消尽にも妥当するものの，③については常に妥当するとも言い切れない（常に二重利得となるとは言い切れない）ため，商品の自由な流通の保護と特許権者の利益保護が調和するポイントが国内消尽と国際消尽とで異なるということを BBS 最判は示している。より具体的には，国際消尽が問題となる場合に，権利者がわが国の市場から利得を得ることを予定していない場合（当該製品について販売先ないし使用地域からわが国を除外している場合）で，そのことが被疑侵害者にも明示されている場合には，権利行使を認めても二重利得とはいえず，流通の自由も損なわれないと，BBS 最判は考えたのであろう。原判決は国際消尽が問題となる場合でも二重利得不要論が国内消尽の場合と同様に成り立つとの理解に立脚するものであるから，この点の考え方の差異が BBS 最判と原判決の最も大きな違いといえよう。

　第3に，特許権者のみならず，「子会社又は関連会社等で特許権者と同視し得る者」による譲渡であれば，最初の譲渡地（外国）で対応特許権が存在しない場合であっても国際消尽が認められることを示している点が挙げられる。対応特許権の存在を要しない理由として，BBS 最判は，「特許製品の譲受人の自由な流通への信頼を保護すべきことは，特許製品が最初に譲渡された地において特許権者が対応特許権を有するかどうかにより異なるものではない」と説明している。

　他方，原判決は，対応特許権の存在を国際消尽を認める前提としており，「外国において特許権を有する者ないしはその許諾を得て実施する者」が譲渡したのでなければ国際消尽は成立しないとしている。この点では原判決のほう

680 第3章 特許権侵害訴訟における攻撃防御方法 第2節 侵害論における被告の抗弁に関する問題

が「二重利得」を厳密に捉え，おそらくは「排他権の存在を前提に（外国とわが国とで）２回利益を得ること」とでも理解しているのに対し，BBS最判は「特許製品の譲受人の自由な流通への信頼」を保護する立場から「二重利得」を緩やかに捉えているように思われる。

Ⅳ　BBS最判の射程と課題

(1)　特許製品への表示

(a)　表示態様

BBS最判は，上記のとおり，問題となった製品の販売先ないし使用地域からわが国を除外している旨の合意も表示（以下，この表示を単に「表示」とすることがある）もない（[b-1]も[b-2]も充足されない）として，権利侵害を否定したものであるため，どのような場合にそのような合意や表示があるといえるのかについて，とりわけ表示に関する問題については，その後の議論にゆだねられることとなった。

まず，表示態様についてであるが，判決は「特許製品に明確に表示」することを求めている。商品の自由な流通を保護するというBBS最判の立場からは，流通業者や当該特許製品を業として使用する者にとって「明確」に表示されているものである必要があろう。したがって，抽象的な文言ではなく，明確な文言で表現されていることが求められる[6]。

表示の位置も製品上の目につきやすい部分であることを要し[7]，そのような位置の表示が困難な場合には包装や添付文書のみに表示することも許されよう[8]。また，多くの製品が透明でない包装に覆われて出荷され流通するものと思われるが，その場合，包装を開けないと確認できない製品上の表示があるのみでは，「明確に表示」されたものと扱うべきでないように思われる。このような場合にも侵害を肯定することは，自由な流通への信頼を損なうこととなりかねないからである。以上から，BBS最判のいう「特許製品」への表示と

---

[6]　三村・前掲＊4・1533頁。
[7]　三村・前掲＊4・1533頁。
[8]　田村善之『競争法の思考形式』121頁。

は，特許製品の包装への表示も含むと理解すべきであろう。

　表示をいかなる言語でするのかということも問題である。最初の拡布地で通用している言語，日本語若しくは英語等又はこれらの組み合わせが考えられるが，わが国での流通の可否が問題となるのであるから，日本語であることは必ずしも求められないとしても，同種の製品を取り扱うわが国の流通業者が通常理解できる言語である必要はあろう[9]。

　(b)　表示の抹消について

　特許権者が表示を付したものの，流通過程でそれが抹消された場合に，抹消後の製品の流通に対して特許権が及ぶかという問題がある。この問題については，抹消によりその後の転得者に対して権利行使ができなくなるとの見解[10]もあるが，比較的多くの学説は，権利行使を肯定している[11]。また，表示が抹消されている場合には，原則として転得者との関係では国際消尽は成立するものの，当該転得者が当該表示を知っていたか，通常の注意を払えば知り得たような状態である場合には権利行使が可能とする見解もある[12]。これらのうち，最後者の説が，次に述べるとおり，妥当であると思われる。

　BBS最判が表示を要求していることの趣旨は，特許権者が，問題の製品についてわが国の市場から利得を得ることを予定していないことを積極的に表明していること（したがって当該製品のわが国の流通に対して権利行使をしても二重利得といえないこと）と，そのことが第三者にとっても明確に理解できること（自由な流通の保護）の2点に求められるように思われる。このうち，前者（特許権者による積極的な表明）については事後的な表示の抹消に左右されないから，問題は後者であろう。すなわち，表示の抹消後であっても，その後の転得者が当該表示が付されていたことについて明確に理解できていたといえるような事情が認められる場合には，権利行使を肯定すべきであろう。

(2)　特許製品が加工等された場合

---

*9　三村量一「特許権と並行輸入」牧野利秋ほか編『知的財産訴訟実務大系Ⅰ』488頁は，「製品の販売地」の言語であればよいとしている。

*10　渋谷達紀「判批」ジュリ1119号100〜101頁，辰巳直彦『体系化する知的財産法(上)』149頁。

*11　他の学説とともに，飯田圭「特許製品や商標商品の並行輸入の限界」パテ69巻11号58〜60頁参照。

*12　三村・前掲*9・488頁。

インクカートリッジ事件最高裁判決（最判平19・11・8民集61巻8号2989頁）は，特許権者又は特許権者から許諾を受けた実施権者がわが国において譲渡した特許製品につき加工や部材の交換がされた製品の使用・譲渡等について，当該加工や交換により「当該特許製品と同一性を欠く特許製品が新たに製造されたものと認められるときは」国内消尽が否定されるとの規範（この規範の詳細については**本書53**を参照）を示しており，これと同様の規範がわが国の特許権者又はこれと同視し得る者が国外において特許製品を譲渡した場合にも妥当する旨述べている。元の特許製品と同一性を欠くに至った製品は侵害品と同視されるべきものといえるから，これの輸入等に対して特許権を行使できることについては，国内消尽の例外について上記の規範を採用する以上は当然の帰結といえよう。

また，アップル対サムスン事件知財高裁大合議判決（知財高判（大合議）平26・5・16判時2224号146頁）は，特許権者や実施権者において，第三者が生産し，譲渡する等すれば特許法101条1号に該当することになる物（1号製品）を譲渡した場合，当該1号製品については，そのままの形態を維持する限りにおいては特許権は消尽するが，その後，第三者が当該1号製品を用いて特許製品を生産した場合には，特許権者が黙示に承諾していると認められる場合を除き，当該生産行為や特許製品の使用，譲渡等の行為について特許権の行使は制限されない旨述べ，そして，「この理は，我が国の特許権者（関連会社などこれと同視するべき者を含む。）が国外において1号製品を譲渡した場合についても，同様に当てはまる」とも述べている。

1号製品がそのままの形態を維持する場合であっても，特許権者等による最初の譲渡が国外の場合には，BBS最判の規範に服するのであるから，最初の譲渡が国内であった場合とは「同様」に扱われるわけではない点でやや正確性を欠くものの[13]，当該1号製品を用いて新たな生産行為が行われた場合については「同様」に侵害としている点については妥当と思われる。

---

[13] 鈴木將文「判批」L＆T65号65頁参照。

55 国際消尽⑵

末 吉 亙

特許権における国際消尽の議論と商標権における国際消尽の議論を整理，比較せよ。

キーワード 国内消尽，国際消尽，黙示の許諾説，商標機能論，並行輸入の適法性

I 問題の所在

まず，特許権における国際消尽論とは，日本国の特許権者（又はこれと同視し得る者）が国外において当該発明に係る製品（又は当該方法の発明に係る製品[1]）を譲渡した場合に，当該製品につき日本国で特許権に基づき差止請求権，損害賠償請求権等を行使できるのかに関し，特許権の国際的消尽を根拠にこれを否定する考え方をいう。

他方，商標権における国際消尽論とは，外国における商標権者（又は同商標権者から商標の使用許諾を受けた者）により日本国における登録商標と同一の商標を付された商品を輸入した場合に，当該商品につき日本国で商標権に基づき差止請求権，損害賠償請求権等を行使できるのかに関し，商標権の国際的消尽を根拠にこれを否定する考え方をいう。

上記は，いずれも権利がその目的を達成したものとして消尽すると考えるのであるが，最高裁は，この2つの国際消尽論を否定しつつ，それぞれ別個の理論構成に基づき，一定の要件のもと，日本国での差止請求権等の行使を否定する領域を2つ認めている。

本稿では，これら国際消尽をめぐる議論を整理，比較する。

---

[1] もっとも，この方法の特許の点は，後記最判〔インクタンク事件〕の控訴審では傍論ながら判断されているが，同最判では審理対象になっていない。

684 第3章 特許権侵害訴訟における攻撃防御方法 第2節 侵害論における被告の抗弁に関する問題

II 特許権の国際消尽

(1) 特許権の国内消尽

　まず，大前提として，特許権については，国内消尽が肯定されている。すなわち，最判平9・7・1（平7（オ）1988号）民集51巻6号2299頁〔BBS事件〕*2は，特許権者（又は特許権者から許諾を受けた実施権者）が日本国において特許製品を譲渡した場合には，当該特許製品について特許権はその目的を達成したものとして消尽し，特許権の効力は，当該特許製品の使用，譲渡等には及ばず，特許権者は，当該特許製品について日本国特許権を行使することは許されないとする（最判平19・11・8（平18(受)826号）民集61巻8号2989頁〔インクタンク事件〕*3もこれを踏襲する）。これを特許権の国内消尽という。

　ただし，同最判〔インクタンク事件〕は，特許権者（又は特許権者から許諾を受けた実施権者）が日本国において譲渡した特許製品につき加工や部材の交換がされ，それにより当該特許製品と同一性を欠くものが新たに製造されたと認められるときは，特許権者は，それに対して特許権を行使することが許されるとする。

(2) 特許権の国際消尽の否定と黙示の許諾説に類した理論

　さらに，前掲最判〔BBS事件〕は，特許権の国際消尽につき，これを否定しつつ*4，黙示の許諾説に類した理論を用いて，日本国の特許権者（又はこれと同視し得る者）が国外において当該発明に係る製品を譲渡した場合においては，特許権者は，①譲受人に対しては当該製品について販売先ないし使用地域から日本国を除外する旨を譲受人との間で合意した場合を除き，②その後の転得者に対しては譲受人との間で上記合意をした上当該製品にこれを明確に表示した

---

*2　主な評釈は，三村量一・最判解説民事篇平成9年度764頁，小泉直樹・ジュリ1448号85頁，同・法協116巻9号124頁，渋谷達紀・ジュリ1119号96頁，辰巳直彦・平成9年度重判解（ジュリ臨増1135号）262頁，同・民商118巻4＝5号182頁，田村善之・NBL627号29頁，鈴木將文・特許判例百選〔第4版〕（ジュリ別冊209号）204頁等。

*3　主な評釈は，中吉徹郎・最判解説民事篇平成19年度(下)756頁，横山久芳・平成19年度重判解（ジュリ臨増1354号）292頁，同・判評602号18頁，同・特許判例百選〔第4版〕（ジュリ別冊209号）116頁，田村善之・NBL877号12頁及び878号22頁，小松陽一郎・NBL871号1頁，前田健・法協126巻8号1700頁，小泉直樹・民商138巻6号765頁，吉田和彦・法の支配150号65頁，愛知靖之・法学論叢162巻1〜6号307頁等。

場合を除いて，当該製品につき日本国で特許権に基づく差止請求権，損害賠償請求権等を行使することはできないとする（前掲最判〔インクタンク事件〕は，これを踏襲しつつ，製品同一性を欠く場合は権利行使を認める）。

Ⅲ　商標権における商標機能論と並行輸入の適法性の理論

(1)　商標権における消尽概念不使用と商標機能論

他方，商標権については，一般的に消尽概念を用いることなく国内流通の正当性を説明する[*5]。すなわち，特許権の国内消尽と同様の局面では，商標権者によって販売等拡布された商品（真正商品）については，以後の単なる当該商品の再販売等については，出所表示機能を害さないため商標権が及ばないと解されている。これを，商標機能論という。

ただし，商標権者から購入した商品であっても，これに商標の機能を害する別途の行為を及ぼした場合には，真正商品の国内流通の限界として商標権侵害が認められる。このような別途の行為につき，裁判例では，小分け，詰替え，改造，インク充填，加工，廃棄予定物の無断売却等の事例がある[*6]。

(2)　商標権の国際消尽に代替する並行輸入の適法性の理論

さらに，真正商品を外国から並行輸入する場合に商標権侵害になるかの問題があるが[*7]，ここでも国際消尽の概念を使用せず，商標機能論に基づく並行輸入の適法性の問題と捉えられている。すなわち，最判平15・2・27（平14(受)1100号）民集57巻2号125頁〔フレッドペリー事件〕[*8]は，並行輸入に関する適法

[*4]　前掲最判〔BBS事件〕の訴訟経過であるが，①第一審：東京地判平6・7・22（平4(ワ)16565号）知財集26巻2号733頁は，ⅰ)日本国特許法の解釈として国際的消尽を認めても，パリ条約の定める特許独立の原則及び属地主義の原則に反しないが，ⅱ)現行特許法立法当時には特許権の国際的消尽が共通理解として存在しておらず，これを予定していたと認められない等の理由により，Yらの国際的消尽の主張を排斥してXの差止請求及び損害賠償請求を認容し，②控訴審：東京高判平7・3・23（平6(ネ)3272号）知財集27巻1号195頁は，ⅰ)特許独立の原則及び属地主義の原則との関係は一審判決と同旨としつつ，ⅱ)いわゆる二重利得禁止に基づく国際的消尽論（自ら有する対応ドイツ国特許権の実施品をドイツ国で製造販売（適法拡布）することにより日本国特許権は当該製品につき消尽したとする）を採用して，Xの請求を棄却した。そして，同最判〔BBS事件〕は，パリ条約との関係については同様に解しつつ，国際消尽を否定したが，黙示の許諾説に類する理論を展開した。

[*5]　ただし，商標権に係る判例のうち，後掲*6の東京地判〔アステカ事件〕のみ「消尽」の用語を傍論ながら使用する。

性の要件を示し，商標権者以外の者が，日本国における商標権の指定商品と同一の商品につき，その登録商標と同一の商標を付されたものを輸入する行為は，①当該商標が外国における商標権者（又は当該商標権者から使用許諾を受けた者）により適法に付されたものであり，②当該外国における商標権者と日本国の商標権者とが同一人であるか又は法律的若しくは経済的に同一人と同視し得るような関係があることにより，当該商標が日本国の登録商標と同一の出所を表示するものであって，③日本国の商標権者が直接的に又は間接的に当該商品の品質管理を行い得る立場にあることから，当該商品と日本国の商標権者が登録商標を付した商品とが，当該登録商標の保証する品質において実質的に差異がないと評価される場合には，いわゆる真正商品の並行輸入として商標権侵害としての実質的違法性を欠くとする*9。

Ⅳ　国際消尽否定の根拠と代替理論の根拠

＊6　例えば，小分けして小型容器に同じ登録商標を付して販売（大阪地決昭51・8・4（昭51（ヨ）2469号）無体集8巻2号324頁〔STP事件〕），無断で登録商標を印刷した小箱に詰替え（東京高判昭42・1・30（昭41（う）2318号）高刑集20巻1号14頁〔ハイ・ミー刑事事件〕），改造を加え，自らの商品表示を付しつつ，登録商標の表示をそのままにして販売（東京地判平4・5・27（昭63（ワ）1607号）知財集24巻2号412頁〔テレビゲーム事件〕，小分けして詰め替えた物に類似商標を使用（大阪地判平6・2・24（平4（ワ）11250号）判時1522号139頁〔マグアンプK事件〕），サンプル品，キズ物，売れ残り等の廃棄予定商品を第三者が販売（大阪地判平7・7・11（平5（ワ）11287号）判時1544号110頁〔ワイズ事件〕），パチスロ機（風営法2条1項7号に該当）を買ってきて，ゲームセンターで使う商品（風営法2条1項8号に該当）に改造（東京地判平14・2・14（平12（ワ）26233号）判時1817号143頁〔アステカ事件〕），Xの登録商標の付されたX製造販売に係るインクボトルにYが自ら製造するインクを充填して販売する行為（東京高判平16・8・31（平15（ネ）899号）判時1883号87頁〔RISO事件〕），商標権者が販売した腕時計の文字盤，ケース，ブレスレット等にダイヤモンドを付す等の加工をして「after diamond」と表示して販売する行為（東京地判平17・12・20（平17（ワ）8928号）判時1932号135頁〔CARTIER事件〕）等がある。なお，上記〔テレビゲーム事件〕に関連して，名古屋高判平25・1・29（平24（う）125号）裁判所ホームページ〔Wii刑事事件〕は，家庭用テレビゲーム機（Wii）に内蔵されたファームウェアのプログラムの改変につき商標権侵害罪の成立を認めた（改造済みであることを明示してインターネット・オークションで販売した事案）。

＊7　正規代理店が別途輸入しているのに，これに並行して輸入（並行輸入）するので，紛争になるのである。

＊8　主な評釈は，高部眞規子・最判解説民事篇平成15年度（上）74頁，大野聖二・平成15年度主判解（判タ臨増1154号）180頁，鈴木將文・平成15年度重判解（ジュリ臨増1269号）264頁，渋谷達紀・判評540号20頁，小松陽一郎・L＆T22号4頁等。

(1) 特許権での議論

(a) 国際消尽を否定する根拠

まず，国内消尽の根拠は，①特許法による発明の保護と社会公共の利益との調和の必要，②商品の自由な流通の阻害の防止ないし取引の安全保護，③特許権者の二重利得の禁止の３点である（前掲最判〔BBS事件〕）。そして，国際消尽を否定する根拠は，①特許権者は，特許製品を譲渡した地の所在する国において，必ずしも日本国において有する特許権と同一の発明についての特許権（対応特許権）を有するとは限らない，②対応特許権を有する場合であっても，日本国特許権と対応特許権とは別個の権利であることに照らせば，特許権者が対応特許権に係る製品につき日本国特許権に基づく権利を行使したとしても，これをもって直ちに二重の利得を得たものということはできないから，とされている（前掲最判〔BBS事件〕）。

(b) 特許権の国際消尽に代替する黙示の許諾説の根拠

前掲最判〔BBS事件〕は，①特許製品を国外において譲渡した場合に，その後に当該製品が日本国に輸入されることが当然に予想されることに照らせば，特許権者が保留を付さないまま特許製品を国外において譲渡した場合には，譲受人及びその後の転得者に対して，日本国において譲渡人の有する特許権の制限を受けないで当該製品を支配する権利を黙示的に授与したものと解すべきで

＊9　本件に先立ち，真正商品を外国から輸入して日本国内において販売する行為は，日本国における商標権の出所表示機能，品質保証機能を害することがないとして，同行為は実質的違法性を欠き商標権侵害にならないとした裁判例がある。①大阪地判昭45・2・27（昭43（ワ）7003号）無体集2巻1号71頁〔パーカー事件〕，②東京地判昭59・12・7（昭54（ワ）8489号）無体集16巻3号760頁〔ラコステ事件〕，③名古屋地判昭63・3・25（昭60（ワ）1833号）判時1277号146頁〔BBS事件〕，④東京地判平2・12・26（平元（ワ）13450号）無体集22巻3号873頁〔ゲス事件〕等である。
　　他方，この議論を認めつつ，当該事案においては内外の商標権者の同一性ないし法律的又は経済的に密接な関係性が認められないこと等から，結論的に実質的違法性を欠くとの抗弁を認めなかった裁判例がある。ⅰ）東京地判昭48・8・31（昭44（ワ）3882号）無体集5巻2号261頁〔マーキュリー事件〕，ⅱ）東京地判昭53・5・31（昭52（ワ）739号）無体集10巻1号216頁〔テクノス事件〕（その控訴審：東京高判昭56・12・22（昭53（ネ）1637号）無体集13巻2号969頁），ⅲ）大阪地判平2・10・9（昭63（ワ）3368号）無体集22巻3号651頁〔ロビンソン事件〕，ⅳ）大阪地判平8・5・30（平5（ワ）7078号）判時1591号99頁〔クロコダイル事件〕，ⅴ）東京地判平10・12・25（平6（ワ）5563号）判時1680号112頁〔キャラウェイゴルフ事件〕（その控訴審：東京高判平12・4・25（平11（ネ）836号）裁判所ホームページ），ⅵ）東京地判平11・1・18（平8（ワ）17646号）判タ997号262頁〔エレッセ事件〕等である。

ある（合理的な意思解釈としての黙示の許諾），②他方，特許権者の権利に目を向けるときは，特許権者が国外での特許製品の譲渡に当たって日本国における特許権行使の権利を留保することは許されるというべきであり（黙示の許諾に対する例外としての特段の合意），③特許権者が，右譲渡の際に，譲受人との間で特許製品の販売先ないし使用地域から日本国を除外する旨を合意し，製品にこれを明確に表示した場合には，転得者もまた，製品の流通過程において他人が介在しているとしても，当該製品につきその旨の制限が付されていることを認識し得るものであって，右制限の存在を前提として当該製品を購入するかどうかを自由な意思により決定することができる（転得者との関係での取引保護とこれと両立する例外としての特段の合意の明認方法），④そして，子会社又は関連会社等で特許権者と同視し得る者により国外において特許製品が譲渡された場合も，特許権者自身が特許製品を譲渡した場合と同様に解すべきであり（国外譲渡者が特許権者と同視し得る場合も同様に扱う），⑤また，特許製品の譲受人の自由な流通への信頼を保護すべきことは，特許製品が最初に譲渡された地において特許権者が対応特許権を有するかどうかにより異なるものではない（対応特許権がない場合も同様に扱う），とする。

　これは，国際取引においても国内取引の場合と同様に，特許権者の特許権行使による利益と商品の流通の自由（取引の安全）とのバランスを図る必要があるので，特許権者の排他的利得の機会の保障と取引の安全との調和をどのように図るかという利益衡量を行った結果である*10。

(2)　商標権の国際消尽に代替する並行輸入の適法性の根拠

　前掲最判〔フレッドペリー事件〕は，並行輸入が商標権侵害としての違法性を欠く要件として，①真正商品性，②内外権利者の同一性，③内外品質の同一性を挙げた。上記要件は，下級審裁判例*11，学説及び税関関係通達によって判

＊10　中吉・前掲＊3最判解説780頁。なお，同799頁〜800頁の（注11）は，ここでの「取引の安全」は，単に相手方の期待を害さないことにとどまるものではなく，流通過程において個別の実施許諾を不要とすることにより製品の流通を促進し，もって発明の奨励，産業の発展を図ること（特1条参照）をも意味すると考えられ，通常の「取引の安全」よりも広いとする。なお，また，同794頁の（注2）の最終パラグラフは，広く特許権者自らが特許製品を適法に譲渡した場合において権利行使できなくなることを「消尽」という用語法もあり，この用語法に従えば，同最判〔BBS事件〕は，国際的消尽を肯定したものと評されるとする。
＊11　前掲＊9のとおり。

断基準として定着してきた要件とほぼ一致し，①②は出所識別機能，③は品質保証機能に関係する。つまり，商標機能論が根拠となっており，商標権における国内真正商品の流通及びその限界*12と同様の考え方に立つ。

　商標権と並行輸入の適法性につき，その根拠として国際消尽を用いることも不可能ではないが，特許権についても前掲最判〔BBS事件〕が国際消尽を採用していない上，特に，商標権に関しては，国際消尽のみでは説明できない事例もある（例えば，詰替え問題）。他方，商標機能論は，パーカー事件判決以来，下級審裁判例・学説とも採用していた理論である。前掲最判〔フレッドペリー事件〕は，この状況下で，並行輸入の適法性を判断したのである。

V　実務上の課題

(1)　最判以降の裁判例

　まず，特許権の国際消尽の論点を取り上げた前掲最判〔BBS事件〕以降の裁判例は，同最判の判断基準に従っている。例えば，知財高判平26・5・16（平25（ネ）10043号）判時2224号146頁〔アップル対サムスン事件〕（特許権者の同一性要件非充足で違法），東京地判平12・8・31（平8（ワ）16782号）裁判所ホームページ〔富士フィルム使い捨てカメラ（写ルンです）事件〕（社会通念上，その効用を終えたもので，製品に実施されている特許権について，国内消尽及び国際消尽の成立を妨げる事情が存在する（消尽の例外）として違法）がある。

　また，商標権と並行輸入の論点を取り上げた前掲最判〔フレッドペリー事件〕以降の裁判例も，同最判の判断基準に従っている。例えば，東京地判平29・9・27（平27（ワ）32055号）裁判所ホームページ〔スイマーバ事件〕（要件充足で適法な並行輸入），大阪高判平29・9・21（平29（ネ）245号）裁判所ホームページ（原審は，大阪地判平28・12・15（平27（ワ）5578号）裁判所ホームページ）〔ZOLLANVARI事件〕（要件充足で適法な並行輸入），東京地判平28・10・20（平28（ワ）10643号）裁判所ホームページ〔NEONERO事件〕（同一性要件非充足，品質保証要件非充足で違法），福岡高判平27・6・17（平26（ネ）791号）裁判所ホームページ〔エマックス事件控訴審〕（品質

---

*12　前掲*6のとおり。

690 第3章 特許権侵害訴訟における攻撃防御方法 第2節 侵害論における被告の抗弁に関する問題

保証機能を害するおそれがあり違法[13]，東京地判平22・11・10（平20(ワ)22305号）裁判所ホームページ〔Champion事件〕（真正商品性（ライセンス契約）要件非充足で違法)，東京地判平22・8・31（平21(ワ)123号）裁判所ホームページ〔Cartier事件〕（真正商品性要件非充足で違法)，知財高判平22・4・27（平21(ネ)10058号・10072号）裁判所ホームページ〔コンバース事件〕（同一性要件非充足で違法)，東京地判平18・12・26（平18(ワ)20126号）判時1963号143頁〔BURBERRY事件〕（真正商品性や他の要件非充足で違法)，大阪地判平16・11・30（平15(ワ)11200号）判時1902号140頁〔Dunlop事件〕（同一性要件非充足，品質保証機能を害し違法)，東京地判平15・12・18（平14(ワ)28242号）判時1852号140頁〔puma事件〕（同一性要件非充足で違法)，東京地判平15・6・30（平15(ワ)3396号）判時1831号149頁〔ボディーグローヴ事件〕（要件充足で適法な並行輸入)，東京地判平15・5・28（平14(ワ)6889号）〔Canadian Maple Syrup事件〕（商標権使用権限終了により真正商品性要件非充足で違法）がある。

(2) 転得者に対する明認方法による回避の可否（特許権における国際消尽の一論点)

ここでは，具体的な明認方法が問題となる。三村量一・最判解説[14]では，今後の裁判例における事例の積み重ねにより明らかにされるとしつつ，①少なくとも，特許製品の転得者が当該製品を購入するに際して，特別な注意を要することなく表示の存在及び内容を認識することができ，表示された制限の存在を考慮した上で当該製品を購入するかどうかの意思決定をすることができることを要し，②「all rights in Japan reserved.」といった程度の抽象的な表示では足りず，③当該製品の日本国への販売や日本国における使用を禁止する旨が，製品上の目に付きやすい部分に明示されていることを要する，とする。

また，熊倉禎男「特許製品の並行輸入」[15]では，①表示の方法については，製品上，その包装，添付説明書，タグなどが考えられるが，②化学品など製品上や包装に記載することができない場合に新聞，放送等広告・広報活動で代え

---

[13] Yが販売する本件電子瞬間湯沸器はわが国向けの電圧仕様となっていないため機器故障のリスクがあるが，X製品は当該リスクに対する措置が講じられており，両製品の品質には差異があるとする。

[14] 前掲＊2の最判解説，特に798〜799頁。

[15] 清永利亮＝設樂隆一編『現代裁判法大系㉖知的財産権』（平11）13頁以下所収，特に26〜27頁。

ることが許されるべき，③用語については，英語表示は最初の譲渡国及び日本国の双方で理解可能，④除外地域を積極的に表示するか，販売を同意した地域を記載するかの問題があるが，「日本国，米国へは輸出できません」，「日本国への輸出は同国の特許を侵害します」，「以下の特許所在国には輸出できません：日本国，米国……」等の具体的な表示が予定されており，「ドイツ国でのみ販売」という表示では不充分，⑤要件に適合する表示が流通過程で除去，削除，改ざんされた場合，公平性，正義感覚を考慮すると，以後の転得者に対しても特許権の行使を認めるべきとする。

(3) 契約違反がある場合（商標権における並行輸入の適法性の一論点）

ここでは，第三要件との関係で，出所識別機能・品質保証機能を害するような契約違反とは何かが問題となる。高部眞規子・最判解説*16は，まず，許諾契約にも種々の条項があり，契約地域外での製造禁止違反，商標権者の書面による事前同意のない下請製造禁止違反，商品の制限違反，最高製造数量違反，販売地域制限違反，ライセンス料不払等の契約違反等を一律に取り扱うことは相当でなく，商標機能論から考え，商標の出所識別機能及び品質保証機能を害しないか否かの観点から個別に検討すべきとしたうえで，①契約地域外での製造禁止違反は違法（前掲最判〔フレッドペリー事件〕），②商標権者の書面による事前同意のない下請製造禁止違反は違法（同最判），③許諾を受けた種類以外の商品に標章を付した場合は違法，④ライセンス料不払いは，契約が解除されていない以上，他の要件を満たしている限り適法な並行輸入，⑤ライセンシーが許諾を受けた地域を超えて商品を販売した場合は違法とし得る*17，⑥最高数量制限条項違反は，商標権者の品質管理が及ばず，品質保証機能を害するおそれがあれば違法の余地あり，⑦ライセンシーが商品下げ札に許諾されていない表記を使用した場合は，品質管理との関係で違法の余地あり*18，⑧原材料品質

---

*16　前掲*8の最判解説，特に107頁，113〜115頁。
*17　これに対し，前掲東京地判〔ボディーグローヴ事件〕は，商品の販売地域がマレーシア国に制限される旨の合意があったとしてみても，ライセンス契約における販売地域の制限に係る取決めは，通常，商標権者の販売政策上の理由でされたにすぎず，商品に対する品質を管理して品質を保持する目的と何らかの関係があるとは解されない，また，上記取決めに違反して商品が販売されたとしても，市場に拡布された商品の品質に何らかの差異が生じることはないから，本件商品の輸入によって，出所に係る商品の品質ないし信用の維持を害する結果が生じたということはできない，とする。

指定・購入先指定に違反する場合は，内外品質の同一性の要件非充足による違法の余地あり，⑨その他，宣伝広告物の事前許可の取得，会計帳簿備置，競合品の取扱制限等，様々な条項があり得るが，それぞれの条項の置かれた趣旨を吟味した上，出所表示機能及び品質保証機能を害するおそれがある契約違反かとの観点から個別検討すべきとする。

(4) 今後の展望

まず，特許権と国際消尽の関係では，上記(2)のとおりとすると，かなり国際消尽と類似の理論は広く認められる（結果，国際消尽類似の効果を広く肯定）。なお，米国では，最近，国際消尽を極めて広く認める連邦最高裁判決があり*19，今後の動向が注目される。

他方，商標権と並行輸入の適法性の関係では，上記(3)のとおりとすると，並行輸入の適法性は商標機能論でかなり限定される（結果，上記特許権と逆に権利行使領域拡大）。これは，現代における市場での安全・安心重視の状況や，市場の一層の国際化等からすると，やむを得ないように思われる。

いずれにしても，今後の判例法の一層の進化に期待したい。

■

---

*18 これに対し，前掲東京地判〔ボディーグローヴ事件〕は，商標とは別に，アメリカ合衆国承認という趣旨の "USA APPROVED" という付加的な表示をすることを禁止する旨の合意は，商品の出所を識別するために何らかの意味を有する合意であるとは解しがたく，付加的な表示を禁止する旨の合意があったとしても，そのような合意は商品に対する品質を管理するために何らかの意味のある合意と解することはできない，とする。

*19 国内消尽及び国際消尽の両方が争点となっている Impression Products Inc. v. Lexmark International Inc. 事件において米国連邦最高裁は，原審 CAFC 判決の理論を破棄し，「特許権者の『製品を販売する』という決定は特許権者が課すことを意図する制限又は販売地に関係なく当該製品の特許権を全て消尽させる」とし，一旦販売がなされれば当該販売により販売製品に係るすべての特許権は，国内消尽及び国際消尽により消尽すると判示された（2017年5月30日）。

https://www.supremecourt.gov/opinions/16pdf/15-1189_ebfj.pdf

本件は，Lexmark 社のプリンターにおけるトナーカートリッジに係る事案であることも興味深い。

なお，同判決では，契約制限条項違反に関しては，契約違反として訴えることはできるが，特許権は消尽しており特許権侵害は成立しないともしている。

同判決の評釈として，鈴木將文・WLJ 判例コラム特報112号。

56 特許権の存続期間の延長制度の趣旨並びに延長登録の要件及び効力

辻居　幸一

> 特許権の存続期間の延長登録が認められる要件は何か。また，延長
> 登録の効力はどこまで及ぶか。

キーワード　特許権の存続期間の延長制度の趣旨，延長登録の要件，パシーフカプセル事件，ベバシズマブ事件，延長登録の効力，医薬品として実質同一なもの

I　はじめに

特許権の存続期間の延長制度については，特許法67条2項，67条の2，67条の2の2，67条の3，67条の4等に規定されている。これらの規定は，昭和62年に改正され，翌63年1月1日に施行されて以来，一切改正されていないが[*1]，2件の最高裁判決（最判平23・4・28民集65巻3号1654頁〔パシーフカプセル事件〕と最判平27・11・17民集69巻7号1912頁〔ベバシズマブ事件〕）により，その要件等が実質的に大きく変更されるに至った。特許権の存続期間の延長制度の現状を理解するうえでは，2件の最高裁判決以降について知ることが重要であるが[*2]，2件の最高裁判決の意義を理解するためには，従前の運用を知ることが必要となるので，従前の運用についても述べることとする。

II　特許権の存続期間の延長制度の概要

(1)　特許権の存続期間の延長制度の趣旨

---

*1　厳密にいうと，特許権の存続期間の延長期間は「2年以上」という限定があったが，平成11年の特許法改正により，この限定が撤廃された。
　また，平成28年に環太平洋パートナーシップ協定の締結に伴う特許法の改正があったが，施行日は未定である。

694 第3章 特許権侵害訴訟における攻撃防御方法 第2節 侵害論における被告の抗弁に関する問題

　特許制度の目的は，発明者にその発明に係る技術を公開することの代償として一定期間その権利の占有を認めることによって発明を保護・奨励し，もって産業の発達に寄与することにあるが（特1条），医薬品等の分野では，安全性の確保等を目的とする法律の規定による許可等を得るに当たり試験・審査等は必須不可欠であるものの，これに相当長期の期間を要する。特許権者は，その間は特許権が存続していても権利の専有による利益を享受できない。このように侵食された特許権の存続期間を回復するために，医薬品等の分野では，特許権の存続期間の延長制度が創設された[3]。

　特許権の存続期間は，原則，特許出願の日から20年であるが（特67条1項），医薬品等の特許権については，5年を限度として，延長登録の出願により特許権の存続期間を延長することができる（同条2項）。

(2) 特許権の存続期間の延長登録が認められる処分

　特許権の存続期間の延長制度は，政令で定める処分に限り認められている（特67条2項）。特許法67条2項の政令で定める処分（以下，単に「政令で定める処分」という）としては，以下の2つが規定されている（特施令2条）。

① 農薬取締法の規定に基づく農薬に係る登録

② 医薬品，医療機器等の品質，有効性及び安全性の確保等に関する法律

---

[2] パシーフカプセル事件とベバシズマブ事件については，参考となる多くの論文や解説が発表されている。代表的なものとして，田村善之「特許権の存続期間延長登録制度の要件と延長後の特許権の保護範囲について−アバスチン事件最高裁判決・エルプラット事件知財高裁大合議判決の意義とその射程−」知的財産法政策学研究49号（平29）389頁がある。他にも城山康文「延長登録の要件及び効力」ジュリ1499号（平28）56頁，熊谷健一「用法，用量が異なる処分に基づく特許権の存続期間の延長」L&T67巻4号（平27）66頁，本多広和「存続期間延長登録出願の拒絶要件に関する新たな知財高裁大合議判決（平成26年5月30日判決・平成25年(行ケ)第10195〜第10198号）」AIPPI60巻2号（平27）23頁，井関涼子「存続期間延長登録出願の拒絶要件と延長特許権の効力範囲−アバスチン（ベバシズマブ）事件知財高裁大合議判決−」AIPPI60巻1号（平27）20頁が参考となろう。また，平成28年3月に発表された新しい審査基準（特許実用新案審査基準「Ⅸ部　特許権の存続期間の延長」）は，実務上の運用を知るうえで有用である。特許庁調整課審査基準室「『食品の用途発明に関する審査基準』，『特許法条約への加入等を目的とした特許法等の法令改正に伴う審査基準』，『特許権の存続期間の延長登録出願に関する審査基準』の改訂について」（平成28年3月23日）参照。

[3] 海外における特許権の存続期間の延長制度については，「医薬品等の特許権の存続期間の延長登録制度及びその運用の在り方に関する調査研究」知財研紀要24号（平27）1頁，西田博之「医薬特許権の存続期間の延長−最近の二つの最高裁判決を中心として−」パテ69巻3号（平28）74頁参照。

(以下「医薬品医療機器等法」という）の規定に基づく医薬品に係る承認[*4]

なお，医薬品医療機器等法は，旧薬事法を全面的に改正したものであるところ，特許権の存続期間の延長制度との関係では，医薬品に係る承認という点が関連するが，この点において実質的な変更はないと考えられる。

(3) 特許権の存続期間の延長登録出願

(a) 延長登録出願の対象となる特許権

政令で定める処分を受けることが必要であるために特許発明の実施をすることができなかった特許権が延長登録出願の対象となる（特67条2項）。

(b) 延長登録出願人

特許権者のみが，特許権の存続期間の延長登録出願をすることができる（特67条の3第1項4号）。共有の特許権については，他の共有者と共同でなければ延長登録出願をすることができない（特67条の2第4項）。

(c) 政令で定める処分を受けていなければならない者

特許権者，専用実施権者又は通常実施権者のいずれかが，政令で定める処分を受けていなければならない（特67条の3第1項2号）。

(d) 延長登録出願をすることができる時期

延長登録出願は，政令で定める処分を受けた日から3ヵ月以内にしなければならないが，特許権の存続期間の満了後はすることができないとされている（特67条の2第3項，特施令3条）。ただし，延長登録出願人の責めに帰することができない理由により3ヵ月以内に延長登録出願をすることができないときには，救済措置が定められている（特施令3条）。

また，延長登録出願をしようとする者は，特許権の存続期間の満了前6ヵ月の前日までに政令で定める処分を受けることができないと見込まれるときは，所定の書面を提出しなければならず（特67条の2の2第1項及び特施規38条の15の2），当該書面を提出しないときは，特許権の存続期間の満了前6ヵ月以後に延長登録出願をすることはできない（特67条の2の2第2項）。

(e) 延長登録出願の効果

延長登録出願がなされたときは，拒絶査定が確定しない限り，存続期間は延

[*4]　医薬品の承認のほかに，体外診断用医薬品及び再生医療等製品の承認・認証が規定されている。

696　第3章　特許権侵害訴訟における攻撃防御方法　　第2節　侵害論における被告の抗弁に関する問題

長されたものとみなされる（特67条の2第5項）。

（f）願書の記載事項と資料の添付

　延長登録出願をしようとする者は，所定の事項を記載した願書を提出しなければならない（特67条の2第1項及び特施規38条の15）。願書には，政令で定める処分を受けた日を記載しなければならないが，政令で定める処分を受けた日とは，医薬品の承認が申請者に到達した日，すなわち申請者が承認を了知し又は了知し得べき状態におかれた日であり，承認書の到達前に承認について知った場合は現実に知った日とされている。また，願書には，政令で定める処分の内容を記載しなければならないが，そこには，承認書に記載された，薬品の承認番号，医薬品の名称及び有効成分，効能・効果を記載するものとされている。

　また，願書には，省令で定める，延長の理由を記載した資料を添付しなければならない（特67条の2第2項。資料の詳細については，特施規38条の16参照）。

Ⅲ　特許権の存続期間の延長登録の要件

(1)　特許法67条の3第1項

　特許法67条の3第1項は，審査官が拒絶査定をすべき理由として，1号から5号の5つの理由を挙げている。審査官は，これらの理由のいずれにも該当しないと判断するときは，延長登録を認めなければならない（特67条の3第2項）。これらの5つの理由の反対解釈により特許権の存続期間の延長登録の要件が導かれる。これら5つの要件のうち，同項1号の要件については，後記Ⅳで述べることとし，以下において，それ以外の同項2号ないし5号の定める要件について述べることとする。

(2)　同項2号，4号及び5号の定める要件

　特許権者，専用実施権者又は通常実施権者のいずれかが，政令で定める処分を受けていなければならない（特67条の3第1項2号）。また，特許権者のみが，特許権の存続期間の延長登録出願をすることができる（特67条の2第1項4号）。そして，共有に係る特許権については，他の共有者と共同でなければ延長登録出願をすることができない（特67条の3第1項5号・67条の2第4項）。

(3)　同項3号の定める要件

（a）　特許発明の実施をすることができなかった期間

　特許権の存続期間の延長を求めることができる期間は，特許発明の実施をすることができなかった期間に限られ，その期間を超える延長登録出願は拒絶される（特67条の3第1項3号）。特許発明の実施をすることができなかった期間とは，具体的にどのような期間を指すかについては，条文上は明らかでないものの，審査基準*5に詳しく規定されている。

（b）　特許発明の実施をすることができなかった期間の始期

　特許発明の実施をすることができなかった期間の始期は，政令で定める処分を受けるのに必要な試験を開始した日とされている。政令で定める処分を受けるのに必要な試験とは，以下の①～③の要件をすべて満たすことが必要とされている。

　①　処分を受けるために必要不可欠であること。

　②　その試験の遂行に当たって方法，内容等について行政庁が定めた基準に沿って行う必要があるため企業の試験に対する自由度が奪われていること。

　③　処分を受けることに密接に関係していること。

　医薬品でいえば，いわゆる臨床試験がこれに該当する。したがって，臨床試験を開始した日（治験計画の届日等）が特許発明の実施をすることができなかった期間の始期となる。

　臨床試験に入る前に，企業として医薬品の研究・開発のために各種の試験を行うことが必要であるが，このような試験の期間は，特許発明の実施をすることができなかった期間には算入されない。

　もちろん，特許権の設定登録の日以降でなければ，特許発明の実施をすることができなかったとはいえないので，臨床試験を開始した日以降に特許権の設定登録がなされた場合には，当該設定登録日が発明の実施をすることができなかった期間の始期となる。

（c）　特許発明の実施をすることができなかった期間の終期

　医薬品においては，承認という政令で定める処分を受けることにより禁止状

---

*5　審査基準第Ⅸ部3.1.3.

698 第3章 特許権侵害訴訟における攻撃防御方法 第2節 侵害論における被告の抗弁に関する問題

態が解除される。承認日（承認書の日付）が終期の基準となるのか，あるいは，承認書が到達した日が終期の基準となるのか争いがあったが，承認の効力が発生するためには告知が必要という理由から，後者の説が採用されている（最判平11・10・22（平10(行ヒ)43号）民集53巻7号1270頁）。また，処分当日を含めるか否かについても議論があったが，処分当日には，特許発明の実施をすることができたので，処分の前日，すなわち，承認書が到達した日の前日が，特許発明の実施をすることができなかった期間の終期となる。

IV 特許法67条の3第1項1号の定める要件

(1) 特許発明の実施に政令で定める処分が必要であったこと

(a) 従前の運用

従前は，以下のような考え方で，特許権の存続期間の延長制度が運用されていた[6]。

「例えば，医薬品の場合，薬事法の規定に基づく承認（処分）は有効成分（物質），効能・効果（用途），剤型，用法，用量，製法等をすべて特定して与えられることとなるが，そもそも薬事法の本質は，ある物質を医薬品として（特定の効能・効果用に）製造・販売することを規制することにあるから，多数の特定される要素の中で，まさに，有効成分（物質）及び効能・効果（用途）が規制のポイントということとなる。したがって，有効成分（物質）および効能・効果（用途）が同一の医薬品の製造承認について，その他の例えば，剤型，用法，用量または製法等のみが異なる製造承認が，いくつかあったとしても，その中の最初の製造承認を受けることによって医薬品としての製造・販売等の禁止が解除され，その有効成分（物質）と効能・効果（用途）の組合わせについては特許発明の実施ができることとなったと考えられ，したがって最初の製造承認に基づいてのみ延長登録が可能であり，その後の製造承認は，特許発明の実施に当該承認を受けることが必要であったとは認められないこととなるのである。」

要するに，従前の運用は，医薬品の有効成分（物質）及び効能・効果（用途）

---

[6] 新原浩朗編『改正特許法解説』（有斐閣，昭62）97頁及び98頁。

のみに着目し，有効成分（物質）及び効能・効果（用途）に係る承認についてのみ特許権の存続期間の延長が認められるという考え方に基づいていた。特許権の存続期間の延長制度は，長年にわたりこのような考え方に基づき運用されていた。

(b) 従前の裁判例

このように，医薬品における有効成分（物質）と効能・効果（用途）を絶対視して，それ以外の例えば，用法，用量等を特許権の存続期間の延長制度の保護の対象外とする従前の運用は，特許法や特許法施行令の条文そのものに直接の根拠を見出すことはできなかったが，裁判所においても一貫して支持されていた（東京高判平10・3・5判時1650号137頁，東京高判平12・2・10判時1719号133頁，知財高判平17・10・11（平17(行ケ)10345号））。

(2) パシーフカプセル事件最高裁判決

(a) 事案の概要

特許権の存続期間の延長制度の従前の運用を大きく変えたのが，パシーフカプセル事件である。本件の特許権者は，徐放性製剤に関する特許発明を有していたところ，有効成分を「塩酸モルヒネ」，効能・効果を「中等度から高度の疼痛を伴う各種癌における鎮痛」とする医薬品（販売名「パシーフカプセル30mg」とする徐放性カプセル製剤）について（旧）薬事法14条1項の承認（「本件処分」）に基づき，延長登録出願をした。この延長登録出願に対しては，拒絶査定がなされたので，特許権者は，不服審判を請求したが，特許庁は，不成立の審決をした。

本件においては，第三者が本件処分より前に，有効成分を「塩酸モルヒネ」，効能・効果を「中等度から高度の疼痛を伴う各種癌における鎮痛」とする医薬品（販売名「オプソ内服液5mg・10mg」とする液剤）について，（旧）薬事法14条1項の承認（「先行処分」）を得ていた。特許庁は，従前の運用に基づき，本件医薬品と有効成分，効能・効果を同じくする先行医薬品について先行処分がされているのであるから，本件特許権の特許発明の実施について，本件処分を受けることが必要であったとは認められないと判断した。

(b) パシーフカプセル事件知財高裁判決

特許権者が審決取消請求の訴訟を提起したところ，知財高裁は，以下のとお

り判示した（知財高判平21・5・29（平20(行ケ)10458号）判時2047号11頁）。

「本件先行処分の対象となった先行医薬品は，本件発明の技術的範囲に含まれないこと，本件先行処分を受けた者が，本件特許権の特許権者である原告でもなく，専用実施権者又は登録された通常実施権者でもないことは，当事者間に争いがなく，本件先行処分によって禁止が解除された先行医薬品の製造行為等は本件発明の実施行為に該当するものではない。本件においては，本件先行処分が存在するものの，本件先行処分を受けることによって禁止が解除された行為が，本件発明の技術的範囲に属し，本件発明の実施行為に該当するという関係が存在するわけではない。……

本件先行処分の存在は，本件発明の実施に当たり，『政令で定める処分』（本件では薬事法所定の承認）を受けることが必要であったことを否定する理由とならない。」

(c)　パシーフカプセル事件最高裁判決

知財高裁判決に対し，特許庁が上告したところ，最高裁は，以下のとおり判示した（最判平23・4・28民集65巻3号1654頁）。

「特許権の存続期間の延長登録出願の理由となった薬事法14条1項による製造販売の承認（以下『後行処分』という。）に先行して，後行処分の対象となった医薬品（以下『後行医薬品』という。）と有効成分並びに効能及び効果を同じくする医薬品（以下『先行医薬品』という。）について同項による製造販売の承認（以下『先行処分』という。）がされている場合であっても，先行医薬品が延長登録出願に係る特許権のいずれの請求項に係る特許発明の技術的範囲にも属しないときは，先行処分がされていることを根拠として，当該特許権の特許発明の実施に後行処分を受けることが必要であったとは認められないということはできないというべきである。なぜならば，特許権の存続期間の延長制度は，特許法67条2項の政令で定める処分を受けるために特許発明を実施することができなかった期間を回復することを目的とするところ，後行医薬品と有効成分並びに効能及び効果を同じくする先行医薬品について先行処分がされていたからといって，先行医薬品が延長登録出願に係る特許権のいずれの請求項に係る特許発明の技術的範囲にも属しない以上，上記延長登録出願に係る特許権のうち後行医薬品がその実施に当たる特許発明はもとより，上記特許権のいずれの請求項に

係る特許発明も実施することができたとはいえないからである。……

　本件先行医薬品は，本件特許権のいずれの請求項に係る特許発明の技術的範囲にも属しないのであるから，本件において，本件先行処分がされていることを根拠として，その特許発明の実施に本件処分を受けることが必要であったとは認められないということはできない。」

　(d)　パシーフカプセル事件最高裁判決の意義*7

　このように，パシーフカプセル事件最高裁判決は，先行処分における先行医薬品が延長登録出願に係る特許発明の技術的範囲に属しない事例であった。しかし，パシーフカプセル事件最高裁判決は，医薬品の有効成分（物質）及び効能・効果（用途）のみに着目し，有効成分（物質）及び効能・効果（用途）に係る承認についてのみ特許権の存続期間の延長を認めるという従前の運用を変更し，医薬品の剤型に係る処分にも特許権の存続期間の延長登録が認められることを明確にした。そして，医薬品の有効成分（物質）及び効能・効果（用途）のみに着目するという従前の運用の考え方を否定し，規定上このような限定のない特許法の条文を忠実に解釈するパシーフカプセル事件最高裁判決の判示からすれば，医薬品の剤型に係る処分だけでなく，医薬品の用法，用量，製法等に係る処分についても特許権の存続期間の延長登録が認められる可能性を示唆していた。

(3)　ベバシズマブ事件最高裁判決

　(a)　事案の概要

　特許権者は，「抗 VEGF 抗体である hVEGF アンタゴニスト」を有効成分とし，「癌」の治療を用途とする特許発明を有していた。特許権者は先行処分として，本件特許発明の実施品であり，一般名を「ベバシズマブ（遺伝子組み換え）」とする医薬品について，「効能又は効果」は「治癒切除不能な進行・再発の結腸・直腸癌」であり，「用法及び用量」は「他の抗悪性腫瘍剤との併用において，通常，成人にはベバシズマブとして1回5 mg/kg（体重）又は10 mg/kg（体重）を点滴静脈内投与する。投与間隔は2週間以上とする。」とする製造販売承認を得たうえで，この先行処分に基づき，特許権の存続期間延長登録を

---

*7　山田真紀「最高裁重要判例解説」L＆T53号（平23）69頁。

受けた。特許権者は，その後，本件先行処分の製造販売承認事項一部変更承認
として，先行処分と一般名，効能・効果は同じで，先行処分で承認された「用
法及び用量」に新たに「他の抗悪性腫瘍剤との併用において，通常，成人には
ベバシズマブとして1回7.5mg/Kg（体重）を点滴静脈投与する。投与間隔は
3週間以上とする。」を追加する製造販売承認を得た。

　特許権者は，この本件処分に基づき，特許権の存続期間延長登録を出願した
が，拒絶査定となり，不服審判請求をしたが，特許庁は，不成立の審決をし
た。その理由は，本件医薬品に係る発明特定事項に該当するすべての事項によ
って特定される範囲は，すでに本件先行処分によって実施できるようになって
おり，本件特許権の特許発明の実施に本件処分を受けることが必要であったと
は認められないというものであった。すなわち，特許庁は，本件特許は用法，
用量を要件とするものではないので，先行処分と後行処分との間に用法，用量
の相違があっても，すでに先行処分において本件特許発明の実施ができたもの
とみなされると判断した。

(b)　ベバシズマブ事件知財高裁大合議判決

　特許権者が審決取消請求の訴訟を提起したところ，知財高裁の大合議は，以
下のとおり判示した（知財高判（大合議）平26・5・30（平20(行ケ)10195号）判時2232
号3頁）。

　「医薬品の成分を対象とする特許については，薬事法14条1項又は9項に基
づく承認を受けることによって禁止が解除される『特許発明の実施』の範囲
は，上記審査事項のうち『名称』，『副作用その他の品質』や『有効性及び安全
性に関する事項』を除いた事項（成分，分量，用法，用量，効能，効果）によって特
定される医薬品の製造販売等の行為であると解するのが相当である。……

　本件についてみれば，本件先行処分では，本件医薬品につき，本件先行処分
で承認された用法・用量（他の抗悪性腫瘍剤との併用において，通常，成人にはベバシ
ズマブとして1回5mg/kg（体重）又は10mg/kg（体重）を点滴静脈内投与し，投与間隔は
2週間以上とする。）によって特定される使用方法による使用行為，及び同使用方
法で使用されることを前提とした製造販売等の行為について禁止が解除された
のに対し，本件処分では，本件処分で追加された用法・用量（他の抗悪性腫瘍剤
との併用において，通常，成人にはベバシズマブとして1回7.5mg/kg（体重）を点滴静脈

内注射し，投与間隔は３週間以上とする。）についての上記各行為の禁止が解除されたのであり，本件処分によって初めて，XELOX療法とベバシズマブ療法との併用療法のための本件医薬品の販売等が可能となったものである（……）。したがって，本件特許発明については，本件処分によって，初めて上記の範囲で禁止が解除されたのであるから，本件出願は，特許法67条の３第１項１号には該当しないことは明らかである。」

（ｃ）ベバシズマブ事件最高裁判決

知財高裁大合議判決に対し，特許庁が上告したところ，最高裁は，以下のとおり判示した（最判平27・11・17民集69巻７号1912頁）。

「ところで，医薬品医療機器等法の規定に基づく医薬品の製造販売の承認を受けることによって可能となるのは，その審査事項である医薬品の『名称，成分，分量，用法，用量，効能，効果，副作用その他の品質，有効性及び安全性に関する事項』（医薬品医療機器等法14条２項３号柱書き）の全てについて承認ごとに特定される医薬品の製造販売であると解される。もっとも，前記のとおりの特許権の存続期間の延長登録の制度目的からすると，延長登録出願に係る特許の種類や対象に照らして，医薬品としての実質的同一性に直接関わることとならない審査事項についてまで両処分を比較することは，当該医薬品についての特許発明の実施を妨げるとはいい難いような審査事項についてまで両処分を比較して，特許権の存続期間の延長登録を認めることとなりかねず，相当とはいえない。そうすると，先行処分の対象となった医薬品の製造販売が，出願理由処分の対象となった医薬品の製造販売を包含するか否かは，先行処分と出願理由処分の上記審査事項の全てを形式的に比較することによってではなく，延長登録出願に係る特許発明の種類や対象に照らして，医薬品としての実質的同一性に直接関わることとなる審査事項について，両処分を比較して判断すべきである。

……本件処分に先行して，本件先行処分がされているところ，本件先行処分と本件処分とを比較すると，本件先行医薬品は，その用法及び用量を『他の抗悪性腫瘍剤との併用において，通常，成人には，ベバシズマブとして１回５mg/kg（体重）又は10mg/kg（体重）を点滴静脈内投与する。投与間隔は２週間以上とする。』とするものであるのに対し，本件医薬品は，その用法及び用量を『他の抗悪性腫瘍剤との併用において，通常，成人にはベバシズマブとし

て１回7.5mg/kg（体重）を点滴静脈内注射する。投与間隔は３週間以上とする。』などとするものである。そして，本件先行処分によっては，XELOX療法とベバシズマブ療法との併用療法のための本件医薬品の製造販売は許されなかったが，本件処分によって初めてこれが可能となったものである。

　以上の事情からすれば，本件においては，先行処分の対象となった医薬品の製造販売が，出願理由処分の対象となった医薬品の製造販売を包含するとは認められない。」

　(d)　ベバシズマブ事件最高裁判決の意義＊８

　このように，ベバシズマブ事件は，パシーフカプセル事件と異なり，先行処分における先行医薬品と本件処分における本件医薬品はともに，延長登録出願に係る特許発明の技術的範囲に属する事例であった。しかもこれらの医薬品の相違は，用法・用量に限られていた。このような事例において，ベバシズマブ事件最高裁判決は，特許法の条文を忠実に解釈するパシーフカプセル事件最高裁判決の解釈手法に則り，医薬品の用法，用量，製法等に係る処分についても特許権の存続期間の延長登録が認められることを前提として，本件処分に基づく延長登録出願の適否を判断するに当たり，用法・用量の相違により，先行処分の対象となった医薬品の製造販売が本件処分の対象となった医薬品の製造販売を包含するとは認められないときには，先行処分の存在を理由として拒絶することはできないことを明確にした。

　また，ベバシズマブ事件最高裁判決は，「先行処分の対象となった医薬品の製造販売が，出願理由処分の対象となった医薬品の製造販売を包含するか否かは，先行処分と出願理由処分の上記審査事項の全てを形式的に比較することによってではなく，延長登録出願に係る特許発明の種類や対象に照らして，医薬品としての実質的同一性に直接関わることとなる審査事項について，両処分を比較して判断すべきである。」として，両処分の比較の基準を明らかにした。同最高裁判決は，両処分における用法・用量等の相違を指摘したうえで，「本件先行処分によっては，XELOX療法とベバシズマブ療法との併用療法のための本件医薬品の製造販売は許されなかったが，本件処分によって初めてこれが

＊８　田中孝一「最高裁重要判例解説」L＆T71号（平28）85頁。

可能となったものである。」と述べているが，この摘示は，おそらく用法・用量の相違が形式的なものでないことを指摘したものであろう。

しかしながら，どのような基準で，形式的か否かを判断するのか，必ずしも明らかではない。特に，両処分において用法・用量等の相違があれば，直ちに両処分が包含関係にないと判断できるのか否かが，今後の課題であろう。もっともベバシズマブ事件の事案では，両処分における用法・用量の相違が必ずしも大きくなかったことからすれば，通常は，両処分において用法・用量等の相違があれば，両処分が包含関係にないと判断されるのではないかと推測される。

(4)　新審査基準

特許庁は，ベバシズマブ事件最高裁判決を受けて，その判旨に従い，平成28年3月，特許権の存続期間の延長について，審査基準を全面的に変更した。この新審査基準[9]においては，「実質的同一性に直接関わることとなる審査事項」を例示し，事例集においても具体例を挙げて，詳しく説明している。このような審査基準の考え方によれば，両処分において，成分はもとより，分量，用法‐用量，剤型のいずれかにおいて相違があれば，両処分が包含関係にないと判断される可能性が高いように思われる。

V　特許権の存続期間の延長登録の効力

(1)　エルプラット事件知財高裁大合議判決の事案の概要

(a)　本件特許発明

控訴人（特許権者）は，発明の名称を「オキサリプラティヌムの医薬的に安定な製剤」とする特許権を有しており，特許発明は，「pHが4.5ないし6のオキサリプラティヌムの水溶液からなり，……該水溶液が澄明，無色，沈殿不含有のままである，腸管外経路投与用のオキサリプラティヌムの医薬的に安定な製剤」であること等を要件としていた。

(b)　本件明細書と出願経過

---

[9]　審査基準第IX部3.1.1(1)C。

本件明細書には，オキサリプラティヌム水溶液において，有効成分の濃度とpHがそれぞれ規定された範囲内であることに加え，「酸性またはアルカリ性薬剤，緩衝剤もしくはその他の添加剤を含まないオキサリプラティヌム水溶液」を用いることにより，本件発明の目的を達成できる旨が記載されていた。また，拒絶理由通知に対する意見書で，本件発明の目的について，「(1)オキサリプラティヌム水溶液を安定な製剤で得ること，かつ(2)該製剤のpHが4.5〜6であることであり，さらに(3)該水溶液が，酸性またはアルカリ性薬剤，緩衝剤もしくはその他の添加剤を含まないことである。」と述べていた。

(c) 本件延長登録

本件特許の専用実施権者は，(旧) 薬事法に基づく承認を得て，オキサリプラチン製剤である「エルプラット®点滴静注液50mg」等 (以下，「エルプラット」という) を製造販売している。控訴人は，本件特許について，(旧) 薬事法に基づく上記承認を「延長登録の理由となる処分」とする7件の存続期間の延長登録出願を行い，その登録を受けた。

(d) 対象製品

被控訴人は，各エルプラットに対応する各後発医薬品の製造・販売をしていた。後発医薬品の効能・効果及び用法・用量は，エルプラットの効能・効果及び用法・用量と同一であった。ただし，添加物として濃グリセリンが含まれていた。

(2) エルプラット事件知財高裁大合議判決

エルプラット事件知財高裁大合議判決は，以下(a)〜(e)のとおり，特許法68条の2及び特許権の存続期間の延長登録の制度趣旨に照らし，特許権の存続期間の延長登録の効力は実質同一の範囲に及ぶと判示したうえで[10]，実質同一の範囲か否かの判断は均等論とは異なると指摘し，対象製品は実質同一とはいえないと判断した (知財高判 (大合議) 平29・1・20 (平28(ネ)10046号))。

(a) 特許法68条の2の趣旨

「同条は，……政令処分を受けることが必要であったために特許発明を実施

---

*10 特許権の存続期間の延長登録の効力については，ベバシズマブ事件知財高裁大合議判決において，傍論ではあるが，「もとより，その均等物や実質的に同一と評価される物が含まれることは，延長登録制度の立法趣旨に照らして，当然であるといえる。」と述べられていた。

することができなかった特許権者を救済するために必要であると認められる反面，その範囲を超えて延長された特許権の効力を及ぼすことは，期間回復による不利益の解消という限度を超えて，特許権者を有利に扱うことになり，前記の延長登録の制度趣旨に反するばかりか，特許権者と第三者との衡平を欠く結果となることから，前記のとおり規定されたものである。」

(b) 特許権の存続期間の延長登録の制度趣旨

「もっとも，特許権の存続期間の延長登録の制度趣旨からすると，医薬品としての実質的同一性に直接関わらない審査事項につき相違がある場合にまで，特許権の効力が制限されるのは相当でなく，本件のように医薬品の成分を対象とする物の特許発明について，医薬品としての実質的同一性に直接関わる審査事項は，医薬品の『成分，分量，用法，用量，効能及び効果』である（ベバシズマブ事件最判）ことからすると，これらの範囲で『物』及び『用途』を特定し，延長された特許権の効力範囲を画するのが相当である。」

(c) 実質同一の判断

「存続期間が延長された特許権に係る特許発明の効力は，政令処分で定められた『成分，分量，用法，用量，効能及び効果』によって特定された『物』（医薬品）のみならず，これと医薬品として実質同一なものにも及ぶというべきであり，第三者はこれを予期すべきである（……）。

したがって，政令処分で定められた上記構成中に対象製品と異なる部分が存する場合であっても，当該部分が僅かな差異又は全体的にみて形式的な差異にすぎないときは，対象製品は，医薬品として政令処分の対象となった物と実質同一なものに含まれ，存続期間が延長された特許権の効力の及ぶ範囲に属するものと解するのが相当である。

……僅かな差異又は全体的にみて形式的な差異かどうかは，特許発明の内容（……）に基づき，その内容との関連で，政令処分において定められた『成分，分量，用法，用量，効能及び効果』によって特定された『物』と対象製品との技術的特徴及び作用効果の同一性を比較検討して，当業者の技術常識を踏まえて判断すべきである。

上記の限定した場合において，対象製品が政令処分で定められた『成分，分量，用法，用量，効能及び効果』によって特定された『物』と医薬品として実

質同一なものに含まれる類型を挙げれば，次のとおりである。

すなわち，①医薬品の有効成分のみを特徴とする特許発明に関する延長登録された特許発明において，有効成分ではない『成分』に関して，対象製品が，政令処分申請時における周知・慣用技術に基づき，一部において異なる成分を付加，転換等しているような場合，②公知の有効成分に係る医薬品の安定性ないし剤型等に関する特許発明において，対象製品が政令処分申請時における周知・慣用技術に基づき，一部において異なる成分を付加，転換等しているような場合で，特許発明の内容に照らして，両者の間で，その技術的特徴及び作用効果の同一性があると認められるとき，③政令処分で特定された『分量』ないし『用法，用量』に関し，数量的に意味のない程度の差異しかない場合，④政令処分で特定された『分量』は異なるけれども，『用法，用量』も併せてみれば，同一であると認められる場合（……）は，これらの差異は上記にいう僅かな差異又は全体的にみて形式的な差異に当たり，対象製品は，医薬品として政令処分の対象となった物と実質同一なものに含まれるというべきである（……）。

これに対し，前記の限定した場合を除く医薬品に関する『用法，用量，効能及び効果』における差異がある場合は，この限りでない。なぜなら，例えば，スプレー剤と注射剤のように，剤型が異なるために『用法，用量』に数量的差異以外の差異が生じる場合は，その具体的な差異の内容に応じて多角的な観点からの考察が必要であり，また，対象とする疾病が異なるために『効能，効果』が異なる場合は，疾病の類似性など医学的な観点からの考察が重要であると解されるからである。」

　(d)　均等論との関係

「特許発明の技術的範囲における均等は，特許発明の技術的範囲の外延を画するものであり，法68条の2における，具体的な政令処分を前提として延長登録が認められた特許権の効力範囲における前記実質同一とは，その適用される状況が異なるものであるため，その第1要件ないし第3要件はこれをそのまま適用すると，法68条の2の延長登録された特許権の効力の範囲が広がり過ぎ，相当ではない。」

　(e)　本件への適用

「本件各処分の対象となった物がオキサリプラティヌムと注射水のみからな

る水溶液であるのに対し，一審被告各製品がこれにオキサリプラティヌムと等量の濃グリセリンを加えたものであるとの差異は，本件発明の上記の技術的特徴に照らし，僅かな差異であるとか，全体的にみて形式的な差異であるということはできず，したがって，一審被告各製品は，本件各処分の対象となった物と実質同一なものに含まれるということはできない。」

(3) エルプラット事件知財高裁大合議判決の意義*[11]

　エルプラット事件知財高裁大合議判決は，そもそも対象製品が特許発明の技術的範囲に属さないと判断された事例であり，特許権の存続期間の延長登録の効力について判断する必要はなかったという意味で傍論ともいえるが，ベバシズマブ事件最高裁判決により特許権の存続期間の延長制度の従前の運用における要件が根本的に変更された近時の状況の下で，特許権の存続期間の延長登録にどのような効力を認めるべきか，詳細に論じ，今後の指針を示した点において，画期的な意義を有する。しかしながら，前記(c)で提示された①～④の「実質同一なものに含まれる類型」がそのまま踏襲されるのかは，不確定であり，今後の判例の集積を待つ必要があろう。

---

*11　黒田薫・AIPPI62巻8号（平29）727頁，岡田吉美・パテ70巻8号（平29）105頁，奥村直・AIPPI62巻1号（平29）35頁。

第3節　損害論に関する問題

57 損害論の審理の全体像

松本　好史

> 損害論の審理は，一般的にどのように進められるか。

キーワード　審理モデル，文書提出命令，計算鑑定，閲覧制限，秘密保持命令

I　特許権侵害訴訟における損害論

(1)　特許権侵害訴訟の審理

特許権侵害訴訟は，原告が被告に対し，特許権に基づき侵害行為差止請求及び損害賠償請求を行う訴訟である。

侵害行為差止請求については，被告の対象製品ないしは対象方法が特許発明の構成要件を充足し特許発明の技術的範囲に属するか否か，及び，被告の行為が実施行為に該当するか否かを審理することで請求を認容するか否かが決まる。

一方，損害賠償請求については，前記侵害行為差止請求と共通する審理によって，被告による原告の特許権の侵害行為が認定されることになり，引き続き当該侵害行為による損害賠償額を審理することになる。

特許権侵害訴訟における損害賠償請求は，民法の不法行為に基づく損害賠償請求である（民709条）。一般の不法行為に基づく損害賠償請求訴訟では，被告による原告の権利・利益侵害行為及び損害額が同時に審理される。一方，特許権侵害訴訟においては，被告による原告の権利・利益侵害行為の成否，すなわち，特許権侵害行為の成否（侵害論）の審理を集中的に行い，裁判所が特許権

侵害行為の成立の心証を得た後に，特許権侵害行為による損害の発生及び損害額（損害論）の審理を集中的に行っている。そして，裁判所が特許権侵害行為が成立しないとの心証を得た場合は，損害論の審理に入ることなく口頭弁論を終結して判決を言い渡すことになる。

　これは，特許権侵害訴訟の損害賠償請求が，特許権侵害行為によって特許権者が得べかりし利益を失ったことが主要な損害になるため，損害額の算定に当たり，被告側が保有する対象製品ないしは対象方法に係る売上高，利益率や経費に関する内部資料を提出する必要が生じるところ，侵害行為の成否が未定の段階で，これらの内部資料を裁判所に提出させることは，競業者に秘密情報を開示することになり被告に過大な負担を強いることになるからである。

　この審理の進め方については，東京地方裁判所知的財産権訴訟検討委員会が平成12年10月に発表した「知的財産権侵害訴訟の運営に関する提言」（判タ1042号4頁）に「侵害論と損害論の審理は，区分して行い，侵害論について心証を得た後に損害論の審理に入ることを原則とするが，事案によっては，並行的に審理することもあり得る。」としており，現在の東京地方裁判所及び大阪地方裁判所の各知的財産権部が発表している審理モデルもこの原則に拠って審理を行っている*1。

(2)　損害論の審理

(a)　損害論の主張立証

　前述のとおり，特許権侵害訴訟の損害賠償請求は，不法行為に基づく損害賠償請求であるから，本来，原告は，民法709条の要件事実を主張すべきことになる。すなわち，①故意又は過失（特103条），②権利（特許権）の侵害（無断の実施行為），③損害の発生，④損害額，⑤因果関係の主張が必要になる。ここで，因果関係の主張立証は，例えば，被告の侵害品の販売がなければ原告が一定数量の実施品等の売上げが可能であったという関係を主張立証する必要があるが，原告の実施品等の販売量の減少が種々の環境要因によるのではなく被告の侵害品の販売を理由とすることを証明するのは非常に困難であり，立証できない場合には，侵害行為が認定されたとしても損害賠償請求は棄却となり，特許

＊1　東京地方裁判所（http://www.courts.go.jp/tokyo/saiban/singairon/index.html），大阪地方裁判所（http://www.courts.go.jp/osaka/vcms_lf/sinrimoderu2013331.pdf）。

権者に酷な結果となる。

そこで，その因果関係の立証の困難さを救済するために，特許法は，102条を設けており，原告は，損害賠償請求において102条1項ないし3項のいずれか又は複数項に基づく主張立証を行うのが一般的である。

(b) 特許法102条1項の主張立証

本項は，平成10年改正により設けられた規定である。特許権が独占権であって，独占権をもつ特許権者の実施能力の限度においては，侵害者の譲渡数量が特許権者の喪失した販売数量に等しくなる（特許法102条1項本文の「その侵害の行為がなければ販売することができた物」）ため，その販売数量に原告製品の個別の利益額を乗じた額（特許法102条1項本文の「単位数量当たりの利益の額を乗じて」）を特許権者の損害額とする。ただし，侵害者の営業努力等の要因で譲渡した数量については，特許権者が喪失した販売数量ではないとして（特許法102条1項ただし書の「譲渡数量の全部又は一部に相当する数量を……販売することができないとする事情」），侵害者の立証した事情に応じた減額を認める規定である。

原告が本項に基づく損害賠償請求を行うためには，原告は，被告の実施品の販売数量，原告の実施品又は競合品の単位当たり利益額を主張立証することになる。被告の実施品の販売数量は被告所有の会計書類等の開示を得ることになるが，原告製品の利益額を立証するためには，原告製品の販売額，製造原価に係る資料を競業相手である被告に開示する必要がある。本項の損害額は，次項に基づく損害額よりも高額になる可能性は高いものの，原告製品の情報を被告に開示する必要があるため，本項に基づく損害賠償請求を望まない原告もいる。

被告が原告主張の損害額を争うためには，原告が主張する原告の実施能力を争う事実を主張立証すること，及び，抗弁として上記「販売することができないとする事情」を主張立証することになる。この抗弁は，例えば，被告のブランド力で販売できたこと，被告製品の性能外観などが優れていたために販売できたこと，被告製品が安価であったこと，競合品や代替品の存在などを主張立証することになる。

(c) 特許法102条2項の主張立証

本項は，特許権侵害訴訟の損害賠償請求における因果関係の立証の困難さを

救済するために，昭和34年改正により立法された規定であり，侵害者が侵害行為によって受けた利益額を損害額と推定する規定である。審議会の答申では，特許権者に侵害者が受けた利益額の返還請求を認める規定の創設も予定されていたが，利益の額が損害額を超える場合にまでそのすべてを返還させることが民法の損害賠償の原則から逸脱することから，これを改めて，利益の額を損害の額と推定する規定になったものである。

　原告が本項に基づく損害賠償請求を行うためには，原告は，被告の実施品の販売数量及び実施品の単位当たり利益額を乗じて得られた利益額を主張立証することになる。被告の実施品の販売数量及び実施品の単位当たり利益額は，被告所有の会計書類等の開示により得られることになる。

　なお，本項に基づく損害賠償請求を行うために，原告が特許発明を実施していることが必要と解されてきたが，それを不要とする判決がある（知財高判（大合議）平25・2・1（平24（ネ）10015号）判時2179号36頁〔ごみ貯蔵機器事件〕）。この判決の射程については争いがあるものの，この判決によれば，原告が特許発明を実施していなくてもよいとしつつ，「侵害品と代替関係にあり競合する製品を自ら販売等により日本市場に投入していることを立証する必要がある。」と判示しているように，原告が侵害品との競合品を販売しているなどの行為がない限り，本項の請求はできないものと考えられる。

　原告が特許発明を実施している場合，被告は，被告の利益が原告の損害との推定を一部覆滅する事実を主張立証することにより，損害額の減額を認める見解が有力であり，102条1項の抗弁と同様の主張立証をすることが有効である。

　原告が特許発明を実施していない場合，前記判決は，「特許権者と侵害者の業務態様に相違が存在するなどの諸事情は，推定された損害額を覆滅する事情として考慮されるとするのが相当である。」と判示するが，必ずしもその詳細は明らかではないため，被告が推定覆滅のために，いかなる主張立証を行うべきかは今後の課題である。

（d）　特許法102条3項の主張立証

　本項は，前項と同様に，特許権侵害訴訟の損害賠償請求における因果関係の立証の困難さを救済するために，昭和34年改正により立法された規定であり，侵害に係る特許発明の実施料相当額を特許権者の損害額の一部ないしは最小限

の損害額とみなす規定である。

本項は，平成10年改正により，規定の文言が変更され，旧法では「通常受けるべき金銭」と規定されていたところ，改正法は「受けるべき金銭」と「通常」を削除する変更を行っている。これは，従来の裁判例が，原告が他者に設定している実施料率や，業界相場，国有特許の実施料率に基づき認容された例が多く，特許発明の価値や当事者の業務上の関係や侵害者の得た利益等の訴訟当事者間に生じている諸般の事情が考慮されていないとの問題点を解消し，訴訟当事者間の諸般の事情を考慮した妥当な実施料相当額を認定できるように改正を行ったものである。

原告が本項に基づく損害賠償請求を行うためには，原告は，被告の実施品の販売価格，販売数量及び実施料率を主張立証することになる。実施料率の主張に当たり，技術分野や業界分野における一般的な実施料率を参考にしつつ，実施料率を高めるべく，本件における特有の事情を主張立証することになる。

被告が原告主張の損害額を争うためには，主として実施料率を下げる方向に働くと考えられる本件における特有の事情を主張立証することになる。

Ⅱ　損害論における原告の検討事項

(1)　主張の選択

原告は，損害論の主張に当たって，まず，前述の特許法102条１項から３項のいずれの項に基づく主張を行うのかの選択をする必要がある（民法709条に基づく主張もあり得るが，原告が実施品で市場を完全に独占していて代替品も存在しないような特殊な事情がない限り，因果関係の立証が困難と考えられる）。

通常，侵害品が正規品と比較して廉価であるとか利益が低い場合が多いため，特許法102条１項に基づく損害額が同条２項に基づく損害額よりも多額になるが，同条１項に基づく損害賠償請求のためには，原告製品の販売額，製造原価に係る資料を競業相手である被告に開示する必要がある。これを嫌う原告の場合には，特許法102条１項に基づく主張を行わないことになるが，そうでない場合には，損害額の最大化を企図して，特許法102条１項に基づく主張立証を行うことになる。

特許法102条１項に基づく主張を行う場合，実務的には選択的主張として，同条２項及び３項に基づく主張も行うことが考えられる。特許法102条１項に基づく損害額が同条２項に基づく損害額よりも多額になることが予想されるものの，侵害品の利益率が相当高い場合や販売数量が多量に及ぶ場合には，同条２項に基づく損害額のほうが多額になる可能性もあるからである。

また，特許法102条１項に基づく損害賠償請求については，同項ただし書に基づき損害額を減額されるおそれがあり，同条２項に基づく損害賠償請求についても同様の事情があることや同条２項に基づく主張について推定が覆滅されて請求が棄却されるおそれも皆無ではないことに鑑みて，同条３項に基づく主張を行うことが考えられる。

さらに，原告が特許発明を実施しておらず，かつ，実施品と代替関係にあり競合する製品の製造販売等をしていない場合には，特許法102条１項及び２項に基づく損害賠償請求ができないと解されるため，特許法102条３項に基づく損害賠償請求を行うことになる。

なお，損害賠償請求権が損害及び加害者を知った時から３年経過して時効消滅（民724条）しているが，侵害時から10年を経過していない場合には，実施料相当額の不当利得返還請求（民703条・704条）を行うことになる。

(2) 立証の検討

(a) 各請求の立証資料

前述のとおり，特許権侵害訴訟では，侵害論について集中的に審理を行い，裁判所が特許権侵害の心証を得たときに，一般的には口頭弁論において，損害論の審理に入る旨を当事者双方に告げることになり，原告には，損害論に関する主張を改めて整理するよう促すことになる。原告は，訴状の段階で損害賠償請求に関する主張を行っているものの包括的な主張にとどまっているため，侵害論の審理において，裁判所が侵害品である旨の心証を得たものを対象にした主張を改めて行うことになる。

原告が特許法102条１項に基づく主張を行うのであれば，立証のために原告の実施品又は競合品の単位当たりの利益額がわかる会計資料及び被告の侵害品の販売数量がわかる資料が必要となる。被告の侵害品について販売数量が推測できる統計資料が存在する場合は，まず，それらの資料に基づいて，主張立証

を行うことになる。そのような統計資料が存在しない場合には，被告が開示している決算資料や当業者が把握している概算額等を基礎にして一応の立証を行うことになるが，被告の販売数量については，通常，裁判所から被告に対して，販売数量がわかる資料を任意で提出するように促すことが行われている。原告は，被告から開示された販売数量に関する資料に基づいて，主張を整理することになるが，被告の開示資料が十分ではないこともあり，開示資料の内容を検討して疑義があれば，積極的に主張すべきである。

原告が特許法102条２項に基づく主張を行うのであれば，被告の実施品の販売数量に関する資料に加えて，被告の侵害品の単位当たりの利益額がわかる資料を被告から提出してもらう必要がある。被告の侵害品の単位当たりの利益額に関する資料は，被告が競業者である原告に開示したくない資料であるため，開示資料が不十分であるとか，開示資料のマスキングの範囲（任意提出の場合は，一般的に資料の中の項目で利益額を証明する部分以外についてはマスキングを施して開示しない扱いが認められている）を巡って争いになることもある。

原告とすれば，被告が開示した資料が適正なものであるかどうかについて，侵害品に関して公表されている統計資料や報道資料等を準備しておき，被告の開示資料の内容の問題点を指摘できるようにしておくべきである。

原告が特許法102条３項に基づく主張を行うのであれば，被告の侵害品の販売数量がわかる資料，原告が本件特許権を実施許諾しているのであれば，その実施料率がわかる資料（守秘義務等の問題があるためマスキングを施すことになる），参考資料として当該分野等での実施料率などを提出することになる。

(b) 文書提出命令

原告は，いずれの場合においても，被告が裁判所から促されて任意に資料を提出することになる可能性が高いものの，開示内容が不十分な場合に追加資料の提出を拒むなどの事態に備えて，文書提出命令（特105条１項）の申立てを行っておくことになる。損害額の証明のための文書提出命令の対象となる文書は，会計帳簿類に限らず相当広範な範囲で認められる可能性があり（東京高決平９・５・20判時1601号143頁），営業秘密であることを理由に提出を拒否することができないため，原告にとって強力な立証手段となるとともに，被告にとっても影響が大きいため，被告の任意提出を促す事実上の効果が見込める。

なお，被告が提出を拒む正当な理由（特105条1項ただし書）があるかどうかについて，裁判所のインカメラ手続（特105条2項）により判断することができるが，その判断のために一定の者に秘密保持命令（特105条の4）を出すこともあり得る。

(c) 計算鑑定

被告が文書提出命令により広範な資料を大量に提出したものの，会計の専門知識がないために証拠資料の正確な分析ができない場合には，原告が損害額を立証することが困難になるため，このような場合には計算鑑定を申し立てることができる（特105条の2）。また，原告は，裁判所から促された被告が任意の文書開示に応じない場合に，文書提出命令の申立てを経ることなく，計算鑑定を申し立てることもできる。なお，実務上，計算鑑定の期間はおよそ3ヵ月であり，鑑定費用が約200万円から300万円とのことであるため，計算鑑定の申立ては多額の損害額が見込める事案ということになると思われる。

Ⅲ 損害論における被告の検討事項

(1) 原告主張に対する主張立証

被告は，損害論に関する原告の主張の枠組みの中で，損害額をなるべく減額するために，原告の主張に対抗する主張立証活動を行うことになる。

原告が特許法102条1項に基づく損害額を主張する場合，原告の実施品の単位当たりの利益額は，原告が提出した会計資料に拠ることになるため，被告としては，当該会計資料の内容に疑義がないかどうかを十分にチェックすることになる。仮に，原告が特許発明を実施しておらず競合品を製造販売している場合には，原告が主張する競合品が市場を同じくする競合品たり得るかどうかについても十分に検討を行う必要があり，この点に関する被告の主張が認められれば，原告の本項に基づく主張が否定されることになる。また，被告は，特許法102条1項ただし書に該当する事実を主張立証することにより，損害額の一部減額を目指すべきことになる。

原告が特許法102条2項に基づく損害額を主張する場合，前述の近時の裁判例によれば，原告が競合品を販売等しておれば特許発明を実施していなくても

よいとされるため，この場合には，被告としては，前項と同様に競合品たり得ない旨の主張立証を行うことになり，仮に，競合品と認められる場合でも推定の一部覆滅に資する主張立証となる可能性もあるため，主張立証を検討すべきであろう。

原告が特許法102条3項に基づく損害額を主張する場合，被告としては，代替技術の存在を主張して本件特許権の価値を論じることで実施料率を下げるような主張を展開することになろう。

(2) 開示資料について

被告としては，裁判所から促されて任意に資料を提出する場合に，文書提出命令が発令されないように，なるべく必要な情報の開示には応じるべきであろう。裁判所が開示した被告製品の特許権侵害の心証が納得できず，損害論の審理に非協力的な行動をとる当事者もいる。仮に，控訴審で非侵害の結論を得られるのであれば，競業者に内部会計資料を開示する必要がないにもかかわらず，現段階で開示しなければならないことを受け入れられない場合もある。

しかし，このような対応は得策ではないように思われる。何故なら，損害論の審理の段階で資料の任意開示に応じない場合には，文書提出命令が発令されることになり，それでも文書を提出しない場合には，原告の主張する損害額がそのまま認められることになる（民訴224条1項・2項）。このような重大な結果を招くことになることを考えると，必要最小限度の任意開示に応じる旨の対応をとるべきであろう。

なお，原告が特許法102条2項に基づく損害賠償請求を行ったところ，被告が限界利益を算出するための営業費に関する資料を開示しなかった事案で，被告の開示がないまま，相当な損害額（特105条の3）を認定した裁判例があるので（大阪地判平22・1・28（平19(ワ)2076号）裁判所ホームページ），注意すべきである。

また，被告は，開示した資料についての第三者の閲覧を禁止する措置をとることを忘れてはならない（民訴92条）。

58 損害額の推定等(1)

小池　眞一

> 特許法102条1項本文の要件について，説明せよ。また，「利益」から控除されるべき費目について，具体的に説明せよ。

キーワード　補完関係擬制説，損害額の推定規定説と算定方法規定説，変動費と限界利益，実施の能力

I　制度趣旨

(1)　立法経緯

特許権侵害訴訟における損害賠償請求の権利発生根拠は，特許法に特別規定がないため，民法709条に求められる。

民法709条の不法行為に基づく損害賠償請求の要件事実は，①侵害を受ける権利又は法的保護利益の侵害，②侵害者の故意又は過失，③①の侵害行為により損害が発生したこと（損害の発生及び因果関係），④③の損害額の4つである。

特許法は，以上の要件事実のうち，②の過失の要件については，登録特許及び専用実施権の侵害に関して，特許法103条により過失があるものと推定し，④の損害額の要件については，財産的損害である逸失利益の損害額に関して，102条各項に推定規定を置く。

すなわち，特許法102条各項は，特許権侵害という不法行為により発生した⑦積極損害（侵害行為を排除するため必要となった費用。弁護士費用等），④消極損害（侵害行為がなければ権利者が得られていたであろう逸失利益），⑨無形損害（信用毀損等）といった損害に関する損害賠償請求のうち，④の逸失利益についての損害賠償請求が，侵害行為と因果関係のある損害額を権利者が主張・立証することの困難性に鑑みて，損害額の推定規定を置いて救済し，これを超える損害の主張・立証も，同条4項の民法709条の直接適用によって可能であることを確認

720 第3章 特許権侵害訴訟における攻撃防御方法 第3節 侵害論に関する問題

する規定である。

昭和34年現行特許法制定の際，現行特許法102条2項から4項に相当すべき条項が同条1項から3項として設けられ*1，平成10年改正法により現行の1項の条項が追加されたとの立法経緯を有する*2。

平成10年改正法による1項の創設は，従前の損害額の認定額が低廉な傾向にあったとの反省を立法の契機として*3，侵害品の流通による権利者側の市場機会喪失の逸失利益の填補として，権利者の能力を超えない範囲で侵害品と同数の権利者側の商品を販売し得たであろうとの想定に基づき，権利者側商品の1個当たりの利益に侵害品の譲渡数量を乗じた額を権利者の損害額とできるとした上で，侵害品と同数の商品を販売し得なかった事情による控除を認めることで，適正な損害額の認定を導こうとしたものである。

(2) 条項の規定の特徴と法的性質

特許法102条1項は，

「特許権者又は専用実施権者が故意又は過失により自己の特許権又は専用実施権を侵害した者に対しその侵害により自己が受けた損害の賠償を請求する場合において，その者がその侵害の行為を組成した物を譲渡したときは，その譲渡した物の数量（以下この項において『譲渡数量』という。）に，特許権者又は専用実施権者がその侵害の行為がなければ販売することができた物の単位数量当たりの利益の額を乗じて得た額を，特許権者又は専用実施権者の実施の能力に応じた額を超えない限度において，特許権者又は専用実施権者が受けた損害の額とすることができる。

ただし，譲渡数量の全部又は一部に相当する数量を特許権者又は専用実施権者が販売することができないとする事情があるときは，当該事情に相当する数量に応じた額を控除するものとする。」

と規定している。

---

*1 旧法時代の裁判所の運用も含め，1項を除く損害額の推定条項の創設時の理解については，原増司ほか「特許法セミナー第56回」ジュリ345号100頁参照。

*2 平成10年改正法による損害推定規定の1項の創設，2項の非修正，3項の修正の立法過程については，鎌田薫「特許権侵害と損害賠償」CIPICジャーナル79号21頁参照。

*3 工業所有権審議会「特許法等の改正に関する答申（損害賠償制度等の見直しについて）」（平成9年12月16日）。

上記のとおり昭和34年法以来の特許法102条2項の規定（条項の位置は1項から2項に移動）と比較して，平成10年改正法で導入された特許法102条1項の条項は，

① 民法709条の要件を本文前段で再言していること

② 2項においては侵害者が侵害の行為により得た利益を「損害の額と推定する」としているのに対して，1項は「損害の額とすることができる」との規定にしたこと

③ 1項本文において，「特許権者又は専用実施権者の実施の能力に応じた額を超えない限度において」との限定を前提におくとともに，ただし書においても，「特許権者又は専用実施権者が販売することができないとする事情があるときは，当該事情に相当する数量に応じた額を控除するものとする」との推定覆滅事情に関する規定を明記したこと

という従前の損害額の推定規定と異なる規定ぶりに特徴がある。

このため，1項の法的性質について，2項及び3項と異なり，単なる損害額の推定規定ではなく，損害額の算定方法を規定した立法であるとの考え方もあり，その中でも補完関係を擬制した特別の規定であるとの見解も有力であった[4]。

しかし現在は，損害額の推定規定であって，1項本文により逸失利益の因果関係の一部を含め損害額が推定され，ただし書により，その一部が覆滅されるという理解が一般的である[5]。前述の民法709条の4つの要件事実からは，特許法102条各項の推定規定は，あくまでも損害額の推定規定であり[6]，③の要

---

[4] 三村量一「損害―特許法102条1項」牧野利秋＝飯村敏明編『新・裁判実務大系(4)知的財産関係訴訟法』288頁。三村説では，特許発明が代替性のない技術であることを理由に，その実施が市場で互いに補完関係に立つとの擬制を前提に本条1項が損害額算定方法として立法されたとの理解に立ち，特許権者側も特許発明を実施していることを本条1項の要件とし，侵害品の譲渡数量と同数の特許発明の実施品を販売し得たとする。そして，一旦算定された損害額を減額すべき事情については，例えば，天変地異や画期的な後発技術の登場によって，権利者が侵害品と同数の権利者製品を販売できないと認められる特段の事情等に限定されるべきとして，侵害者の廉価販売等での販売形態の違い（侵害者製品の譲渡数量が増えると理解される）や特許発明の実施品でない他の競合品の存在（市場シェアに応じた割合でしか権利者側製品の譲渡数量が増えないと理解される）等の事情によっては減額されるべきではないという，ただし書適用を制限する考え方をとっていた。東京地判平14・3・19（平11(ワ)23945号・13360号）判時1803号78頁〔スロットマシン事件Ⅰ，Ⅱ〕。

[5] 中山信弘＝小泉直樹編『新・注解特許法〔第2版〕【中巻】』1814頁〔飯田圭〕。

722　第3章　特許権侵害訴訟における攻撃防御方法　　第3節　侵害論に関する問題

件で立証することが必要な損害の発生，及び損害と侵害行為との因果関係自体
を擬制するものでないからである。

　なお，平成10年改正法の1項の立法に当たり，②の「損害の額を推定する」
と規定しなかった理由としては，法律上の事実推定と捉えた場合，推定される
最終の損害額の推定（権利者の販売することができた物の単位数量当たりの利益×侵害
組成物の譲渡数量が権利者の損害額であるとの推定）が覆された場合（侵害者が当該推定
された損害額が正しい損害額ではないと本証できた場合），オール・オア・ナッシング
の関係となってしまって，全額請求棄却になってしまうため，これを防ぐため
「損害の額とすることができる」と規定したと説明されている*7。

　また，③の推定覆滅事情を明記する1項の立法によって，逆に2項の適用に
安易な推定覆滅事情が適用できないのではないかとの懸念も示されており，一
時期，2項の「利益」については，特許発明が寄与すべき利益を意味するとい
う理解で，当該段階で侵害者が得た利益の認定を厳格にしたり，侵害者の利益
に発明の寄与度を乗じたりする認定を行う一方，1項のような最終の推定覆滅
事情による減額処理は2項の算定で行わないとの運用もあった。

　しかしながら，知財高判平25・2・1（平24(ネ)10015号）判時2179号36頁〔ご
み貯蔵機器事件〕において，2項損害論においても共通に推定覆滅事情が適用さ
れる旨が判示されて以降，1項損害論と2項損害論の両方が審理されている事
件で推定覆滅事情として共通の減額率を適用する判決が一般的になっている。

＊6　市川正巳「損害1（特許法102条1項）」飯村敏明＝設樂隆一編著『LP(3)知的財産関係訴訟』
　　200頁。なお，1項について，前掲＊4の補完関係擬制説以外にも，損害額の推定規定ではなく，
　　損害額の算定方法を特別に定めた規定であるとの理解も有力である。ただし，推定規定と理
　　解する立場との違いは，侵害者が権利者に算定された額より少ない損害しか発生していない
　　ことを立証することで推定を全部覆滅させることが可能かという点と，推定覆滅事情がただ
　　し書の「数量」限定事項に限定されるかという点とにおいて理論上の対立があるだけで，推
　　定規定説でも，推定の全部覆滅ではなく一部覆滅になるとの実際の結論は同様であり，また，
　　損害算定方法規定説でも，ただし書の推定覆滅事情として販売数量に影響し得る事情を数量
　　にとどまらず幅広く考える立場での結論は同様であり，結論が異なるところは少ない。
＊7　もっとも，改正前より，推定規定である2項損害論の適用に当たって，寄与度や割合的認
　　定を示す一部認容の判決のほうが多く，推定規定であるからオール・オア・ナッシングの結
　　果になるとの想定問題は，理論的な根拠はともあれ，実務的な懸念は少なかったものである。

Ⅱ　特許法102条1項の要件事実，「実施の能力」，「利益」

(1)　特許法102条1項の要件事実

　前述のとおり，特許法102条1項は，その本文において，権利者側の製品の単位数量（1個）当たりの利益を侵害品の譲渡数量に乗じて，権利者の実施の能力を超えない範囲で権利者側の損害額とするとの規定となっており，権利者が侵害品と同数の権利者側の製品を販売し得たとの想定を前提とし（物を生産する方法の発明においても，その生産された物に適用がある），そのただし書において，侵害者側が侵害品と同数の権利者側の製品を権利者が販売し得なかった事情を主張・立証し得たときは，その相当額の控除が認められるとの規定である。

　本条は，特許権者及び専用実施権者の特許権の侵害に関する損害賠償請求の規定となっているが，独占的通常実施権者にあっても，その準用を認めるもの，及び間接侵害の事例にあっても，その適用を肯定するものが主流である。

　条項から導かれる要件事実としては，まず，1項本文は，
①　侵害者が侵害の行為を組成した物を譲渡したこと（侵害論で処理済み）
②　侵害組成物の譲渡数量
③　特許権者又は専用実施権者がその侵害の行為がなければ販売することができた物の単位数量当たりの利益の額
④　②と③とを乗じて得た額が，特許権者又は専用実施権者の実施の能力を超えないこと

であり，ただし書は，
⑤　譲渡数量の全部又は一部に相当する数量を特許権者又は専用実施権者が販売することができないとする事情
⑥　前記①の事情に相当する数量

という内容になる。

　ただし書の規定の趣旨は，**本書59**に詳論されているが，当初より，数量を中心とした推定覆滅事情であることから，特許発明が製品の一部を権利範囲にするにとどまるとの事情や，代替技術の存在等により商品訴求力に直結すべき発明の実施価値からは権利者がその利益を維持できたはずがない等の事情*8

については，以上の要件事実とは別に，別途寄与率の考慮を要するとの見解も有力である。

ただし，ただし書の推定覆滅事情については，数量に直結する事情に限られないとの見解も強く，近時，知財高判平28・6・1（平27（ネ）10091号）判時2322号106頁〔破袋機事件〕をはじめとして，従前は発明の寄与度として処理していた諸事情も含め，広く推定覆滅事情として整理し直しそうとしている傾向も認められる。

特許法102条1項本文による推定が，特許発明の購買惹起力（訴求力）によって侵害品と同数の権利者側製品を販売できていたとの想定に根拠が求められる以上，部品発明による全体製品の購買惹起力の強弱も含め，推定覆滅事情で一元処理することは論理的であるが，部品発明の損害論においては発明の寄与度を推定覆滅事情とは別途に考慮すべきとの考え方も有力である。

なお，寄与度に位置付けられるか，推定覆滅事情に位置付けられるかによる相違は，減額要素につながる諸事情について，弁論主義の適用を受けるか，主張・立証責任を侵害者が負担するか，それとも権利者側が最終的に負担するか等の違いにおいて顕れる。

寄与度にせよ，推定覆滅事情にせよ，侵害行為との間の相当因果関係を肯定できる損害額を認定すべきとの趣旨において共通の理解が可能であるが，特許法102条1項本文により推定される損害額の減額要素は，できるだけ侵害者側の主張・立証を要するただし書に該当すべき事情と位置付けていく方が適切であろう。

(2) 実施の能力の要件

特許法102条1項本文の特許権者側の主張・立証事項として，その実施の能力を超えない範囲との限定がある。

これは，特許権者側に過大な損害賠償請求を認めるべきでないとの考えか

＊8　現在は，商品訴求力に特許発明が寄与する割合が低いと認定された場合，侵害製品と同数の権利者の製品を販売し得なかったとして，推定覆滅事情の一つとする事案の方が多いが，特許権者側が主張・立証すべき特許法102条1項本文の「単位数量当たりの利益」（利益に対する発明の寄与）の認定問題として処理している事例も存在する（本文説）。大阪地判平12・9・26（平8（ワ）5189号）裁判所ホームページ〔自動麻雀卓における牌の移載・上昇装置事件〕及び前掲＊4のスロットマシン事件Ⅰ，Ⅱ参照。

ら，平成10年改正法の立法過程で追加された要件であり，その能力は厳密な意味で要求されるものではなく，侵害行為の存在する期間のいずれかの時期にこれを満たすだけの潜在的な能力があれば足りるとされている*9。

　仮に，特許権者側に，侵害品と同数の権利者側製品を供給する能力を有することや，これら製品数を供給しても単位数量当たりの利益を維持できることの特許権者側の事情についての主張・立証責任を負担させれば，侵害者側に推定覆滅事情の主張・立証責任を負わせた意義が少なくなると理解されるため，1項本文の損害額の最初の推定段階における実施能力の範囲を緩やかに考えるべきとの上記の理解が適切であろう。

　ただし，特許権者が個人や大学であるため，特許発明の実施品に相当すべき製品の販売等の実施能力が0の場合，本条に係る逸失利益を想定し難い際にはその適用を否定すべき根拠としては機能し得るものであり，また，後記の権利者側の利益の算定に当たり，個別固定費の一部控除を認める場合が許容されている根拠でもある*10。

(3)　単位数量当たりの利益の要件

　平成10年改正法で導入された特許法102条1項の「利益」の意味については，立法当初より，権利者側でさらに一つの製品を販売するに当たり，追加的に必要とする原材料や，荷造運搬費用等の変動費*11のみを控除した限界利益を指すという理解が一般的であり，2項損害論における侵害者側の利益が，粗利益を指すのか，純利益を指すのかが解釈論として争われてきた経緯があった条項とは異なる*12。

　これは，特許法102条1項本文の推定の基礎となる権利者側が侵害品と同数

＊9　前掲＊4のスロットマシン事件Ⅰ，Ⅱ参照。

＊10　三村・前掲＊4・300頁。特許法102条1項本文の適用においての厳密な主張・立証は不要であるとはいえ，権利者側の「実施の能力を超えない」範囲という要件が存在する点も勘案する必要性があるとして，経理的には固定費に分類されている費目でも，侵害品と同数の権利者側商品を追加的に販売することが実施能力を超える場合は固定費の一部が権利者側で追加的に必要となる費用になり得るとする。

＊11　固定費と変動費との区別は，最終的に法律上の概念であり，実際の仕分けと異なる場合がある。例えば，限界利益算定に当たり，変動費として取り扱うことに疑義がない荷造費，支払運賃，カタログ等の商品以外の運送費たる通信費の費目は，中小企業庁編『平成15年度調査「中小企業の原価指標」』において，製造業の仕分け方法としては固定費として取り扱う例を適正としている。

の製品を追加的に販売できていたとの想定を前提とおいても，既に，権利者側は当該製品に係る設計開発や金型等の初期投資を終了しているのが通常であるため，さらに追加的投資が必要になるとは考えられず，また，その実施の能力の範囲内では，製造販売設備や販売員等の給与等の固定費についても変動がないと理解されることから，権利者側の製品を追加的に販売できていたことで得られていたであろう利益については，変動費のみを控除した限界利益を指すと考えることが合理的と理解されていたからである。

　ただし，限界利益を指すといっても，一定の製品分野，事業分野単位であれば限界損益計算書を作成する実務も企業に定着してきているとはいえ，適正な幅を認める企業会計や仕分けの実際の実務に照らして考えれば，限界利益の用語で内容が一律に決まる概念ではなく[13]，権利者側で追加的に必要になるであろう経費のみを控除するという大枠には異論がないものの，当該事件での主張・立証の状況に応じて裁判所が控除するのを適切とした経費が事案ごとに認定されている解釈を伴う法的概念であることには注意すべきである。

　特に争いが多いのは，権利者の会計記録でも該当製品を製造・販売するため直接必要な経費として管理されてきた資料等が揃う個別固定費の取扱いであり，事案ごとにみると，変動費だけでなく個別固定費の一部が控除されるべき費目と認定される事例も認められている[14]。

　なお，特許法102条1項の「利益」に，侵害者が侵害製品を流通させたことによって被った値引き損を踏まえ，侵害行為がなければ得られていた仮想の利益を前提とすることができるかについては，争いがある。

---

[12]　特許法102条2項の利益概念に関するものであるが，田村善之『知的財産権と損害賠償』（弘文堂，平5）が，売上げから変動費を控除し得られた利益をもって権利者の損害額と推定すべき利益とすることをわが国で体系的に論証した文献である。

[13]　1項と同様，現在は限界利益を意味すると説明されることが多い特許法102条2項における侵害者の利益については，変動費のみならず，侵害品販売に相当因果関係が認められる個別固定費の控除が認められる事例も多い。大阪地判平27・10・1（平25(ワ)10039号）裁判所ホームページ〔発泡合成樹脂容器事件〕等。

[14]　平成16年に日本公認会計士協会が策定した「計算鑑定人マニュアル－知的財産権侵害訴訟における計算鑑定人制度の調査研究」にあっては，個別固定費を控除した貢献利益をもって，裁判所が鑑定を求める限界利益の利益率とするとしており，裁判所が特許法105条の2の計算鑑定人を選任した事例では，計算鑑定人による調査で経費の立証が不十分になることもなく，控除すべき費目が変動費に限定されない傾向もある。東京地判平26・3・26（平23(ワ)3292号）裁判所ホームページ〔電池式警報器事件〕参照。

否定説は，特許法102条1項は，あくまでも権利者が侵害品と同数の権利者の製品を販売できたことを推定する販売個数の減少に関する推定規定であり，値引き損に関する逸失利益については，別途，特許法102条4項を介した民法709条による主張・立証を要するとする。

　ただし，侵害品である後発医薬品の薬価収載に伴う薬価引下げという値引き損の主張・立証が比較的明解であった事案ではあるが，東京地判平29・7・27（平27(ワ)22491号）裁判所ホームページ〔ビタミンDおよびステロイド誘導体の合成用中間体およびその製造方法事件〕のように，値引き前の特許権者側の利益を前提とすることも可能との考え方が有力である。

　なお，同判決は，消費税基本通達5-2-5(2)が「無体財産権の侵害を受けたことにより受け取る権利の使用料に相当する損害賠償金」は「資産の譲渡等」の対価に該当することを理由に，損害賠償額に消費税相当額の上積みを認めている*15。

Ⅲ　利益から控除される「費目」について

　判決で控除が認められた経費の費目は，用語として統一されてはいないが，権利者側において，侵害品と同数の権利者側の製品を販売するため，追加的に必要になる経費の控除として，変動費を中心とした一定の類型が定着している。

　変動費とは，一般に，操業度（生産量，加工量，販売量あるいは販売高）の増減によって増減する原価要素とされており，変動製造原価及び変動販売費で構成され，原材料費，外注費用，運送費，保管費，保険費用等の費目が典型であるが，製造業，卸・小売業，建設業等の仕分けルールに判決で指摘される各費目が常に対応しているものではない。

　判決において，変動費としての控除が認められることが多い費目としては，

---

*15　消費税の追加を認めるかについて判決は統一されていなかったが，知財高判平29・2・22（平28(ネ)10082号）裁判所ホームページ〔生海苔異物分離装置における生海苔の共回り防止装置事件〕以降，肯定する例が増えている。ただし，侵害品販売に際して，既に消費税が納税されている点や，権利者側も差額納税処理ができない点等の不合理な問題が残るが，税法に関する立法によって解決されるべき事項であろう。

①原材料費・部品代・仕入原価，②外注・加工費，③梱包費・運送費，④製造
ラインの電気・水道等の光熱費，⑤検定料・販売手数料・リベート，⑥知財の
ランニング・ロイヤリティ等であり，控除が認められないことが多い費目とし
ては，⑦権利者の製品販売開始前の開発費，⑧金型費等の減価償却費*16，⑨
一般管理費，⑩人件費，⑪広告宣伝費等の固定費である。

　なお，⑩の人件費のうち，販売員や管理職の労務費については，共通固定費
であるだけでなく，その必要性も間接経費であり，これを控除することを認め
る例はほとんどないが*17，1項損害の基礎資料となることが多い製造原価計
算書には，原材料費等と並んで直接に製造担当に当たる人件費が割り振られて
いることが通常であり，その取扱いに争いが生じることがある。

　一定規模以上の企業であれば，侵害品と同数の権利者側の製品を追加的に販
売することを想定しても，人的リソースが豊富である上，製造ラインの拡充の
ための人材の新規雇入れや残業代支払の必要性まで立証される例は少なく，製
造部門の人件費であっても，通常は，固定費と理解されるため控除を否定する
事案がほとんどである。ただし，時間給のパートの雇入れで製造ラインを稼働
させており，販売数を増やすに当たってその人件費が上昇する等の事情が前提
になる事案にあっては，人件費が変動費として控除の対象になる場合もある
（大阪地判平25・2・28（平21（ワ）10811号）裁判所ホームページ〔回転歯ブラシの製造方法
及び製造装置事件〕）。

　以上のように，どの費目が変動費として限界利益算定のための控除対象とな
るかについては，認定される典型例，及び認定されない典型例として一定の費
目の類型はあるが，事業規模等の実施の能力に関する権利者側の事情や，問題
となる市場の特性，販売形態等の諸般の事情を考慮して，個別の事案に応じた
判断が必要である。

---

*16　2項損害においては，金型費は直接的な経費として控除する例もある。前掲*13の発泡合
　　成樹脂容器事件。
*17　販売員の人件費の中でも，インセンティブ型の販売費（前掲*4のスロットマシン事件Ⅰ，
　　Ⅱ）の控除は認められている。

IV　特許法102条１項の「侵害行為がなければ販売することができたもの」

　最後に，特許法102条１項の適用の前提である「侵害行為がなければ販売することができたもの」が特許発明の実施品であることが必要であるかについて説明する。

　前述のとおり，三村量一氏らにより提唱された補完関係擬制説は，平成10年改正法により創設された特許法102条１項が特許法等の産業財産権特有の損害額算定規定であり，その適用には権利者側が特許発明の実施品を販売している必要があるとしていた。ただし，前掲＊４のスロットマシン事件Ⅰ，Ⅱのように，同氏が裁判長を勤める部で一部その考えに沿った判決が示されていた時期はあるが，現在は市場において侵害品と競合する製品を販売していれば十分であるとする判決が主流である。

　思うに，特許権は，発明の実施権を専有する（特68条）排他的な実施価値を保護すると同時に，特許権者側での実施の有無にかかわらず，他者の実施を禁止する（特100条）禁止価値自体も保護すべき権利であり，侵害品の譲渡を禁止できていたら権利者側に販売することができた製品が実際に存在し，侵害品の流通によって権利者側の製品の販売数が減少した逸失利益があると想定できる以上，特許法102条１項を当該逸失利益の損害額の推定規定と理解する立場からすれば，その適用を否定すべき根拠は薄く，発明の実施品であることまでは不要とする現在の判決の主流が再度変更される可能性は少ないと理解される。

　なお，市場における侵害品と競合関係については，特許発明の作用・効果をすべて備えている必要性はなく，何らかの代替性が肯定できれば十分であり，具体的な性能等の差異は推定覆滅事情として考慮するとの考えが主流である。

　ただし，権利者が，侵害期間中に，競合機種を一機種しか譲渡していなければ，権利者側の製品を特定することも容易であるが，複数機種，それも侵害期間の異なる時期に多機種を市場に流通させていた場合は，権利者側の主張によって特定される「侵害行為がなければ販売することができたもの」の適否が問題となる。

このような特許発明の実施品ではないが，何らかの代替性を肯定すべき権利者側の製品が多機種に及ぶ場合，仕様の相違により，実際の侵害品との競合関係の度合いにも差異が生じるため，各製品ごとにその推定覆滅事情も異なり得るという問題も生じる。

さらに，そもそも単位数量当たりの利益が機種ごとに異なり，また，一般的に時の経過とともに製品の利益率が低下する上に，侵害品の譲渡数量も時期的に変動するのが通常であるため，侵害品の譲渡数量と権利者側の製品の単位数量の利益とを乗じて推定されるべき損害額を適正に得るためには，本来は適切な権利者側の製品の適正な特定を必要とするものである。

この点，東京地判平25・9・25（平22(ワ)17810号）判時2276号111頁〔アイロンローラなどの洗濯処理ユニットへアフラットワーク物品を供給するための装置事件〕や前掲電池式警報器事件は，侵害期間中に販売された複数の権利者側製品につき，権利者側の競合品としてあり得べき権利者製品の販売機会の喪失による逸失利益は，全体として評価すべきものであり，権利者製品と侵害品を厳密に1対1対応させ，販売機会の喪失を検討すべきものではないとし，侵害期間に亘る権利者側の製品の平均利益をもって，その単位数量当たりの利益としており，参考になる*18。

---

*18　飯田・前掲＊5・1830頁では，侵害期間中に権利者側の製品があることが原則必要であるとしている。当該考え方からすれば，同一の時期に販売していた多機種の製品の平均利益を想定するにせよ，少なくとも，権利者側の製品が実際に譲渡されていた時期による区分をもって，権利者側の製品を特定することが必要になろう。

59 損害額の推定等(2)

原　悠　介

特許法102条1項ただし書が適用されるための要件及び最近の裁判例も踏まえて実際に適用された事例について説明せよ。

キーワード　特許法102条1項ただし書，補完擬制説，推定覆滅説，販売することができないとする事情，寄与率，市場占有率

I　は じ め に

　特許法は同法102条各項において損害額の推定等を定めているが，権利者が請求原因としての同条各項に基づく推定等の主張に成功したとしても，侵害者より抗弁として損害額の減額事由が主張される。結果，両極端に権利者側主張の損害額をほぼ全額認めるものから，反対に99％の減額を認めるものまで様々なものがあるが，実際の事案では，原告の請求額に対する認容率が30％以下の事件が約6割を占めているとの指摘もなされている[1]。損害賠償額に対する予見可能性は，訴え提起前の交渉段階や，訴え提起の方針決定に当たって，権利者及び侵害者のいずれの立場からも重要性を有するが，現状，必ずしもかかる予見可能性が担保されているとはいえない。

　本稿では，特許法102条1項ただし書の減額事由に関する従来の議論を整理した上，知財高判平28・6・1（平27(ネ)10091号）〔破袋機とその駆動方法機事件〕を踏まえ，「寄与率」と特許法102条1項ただし書の関係や，訴訟当事者として求められる減額事由の主張立証のあり方等について検討する。

---

[1]　山口建＝鮫島正洋「日本特許侵害訴訟における知財価値評価−寄与率，推定覆滅を基礎づける要因−」知管66巻4号460頁。

II　特許法102条1項ただし書の法的性質と減額事由

(1)　特許法102条1項の趣旨と立証責任

(a)　特許法102条1項は，本文において，「侵害品の譲渡数量」×「権利者の製品の単位数量当たりの利益額」を，実施の能力に応じた額を超えない限度で，特許権者等の損害額とする。これに対し，同項ただし書において，「特許権者等が譲渡数量の全部又は一部に相当する数量を販売することができないとする事情」が存在する場合には，「当該事情に相当する数量に応じた額を控除する」ものとされており，同項ただし書は，減額事由を定めるとともに，その立証責任を侵害者に負担させている。

(b)　特許法102条1項は，平成10年法律第51号による改正によって新設された規定である。

同改正前は，権利者が，侵害行為と権利者の販売数量の減少との間の因果関係を立証できない場合，侵害品の販売数量のすべてを権利者が販売し得たとは認められないことを理由として権利者の請求が棄却されていた。すなわち，同改正前にあっては，侵害品の販売数量のうち一部について権利者が販売し得たものと認定されないことから，逸失利益の認定が，オール・オア・ナッシング的認定になっているという不都合が生じていたのである。特許法102条1項は，立証の容易化を図ることでこの問題を解決し，現実的な損害額の算定を可能とするルールとして設けられたものである[*2]。

(2)　減額事由に関する学説

このように，特許法102条1項は，個別具体的な事案において，公平妥当な損害額を認定するために規定されたものであるが，同項ただし書が適用される具体的な減額事由については，学説上，同項本文の理解と関連して議論がある。

(a)　補完擬制説

学説では，特許法102条1項本文について，侵害品と権利者製品が市場にお

＊2　特許庁総務部総務課工業所有権制度改正審議室編『平成10年改正工業所有権法の解説』10頁・16頁。

いて補完関係に立つことを法的に擬制したものであると理解する見解も有力である（補完擬制説）。この立場からは，同項ただし書の「販売することができないとする事情」は，かかる法的擬制を覆すに足りる例外的事情をいうのであって，例えば，天変地異等により権利者が特許権の存続期間内に特許発明の実施ができないような場合に限られることとなり[*3]，その適用は謙抑的であるべきとされる[*4]。

(b) 推定覆滅説

これに対し，立法担当者及び多数説は，特許法102条1項本文について，相当因果関係を推定する規定であると理解する。この立場からは，同項ただし書は，本文での推定を覆す規定であり，補完擬制説が挙げる事情のみに限られず，①代替品・競合品の存在，②侵害者の営業努力，ブランド力，③侵害品の他の特徴，④侵害品の価格の低さ等の本文における損害額の推定を覆滅させる一切の事情を含み得るとされ，補完擬制説よりも幅広い事情が考慮される[*5]。

(3) 裁判例の立場

(a) 法的性質論に関する裁判例の理解

裁判例の一部には，特許法102条1項本文に関する補完擬制説的な立場を前提として，同項ただし書の事由を限定した事案も存在するが（東京地判平14・3・19（平11(ワ)13360号）〔スロットマシン事件〕は，「特許法102条1項を，排他的独占権という特許権の本質に基づき，侵害品と権利者製品が市場において補完関係に立つという擬制の下に設けられた規定と解し，侵害品の販売による損害を特許権者の市場機会の喪失ととらえる立場に立つときには，侵害者の営業努力，侵害製品の性能の優秀性や価格の低廉等をもって，同項ただし書にいう『販売することができないとする事情』に該当すると解することはできない」とする。同旨の裁判例として東京地判平14・4・25（平13(ワ)14954号）〔生海苔異物分離除去装置事件〕），知財高判平18・9・25（平17(ネ)10047号）〔椅子式エアマッサージ機事件〕は，次のとおり，推定覆滅説の立場から，同項ただし書の事由を限定しない立場を示している。

---

*3 牧野利秋＝飯村敏明編『新・裁判実務大系(4)知的財産関係訴訟法』288頁〔三村量一〕。
*4 中山信弘『特許法〔第3版〕』382頁。
*5 美勢克彦「特許法102条1項の趣旨と但書において考慮されるべき事情」小松陽一郎先生還暦記念論文集『最新判例知財法』159頁，山田陽三「特許権侵害訴訟における損害論の現状についての一考察」飯村敏明先生退官記念論文集『現代知的財産法実務と課題』708頁。

「特許法102条1項本文は，民法709条に基づき逸失利益の損害賠償を求める際の損害額の算定方法について定めた規定であり，侵害者の譲渡した製品の数量に特許権者等がその侵害行為がなければ販売することができた製品の単位数量当たりの利益率を乗じた額を，特許権者等の実施能力の限度で損害額と推定することとした規定であると解すべきところ，同項但書は，侵害者が同項本文による推定を覆す事情を証明した場合には，その限度で損害額を減額することができることを規定したものであり，このような『販売することができないとする事情』としては，特許権者等が販売することができた物に固有な事情に限られず，市場における当該製品の競合品・代替品の存在，侵害者自身の営業努力，ブランド及び販売力，需要者の購買の動機付けとなるような侵害品の他の特徴（デザイン，機能等），侵害品の価格等の事情をも考慮することができるというべきである」

(b) 裁判例における「販売することができないとする事情」

　その他の裁判例においても，エアマッサージ装置事件と同様に，特許法102条1項ただし書の性質について，推定覆滅説の理解を前提として，減額事由を必ずしも限定しない立場が採用されており，かかる理解が実務上の趨勢であると考えられる（大阪地判平17・2・10（平15(ワ)4726号）〔病理組織検査標本作成用トレイ事件〕，知財高判平27・11・19（平25(ネ)10051号）〔オフセット転輪版胴事件〕等）。

　そして，これまでの裁判例において，「販売することができないとする事情」として認められたものとしては，例えば，①代替品や競合品の存在や市場占有率（東京地判平27・2・26（平24(ワ)33752号）〔体重測定機付体組成測定器事件〕，知財高判平27・11・19（平25(ネ)10051号）〔オフセット輪転機版胴事件〕等），②侵害者の知名度やブランド力（知財高判平24・1・24（平22(ネ)10032号）〔ソリッドゴルフボール事件〕，東京地判平27・2・26（平24(ワ)33752号）〔体重測定機付体組成測定器事件〕等），③侵害品の価格の低さ（大阪地判平19・4・19（平17(ワ)12207号）〔ゴーグル事件〕，知財高判平25・11・6（平25(ネ)10035号）〔回転歯ブラシの製造方法及び製造装置事件〕等），④侵害者の営業力や技術力（東京地判平26・3・26（平23(ワ)3292号）〔電池式警報器事件〕，知財高判平27・11・19〔オフセット輪転機版胴事件〕等），⑤侵害品や他の競合品に権利者製品とは異なる特徴を有すること（東京地判平26・3・26（平23(ワ)3292号）〔回転歯ブラシの製造方法及び製造装置事件〕等），などの事情が挙げら

れる。

　これらの事情が，推定を覆滅する理由としては，例えば，代替品が存在する場合であれば，仮に侵害者製品が販売されていなくとも購入者は権利者製品ではなく代替品を購入する蓋然性があり（上記①），また，購入者の購入動機が侵害者のブランド力，営業力，権利者製品とは異なる特徴部分に基づくものであるならば，仮に侵害者製品が販売されていなくともこのようなブランド力等を有しない権利者製品を購入しない蓋然性がある（上記②ないし⑤），等と説明することが可能である。

Ⅲ　特許法102条1項における「寄与率」の考慮

(1)　裁判例における「寄与率」の考慮

　このように，特許法102条1項の規定文言上の減額事由は「販売することができないとする事情」であるが，実務上は，いわゆる「寄与率」という概念を用いることによって，損害賠償額の減額を認めた事案も多数存在している（特許法102条1項について，「寄与率」の概念を用いて減額を認めた事案として，知財高判平24・1・24（平22(ネ)10032号）〔ソリッドゴルフボール事件〕，大阪地判平24・10・11（平23(ワ)3850号）〔軟質プラスチック容器事件〕，知財高判平27・11・19（平25(ネ)10051号）〔オフセット輪転機版胴事件〕等）。

(2)　「寄与率」の意義

　ここで，「寄与率」とは，「特許発明が侵害品の売上げに寄与した程度」[6]等と説明されており，寄与率を考慮した減額とは，特許発明が侵害品の売上げに貢献している部分と売上げに貢献していない部分とに分け，後者を損害額の調整に反映させる考え方である。

　もっとも，「寄与率」は，特許法の明文上規定された概念ではなく，むしろ「『特許発明の寄与率』という主張の内実が，主張者によってさまざまに異なっている」[7]との指摘が存在するように，実務上，「寄与率」は，具体的事案に

＊6　島並良＝上野達弘＝横山久芳『特許法入門』382頁。
＊7　天野研司「特許法102条1項ただし書の事情および同条2項の推定覆滅事由」L＆T75号30頁。

736 第3章 特許権侵害訴訟における攻撃防御方法 第3節 侵害論に関する問題

よって，付与される意味合いが異なることも多かった。加えて，裁判例の中には，「寄与率」の概念を用いて損害額の大幅な減額を認めたもの（例えば，知財高判平18・9・25（平17（ネ）10047号）〔エアマッサージ装置事件〕及び大阪地判平19・4・19（平17（ワ）12207号）〔ゴーグル事件〕は，侵害者製品の譲渡数量のうち99%について覆滅を認めている）や特許法102条1項ただし書の「販売することができないとする事情」に加え，さらに寄与率を考慮して減額を認めたもの（大阪地判平24・10・11（平23（ワ）3850号）〔軟質プラスチック容器事件〕及び大阪地判平25・2・28（平21（ワ）10811号）〔回転歯ブラシの製造方法及び製造装置事件〕は，「販売することができないとする事情」を検討した上，権利者製品と侵害者製品の構造の違いなど需要者の購入動機に関する事項について，さらに寄与率を考慮した減額をしており，本来，特許法102条1項ただし書で評価を尽すべき事情を二重に考慮しているように考えられる）が登場したことなどもあり，「寄与率」の考え方や算定方法が不明確であって，このような不明確な概念によって損害額が低額化されているのではないかとの問題点の指摘*8に繋がっていたように考えられる。

このような経緯の中で，次の知財高裁判決が登場した。

IV 知財高判平28・6・1（平27（ネ）10091号）〔破袋機とその駆動方法機事件〕（以下，「破袋機判決」という）

(1) 事案の概要

本件は，発明の名称を「破袋機とその駆動方法」とする発明に係る特許権を有する原告が，被告製品が本件特許発明の技術的範囲に属する等として，被告製品の生産及び譲渡等の差止め等を求めるとともに，不法行為に基づく損害賠償（明示的一部請求）として2816万9021円の支払を求めた事案である。

原判決（大阪地判平27・5・28（平24（ワ）6435号）〔破袋機とその駆動方法事件〕）は，被告製品が，本件特許発明の技術的範囲に属するとした上，被告製品を譲渡したことによる損害額として1756万3700円を認定して，原告の請求を一部認容したことから，被告が控訴した。

---

*8 知財戦略本部「知財推進計画2015」15頁（https://www.kantei.go.jp/jp/singi/titeki2/kettei/chizaikeikaku20150619.pdf）。

59 損害額の推定等(2) 737

(2) 争 点

(a) 被告は，特許法102条1項ただし書の「販売することができないとする事情」として，第三者製品が存在し，同第三者製品が被告製品と同程度の販売数量であることから，仮に被告製品が市場に存在しなかったとしても，当該譲渡数量に相当するすべての需要が原告製品に向かったであろうとはいえないと主張した。

(b) また，被告は，次の事情から，被告製品における侵害部分が，購買者の需要を喚起することはあり得ず，被告製品における本件特許発明の寄与率が30％を超えることはないと主張した。

(イ) 本件特許発明は，「回転体に対して正・逆転パターンの繰り返し駆動を行う駆動制御装置」を有することを構成要件とするが，被告製品は，1種類の正・逆転パターンの制御しかできず，極めて限定的である上，正転角度と逆転角度を均衡にしたときのみが本件特許権の侵害となるにすぎない。

(ロ) 被告製品は，納品時はブリッジ現象*9が生じることが明らかな，正転60秒，逆転60秒にセットされており，このセットの状態では本件特許発明の作用効果を充足しない。

(3) 判 示

「証拠……によれば，……原告及び……被告のほかにも，破袋機を製造販売する第三者が存在すること，これら第三者のうちには，自社が販売する破袋機の特徴として，自社の商品カタログにおいて『独自の刃形状と自動反転により破袋後の袋の絡み付きを少なくしています。2軸の破袋刃により抜群の破袋効果を発揮します。シンプルな構造のためメンテナンスが容易であり，安価な破袋刃を採用しランニングコストの低減化を図っております。』などと紹介する者……があること……が認められる。

しかし，本件特許発明……は，……〔1〕機構が簡素化されるとともに，連続して効率よく破袋することができ，〔2〕袋体のブリッジ現象の発生を防止することができ，〔3〕破袋後の袋破片が回転体，固定側刃物に絡みつくこと

---

*9 投入された袋体が回転体の上部に集中，集積されることにより，積み上げられた袋体の上下動が害され詰まることを意味する。なお，本件特許発明ではブリッジ現象の防止が作用効果の一つとして挙げられている。

がない等の破袋作業にとって優位な効果を奏するものであるところ，上記事実のみから，上記第三者の販売する破袋機が，本件特許発明……と同様の作用効果を発揮するものであるとの事実を認めるに足りない。また，本件全証拠によるも，破袋機市場における販売シェアの状況や第三者が販売する破袋機の価格は不明である。したがって，上記認定事実をもって，……原告において，被告製品の譲渡数量に相当する原告製品を販売することができない事情があるということはできず，他にその事情があると認めるに足りる証拠はない。

　……なお，……被告は，原告製品の価格は，被告製品の価格に比べ高額である旨主張する。

　……原告が受注した原告製品14台のうち，最も低額なものは418万円であり，最も高額なもので950万円であって，その１台当たりの平均額は約645万円であったこと，被告製品の販売価格は，350万円程度であることが認められる。しかし，対象製品が破袋機という一般消費者ではなく事業者等の法人を需要者とする製品であり，また，その耐用期間も少なくとも数年間に及ぶものであること……に照らすと，上記の程度の価格差があるからといって，直ちに原告製品と被告製品の市場の同一性が失われるということはできず，他にこれを認めるに足りる証拠はない。

　……以上のとおり，本件において，特許法102条１項ただし書に該当する事情があるということはできない。」

　その上で，同判決は，被告の主張に対し，次のとおり判断した。

　「本件特許発明……の『正・逆転パターンの繰り返し駆動』は，……単なる右回転又は左回転ではなく，右回転と左回転の組合せを１パターンとして，１種ないし複数種類のパターンを繰り返す駆動であって，１パターン内の右回転と左回転は均衡した回転角度とされているものを意味するものと解される。被告製品が１種類の正・逆転パターンの制御しかできないものであったとしても，結局，被告製品は，本件特許発明……を充足するような使用方法が可能である。他方，被告製品に本件特許発明の効果以外の特徴があり，その特徴に購買者の需要喚起力があるという事情が立証されていない以上，寄与率なる概念によって損害を減額することはできないし，特許法102条１項ただし書に該当する事情であるということもできない。」

「……仮に，被告製品の納品時におけるタイマセットの状態のままでは，本件特許発明……のブリッジ現象の発生の防止という作用効果を奏しないとしても，被告製品は，……定期正転時間，定期逆転時間を，それぞれ，０から3000秒の範囲で，10分の１秒単位で数値により設定することができるものであるから，<u>結局，被告製品は，本件特許発明……を充足するような使用方法が可能である。そして，前記……と同様に，寄与率なる概念によって損害を減額することはできない</u>し，特許法102条１項ただし書に該当する事情であるということもできない。」（下線は筆者による）

V 「販売することができないとする事情」の具体的立証の必要性

(1) 破袋機判決の意義

破袋機判決は，「被告製品に本件特許発明の効果以外の特徴があり，その特徴に購買者の需要喚起力があるという事情が立証されていない以上，寄与率なる概念によって損害を減額することはできない」と述べ，侵害者に対し，侵害品に需要喚起力があることを立証すべきであるとして，寄与率に基づく減額を否定している。

この点，特許法102条１項本文において推定された損害額については，同項ただし書において，これを減額する事情が規定されている以上，基本的には，減額事由はかかる要件に沿って検討すべきであって，あえて「寄与率」という概念に基づき減額を検討する必要性は乏しい。

そして，侵害者が，侵害品において「特許発明が寄与していない部分が存在すること」，すなわち「非寄与部分の存在」の主張立証のみをしたとしても，かかる事実のみでは，「非寄与部分」が購入者の購入動機にどのような影響を与えているか明らかではなく，必ずしも侵害者製品が販売されていなかったとしても，権利者製品を購入しない蓋然性があるとまではいえないと思われる。

したがって「非寄与部分の存在」のみでは，損害額に関する相当因果関係を覆滅させ得る事実の主張立証としては十分とはいえないことから，侵害者としては，非寄与部分の存在とは別の問題として，推定覆滅事由の存在及びその程度について，具体的に主張立証する必要がある。

740　第3章　特許権侵害訴訟における攻撃防御方法　第3節　侵害論に関する問題

　そのような意味で，破袋機判決が「寄与率」に基づく減額方法を採用せず，侵害者に「被告製品に本件特許発明の効果以外の特徴があり，その特徴に購買者の需要喚起力があるという事情」の具体的立証を求めた点は，特許法102条1項ただし書の趣旨に立ち返って，侵害者に対し推定覆滅事情の具体的かつ的確な主張立証を求めるものであって，是認し得るものである。

　これまで「寄与率」の概念の元で様々な主張がなされていたが，その多くの事実は，推定覆滅事由である「販売することができないとする事情」として整理できるとの指摘もなされている*10。破袋機判決は，これまで「寄与率」の概念に包含されていた事実を，特許法102条1項ただし書の要件に還元したものであり，同判決を前提とすると，今後は，「寄与率」という抽象的な事実の主張ではなく，個別の減額事由ごとに，その存在や推定覆滅の程度について，より具体的かつ的確な主張立証が求められる傾向になると考えられる。

(2)　**破袋機判決を前提とした立証の程度**

　なお，破袋機判決は，競合品が特許発明の作用効果を奏するかという点につき，同事件で証拠として提出された第三者製品のパンフレットによる立証では不十分であるとも判断している。この点は，あくまで個別事案における証拠評価の問題ではあるが，実務上は，競合品が存在し，同競合品に特許発明と同様の作用効果が存在することを立証するため，第三者製品等のパンフレットや取扱説明書等が提出される場合も多いように思われる。

　もっとも，上記のとおり，相当因果関係の覆滅事由の存在等についてより具体的な主張立証が要求される傾向にあることに照らせば，侵害者としては，問題となる特許発明の作用効果に応じて，実験報告書や消費者のアンケート結果等によって，競合品が特許発明の実施品と同様の作用効果を有することをより積極的に立証すべき事案も多くなるのではなかろうか。

VI　特許法102条1項ただし書を巡るその他の問題

(1)　**侵害品のうち一部についてのみ特許発明が実施されている場合**

---

*10　天野・前掲*7・29頁。

59 損害額の推定等(2)　　*741*

(a)　侵害品のうち一部についてのみ特許発明が実施されている場合，これを損害額の調整事由として考慮するか，また，仮に考慮する場合には，特許法102条１項のいかなる要件の問題として考慮すべきか，という点が議論されている[11]。

(b)　この点については，特許発明が実施されているのが侵害品の一部にとどまる場合にまで，侵害品全体の売上げを損害額とすることは，権利者に逸失利益を超える過大な利益をもたらすものであって相当ではない。通説もこのような観点から，かかる事情を損害額の調整要素として考慮している。

もっとも，かかる事情をどのように考慮するかについては，学説の議論は錯綜しており，①「特許権者……がその侵害行為がなければ販売することができた物」の「単位数量当たりの利益の額」として，特許法102条１項本文の問題として考慮する見解（本文説）[12]，②「譲渡数量の全部又は一部に相当する数量を特許権者……が販売することができないとする事情」として特許法102条１項ただし書の問題として考慮する見解（ただし書説）[13]，及び，③本条１項ただし書ではなく，民法709条における因果関係一般の問題として考慮する見解（民法709条説）[14]が存在する。

また，裁判例についても，かかる事情を損害額の調整要素とする点では概ね一致すると考えられるが，その根拠については，上記①〜③のいずれの見解に従ったものも存在しており，裁判所の判断も統一されていない[15]。

(c)　私見としては，特許発明が実施されているのが侵害品の一部である場合も，部品特許の場合と同様に考え，「侵害行為がなければ販売することができ

---

[11]　なお，侵害品のうち一部についてのみ特許発明が実施されている場合を「寄与率」の問題として特定する場合もある。「寄与率」の概念を用いるかは用語の問題でしかないが，あえて従来不明確とされていた用語によって問題設定をする必要もなく，単にその実質的な減額の根拠を特許法102条１項又は民法709条の要件に即して検討すればよいと考えられる。

[12]　三村・前掲＊３・303頁，中山・前掲＊４・380頁，設樂隆一「関西知財高裁10周年記念シンポジウムの基調講演等」知財ぷりずむ14巻160号14頁，高部眞規子編『特許訴訟の実務〔第２版〕』221頁〔高部眞規子〕等。

[13]　島並ほか・前掲＊４・382頁，田村善之「特許権侵害に対する損害賠償額の算定」パテ67巻１号141頁，尾崎英男「特許法102条１項の諸論点」高林龍編『知的財産権侵害と損害賠償』26頁等。

[14]　鎌田薫「特許権侵害と損害賠償－工業所有権審議会答申と特許改正案について－」CIPICジャーナル79号23頁，中山信弘＝小泉直樹編『新・注解特許法〔第２版〕【中巻】』1871頁〔飯田圭〕等。

た物」の「単位数量当たりの利益の額」として考慮すべきと思われるが（本文説），いずれにしても，実務上の取扱いも分かれており，本文説とただし書説又は民法709条説とでは立証責任の所在も異なることから，裁判所による判断の統一が望まれるところである。

(2) 減額事由としての「市場占有率」について

(a) 特許法102条1項ただし書の減額事由として権利者及び第三者の「市場占有率」を考慮する裁判例が存在しており，例えば，知財高判平23・12・19（平22（ネ）10091号）〔飛灰中の重金属の固定化方法及び重金属固定化処理剤事件〕は，「被告製品の販売がなければ競合他社の製品（競合品）が販売されていたものと考えられる数量を除いた，……原告製品の販売可能数量は，被告製品の販売数量……に……被告製品を除くピパラジン系の飛灰用重金属固定化処理剤の市場における原告製品の市場占有率を乗じて得られる数量とするのが相当である」として，権利者製品の市場占有率を減額事由の基礎としている。

(b) もっとも，市場占有率を重視すると，例えば，権利者が中小企業又はベンチャー企業等であったり，紛争が特許登録の直後に生じたものである等の事情により権利者が十分な市場占有率を有するに至っておらず，かつ，市場が侵害者を含め数社の寡占状態にある事案では，侵害品が存在しなければ，侵害品の購入者は必ず他社製品を購入するであろうという擬制が働くことから，損害額の大幅な減額が認められることが予想される。このような事案では，特許法102条1項に基づく損害額が，最低ラインを定めたとする同条3項に基づく損害額を下回る場合すらあり得ると思われる。

(c) 権利者製品及び代替品の市場占有率が減額事由となる根拠は，侵害品が販売されていなければ，侵害品の購入者は権利者製品又は代替品のいずれかを購入したはずであり，しかも，その割合は侵害品を除いた市場占有率に近似す

＊15　本文説を前提とすると考えられるものとして，東京地判平14・3・19（平11（ワ）13360号）〔スロットマシン事件〕，東京地判平14・4・25（平13（ワ）14954号）〔生海苔異物分離除去装置事件〕等。

ただし書説を前提とすると考えられるものとして，知財高判平18・9・25（平17（ネ）10047号）〔エアマッサージ装置事件〕，大阪地判平19・4・19（平17（ワ）12207号）〔ゴーグル事件〕，知財高判平26・3・26（平25（ネ）10017号）〔オープン式発酵処理装置事件〕等。

民法709条説を前提とすると考えられるものとして，知財高判平17・9・29（平17（ネ）10006号）〔液体充填装置におけるノズル事件〕等。

るはずであるという考えに立脚するものであって，そこには一種の擬制が存在する。

　しかしながら，市場占有率は，そもそも，「市場」の範囲をどのように設定するかによってその「占有率」も大きく変わり得るものであり，また，その立証方法も業界紙や調査会社の報告書等，限られた証拠によらざるを得ないこともあって，合理的な市場占有率を把握すること自体に困難が伴う。また，現実には，他の競合品が有するブランド力や，他の競合品及び権利者製品と侵害品の親和性等（例えば，侵害品の購入者は，A社の製品を好む傾向にあるが，B社製品は好まない傾向にある等）の様々な要素が侵害品の購入者の判断に影響を与えると考えられ，侵害品の購入者が市場占有率に従って権利者製品又は第三者製品を購入するはずであるとの擬制自体，様々な損害額の変動要因を内包している。

　(d)　特許法102条1項ただし書において市場占有率を考慮する場合には，十分な証拠に基づき，当該事案の具体的事実関係の下で推定の覆滅が認められるかを慎重に検討すべきであり，このような観点からも，抽象的な競合品の存在や市場占有率の主張立証に基づく減額を否定し，侵害者に対し，より具体的な市場占有率等の主張立証を求める破袋機事件の立場は是認できるものである。■

744　第3章　特許権侵害訴訟における攻撃防御方法　第3節　侵害論に関する問題

60 損害額の推定等(3)

井﨑　康孝

> 特許法102条2項による損害賠償請求の要件について説明せよ。また，特許法102条2項の推定が覆る場合として，具体的にどのような場合があるかも説明せよ。

キーワード　　利益，寄与率，推定覆滅，損害額，特許法102条2項

I　特許法102条2項の概要

(1)　趣　　旨

　特許権が侵害された場合，特許権者又は専用実施権者（以下，総称して「権利者」という）が賠償を求める損害としては，財産的損害のうち調査費用，弁護士費用等の積極的損害，信用毀損等の精神的損害も考えられるが，その中心は通常，財産的損害のうち消極的損害，すなわち侵害行為がなければ得られたであろう利益（逸失利益）相当額の損害である。かかる逸失利益の額の立証は権利者にとって必ずしも容易でないことから，特許法は，その主張立証の負担を軽減する趣旨で，損害額の算定について3種類の規定を置いている（特102条1項ないし3項）。

　このうち2項は，侵害者がその侵害の行為により得た利益の額をもって，権利者の受けた逸失利益の額と推定するものである。

(2)　実務上の利用状況

　特許法102条は他にも，侵害者の譲渡数量に権利者の単位数量当たりの利益額を乗じた額を権利者の実施能力を超えない限度で損害額とする規定（1項），及び実施に対し受けるべき金銭の額（実施料相当額）を損害額とする規定（3項）を置いている。権利者としては，これら3種類の規定のうちいずれか1つを選択して損害額を主張することも，複数の規定に基づきいくつかの損害額を選択

的に主張することも可能である。

いずれの規定が権利者に有利であるかは事案によるが、一般的には、権利者は先行者として侵害者より多額の単位数量当たりの利益を得ていることが多く、２項よりも１項の方が認定される損害額が高くなることが多いと思われる。もっとも、１項の損害額を主張する場合、権利者は自らの単位数量当たりの利益額を裁判上で主張立証しなければならず、それが競業者である侵害者のほか、判決に至れば判決文として公に公開されてしまうことになるため、権利者によってはあえて１項の主張を避けることもある。

一方、３項は、権利者の主張立証の負担は比較的少ないものの、裁判例の多くは１％から５％程度の実施料率しか認定しておらず、算出される損害額が１項又は２項より低くなることが多い。

そこで、実務上は、２項による損害額が、単独で、又は少なくとも１項若しくは３項と併せて選択的に主張されることが多い（なお、従来は２項の適用を受けるためには権利者の実施を要すると解するのが一般的であったが、後述のとおり、平成25年の知財高裁大合議判決（知財高判平25・2・1（平24(ネ)10015号）判時2179号36頁・判タ1388号77頁〔ごみ貯蔵機器事件〕）は必ずしも権利者の実施を要しない旨判示し、その後も同旨の裁判例が続いているため、今後は一層、２項の主張が増加するものと思われる）。

Ⅱ　特許法102条２項による損害賠償請求の要件

(1)　概　　要

不法行為に基づく損害賠償請求の要件は、(i)権利又は法律上保護される利益の侵害の事実、(ii)侵害者の故意又は過失、(iii)損害の発生及び額、並びに(iv)上記(i)と(iii)との間の因果関係であるが、このうち(ii)の「過失」は特許法103条により推定され、(iii)のうち「額」及び(iv)の因果関係は特許法102条２項により推定される。

よって、結局、特許法102条２項により損害賠償請求する場合の請求原因事実は、①権利侵害の事実、②損害発生の事実、及び、③侵害者が侵害の行為により受けた利益の額の３つである。なお、さらに、④権利者が特許発明を実施している事実等まで要するかについては争いがあるが、この点は後記(4)で後述

する。

そして，実際の特許権侵害訴訟においては，①は侵害論で審理が尽くされ，①が認められれば多くの場合は②のうち逸失利益の損害の発生は事実上推定されるため，損害論での２項損害に関する審理の中心は③となる。具体的には，「利益」の意味に関連して侵害者の利益額の算定が問題となり（後記(2)で後述する），また，「侵害の行為により」の解釈とも関連して当該特許発明の寄与率も問題となる（後記(3)で後述する）。さらに，２項はあくまで推定規定であるため，その推定覆滅事由の有無及び程度も問題となる（後記Ⅲで後述する）。

(2) 「利益」の意味

(a) 学説及び裁判例の傾向

２項の「利益」の意味については，学説上及び裁判例上，解釈の傾向に変遷があり，また，それら学説及び裁判例の分類の仕方も論者により異なるが，例えば，中山信弘＝小泉直樹編『新・注解特許法〔第２版〕【中巻】』1936頁ないし1944頁〔飯田圭〕では，概ね下記(イ)ないし(ニ)のとおり解説されている。

(イ) 純利益説　「利益」とは純利益であって，純利益の額について権利者が主張立証責任を負うとする見解であり，従来，多数の裁判例がこの見解に立ち（上記文献では昭和39年9月29日から平成12年9月28日までの裁判例が紹介されている），また，学説上も多数説であった。

(ロ) 粗利益・純利益立証責任配分説　「利益」とは純利益を意味するものの，権利者が立証責任を負うのは粗利益の額のみであって，粗利益からさらに控除されるべき経費の額については侵害者が立証責任を負うとする見解であり，従来，この見解に立つ裁判例も有力となり（上記文献では昭和56年1月30日から平成10年1月30日までの裁判例が紹介されている），学説上も有力となった。

(ハ) 権利者基準の限界利益説，権利者基準の粗利益・限界利益立証責任配分説　近年，「利益」とは限界利益（又は貢献利益），すなわち侵害者の売上げから当該売上げの増加に伴って増加する変動費（及び当該売上げのために直接必要であった直接（個別）固定費）のみを控除したものを意味すると解する見解（限界利益説（又は貢献利益説））が多数となった。

このうち，当初は，学説上，限界利益の額，特に侵害者の売上げの額から控除されるべき変動費の額については，権利者を基準とするものとして，権利者

が立証責任を負うとする見解（権利者基準の限界利益説），又は，権利者が立証責任を負うのは粗利益の額のみであり，粗利益から控除されるべき変動費の額については，権利者を基準とするものとして，侵害者が立証責任を負うものとする見解（権利者基準の粗利益・限界利益立証責任配分説）が有力となった。

裁判例上も，限界利益の額を権利者を基準として算定するものが有力となった（上記文献では平成7年10月30日から平成11年12月22日までの裁判例が紹介されている）。

㈡　侵害者基準の限界利益説，侵害者基準の粗利益・限界利益立証責任配分説　　近時，限界利益の額，特に侵害者の売上げの額から控除されるべき変動費（及び直接（個別）固定費）の額については，侵害者を基準とするものとして，権利者が立証責任を負うとする見解（侵害者基準の限界利益説）が多数となり，また，権利者が立証責任を負うのは粗利益の額のみであり，粗利益の額から控除されるべき変動費の額については，侵害者を基準とするものとして，侵害者が立証責任を負うとする見解（侵害者基準の粗利益・限界利益立証責任配分説）も有力となった。

裁判例上も，限界利益の額を侵害者を基準として算定するものが多数となり（上記文献では平成6年3月25日から平成26年8月21日までの間の非常に多数の裁判例が紹介されている），このうち，控除されるべき変動費（及び直接（個別）固定費）の額については侵害者が立証責任を負うものとすると理解される裁判例も有力となった（上記文献では平成11年9月16日から平成26年8月21日までの多数の裁判例が紹介されている）。

(b)　実務上の対応

以上のとおり，「利益」の意味については，現在では概ね，上記㈡の侵害者基準の限界利益説又は侵害者基準の粗利益・限界利益立証責任配分説のいずれかで裁判例が定着してきており，実務上も㈡を前提とした主張立証活動がなされている。

権利者としては，㈡のうち侵害者基準の粗利益・限界利益立証責任配分説の方が有利であるが，この点はまだ裁判例が定着していないため，侵害者の変動費等についても権利者側に立証責任があるという理解（侵害者基準の限界利益説）を前提として，書類提出命令の申立て（特105条1項）等を駆使することによりその立証に努めるべきである。なお，裁判例の中には，侵害者の変動費等を事

実認定するうえで，特許法105条の３の趣旨から，業界標準により事実上推認され得るとしたもの（商標権に関し東京地判平10・７・24（平７（ワ）20095号）判時1661号128頁〔寒梅事件〕）及び権利者を基準として事実上推認され得るとしたものがあり（不正競争防止法に関し大阪地判平10・９・17（平７（ワ）2090号・平８（ワ）13075号）判タ1021号258頁〔網焼プレート事件〕，大阪地判平22・１・28（平19(ワ)2076号）判時2094号103頁〔組合せ計量装置事件〕），権利者としてはかかる立証方法も検討すべきである。

　他方，侵害者としては，権利者側に侵害者の変動費等の立証責任がある（侵害者基準の限界利益説）と解する余地はあるとはいえ，控除されるべき変動費等が認定され，権利者に認められる損害額が減少すること自体は侵害者にとっても有利なことであるし，また，書類提出命令に違反した場合にサンクション（民訴224条３項）があること，上記のとおり業界標準又は権利者基準により侵害者の変動費等が事実上推認される可能性があること等を考慮すれば，自らの変動費等を積極的に主張立証することを検討すべきである。

　(c)　控除される侵害者の変動費等

　今後の課題は，上記(ニ)の見解を前提として，侵害者の変動費等のうちいかなる費目のいかなる割合の控除が認められるかであるが，この点については，侵害者の企業規模，侵害者の全売上げに占める侵害品の売上げの割合，侵害品の製造販売に当たって必要となった施設・機械・労力，侵害品の製造・販売の期間など様々な要素を全体的に考慮したうえ，個別具体的に，侵害品の製造・販売に相当な因果関係のある費用を算定すべきであると解される（東京地判平19・４・24（平17(ワ)15327号）裁判所ホームページ〔レンズ付きフィルムユニット事件〕）。

　よって，必ずしも一律には論じられないが，中山＝小泉編・前掲1945頁ないし1952頁〔飯田圭〕には，裁判例で肯定又は否定された費目及び割合として，概ね以下のものが紹介されており，大変参考になる。侵害者としては，これらの費目及び割合も検討しながら，当該事案で控除されるべき変動費等を漏れなく主張すべきである。

［肯定例］

　①　原材料費，部品代，仕入費用等

　②　開発費，技研出張費，開発人件費のうち相当分

60 損害額の推定等(3) *749*

③ 特許権使用料・ノウハウ等実施料

④ 外注費，業務委託費のうち相当分

⑤ 加工費，(粉体の)分級費用，組立調整費，直接作業労務費，総組立費のうち残業時間分，労務費，時間外人件費，個別鑑定手数料

⑥ 製造原価のうち比例費・変動費（水道光熱費・動力費・消耗品費・修繕費）・相当分，製造経費のうち相当分，消耗品費，電力・ガス・水道料，燃料費

⑦ 金型の減価償却費，製作費のうち相当分，直接償却設備費，製造原価のうち固有費のうち相当分，加工単価のうち製造間接費のうち相当分，製造管理費用のうち相当分，金型・試験装置費用，金型製作費用，金型改造費

⑧ 包装費，包装用袋製作費，出荷手数料のうち包装費相当分，印刷ラベル

⑨ 梱包費，資材費，荷造費

⑩ 保管料，倉庫費用

⑪ 荷役費，荷造運賃のうち相当分，運送費，発送費，船積費用，運搬費，輸入関税費用

⑫ 広告宣伝費のうち相当分，展示会費用のうち装飾費用分，リスティング広告に係るクリック課金，新聞広告料，個別の広告宣伝費

⑬ 出張費のうち交際費控除分，販売員の旅費及び給与，販売員の給与のうち相当分，営業経費，販促費のうち相当分，無料交付サンプル相当価額，出張費のうち相当分，営業人件費・営業交通費・販売促進費

⑭ 販売人件費のうち相当分，販売管理費のうち相当分，販売費のうち相当分，販売手数料，販売・管理コストのうち相当分，販売経費

⑮ 値引き返品分

⑯ インターネットショップホームページ運営・宣伝・顧客管理・入金確認・発送手配・カスタマーサービス・貿易コンサルタント等に係る業務手数料

⑰ 修理従業員人件費及び運賃のうち相当分，メンテナンス従業員費用

⑱ 一般管理費のうち相当分

［否定例］

① 単に製造されただけで現実に譲渡されなかった侵害品の製造原価

② 研究開発費

③　間接外注加工費，固定加工賃のうち相当分

④　直接労務費，総組立費のうち残業時間以外分，社内労務費

⑤　汎用製造機械購入費用，製造原価のうち配賦費・減価償却費等，製造設備費，固定機器設備減価償却費・修繕費・リース料・稼働費

⑥　販売費及び一般管理費，販管費，一般管理費，一般固定費，販売費のうち販売員給料及び厚生費，固定費（保険・税金等），リース代，補助管理費，店舗家賃，店頭販売委託人件費，出張費のうち交際費，通信交通費，受注・納入人件費，賃借料・広告費・火災保険料・販売手数料，交際接待費・会議費・販売促進費，本社ビルの地代家賃・共有経費，機器の減価償却費，一般広告宣伝費・見本費，営業部門費・本社費，謝恩企画費，保守点検費

⑦　侵害品の改修費（侵害者が一旦売却した侵害品についての改修費）

⑧　検査費用及び製品廃棄費用

⑨　棚卸資産評価損

⑩　営業外損失及び特別損失，営業外費用及び法人税，手形割引料，為替差損

⑪　幇助者ないし共同不法行為者への販売手数料・顧問料

(3)　寄与率の考慮

(a)　問題の所在

　侵害行為のうち特許発明を実施している部分が一部である場合，侵害行為で他の特許発明等も実施されている場合，さらにはその他の事情（侵害品の他の特徴（機能，デザイン等），侵害者の営業努力（ブランド力，宣伝広告），市場における競合品の存在，市場の非同一性（価格，販売形態）等）があった場合に，これらの事情を当該特許発明の寄与率として考慮し得るのか，また，仮に考慮し得るとしてその理論的根拠及び立証責任をどう理解すべきかについて，見解が分かれている。

(b)　学説及び裁判例の状況

　寄与率が問題となる事情の種類にもよるものの，結論として概ねこれらの事情を寄与率として考慮すること自体ついては，通説及び多くの裁判例は肯定している（寄与率考慮説）。

　しかし，その理論的根拠及び立証責任については，概ね下記のとおり見解が

分かれている。

　(イ)　寄与利益説　　2項の文言に「侵害の行為により」とあること等を根拠に，同項の「利益」は特許発明が寄与した利益であると解し，その寄与利益の額について権利者が立証責任を負うとする見解である。

　中山＝小泉編・前掲1953頁ないし1966頁〔飯田圭〕によれば，学説上は従来，かかる寄与利益説が有力であり，また，裁判例では現在でも多数を占めるようである（同文献には昭和43年6月19日から平成25年3月25日までの多数の裁判例が紹介されている）。

　(ロ)　全体利益・非寄与率立証責任配分説　　2項の「利益」はあくまで侵害者の全体利益であると解したうえ，当該全体利益の額に対する特許発明の非寄与率については推定の一部覆滅事由として侵害者が立証責任を負うとする見解である。

　上記文献によれば，学説上は近時，かかる全体利益・非寄与率立証責任配分説が多数であり，裁判例でも近時はかかる見解によったと理解されるものが多数あるようである（同文献には主に平成23年2月24日から平成26年12月17日までの裁判例が紹介されている）。

　(c)　実務上の対応

　以上のとおり，種々の事情を寄与率として考慮し得るという結論自体はほぼ異論がなく，この点が最終的に認定される損害額に非常に大きく影響することから，当事者としては，寄与率又は非寄与率について十分な主張立証を心掛けなければならない。

　そして，寄与率を考慮する理論的根拠及び立証責任の負担については，現状でも裁判例が分かれており，知財高裁の大合議判決が待たれるところである。もっとも，寄与利益説，全体利益・非寄与率立証責任配分説のいずれの立場からも，寄与率又は非寄与率に係る裁判所の裁量的な判断を肯定するものが多数であり[1]，実際にも裁判所は事案に応じ柔軟に判断していると思われるため，

---

[1]　寄与利益説から中山信弘編『注解特許法〔第3版〕【上巻】』1038頁〔青柳昤子〕，全体利益・非寄与率立証責任配分説から牧野利秋編『裁判実務大系(9)工業所有権訴訟法』338頁〔設樂隆一〕，牧野利秋＝飯村敏明編『新・裁判実務大系(4)知的財産関係訴訟法』317頁〔髙松宏之〕。

当事者双方から適切に主張立証活動がなされる限り，実務上は結論にさほど大きな差はないように思われる。

(4) 実施の要否

(a) 問題の所在

特許法102条2項により損害の「額」は推定されるものの，損害の「発生」についてまでは推定されない。そして，同項はあくまで権利者が「侵害により……受けた損害」の賠償を請求する場合に係る規定であるところ，権利者が全く特許発明を実施していない場合には，侵害行為がなされたとしても，それにより権利者が逸失利益の損害を被ったとはいい難いようにも思われる。

そこで，同項の適用を受けるためには，権利者が侵害期間中に特許発明を実施していたことを要するかが問題となる。

(b) 学説及び裁判例の状況

従来，学説では，不要説もあるものの[2]，権利者による侵害期間中の実施を要するとするのが多数であり[3]，裁判例でも，権利者による実施を要するとしたもの，またはそのように理解されるものが多数であった（商標権に関し東京地判昭53・3・27（昭49（ワ）1767号）判タ368号360頁〔盛光事件〕，東京高判平11・6・15（平10（ネ）2249号・平11（ネ）1069号）判時1697号96頁〔スミターマル事件〕，東京地判平17・3・10（平15（ワ）5813号・23633号）判時1918号67頁・判タ1207号228頁〔トンネル断面マーキング方法事件〕，不正競争防止法に関し東京地判平18・7・26（平16（ワ）18090号）判タ1241号306頁〔ロレックス腕時計事件〕等）（もっとも，権利者が競合技術を実施している場合については，従来から，2項の適用を肯定する見解も有力であり（競合技術実施十分説），そのような見解によったと理解される裁判例もいくつか見られた）。

ところが，前掲平成25年2月1日の知財高裁大合議判決（前掲知財高判平25・2・1〔ごみ貯蔵機器事件〕。なお，最決平26・11・18（平25（オ）684号・（受）827号）にて上告棄却・不受理決定がなされている）は，権利者が国外で製造した実施品を国内

---

[2] 権利者の実施能力があれば足りるとする見解（渋谷達紀『知的財産法講義I（特許法・実用新案法・種苗法）』〔第2版〕306頁），権利者による侵害期間中の後発的な実施開始で足りるとする見解（田村善之『特許法の理論』377頁等）等。

[3] 牧野利秋編『裁判実務大系(9)工業所有権訴訟法』338頁〔清永利亮〕，牧野利秋＝飯村敏明編『新・裁判実務大系(4)知的財産関係訴訟法』72頁〔牧野利秋〕，中山信弘＝小泉直樹編『新・注解特許法〔第2版〕【中巻】』1628頁〔飯田圭〕等。

の総代理店に輸出・販売し，当該総代理店が国内で販売していた事案において，「特許権者に，侵害者による特許権侵害行為がなかったならば利益が得られたであろうという事情が存在する場合には，特許法102条2項の適用が認められる」としたうえ，「特許法102条2項の適用に当たり，特許権者において，当該特許発明を実施していることを要件とするものではない」との立場を明らかにし，当該権利者について2項の適用を肯定した。

同判決は，外国法人である特許権者が国内の総代理店を通じていわば間接的に自己実施しているとも評価し得る事案に係るものであったため*4，その射程範囲が注目されたが，その後も，知財高裁は，特許権者が特許発明と競合する技術を実施していた事案において，相次いで同趣旨の理由により2項の適用を肯定している（知財高判平26・9・11（平26(ネ)10022号）裁判所ホームページ〔電話番号情報の自動作成装置事件〕及び知財高判平27・4・28（平27(ネ)10097号）裁判所ホームページ〔蓋体を備える容器事件〕。いずれも特許権者に「侵害者による特許権侵害行為がなかったならば利益が得られたであろうという事情」が存在すれば2項の適用が認められる旨判示している）。

(c) 実務上の対応

以上のとおり，従来は適用否定説が多数であったものの，近時は，少なくとも権利者自身による特許発明の実施は必ずしも要しないとする裁判例が定着しつつあると思われる。

今後は，いかなる事情があれば特許権者に「侵害者による特許権侵害行為がなかったならば利益が得られたであろうという事情」が存在すると評価されるかについて，さらなる裁判例の集積が待たれるところである。なお，「侵害者による特許権侵害行為がなかったならば利益が得られたであろうという事情」の要件事実上の位置づけについては必ずしも明らかではないが*5，「損害発生

---

*4　同判決も「上記認定事実によれば……原告は，コンビ社を通じて原告製カセットを日本国内において販売しているといえること……が認められる」と述べている。

*5　前掲の3つの知財高裁判決のうち知財高判平26・9・11〔電話番号情報の自動作成装置事件〕だけは，「特許権者に，侵害者による特許権侵害行為がなかったならば利益が得られたであろうという事情が存在することをもって，損害発生の事実があるものとして，同規定の適用が認められる」と述べており，上記事情を「損害発生の事実」の内容と位置づけているものと解される。

の事実」の内容として，又は「権利者による特許発明の実施」に類する新たな要件として，いずれにせよ権利者に主張立証責任があるものと思われる。

実務上は，権利者が実施をしていない場合であっても，「侵害者による特許権侵害行為がなかったならば利益が得られたであろうという事情」が存在すると評価し得る事案であれば，権利者としては，２項損害を主張することも検討したうえ，仮に主張するのであれば，かかる事情が存在することについて主張立証を尽くすべきであり，また，侵害者としても，油断することなくかかる事情が存在しないことについて十分な反論をすべきである。

Ⅲ　推定覆滅事由

(1)　問題の所在

２項は法律上の事実推定規定であるため，権利者により侵害者の受けた利益の額が立証されたとしても，侵害者により推定事実の不存在，すなわち権利者が侵害行為により現実に受けた損害額が侵害者の受けた利益よりも低額であることが立証されれば，同項の推定は覆滅される。

問題は，(ⅰ)侵害者が上記の立証をするために，権利者が現実に受けた損害額を具体的に立証する必要まであるのか，それとも侵害者の受けた利益の額のうち一部が権利者の損害として発生していないことを立証すれば足りるのか（一部覆滅の可否），また，(ⅱ)いかなる事由があれば推定が覆滅されるのか（推定覆滅事由）である。

(2)　一部覆滅の可否

従来，学説上及び裁判例上，侵害者が「権利者が侵害行為により現実に受けた損害額が侵害者の受けた利益よりも低額であること」を立証するためには，権利者の現実に受けた損害額を具体的に立証する必要があると解されており，侵害者がかかる立証をすることは極めて困難であることから，推定の覆滅が認められた例はほとんどなかった。一方，推定覆滅の効果としては，原則として２項の推定規定の適用が排除され，権利者は，他の損害額算定規定によるか，それがなければ一般原則による不法行為に基づく損害賠償の立証を行わなければならないと解されていた（権利者の現実の損害額が明らかになったことにより推定の

全部覆滅を認めた裁判例として，すべて商標権に関し，大阪地判昭54・11・28（昭53（ワ）1898号）判例工業所有権法〔第2期版〕2851の391頁〔エチケットブラシ事件〕，東京高判昭62・9・29（昭57（ネ）2799号）無体集19巻3号371頁〔制糖茶事件〕，大阪地判平元・10・9（昭61（ワ）2367号）無体集21巻3号776頁〔元禄寿司事件〕等がある）。

しかしながら，近時では，平成10年に新設された1項において，ただし書による柔軟な損害額認定が可能となったことの影響もあり，2項においても従来のようなオール・オア・ナッシングな考え方ではなく，1項ただし書のような事情が存する場合には推定の一部覆滅を認める学説*6及び裁判例*7が多数になっており，概ね定着しつつあるように思われる。

よって，実務上は，推定の一部覆滅も認められるという理解を前提として，特に侵害者側は主張立証を尽くすべきである。

(3) 推定覆滅事由

今後の課題は，いかなる事由が推定の一部覆滅事由として認められるかであるが，中山＝小泉編・前掲1978頁ないし1981頁〔飯田圭〕には，概ね以下のような事由について推定覆滅の可否が判断された裁判例（肯定例・否定例）が紹介されており，大変参考になる。

抽象的には同じような事由であっても，裁判での評価が分かれていることも多く*8，結局は個々の事情や立証程度による面も多いと思われるが，侵害者としては，これらの事例も参考にしながら，当該事案で推定覆滅事由として認められ得る事由を漏れなく主張立証すべきである。

---

*6　牧野利秋＝飯村敏明編『新・裁判実務大系(4)知的財産関係訴訟法』317頁〔髙松宏之〕，商標権に関し同416頁〔君嶋祐子〕，飯村敏明＝設樂隆一編著『ＬＰ(3)知的財産関係訴訟』220頁〔佐野信〕，中山信弘＝小泉直樹編『新・注解特許法〔第2版〕【中巻】』1975頁〔飯田圭〕等。

*7　東京地判平11・7・16（平8（ワ）6636号）判時1698号132頁〔悪路脱出具事件〕（東京高判平12・4・27（平11（ネ）4056号）裁判所ホームページで是認），東京地判平19・9・19（平17（ワ）1599号）裁判所ホームページ〔キー変換式ピンタンブラー錠事件〕，大阪地判平25・2・28（平21（ワ）10811号）裁判所ホームページ〔回転歯ブラシの製造方法及び製造装置事件〕（知財高判平25・11・6（平25（ネ）10035号）裁判所ホームページで是認），前掲知財高判平26・9・11〔電話番号情報の自動作成装置事件〕，知財高判平26・12・17（平25（ネ）10025号）裁判所ホームページ〔金属製ワゴン事件〕等。なお，前掲知財高判平25・2・1〔ごみ貯蔵機器事件〕等も，事案の結論としては権利者側の立証が足りないことを理由に推定の一部覆滅を認めなかったものの「特許権者と侵害者の業務態様等に相違が存在するなどの諸事情は，推定された損害額を覆滅する事情として考慮されるとするのが相当である」等と述べており，一般論としては推定の一部覆滅を許容しているものと解される。

756　第3章　特許権侵害訴訟における攻撃防御方法　第3節　侵害論に関する問題

［肯定例］

① 権利者の実施余力の不存在

② 権利者の製品と侵害品との用途・用法等の相違

③ 他の非侵害代替品・競合品・サービスの存在，シェア

④ 侵害者の市場開発努力・営業努力・周知性・ブランド力・販売能力・独自の販売形態等

⑤ 侵害品（及び他の代替品・競合品）の他の特徴

⑥ 侵害品（及び他の代替品・競合品）の価格の低さ

⑦ 権利者の製品と侵害品（及び他の代替品・競合品）との販売地域の非競合

⑧ 権利者の製品と侵害品（及び他の代替品・競合品）との取引先・販売経路の非競合

⑨ 権利者の製品と侵害品（及び他の代替品・競合品）との需要者の非競合

⑩ 権利者の実施態様と侵害者の侵害態様の相違

⑪ 非のみ型・多機能型・主観的間接侵害品が直接侵害用途に用いられなかったこと

⑫ 全体利益・非寄与率立証責任配分説における特許発明の非寄与率

⑬ 権利者の共有者の共有持分比

⑭ 専用実施権者等から特許権者への実施料相当額

⑮ 権利者の実施技術が特許発明でないこと（権利者による実施の要否に関する競合技術実施十分説を前提）

［否定例］

① 権利者の実施余力の一時的な不存在

② 権利者の特許発明の不実施

③ 特許発明の進歩性の低さ

④ 他の代替技術の存在

⑤ 侵害後の構成変更での回避容易性

＊8　例えば，権利者の実施余力（肯定例①，否定例①），他の非侵害代替品・競合品の存在・シェア（肯定例③，否定例⑥），侵害者の営業努力・ブランド力等（肯定例④，否定例⑭），侵害品の他の特徴（肯定例⑤，否定例⑦），権利者製品と侵害者製品との価格差（肯定例⑥，否定例⑰），権利者の製品と侵害品との取引先・販売経路の非競合（肯定例⑧，否定例⑪）等である。

⑥　他の非侵害代替品・競合品の存在，シェア

⑦　侵害品の他の特徴

⑧　侵害品における被告意匠権の実施その他の外観上の特徴

⑨　侵害品に係る独自のキャッチコピーの使用

⑩　従前の同一商品名の継続使用

⑪　権利者の製品と侵害品との取引先・販売経路の非競合

⑫　原告の信用不安

⑬　単発的な装置の製造販売における権利者・侵害者の営業力の優劣

⑭　侵害者の活発な宣伝活動及び知名度の高さ，侵害者（製品）のブランド
　力

⑮　権利者による日本での販売店を通じての製品の販売

⑯　侵害品の被侵害態様での使用の可能性

⑰　権利者製品・侵害品の価格差

⑱　権利者製品・侵害品が使用される権利者製本体の不具合

⑲　侵害品による他社の特許権の侵害及び当該他社による当該特許権の他の
　侵害品への警告

⑳　被災による権利者工場の操業停止期間

㉑　単純な従前の侵害者旧モデルの買換え

758 第3章 特許権侵害訴訟における攻撃防御方法 第3節 侵害論に関する問題

61 損害額の推定等⑷

服 部 誠

> 発明の実施は，特許法102条2項が適用されるための要件となるか。

キーワード ごみ貯蔵機器事件，知財高裁大合議判決，損害額の推定，損害額の覆滅

I はじめに

　知財高裁平25・2・1（平24(ネ)10015号）〔ごみ貯蔵機器事件〕大合議判決（以下，「本大合議判決」という）は，特許法102条2項の適用に当たり，特許権者において，特許発明を実施していることを要件とするものではない旨判示した[1]。本稿では，まず同事件の事案と判決の概要を説明した上で，本大合議判決前後の裁判例及び学説の状況を整理し，最後に若干の私見を述べる。

II ごみ貯蔵機器事件知財高裁大合議判決

⑴ 事案の概要

　本事案は，発明の名称を「ごみ貯蔵機器」とする特許権（特許第4402165号）を有する控訴人（1審原告）が，被控訴人（1審被告）に対し，被控訴人が輸入・販売する紙おむつ用のごみ貯蔵カセットは本件特許権を侵害するとして，その差止め及び損害賠償を求めた事案であり，損害賠償請求について特許法102条2項の適否が問題となった。

　原判決（東京地判平23・12・26（平21(ワ)44391号・平23(ワ)19340号））は，同条項の適用には特許権者による特許発明の実施を要するとして，同事案における同

＊1　本大合議判決は上告受理申立てが却下され，確定している。

条項の適用を否定し，同条3項に基づく損害賠償を認容した。

(2) 本大合議判決の要旨

これに対し，本大合議判決は，次のように，①特許権者に，侵害者による特許権侵害行為がなかったならば利益が得られたであろうという事情が存在する場合には，特許法102条2項の適用が認められると解すべきであり，②特許権者と侵害者の業務態様等に相違が存在するなどの諸事情は，推定された損害額を覆滅する事情として考慮されるとするのが相当であって，③特許法102条2項の適用に当たり，特許権者において，当該特許発明を実施していることを要件とするものではないとした（下線は執筆者が付した）。

「特許法102条2項は，民法の原則の下では，特許権侵害によって特許権者が被った損害の賠償を求めるためには，特許権者において，損害の発生及び額，これと特許権侵害行為との間の因果関係を主張，立証しなければならないところ，その立証等には困難が伴い，その結果，妥当な損害の塡補がされないという不都合が生じ得ることに照らして，侵害者が侵害行為によって利益を受けているときは，その利益額を特許権者の損害額と推定するとして，立証の困難性の軽減を図った規定である。このように，特許法102条2項は，損害額の立証の困難性を軽減する趣旨で設けられた規定であって，その効果も推定にすぎないことからすれば，同項を適用するための要件を，殊更厳格なものとする合理的な理由はないというべきである。

したがって，特許権者に，侵害者による特許権侵害行為がなかったならば利益が得られたであろうという事情が存在する場合には，特許法102条2項の適用が認められると解すべきであり，特許権者と侵害者の業務態様等に相違が存在するなどの諸事情は，推定された損害額を覆滅する事情として考慮されるとするのが相当である。そして，後に述べるとおり，特許法102条2項の適用に当たり，特許権者において，当該特許発明を実施していることを要件とするものではないというべきである。」

「(1審) 原告は，A社との間で販売店契約を締結し，これに基づき，A社を日本国内における (1審) 原告製品の販売店とし，A社に対し，英国で製造した『本件発明1』本件に係る1審原告製カセットを販売 (輸出) していること，A社は，上記1審原告製カセットを，日本国内において，一般消費者に対し，

760 第3章 特許権侵害訴訟における攻撃防御方法 第3節 侵害論に関する問題

販売していること，もって，1審原告は，A社を通じて1審原告製カセットを
日本国内において販売しているといえること，1審被告は，1審被告製品を日
本国内に輸入し，販売することにより，A社のみならず1審原告ともごみ貯蔵
カセットに係る日本国内の市場において競業関係にあること，1審被告の侵害
行為（1審被告製品の販売）により，1審原告製カセットの日本国内での売上げ
が減少していることが認められる。

　以上の事実経緯に照らすならば，1審原告には，1審被告の侵害行為がなか
ったならば，利益が得られたであろうという事情が認められるから，1審原告
の損害額の算定につき，特許法102条2項の適用が排除される理由はないとい
うべきである。」

Ⅲ　裁判例・学説の状況

(1)　本大合議判決以前の裁判例・学説

(a)　裁 判 例

　特許法102条2項の適用に関する本大合議判決以前の裁判例においては，権
利者実施を必要とする裁判例と，権利者実施を必要とせず権利者製品が侵害品
と競合していることで足りるとする裁判例が混在していたが*2，著作権侵害
事件*3を除き，少なくとも，権利者が侵害品との競合品を日本において自ら
製造ないし販売していることが必要であることを同条項が適用される前提とし

＊2　例えば，特許権者が権利者製品を製造販売しており，権利者製品は侵害品と市場で競合し
　　たが，権利者製品は被侵害特許の実施品ではなかった場合について，侵害行為がなかったな
　　らば得られたであろう利益が権利者に認められる場合に当たるとして特許法102条2項の適用
　　を肯定するものとして，東京地判平21・8・27裁判所ホームページ〔経口投与用吸着剤事件
　　Ⅰ〕，東京地判平21・10・8裁判所ホームページ〔経口投与用吸着剤事件Ⅱ〕。これに対し，
　　実施を必要とする裁判例としては，東京地判平17・3・10判時1918号67頁〔多機能測量計測
　　システム事件〕，東京高判平3・8・29知財集23巻2号618頁〔ニブリング金型機構事件〕，な
　　ど。大阪地判昭56・3・27判例工業所有権法2305の143の63頁〔電子的監視装置事件〕は，同
　　項の損害は侵害者の利益と「同種同質の利益」を現実に失った場合の損害を意味するとして，
　　特許権者による特許発明の実施を必要とする。裁判例・学説の詳細については，中山信弘＝
　　小泉直樹編『新・注解特許法〔第2版〕【中巻】』1910頁〔飯田圭〕参照。

＊3　東京地判昭59・8・31判時1127号138頁〔藤田嗣治絵画事件〕，東京地判平12・2・29判時
　　1715号76頁〔中田英寿事件〕，東京地判平17・3・15判時1894号110頁〔グッドバイ・キャロ
　　ル事件〕等。

ていた。

また，特許権者等の実施態様と侵害者の侵害態様とが異なる場合（小売販売実施の有無等）に102条2項の適用が認められるかどうかについては，これを肯定する裁判例と否定する裁判例が存在していた[4]。

(b) 学　　説

学説上も，権利者による特許発明の実施を必要とする立場[5]と，競合品であれば足りるとする立場[6]とが併存する状況であったが，競合品の製造販売すら必要でないとする学説は少数[7]に留まっていた。また，実施態様の同一性の点については，これを要求する見解と不要とする見解が存在した[8]。

(2) 本大合議判決以降の裁判例・学説

(a) 裁 判 例

本大合議判決以降の裁判例においては，次のとおり，本大合議判決の示した規範を示しつつ，特許法102条2項の適否を判断するものが散見される。

まず，大阪地判平25・10・24（平23(ワ)15499号）裁判所ホームページ〔蓋体及

---

[4] 肯定する裁判例として，東京高判平16・9・30（平16(ネ)1367号）裁判所ホームページ〔自動弾丸供給機構付玩具銃Ⅱ事件〕，東京高判平16・9・30（平16(ネ)1436号）裁判所ホームページ〔自動弾丸供給機構付玩具銃Ⅲ事件〕等，否定する裁判例として東京地判平17・3・10判時1918号67頁（88頁）〔トンネル断面のマーキング方法事件〕等。

[5] 例えば，吉原省三「特許権侵害による損害賠償請求訴訟の要件事実」石黒淳平先生追悼記念論集『無体財産権法の諸問題』186頁は，「1項（現行2項）は権利者も侵害者と同種の実施を行っていて，侵害行為がなければ，その分だけ権利者の営業活動ができたであろうという抽象的な因果関係を前提としていると考えられるから，権利者であるXが自ら実施をし，かつ侵害行為によって現に営業上の損害を蒙ったことを，主張立証しなければならない。もっとも，立証については，同種の営業をしていれば何らかの損害を蒙ったであろうという事実上の推定が働くから，とくに立証は要しない。」とする。

[6] 例えば，清永利亮「損害(4)-複数の侵害者」牧野利秋編『裁判実務大系(9)工業所有権訴訟法』350頁は，「特許権侵害による損害は，……特許権者が特許発明の実施を妨げられることによって被る損害を意味するから，特許権者は，損害の発生として，特許発明の実施を妨げられたことを主張立証すべきことになる。したがって，特許権者は，現にしている特許発明の実施を妨げられたこと，又はこれからしようとしている特許発明の実施を妨げられたことの主張立証を要する。」とする。

[7] 田村善之『知的財産権と損害賠償〔新版〕』21頁。

[8] 肯定する見解として，森義之「損害3（複数の侵害者・複数の権利者）」飯村敏明＝設樂隆一編著『LP(3)知的財産関係訴訟』244頁，荒井章光「損害賠償(1)」牧野利秋ほか編『知的財産訴訟実務大系Ⅱ』12頁，八木貴美子「複数当事者(2)-侵害者の複数」牧野ほか編・同前71頁等。否定する見解として，窪田英一郎「物の発明の『使用』による損害額の算定」知管61巻3号338頁等。

762 第3章 特許権侵害訴訟における攻撃防御方法 第3節 侵害論に関する問題

びこの蓋体を備える容器事件〕は，原告が対象発明の親出願に係る特許発明（原特許発明）の実施品を製造販売しているものの，対象発明の実施品を製造販売していない事案において，原特許発明と本件発明は，食材を収容するとともに加熱可能な容器に関する蓋の発明である点では共通すると指摘した上で，「本件特許権侵害に係る被告の行為によって，原告の原特許発明に係る実施品に係る販売機会が喪失したことが認められるから，『特許権者に，侵害者による特許権侵害行為がなかったならば利益が得られたであろうという事情が存在する場合』に当たるということができる。」として，特許法102条2項の適用を肯定している。また，東京地判平26・1・30（平21(ワ)32515号）裁判所ホームページ〔電話番号情報の自動作成装置事件〕は，「特許権者が特許に係る発明を実施していないことは，その適用を排除する理由にはならないと解される。」とした上で，「原告装置が本件発明の実施品に当たらないとしても，被告と同種の営業を行っているものといえるから，侵害行為がなかったならば利益が得られたであろうという事情があるものと認められる。」と判示して，原被告の事業が競合していることを理由に特許法102条2項の適用を肯定した（控訴審である知財高判平26・9・11（平26(ネ)10022号）裁判所ホームページも同旨*9）。また，同地裁判決は，①被告の顧客は本件特許権の特許登録前からの顧客であり，原告の売上高はその後も減少していないこと，②原告と被告の事業のほかにも他社による同種のサービスが多数存在すること，③本件発明は物の発明であり，原告には本件発明に係る装置を利用して得られたデータの独占権があるわけではないことは，覆滅事由として考慮する余地があるとしても，特許法102条2項の適用を排除する理由にはならないとしている。

他に，本大合議判決以降の裁判例で上記規範を前提に事案の判断をしている裁判例として，東京地判平26・2・14（平23(ワ)16885号）裁判所ホームページ〔超音波モータと振動検出器とを備えた装置事件〕，知財高判平27・4・28（平25(ネ)10097号）裁判所ホームページ〔蓋体を備える容器事件〕，東京地判平28・3・28（平

＊9　控訴審では，①第1審原告が本件発明の実施品を使用したサービスと競合するサービスの提供をしているものであること，②第1審被告は本件発明を実施して顧客にサービスを提供していること，③第1審原告と第1審被告とは市場において同種の事業を行っており，取引先も競合していることを挙げている。

26(ワ)1690号）裁判所ホームページ〔建築用パネル事件〕，東京地判平28・6・15（平26(ワ)8905号）裁判所ホームページ〔窒化ガリウム系化合物半導体発光素子事件〕，大阪地判平28・9・29（平26(ワ)10739号）裁判所ホームページ〔臀部拭き取り装置並びにそれを用いた温水洗浄便座及び温水洗浄便座付き便器事件〕，東京地判平29・4・27（平27(ワ)556号・20109号）裁判所ホームページ〔切断装置事件〕，東京地判平29・5・17（平25(ワ)10958号）裁判所ホームページ〔掘削装置事件〕がある。

　前掲東京地判平28・3・28及び前掲東京地判平28・6・15では，原告が，被告製品と競合する製品を販売していること，前掲知財高判平27・4・28は，特許権者が，需要者が共通する原特許発明の実施品を製造販売していたことから，いずれも被告による侵害行為がなかったならば利益が得られたであろう事情が認められるとしている。

　また，大阪地判平25・8・27（平23(ワ)6878号）裁判所ホームページ〔着色漆喰組成物事件〕は，方法発明に関し，原被告が同発明を使用して製造した製品が市場において競合していた事案において，被告製品の販売による利益を原告の逸失利益と推定している。

　これに対し，前掲大阪地判平28・9・29は，「原告は，本件発明３の実施品を未だ製造販売していないばかりか，また，競合品となるようなロボット便座を実際に製造販売している事実も認められないから（弁論の全趣旨），被告らによる本件特許権３の特許権侵害行為がなかったならば利益が得られたであろうという事情が存在するものとは認められない」として，特許法102条２項の適用を否定している。また，前掲東京地判平29・4・27は，「被告は，本件製品の使用により原告が受けた利益として，専ら，ふぐ刺身販売による利益を主張しているところ，仮に，原告の侵害行為がなかったとした場合に，原告の当該利益に対応するような利益を，ふぐ刺身販売を行っていない被告が得られたであろうという関係にないことは明らか」として，同条項の適用を否定している。

　(b) 学　　説

　本大合議判決の射程と関連して，特許権者自らが製造・販売行為を行っておらず，第三者に実施許諾しているだけのような場合に，102条２項の適用が認められる余地があるのかどうかが議論されている。これを肯定とする学説とし

764 第3章 特許権侵害訴訟における攻撃防御方法 第3節 侵害論に関する問題

て，鈴木將文「判批」[10]は，本大合議判決の射程は不明確としつつ，「侵害行為による実施料の減少も逸失利益にほかならないこと，特許権者が自己実施をしている場合でさえ上記のような『経験則』が成り立つことは疑問であること，102条3項は特許権者が実際に他人に実施許諾を与えている場合のみに対応する規定ではなく，同条2項との間での役割分担を想定する必然性はないこと等から，特許権者に『利益が得られたであろうという事情』を認める方が合理的と思われる」とする[11]。また，実務家の論考として，牧野利秋＝磯田直也「判批」[12]は「侵害行為により実施権者の売上げが減少しそれに伴って実施許諾料が減少する関係が認められる場合（例えば，売上ベースのランニングロイヤルティの定めがある場合）には，侵害行為によって権利者の利益が損なわれる関係があるといえるから，『侵害者による特許権侵害行為がなかったならば利益が得られたであろうという事情』を認めてもよいと思われる。」とする[13]。また，高部「特許法102条2項の適用をめぐる諸問題」[14]は，特許権者等が個人・通常実施権者が個人会社の場合に適用を肯定する。

---

[10] 鈴木將文「判批」ジュリ1466号（平27）275頁。

[11] 金子敏哉「判批」新・判例解説 Watch 知的財産法101号3頁は，「本判決が特許法102条2項の立法趣旨を権利者の立証負担の軽減ととらえ，『特許権者と侵害者の業務態様等に相違が存在するなどの諸事情』は推定の覆滅事由として取り扱うべきと述べていることからすれば，本件の事案から直接の射程が及ぶとまではいえないものの，逸失約定実施料についても2項の適用を認める考え方が本判決の基本的な考え方とは親和的であろう。つぎに述べる推定の一部覆滅等を柔軟に認める限りにおいては，逸失約定実施料への2項の適用を認めてよいと思われる。」とする。

[12] 牧野利秋＝磯田直也「判批」牧野利秋ほか編『知的財産訴訟実務大系II』40頁。

[13] 森本純＝大住洋「実務的視点から見た特許法102条2項の適用要件及び推定覆滅事由」（知管63巻9号1386頁）は，同旨を述べた上で，「特許権者がライセンシーから固定額方式（イニシャルペイメントのみの場合を含む）により実施料を得ている場合であれば，ライセンシーが実施品を製造販売していて，侵害者による侵害品の製造販売行為によって，ライセンシーの販売機会が喪失する関係が認められたとしても，特許権者に『侵害者による特許権侵害行為がなかったならば利益が得られたであろうという事情』は認められない。したがって，この場合には，特許法102条2項の推定規定の適用は認められないものと考える。しかし，本判決は，販売店契約の具体的なスキーム・条件等の詳細が明らかになっておらず，被告の販売行為によって原告に如何なる逸失利益が生じたのかを具体的に認定しないまま，特許法102条2項の適用を認めた。これとの整合性を考えれば，特許権者がライセンスをしているとの事情のみを以て，『侵害者による特許権侵害行為がなかったならば利益が得られたであろうという事情』が認められ，あとは推定覆滅の問題であるとする可能性も考えられるところである。」とする。

[14] 高部眞規子「特許法102条2項の適用をめぐる諸問題」知財ぷりずむ14巻160号18頁。

他方，小泉直樹「判批」*15は，「（102条2項の推定が認められるのは）権利者製品と侵害品が市場で競合していることは前提とされており，例えば，特許権者が，本件のように第三者を通じたものも含め，およそ市場における製造・販売行為自体を行っていない場合までは想定されていないといえよう。」とする。また，愛知靖之「判批」*16は，「大合議判決の趣旨からは外れる可能性もあるが，その射程は，侵害品との競合品を特許権者自ら直接に日本で販売するか，代理店や販売店を通じて日本で販売していたと評価できる事案に限定するべきであり，特許権者が侵害品との競合品を日本市場に投入していたという事情がない事案には，その射程は及ばないと理解すべきである。」とする。また，本大合議判決に関する判例紹介では，「〔102条〕3項の存在等に照らすと，特許権者が実施料のみを得ているような場合は除外されるものと解される」とする（判時2179号39頁・判タ1388号80頁）。

(3) 若干の考察

(a) 特許権者による発明の実施の要否

上記のとおり，本大合議判決は，特許法102条2項の適用の要件として明示的に特許権者による発明の実施を不要とした。また，本大合議判決後の下級審判決もこれに倣い，実施を必要とするものは見られない。

本大合議判決が指摘するとおり，条文上，特許権者による自己実施が要求されているわけではない。また，立法過程においても，そのような議論がなされていたわけではなく，むしろ，同条の立法趣旨としては，被害者の救済が挙げられており，かかる趣旨からすれば，条文上明示的に要求されていない「特許発明の実施」を不要と解するほうが立法趣旨に即していると解される。そして，「侵害者による特許権侵害行為がなかったならば利益が得られたであろうという事情」の存在を要件に同条項の適用を認めた上で，推定の全部ないし一部覆滅により具体的な事案における結果の妥当性を確保することもできる。したがって，特許権者による発明の実施を要しないとの判示は妥当と考える。

(b) 本大合議判決を踏まえた特許法102条2項の適用範囲

本大合議判決は，特許法102条2項の要件として，「特許権者に，侵害者に

---

*15　小泉直樹「判批」ジュリ1456号6頁。
*16　愛知靖之「判批」L＆T63号38頁。

766 第3章 特許権侵害訴訟における攻撃防御方法 第3節 侵害論に関する問題

よる特許権侵害行為がなかったならば利益が得られたであろうという事情が存在する場合」との規範を定立しているが，具体的にどのようなケースについて特許法102条2項の適用が認められるのかについては必ずしも明確ではない[17]。

まず，特許権者が国内で特許発明を実施している場合に，同条項の適用が肯定されたことに異論はないであろう。また，侵害品と市場で競合する（特許発明実施品ではない）製品を生産し，国内で販売している場合も，上記のように本大合議判決後の複数の裁判例がこれを肯定しているところであり，同条項が適用されると考えられる[18]。さらに，本事案のように，特許権者が国内販売店を通じて実施品を販売し，侵害者と市場で競合関係にある場合にも，適用が肯定されよう[19]。

これに対し，特許権者が実施品や競合品の製造販売を（国内・海外問わず）行っておらず，かつ，第三者に対象特許を実施許諾もしていない場合には，「特許権者に，侵害者による特許権侵害行為がなかったならば利益が得られたであろうという事情が存在する」とはいえず，同条項の適用は否定されるべきように解される[20]。

特許権者が第三者に対して国内で対象特許の実施許諾を行っている場合の適否については，上記のとおり，学説上は意見が分かれており，今後の裁判例の集積を待つ必要があるが，「特許権者に，侵害者による特許権侵害行為がなかったならば利益が得られたであろうという事情が存在する」と評価し得る場合

---

[17] 本大合議判決の射程の不明確性を指摘する文献として，塚原朋一「特許法102条2項の推定規定の適用要件について」竹田稔先生傘寿記念『知財立国の発展へ』320〜321頁。

[18] 特許法102条2項の推定を肯定した上で，実際の競合関係の内容・程度・その他の事情は，推定覆滅事情として考慮されることになると考える。

[19] 髙部・前掲＊14・「特許法102条2項の適用をめぐる諸問題」18頁は，個人が権利者の場合に代表者をつとめる会社によって実施している場合等も，同様に考えられるとする。

[20] 髙部・前掲＊14・「特許法102条2項の適用をめぐる諸問題」，牧野＝磯田・前掲＊12・「判批」等。なお，高林龍「特許法102条2項の再定義」中山信弘先生古稀記念論文集『はばたき－21世紀の知的財産法』456頁は，「経費や他の諸要因による寄与等を控除した結果残る特許発明を実施したことにより挙げた侵害者の利益は，権利者が特許発明を実施しておらず，侵害製品の競合品すら製造販売していない場合であって，権利者に現実に金銭的に評価される売上減少はない場合であったとしても，本来権利者に帰属すべき利益を喪失したものとして，権利者にその賠償を認めてよい。」とする。

は，適用を肯定してもよいのではないかと考える*21。

■

---

*21　なお，特許権者が独占的通常実施権を許諾している場合には，独占的通常実施権者が有するであろう損害賠償請求権との関係，すなわち，各権利者が同条1項ないし2項により算定された損害額を按分する必要があるか否か，按分する必要があると解する場合，各権利者間でどのように按分すべきかが問題となる（塚原・前掲＊17・「特許法102条2項の推定規定の適用要件について」は，X（特許権者）だけが原告となって損害賠償請求訴訟を提起する場合，Xに帰属すると認められる損害と独占通常実施権者A社に帰属する損害とを按分するなどして分別し，民事訴訟法248条又は特許法105条の3に基づいて，裁判所は，XとA社が双方とも原告になっているものと想定して，Xの帰属すべき損害について相当額を認定すべきことになろう（最判平成18年1月24日判時1926号65頁，同平成20年6月10日判タ1316号142頁参照）」とする）。

768 第3章 特許権侵害訴訟における攻撃防御方法 第3節 侵害論に関する問題

62 損害額の推定等(5)

中山　良平

```
特許法102条3項に基づく損害額は，どのような事情に基づき算出
されるか。
```

キーワード　実施料相当額，実施料率，実施料例，業界相場，寄与率

I　特許法102条3項の趣旨及び立法・改正の経緯

(1)　特許法102条3項の立法・改正の経緯

　特許法102条3項は特許法昭和34年改正（昭和34年法律第121号）により旧2項として新設された規定である。当初，本項は，特許権侵害の際に特許権者が請求し得る最低限度の損害額として，「通常受けるべき金銭の額」と規定されていたが，平成10年改正（平成10年法律第51号）によりこの「通常」という文言が削除された。なお，この平成10年改正により本条1項が新設されたため，本項は現行の3項に移行した。

(2)　特許法102条3項の立法の趣旨

　特許法102条3項は，「民法709条に基づく不法行為による損害賠償制度の枠内のものとして立法化されたものであって……判例（大判大7・5・18民録24輯976頁等）上，土地所有者による不法占拠者に対する不法占拠者から得べかりし賃料相当額の損害賠償請求が特段の事情のない限り当然に肯認されていたのと同様に，裁判例上，特許権者等による特許権等の侵害者に対する侵害者から得べかりし実施料相当額の損害賠償請求が特段の事情のない限り当然に肯認されていたところを，特許法の明文において，確認し，定型化し，明確化したもの」[1]と理解されている。

＊1　中山信弘＝小泉直樹編『新・注解特許法【下巻】』1675頁〔飯田圭〕。

(3) 平成10年改正による特許法102条３項改正の趣旨

　既に述べたとおり，平成10年改正により，特許法102条３項は，「通常受けるべき金銭の額」の「通常」の文言が削除された。これは，旧規定に対する，「侵害を発見されなければ実施料すら払う必要がなく，仮に侵害を発見されたとしても支払うべき実施料相当額が誠実にライセンスを受けた者と同じ実施料でよいこととなってしまい，侵害を助長しかねない」という批判を受け，実施料相当額を算定するに当たって，当事者間の具体的事情を考慮した妥当な実施料相当額が算定できるよう改正されたものであるとされている[2],[3]。

Ⅱ　特許法102条３項の法的性質と要件事実

(1) 特許法102条３項の法的性質

　特許法102条３項は，権利者が現実に受けた損害とは関係なく最低限の保証として請求できる最低限の保証の規定であり，「土地の無断使用者に対して土地所有者が賃料相当損害金を不法行為による損害賠償として当然に請求できるのと同様に，権利者が実施者（侵害者）に対して，特許発明の実施に対して受けることのできる金銭の額（実施料相当額）を損害賠償として請求できるとするものであり，賠償額の最低限度を法定している」[4]とする損害発生必要説・最低限度損害額法定説と，損害の発生それ自体をも擬制したものとする損害発生擬制説とが存在するが，損害発生必要説・最低限度損害額法定説が多数説であるとされている[5]。

(2) 特許法102条３項の要件事実

　(a)　特許法102条３項の規定文言によると，本項における要件事実は，「特許発明の実施に対し受けるべき金銭の額に相当する額」，いわゆる実施料相当額である。

　ここで，本項の要件事実として，損害の発生の要否，特許権者等の実施の要

---

*２　特許庁『産業財産権法（工業所有権法）の解説【平成10年法】』22〜23頁。
*３　中山信弘『特許法〔第３版〕』392〜393頁。
*４　高林龍『標準特許法〔第５版〕』277〜278頁。
*５　中山＝小泉編・前掲*１・1679頁〔飯田〕。

770　第3章　特許権侵害訴訟における攻撃防御方法　　第3節　侵害論に関する問題

否が問題となる。

(b)　損害発生の要否

　損害発生擬制説に立てば，損害の発生は要件事実として不要であるが，多数説である損害発生必要説・最低限度損害額法定説によれば，損害の発生が要件事実として必要となる。また，本項における損害額を侵害者から得べかりし実施料ととらえるならば，損害の発生の内容として侵害者から実施料を得べかりし状態であったことも必要である。

(c)　特許権者等の実施の要否

　本項によれば，権利者の実施の有無にかかわらず，最低限の損害額として，実施料相当額の請求ができると解されており，裁判例上も特許権者等の実施は不要とされている（富山地判昭45・9・7（昭41(ワ)30号）無体集2巻2号414頁〔メラミンの製造法事件〕ほか）。特許権者等の実施が不要である点は，本項の法的性質をいかにとらえるかによらない。すなわち，損害発生擬制説に立った場合はもちろんのこと，損害発生必要説・最低限度損害額法定説に立ったとしても，特許権者等の実施は不要と解されている*6。

(d)　立証責任について

　実施料相当額の立証責任は特許権者等が負う。損害の発生については，特許権者等において立証責任を負うものではなく，侵害者が，特許権者等における損害の不発生について立証責任を負う。

　その他，侵害者において，無過失であることや実施料相当額が低額であると認定されるべきことを基礎づける事実について，抗弁として立証責任を負う。また，専用実施権を設定した特許権者による本項に基づく請求の場合，専用実施権設定の事実が抗弁として機能する場合がある（東京高判平13・1・25（平11(ネ)459号）裁判所ホームページ〔包装積層品をヒートシールする装置事件〕ほか）。

Ⅲ　実施料相当額の算定

(1)　実施料相当額の意義

＊6　中山＝小泉編・前掲＊1・1680頁〔飯田〕。

「特許発明の実施に対し受けるべき金銭の額に相当する額」，すなわち実施料相当額は，特許発明の実施料として客観的に相当な額と解されている[7]。ただし，何をもって客観的に相当な額とするかについては，特に，平成10年改正前の時点から議論があった[8]。平成10年改正前の裁判例には，「『通常実施権が設定されているときは，その通常実施権についての実施料にならうべきである』との考え方があり，……当事者間の事情を考慮しないことを明らかにした判決が多い」[9]，「従来は，他に資料がない場合には，販売価格の2～4％を基準率とする国有特許実施契約の実施料の算定方式に依拠する判決が多かった」[10]との指摘がある。

実施料相当額が特許発明の実施料として客観的に相当な額であることについては，平成10年改正前から理解されてきたところであるが，実施料相当額の算定時点については，平成10年改正により侵害時ではなく裁判時と考えることが明らかになったことから，平成10年改正によって結審までのあらゆる事情，個別の事件ごとの具体的事情を参酌できるようになったと解されている[11]。

ただし，平成10年改正前においても，実施料相当額は「裁判時点からみて適正な対価額」[12]であるとする見解が有力で，裁判例上も，「実施料相当額は，侵害者における侵害品の利益率が高いこと，侵害者における侵害品の利益率が低いこと，侵害者が侵害により利益を得ていないこと，等の事実審の口頭弁論終結時までに検出された資料により判明した侵害開始時以後の事情をも考慮して事後的に算定されてきた」[13]。このため，平成10年改正は「結審までのあらゆる事情」を参酌できることを明確化したにとどまると見ることもできる。

(2) 実施料相当額算定の一般論

上記(1)で述べたとおり，実施料相当額の算定に当たっては，結審までのあら

＊7　中山＝小泉編・前掲＊1・1690頁〔飯田〕。

＊8　田村善之『知的財産権と損害賠償〔新版〕』217頁。

＊9　牧山皓一「特許法102条3項に規定する『特許発明の実施に対し受けるべき金銭の額』の解釈についての一考察」パテ68巻44号（平27）94頁。

＊10　田村・前掲＊8・325頁。

＊11　中山信弘『特許法〔第3版〕』393頁。

＊12　田村・前掲＊8・219頁。

＊13　中山＝小泉編・前掲＊1・1691頁〔飯田〕。

772 第3章 特許権侵害訴訟における攻撃防御方法 第3節 侵害論に関する問題

ゆる事情を参酌できる。その算定方法について，裁判例（知財高判平27・11・12（平27(ネ)10048号・10088号）判時2287号91頁〔生海苔の共回り防止装置事件〕）は，「原則として，侵害品（直接侵害品又は間接侵害品）の売上高を基準とし，そこに，当該特許発明自体の価値や当該特許発明を当該製品に用いた場合の売上げ及び利益への貢献などを斟酌して相当とされる実施料率を乗じて算定するのが相当である。」と判示した。また，算定に当たっての考慮要素としては，当該特許の実施許諾例，業界相場，特許発明の内容，他の構成の代替可能性，特許発明の寄与度，侵害品の販売価格・販売数量・販売期間，権利者の姿勢，侵害者の姿勢，市場における当事者の地位等が挙げられる[14]。

　その他にも，取引関係の実情を考慮して決すべきとした裁判例も存在する（東京地判平19・3・23（平16(ワ)24626号）判タ1294号183頁〔溶融アルミニウム合金搬送用加圧式取鍋事件〕）。

(3) 実施料相当額の具体的算定方法

　(a) 通常，実施料相当額は，売上高・販売価額に実施料率を乗じる方法によって算定される。この場合の売上高は，一般的に侵害者の実際の売上高が用いられる[15]。裁判例（前掲知財高判平27・11・12）も実施料相当額の算定について，「原則として，侵害品（直接侵害品又は間接侵害品）の売上高を基準とし，そこに，当該特許発明自体の価値や当該特許発明を当該製品に用いた場合の売上げ及び利益への貢献などを斟酌して相当とされる実施料率を乗じて算定するのが相当である。」と判示している。

　他方で，前記(2)で指摘したような考慮要素を加味し，売上高・販売価額に実施料率を乗じる方法以外にも算定方法があり得る。具体的には，裁判例上次のような例がある。

　(b) まず，侵害に係る特許発明が物の発明の場合，大多数の裁判例が売上高・販売価額に実施料率を乗じる方法によって算定している（近時の裁判例として，東京地判平19・8・30（平17(ワ)17182号）裁判所ホームページ〔半導体装置事件〕ほ

---

[14] 高島卓「損害3　特許法102条3項に基づく請求について」牧野利秋ほか編『知的財産法の理論と実務(2)』290頁。

[15] 高松宏之「損害(2)−特許法102条2項・3項」牧野利秋＝飯村敏明編『新裁判実務大系(4)知的財産関係訴訟法』321頁。

か多数）。ここでいう売上高・販売価額には，侵害品そのものの売上高・販売価額のほか，侵害品を原料等とする製品（名古屋地判平10・3・6（平4（ワ）474号・808号）判タ1003号277頁〔示温材料事件〕），侵害品を使用して製造又は販売された製品（東京地判平19・12・14（平16（ワ）25576号）裁判所ホームページ〔眼鏡レンズの供給システム事件〕），侵害品を使用して製造された物を原料等とする製品（大阪高判平16・5・28（平14（ネ）3649号）裁判所ホームページ〔筋組織状こんにゃくの製造方法及びそれに用いる製造装置事件〕）の販売価額を含む。販売価額に代えて，販売可能価額に実施料率を乗じた裁判例も存在する（大阪地判平元・8・30（昭60（ワ）5558号）判例工業所有権法〔第2期版〕5469の11頁〔表装用等の加熱プレス事件〕）。

また，これと類似した算定方法として，侵害品の利用態様によって，貸与によって得た売上高に実施料率を乗じたもの（大阪地判平13・10・18（平12（ワ）2091号）判例工業所有権法〔第2期版〕2293の656頁〔掘進機事件〕），単位当たりの実施料額に実施数量を乗じたもの（近時の裁判例として，東京地判平11・12・22（平10（ワ）24号）裁判所ホームページ〔整列巻コイル事件〕，知財高判平21・1・28（平20（ネ）10054号・10071号）判時2045号134頁・139頁〔廃材用切断装置事件〕等）がある。

ほとんどの事案においては，以上のいずれかの方法によって実施料相当額が算定されていると思われるが，その他にも次のような算定方法をとった裁判例も存在する。すなわち，侵害品を設置した設置費用（工事代金）に実施料率を乗じたもの（東京地判平20・11・27（平20（ワ）8049号）裁判所ホームページ〔床用目地装置事件〕），侵害品の仕入価額に実施料率を乗じたもの（実用新案権に基づくものであるが，大阪地判平17・2・10（平15（ワ）4726号）判時1909号78頁〔病理組織検査標本作成用トレイ事件〕），実用新案法29条3項及び特許法102条3項に基づくものであるが，侵害品及び侵害方法を使用した役務提供の対価に実施料率を乗じたもの（大阪地判平15・4・22（平13（ワ）11003号）裁判所ホームページ〔回転式ケーシングドライバの回転反力取り装置及び方法事件〕）等である。

（c）次に，侵害に係る特許発明が単純方法の発明の場合は，侵害方法の使用に必要な単位当たりの実施料額に実施数量を乗じたもの（大阪地判平16・4・27（平15（ワ）860号）裁判所ホームページ〔点検口の蓋の取付方法事件〕），侵害方法を使用した役務提供の対価に実施料率を乗じたもの（前掲大阪地判平15・4・22）がある。

方法の発明を使用した間接侵害品が販売等されることも考えられるが，この

774 第3章 特許権侵害訴訟における攻撃防御方法 第3節 侵害論に関する問題

場合は物の発明における算定方法と同様に考えられるであろう（間接侵害品を含む製品の販売価額に実施料率を乗じたものとして，東京高判平8・5・23（平6（ネ）1708号）判時1570号103頁〔位置合せ載置方法事件〕，間接侵害品の貸与による売上高に実施料率を乗じたものとして，東京地判平17・3・10（平15（ワ）5813号）判時1918号67頁〔トンネル断面のマーキング方法事件〕）。

(d) 侵害に係る特許発明が物を生産する方法の発明の場合であって，侵害製法により製造された物が販売等された場合や，侵害製法を使用した間接侵害品が販売等された場合には，物の発明における算定方法と同様に考えられるであろう（侵害製法により製造された物の販売価額に実施料率を乗じたものとして，東京地判平19・10・31（平16（ワ）22343号）裁判所ホームページ〔スピーカ用振動版の製造方法事件〕，侵害製法により製造された物を原料等とする製品の販売価額に実施料率を乗じたものとして，前掲大阪高判平16・5・28がある）。

(4) 販売価額の算定方法

前記(3)(b)で述べたとおり，実施料相当額の算定に当たっては，多くの事案において販売価額（ないし売上高）を基準としている。そこで，販売価額をいかに算定するかが問題となる。

ここで，販売価額を侵害者の実際の販売価額ととらえた場合，立証の困難性を除けば，客観的に販売価額は確定可能であるから，どの時点の価額をもって販売価額とするかという点だけが問題となる。すなわち，裁判例上，工場渡し価額（実用新案権に基づくものであるが，東京高判昭48・4・5（昭45（ネ）1698号）判タ306号269頁〔消火器事件〕），小売価額（実用新案権に基づくものであるが，東京地判平15・8・27（平13（ワ）12927号）裁判所ホームページ〔オーバーヘッド・プロジェクタ事件〕。ただし，同裁判例は小売価額と製版価額との差額は実施料率において考慮していると明示している）としたものや必要費を控除した価額としたもの（梱包費と運搬費を控除したものとして東京地判昭39・11・14（昭34（ワ）4199号）判時407号54頁〔バドミントン用羽子事件〕）がある。

他方で，販売価額を侵害者の実際の販売価額ととらえることに疑義がある場合，すなわち，侵害者による実際の販売価額が安価である場合や無償である場合，実施料相当額算定の基準となる販売価額をいかに設定するかという問題が生じる。裁判例上，実際の販売価額が安価であるが実際の販売価額を基準とし

たもの（大阪地判平3・5・27（昭58（ワ）1371号）知財集23巻2号320頁〔二軸強制混合機事件〕），実際の販売価額ではなく定価を基準としたもの（意匠権に基づくものであるが，東京高判平10・6・18（平9（ネ）404号・2586号）判時1665号94頁〔自走式クレーン意匠事件〕）がある。

実際の販売価額を採用した事案では，侵害者が常に公称販売価格よりも減額した価額による販売を行っており，減額率も平均25％に及んでいたことから，実際の販売価額を採用している。他方，定価を採用した事案では，通常の実施許諾の際の実施料は個々まちまちの値引き後の価格ではなく，値引き前の価格を基準として算定することを理由に定価を採用した。取引関係の実情に応じた判断がなされているものと解される。

なお，実際の販売価額を採用した場合であっても，実際の販売価額と定価等との差額を実施料率の算定に当たって考慮することも考えられ（前掲東京地判平15・8・27参照），販売価額を低額なものとしたとしても様々な考慮要素を勘案して実施料率を調整し，相当な額の実施料相当額を認定することは可能であると考えられる。

(5) 実施料率の算定方法

(a) 一般論

客観的に決定されやすい売上高・販売価額に対して，よりあらゆる個別事情を考慮できるのは実施料率である。平成10年改正前の裁判例には当事者間の事情を考慮しないことを明らかにしたものが多い等との指摘もある中で，平成10年改正後の裁判例においては，あらゆる要素が考慮されるようになった。

ただし，平成10年改正があったといえども，実施料率の算定に当たって基準となるものがなければ原告の立証が極めて困難であるし，本項の平成10年改正の主たる趣旨は個別事情を十分に斟酌させようとする点にある。したがって，依然として実施許諾契約等による実施料例や業界相場がまず基準とされることには変わりがなく，個別事情は同基準を増額又は減額する要素として働くと解されている[16]。

(b) 実施料率の具体的算定方法

---

[16] 高松・前掲[15]・321頁。

具体的に実施料率を算定するに当たって考慮された個別事情としては，次のようなものがある。

まず，最初の基準となる実施許諾契約等による実施料例及び業界相場を参酌した裁判例は，平成10年改正前後を問わず多数見られる（実施許諾契約による実施料例を参酌した近時の裁判例として，知財高判平21・8・18（平20(ネ)10086号）判タ1323号256頁〔植物発酵エキス配合物事件〕ほか多数，業界相場を参酌した近時の裁判例として，知財高判平20・9・29（平19(ネ)10098号・平20(ネ)10005号）裁判所ホームページ〔物品取り出し装置及び媒体販売装置事件〕ほか多数）。業界相場としては，発明協会研究センター編『実施料率〔第5版〕』等が参酌されることが多い。

次に，特許発明の内容として，当該特許発明の重要性や作用効果，製品（侵害品）における当該特許発明の位置づけ（製品全体に係るものかごく一部にすぎないか等）等を考慮した裁判例がある（特許発明の重要性を参酌したものとして，東京地判平19・8・30（平17(ワ)17182号）裁判所ホームページ〔半導体装置事件〕，特許発明が製品の基本構造に関する特許でなく従来技術と比較して明確な作用効果が認められないこと，製品に使用される複数の特許の一つにすぎないこと等が参酌されたものとして，知財高判平20・4・17（平19(ネ)10043号）判時2039号78頁〔使い捨て紙おむつ事件〕）。

また，侵害品の販売価格・販売数量・販売期間を考慮した裁判例（東京地判平13・9・6（平11(ワ)24433号）裁判所ホームページ〔温風暖房機事件〕），特許権者等の姿勢として，侵害者に対して複数回警告書を送付し侵害品の製造販売の中止を求めていたことを考慮した裁判例（大阪地判平13・3・1（平10(ワ)7820号・11259号）判例工業所有権法〔第2期版〕2573号の43頁〔環状カッタ事件〕，なお前掲東京地判平13・9・6及び本件は業界相場として同分野の実施料率の平均値等を参酌した事案でもある），特許権者等の地位として特許権者の製品が消費者に広く受け入れられていたことを考慮した裁判例（東京地判平19・4・24（平17(ワ)15327号・平18(ワ)26540号）裁判所ホームページ〔レンズ付きフイルムユニット及びその製造方法事件〕）がある。さらに，特許発明の侵害品への貢献が一部にとどまる場合について，多くの裁判例（前掲大阪地判平15・4・22，東京地判平13・9・6，大阪高判平16・5・28等）で，特許発明の侵害品への寄与の度合い，すなわち寄与率に応じた算定をしている。

(6) 小　　括

本項における実施料相当額は，本項創設以来，平成10年改正を機に，一般的な相場による抽象的な算定から，個別事情を参酌しそれぞれの事案に応じた具体的な算定へと移行してきている。警告書の送付の事実や製品に係る消費者の意識等を参酌した事案があるように，算定に当たっては様々な，また，かなり詳細な個別事情が考慮されるようになっている。

個々の事案に即した適切な賠償額を導くため，今後もこの傾向は続くと見られ，特許権者等の立場からは前記(2)で指摘したような考慮要素に引き付けて，様々な個別事情を主張することが効果的であるといえる。

778 第3章 特許権侵害訴訟における攻撃防御方法　第3節　侵害論に関する問題

63 損害賠償・不当利得における額の主張について

田上　洋平

> 　特許法102条1項～3項は，いかなる場合にどのように主張すべき
> か。

キーワード　不法行為，不当利得，消滅時効，権利者の利益，侵害者の利益，実施料相当額

I　特許法102条について

⑴　特許法102条1項～3項の趣旨

　特許権侵害に基づく損害賠償請求は，特許権という「権利」を侵害されたことに基づく損害賠償であることから，民法709条による不法行為に基づく損害賠償である。しかしながら，不法行為に基づく損害賠償においては，特許権侵害行為と因果関係のある損害の発生及びその額を特許権者側が主張立証しなければならず，無体財産である特許権侵害による損害賠償額の立証は極めて困難であった。

　そこで，特許権者に十分な損害賠償を受けることを可能とするために設けられたのが特許法102条1項～3項である[1]。

⑵　各条項の適用について

　上記のとおり特許法102条の規定には1項～3項と3つの条項があることから，それぞれをいかなる場合にどのように主張すべきかが実務上重要となる。もちろん訴訟法上，3つの条項に基づいてそれぞれ併存的に主張立証をすることを妨げるものではないが，立証の労力や審理の迅速性，裁判所に主張が認められる見込み等に基づき，1つ又は2つの条項に絞って主張する場合が一般的であるといえる。

---

[1]　特許庁編『工業所有権法（産業財産権法）逐条解説〔第20版〕』324～325頁。

Ⅱ　特許法102条 1 項に基づく主張

(1)　特許法102条 1 項について

特許法102条 1 項は,「特許権者が侵害の行為がなければ販売することができた物の単位数量当たりの利益の額」×「侵害品の譲渡数量」を損害の額とすることができるとの規定である。

これは,要は侵害者における侵害品の譲渡数量分に相当する利益を特許権者が逸失したと考えられることから,当該金額を損害の額とすることを認めたものである。

(2)　特許法102条 1 項の要件について

上記のとおり,特許法102条 1 項を適用するためには,特許権者は①「侵害の行為がなければ販売することができた物」を販売している必要がある。典型的には特許権者における特許発明(侵害されている特許権)の実施品である。ただし,特許権者が実施品を販売していなくとも,侵害品と競合する製品を販売している場合には,特許法102条 1 項に基づく損害賠償請求が認められる場合がある。すなわち,東京高判平11・6・15判時1697号96頁〔スミターマル事件〕においては「控訴人(侵害者)は,被控訴人(特許権者)の主張する逸失利益は,第二特許発明の実施による利益の喪失ではなく,別発明の実施による利益の喪失であり,第二特許発明の侵害との相当因果関係は否定される旨主張する。しかし,スミターマルシステムがヒートバンクシステムと競合し,受注競争をしている以上,スミターマルが第二特許発明の実施品ではないとしても,そのことによって直ちにその販売機会の喪失が第二特許発明の侵害と相当因果関係がないということはできない。」として,特許法102条 1 項に基づく損害を認定している。他方,東京地判平14・4・25裁判所ホームページ〔生海苔の異物分離除去装置事件〕は「特許法102条 1 項は,排他的独占権という特許権の本質に基づき,特許権を侵害する製品(以下『侵害品』ということがある。)と特許権者の製品(以下『権利者製品』ということがある。)が市場において補完関係に立つという擬制の下に設けられた規定というべきである。すなわち,そもそも特許権は,技術を独占的に実施する権利であるから,当該技術を利用した製品は特許権者

しか販売できないはずであって，特許発明の実施品は市場において代替性を欠くものとしてとらえられるべきであり，このような考え方に基づき侵害品と権利者製品とは市場において補完関係に立つという擬制の下に，同項は設けられたものである。

このような立場からは，本項にいう『特許権者又は専用実施権者がその侵害の行為がなければ販売することができた物』とは，侵害された特許権に係る特許発明の実施品であることを要すると解すべきである。なぜなら，特許発明の実施品でないとすれば，そのような製品は侵害品と性能・効用において同一の製品と評価することができず，また，権利者以外の第三者も自由に販売できるものであるから，市場において侵害品と同等の物として補完関係に立つということができず，この規定を適用する前提を欠くからである。」として特許権者における特許発明の実施が必要としている。

次に，②特許権者が侵害の行為がなければ販売することができた物の単位数量当たりの「利益の額」の額を主張立証し，そして③「侵害品の譲渡数量」を主張立証しなければならない。

(3) 要件上の問題点

(a) 特許権者等における実施等の必要性

上記①の要件から，特許権者は侵害にかかる発明を実施しているか，少なくとも侵害品と競合する製品を販売している必要がある。それゆえ，第三者にライセンスしているだけであり，競合品の販売等も行っていない場合は，特許法102条1項に基づく損害の額の主張は認められない。あわせて，販売することができた「物」，②侵害「品」の譲渡数量が要件であることから，単純な方法の発明（特2条3項2号）の侵害行為についても，特許法102条1項に基づく損害の額の主張は認められないと解されている。

(b) 利益の額の証明上の問題

次に，特許権者における実施品の利益の額を証明する必要があるが，これが必ずしも容易ではない。個別の経費が利益の額を算定するに当たって売上高から控除すべき費目に当たるか否かを巡って，審理が紛糾することは必ずしも少なくない。さらに，証明のためには特許権者側における会計帳簿や取引伝票等を提出しなければならず，実施品の原料費等も明らかにしなければならないな

ど，営業秘密に属する事項を侵害者に開示しなければならない*2。

(c) 侵害品の譲渡数量について

侵害品の譲渡数量については，実務上は侵害者側が証拠書類を任意提出するか，任意提出に応じない場合や内容に疑義がある場合は文書（書類）提出命令（民訴221条，特105条）を申し立てて対応することになる。これらについては，特許権者側からは大きな障害ではない。

Ⅲ　特許法102条2項に基づく主張

(1)　特許法102条2項について

特許法102条2項は，「侵害者が侵害の行為により受けている利益」を損害の額と推定する規定である。

これは，特許権者が被った損害額を証明することと比較して，侵害者が得た利益の額の立証の方が幾分かは容易であると考えられることから，特許権者を保護するために設けられた規定である。

(2)　要件上の問題点

(a)　特許権者等における実施等の必要性

特許法102条2項は，損害額のみの推定規定（損害額推定説）か，損害の発生及びその額の推定規定（損害発生推定説）かについては争いがある*3。

この点，損害額推定説が多数であり，特許権の損害の発生を推定するものではない以上，特許法102条2項に基づく損害賠償を請求する場合でも，特許権者における特許発明の実施が必要であると考えられていた（特許発明の実施がなされていない以上，特許権侵害により特許権者に損害が生じたと認定するのは困難）。前掲東京高判平11・6・15判時1697号96頁〔スミターマル事件〕においても「特許権者が，特許発明を実施していない場合には，特許法102条2項は適用されないと解すべきであるところ，」と当該解釈を明示していた。

＊2　第三者に知られることを防止するためには，訴訟記録閲覧制限の申立て（民訴92条）を行うべきこととなる。

＊3　議論の詳細は，中山信弘＝小泉直樹編『新・注解特許法〔第2版〕【中巻】』1901〜1903頁〔飯田圭〕。

ところが，知財高(大合議)判平25・2・1判時2179号36頁〔ごみ貯蔵機器事件〕において「特許法102条2項は，民法の原則の下では，特許権侵害によって特許権者が被った損害の賠償を求めるためには，特許権者において，損害の発生及び額，これと特許権侵害行為との間の因果関係を主張，立証しなければならないところ，その立証等には困難が伴い，その結果，妥当な損害の塡補がされないという不都合が生じ得ることに照らして，侵害者が侵害行為によって利益を受けているときは，その利益額を特許権者の損害額と推定するとして，立証の困難性の軽減を図った規定である。このように，特許法102条2項は，損害額の立証の困難性を軽減する趣旨で設けられた規定であって，その効果も推定にすぎないことからすれば，同項を適用するための要件を，殊更厳格なものとする合理的な理由はないというべきである。

したがって，特許権者に，侵害者による特許権侵害行為がなかったならば利益が得られたであろうという事情が存在する場合には，特許法102条2項の適用が認められると解すべきであり，特許権者と侵害者の業務態様等に相違が存在するなどの諸事情は，推定された損害額を覆滅する事情として考慮されるとするのが相当である。そして，後に述べるとおり，特許法102条2項の適用に当たり，特許権者において，当該特許発明を実施していることを要件とするものではないというべきである。」と判示し，「特許権者に，侵害者による特許権侵害行為がなかったならば利益が得られたであろうという事情が存在する場合には，特許法102条2項の適用が認められる」とし，特許権者における特許発明を実施していることを要件とするものではないとした。

しかしながら，「特許権者に，侵害者による特許権侵害行為がなかったならば利益が得られたであろうという事情が存在」しない場合，すなわち侵害品と競合するような製品を特許権者が製造等していない場合には，特許法102条2項の適用は認められないと解される。

(b)　利益の額の証明上の問題

次に，侵害者が侵害行為により得た利益の額を証明する必要があるが，これは特許法102条1項に基づく場合と同様，必ずしも容易ではない。

しかしながら，特許権者側の会計帳簿や取引伝票等の提出は原則として不要であり，このような書類を侵害者において提出するか，文書（書類）提出命令

（民訴221条，特105条）により提出させることとなる。

また，条文上は特許法102条1項とは異なり，単純な方法の発明（特2条3項2号）の侵害行為についても特許法102条2項の適用は排除されないと解されるが，具体的に単純な方法の発明の使用により得た利益を立証することは，相当な困難を極める。

Ⅳ　特許法102条3項に基づく主張

⑴　特許法102条3項について

特許法102条3項は，実施料相当額を損害の額とすることができる規定であり，最小限の賠償額を認めた規定である[4]。

⑵　特許法102条3項の問題点等

上記のとおり，最低限の賠償を認めた規定であることから，一般にその額は少額にとどまり，特許権者が十分な救済を受けられない可能性がある。ただし，特許法102条3項の適用に当たっては，特許権者の実施の有無を問わず，また，単純な方法の発明（特2条3項2号）の侵害行為についても適用が容易である。

また，実施料相当額の主張立証は必ずしも容易ではなく（通常，ライセンス契約には秘密保持義務が課されているため），裁判所の裁量的な判断となっている側面がある。

Ⅴ　特許法102条各項の適用の考え方

⑴　基本的な観点

特許権者としては，当然得られる損害賠償額が多いに越したことはない。他方で，迅速な解決を望む場合もあるし，特許権者における利益額の証明資料をあまり出したくないと考えるのが通常である。以上の視点を前提に，具体的事案に応じて適切な条項に基づき損害額の主張をする必要がある。

⑵　特許法102条2項による主張が多い

---

[4]　特許庁編・前掲＊1逐条解説〔第20版〕326頁，中山信弘『特許法〔第3版〕』391頁。

一般的には，特許法102条2項による損害額の主張が多いと考えられる。もちろん，この場合は特許権者において特許を実施しているか，侵害者による特許権侵害行為がなかったならば利益が得られたであろうという事情が存在している場合であり，かつ，特許権も物の発明か物を生産する方法の発明による場合であることが前提である（上記のとおり，単純な方法の発明により，侵害者が得た利益を立証することは困難な場合が通常であるためである）。

これは，特許権者からすれば自己の実施品にかかる利益やこれに関する会計帳簿や取引伝票等を提出する必要がなく，かつ，相当程度の損害賠償額が認められる場合が多いからである。

ただし，侵害者による販売価格が低廉であり，得ている利益がさほど見込まれない場合や，無償で配布している場合（景品やサンプルの場合）は，その額が僅少となることが見込まれることから，このような場合は特許法102条2項以外の方法を考えるべきこととなる。また，侵害されている特許権が単純な方法の発明にかかる場合も，立証上の困難性から，特許法102条3項によるべき場合が多いと考えられる。

(3) 特許法102条1項による場合

一般的には特許権者における実施品の利益率が高いことが多く，侵害者の支払能力にも疑念がないのであれば，損害賠償額の極大化を目指す場合に特許法102条1項による主張をすることとなる。

また，上記のとおり侵害者が侵害品を低廉な価格で販売している場合や，無償で配布している場合にも特許法102条1項に基づき主張立証することを考えることになる。

(4) 特許法102条3項による場合

特許法102条3項による場合は，一般的に損害賠償額は最も低廉となることになるが，次のような場合にその主張が考えられる。

① 特許権者が特許発明の実施や，侵害品の競合品の製造販売等を行っていない場合

② 対象特許権が単純な方法の発明である場合

③ 迅速な解決を希望する場合

特に，①，②の場合は，事実上特許法102条1項や2項による主張立証が困

難であり，かつ，当該主張が認められる可能性も低いことが一般的であることから，特許法102条3項に基づく損害賠償額の主張立証をせざるを得ない。すなわち，消極的に特許法102条3項を選択せざるを得ないのである。

これに対し，③の場合は利益の額をめぐって審理が紛糾し，解決まで長期間かかってしまうことを避けたいとか，無償配布のケースであり特許法102条2項の適用は難しいが，かといって特許法102条1項の適用を求めて営業秘密にも属する特許製品の利益率等の開示につながることも避けたいといったときには，特許法102条3項の適用を積極的に求める場合がある。特許法102条3項は基本的にはライセンス相当額の主張のみで足り（実務的には相当実施料率×侵害者の売上高），特許権者の利益や侵害者が得た利益の額の立証のように，売上高から控除すべき費目（経費）をめぐって審理が紛糾することもないためである。

VI　不当利得について

(1)　損害賠償との相違

なお，本件と関連するため不当利得に基づく利得金返還請求についても触れておく。不法行為に基づく損害賠償請求権の消滅時効は，特許権者が損害及び加害者を知った時から3年（民724条）である。

これに対し，不当利得に基づく利得金返還請求権（民703条）の消滅時効は，権利を行使し得る時から10年であり（民166条1項・167条1項），場合によっては（例えば，特許権者が損害及び加害者を知ったのが，侵害行為が行われた日から2年後であった場合，不法行為の場合は侵害行為時から5年で消滅時効が完成するが，不当利得の場合は10年である），不当利得による利得金返還請求権によらざるを得ない。

なお，2020年4月1日に施行の改正民法では，債権の消滅時効の期間は，債権者が権利を行使することができることを知った時から5年間，行使することができる時から10年（改正民166条1項）となっているので注意が必要である。不法行為については，特許権侵害に関する限りは，現行法と同様である（改正民724条，なお，人の生命又は身体を害するものにつき，改正民724条の2）。

(2)　特許法102条の適用について

この点，不当利得の場合は侵害者の利得を返還させる制度であり，特許権者

の損害を塡補する制度ではないことから，特許法102条の推定規定は適用できないものと解されている（大阪高判昭57・1・28無体集14巻1号41頁〔子供乗物用タイヤー事件控訴審〕）。

　しかしながら，侵害者は本来支払うべき実施料の支払を免れていることから，それだけの利得があるはずであり，また，特許権者は実施料を受けることができていたはずなのに，現実には受けていないので，それだけの損失があると認めることができる。そして，この侵害者の利得と特許権者の損失との間には因果関係があると認められるから，実施料相当額の利得金を請求できるものと解されている。当該利得金の金額は特許法102条3項による損害の額と結果として一致することになると認められることから，不当利得の場合においては，特許法102条3項と同額の請求しか認められないこととなるので，この点注意を要する。

(3) 出願公開による補償金請求について

　なお，特許法65条に基づく補償金請求の場合も，「実施に対し受けるべき金銭の額に相当する額の補償金の支払を請求することができる。」（特65条1項）と記載されていることから，実施料相当額，すなわち特許法102条3項と同額の請求しか認められないこととなる。

Ⅶ　ま　と　め

　以上述べてきたところからすれば，①発明の内容（単純な方法の発明かそれ以外か），②特許権者における実施の有無，③侵害者における販売単価及び想定される利益額，④立証の負担，⑤特許権者における秘密保持の要請の程度（実施品の利益率等），⑥訴訟の目的等（損害賠償額の極大化を目指すか，それとも解決の迅速性を重視するか），種々の事情を総合的に考慮して，特許法102条1項〜3項の1つ又は複数の条項に基づき損害額の主張立証を行うこととなる。

　なお，これら総合的な考慮の判断は具体的にはかなり複雑であるため，侵害訴訟の経験豊富な弁護士による意見が重要であると考えられる。

64　特許法102条１項又は２項と同条３項の併用適用

平野　和宏

特許法102条１項又は２項の規定に基づいて損害額の算定を求めるとともに，同条１項本文又はただし書による譲渡数量の控除や同条２項の推定の一部覆滅がなされた侵害品の数量分について同条１項又は２項の適用と併せて同条３項の適用を求めることができるか。

キーワード　併用（重畳）適用，選択的主張，予備的主張，実施の能力，販売することができないとする事情，推定の一部覆滅

I　特許権侵害を理由とする損害賠償請求の方法について

　特許権侵害を理由とする損害賠償請求は，民法709条を根拠条文とするものであるところ，民法709条によって請求できる損害には，積極的財産損害（調査費用や弁護士費用等），消極的財産損害（逸失利益）及び無形損害（慰謝料）があるが，特許法102条は，このうち侵害による権利者の販売減少を理由とする消極的財産損害についての損害算定の特則と位置付けられる。

　また，特許法102条１項及び２項については，その適用の前提として，権利者の実施の要否が問題となるが，同条３項は，特許権侵害の際に特許権者が請求し得る「最低限度の損害額」を法定した規定であり，権利者が不実施の場合のように，逸失利益賠償がまったく認められなかった場合にも，同項を適用し実施料相当額の賠償を認めるのが裁判実務である。

II　特許法102条１項又は２項を理由とする請求において譲渡数量の控除や推定の一部覆滅がなされた場合について

　ところで，損害賠償請求の方法として特許法102条１項を選択した場合に，

「特許権者又は専用実施権者の実施の能力」を超えること又は「譲渡数量の全部又は一部に相当する数量を特許権者又は専用実施権者が販売することができないとする事情」があることを理由として損害額算定の対象から侵害品の譲渡数量が控除されたり，同条2項を選択した場合に推定の一部覆滅がなされることがある。

　しかるところ，「特許権者又は専用実施権者の実施の能力」又は「譲渡数量の全部又は一部に相当する数量を特許権者又は専用実施権者が販売することができないとする事情」を理由とする譲渡数量控除や，推定の一部覆滅がなされる場合であっても，侵害品は無許諾の実施品であることに変わりがなく，特許法102条3項が最低限度の損害額を法定した規定であること，因果関係がまったく認められなかった事例で特許法102条3項の相当な対価額の賠償が認められるのであれば，因果関係が一部認められなかった事例においても，認められなかった部分について，同項の賠償が否定される謂れはないこと等からすれば，「特許権者又は専用実施権者の実施の能力」又は「譲渡数量の全部又は一部に相当する数量を特許権者又は専用実施権者が販売することができないとする事情」を理由とする譲渡数量控除や，推定の一部覆滅がなされた部分について，特許法102条3項の適用を認めることが考えられる。

Ⅲ　裁判例について

(1)　特許法102条1項について

　特許権者不実施の場合のように，逸失利益賠償がまったく認められなかった場合にも，3項を適用し実施料相当額の賠償を認めていた裁判実務があり，詳細な理由を述べることなく，特許法102条1項で控除された侵害品の譲渡数量分については，同条3項の重畳適用が，当然のごとく認められていた（東京高判平11・6・15（平10（ネ）2249号・平11（ネ）1069号）判時1697号96頁〔スミターマル事件〕，東京地判平12・6・23（平8（ワ）17460号）裁判所ホームページ〔血液採取器事件〕，大阪地判平12・12・12（平8（ワ）1635号）〔複層タイヤ事件（第1審）〕，大阪高判平14・4・10（平13（ネ）257号・343号）裁判所ホームページ〔複層タイヤ事件（控訴審）〕，大阪地判平17・2・10（平15（ワ）4726号）判時1909号78頁〔病理組織検査標本作成用トレイ事件〕）。

しかも，東京高判平11・6・15（平10(ネ)2249号・平11(ネ)1069号）判時1697号96頁〔スミターマル事件〕は，権利者が特許法102条１項と３項の併用適用を明示的に主張していなかった事案であるにもかかわらず，「被控訴人は，予備的主張二として，同条三項に基づく損害賠償を請求しているところ，右は，予備的主張一が全く認められない場合に止まらず，一部認められた場合にも，その残部について同項に基づく請求をする趣旨と解される。」と述べたうえで，「同条一項に基づく損害賠償の請求が全く認められなかった場合には同条三項に基づく損害賠償の請求の余地があるのであるから，同条一項に基づく損害賠償の請求が一部認められなかった場合にも，右一部について，同条三項に基づく損害賠償の請求の余地があるものといわなければならない。」と判示したものである。

しかるところ，知財高判平18・9・25（平17(ネ)10047号）裁判所ホームページ〔椅子式エアーマッサージ機事件〕が，「特許法102条１項は，特許侵害に当たる実施行為がなかったことを前提に逸失利益を算定するのに対し，特許法102条３項は当該特許発明の実施に対し受けるべき実施料相当額を損害とするものであるから，それぞれが前提を異にする別個の損害算定方法というべきであり，また，特許権者によって販売できないとされた分についてまで，実施料相当額を請求し得ると解すると，特許権者が侵害行為に対する損害賠償として本来請求しうる逸失利益の範囲を超えて，損害の填補を受けることを容認することになるが，このように特許権者の逸失利益を超えた損害の填補を認めるべき合理的な理由は見出し難い。」と判示して，102条１項と同条３項との重畳適用を否定した。

その後も，同様に102条１項と同条３項との重畳適用を否定する裁判例が続いた（大阪地判平19・4・19（平17(ワ)12207号）判時1983号126頁〔ゴーグル事件〕，東京地判平22・2・26（平17(ワ)26473号）裁判所ホームページ〔ソリッドゴルフボール事件（第１審)〕，東京地判平22・11・18（平19(ワ)507号）裁判所ホームページ〔飛灰中の重金属の固定化方法及び重金属固定化処理剤事件（第１審)〕，知財高判平23・12・22（平22(ネ)10091号）判時2152号69頁〔飛灰中の重金属の固定化方法及び重金属固定化処理剤事件（控訴審)〕)。

そのような重畳適用を否定する裁判例の中でも，知財高判平24・1・24（平

22（ネ）10032号・10041号）裁判所ホームページ〔ソリッドゴルフボール事件・控訴審〕は，一審原告が，重畳適用を肯定しなければ，特許法102条1項ただし書において「販売することができないとする事情」があるとして譲渡数量の全部を控除された場合，同条3項による損害賠償請求を認めない結果，権利者は全く損害賠償を得ることができず，最低限度の損害額を保証した同条3項の趣旨に反する旨主張したことに対し，「特許侵害による損害は，基本的には侵害行為による権利者の逸失利益の填補であり，同条1項ないし3項は，そのために特許法が定めた計算方法である。したがって，特定の期間における侵害行為に対する損害は，原則として1個の算式で決められるべきであり，同条1項によって認められた損害は，逸失利益としての限界であり，それ以上，同条3項を更に適用して，特許権者等が販売することができない数量につき，実施料相当額を損害として認める理由はない。」と判示した点が特徴的である。

　当該判示に対しては，「特許権者が不実施の場合や侵害との因果関係が全面的に否定された場合にも，3項を適用して損害賠償を認める」という一般的理解や裁判実務と平仄が合わず，損害不発生の抗弁を認めたことと同様の帰結となるとされている[1]。

　また，前掲ソリッドゴルフボール事件控訴審判決は，「原告は，被告の主張を争うものであるが，仮に被告主張のとおり消滅時効が成立しているとしても，被告は，上記期間において本来支払うべき本件訂正発明の実施についての実施料を支払わずに被告各製品を販売したのであるから，その実施料相当額につき，法律上の原因なく利得し，これにより原告は，同額の損失を被ったものである。……したがって，原告は，被告に対し，上記2127万9561円の不当利得返還請求権を有するものである。」と判示した原判決について実施料率を変更したものの，その他の点については原判決を踏襲し，特許法102条1項ただし書による控除部分についても不当利得返還請求を認めている。

　この点については，「損害賠償請求権が時効消滅により存在しなくなった期間についてのみ，Xが予備的主張として不当利得返還請求を行っただけであ

---

[1]　愛知靖之「特許法102条1項ただし書による控除数量分への3項の適用−ソリッドゴルフボール事件控訴審判決を契機として−」L＆T60号57頁。

り，損害賠償請求権が存在することを前提に，1項ただし書により控除された譲渡数量に対し，不当利得の返還を重ねて請求したというわけではない」としながら，「1項ただし書による控除部分につき実施料相当額の不当利得返還請求自体は認めるという趣旨のようであり，3項の併用を否定する実益に乏しいといえる。」，「1項ただし書により譲渡数量の全部が控除された結果，因果関係がすべて否定された場合や特許権者不実施の場合を含め，およそ逸失利益賠償が全く認められない場合に，3項の適用は一切否定すべきである（損害額を0円とすべきである）との立場をとったとしても，さらに，不当利得返還請求まで否定しなければ，そのような議論に実益がないことになる。」*2との批判があり，当該批判は是認できるところであるが，さらに，損害賠償請求権が時効消滅した場合とこれが存在する場合とで，実施料相当額の不当利得返還請求権を認めるか否かの取扱いを異にする理由はないと思料される。

　ところで，東京地判平22・11・18（平19(ワ)507号）裁判所ホームページ・前掲飛灰中の重金属の固定化方法及び重金属固定化処理剤事件第1審判決は，「販売することができないとする事情」に相当する数量として控除すべき分については，同条3項に基づく実施料相当額の損害賠償を請求することができないというべきである旨判示しつつ，特許法102条1項による損害賠償を請求するとともに，同項による損害額算定の対象としていない数量部分（同項ただし書による控除前の譲渡数量）に限って同条3項による実施料相当額の損害賠償を請求することを何ら否定するものではない旨判示している。

　また，東京地判平22・2・26（平17(ワ)26473号）裁判所ホームページ・前掲ソリッドゴルフボール事件第1審判決は，「特許権者の逸失利益を超えた損害の填補を認めることは，特段の事情がない限り，妥当でないというべきである（知財高裁平成18年9月25日判決（平成17年(ネ)第10047号）参照）。そして，上記特段の事情としては，例えば，『販売することができないとする事情』に相当する数量部分が権利者の実施能力を超える部分であって，特許法102条1項の損害額算定の対象とされていない場合などが考えられる。」と判示しているところ，その控訴審判決である前掲ソリッドゴルフボール事件控訴審判決は，特許権者

*2　愛知・前掲*1・58頁。

792　第3章　特許権侵害訴訟における攻撃防御方法　第3節　侵害論に関する問題

の実施能力を超える部分については特許法102条3項の適用を認めると理解する余地があるとする見解[3]もある。

(2)　特許法102条2項について

前掲椅子式マッサージ機事件控訴審判決後の判決である[4]にもかかわらず，特許法102条2項と3項の併用を肯定した裁判例として，東京地判平19・9・19（平17(ワ)1599号）裁判所ホームページ〔キー・タンブラー錠事件〕がある。

他方，大阪地判平28・2・29（平25(ワ)6674号）裁判所ホームページ〔金属製ワゴン事件〕は，「原告は，覆滅された部分については，特許法102条3項の重畳適用により，実施料相当額を認めるべきである旨主張する。この点，同条2項は，侵害者が侵害製品を製造販売しなかった場合に特許権者が得られたであろう利益（逸失利益）を損害として算定するものであるのに対し，同条3項は，侵害者が侵害製品を製造販売することを前提に，それに対する実施料相当額を損害として算定するものであって，両者は，その前提を異にする別個の損害算定方法を定めたものである。そして，同条2項による損害額を算定するに当たり，推定が一部覆滅された場合でも，少なくともそれが前記(1)のような侵害者に特有の製品上の競争力があることによる場合には，損害額算定の対象とした侵害行為による特許権者の逸失利益は，一部覆滅後のものとして評価され尽くされているから，推定が一部覆滅された部分について同条3項による損害額を認めることは，同一の侵害行為について前提を異にする両立しない損害の賠償を二重に認めることとなり，法が予定するところではないと解するのが相当である。」と判示して，特許法102条2項と3項の併用を否定した。

IV　学説について

＊3　愛知・前掲＊1・60頁

＊4　他に，不正競争防止法5条2項の推定の一部覆滅が認められた部分につき，同条3項の併用適用を認めた裁判例として，東京地判平18・7・26（平16(ワ)18090号）判タ1241号306頁〔ロレックス事件〕，東京地判平19・12・26（平18(ワ)27454号）裁判所ホームページ〔シンアツシン事件〕が，商標法38条2項の推定の一部覆滅が認められた部分につき，同条3項の併用適用を認めた裁判例として，東京地判平12・3・24（平10(ワ)28609号）裁判所ホームページ〔グローリー事件〕，東京地判平18・12・22判タ1262号323頁〔ラブベリー事件〕がある。

64　特許法102条1項又は2項と同条3項の併用適用　　793

　特許法102条1項又は2項と同条3項の併用適用に関する学説には，特許法102条1項と同条3項の併用適用を肯定する見解[5]（肯定説）や特許法102条1項と同条3項の併用適用を否定する見解[6]（否定説）のほか，折衷的な見解として，①特許法102条1項ただし書に係る侵害品の数量控除分については同条3項の併用適用を否定するが，特許法102条1項本文の実施の能力に係る侵害品の数量控除分については同条3項の併用適用を肯定する見解[7]，②権利者の実施能力を超えた販売分について特許法102条3項を適用することを認めるとともに，権利者製品と侵害品とで販売地域が異なる，対象とする顧客層が異なる，価格帯が異なるなど，権利者製品と侵害品とが実質的に同一市場に属さないことが理由となって侵害品販売数量の一部につき「販売することができないとする事情」が認められた場合には，これにより控除された数量分についても同条3項の併用適用を肯定する見解[8]，③特許法102条1項の適用により評価された数量（権利者製品と侵害品のシェアや価格差等を理由として控除された数量）について同条3項の併用適用を否定し，同条1項の適用によって評価されていない数量（製造能力，販売数量，隔絶した一部販売地域の除外等を理由として控除された数量）については同条3項の併用適用を肯定する見解[9]などがある。

　また，特許法102条2項と同条3項の併用について，「事案によっては，推定が一部覆滅される事情として，権利者が権利者製品を，侵害製品の販売数量分，販売できたとはいえないという事情も考えられるところ（むしろ，この事情によって推定が一部覆滅される事例が多いのではないかと思われる），覆滅事由として，

＊5　田村善之「損害賠償に関する特許法等の改正について」知管49巻3号335頁，市川正巳「損害1（特許法102条1項）」飯村敏明＝設樂隆一編『LP(3)知的財産関係訴訟』215頁，愛知・前掲＊1・61頁，中山信弘編『注解特許法【下巻】〔第3版〕』1012頁〔青柳昤子〕，佐野信「損害2（特許法102条2項・3項）」飯村敏明＝設樂隆一編著『LP(3)知的財産関係訴訟』239頁，中山信弘＝小泉直樹編『新・注解特許法【下巻】』1609頁〔飯田圭〕等。

＊6　高部眞規子『実務詳説　特許関係訴訟〔第3版〕』259頁，小池豊「知的財産権侵害による損害額算定の視点　平成10年改正特許法102条の運用をめぐって」秋吉稔弘先生喜寿記念論文集『知的財産権－その形成と保護』312頁。

＊7　尾崎英男「特許を実施しない権利者製品の利益に基づく特許法102条1項の損害額の算定」大場正成先生喜寿記念『特許侵害裁判の潮流』623頁。

＊8　古城春実「損害1－特許法102条1項に基づく請求について」牧野利秋ほか編『知的財産法の理論と実務(2)』272頁。

＊9　美勢克彦「特許法102条2項の『被告の得た利益の額』及び1項と3項の関係について」高林龍編『知的財産権侵害と損害賠償』48頁。

794　第3章　特許権侵害訴訟における攻撃防御方法　第3節　侵害論に関する問題

このような事由が含まれている場合は，その事由に応じた数量を抽出し，同数量について，3項を適用することも可能ではないかと思われる。」とする見解[10]もある。

V　選択的主張又は予備的主張

特許法102条1項ないし3項は，特許権侵害という不法行為に基づく損害賠償請求権を算定する方法として存在するから，各項ごとに異なる請求権があるわけではないが（訴訟物としては不法行為に基づく損害賠償請求権1個のみであり，当事者，特許権，対象製品（又は対象方法）の要素に加えて損害賠償の対象期間によって，訴訟物が画されると解すべきであろう[11]とされている），権利者としては，特許法102条1項ないし3項について，選択的に又は予備的に主張し，各項で算定した損害額のうち最も高額となる損害額を請求することもできる。

この点，前掲椅子式マッサージ機事件控訴審判決が，「被控訴人は，予備的に，特許法102条3項の実施料相当額（製品当たり5％）を損害として主張するが，前記のとおり，本件発明5は，椅子式マッサージ機の一部の動作モードが選択された場合に初めてその作用が発現し，効果自体も付随的なものにとどまることや，本件発明5の機能を備えていないとしても，脚部や尻部のマッサージ自体は行うことができ，控訴人製品の販売への影響は少ないと考えられること，さらには前記判示の事情を総合すると，実施料相当額が特許法102条1項に基づいて認められる上記損害額を超えると認めることはできない。」と判示するように，102条1項と同条3項との重畳適用を否定したものの，侵害品の全譲渡数量に対して同条3項を選択適用することは認めている。

なお，通常，権利者や侵害者の利益のほうが実施料相当額よりも高いため，特許法102条1項又は2項に基づき損害額を算定したほうが損害額は高額となるが，権利者の利益率（同条1項）や侵害者の利益率（同条2項）と実施料率相場・実績（権利者の実施許諾例）（同条3項）の多寡の関係によっては，必ずしも1

---

[10]　佐野信「Ⅳ　特許法102条3項」大渕哲也ほか編『専門訴訟講座⑥特許訴訟【下巻】』1199頁。

[11]　高部・前掲＊6・25頁・45頁。

項，２項，３項の順に高額な損害額になるものとは言い切れず，稀に同条３項のほうが高額となることもある*12。

ただ，前掲椅子式マッサージ機事件控訴審判決のように，特許法102条３項に基づく損害賠償を選択的に又は予備的に主張した場合でも，結局，具体的な実施料相当額が算定されることなく，同項に基づく損害賠償額が，同条１項又は２項に基づく損害賠償額を超えないとされる場合もあることには留意する必要がある*13。

すなわち，実施料相場や実績（権利者の実施許諾例）における実施料率も関係するものの，事案によっては，選択的主張や予備的主張をすることなく，全譲渡数量について特許法102条３項による実施料相当額の損害賠償額を求めたほうが，賠償額が高額となる場合があることも否定されないのではないかと思料されるのである。

Ⅵ　私　　見

筆者も，特許法102条１項又は２項は権利者の実施品又は競合品の売上減少を損害額の前提としており，同条項で確定されるのが，賠償されるべき全損害（全逸失利益）ではなく，全損害のうち権利者の実施品又は競合品の売上減少による損害（逸失利益）のみであり，それ以上の損害（権利者が実施品又は競合品を販売していなくとも得られるはずの実施料相当額）がないことまで認めるものではないこと（譲渡数量の控除又は推定が覆滅された譲渡数量如何にかかわらず損害額は変わらず，侵害者が譲渡数量の控除又は推定が覆滅された譲渡数量分の実施料相当額の支払まで免れる

---

*12　特許法102条１項と同条３項の併用適用ではなく，特許法102条２項と同条３項の両方の適用が認められたが，同条３項のほうが高額になった事例として，知財高判平27・4・28（平25（ネ）10097号）裁判所ホームページ〔蓋体及びこの蓋体を備える容器事件〕がある。また，不正競争防止法５条３項による利益額が同条２項による利益額を上回るので，同条３項による利益額を採用することとされた事例として，東京地判平18・7・26（平16（ワ）18090号）判タ1241号306頁〔ロレックス事件〕がある。

*13　特許法102条１項と同条３項の併用適用ではなく，特許法102条１項ないし３項に基づく損害賠償を請求した事案であるが，知財高判平27・11・19（平25（ネ）10051号）判タ1425号179頁〔オフセット輪転機版胴事件〕においても，同条３項に基づく損害賠償額が同条１項に基づく損害賠償額を超えないとされた。

と解するのは相当でないと考えられること），「最低限度の損害額」として特許法102
条３項により実施料相当額は認められるべきであるところ，特許法102条１項
又は２項で譲渡数量の全部が控除されたり，推定がすべて覆滅された場合であ
っても同様と解すべきであること，また，権利者が特許法102条３項による損
害賠償請求ではなく，不当利得返還請求をした場合には，当該請求は認められ
るべきであることからして，「特許権者又は専用実施権者の実施の能力」又は
「譲渡数量の全部又は一部に相当する数量を特許権者又は専用実施権者が販売
することができないとする事情」を理由とする譲渡数量控除や，推定の一部覆
滅がなされる場合であっても，特許法102条１項又は２項と同条３項の併用適
用は認められるべきであると思料する。

Ⅶ　実務的対応

　ただ，私見はともかく，特許法102条１項又は２項と同条３項の併用適用の
可否については，現在でも学説上争いがあり，最高裁判決もなされていないも
のの，実務的には，「近時，知財高裁は，前掲知財高判平18・９・25，同平
23・12・22，同平24・１・24において，１項但書に係る控除販売数量（筆者注：
「損害額算定の控除対象となった販売数量」）部分に対する３項の併用を否定してお
り，近時の裁判例は，当該部分に対する３項の適用を肯定する見解を採用しな
い傾向にあると評価することができる。したがって，特許権侵害訴訟において
は，このような裁判例の傾向に十分留意しつつ，主張立証活動を行う必要があ
る。」とし，さらに，現在のところ，特許権者の実施能力を超える部分につい
て特許法102条３項の併用適用を否定する裁判例は見当たらないものの，「近
時の知財高裁の各裁判例における理由付けを見る限り，実施の能力に係る控除
販売数量に対する３項併用適用についても，１項但書の事案と同様に否定的な
判断を示す可能性が十分あり得るものとして，主張立証活動を行う必要がある
ものと思われる。」[14]とする裁判官の見解もあることに留意して対応する必要
がある。

＊14　荒井章光「損害賠償(2)」牧野利秋ほか編『知的財産訴訟実務大系Ⅱ』35頁。

また，このことは，特許法102条２項と同条３項の併用適用の可否について
も，同様であると思料される。

　しかるところ，特許法102条１項ないし３項を選択的又は予備的に主張する
ことも考えられるところ，前述のとおり，前掲椅子式マッサージ機事件控訴審
判決のように，同条３項に基づく損害賠償を選択的主張や予備的主張をした場
合でも，結局，具体的な実施料相当額が算定されることなく，同項に基づく損
害賠償額が，同条１項又は２項に基づく損害賠償額を超えないとされる場合も
あることからすれば，推定の覆滅率が99％などという高率であることが予測
される一方，実施料相場や実績（権利者の実施許諾例）における実施料率が高い
場合など，最初から同条３項のみで請求したほうが（実施料率は利益率ほど高率の
ものにはならないとしても，損害額算定の対象が侵害品全量となるため），賠償額が大き
くなる場合も生じ得るのではないかと思料される。

　そうすると，特許法102条１項又は２項を適用した場合，大幅な譲渡数量の
控除や推定覆滅が予測される一方，実施料相場や実績（権利者の実施許諾例）に
おける実施料率が高い場合など，事案によっては，特許法102条１項又は２項
に基づく逸失利益の請求を行わず，特許法102条３項に基づく請求のみを行う
ことも検討する必要があるのではないかと思料される。

　ところで，前述のとおり，前掲ソリッドゴルフボール事件控訴審判決が，
「損害賠償請求権が時効消滅により存在しなくなった期間」についてではある
が，特許法102条１項ただし書による控除部分について不当利得返還請求を認
めているところ，これに対する批判があることからすれば，今後も同様の判断
がなされるとは限らないが，特許法102条１項又は２項と同条３項の併用適用
が否定された場合，控除された譲渡数量分や推定が覆滅された数量分につい
て，不当利得返還請求として請求することが考えられる。

　また，当事者，特許権，対象製品（又は対象方法）の要素に加えて損害賠償の
対象期間によって，訴訟物が画されると解すべきであろうとされていることか
らすれば，侵害期間が異なれば訴訟物も異なるので，「損害賠償請求権が時効
消滅により存在しなくなった期間」だけではなく，事案によっては，侵害期間
ごとに異なる計算方法を採用することも許されるのではないだろうか。

　ところで，前掲飛灰中の重金属の固定化方法及び重金属固定化処理剤事件控

訴審判決は，損害賠償の対象期間を同一とする損害賠償請求の対象数量をあらかじめ2分して，その一部を権利者の市場占有率に基づく同条1項による請求の対象とし，その余（権利者の市場占有率を超える部分）を同条3項による請求の対象とした事案．すなわち，権利者が，同一期間の損害賠償請求を，数量として同条1項により認容されるべき部分と，同条3項により認容されるべき部分とに最初から2分した上で，両者を合算して請求した（両者を重畳的に請求しているのではない）事案について，「特許法102条1項が特許権者に生じた逸失利益の全てを評価し尽くしており，これにより特許権者の被った不利益を補てんして，不法行為がなかったときの状態に回復させているものと解される以上，特許権者は，同条1項により算定される逸失利益を請求する場合，これと並行して，同条3項により請求し得る損害を観念する余地がなく，同項に基づき算定される額を請求することはできないというべきである。」と判示し，同条3項に基づく請求を排斥している。

65 特許権者と各実施権者による損害賠償請求

前田　将貴

　　特許権者が実施権を設定している場合，特許権者及び各実施権者は，侵害者に対して固有の損害賠償請求を行うことができるか。また，その場合に特許法102条１項ないし３項の適用はあるか。

キーワード　専用実施権，独占的通常実施権，損害賠償請求，特許法102条１項ないし３項，民法709条

I　はじめに

　学説・裁判例は，特許権者と専用実施権者に加えて独占的通常実施権者も侵害者に対して固有の損害賠償請求を行うことができるが，通常実施権者には固有の損害賠償請求は認められない，という点で一致している。しかし，独占的通常実施権者による損害賠償請求を認めるために独占的通常実施権許諾契約のみで足りるか現実の独占状態までが必要かという点については，見解は統一されていない。

　また，実施権が設定された場合の特許権者及び各実施権者による損害賠償請求に特許法102条１項ないし３項の適用があるかという点についても見解は統一されていない。

　本稿では，近時の裁判例で示された解釈を参考に，独占的通常実施権者による損害賠償請求について筆者の見解を示し，特許権者及び各実施権者による固有の損害賠償請求について特許法102条１項ないし３項の適用の有無を論じる[*1]。

＊1　損害賠償請求権の代位行使及び差止請求の可否については本稿の検討対象としない。

800 第3章 特許権侵害訴訟における攻撃防御方法　第3節　侵害論に関する問題

Ⅱ　独占的通常実施権者による損害賠償請求[*2]

(1)　通常実施権の法的性質

　特許権者は，その特許権について他人に通常実施権を許諾することができる（特78条1項）。この許諾を行う契約を通常実施権許諾契約という。

　特許権の本質は禁止権であり（特68条），通常実施権の許諾とは，「特許権者が通常実施権者による特許発明の実施について差止請求権及び損害賠償請求権を行使しない。」という不作為を内容とする合意である。これを実施権者から見れば，特許権者に対して有する不作為請求権である。

(2)　独占的通常実施権の法的性質

　次に，独占的通常実施権とは，「他者に対して実施許諾を行わない」という特約が付加された通常実施権をいう。つまり，独占的通常実施権とは，差止請求権及び損害賠償請求権を行使しないという不作為請求権（＝通常実施権）に，さらに特許権者が他者に対して実施許諾を行わないという不作為請求権が付加されたものである。

　なお，独占的通常実施権については，特許権者の実施の可否や，独占的通常実施権者によるサブライセンスの可否，侵害者の排除義務等に関して様々な態様が考え得る。しかし，以下では，上述した第三者に対する実施許諾についての不作為特約が付加された通常実施権を独占的通常実施権という。

(3)　独占的通常実施権者による損害賠償請求の可否

(a)　民法709条——権利又は法律上保護される利益

　特許法には損害額の立証（特102条1項ないし3項）や過失の推定（特103条）について特別規定が定められているが，損害賠償請求権の発生について特別な定めはない。そのため，特許権侵害に基づく損害賠償請求権の根拠条文は民法709条である。

　民法709条では，権利又は法律上保護される利益が侵害されたことが要件と

＊2　このテーマに関しては，金子敏哉「特許権の侵害者に対する独占的通常実施権者の損害賠償請求権」知的財産法政策学研究21号（平20）203頁以下において，裁判例の詳細な分析・検討が行われている。

されている（権利侵害要件）。したがって，独占的通常実施権者による侵害者に対する損害賠償請求権が認められるためには，「侵害者の実施行為によって独占的通常実施権者の権利又は法律上保護される利益が侵害されたこと」が必要である。ここで，そのような独占的通常実施権者の権利又は法律上保護される利益とは何か，が問題となる。

(b) 債権侵害

この点，第三者による債権侵害と整理する考えが示されている[*3]。これは，独占的通常実施権を特許権者との約定に基づいて当該特許発明を独占的に実施し得る権原であると理解し，侵害行為によってそれが侵害されたと構成する考えである。

民法学上，第三者による債権侵害については，①債権の帰属が侵害された場合，②債権の行使（又は債務の履行）が侵害された場合，及び，③債務者の責任財産が侵害された場合に分けて論じられている[*4]。債権侵害との理解は，独占的通常実施権許諾契約によって特許権者が独占的通常実施権者に対して当該特許発明を独占的に実施させるとの債務を負うものであり，侵害行為によってその債務の履行が侵害された（上記②に分類）と構成するのであろう。

しかし，すでに述べたとおり，独占的通常実施権とは，実施行為に対する差止請求権及び損害賠償請求権を行使しないとの不作為請求権（＝通常実施権）に，他者に対して実施許諾を行わないことを内容とする不作為請求権が付加されたものにすぎない。それのみで，特許権者が独占的通常実施権者に対して当該特許発明を独占的に実施させるとの債務を負うと解することはできない。

さらに，民法学では，債権には公示性がないことから，債権侵害を理由として第三者に不法行為責任を問うためには，第三者が債権の存在を認識していたのでなければならないとされている[*5]。そのため，特許権者が独占的通常実施権者に対して当該特許発明を独占的に実施させる義務を負う等の特約があって第三者の実施行為によって当該特約に基づく債権が侵害されたと評価できる

＊3　中山信弘編『注解特許法〔第3版〕【上巻】』（青林書院）832頁〔中山信弘〕。ただし，現在，中山は債権侵害構成を採用していない（中山信弘『特許法〔第3版〕』510頁以下）。
＊4　潮見佳男『プラクティス民法　債権総論〔第4版〕』539頁以下。
＊5　潮見・前掲＊4・540頁以下。

場合が仮にあったとしても，当該特約の存在を第三者が認識していなければ当該第三者に債権侵害による不法行為責任を問うことはできない。第三者がこのような認識を有していることは通常考えられず，債権侵害構成による損害賠償請求が認められる事案は極めて限定されたものとなる。

以上述べたとおり，侵害者の実施行為があったとしても独占的通常実施権者の債権が侵害されることはなく，債権侵害を理由とする損害賠償請求は認められない。また，仮に何らかの特約が存在して侵害者の実施行為がその債権侵害と評価できる場合があったとしても，侵害された債権の存在を侵害者が認識しているという極めて例外的な場面でしか損害賠償請求は認められない。

これに対し，現在の裁判例の多くは，侵害者の認識を認定することなく，独占的通常実施権者による損害賠償請求を広く認めている[6]。したがって，これらの裁判例を債権侵害によって説明することは適切ではない。

(c) 独占的地位・利益の侵害

次に，独占的通常実施権許諾契約に基づいて有する独占的地位・利益を法律上保護される利益とする構成が考えられる。これは，独占的通常実施権者が特許権者に対する不作為請求権を介して間接的に有する「特許発明を独占的に実施し得るという地位及びそれによる利益」を法律上保護される利益として捉える考え方である。

この考え方は，債権侵害構成の問題点を解消している。また，独占的通常実施権者による損害賠償請求を認めるべき実質的な理由として専用実施権者と実質的に同等な独占的地位を有することが指摘されているが（大阪地判昭54・2・28（昭52（ワ）3461号・2236号）〔人工植毛用植毛器事件〕)[7]，独占的通常実施権者の独占的な地位・利益を法律上保護される利益として捉える考え方は，このような実態に整合する。

では，独占的地位・利益が法律上保護される利益として認められるために，

---

[6]　金子・前掲＊2・204頁以下。

[7]　他に，独占的通常実施権者による損害賠償請求に特許法102条1項の適用を認める理由として専用実施権者との実質的に同等な地位を挙げたものとして知財高判平21・3・11（平19（ネ）10025号）〔印鑑基材事件〕，独占的通常実施権者による損害賠償請求に特許法103条の適用を認める理由として専用実施権者との実質的に同等な地位を挙げたものとして東京地判平17・5・31（平15（ワ）11238号）〔誘導電力分配システム事件〕がある。

独占的通常実施権の許諾のみで足りるか，現実に独占状態を有していることまで必要か。具体的には，特許権者が自己実施を行っている場合や，特許権者が契約に違反して第三者に実施許諾をした場合に，独占的通常実施権者による侵害者に対する損害賠償請求を行うことができるかが議論となっている。

(d)　現実の独占状態の要否

現実の独占状態の要否については，独占的通常実施権許諾契約が有効に成立してさえすれば固有の損害賠償請求を認めてよいとして現実の独占状態を不要とする考え[8]や，完全独占的通常実施権（独占的通常実施権のうち特許権者自身も特許発明の実施をしないことをも合意したもの）者のみが独占的地位を事実上実現している場合に固有の損害賠償請求を認めるとの考え[9]が示されている。

裁判例を見ると，多くの裁判例では独占的通常実施権許諾契約が有効に成立してさえいれば損害賠償請求を認めているが，商標の独占的通常使用権者であるとしながらも商標権者が契約に違反して第三者に使用許諾を行っていたことから「契約上の地位に基づいて登録商標の使用権を専有しているという事実状態」を欠くものとして損害賠償請求を否定した裁判例（東京地判平15・6・27（平14(ワ)10522号）判時1840号92頁〔花粉のど飴事件〕）がある。

現実の独占状態をまったく不要と解すると，特許権者の不作為義務違反によって他に実施権者が存在する場合であっても，独占的通常実施権許諾契約が有効に成立している限り独占的通常実施権者は侵害者に対して損害賠償請求できることになる。しかし，独占的通常実施権者は特許権者に対して不作為請求権を行使できるのみであり，他の実施権者の実施を禁止することができない。したがって，特許権者の不作為義務違反によって独占的通常実施権者の独占的地位・利益は既に失われている。そのような場合に独占的通常実施権者による損害賠償を認めるためには，「独占的通常実施権許諾契約に基づく独占状態に対

---

[8]　金子・前掲[2]・203頁は，「特許権の侵害者は，自らが奪った特許製品の需要の全てにつき損害賠償債務を負う可能性を覚悟すべきである。」ことを実質的理由として，事実上の独占状態までは不要とし，有効な独占的通常実施権の許諾のみで足りるとしている。

[9]　椙山敬士＝高林龍＝小川憲久＝平嶋竜太編『ビジネス法務体系Ⅰライセンス契約』101頁〔三村量一〕は，「市場における独占的な地位」を厳格に解し，完全独占的通常実施権者が独占の地位を事実上実現しているかぎりにおいて，完全独占的通常実施権者による固有の損害賠償請求権を認めるようである。

804　第3章　特許権侵害訴訟における攻撃防御方法　　第3節　侵害論に関する問題

する期待」を法律上保護される利益と捉えることとなる*10。しかし，このような期待を保護すべき義務を侵害者に課すべき根拠はなく，その保護は特許権者の不作為義務履行によって図られるべき性質のものである。したがって，現実の独占状態を不要と解すべきではない。

(e)　事実上の独占的地位・利益

では，独占的通常実施権者の独占的地位・利益がどの程度であれば，法律上保護される利益として認められるべきか。筆者は，独占的通常実施権者が専用実施権者と同程度に市場における特許発明の実施によって得られる利益を独占できる地位を事実上有しているかぎりにおいて固有の損害賠償請求を認めるべきであると考えている。この「事実上の独占的地位・利益」の有無は，独占的通常実施権許諾契約の内容，特許権者の不作為義務履行の状況，実施権者がいる場合にはその実施許諾の経過等を総合的に考慮して，独占的通常実施権者が専用実施権者と同程度の地位・利益を事実上実現しているか否かによって判断すべきである。

このような私見によれば，独占的通常実施権者が唯一の実施者である場合はもちろん，独占的通常実施権者の同意に基づいて特許権者が実施している場合や，独占的通常実施権者が特許権者の承諾を得て第三者に実施許諾を行った場合であっても事実上の独占状態は認めてよい*11。他方，特許権者が不作為義務に違反して第三者に実施許諾を行った場合*12には事実上の独占状態は既に失われているものと考える。

(4)　ま　と　め

以上述べたとおり，独占的通常実施権者については，特許発明について専用実施権者と同程度の地位・利益を事実上実現している限りにおいて，当該地位・利益を侵害した侵害者に対して固有の損害賠償請求を行うことができると解する。

---

*10　仮にこのような期待の侵害による損害賠償請求を認めるとしても，損害について特許法102条1項ないし3項は適用されないであろう。

*11　専用実施権者は，特許権者の承諾があれば第三者に通常実施権を許諾することが可能であり（特77条4項），その場合でも侵害者に対して損害賠償請求ができる。

*12　専用実施権が設定されている場合，特許権者は第三者に対する実施許諾権を失う（特77条2項）。

そして，事実上の独占的地位・利益を有していることについては民法709条の権利発生を基礎づける事実として独占的通常実施権者が主張立証責任を負う。もっとも，有効な独占的通常実施権許諾契約があれば独占的通常実施権者が独占状態にあることは事実上推認されるので，これを争う侵害者は他にも特許権者から許諾を受けた実施権者がいること等を具体的事実とともに主張する必要があろう。

Ⅲ　特許法102条1項ないし3項の適用

次に，専用実施権，独占的通常実施権又は通常実施権をそれぞれ設定した場合において，特許権者と各実施権者が行う損害賠償請求について特許法102条1項ないし3項の適用があるか否かについて検討する。以下，まずは必要な範囲で特許法102条1項ないし3項の解釈を述べ，次に各場合について適用の有無を論じる。

(1)　特許法102条1項ないし3項の解釈

(a)　特許法102条1項

特許法102条1項は，民法709条に基づく逸失利益の算定方法についての規定であり，本文において［侵害行為を組成した物の譲渡数量］に［特許権者等がその侵害行為がなければ販売することができた物の単位数量当たりの利益額］を乗じた額を特許権者等の実施能力の限度で損害額と推定し，ただし書に記載される特許権者等が販売することができないとする事情を侵害者が立証した場合には，その範囲で推定を覆滅することによって，柔軟な損害額の認定を目的とする規定である。

このような趣旨に鑑みれば，特許権者等が「その侵害行為がなければ販売することができた物」とは，特許発明の実施品でなくとも，侵害品と市場において競合関係に立つ特許権者等の製品であれば足りる[13]。

(b)　特許法102条2項

---

[13]　知財高判平27・11・19（平25(ネ)10051号）判タ1425号149頁〔オフセット印刷機版銅事件〕，知財高判平28・6・1（平27(ネ)10091号）判時2322号106頁・判タ1433号142頁〔破袋機事件〕等。

特許法102条2項は，民法の原則の下では，特許権侵害によって特許権者が被った損害の賠償を求めるためには，特許権者において，損害の発生及び額，これと特許権侵害行為との間の因果関係を主張，立証しなければならないところ，その立証等には困難が伴い，その結果，妥当な損害の填補がされないという不都合が生じ得ることに照らして，侵害者が侵害行為によって利益を受けているときは，その利益額を特許権者の損害額と推定するとして，立証の困難性の軽減を図った規定である（知財高判平25・2・1（平24(ネ)10015号）判時2179号36頁・判タ1388号77頁〔紙おむつ処理容器事件〕）。

特許法102条2項の適用に当たって，特許権者が当該特許発明を実施していることは必要ではなく，特許権者に，侵害者による特許権侵害行為がなかったならば利益を得られたであろうという事情が存在する場合には，特許法102条2項の適用が認められる（前掲知財高判平25・2・1〔紙おむつ処理容器事件〕）。

なお，適切な損害賠償を認定するために，特許法102条1項と同様に，侵害者が侵害行為によって特許権者に生じた損害の額がこれよりも低いことを基礎づける具体的な事実を主張立証することで，その範囲において推定は覆滅される，と解すべきであろう[14][15]。

したがって，侵害行為がなければ権利者が販売による利益を得ることができたという事情があれば，特許法102条2項の適用は認められる。

(c) 特許法102条3項

特許法102条3項は，特許権者が請求できる最低限度の損害額を法定した規定である。損害の発生それ自体を擬制する規定ではなく，本条3項による損害賠償請求が認められるためには，損害が発生していること＝侵害者から実施料を得られるはずであったこと，が必要である。

(2) 専用実施権を設定した場合

(a) 特許権者による損害賠償請求について

(イ) 特許法102条1項の適用　　専用実施権を設定した特許権者による損害

---

[14] 牧野利秋＝飯村敏明編『新・裁判実務大系(4)知的財産関係訴訟法』317頁以下〔高松宏之〕。

[15] 前掲知財高判平25・2・1〔紙おむつ処理容器事件〕においても，「特許権者と侵害者の業務態様等に相違が存在する等の諸事情は，推定された損害額を覆滅する事情として考慮されるとするのが相当である。」として，諸事情による部分的な推定覆滅を許容していると解される。

賠償請求に特許法102条1項の適用があるか否かについては，同項による損害賠償請求については損害（特許権者等の製品の販売数量の減少による逸失利益）の発生が必要になること，並びに，本条1項所定の「特許権者又は専用実施権者」及び「特許権又は専用実施権」との各規定文言，からすれば，請求権者には独占的な実施権限が必要とされるものと解されるところ，特許権者は専用実施権を設定した場合には専用実施権の範囲内において特許権に基づく独占的な実施権限を喪失する（特77条2項及び68条ただし書）ことから，適用を否定する見解がある*16。

　しかし，前述のとおり特許法102条1項の「その侵害行為がなければ販売することができた物」は，特許発明の実施品に限定されず，侵害品と市場において競合関係に立つ製品であれば足りる。また，特許権者は専用実施権を設定しても特許権を失うものではなく，特許法102条1項の文言は適用を否定すべき理由にはならない*17。

　実質的にみても，特許権者が専用実施権者から実施料を得るとともに自ら競合品の販売によって利益を得ている場合には，侵害者の侵害行為によって特許権者による競合品の販売数量が減少する限度において特許法102条1項の適用を否定すべき理由はない。

　したがって，専用実施権を設定した場合であっても，特許権者が侵害品と市場において競合関係に立つ製品を販売しているかぎり，特許法102条1項の適用を認めてよい。

　(ロ)　特許法102条2項の適用　　専用実施権を設定した特許権者による損害賠償請求に特許法102条2項の適用があるか否かについては，同項による損害賠償請求については損害（特許権者等の販売利益の減少等の実施利益の減少による逸失利益）の発生が必要になること，並びに，本条2項所定の「特許権者又は専用実施権者」及び「特許権又は専用実施権」との各規定文言，からすれば，請求

＊16　中山信弘＝小泉直樹編『新・注解特許法【中巻】〔第2版〕』1825頁〔飯田圭〕。
＊17　特許法100条1項には特許法102条1項と同じく「特許権者又は専用実施権者」及び「特許権又は専用実施権」という文言が用いられているが，専用実施権を設定した特許権者による差止請求が問題となった事案において「特許法100条1項の文言上，専用実施権を設定した特許権者による差止請求権の行使が制限されると解すべき根拠は無い。」とされている（最判平17・6・17（平16(受)997号）民集59巻5号1074頁・判時1900号139頁・判タ1183号208頁）。

権者には独占的な実施権限が必要とされるものと解されるところ，特許権者は専用実施権を設定した場合には専用実施権の範囲内において独占的な実施権限を喪失する（特77条2項及び68条ただし書）ことから，適用を否定する見解がある[18]。

しかし，前掲の知財高判平25・2・1〔紙おむつ処理容器事件〕においては，特許権者に，侵害者による特許権侵害行為がなかったならば利益を得られたであろうという事情が存在する場合には特許法102条2項の適用が認められるとされており，特許発明を実施していることは必要とされていない。また，特許法102条1項と同様に，同条2項の規定文言も適用を否定すべき理由とはならない。

したがって，専用実施権を設定した場合であっても，特許権者に，侵害者による特許権侵害行為がなかったならば利益を得られたであろうという事情が存在する限り，特許法102条2項の適用を認めてよい。ただし，適切な損害額を認定するために推定を覆滅する事情は緩やかに認められるべきであろう[19]。

(ハ) 特許法102条3項の適用　特許法102条3項を適用するためには，損害の発生＝侵害者から実施料を得られるはずであったこと，が必要であるところ，特許権者は，専用実施権の設定によって実施許諾を行う権限を失う。したがって，専用実施権を設定した特許権者による損害賠償請求に特許法102条3項を適用することはできない。

なお，特許権者は，専用実施権者から特許権者に支払われるはずであった実施料の減少については，民法709条に基づいて請求することができる。

(b)　専用実施権者による損害賠償請求について

(イ) 特許法102条1項の適用　特許法102条1項は，その文言のとおり，専用実施権者による損害賠償請求に適用される。ただし，専用実施権者が侵害品と市場において競合関係に立つ製品を販売していることが必要である。

なお，専用実施権者が特許権者に対して支払うべき実施料については，「単位数量当たりの利益の額」を算出する際に考慮されるべきであろう。

(ロ) 特許法102条2項の適用　特許法102条2項は，その文言のとおり，

---

*18　中山＝小泉編・前掲*16・1905頁〔飯田〕。

*19　牧野＝飯村編・前掲*14及びその本文参照。

専用実施権者による損害賠償請求に適用される。ただし，侵害者による特許権侵害行為がなかったならば利益を得られたであろうという事情が必要である。

なお，専用実施権者が特許権者に対して支払うべき実施料については推定の覆滅を認めるべきであろう[20]。

(ハ) 特許法102条3項の適用　特許法102条3項は，その文言のとおり，専用実施権者による損害賠償請求に適用される。

なお，特許法102条3項は最低限度の損害額を法定した規定であるから，専用実施権者が特許権者に対して支払うべき実施料を控除する必要はない。

(3) 独占的通常実施権を設定した場合

(a) 特許権者による損害賠償請求について

(イ) 特許法102条1項の適用　独占的通常実施権を設定しても，特許権者は侵害品と市場において競合関係に立つ製品を販売することは可能である。したがって，独占的通常実施権を設定した場合であっても，特許権者が侵害品と市場において競合関係に立つ製品を販売している限り，特許法102条1項の適用を認めてよい。

(ロ) 特許法102条2項の適用　特許権者に，侵害者による特許権侵害行為がなかったならば利益を得られたであろうという事情が存在する限り，特許法102条2項の適用を認めてよい。

(ハ) 特許法102条3項の適用　特許権者は，独占的通常実施権の設定によって独占的通常実施権者に対して第三者に実施許諾を行わないとの不作為義務を負うのみで，第三者に対する実施許諾権限を失うものではない。したがって，独占的通常実施権を設定した場合であっても，特許権者の損害賠償請求について特許法102条3項の適用を認めてよい。

(b) 独占的通常実施権者による損害賠償請求について

(イ) 特許法102条1項の適用　特許法102条1項は，民法709条に基づく逸失利益の算定方法についての規定であり，本文とただし書の主張立証の分配に

---

[20]　実施料については販売数量や販売額に約定実施率を乗じて算出する方法が採用されることが多い。そのため，専用実施権者が支払うべき実施料を適切に算出するためには，専用実施権者と侵害者の利益率等を比較して，本条2項によって推定される侵害者利益を得た場合の専用実施権者の販売数量や売上げを割合的に算出し，それに約定実施料率を乗じる必要があろう。

810　第3章　特許権侵害訴訟における攻撃防御方法　第3節　侵害論に関する問題

よって，柔軟な損害額の認定を目的とする規定である（前記Ⅲ(1)(a)）。その趣旨は，専用実施権者と同等の独占的地位を有する独占的通常実施権者にも妥当する。

　したがって，独占的通常実施権者が侵害品と市場において競合関係に立つ製品を販売している限り，特許法102条1項の類推適用を認めてよい（知財高判平21・3・11（平19(ネ)10025号）〔印鑑基材事件〕）。

　(ロ)　特許法102条2項の適用　　特許法102条2項は，権利者による損害立証等には困難が伴い，その結果，妥当な損害の填補がされないという不都合が生じ得ることに照らして，侵害者が侵害行為によって利益を受けているときは，その利益額を特許権者の損害額と推定するとして，立証の困難性の軽減を図った規定である（前記Ⅲ(1)(b)）。その趣旨は，専用実施権者と同等の独占的地位を有する独占的通常実施権者にも妥当する。

　したがって，独占的通常実施権者に侵害行為がなかったならば利益を得られたであろうという事情が存在する限り，特許法102条2項の類推適用を認めてよい（東京高判平16・4・27（平14(ネ)4448号）〔焼結軸受材の製造法事件〕）。

　(ハ)　特許法102条3項の適用　　特許法102条3項を適用するためには，損害の発生＝侵害者から実施料を得られるはずであったこと，が必要である。したがって，独占的通常実施権者が再実施許諾権を有している場合には特許法102条3項の類推適用を認めてよい（東京地判平17・5・31（平15(ワ)11238号）〔誘導電力分配システム事件〕）。

(4)　通常実施権を設定した場合

(a)　特許権者による損害賠償請求について

　(イ)　特許法102条1項の適用　　通常実施権を設定しても，特許権者は侵害品と市場において競合関係に立つ製品を販売することは可能である。したがって，通常実施権を設定した場合であっても，特許権者が侵害品と市場において競合関係に立つ製品を販売している限り，特許法102条1項の適用を認めてよい。

　(ロ)　特許法102条2項の適用　　特許権者に，侵害者による特許権侵害行為がなかったならば利益を得られたであろうという事情が存在する限り，特許法102条2項の適用を認めてよい。

(ハ) 特許法102条3項の適用 特許権者は，通常実施権の設定によって通常実施権者に対して差止請求権及び損害賠償請求権を行使しないとの不作為義務を負うのみで，第三者に対する実施許諾権限を失うものではない。したがって，通常実施権を設定した場合であっても，特許権者の損害賠償請求について特許法102条3項の適用を認めてよい。

(b) 通常実施権者による損害賠償請求について

通常実施権者は，固有の損害賠償請求権を有していない（前記Ⅰ）。したがって，通常実施権者による損害賠償請求について特許法102条1項ないし3項の適用はない。

Ⅳ ま と め

本稿は，様々な議論がなされ解釈が未だ確立していない中で，近時の裁判例を参考として，独占的通常実施権者による損害賠償請求の要件について筆者の見解を示し，特許権者と各実施権者について特許法102条1項ないし3項の適用の整理を行った。特許権の利用を進めていく中で，一つの参考としていただければ幸いである。

812 第3章 特許権侵害訴訟における攻撃防御方法 第3節 損害論に関する問題

66 特許権の共有と損害額

金子 敏哉

共有に係る特許権が侵害された場合に，損害額はどのように算定されるか。

キーワード 共有，損害，実施料相当額，逸失利益，特許法102条

I は じ め に

(1) 本稿の検討課題

共有に係る特許権が侵害された場合，各共有者はそれぞれ単独で自己の損害について侵害者に対し損害賠償請求訴訟を提起することができる。それでは，各共有者の損害額はどのように算定されるべきであろうか。

■設 例

AとBとCとDは特許権（持分割合は1/4ずつ）の共有者であり，Yが特許権を侵害した期間の各共有者及び侵害者Yの実施状況は以下のとおりであった。

Aは特許発明の実施品である製品αを製造し，自ら小売販売していた。製品αの1個当たりの限界利益は1000円であった。

Bは特許発明の実施品である製品βを製造し，Cにこれを販売し，Cはこれを小売販売していた。製品βの1個当たりのBの限界利益は725円，Cの限界利益は275円である。

Dは特許発明（及びその競合品）を一切実施せず，また製品α・βの販売につき一切約定実施料等を受領していなかった。

侵害者Yは，侵害品γを10000個製造・小売販売し（売上高2000万円），1200万円（1個当たり1200円分の限界利益）の利益を得た。

侵害品γと市場において競合関係にあった製品は，製品αと製品βのみであり，各製品は特許発明の作用効果以外の機能を特に有さず，小売価格もすべて同一の2000円であった。侵害品γを除く，製品αとβの市場シェアは7：3であったとする。

また，特許権が仮想的な権利主体Ｘの単独保有であったと仮想した場合，侵害品γの１個当たりの製造・販売に係る特許法102条３項の実施料相当額は，2000円（小売価格）×10％（実施料率）＝200円と算定されるものとする。

　以上の［設例］や他の状況において，共有者の一部の者，あるいは全員が提起した損害賠償請求訴訟において，当事者は損害額・特許法102条各項につきどのような主張・立証を行うべきか，また裁判所は損害額をどのように算定すべきか。本稿はこれらの問題を扱うものである。

(2)　各共有者の実施状況の類型

　以下では，各裁判例や想定事例における共有者の実施状況について以下の用語を用いて類型化する。また，ここでいう特許発明の実施（特許製品）とは，侵害品や実施品との競合関係が認められる製品を権利者が販売等していた場合（特許製品・侵害品の競合品）も含むものとする。

　①　「他方共有者不実施」型

　共有者の一部のみが実施をし，他の共有者が実施も実施許諾もしていない場合。

　②　「垂直統合」型

　共有者の一方が製造した特許製品を他の共有者が販売している事案（［設例］のＢとＣ）や，共有者の一方による特許製品の製造販売に関してその売上に比例する約定実施料を他の共有者が受領する事案等，ある特許製品に関して複数の共有者の利益が垂直的に結合している場合。

　③　「水平競合」型

　共有者の一方が製造販売する特許製品（［設例］の製品α）と，他の共有者の一方が製造販売する特許製品（［設例］の製品β）が市場において競合している場合。

Ⅱ　基本的な考え方

(1)　売上減少による逸失利益，特許法102条１項・２項

(a)　学説の状況

814　第3章　特許権侵害訴訟における攻撃防御方法　第3節　損害論に関する問題

　共有時の損害額の算定については様々な見解があるが，現在の多数説といえる立場*1は，売上減少による逸失利益の損害の算定，特許法102条1項・特許法102条2項の適用に関しては，持分割合による按分ではなく*2，各共有者の実施状況に基づいた算定を行うべき（例えば，2項につき他の共有者が不実施の場合には侵害者利益全額を実施共有者の損害額と推定する等）と解している（実施料相当額との関係については後述）。

（b）　持分割合により按分した裁判例

　もっとも，裁判例の特許法102条2項の判断においては，侵害者利益額につき各共有者の持分割合により按分した額を損害額と認定した事例が多い。ただしその大半は，原告である共有者自身が持分割合による按分額を損害額として主張した事例（大阪地判昭55・10・31無体集12巻2号632頁〔子供乗物用タイヤーの製造事件〕，大阪地判平13・9・20（平11（ワ）4158号）〔多機能レジャーシート事件〕，東京地判平17・3・10判時1918号67頁〔断面マーキング装置事件〕，東京地判平27・2・10（平24（ワ）35757号）〔水消去性書画用墨汁組成物事件〕，東京地判平29・3・3（平26（ワ）7643号）〔引戸装置の改修方法及び改修引戸装置事件〕）である。また，大阪地判昭62・11・25判時1280号126頁〔寄木模様建材の製造法事件〕の判断も，訴外共有者による実施も認定された事案において侵害者利益全額を原告共有者の損害とできないとの趣旨で持分割合による按分を行った事案であり，「実施の程度」か持分割合かが争点となったものではない。

　また，損害賠償債権を共有者間で持分割合に応じて帰属させる合意が存在した事案において，平成11年度以前については3項の実施料相当額を持分割合

＊1　学説・裁判例の状況につき詳しくは中山信弘＝小泉直樹編『新・注解特許法〔第2版〕【中巻】』（青林書院，平29）2068頁以下〔飯田圭〕，金子敏哉「特許権の共有と特許法102条2項」飯村敏明先生退官記念論文集『現代知的財産法－実務と課題』（発明推進協会，平27）721頁以下，金子・後掲＊10・613頁以下を参照。

＊2　売上減少による逸失利益の損害等につき，（他の共有者が不実施の場合にも）持分割合による按分を行うべきとする見解として，中山信弘『注解特許法〔第3版〕【上巻】』1099頁・1101頁〔青柳昤子〕参照。また，宮脇正晴「共有にかかる特許権が侵害された場合の損害額の算定－知財高判平22・4・28平成21（ネ）10028を契機として」AIPPI56巻11号731頁以下は，民法709条に基づく場合には実施の状況等に基づき固有の逸失利益を損害として算定すべきとしつつも，特許法102条1項・2項・3項は規範的な損害概念である市場機会の喪失を前提とするものであるから，市場機会（1項の場合は譲渡数量）を持分割合に応じて按分すべきことを主張している。

に応じて按分した額を，平成12年度以降は，共有者の一人の利益につき特許法102条1項に基づいて認定した損害額を持分割合に応じて按分した額を，原告の主張に基づき損害額として算定した事例として大阪地判平23・6・9（平19(ワ)5015号）〔乾海苔の夾雑物検出装置〕がある。

より明示的に持分割合による按分をすべきことを強く判示した裁判例としては，共有者の一人の固有の逸失利益（子会社の売上減少に伴うもの）に持分割合を乗じた東京地判平25・1・24（平22(ワ)44473号）〔護岸の連続構築方法および河川の拡幅工法事件〕がある。同判決は，所有権に関する後掲最判昭41・3・3を引用している。また，特許法102条1項に関して，各製品につき認定した単位数量当たりの利益額のうち，共有特許権に係る実施品については共有を理由にその2分の1の金額とした東京地判平15・2・27（平11(ワ)19329号）〔溶接用エンドタブ事件〕がある。

また，有体物の滅失・不法占拠に関して最高裁は，各共有者の損害賠償請求権は可分債権であるとしたうえで，共有物の全損害額（例えば，最判昭41・3・3（昭39(オ)1179号）裁判集民事82号639頁では立木の代金，最判昭51・9・7（昭50(オ)1072号）裁判集民事118号423頁では共有物の賃料相当額）から共有持分の割合に応じて按分した金額が，各共有者が有する損害賠償請求権の金額であると述べている。

(c) 検　討

民法709条は特定の主体に生じた損害についての賠償請求を規定することからすれば，共有時の損害の算定は，全共有者に生じた損害額の合計額を持分割合に応じて按分する作業ではなく，持分権の侵害につき生じた各共有者固有の損害を認定・算定すべきとの考え方を出発点とすべきである。この観点からは，損害額が当該権利者固有の事情に基づいて算定されるべき性質の損害（特に権利者製品の売上減少による逸失利益）については，持分割合は当然には考慮すべきではなく，実施の状況等に基づくべきとする多数説の立場が支持されよう。

また，特許法102条1項，2項が権利者の損害額に関する立証負担の軽減をその趣旨としていることに鑑みれば，各共有者はそれぞれ被告の譲渡数量全部・侵害者利益全部につき1項・2項の適用を主張することができ，他の共有者に関わる事情（実施状況や後述する控除すべき実施料相当額）については侵害者側が1項ただし書や2項の推定の覆滅事由等として主張立証責任を負うと解する

816 第3章 特許権侵害訴訟における攻撃防御方法 第3節 損害論に関する問題

ことが適切である*3。

(d) 実施状況等に基づいた算定がされた事例

　また，近時の裁判例においても特許法102条1項・2項に関して各共有者の実施状況等に基づいた算定がされるべきことを明示し，特に他方共有者不実施型の事案について1項・2項による算定額を（不実施共有者に係る実施料相当額の損害の取扱いは別として）実施共有者の損害額とする裁判例が有力となっている。

　特許法102条1項については，東京地判平26・3・26（平23(ワ)3292号）〔電池式警報器事件〕が，持分割合による按分を求める被告側の主張に対し，訴外共有者は実施していたもののその製品は侵害品・原告製品との市場の相違により競合しないものであることを理由としてこれを退けている。なお同判決は，予備的請求に係る3項の損害額の判断では訴外不実施共有者も実施の有無にかかわらず3項の金員を受け取れることを理由に，持分割合（50%）による按分額を損害額としている（1項の損害額からの訴外共有者の3項の控除については，被告側は特に主張せず，裁判所も判断していない）。

　特許法102条2項に関しては，特に知財高判平22・4・28（平21(ネ)10028号）〔鉄骨柱の建入れ直し装置事件〕（訴外共有者が不実施）が，持分割合による按分を求める被告の主張に対して，「特許権の共有者は，持分権にかかわらず特許発明全部を実施できるものであるから，特許権の侵害行為による損害額も特許権の共有持分に比例するものではなく，実施の程度の比に応じて算定されるべきものである。そして，このことは，損害額の推定規定である特許法102条2項による場合も同様であるということができる」と判示して退けている（他方，訴外不実施共有者も3項に基づく損害賠償請求は可能であるとしつつ，本件では損害賠償債権が原告に譲渡されているとして特に3項については控除していない）。

　また，東京地判平28・12・6判時2336号92頁〔遮断弁事件〕は，被告の反訴請求に関する判断において，2項につき持分割合による按分を求める原告の主張に対し「特許権の共有者は，その共有持分の割合にかかわらず特許発明全部を実施することができるから（法73条2項），法102条2項による損害額につい

＊3　ただし，原告と訴外共有者が垂直統合型の関係にある場合，衡平の観点から実際上原告側による主張・立証が求められる場合もあろう。

ての推定が，他の共有者の存在により直ちに共有持分割合に応じて比例して覆滅されるということはできず，他の共有者による実施の事実及び実施割合又は他の共有者に支払うべき実施料相当額についての侵害者の主張，立証に応じて，個別に覆滅の可否を検討する必要がある」とし，原告製品の製造・販売により訴外共有者の製品の販売機会が喪失されたとはいえないとしつつ，ただ訴外共有者も3項により単独保有時の実施料相当額を持分割合で按分した額を請求できるとして，当該金額部分を侵害者利益による推定額から覆滅した。

この他2項につき実施の状況等に基づいた判断をした判決として，東京地判昭44・12・22無体集1巻396頁〔折畳自在脚事件〕（訴外共有者が製造した特許製品を原告が販売していた事案（垂直統合型）。共有者が共に利益をあげているときは利益比によるべきとの判断），大阪地判昭57・8・31（昭55(ワ)427号）〔蚊遣線香燻し器事件〕（訴外共有者の不実施を理由に，原告につき被告利益全額を損害額とした），大阪地判平27・10・1（平25(ワ)10039号）〔発泡合成樹脂容器事件〕（原告3社のうち，不実施共有者であるX₁・X₂については実施料相当額を持分割合に応じて按分した額，実施共有者であるX₃については特許法102条2項による損害額からX₁・X₂の実施料相当額分を控除した金額を損害額として算定した事例）がある。

(2) 実施料相当額の損害と持分割合による按分

実施料相当額の損害（特102条3項）については，売上減少による逸失利益等の場合とは異なり，単独保有の仮定の下での実施料相当額を各共有者の持分割合に応じて算定をする立場が多数であり，判例も同様の理解に立っている（東京地判平26・7・23（平24(ワ)14652号）〔洗濯乾燥機事件〕等のほか，1項・2項につき実施の程度によるとする前掲〔鉄骨柱の建入れ直し装置事件〕〔電池式警報器事件〕〔発泡合成樹脂容器事件〕〔遮断弁事件〕における3項の判断も参照)＊4。

もっとも，先に述べた各共有者固有の損害との考え方からすれば，実施料相当額についても，常に持分割合によって按分するのではなく，各共有者の実施の程度等に基づきその金額が算定されるべきとの考え方＊5も成り立ち得るところである。

しかし，実施料相当額の損害は，権利者による権利の活用状況（実施・不実施

＊4　学説・裁判例につき中山＝小泉編・前掲＊1・2078頁以下〔飯田圭〕を参照。

等）によらずに，侵害により喪失した権利それ自体の価値に対応するものとして算定されているともいえる。このことからすれば，各共有者固有の損害という観点を出発点としても，実施料相当額の損害は，各共有者の持分権に割り当てられるべき損害として，当該損害額については単独保有を仮定した場合の金額をベースにこれに持分割合を乗じた金額を各共有者の固有の損害額と解することが妥当である。

また，前述の所有権の共有に関する最高裁判決についても，売却代金や賃料相当額が権利それ自体の価値に対応するものであるがゆえに，持分割合による按分を行ったものと理解すべきであろう。

(3) 売上減少による逸失利益等からの実施料相当額の控除

(a) 控除の必要性

例えば，他方共有者不実施型の事案について，自ら特許発明を実施する共有者が売上減少による逸失利益の額を自己の損害額として主張し，他の共有者は使用料相当額を持分割合により応じて按分した額を自己の損害額として主張した場合，これらを別個独立の損害として賠償を認めるならば，単独保有の場合[6]と比較して，侵害者が負担すべき損害額の一部が過大となる（二重取りとなる）可能性がある。

そこで学説上は，二重取りとなることを許容する見解[7]や，重複分を不真正連帯債権とする見解[8]もあるが，重複を避けるため，実施共有者の売上減

---

[5]　実施料相当額の損害に関して各共有者の実施の程度等に基づき算定すべき場合があるとする見解として，田村善之『知的財産権と損害賠償〔新版〕』（弘文堂，平16）258頁（後述の二重取りの問題への対応等の観点から，実施共有者により発明に係る需要がすべて充足される場合には不実施共有者の実施料相当額が0となるとする）のほか，森義之「損害3（複数の侵害者・複数の権利者）」飯村敏明＝設樂隆一編『新・裁判実務大系(4)知的財産関係訴訟法』（青林書院，平20）249頁，横山久芳「特許権侵害による損害賠償請求と特許法（特許法102条各項）」大渕哲也ほか編『専門訴訟講座⑥特許訴訟【上巻】』388頁（民事法研究会，平24）がある。また，宮脇・前掲[2]の論文も参照。

[6]　例えば冒頭の〔設例〕で，A・B・C・Dが単一の主体Xであった状況を想定すると，Xが損害額として主張できるのは，基本的には，特許法102条1項により1000円×10000個か，2項による推定額1200万円，3項による200円×10000個のいずれかより高い金額となる。

[7]　特許法102条2項につき吉田和彦「損害賠償」高林龍ほか編『現代知的財産法講座Ⅱ知的財産法の実務的発展』（日本評論社，平24）197頁以下参照。中山＝小泉編・前掲[1]・2075頁〔飯田圭〕は，2項に関しては控除すべきとの立場であるが，実施共有者の1項に基づく請求と不実施共有者の3項に基づく請求は互いに影響しあわないものと解すべきとする（同2073頁参照）。筆者も一時同様の理解を示していたが，見解を改めた。

少による逸失利益（及びこれに関する特許法102条1項・2項の算定額）から，他の共有者の実施料相当額分を控除すべきとする見解[9]が有力となっている。本稿も，二重取りの回避とともに，実施料相当額の損害は最小限の損害として各共有者に（他の共有者との関係でも）最低限確保されるべきとの理解[10]から，このような控除を妥当と考えるものである。この控除は，特許法102条2項に関しては推定の覆滅の一部として，1項に関しては条文の文言外の控除事由として扱われることとなろう。控除の具体的な手法については後述する。

(b) 裁判例の状況

裁判例においては，実施料相当額の控除についての判断を明示した事例は多くない。

他方共有者不実施型（実施はしていたが市場で侵害品と製品が競合していなかった場合も含む）の事案において，実施共有者である原告に特許法102条1項・2項に基づく損害額を（持分割合等による按分をすることなく）認定し，訴外共有者の3項の損害額を控除していない事例として，前掲大阪地判昭57・8・31（昭55(ワ)427号）〔蚊遣線香燻し器事件〕，前掲東京地判平26・3・26（平23(ワ)3292号）〔電池式警報器事件〕がある（これらの事例では侵害者側も特に実施料相当額の控除を主張していない）。

---

[8] 末吉亘「共有特許の複数の権利者による損害賠償請求」知財ぷりずむ140号（平26）9頁以下参照。

[9] 1項・2項の双方につき他の不実施共有者に帰属すべき使用料相当額・実施料相当額を控除すべきとする見解として，茶園成樹「特許権侵害に対する救済」法教349号（平21）129頁，横山・前掲[5]・388頁，知野明「複数当事者(1)－権利者の複数」牧野利秋ほか編『知的財産訴訟実務大系Ⅱ』（青林書院，平26）57頁，金子・後掲[10]・629頁以下がある。髙部眞規子「特許の共有をめぐる諸問題」中山信弘先生古稀記念論文集『はばたき－21世紀の知的財産法』（弘文堂，平27）218頁は1項につき見解を留保しつつ，102条2項については他の共有者の使用料相当額の控除を推定の覆滅として説明可能としていたが，髙部眞規子『実務詳説特許関係訴訟〔第3版〕』（金融財政事情研究会，平28）268頁では，1項についても不実施有者の3項の損害額を控除することも「その一法であろう」としている。その他議論状況につき中山＝小泉編・前掲[1]・2071頁・2075頁〔飯田圭〕を参照。

[10] 金子敏哉「著作権・特許権の共有と損害額の算定」野村豊弘先生古稀記念論文集『知的財産・コンピュータと法』（商事法務，平28）619頁以下参照。なお，他の共有者の実施料相当額分の控除に関しては，特許法73条2項が自己実施につき他の共有者に金銭の支払を必要としていないこととの関係が問題となり得る。しかし，この点については，2項は実施による技術の普及が望ましいとの観点からあくまで政策的に無償の自己実施を許容するものであり損害額の算定において控除することまで当然に否定するものではないといえよう。

前掲知財高判平22・4・28（平21(ネ)10028号）〔鉄骨柱の建入れ直し装置事件〕では，訴外不実施共有者の損害賠償請求権が原告（実施共有者）に譲渡されているために訴外共有者から侵害者「に対して本件特許権侵害による損害賠償請求が行われることはもはやあり得ない」として，侵害者利益全額を原告の損害額とした。この判示の趣旨が，本来実施料相当額を控除すべきとの立場なのか，それとも両者は不真正連帯債権の関係に立つとの趣旨かは判然としない。

これらに対して前掲大阪地判平27・10・1（平25(ワ)10039号）〔発泡合成樹脂容器事件〕，前掲東京地判平28・12・6判時2336号92頁〔遮断弁事件〕は，実施・不実施の有無にかかわらず3項の損害賠償請求権が認められることを理由に，明確に特許法102条2項につき不実施共有者の実施料相当額分を控除すべきとの立場を明らかにしている。

(c) 共有者間の独占的通常実施権の設定

なお，東京地判平29・7・27（平27(ワ)22491号）〔マキサカルシトール損害賠償事件〕（後発医薬品の薬価収載による先発医薬品の薬価引下げに関して，値下げによる逸失利益に加えて，値下げ前の価格に基づく特許法102条1項に基づく損害賠償請求が認容された事例。原告共有者Xは訴外不実施共有者である米国のC大学から再許諾権原つきの独占的実施権を設定されていた）では，被告Y側がC大学の実施料相当額分を二重払いのリスクの観点から控除すべきことを主張していた。

これに対して裁判所は，Xは特許権の持分権とCの持分に係る独占的通常実施権を有することから，それぞれの侵害に係る逸失利益を賠償請求できるとしたうえで，さらにまたCX間の約定実施料が一括払いのため原告の売上に比例しないこと，またCX間の実施契約上の訴訟提起に関する条項によれば訴外共有者が訴訟を提起する可能性がないことを理由に，Yの主張を退けている。

しかし，同判決の判断には疑問が残る。そもそも日本法上の特許権の共有の場合，特許法73条によりデフォルトルールとして各共有者の独占的な実施が認められている。また，二重払いのリスクは小さいとはいえ，C大学が仮にYらに対する訴訟を提起した場合に，YらがXとC大学間の当該契約該項を援用することが当然に可能というわけでもない。

ただし，本件の事案（他の共有者CがXに再許諾権原つきの独占的実施権を設定しており，またライセンス料もすでに一括払いであり，Xは単独で第三者に実施許諾をする権限

を有し，またその場合に受領した実施料をＣに分配する必要もない）からすれば，この再許諾権原に関する条項において，実質的にはＣの３項の実施料相当額の損害賠償請求権をＸに譲渡することが含意されていると解し，Ｘが実際に譲り受け，合わせて本件で行使していると主張し，共有者の一人であるＸがＸ固有の逸失利益全額について賠償請求をすることができると扱うことが，本件事案の解決からは妥当であったようにも思われる。

Ⅲ　当事者による主張・立証と裁判所による算定

(1)　当事者の主張・立証について

　前記の基本的な考え方からすれば，特許発明を実施していた共有者は，固有の逸失利益につき持分割合に関係なくその全額を賠償として求めることができ，また特許法102条１項・２項についても単独保有の場合と同様に主張・立証をまずは行えば足りることとなる。

　これに対して侵害者側は，102条１項・２項に関して，原告以外の共有者に関わる事情（実施の状況，控除すべき実施料相当額）について主張・立証すべきこととなる。

　また，特許法102条３項の実施料相当額の損害については，実施・不実施の如何にかかわらず，各共有者は，単独保有の仮定の下での実施料相当額を持分割合に応じて按分した額を損害額として主張することとなる。

(2)　具体的な算定

　各事案で裁判所が実際にどのように損害額を算定するかは当事者の主張・立証によることとなるが，当事者が主張・立証を尽くした場合の原則的な考え方を示せば，以下のようになろう。

(a)　他方共有者不実施型

　原告共有者のみが実施をし，他の共有者が不実施（実施はしていたが侵害品による逸失利益の損害が０又は実施料相当額より低い場合も含む）の場合，裁判所は，特許法102条１項による算定額，２項の侵害者利益による算定額から，他の共有者に帰属すべき実施料相当額分を控除することで損害額を算定すべきこととなる（そのような算定の例として前掲〔発泡合成樹脂容器事件〕，前掲〔遮断弁事件〕）。

(b) 水平競合型（共有者間の製品が市場で競合）

[設例]の製品αと製品βのように，各共有者の製品が水平競合型の関係にある場合，特許法102条1項ただし書の適用や特許法102条の推定の覆滅については，基本的には，各製品の市場シェア等に基づいた算定（他の共有者の製品の市場シェア分を控除）を行うことが適切となる[11]。もっとも，他の共有者の市場シェア等の詳細が明らかでない場合には，近似値として，水平競合関係にある製品間の頭割りを用いるべきこととなろう。

不実施共有者の実施料相当額の控除については，各実施共有者につき，1項ただし書による控除後の譲渡数量（侵害品がなければ販売できたであろう当該原告共有者の製品の数量）分の侵害行為に係る他の不実施共有者の実施料相当額分のみを控除すべきこととなる。

また，控除すべき他の共有者の実施料相当額は，いわゆる1項と3項の併用の可否（特許法102条1項ただし書で控除された譲渡数量分について別途3項の実施料相当額を算定し，これを1項の損害額に加算することの是非）とも関わる問題である。

近時の裁判例において有力な併用否定説（知財高判平18・9・25（平17（ネ）10047号）〔椅子式エアーマッサージ機事件〕等）による場合，[設例]において製品αが7000個，製品βが3000個販売できたものとしてそれぞれ控除する場合，製品α7000個分に関してB・Cは3項に基づく損害額を主張できないため，Aの1項の損害額からはDの3項の損害額分のみを控除すれば足りる。他方併用肯定説による場合，製品α7000個分についてDのみならずB・Cの3項の損害額分も控除する必要がある。

(c) 垂直統合型（一方が製造し，他方が販売等）

[設例]の製品βにおけるBとCの関係のように，共有者の一方が生産した製品を他方が販売する等の垂直統合型の関係（垂直統合関係）にある場合，特許法102条1項についてはそれぞれの利益額を基礎として算定することとなる。また，2項については推定の覆滅として，各共有者の利益比に応じて侵害者利益をまずは按分することとなろう（各共有者が利益比を明らかにしない場合には，実

---

[11]　垂直統合型の場合に利益比によるべきことと合わせて，田村善之『知的財産権と損害賠償〔新版〕』（弘文堂，平16）258頁を参照。

施共有者の頭割りを用いるべきこととなろう）。

　共有者が一つの製品につき垂直統合関係にある場合，各人の１項・２項による損害額から他の共有者の実施料相当額分を控除すると，損害額は（単独保有の仮定と比較して）過少となる。また［設例］等の事案で，垂直統合関係にない共有者の実施料相当額の損害分（例えばDやA（併用肯定説の場合）の実施料相当額分）を，垂直統合関係にある各共有者（B，C）の固有の逸失利益からそれぞれ控除してしまうと二重の控除となり，これも過少な損害額の算定となってしまう。

　つまり垂直統合型の事案においては，「垂直統合関係にない共有者の実施料相当額分」と，「垂直統合関係にある共有者のうちその固有の逸失利益による損害額（１項・２項に基づく損害額）がその実施料相当額を下回る者の両者の差額分」の合計額を，「垂直統合関係にある共有者のうちその固有の逸失利益による損害額が実施料相当額を上回る者」の損害額に控除額を割り当てる形で，算定をすべきこととなる。

　この控除額の割り当てについては様々な基準（頭割り，利益比（例えば［設例］でいえばBの限界利益725：Cの限界利益275に基づく割り当て））が考えられるが，筆者としては，使用料相当額を最小限の損害としたうえでこれを上回る逸失利益分の比（すなわち，BとCのそれぞれの固有の逸失利益と使用料相当額の差額の比（725－50：275－50））によることが公平であるとともに，便宜である[12]と考えている。

　(d)　侵害者利益額による推定に関して

　なお，特許法102条２項の侵害者利益による推定の場合，他の諸事情による推定覆滅後の固有の損害額について前記(a)(b)(c)の各類型に従って控除を行う厳密な手法のほか，より簡易な手法として，実施共有者間での市場シェア・利益率に基づいた割合的覆滅を行った場合に，割り当てられた侵害者利益に比例する形で不実施共有者の実施料相当額の控除を行う（具体例は次に示す）ことも，当該金額はなお推定額にすぎないという点からも許容されよう。

(3)　本稿の立場による［設例］における算定

---

[12]　この計算手法は一見煩雑に思われるが，利益比や頭割り等の場合に生じる，固有の逸失利益の額から他の共有者の実施料相当分に関する控除を行った金額が当該共有者の実施料相当額を下回る場合を避けることができる点に算定手法としてのメリットがある。

以上の本稿の立場によれば，冒頭の［設例］においては，以下のように各共有者の損害額を算定すべきこととなる。

■**特許法102条1項に基づく場合（1項ただし書は製品αとβの市場シェアに基づき算定。1項と3項についての併用否定説の立場を前提）**

A： （Aの（単位数量当たり。以下略）限界利益1000）×（被告製品の譲渡数量10000−製品βの存在による1項ただし書の控除数量3000）−侵害品γ7000個分のDの実施料相当額（2000×10%×25%×7000）＝665万円

B： （Bの限界利益725）×（被告製品の譲渡数量10000−製品αの存在による1項ただし書の控除数量7000）−侵害品γ3000個分のDの実施料相当額（2000×10%×25%×3000）のうちBへの割り当て分（×75%）＝206万2500円

　　⇒BとCへの割り当て比＝725（Bの限界利益）−50（Bの実施料相当額）：275（Cの限界利益）−50（Cの実施料相当額）

C： （Cの限界利益275）×3000−侵害品γ3000個分のDの実施料相当額（15万）のうちCへの割り当て分（×25%）＝78万7500円

D： 侵害品γ10000個分の実施料相当額（2000×10%×25%×10000）＝50万円

■**特許法102条2項に基づく場合（A・B・Cの限界利益が不明である状況を想定し，製品αとβの市場シェア，B・Cの利益率については頭割りによる割合的な覆滅を行う場合のもの。当事者が各共有者の限界利益額につき主張立証を尽くせば1項の場合と同額となる）**

A： 侵害者利益（1200万円）×製品αの市場シェア（70%）−Y侵害者利益の70%分に対応するDの実施料相当額（2000×10%×25%×10000×70%）＝805万円

B： 侵害者利益（1200万円）×製品βの市場シェア（30%）×B・C間の近似利益率（頭割りで50%）−Y侵害者利益の15%分に対応するDの実施料相当額（2000×10%×25%×10000×15%）＝172万5000円

C： Bと同様，172万5000円

D： 侵害品γ10000個分の実施料相当額50万円

67 侵害者複数

松 本 司

複数の侵害者がある場合，損害賠償請求はどのようにできるか。

キーワード 共同不法行為，不真正連帯債務，主観的共同関係

I 特許法102条各項の趣旨，適用範囲

　特許権侵害に対する損害賠償請求権は，民法709条に基づく損害賠償請求権と考えられているが，その要件事実（①加害者の故意・過失，②権利侵害，③損害の発生，④権利侵害と損害との間に相当因果関係のあること，及び⑤損害額［損害の金銭的評価］）の立証責任は，すべて被害者（特許権者[*1]）にあるとされている。特許権侵害の場合は，①侵害者の故意・過失は推定され（特103条），②特許権侵害は侵害者が特許発明を無断で実施していることを立証することにより達成できるし，また，権利侵害が肯定されれば，③損害の発生は事実上推認されるが，④特許権侵害と損害との間の相当因果関係や，⑤損害額の立証は，侵害者の営業努力，代替品の存在等の様々な要因が関係することから，現実には極めて困難であるとされている。そこで，特許法は民法の特則として特許法102条を置いた。以下では，複数の侵害者がある場合の損害賠償請求について論ずる前提として，侵害者を１名とした場合に，特許法102条１項ないし３項（以下，単に「１項」ないし「３項」という）の趣旨より，その適用範囲を考察する。

(1) 1項の趣旨，適用範囲

(a) 1項の趣旨

　１項は平成10年改正法（法律第51号）により新設された規定であるが，特許権

[*1]　正確には，特許権者又は専用実施権者であるが（特68条），本稿では単に「特許権者」という。

侵害により特許権者に生じる様々な損害のうち，販売数量の減少による逸失利益を相当因果関係のある損害[*2]とした。そして，その損害額の算定方法につき，侵害品（「侵害行為を組成した物」[*3]）の譲渡数量は特許権者の喪失した販売数量と一致すると想定することで，特許権者の製品（「侵害行為がなければ特許権者が販売することができた物」）の利益単価[*4]を乗じた額を，特許権者の実施能力に応じた額を限度として，損害額とすることができるとするとともに，特許権者が譲渡数量の全部又は一部に相当する数量を販売することができないという事情がある場合は，当該事情に相当する数量に応じた額を控除すると定めている。1項は，2項の「……の損害の額と『推定』する。」とは異なり，「……損害の額とすることができる。」と規定されているが，その趣旨は「推定が成立した状態か覆滅した状態か『オール・オア・ナッシング』的な規定ではないことを明らかにするためである。」[*5]とされている。つまり，侵害者の営業努力や代替品の存在等の事情が存在し，侵害品の譲渡数量すべてを権利者が販売し

[*2] 1項が対象としていないその他の損害，例えば，値下げを余儀なくされたこと等による逸失利益（消極的損害）や，弁護士費用等のいわゆる積極的損害は，一般原則である民法709条により請求することになる。

[*3] 「『侵害の行為を組成した物』の文言は，特許法第100条第2項の規定にならったものであり，その侵害行為の必然的内容をなした物をいう。例えば，苛性ソーダの製造機械に特許がされている場合に，その装置を使って苛性ソーダを製造し他人の特許権を侵害した場合は，その装置が侵害行為を組成した物となる。なお，物を生産する方法の特許発明の場合における，その方法によって生産された物については，特許法第100条第2項を改正し，この規定においても，『侵害の行為を組成した物』に含めるようにし，本規定の適用対象としている。」（特許庁総務部総務課工業所有権制度改正審議室編『工業所有権法の解説－平成10年改正』第1編Ⅱ1(1)③「改正条文の解説」）。

[*4] 通説及び最近の裁判例の多数は「限界利益」と解している。限界利益とは，販売数量を1単位増やすことにより増加する変動費（梱包費，運送費等）のみを販売単価から控除し，販売数量が増加しても変動しない固定費（減価償却費，人件費等）は控除しない利益をいう。逸失利益とは特許権者が侵害品に代わって販売することができたなら得られた利益であるから，販売数量が増加しても変化しない経費（固定費）を差し引く必要はないことを理由としている（古城春実「特許・実用新案侵害訴訟における損害賠償の算定(2)」発明86巻2号45頁，田村善之『知的財産権と損害賠償〔新版〕』235～240頁）。なお，この限界利益説は，一般不法行為論における「差額説」（もし「加害原因がなかったとしたならばあるべき利益状態と，加害がなされた現在の利益状態との差」を損害とする考え方：最判平元・12・8民集43巻11号1259頁〔鶴岡灯油事件〕，最判平23・9・13民集65巻6号2511頁〔西武鉄道事件〕）からも裏付けられる。加害原因がなかったとしたら数量pの製品が販売されたが（利益＝売上pA－pB－C，Aは販売単価，Bは変動費単価，Cは固定費），侵害により数量qしか販売できなかった（利益＝売上qA－qB－C）とすれば，その差額は（p－q）（A－B）＝{(pA－pB－C)－(qA－qB－C)}となり，減少個数（p－q）に販売単価から変動費単価を控除した額を乗じた額となるからである。

得たとはいえない場合でも，推定が覆減したとして，特許権者の請求をすべて排斥するのではなく，請求の一部認容を可能にできるようにしたとされている[6]。以上より，1項本文は，販売数量の減少による損害（逸失利益）の額を事実推定することにより立証責任を侵害者に転換し，ただし書で因果関係の不存在の立証（推定の覆減）が一部についてのみ認められることもあるとした規定[7]と解されている[8]。

(b) 1項の適用範囲

(ｲ) 1項は，その規定文言上，特許権者が「その侵害の行為がなければ『販売』することができた物」，「販売することができないとする事情」とされていること，その趣旨は，上記のように，特許権者の販売数量の減少による「逸失利益」の損害を対象とする規定とされていることから，特許権者がその特許発明の実施品を販売していない場合は，侵害品が販売されても特許権者の「逸失

---

[5] 平成10年改正の立法担当者の解説。山本雅史「損害賠償に関する平成10年特許法改正のポイントと論点」清永利亮＝設樂隆一編『現代裁判法大系⒂知的財産権』269頁。

[6] 特許庁編『工業所有権法（産業財産法）逐条解説〔第20版〕』325頁。

[7] 市川正巳「損害1（特許法102条1項）」飯村敏明＝設樂隆一編著『LP⑶知的財産関係訴訟』119頁等。

[8] 通説とされている。中山信弘＝小泉直樹編『新・注解特許法【下巻】』1814頁〔飯田圭〕。最近の裁判例としては，知財高判平26・2・26（平25(ネ)10075号等）〔携帯ストラップ事件〕「民法709条に基づき逸失利益の損害賠償を求める際の損害額の算定に当たり，因果関係の立証困難を救済するため，侵害者の譲渡製品の数量に当該行為がなければ被侵害者が販売することができた製品の単位数量当たりの利益額を乗じた額を損害と推定することとし，同項ただし書は，侵害者が同項本文による推定を覆す事情を証明した場合には，その限度で損害額を減額することができる旨を規定したものである。」，知財高判平27・11・19（平25(ネ)10051号〔オフセット輪転機版胴事件〕「特許法102条1項は，民法709条に基づき販売数量減少による逸失利益の損害賠償を求める際の損害額の算定方法について定めた規定であり，同項本文において，侵害者の譲渡した物の数量に特許権者等がその侵害行為がなければ販売することができた物の単位数量当たりの利益額を乗じた額を，特許権者等の実施能力の限度で損害額と推定し，同項ただし書において，譲渡数量の全部又は一部に相当する数量を特許権者等が販売することができないとする事情を侵害者が立証したときは，当該事情に相当する数量に応じた額を控除するものと規定して，侵害行為と相当因果関係のある販売減少数量の立証責任の転換を図ることにより，従前オールオアナッシング的な認定にならざるを得なかったことから，より柔軟な販売減少数量の認定を目的とする規定である。」等がある。これに対して，有力説として三村量一「損害(1)－特許法102条1項」牧野利秋＝飯村敏明編『新・裁判実務大系(4)知的財産関係訴訟法』294頁は「排他的独占権という特許権の本質的な性質に着目するときには，特許発明の実施品は市場において代替性を欠くものとしてとらえられるべきであり，このような考え方に基づき侵害品と権利者製品とは市場において補完関係（ゼロサム関係）に立つという擬制の下に，本項は設けられたものである。」とする。

利益」の損害は発生せず，同項の適用[9]は否定されるのではないかとの問題がある。この点につき，特許権者がその特許発明の実施（特2条3項1号・3号）に関係する行為を一切をしていない場合は同項の適用は否定されると解されるが，販売している製品は実施品に限定されず実施品と代替可能な競合品を販売している場合でもよいとするのが，多数の裁判例が採用する見解である[10]。

　(ロ)　では，特許権者が実施品又はその競合品（以下，「製品」という）の「販売」はしていないが，「貸渡し」，「譲渡等の申出」又は「使用」という実施行為をしている場合[11]は，どうであろうか。この点につき，平成10年改正法の立法趣旨[12]は「販売」以外の実施行為でも，「本規定の算定ルールが妥当する場合」は1項を適用ないし類推適用する余地がある，とされている。「本規定の算定ルールが妥当する場合」とは，特許権者に逸失利益の損害が発生する可能性のある場合と考えられるが，そうすると，特許権者が製品を「貸渡し」を

---

[9]　正確にいうなら，1項本文が適用されない結果，1項そのものの適用がないことになる。

[10]　例えば，知財高判平24・1・24（平22(ネ)10032号）〔ソリッドゴルフボール事件〕は「現行特許法102条本文が，いったん侵害者の譲渡数量に権利者の製品の単位当たりの利益額を乗じた額を損害額とするが，ただし書の適切な適用により侵害者に過大な負担を負わせないことを目指したものであること，特許法102条1項本文の文言上も，権利者製品が当該特許の実施品であることは必要とされていないことからすれば，権利者製品は，侵害行為がなければ権利者が販売することができた代替可能な競合品であれば足り，権利者特許の実施品である必要はないというべきである。」と判示し，前掲[8]の知財高判平27・11・19は「特許権者等が『その侵害の行為がなければ販売することができた物』とは，侵害行為によってその販売数量に影響を受ける特許権者等の製品，すなわち，侵害品と市場において競合関係に立つ特許権者等の製品であれば足りると解すべきである。」と判示している。学説も多数説と考えられる。立法経緯，裁判例，学説の状況は中山信弘＝小泉直樹編『新・注解特許法【下巻】』1765～2101頁〔飯田圭〕が詳細に解説されている。なお，1項の立法経緯については同書1805頁以下を参照されたい。

[11]　2条3項各号の実施行為のうち，「生産」は生産（製造）のみして他の実施行為をしない場合は考えにくいので考慮しなかった。「輸入」も同様である。これに対して，「輸出」は実質的に「譲渡（販売）」と同じであるから，これと同様に考察すればよく，1項が適用ないし類推適用されると考えられる。

[12]　特許庁編・前掲[3]・第1章Ⅱ1(1)③「改正条文の解説」（補説）「物を譲渡したとき」と規定した理由では「侵害行為は物の『譲渡』だけでなく，『貸渡し』等の様々なものが含まれる。しかし，過去に民法第709条に基づき損害賠償が請求された判決をみると，そのほとんどは，侵害者が侵害品を譲渡したことにより生じた権利者の販売数量の減少という損害について賠償を求めるものである。また，本算定ルールにすべての侵害行為を列記することは，条文の構成上難しい。『譲渡』以外の場合（『貸渡し』等）についても，本規定の算定ルールが妥当する場合には，この考え方を参考にした損害賠償額の算定が可能と考えられる。」と説明されている。

している場合は，侵害品の「販売」により「貸渡し」する件数が減少し，逸失利益の損害が発生する可能性があるから，「貸渡し」より得る利益に侵害品の販売数量を乗じた額を損害と推定してもよいと考えられる。また「譲渡等の申出」をしている場合も「販売」と同様の損害額を推定してよいと考えられる*13。「譲渡等の申出」は，「販売」に繋がる行為であり，侵害品の販売によって特許権者の製品の販売が不能になることで，その販売数量が減少し，逸失利益の損害が発生する可能性があるからである。では，特許権者がその製品を「使用」している場合はどうであろうか。この場合は侵害品の販売により，特許権者に「使用」による逸失利益の損害が発生することは考えにくい。つまり，上記解説の「本規定の算定ルールが妥当する場合」とはいえないであろう。そうすると，特許権者が製品製造後，その「使用」しかしていない場合は1項の適用はないことになる。以上は，特許権者の実施行為より1項の適用の可否を考察したが，次に特許権者はその製品を「販売」しているが，侵害品は販売ではなく，「貸渡し」，「譲渡等の申出」又は「使用」という実施行為（侵害行為）をしている場合は1項の適用はどうなるであろうか。侵害品の「貸渡し」により，特許権者の製品の販売数量が減少し，逸失利益の損害が発生する可能性があるから，特許権者の製品の販売利益に侵害者の貸渡し件数を乗じた額を損害と推定してもよいと考えられる*14。次に，侵害者が「譲渡等の申出」をした場合，すなわち，販売に至らず「譲渡等の申出」にとどまる場合であるが，この場合は，侵害品の「譲渡等の申出」によって特許権者の製品の販売が困難になる可能性はあるが，不能になるとはいいにくい。言い換えれば，逸失利益の損害が発生するとまではいいにくい。1項の適用はないと解すべきと思われる*15。また，侵害品が「使用」しかされていない場合も1項の適用はないであろう。侵害品が「使用」された件数を特許権者の製品の販売が不能になる数量とすること，言い換えれば，特許権者に「販売」による逸失利益の損害

---

*13　もっとも，特許権者が「譲渡等の申出」のみで1件も「販売」に至らなかったという事態は考えにくい。もし，そのような事態があるなら，特許権者の製品が侵害品に対して高額すぎる等，1項ただし書の事情が存すると考えられる。

*14　特許権者が実施品の販売をし，侵害者は侵害品を賃貸（貸渡し）している場合に，1項により損害額を算定した裁判例として，大阪地判平24・10・4（平22(ワ)10064号）〔内型枠構造事件〕がある。

830 第3章 特許権侵害訴訟における攻撃防御方法 第3節 損害論に関する問題

が発生する可能性はないと考えられるからである。以上の1項の適用がない場合は，後述する3項で処理すべきことになる。最後に，特許権者と侵害者の業務態様が異なる場合でも1項は適用されるであろうか。例えば，特許権者が製造業者であり実施品を卸売業者に販売しているのに対し，侵害者は小売業者であって侵害品を消費者に販売している場合である。この場合も小売業者の販売により特許権者の「逸失利益」の損害の発生の可能性が全くないとまではいい切れないが，消費者に販売するという1項本文の「実施の能力」の問題や，侵害品の譲渡数量がただし書の「販売することができないとする事情」に該当する場合も多いと考えられるから，1項の適用を認めても損害額は0ないし些少となりかねない。そして，後述する3項の併用適用否定説を採ると，特許権者は業務態様が異なる侵害者に対しては1項及び3項では保護されない結果となる。そうすると，特許権者と侵害者の業務態様が異なる場合は1項の適用はなく，3項で処理すべきとした方がよいのかもしれないが，本稿では2項（2項でも同様の問題がある）についての後述する知財高裁の大合議判決との関係で1項の適用を肯定することにする。

(ハ)　侵害者が特許法101条所定の間接侵害品を販売している場合にも1項は適用されるであろうか。1項の規定する「侵害」に間接侵害は該当するか等の問題はあるが，適用を肯定すべきと考えられる。間接侵害品を購入した者（別の侵害者）が侵害品を完成するであろうから，特許権者の実施品（完成品）が販売できなくなる可能性がある。つまり，特許権者に逸失利益の損害が発生する可能性があるからである。これを1項にあてはめると，特許権者の実施品（完成品）とは「その侵害の行為［間接侵害品の販売］がなければ販売することができた物」に該当することになる。なお，損害額の算定に当たっては，特許権者の実施品（完成品）の利益単価を間接侵害品（部品）の寄与率を考慮して減額した裁判例がある*16。

(2)　2項の趣旨，適用範囲

---

*15　通常予想される事態として，侵害品の販売が成功したp件と販売に失敗して「譲渡等の申出」にとどまるq件がある場合があるが，この場合に（p＋q）件を1項の規定する「譲渡数量」とし，これに特許権者の利益を乗じた額を損害額として推定できるか，というと，「譲渡等の申出」にとどまるq件を「譲渡数量」に含めることには無理があるように思われる。

(a) 2項の趣旨

2項は昭和34年法（法律第121号）の現行特許法制定当時から規定され，平成10年改正法でも改正されなかった規定である。多くの裁判例及び学説は，2項に定める「損害」とは，特許権者の製品等の販売数量の減少による逸失利益の損害とし，同項は，その損害額を事実推定した規定と解している。そうすると，2項も1項と同様に，特許権者の売上減による逸失利益の損害の額の推定という枠組みは共通しているが，その計算方法において，1項では「特許権者の利益」を採用したのに対し，2項では「侵害者の利益」を採用したという相違があるにすぎないことになる[17][18]。

(b) 2項の適用範囲

(イ) 2項も特許権者の売上減による利益逸失の損害の額の推定規定と解する多数の裁判例，学説に従えば，その適用範囲も前記(1)(b)で分析した1項と同様の結果となる。

(ロ) ところで，知財高裁は大合議判決で，特許権者が当該特許発明を「実施」していることは必要ではなく，「特許権者に，侵害者による特許権侵害行為がなかったならば利益が得られたであろうという事情が存在する場合」は2項の適用（損害額の推定）が肯定されると判示した[19]。この大合議判決で適用範囲を再度検討すると，結論は同じになりそうである。すなわち，特許権者がその特許発明の実施行為を「実質的」[20]にも一切行っていない場合や，特許権者が「使用」しかしていない場合は，「特許権侵害行為がなかったならば利益が得られたであろう事情」は存在するとはいえないから2項の適用はないことになろう。また，特許権者が製品（実施品又は競合品）を販売している場合でも，侵害品が「譲渡等の申出」又は「使用」されただけならば，同様に上記事情が存在するとはいえないから2項の適用はないことになろう。そして，2項の適用がない場合は後述する3項で処理すべきことになる。最後に，1項と同様に特許権者と侵害者の業務態様が異なる場合も2項は適用されるだろうか。2項

---

[16] 大阪地判平25・2・21（平20(ワ)10819号）〔微粉粒除去装置〕，この判決は控訴審である知財高判平26・3・27（平25(ネ)10026号等）で1項の適用及び寄与率を考慮した点につき支持されている。

[17] 2項の立法経緯等は，飯田圭・前掲[10]・1888頁以下を参照されたい。

[18] 1項：特許権者の利益×侵害品譲渡数量，2項：侵害者の利益×侵害品譲渡数量。

832 第3章 特許権侵害訴訟における攻撃防御方法 第3節 損害論に関する問題

は1項と異なり条文上の問題はない。上記の例でいえば，侵害者である小売業者も侵害品の販売により「利益」を得ているからである。この点につき，大合議判決は「特許権者と侵害者の業務態様等に相違が存在するなどの諸事情は，推定された損害額を覆滅する事情として考慮される」と判示（ただし傍論）し，業務態様の相違があっても2項の適用（推定）を認めている。もっとも，1項でも述べたように，2項の損害も特許権者の売上減による利益逸失の損害とするなら，損害額の覆滅の可能性は高いとも考えられる。

　㈆　上記大合議判決が，「損害額」の覆滅となり得ることを肯定していることからすると，実務的には，1項と同様，3項の請求の方が特許権者に有利な場合も多いのではないかと思われる。

　㈈　侵害者が特許法101条所定の間接侵害品を販売している場合にも2項は適用される。1項で述べたように特許権者に逸失利益の損害が発生する可能性があるからである。1項と異なり，2項に条文上の問題はない。間接侵害者も間接侵害品の販売により「利益」を得ているからである。

(3)　3項の趣旨，適用範囲

(a)　3項の趣旨

　3項も2項ともに昭和34年法の現行特許法制定当時からの規定であるが，

＊19　知財高判（大合議）平25・2・1（平24(ネ)10015号）〔ごみ貯蔵機器事件〕は，原告（特許権者）が英国で製造した実施品を日本に輸出し，日本国内の販売代理店である訴外会社を通じて販売していた事案において，「特許権者に，侵害者による特許権侵害行為がなかったならば利益が得られたであろうという事情が存在する場合には，特許法102条2項の適用が認められると解すべきであり，特許権者と侵害者の業務態様等に相違が存在するなどの諸事情は，推定された損害額を覆滅する事情として考慮されるとするのが相当である。……，特許法102条2項の適用に当たり，特許権者において，当該特許発明を実施していることを要件とするものではないというべきである。」と判示した。すなわち，特許権者が実施行為を行っていない場合でも2項の適用を肯定した。ただ，事案へのあてはめにおいて「原告は，コンビ社を通じて原告製カセットを日本国内において販売しているといえること，被告は，イ号物件を日本国内に輸入し，販売することにより，コンビ社のみならず原告ともごみ貯蔵カセットに係る日本国内の市場において競業関係にあること，被告の侵害行為（イ号物件の販売）により，原告製カセットの日本国内での売上げが減少していることが認められる。」とし，この認定事実から2項の適用を肯定している。つまり，特許権者は形式的には日本国内で実施行為を一切行っていないが，侵害品の販売により，英国で製造した実施品の日本国内での販売量が減少するという事情から2項の適用を肯定している。

＊20　前掲＊19の大合議判決の事案とは異なり，特許権者が全く実施せずに放置しているような場合を意味する。

「……『通常』受けるべき金銭の額……」と規定されていたことから，特許権者が既に締結しているライセンス契約の実施料や，業界相場あるいは国有特許の実施料率に基づき算定され，ライセンスにおける実施料の設定の実態と乖離した額が認定されているとの批判があった。そこで，平成10年改正法では「通常」との文言が削除される改正がされた。つまり，同改正法でも3項の趣旨自体は変わらず，特許侵害があった場合には，少なくとも実施料に相当する額の損害が特許権者に発生するはずであるから，最低限度，実施料相当額の損害として請求できることを定めたものと解するのが多数説である。すなわち，3項は特許権者に実施料相当額を最低限の損害賠償額として保障する規定と解されている[21]。

(b) 3項の適用範囲

3項の損害は侵害者から得べかりし実施料の喪失であり，1項及び2項とは異なり，特許権者がその特許発明の実施行為を実質的にも一切行っていない場合でも，3項の請求は可能であるとされている。したがって，1項及び2項の適用が否定される場合（特許権者の売上減による利益逸失の損害が発生する可能性のない場合）でも3項の請求は可能であると考えられる[22]。では，1項（又は2項）

---

*21　飯田圭・前掲*10・1984頁以下を参照されたい。

*22　最判平9・3・11民集51巻3号1055頁［小僧寿し事件］は，3項に対応する商標法38条3項（判決当時は2項）につき「商標権者は，損害の発生について主張立証する必要はなく，権利侵害の事実と通常受けるべき金銭の額を主張立証すれば足りるものであるが，侵害者は，損害の発生があり得ないことを抗弁として主張立証して，損害賠償の責めを免れることができるものと解するのが相当である。けだし・商標法38条2項［現行3項］は・同条1項［現行2項］とともに，不法行為に基づく損害賠償請求において損害に関する被害者の主張立証責任を軽減する趣旨の規定であって，損害の発生していないことが明らかな場合にまで侵害者に損害賠償義務があるとすることは，不法行為法の基本的枠組みを超えるものというほかなく，同条2項［現行3項］の解釈として採り得ないからである。商標権は，商標の出所識別機能を通じて商標権者の業務上の信用を保護するとともに，商品の流通秩序を維持することにより一般需要者の保護を図ることにその本質があり，特許権や実用新案権等のようにそれ自体が財産的価値を有するものではない。したがって，登録商標に類似する標章を第三者がその製造販売する商品につき商標として使用した場合であっても，当該登録商標に顧客吸引力が全く認められず，登録商標に類似する標章を使用することが第三者の商品の売上げに全く寄与していないことが明らかなときは，得べかりし利益としての実施料相当額の損害も生じていないというべきである。」と判示する（数字はアラビア数字に変換し，［　］は筆者が追記した）。最判が判示するように，特許発明は商標とは異なり，それ自体が財産的価値（創作的価値）を有するから，特許侵害（侵害品の販売等）があっても実施料相当額の損害が生じない場合は想定しにくい。損害の発生を擬制した規定と解する見解と結論は同じになる。三村量一・最判解説民事篇平成10年度404頁以下を参照されたい。

834　第3章　特許権侵害訴訟における攻撃防御方法　第3節　損害論に関する問題

の損害額の算定において，侵害品の販売数量のうち，ただし書の「販売することができないとする事情」が肯定された数量について3項は適用できるであろうか。すなわち1項と3項の併用適用の可否の問題であるが，従来，併用適用を肯定する裁判例が多かったが，最近は併用適用を否定する裁判例も出てきている*23。

II　共同不法行為と特許法102条各項の適用

以上の特許法102条各項の趣旨，適用範囲を前提（侵害者が1名）として，複数の侵害者が関与した場合の損害賠償請求を考察する。例えば，製造業者Y₁が侵害品を卸売業者Y₂に販売し，卸売業者Y₂は小売業者Y₃に，小売業者Y₃は消費者に同一侵害品を販売している場合，特許権者Xは，Y₁ないしY₃に対して損害賠償を請求できるが，特許権者Xは，各侵害者に対し各々いくらの賠償金の請求が可能なのか，また，各侵害者の損害賠償債務の関係はどのようになるのかにつき考察する。なお，特許権者と侵害者の販売数量，単価，販売額及び利益額は下記のとおりとし，特許権者の「実施の能力」や，「販売することができないとする事情」は考慮しないものとする。

＊23　飯田圭・前掲＊10・1880頁以下を参照されたい。併用適用を肯定する東京高判平11・6・15（平11（ネ）1069号）〔蓄熱材事件〕は併用適用することにつき特に理由は判示されていないが，学説上は，3項が特許権者に実施料相当額を最低限の損害賠償額として保障する規定であり，1項で認められなかった販売数量の侵害品も無許諾であることにかわりはないことを理由とする。これに対し，併用適用を否定した知財高判平18・9・25（平17（ネ）10047号）〔椅子式エアーマッサージ機事件〕は「特許法102条1項は，特許侵害に当たる実施行為がなかったことを前提に逸失利益を算定するのに対し，特許法102条3項は当該特許発明の実施に対し受けるべき実施料相当額を損害とするものであるから，それぞれが前提を異にする別個の損害算定方法というべきであり，また，特許権者によって販売できないとされた分についてまで，実施料相当額を請求し得ると解すると，特許権者が侵害行為に対する損害賠償として本来請求し得る逸失利益の範囲を超えて，損害の填補を受けることを容認することになるが，このように特許権者の逸失利益を超えた損害の填補を認めるべき合理的な理由は見出し難い」とする。つまり，1項は特許侵害という不法行為による損害（逸失利益の損害）の額を算定する規定であり，これにより特許侵害による損害の全体額が算定されている，言い換えれば，1項により3項の実施料の喪失に係る損害も含めて算定されているから併用適用をすべきではないということであろう。この問題は2項の推定が覆滅される場合に同様に問題となる。

	販売個数	単価	販売額	利益額
Y_1	1万個	500円	500万円	250万円
Y_2	9千個	600円	540万円	36万円
Y_3	8千個	700円	560万円	32万円

　Xの実施品の販売利益単価を300円とし，相当な実施料率は販売価格の5％とする。

(1) 共同不法行為

　民法719条1項前段は「数人が共同の不法行為によって他人に損害を加えたときは，各自が連帯してその損害を賠償する責任を負う。」と規定している。数人が負担する債務は，弁済及びこれと同視し得る事由のみ絶対効を生じる不真正連帯債務と解されている。共同不法行為の成立要件については，各人が独立して不法行為の要件を備えることのほか，「共同」の要件の意義について学説上争いがある。ただ，被害者に対して他の者の債務も負担しなければならないことからすれば，基本的には加害行為につき主観的共同関係（意思の連絡）があることが必要とすべきであろうが，被害者の救済の観点（立証の容易性）からすれば，意思の連絡までなくても，加害行為に関して客観的共同関連性があれば足りると解されよう。上記想定例において，Y_1ないしY_3が，単に通常の取引として侵害品を売買しているだけでは共同不法行為とはいえないであろうが，例えば，特許権者からの警告後も互いに意識して侵害品を取引したような場合には主観的共同関係が認められる場合もあるであろう。また，そのような主観的共同関係がなくても（証明できなくても），Y_1とY_2とが親子関係にある会社であったり，代表者が共通したり，Y_2が侵害品の一手販売をしているような場合は，Y_1とY_2との間に客観的共同関連性が肯定されることが多いと考えられる。ところで，上記想定例において，Y_0より間接侵害品の納入を受け，Y_1において侵害品を完成させている場合において，間接侵害品が特許法101条2号又は5号に該当する間接侵害品である場合は，Y_0とY_1に主観的共同関係があるといい得るであろうし，また，間接侵害品が特許法101条1号又は6号に該当する間接侵害品である場合は，Y_0とY_1との間に客観的共同関連性が肯定されるであろう。また，間接侵害行為に該当しなくても，例えば

Y₁に教唆，幇助行為をした者は，Y₁と不真正連帯債務を負うことになる（民719条2項）。

(2) 1項に基づく請求

(a) 共同不法行為が成立しない場合

上記想定例において，共同不法行為が成立しない場合は，XはY₁に対して300万円（300円×1万個），Y₂に対して270万円（300円×9千個），Y₃に対して240万円（300円×8千個）を請求することができる。ただ，XはY₁ないしY₃の合計額（810万円）の支払を受けるわけではない。1項はXの製品の販売数量の減少による逸失利益の賠償額を算定する規定であることからすると，Xの製品の減少数量は最大でも1万個であって，Y₁ないしY₃の販売数量の合計2万7千個が減少したのではないからである。したがって，Xが支払を受けられる賠償額は最大300万円ということになり，仮に，Y₃から240万円の支払を受けたなら，Y₁又はY₂よりは残額である60万円の支払しか受けられないことになる。この結果をY₁ないしY₃からみると，Y₁ないしY₃は，240万円を限度とする不真正連帯債務を負担していることになる。

(b) 共同不法行為が成立する場合

上記想定例において，共同不法行為が成立する場合は，Y₁ないしY₃は，Xに対し，最大の賠償額である300万円を不真正連帯債務として各負担することになる。そうすると，想定例において，Y₁ないしY₃が各1万個ずつ販売していたなら，共同不法行為が成立しない場合でも300万円の不真正連帯債務となるから，共同不法行為の成否には関係しないことになる。

(3) 2項に基づく請求

(a) 共同不法行為が成立しない場合

上記想定例において，共同不法行為が成立しない場合は，XはY₁に対して250万円を，Y₂に対して36万円を，Y₃に対して32万円を，各請求することができる。そして，1項の場合とは異なり，XはY₁ないしY₃の合計額（318万円）の支払を受けることができる。2項も1項と同様に，特許権者の売上減による逸失利益の損害額の算定規定ではあるが，侵害者の利益額を算定根拠にしているから，仮に，Xが消費者に実施品を直販しているなら，Y₁ないしY₃の各利益の合計額を利益として得たと推定できるからである。ただ，Xが卸売

業者に製品を販売しているなら，つまり，Y_2 や Y_3 と業務態様が異なる場合は，推定された損害額（Y_2 及び Y_3 の利益額）が覆滅される可能性があることは上記したとおりである。

(b) 共同不法行為が成立する場合

上記想定例において，共同不法行為が成立する場合は，Xは，Y_1 ないし Y_3 に対して，利益の合計額（318万円）を，各請求することができる。すなわち，Y_1 ないし Y_3 はXに対し，利益の合計額につき不真正連帯債務を負うことになる。

(4) 3項に基づく請求

(a) 共同不法行為が成立しない場合

上記想定例において，共同不法行為が成立しない場合の実施料相当額は，Y_1 に対しては25万円（500万円×5％），Y_2 に対しては27万円（540万円×5％），Y_3 に対しては28万円（560万円×5％）となるが，Y_1 ないし Y_3 は，個別に独立して各請求額を負担するのか（合計80万円），それとも通常最も高額になる末端の販売額に実施料率を乗じた額，すなわち，Y_3 に対する28万円を上限とした不真正連帯債務を負うのかについては，裁判例，学説は分かれている*24。後者は，3項の損害額とは，同一侵害品が市場を1回流通する分として評価し得る額であると解している。つまり，いわゆる消尽理論を適用した結果と同様に考える見解である。しかしながら，適法に実施許諾を得た場合に適用される消尽理論と同様に考えることには疑問がある。消尽理論の根拠は取引の安全を図るものであるとするなら，既に流通済みの侵害品に取引の安全を考慮する必要はない*25。また，平成10年改正の必要性につき，「……『侵害が発見されなければ実施料すら払う必要がなく，仮に侵害を発見されたとしても支払うべき実施料相当額が誠実にライセンスを受けた者と同じ実施料では，他人の権利を尊重し，事前にライセンスを申し込むというインセンティブが働かず，侵害を助長しかねない』という批判が生じていた。」*26と説明されていること，3項

---

*24　詳細は飯田圭・前掲*10・2089頁以下を参照されたい。
*25　田村善之「複数の侵害者が特許侵害製品の流通に関与した場合の損害賠償額の算定について」知的財産法政策学研究7号6頁。
*26　特許庁編・前掲*3・第1章Ⅱ(2)②二。

は特許権者に実施料相当額を最低限の損害賠償額として保障する規定であることからすれば，前者の見解の方が妥当と考えられる。

　(b)　共同不法行為が成立する場合

　上記想定例において，共同不法行為が成立する場合は，成立しない場合の上記議論に関係して，Y_1ないしY_3はその合計額（80万円）につき不真正連帯債務を負うとする見解と，その最高額につき不真正連帯債務を負うとする見解に分かれるが，前者が妥当であると考えられる。

(5)　損害額が別の各項による場合

　想定例のY_1より侵害品を購入してこれを業として使用している者（Y_4）がいる場合に，Y_1には１項ないし３項の適用があるが，Y_4には３項の適用しかない。この場合において，Y_1には１項又は２項が適用され，Y_4には３項が適用されて損害額が決定される。そして，共同不法行為が成立しない場合は，個別に独立して各請求額を負担し（合計80万円），共同不法行為が成立する場合は，不真正連帯債務として負担すべきであると考えられる。

第4節　手　続　論

68　生産方法の推定

井奈波　朋子

> 生産方法の推定を受けるための主張立証及び推定覆滅事由について説明せよ。

キーワード　物を生産する方法の発明，生産方法の推定，法律上の推定，主張立証責任の分配，生産方法の推定覆滅事由

I　概　　要

(1)　総　　論

　特許法104条は，「物を生産する方法の発明について特許がされている場合において，その物が特許出願前に日本国内において公然知られた物でないときは，その物と同一の物は，その方法により生産したものと推定する。」と定める。特許法65条1項は，本条を準用するので（特65条6項），出願公開に基づく補償金請求権を行使する場合にも，本条の規定を利用することができる。

　現行特許法が制定された昭和34年法のもとでは，化学物質の発明について特許を受けることができなかったため，このような発明を行っても物を生産する方法の発明として権利化をするほかなかった。しかし，昭和50年改正法によって化学物質の発明についても特許を受けることできるようになったため，本条の利用価値は低下したといわれている[1]。

(2)　本条の法的性質

---

*1　中山信弘＝小泉直樹編『新・注解特許法【下巻】』1776頁〔服部誠〕。

本条は，法律上の推定規定であるが，これが事実推定規定[2]か，権利推定規定[3]かという問題がある。本条は，特許発明がされている方法により生産したという事実を推定するものであり，それ以上に，何らかの権利を推定するものではないから，法律上の事実推定規定である。

(3) 本条の趣旨

本条は，生産方法の発明について，所定の条件のもと立証責任の転換を定めた規定である。本条の趣旨については，主に，その物が特許出願前に日本国内において公然知られた物でないときは，その物と同一の物は，その方法により生産されたとの蓋然性が高いことから本条が規定されたと捉える見解（東京地判昭53・2・10判時903号64頁〔トランス体カルボン酸の製造法事件〕）と，訴訟法的な観点から，被告の生産方法が原告の物の生産方法に関する特許発明を実施したものであるとの立証は，原告にとって困難であるから，そのような立証の困難を救済し，訴訟上の公平を図る規定であると捉える見解がある[4]。

しかし，両見解は，対立する関係にあるものではないと考えられる。生産方法の発明について特許がされている場合，物の生産は他人の支配領域内において行われるため，他人の生産方法が特許発明の方法を用い特許を侵害していることを立証することは非常に困難である。ところで，特許されている方法によって生産される物が，日本国内において特許出願前に公然知られた物でない場合，その物と同一の物はその方法によって生産されたものである蓋然性が高い。そこで，立証責任の分配の公平から，その物と同一のものはその方法により生産されたものと推定し，立証責任の転換を図ったのであり，その背景として，蓋然性という事実が認められると考えられ，両説は着眼点の違いといえる[5]。

---

[2] 事実推定規定は，例えば前後の両時点において占有をした事実があれば，その間の占有継続という事実を推定する（民186条）というように，前提事実が証明されれば，ある事実が推定される規定である。

[3] 権利推定規定は，例えば占有の事実があれば，占有権を推定する（民188条）というように，前提事実が証明されれば権利があるものと推定される規定である。

[4] そのほか，新規物質の発明者を特に優遇し保護する必要があることを挙げる見解もある。

II 特許法104条による生産方法の推定の場合における特許権者の主張・立証*6

⑴ 特許権者の主張・立証

特許侵害訴訟においては，原則に従えば，原告が，原告の特許権，被告の業

＊5 大阪地判平12・10・19判時1809号143頁〔石油燃焼器の燃料供給用電磁ポンプの製造方法事件〕は，「特許法104条は，物を生産する方法の発明は，たとえこれを第三者が実施したとしても，その第三者の生産方法を立証することが極めて困難であるため，その生産方法についての立証責任を転換せしめることにより右困難を救済する趣旨に出るものであるが，このような推定を合理的ならしめる前提には，新規物の生産方法の発明がなされた場合，その特許出願以前には当該新規物の製造方法が知られていなかったことから，他の者によるその物と同一物の生産はその特許方法によってなされている蓋然性が高いとの認識が存しているものと解される。」と判示している。

＊6 特許法104条の適用を否定した裁判例として，大阪地判昭50・4・11判タ326号328頁〔合着耐圧ホース事件〕，東京地判昭51・7・21判タ352号313頁〔ナリジクス酸事件〕，大阪地判昭52・2・25判タ353号284頁〔アロプリノール事件〕，東京地判昭53・2・10判時903号64頁〔トランス体カルボン酸の製造法事件〕，秋田地判昭58・3・23無体集15巻1号229頁〔はたはたの燻製事件〕，大阪地判昭58・12・9判例工業所有権法2327の99の303頁〔梅エキスを主成分とした固形食品の製造方法事件〕，名古屋高金沢支判昭61・7・28判タ622号199頁〔フライヤー事件〕，大阪地判平12・10・19判時1809号143頁〔石油燃焼器の燃料供給用電磁ポンプの製造方法事件〕，東京地判平15・11・26（平13(ワ)3764号）裁判所ホームページ〔L-α-アスパルチル-L-フェニルアラニンメチルエステルの晶析法事件〕。

　　特許法104条を適用し推定を認め，覆滅を認めなかった裁判例として，東京地判昭30・9・9判タ54号43頁〔クロルテトラサイクリン仮処分事件〕，東京地判昭46・11・26判時650号52頁〔ビタミンB6-ジサルファイドの製法事件〕，東京地判昭47・7・21判時698号77頁〔テトラサイクリン輸入禁止仮処分事件〕，大阪地決昭55・5・20取消集昭和55年235頁〔スルピリド事件〕，名古屋高金沢支判昭61・12・22判例工業所有権法2327の99の77頁〔新ピペリジノアルカノール誘導体の製造方法事件〕，東京地判昭63・3・28判例工業所有権法2327の99の83頁〔カルバドックス事件〕，大阪地判平3・12・25知財集23巻3号850頁〔ピペミド酸事件〕，金沢地判平4・1・23知財集24巻1号50頁〔塩酸ニカルジピン製剤の製造法事件〕，名古屋高金沢支判平4・9・2知財集24巻3号529頁〔塩酸ニカルジピン製剤の製造法事件控訴審〕，大阪地判平4・3・24判時1453号152頁〔塩酸ニカルジピン事件〕，大阪地判平4・11・26判時1458号141頁〔アルファカルシドール・クラレ事件〕，東京地判平5・4・16判例工業所有権法〔第二期版〕2623の37頁〔新規ポリペプチドの製造法事件〕，東京地判平10・10・12判時1653号54頁〔シメチジン製剤事件〕，東京高判平14・10・31判時1823号109頁〔トラニラスト製剤事件控訴審〕（ただし，被控訴人（原審被告）の訴訟追行に問題があったことによる）。

　　特許法104条の推定の覆滅を認めた裁判例として，東京地判昭47・9・27判タ288号277頁〔メトカルバモール事件〕，東京地判昭54・3・23無体集11巻1号157頁〔ジピリダモール事件原審〕，大阪地判昭54・10・17無体集11巻2号472頁〔ケントンNカプセル事件〕，東京高判昭57・6・30判タ499号192頁〔ジピリダモール事件控訴審〕，東京地判昭59・10・26判タ543号205頁〔ダイヤモンドの焼結体製造方法事件〕（ただし，本件では前提となる本条の適用については明確ではない），東京地判平12・3・27判時1711号137頁〔トラニラスト製剤事件原審〕。

842 第3章 特許権侵害訴訟における攻撃防御方法 第4節 手続論

としての利用，特許発明の技術的範囲，被告の実施する物又は方法，及び被告の実施する物又は方法が特許発明の技術的範囲に属することを立証しなければならない。これに対し，本条の適用を受ける場合，特許権者は，特許法104条所定の要件を主張・立証すればよい。つまり，原告は，被告の実施する方法とその方法が技術的範囲に属することを主張・立証することに代えて，①物の生産方法の発明であること，②その生産方法によって生産されるものが特許出願前に日本国内において公然知られた物でないこと，つまり新規の物であること（新規性），及び，③被告の生産する物が特許発明の方法により生産した物と同一であること（同一性），を主張・立証すればよい。

(a) 物の生産方法の発明であること

本条は，物を生産する方法の発明について特許がされている場合であるから，単純方法の発明については，適用されない。

物を生産する方法が他に存在する場合であっても，本条の推定が働くかという問題がある。本条の規定は，他に物を生産する方法が存在しないとの条件は加えていないうえ，法律に定める要件を加重する理由もないから，このような場合であっても，本条の推定が働くと考えるべきである（東京高判平14・10・31判時1823号109頁〔トラニラスト製剤事件控訴審〕*7)。

(b) その生産方法によって生産されるものが特許出願前に日本国内において特許出願前に「公然知られた物」でないこと

ここで，その物が「公然知られた」とは，「その物が必ずしも現実に存在することは必要でないが，少なくとも当該技術分野における通常の知識を有する者においてその物を製造する手がかりが得られる程度に知られた事実が存することをいう。」（東京地判昭46・11・26判時650号52頁〔ビタミンB6－ジサルファイドの製法事件〕，同旨の判決として，大阪地判平12・10・19判時1809号143頁〔石油燃焼器の燃料供給用電磁ポンプの製造方法事件〕）。

特許発明の目的物質に属する化合物中に特許発明の特許出願前に既に公知に

───────────
＊7 「特許法104条が，『その物が特許出願前に日本国内において公然知られた物でないときは，その物と同一の物は，その方法により生産したものと推定する。』と規定し，推定の前提事実として，『その物が特許出願前に日本国内において公然知られた物でない』こと以外に何も定めていないのは，推定の根拠としては上記事実のみを取り上げるとの法政策を宣言したものと解すべきであ」る。

なっていた物があるとしても，相手方が製造・販売する物質が目的物質に包含され，それが公知でない以上，本条の適用は妨げられない（東京高判昭57・6・30判タ499号192頁〔ジピリダモール事件控訴審〕）。

　パリ条約による優先権が主張された場合の特許出願時について，裁判例*8は，一貫して第一国出願日を基準とする。学説には，日本出願日を基準とする説を提唱するものもある。

　パリ条約4条Bは，「他の同盟国においてされた後の出願は，その間に行われた行為……によつて不利な取扱いを受けない」と定め，特許法104条も新規な物であることを前提としている。また，日本出願日を基準とした場合，ほとんどの場合，その物はわが国において公知になっている状態になるから，権利者は優先権主張の効果を期待することができず，その結果，パリ条約4条，特許法26条の趣旨にも反する。したがって，第一国出願日を基準とする説が妥当と解される。

　(c)　被告の生産する物が特許発明の方法により生産した物と同一であること
　　特に化学物質の場合，被告の生産する化学物質が，特許発明の方法により生産される化学物質と同一であるかどうかが問題となり得る。裁判例は，次のように判断している。「本条にいう同一の物に該当するかどうかの判断は，対象たる物が当該特許方法によって生産した物と見られるか否かによってなされるべきものであり，当該特許方法によって生産した物というのは，もとより当該特許明細書の特許請求の範囲に記載された目的物質をいうが，対象たる物の同一性を判断するにあたっては，事案に応じて，同明細書の発明の詳細な説明をも参酌して，その物の構造，性質，効果等の特徴を考慮してなすべきものと解するのが相当である。」（東京地判昭53・2・10判時903号64頁〔トランス体カルボン酸の製造法事件〕，同旨の裁判例として東京地判昭46・11・26判時650号52頁〔ビタミンB6－ジサルファイドの製法事件〕）。

(2)　特許法104条の主張を行う場合の請求の趣旨

＊8　東京地判昭46・11・26判時650号52頁〔ビタミンB6－ジサルファイドの製法事件〕，東京地判昭47・7・21判時698号77頁〔テトラサイクリン輸入禁止仮処分事件〕，東京地判昭47・9・27判タ288号277頁〔メトカルバモール事件〕，東京地判平10・10・12判時1653号54頁〔シメチジン製剤事件〕。

特許法104条による生産方法の推定がされる場合，被告が実施した生産方法がどのようなものかは何ら主張立証されないことになる。したがって，請求の趣旨において，差止請求の対象を特定するに当たり，被告の生産方法を具体的に特定することはできない。

この問題に関し，裁判例（東京地判昭46・11・26判時650号52頁〔ビタミンＢ６－ジサルファイドの製法事件〕）は，「物を生産する方法の発明についての特許権の侵害訴訟において，特許法104条にもとづき，被告の生産方法を特定する必要はなく，被告が生産等する物を対象として，その請求をすることができるものというべきである。」と判断した。判決主文も，「被告は，別紙目録記載の物品を輸入し，譲渡してはならない。」という記載となる。特許法104条の適用がある場合において，原告に対し，被告の生産方法までをも特定することを要求する場合，原告の立証の負担を軽減するものである本条の存在意義が失われることがその理由である（上記裁判例）。

状況によっては，104条の適用を前提とした請求を主位的請求とし，予備的請求として，適用を前提とせず，被告方法を特定して，当該方法を用いて，目的物を製造，販売等することの差止めを求めることも可能である（大阪地判平3・12・25知財集23巻3号850頁〔ピペミド酸事件〕）。

Ⅲ 推定覆滅事由

(1) 被告の主張立証──生産方法の推定の場合の被告の反証

特許権者が特許法104条の要件を主張・立証する場合，相手方は，推定を覆すために，特許方法と異なる実施方法を開示すればよいとする説（非侵害否認説）と，相手方は，実施している方法を開示するだけでなく，その実施方法が侵害されたとする特許の技術的範囲に属しないことを主張・立証する必要があるとする説（非侵害抗弁説）とがある*9。

───────────────
＊9　学説の分類については，城山康文ほか編著『知的財産訴訟手続法』（青林書院，平21）145頁，竹田和彦『特許の知識〔第8版〕』（ダイヤモンド社，平18）408頁，中山＝小泉編・前掲＊1・1787頁〔服部〕，牧野利秋編『裁判実務大系(9)工業所有権訴訟法』（青林書院，昭60）240頁〔本間崇〕。

前者の説を採用する裁判例として，東京地判昭54・3・23無体集11巻1号
157頁〔ジピリダモール事件原審〕がある。同裁判例は，その理由として，後者の
説によれば，一般の侵害訴訟の場合に比較して，相手方の訴訟追行上の負担は
不当に重くなり，かえって当事者間の公平を失すること，本条は，相手方が実
施方法を開示するときはこの限りでない旨のただし書の規定があるのと同趣旨
に理解でき，開示を推定覆滅事由と見ることができること，を挙げる。

　これに対し，控訴審（東京高判昭57・6・30判タ499号192頁〔ジピリダモール事件控
訴審〕）をはじめ，裁判例の主流[10]は，後者の説を採用する。その理由として，
特許法104条の推定が働く場合には，被告がその特許権を侵害していることに
なるから，その推定の結果を覆すためには，被告としては，自ら実施している
方法を開示するだけでは不十分であり，また，同条は，規定の適用を新規物質
に限っていることから，実質的な公平の理念に徴しても妥当と述べる。裁判例
（東京地判昭47・7・21判時698号77頁〔テトラサイクリン輸入禁止仮処分事件〕）は，被告
がこのような立証責任を負うことについて，「右第104条に定められた要件で
ある特許発明の目的とする物が日本国内において公然知られたものでないこと
および相手方の生産する物が特許権の目的物と同一であるとの点の立証責任
は，特許権者がこれを負担しなければならないことを考慮すれば，必ずしも相
手方が一方的に重い立証責任を負わされるということはできない。」と述べ，
当事者間の主張・立証の公平な負担に配慮している。

　当事者間の衡平の理念からすれば，両説は価値観の違いであり，いずれも一
理あると考えられる。しかし，法文の解釈からすれば，後者の見解が妥当であ
る。つまり，特許法104条は，法律上の推定である。したがって，特許権者が
特許法104条の要件を主張・立証した場合，生産された物と同一の物は，その
方法により生産されたものという推定が働き，相手方が，その推定を覆さなけ
ればならない。また，方法の特許の立証責任を定めるTRIPS協定34条1項[11]
は，「反証のない限り，特許を受けた方法によって得られたものと推定する」

---

*10　同旨裁判例として，大阪地判昭54・10・17無体集11巻2号472頁〔ケントンNカプセル事
　　件〕，大阪地判平3・12・25知財集23巻3号850頁〔ピペミド酸事件〕，東京地判平10・10・12
　　判時1653号54頁〔シメチジン製剤事件〕，東京高判平14・10・31判時1823号109頁〔トラニラ
　　スト製剤事件控訴審〕ほか。

846　第3章　特許権侵害訴訟における攻撃防御方法　第4節　手　続　論

と規定するので，相手方において特許を受けたものであるという推定を覆す必要があり，前者の説では，TRIPS条約に定める最低限の義務（同条約1条1項）を満たさないことになる*12。

裁判例（東京地判昭47・9・27判タ288号277頁〔メトカルバモール事件〕）は，技術的範囲に属しないことを主張するほか，「被告が特許権その他の権利を有し，被告の開示した生産方法の使用は，その権利にかかる発明または考案を実施するものである旨，主張立証することもできる。」というが，この主張は，技術的範囲に属しないことの間接事実として捉えられる。

(2)　実施している方法の開示

(a)　開示の程度

推定を覆すために主張立証すべき生産方法は，原告の発明との対比に必要な程度に特定されれば足り，必ずしもそのすべてを明らかにする必要はない（東京地判昭59・10・26判タ543号205頁〔ダイヤモンドの焼結体製造方法事件〕）*13。

また，請求の趣旨との関係においても，開示の程度が限定される。裁判例（大阪地判平4・11・26判時1458号141頁〔アルファカルシドール・クラレ事件〕）は，特許権者は製造停止を求めているのみであり，過去の損害賠償請求をしているのではないから，特許法104条との関係においては，被告は，現在被告物件をイ号方法のみにより製造しており，将来もそれが継続されることを立証すれば足り，そのために，被告がこれまでに製造した被告物件の全量を明らかにし，かつ，その全部がイ号方法により製造されたことを証明することまでは要求されないと判断する。その理由として，「本来物の生産方法は，経時的要素を含む

---

*11　「第28条1(b)に規定する特許権者の権利の侵害に関する民事上の手続において，特許の対象が物を得るための方法である場合には，司法当局は，被申立人に対し，同一の物を得る方法が特許を受けた方法と異なることを立証することを命ずる権限を有する。このため，加盟国は，少なくとも次のいずれかの場合には，特許権者の承諾を得ないで生産された同一の物について，反証のない限り，特許を受けた方法によって得られたものと推定することを定める。」

*12　尾島明『逐条解説TRIPS協定』（日本機械輸出組合，平11）。

*13　本件発明の方法により生産される目的物は，ダイヤモンドの焼結体であった。原告の発明は，ダイヤモンド粉末とダイヤモンドを溶解する金属粉末を混合する第一工程と，右混合粉末をダイヤモンドの安定なる温度圧力下で，かつ，ダイヤモンドとダイヤモンドを溶解する金属の共晶温度以上の温度で処理する第二工程からなるダイヤモンド焼結体を製造する方法である。被告は，コンパックスという商品名の物品を輸入し，販売していたが，コンパックスの生産方法は，原告の発明の第一工程を欠くものと認定され，本件発明の技術的範囲に属しないと認定された。

一つ以上の行為又は現象から成り立つのが普通であって，そこには企業秘密として管理されている幾多のノウハウが積み重ねられているのを常とする。したがって，原告主張のごとき厳格な証明まで要求することは，被告側のこのような営業の自由と企業秘密秘匿の自由とを，特許法104条の規定により全面的に反故にすることになりかねず，かえって当事者間の衡平を失する結果を招来する」と述べているが，開示者の営業秘密への配慮を定めている TRIPS 協定34条3項*14にも整合し，妥当である。

(b) 訴訟で開示された被告主張方法と実際の実施方法との同一性

被告が実施している方法を開示した場合，訴訟において被告が主張する方法と，実際に被告が実施している方法とが同一であるかどうかという問題が生じうる。

同一性を主張立証するには，間接事実の主張と間接証拠の提出の積み重ねによるしかない。間接事実ないし間接証拠としては，①原材料の購入量，収率や収量，供給量，これらを裏付ける購入書類や製造記録等その他の証拠資料の整合性，②被告主張方法と原告の発明方法との経済性の比較，③不純物分析チャート等，被告主張方法による生成物と被告が製造した物質の構成の対比，④医薬品であれば，医薬品製造承認書における製造方法と被告主張方法との対比が挙げられる（東京地判平12・3・27判時1711号137頁〔トラニラスト製剤事件原審〕。本件ではこれらに加え，工場検分も実施されている）*15。

(c) 技術的範囲に属しないこと

技術的範囲に属する場合とは，文言上，技術的範囲に属する場合のほか，均等の場合も含む（東京地判昭47・9・27判タ288号277頁〔メトカルバモール事件〕）。

原告の発明と異なる製造方法について，特許出願をしていることも別の技術を用いていることの主張立証手段になり得る（東京地判昭59・10・26判タ543号205頁〔ダイヤモンドの焼結体製造方法事件〕）。しかし，イ号方法に何らかの工業上の利

---

*14 「反証の提示においては，製造上及び営業上の秘密の保護に関する被申立人の正当な利益を考慮する。」。

*15 そのほか，不純物分析の結果により，被告製剤の原末は，被告主張に係るイ号方法によって製造されたものではなく，むしろ，本件特許発明の技術的範囲に属する方法により製造されたものと推認されると判断した裁判例として，東京地判平10・10・12判時1653号54頁〔シメチジン製剤特許事件〕がある。

点があることを主張しても，イ号方法が本件発明の構成要件をすべて充足する以上，推定を覆滅することはできず，侵害との認定を免れない（大阪地判平4・11・26判時1458号141頁〔アルファカルシドール・クラレ事件〕）。

IV 再 抗 弁

　被告が，その実施している方法を開示し，それが自らが特許権その他の権利を有し，自ら開示した生産方法の使用はその権利に係る発明の実施であることを主張・立証した場合，原告は，再抗弁として，その権利の内容如何により，被告の権利が原告の先願に係る特許権と抵触の関係又は利用の関係にあり，実施し得ないものであることやその他の主張をすることができる（東京地判昭47・9・27判タ288号277頁〔メトカルバモール事件〕）。

69 技術説明会と専門委員の関与

室谷　和彦

> 特許権侵害訴訟において，技術説明会はどのように行われ，専門委員はどのように関与するか。

キーワード　技術説明会，専門委員，争点整理手続，技術説明会後の主張・立証

I　技術説明会[*1]

(1)　技術説明会の概要

（a）　技術説明会の意義・目的

　当事者双方が期日において，それぞれの主張を要約し，口頭で技術的事項について説明を行うことを技術説明会と呼んでいる。特許権侵害訴訟（あるいは特許についての審決取消訴訟）において，争いになっている技術内容について理解を深め，当事者双方の主張を的確に把握することを目的として行われている。

（b）　訴訟上の位置づけ

　技術説明会について，特に民事訴訟法や特許法に規定があるわけではない。民事訴訟上の位置づけとしては，弁論準備手続期日あるいは口頭弁論期日にお

[*1]　技術説明会の運用を案内するに当たっては，その実際を幅広く紹介するため，知財高裁（下記③，⑤），東京地裁知財専門部（下記①，④），大阪地裁知財専門部（下記②）との意見交換会・協議会の結果が掲載された下記文献を参考にしている。
　①　「裁判所と日弁連知的財産センターとの意見交換会　平成25年度」Ｌ＆Ｔ65号。
　②　「大阪地方裁判所第21・26民事部と大阪弁護士会知的財産委員会との協議会　平成25年度」Ｌ＆Ｔ64号。
　③　「裁判所と日弁連知的財産センターとの意見交換会　平成26年度」『知的財産紛争の最前線』Ｌ＆Ｔ別冊１号。
　④　「平成27年度　裁判所と日弁連知的財産センターとの意見交換会」『知的財産紛争の最前線』Ｌ＆Ｔ別冊２号。
　⑤　「平成28年度　裁判所と日弁連知的財産センターとの意見交換会」『知的財産紛争の最前線』Ｌ＆Ｔ別冊３号。

850　第3章　特許権侵害訴訟における攻撃防御方法　第4節　手続論

ける「争点整理手続の一環」*2と考えられている。すなわち，争いになっている技術内容を正確に理解し，当事者の主張を的確に把握して，初めて，争点を整理することが可能となるので，争点整理手続の一環として，当事者双方による説明がなされるという位置づけである。

(2) 様々な態様

(a) 侵害論の最終段階が原則*3

技術説明会は，一般的には，特許権侵害訴訟の侵害論に関する審理の最終段階で実施される。この段階では，無効論を含めた侵害論に関する基本的な主張・立証が終了しており，当事者双方は，技術説明会において，今までの主張・立証を要約し，口頭で説明する最終プレゼンテーションを行う。

例外的に，極めて難しい技術が問題となっている事案等については，早期の段階で実施される場合もある*4。

なお，特許権侵害訴訟において技術的理解を深めるための手続は技術説明会に限られるものではない。早期の段階で，技術説明会という形をとらず，弁論準備手続期日において，当事者が，実施品等を持参し，これに基づいて説明するという運用も行われている。また，弁論準備手続期日において受命裁判官から疑問点について口頭で釈明を求め，これに対して，当事者が，口頭で回答す

＊2　前掲＊1②L＆T64号12頁，平成25年大阪地裁との協議会において，「まず，技術説明会の意義，位置づけですが，個人的な理解ではありますけれども，技術説明会は争点整理手続の一環として行われているというふうに考えております。」と発言されている。
　　なお，専門委員の関与する技術説明会は，争点整理のための手続であることは，民事訴訟法92条の2第1項から明らかである（2項，3項の場合，専門委員の説明には当事者の同意が必要）。
＊3　東京地裁審理モデル（http://www.courts.go.jp/tokyo/vcms_lf/tizai-singairon1.pdf），大阪地裁審理モデル（http://www.courts.go.jp/osaka/vcms_lf/sinrimoderu2013331.pdf）において，最終段階において，技術説明会の実施が紹介されている。
＊4　前掲＊1①L＆T65号8頁，裁判所と日弁連知財センターとの意見交換会において，技術説明会の早期段階での実施について，次のように紹介されている。
　　「極めて難しい技術が問題となっている事案で，裁判所においても，技術に関する知識を早期に深めておいたほうがよいと思われるものにつきましては，専門委員を選任するかどうかは別にいたしましても，早期の段階で技術説明会を開催するという選択肢もあってもよいはずだと思います。また，たとえば技術文献が乏しく技術用語が統一されていないような事案につきましても，審理の早期の段階での技術説明を行うことが考えられます。実際今回調査しましたところ，審理の早期の段階で技術説明会が行われた事案は2件ございましたが，いずれも極めて難しい技術的事項が問題とされていた事案のようであります。」

ることにより，技術的な事項を明確にしたり，争点を明らかにすることは一般
的に行われている。

(b) 専門委員の関与する場合としない場合

技術説明会には，専門的知見を補充するため，専門委員（民訴92条の2以下）
が関与する場合がある。

専門委員が関与する場合には，当事者双方による説明の後，専門委員から技
術的事項について質問がなされ，それに対して，当事者から回答をなすという
形で技術説明会が進行するのが一般的である。

(c) 弁論準備手続期日と口頭弁論期日

技術説明会は，技術的な事項の説明がなされるため，営業秘密に係る内容を
含むことも多い。そのため，公開の法廷ではなく，非公開の弁論準備手続期日
に行われるのが通常である。

もっとも，知財高裁では，平成28年11月から，裁判の公開の実を上げ，国
民の理解を深めるため，営業秘密に配慮しつつ，当事者の意見を聴いた上で，
技術説明会を口頭弁論で行う扱いも行っている[5]。この場合には，公開の法
廷（特に，裁判員法廷や大法廷を用いる例が多い）で技術説明会を行うことになる。

(3) 実施するか否かの基準

(a) 実施頻度

特許権侵害訴訟のすべてで技術説明会が行われているわけではなく，必要に
応じて行われている。その実施頻度は，係属部により異なり，「原則的に技術
説明会を開いている」，「できれば原則的にやる」[6]，「1割から3割程度」[7]
など，様々である。

(b) どのような事案で実施するか

技術説明会を実施するか否かの基準としては，判断の難しさ，技術内容の複
雑さ，当事者の意向等をもとに，裁判所により総合的に判断されている。

＊5　前掲＊1⑤L＆T別冊3号3頁以下。
＊6　前掲＊1①L＆T65号9頁。
＊7　前掲＊1④L＆T別冊2号4頁，実施割合の紹介。
　　　「残念ながら，これまで統計をとっておりませんので，正確な実施割合・実施比率を回答す
　　ることはできませんが，東京地方裁判所の各裁判官に確認しましたところ，感覚的な回答も
　　含まれますが，おおむね1割から3割程度の実施割合です。」

例えば，双方から異なる実験結果が証拠として提出されている場合などは，判断が難しいとして，技術説明会を行う方向に考慮される。また，判断するために理解すべき技術内容が複雑である場合や，書面だけでは理解しがたい技術の場合は，技術説明会を行う方向に考慮される。当事者双方が，技術説明会を希望する場合は，原則として，技術説明会が行われている。

(4) 実施方法

(a) 事前協議

技術説明会を実施するに当たっては，その態様，方法について，事前に協議を行う（直前の期日に行われるのが通常である）。

上記のとおり，技術説明会には様々な態様があることから，専門委員の関与の有無，弁論準備手続期日に行うか口頭弁論で行うか等について，当事者の意見をもとに，裁判所が決定する。

さらに，説明内容について，どの点を集中的に行うかについて，裁判所と当事者において協議を行う。事前協議において，裁判所から関心のある事項（特に説明してもらいたい点）が呈示されることも少なくない。また，裁判所から特定の争点に絞るように要望がなされることもある。

これらをもとに，各当事者によるプレゼンテーションの持ち時間や順番も調整される。

(b) 出 席 者

弁論準備手続期日に行われる技術説明会では，当事者側としては，訴訟代理人，補佐人，当事者の担当者，裁判所側としては，受命裁判官[8]，裁判所調査官及び専門委員（専門委員が関与する場合）が出席して行われるのが通常である。

口頭弁論期日に行われる技術説明会では，当事者側としては，訴訟代理人，補佐人，裁判所側としては，合議体裁判官，裁判所書記官，裁判所調査官及び専門委員（専門委員が関与する場合）が出席して行われる。口頭弁論で行われる場合には，当事者の担当者は，傍聴人として参加することになる。もっとも，説

---

[8] 受命裁判官だけでなく，合議体の裁判官が出席することもある。係属部により運用は異なるようである。大阪地裁の知財専門部では，原則として合議体全員で参加する慣例となっている。

明の補足や質問への回答に，例えば，会社の開発担当者が発言することが予想される場合には，予め，その担当者について，補佐人（民訴60条）選任の許可を得て，補佐人として出席することができる。

(c) 当事者による説明

(イ) 説明の方法　技術説明会では，事前協議で定められたスケジュールで，当事者が説明を行う。持ち時間は，各当事者につき，30分から1時間程度が通常である。実際に説明するのは，訴訟代理人である弁護士が多いが，弁理士（訴訟代理人又は補佐人）が行うこともある。

説明の方法としては，パワーポイントを用いてプレゼンテーションを行うのが一般的である。補助的に，ビデオを上映したり，実機を動かし説明を加えることもある。

当事者としては，このプレゼンテーションのために，様々な工夫をしつつ，相当の時間と労力をかけて準備しているのが実情である。

(ロ) 説明の内容　技術説明会を行う場合，事前協議において，説明内容についてポイントが絞られていることが多い。各当事者は，そのポイントについて，重点的に説明を行う[9]。

説明内容に関する裁判所の意見としては，「有意義な技術説明といたしましては，主要な争点ごとに最もコアな主張に関する対立点を浮かび上がらせ，適切に証拠との対比を行って簡潔に整理しつつ，視覚的な効果を伴ったプレゼンテーションをしていただくような説明が，最も有意義な技術説明ということになろうかと存じます。」[10]と述べられており，技術説明を行うに当たっての参考となる。

(d) 質疑応答

当事者からの説明の後，専門委員，裁判官，相手方当事者等から，説明内容について質問がなされ，それに対して回答がなされる。

弁論準備手続期日における技術説明会では，この質問・回答は，かなり「自

＊9　通常の技術説明会（侵害論の最終段階で行われる）では，すでに主張・立証が出されていることを前提にプレゼンテーションを行うものであるから，新たな主張がプレゼンテーションに盛り込まれることは想定されていない。

＊10　前掲＊1①L＆T65号8頁。

由な雰囲気で議論」*11されるのが通常である。

(e) 専門委員の質問に対する回答等

(イ) その場で回答できない場合　専門委員からなされた技術的な質問について，その場で答えにくい場合もある。そのような場合には，裁判体の判断によるが，「改めて回答する」旨を述べれば，回答の機会は与えられる例が多い*12。

(ロ) 専門委員の発言が不適切な場合　専門委員による発言が，当事者の立場から見て，不適切あるいは不正確であることもあり得る。

このような場合，当事者としては裁判所が誤解するのではないかと心配になる一方，技術説明会において，専門家である専門委員と議論をすることは避けたい。

そのような場合には，当事者としては，技術説明会において，「誤解があってはいけないので補足したい」旨述べ，次回期日までに専門委員の発言に対する反論を記載した準備書面を提出すべきであろう*13。

(5) 技術説明会の結果

技術説明会の説明内容や説明資料が直ちに訴訟資料となることはない。説明資料（説明に用いたパワーポイントの資料等）は，改めて，当事者から証拠として提出することにより訴訟資料となる。

質疑応答の内容についても，調書に記載することはなく，訴訟資料とはならない。質疑応答は，争点整理のための協議という位置づけである。

(6) 技術説明会後の主張・立証

---

*11　知的財産高等裁判所ホームページ／専門委員制度紹介Ｑ８において，「プレゼンテーションの後，当事者相互間や，専門委員・裁判官等から，当該プレゼンテーションの内容や従前の主張・立証で不明確な点等について，質問がされます。また，専門委員から技術的事項についての説明がされ，自由な雰囲気で議論が行われます。これらの質問と当事者からの回答，専門委員からの説明等を通じて，争点が整理されるとともに，技術的事項に対するより深い理解が達成されることが期待されています。」と記載されている（http://www.ip.courts.go.jp/documents/expert/index.html）。

*12　前掲＊１①Ｌ＆Ｔ65号14頁。
　　「専門委員の方が質問された場合には，基本的にはその場でお答えいただくのが一番だとは思いますが，ちょっと答えにくい問題なので日をあらためてと言われれば，当然１回は回答のための機会を設けますので，それまでにきちんとお答えいただければと思います。」

*13　民事訴訟規則34条の５は，「裁判所は，当事者に対して，専門委員がした説明について意見を述べる機会を与えなければならない。」と規定している。

技術説明会後に主張・立証をなすことが許されるかについては，各事案について個々の裁判体が判断することになるが，一般論としては，次のように考えられている。

(a) 原　　則

通常の技術説明会（侵害論の最終段階で行われる）では，当事者双方から主張・立証が出されていることが前提となっており，技術説明会開催後に主張の補強，変更，追加がなされることは予定されていない。

(b) 例　　外

もっとも，技術説明会において，「当事者が見落としていた重要な着眼点であって，それについての審理を尽くすことによって結論が左右されるようなもの」*14については，主張の補強，補充の範囲で新たな主張・立証が認められることも多いとされている。

また，「専門委員の説明内容の結果，技術説明会後にさらに裁判所が審理すべき点があると判明した場合には，その期日で必ず主張証拠整理が終結しているわけではな」い*15ことから，技術説明会後の主張・立証がまったく許されないというものではないと考えられている。

Ⅱ　専門委員

(1) 専門委員制度

(a) 意　　義

専門委員制度は，知的財産権訴訟など，専門的，技術的な事項が争点となる訴訟（専門訴訟）において，いっそう充実した審理判断を実現するため，平成15年の民事訴訟法の一部改正により新設され，平成16年4月から導入された。

専門委員制度は，専門訴訟において，裁判所が，ある特定の分野の専門家である専門委員に訴訟手続への関与を求め，争点整理等の手続に際し，争点となっている事項について，専門的な知見に基づく説明を聴くことができる制度である（民訴92条の2第1項）。

---

*14　前掲＊1①L＆T65号9頁。
*15　前掲＊1③L＆T別冊1号26頁。

(b) 特許権侵害訴訟における有用性

特許権侵害訴訟においては，争点が，高度な専門的技術に関するものであることが少なくない。専門委員は，公平・中立な立場から，争点となっている専門的技術について専門的知見に基づき説明等を行う。これにより，裁判所の審理判断が適正・迅速なものとなり，判断への信頼が高まることが期待されている。

(c) 専門委員の任命・指定

平成29年4月現在，知的財産権訴訟の専門委員として，約200人が任命されており，専門分野は，電気，機械，化学，情報通信，バイオテクノロジーなど多岐にわたっている[16]。

裁判所は，数多くの専門委員から，当事者の意見を聴いて，事件に適した専門委員を指定する（民訴92条の5第2項）。

特許権侵害訴訟では，学者，弁理士を含む3名の専門委員が指定されるのが通常である。複数の専門委員の関与により，多角的な視野から争点整理を進めるためである。

(2) 専門委員の関与

(a) 特許権侵害訴訟における関与

専門委員は，一般には，①「争点若しくは証拠の整理又は訴訟手続の進行に関し必要な事項の協議をするに当たり」，②「証拠調べをするに当たり」，又は，③「和解を試みるに当たり」，専門的な知見に基づく説明を行うとされている（民訴92条の2）。

特許権侵害訴訟においては，専門委員は，①の場面で関与するのが一般的であり，具体的には，技術説明会に出席し，当事者に対し質問ないし説明を行う形で関与している。

(b) 技術説明会において専門委員が関与する場合

上述のとおり，技術説明会に常に専門委員が関与するわけではない。裁判所は，当事者の意見を聴いて，専門委員の関与を決定する（同条1項）。

専門委員が関与するに適した場合としては，技術内容が難解である場合，非

---

[16] 知的財産高等裁判所ホームページ／専門委員制度紹介Q3（http://www.ip.courts.go.jp/documents/expert/index.html）。

常に先端の技術であり裁判所調査官がカバーできていない場合，裁判所として外部の意見を参考にしたい場合，技術常識が問題となる場合などが挙げられる[17]。

(c) 専門委員が技術説明会に関与するに当たっての準備

専門委員の事前準備については，決まった方法はないが，次のような方法で準備されることが多いようである[18]。

専門委員が指定されると，裁判所は，書証，準備書面のうち必要なものと，事案の概要をまとめた事案概要メモを専門委員に送付し，専門委員は予めこれらの書類を検討する。技術説明会の当日には，期日前に，30分程度で，技術説明会で何をするか，事案の概要説明，質問等についてミーティングを行う。

(d) 専門委員による質問・説明

技術説明会において，当事者双方によるプレゼンテーションの後，相手方当事者や裁判所から質問がなされたり，専門委員から質問や説明がなされたり，技術的事項について議論がなされる。

このように，専門委員は，専門的見地から技術的事項について，当事者に対して質問をなしたり，説明をなすという形で技術説明会に関与する。

これらの質問と回答，あるいは説明を通じて，裁判所においては，技術的事項に対するより深い理解が得られ，争点が整理されることが期待されている。

このような形で訴訟に関与する専門委員の有用性[19]について，裁判官から「専門委員の関与により，当事者の主張の中でより明確化すべき点や，必要な証拠であるにもかかわらず従前提出されていなかったものについて指摘を受け，審理促進に役立った事例や，当該技術分野に関して，当事者や裁判所が意識していない観点について注意喚起をしてもらい，有益であった」[20]との感想が述べられている。

(e) 記 録 化

---

[17] 前掲＊1⑤Ｌ＆Ｔ別冊3号8頁以下。

[18] 前掲＊1①Ｌ＆Ｔ65号13頁。
前掲＊1②Ｌ＆Ｔ64号18頁。

[19] 専門委員関与の具体的態様及びその有用性については，髙部眞規子「専門委員制度の更なる活用のために」判タ1368号28頁以下が詳しい。

[20] 髙部眞規子『実務詳説　特許関係訴訟〔第3版〕』404頁。

専門委員の説明・質問は，専門的な事項について，裁判所のアドバイザー的な立場から説明するものであり，証拠とはならない。

また，専門委員の説明・質問や，それに対する当事者の発言について，調書に記録することも行われていない。

なお，専門委員の説明は，口頭によりなされるのが一般的であるが，「複雑な事案の場合や，質問事項をあらかじめ調整した場合には，専門委員から要点について簡潔に記載した書面を提出してもらい（民訴92条の2第1項），調書に添付するという扱いも考えられなくはない」とされている[21]。

（f）技術説明会終了後

技術説明会終了後，専門委員は，裁判官と挨拶をして退庁する。裁判官と専門委員が，期日終了後に，事件の内容（例えば，特許の有効性）について意見交換をすることはない。

---

[21] 高部・前掲[19]・判タ1368号39頁。

70 訴え提起後特有の証拠収集方法

足立　昌聡

> 特許権侵害訴訟における文書提出命令について説明せよ。

キーワード　書類提出命令，正当な理由，インカメラ手続，秘密保持命令，秘密保持契約

I　書類提出命令

　裁判所は，特許権又は専用実施権の侵害に係る訴訟においては，当事者の申立てにより，当事者に対し，当該侵害行為について立証するため，又は当該侵害の行為による損害の計算をするため必要な書類の提出を命ずることができる（特105条1項本文）。

　同項に基づく書類提出命令は，文書一般の提出義務を定めた民事訴訟法220条の特則であることから，規定のない事項については民事訴訟法221条以下が適用される。ただし，本項の書類提出命令の名宛人は当事者に限られ，第三者に対する文書提出命令に関する民事訴訟法上の規定（民訴223条2項・5項等）は適用されない[1]。

(1)　必要性の判断

　侵害行為の立証のための必要性の程度については，従前は，対象文書の取調べの必要性の有無や程度，当該事項の立証の難易の程度，代替証拠の有無，他の立証状況等を勘案して，権利侵害を疑うことが合理的であると認められる必要があると解されてきた[2]。

---

[1]　中山信弘＝小泉直樹編『新・注解特許法〔第2版〕【中巻】』2230頁（青林書院，平29）〔相良由里子〕。

[2]　裁判所・日弁連知的財産センター『平成27年度・裁判所と日弁連知的財産センターとの意見交換会』別冊L＆T3号24頁。

しかし，NTTドコモ債務不存在確認事件判決（知財高判平28・3・28（平27（ネ）10029号）判タ1428号53頁）において，裁判所は，「当該訴訟の要証事実である侵害行為自体の疎明を求めるものではなく，濫用的・探索的申立ての疑いが払拭される程度に，侵害行為の存在について合理的な疑いが生じたことが疎明されれば足りるもの」と判示し，必要性の基準を緩和したものとされる[3]。

なお，不正競争防止法7条1項に基づく書類提出命令の事案であるが，同様の基準に従い，技術情報の不正取得及び不正使用があったことの合理的疑いを一応認定した上で，書類提出命令を発令した裁判例として，新日鐵ポスコ事件決定（東京地決平27・7・27（平27（モ）273号）判タ1419号367頁）がある。

一方，損害の計算をするための必要性については，最初に侵害論の立証が尽くされ，裁判所が侵害の心証を得てから損害論の審理段階に入っていることが前提とされる[4]。損害の計算をするための書類提出命令は，特許権者又は専用実施権者のみならず，被疑侵害者側も請求することができ，特許法102条の損害が推定額よりも少ないということの立証目的などで利用され[5]，訴訟追行上の必要性が高い場合が多いとされる[6]。

(2) 正当な理由

特許法105条1項ただし書は，民事訴訟法220条に基づく文書提出義務の免除事由が限定列挙であるのに対して，対象文書の所持者においてその提出を拒むことについて正当な理由があるときは書類提出義務を免れるものとし，より一般条項的な文言で規律している[7]。

この正当理由の有無については，開示により文書の所持者が受けるべき不利益と，非開示により書類提出命令の申立人が受ける不利益とを比較衡量して判断されるべきと考えられてきた[8]。そして，NTTドコモ債務不存在確認事件判決においても，裁判所は，「開示することによって文書の所持者が受けるべ

---

[3]　大野聖二「特許権侵害訴訟における証拠収集手続に関する立法の動向と実務上の問題」ジュリ1509号18頁。

[4]　相良・前掲[1]・2230頁。

[5]　中山信弘『特許法〔第3版〕』（弘文堂，平28）400頁，前掲[1]・逐条解説338頁。

[6]　髙部眞規子編『特許訴訟の実務〔第2版〕』（商事法務，平29）290頁。

[7]　中山・前掲[5]・400頁，髙部眞規子『知的財産権訴訟における文書の提出－民事訴訟法との交錯』別冊NBL116号292頁。

[8]　知的財産裁判実務研究会編『知的財産訴訟の実務』（法曹会，平22）78頁。

き不利益（秘密としての保護の程度）と，文書が提出されないことにより書類提出命令の申立人が受ける不利益（証拠としての必要性）とを比較衡量して判断されるべきものである。この比較衡量においては，当該文書によって，申立人の特許発明と異なる構成を相手方が用いていることが明らかとなる場合には，保護されるべき営業秘密の程度は相対的に高くなる一方，申立人の特許発明の技術的範囲に属する構成を相手方が用いていることが明らかになる場合には，営業秘密の保護の程度は，相対的に低くなると考えられることから，侵害行為を立証し得る証拠としての有用性の程度が考慮されるべきである。」と判示し，利益衡量説が維持されている。

　一方，同判決が，「ソースコードに関しては，高い営業秘密性を有しており，その提出を命じ，控訴人に解析させることは，控訴人にとって不利益が大きいことが明らかである。」として，後述のインカメラ手続の対象からソースコードを除外したことには批判がある[9]。すなわち，通常は，侵害行為を立証するため，又は損害を計算するために必要な文書には営業秘密が含まれていることが多いと思われ，営業秘密であることのみを理由に正当理由ありとすると，書類提出命令はほとんど実益のない制度になるからである[10]。

　同様に，正当理由を謙抑的に認定しようとする立場として，トラニラスト製剤事件決定（東京高決平9・5・20（平9（ラ）605号）判時1601号143頁）では，「本件各文書に他の医薬品についての同業他社の得意先，売上，経費率，利益率が記載されているからといって，そのことから本件各文書が当然に『秘密として管理されている事業活動に有用な技術上又は営業上の情報』といえないのみならず，仮にそのような情報を含んでいたとしても，それが相手方において特許権侵害と主張する薬品の製造販売行為により抗告人が得た利益を計算するために必要な事項を記載した文書と一体をなしている以上，少なくとも相手方との関係においては営業秘密を理由に当該文書の提出命令を拒む正当な理由とはなり得ない。」と判示されている。

　インカメラ手続（特105条2項）や秘密保持命令（特105条の4）の制度が導入された現在においては，「本件文書提出命令に基づいて本件各文書が提出された

＊9　大野・前掲＊3・18頁。
＊10　中山・前掲＊5・401頁，髙部眞規子『知的財産権訴訟 今後の課題（下）』NBL860号42頁。

場合に営業秘密が不必要に開示されることを避けることは，訴訟当事者の申出との関連において……裁判所において訴訟指揮等により適切に措置すべき事柄」（前掲トラニラスト製剤事件決定）であって，提出義務を免れる範囲は相当程度限定されるべきであろう。また，侵害行為と関係性の低い営業秘密が記載されている部分があるのであれば，侵害行為に関する部分のみの提出（民訴223条1項後段）を命ずることも可能である[11]。

Ⅱ　インカメラ手続

　裁判所は，特許法105条1項ただし書に規定する正当な理由があるかどうかの判断をするため必要があると認めるときは，民事訴訟法223条6項と同様のインカメラ手続により，書類の所持者にその提示をさせることができる（特105条2項）。そして，提出を拒否する正当理由の有無につき，裁判所が書類を開示して意見を聴くことが必要であると認めるときは，裁量により，当事者等（当事者又は当事者の代理人，使用人その他の従業者），訴訟代理人又は補佐人に対しても当該書類を開示することができる（同条3項）。

(1)　秘密保持命令

　インカメラ手続を利用し，対象書類を訴訟代理人らに開示するに当たっては，秘密保持命令（特105条の4第1項1号）を発令することを検討すべきであるとされる[12]。もっとも，秘密保持命令は当事者の申立てをもって初めて発令され得るものであり，職権でインカメラ手続と同時に発令することはできない[13]。

　そこで，文書の所持者は，①当該文書が不正競争防止法2条6項にいう営業秘密に該当すること，②当該訴訟追行の目的以外の目的で使用され，又は開示されることにより，当該営業秘密に基づく事業活動に支障を生ずるおそれがあり，これを防止するため当該営業秘密の使用又は開示を制限する必要があるこ

---

[11]　高部・前掲＊6・実務292頁。
[12]　高部・前掲＊6・実務293頁。
[13]　知的財産戦略本部 検証・評価・企画委員会 知財紛争処理システム検討委員会『知財紛争処理システム検討委員会報告書』16頁。

とを疎明して，秘密保持命令の発令を申し立てる必要がある。そして，秘密保持命令が発令された上でインカメラ手続が行われ，書類提出命令により基本事件に提出された書証は，当該書証に係る書類について発令された秘密保持命令が取り消されない限り，秘密保持命令の名宛人となった者に対してのみ開示される[14]。

もっとも，当事者等が秘密保持命令の名宛人とされた場合には，刑事責任（特200条の2）を負うおそれのほか，開示内容と同様の技術情報を利用した開発が事実上制限される，いわゆる情報のコンタミネーションのリスクが生ずる[15]。また，対象文書が，米国の訴訟手続における保護命令（Protective Order）の対象として，当事者等への開示が制限され，訴訟代理人等による閲覧のみが許されているような場合（Attorney's Eye Only）には，インカメラ手続において当事者等に当該文書を開示するのは適切でない[16]。

実務的には，まず文書提出命令の申立訴訟代理人のみを名宛人とした秘密保持命令を発令した上で，段階的に，インカメラ手続において当事者等に当該書類を開示すべきか否かを慎重に検討すべきであろう。

(2) 秘密保持契約

前述のとおり，インカメラ手続を利用するに当たって秘密保持命令を発令することには，当事者の手続的負担が大きいことから，秘密保持命令に代わり，当事者間で締結される秘密保持契約で処理する[17]，又は提出された書類の閲覧謄写の方法について裁判所の訴訟指揮を促す（前掲トラニラスト製剤事件決定，東京地決平9・7・22（平2（ワ）5678号等）判タ961号277頁）という選択肢も考えられる。

当事者間で締結される秘密保持契約の場合は，秘密保持命令に比して柔軟な運用が可能である一方で，被開示者の秘密保持義務の履行が違約金等の制裁約

---

*14　牧野利秋ほか編『知的財産法の理論と実務(2)』（新日本法規出版，平19）93頁〔高部眞規子〕。

*15　小松陽一郎「専門委員・秘密保持命令・裁判の公開停止などの新制度への対応」知管55巻3号335頁。

*16　中山信弘＝小泉直樹編『新・注解特許法【下巻】』1879頁〔大野聖二＝井上義隆〕，大野聖二「証拠収集手続の強化・権利の安定性（無効の抗弁）に関する立法の動向」ジュリ1485号35頁。

*17　大野＝井上・前掲＊16・1880頁，高部・前掲＊6・実務295頁。

864　第3章　特許権侵害訴訟における攻撃防御方法　　第4節　手続論

定により担保されることが通常のため，制裁の内容によっては合意が困難なケースもあり得る。

(3)　インカメラ手続への専門家の関与

　特許法105条3項が，インカメラ手続において当事者等に対象文書を開示する意味は，対象文書の理解に高度の専門性を要する場合に，訴訟代理人又は補佐人だけでは適切な判断や意見申述が難しい場面が存在するからである。もっとも，外部専門家等の私的鑑定人が同項の定義する「当事者等」に含まれるか否かは争いがある。

　この点については，当事者等に含まれる「当事者の代理人」とは，相手方が保有する営業秘密の開示を受ける権限を与えられた者と解すべきとして，私的鑑定人は当事者等に含まれるとの見解がある[18]。なお，産業構造審議会では，平成30年特許法改正の方向性として，秘密保持の義務を課された公正・中立な第三者の技術専門家がインカメラ手続において裁判官に技術的なサポートを行うことを可能にする立法が検討されている[19]。裁判所側の技術専門家との充実した検討を尽くすためにも，現在の「当事者等」の文言に私的鑑定人を含むという解釈は否定されるべきではないと思われる。

(4)　必要性の判断へのインカメラ手続の利用

　正当な理由の判断と異なり，書類提出の必要性の判断に当たり，裁判所がインカメラ手続により書類を見ることはできない。このことが，書類提出命令が謙抑的に運営されている一因ではないかとの指摘等を踏まえ，産業構造審議会は，平成30年特許法改正の方向性として，必要性の判断に当たってもインカメラ手続を利用することを可能とする制度の導入を提案している[20]。

　ところで，前掲NTTドコモ債務不存在確認事件判決においては，インカメラ手続の対象となった書類（技術仕様書）について，「被控訴人の訴訟代理人及び従業員の立会いの下，その提示を受け，当該内容について被控訴人の営業秘密に該当することは確認できたが，……侵害行為を立証すべき証拠としての有

＊18　大野＝井上・前掲＊16・注解1892頁。
＊19　産業構造審議会 知的財産部会 特許制度小委員会『我が国の知的財産紛争処理システムの機能強化に向けて』3頁。
＊20　特許制度小委員会・前掲＊19・3頁。

用性を基礎づける記載は見当たらないことから，当事者間に秘密保持契約が締結されていることを考慮しても，秘密としての保護の程度が証拠としての必要性を上回るものであると判断し」たとして，書類提出命令の申立ては結論としては却下となっている。同判決では，必要性の評価もあくまで正当理由の判断の枠内で行われており，手続保障の観点からこれを評価する見解（前掲NTTドコモ債務不存在確認事件判決解説）もあるが，正面から必要性の判断にインカメラ手続を利用可能とするほうが適切であろう。

III　書類提出命令の効果

(1)　書類提出拒否等の効果

　書類提出命令を正当な理由なく拒否し，又は相手方の使用を妨げる目的で滅失等させた場合には，当該文書の記載に関する相手方の主張を真実と認めることができる（民訴224条1項・2項）。この真実擬制の効果を実効性のあるものとするためには，民事訴訟法上の文書提出命令と同様，書類提出命令の申立てにおいて，文書の表示（民訴221条1項1号）及び文書の趣旨（同項2号）を明確に記載すべきである。なお，民事訴訟法224条2項による真実の擬制の対象は「文書の記載に関する主張」，すなわち，文書の記載内容たる情報にとどまり，当該文書によって立証されるべき要証事実自体ではない*21（最〔2小〕判昭31・9・28（昭30(オ)494号）裁判集民事23号281頁）。

　もっとも，申立人においては，相手方が所持する当該文書の記載内容が不明であるからこそ書類提出命令を申し立てているケースもあり，そのような場合には，「文書の記載に関する主張」の真実擬制では十分でないこともあり得る。そこで，民事訴訟法224条3項は，当該文書の記載に関して具体的な主張をすること及び当該文書により証明すべき事実を他の証拠により証明することが著しく困難であるときは，裁判所は，その事実に関する相手方の主張を真実と認めることができる。本項に基づく真実擬制の判断においては，申立書の証明すべき事実（民訴221条1項4号）の記載が参酌されることとなる。

---

*21　相良・前掲*1・1857頁。

(2) 裁 判 例

民事訴訟法224条3項を適用した裁判例として，廃材用切断装置事件判決（知財高判平21・1・28（平20（ネ）10054号・10071号）判時2045号134頁）がある。当事件において，原告は，被告による特許侵害物件（ハ号物件）の販売台数は「少なくとも合計30台であると主張し，その立証等のため，……被告の製造，販売に係る製品について……の受注管理表，売上台帳，売上一覧表，請求一覧表又はこれらに相当する文書，若しくは電子ファイルのプリントアウト」を対象として，書類提出命令を申し立てた。原審裁判所は，その申立てを認め，被告に対し，当該申立てに係る各文書を提示せよとの決定をしたが，被告は対象文書を提出しなかった。控訴審は，「真実擬制の可否について検討するに，本件文書である受注管理表，売上台帳，売上一覧表，請求一覧表又はこれらに相当する文書，若しくは電子ファイルのプリントアウトは，被告の日常業務の過程で作成される帳簿書類等であるから，それらの記載に関して，原告が具体的な主張をすることは著しく困難である。また，原告が，本件文書により立証すべき事実（被告によるハ号物件の販売台数）を他の証拠により立証することも著しく困難である。そうすると，被告のハ号物件の販売台数については，民事訴訟法224条3項により，原告の主張，すなわち被告が平成16年5月から平成20年3月3日（原審口頭弁論終結時）までの間に合計30台のハ号物件を販売したことを真実であると認めるのが相当である。」と判示している。なお，同事件では，被告の主張する事実（ハ号物件の販売台数は3台）という主張を基礎づけるのに十分な証拠を提出しなかったことも斟酌されている。

一方，弁論の全趣旨などによって立証事実を真実とみなすことが困難であると判断すれば，裁判所は民事訴訟法224条1項ないし3項を適用する必要はない*22。

不正競争防止法の事案ではあるが，民事訴訟法224条1項ないし3項を全面的には適用しなかった裁判例として，東京高判平14・1・31（平11（ネ）1759号）判時1815号123頁がある。当事件では，控訴人が，被控訴人の販売する侵害品（エアソフトガンのカスタムパーツ）について，被控訴人が文書提出命令に従わない

---

*22　伊藤眞『民事訴訟法〔第5版〕』（有斐閣，平28）436頁。

から，民事訴訟法224条１項，３項により，当該文書の記載に関する控訴人主張であるところの，被控訴人が侵害商品を2000個製造販売したことを真実であると認めるべきである旨を主張した。これに対して，控訴審は，被控訴人が侵害商品を「2000個製造販売したとする控訴人の主張は，本件全証拠からうかがわれる控訴人エアソフトガンのカスタムパーツの流通状況，被控訴人……の営業内容を考えると著しく不自然であり，控訴人の上記主張を全面的に真実であるとすることに躊躇せざるを得ない。」とした上で，「弁論の全趣旨から認定される被控訴人……の営業状況，同業者である被控訴人……との営業規模の比較，その他の諸事情を考慮し，民事訴訟法248条の法意の下に同法224条１項を適用して，控訴人の主張は，本件で問題となる３年間……に1000個販売したという限度で真実であると認める。」と判示したものである。

Ⅳ　検証への準用

侵害行為を立証するために必要な検証の目的の提示についても，特許法105条１項ないし３項の手続が準用される（特105条１項）。これらは，検証物の提示義務について文書提出命令に関する規定を準用する民事訴訟法232条の特則である。

868　第3章　特許権侵害訴訟における攻撃防御方法　第4節　手続論

71 技術の公開と秘匿と——証拠の確保における留意点

川　田　　篤

> 　新規な技術を公開する方法としてはどのようなものがあり，その利害得失はどのようなものか。公開された技術を確実に証拠化するためには，どのような工夫が必要か。他方，新規な技術を秘匿するとき，先使用の事実を証拠化するためには，どのような工夫が必要か。技術の証拠化の際，公証制度はどのように活用することができるか。ウェブ・アーカイブは有効な手段か。

キーワード　　公開技報，学会発表，ブラックボックス化，事実実験公正証書，確定日付，ウェブ・アーカイブ

Ⅰ　緒　　論

　自社開発の新規な技術情報を公開するか秘匿するかは，多様な要素を考慮して決まるであろう。例えば，いずれ製品化され，公然実施されるものであれば，公開するとの判断に傾きやすい。また，製造方法に係る技術として重要であり，かつ，秘密としての管理が可能なものであれば，秘匿することになろう。公開するにしても，どのような方法により公開するか，あるいは秘密として管理するにしても，どの程度の対策を講じるかが問題となる。

　他方，他社が公開した技術情報の確保も重要な課題である。特許公報により公開されるものはともかく，他社製品，学会発表の資料，ウェブサイトの情報などは，販売や公表の時期に確保しなければ，後日の収集が難しいことも少なくない。

　そして，公開される技術情報については，公然知られた発明（特29条1項各号）（以下「公知発明」という。）としての視点から，秘匿する技術情報については先使用による通常実施権（特79条）の確保の視点から，それぞれ対応を検討す

る必要がある。

しかし，証拠方法も多様であり，証明力も異なることから，証拠方法ごとの対応を検討する。また，証明力をより確実にする工夫として，従来から活用されている公証制度のほか，近時，利用が試みられているウェブ・アーカイブについても，その現状を垣間見る。

Ⅱ　公開される技術情報

技術情報を公開する方法としては，特許出願が典型的である。それ以外の選択肢として，公開技報や学会発表も考えられよう。そのほか，製品自体はもとより，そのカタログや取扱説明書なども技術情報の公開の一態様といえる。これらの技術情報の公開方法ごとの証明力の確保や留意点について検討する。

(1)　特許出願

特許公報の出願日及び発行日の証明力は高い。公報記載の技術情報についても，（誤解，誤記，誤訳[1]の余地はあるとしても），その時点において公報記載の一定の技術的思想が存在したことについては，高い証明力が認められよう。したがって，特許出願は，新規な技術情報を公然知られた状態（以下「公知化」という。）におくための有力な手段である。実務上も，特許権の取得（以下「権利化」という。）のためばかりではなく，新規な技術情報を公知化し，他社による権利化を阻止する防衛的な手段としても広く使用されている。

(2)　公開技報

ある程度の規模の企業では，独自の公開技報を発行している例も少なくない（例えば，「東芝レビュー」，「三菱電機技報」，「NEC技報」，「シャープ技報」，「NTT技術ジャーナル」，「三菱重工技報」など）。それ以外の企業においても，発明推進協会の「公開技報」を利用することができる。

公開技報は定期的に発行され，国立国会図書館などへの納本時には納本日の押印がされ，その納本日には出願日に準じた証明力が認められる。そして，国

＊1　例えば，知財高判（2部）平27・7・16（平26(行ケ)10232号）〔動的な触覚効果を有するマルチタッチデバイス事件〕は，国際公開公報の英文に照らして，公表特許公報の翻訳が不適切である旨を指摘している。

会図書館などに納本されれば，閲覧者が一人もいなくとも「頒布」足り得ることから*2，確実に技術情報を公知化することができる。さらに，国立国会図書館は永続的な保管を基本方針としているなど*3，長期の証拠保全を期待することができる。

　公開技報への掲載により，権利化はしない技術情報についても早期に公知化することができ，他社による権利化を防ぐことができる。ただし，他社の権利化を防ぐために詳細な情報を記載しすぎると，意図しない技術情報の流出を招くおそれもある。どこまで公開技報に記載するかもまた，技術情報の公開と秘匿との均衡の問題といえる。

(3)　学会発表

　学会発表は，発表時の技術情報を証明するための有効な手段である。学会発表と並行して特許出願がされることも少なくないが，公開特許公報の発行日よりも公知化される時点が前倒しになる。また，学会発表に耐えることが求められ，学会発表の配付資料や学会誌の掲載内容の証明力も高い。したがって，学会発表は，特許出願と組み合わせながらも，早期の公知化のためには有効な手段である。

(4)　カタログ，取扱説明書

　公然実施をされた発明（特29条1項2号）の証拠としては，販売された製品自体が典型的である。しかし，製品自体の入手及び保管は必ずしも容易ではない。そこで，製品に代えてカタログや取扱説明書を入手し，保管しておくことも考えられる。

　そして，カタログに寸法や組成などが記載されていれば，改めて測定する必要は余りない。医薬品の「インタビューフォーム」などには詳細かつ正確な情報が記載されており，便宜である。

　しかし，カタログや取扱説明書は「頒布」された日が問題となりやすい。発行日の記載まではなくとも「年月」の略号が記載されていれば，その頃，頒布

＊2　最〔1小〕判昭61・7・17（昭61（行ツ）18号）民集40巻5号961頁〔箱尺事件〕は，「一般公衆による閲覧，複写の可能な状態におかれたもの」であれば，「頒布」された刊行物（特29条1項3号）に当たるとする。

＊3　「国立国会図書館における資料保存の在り方」（国立国会図書館が平成15年2月27日に策定した基本方針）。

されたものと推認されよう。しかし，略号もないときは，自社製品であれば出荷記録，他社製品であれば購入時の領収書などにより証明する必要がある。

なお，後述する公証人の「確定日付」を得ることも考えられるが，それなりに手数がかかる。また，自社の受入印（日付入り）の押印も証明力にはやや難があり，ほかの証拠（受入簿，宣誓認証のある陳述書など）による補強が必要になることもあろう。

(5) 他社製品

(a) 被疑侵害物件として

被疑侵害物件としての他社製品は，特許権侵害を立証するための最重要証拠である。軽量かつ小型のものであれば，それ自体を証拠として提出することもある。しかし，製品自体に代えて，図面を提出したり，動作，構造，材料などについて報告書を提出したりすることも多い。

他社製品自体の動作の確認や材料の分析などを記載した文書は，他社製品自体が動かない証拠でもあることから，その証明力は高い。ただし，慎重を期すれば，後述する「事実実験公正証書」の作成を公証人に嘱託することも考えられる[4]。

(b) 公然実施品として

他社製品は，公然実施をされた発明（特29条1項3号）といえる。しかし，その入手時期は争いになりやすい。入手時期の立証方法としては，購入時の領収書が有効な手段である。領収書に日付及び製品番号が記載されていることは必須といえよう。

なお，慎重を期すれば，後述するように他社製品の入手の経過などを「私署証書」化し，公証人の「確定日付」の付与を受けることも考えられる。

また，公然実施品としての他社製品の動作の確認や材料を分析した結果などについても，後述する「事実実験公正証書」の作成を公証人に嘱託することも考えられる。

---

[4] 知財高判（4部）平23・6・23（平22(ネ)10089号）判時2131号109頁＝判タ1397号245頁〔食品の包み込み成形方法及びその装置事件〕は，一審原告（特許権者）を嘱託人とする事実実験公正証書の記載に基づいて，一審原告が入手した一審被告製品（被疑侵害製品）の動作を認定している。

(6) 自社製品

　自社製品もまた，公然実施された発明の立証方法の一つである。公然実施の時期については，販売記録などにより明らかにすることができる。

　ところが，会計書類などは保管期限が過ぎると廃棄されていることがあり，販売の時期の立証に困難をきたすこともある。また，過去に販売された自社製品を全て保管していることはまれであり，その内容の立証に困難をきたすこともある。

　したがって，自社製品の技術情報については，公開するにしても，秘匿するにしても，文書化したり，実験結果や図面などにより記録化すべきであろう。適切に文書化され，記録化されていれば，自社製品自体による公知発明の立証に代替することも可能になる。

Ⅲ　秘匿される技術情報

(1) 技術開発の内部資料

　自社製品の開発に関する内部資料は，自社が開発した事実（冒認ではないこと）や，先使用の事実を立証するための重要な証拠となり得る。また，自社製品の分析結果は，公然実施された自社製品の存在時期及び内容を示す証拠にもなり得る。

　これらの文書についても，製品の開発経緯や試験結果，その時期などを記載した文書には，（相互の整合性がとれないなど）合理的な疑いがない限り，証明力が認められよう。医薬品の開発などでは，ラボノートの形式により体系的に記録がされることもあり*5，その証明力は更に高められる。

　ただし，慎重を期すれば，公証人の「確定日付」の付与を受けたり，「事実実験公正証書」の作成を嘱託することも考えられる。

　また，一般財団法人日本データ通信協会が認定する「時刻認定業務認定事業者」によるタイムスタンプサービスにより，電子データ化した文書に「タイプ

＊5　例えば，職務発明に係る事例ながら，発明者としての記載のない者による発明者性の主張が，ラボノートの記載も踏まえて，否定されたものがある（東京地判（47部）平18・1・31（平17（ワ）2538号）判時1929号92頁＝判タ1225号301頁〔和光純薬工業（洗浄処理剤）事件〕）。

スタンプ」（時刻情報）の付与を受ける方法も考えられる。

(2) いわゆる「ブラックボックス化」

　平成15年頃,「ブラックボックス化」と呼ばれる手法が知財戦略のビジネスモデルとして注目されたことがある[6]。ここでいう「ブラックボックス化」とは,特許出願をしたのでは公開特許公報を通じて詳細な技術情報が他社に知られてしまうことから,会社の基幹的な技術情報を可能な限り秘密管理情報として社内に秘匿しつつ,他社がその技術的思想を権利化しても自社実施が妨げられないように,先使用の事実を証明するに足りるだけの証拠を社内に蓄積するという手法といえる[7]。いわゆる「ノウハウの秘匿」の一態様といえるが[8],企業の基幹的な技術情報を保護するための有力な体制として強調された。

　このような「ブラックボックス化」の際,秘匿した技術情報の先使用の事実の時期及び内容の証明力を高めるために,後述する公証制度の活用も提案された[9]。

　しかし,「ブラックボックス化」すべき技術情報の適切な選択は必ずしも容易ではない。また,先使用を立証するための公証制度の利用は,費用はともかく,文書の数が増えれば,煩雑でもある。

　それにもまして,「ブラックボックス化」しても,技術情報が多かれ少なか

---

[6]　日本経済新聞平成15年6月23日付け朝刊1面の「復活　日本の工場　上」「究極の知財戦略」と題する記事は,帝人,シャープの新工場の徹底した技術の秘密管理の例を紹介しつつ,「重要な技術はブラックボックスとして日本工場に閉じ込める」経営戦略をトヨタ自動車,日産自動車,ソニー,キヤノンなども検討している旨を報道している。なお,当時の「ブラックボックス化」については,後藤康浩『勝つ工場』（日本経済新聞出版社,平成17年）に詳しい。特にシャープの亀山工場については,同書61頁以下に詳細な紹介がある。

[7]　「発明を特許出願等をせずに,技術的営業秘密として社内で秘密管理すること」という「ブラックボックス化」の定義（高橋政治「技術開発・研究開発成果のブラックボックス化への考察」化学経済62巻3号（平27）56頁）も,ほぼ同義といえよう。

[8]　「ブラックボックス化」を「ノウハウ秘匿」と同義とする見解（高橋・前掲[7]・56頁（58頁））も見られる。しかし,「ノウハウを正確に定義することは困難であって,定説というべきものは見当たらない」ともいわれている（竹田和彦『特許の知識〔第8版〕』（ダイヤモンド社,平8）12頁）。したがって,「ブラックボックス化」は「ノウハウ秘匿」の一態様というべきであろう。

[9]　平成18年に刊行された特許庁編『先使用権制度の円滑な活用に向けて-戦略的なノウハウ管理のために-』（商事法務,平18）53頁以下には,先使用による通常実施権の確保のための公証制度の利用方法が詳細に記載されている。

874　第3章　特許権侵害訴訟における攻撃防御方法　第4節　手続論

れ流出することを防ぐことは，実際には相当に困難である。

　例えば，社員が技術情報を不正に持ち出すようなこと[10]は論外であるとしても，他社に転職した社員がそれまでの経験を活用することを過度に制約することは，職業選択の自由との関係で難しい。また，製造装置や部材を供給する取引先の企業が，同じ機械や部材を他社に販売することを過度に制約すると，不公正な取引方法[11]11項（排他条件付取引）又は12項（拘束条件付取引）に該当しかねない。

　いわゆる「ブラックボックス化」も，例えば，液晶テレビなどの事例[12]を見ると，余り効を奏してはいないように思われる。新規な技術情報をノウハウとして秘匿するかどうかは常に検討すべき重要な課題ながら，限界もあることは否定し難い。

Ⅳ　証明力の確保――公証制度の利用

　公証制度は，技術情報の存在時期及び内容を証明するために伝統的に用いられている。実務上，知的財産関係に活用される方法としては，①確定日付の付与，②私署証書の認証，及び，③事実実験公正証書の作成が挙げられる。

(1)　確定日付の付与

　技術情報が記載された社内文書には，発行日の記載がないものも少なくない。そのような文書の存在時期を証明するために，公証人に「確定日付」（民法施行法5条1項2号）を付与してもらうことが考えられる。「確定日付」とは，当事者が後から変更できない確定した日付をいうが[13]，文書がその日付の時点において存在していたことが証明される。具体的には，公証役場に備え付け

---

*10　例えば，新日鐵住金事件は，新日本製鐵の元従業員が，方向性電磁鋼板の製造プロセスなどに関する営業秘密を不正に持ち出し，韓国企業に提供した事件である。なお，同事件に関する文書提出命令申立事件である東京地決（47部）平27・7・27（平27(モ)273号）判時2280号120頁＝判タ1419号367頁〔新日鐵住金事件〕にその概要が示されている。

*11　昭和57年6月18日公正取引委員会告示第15号。

*12　例えば，平成22年3月1日付け日経産業新聞20面の「シャープ堺新工場　今月稼働」と題する記事は，「液晶パネル生産では製造をブラックボックス化したが，結果的に技術は台湾や韓国に流出してしまった。」との認識を示している。

*13　日本公証人連合会編『新訂　公証人法』（ぎょうせい，平23）189頁。

られた確定日付簿[14]と文書との間に確定日付の割印が押されることになる。

ただし，確定日付が付与される文書は「私署証書」であることを要する（民法施行法5条1項2号）。「私署証書」とは，作成者の署名又は記名押印のある私文書をいう[15]。しかし，決済書類のように「押印」のみのものや，写真のように「記名」も「押印」もないものもある。そこで，例えば，写真であれば，台紙に貼付し，撮影日時及び場所を記載して署名をしたものを「私署証書」として扱い，確定日付を付すような扱いがされている[16]。

しかし，資料も量が多くなると，このような方法では煩雑である。また，物件であれば，そもそも台紙に貼付しようがない。そこで，例えば，資料や物件を封筒や箱の中に入れ，公証人に「封印」をしてもらい，例えば，「○○在中　平成○年○月○日　○○株式会社　○○部長　○○（押印）」のように記載した紙片を封筒に貼付し，封筒や箱を含めて「私署証書」化して「確定日付」の割印をしてもらうことも考えられる[17]。封印された資料が実際に証拠として必要になるときは，公証人の立会いの下に開封し，その状況について「事実実験公正証書」の作成を嘱託する必要があろう[18]。

なお，PDFファイルなど一定の型式により作成した「電磁的記録」は，法務省の「登記・供託オンライン申請システム」により申請し，指定公証人[19]から「日付情報」の付与を受けたときは「確定日付」のある証書とみなされる（民法施行法5条2項及び3項）。この「日付情報」（いわゆる電子確定日付）の付与については，後述する電磁的記録の認証とは異なり，電子署名は不要であり，かつ，公証役場に出頭する必要もない。

(2) 私署証書の認証

私署証書の認証には，「署名認証」（公証人法58条1項）と，「謄本認証」（同法58

---

*14　「確定日附簿及び日附印章調製規則」（昭和24年法務府令第11号）に様式の定めがある。

*15　日本公証人連合会編・前掲*13・139頁。

*16　島田康男「証拠収集の特徴」西田美昭ほか2名編『民事弁護と裁判実務⑧　知的財産権』（ぎょうせい，平10）76頁（81頁）。

*17　東京公証人協会公証問題研究会編著『公証Q&A　公証役場へ行こう！』（民事法情報センター，平20）162頁〔筧康生〕。

*18　平成13年度日本弁理士会特許委員会編「弁理士による公証制度の利用」パテ56巻6号（平15）17頁（25頁）。

*19　電磁的記録に関する事務を取り扱う公証人として法務大臣から指定された者をいい（公証人法7条の2第1項），ほとんどの公証人は指定を受けているようである。

条2項）とがある。

　なお，ＰＤＦファイル形式などの「電磁的記録」について，作成者を示す措置（電子署名）がされたものであれば，「認証」（電子認証）を与えることができる（公証人法62条の6第1項1号）。ただし，作成者（又はその代理人）が「電子署名」を「自認」する必要があり（同項2号），公証役場への出頭が必要である。

　(a)　署名認証・宣誓認証

　「署名認証」は，「私署証書」の作成者が，公証人の面前で，①署名をしたり（目撃認証又は面前認証），②証書に既にされている署名を自認したり（自認認証）することにより，「私署証書」の署名の真正を証明するための制度である[20]。

　しかし，「署名認証」は「私署証書」の記載内容の正確性を証明するものではない。そこで，記載内容の証明力を高めるための手段として「宣誓認証」（公証人法58条の2）の制度も設けられている。「宣誓認証」とは，嘱託人が公証人の面前で「私署証書」の記載が真実であることを宣誓の上，署名をし，公証人がその旨を記載して署名の認証をするものをいう。

　特許関係事件においては，文書の作成者が誰かよりも，公知発明の存在時期の立証の方がより重要である。したがって，「確定日付」の付与を受ければ足りることが多く，「署名認証」まで必要となることは少ないように思われる。

　(b)　謄本認証

　「謄本認証」（公証人法58条2項）は，認証の嘱託人が提出した「私署証書」の謄本が原本と対照して符合する旨を認証する制度である[21]。

　例えば，「私署証書」の「原本」自体に「確定日付」を付することに不都合があれば，「私署証書」の謄本に「謄本認証」をしてもらうことも考えられる。謄本に認証の日付が記載されるので，重ねて「確定日付」の付与を受ける必要はない。

　なお，「私署証書」の「原本」は封筒などに入れて封印しておくときでも，その「原本」の「謄本認証」のある「謄本」を別に用意しておけば，訴訟において「謄本」を証拠として使用することもできるなど，便宜である。

---

*20　日本公証人連合会編・前掲*13・138頁以下。
*21　日本公証人連合会編・前掲*13・141頁。

(3) 事実実験公正証書の作成

企業の研究者が自ら観察した事実を文書にまとめ，撮影した写真なども添付し，署名をした後，「署名認証」を受けるか，「確定日付」の付与を受けたときは，文書の成立の真正や，文書の存在は証明することができる。しかし，文書の記載内容の証明力は必ずしも十分ではない。そこで，公証人に「事実実験」をしてもらい，「事実実験公正証書」の作成を嘱託することが考えられる。

(a) 事実実験公正証書とは

「事実実験公正証書」とは，公証人が，私権に関する事実について聴取した陳述，目撃した状況その他自ら実験した事実を録取し，その実験の方法を記載することにより作成するものをいう（公証人法1条1号及び35条）[22]。「私権に関する事実」とは，私法上の権利の取得，変更又は喪失に直接又は間接に影響を及ぼす事実をいい[23]，ほとんどの事実がこれに該当し得るとされる[24]。

(b) 事実実験の場所

公証人は「役場」において職務を行わなければならない（公証人法18条2項）。ただし，事実実験のように事件の性質上，役場外においてする必要があるものについては，職務執行の区域内である限り[25]，役場外において職務をすることができる（同法18条2項ただし書）。なお，公証人の職務執行の区域は，所属する法務局が所在する都道府県の範囲に限られる（同法17条）。事実実験が複数の都道府県にまたがるときは，各都道府県の公証人にそれぞれ嘱託する必要がある。

(c) 事実実験における留意点

「事実実験公正証書」は，公証人が実際に事実を実験することにより作成する必要があり，時間もかかるので，事前に公証人とよく打合せをして，実験の方法及び順序などの段取りを十分に整えておくことが肝要である[26]。

また，事実実験の対象は，公証人の五官の作用により実験することができる

---

*22　日本公証人連合会編・前掲*13・66頁。
*23　日本公証人連合会編・前掲*13・66頁。
*24　東京公証人協会公証問題研究会編著・前掲*17・154頁〔久保内卓亞〕。
*25　日本公証人連合会編・前掲*13・36頁。
*26　平成13年度日本弁理士会特許委員会第4部会編「知的財産分野における公証制度の利用について」パテ56巻9号（平15）15頁（22頁）。

事実に限られる。したがって，事実実験に先立ち，公正証書により何を証明すべきかを明確にし，公証人が実験すべき事実を必要な範囲に絞るべきである＊27。例えば，公然実施された機械の部品の材料を証明する場合，機械を分解し，製造年月日の記載を写真撮影する様子などは，公証人に事実を実験してもらうべきであろう。しかし，その部品の材料の化学分析については，公証人が立ち会い，その結果を目撃することは困難なこともある＊28。このようなときは，化学分析自体は，別途，試験用の設備を有し，信頼性の高い公私の第三者機関に依頼することが考えられる。

　事実実験に先立ち，事実実験公正証書の案＊29を作成しておき，その案に基づいて事実実験をし，必要な変更を加えるようにすれば，洩れのない事実実験公正証書を効率よく作成することが可能になろう。

　なお，公正証書に添付し得るものは「書面」に限られる（公証人法40条）。したがって，事実実験を撮影したDVDなどは袋に入れて封印することになる＊30。その際，封印の様子を事実実験公正証書にも記載することになろう。

(d)　事実実験公正証書の証明力

　嘱託人が事実実験公正証書により証明したい事実を適切に限定し，その事実に係る実験の内容が的確に公正証書に反映されていれば，その公正証書に記載された事実には高い証明力が与えられる＊31。

＊27　東京公証人協会公証問題研究会編著・前掲＊17・155頁〔久保内卓亞〕。
＊28　吉井直昭編『公正証書・認証の法律相談〔第四版〕』（青林書院，平25）287頁〔加藤英継〕。
＊29　平成13年度日本弁理士会特許委員会・前掲＊18・17頁（28～38頁）に多数の「事実実験公正証書」の「文例」が紹介されている。また，特許庁編『先使用権制度の円滑な活用に向けて−戦略的なノウハウ管理のために−〔第2版〕』（特許庁ウェブサイト，平28）100頁以下に「事実実験公正証書の作成の手引」と「機械系」及び「化学系」の文例が掲載されている。
＊30　吉井直昭編・前掲＊28・288頁〔加藤英継〕。
＊31　例えば，東京地判（46部）平13・2・27（平11（ワ）15003号）〔熱交換器用パイプ事件〕は，原告実用新案の自動車の「熱交換器用パイプ」に相当する構成を備えた被告製品が，実用新案登録出願前に製造された自動車に搭載されていたことを事実実験公正証書の記載に基づいて認めている。
　　また，知財高判（2部）平21・2・26（平19（ネ）10021号）判時2053号74頁＝判タ1315号198頁〔キヤノン事件〕は，職務発明の相当の対価支払請求に係る事案ながら，一審被告会社と他社との包括ライセンス契約の個別の実施料率が重要な営業秘密であることに鑑み，公証人の面前において算定した数社の実施料率の平均値を記載した事実実験公正証書について，「このような代替方法は営業秘密の保護に配慮しつつ真実発見を目指す方法として是認することができる」として，その証明力を肯定している。

V　証明力の確保──ウェブ・アーカイブ

(1)　ウェブサイトの情報の固定化

　ウェブサイトの情報は利用しやすく，検索も容易であり，思いもかけない発見をすることもある。しかし，これらの情報は，絶えず加除変更がされ，流動的であり，削除後は事後的な検証も困難である。そのため，証明力は必ずしも高くない。

　そこで，ウェブサイトの情報について，例えば，公証人に画面上の情報を目撃してもらい，その情報を印刷する状況について事実実験公正証書を作成してもらうことにより，その存在時期及び内容を立証することも考えられる。

　しかし，より簡便な方法として，いわゆるウェブ・アーカイブが収集したウェブサイトの情報を証拠として利用することも試みられている。特に米国のNPO法人「インターネット・アーカイブ」が「ウェイバック・マシン」により提供している自動的に収集したウェブサイトの情報を利用する例が裁判例でも見られる。ここでは，ウェブ・アーカイブが収集したウェブサイトの情報の証明力に焦点を当てる。

(2)　公的機関のウェブ・アーカイブ

　公的機関がウェブサイトの情報をアーカイブ化する試みもされている。

　例えば，国立国会図書館は，平成14年より，「国立国会図書館インターネット資料収集保存事業」により，ウェブサイトの情報のアーカイブ化を試みている（国立国会図書館法24条及び24条の2）。国立国会図書館への信頼は高く，アーカイブ化された情報の証明力は高い。しかし，同館のアーカイブは必ずしも網羅的ではなく，利用可能なウェブサイトの情報は限られている。

(3)　インターネット・アーカイブの裁判例における評価

　米国のNPO法人インターネット・アーカイブが収集したウェブサイトの情報は，網羅的であり，かつ，膨大である点において，有用性は高い。しかし，問題は，その収集時期及び内容についての信頼性である。そこで，幾つかの裁判例を分析しながら[*32]，わが国における現状を報告する。

(a) 「光る！白バイマスコット」事件

意匠権侵害債務不存在確認請求に係る「『光る！白バイマスコット』事件」[33]は，インターネット・アーカイブに保存されたウェブページの情報がわが国において公知資料（同事件では公知意匠）を立証する証拠として使用された初期の事例である。

裁判所は，その証明力を肯定した。すなわち，「米国NPOインターネット・アーカイブは，1996年，全世界のウェブの収集を開始し，2001年，100テラバイト，1600万サイト以上の巨大なコレクションとなった本件ARCHIVEの公開をWayback Machineにより開始したこと，世界知的所有権機関の特許協力条約（PCT）国際出願の国際調査及び国際予備審査の実務を規定するガイドラインは，ウェブサイトに掲載された公開情報の公開日を知るための手段の1つとして，本件ARCHIVEを挙げていること」から，「本件ARCHIVEの示す収集内容及び日付は，十分信用することができる」とした。

(b) インターネット・アーカイブの証明力の限界

しかし，その後の裁判例において，インターネット・アーカイブが収集したウェブサイトの情報の証明力が無条件に認められているわけでもない。

例えば，平成19年の商標登録不使用取消審決に対する審決取消訴訟に係る「EIGOTOWN事件」[34]において，知財高裁は，原告（商標権者）による使用の事実の立証手段としてのインターネット・アーカイブのウェブサイトの情報について，①同アーカイブの画像の書換えは容易であること，②それ以外の証拠との整合性がとれないこと，③同アーカイブの利用規約は記録内容の正確性を

---

[32]　裁判所ホームページの「知的財産裁判例集」において，「インターネット・アーカイブ」又は「インターネットアーカイブ」を検索用語として検索すると，15件の裁判例が見いだされた（平成30年1月17日現在）。

[33]　東京地判（40部）平17・2・23（平16(ワ)10431号）〔光る！白バイマスコット」事件（物品名「装飾用下げ飾り」）〕において，原告（被疑侵害者）は，被告（意匠権者）の「平成15年5月22日」を出願日とする意匠登録無効の抗弁の基礎として，「平成15年2月27日」付けでインターネット・アーカイブが保存した被告ホームページの被告商品「光る！白バイマスコット」の写真を公知意匠として主張した。

[34]　知財高判（3部）平19・3・26（平18(行ケ)10358号）〔EIGOTOWN事件〕において，原告イングリッシュ・タウンは，インターネット・アーカイブが保存した原告ウェブサイトの情報に基づいて，原告登録商標「EIGOTOWN」（標準文字）を原告ウェブサイトのトップページに掲載していたと主張した。

保証していないことなどを理由として，その証明力を否定した。

　最近でも，平成29年の特許無効審判請求不成立審決に対する審決取消訴訟に係る「分散組成物及びスキンケア用化粧料並びに分散組成物の製造方法事件」*35において，知財高裁は，引用例であるインターネット・アーカイブに保存されたウェブサイトの情報が相互に整合しないことなどから，その証明力を否定している。

　このようにインターネット・アーカイブが収集したウェブサイトの情報について，それ以外の証拠との整合性や，ウェブサイトの情報相互の整合性がとれないときは，証明力が否定されている。したがって，同アーカイブが収集したウェブサイトの情報に当然に証明力が認められているわけでもない。

　(c)　特許関係事件における限界

　特許関係事件としては，そのほか，無効審決に対する審決取消訴訟に係る事案において，インターネット・アーカイブが収集したウェブサイトを引用例とするものが散見された*36。しかし，特許権侵害訴訟などにおいて，同アーカイブが収集したウェブサイトが決め手とされた裁判例を見受けない。

　このような現状は，視覚的な証拠が重要な意匠，商標又は不正競争関係事件であればともかく，特許関係事件において，ウェブサイトに特許公報以上の情報が掲載されることはまれであることによるものと思われる。ウェブサイト上の公知発明の情報に限りがあるとすれば，インターネット・アーカイブのウェブサイトの情報の有用性もおのずから限られることになろう。■

---

*35　知財高判（1部）平29・10・25（平28(行ケ)10092号）〔分散組成物及びスキンケア用化粧料並びに分散組成物の製造方法事件〕において，原告（審判請求人であり，被疑侵害者でもある。）は，インターネット・アーカイブに保存された第三者のウェブサイトの情報に成分が記載された化粧品を引用発明として主張した。

*36　例えば，知財高判（2部）平26・5・28（平26(行ケ)10028号）〔携帯電子機器用ケース事件〕は，スマート・フォン用のケースの外観に係る発明が問題とされた事例であり，iPhoneのケースの画像が掲載されたウェブサイトが引用例とされた。また，知財高判（2部）平27・3・19（平26(行ケ)10184号）〔架電接続装置，架電接続方法，架電接続プログラム，及び架電受付サーバ事件〕においては，NTTの「ハローダイヤル」のホームページが周知例として引用された。

882 第3章 特許権侵害訴訟における攻撃防御方法 第4節 手続論

72 秘密保持命令と閲覧制限

城山 康文

閲覧制限申立制度及び秘密保持命令について説明せよ。

キーワード 秘密保持命令，閲覧制限，訴訟記録，閲覧，謄写，秘密保持契約，営業秘密

I 問題の所在

訴訟での主張立証に含まれる秘密情報について，第三者への開示を防ぐことは可能であるか，また，さらに進んで相手方への開示を防ぐことも可能であるのか，これらが本稿で取り扱う問題である。特許侵害訴訟では，被疑侵害者に具体的態様の明示義務が課されていることもあり（特104条の2），被疑侵害者の主張立証には，被疑侵害製品・方法に関する秘密情報が含まれることが多い。そのため，この問題は，訴訟追行に際して頻出する[1]。

II 訴訟記録の閲覧等の制限

(1) 訴訟記録の閲覧

民事訴訟法91条1項によれば，何人も，裁判所書記官[2]に対し，訴訟記録[3]の閲覧を請求することができる[4]。ただし，訴訟記録の保存又は裁判所

---

[1] 同じファミリーの外国特許権や同じ製品を巡って，わが国と外国で並行して訴訟が係属している場合，この問題は一層重要度を増す。米国訴訟では，広汎なディスカバリが認められる一方で，秘密情報に関しては，プロテクティブ・オーダーにより，開示情報へのアクセスを外部弁護士のみに限定し，相手方当事者の内部従業員による当該情報へのアクセスが禁止されることが多い。しかし，わが国の訴訟手続を通じて相手方当事者の内部従業員が当該秘密情報にアクセスすることができれば，禁止の意味がない。

[2] 裁判所法60条2項によれば，事件記録の作成や保管に関する事務は，裁判所書記官が行う。

の執務に支障があるときは（裁判官や書記官が使用中のとき等），閲覧することができない（民訴91条5項）。

訴訟記録を閲覧しようとする場合，訴訟事件を特定することが必要である。特許侵害訴訟事件は，第一回の手続を口頭弁論として公開法廷で行うのが通例であり*5，第一回口頭弁論期日の当日には裁判所の期日簿に事件番号，係属部，事件名及び当事者名が公開されるため*6，それを毎日チェックしていれば，係属事件をすべて把握できるはずである*7, *8, *9。なお，被告訴訟代理人であっても送達完了前には訴訟記録の閲覧が認められないこと*10，第三者としての訴訟記録の閲覧は第一回口頭弁論前には認められないことがある。

(2) 訴訟記録の謄写

当事者及び利害関係を疎明した第三者は，裁判所書記官に対し，訴訟記録の謄写を請求することができる*11。閲覧と同じく，訴訟記録の保存又は裁判所の執務に支障があるときは認められない（民訴91条5項）。

---

* 3　裁判所調査官が裁判官のために作成する調査官報告書（阿部寛「東京地裁知財部調査官の業務内容」特技懇253号116頁，立澤正樹「大阪地裁における調査官の業務について」特技懇284号55頁）は，訴訟記録には編綴されないため，当事者も閲覧できない。
* 4　終了した事件の訴訟記録は，第一審裁判所で保存される（最高裁事件記録等保存規程3条）。民事通常訴訟事件の訴訟記録の保管期間は，裁判の確定その他の理由による事件完結の日から5年（判決原本は50年，和解調書は30年）とされる（最高裁事件記録保存規程4条1項，同別表第一）。
* 5　他方，審決取消訴訟は，非公開の準備手続を数回経て主張立証がすべて終わった後に，公開法廷において第一回口頭弁論を開き，そこで準備手続の結果を陳述して直ちに弁論を終結し，判決期日を指定するのが通例である。
* 6　東京地裁の場合，一階ロビーにおいて，従来は紙媒体の期日簿が公衆の縦覧に供されていたが，最近電子化され，タッチスクリーン式のディスプレイで見ることができる。
* 7　実際，調査員を毎日裁判所に派遣して情報を収集してデータベースを作成し，顧客に有料で情報を提供する業者も存在する。
* 8　第一回口頭弁論終了後は，準備手続に付されるのが通例であり，準備手続は非公開である。ただ，東京地裁の場合，各部（民事29部，40部，46部，47部）の書記官室のカウンターに出頭簿が置いてあるので，それらをすべて見て係属事件についての情報収集をすることも不可能ではない。
* 9　筆者の経験では，係属中の事件について第三者として訴訟記録の閲覧請求をしようとした場合，東京地裁では，民事受付において両当事者名を特定すれば事件番号及び係属部を教えてもらえたが，大阪地裁では，それがかなわなかったことがある。
* 10　原告が訴訟提起についてプレス・リリースを流したものの，被告に訴状が送達されない場合，原告が裁判官から訴状の記載内容や訴訟物の価額の算定に関して補正や補充などを求められていることが想像される。そのようなとき，被告としては，訴訟記録を閲覧してでも，一刻も早く訴訟内容を把握したい。

なお，訴訟事件で原告が行使している特許と同じ特許による権利行使又はその警告を受けている第三者が，利害関係者として謄写をすることが認められるか否かについては，否定される場合があるようであるが，特許無効の抗弁や訂正の再抗弁に関する主張立証については当該第三者も利害関係を有するのであるから，謄写を認めるべきである（厳密にいえば，民事訴訟の確定判決が対世効をもたない以上，当該第三者の利害関係は法律上のものではなく事実上のものであるということになるかもしれないが，第三者であっても閲覧は認める以上，謄写を許可しないことの実益はないと思われる）。

(3) 秘密保護のための閲覧等の制限

当事者は，訴訟記録中の当事者が保有する営業秘密（不正競争防止法2条6項が定める三要件，すなわち，①非公知性，②秘密管理性，及び，③有用性を充たす情報）が記載された部分*12の閲覧及び謄写等（以下，「閲覧等」という）の請求することができる者を当事者に限る旨の決定を下すよう，裁判所に申立てをすることができる（民訴92条1項2号）。申立当事者は，閲覧等を制限する箇所を特定し，当該箇所に記載された情報が上記の営業秘密の三要件を充足することについて，疎明をしなければならない。ただ，当該特定及び疎明には時間を要するところ，営業秘密が記載された準備書面や証拠がいったん訴訟記録に綴られ，第三者により閲覧されてしまえば*13，非公知性を失うため，当該準備書面や証拠の提出と同時又はその後直ちに，閲覧等を制限する箇所を幅広く特定して閲覧等制限の申立てを行い，その後に精査のうえで閲覧等を制限する箇所を特定し，営業秘密該当性の疎明を補充すべきである*14。申立てがあったときは，その申立てについての裁判が確定するまで，第三者は，秘密記載部分の閲覧等を請求することができない（民訴92条2項）。営業秘密の三要件を充たす情報であるこ

---

*11 昔は，利害関係を疎明しない第三者であっても閲覧室にカメラを持ち込んで撮影することが許されていたらしいが，最近では厳しく運用されているようであり，閲覧室にパソコンを持ち込んで全文を打ち込んでいた場合に注意された，という話も聞く。

*12 当事者の私生活についての重大な秘密であって，第三者が秘密記載部分の閲覧等を行うことにより，その当事者が社会生活を営むのに著しい支障を生ずるおそれのある場合についても，当事者は閲覧等制限決定の申立てをすることができるが（民訴92条1項1号），これが特許侵害訴訟に適用されることは想像し難い。

*13 東京高決平27・9・11（平27（ラ）1322号）判時2320号40頁は，訴訟記録の閲覧等制限の判断において第三者が既に閲覧したことを考慮することは相当，とする。

との疎明は，当該情報の管理を行う部署の長などによる陳述書や関連する社則等でなされることが多い。

なお，営業秘密は判決書に記載されることもあるので，その場合には，判決の言渡しに際して判決書について閲覧等制限の申立てを行い，その後に精査のうえで秘密記載部分を特定する必要がある＊15。また，和解調書に添付される和解条項であって，秘密保持条項を含むものについても，当事者が申立てを忘れなければ，閲覧等制限決定がなされるのが通例である。

(4)　営業秘密該当性が争われた事例

申立てがあった場合，裁判所は相手方当事者の意見を聴くが，相手方当事者は閲覧等制限決定がなされたとしても，決定前と変わらず閲覧等をすることができるため，閲覧等の制限について反対の意見を述べることは比較的少ない。そのため，営業秘密の三要件のハードルは，営業秘密侵害事件のそれよりも低い。閲覧等制限申立事件において営業秘密該当性が争われた事件は，数少ないが，以下のものがある。

知財高決平20・12・16（（平20（行タ）10007号・10008号）裁判所ホームページ）は，商標の無効審判事件に係る審決取消訴訟に関し，両当事者の各親会社間（独メルクと米メルク）の商標に関する合意や契約書について，非公知性を否定して，申立てを却下した。裁判所は，その判断の根拠として，当事者やその関連会社のウェブサイトにおける記載や，インターネット上のWikipediaの記載，契約書における守秘条項の不存在，審判段階でも証拠として提出されながら閲覧等制限の申立てがなされていなかったことなどを挙げた。

東京高決平27・9・14（平27（ラ）1444号）判時2320号43頁は，労働関連事件に関して，当事者の「希望退職者の募集要項及びその説明，部署の新設とその職

＊14　井上泰人「営業秘密の特定と閲覧制限」（L＆T59号28頁）は，口頭弁論で陳述されてしまえば秘密管理性及び非公知性を失う余地があるものの，問題とされる口頭弁論期日の実情を踏まえて，当該期日の終了後で当日中に閲覧制限の申立てがなされた場合には，なお秘密管理性及び非公知性が失われていないと取り扱うのが穏当であろう，とし，他方，準備手続期日で陳述された場合には非公開であるのでより緩やかに解する余地があるものの，当該期日の終了から1週間以上経過してからなされた閲覧等制限申立ては原則として却下される，とする。

＊15　井上・前掲＊14論文は，判決書に対する閲覧等制限申立てについては，判決言渡期日の当日中に概括的な閲覧制限の申立てをする必要があり，例えば言渡期日から1週間以上経過してからなされた閲覧等制限申立ては，原則として却下される，とする。

務内容，従業員の氏名を含む組織図・各部署の職務分掌，品質保証・品質教育業務等」に関する記載について，営業秘密に該当するものと認め，原却下決定を取り消し，閲覧等制限決定を下した。他方で，「新設された部署の名称やその職務分掌等が簡潔に記載されている」にすぎない証拠説明書中の記載については，有用性が認められないとして，原却下決定を維持した。

(5) 閲覧等制限の限界とその克服

訴訟記録について，当事者の申立てにより，閲覧等を制限する決定がなされたとしても，当事者は，依然として，営業秘密を記載した部分の閲覧等が可能である。

これは，当該営業秘密に関して，後述する秘密保持命令（特105条の4第1項）が発せられた場合でも，同様である。相手方の訴訟代理人及び補佐人のみに人的範囲を限定して営業秘密を開示することを意図し，当該代理人及び補佐人のみを名宛人とする秘密保持命令が発せられたとしても，当事者（法人であればその代表者）は，自ら又はその代理人若しくは使者をして[16]，営業秘密記載部分を含めた訴訟記録の閲覧等の請求をすることができる。その閲覧等の請求の手続を行った者が秘密保持命令を受けていない者であるとき，裁判所書記官は，閲覧等の請求があった旨を秘密保持命令申立人に通知し（特105条の6第1項），2週間は閲覧等を許さないので（特105条の6第2項），通知を受けた同申立人が，閲覧等の請求の手続を行った者を名宛人として，新たな秘密保持命令の申立てをする機会は確保されている。しかし，閲覧等を拒む根拠にはならない。当事者の閲覧等を制限するためには，さらなる運用における工夫が必要となる。

まず，当事者間において，秘密保持契約を締結することが考えられる。秘密保持契約において，秘密情報にアクセスすることができる人的範囲を限定し，それ以外の者による秘密記載部分を含む訴訟記録の閲覧等を禁止すれば，当事者はそれに従った不作為義務を私法上の義務として負う。そして，秘密保持契

---

*16 民事訴訟法92条1項の規定によって閲覧等の請求をすることができる当事者には，当事者の代理人も含まれると解されているが，三村量一＝山田知司「知的財産権における秘密保持命令の運用について」（判タ1170号4頁）は，秘密保持命令が発せられている場合には，当事者本人（法人の場合はその代表者）による閲覧等は認められるとしても，その代理人や使者をして閲覧等の手続を行うことは認めるべきではない，とする。

約において，当該契約の写しを訴訟記録に編綴することに合意し，裁判所書記官がそれに従った措置をとれば，後日，当事者等から閲覧等請求を受けた時に，訴訟記録に綴られた秘密保持契約に照らして不当な閲覧等請求であるように思われれば，裁判所書記官が直ちには閲覧等を認めないことを期待できる可能性がある。また，秘密保持命令に加えて秘密保持契約が締結されているのであれば，裁判所書記官から通知（特105条の6第1項）を受けることができるので，秘密保持命令の申立人たる当事者は，2週間（特105条の6第2項）のうちに，閲覧等の請求をした相手方を債務者として，閲覧等の禁止を命ずる保全命令を得ることも可能だろう。ただし，正面から対立する両当事者が秘密保持契約の条項に合意することは容易ではなく，裁判所による適切な助言が必要である。

　また，秘密保持命令の申立てから発令に至る過程での名宛人の範囲（すなわち，営業秘密へのアクセスが許される人的範囲）に関する裁判所と両当事者の間の事前協議を踏まえ，そこでの合意に反する当事者の閲覧等の請求については，権利の濫用として却下すべきとする有力な見解がある[17]。ただ，この有力見解に依拠して，後日，当事者から閲覧等の請求を受けた裁判所書記官が事前協議の結果に反する閲覧等の請求を認めないことを期待するためには，事前協議の経過と結果とを記録に残し，それに反する閲覧等の請求を認めるべきでないとする裁判官の見解と併せて，訴訟記録に編綴しておくことが必要だろう。

Ⅲ　秘密保持命令

(1)　制度の概要[18]

　訴訟記録の閲覧等を制限する決定がなされても，それだけでは，第三者による訴訟記録の閲覧等を防止することができるだけであって，準備書面や証拠を通じて相手方の秘密情報を知った当事者や訴訟代理人・補佐人が当該秘密情報

---

*17　中島基至「秘密保持命令をめぐる実務上の問題点」（大渕哲也ほか編『専門訴訟講座⑥特許訴訟【下巻】』（民事法研究会）1217頁）及び同「書類提出命令をめぐる実務上の諸問題」（L&T別冊『知的財産紛争の最前線』3号76頁）。なお，三村＝山田・前掲＊16論文は，事前協議の重要性と当事者が事前協議に従って行動すべきであることを強調しながらも，それに反する閲覧等の請求がなされた場合には，閲覧等を認めざるを得ないとの立場のようである。

888 第3章 特許権侵害訴訟における攻撃防御方法 第4節 手続論

を訴訟追行目的以外の目的で使用したり，第三者に開示したりすることを，防ぐことはできない*19。これらを防ぎたいのであれば，秘密保持命令の申立てを行わなければならない。秘密保持命令の申立ては，仮処分事件においても可能である（最決平21・1・27民集63巻1号271頁）。

当事者は，営業秘密（不正競争防止法2条6項が定める三要件，すなわち，①非公知性，②秘密管理性，及び，③有用性を充たす情報*20）を含む準備書面又は証拠について秘密保持命令を望むのであれば，それらの書類の提出前に，閲覧等制限の申立てに加えて，秘密保持命令の申立てをしなければならない（特105条の4第1項）。申立てに際しては，営業秘密の特定が必要であるが，提出予定の証拠や準備書面の秘密記載部分の頁数等を形式的に引用して，営業秘密を特定すれば足りると解されている。ただし，発令の可否に関する裁判所の審理のためには，営業秘密記載文書を手控えとして裁判所に貸与する必要がある。

秘密保持命令の名宛人となるのは，相手方の訴訟代理人，補佐人又は「当事者等」である。「当事者等」は，当事者（法人の場合はその代表者）又はその代理人（訴訟代理人及び補佐人を除く），使用人その他従業者と定義される（特105条3項）。秘密保持命令の発令及び送達（特105条の4第3項・4項）を受けた者は，営業秘密を訴訟追行以外の目的で利用してはならず*21，他人（同じく秘密保持命令を受けた者を除く）に開示したりすることも許されない。秘密保持命令を受けた者がそれに不服を申し立てる手段はなく，秘密保持命令の取消しを求めることができるだけである（特105条の5）。秘密保持命令の対象は，営業秘密として特定された情報であるから，その後に提出される準備書面や証拠に同じ営業秘密

---

*18　秘密保持命令制度についての詳しい解説としては，制度発足直後に発表された三村＝山田・前掲*16論文，その後の中島・前掲*17「秘密保持命令をめぐる実務上の問題点」のほか，髙部眞規子「秘密保持命令とインカメラ手続」，「証拠の提出と秘密保持命令・非公開審理」（牧野利秋ほか編『知的財産法の理論と実務(2)』（新日本法規出版，平19）79頁・90頁），そして制度発足から平成25年初頭までの運用の実情を詳しく紹介した小田真治「秘密保持命令の運用の実情」（L＆T59号3頁）がある。

*19　訴訟の相手方が訴訟手続を通じて知った営業秘密を使用することは，不正競争防止法上の不正競争行為（不競2条1項7号）に該当するとの見解が有力なようであるが（髙部・前掲*18「秘密保持命令とインカメラ手続」80頁，小田・前掲*18論文3頁），閲覧等の制限決定により当事者が守秘義務を負うとする根拠は明瞭ではない。

*20　営業秘密の三要件を肯定して秘密保持命令を発令した事例として，東京地決平18・9・15判タ1250号300頁・判時1973号767頁，大阪地決平20・4・18判タ1287号220頁・判時2035号131頁。

が記載される場合や，さらには判決書に記載される場合でも，秘密保持命令を受けた者は，当該営業秘密について秘密保持義務を負う*22。

秘密保持命令の申立人は，秘密保持命令の発令・送達の完了後，準備書面又は証拠のうち，秘密部分をマスクしたものを相手方に送達するほか，マスクのないもの一通のみを裁判所書記官から名宛人たる訴訟代理人に対し交付送達してもらう必要がある。秘密記載文書の直送（民訴規47条1項）をすべきではなく，補充送達等（民訴106条）も相当ではない。なお，裁判所においても厳格な管理がなされているそうである*23。

秘密保持命令に違反をすれば，懲役刑を含む刑事罰が科せられ（特200条の2第1項）（ただし，親告罪である（同条2項）），国外犯も処罰対象とされる（同条3項）。また，法人両罰規定もある（特201条）。秘密保持命令は必要かつ有用なものであるが，秘密保持命令を受けた者は，その補助者（法律事務所の秘書・事務職員等）の目に秘密情報を晒す場合や，秘密保持命令を受けた従業者等が当該命令の取消しに関して委任する弁護士に秘密情報を開示したりする場合に（当該弁護士は秘密保持命令事件の当事者の代理人として秘密保持命令申立事件の記録を閲覧等することはできるが，基本事件の訴訟記録を閲覧等することはできない），刑事罰を受けかねない，という制度設計は柔軟性に欠け，その申立て及び発令のハードルを必

---

*21 訴訟対象特許の外国ファミリー特許に関する外国訴訟手続に営業秘密を利用することは，訴訟追行の目的を逸脱するだろう。また，クレームの訂正が比較的柔軟に認められ，かつ訂正が遡及効を有するわが国において，被疑侵害者が特許権者に対して被疑侵害製品・方法に関する秘密情報を開示する際に懸念するのは，特許権者がクレームの訂正に利用するおそれである。この懸念は，開示対象の人的範囲が特許権者の訴訟代理人・補佐人に限定される場合であっても，払拭されない。侵害訴訟における訂正の再抗弁のために営業秘密を用いることは，訴訟追行の目的の範囲内といえるかもしれないが，訂正の再抗弁のためには原則として特許庁において訂正審判請求をすることが必要であるところ，当該審判請求のために営業秘密を用いることは訴訟追行の目的を逸脱する可能性がある。しかし，訂正に係るクレームの作成に際して営業秘密が利用されたことを立証するのは，容易ではないだろう。この問題は，当事者間で秘密保持契約を締結し，秘密情報の目的外使用を定めた場合にも，同様に生ずる。秘密保持契約において，禁止される目的外使用の一例として，訂正審判請求に用いることの禁止が明示されたとしても，立証の困難は軽減されない。

*22 訴訟代理人のみを名宛人として秘密保持命令が発せられたが，判決言渡時には当該訴訟代理人がすべて辞任していた場合，判決書は当事者に送達せざるを得ず（補充送達等（民訴106条）は相当ではない），その場合には，受取人たる当事者を名宛人とする秘密保持命令の申立てをするほかないだろう。

*23 小田・前掲*18論文4頁。

要以上に上げることとなっているかもしれない*24。

(2) 名宛人についての事前協議

相手方の訴訟代理人及び補佐人のみを名宛人（特105条の4第2項1号）として秘密保持命令が発令され，送達されると（同条3項・4項），当該名宛人は，同じく名宛人とされた者以外の者に営業秘密を開示してはならない。つまり，秘密保持命令の名宛人となった訴訟代理人及び補佐人は，同じく名宛人とされた相代理人・補佐人との間では営業秘密を含め主張立証に関して情報交換及び議論をすることができるが，秘密保持命令を受けていない当事者等（当事者の役員，法務・知財部員や技術者等）や第三者（大学教授等の外部専門家等）には，営業秘密を開示してはならないので，それらの者との間では，営業秘密が係る争点に関して，情報交換や議論をすることができない。

この点，秘密保持命令を受けていない当事者等への秘密保持命令の申立てを，営業秘密の保有者ではない当事者がすることも認められるのであれば，営業秘密の保有者ではない当事者が，営業秘密を開示する人的範囲を拡大できることになる。しかし，営業秘密の保有者である当事者のみが申立てをすることができるとする見解が有力である*25。

そこで，秘密保持命令の申立てがなされた場合，発令に先立ち，裁判所と両当事者との間で十分な事前協議を行うことが必須である。なお，この事前協議の結果に反し，当事者による訴訟記録の閲覧等の請求がなされた場合には，権利濫用として却下すべきとの見解が有力であることについては，上述した。

また，外部の技術専門家（大学教授等）から技術的な争点に関してアドバイスを受けたい場合や，それらの者から専門家意見書を取得して書証として提出することを検討する場合，そのような私的鑑定人に営業秘密を開示する必要性が生ずる。そこで，そのような私的鑑定人であっても，当事者の委任を受けることによって「当事者の代理人」となり，「当事者等」として秘密保持命令の名

＊24　小田・前掲＊18論文6頁によると。秘密保持命令の制度の開始から平成24年末までの期間において，東京地裁では合計26件の申立てがなされ，14件で発令がされた。また，「平成27年度裁判所と日弁連知財センターとの意見交換会」（L＆T別冊『知的財産紛争の最前線』2号27頁）によると，平成25年から同27年末までの期間において，東京地裁では合計11件の申立てがなされ，7件で発令がされた（侵害論に関する発令は1件のみ）。

＊25　髙部・前掲＊18「証拠の提出と秘密保持命令・非公開審理」91頁。

宛人になり得るのか，という点が問題となる。この点については，特許法105条3項の「当事者等」の定義における「代理人」とは従業者の例示であって，一定の指揮従属関係を要するものと解するのが相当とし，このような関係を有しない私的鑑定人は名宛人になり得ないと解する見解が有力なようである[26]。しかし，そのような私的鑑定人を秘密保持命令の名宛人とすることができず，相手方の訴訟代理人が私的鑑定人からアドバイスを受けることができないことを理由として，裁判所が秘密保持命令申立人に対し，相手方当事者の従業員である技術者を秘密保持命令の名宛人としてその者への開示を認めるよう促す，ということになると，本末転倒の感がある。私的鑑定人も名宛人になり得るとするほうが妥当ではないだろうか。

(3) インカメラ手続に関連する発令

民事訴訟法の下での文書提出命令制度においては，「技術又は職業の秘密に関する事項」が記載された文書は文書提出義務の対象から除外され（民訴220条4号ハ），裁判所は，当該文書に該当するかどうかの判断をするために必要があると認められるときは，文書の所持者にその提示をさせることができる（民訴223条6項）。これが，いわゆるインカメラ手続であり，民事訴訟法の定めるインカメラ手続においては，裁判所が文書所持者から提示された文書を文書提出命令申立人に開示することは予定されていない。他方，特許侵害訴訟においては，特許法105条により，書類の所持者に提出を拒む「正当理由」が認められる場合を除き，裁判所は，当事者の申立てにより，同所持者に対して，侵害立証又は損害立証に必要な書類提出を命ずることができるものとされ（同条1項），裁判所は，「正当理由」があるかどうかの判断をするため必要があると認めるときは[27]，書類の所持者にその提示をさせることができる（同条2項）。この，特許法の定めるインカメラ手続において，裁判所は，書類提出命令申立人

---

[26] 高部・前掲＊18「証拠の提出と秘密保持命令・非公開審理」93頁，中島・前掲＊17「秘密保持命令をめぐる実務上の問題点」1218頁。

[27] 産業構造審議会知的財産分科会特許制度小委員会『我が国の知財紛争処理システムの機能強化に向けて』（平成29年3月）では，書類提出命令・検証物提示命令の制度に関し，書類・検証物の提出の必要性の有無についての判断のために，裁判所がインカメラ手続により当該書類・検証物を見ることを可能にする制度を導入することが提唱されており，平成30年通常国会に改正案が提出された。

892　第3章　特許権侵害訴訟における攻撃防御方法　　第4節　手　続　論

の訴訟代理人，補佐人又は当事者等の意見を聴く必要があると認めるときは，提示書類をこれらの者に対して開示することができる（特105条3項*28）。侵害立証に必要な検証物の提示についても同様とされる（特105条4項*29）。

　このとき，書類を提示した書類の所持者たる当事者は，裁判所が開示をしようとする訴訟代理人，補佐人又は当事者等に対し，秘密保持命令の申立てをすることができる（特105条の4第1項1号括弧書）。特許法105条2項に基づく裁判所の提示命令により書類の所持者から裁判所に提示された書類は，訴訟記録に編綴されることはなく，当事者又は第三者による訴訟記録の閲覧がなされる可能性はないので，同条3項に基づき開示する対象を書類提出命令申立人の訴訟代理人及び補佐人に限定するのか，それとも書類提出命令申立人の従業員たる技術者や法務・知財部員を開示対象に含めるのか，という点は，最終的には裁判所が完全にコントロール可能である。ここでも，外部の技術専門家を「当事者の代理人」と認められるか否かが問題となり，その選択肢を認めることは有用であると解する。

■

---

*28　平成30年改正案では，特許法105条4項として，裁判所が当事者の同意を得て，専門委員へ提示書類を開示し，専門的な知見に基づく説明を聴くことができる旨の規定が設けられる。
*29　平成30年改正案では，5項に繰り下がる。

73 計算鑑定

大 住 洋

> 計算鑑定制度の意味，鑑定申立ての際の留意事項について説明せ
> よ。

キーワード 損害額，計算，鑑定

I 計算鑑定制度の概要

　計算鑑定制度は，平成11年の特許法改正（平成11年法律第41号）により，特許法105条の2[1]として新設されたものであり，特許権侵害訴訟における損害額の立証困難を軽減するために，民事訴訟法上の鑑定制度の特則を定めるものである。

　すなわち，特許権侵害訴訟においては，侵害行為が侵害者側の経済活動により発生するため，権利者側で正確な損害額を立証することには困難が伴う。

　特許法は，このような立証困難を救済するために，102条1項から3項において損害額の推定規定を設けているが，これらの推定規定を適用する前提として，侵害者による侵害品の販売数量や販売額，利益率等の具体的数値が侵害者側から開示される必要がある。

　特許権侵害訴訟においては，審理を侵害論と損害論の2段階に分け，侵害の成立が認められる場合にのみ損害論の審理が行われるという実務上の運用が確立しているところ，この損害論の審理の冒頭で，原告が主張する被告製品の販売数量，販売額や利益率等に対して，被告側から具体的に認否が示されることになる。このときに，被告において，原告が主張する各数値を争う場合には，販売数量，販売額や利益率等を具体的に主張するとともに，必要に応じて，帳

---

[1] 本条は実用新案法30条，意匠法41条，商標法39条で準用されている。また，著作権法114条の4及び不正競争防止法8条にも同様の規定がある。

簿書類（総勘定元帳，売上元帳，仕入元帳等）や取引書類（売上伝票，発注書，納品書，領収書等）等を任意に開示することが予定されている。

　しかしながら，製品の販売数量，販売額や利益率等の数値は，被告にとっては営業秘密に係る事項であり，そのような数値を，通常は競業関係にある原告に対して開示することには抵抗も強く，円滑な任意開示がなされないことも少なくない。また，原告側でも，被告から開示された具体的な数値や根拠資料等が原告側で想定していた数値とかけ離れたものである場合等には，被告から開示された数値や資料の信憑性に疑いをもち，そのために，損害額算定の前提となる各数値の確定自体に長期間を要し，損害論の審理が長期化する原因となっている。

　特許法においては，このような場合に，当事者に必要な資料を開示させるため，平成11年の特許法改正以前から，特許法105条において，民事訴訟法上の文書提出命令の特則として，「侵害行為による損害の計算をするため必要な書類の提出を命じることができる。」ことを規定している。しかしながら，文書提出命令によっても，①開示される文書の量が膨大であり，経理・会計の専門家ではない裁判官，弁護士にとっては，文書を正確かつ迅速に理解することが困難，②提出された文書が，略語を使って表記されたものである場合や，コンピュータ管理された帳簿類の打ち出しデータである場合は，その内容について説明を受けることなしには部外者には理解できないが，特許法105条は文書提出者に説明することまでは求めていない，③提出された文書について，民事訴訟法上の当事者照会（民訴163条）や鑑定人の発問（民訴規133条）等の制度を活用しても，相手方が説明に応じない場合には，文書の内容を理解できない，等の問題点が指摘されていた*2。

　計算鑑定制度は，このような損害論における審理の問題点を踏まえて創設された制度であり，経理・会計の専門家を計算鑑定人として活用するとともに，民事訴訟法上の鑑定の特則として，「鑑定をするため必要な事項」について，当事者に，計算鑑定人に対する説明義務を課すことで，損害立証の迅速化及び効率化を図るものである*3。

＊2　平成10年11月「工業所有権審議会企画小委員会報告書」。

II 計算鑑定の手続

(1) 計算鑑定の申出から鑑定事項の確定まで

計算鑑定は民事訴訟法における鑑定の特則であり，特許法105条の2に特段の定めのない手続や効果等についてはすべて民事訴訟法における鑑定の規定が適用される[4]。

そして，鑑定は証拠調べの一種であるから，裁判所が職権で採用することはできず，当事者の申出により，裁判所が必要と認めた場合に開始される（民訴180条・181条）。鑑定の申出に当たり，当事者は，「鑑定を求める事項」を記載した書面を提出しなければならず，裁判所は，当事者から提出された書面に基づき，相手方から意見があればそれも考慮した上で，鑑定事項を定めることになる（民訴規129条1項ないし4項）。特許法102条による損害額の計算式は，同条1項による場合には「特許権者の単位数量当たりの利益額×譲渡数量（譲渡することができない数量を除く）」，同条2項による場合には「対象製品の単位数量当たりの利益額×譲渡数量」，同条3項による場合には「対象製品の譲渡単価×実施料率×譲渡数量」となる。そこで，当事者としては，上記の計算式を前提に，事案に応じ，必要な事項を鑑定事項として特定して計算鑑定の申出をすることとなる[5]。

その上で，東京地裁知的財産権部では，当事者から計算鑑定の申出があった直近の弁論準備手続期日で，当事者双方と協議したうえで，どのような鑑定事項とするのが適切であるかの方向性を裁判所が示し，必要に応じ鑑定事項の補充書等の提出を求める等の運用もなされているようである。そして，特許法102条2項に基づく請求の場合であれば，「損害額算定の対象となった具体的

---

*3　特許庁総務部総務課工業所有権制度改正審議室編『工業所有権法の解説〔平成11年改正〕』48頁以下。その他，計算鑑定制度の立法経緯については，尾崎英男「計算鑑定制度（特許法105条の2）とその立法提案の経緯」竹田稔先生傘寿記念『知財立国の発展へ』（発明推進協会，平25）113頁以下に詳しく紹介されている。

*4　特許庁編『工業所有権法（産業財産権法）逐条解説〔第20版〕』（発明推進協会，平29）340頁。

*5　大渕哲也ほか編『専門訴訟講座⑥特許訴訟【下巻】』（民事法研究会，平24）1238頁以下〔高部眞規子〕。

な販売期間の各期ごとに，被告が販売した被告商品の販売数量，売上高，経費（変動費），経費の内訳，利益額及び利益率」等という形で，最終的な鑑定事項が定められる[6]。

(2) 裁判所による計算鑑定人の選任から鑑定の実施，鑑定書の提出まで

上記のとおり，計算鑑定は当事者の申出に基づいて開始されるが，鑑定は証拠調べの一種であるから，裁判所が計算鑑定の必要性があると判断して採用を決めた後は，計算鑑定人の選任や計算鑑定人による鑑定の実施等は，基本的に裁判所と計算鑑定人との間で進められることとなる。

裁判所による計算鑑定人の選任から，計算鑑定人による鑑定の実施方法等については，必ずしも統一的な運用がなされているわけではなく，どこまで当事者の意見を手続に反映させるか等，具体的実施手順等については裁判体により異なるようであるが，大まかな流れは以下のようなもののようである[7]。

(a) 計算鑑定人の選任，費用の予納等

当事者の申出により，裁判所が計算鑑定を採用する場合，計算鑑定人が選任される。通常は，経理・会計の専門家である公認会計士が選任されており，日本公認会計士協会の推薦名簿に登載された候補者[8]の中から，裁判所が，被告の業種や規模等を考慮して選任する。

計算鑑定人の候補者が決まれば，申出をした当事者に鑑定費用を予納させた上で，裁判所が正式に計算鑑定人を選任し，鑑定を命じる。なお，鑑定費用は，最終的には，計算鑑定が終了した時点で裁判所により個別に決定されるが，予納額のおおよその目安としては200万円前後から300万円程度とされており，最終的な計算鑑定費用も同程度となることが多いようである[9]。

---

[6] 大鷹一郎「特許権侵害訴訟の審理における計算鑑定の最近の実情」L＆T67号24頁。なお，利益計算，経費計算等の算定方法につき議論がある事項について鑑定を求める場合には，「いかなる算定方法を用いた場合の原価，経費，利益等についての鑑定を求めるのかを，特に明示した鑑定事項とすることが，効率的な鑑定には必要であると解される。」との指摘もある（中山信弘編『注解　特許法〔第3版〕【上巻】』（青林書院，平12）1213頁〔青柳昤子〕）。

[7] 高部眞規子『実務詳説　特許関係訴訟〔第3版〕』（金融財政事情研究会，平28）274頁以下，大鷹・前掲＊6・23頁以下。

[8] 計算鑑定人となるための資格は特に限定されていないが，特許法102条に基づく利益の算定は，財務会計上の営業利益の算定とは異なる面もあるため，実際上，候補者は知的財産関連業務の経験者に限られているようである（品川陽子＝山﨑忠史「公認会計士から見た計算鑑定人制度と会計事務所における知的財産関連業務」知管62巻3号275頁以下）。

(b) 計算鑑定の実施

裁判所から選任された計算鑑定人は，鑑定事項等につき裁判所と認識に齟齬が生じないよう，裁判所と緊密に連絡を取り合いながら，被告会社を訪問して会計担当者から会計帳簿や伝票類等の開示を受けるとともに，「鑑定をするため必要な事項」についての説明を受ける等して鑑定を進めることになる。

なお，鑑定の実施に当たり，鑑定人は，あらゆる方法により自ら鑑定資料を収集することができる（最判昭31・12・28民集10巻12号1639頁）。そのため，訴訟において提出されていない資料も鑑定の基礎資料となし得るし，鑑定の基礎とした資料が裁判所や相手方当事者に開示されることも必要的ではない（東京地判平25・9・25判タ1418号336頁〔洗濯処理ユニットへの部品供給装置事件（後記Ⅲの裁判例⑤）〕等）。

ただし，実務上は，一方当事者には立会いの機会がなく，また開示されていない資料に基づき鑑定が行われること等に対する不信感を払拭すべく，計算鑑定のプロセスや結果について，計算鑑定人から当事者への説明の機会や，それを踏まえ当事者から意見や疑問点等があれば，それを鑑定のプロセスや鑑定書の内容に反映させる運用がなされているようである[10]。

(c) 鑑定書の提出

以上のようにして計算鑑定人が選任され，鑑定を実施して鑑定書が裁判所に提出されるまでの期間は，事案によって異なるものの，概ね3ヵ月程度とされており，実際にも，多くの事例においてそのように運用されているようである[11]。

なお，鑑定書の記載内容だけからは，鑑定の経過や結論に至る理由等が当事者の目からは必ずしも明確でないことも少なくない。そのため，提出された鑑定書について，計算鑑定人から口頭で当事者に説明する機会を設け，必要に応じて補充鑑定書の提出を求める等の運用がなされている。

---

[9]　大鷹・前掲[6]・24頁，高部・前掲[5]・1242頁。
[10]　大鷹・前掲[6]・23頁以下。
[11]　高部眞規子「計算鑑定人制度活用の実情について」判タ1225号51頁以下等。

898　第3章　特許権侵害訴訟における攻撃防御方法　第4節　手　続　論

Ⅲ　裁判例における計算鑑定の活用状況

　商標権侵害訴訟，著作権侵害訴訟や不正競争防止法違反の事例を含め，判決文等から第1審で計算鑑定が実施されたと思われる裁判例を，裁判所ホームページ等で筆者が調査した範囲で，最近のものから順に整理したものが下記の表である。この他，和解や取下げにより判決に至らず終了している事例も相当数あると考えられるが＊12，以下では，これらの裁判例を対象に，実務における計算鑑定の活用状況やその効果等を概観する。

■計算鑑定に係る裁判例

番号	判決年月日	裁判所	事件番号	損害額推定規定	鑑定事項
①	H29. 7. 27	東京地裁	H27(ワ)22491	特許法102Ⅰ	被告製品の販売数量
②	H26. 4. 30	東京地裁	H24(ワ)964	著作権法114Ⅱ，商標法38Ⅱ	被告製品の販売数量，売上高及び利益額
③	H26. 3. 26	東京地裁	H23(ワ)3292	特許法102Ⅰ・Ⅱ・Ⅲ	被告製品の販売数量，売上高及び利益額／原告の単位数量当たりの利益額
④	H25. 9. 26	東京地裁	H19(ワ)2525,同6312	特許法102Ⅲ	原告（反訴被告）製品の売上高
⑤	H25. 9. 25	東京地裁	H22(ワ)17810	特許法102Ⅰ	原告の単位数量当たりの利益額
⑥	H24. 2. 7	東京地裁	H20(ワ)33536	特許法102Ⅲ	被告製品の売上高
⑦	H23. 8. 26	東京地裁	H20(ワ)831	特許法102Ⅱ	被告製品の売上高，変動費，個別固定費及び利益額

＊12　髙部・前掲＊11・56頁以下に，和解や取下げで終了したものを含め，東京地裁知的財産権部で平成19年2月頃までに計算鑑定が実施された事例が紹介されている。

⑧	H23. 6. 9	大阪地裁	H19(ワ)5015	特許法102 I	原告製品の販売価格,変動費
⑨	H22. 11. 18	東京地裁	H19(ワ)507	特許法102 I ・Ⅲ	被告製品の販売数量／原告の単位数量当たりの利益額
⑩	H22. 2. 26	東京地裁	H17(ワ)26473	特許法102 I	被告製品の譲渡数量／原告の単位数量当たりの利益額及び実施能力
⑪	H19. 12. 25	東京地裁	H18(ワ)1702	特許法102Ⅱ	被告製品の売上高,販売数量及び控除すべき変動経費の費目・金額
⑫	H19. 4. 24	東京地裁	H17(ワ)15327	特許法102Ⅱ・Ⅲ	被告製品の売上高,変動経費,在庫数量等
⑬	H18. 11. 10	富山地裁高岡支部	H16(ワ)119	不正競争防止法5Ⅱ	被告が得た利益額
⑭	H17. 7. 5	東京地裁	H15(ワ)10368	商標法38Ⅱ	被告製品の販売数量,利益額
⑮	H17. 4. 8	東京地裁	H15(ワ)3552	特許法102Ⅲ（民法703）	被告製品の売上高
⑯	H13. 2. 8	東京地裁	H9(ワ)5741	特許法102Ⅱ	被告製品の売上高及び利益率

(1) 事件の類型

前記Ⅱ(2)(a)で述べたとおり，計算鑑定を利用するには，申出をした当事者において通常200万円から300万円程度の費用を予納する必要があるため，訴額が大きく，高額の損害賠償が見込まれる事案において利用される場合がほとんどである（上記裁判例においても，⑪を除いていずれも訴額が1億円以上の事案である）。

事件の類型としては特許権侵害訴訟（①③④⑤⑥⑦⑧⑨⑩⑪⑫⑮⑯）が多いが，商標権侵害訴訟（②⑭），著作権侵害訴訟（②）や不正競争防止法違反による損害賠償請求訴訟（⑬）で利用された例もあるようである。

(2) 鑑定事項

鑑定事項としては，特許法102条2項の適用を前提に，被告側の売上や利益額，あるいは利益額算定のための控除費目及びその額を鑑定事項とする場合が多い（商標法38条2項，著作権法114条2項及び不正競争防止法5条2項に係る事案を含め

②③⑦⑪⑫⑬⑭⑯)。

　また，特許法102条１項の適用を前提に，被告製品の販売数量や原告側の単位数量当たりの利益額，あるいは利益額算定のための控除費目及びその額を鑑定事項とするものも一定数存在する（①③⑤⑧⑨⑩）。なお，特許法102条１項適用の前提として，被告の販売数量と原告の単位数量当たりの利益額を鑑定する場合のように，原告側・被告側双方に対する鑑定が必要となる場合には，それぞれ別々の鑑定人が選任されているようである（③⑨⑩）。

　さらに，件数としては少ないが，特許法102条３項による損害額の算定ないし民法703条に基づく不当利得返還請求の前提として，被告製品の売上高のみを鑑定事項として計算鑑定が実施された例もある（④⑥⑮）。

(3)　計算鑑定の効果

　上記①ないし⑯のうち，裁判例⑪では，計算鑑定人が控除しなかった費用の一部が判決で控除されているが，それ以外の裁判例においては，鑑定の結果がそのまま採用されて被告製品の販売数量，売上高や利益率等が認定され，それを基礎に損害額が算定されている。

　また，裁判例④⑤⑥⑨⑩⑯は控訴審でも判決がなされているが，計算鑑定において控除されていなかった一部の費目につき控除を認めた裁判例⑤の控訴審判決（知財高判平26・12・４（平25(ネ)10103号・平26(ネ)10020号）裁判所ホームページ）を除いて，控訴審でも計算鑑定の結果がそのまま採用されている＊13。

　さらに，特筆すべきは，それを変動費として控除するかどうかという点を除けば，個別費目の数値自体はすべての事案において，計算鑑定の結果が判決でもそのまま採用されており，当事者の主張・立証もほぼそれを前提になされているという点である。

　これは，計算鑑定が損害額算定の基礎となる数値を確定するための審理に効果的であり，損害論の争点を絞り，損害論の審理の迅速化に資することを示すものである＊14。

＊13　なお，前記Ⅲ裁判例⑩の控訴審判決（知財高判平24・１・24（平22(ネ)10032号・10041号）裁判所ホームページ）では，損害額が大幅に減額されているが，これは，控訴審判決が裁判例⑩では考慮されていなかった発明の寄与率を特許法102条１項ただし書の事情として考慮したためである。

＊14　大鷹・前掲＊６・23頁。

(4) 鑑定費用について

　なお，計算鑑定の費用については，他の訴訟費用と合わせて，「敗訴者負担の原則」(民訴61条)を前提に，判決により負担割合が定められるのが通常である。しかしながら，裁判例①では，原告が計算鑑定費用を負担する旨申し出ていたことに加え，計算鑑定の結果判明した被告製品の販売数量が，被告らの主張と一致しており，計算鑑定は必要がなかったとして，民事訴訟法62条を適用し，計算鑑定費用の全額を勝訴当事者である原告の負担としており，注目される。

Ⅳ　当事者の立場からの計算鑑定制度活用のメリットと留意点

(1)　当事者の立場からの計算鑑定制度活用のメリット

　ここまで見てきたとおり，計算鑑定制度は，損害論の審理の迅速化及び効率化に資するものであり，実際に計算鑑定を実施した裁判官からは，「計算鑑定人制度は極めて有用な制度である」[15]等という積極的な評価がなされているところである。

　当事者の立場からしても，営業秘密である等の理由で損害額算定の基礎となる数値やその根拠資料が被告から適切に開示されなかったり，あるいは開示がなされてもその内容について十分に説明がなされないため，損害額算定の基礎となる数値の確定自体に無用に長期間を要することは少なくないところ，これを「概ね3ヵ月程度」とされる短期間で確定できるメリットは大きい。

　しかも，その数値は，経理・会計の専門家である公認会計士が，中立・公平な立場で，相手方当事者の会社に赴き，当事者に法律上の説明義務が課された状況の下で，訴訟に提出されていない資料を含め，必要と認めるすべての資料を検討した上で算出したものであり，通常は信頼できると考えられるものである。

　それ故，当事者の立場からしても，損害論の審理において，計算鑑定制度を利用するメリットは大きく，より積極的な活用が検討されてよいと考える。

---

*15　高部・前掲*11・55頁等。

(2) 留 意 点

他方で，計算鑑定制度を利用するに当たっては，以下のような点に留意する必要がある。

(a) 鑑定のプロセスへの相手方当事者の関与の機会

まず，計算鑑定人による鑑定のプロセスに，当事者の立会いの機会は保障されておらず，訴訟に提出されていない資料も鑑定の基礎資料となり得る。前記Ⅲの裁判例⑤「洗濯処理ユニットへの部品供給装置事件」でも指摘されているとおり，計算鑑定制度は，中立・公平な第三者たる会計の専門家を関与させることで，相手方当事者に営業秘密を開示することなく，迅速かつ効率的に損害額の算定を可能にするという点に意義を有する以上，このことはやむを得ない面があるとも考えられるところである。しかしながら，鑑定人が，いかなる資料を基礎に，いかなる分析を経て結論に至ったのかという点については，相手方当事者に対しても十分説明がなされる必要があるし，その内容に疑問等があればそれにつき当事者が争う機会も与えられるべきである。いかに中立・公平な専門家による判断であるとはいっても，判断の過程が明確にされなければ，計算鑑定制度に対する当事者の信頼は得られず，ひいては制度の活用が進まないと考えられる。

この点，東京地裁知的財産権部では，計算鑑定の実施中に鑑定の方針，実施状況について当事者及び計算鑑定人と協議し，当事者の意見や疑問点等を鑑定のプロセスに反映させるべく，鑑定の初期段階，中間段階及び最終段階の3回にわたり，当事者及び鑑定人との「鑑定のため必要な事項についての協議」（民訴規129条の2）のための進行協議期日を設ける運用もなされているようであり*16，適切な運用であると考えられる。

(b) 説明義務の実効性確保

前記Ⅰで述べたとおり，計算鑑定制度は，民事訴訟法上の鑑定の特則として，「鑑定をするため必要な事項」について，当事者に説明義務を課した点に意義を有するものであるが，説明義務の違反に対する制裁措置は特に規定されていない。

---

*16 大鷹・前掲＊6・23頁。

これについては，立法段階では，真実擬制等の制裁措置を設けることも検討されたようであるが，「裁判所が直接関与しない行為を判断することは困難であ（る）」として，規定は見送られたようである*17。

しかしながら，制裁措置がないことで，計算鑑定人に対する当事者の説明義務が有名無実化しないよう，当事者が説明義務を果たさなかったことについては，当事者の説明状況として鑑定書に明記し，弁論の全趣旨として積極的に斟酌されるべきである*18。

(c) 鑑定費用の負担

前記Ⅱ(2)(a)で述べたとおり，計算鑑定を利用するには，申出をした当事者において通常200万円から300万円程度の費用を予納する必要があり，実際上は，この負担が，計算鑑定制度利用の大きな障害となっている。

すなわち，計算鑑定費用については，敗訴者負担の原則（民訴61条）に従い，最終的には，敗訴者の負担とされるものであるが，いったん申出当事者（通常は原告）においてこれを予納する必要がある。ところが，予納をした後で，判決における認容額が請求額を下回っていたり，複数の請求のうち一部が棄却されることがある。また，特許無効審判によって特許が事後的に無効になり，控訴審で全部敗訴となったり，取下げがされる例等もあり，第1審で損害論の審理に入った時点で，高額の予納金を納めて計算鑑定の申出をすることには一定のリスクが伴い，このことが当事者に計算鑑定制度利用を躊躇させる大きな原因となっている。

この点，前記Ⅲ(3)でみたとおり，計算鑑定が実施されると，ほぼ判決でも計算鑑定の結果をそのまま採用して損害額が認定されていることを前提に，計算鑑定の結果を踏まえて，請求を減縮したり，一部請求を取り下げる等の対応も考えられるところであるが，種々の理由でそのような対応が困難なこともあり，また，特許が事後的になされた特許無効審判で無効となるリスク等まで予測することは困難である。

そのため，計算鑑定制度の利用をより促進するため，鑑定費用をもう少し低

---

*17　前掲＊2・平成10年11月「工業所有権審議会企画小委員会報告書」。
*18　前掲＊2・平成10年11月「工業所有権審議会企画小委員会報告書」，高部・前掲＊7・273頁等。

額に抑えることが検討されるべきである*19。また，損害論の審理に必要な数値や資料の開示についての当事者の対応等，計算鑑定が必要となった事情等によっては，前記Ⅲの裁判例①のように，民事訴訟法62条の「（勝訴当事者の）権利の伸長若しくは防御に必要でない行為によって生じた訴訟費用」ないし「行為の時における訴訟の程度において相手方の権利の伸長若しくは防御に必要であった行為によって生じた訴訟費用」の柔軟な解釈により，勝訴当事者に鑑定費用の全部又は一部を負担させることも検討されるべきである。

Ⅴ　おわりに

　以上のとおり，計算鑑定制度は損害論の審理を迅速化・効率化する上で，裁判所及び当事者双方にとって有用な制度であると考えられ，より一層活用が検討されるべきものであるが，この制度をより利用しやすく，かつ実効性のあるものとするためには，裁判所及び当事者双方のさらなる運用上の工夫が必要である。

---

*19　髙部・前掲＊7・279頁。

第4章

関連手続

74 特許無効審判請求

小谷　昌崇

特許無効審判請求の概要を説明せよ。

キーワード　無効審判，審判請求書の要旨変更，ダブルトラック，審判請求のメリット

I　特許無効審判

　特許無効審判（以下，単に「無効審判」という）は，実体審査を経てなされた特許に対し，特許法123条1項各号に定める瑕疵がある場合に，その特許を無効にするために請求する審判をいい，特許庁の審判合議体によって審理される（特136条）。

　特許出願された発明については，審査主義のもと，特許の可否が判断されるものの，審査官や審判官の過誤によって特許される場合がある。この特許によって発生する特許権は，独占排他権という強力な権利であるため（特68条），このような瑕疵ある特許をそのまま放置していたのでは，権利者には不当な利益を与えることになる一方，第三者の実施を不当に制限することになり，産業の発達を目的とする特許制度の趣旨にも反することになる。

　そこで，瑕疵ある特許権を遡及的に消滅させるための手続として認められた審判がこの無効審判であり，特許権侵害訴訟などの特許権者の権利行使に対する代表的な対抗措置としての一面も有する。

II　無効審判請求

(1)　請　求　人

　無効審判は，原則として利害関係人に限り請求することができ，特許の権利

908　第4章　関連手続

帰属に係る無効理由については，特許を受ける権利を有する者に限り請求することができる（特123条2項）。なお，実用新案，意匠登録無効審判については，特許と異なり，異議申立制度が設けられていないので，原則として何人も請求することができる（実37条2項，意48条2項）。

利害関係人とは，特許権の存在によって，法律上の利益や，その権利に対する法律的地位に直接の影響を受けるか，又は受ける可能性のある者をいう[1]。したがって，利害関係を有する者から依頼を受けた場合であっても弁理士や弁護士が自己の名義で審判請求人となることは，弁理士や弁護士個人には無効審判を請求する法律上の利益がないとして認められておらず（東京高判昭45・2・25（昭44(行ケ)81号）無体集2巻1号44頁），同様に，利害関係を有する法人の代表者や被使用者についても，個人としては利害関係を有するものではないとして，審判請求人となることは認められていない（東京高判昭41・9・27（昭40(行ケ)65号）行集17巻9号1119頁）[2]。

(2)　被請求人

無効審判の被請求人は，特許権者であり，共有に係る特許権については共有者の全員を被請求人としなければならない（特132条2項）。

特許権者の死亡や合併による会社の消滅などの一般承継の場合に，特許原簿に登録されている権利者が真の特許権者でないときがあるが，相続人や合併後の存続会社に承継されていることが判明したときは，真の権利者を調査の上特定して，当該真の権利者を被請求人として審判を請求しなければならない[3]。

(3)　請求期間

無効審判は，特許権の設定登録後であれば，特許権の消滅後においても請求することができる（特123条3項）。ただし，権利消滅後20年を経過し，損害賠償請求権や告訴権などがすべて時効により消滅しているような場合には，その請求の利益がないという趣旨で却下されることがあるとされている[4]。

(4)　請求の対象と無効理由

---

*1　審判便覧〔第16版〕31-01の1。
*2　審判便覧〔第16版〕31-02。
*3　審判便覧〔第16版〕22-01の7(2)ウ。
*4　審判便覧〔第16版〕51-06の1(3)。

74 特許無効審判請求　　909

　無効審判の対象は，特許（登録）処分であり，二以上の請求項に係るものについては，請求項ごとに請求することができる（特123条1項）。

　無効理由については，特許法上に列挙された理由に限られる（特123条1項1号〜8号）。この無効理由は，拒絶理由（特49条）とほぼ同じであるが，拒絶理由とされる出願の単一性違反などの形式的理由については挙げられておらず，一方，いわゆる原文新規事項や不適法訂正などについては無効審判に固有の理由として挙げられている。

　なお，特許法の改正に伴って時期によって適用される法律が異なるため，記載不備を理由とする無効審判や，不適法な訂正を理由とする無効審判などについては適用条文の記載に注意が必要である*5。

Ⅲ　無効審判の基本フロー

　無効審判のフローについては，審判便覧〔第16版〕51-03に簡潔にまとめられており，手続の全体を理解する上で役立つので最後に掲載する。

(1)　審判請求書

　無効審判は，所定の審判請求書（特131条）を特許庁長官に提出することによって行う。

　この審判請求書に記載する事項のうち，「請求の理由」は，「特許を無効にする根拠となる事実を具体的に特定し，かつ，立証を要する事実ごとに証拠との関係を記載したものでなければならない。」とされている（特131条2項）。

　ここにおいて，「権利を無効にする根拠となる事実」とは，無効理由の根拠となる法条の要件（「要件事実」）を構成する具体的事実（「主要事実」）のことであり，無効理由に応じた「事実」が記載されていなければならないとされている*6。

　さらに，「立証を要する事実」とは，請求人の主張する主要事実のすべてであり，合議体に顕著な事実については証明が不要であるから要証事実ではないが，無効審判では自白の効力を認めていないから，権利者が争わない主要事実

---

*5　審判便覧〔第16版〕51-00。
*6　審判便覧〔第16版〕51-07の3(1)ア。

910　第4章　関連手続

であっても証明することが必要であるとされている。また，「（要証）事実ごとに証拠との関係を記載する」のであるから，複数の要証事実と複数の証拠がある場合には，それぞれどのように対応しているかが記載されていなければならない*7。

　審判長は，審判請求書の記載が特許法131条の規定に違反しているときは補正を命じ（特133条1項），所定の期間内に補正をしないとき，又は補正をした場合であってもこの補正が要旨変更の禁止に違反するときは，決定をもってその手続を却下することができる（特133条3項）。ただし，この審判長による補正を命ずべき事項は審判請求書の記載を見てわかる範囲に限られ，事実認定と法的解釈を必要とする事項については審判長の一存で判断させるのは妥当ではなく，合議体によって判断すべきであろうとされている*8。この審判請求書の記載からわかる範囲には，単なる記載そのものだけでなく，その記載全体及び提出された書証により容易に理解できる内容を併せ考慮して合理的に解釈できる範囲も含まれるとするものがある（知財高判平27・7・15（平26（行ケ）10262号）裁判所ホームページ）。

　また，この審判請求書は，平成10年の特許法改正前は「請求の理由」についても広範な補正が認められていたものの，同法改正によって，後述するように，要旨を変更する補正が禁止され，平成15年の特許法改正によって一部緩和されたとはいうものの，この補正の制限が維持されていることから（特131条の2），審判請求段階で主要事実及びその証拠を，従属項も含めたすべての請求項に亘って十分に整理しておくことが必要である。

(2)　答弁書・訂正請求

　審判請求書は，審判長による方式審理の後に，特許権者に送達され，特許権者には，この請求書の副本が送達されたとき，指定期間内（通常60日）に答弁書の提出及び訂正請求の機会が付与される（特134条1項・134条の2第1項）。これにより，無効審判請求という攻撃に対する防御の機会が担保されている。

　答弁書提出の機会は，この他，審判長が審判請求書の「請求の理由」について要旨変更補正を許可するとき（特134条2項），及び審判長が必要と認めるとき

─────────
＊7　審判便覧〔第16版〕51-07の3(2)。
＊8　中山信弘＝小泉直樹編『新・注解特許法【下巻】』2119頁〔髙橋隆二〕。

（特施規47条の2第1項）についても付与される。これらの2回目以降の答弁期間については，初回の答弁期間よりも短く，通常30日である*9。

　一方，訂正請求の機会は，①前記最初の答弁期間（特134条1項）のほか，②前記「請求の理由」の要旨変更補正に対する答弁期間（特134条2項），③審決取消訴訟において権利維持審決が判決により取り消されたときに権利者の求めに応じて行う訂正請求のための指定期間（特134条の3），④職権によりされた無効理由通知に対する意見書提出期間（特153条2項），⑤審決の予告に対する訂正請求のための指定期間（特164条の2第2項）についても付与されるが，前記施行規則上の答弁期間（特施規47条の2第1項）については訂正請求が認められていない*10。

　提出された答弁書や訂正請求書については，方式審理が行われ，補正可能な方式違反の場合には補正命令が出され（特134条の2第9項で準用する133条1項），補正をすることができない不適法な訂正請求については弁明書提出の機会を与えた後に，審判長によって決定却下がなされる（特133条の2第1項）。

　同一の審判事件において複数の訂正の請求がされたときは，先にされた訂正の請求は取下擬制される（特134条の2第6項）。この取下擬制の規定は，「その審判事件において」とあることから，同一の権利に対して複数の無効審判が提起され，別々の訂正の請求がなされた場合には適用されない。このため，別々の無効審判事件における別々の訂正請求の確定が相互に影響を及ぼすおそれがあることから，一方の無効審判の審理の中止や，審判の併合が活用される場合がある*11。

(3)　審判請求書等の補正書

　審判請求書などの審判書類については，手続補正書を提出することによって補正することができる（特17条）。ただし，審判請求書の補正については，原則として，その要旨を変更するものであってはならない（特131条の2第1項）。

　審判請求書における当事者の補正については，請求人・被請求人の同一性が失われない場合を除いて要旨変更となり，また共有者の一部のみを被請求人と

＊9　審判便覧〔第16版〕25-01.2の1(1)ア(イ)。
＊10　審判便覧〔第16版〕51-10の2(1)イ，51-11の1(1)。
＊11　審判便覧〔第16版〕51-11の3。

912　第4章　関連手続

して表示した場合，残りの共有者を補充することも原則として要旨変更とされる*12。

　一方，審判請求書における「請求の理由」の補正については，当初の審判請求書に記載された主要事実の存否を判断するのに必要な審理範囲が，補正によって実質的に変更され，それにより大幅な審理のやり直しや権利者の実質的反論を必要とされるようになるかの観点から，要旨変更の有無が判断される*13。

　具体的には，例えば，次のような補正は，一般的に「請求の理由」の要旨を変更するものとして判断される。すなわち，①新たな無効理由の根拠法条の追加や差し替え，②主要事実の差し替えや追加，③直接証拠の差し替えや追加は，一般的に主要事実を事実上追加・変更することになることから，要旨変更として判断される（例えば知財高判平21・7・29（平20(行ケ)10237号）裁判所ホームページ）。

　一方，例えば，次のような補正は，一般的に「請求の理由」の要旨を変更しないものとして許容される。すなわち，①周知事実の追加的な主張立証，②間接事実，補助事実，間接証拠の追加，③審判請求後に行う証拠調べ等における証拠の提示，④訂正要件違反の主張立証，⑤権利者が主張立証する反対事実に対してのみ反論する主張立証，⑥特許権者の抗弁に対する否認であって請求理由を何ら変更しないもの，⑦法律の適用条文の修正などは，一般的に主要事実の変更を伴わないから，通常，要旨変更とはならないとされる（例えば知財高判平21・8・25（平21(行ケ)10046号）裁判所ホームページ）。

　また，この審判請求書における「請求の理由」の補正がその要旨を変更するものであっても，①訂正請求があり，その訂正請求により「請求の理由」を補正する必要が生じたとき，②当初の請求書に記載しなかったことについて合理的な理由があり，被請求人の同意を得られたときには，審理を不当に遅延させるおそれがないことが明らかであることを条件に，当該補正が審判長の決定によって許可されることがある（特131条の2第2項）。

⑷　弁駁書・審理事項通知書・口頭審理陳述要領書

　被請求人により訂正請求がされたときは，請求人に副本を送付し，弁駁書等

---

*12　審判便覧〔第16版〕51-08の1（注）。
*13　審判便覧〔第16版〕51-16の1。

により，請求人に対し訂正請求についての意見を申し立てる機会（弁駁機会）が与えられる。ただし，訂正請求によって無効理由が解消されていないとき，もともとの無効理由が適切でないとき，訂正が軽微であるため，弁駁機会が付与されても新たな無効理由を適法に提示することができないことが明らかなとき等については，請求人に弁駁機会が付与されないことがある[14]。

審理事項通知書は，合議体が口頭審理期日に予定している審理事項を期日前に当事者に伝え，それを踏まえた口頭審理陳述要領書の作成等の準備を促すことにより，口頭審理を円滑に行い，審決に必要な資料を収集するためのものであり，ファックス及び郵便によって当事者に送付される。この審理事項通知書には，合議体の暫定的な見解，明瞭でない記載の釈明など当事者の主張に関する事項，必要に応じて技術説明の督促など，事案に応じて合議体の判断に基づき円滑な口頭審理を行う上で必要な事項が記載される[15]。

口頭審理陳述要領書（特施規51条）は，事実関係が複雑多岐にわたるときでも，当事者の陳述とその聴取を脱落なく確実に行い，さらに，陳述における精緻な理論構成を可能とし，口頭審理を効率よく行うためのものであり，審理事項通知書に提出要請が記載されていることが多い[16]。一般的には，この口頭審理陳述要領書には，審理事項通知書における審判官合議体の求釈明に対する釈明を基本骨格として作成され，郵送により特許庁に提出し，加えてファックスにより書記官及び相手方当事者に送付することが求められる。提出期限は，通常，口頭審理の1〜2週間前に設定される。

(5) 口頭審理

口頭審理陳述要領書が当事者双方から提出された後，原則として口頭審理によって審理が行われる（特145条）。無効審判においては請求人及び被請求人の対立する当事者の直接的な主張により事実の真相を把握する口頭審理に便宜が認められるからである[17]。ただし，この口頭審理では，通常，当事者間で主張をやりとりするのではなく，審判官を通じてやりとりが行われる。

---

*14　審判便覧〔第16版〕51-14の2(3)。
*15　審判便覧〔第16版〕33-08の1.2。
*16　審判便覧〔第16版〕33-07。
*17　特許庁編『工業所有権法（産業財産権法）逐条解説〔第20版〕』464頁。

914　第4章　関連手続

(6)　審決の予告・審決

　審判官合議体による実体審理を経て，審決をするのに熟した場合において，審判の請求に理由があるとき又は訂正請求を認めないときなどの省令で定めるときは，審決前に審決の予告がなされる（特164条の2第1項）。一方，審判の請求に理由がないときなど，審決予告をしないとき，又は審決予告の指定期間内に被請求人が訂正請求等をしないときには，審理終結通知（特156条2項）の上，審決がなされる（特157条）。

　無効審決が確定したときは，後発的無効理由を除き，権利は初めから存在しなかったものとみなされる（特125条）。また，平成23年の特許法改正によって，侵害訴訟等の一定の訴訟の終局判決が確定した場合は，この無効審決確定を理由とする確定判決の再審は制限されることとなった（特104条の4）。これにより紛争の蒸し返し防止を図っている。さらに，この審決の確定したときは，審判の当事者及び参加人は同一の事実及び同一の証拠に基づいてその審判を請求することができない（特167条）。平成23年の特許法改正前は一事不再理について第三者効を有していたが，同改正によって無効審判の当事者等に制限されたものである。

Ⅳ　無効審判と特許権侵害訴訟との関係

(1)　ダブルトラック下での無効審判の意義

　特許法104条の3には，「特許権又は専用実施権の侵害に係る訴訟において，当該特許が無効審判により又は当該特許権の存続期間の延長登録が延長登録無効審判により無効にされるべきものと認められるときは，特許権者又は専用実施権者は，相手方に対しその権利を行使することができない。」と規定されている。この規定の趣旨について，逐条解説*18には以下のように述べられている。

　すなわち，「特許の有効・無効の対世的な判断は，特許無効審判手続の専権事項であり，特許無効審判の無効審決が確定するまで特許は有効として扱わ

---

*18　前掲*17・逐条解説〔第20版〕334～335頁。

れ，裁判所も特許権等の侵害訴訟の場面ではその有効性を対世的に否定することはできない。他方で，いわゆるキルビー判決（最判平成12年4月11日民集54巻4号1368頁）は，特許の無効審決が確定する以前であっても，特許権等の侵害訴訟を審理する裁判所は，審理の結果，当該特許に無効理由が存在することが明らかであると認められるときは，その特許権に基づく差止め・損害賠償等の請求は，特段の事情がない限り，権利の濫用に当たり許されない旨判示し，特許権に基づく差止め・損害賠償等の請求を訴訟物とする侵害訴訟における理由中の判断において無効理由の存在の明白性を判断する限度において，特許の無効理由の存否に関する裁判所の間接的・相対的な判断の余地を例外的に承認した。

そこで，平成16年の裁判所法等の一部改正により，特許の有効・無効の対世的な判断は無効審判手続の専権事項であり，裁判所は侵害訴訟の場面では特許の無効理由そのものを直截に判断する権能を有しないという従前の法制の基本原則を前提としつつ，特許制度の特殊性を踏まえ，キルビー判決がその根拠とした衡平の理念及び紛争解決の実効性・訴訟経済等の趣旨に則してその判例法理を更に推し進め，無効理由の存在の明白性の要件に代えて，侵害訴訟において，当該特許が特許無効審判により無効にされるべきものと認められるときは，当該訴訟におけるその特許権の行使は許されない旨を明文の規定で定めることにより，紛争のより実効的な解決等を求める実務界のニーズを立法的に実現することとした。」，とされている。

このように，キルビー判決の後，この特許法104条の3が施行されたことにより，特許の有効性に関して，従前どおりの「無効審判ルート」に加え，同法104条の3に基づく「侵害訴訟ルート」が認められ，2つのルートでそれぞれ判断されるダブルトラックが生じ得ることとなった。

このダブルトラックについては，種々の問題点，例えば各ルートにおける判断の齟齬，制度の効率性，特許権者の手続負担，裁判所における技術専門性についての懸念などが指摘されている[19]。また，ダブルトラックを解消してシ

---

[19] 産構審知財政策部会第28回特許制度小委員会「資料1：特許の有効性判断についての『ダブルトラック』の在り方について」8頁，中山信弘＝小泉直樹編『新・注解特許法【下巻】』2022～2030頁〔小林純子〕など。

916 第4章 関連手続

ングルトラックで紛争を解決するのが好ましいとの意見もある[20]。このように，ダブルトラック問題については，未だ議論の真っ直中にあるものの，現行の制度下ではこのダブルトラックが許容されているため，審判請求人（又は侵害訴訟における被告）の選択によってダブルトラックが発生し得る状態となっている。

では，審判請求人等は，現行制度下でダブルトラックを選択するメリットはあるのであろうか。

この点について，平成23年の特許法一部改正による再審の訴え等における主張が制限されたことによって（特104条の4），いわゆるダブルトラックにより争う実益は，法改正前と比較すると格段に乏しくなったことから，侵害訴訟における被告としては，特許無効の抗弁の主張に専念することが重要であるとの意見もあるものの[21]，「侵害訴訟ルート」については未だに不確定な要素も存在し，制度として確立した無効審判を適切な時期に請求することが現状ではそれなりのメリットがあると考えられる。

すなわち，無効審判においては，①弁論主義を採用する侵害訴訟と異なり，職権探知主義（特153条）により専門官庁としての特許庁の審判官によって審理される。このため，無効審判においては，周知事実や被請求人が不同意であったがために採用されなかった証拠などが採用される場合があり[22]，審判請求人の主張が補完されることがあるという実益がある。②また，無効審判が請求された以降については訂正の機会が制限される（特126条2項）。このため，特許権者に自由に訂正させないという点での実益がある[23]。③しかも，侵害訴訟の被告側が無効審判を請求することで，2つのルートのうちどちらか一方のルートで勝訴すれば足りることから（いわゆるダブルチャンス），実務上，判断機会を複数回得られるという実益があると考えられる[24]。

---

[20] 村林隆一「特許無効審判制度と特許侵害訴訟制度との重複審理－ダブルトラックの解消－」知財ぷりずむ64号15～17頁，飯村敏明＝設樂隆一編著『ＬＰ(3)知的財産関係訴訟』139～141頁〔清水節〕。

[21] 三村量一「平成23年改正特許法施行後における特許関係訴訟の状況と留意点」Ｌ＆Ｔ60号30頁。

[22] 審判便覧〔第16版〕51-18の1。

[23] 三村・前掲[21]・30～31頁。

[24] 髙部眞規子「特許法改正と特許の有効性をめぐる審理の在り方」特研52号9頁。

このように，侵害訴訟の被告にとって，無効審判の請求をすることは相応の実益があると考えられる。ただし，この無効審判の請求のタイミングは，個別事案に応じて当然に変わるものであり，一概にはいえないものの，少なくとも侵害訴訟が提起された場合にはできる限り早く請求されることが望まれる。近年，審判の審理が迅速化してきている中，審決を前提として無効の抗弁の判断を行うこともあり，少なくとも知財高裁において審決との判断の統一が期待できるからである*25。

(2) 「侵害訴訟ルート」における特許権者の訂正（訂正の再抗弁）の機会について

ところで，昨年，最高裁において，訂正の再抗弁に関する判決が出された（最判平29・7・10（平28(受)632号）裁判所ホームページ〔シートカッター事件〕）。

この最高裁判決は，控訴審で新たに主張された無効の抗弁に対して，別の無効理由に係る審決取消訴訟が既に係属中であることを理由に上告人が訂正の再抗弁を主張しなかったことに関し，「事実審の口頭弁論終結時までに訂正の再抗弁を主張しなかったにもかかわらず，その後に訂正審決等が確定したことを理由に事実審の判断を争うことは，訂正の再抗弁を主張しなかったことについてやむを得ないといえるだけの特段の事情がない限り，特許権の侵害に係る紛争の解決を不当に遅延させるものとして，特許法104条の3及び104条の4の各規定の趣旨に照らして許されないものというべきである。」と判示したものである。

この判決では，さらに「上告人は，原審の口頭弁論終結時までに，原審において主張された本件無効の抗弁に対する訂正の再抗弁を主張しなかったものである。そして，上告人は，その時までに，本件無効の抗弁に係る無効理由を解消するための訂正についての訂正審判の請求又は訂正の請求をすることが法律上できなかったものである。しかしながら，それが，原審で新たに主張された本件無効の抗弁に係る無効理由とは別の無効理由に係る別件審決に対する審決取消訴訟が既に係属中であることから別件審決が確定していなかったためであるなどの前記1(5)の事情の下では，本件無効の抗弁に対する訂正の再抗弁を主

---

*25　清水・前掲*20・140〜141頁。

918　第4章　関連手続

張するために現にこれらの請求をしている必要はないというべきであるから，これをもって，上告人が原審において本件無効の抗弁に対する訂正の再抗弁を主張することができなかったとはいえず，その他上告人において訂正の再抗弁を主張しなかったことについてやむを得ないといえるだけの特段の事情はうかがわれない。」として上告を棄却している。

　しかしながら，この判決は，控訴審で初めて主張された無効の抗弁を回避するために，この控訴審で訂正の再抗弁を主張することが不可欠であることを前提としているとも考えられ，無効審判での訂正機会と比較すると，特許権者にとって些か酷に失する判断ではなかろうか。

　すなわち，無効審判では，上述のように，最初の答弁期間（特134条1項）で訂正請求を行わなくとも，裁判官又は審判官による客観的な判断を受けた後にこの判断の内容を精査した上で訂正請求を行う機会が保障されている（特134条の3・164条の2第2項）。これに対し，上記判決によると，侵害訴訟では，控訴審において初めて主張された無効の抗弁に対して訂正の再抗弁の主張が必須となる一方，この無効の抗弁に対する初めての客観的な判断である控訴審判決を精査した上で訂正する機会が認められないということになりかねない。この控訴審での訴訟指揮がいかなるものであったのか，すなわち特許の有効性に関する心証開示が具体的にあったのか否か定かではないものの，仮に心証開示がなかったとしたならば無効審判に比べて特許権者の訂正機会が制限される結果となりかねない。したがって，このような事案にあっては審判請求人等は例外的に無効審判を請求せず，「侵害訴訟ルート」に絞ったシングルトラックの選択も一考の価値があると考えるところである。

　ただ，この点についてもこの最高裁判決を受けて今後の下級審での取扱いの如何にかかっており，今後の行方を注視しておく必要があろう。

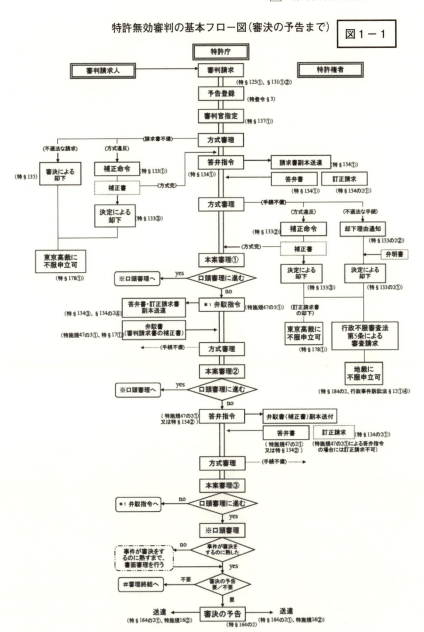

74 特許無効審判請求 919

図1-1 特許無効審判の基本フロー図（審決の予告まで）

920 第4章 関連手続

特許無効審判の基本フロー図(審決の予告後)　図1-2

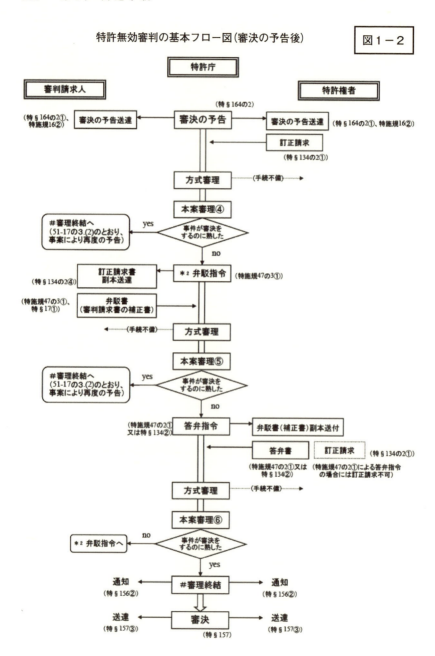

75 口頭審理の運用

藤 井 　 淳

無効審判手続における口頭審理の運用について説明せよ。

キーワード 書面審理，口頭弁論，審理事項通知書，口頭審理調書，口頭審理陳述要領書，審尋

I　口頭審理とは

　口頭審理は，特許庁における審判の審理方式の一つであり，議論すべき事項について審判官と当事者とが口頭でやりとりする方式である。特許法145条において，「特許無効審判及び延長登録無効審判は，口頭審理による。」と規定されているとおり，特許法では上記2つの無効審判において，原則として口頭審理により審理がなされるが，通常は書面審理も併用される（特145条1項ただし書）。

II　口頭審理の意義

(1)　書面審理との対比における意義

　特許庁の審判における審理方式として口頭審理と書面審理があるが，書面審理との対比において，口頭審理の意義（利点）は以下のとおりである。

　当事者対立構造をとる無効審判においては，両当事者の主張内容，両者間における争点等を的確に把握しようとすると書面審理だけでは限界があり，また時間を要することもある。これに対し，口頭審理では，両当事者の意見・考えを口頭で直接やりとりすることによって書面での主張を補い，より正確な審理を行うことが可能となる。

922 第4章 関連手続

(2) 民事訴訟における口頭弁論との対比における意義

民事訴訟では，裁判官と原告及び被告が法廷で直接対面して口頭で議論するのに対し，口頭審理においても審判官と請求人及び被請求人が審判廷で直接対面して口頭で議論するという形式面では共通しているが，その法的な位置づけが異なる。

(a) 民事訴訟では，必ず口頭弁論を開かなければならない旨を規定（必要的口頭弁論）しており，口頭弁論での主張を法的に有効とするためには口頭による陳述が必要である。これに対し，特許庁における審理は，口頭審理及び書面審理のいずれによることもできるので（特145条1項），例えば，口頭審理を経ておらず，書面のみの主張であっても有効に陳述されたことになる。すなわち，無効審判の口頭審理では，民事訴訟の口頭弁論とは異なり，書面で提出されたものを審判官の面前であらためて口頭で逐一陳述しなくても，適法な主張として取り扱われる。

(b) 民事訴訟では，弁論主義が採用されているため，当事者が争わずに認めた相手方の主張が事実認定の対象となる。これに対し，口頭審理においては，自白の拘束力なるものはない反面，当事者又は参加人が申し立てない理由についても審理できるという職権主義のもとで審理される（特153条1項）。したがって，例えば，審判請求書に記載された無効理由とは異なる無効理由に対する意見（釈明）が口頭審理の場で当事者に求められることがある。

Ⅲ　口頭審理の実際の進め方

(1) 形式的事項

(a) 口頭審理の対象となる事件

口頭審理は，原則としてすべての無効審判が対象となる（特145条1項）。ただし，審判長は，当事者若しくは参加人の申立てにより又は職権で，書面審理によるものとすることができる（特145条1項ただし書）。

口頭審理が実施されないケースとしては，例えば，①当事者及び参加人の全てが書面審理によることを申し立てている場合，②当事者が争わないことが明らかな場合（例えば，指令に対して答弁書，弁駁書等が提出されないとき，当事者が争わ

ないことを申し立てているとき等），③審判請求が不適法であって却下される場合等が挙げられる＊1。

　口頭審理又は書面審理のいずれを採用するかについては，当事者若しくは参加人の申立てにより又は職権で決定されるが，実務上は審判長の職権により判断されることが多い。

　審判長が書面審理を採用すると判断した場合，その判断に対して直接に不服申立てをする手段は設けられていない。

　ただし，その審決に対する審決取消訴訟において，その判断の適否について実質的に争うことは可能である。例えば，冒認出願を無効理由とする無効審判事件で職権により書面審理のみとしたうえでなされた特許維持審決を手続上の瑕疵があるとして取り消された事例がある（知財高判平21・6・29（平20（行ケ）10427号）裁判所ホームページ〔基板処理装置事件〕）。この事例では，「本件審判手続において，①原告は，冒認を疑わせる事情を具体的に主張していた，②被告は，『審判事件答弁書』及び『上申書』を提出したのみで，その他には，『特許出願がその特許に係る発明の発明者自身又は発明者から特許を受ける権利を承継した者によりされたこと』について，具体的な主張立証活動を何ら行っていなかった，③審判官は，書面審理の方式に変更した，④原告は，審判官に対し，口頭審理を開催し，主張立証責任の原則に則り，被告等の当事者本人尋問，証人尋問を行い，本件特許出願が冒認出願であることに関して真相究明を尽くすことなどを求めた，⑤しかし，審判体は，審理を終結して，本件審決をしたものである。本件審判手続は，上記のような経過であり，その具体的な争点の内容，性質に照らすと，口頭審理によるべきであるが，それにもかかわらず，職権で，冒認出願を理由とする無効審判の審理を口頭審理から書面審理に変更した点において，著しく公正を欠く審理であるというべきである。審判手続の進行や審理の方式については，審判体（審判長）に合理的な裁量があることを考慮してもなお，その裁量を逸脱しているものといえる。そして，このような手続上の瑕疵は，結論に影響を及ぼす誤りということができる。」と判示されている。

＊1　審判便覧〔第16版〕33-00.1の1。

924　第4章　関連手続

(b) 口頭審理の実施時期，実施回数等

(イ) 口頭審理の実施時期　　無効審判の手続では，概ね審判請求書の提出→答弁書・訂正請求書の提出→（必要に応じて）審決の予告→審決という流れで進行するが，一般的には両当事者の主張・立証が出揃った段階で口頭審理が行われる。すなわち，被請求人（特許権者）から答弁書・訂正請求書が提出された後であって，一定期間経過した後に口頭審理が開催されることが通例である。ただし，一定の場合には，審理の早い段階（例えば，被請求人の答弁書提出前）で口頭審理が開催されることもある*2。

(ロ) 口頭審理の開催回数　　法律上は口頭審理の開催回数は制限されていないが，実務上は1回であることが多い。この点において，期日ごとに当事者が出頭して審理が進められる訴訟手続（口頭弁論，弁論準備手続等）と異なる。

なお，一定の場合には，口頭審理が2回以上開催されることもある。一定の場合としては，例えば，①審理の早い段階で第1回目の口頭審理が行われた後，答弁書及び訂正請求書が提出された後にあらためて第2回目の口頭審理が開催される場合，②証人尋問又は検証を行う場合，③口頭審理開催後に別の無効審判と併合審理となった後にあらためて口頭審理が開催される場合等が挙げられる。

(ハ) 口頭審理に要する時間　　一般的には概ね2時間程度とされており，裁判所の期日（証人尋問期日を除く）における時間よりも長いとされている*3。ただし，上記(イ)のとおり，基本的に口頭審理は1回で完了させることが多いため，事案の内容によっては3時間以上を要することもある。

なお，口頭審理では，適当に時間を区切って休憩時間がとられる。

(ニ) 口頭審理の開催場所　　原則として，特許庁審判廷が指定される。ただし，当事者双方が同じ地域である場合，当事者の希望により当該地域での口頭審理が開催される。また，場合によっては，当事者の一方の所在地（東京以外の地域）で開催される場合もある。

(c) 口頭審理の出頭者

口頭審理で出頭できる者は，通常は当事者及び当該無効審判事件に係る代理

＊2　審判便覧〔第16版〕33-00.1の2。

＊3　中山信弘＝小泉直樹編『新・注解特許法【下巻】』2212頁〔髙橋淳〕。

人（弁理士，弁護士，指定代理人等）である。

訴訟手続では代理人のみが出頭者となることが通例であるが，口頭審理では，①原則として1回のみの開催であって，そこで重要な議論を口頭で済ませておく必要性が高いこと，②技術知識を備えた審判官との間で専門技術的な議論がなされることが多いこと等の理由から，当事者の従業員（特に発明者，知財担当者）も代理人とともに出頭者となることが多い。

ここで，上記の「当事者」とは，法人にあってはその法人の代表者を意味するので，代表者以外の者（当該法人の従業員等）が出頭する場合は別途に委任状が必要となる。

なお，口頭審理は，原則として公開されるので（特145条5項），傍聴人席において傍聴することが可能である。

(2) 実体的事項

(a) 口頭審理の準備

審判官が口頭審理の時期を検討したうえで，当事者双方に電話又はファックスで期日の調整が行われた後，期日が決定される。期日決定後，当事者は，期日請書を特許庁に提出する。

(b) 口頭審理に関連する書面（特許庁から送付される書面）

(イ) 審理事項通知書　審判官より当事者に送付される書面として，審理事項通知書がある。この通知書は，本件発明の内容等に関する審判官の見解を口頭審理の期日に先立って事前に当事者に示すものである。

より具体的には，例えば，①審判合議体の暫定的な見解（本件発明，引用発明，両者の一致点，相違点等の事実認定に関する見解，記載不備等の無効理由についての見解，審決の形式に近い予備的な見解等），②当事者の主張に関する事項（当事者が争点としている事項，審判合議体が審決を起案する上で論点となる事項等），③技術説明の求め（本件発明及びその背景等の技術説明の求め等）が示される。

(ロ) 審尋書　審判長は，口頭又は文書により，当事者及び参加人を審尋することができる（特134条4項）。特に，文書により審尋する場合は，審判長名の審尋書によって行われることになる。審尋は，口頭審理による事件においては，口頭審理期日外でも当事者に対して口頭又は文書で審尋することができる*4。例えば，口頭審理期日に審理した結果，審判官がさらに当事者に対し

926　第4章　関連手続

て審尋する必要が生じた場合は，審尋書が当事者に対して送付される。

　また，口頭審理では，審判長は，事件関係を明らかにするため，事実上及び法律上の事項に関し，当事者又は参加人に対して問いを発し，又は立証を促すことができる（特施規52条の2）。したがって，例えば，口頭審理期日外において，追加実験等の実施（実験報告書の提出）を指示することもできる。

　(ハ)　口頭審理調書　　調書に記載される内容は，事件番号，期日，審理の公開又は非公開，場所，出頭した当事者，合議体（審判官の氏名），審判書記官等の形式的事項に加え，陳述者と陳述の内容の要点が簡潔に記録される。また，各種の告知事項（後記(d)「口頭審理での審理」参照）のほか，当事者に書面（回答書，書証等）の提出を求めたときはその提出期限も記載される。さらに，審理を終結する旨，審決をするのに熟した旨，書面審理の移行する旨等も調書に記載される。

　その他にも，例えば，①審判請求書等の誤記修正の内容，②無効理由の一部取下げ，③請求人の主張の撤回，④請求人適格に関する意見の有無，⑤本件発明と引用文献との対応関係，⑥審判請求書に基づかない主張の存在，⑦証拠の撤回（甲号証を「参考資料」に変更することを含む），⑧用語の定義に関する当事者の主張内容，⑨特定の事実に関する証拠の不存在等が記録される。

　(c)　口頭審理に関連する書面（当事者が提出する書面）

　(イ)　口頭審理陳述要領書

　（i）　口頭審理陳述要領書（特施規51条）は，口頭審理の期日に当事者が主張する内容を記載するものである。口頭審理陳述要領書には，例えば，ⓐ審理事項通知書において審判官から照会されている事項に対する回答，ⓑ審判請求書，答弁書等の補足又は訂正，ⓒ審判請求書，答弁書等の主張の骨子（要点）等を記載する。

　もっとも，審判請求書，答弁書等において明確かつ十分に主張・立証できている場合は，必ずしも口頭審理陳述要領書を提出する義務はなく，提出命令及びその不提出による罰則規定のようなものはないが，審判官の理解の助けのために少なくとも上記ⓒのような書面を提出したうえで口頭審理に臨むことが望

────────────

＊4　審判便覧〔第16版〕37-02。

ましいといえる。

　(ii)　口頭審理陳述要領書の提出時期としては，口頭審理の期日に先立って提出するものであり（通常は期日の1〜2週間前*5），その具体的な提出期限は審理事項通知書で予め指定されることが多い。

　(iii)　口頭審理陳述要領書の提出回数は，特に制限されておらず，必要に応じて2回以上提出することができる。例えば，請求人による第1回目の口頭審理陳述要領書に反論するために被請求人が第2回目の口頭審理陳述要領書を期日までに提出する場合等がある。

　(iv)　口頭審理陳述要領書の正本及び副本の提出先は特許庁であり，相手方にはファックスで送付する。この点，副本を相手方に直送する訴訟手続とは異なる。また，訴訟手続とは異なり，特許庁の手続では代印が認められていないので*6，代理人が複数の場合は，口頭審理陳述要領書においても代理人全員の印鑑を押印することが必要である。

　(ロ)　証拠説明書　　口頭審理陳述要領書等の提出に併せて証拠を提出する場合，原則として証拠説明書（正本及び副本）も提出する。

　(ハ)　その他の書面　　その他の口頭審理に関連する書面としては，審尋（審尋書）に対して回答する場合は回答書，口頭審理での陳述を補うための上申書等を提出することもある。

　(d)　口頭審理での審理

　(イ)　審判合議体（審判長）がなすべきこと　　一般的には，①事件の呼上げ，②出頭者の確認，③審理，④各種告知，⑤調書記載事項の確認，及び，⑥終了の宣言の順に進められる。

　上記の「①事件の呼上げ」では，審判番号と特許番号により事件の特定が行われる。

　上記の「②出頭者の確認」においては，審判請求人側，被請求人側の出頭者について審判長から確認が行われる。この場合，審判長からの指示により，代理人，当事者等の自己紹介を行うことが慣行となっている。

＊5　審判便覧〔第16版〕33-07の(1)。
＊6　審判請求書等の様式作成見本・書き方集「第2節　無効審判請求書の作成要領」「8.『印鑑の押印』について」特許庁ホームページ参照。

928　第4章　関連手続

上記の「③審理」においては，ⓐ手続の経緯の概要，ⓑ請求の趣旨，理由の概要，証拠の成立認否，ⓒ口頭審理陳述要領書についての確認が行われたうえで，審判の早い段階で口頭審理が開催される場合を除き，通常は口頭審理の期日までに審判請求書，答弁書，弁駁書，口頭審理陳述要領書等が提出され，当事者双方の主張・立証がひと通り出揃った状態になるので，審判官が当事者に釈明を求める事項を中心に審理が進められることになる。また，場合によっては，口頭審理と同じ期日に証人尋問等の証拠調べが実施される*7。

上記の「④各種告知」では，口頭審理の進行は，通常は審判長主導で行われ，必要に応じて各種通知等が告知される。例えば，ⓐ職権による無効理由通知，ⓑ答弁・弁駁の指令，ⓒ補正の許否の決定，ⓓ訂正拒絶理由通知等がある。また，形式的な通知としては，例えば，ⓐ（第2回目の口頭審理を行う場合）次回口頭審理の期日の告知，ⓑ書面審理通知等がある。

上記の「⑤調書記載事項の確認」では，当事者の主張が十分になされた後，審判長は，当事者に対して調書に記載を求める事項を確認する。調書に記載される事項は，前記(2)(b)(ハ)「口頭審理調書」で述べたとおりである。

上記の「⑥終了の宣言」において，上記の通知を終えた後，審判長は，閉廷を宣言して当該期日における口頭審理を終える。

㈣　当事者がなすべきこと　　当事者は，審判請求書，答弁書等に記載した内容について陳述するが，前記Ⅱ「口頭審理の意義」でも既述したとおり，審判請求書等に記載した内容と同じであれば，特に陳述する必要はない。審判請求書，答弁書，口頭審理陳述要領書等に記載されている事項は，あらためて陳述しなくても審決の基礎となる。また，民事訴訟における口頭弁論とは異なり，例えば「書面（審判請求書）のとおり陳述します。」等の形式的な陳述を逐一行う必要もない。

したがって，口頭審理においては，当事者は，提出した書面の中で特に強調しておきたい点，整理して陳述したい点等を主張することになる。また，争点についての釈明をすることもできる。また，必要に応じて，本件技術，背景技術，商品取引実態等の説明をすることができる。

＊7　審判便覧〔第16版〕35-01の2。

そのため，審理事項通知に対する回答等について，出頭者が口頭審理において主張する内容について予め十分に準備し，その内容及び説明方法について当事者と事前に打ち合わせておくことが必要である。また，期日当日に予想される相手方の主張，審判合議体からの主張の撤回・取下げの要請等について，口頭審理において的確に回答できるように準備しておくことが望ましい。

特に，訂正請求がなされた場合は，請求人は訂正後の発明内容との関係で無効理由及び証拠を予め整理しておくことも望ましい。訂正請求がされたことにより，請求人の目的が達成できるような場合（例えば，請求人の製品が訂正後の発明内容から明らかに外れるようになった場合）は，以後の手続にコストをかけないような戦略を立てることも必要となる。

また，審判官による審尋等に対して口頭で釈明することもある。審尋に対する回答に際し，実験，詳細な調査等が必要である場合は口頭審理の期日外で書面（回答書等）で回答する場合もある。また，代理人自身が即答できないが発明者に照会すれば口頭審理中に回答できるような場合は，発明者との打ち合わせのために審判官に休廷を申し出ることもできる。休廷時間の長さは，必要に応じてその都度決定されるが，通常10分から20分程度とされている*8。

当事者にとって重要な陳述を相手方が行った場合は，審判官に調書に記録しておくことを求めることもできる。例えば，本件発明の請求項に記載された用語の意味を被請求人が口頭審理で明らかにした場合，その旨を調書に記録することを求めることも可能である。

(3) 口頭審理後の手続

(a) 審判官がなすべきこと

口頭審理で予定されていた審尋をすべて行い，争点整理が完了したと判断されると，口頭審理を終えることになる。この場合，その口頭審理において，上申書等の提出が指示された場合は，書面審理に移行する。一方，口頭審理終了時点で審決するのに熟したと判断される場合は，審決の予告又は審決が行われる*9。

(b) 当事者がなすべきこと

---

*8 特許庁審判部『口頭審理実務ガイド』20頁，特許庁ホームページ。
*9 特許庁審判部編『平成23年改正法における無効審判及び訂正審判の実務の考え方』149頁。

930　第4章　関連手続

(イ)　口頭審理期日中又は期日外で口頭又は書面で審尋を受けた場合は，回答書等によって回答を行う。

(ロ)　職権による無効理由通知，答弁指令，弁駁指令等が発せられた場合は，それらに応答する書面を指定の期間内に提出する。また，必要に応じて訂正請求書を提出する場合もある。

(ハ)　特許庁から指令等を受けていない場合であっても，口頭審理で説明が不足していた部分，強調したい点等があれば，上申書により補足説明することは可能である。

(ニ)　口頭審理での調書を入手する必要があるが，通常は審判書記官から当事者双方に調書の写しがファクシミリで送付される[*10]。ただし，例えば，証人尋問を行った場合等の録音内容については，「録音テープ等の書面化申請書」（反訳書面），「録音テープ等の交付申請書」（DVD-Rへの複製の申出）を提出して各資料を入手する。

Ⅳ　口頭審理と審決取消訴訟との関係

(1)　口頭審理の主張内容と審決取消訴訟

無効審判の審決に対する審決取消訴訟において，口頭審理で主張した内容をあらためて主張する場合がある。この場合，口頭審理で主張した内容をコピー&ペーストでそのまま主張することの適否について検討を要する。すなわち，取消理由との関係において，①口頭審理で主張した内容を修正する必要が生じる場合があるほか，②審判官向けの表現を裁判官向けの表現に変更しなければならない場合もある。

上記①では，特に原告において，その取消理由（本件発明の認定の誤り，引用発明の認定の誤り，相違点の認定の誤り等）との関係で，口頭審理で主張した内容がそのままあてはまらなくなることも生じる。このため，取消理由の内容に沿った形で，口頭審理で述べた内容を適宜編集することが必要である。

上記②では，例えば，技術的に複雑な事案，専門用語が多い分野（化学・バ

─────────
[*10]　審判便覧〔第16版〕33-04の4。

イオ系）の事案等では，その技術内容を審判官は比較的容易に理解できたとしても，裁判官にとっては正確な理解に時間を要することもある。このため，口頭審理で主張した内容をあらためて裁判所で主張するにしても，その内容が裁判官に容易に理解してもらえるかどうかを検証したうえで書面を作成することが重要といえる。

(2) 口頭審理の主張内容と審決書

口頭審理（又は口頭審理陳述要領書等）で主張した内容が直接的に審決書で取り上げられなかった場合，審理不尽等の理由を取消理由とすることがある。審決書で取り上げられない場合としては，例えば，①口頭審理（又は口頭審理陳述要領書等）で主張した内容が審判請求書の内容から逸脱している場合，②口頭審理で主張した内容が審決書で直接的に言及されていなくても，当事者が主張した内容が実質的に検討されている場合等がある。このため，口頭審理で主張・立証した内容につき判断遺脱，審理不尽等を取消理由とする場合は，上記のようなことを踏まえて慎重に検討する必要があるといえる。

上記①の事例では，原告（無効審判における審判請求人）が口頭審理陳述要領書で初めて主張した無効理由は，審判請求書の要旨を変更するものに該当するとして，原告の主張を斥けた事案がある（知財高判平24・9・27（平23(行ケ)10154号）裁判所ホームページ〔複数ロボットの制御装置事件〕)。この事案では，裁判所は，「上記『その他の記載不備』に係る無効理由は，審判請求書に記載のなかった無効理由であり，要旨を変更するものと認められるが，本件無効審判においては，証拠に照らし，上記各号のいずれかに該当する事由があると認めることはできないし，審判長が当該補正を許可したと認めることもできない。したがって，『その他の記載不備』にかかる無効理由は，本件無効審判の無効理由を構成するものではないから，本件審決に，原告主張の判断遺脱があるということはできない。」と判示している。

上記②に関連する事例としては，最近では，例えば，知財高判平21・9・30（平21(行ケ)10061号）裁判所ホームページ〔真空浸炭方法事件〕，知財高判平29・2・28（平28(行ケ)10103号）裁判所ホームページ〔捆線器事件〕，知財高判平29・8・3（平28(行ケ)10119号）裁判所ホームページ〔ワイパモータ事件〕等が挙げられる。 ■

932 第4章 関連手続

76 訂　正

古谷　栄男

```
特許の訂正とは何か。訂正の要件について説明せよ。
```

キーワード　訂正，キャッチボール現象，実質上の変更，特許請求の範囲の減縮

I　訂正の意義

　「特許の訂正」とは，特許権者が願書に添付した明細書，特許請求の範囲又は図面の訂正を求める手続である。訂正審判（特126条1項）の請求又は特許無効審判・特許異議申立てにおける訂正請求（特134条の2第1項・120条の5第2項）によって行う。

　特許権は登録によって発生し（特66条1項），願書に添付した特許請求の範囲，明細書，図面によってその内容が決定されるものである（特70条1項・2項）。したがって，登録後にこれらの記載内容を変更することは好ましくない。

　しかし，特許後に新たな公知事実に基づいて，無効が主張された場合などにおいて，これに対抗するための訂正を一切認めないのは特許権者に酷である。また，誤記や不明瞭な記載によって特許権の範囲が曖昧となり，これを放置することは第三者にとっても好ましくない。

　そこで，第三者の利益を害さない限度において，登録後における特許の訂正が認められている。なお，特許の訂正は，無効審判請求や異議申立てに対する対抗手段として請求されることが多い。

II　訂正が認められる主体

　訂正審判・訂正請求を行うことができるのは，特許権者のみである（特126条

1項・134条の2第1項・120条の5第2項）。特許権が共有に係る場合，共有者の全員が共同して請求しなければならない（特132条3項）。なお，実施権者等がいる場合，その同意が必要である（特127条）。

Ⅲ　訂正が認められる時期

　訂正は，確定した特許権につきなされるものであるから，審判手続により慎重に判断される。特許法は，訂正手続のために訂正審判を設けており（特126条1項），訂正は訂正審判にて行われることになる。ただし，実務上の問題から，特許異議申立て・無効審判の請求から審決（決定）の確定までの間は，別個独立した訂正審判は請求できず，特許異議申立て・無効審判にリンクした訂正請求を行うものとされている。

　訂正審判は特許権者が特許庁に対して訂正を請求するものであり，特許異議申立て・無効審判は特許権者と申立人・請求人との当事者対立構造であって，その構造は違ったものである。したがって，訂正審判は，特許異議申立て・無効審判とは別個のものとして審理がなされるのが当然とも考えられる。

　しかし，特許の訂正は，特許異議申立てや無効審判が請求された際に，申立理由や無効理由を取り除くための対抗手段として利用されることが多い。このため，別個のものとして審理をするとしても，訂正審決の遡及効（特128条）によって生じる両審決（決定）の齟齬を避けるために訂正審判の審決が確定するまで無効審判の審理を中止しなければならず，審理が遅延することとなる。

　また，特許を無効にする審決に対する取消訴訟（特178条1項）の係属中に，特許請求の範囲を減縮する訂正審決が確定すると，無効審決の対象となった特許発明が変わるため，無効審決を取り消さなければならない。減縮によって新たな発明構成要件が付加されているので，訂正前の特許発明について対比された公知事実だけでなく，その他の公知事実との対比を行わなければ無効の判断ができないから，特許庁において再度審理する必要があるためである（最判平11・3・9民集53巻3号303頁）。

　このため，次頁の**図A**に示すように特許庁と裁判所との間でキャッチボール現象と呼ばれる事件の往復が生じていた。

図A　キャッチボール現象

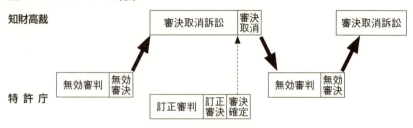

　そこで、このような審理の遅延や審理の無駄をなくすため、特許異議申立て・無効審判が特許庁に係属してから、決定・審決が確定するまでの間は、訂正審判の請求はできないものとした（特126条2項）。そして、この間において、訂正は、特許異議申立て・無効審判の中で訂正の請求として処理されることとなった（特134条の2第1項）。

　一方、決定・審決が確定するまでは訂正審判の請求が一切できないとすると、取消決定・無効審決に対応した取消理由・無効理由を解消するための訂正が認められなくなり、特許権者の利益をあまりにも制限することになる。そこで、審決と同等の審決の予告を行い、審決予告から所定の期間は訂正請求を行うことができるようにしている（特164条の2）。

(1) 訂正審判による訂正が認められる時期

　訂正審判は、特許権の設定登録がなされた後に請求することができる。特許権者が請求できるものだからである（特126条1項）。また、特許料の不納や存続期間満了などによって特許権が消滅した後も請求することができる（特126条8項本文）。無効審判が特許権の消滅後においても請求できることに対応して（特123条3項）、訂正審判もまた特許権の消滅後にもできるとしたものである。すなわち、特許権存続中の侵害行為について特許権消滅後に損害賠償を請求した際に、特許無効の抗弁がなされるのを防ぐため、あらかじめ訂正審判の請求ができるようにしている。

　ただし、特許異議申立ての取消決定によって取り消され、又は無効審判によって無効にされた後は、訂正審判は請求できない（特126条8項ただし書）。特許が無効（取消し）にされた後に訂正審判を認めると、その遡及効（特128条）によ

り，確定した無効審決（取消決定）についての再審理由になり，制度を複雑化することになってしまうからである。

(2) 訂正請求による訂正が認められる時期

特許異議申立て・無効審判が特許庁に係属してから，決定・審決が確定するまでの間は，訂正審判による訂正はできない（特126条2項）。決定・審決が未確定な状態で，遡及効のある独立した訂正審決が出されると，上述のキャッチボール現象が生じるためである。この間の訂正は，異議申立て・無効審判とリンクした訂正の請求によらなければならない。

異議申立て・無効審判は，その申立て又は請求がなされた時に特許庁に係属する（特17条参照）。しかし，特許法126条2項に関し，特許庁は，申立書副本又は請求書副本が特許権者に送付・送達された時をもって「特許庁に係属」したものとして扱っている[1]。本条の趣旨に鑑みて，必要以上に特許権者の訂正する権利を制限しないようにしたものである。したがって，異議申立て・無効審判請求がなされてから，その副本が特許権者に送付・送達された時までに請求された訂正審判は適法なものとして扱われる。

無効審判において訂正請求を行うことができる時期は，以下(i)〜(iv)のとおりである（特134条の2本文）。

(i) 審判請求書副本送達（請求の理由の要旨変更が許可された場合の副本送達を含む）に伴う答弁書提出期間（特134条1項・2項）

請求書副本の送達は，特許権者に対して請求書の内容を開示してこれに対する意見の陳述や証拠の提出などの防御の機会を与えるためのものである。その防御方法として，訂正の請求が認められたものである。

また，請求の理由に関して要旨変更を伴う補正が認められると（特131条の2第2項），審理する対象が変化し，特許権者の防御方法として新たに答弁書を提出する必要が生じるため，これに伴う訂正の請求が認められたものである。

(ii) 職権によりなされた特許無効理由通知に対する意見書提出期間（特153条2項）

当事者が申し立てない理由について審理する場合は，不意打ちを防止するた

---

[1] 審判便覧〔第16版〕54-03の3。

め，改めて当事者に意見を述べる機会が与えられる。これに伴って，特許権者が訂正の請求を行えるようにしたものである。

(iii)　審決の予告に伴う指定期間（特164条の2第2項）

無効審判の審理が尽くされ無効理由があると認めるとき，審決の予告として審判の合議体がこれを特許権者に示し，これに対して，訂正の請求を行えるようにしたものである。

前述のキャッチボール現象解消のために審決取消訴訟提起後の訂正審判の請求を禁止したことに対応して，特許権者が，無効審決の判断を踏まえた上で，無効理由を回避するための訂正を行って特許権を維持することを可能としたものである。

(iv)　審決取消訴訟において特許維持審決が判決により取り消された場合における指定期間（特134条の3）

特許維持の審決に対する審決取消訴訟において，当該審決を取り消す判決が確定すると，再び無効審判に係属し審理が開始される（特181条2項）。この際，特許権者が，申立てを行うことで無効理由を回避するために訂正の請求を行えるようにしたものである。

なお，申立てを行った場合に限って訂正の請求を行えるようにしたのは，訂正を望まない特許権者に対してまで一律に指定期間を設定すると，審理の遅延につながるおそれがあるためである。

Ⅳ　訂正が認められる範囲

(1)　要　　件

前述のように，特許の訂正を認めた趣旨は，異議理由，無効理由の解消するためである。そのため訂正には遡及効が認められ（特128条），一方で，第三者に不測の不利益を与えないように，訂正が認められる範囲は厳格に制限されている。この点，審査段階における補正について，第三者を害することがないように，補正の制限が設けられていることと共通している。ただし，特許権成立後の訂正は，第三者に与える影響が大きいことから，審査段階の補正よりも厳格な制限がなされている。すなわち，以下の(a)～(d)の要件をすべて充足しなけ

れば訂正は認められない。以下，訂正審判を中心として説明し，異議申立て・無効審判における訂正請求について異なる部分につき付言する。

(a) 新規事項の追加でないこと（特126条5項）

訂正が許される範囲は，願書に添付された明細書，特許請求の範囲又は図面（明細書等）の範囲内である（特126条5項）。これは，審査段階における，いわゆる「新規事項」を追加する補正が認められないことと同様の趣旨である（特17条の2第3項）。

ただし，明細書等は，出願当初のものではなく，訂正を請求する時のものを指す。出願当初のものを基準として一旦削除された記載を復活させることはできない。特許権が成立した後には，第三者を害する可能性があるためである。なお，誤記，誤訳の訂正においては，その性質上出願当初の明細書等が基準となる（特126条5項かっこ書）。

(b) 法定の事項を目的とすること（特126条1項各号）

特許権が成立した後であるから，第三者に不利益を与えない限度において，権利内容を治癒する機会が与えられる。たとえ新規事項を追加する訂正でなくとも，以下のいずれかの事項を目的とするものでなければ認められない。

① 特許請求の範囲の減縮（特126条1項1号）

② 誤記又は誤訳の訂正（同2号）

③ 明瞭でない記載の釈明（同3号）

④ 従属請求項を独立請求項に書き改める（同4号）

「特許請求の範囲の減縮」としているのは，これにより，従来技術を権利範囲から除外して，従来技術に基づく新規性・進歩性欠如の異議申立理由・無効理由を治癒できるようにするためである。「請求項の削除」は，「特許請求の範囲の減縮」に当たると考えられる。審査段階において類似の規定が設けられているが（特17条の2第5項），こちらは，審査の便宜という側面が強く，同じ趣旨の規定ではない。

「誤記の訂正」とは，訂正前の記載が誤りで訂正後の記載が正しいことが明らかな場合に，これを訂正することをいう。

「誤訳の訂正」とは，翻訳により外国語書面における意味と異なる意味となった記載を，外国語書面における意味に訂正することをいう。

938　第4章　関連手続

「明瞭でない記載の釈明」とは，明細書等の記載がそれ自体で不明瞭であったり，他の記載との関係において不明瞭であったりする場合に，これを訂正することをいう。

従属請求項を独立請求項の形式に書き改めることを認めているのは，次のような理由によるものである。訂正は請求項ごとに請求できる。しかし，特許請求の範囲の一覧性を確保するために，従属関係にある請求項については一群の請求項としてまとめて請求しなければならない（特126条3項）。そこで，従属関係にある請求項の一部のみを訂正する場合，一群の請求項として一体的に扱われないように従属関係を解消するためである。

(c)　実質上特許請求の範囲を拡張し，又は変更するものでないこと（特126条6項）

明細書等の訂正は，実質上特許請求の範囲を拡張し，又は変更するものであってはならない。訂正前に権利範囲に入らなかったものが，訂正後に権利範囲に入るようなことがあると，第三者に不測の不利益を与えるからである。

なお，言葉の本来の意味からは，特許請求の範囲が変動する場合はすべて本項の「実質上特許請求の範囲の変更」に該当することになる。つまり，特許請求の範囲を狭める訂正を行ったとしても，本項によって許されないこととなる。しかし，上記本条の趣旨に鑑みると，第三者の利益を害さない特許請求の範囲の減縮は，「実質上特許請求の範囲を変更するもの」に該当しないと解してよいであろう。また，誤記の訂正や誤訳の訂正において，形式的に特許請求の範囲を拡張・変更する場合であっても，実質的に特許請求の範囲を拡張・変更しないものとされる場合もあろう。

(d)　訂正後の発明が独立して特許を受けることができるものであること（特126条7項）

訂正審判において，訂正後の発明の特許性について審理を行う機会を担保したものである。一方，異議申立て・無効審判において，異議・無効が請求された請求項についての訂正請求では，異議申立て・無効審判において特許性の判断を行う。したがって，訂正請求においては，訂正の可否についてこの独立特許要件は判断しない（特134条の2第1項）。異議・無効が請求されていない請求項についての訂正請求では，独立特許要件が判断される（特134条の2第9項）。

(2) 裁 判 例

以下，訂正が認められる範囲に関する裁判例を概観する。

(a) いわゆる新規事項の追加（特126条5項）について

新規事項の追加が許されないのは，審査段階，特許後を通じての共通した基本的な制限である。したがって，訂正が新規事項の追加に当たるかどうかの判断は，審査段階における明細書等の補正における判断と同様である。すなわち，訂正が，明細書等に記載した事項との関係において，新たな技術的事項を導入するものであるか否かにより判断する（知財高判平20・5・30（平18(行ケ)10563号）裁判所ホームページ〔ソルダーレジスト事件〕参照）。なお，誤記・誤訳の訂正を目的とする場合を除いて，訂正を請求する時の明細書等を基準として判断される（特126条5項）。

新規事項追加禁止の判断基準は，審査段階におけるものと同様であるから，裁判例は省略する。なお，新規事項追加禁止に該当する場合，同時に他の要件違反にも該当することが多い。

(b) 訂正の目的要件（特126条1項各号）と実質上拡張変更要件（特126条6項）の判断は関連性が高いので，以下，両要件に関する裁判例を，訂正の目的要件ごとに分けて説明する。

(c) 特許請求の範囲の減縮（特126条1項1号）について

(イ) 特許請求の範囲の減縮に当たらないとされた例　特許請求の範囲に構成要件を付加すれば，多くの場合，特許請求の範囲の減縮になる。しかし，訂正により記載が技術的に不明瞭になると，特許請求の範囲の減縮に当たらないこととなる。

訂正の目的が特許請求の範囲の減縮に該当しないとした裁判例として，知財高判平27・3・11（平26(行ケ)10204号）裁判所ホームページ〔経皮吸収製剤事件1〕がある。この事件では，特許請求の範囲の「皮膚に挿入される，経皮吸収製剤」を「皮膚に挿入される，経皮吸収製剤（但し，……及び経皮吸収製剤を収納可能な貫通孔を有する経皮吸収製剤保持用具の貫通孔の中に収納され，該貫通孔に沿って移動可能に保持された状態から押し出されることにより皮膚に挿入される経皮吸収製剤を除く）」に訂正することが，特許請求の範囲の減縮に当たるかどうかが争われた。

裁判所は，物の発明において，その「経皮吸収製剤を収納可能な貫通孔を有

940　第4章　関連手続

する経皮吸収製剤保持用具の貫通孔の中に収納され，該貫通孔に沿って移動可能に保持された状態から押し出されることにより皮膚に挿入される」という使用態様による特定は，技術的に明確でなく，特許請求の範囲の減縮に当たらないとした。

本件は，構成要件の追加によって発明の技術的意義が不明瞭になり，特許請求の範囲を定められないことからこのような判断がされたものと考えられる。

同様に，知財高判平29・7・12（平28(行ケ)10160号）裁判所ホームページ〔経皮吸収製剤事件2〕では，特許請求の範囲の「針状又は糸状の形状を有すると共に」を「針状又は糸状の形状を有し，シート状支持体の片面に保持されると共に」に訂正することの可否が争われた。裁判所は，「シート状支持体の片面に保持される」という使用態様の限定は，経皮吸収剤という物の発明の限定事項として明確ではなく，訂正後の特許請求の範囲が技術的に明確であるとはいえないので，特許請求の範囲の減縮に当たらないとした。

㈣　形式上減縮に当たるが，実質上特許請求の範囲の拡張・変更に当たるとする例　　訂正の目的が形式上特許請求の範囲の減縮に当たったとしても，実質上その範囲を拡張変更することは許されない（特126条6項）。裁判例においては，このように判断されるケースが多い。

実質上特許請求の範囲の拡張・変更に当たるかどうかは，訂正前に権利範囲外であったものが訂正後に権利範囲内となって第三者を害するかどうかを基準にすべきである*2。その判断の具体的考慮要素として，発明の目的，効果を参照する裁判例が多くある。構成を付加することで形式的には減縮されているが，目的効果を参照すれば，実質的に発明が拡張・変更されたと判断するものである。

発明の対象が変更されたことにより，特許請求の範囲を実質的に変更すると判断した裁判例として，知財高判平27・10・28（平26(ネ)10107号）裁判所ホームページ〔経皮吸収製剤事件3〕がある。この事件では，特許請求の範囲の「経皮吸収剤。」を「である，経皮吸収製剤保持シート。」に訂正し，発明の対象を「経皮吸収剤」から「経皮吸収剤保持シート」に変更することの可否が争われた。

---

*2　特許庁編『工業所有権法（産業財産権法）逐条解説〔第20版〕』420頁。

裁判所は，両発明は明細書等において別個の発明として説明されており，このような物の発明の対象を変更する訂正が許されるとすれば，間接侵害が成立する範囲も異なるものとなって，第三者の利益を害するので，特許請求の範囲を実質的に変更するものと判断した。

多くの場合，対象を下位概念化する場合を除いて，発明の対象（請求項末尾）が変更されると，権利範囲が変動する（訂正前には権利範囲でなかったものが権利範囲となる）。

裁判所は，本件訂正が下位概念への変更としてもとらえることができるため，あえて間接侵害の成立範囲を指摘して本件の訂正が第三者を害する可能性を示唆したものと思われる。発明の目的が変わることによって，専用品・不可欠品（特101条1号ないし3号）の範囲も変わり得るからである。

また，前述の知財高判平29・7・12〔経皮吸収製剤事件2〕において，裁判所は，「シート状支持体の片面に保持される」という限定が使用態様ではなく経皮吸収剤の構成を限定するものであるとすれば，「片面に経皮吸収剤を保持した状態にある経皮吸収剤」と同一となり，「経皮吸収剤」という発明を「経皮吸収剤保持シート」という発明に変更するものとして許されないとしている。

本件は，形式的には特許請求の範囲の減縮に当たるが，実質的にそれを変更するものと判断された例とみてよいであろう。

形式上減縮に当たるが，訂正後の考案の目的，効果を考慮すれば，実質上拡張変更に該当するとした裁判例として，東京高判昭55・8・27無体集12巻2号427頁〔熱ローラ装置事件〕がある。

この事件は，出願公告決定謄本送達後の補正に関するものであるが，かかる補正は，現行法における126条1項，6項の規定と同様の要件が課されていたので，取り上げた。

この事件では，実用新案登録請求の範囲における「回転軸」に限定事項を加える補正（第1の補正）と，これに対応して明細書に当該訂正によって加えられた事項に基づく効果を加える補正（第2の補正）が，実質上実用新案登録請求の範囲を変更するものかどうかが争われた。裁判所は，第1の補正が形式的に実用新案登録請求の範囲の減縮に当たるとしても，明細書についての第2の補正によって新たな別の目的，効果を付加することは，実質的な変更に該当すると

942 第4章 関連手続

した。

　本件は，明細書には考案の目的，構成及び効果を記載しなければならない（旧実5条2項・3項）とされていた時代のものであり，現在の改正法では異なった結論となる可能性もある。実質上拡張変更するものであってはならない理由が，第三者に不測の不利益を与えないためであるなら，本件のように，構成要件が付加されて訂正後の権利範囲が訂正前の権利範囲からはみ出す部分がないのであれば，実質的拡張変更はないとしてもよいであろう。

　また，発明の目的が変更されたとしても，実質上特許請求の範囲を拡張・変更するものではないとした裁判例として，知財高判平19・1・25（平18（行ケ）10070号）裁判所ホームページ〔番組サーチ事件〕がある。

　この事件では，特許請求の範囲に「番組表出力手段」「更新手段」を付加する補正が，実質的に特許請求の範囲を変更するものであるかが争われた。被告は，明細書には，当該発明の一般的な目的が記載されているだけあるから，付加された構成要件に対応する表形式でその一部を出力する，番組表を更新させるなどの具体的な目的が直ちに導かれるものでなく，発明の目的の範囲を逸脱するものであるから許されないと主張した。

　裁判所は，かかる訂正が実質上特許請求の範囲を変更するものではないとした。訂正後の発明の構成により達せられる目的が訂正前の発明の構成により達せられる上位の目的から直ちに導かれるものでなければ，発明の目的の範囲を逸脱するというのであれば，特許請求の範囲の減縮を目的とする訂正は事実上不可能になってしまうとの理由を示した。

　訂正によって新規性や進歩性などの瑕疵を治癒する機会を与えるとともに，第三者の利益を害さないという観点において妥当である。

　なお，これに反し，明細書に記載があったとしても特許請求の範囲を周知事項以外の事項を付加して減縮することは，実質的に特許請求の範囲を変更すると判断した裁判例もある（公告決定後の補正についての東京高判昭47・10・17（昭43（行ケ）22号）取消集昭47年137頁〔ポリアミドの耐熱耐光性の改善方法事件〕など）。しかし，特許後に示された新たな公知事実に対して，特許請求の範囲に周知事項しか付加できないというのであれば，無効理由を取り除くために訂正を認めた趣旨を没却させるものであり，この裁判例は妥当ではないと思われる。

(d)　誤記又は誤訳の訂正（特126条1項2号）について

　誤記（誤訳）の訂正に当たるというためには，訂正後の記載が正しいものであることが自明でなければならない。誤記（誤訳）の訂正により，形式上，特許請求の範囲が拡張されたり，変更されたりすることもあるが，誤記（誤訳）という性質から，実質上特許請求の範囲を拡張・変更するものではないとすべきである。したがって，裁判例においても，誤記であることの認定と，実質上特許請求の範囲の拡張・変更に当たること（や新規事項追加）の認定は，表裏一体となることが多い。

　誤記の訂正に当たらないとした裁判例として，最判昭47・12・14民集26巻10号1909頁〔あられ菓子の製造方法事件〕がある。この事件では，特許請求の範囲に記載された餅生地の冷蔵温度を，誤記を理由として「3乃至5°F」から「3乃至5℃」に訂正することの適否が争われた。

　裁判所は，かかる訂正を誤記とは認めなかった。明細書の全文を通じ一貫して「3乃至5°F」と記載されており，餅生地の冷蔵温度を「3乃至5°F」とする記載はそれ自体極めて明瞭で，当業者が容易に誤記であることに気づいて「3乃至5℃」の趣旨に理解するのが当然とはいえないとの理由が示されている。特許請求の範囲の表示を信頼する一般第三者の利益を害するものであって，実質上特許請求の範囲を変更するものとして許されないとされた。

　なお，この判決は，新規事項の追加を禁止する規定が導入される前の法律に基づく出願に対するものであり，現行改正法においては新規事項の追加にも該当するものとなろう。

　誤記の訂正に当たるとした裁判例として，知財高判平29・5・30（平28(行ケ)10154号）裁判所ホームページ〔マキサカルシトール事件〕がある。この事件では，明細書における「EAC（酢酸エチル，804ml，7.28mol）」を「EAC（アクリル酸エチル，804ml，7.28mol）」にする訂正が誤記の訂正に当たるかどうかが争われた。裁判所は，訂正前の記載に誤りがあることが明らかであり，訂正後の記載が当初明細書などから自明な事項に基づいて定まるものであるとして，新たな技術的事項が導入されたものではなく，誤記であることを認めた。

(e)　明瞭でない記載の釈明（特126条1項3号）について

　明瞭でない記載の釈明は，本来の意が，明細書等の記載全体から明らかであ

図B　訂正前の図面　　　　　**図C　訂正後の図面**

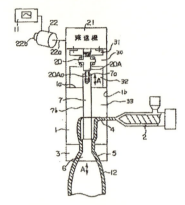 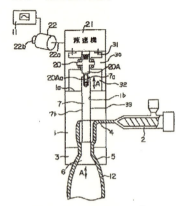

る場合に認められる*3。したがって，明瞭でない記載の釈明に当たるかと，実質上特許請求の範囲を拡張・変更するか（又は新規事項の追加）とは，表裏一体となる場合が多い。

　明瞭でない記載の釈明に当たらないとした裁判例として，東京高判平12・6・6 裁判所ホームページ〔中空形成機のパリソンコントローラ事件〕がある。この事件では，図面において，クロスヘッドの内壁1 b，筒状空隙部33の指示する位置を修正する訂正（上の**図B，C参照**）が，不明瞭な記載の釈明に当たるかが争われた。

　裁判所は，以下のように，不明瞭な記載の釈明に当たらず，新規事項の追加であるとともに，特許請求の範囲を実質的に拡張又は変更するものであるとした。

　かかる訂正により，特許請求の範囲に記載の「筒状空隙部(33)」の意味するところは，上下に摺動するロッド7とクロスヘッド1の間には断熱のための広い

＊3　審判便覧〔第16版〕38-03の5。

空間ではなく，摺動のために必要なわずかな空間となる。しかし，願書に添付した明細書等には，広い空間が設けられていることが説明されており，審査段階における意見書においても，断熱効果のある広い空間が設けられていることを引用文献との違いとして主張している。したがって，新規事項の追加であるとともに，特許請求の範囲を実質的に拡張又は変更するものである。

　本件では，図面においてクロスヘッド1の外壁が示されず内壁しか示されていないという点において不明瞭な部分がありこれを訂正したという点において，形式的には不明瞭な記載の釈明に当たる。しかし，引用文献との違いを主張したロッド7のまわりにある断熱のための広い空間(33)を，ロッド7の摺動のための狭い隙間とするものであり，新規事項追加ないし特許請求の範囲を実質的に拡張・変更するものであるという裁判所の判断が妥当である。

　また，新規事項には該当しないが，不明瞭な記載の釈明に当たらないとされた裁判例として，知財高判平27・4・23（平26(行ケ)10105号ほか）裁判所ホームページ〔デジタル映像記録装置事件〕がある。この事件では，特許請求の範囲における「映像番組を代表する情報を出力するカメラ」を「番組情報を出力するカメラ」に訂正することが，明瞭でない記載の釈明に当たるかが争われた。

　裁判所は，不明瞭な記載の釈明に該当せず，上位概念と下位概念の関係にあるものであり，実質上特許請求の範囲を拡張するものとして許されないとした。特許請求の範囲や明細書中には，「番組情報を代表する情報」についてその具体的構成を特に規定する記載はないが，他の請求項において「番組情報を代表する情報」と「番組情報」とを区別して用いている点からして，上記のように判断されたものである。

V　請求の単位

　複数の請求項を有する特許請求の範囲を訂正する場合，特許権全体に対しても訂正を請求できるが，請求項ごとに請求することができる（特126条3項前段）。ただし，従属関係にある請求項については「一群の請求項」として一体に請求しなければならない（同項後段）。従属関係のある請求項について，個々に訂正の可否が確定すると，各請求項の内容を理解する際に審決の確定経緯を

946　第4章　関連手続

追わなければならず，権利把握のための負担が大きいからである（特許請求の範囲の一覧性の欠如という）。

　なお，明細書又は図面の訂正が複数の請求項に係る発明と関係する場合，明細書又は図面の訂正と関連するすべての請求項を請求の対象としなければならない（特126条4項）。この場合も，関連する請求項について，個々に訂正の可否が確定すると，権利の内容を理解する際に審査の確定経緯を追って複数の明細書などを読み分けなければならず，権利把握のための負担が大きいからである（明細書の一覧性の欠如という）。

Ⅵ　訂正の効果

　訂正を認める審決が確定すると，その効力は出願時に遡及する（特128条）。すなわち，訂正された内容にて出願がなされたものとみなされる。ゆえに，新規性や進歩性欠如などの異議理由・無効理由を解消できる可能性が生じる。

　訂正をすべき旨の審決は，不服を申し立てる法律上の利益を有する者が存在しないことから，訂正審決の謄本が特許権者に送達されることによって直ちに確定する*4。

　訂正認容審決に不服がある者は，無効審判の請求をして争うことができる。また，異議申立て・無効審判において訂正請求が認められ，特許維持の決定・審決に不服がある者は，無効審判を請求して争うことができる。

　訂正を認めない審決に不服がある特許権者は，審決取消訴訟（特178条）にて争うことができる。異議申立て・無効審判において訂正請求が認められず，特許取消しの決定・特許無効の審決に不服がある特許権者は，審決取消訴訟にて争うことができる。

---

*4　審判便覧〔第16版〕46-00の1。

77 審決取消訴訟(1)

藤野　睦子

審決取消訴訟の概要について説明せよ。

キーワード　審決取消訴訟，取消事由，行政事件訴訟法，取消率，審決の瑕疵，手続違背

I　は じ め に

特許権侵害紛争では，侵害訴訟とは別に，審決取消訴訟が係属することも多い。

平成16年法改正[1]により，いわゆる無効の抗弁が立法上認められた後も，被疑侵害者（侵害訴訟被告）にとっては，侵害訴訟中に無効事由を抗弁として主張するにとどまらず，特許庁に特許無効の審判を請求して，特許権者の権利そのものを根本的に消滅させることは直截的かつ強力な防御手段である[2]。また，自己の実施行為等が第三者の特許に抵触するおそれがあれば，侵害訴訟提起前に，当該特許を予め無効化しようとすることもある[3]（無効審判手続と特許権侵害訴訟の関係については**本書80**を参照）。そして，当該特許無効審判の審決に不服のある者は，審決取消訴訟でこれを争うこととなる（特178条1項，憲32条・76

＊1　平成17年4月1日施行。

＊2　侵害訴訟（地裁）が提起された案件で無効審判請求がなされた割合は，2005年で36／63件（57％），2015年で16／37件（43％）であり，平成17年以降も4割を超えている（特許庁審判部『日本における特許無効審判について』(https://www.jpo.go.jp/torikumi/kokusai/kokusai2/files/nichi_oh_symposium_2016_pdf/04_keynote3_jp.pdf) 8頁）。また，無効審判請求に占める侵害関連事件の割合は，2005年から2015年の平均値で36％程度である（同6頁）。

＊3　特許無効審判請求日と侵害訴訟受理日の前後関係について，特許庁の調査によれば侵害訴訟が先行したものが102／117件（2013年），73／85件（2014年）であった（前掲＊2・7頁）。侵害訴訟提起を契機に無効審判請求されることが多いようにみえるが，無効審判により特許が無効になったことで侵害訴訟が提起されていないケースもあろう。

948　第4章　関連手続

条2項，行訴1条・7条）。

　審決取消訴訟の対象となる審決等は，特許異議申立制度における特許の取消決定（特114条2項），拒絶査定不服審判（特121条），無効審判（特123条），延長登録無効審判（特125条の2）及び訂正審判（特126条）についてされた審決，不適法な審判請求についての却下審決（特135条），再審請求事件についてされた審決（特171条・174条）等があるが，具体化した「特許権侵害紛争」において密接な関わりがある無効審判の審決取消訴訟の概要を中心に取り上げる。

II　手　　続

(1)　管轄，出訴期間

　審決取消訴訟は，知財高裁の専属管轄である[4]（特178条1項，知的財産高等裁判所設置法2条2号）。審決等の謄本の送達があった日から30日以内[5]に訴訟を提起しなければならない（特178条3項）。当該出訴期間は，不変期間であり（特178条4項），審判長は，遠隔又は交通不便の地にある者のために職権で附加期間[6]を定めることができる（特178条5項）。裁判所における手続であるから，発信主義（特19条）ではなく，到達主義である（知財高判平29・6・6（平29（行ケ）10103号）裁判所ホームページ〔無洗米事件〕等）。

(2)　当事者適格

　審決取消訴訟の原告は，当事者，参加人又は参加を申請してその申請を拒否された者に限られる[7]（特178条2項）。

　ここで，特許権が共有の場合，この特許権について無効審判等を請求するには，その共有者全員を被請求人としなければならないが（特132条2項），無効審

---

[4]　行政事件訴訟法12条の特則として一審級省略とした趣旨は，特許庁における審判手続が裁判類似の準司法的手続であること，事件内容が専門技術的性格を有すること等により説明される（特許庁編『工業所有権法（産業財産権法）逐条解説〔第20版〕』536頁）。

[5]　初日不算入（特3条1項1号）。

[6]　国内の遠隔地等（特許庁審判部編『審判便覧〔第16版〕』25−01の別表の地）の居住者は15日，在外者は90日（特許庁審判部編『審判便覧〔第16版〕』25−04「期間の延長・期日の変更」の4「附加期間」）。

[7]　特許権の対世的効力から，利害関係がある第三者の範囲は著しく広いところ，訴訟の遅延・混乱防止と裁判を受ける権利（憲32条）という両要請の妥協案とされる（前掲[4]・538頁）。

決（請求成立審決）に対する取消訴訟は，被請求人たる共有者の各人が単独で提起することができる[8]。

また，無効審判を請求する者が複数ある場合は共同して審判を請求でき（特132条1項），それは類似必要的共同審判となるが[9,10]，その請求不成立審決に対する取消訴訟は，必要的共同訴訟ではなく，審判請求人全員で提起する必要はない（最判平12・2・18（平8（行ツ）185号）判時1703号159頁）。

なお，共同審判請求人の一部が審決取消訴訟を提訴しない場合，提訴しなかった審判請求人との関係では請求不成立審決が確定しその旨の登録がなされるが，審判における各共同請求人の主張等が「同一の事実及び同一の証拠」であっても，当該審決取消訴訟を提起した無効審判請求人の無効審判請求には一事不再理効は及ばない（最判平12・1・27（平7（行ツ）105号）民集54巻1号69頁〔クロム酸鉛顔料事件〕）。

(3) 訴訟物，請求の趣旨，請求原因，訴額等

訴訟物（審決取消訴訟における判断対象）は，審決の実体上又は手続上の違法性[11]（原行政処分自体の違法性）である（審決取消訴訟の審理範囲については**本書78**を，審決取消判決の拘束力については**本書79**を参照）。

訴状の書式等は，知財高裁ホームページに公開されている[12]。請求の趣旨には，「1　特許庁が無効○○○○―○○○○○○号事件について○年○月○日にした審決を取り消す　2　訴訟費用は被告の負担とする　との判決を求める。」等[13]と記載し，請求の原因には，①特許庁における手続の経緯，②審決の理由，③審決の認否，④取消事由を記載する。ただし，訴状では，③及び④

---

[8]　共有に係る商標登録の無効審決取消訴訟において，最高裁は，固有必要的共同訴訟と解することを否定し，共有者の一人が単独で審決取消訴訟を提起できるとした（最判平14・2・22（平13（行ヒ）142号）民集56巻2号348頁〔ETNIES事件〕）。また，特許異議の申立てに基づく特許取消決定の取消訴訟において，「特許権の共有者の1人は，共有に係る特許の取消決定がされたときは，特許権の消滅を防ぐ保存行為として，単独で取消決定の取消訴訟を提起することができると解するのが相当である」とした（最判平14・3・25（平13（行ヒ）154号）民集56巻3号574頁〔パチンコ装置事件〕）。

[9]　請求項ごとの扱いであるから（特123条1項柱書後段・185条参照），請求項1に対してなされた無効審判請求と，請求項2に対してなされた無効審判はここでいう共同審判にはならない。

[10]　特許庁編・前掲＊4・437頁。

[11]　中山信弘『特許法〔第3版〕』294頁。

[12]　知財高裁ホームページ（http://www.ip.courts.go.jp/tetuduki/form/form_teish/index.html）。

について「追って準備書面で主張する。」等にとどめ，第1準備書面で具体的に記載することも可能である[14,15]。訴状は，正本，副本（相手方の数分），写し3部が必要である[16]。

特許権の価額は算定困難であるため一律に160万円とみなされ（民訴費4条2項後段），貼付印紙額は1万3000円となる（民訴費3条・別表第1の1項）。予納する郵便切手は，被告1名の場合，総額6000円である（平成29年6月1日現在）[17]。

(4) 審理の流れ[18,19]

(a) 事件の配点等

審決取消訴訟の審理要領及び手続の流れは，知財高裁ホームページに公開されている。審決取消訴訟が係属すると，裁判所から，原告訴訟代理人らに対して，「訴訟係属に伴う照会書」により，関連事件及び関連審判の有無等の問い合わせがなされる。知財高裁では，同一又は密接に関連する特許の有効性が複数の訴訟で争われている場合（例えば，同じ特許に関して，侵害訴訟の控訴事件と審決取消訴訟とが係属する場合），これら関連する事件が同一の裁判体で審理されるように事件を配点することで，ダブルトラックの弊害（**本書74**参照）を緩和する運用上の配慮がなされている[20]。

(b) 準備書面及び書証の提出について

また，同照会書では，第1回弁論準備手続期日[21]の日程調整のほか，①基本的書証[22]の提出期限，②第1準備書面及び証拠の提出期限が指定される。事案によるが，基本的書証の提出は，訴訟係属から約3週間後，原告第1準備書面等の提出は，第1回弁論準備手続期日の10日から2週間前の期限を指定

---

[13] 無効審判請求の一部が認容され，一部が棄却されたような場合，「……審決中，『特許第○○号の請求項○〜○に係る発明についての特許を無効とする。』との部分を取り消す」のように，取消しを求める範囲を明確にする（阿部・井窪・片山法律事務所編『実務　審決取消訴訟入門』26頁）。

[14] 前掲[12]。

[15] 阿部・井窪・片山法律事務所編・前掲[13]・27頁・29頁。

[16] 知財高裁ホームページ「訴状提出案内」（http://www.ip.courts.go.jp/tetuduki/sojyo/index.html）。

[17] 知財高裁ホームページ（http://www.ip.courts.go.jp/tetuduki/form/form_yonou/index.html）。

[18] 知財高裁ホームページ（http://www.ip.courts.go.jp/tetuduki/form/form_youkou/index.html）。

[19] 「座談会　知的財産高等裁判所10周年の回顧と展望」判タ1412号23頁。

[20] 高部眞規子編『特許訴訟の実務〔第2版〕』328頁。

[21] 第1回口頭弁論期日の前に弁論準備手続に付して争点整理を行う運用である。

されることが多い。原告は、遅くとも第1準備書面において審決についての認否及び取消事由のすべてを主張しなければならない。

審決取消訴訟は、審判の続審ではなく改めて第一審として主張立証を行う事実審であると理解されており、すべての証拠を改めて提出しなければならないし、審判で相手方が提出した証拠であっても、基本書証に該当する場合は原告が提出しなければならない。なお、原告は、訴訟に証拠を提出する際、審判における甲号証の番号と訴訟における甲号証の番号とを一致させることが求められる[23]（審判における乙号証の番号を甲号証と一致させる必要はなく、原告が審判乙号証を提出する際には、審判甲号証が甲n号証まで提出された場合には、甲n＋1号証とする場合や、甲101号証から始める場合などがある）。

被告は、訴状送達後、速やかに答弁書を提出する（なお、事案によっては、被告に対しても、第1回弁論準備手続期日までに、原告第1準備書面への反論を記載した被告第1準備書面の提出が求められることもある）。

(c) 弁論準備手続期日から判決言渡期日までの流れ

第1回弁論準備手続期日では、争点整理を行い、第2回弁論準備手続期日に向けた準備内容を確認し、スケジュール調整が行われる。

その後、裁判所が定める期間までに被告から第1準備書面と証拠が提出される。被告は、この準備書面で取消事由に対する反論のすべてを尽くさなければならない。そのうえで、必要があれば、原告から被告の主張に対する再反論や主張の補足等を記載した第2準備書面が提出される。

そして、第2回弁論準備手続期日が行われる。弁論準備手続は、原則2回で終結し争点整理を終え[24]、その後、第1回口頭弁論期日が開かれ、弁論準備手続の結果を陳述し（民訴173条）、口頭弁論を終結し（民訴243条）、判決言渡期日が指定される。

審決取消訴訟は専門訴訟の典型であり、原則、全件につき調査官が指定される。また、事案に応じて、専門委員が出席する形での技術説明会や双方訴訟代

---

*22 何が基本的書証に当たるかは、知財高裁ホームページ「書証・電磁データの提出について」（http://www.ip.courts.go.jp/tetuduki/form/form_syosyou_deta/index.html）に示されている。
*23 前掲*22。
*24 事案によっては第3回以降の弁論準備手続期日により争点整理を続行することもある。

952　第4章　関連手続

理人による総まとめのプレゼンテーションが実施される（これらは，第1，2回弁論準備手続後の，第3回弁論準備手続期日又は第1回口頭弁論期日にて行われることが多いようである。なお，技術説明会と専門委員の関与については**本書69**参照）[25]。

(5)　審理期間，事件数，取消率等

　審決取消訴訟の審理期間は，直近の平成28年は8.0ヵ月であり，ここ10年は7.2〜8.9ヵ月の間で推移している[26]。迅速な審理がなされており，当事者は，この審理進行を念頭において，事前準備，適宜の主張・立証が必要である（訂正審判，訂正請求との関係については，**本書76**参照）。

　特許・実用新案に関する当事者系審決取消訴訟（訂正審判に対するものも含む）の新受件数は，2007年から2012年頃まで150件から200件ほどの間であったが（2007年156件，2012年175件），2013年以降，2013年が122件，2016年が115件と100件台前半で推移しており減少傾向にある[27]。

　特許・実用新案に関する無効審判請求事件の処分件数は，2007年が276件であり，2007年から2012年頃までは，250件を超えていたが，2013年以降250件を下回っており，2016年は238件であった[28]。このように，審決取消訴訟の新受件数の減少は，無効審判請求事件自体の減少が反映していると推測される。

　図表1に審決取消訴訟における審決取消率（＝請求認容判決／全判決）の推移を示す。無効審判審決取消訴訟における全体の取消率は，ここ13年間は，20〜43％である。

　このうち，特許"有効"審決の取消率は，2004年から2007年にかけて39％から61％と高めであったが，2008年に30％となり，以後，2017年まで，21〜43％の間で変動している。

　他方，特許"無効"審決の取消率は，2004年から2007年にかけて5〜12％

---

[25]　前掲 * 19・24頁。技術説明としては，審理の最初に実施する場合と最後に総まとめとして実施する場合の2パターンが考えられるところ，「最近は最後のプレゼンテーションが非常に重要になってきている」との指摘がある。高部編・前掲 * 20・346頁。

[26]　知財高裁ホームページ「統計」（http://www.ip.courts.go.jp/vcms_lf/2017_N_stat02.pdf）。特許・実用新案・意匠・商標の当事者系・査定系を含む審決取消訴訟全体の数字である。

[27]　「特許行政年次報告書2017年版」（https://www.jpo.go.jp/shiryou/toushin/nenji/nenpou2017_index.htm）67頁。

[28]　前掲 * 27・7頁。

図表1　無効審判の審決取消率の推移（特許・実用新案）[*29, *30]

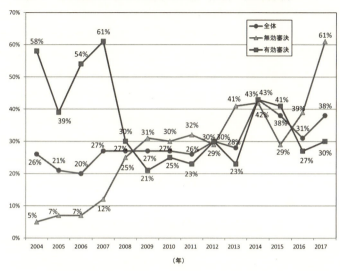

であったが，2008年に25％に上昇し，以後，29〜61％の間で変動している。

このように，2004年から2007年は，特許有効審決の取消率が無効審決の取消率を上回っていたが，2008年以降は，両者は同等又はやや無効審決の取消率が特許有効審決の取消率を上回っている状況にあり，2007年以前に比べる

---

*29　2014年までのデータは，座談会・前掲*19・45頁資料3-4「無効審判の審決取消率の推移（特許・実用新案）」に基づく。

*30　2015〜2017年のデータは，知財高裁ホームページ［裁判例検索］（http://www.ip.courts.go.jp/app/hanrei_jp/search）にて，「事件種別＝審決取消訴訟　期間＝H27.1.1－H29.12.31，権利種別＝特・実，事件種類（審決）＝（無効・成立）取消，又は（無効・不成立）取消」で検索し，集計した。①その際，無効審決か有効審決かは，審決取消訴訟の対象となっている請求項への審決の結論による。②複数の請求項に対する全部有効又は全部無効の審判に対して，一部取消（一部維持）の判決は，「取消」として集計した。③一部無効（一部有効）の審決に対して，特許権者及び無効審判請求人の双方が審決取消訴訟を提起し，両者が棄却された事案は，両方（有効・無効）において審決維持判決として集計した（分母となる事件数を1件増とした）。④平27・5・12（平26(行ケ)10199号）は，ホームページ上，事件種別「審決（訂正不成立）」になっているが，独立特許要件（新規性）欠如を理由に審判で無効となっているので（無効・成立）として集計した。⑤平27・7・15（平26(行ケ)10262号）は，ホームページ上，事件種別「却下決定取消」となっているが，審決（無効・不成立）に含めた。また，平27・8・26（平26(行ケ)10235号）は，ホームページ上，一事不再理を理由とする却下審決であり，これも審決（無効・不成立）に含めた。⑥取消訴訟の訴え却下は，総数から除いた。

*31　座談会・前掲*19・19頁。

954　第4章　関連手続

と，特許が有効との方向での取消率が増加したといえる*31。

　上記傾向について，2008年を境に裁判所の審決取消訴訟における判断基準（特に進歩性の判断基準）自体が特許を有効とする方向に変わったことによるのか*32，2007年以前の判決の対象となった特許有効審決に瑕疵が多かったことによるのか，各年度の係属事件の個別的性質もあり*33，その要因を1つに結論づけることはできない。ただ，通常，特許有効・無効どちらの方向にも一定割合で瑕疵が含まれるとすれば*34，特許有効審決の取消率と無効審決の取消率とがほぼ同等であるというここ10年間の傾向は，特許性の判断がある一定基準で安定してきたことの現れかもしれない*35（進歩性については**本書39**～**42**参照，特に侵害訴訟における進歩性判断の傾向については**本書40**参照）。

III　取消事由の具体例と最近の裁判例

　審決の取消事由は，当該審決を違法とする瑕疵であり，手続上の瑕疵と実体法上の瑕疵*36に大別される。

(1)　手続上の瑕疵（手続違背）*37

---

*32　進歩性判断における同一技術分野論からの脱却につき，塚原朋一「同一技術分野論は終焉を迎えるか」特研51号2頁。知財高判平21・1・28（平20(行ケ)10096号）判時2043号117頁〔回路用接続部材事件〕を契機に進歩性判断が変わったとの指摘に対して，進歩性の判断基準そのものが変わったのではなく，判断の説示が丁寧になり判断枠組みが整理された点を指摘するものとして，座談会・前掲*19・20頁。同書では，この10年間の動きにつき，後知恵排除の重要性の理解，理論の明確化，トレンドの変化等が指摘されている。

*33　多数の関連事件係属，複数の無効事由の一部のみを判断した審決に対する取消し等，判断基準の高低と無関係に取消率に影響する要因がある。なお，平成27年4月1日より異議申立制度が再導入されたが，特許取消決定に対する取消訴訟は，平成30年1月末現在，4件の判決が出されており，うち3件が特許取消決定取消判決（特許有効）である。

*34　厳密には，特許性の判断に際して，特許有効審決と無効審決とで，判断構造上より瑕疵が入りやすい方の取消率が相対的に高止まりするとも考えられる。

*35　2017年の無効審決の取消率が61％と高いが，その理由は，単に2017年中の判決の対象となった無効審決に瑕疵が含まれている数が多かったにすぎないのか，2008年以降無効審決取消率が微増傾向にあるようにも感じられるなかでそのばらつきの範囲内なのか，不明である。なお，2017年中の無効審決取消判決中，知財高判平29・1・18（平27(行ケ)10233号）〔透明不燃性シートからなる防煙垂壁事件〕，知財高判平29・1・18（平27(行ケ)10234号）〔透明不燃性シート及びその製造方法事件〕は同当事者，関連特許に関するものであるところ，これを1件としても取消率は59％と高めである。

*36　当該瑕疵が審決の結論に影響するものであることが必要である（山下和明「審決（決定）取消事由」竹田稔＝永井紀昭編『特許審決取消訴訟の実務と法理』162頁）。

（a）　審判手続の瑕疵

　手続上の瑕疵を理由に審決が取り消された事例としては，審判請求書の必要的記載事項である請求の理由の記載（特131条1項3号）に不備があるとしてなされた審判請求書の却下決定（特133条3項）を取り消した裁判例がある。この裁判例では，特許法133条3項の却下決定は，審判長による単独の決定として，形式的な事項のみを審査して，審理を行うことが可能な程度に主張が特定されているかどうかを判断して行うものであるから，無効理由を基礎づける主要事実が具体的に特定されていないことを理由とする審判請求書の却下は，審判請求書の無効理由の記載（補正を含む）を，その記載全体及び提出された書証により容易に理解できる内容を併せ考慮して合理的な解釈をしても特定を欠くことが明らかな場合にされるべき等とした（知財高判平27・7・15（平26(行ケ)10262号）裁判所ホームページ〔有精卵の検査法および装置事件〕）。

　なお，請求の理由の要旨変更にわたる審判請求書の補正の許可又は不許可の決定に対する不服（特131条の2第1項・2項・4項）については，審決取消訴訟における審決取消事由とはなり得ず，また，特許無効審判請求において当該補正に係る請求の理由を審理しなかったことについても，審決取消事由とはなり得ないものと解される（知財高判平26・7・30（平25(行ケ)10058号）裁判所ホームページ〔局所的眼科用処方物事件〕）。

　この他，冒認出願を理由とする特許無効審判において，具体的な争点の内容，性質に照らすと，口頭審理によるべきところ，口頭審理から書面審理に変更した点において，著しく公正を欠く審理であるというべきであり，裁量を逸脱しており，結論に影響を及ぼす手続上の瑕疵があるとして取り消した裁判例がある（知財高判平21・6・29（平20(行ケ)10427号）判時2104号101頁〔基板処理装置事件〕，**本書**75参照）。

（b）　当事者が申し立てない理由についての審理

　審判では，当事者等が申し立てない理由についても審理することができるが

＊37　行政処分に手続上の瑕疵がある場合に当該処分を取り消すべきか否かについては，処分の目的及び性質，当該手続が設けられた法の趣旨等に基づき判断される（最判昭46・10・28民集25巻7号1037頁〔個人タクシー免許申請却下処分取消請求事件〕，最判昭50・5・29民集29巻5号662頁〔群馬中央バス路線免許申請却下処分取消請求事件上告審判決〕）。

956 第4章 関連手続

（特153条1項），その場合，その審理の結果を当事者等に通知し，意見を申し立てる機会を付与しなければならない（同条2項）。

ここで，「当事者が申し立てない理由」とは，「新たな無効理由の根拠法条の追加や主要事実の差し替えや追加等，不利な結論を受ける当事者にとって不意打ちとなり予め告知を受けて反論の機会を与えなければ手続上著しく不公平となるような重大な理由がある場合」とされる。例えば，個別に進歩性欠如の根拠として主張されていた引用例について，それらを新たに組み合わせて進歩性欠如により無効とする場合には，審決の判断の基礎となった無効理由について，被請求人には，意見を申し述べる機会（特134条2項・153条2項）及び訂正請求をする機会（特134条の2第1項）が付与されるべきと判断されている（知財高判平21・7・29（平20(行ケ)10237号）判タ1325号228頁〔スロットマシン事件〕）。また，拒絶理由通知では提示されていなかった副引用例について，新たな公知技術を根拠とする拒絶理由を通知して更なる補正及び意見書提出の機会等を与えるべきであったのに，これを与えることなく補正却下した審決について，手続上の瑕疵があるとされた（知財高判平23・10・4（平22(行ケ)10298号）判時2139号77頁〔逆転洗濯伝動機事件〕）。

他方，「当事者が本来熟知している周知技術の指摘や間接事実及び補助事実の追加等の軽微な理由」はこれに含まれないとされる（知財高判平21・7・21（平21(行ケ)10023号）裁判所ホームページ〔こくうま事件〕）。

また，特許法153条は，審判が一般公衆の利害と関係することから職権主義を採用し，他方，不意打ち防止のために当事者に検討と意見表明の機会を与える趣旨である*38。したがって，意見申立ての機会を与えず，審判において特許法153条2項所定の手続を欠くという瑕疵がある場合であっても，当事者の申し立てない理由について審理することが当事者にとって不意打ちにならないと認められる事情のあるときは，上記瑕疵は審決を取り消すべき違法には当たらない（最判平14・9・17（平13(行ヒ)7号）裁判集民事207号155頁〔モズライト事件〕）。

（c）判断遺脱

審決の結論に影響を及ぼすべき判断の遺脱は，手続保障の趣旨から，取消事

---

*38　特許庁編・前掲*4・484頁。

由となり得る。例えば，公知資料として甲1～甲6が提出されたが，審決は，甲1に基づく主張と甲2に基づく主張についてのみ判断し，甲3～甲6について検討せずに新規性及び進歩性を肯定した審決について，結論に影響を及ぼすべき判断の遺脱があるとして取り消した裁判例がある（知財高判平23・10・4（平22(行ケ)10350号）判時2142号83頁〔麦芽発酵飲料事件〕）。

(d) 審決の理由不備

特許法157条2項4号は，審決書に「審決の結論及び理由」を記載する旨を定めている。かかる法の趣旨は，「審判官の判断の慎重，合理性を担保しその恣意を抑制して審決の公正を保障すること，当事者が審決に対する取消訴訟を提起するかどうかを考慮するのに便宜を与えること及び審決の適否に関する裁判所の審査の対象を明確にすることにある」とされ，審決書に記載すべき理由としては，「当該発明の属する技術の分野における通常の知識を有する者の技術上の常識又は技術水準とされる事実などこれらの者にとって顕著な事実について判断を示す場合であるなど特段の事由がない限り，前示のような審判における最終的な判断として，その判断の根拠を証拠による認定事実に基づき具体的に明示することを要するものと解するのが相当」[39,40]とされている（最判昭59・3・13（昭54(行ツ)134号）判時1119号135頁〔非水溶性モノアド染料の製法事件〕）。

また，引用内容を確定し，本願発明と引用発明の相違点を認定したところまでは説明をしているものの，同相違点に係る本願発明の構成が，当業者において容易に想到し得るか否かについて何らの説明もしていない場合には，審決書

---

[39]　同判決は判断の根拠を証拠による認定事実に基づき具体的に明示するものとはいえず，特段の事由も認められないとして適法な理由の記載を欠く違法があるとした。なお，同判決のいう特段の事由について，ある事実が顕著な事実かどうかについて当事者間に争いがある場合にはその点について証拠による認定が必要であろうとされる（中山信弘＝小泉直樹編『新・注解特許法〔第2版〕【下巻】』2791頁〔岡本尚美＝古橋伸茂〕）。

[40]　容易想到性判断の判示のなかで，知財高判平21・1・28（平20(行ケ)10096号）判時2043号117頁〔回路用接続部材事件〕を引用し，「審決書の理由に，当該発明の構成に至ることが容易に想到し得たとの論理を記載しなければならない趣旨は，事後分析的な判断，論理に基づかない判断など，およそ主観的な判断を極力排除し，また，当該発明が目的とする『課題』等把握に当たって，その中に当該発明が採用した『解決手段』ないし『解決結果』の要素が入り込むことを回避するためであって，審判体は，本願発明の構成に到達することが容易であるとの理解を裏付けるための過程を客観的，論理的に示すべき」として審決を取り消したものとして知財高判平21・3・25（平20(行ケ)10261号）裁判所ホームページ〔キシリトール調合物事件〕。

958　第4章　関連手続

において理由を記載すべきことを定めた特許法157条2項4号に反することになる*41（知財高判平22・12・28（平22（行ケ）10229号）〔プラスチック成形品の成形方法事件〕）。

　他方，原告（無効審判請求人）が主張する引用発明と異なる構成の引用発明を認定し，その理由が明示的に記載されていないからといって，特許法157条2項4号の趣旨に照らして理由が記載されていないわけではなく，そのことのみで理由不備の違法があるとはいえない（知財高判平28・5・18（平27（行ケ）10139号）裁判所ホームページ〔スロットマシン事件〕）。

(2)　実体法上の瑕疵

　実体法上の瑕疵は，多岐にわたるが，無効理由*42に該当するか否か，訂正を認めるべきか否かといった点が争点となることが多い（無効理由については**本書36**～**49**参照，訂正については**本書36**，**76**参照）。取消事由は，あくまでも，当該審決を違法にする当該審決自体の瑕疵であり，特許の有効，無効の結論そのものではない。

　進歩性欠如を無効理由とする審決の判断は，進歩性の判断手順に即して，①本件発明の要旨認定，②引用発明の認定，③一致点・相違点の認定，④相違点についての判断（進歩性を否定し得る論理の構築（論理づけ）ができるか否か），⑤結論，から構成される*43。そこで，審決取消訴訟を提起するうえで，審決取消事由を構成するに当たっては，これらの判断のそれぞれについて誤りがないかを検討することなる*44。

　この点，取消事由の単位としては，「特定の引用例に記載された発明から本

---

*41　引用発明と本願発明の一致点・相違点を認定した後，当該相違点に周知技術を適用して本願発明に想到することは容易という判断をすべきところ，引用発明を周知技術に適用することによって本願発明の相違点に係る構成に相当することが容易という説明がなされていた事案であり，形式的に理由の記載がないというよりは容易想到性の判断手法が誤っていたともいえる。

*42　当事者系審決取消訴訟における各無効理由の主張・立証責任は，発明該当性，記載要件充足，冒認でないことにつき特許権者が主張立証責任を負い，新規性，進歩性，先後願，公序良俗，延長登録の拒絶理由は無効審判請求人が負うとされる（髙部編・前掲*20・435頁，阿部・井窪・片山法律事務所編・前掲*13・45頁，冒認につき知財高判平21・6・29（平20（行ケ）10428号）判時2104号101頁〔基板処理装置事件〕）。

*43　特許庁審判部「進歩性検討会報告書（平成19年3月）」124頁。

*44　阿部・井窪・片山法律事務所編・前掲*13・146頁。

件発明を容易に想到することができたか否か」という1個の無効理由の成否に
ついての判断の誤りこそが，独立した取消事由として構成されるべきものであ
ると明確に示したうえで，一致点，相違点の認定に誤りがある場合でも，審決
の結論に影響を及ぼさないときは，取り消すべき違法があるとはいえないとい
う判断がなされている（知財高判平24・2・8（平23(行ケ)10164号）判時2150号103頁
〔電池式警報器事件〕）。

　特許法104条の3が規定され，紛争をできる限り侵害訴訟の手続内で迅速か
つ統一的に解決することを図ろうという流れと軌を一にするものと思われる
（最判平29・7・10（平28(受)632号）民集71巻6号861頁〔シートカッター事件〕。**本書36**，
76参照）。審決取消訴訟の原告に立った場合には，前記①〜④の各認定判断の
どこに誤りがあるかを分析的に検討したうえで，当該誤りが容易想到性の結論
に影響を及ぼすことを明確に主張・立証することが求められる。

960 第4章 関連手続

78 審決取消訴訟(2)──審決取消訴訟の審理範囲

平野　惠稔

> 　審決取消訴訟における審理はどの範囲でなされるべきか。審決取消訴訟で，次のような主張をすることはできるか。①無効審判請求手続で提出されていなかった，又は，提出されていたが判断されなかった公知文献に基づく無効理由の主張，②審判において進歩性の判断で使われた公知技術を，審決取消訴訟において新規性なしを基礎づける公知技術として主張，③無効審判手続で副引例とされていた文献を主引例にして行う無効理由の主張，④審判で判断されなかった相違点の容易相当性の主張。

キーワード　審理範囲，最高裁大法廷判決，審判前置主義，公知文献に基づく無効理由の主張，主引例と副引例の差替え

I　審決取消訴訟の審理対象

(1)　問題の所在

　一般に，行政事件訴訟の訴訟物は，行政処分の実体的及び手続的違法性一般であるとされている。そして，通常の行政事件訴訟では，処分理由Aに基づいて行政処分を行った場合に，その取消訴訟においては，行政庁は，実際に処分した理由Aとは別の処分理由Bがあることを主張し，裁判所は，「処分理由Aはないが処分理由Bがある」として，当該行政処分を維持する判決を行うことが可能である。このように，一般の行政事件訴訟では，行政庁が処分理由の追加・差替えを行うことができるが，これにより，行政処分をめぐる紛争の一回的解決を図ることができており，これを否定してしまえば，行政庁は，結局，別個の処分理由で再度同一の行政処分を行うことができ，行政処分をめぐる紛

争の終局的な解決を遅らせるだけになってしまう。

審決取消訴訟も行政事件訴訟の一つである。しかし，次の最高裁大法廷判決では，一般の行政事件訴訟と異なり，審決取消訴訟段階で新たな理由の追加・差替えを行うことは許されないとして，審決取消訴訟における審理範囲は制限されているとする*1。

(2) 大法廷判決の内容

最高裁大法廷判決（最〔大〕判昭51・3・10民集30巻2号79頁〔メリヤス編み機事件〕）は次のように判示する。

「特許無効の抗告審判の審決に対する取消の訴においてその判断の違法が争われる場合には，専ら当該審判手続において現実に争われ，かつ，審理判断された特定の無効原因に関するもののみが審理の対象とされるべきものであり，それ以外の無効原因については，右訴訟においてこれを審決の違法事由として主張し，裁判所の判断を求めることを許さないとするのが法の趣旨である」。

「法57条（筆者注：現123条）1項各号は，特許の無効原因を抽象的に列記しているが，そこに掲げられている各事由は，いずれも特許の無効原因をなすものとしてその性質及び内容を異にするものであるから，そのそれぞれが別個独立の無効原因となるべきものと解するのが相当であるし，更にまた，同条同項1号の場合についても，そこに掲げられている各規定違反は，それぞれその性質及び内容を異にするから，これまた各規定違反ごとに無効原因が異なると解すべきである。」

「無効審判における判断の対象となるべき無効原因もまた，具体的に特定さ

---

*1　大法廷判決では，訴訟物については述べられていないが，その調査官解説（宍戸達徳・最判解説民事篇昭和51年度37頁・50頁）では，公知事実ごとに別個の訴訟物をなすものとされている。また，かつては訴訟物をそのようにとらえて，東京高裁での審理範囲のあり方が検討されていた（市川正巳「審決取消訴訟における審理範囲－訴訟物の枠を超える場合と超えない場合－」牧野利秋判事退官記念『知的財産法と現代社会』63頁）。しかし，最高裁は，行政事件訴訟の訴訟物については処分理由ごとに訴訟物を分断しないとしており（例えば，最判昭53・9・19裁判集民事125号69頁），本問題においても訴訟物までが分断されると解する理由はないし（大渕哲也『特許審決取消訴訟基本構造論』（有斐閣，平15）168～176頁，270～274頁），今日では，審決取消訴訟審理範囲を定めるに当たっては，審決取消判決の拘束力の範囲と並んで，訴訟物を決めて，そこから結論を出すより，妥当性を考えた柔軟な解決を目指すべきである（田村善之『機能的知的財産法の理論』（信山社出版，平8）141～142頁，塩月秀平「審理範囲」『特許審決取消訴訟の実務と法理』（発明協会，平15）136頁）。

962　第4章　関連手続

れたそれであることを要し，たとえ同じく発明の新規性に関するものであつて
も，例えば，特定の公知事実との対比における無効の主張と，他の公知事実と
の対比における無効の主張とは，それぞれ別個の理由をなすものと解さなけれ
ばならない。」

「審決の取消訴訟においては，抗告審判の手続において審理判断されなかつ
た公知事実との対比における無効原因は，審決を違法とし，又はこれを適法と
する理由として主張することができない」。

(3)　大法廷判決の理由

通常の行政事件訴訟と異なり，特許法の審決取消訴訟の審理範囲は制限され
るべきであるとする理由について，大法廷判決では次のとおり述べている。

①「法は，特許出願に関する行政処分……については，一般の行政処分の場
合とは異なり，常に専門的知識経験を有する審判官による審判及び抗告審判
……の手続の経由を要求するとともに，」②「取消の訴は，原処分である特許
又は拒絶査定の処分に対してではなく，抗告審判の審決に対してのみこれを認
め，右訴訟においては，専ら右審決の適法違法のみを争わせ，特許又は拒絶査
定の適否は，抗告審判の審決の適否を通じてのみ間接にこれを争わせるにとど
めている。」③「法は，特許無効の審判についていえば，そこで争われる特許
無効の原因が特定されて当事者らに明確にされることを要求し，審判手続にお
いては，右の特定された無効原因をめぐって攻防が行われ，かつ，審判官によ
る審理判断もこの争点に限定してされるという手続構造を採用していることが
明らかであり，」④「法117条（筆者注：現167条）が『特許若ハ第53条ノ許可（筆
者注：現126条の訂正審判）ノ効力……ニ関スル確定審決ノ登録アリタルトキハ何
人ト雖同一事実及同一証拠ニ基キ同一審判ヲ請求スルコトヲ得ス』と規定して
いるのも，このような手続構造に照応して，確定審決に対し，そこにおいて現
実に判断された事項につき対世的な一事不再理の効果を付与したものと考えら
れる。」⑤「法が，抗告審判の審決に対する取消訴訟を東京高等裁判所の専属
管轄とし，事実審を一審級省略しているのも，当該無効原因の存否について
は，すでに，審判及び抗告審判手続において，当事者らの関与の下に十分な審
理がされていると考えたためにほかならない。」

(4)　大法廷判決の評価

大法廷判決が掲げる各理由には厳しい批判がなされている[2]が，結局のところ，最高裁の理由とするところは，審判前置主義（専門官庁たる特許庁の判断を経由させることにより慎重・適正な判断をうけさせなければならないという考え方）を論拠の中心として，審判官によって審理判断されるのは特定の無効原因をめぐる争点に限られるので，審決取消訴訟の審理範囲も当該争点に限定されなければならないというのである[3]。

審決取消訴訟の審理範囲を制限する見解に対しては，行政事件訴訟の一般原則を修正する理論的根拠に乏しいとされるほか[4]，審決取消訴訟にはいろいろな性格なものが混在しており，同じ種類の審判に属する審判においても性格が異なる（当事者系審判と異なり査定系審判は行政処分的な性格が強いし，当事者系審判でも，新規性・進歩性の欠如を理由とする無効審判と異なり，冒認等を理由とする無効審判は，通常の民事事件に類似して審判官よりも裁判官のほうが判断に適している場合が多い）のに，これを一律で扱うことは理論面で整合せず，少なくとも立法論としての問題がある[5]として批判されている。

さらに，大法廷判決が出たのち，特許法分野では，キルビー判決（最〔3小〕判平12・4・11民集54巻4号1368頁）と平成16（2004）年改正による特許法104条の3の権利行使制限の抗弁の創設により侵害裁判所も特許無効の判断をすること

---

[2]　大法廷判決の理由①に対し，ここにいう前置主義は事件全体のレベルのことであり争点のレベルにおける前置主義を定めたものでない。同②に対し，審判取消訴訟が裁決主義をとっていることを意味するが，ここでいう裁決主義は原処分の取消しの訴えの提起を許さずに裁決の取消しの訴えのみの提起を認める主義をいうのであり，審理範囲を制限する根拠にはならない。同③に対し，審判では特定された無効原因について争われることを理由としているが，旧法103条（現153条）では，審判においては申し立てられた理由以外の理由についても審判官は審理できるから，これは間違った認識である。同④に対し，一事不再理の効力を「審判で特定された無効原因について争われた結果（③）」であるとするが，法はそのような構造をとっていない。同⑤に対し，これは審級省略をいうのであるが，審級省略は審理範囲制限の根拠とはならない（審級省略が認められている行政訴訟で審理範囲の制限がなされているわけではない）（大渕・前掲*1・230〜233頁）。

[3]　愛知靖之「審決取消訴訟の審理範囲」高林龍ほか編『現代知的財産法講座Ⅰ知的財産法の理論的探究』（日本評論社，平24）167頁）。

[4]　審理範囲を限定する理論付けとしては，①実質的証拠法則（独禁80条・81条）を特許法にも適用する，②特許関係訴訟の技術的特殊性から，技術の専門官庁である特許庁における審判を重視する，③前審判判断経由の利益のほか，裁判所の負担軽減，審決書には理由が付されていることなどが考えられるが，①には法文上の根拠がなくこれをいう学説は少数であり，その他の理由でも多様な審決取消訴訟の審理範囲の制限を統一的に説明することは難しい。

[5]　中山信弘『特許法』（弘文堂，平22）276〜280頁。

964　第4章　関連手続

になり，東京地裁・大阪地裁への特許事件の管轄の集中，知財高裁の開設，専門員制度の導入，調査官の権限拡充などの，裁判所の技術的専門分野への対応を強化する法改正が続いたことから，大法廷判決が前提とする専門行政庁による慎重・適切な判断を受ける必要が薄れてきたことや，無効審判と訴訟とを行ったり来たりするキャッチボール現象が紛争の解決を遅らせており問題であるとの認識が強くなってきた（キャッチボール現象を少なくするために，平成15（2003）年特許法改正では，無効審判取消訴訟の提起があった日から90日間のみ訂正審判を請求できることとしたが，さらに実効性を高めるために，平成23（2011）年改正では，審決予告制度（特164条の2）を設けることとした）ことから，大法廷判決に対しては，その根拠とする前提が変わったとして，でき得る限り射程範囲を狭く解釈し，ひいては，判例変更するか，立法により変更すべきであると批判する声も強い＊6。

　一方，大法廷判決の結論を支持する理由としては，他にも，審決取消訴訟で別の公知技術に差し替えるなどして審決が維持されてしまうと，特許出願人や特許権者等の明細書の補正や訂正請求の機会を奪うことになること，審判段階でまったく登場しなかった公知技術を審決取消訴訟で主張することを認めて審決を確定させると，審決の理由と判決でいう審決を維持すべきとした理由が齟齬することになり，一事不再理の原則（特167条）の働く範囲について矛盾が生じること，平10（1998）年特許法改正で無効審判の請求の理由について，その要旨を変更する補正が認められないこととなった（特131条の2第1項）ことから，審決取消訴訟で公知技術の変更が認められないこととの整合性がより明確化したことをあげることができる＊7。また，大法廷判決について完全に否定してしまうのではなく，「迅速な紛争解決」と「専門行政庁による慎重・適正な判断」はその調和が大切であり，裁判所による専門性が高まった現在でも，特定の侵害訴訟における相対的な無効判断と，審判手続による対世的な無効判断とは，質的に異なっており，特許権の対世的・絶対的な無効をもたらし得る判断に専門的行政庁が関与する必要性が完全に失われたものではないとして，

＊6　代表的なものとして大渕・前掲＊1参照。キャッチボール現象対策としての平成15（2003）年改正により大法廷判決は維持することが困難になったと論じている（大渕哲也「審決取消訴訟の現状と課題」学会年報27号（『特許関係訴訟と審判』（有斐閣，平16））122～125頁）。
＊7　高林龍『標準特許法〔第3版〕』（有斐閣，平21）244頁。

大法廷判決の射程範囲については慎重に判断すべきであるという学説も有力に主張されている*8。

Ⅱ　審判理由の追加の可否に関する判例・裁判例とその検討

　大法廷判決の射程範囲をめぐって種々の判例・裁判例が出され，審判理由の追加の可否について様々な議論がなされている。

(1)　技術常識の立証

　(a)　実用新案登録無効の審判において，本件考案が，公知例A，B，Cから極めて容易に考案できるものであるとして無効とする審決が出された。東京高裁は，審決取消訴訟において初めて提出された雑誌に基づいて，公知例Cを解釈して，特許庁審決の認定判断を是認した。これに対し，最高裁は，大法廷判決を引用しながら，「審判の手続において審理判断されていた刊行物記載の考案との対比における無効原因の存否を認定して審決の適法，違法を判断するにあたり，審判の手続にあらわれていなかった資料に基づき当業者の実用新案登録出願当時における技術常識を認定し，これによって同考案のもつ意義を明らかにしたうえ無効原因の存否を認定したとしても，このことから審判の手続において審理判断されていなかった刊行物記載の考案との対比における無効原因の存否を認定して審決の適法，違法を判断したものということはできない。」と判示した（最〔1小〕判昭55・1・24民集34巻1号80頁〔食品包装容器事件〕）。「公知技術」とは，実用新案法3条1項各号（特29条1項各号）掲記のもので，それが出願当時の当業者に現に知られていたか否かを問わず，一律に知られていたものと擬制される事実であり，「技術常識」とは，周知例，慣用技術などともいわれ，公知事実のうち，出願当時の当業者に一般的ないし平均的に知られていたものである。最高裁は，大法廷判決でいう「公知技術」は，審判の手続において審理判断されていた公知技術に基づく特定の無効原因とは別個の無効原因

＊8　愛知・前掲＊3・169〜170頁。キャッチボール現象については，平成23（2011）年改正によって，審決予告制度とともに，特許権者に訂正の機会を与える手続保証を与えたことにより，平成15（2003）年改正より，適正性を保障しつつもさらに高い程度で迅速性を充足したバランスのとれた改正であったと評価する。

966　第4章　関連手続

を形成する公知技術のことであり，技術常識を証する公知技術は審決において
も提出できると解した。出願当時における技術常識は，審決をする特許庁審判
官が技術専門家であって，これを斟酌したときであってもその認定資料となる
証拠を必ず審決理由中に示すとは限らないから，たとえこれが審決理由中に具
体的に示されていないとしても，審判の手続において当然審理されたものと解
すべきであり，この意味においても審決取消訴訟において新たにこれを証する
資料を提出することができるといえる*9。

　しかし，審決における刊行物記載の発明と公知技術との組合せにより容易に
発明できたという理由を，取消訴訟において，技術常識の名の下に刊行物記載
の発明から容易に発明できたという理由に差し替えることは許されないとされ
る（知財高判平22・11・17判タ1362号219頁〔エキシマレーザ事件〕）。

　(b)　大法廷判決のように公知文献は審理不可，昭和55年の最高裁判決のよ
うに技術常識の立証のための技術文献なら審理可能といっても，実際には新た
な公知文献なのか技術常識立証のための技術文献なのかを厳密に区別すること
は困難であるとの指摘がある*10。

　(c)　設問①の解答としては，無効審判請求手続で提出されていなかった，又
は，提出されていたが判断されなかった公知文献に基づく無効理由の主張につ
いては，原則として不可であるが，技術常識の立証のための主張であれば，許
されるということになろう。

**(2)　審判において進歩性の判断で使われた公知技術に基づいて審決取消訴訟
において新規性の判断をする場合**

　(a)　この場合も，大法廷判決が無効理由を各規定ごとに解するとしているこ
とから，同一公知例といえども審決取消訴訟では新規性の判断には使用できな
いとも考えられる。

　裁判例では，Xが進歩性なしとして拒絶査定を受け，不服審判を請求した
が，進歩性欠如を理由とする拒絶審決がなされた。これに対する取消訴訟にお

---

*9　小酒禮・最判解説民事篇昭和55年度49頁・53～55頁。東京高判昭60・3・12無体集17巻1
　号26頁〔タクシー屋上表示装置事件〕でも，審判手続に現れなかった資料も，当業者にとっ
　て周知慣用の事項を立証するための補充的証拠としてならば，新たに提出することができる
　としている。

*10　愛知・前掲*3・176頁。

いて，知財高裁は審判で判断されたのと同一の公知技術に基づき新規性欠如を理由に審決を維持したものがある（知財高判平19・7・25（平18(行ケ)10247号）裁判所ホームページ〔シリカ系被膜形成用組成物事件〕）。

(b)　この場合は，すでに審判段階で引用例に記載の技術的事項の意義と特許請求の範囲との対比について専門行政庁による判断を受けているということができるので大法廷判決の趣旨からは許されると解すべきであり*11，さらに，新規性の判断で使われた公知技術に基づいて審決取消訴訟において進歩性の判断をすることについても許されるとするもの*12と，進歩性の判断については，公知技術との相違点についての判断が専門行政庁によってまだなされていないので，審決取消訴訟では判断できないとするものがある*13。

(c)　設問②の解答としては，審判において進歩性の判断で使われた公知技術によって，審決取消訴訟において新規性の主張をすることはできる。

(3)　主引例と副引例の差替え

(a)　裁判例として，大法廷判決を引用しながら，「審判や特許異議の申立てについての審理において審理された公知事実に関する限り，審理の対象とされた発明との一致点・相違点について審決や取消決定と異なる主張をすること，あるいは，複数の公知事実が審理判断されている場合にあっては，その組合せにつき審決や取消決定と異なる主張をすることは，それだけで直ちに審判や特許異議の申立てについての審理で審理判断された公知事実との対比の枠を超えるということはできないから，取消訴訟においてこれらを主張することが常に許されないとすることはできない」として，主引例と副引例を差し替えて特許取消しを維持した裁判例がある（知財高判平18・7・11（平17(行ケ)10179号）判時2017号128頁〔おしゃれ増毛装具Ⅰ事件〕（付与後異議の事例），知財高判平18・7・11（平17(行ケ)10264号）判時2017号141頁〔おしゃれ増毛装具Ⅱ事件〕（訂正審判で訂正後の発明に独立特許要件が認められないとして請求不成立とした審決に対する取消訴訟）。同旨，東京高判平16・9・8（平15(行ケ)27号）裁判所ホームページ〔変調方式とそれを用いた無線通信システム事件〕）。

---

*11　元知財高裁判事は，新規性と進歩性は視点が異なる手法により判断されるので当然には許されないとし，事案によって許される場合があるとしている（塩月・前掲*1・137～138頁）。

*12　田村・前掲*1・151頁，愛知・前掲*3・174頁，島並良＝上野達弘＝横山久芳『特許法入門』（有斐閣，平26）181頁。

*13　吉原省三「食品包装容器評釈」特管30巻11号1188頁。

968 第4章 関連手続

一方で，「本願出願前周知な技術事項」とされていた事項について，審判段階で発明と対比されるべき引用例とされていたのではなく，まして，発明との対比判断を経ていたわけでもないことを理由に，主引例との差替えを認めなかった裁判例は，知財高判平18・6・29判タ1229号306頁〔紙葉類識別装置の光学検出部事件〕をはじめ多数の裁判例がある。

(b) 主引例と副引例との差替えを認める判決については，結論につき，批判的であるにせよ*14，肯定的であるにせよ*15，大法廷判決には抵触するとするものが多い。

(c) 設問③の解答としては，無効審判手続で副引例とされていた文献を主引例にして行う無効理由の主張は大法廷判決によれば許されないということになろう。

(4) **審決取消訴訟で，審判で判断されなかった相違点の容易相当性の判断ができるか**

(a) 裁判例には，「審決に対する訴えにおいても，審判請求の理由（職権により審理した理由を含む。）における特定の引用例に記載された発明に基づいて容易に発明することができたか否かに関する審決の判断の違法性が，審理及び判断の対象となると解するべきである。また，そう解することにより，審決の取消しによる特許庁と裁判所における事件の往復を避け，特許の有効性に関する紛争の一回的解決にも資するものと解されるのである。したがって，対象となる発明と特定の引用例に記載された発明との一致点及び相違点についての審決の認定に誤りがある場合であっても，それが審決の結論に影響を及ぼさないときは，直ちにこれを取り消すべき違法があるとはいえない。」とするものがある（知財高判平24・2・8判時2150号103頁〔電池式警報器事件〕）。公知文献と当該発明の構成別に審決で認定された一致点・相違点について，審決取消訴訟での判断が異なった場合に，審判で判断された相違点ではない相違点の容易想到性の判断がなされている。

また，次のように述べて審決を取り消した裁判例がある。

「そうすると，相違点2″……の容易想到性の有無，同様に相違点3″……

---

*14 愛知・前掲*3・175頁。
*15 松本司「進歩性欠如の論理づけにおける主引例の差替え」L＆T44号（平21）121頁。

の容易想到性，さらには，相違点1……の容易想到性の有無を判断して，本件発明1が引用発明から容易に発明することができたか否かの結論に至る必要がある。ここまで至って，引用発明を主たる公知技術としたときの本件発明1の容易想到性を認めなかった審決の結論に誤りがあるか否かの判断に至ることができる。

　しかし，本件においては，審決が，認定した相違点1及び3に関する本件発明1の構成の容易想到性について判断をしていないこともあって，当事者双方とも，この点の容易想到性の有無を本件訴訟において主張立証してきていない。相違点2（当裁判所の認定では相違点2"）に関する本件発明1の構成については，原告がその容易想到性を主張しているのに対し，被告において具体的に反論していない。

　このような主張立証の対応は，特許庁の審決の取消訴訟で一般によく行われてきた審理態様に起因するものと理解されるので，当裁判所としては，当事者双方の主張立証が上記のようにとどまっていることに伴って，主張立証責任の見地から，本件発明1の容易想到性の有無についての結論を導くのは相当でなく，前記のとおりの引用発明の認定誤りが審決にあったことをもって，少なくとも審決の結論に影響を及ぼす可能性があるとして，ここでまず審決を取り消し，続いて検討すべき争点については審判の審理で行うべきものとするのが相当と考える。本件のような態様の審決取消訴訟で審理されるのは，引用発明から当該発明が容易に想到することができないとした審決の判断に誤りがあるか否かにあるから，その判断に至るまでの個別の争点についてした審決の判断の当否にとどまらず，当事者双方とも容易想到性の有無判断に至るすべての争点につき，それぞれの立場から主張立証を尽くす必要がある。本件については，上記のように考えて判決の結論を導いたが，これからの審決取消訴訟においては，そのように主張立証が尽くすことが望まれる。」（知財高判平25・9・19（平24（行ケ）10435号）裁判所ホームページ〔窒化ガリウム系発光素子事件〕）。

　また，当事者の同意を得て，審決で争点として判断されていない相違点について判断したものがある。すなわち，特許発明と引用発明との相違点1，2を認定したうえ，相違点2について当業者が容易に想到し得ないと判断し，相違点1についての判断を示すことなく，請求不成立とした特許無効審判の審決の

970　第4章　関連手続

取消訴訟において，審決の判断を経ていない争点について，当事者の合意を得て，当事者に主張立証の機会を付与したうえ，相違点2についての容易想到性を否定した審決の認定判断は是認できないとして，審決が取り消され，さらに，相違点1についても当業者が容易に想到し得たと判示された（知財高判平17・10・6（平17（行ケ）10366号）裁判所ホームページ〔炭酸飲料用ボトルの製造方法事件〕）。

　この判決の部総括判事は，大法廷判決の枠組みを維持しつつも，審判の対象は，特定の公知技術との相違点等についての進歩性の判断ではなく，審判の対象は新規性・進歩性の有無そのものに拡大すべきであると主張し，審決で審理判断した無効事由が審決取消訴訟で審理判断されることには何の問題もないから，まず，審判では進歩性を否定する事由についても判断しておくことによってキャッチボール現象を極小化することを目指し，審理されなかったものも裁判所でできる限り審理判断する方向で訴訟を運営しながら，判決で判断すべきであるとして，裁判所での審理の拡大の運用を定着させることを提案している[16]。

　(b)　設問④については，現在の知財高裁の審理では，大法廷判決を尊重しつつ，できるだけキャッチボールを防ぎ，迅速な審理ができるように，種々の工夫がなされており，公知文献と当該発明の構成別に審決で認定された一致点・相違点の判断が異なった場合に相違点の容易想到性の判断をするか，また，審判で判断されなかった相違点の容易相当性の判断をするかについては，審判でどのような審理がなされているかが具体的に検討されたうえで，審判前置主義の趣旨から，柔軟に判断されることが多いといえる。

＊16　塚原朋一「審決取消訴訟の審理の範囲」金判2006年3月増刊108～109頁。

79 審決取消訴訟(3)

諏訪野　大

審決取消判決が有する拘束力について説明せよ。

キーワード　審決取消訴訟，審決取消判決，拘束力，行政訴訟，行政事件訴訟法

I　は じ め に

　裁判所は，審決取消訴訟において，審決取消しを求める請求に理由があると認めるときは，当該審決を取り消さなければならない（特181条1項）。審判官は，審決取消しの判決が確定したときは，さらに審理を行い，審決をしなければならない（特181条2項前段）。

　特許法のこれらの条文のみを読めば，審判官は，裁判所による審決を取り消すという結論とは関係なく，新たに独自の判断に基づいた審決を行うことには問題がないように思われる。しかしながら，行政事件訴訟法33条1項により，審決を取り消した判決は，その事件について，審決をした行政庁その他の関係行政庁を拘束する。

　これを，審決取消判決の拘束力という。

II　審決取消判決の拘束力の位置づけ

(1)　審決取消訴訟の位置づけ

　審決取消訴訟は，特許庁の審判官がした審決の結論に不服の者が，その取消しを請求するものである。

　判例（最判平4・4・28（昭63（行ツ）10号）民集46巻4号245頁〔バレル研磨法事件〕*1）によれば，審決取消訴訟は，行政庁の公権力の行使に関する不服の訴

972　第4章　関連手続

訟である「抗告訴訟」（行訴3条1項）の一種，「取消訴訟」（処分の取消しの訴え及び裁決の取消しの訴えをいう（行訴9条1項））に該当する。

　特許法第8章（特178条以下）は「訴訟」という名称であるが，審決取消訴訟手続全般を定めておらず，同章に定められていない事項については行政訴訟に関する基本法である行政事件訴訟法が適用される。

　すなわち，審決取消訴訟の手続においては，行政事件訴訟法が一般法，特許法が特別法という関係となる。さらに，行政事件訴訟法に定めがない事項については，民事訴訟の例による（行訴7条）。

　したがって，条文の適用の順序は，まず，特許法，次に，特許法に定められていない事項について行政事件訴訟法，行政事件訴訟法にも定められていない事項について民事訴訟法となる。

　なお，以前は，一般の取消訴訟と同様，審判で主張されなかった理由を審決取消訴訟において主張することは妨げられないとされていたが（最判昭35・12・20（昭33(オ)567号）民集14巻14号3103頁〔リンカーン大統領事件〕，最判昭43・4・4（昭39(行ツ)62号）民集22巻4号816頁〔ホンコンフラワー事件〕，最判昭28・10・16（昭26(オ)745号）裁判集民事10号189頁〔圧砕製紛機事件〕），判例変更があり，審判で審理判断されなかった無効原因や拒絶理由は，審決取消訴訟において主張することができないとされた（最〔大〕判昭51・3・10（昭42(行ツ)28号）民集30巻2号79頁〔メリヤス編機事件〕）。ただし，審判で審理された証拠を補充する新たな資料を証拠とすることは可能である（最判昭55・1・24（昭54(行ツ)2号）〔カップヌードル容器事件〕。審決取消訴訟における審理範囲の制限については**本書**78「審決取消訴訟(2)」を参照）。

(2)　審決取消判決の諸効力

　取消訴訟において，行政庁の処分や裁決を取り消す請求が認容された判決（以下，「取消判決」という）が確定すると種々の効力が生じる。審決を取り消す請求を認容した判決（以下，「審決取消判決」という）も取消判決の一種であるが，特許法は，審決取消判決の効力について定めた規定を有していない。

　したがって，行政事件訴訟法及び民事訴訟法が定める確定判決によって生じ

＊1　同判決は，取消判決が有する拘束力に関する規定（行訴33条1項）を直接適用しており，審決取消訴訟が行政事件訴訟法にいう「取消訴訟」であることを当然の前提としていると解される。

る効力に関する規定が適用される。

(a) 行政事件訴訟法の規定に基づく効力

(イ) 形成力　取消判決は形成力を有する。取消判決の形成力とは，一般的に，取消判決が確定したとき，行政処分をその処分時に遡って失わせる効力をいう。その際，行政庁の取消しは不要である。

また，この形成力の効果として，取消判決は第三者に対しても効力，つまり第三者効（対世効）を有する（行訴32条1項）。

審決取消判決にあてはめると，その確定時に審決が遡及的になかったこととなり，それは第三者に対しても効力を有することとなる。

(ロ) 拘束力　取消判決は，その事件について，処分又は裁決をした行政庁その他の関係行政庁を拘束する（行訴33条1項）。これを取消判決の拘束力という。

審決取消判決は，その判決後に審理を行う特許庁の審判官を拘束する。

本稿のテーマであり，詳細については，後述する。

(b) 民事訴訟法の規定に基づく効力

裁判が確定した効果として，同一当事者間で同一事項が後日の別の訴訟で問題となったとしても，当事者は確定した裁判で示された判断に反する主張をすることができず，裁判所もこれと抵触する裁判をすることができないという効力が生ずる。

これを既判力という。

確定判決は，主文に包含するものに限り，既判力を有する（行訴7条，民訴114条1項）。既判力は，当事者や当事者が他人のために原告又は被告となった場合のその他人等に及ぶ（行訴7条，民訴115条1項）。

したがって，審決取消判決が確定すると，当事者等は後日別の訴訟でそれに反する主張はできず，裁判所もこれに抵触する裁判はできない。

(c) 審決取消しの請求が棄却・却下された場合の判決の効力

審決取消判決が出た場合，形成力と拘束力，既判力のすべてが生じる。

逆に，審決取消しの請求が棄却された場合，形成力と拘束力は生じない。この2つは，あくまでも審決取消判決があってはじめて生ずる効力である。

ただし，棄却判決の場合でも既判力は生じる。つまり，その審決は適法なも

のであるということが，既判力が及ぶ者の間で確定し，それに反する主張を後日することはできず，裁判所もこれと抵触する裁判ができなくなる。

また，その審決取消訴訟が手続違背により却下された場合であっても，既判力は生じる（最判平22・7・16（平20（行ヒ）304号）民集64巻5号1450頁〔大阪市補給金事件〕）。却下判決においても，形成力と拘束力が生じないのは，棄却判決の場合と同様である。

(3) 当事者系審決取消訴訟と拘束力

行政事件訴訟法は，処分又は裁決をした行政庁が国又は公共団体に所属する場合，取消訴訟の被告は，当該処分又は裁決をした行政庁の所属する国又は公共団体であると定める（行訴11条1項）。

この点，拒絶査定不服審判（特121条）等の，いわゆる査定系審判の審決取消訴訟の被告は特許庁長官であり（特179条本文），これは行政事件訴訟法11条1項の特別規定であると解される。

他方，無効審判（特123条）と延長登録無効審判（特125条の2）は，当事者対立構造をもち，当事者系審判といわれる。その審決取消訴訟は，その審判の請求人又は被請求人を被告としなければならない（特179条ただし書）。例えば，無効審判の場合，無効審判請求が不成立となった審決の場合は，原告となるのは請求人（参加人又は参加を申請してその申請を拒否された者も含む），被告は特許権者となる。無効審決の場合は，原告は特許権者，被告は請求人となる。

このように，当事者系審判の審決取消訴訟は，行政事件訴訟法の取消訴訟と構造的に異なる。

行政事件訴訟法は，抗告訴訟とは別個の類型として，当事者訴訟を定めている。当事者訴訟は2種類あり，①当事者間の法律関係を確認し又は形成する処分又は裁決に関する訴訟で法令の規定によりその法律関係の当事者の一方を被告とするもの及び②公法上の法律関係に関する確認の訴えその他の公法上の法律関係に関する訴訟（行訴4条）がある。一般的に，①を「形式的当事者訴訟」，②を「実質的当事者訴訟」という。

このように，当事者系審判の審決取消訴訟の構造は，抗告訴訟よりも当事者訴訟に合致している。実際，行政法学の分野において，形式的当事者訴訟に分類されることがあり*2，前掲バレル研磨法事件最高裁判決における園部逸夫

判事の補足意見にいたっては，当事者系審決取消訴訟は，取消訴訟とも形式的当事者訴訟ともその性格を異にし，当事者訴訟に関する規定を準用するか，特許法上，特殊な当事者訴訟に関する規定を設けることが望ましいと述べる。仮に，当事者系審判の審決取消訴訟が当事者訴訟であると解すると，その効力にどのような違いが出てくるのかが問題となる。

当事者系審判の審決取消訴訟が当事者訴訟であるとしても，行政事件訴訟法33条1項が準用されるため（行訴41条1項），審決取消判決の拘束力については既述と変わるところはない。また，既判力も生じる。

ただし，第三者効を定める行政事件訴訟法32条1項は，当事者訴訟には準用されない（行訴41条1項参照）。そこで，特許権のような物権的法律関係の場合には，第三者効が認められるべきであるとして，当事者系審決取消訴訟は形式的当事者訴訟ではなく抗告訴訟と解すべきであるとする説や行政事件訴訟法32条1項を準用する説などが唱えられている*3。

Ⅲ　審決取消判決の拘束力

⑴　拘束力の法的性質

⒜　取消判決の拘束力の法的性質

取消判決の拘束力の法的性質については，既判力説と特殊効力説との対立がある*4。

既判力説とは，取消判決の拘束力が既判力にほかならないと理解するものである。すなわち，既判力は，本来，当事者や当事者が他人のために原告又は被告となった場合のその他人等に及ぶものであるが（行訴7条，民訴115条1項），行政事件訴訟法33条1項により処分又は裁決をした行政庁その他の関係行政庁にまで拡張されたものとする説である。

特殊効力説とは，取消判決の拘束力を，既判力及び形成力と別個のものと解

＊2　宇賀克也『行政法概説Ⅱ行政救済法〔第6版〕』371頁。

＊3　宇賀・前掲＊2・372頁。

＊4　両説の対立に関しては，南博方＝高橋滋＝市村陽典＝山本隆司編『条解行政事件訴訟法〔第4版〕』661頁以下〔興津征雄〕による。

976 　第4章　関連手続

し，行政事件訴訟法33条1項により認められる特殊な効力であると理解する
ものである。

　両説は，判決理由中の判断に拘束力を認めるかどうか，取消判決の拘束力の
下で行われた再度の処分等に対する取消訴訟について判断を求められる裁判所
（以下，「後訴裁判所」という。また，最初の処分等に対して取消判決を言い渡した裁判所を
以下，「前訴裁判所」という）を直接拘束するかどうかといった場面で違いが出て
くる。

　現在の通説は特殊効力説であり[*5]，判決理由中の判断に拘束力を認め，後
訴裁判所を直接拘束するものではないと理解されている。

　(b)　審決取消判決の拘束力の法的性質

　審決取消判決は取消判決の一種であることから，通説に従えば，その拘束力
の法的性質は，既判力の拡張ではなく，行政事件訴訟法33条1項により認め
られた特殊な効力であることとなる。

　前掲バレル研磨法事件最高裁判決も，「この拘束力は，判決主文が導き出さ
れるのに必要な事実認定及び法律判断にわたるものである」と述べ，判決理由
中の判断に拘束力を認めていることから，特殊効力説を採用していると解され
る[*6]。

(2)　拘束力の内容

　(a)　拘束力の積極的効果

　処分等が判決により取り消された場合，処分等をした行政庁は，取消判決の
趣旨に従い，改めて処分等をしなければならない（行訴33条2項・3項）。これを
拘束力の積極的効果という。

　行政事件訴訟法33条2項・3項は，拘束力を定めた同条1項を受けてのも
のであり，したがって，取消判決の趣旨とは，判決主文が導き出されるのに必
要な事実認定及び法律判断にわたる判決理由中の判断に拘束されることをい

[*5]　宇賀・前掲[*2]・277頁，南ほか編・前掲[*4]・662頁〔興津征雄〕，塩野宏『行政法Ⅱ行政
救済法〔第5版〕』188頁，高橋滋『行政法』388頁。
[*6]　同判決は，審決取消判決の拘束力に関するリーディング・ケースであるが，情報公開訴訟
（大阪地判平17・6・24（平16(行ウ)28号）判タ1222号163頁〔食糧費公文書反復非公開決定
取消請求事件〕）においても引用されるなど，取消判決の拘束力一般に関するリーディング・
ケースでもある。

う。

審決取消判決が確定したときは，審判官は，さらに審理を行い，審決をしなければならない（特181条2項前段）。これは，審決取消判決の拘束力の積極的効果を示した規定であるといえよう。

ただし，既述のとおり，特許法は審決取消判決の拘束力を定めた規定を有しない。そこで，行政事件訴訟の一般法である行政事件訴訟法33条1項が直接適用され，審決取消判決に拘束力があることを前提とすることにより，特許法181条2項は，拘束力の積極的効果を示した規定と位置づけられる。

(b) 拘束力の消極的効果

拘束力の内容として，取り消された行政処分と同一事情のもとで同一理由に基づいて同一内容の処分を行うことを禁止する効果（以下，「反復禁止効」[7]という）が生じる。これは拘束力の消極的効果とされる。

したがって，審決取消判決の反復禁止効とは，審決取消判決後の審判（以下，「第2次審判」といい，その審決を「第2次審決」という）の審判官に，取り消された審決と同一事情のもとで同一理由に基づいて同一内容の処分を行うことを禁止する効果をいう。

反復禁止効についても，特許法に規定はなく，行政事件訴訟法33条1項が直接適用されることにより生じるものである。

(3) **審決取消判決の拘束力が及ぶ範囲**

(a) 主観的範囲

取消判決の拘束力が及ぶ主観的範囲，すなわち，拘束力が誰に及ぶかについては，行政事件訴訟法33条1項が明文で定めるとおり，「処分又は裁決をした行政庁その他の関係行政庁」である。

特許法における審判は，3人又は5人の審判官の合議体により行われ（特136条1項），それらの審判官は独立の官庁と解されている[8]。最初の審判（以下，

---

[7]　反復禁止効の法的性質についても，既判力による作用であるとする既判力説と，行政事件訴訟法33条1項に基づく効力説との争いがある。これは拘束力の法的性質に関する争いとは別次元のものである。拘束力の法的性質については特殊効力説を採りながら反復禁止効については既判力説を唱える論者もいる（塩野・前掲*5・191頁）。もっとも，両説は，結論においてそれほど大きな違いはない（南ほか編・前掲*4・669頁）。

[8]　特許庁編『工業所有権法（産業財産権法）逐条解説〔第20版〕』541頁。

978 　第4章　関連手続

「第1次審判」といい，その審決を「第1次審決」という）と審判取消判決後の第2次
審判とでは，担当した審判官が同一であるとは限らない。

　審決取消判決の拘束力は，第2次審判の審判官に及ぶこととなるが，主に
「関係行政庁」に該当するとして拘束されると解される。

　(b)　客観的範囲

　(イ)　「その事件」の範囲　　　行政事件訴訟法33条1項は，取消判決の拘束力
をその事件について関係行政庁に及ぼすと定めるが，「その事件」の範囲につ
いて，行政法学の分野で議論がある。すなわち，「その事件」の意義が当該訴
訟事件に限るのか，将来の同種事件も含むのかというものである。

　具体的には，ある年度に皇居外苑使用不許可処分が取り消された場合の翌年
度以降の使用許可申請，ある年分の所得税の課税処分が取り消された場合の後
続年分，鉄道の連続立体交差化を内容とする都市計画事業認可が取り消された
場合の付属街路の設置を内容とする都市計画事業認可などについて争われ
る*9。

　皇居外苑使用不許可処分や課税処分のようにその内容が画一的であるものに
ついては，その画一性ゆえに将来の同種事件についても拘束力を及ぼすべきで
はないかという問題意識が現れると思われるが，審決取消訴訟については，対
象となる審決は審判事件ごとに確定するものであること（特167条の2），その内
容も多岐に渡り，その都度，判断が必要となるものであることから，他の事件
にまで拘束力を及ぼすと解すべき性質のものではない。

　したがって，審決取消判決は，文字どおり，「その事件」についてのみ第2
次審判の審判官を拘束すると解すべきである。

　(ロ)　審決取消判決における拘束力を生じる部分の範囲　　　審決取消判決のど
の部分に拘束力が生じるのかという範囲については，前掲バレル研磨法事件最
高裁判決が「拘束力は，判決主文が導き出されるのに必要な事実認定及び法律

＊9　南ほか編・前掲＊4・691頁以下〔興津征雄〕。都市計画事業認可の例は，原告適格（行訴
　　9条）の有無が主要な論点であったが，それに付随して，鉄道の連続立体交差化を内容とす
　　る都市計画事業認可の取消判決が，付属街路の設置を内容とする都市計画事業認可にまで拘
　　束力が及ぶかどうかについて補足意見と反対意見とで肯定否定に分かれている（最判平17・
　　12・7（平16(行ヒ)114号）民集59巻10号2645頁〔小田急線連続立体交差事業認可処分取消請
　　求事件〕）。

判断にわたる」と判示した。

同判決は，続いて，「審判官は取消判決の右認定判断〔判決主文が導き出される
のに必要な事実認定及び法律判断を指す：引用者注〕に抵触する認定判断をすること
は許されない。したがって，再度の審判手続において，審判官は，取消判決の
拘束力の及ぶ判決理由中の認定判断につきこれを誤りであるとして従前と同様
の主張を繰り返すこと，あるいは右主張を裏付けるための新たな立証をするこ
とを許すべきではなく，審判官が取消判決の拘束力に従ってした審決は，その
限りにおいて適法であり，再度の審決取消訴訟においてこれを違法とすること
ができないのは当然である」と述べた。

最高裁が示したこの基準から，①取消判決で認定判断されていない事項，②
取消判決で認定判断された事項であっても，判決主文が導き出されるのに必要
ではない事実認定及び法律判断には，審決取消判決の拘束力は及ばないと解さ
れる。

最高裁は，別の事件（最判平4・7・17（平2（行ツ）181号）裁判集民事165号283頁
〔ガラス板面取り加工力法事件〕）において，①第1次審決の取消訴訟係属中に特許
請求の範囲を減縮した訂正審決が確定したことにより，訂正前の発明を対象と
した第1次審決は結果的に審判の対象を誤った違法がある，さらに②訂正後の
発明には無効原因がない，という判断をして審決を取り消した判決の拘束力に
ついて，その及ぶ範囲は①の審決が審判の対象を誤ったとした部分にとどまる
と判示した。

このガラス板面取り加工力法事件判決は，判決の傍論や間接事実には拘束力
が及ばないとしたものであると評価されている*10。前掲バレル研磨法事件最
高裁判決にいう「判決主文が導き出されるのに必要な事実認定及び法律判断」
が何を指すかについては，各事案においてケース・バイ・ケースで考えるほか
はないが，一方で，どの部分が判決の傍論や間接事実に該当するのかについて
も，事案ごとに慎重に検討する必要があろう。

(4) 第2次審判と第2次審決取消訴訟における拘束力

(a) 第2次審判における拘束力

---

*10　髙部眞規子『実務詳説　特許関係訴訟〔第3版〕』380頁。

980　第4章　関連手続

　拘束力の反復禁止効により，第2次審判の審判官は，取り消された審決と同一事情のもとで同一理由に基づいて同一内容の処分を行うことを禁止される。また，審判官は，前掲バレル研磨法事件最高裁判決を踏まえ，取消判決の拘束力の及ぶ判決理由中の認定判断につきこれを誤りであるとして従前と同様の主張を繰り返すこと，あるいはその主張を裏づけるための新たな立証をすることを許さない。

　したがって，第1次取消訴訟の被告が，自己の主張が認められていた第1次審決と同様の結論を，第2次審判において再度得たい場合は，第1次審決取消判決の拘束力が及ばない全く別個の理由を主張する必要がある。

(b)　第2次審決取消訴訟における拘束力

　拘束力の法的性質を特殊効力とする立場からは，前訴裁判所の取消判決に後訴裁判所は直接拘束されることはない。審決取消訴訟にあてはめれば，第2次審決取消訴訟について判断を求められる裁判所は，第1次審決取消判決に直接拘束されないことになる。

　しかしながら，前掲メリヤス編機事件最高裁判決により，審判で審理判断されなかった無効原因や拒絶理由は，審決取消訴訟において主張することができないとされているため，第1次審決取消判決の拘束力下にある第2次審判で審理判断されたものに限られることとなる。

　したがって，第2次審決取消訴訟の原告は，第2次審判の段階から第1次取消判決の拘束力の及ばない事項について主張するか，カップヌードル容器事件最高裁判決の法理を用いて，審判で審理された証拠を補充する新たな資料を証拠とすることで自己の請求の認容を求めていく必要がある。

　この意味で，たとえ拘束力の法的性質について特殊効力説に立ち，後訴裁判所は直接拘束されないと解しても，審決取消訴訟が有する特殊性から，第2次審決取消訴訟は，一般の取消訴訟と異なり，拘束力の影響を色濃く受けているといえよう。

80 無効審判手続と特許権侵害訴訟の関係

和田　宏徳

無効審判手続と特許権侵害訴訟の関係について，近時の特許法改正を踏まえて説明せよ。

キーワード　無効審判，侵害訴訟，確定，再審，ダブルトラック

I　無効審判手続と特許権侵害訴訟の関係の概要

(1)　キルビー事件最高裁判決以前

　特許権者から特許権侵害を理由として損害賠償請求や差止請求を受けた場合，それに対する防御手段として，侵害とされる製品が特許権の技術的範囲に属するかどうかを争うだけでなく，そもそもの請求根拠たる特許権を無効とするため，特許無効の審判（特123条）を請求する方法がとられる場合がよくある。かかる場合，攻防の場は，裁判所における特許権侵害訴訟と，特許庁における無効審判手続の2つの場となる。

　特許の無効理由に関して，従前は，無効理由は専ら無効審判手続によって審理判断されるものとされ，特許権侵害訴訟においては特許の無効理由について判断することはできず，侵害訴訟では，侵害とされる製品が特許権の技術的範囲に属するかどうか及び損害額についてのみ審理判断するものとされていた。

　そのため，特許権侵害訴訟において，特許が全部公知と認められるような場合であっても，特許が無効であるとは判断されず，特許の権利範囲を明細書の実施例と同一の場合に限定し，被告製品は当該特許の権利範囲に含まれないとして，特許の技術的範囲の解釈として請求棄却を導く解釈手法（実施例限定説）がとられたりしていた。

(2)　キルビー事件最高裁判決

　特許が全部公知の場合，下級審においては，前記の実施例限定説による解釈

だけでなく，かかる無効となり得る特許権に基づく請求を権利濫用として特許権侵害を否定する解釈を示す判例が出されていた（名古屋地判平3・7・31（昭62（ワ）3781号）判時1423号116頁〔薄形玉貸機事件〕，名古屋地判昭51・11・26（昭49（ワ）1941号）判時852号95頁〔硝子容器製造方法事件〕）。

そして，最高裁は，侵害訴訟の中での特許無効理由の判断について，「審理の結果，当該特許に無効理由が存在することが明らかであるときは，その特許権に基づく差止め，損害賠償等の請求は，特段の事情がない限り，権利の濫用に当たり許されないと解するのが相当である。」として，侵害訴訟において無効理由を判断することができる旨の判断を示した（最判平12・4・11（平10（オ）364号）民集54巻4号1368頁〔キルビー事件〕）。その理由としては，①無効が確実に予見される特許に基づき差止め等の請求を容認することは，衡平の理念に反する，②紛争はできる限り短期間に一つの手続で解決するのが望ましい，③特許法168条2項は，特許に無効理由が存在することが明らかであって無効とされることが確実に予見される場合においてまで訴訟手続を中止すべき旨を規定したと解することはできないことが挙げられている。

(3) 平成16年特許法改正

かかるキルビー事件最高裁判決及びその後の権利濫用の抗弁を認める判例などを受けて，平成16年に特許法が改正され特許法104条の3の規定が設けられた。これにより，特許法上，被告は侵害訴訟の中で特許無効の抗弁を主張することができることとなった。なお，キルビー事件最高裁判決は，無効理由の存在することが「明らかであるとき」に，権利の濫用を認めるものであったが，特許法104条の3の規定は，無効理由の存在が「明らかであること」は要件とされていない。

このように，従前は，特許の無効理由は無効審判の中でだけ争われるものであったが，キルビー事件最高裁判決・平成16年特許法改正により，特許の無効理由は，無効審判と侵害訴訟の2つのルートで争うことができることになった（いわゆる「ダブルトラック」）。

しかし，これに対しては，特許の有効無効が2つのルートで争われるため，その判断に齟齬が生じる場合がある，また，無効審判は同一の事実及び同一の証拠に基づくものでなければ何回でも申立て可能であるため（特167条），原告

としては，侵害訴訟において勝訴しても，その後も無効審判を提起され特許が無効とされるおそれがあり，法的地位が長期間安定しないという問題があった。そのため，無効審判手続と侵害訴訟の関係について平成23年に特許法の改正がなされたが，かかる改正を踏まえて，以下，無効審判手続と侵害訴訟との具体的な関係について見ていく。

Ⅱ　侵害訴訟が先に確定した場合

(1)　問 題 点

　無効審決に不服がある場合は，知財高裁に審決取消訴訟を提起することになる（特178条，知的財産高等裁判所設置法2条2号）。そして，無効審決に対する審決取消訴訟と侵害訴訟の控訴審とが同時期に知財高裁に係属すれば，知財高裁において統一的な審理判断を行うことが可能となる。もっとも，必ずしも無効審判・審決取消訴訟と侵害訴訟とが同時期に進行するとは限らない。侵害訴訟の判決後に無効審判が提起された場合など侵害訴訟と無効審判とが違った時期に提起された場合は，両者の進行時期，確定時期がずれてくる可能性が高い。このように，無効審決と侵害訴訟とが異なった進行となった場合は，統一的な審理判断がなされず，両者で異なった判断が出ることがあるため問題となる。

　まず，特許権侵害訴訟において特許権が有効であることを前提として特許権の侵害が認容され，被告に対する差止め及び損害賠償の支払を命じる判決が確定した後に，無効審判で特許権を無効とする審決がなされ，その審決が確定した場合である。かかる場合，特許を無効とする審決が確定すると特許権は初めから存在しなかったものとされ，認容判決の前提たる事実が存在しないようになるため問題となる（特125条）。

(2)　平成23年の特許法改正前

　前記の場合，特許査定（特51条）という行政処分に基づき発生した特許権が，その後の無効審決という行政処分により特許権が存在しなかったものとされるため，「判決の基礎となった……行政処分が後の……行政処分により変更されたこと」に当たり，再審事由となる可能性があると解されている（民訴338条1項8号）。

984　第4章　関連手続

　この点，実際に，特許権侵害訴訟において原告が勝訴し差止めを認める判決
が確定した後，被告が無効審判を提起して無効審決が確定し，そのため，被告
が再審の訴えを提起したところ，再審開始決定がなされ，原判決が取り消され
るという裁判例が出ている（知財高判平20・7・14（平18（ム）10002号・平19（ム）10003
号）判タ1307号295頁〔生海苔の異物分離除去装置事件〕）。なお，かかる判例は，キル
ビー最高裁判決が事実審係属中に出たが，特許法104条の3については制定前
であったという事案である。

　このように侵害訴訟において請求を認容する判決が確定した後に，再審によ
りその確定判決が取り消されると，損害賠償を認める判決であれば，被告が原
告に既に支払った損害賠償金については，原告がこれを受領する法律上の原因
がなくなり，不当利得として原告は受け取った損害賠償金を被告に返還する必
要が生じる。原告は確定判決を得たにもかかわらず，その後，無効審決が確定
すれば，確定判決において勝訴した原告の地位が覆される。さらに，無効審判
は，同一の事実及び同一の証拠に基づくものでなければ何回でも申立て可能で
あり（特167条），また，無効審判は特許権の存続中はもちろん，消滅後におい
ても請求可能であるため（特123条3項），原告は長期間にわたって法的地位が安
定しないという問題がある。

(3)　平成23年特許法改正

(a)　改正の概要

　そのため，平成23年の特許法改正によって，かかる問題点に対応するため
の改正がなされた。すなわち，特許権侵害訴訟が確定した後に，無効審決が確
定したときは，当該訴訟の当事者であった者は，侵害訴訟の判決に対する再審
の訴えにおいて，審決が確定したことを主張することができない旨規定された
（特104条の4）。なお，かかる新設規定では，判決確定後に無効審決が確定した
場合だけでなく，延長登録無効審決や訂正審決が確定した場合についても，審
決に遡及効があり同様に問題となるため，無効審決と並んで同様に規定がなさ
れている。

　特許法104条の4の規定により，特許権侵害訴訟で被告敗訴の判決が確定し
た後に，特許の無効審決が確定したとしても，被告は再審で無効審決の確定の
事実を主張することができないことになる。その結果，民事訴訟法338条1項

8号の再審事由が認められないため，被告は再審開始の決定を受けることができず（民訴346条1項），決定により再審の請求は棄却されることになる（民訴345条2項）。そして，再審により侵害訴訟の判決が取り消されない限り，侵害訴訟の判決の既判力及び執行力は失われず，維持されることになる。

(b) 損害賠償認容判決の扱い

　損害賠償請求を認容する判決が確定し，判決に基づいて損害賠償金を支払った後に無効審決が確定した場合，再審が認められ損害賠償認容判決が取り消されれば，当該判決の既判力は失われる。しかし，再審で無効審決の確定の事実を主張することができず，損害賠償認容判決が取り消されることがなければ，損害賠償認容判決の既判力は失われない。したがって，この場合に，原告が判決に基づき損害賠償金を受け取ることについては，認容判決に基づいた法律上の原因に基づくものであり，被告は，支払った損害賠償金を不当利得として返還請求することはできない。

　また，損害賠償認容判決が確定した後，損害賠償金の支払が未了の段階で，無効審決が確定した場合，原告は，未払いの損害賠償金について認容判決に基づき強制執行ができるかが問題となる。この点については，無効審決が確定したとしても，再審によって認容判決が取り消されない限り，判決の効力である執行力は失われない。したがって，原告は未払いの損害賠償金について強制執行ができることになる。もっとも，このような場合については，被告が支払わなかった事情や原告が判決確定後に強制執行を行ったのかなどの事情も勘案した上，場合によっては強制執行が権利の濫用と認められる余地があるとの見解も存在する*1。

(c) 差止認容判決の扱い

　無効審決が確定した場合，何人も当該特許発明を自由に実施することができることになる。にもかかわらず，侵害訴訟の被告においてだけ，依然当該特許発明の実施が禁止されるというのは相当でない。そのため，差止請求を認容する判決が確定した後に無効審決が確定した場合，侵害訴訟の被告に対して，以後は差止めの強制執行は認められず，被告において当該発明の実施が認められ

---

*1　清水節「再審の訴えに関する特許法改正」ジュリ1436号64頁。

986 第4章 関連手続

るものと解される。そして，その理由としては，特許権に基づく差止めを認容する判決は特許権が有効に存続していることを前提にするものであり，そのため差止判決の趣旨は，特許権が有効に存続する限りにおいて実施行為を禁止するというものであるからとされている[2]。

そして，もし無効審決が確定した後に原告から差止めの強制執行がなされた場合は，被告は，請求異議（民執35条）により，差止判決の執行力を失わせることによって，強制執行を免れることができると解される[3][4][5]。このように，差止認容判決については請求異議により判決の執行力を失わせることができるのに対して，損害賠償認容判決については，未払いの場合に原則として請求異議により判決の執行力を失わせることができないと解されるのは，差止判決は特許権が有効に存続していることを前提にするものであり，特許無効となることが，差止請求では判決後に実体上の請求権が存在しなくなったという請求異議事由に当たるためと考えられる。

このように，侵害訴訟で被告敗訴の判決が確定した後に無効審決が確定した場合，被告において損害賠償請求を免れる事由とはならないが，差止請求を免れる事由とすることはでき，その点で被告にとって侵害訴訟の判決確定後の無効審決での勝訴がまったく無意味となるわけではない。

(d) 仮差押え，仮処分の扱い

侵害訴訟の判決が確定した後に無効審決が確定した場合，当該訴訟を本案とする仮差押えや仮処分につき，その債務者（被告）が債権者（原告）に対して行う損害賠償請求事件及び不当利得返還請求事件において，無効審決が確定したことを主張することができない（特104条の4柱書かっこ書）。

すなわち，特許権に基づき仮差押命令や仮処分命令が発令された後に無効審決が確定すると，当該仮差押命令や仮処分命令は被保全権利を欠いた違法なものであったとされる可能性がある。その場合，債務者は，違法な保全処分によって損害を受けた場合は損害賠償を請求し，また，仮処分命令に基づき間接強

---

*2 神田雄「平成23年特許法改正後の審判及び訴訟による紛争解決の実務」知管63巻5号667頁。
*3 髙部眞規子「特許法改正と特許の有効性をめぐる審理の在り方」特研52号13頁。
*4 清水節「再審の訴えに関する特許法改正」ジュリ1436号64頁。
*5 北原潤一「再審」ジュリ1438号84頁。

制金を支払っていた場合は不当利得としてその返還を請求することが可能となる*6。

しかし，特許法は，再審で無効審決が確定したことを主張できないのと同様，これら損害賠償請求事件及び不当利得返還請求事件において，無効審決が確定したことを主張することができない，つまり，債務者（被告）は損害賠償や不当利得返還を請求できないものとしている。

(e) 和解について

特許法104条の4は，侵害訴訟の判決が確定した場合を規定するのみであり，侵害訴訟が和解で終結した場合については規定していない。したがって，原告においては，和解金の支払を受ける旨の和解を行ったとしても，和解後に無効審決が確定した場合，被告から和解金の支払拒絶や受領済みの和解金の返還請求を受けるおそれがある。そのため，和解においては，後に無効審決が確定した場合であっても和解金の支払義務は存続する等の条項を定めておくことが後日の紛争予防のため有用と解される。

Ⅲ　無効審決が先に確定した場合

(1)　侵害訴訟の事実審係属中に無効審決が確定した場合

次に，侵害訴訟の判決が確定する前に，特許を無効とする無効審決が先に確定した場合である。

特許を無効にすべき旨の審決が確定したときは，特許権は初めから存在しなかったものとみなされる（特125条）。また，特許の無効審決が確定すると，特許は対世的に無効となる。そのため，無効審決確定後は，特許権者は，無効審判の請求人はもちろん，あらゆる者に対して特許権に基づく権利行使を行うことはできなくなる。したがって，特許権に基づく侵害訴訟においては，その請求の根拠がなくなるため，原告の請求は棄却されることになる。

(2)　侵害訴訟の上告審係属中に無効審決が確定した場合

もっとも，無効審決の確定が上告審に係属している段階でなされた場合は，

---

*6　高部・前掲*3・10頁。

988 第 4 章 関連手続

法律審たる上告審において特許が無効になったという事実を斟酌することができるかが問題となる。

　この点については，前述のとおり，判決の基礎となった特許権が判決確定後の無効審決確定により無効となると，「判決の基礎となった……行政処分が後の……行政処分により変更されたこと」に当たり，再審事由となる可能性がある（民訴338条1項8号）。訂正審決が確定した場合も訂正の効果が遡及するため（特128条），無効審決の場合と同様，再審の問題が生じる。

　そして，侵害訴訟の上告審係属中に訂正審決が確定した場合については，「原判決の基礎となった行政処分が後の行政処分により変更されたものとして，原判決には民訴訟338条1項8号に規定する再審の事由がある。そして，この場合には，原判決には判決に影響を及ぼすことが明らかな法令の違反があったというべきである。」として，再審事由があると解されていた（最判平15・10・31（平14(行ヒ)200号）裁判集民事211号325頁〔半導体発光素子事件〕，最判昭60・5・28（昭58(行ツ)124号）判時1160号143頁〔電気掃除機事件〕）。ここで，上告審係属中の審決確定について再審事由及び法令違反が問題となるのは，事実審係属中であれば前述のとおり確定した審決に基づき請求棄却等の判決を行えば足りるが，法律審たる上告審においては，訴訟における事実関係，権利関係の確定は事実審の口頭弁論終結時を基準に決せられるため（そのため，判決の既判力の基準時も事実審の口頭弁論終結時とされる），上告審の判決において事実審の口頭弁論終結後に生じた事実に基づく認定を行い難いためである。

　このように，これまでの判例においては，上告審係属中の訂正審決確定は再審事由に当たり，その場合は原審に事件を差し戻すという判断がなされていた。これに対し，最判平20・4・24（平18(受)1772号）民集62巻5号1262頁〔ナイフの加工装置事件〕においては，特許無効の抗弁を認めて請求を棄却した控訴審に対する上告審の係属中に，訂正審判が申し立てられ訂正審決が確定した事案について，「民訴法338条1項8号所定の再審事由が存するものと解される余地がある」としながら，「上告人が本件訂正審決が確定したことを理由に原審の判断を争うことは，原審の審理中にそれも早期に提出すべきであった対抗主張（注：特許無効の抗弁に対する訂正の再抗弁）を原判決言渡し後に提出するに等しく，上告人と被上告人らとの間の本件特許権の侵害に係る紛争の解決を不当

に遅延させるものといわざるを得ず，上記特許法104条の３の規定の趣旨に照らしてこれを許すことはできない。」として，被告（上告人）の訂正審決確定の主張を認めず，上告を棄却している。

この点，キルビー事件最高裁判決及び特許法104条３項制定の後は，侵害訴訟の被告は，侵害訴訟の中で特許無効の抗弁を主張し特許権の有効性を争うことができたにもかかわらず，無効の抗弁が排斥された侵害訴訟判決が確定した後に改めて無効審判で特許権の有効性を争うのは，侵害訴訟における無効の抗弁と同じ理由であれ異なる理由であれ紛争の蒸し返しであるとの批判がなされていた。そのような中で，再審に関する平成23年の特許法改正がなされたものであるが，本判例もそのような趣旨を汲むものといえる。

以上より，今後は，特許権者からの権利行使に対して無効事由の主張を行う場合には，侵害訴訟の中で特許無効の抗弁を行っていくことがより重要となるものといえる[7]。

■

---

[7] 髙部・前掲[3]・14頁。

990 第4章 関連手続

81 特許移転登録手続請求

近藤　剛史

> 冒認出願，共同出願違反の場合の特許権移転登録請求について説明
> せよ。

キーワード　冒認出願，共同出願違反，拒絶理由，無効理由，移転請求権

I　冒認出願，共同出願違反

(1)　冒認出願

　わが国の特許法は，実際にある発明を行った者が特許を受ける権利（特33条）を有するという発明者主義を採用しており，特許出願を行う権利を有しない者によってなされた出願のことを冒認出願と呼んでいる[1]。そして，そのような出願については，拒絶理由があるものとして特許は付与されず（特49条7号），たとえ付与されてしまったとしても無効理由を含むものとなる（特123条1項6号）[2]。

(2)　共同出願違反

　複数の者が共同して発明をなした場合は，その特許を受ける権利などの発明者権は発明者全員の共有となり，共有者全員でなければ特許出願することはできないものとされており（特38条），共同発明者の一部の者が他の共有者に無断で出願した場合には，特許法38条違反として拒絶理由があるものとして特許

---

[1]　ある発明につき，真の権利者が特許出願を行ったが，その後，他人によって譲渡証書の偽造等が行われ，出願人の名義変更が不当になされた場合も想定し得る。平成23年改正前は，特許出願人が発明者でない場合において，その発明について特許を受ける権利を承継していない者がする出願を冒認出願と定義していた。

[2]　わが国の特許法は，冒認出願を特許無効理由として規定しているが，新たな出願を許容する規定を置いておらず，新たな出願の制度と有機的に結合させるのでなければ，立法として完結しないという指摘がある（渋谷達紀「冒認による特許出願」民商145巻3号292頁）。

は付与されず（特49条2号），また無効理由を含むものとなる（特123条1項2号）。

以下では，冒認出願の場合及び共同出願違反の両方の場合を含めて，「冒認出願等」ないし「冒認出願者等」と呼ぶことにする。

(3) 冒認出願等に対する対応

(a) 特許設定登録前の場合

特許を受ける権利を有しない者によって冒認出願等が行われた場合，当該特許の出願公開前の場合には，真の権利者も自ら特許出願を行えば，先の冒認出願等は拒絶され（特49条7号），その先願の地位も喪失することになるため（特39条5項），特段問題は生じないことになる。しかしながら，当該特許の出願公開後の場合には，冒認出願等がなされた発明は新規性を喪失するため（特29条1項3号），真の権利者は，出願公開後6ヵ月以内に，自ら特許出願を行い，意に反して新規性を喪失したものとして新規性喪失の例外適用を受ける必要がある。その場合，当該発明は新規性を喪失しなかったものとみなされるため（特30条1項），特許出願が認められることになる*3。

また，冒認出願者等との間で何らかの話し合いがつき，その承諾が得られる場合にも，出願人名義変更届と譲渡証書を特許庁に提出することによって，特許を受ける権利の譲渡を行うことができるため，自ら特許出願を行わなくても，その地位を承継することができることになる。しかしながら，冒認出願者等の承諾が得られない場合には，訴訟提起せざるを得ず，実務上，後述するとおり「特許を受ける権利を有することを確認する」との確認判決を得る必要がある*4。

(b) 特許権設定登録後の場合

旧法下（平成23年法律第63号による改正前）においては，冒認出願等がなされ，特許権設定登録がなされた場合には，真の権利者としては，特許無効審判請求（特123条）をなし得るほか，冒認出願者等に対する不法行為に基づく損害賠償請求（民709条）をなし得るとされていた。

---

*3 実際には，6ヵ月以内という期間制限があるため，冒認出願に気付いたときには特許を受けることができなくなっている場合が多いと思われる。

*4 方式審査便覧45.25「確認判決書を添付した出願人名義変更届の取扱い」では，裁判上の和解調書や調停調書も同様の扱いをすると記載されている。

992　第4章　関連手続

　しかしながら，真の権利者は，冒認を理由として無効審判を請求し，当該特許を無効にしてしまうと，冒認出願者等を含め，すべての人が実施できることになり，真の権利者自らにとって別発明の実施の障害となっているような例外的な例を除き，結果的に真の権利者にとって酷な結果となる上，不法行為に基づく損害賠償請求においても，やはり真の権利者が被った実際の損害の立証や因果関係の立証にも相当な困難を伴うため，その救済として十分ではない。

　そもそも発明主義を採用している以上，法理論的に取戻請求権を認めることができるものと思われるが*5，冒認特許権者からの善意の転得者や担保権者によって担保権の設定がなされている場合についてどのような法的規律を行うのか，法解釈論だけではそれらの権利関係の予測可能性や法的安定性が害されるものと考えられてきた。そして，産業界等からも，近年共同研究等が活発に行われていることから，冒認出願等における真の権利者の救済措置につき，さらなる拡充が要請されていた。

Ⅱ　移転請求権 (特74条) の新設

(1)　従前の実務

　従来，冒認出願等がなされた場合，真の権利者が出願人名義を自己の名義に変更できるか，あるいは特許権の移転請求ができるかどうかについては明文の規定がなく，裁判例においては，特許権設定登録前の出願人名義変更は可能であるが*6，特許権設定登録後の特許権の移転請求については，真の権利者も自ら出願していたような例外的な場合に限られると解されていた（否定する裁判例として，東京地判平14・7・17判時1799号155頁〔ブラジャー事件〕）。

　すなわち，生ゴミ処理装置事件（最判平13・6・12民集55巻4号793頁）において，上告人が，被上告人に対し，上告人が特許出願をしていた発明に係る特許を受ける権利の持分を被上告人が侵害したと主張して，被上告人名義に設定の

＊5　井関涼子「冒認出願と特許法の理念」（ジュリ1436号42頁）は，発明者主義を冒認特許権の根拠とすることはできないとしている。

＊6　真の権利者は，特許を受ける権利を有することの確認判決を得ることにより，単独で冒認出願等の出願人名義を変更することが認められていた（東京地判昭38・6・5下民集14巻6号1074頁〔自動連続給粉機事件〕等）。

登録がされた特許権の持分についての移転登録手続を求めた事案において，「裁判所が，特許庁における特許無効の審判手続を経由せずに無権利者に付与された特許を無効とし，真の権利者のために新たな特許権の設定の登録をするのと同様の結果となるが，このことは，特許権が行政処分である設定の登録によって発生するものとされ，また，特許の無効理由の存否については専門技術的な立場からの判断が不可欠であるために第一次的には特許庁の判断に委ねられているという特許争訟手続の趣旨及び制度に反するからである」という原審の判断を排斥し，「本件特許権は，上告人がした本件特許出願について特許法所定の手続を経て設定の登録がされたものであって，上告人の有していた特許を受ける権利と連続性を有し，それが変形したものであると評価することができる」，「上告人は，被上告人に対し本件訴訟を提起して，本件発明につき特許を受ける権利の持分を有することの確認を求めていたのであるから，この訴訟の係属中に特許権の設定の登録がされたことをもって，この確認請求を不適法とし，さらに，本件特許権の移転登録手続請求への訴えの変更も認めないとすることは，上告人の保護に欠けるのみならず，訴訟経済にも反するというべきである」として，特許出願をした特許を受ける権利の共有者の一人から同人の承継人と称して特許権の設定の登録を受けた無権利者に対する当該特許権の持分の移転登録手続請求が認められた例外的事例がある。

(2) 平成23年特許法改正

　近年，研究開発の大規模化，専門化，高度化，国際化等に伴い，複数の企業，大学，研究機関等が共同して研究開発等を行うことが一般的となってきているが，研究成果である発明の取扱いにつき予め明確な合意を行わないまま共同開発を進めた結果，特許を受ける権利の帰属が不明な状態のままとなり，ある者がそのすべてにつき自己の発明であるとして出願し，特許を取得してしまう場合があり，実際にも深刻な問題となっていた。

　そこで，平成23年改正により，真の権利者から冒認出願者等に対する特許権の移転の特例（取戻請求権）が規定され（特74条），立法により解決されることになった。

　具体的には，特許を受ける権利を有しない者による特許出願が登録されてしまった場合，真の権利者は冒認出願者に対しては当該特許権を移転するよう請

994　第4章　関連手続

求することができ，また特許を受ける権利が共有であるにもかかわらず他の共有者と共同で出願されなかった場合にも，共有者は他の共有者に対し，経済産業省令で定めるところにより特許権の持分の移転を請求することができるとされることになった。

　このような移転請求権の新設により，特許出願が遅れた真の権利者の保護が明確化されることになったが，冒認出願された発明と特許を受ける権利を有する者の発明の同一性を判断する基準は先後願の判断基準と共通するものであるとされているものの*7，発明者あるいは共同発明者の認定や冒認された発明と実際に成立した特許権との同一性の証明について困難な問題が生じ得ること*8，あるいは，特許発明が真の権利者の発明の上位概念の発明である場合には，冒認出願された者にその創作が及んでいなかった発明についての利益までもが移転してしまうという問題点も指摘されている*9。

Ⅲ　移転請求権の趣旨・要件

(1)　趣　　旨

　既に特許登録がなされている特許について，冒認出願又は共同出願違反の無効理由（特123条1項2号・6号）がある場合，真の権利者を法的に保護するという趣旨により，特許を受ける権利を有する者は，その特許権者（冒認出願者等）に対し，当該特許権の移転を請求できるとされた（特74条1項）。

(2)　要　　件

　移転請求の請求主体は，特許を受ける権利を有する者とされており，平成23年改正によって，特許出願人が発明者でない場合という要件が削除されている。つまり，改正後は，発明者が出願する場合であっても，その発明者がその権利の譲渡等により特許を受ける権利を失っていれば，冒認出願等になるとされることになった。

＊7　渋谷・前掲＊2・283頁。
＊8　小松陽一郎「冒認出願と実務上の若干の課題」牧野利秋傘寿記念『知的財産権－法理と提言』488頁。
＊9　渋谷・前掲＊2・282頁。

そして，移転請求権を行使するための要件は，特許として成立している当該特許につき，冒認出願がなされたこと又は共同出願違反行為がなされたこと，つまり，その無効理由（特123条１項２号・６号）が存在していることである。

(a) 移転請求の対象

当該特許の移転請求は特許を受ける権利に基づくものであるから，当然のことながら，真の権利者が移転を請求できるのは，自らが有する特許を受ける権利の持分に応じたものということになり，特許法施行規則40条の２において，「特許法第74条第１項の規定による特許権の移転の請求は，自己が有すると認める特許を受ける権利の持分に応じてするものとする」と規定されている。同規則については，特許を受ける権利が共有に係るものであった場合に，特許法74条１項の規定に基づく特許権の移転請求は，特許を受ける権利の持分に応じてしなければならない旨を規定するものであり，請求項ごとの持分の移転の請求を特に認める趣旨ではないとされている[10]。

しかしながら，多項制導入後の訂正の取扱いに関する裁判所の判断や必ずしも特許法185条に制限列挙した規定以外許されないと解釈する必要はないとして請求項ごとの移転請求ができるとするのが望ましいとする見解[11]もあり，今後の検討課題とされている。

(b) 移転請求の相手方

特許法74条１項は，移転請求の相手方につき，「その特許権者に対し」という文言を用いている。これは，真の権利者が特許権移転請求権を行使する際に，冒認者又は共同出願違反者が当該特許権を第三者に譲渡していることも考えられることから，そのような場合には，当該特許権を取得した第三者に対して，特許権の移転請求ができることにするという趣旨に基づくものである。

(c) 共同出願の場合の同意

共有に係る特許権について，真の権利者が移転請求権に基づきその持分の移転請求を行う場合，他の共有者の同意は不要とされている（特74条３項）。これ

＊10　特許庁「特許法等の一部を改正する法律の施行に伴う関係省令の整備及び経過措置等に関する省令案に寄せられた御意見の概要と御意見に対する考え方」(https://www.jpo.go.jp/iken/pdf/tokkyohou_kaisei_kekka/kangaekata.pdf)。
＊11　竹田稔「冒認出願等に対する真の権利者の救済措置」L＆T54号（2012年１月）47頁。

996　第4章　関連手続

は，73条1項において，「特許権が共有に係るときは，各共有者は，他の共有者の同意を得なければ，その持分を譲渡し，又はその持分を目的として質権を設定することができない。」と規定しており，他の共有者の同意がない限り認められないと解される余地もあることから，74条による持分の移転請求を行う場合には，73条1項の規定が適用されないことをより明確にしたものである。

(d)　行使期間

移転請求権の行使期間については，無効審判請求について期間制限がないことや当該特許権を自らのものとして保持し続けるという冒認者等の期待を法的に保護する必要はないという理由により，期間制限は設けられていない。

ただ，立法論としては，冒認の有無を判断することが難しく，冒認とは思わないで特許権を取得する者がいることや，冒認出願をされた者には，適時の出願を怠ったという落ち度があることを考慮すると，期間制限を設けていないことは，法的安定性を甚だしく損なうものであるという指摘[12]や冒認特許権の上に構築されている権利関係が一挙に崩れてしまうので，複雑な後始末が必要となるという指摘[13]もある。

Ⅳ　移転請求の効果

(1)　遡　及　効

真の権利者によって移転請求権が行使され，特許権の移転の登録がなされた場合には，当該特許権は初めから真の権利者に帰属していたものとみなされることになった。これは，本来，真の権利者は初めから当該特許権を取得し得たはずの者であり，また当該特許権に係る発明が公開されたことによって産業の発展に寄与したともいえることから，法律上，遡及効が認められたものである[14]。つまり，このような移転登録がなされると，設定登録時に遡及して移

---

[12]　渋谷・前掲*2・282頁。
[13]　中山信弘『特許法〔第3版〕』(弘文堂) 352頁。
[14]　これは理論的な問題ではなく，法政策的な問題であり，冒認出願日を出願日として確保させるのは，過分な保護といえるという指摘もある（渋谷・前掲*2・282頁）。

転請求者に特許権が帰属することになる（特74条2項）。

このように，真の権利者は，遡及効により実体法的にその権利を主張し得ることになるが，手続面においては，そもそも特許権の移転は特許原簿に移転登録をしなければ効力を生じず（特98条1項1号），移転登録手続は登録権利者と登録義務者が共同で申請を行うか（特登令18条），登録権利者が単独で申請を行う場合には，申請書に登録義務者の承諾書を添附しなければならない（特登令19条）とされており，特許権者の承諾が得られない場合には，特許法74条の移転請求権に基づき，移転請求を求める訴訟を提起し，その確定判決の正本及び確定証明書によって登録権利者が単独で移転登録手続を行うことが必要となる（特登令20条）。

なお，冒認出願等に係る特許権は無効理由を含むことになるが，74条の移転請求権によって特許権の移転登録がなされた場合には，これらは無効理由に該当しないことが明記された（特123条1項2号括弧書・6号括弧書）。

(2) 補償金請求権

移転請求権行使による遡及効に基づき，真の権利者たる移転請求者に特許権が帰属することになった場合，補償金請求権（特65条1項・184条の10第1項）も移転請求者に帰属することになる。

(3) 予告登録

移転請求を求める訴訟が提起された場合，第三者にその旨の警告を行うため，特許登録令等において，「特許法第74条第1項の規定による請求に係る訴えが提起されたとき」が加えられ（特登令3条2号），予告登録がなされることになった。

(4) 特許証の交付

旧法（平成23年法律第63号による改正前28条1項）下において，特許証は特許権の設定登録があったときに交付され，特許権の移転が行われた場合に移転後の特許権者に対しては交付されなかったが，新設された74条による移転請求の場合には，通常の移転とは異なり，最初から真の権利者に当該特許権が帰属していたものと取り扱われることから（遡及効），冒認出願等を理由とする移転請求に基づく特許権の移転の登録があった場合，新たな特許権者に対して特許証を交付することになった。

998 第4章 関連手続

V 移転請求権行使における諸問題

(1) 冒認者等からの譲受人の地位

　従来，移転請求の対象となる特許権やその持分について，当該特許権又はその持分の冒認者等からの譲受人，当該特許権について実施権の設定を受けた実施権者，あるいは質権の設定を受けた質権者等がいる場合，その者の法的地位をどう考えるか議論されてきたが，基本的な考え方としては，冒認者等は本来特許権やその持分について何らの権利も有しない者であったことになることから（遡及効），それらの者による処分行為は原則無効となるべきものであり，そのため冒認者等からの譲受人は冒認者等から取得していた権利はすべて失われるということになった。

　ただ，例外的に，公示を信頼して冒認出願等に係る特許権を取得したり，実施許諾を受けたりして実施のための一定の投資をした者がいる場合，その者を保護する必要があることから，特許法79条の2第1項が新設され，その実施又は準備をしている発明及び事業の目的の範囲内において，通常実施権を有することとされた。

(2) 特許を受ける権利の譲渡契約の瑕疵

　特許を受ける権利の譲渡契約につき，法律上の何らかの瑕疵があり，無効，取消しあるいは解除となった場合には，その効果が遡及すると考えられるために，特許出願を行った者に権利がなかったことになり，結果的に典型的な冒認出願等と同様の権利関係となることから，真の権利者の保護の観点等より，一定の場合，移転請求が可能ではないかと考えられる[15]。

　具体的には，錯誤無効の場合には，民法上，善意の第三者保護規定が存在しないことから（民95条），無効の効果は制限されず，特許権の善意の転得者や実施権者には特許法79条の2の規定が適用されるが，それ以外においては遡及効が貫かれ，質権者や差押権者については通常実施権が認められないということになる。

---

[15]　竹田・前掲[11]・48頁。

他方，通謀虚偽表示による無効や詐欺・強迫による取消しの場合，民法上の善意者保護規定（民94条2項や96条3項）が適用されるのかどうかが問題となり，仮に民法が優先適用されるとすると，たとえ移転請求がなされたとしても，特許権の善意の転得者，質権者，実施権者はそのまま特許権者，質権者，実施権者であり続けることになりそうであるが，善意の第三者と悪意の第三者が混在する場合，その主観的態様によって個別的・相対的な権利関係を認める余地もあり，複雑な法律関係が生じてしまうことになる。

また，特許を受ける権利の譲渡契約が瑕疵なく成立したが，承継人の債務不履行により解除された場合，民法上，承継人は原状回復義務を負うことになり（民545条1項），特許法79条の2によるよりも，民法545条（解除の効果）に従った原状回復の問題として考えるほうが妥当であるとする見解が有力である[16]。

このように，特許を受ける権利の譲渡契約に瑕疵が存した場合には，どこまで遡及効を認めるかについては民法理論との整合性という根本的な問題を有することになる。

(3) 特許登録後，移転登録前の法律関係

新設された特許法79条の2の文言によれば，「移転の登録の際現に」特許権等を有していることを要件としており，文言上，移転登録後の実施についてのみ法定通常実施権が認められるものと解釈される。

しかしながら，設定登録後については，移転登録前か後かを合理的に区別する理由はないことから，善意の実施者を保護するという同条の趣旨からすると，善意の実施者については，移転登録後のみならず，移転登録前についても保護する必要があり，移転登録前の実施についても特許権侵害と評価されないようにすることが望ましいといえる[17]。ただ，その場合，実施者は真の権利者に対し相当の対価を支払う必要があることになるが，さらに実施者からライセンスを受けていた者がいた場合，そのライセンシーに対しても対価の請求ができるかどうかについては議論が存する[18]。

---

[16] 竹田・前掲[11]・49頁，中山・前掲[13]・349頁など。

[17] 中山信弘＝小泉直樹編『新・注解特許法〔第2版〕【中巻】』1512頁〔松山智恵〕，駒田泰土「特許権の取戻しと善意の第三者の保護」同志社大学知的財産法研究会編『知的財産法の挑戦』149頁も同旨。

1000   第4章　関連手続

(4) 冒認者等に対する仮処分

　真の権利者が特許権の移転請求訴訟を提起した場合に，冒認者等が当該特許権を他者に譲渡したり，放棄したりすることによって，真の権利者による特許権の取得を妨害するようなことが考えられ，そのための法的手続が実務上必要となる。

　この点については，冒認者等による特許権の他者への譲渡等の執行妨害的な行為を禁止するため，一般的な民事仮処分事件と同様，移転請求権を被保全権利とする当事者恒定効を有する処分禁止の仮処分が認められるべきと思われる[19]。

　他方，冒認者等が特許権設定登録を行う前の段階においては，特許権者が存在せず，そもそも特許法74条の適用がないことから，仮処分も問題とならず，特許を受ける権利の確認請求訴訟によらざるを得ないことになる。

(5) 冒認者等の実施についての損害賠償請求の可否

　移転登録前の実施の時点において，冒認者が冒認につき悪意であった場合には，特許法79条の2の適用はなく，真の権利者を排除して実施できる正当な理由がない場合には，かかる実施行為は特許権侵害行為と評価され，真の権利者は損害賠償請求権を行使し得ることになることは当然である。

　しかしながら，冒認者が冒認につき善意であった場合，79条の2が適用ないし類推適用され通常実施権が認められる場合においても，なお「過失」があるとして損害賠償請求が認められるかどうかについては，やや稀有な場合であると思われるが，理論的には肯定し得るのではないかと思われる。

(6) 特許出願中の権利の移転

　前述したとおり，平成23年改正は専ら特許登録後のことを規定しており，特許出願中の権利についての移転請求については規定されていない。しかしながら，当然，特許出願中の権利についても冒認出願者から取戻しを行う必要性も認められることから，立法論的には何らかの規定を設けるべきである[20]。

---

[18]　中山・前掲 [13]・351頁。
[19]　髙部眞規子「知財訴訟の論点　冒認による移転登録の実務」L＆T55号6頁。
[20]　中山・前掲 [13]・354頁。

82 関税定率法等の水際措置

宇田　浩康

輸入差止申立制度について説明せよ。

キーワード　輸入差止申立手続，認定手続，見本検査，専門委員意見照会

I　は じ め に

(1) 統　　計

輸入差止申立制度の対象の権利としては，商標権や著作権などがある（関税69条の11第9項・第10項）。この中で特許権が使用される件数は多いとはいえない。

差止実績や差止申立てに関する統計的資料は，財務省のホームページ*1で公表されている。うち特許権に関して，最近3年（平成26年から28年）で見ると，各年末時点で有効な輸入差止申立ての件数は，平成26年20件（全体の構成比2.7%），平成27年21件（全体の構成比2.9%），平成28年17件（全体の構成比2.4%）となっており，特許権に基づく申立ては，他の権利（商標権・著作権・意匠権）ほど多く利用されていない。当該年中に新たに輸入差止申立てが行われ受理された件数は，平成26年2件，平成27年5件，平成28年4件と多くない。

(2) 米国との比較

米国のITC（米国国際貿易委員会）における手続では，2015年の年間報告*2によると，係属中の案件88件のうち，特許権のみに基づく件数71件，商標権のみに基づく件数7件となっており，特許権に基づく申立ての件数，比率ともに商標権と比較しても多い。

商標権や著作権に基づき模倣品対策をする場合は，CBP（米国税関・国境警備

---

*1　http://www.mof.go.jp/customs_tariff/trade/safe_society/chiteki/index.html

*2　https://www.usitc.gov/press_room/documents/yir_op2_2015_2.pdf

1002 第4章 関連手続

局)[3]や ICE（米国移民税関捜査局)[4]の手続を利用することが多い。

　ITC で年間に申し立てられる件数は50〜60件程度[5]で，その多くは特許権に基づく請求である。この中には，模倣品対策のみならず，競合製品対策，さらには権利者の製品の保護を目的とするものではない特許権の活用[6]を目的とした請求が含まれている[7]。

(3)　権利者の目的

　権利者が知的財産権を行使する目的は様々であり，税関における手続を利用する目的も様々であろう。被疑侵害製品の輸入を差し止めたいという効果は同じでも，模倣品の国内市場流通を止めたい場合，自社製品の競合品の国内市場流通を止めたい・抑制したい場合もあれば，金銭的解決を目指した権利行使の一場面と考える場合もある。

　模倣品・互換性商品・並行輸入品対策といった「①権利者の製品を直接保護するための権利行使の場面」と，権利者の製品の保護を目的としておらず特許権の活用を目的とする「③特許権の権利行使が主目的とする場面」があり，さらに，その中間形態として，「②競合品に対する権利行使を主目的とする」場面が存在する[8]。

　もっとも，①ないし③の場面で後述する輸入差止申立ての各要件や権利者が準備すべき裏づけの資料が変わるわけではない。また，①ないし③という類型で税関の対応や判断が変わるわけでもない。あくまでも，各案件の基礎となっ

---

* 3　https://www.cbp.gov/trade/priority-issues/ipr/protection
* 4　https://www.ice.gov/iprcenter
* 5　https://pubapps2.usitc.gov/337external/　https://www.usitc.gov/intellectual_property/337_statistics_number_new_completed_and_active.htm
　　https://www.usitc.gov/intellectual_property/337_statistics_range_number_patents_asserted_new.htm
* 6　ITC では，DI（国内産業要件）という要件は存在するものの，NPE（特許不実施主体）や自ら製品を製造販売していない研究機関などが利用している。
* 7　ITC では排除命令（輸入差止めを含む）が出されることがあるが，権利者は損害賠償請求を求めることはできない。しかしながら，地裁での手続において差止請求が認められる要件は厳しいことから(eBay 最高裁判決。Nichia Corp. v. Everlight Americans Inc. 16-1585 (Fed. Cir. 2017) の事案でも Federal Circuit は差止請求を認めなかった)，ITC は権利者が被疑侵害者に対して差止請求を求めるための一つの手段として機能している。
* 8　確かに，①も②もともに権利者の製品を保護することを目的としているが，②はそれのみならず競業者との競争という観点が加わってくる。より因果関係が強い，すなわち，権利者の製品を購入せずに被疑製品を購入した関係が強いもののみを①とし，①と②を区別する。

ている事実次第である。①に近ければ近いほど，税関における手続そのものに着目することになるし，③に近ければ近いほど，紛争解決のための全体手続の中で税関における手続を捉える場合があるだろう*9。

(4) 利用される場面とは

ITC の利用例と同様に，わが国の税関の制度においても，①ないし③の場面が機能し得るであろうし，件数の多寡や受理される確率に相違があるだろうが，実際にそれぞれの場面で利用されている。

もっとも，後述するように，輸入差止申立手続において，「税関が識別できること」が受理要件として課せられている。また，税関は，裁判所や特許庁等のような，複雑な事実上・法律上の争点を含む係争（特に「侵害の事実を確認できること」の要件に関わる事実上・法律上の争点）を判断することを日常業務とする機関ではない*10。各意見照会制度や専門委員制度といった制度が税関の判断の手助けを行っているものの，ITC のように専門の行政裁判官や調査官を組織内に有しているわけではない。税関の手続を利用する際には注意が必要である*11。

II 輸入差止申立制度の概要（申立ての要件，一般的手順，具体的手順，認定手続について）

(1) はじめに

経済産業省*12や税関*13の知的財産権侵害物品の取締りのホームページに詳細かつ丁寧な説明がなされている。まずはそれを参考にすることである。わかりやすい図も用意されている。関連する法規は，関税法，関税法施行令，関税

---

*9　東京地判平27・12・25（平26(ワ)371号）の事案では，権利者が税関に対して輸入差止申立てを行った後，被疑侵害者が無効審判を請求したところ，権利者は仮処分の申立て（平26(ヨ)22017号仮処分命令申立事件）を行っている。

*10　税関が運用面・組織面においても知的財産権侵害物品の水際取締りの強化を行ってきたことはいうまでもない。

*11　古城春実弁護士は，税関による差止手続が行政手続であり，司法手続による侵害品の輸入差止めとは異なり，行政の画一性や迅速性，さらに行政的な手法に馴染むのかといった考慮が入ってくることになると指摘されておられる（古城春実「税関における特許侵害品輸入差止」パテ63巻9号（平22）71頁）。

*12　http://www.meti.go.jp/policy/ipr/infringe/custom/index.html

1004 第4章 関連手続

法基本通達，運用指針等である＊14。

　関税法69条の11は，知的財産権侵害物品を輸入してはならない貨物としており，特許権，実用新案権，意匠権，商標権，著作権，著作隣接権，回路配置利用権，育成者権を侵害する物品，又は不正競争防止法に違反する一定の物品については，輸入してはならないこととされている。

　輸入差止申立制度とは，自己の権利を侵害すると認める貨物が輸入されようとする場合に，税関長に対して，当該貨物の輸入を差し止め，認定手続をとるべきことを申し立てる制度である。主な手続は，輸入差止申立てに関する手続（関税69条の13）と認定手続（関税69条の12）に分けられる。

　輸入差止めには，税関が自主的に行う場合と，権利者等の申立てに基づいてなされる場合の2通りがあるが，いずれの場合も，「認定手続」を経て決定される。

　全体のフローについては，税関のホームページの認定手続フローの図＊15が網羅的である（次頁の図参照）。

(2) 申立ての要件

　輸入差止申立てを行うには，5つの要件（①権利者であること，②権利の内容に根拠があること，③侵害の事実があること，④侵害の事実を確認できること，⑤税関で識別できること）を満たすことが必要となる（関税69条の13，関税施行令62条の17）。満たさない場合には受理されない。

　①，②を裏づける資料としては，登録原簿の謄本及び公報，③，④，⑤を裏づける資料としては，侵害の事実を疎明するための資料等，真正商品及び侵害疑義物品を識別するための資料が必要となる。その他，通関解放金の額の算定基礎となる資料や委任状が必要となる＊16。

　③，④，⑤については争点になる要件であり，裏づける資料としては，判決

＊13　http://www.customs.go.jp/mizugiwa/chiteki/
　　　また，名古屋税関業務部知的財産調査官が作成された「税関における知的財産侵害物品の水際取締りの概要について」と題する資料は，制度説明・制度改正の経過を含めてわかりやすい。公益財団法人日本関税協会名古屋支部ホームページから入手できる（http://www.kanzei.or.jp/nagoya/nagoya_files/20171004-1.pdf）。

＊14　http://www.customs.go.jp/mizugiwa/chiteki/pages/e_001.htm

＊15　http://www.customs.go.jp/mizugiwa/chiteki/pages/b_001.htm

＊16　http://www.customs.go.jp/mizugiwa/chiteki/pages/b_004.htm

82 関税定率法等の水際措置　　1005

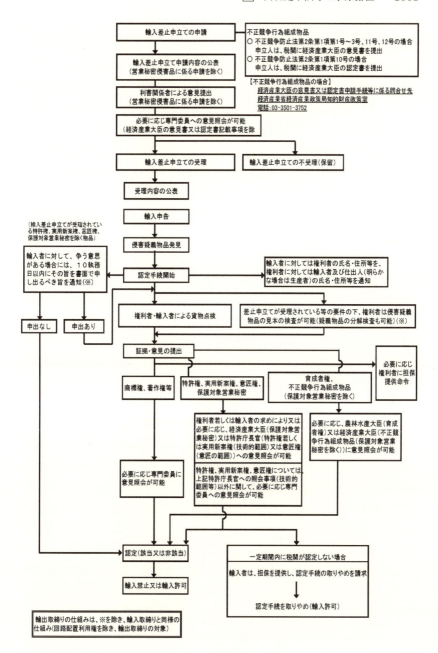

1006　第4章　関連手続

書・仮処分決定通知書・判定書，弁護士・弁理士等の鑑定書，警告書や広告等の写し，訴訟等で争いがある場合にはその内容を記載した書面，並行輸入に関する資料，輸入することが予想される者等の情報などがある[17]。

　③については，侵害被疑物品が日本国内に輸入されている場合のほか，現に存在しているかは問わず，侵害被疑物品が日本国内に輸入されることが見込まれる場合を含む。例えば，過去の権利侵害の事実に照らして侵害物品の輸入が見込まれるような場合[18]であるが，その製品のみを対象として申立てを行う場合よりも，現に輸入されている侵害被疑物品と合わせて申立てをなすことのほうが多いだろう。

(3)　一般的手順

　所定の様式の申立書に所定の書類を添付して税関長に提出する（申立書（税関様式C第5840号）は税関のホームページ[19]からダウンロードできる）。最長4年間の申立て（更新も可能）ができる（関税法施行令62条の17第5項）。ただし，申立ての対象特許権が，4年以内に満了する場合は，その権利の存続期間の最終日までとなる。窓口は，全国9税関の本関に設置されている「知的財産調査官」が担当しており，いずれかの「知的財産調査官」に提出する（手数料は不要）。

　税関は，函館・東京・横浜・名古屋・大阪・神戸・門司・長崎・沖縄地区の9ブロックに管轄が分かれているが，権利者の選択するいずれか1つの税関に申立てを行うことで，全国の税関での差止めを求めることができる。

　申立てが受け付けられると，税関により申立書の形式要件と実体要件の審査が行われ，①から⑤の受理要件が整った場合，受理の決定がなされる。①ないし⑤のいずれかの受理要件を満たさなかった場合，不受理の決定がなされる。税関は，申立人に対して，受理又は不受理の通知を行うとともに，専門委員意見照会を実施した場合には利害関係者に対して受理又は不受理の旨の通知を行う（関税法基本通達69の13−7）。

　決定に対し不服がある場合には，その通知のあったことを知った日の翌日から起算して3ヵ月以内に，不服申立てを行うことができる（再調査の請求や審査

---

*17　前掲*16。

*18　古城春実「税関における特許侵害品輸入差止」パテ63巻9号（平22）71頁。

*19　http://www.customs.go.jp/mizugiwa/chiteki/pages/j_001.htm

請求）（関税89条・91条・93条）。

(4) 具体的手順

(a) 申立書

権利別申立ての具体的手順に関して，輸入差止申立書及びその記載例，添付書類のうち，必要書類と必要に応じ提出する書類につき，税関のホームページ*20で詳細な説明がなされている。記載例にはチェックリストが含まれており，識別ポイントに係る資料の作成例も用意されている。

必要書類のうち，「侵害の事実を疎明するための資料」とは，侵害すると認める物品が特許発明の技術的範囲に属すると認める理由を明らかにする資料であって，①特許請求の範囲の申立てに係る請求項を構成要件ごとに分説した特許発明の技術的範囲の説明，②侵害被疑物品の具体的態様の特定，③ ①に記載した技術的範囲の説明と上記②に記載した具体的態様を対比し，権利の技術的範囲に属する理由について構成要件ごとに対比した記載，④均等を主張する場合にはその理由と証拠，を含む必要がある。ただし，内容が重複する限りにおいて，当該物品が権利侵害を構成することを証する判決書，仮処分決定通知書，判定書又は弁護士等が作成した鑑定書で代用することができる。

被疑侵害物品が並行輸入品には当たらないことを疎明する場合は当該理由（関税法基本通達69の11-7(2)に該当しない理由）を記載する必要がある。

申立書の「侵害物品と認める理由」及び必要書類の中の「侵害の事実を疎明するための資料」は，専門委員意見照会等において利害関係者に開示できるものと要請されている。侵害すると認める理由（申立人が提出した侵害根拠となる鑑定書等）を利害関係者から開示の要請があった場合には原則として開示するものとされている（関税法基本通達69の13-6(3)）ため，申立人が開示されたくない秘密情報を含める場合には記載する書面の種類や記載する箇所に注意を払う必要がある。申立書には，「公表」，「開示」，「開示の可否」項目が示されているので参考にする必要がある。

侵害物品が複数ある場合には，原則として，それぞれについて「侵害物品と認める理由」を記載し，「侵害の事実を疎明するための資料」を添付する。

---

*20　http://www.customs.go.jp/mizugiwa/chiteki/pages/j_001.htm

1008　第4章　関連手続

(b)　事前相談

　手続を迅速に進めるために，税関では事前相談を受け付けている。相談に際しては，権利関係の確認のために登録原簿や公報等，侵害の事実の確認のために侵害品又はその写真等，識別方法の確認のために真正品又はカタログ等，並行輸入関係の資料などの関係資料を提示することが必要となる。

　受理されるために要件が課せられていること，行政機関の手続であることから，円滑な手続を図るために事前相談を利用したほうがよい。模倣品対策や並行輸入品対策といった類型的に同種の事案が存在する事例であっても同様である。実務上，ほとんどの場合，事前相談に行き，その際には申立書のドラフトを持参して事前にチェックしてもらう。行政機関の手続を利用する立場からは自然なことである。

(c)　受理前公表

　権利者が申立てを申請すると，輸入差止申立申請の内容の公表がなされる。権利の登録番号・侵害すると認める物品の品名・差止申立人及び連絡先・申立先税関及び連絡先・意見を述べることができる期間が公表される[21]。

　一定の場合を除き，予想される輸入者や利害関係を有すると認められる者に対して，申立先税関から電話等により連絡がなされる。意見を述べることができる期間の最終日は税関ホームページに公表した日から10日（行政機関の休日を含まない）となる日が設定される（関税法基本通達69の13－6の(1)⑥）。利害関係者にとって，申立書の写しの入手，意見書の提出，補正意見書の提出とタイトなスケジュールが設定される（関税法基本通達69の13－6）。そのため，税関から連絡を受けた場合にはすぐに代理人を選任し迅速な対応が必要となる。

(d)　受理後公表

　申立ての受理がなされると，輸入差止申立受理内容の公表がなされる。公表する事項は，輸入差止申立書の記載事項のうち【公表】と記載されている事項，例えば，登録番号を含む権利の内容，侵害物品の品名，申立ての有効期間，差止申立者・連絡先などである[22]。

(5)　認定手続

---

*21　http://www.customs.go.jp/mizugiwa/chiteki/pages/uketsuke.pdf
*22　http://www.customs.go.jp/mizugiwa/chiteki/pages/sashitome.htm

認定手続とは，税関が知的財産権侵害の疑いのある物品（「侵害疑義物品」）を発見した場合に，侵害物品に該当するか否かを認定するための手続（関税69条の12第1項）である。税関のホームページ[23]に詳細な説明がなされている。

認定手続が開始される場合には，侵害疑義物品を発見した税関から，権利者及び輸入者に書面で通知（「認定手続開始通知」）が届く。権利者及び輸入者は，「認定手続開始通知書」の日付の日の翌日から10執務日（生鮮疑義貨物は3執務日）以内に，意見・証拠を税関に提出する。権利者の意見・証拠等については，輸入者に開示できる範囲で開示し，輸入者の意見・証拠等についても同様に権利者に開示し，それぞれから反論を求める。その内容に基づき，税関において当該疑義貨物が侵害品に該当するか否かの認定を行う。

認定結果及び理由は，書面にて権利者及び輸入者に通知される。非該当認定の場合は，当該貨物につき輸入許可がされる。該当認定の場合は，不服申立てができる期間（3ヵ月）を経過し，かつ，輸入者による自発的処理がなされない場合，税関で当該侵害物品の没収を行い，処分することとなる。認定結果に不服がある場合は，申立てに対する決定と同様に不服申立てができる。

Ⅲ　実務上の留意点

(1)　見本検査

輸入差止申立てが受理された権利者は，当該申立てにつき認定手続がとられている貨物に対して，証拠を提出し意見を述べるために必要な場合，税関長に対して，見本検査を承認するよう申請することができる（関税69条の16）。承認されれば，権利者は疑義貨物の見本の提供を受け，疑義貨物の分解・分析等を行うことができる。輸入者が受ける不利益を軽減するために，輸入者への意見聴取，見本検査に係る供託，輸入者の検査の立会い，権利者への秘密保持義務，といった制度が設けられている。承認されるための要件や具体的な流れについては税関のホームページ[24]に詳細な記載がなされている。

貨物の外観から侵害の有無が判断できず，内部の特徴や組成等の調査が侵害

---

[23]　http://www.customs.go.jp/mizugiwa/chiteki/pages/c_001.htm
[24]　http://www.customs.go.jp/mizugiwa/chiteki/pages/c_001_2.htm

の有無の判断に必要な場合に，見本の分解や分析が認められる。特定の組成物の調査のため検査キットを使用して見本検査が実施される場合があるが，検査内容自体が複雑であったり大掛かりな準備を要したり，検査に時間を要する場合には，見本検査制度には馴染まないと考えられるし，輸入者から見本の管理などに問題があり，取扱いを適正に行う能力を欠いているとの反論をなされる可能性がある（関税69条の16第2項）。

見本の運搬や保管のみならず，検査の内容や合理性についても税関に説明を行い，事前に相談しておく必要がある。

(2) 特許庁長官への意見照会

特許権に係る認定手続が開始された後，権利者又は輸入者は，税関長に対して技術的範囲等に属するか否かに関して，特許庁長官の意見を聴くことを一定期間内に求めることができる（関税69条の17）。権利者又は輸入者の求めがない場合でも，税関長は，必要と認める場合は，特許庁長官に意見を聴くことができる（同条）。税関のホームページ[25]に詳細な説明が記載されている。

回答は特許庁長官から30日以内に書面によりなされ，税関から権利者及び輸入者の双方に通知される。

税関は，特許庁長官の意見を尊重し認定を行うが，権利者の同意，ライセンス契約の有無等技術的範囲以外の理由等により別の判断を行うこともあり得る[26]。

(3) 専門委員制度（専門委員意見照会）

特許庁長官への意見照会と同様に，専門機関（専門家）による意見によって税関の判断をサポート・補完する制度であり（関税69条の14・69条の19），実務的に特許権に係る輸入差止申立制度で広く利用されている。

輸入差止申立手続で利害関係者から意見書が提出された場合や，認定手続において輸入差止申立手続時に明らかでなかった争点などにより，侵害か否かの判断が難しい場合などで実施されている。また，輸入差止申立手続で利害関係者に連絡できなかった場合（輸入者がわからない場合を含む）や利害関係者の応答がなかった場合に，認定手続において専門委員意見照会が実施されることもあ

---

*25 http://www.customs.go.jp/mizugiwa/chiteki/pages/c_003.htm
*26 http://www.customs.go.jp/mizugiwa/chiteki/pages/qa_003.htm

る。

税関のホームページ*27から，フローチャート・運用方針・専門委員候補など詳細な情報が入手できる。運用方針*28には，実施する場合，専門委員意見照会の対象となる事項，事案終了までの期間，意見聴取の場の実施，専門委員による追加資料等の求め，陳述要領書の提出，当事者からの補足意見の提出，専門委員意見書とそれに対する当事者意見，決定等に関する事項や通知書などの様式が含まれており，必読である。

専門委員は専門委員候補に登録されている専門家（学者，弁護士，弁理士）から，案件ごとに基本的に3名選出される。より複雑で高度な案件の場合，税関の判断により，5名選任される場合がある。専門委員は各人意見書を提出する*29。税関は，明らかな事実誤認等の特段の事情がない限り，専門委員の多数意見を尊重して，受理・不受理・保留のいずれかを決定するものとされる。

専門委員意見照会手続では意見聴取の場が設けられる。当事者の意見陳述，相手側陳述への反論，専門委員及び税関からの質問の後，当事者は一度退席し専門委員同士の意見交換が行われた後，専門委員から当事者への質問（専門委員による求釈明等）がなされる。申立てから意見聴取の場までに当事者が書面を提出できるのは基本的には3回（申立てに係る意見書，その補正意見書，専門委員意見照会手続における陳述要領書）であり，意見聴取の場で当事者の意見陳述に割り当てられる時間はそれほど長くない。それに対して，専門委員の意見照会の対象となる事項は，特許の技術的範囲のみならず権利無効理由等も含まれ，広範である。当事者としては，「専門委員による追加資料等の求め」がなされるまでに専門委員に争点等を可能な限り理解してもらえるよう，申立てに係る意見書・補正意見書作成時には意識しておいたほうがよい。また，意見聴取の場では，スライド・図を用いて，端的かつ明確に意見聴取の場までに提出した自らの主張と相手方の主張への反論を行う必要がある。

意見聴取の場が開催された日の翌日から5執行日までに，当事者は補足意見

---

* 27　http://www.customs.go.jp/mizugiwa/chiteki/pages/h_18c-flo.htm
* 28　http://www.customs.go.jp/kaisei/zeikantsutatsu/kobetsu/TU-H19z0802.pdf
* 29　専門委員の意見書や税関長の決定は，後日の訴訟で当事者から証拠として提出されることがある。もちろん，その内容は裁判所を拘束するものではない。例えば，東京地判平27・5・15（平22(ワ)46241号）。

書を提出することができる。これまでの主張の明確化，意見聴取の場で相手方が主張したことへの反論，専門委員から要求があった件に限られ，新たな論点や新規な公知文献等を提出することは認められない。

IV　利用場面における留意点

(1)　模倣品対策

模倣品対策に輸入差止申立制度を利用することは，典型的場面の一つである。海外で日本の権利者の製品のコピー製品を製造販売している業者の当該製品が日本に輸入される場合である。

権利者にとって，他の権利（商標権や著作権）ではカバーしきれない被疑侵害物品に対して特許権に基づくほかない場合に，いかに税関に受理してもらうか，特に，裁判所の判決や仮処分決定を得ていない場合に，円滑に受付してもらえるように検討する必要がある。

実務上，特許庁の判定制度に基づく判定結果を事前に取得する方法が利用されている。対立当事者の関与のもとでなされた専門機関の判断が存在すれば，税関としても受付しやすいだろうし，複雑な案件や判断しにくそうな案件については，事前相談で判定制度の利用を勧められることもあり得る。しかしながら，判定制度を利用すれば，相手方がその手続を知ることになるし，匿名の相手に対しては判定を請求できない。また，比較的迅速な手続とはいえ判定結果を得るためには数ヵ月を要する。これらの事情から判定制度を利用できない場合，権利者としては，まずは税関に申立てを受け付けてもらった上で，専門委員意見照会において，権利者側に有利な判断を獲得することを目指すことになる。

申立ての客観性を上げるために，申立人の代理人以外から複数の鑑定書を取得する，相手方の手続内で想定される主張を事前に示し税関に予測可能性を与えるべく，相手方との事前のやりとりの内容をより詳細かつ具体的に記載する，専門機関の判断を事後的にも取得できる状況を作り出し申立手続と並行して裁判所に提訴するといった[30]ことが考えられる。ただ，税関との関係は一回的なものではないので，いずれにしても税関に事前相談しながら対応を考え

ることになる。

　類型的に考えると、権利者の製品をカバーする特許権が存在することを前提とすると、他の利用場面（並行輸入品を除く）よりも、権利者側の主張を裏づける材料は多い。特許権と被疑物品との比較のみならず、権利者の製品をさらに比較の対象として含めることによって、「侵害の事実が確認できること」及び「税関で識別できること」の要件に関して、より明確でわかりやすい主張を行うことが可能となる。

(2) 互換性商品

　互換性商品対策として利用する場合も、典型的場面の一つである。プリンタのインクカートリッジのような消耗品で用いられている。互換性商品と類似する用語である「互換品」とは、その用途上の土台となる製品の製造販売元が提供する「純正品」の代用品として、直接関連のない第三者的な立場の企業（サードパーティ）が販売している、互換性をもった製品のことである（IT 用語辞典Weblio 辞典）。

　互換性商品を販売する企業は、自社名をつけて互換性商品を販売している。互換性を示すべく「○社の××用」との印刷を付しているが、商標的使用といえるか疑義が生じる事案があり、特許権に基づく輸入差止申立てを検討する場合がある。

　権利者の製品をカバーする特許権が存在し、当該特許権との関連する点で、被疑侵害製品と権利者の製品（正規品）とが類似しているのであれば、被疑侵害製品と当該特許との比較のみならず、権利者の製品と侵害製品との比較を行うことによって、より明確でわかりやすい主張を行うことが可能となる。

　申立てに際しては、判定の結果など、専門機関の判断が事前に存在することが、税関の受付にとって好ましいだろうことは、模倣品対策と同様である。専門機関の判断が事前にない場合の対策についても、模倣品対策と同様である。権利者としては、税関に事前相談しながら対応を考えることになる。

---

*30　意匠権の事例であるが、大阪地判平25・9・26（平23(ワ)14336号）の事案では、権利者は輸入差止申立てを行った後、裁判所に対して意匠権侵害訴訟を提訴している。その後、専門委員の意見を聴き、税関は申立てを受理した。当該事件の背景や当事者がとった手続内容や意図は明らかではないが、参考になるかもしれない。

1014　第4章　関連手続

(3) 並行輸入品

　海外で権利者からライセンスを受けた企業により製造された海外向けの製品に対して，権利者が輸入差止めを行う場合である。並行輸入品の対策として，他の類型と異なるのは，使用できる特許権の範囲が広がることである。例えば，製造方法の特許であれば，そもそも海外のライセンシーが製造しているのであるから，当該製造方法を使用しているかどうかの調査が，他の類型よりも容易となり得る[31]。

　特許権に係る並行輸入品の取扱いについては，BBS最高裁判決が指針となっており，その内容に基づいて基本通達が出されている（関税法基本通達69の11－7(2)）。

　通達には，次の場合以外の製品は特許権の侵害とはならない並行輸入品として取り扱うものと記載されている。

① 　輸入者が譲受人であるときは，特許権者等と譲受人との間で当該製品について販売先ないし使用地域から我が国を除外する旨の合意がされた場合

② 　輸入者が譲受人から特許製品を譲り受けた第三者及びその後の転得者であるときは，特許権者等と譲受人との間で当該製品について販売先ないし使用地域からわが国を除外する旨の合意がされた場合であって，かつ，その旨が当該製品に明確に表示された場合

　そして，当該通達は，上記①において，契約書やそれに類する文書で，販売先ないし使用地域から日本を除外する旨の合意があることの裏づけを求め，②において，「当該製品の取引時において，製品の本体又は包装に刻印，印刷，シール，下げ札等により，通常の注意を払えば容易に了知できる形式で当該製品について販売先ないし使用地域から我が国が除外されている旨の表示がされている場合で，当該製品の取引時にはその旨の表示がされていたことが輸入時において確認できること」の裏づけを求めている。

　この点，公表されている専門委員意見照会の結果の概要[32]を見ると，「（BBS事件最高裁）判決の趣旨から，輸入時に表示がなされていなくても，表示がされた事実が確認できればそれで足りるとみるべきで，本件申立については，過

---

[31]　特許第2委員会第4小委員会「特許権に基づく関税定率法等の水際措置について」知管56巻8号（平18）1159頁。

去に表示がされた事実が確認できることから，並行輸入は認められない」との意見がなされ，輸入差止申立てが受理されている。権利者としては，通達の内容を参考にしながら，最終的には BBS 事件最高裁判決に立ち返り主張する必要がある。

権利者は，海外企業に対するライセンス契約の条件として，日本への輸出・販売をしないことの合意をするとともに，製品に日本を販売先から除外する旨の表示をなすことを含める必要がある。海外企業とのライセンス契約にサブライセンスを許容する条項を含める場合には，サブライセンシーにも同様の義務を課すことを含める必要がある（商標ライセンスにおける表示のコントロールに関する条項が参考になり得る）。

V　輸入差止申立制度と裁判所における差止等請求訴訟の関係

税関における輸入差止申立制度と，裁判所における差止等請求訴訟は別個の手続である。

権利者は同時に両方の手続を利用することができる。税関に対する輸入差止申立てと並行して，裁判所に対する輸入禁止の仮処分を求める申立てや輸入差止等請求訴訟の提起を行うことができ，ほぼ同時期に両手続を利用している場合がある[33]。両手続が同時に進行していたとしても，他方の手続が停止する関係にはない[34]。税関に対する輸入差止申立制度は，裁判所における手続よりも，簡易で迅速かつ費用が安い。また，一度認定されれば相手方が不服申立てを行っている間も輸入差止めの効果は継続する。もっとも，税関で輸入差止めができたとしても，後日，裁判所で非侵害の判断や特許庁・裁判所で無効の判断がなされた場合には，認定手続の相手方から認定処分の取消しを求められ，さらに相手方が被った損害賠償を請求され得る[35]。

また，裁判所の判断は，税関の判断に拘束されるものではない。裁判所は，

---

[32]　http://www.customs.go.jp/mizugiwa/content/h_29c-senmoniin.pdf

[33]　最近の事案の申立人のニュースリリースとして，http://www.mt-pharma.co.jp/shared/show.php?url=../release/nr/2017/MTPC170925.html

[34]　米国では ITC の手続が進行中は地裁の訴訟は停止する。28 U. S. Code section 1659

1016 第4章 関連手続

侵害の有無，無効理由の有無や並行輸入の適法性といったすべての事項について独自に判断する[36]。

Ⅵ 終わりに

輸入差止申立制度に関して，政府が知的財産侵害品の水際取締りに対して積極的に取り組んでいるため，財務省や税関のホームページから入手できる情報内容，情報量ともに充実している。また，専門委員制度の運用や並行輸入の適法性の判断など関税法基本通達に記載されている内容も参考となる。

その際，統計的な資料，例えば，「新規」を含めた輸入差止申立件数や専門委員意見照会件数（特許権についての知的財産別件数，処理別件数）を看過することなく評価したほうがよい。

■

---

[35] 神戸地判平18・1・19（平16(行ウ)29号）〔認定処分取消請求事件〕の事案において，無効理由の有無が争われ，裁判所は当該特許権につき無効理由が存在するため認定処分は違法であることから，原告の認定処分取消請求を認めた。

[36] 商標権の事例であるが，東京地判平15・6・30（平15(ワ)3396号）では，裁判所は，税関で禁制品認定手続において商標権を侵害しない旨の認定を受けたことは，当該商標権に基づく差止め及び損害賠償請求権の有無に何ら影響しないと判示している。

第5章

判決，上訴，その他

83 和　解

白波瀬　文夫

特許権侵害訴訟における和解の特徴及び留意点について説明せよ。

キーワード　特許権侵害，和解，和解条項，ライセンス，不争義務

I　特許権侵害訴訟の特性

　特許権侵害訴訟は，特許権者である原告が，業として特許発明の実施をしていると疑われる被告に対して，特許権侵害を理由として，侵害行為の差止めや損害賠償を請求する訴訟類型である。

　その主たる争点は次のとおりである。

　① 被告が特許発明を実施しているか（被告の製品や方法は発明の技術的範囲に入るか）

　② そもそも請求の根拠となる原告の特許は有効か

　③ 侵害が認められるとして損害はどれだけか

　また，特許権侵害訴訟は他の訴訟類型と比べると，次のような特徴がある。

(1)　当 事 者

　特許を保有している者と特許発明を業として実施している（と疑われる）者の紛争であって，原被告とも相当規模の企業であることが多い。外国企業が当事者となったり，外国における製造や販売も関係する国際紛争となることも少なくない。

(2)　専門性・技術性

　特許発明の実施に当たるか，あるいは特許が有効か否かは，事柄が専門技術分野に関わるだけに判断は微妙であり，勝敗を予測しがたいことが多い。

(3)　重 大 性

1020　第5章　判決，上訴，その他

特許権侵害が肯定されると，特許発明を実施している事業の廃止につながり，侵害による損害賠償額も高額となることが多いので，企業に重大な影響を与える。

(4)　関連紛争

特許が有効であることが前提であるため，特許無効の抗弁（場合により特許庁の無効審判）を伴うことが多い[1]。

(5)　専属管轄と二段階審理

特許権侵害訴訟の第1審は東京地方裁判所と大阪地方裁判所の専属管轄とされており（民訴6条1項），その審理は侵害論と損害論の二段階審理で行われる。すなわち，第1段階で被告の製品や方法が特許権侵害に当たるか否かという侵害論の審理を行い，そこで侵害が否定された場合は損害論の審理は不要であるから請求棄却判決に熟することとなり，逆に侵害が肯定された場合は第2段階の損害論の審理に入って，最終的な認容判決に至る。

以上のような特性を踏まえて，特許権侵害訴訟における和解の特徴や留意点について以下に述べる[2]。

Ⅱ　特許権侵害訴訟と和解

訴訟上の和解とは，訴訟係属中に裁判所において双方が譲歩して紛争を終了させる合意である。

一般に民事訴訟は個人又は企業の間で私的利益を巡って争われる紛争であり，刑事事件や行政事件と違い，判決によらず和解で解決されることになじみやすい。なかでも特許権侵害事件は，合理性を追求する企業が当事者となるビ

---

[1]　特許権侵害訴訟の専属管轄権を有する東京・大阪両地裁の平成26～28年の統計資料（知財高裁ホームページ）によれば，判決で終了した事件において，特許権侵害訴訟で主張された特許の73％につき無効の抗弁が出され，そのうち30％について判決で有効・無効の判断がなされ（内訳は無効17％：有効13％），残る43％は判断がなされていない（技術的範囲に属さない等の理由で棄却されて，判断不要であったと推測される）。

[2]　知的財産関係訴訟の適正な運営を期して，裁判所知財部と弁護士会の間で協議会が例年開催されているが，折から平成29年11月29日の大阪地裁知財部と大阪弁護士会の協議会及び平成30年2月21日の知財高裁と日弁連知的財産センターの協議会において，本稿のテーマである和解が議題の一つとされており，追って協議内容が公刊されるものと思われる。

ジネス紛争であり，当事者双方の納得による合理的紛争解決手段である和解の
メリットが大きい紛争類型といえる。

　ちなみに，前記＊１に記載した東京地裁と大阪地裁の統計資料によると，事
件の終わり方は判決66％・和解34％で，約３分の１が和解で解決している。
また判決66％の内訳は，認容16％・棄却（債務不存在認容を含む）48％・却下２
％で，判決での認容が少ないことからすると，裁判所が侵害の心証を得た認容
事案において和解になるケースが多いと推測される。

Ⅲ　和解のメリット

　特許権侵害訴訟において，判決でなく和解による解決をすることのメリット
としては，以下のような点があげられる。
(1)　互譲自体によるメリット
　和解は双方の互譲による紛争解決手段であるから，何らかの点で相手方に譲
歩させること自体のメリットがある（反面で当方が譲歩するデメリットも伴うことに
なるが，メリットがデメリットに勝ると判断できる場合は和解が合理的解決となる）。
(2)　納得による解決
　和解は当事者が納得して行うものであるから，紛争処理内容に双方の満足感
があり，和解条項で合意した内容（発明を実施しない約定や損害賠償の約束など）
も，強制執行によらず任意に履行される可能性が高い。
(3)　柔軟な解決
　当事者が合意する限り和解内容は融通無碍であるから，特許発明についてラ
イセンスを受けて事業を継続する（よって製造設備が無駄にならない，在庫品の処理
ができる，取引停止による顧客への迷惑を回避できる），損害賠償は分割払いにするな
どのメリットがある。また，和解対象も原被告が訴訟で争っている事項に限ら
ず，別件特許を含めたり，クロスライセンスをしたり，利害関係人を入れたり
して，関連紛争も含めて全体的な解決をはかることも可能となる。和解により
特許の無効を巡る紛争も終了し，特許権者は無効のリスクを免れることにもな
る。
(4)　早期解決と紛争経費の節減

1022　第5章　判決，上訴，その他

　和解は紛争の終局的解決方法であり，例えば第1審で和解すれば控訴審や上告審まで争う必要がなくなり，早期解決を実現できる。そのことは，同時に紛争の長期化や拡大による関係者の労力・エネルギー・訴訟経費を節減し，これらを企業本来の事業に振り向けることが可能となる。

(5) 非公開のメリット

　特許権侵害訴訟の判決は裁判所ホームページの知的財産裁判例集で公開されており，判決となれば，敗訴当事者は特許権侵害をして敗訴したとか，自社の特許が無効と判断されて敗訴したといった事実が，世の中に知られることによる悪影響が必至である。しかし，和解は非公開であり，和解内容を第三者に開示しないという守秘義務を設けることもできるので，このような自社に不利な事実が開示されるリスクを回避することができる。

Ⅳ　和解のタイミング

　前述のとおり，特許権侵害訴訟の手続は二段階審理によることが通常の訴訟類型と異なっており，また各回の期日は主として弁論準備手続期日として進行する。そして，「裁判所は，訴訟がいかなる程度にあるかを問わず，和解を試み，又は受命裁判官……に和解を試みさせることができる」（民訴89条）。したがって，提訴まもない時期から判決直前までいつでも和解の勧試をすることができるが，裁判所の心証形成との関係で和解の勧試には時期的に適不適がある（もっとも，どのタイミングであれ当事者が和解に向けての調整を希望するときは，裁判所が拒絶する理由はないと思われる）。

(1) 提訴まもない時期

　この段階は，裁判所としても原被告の当初の主張（原告の請求原因と被告の認否・反論）を読んだ程度で，心証形成が未了である。したがって，何が相当な和解案かは判然とせず，心証未形成では当事者に対する説得材料もない。当事者としても，訴訟の初期に簡単に和解できるような事案なら提訴前に解決しているであろうから，通常は和解の勧試には適さない。

　もっとも，当初主張の段階で特許権侵害であることが明白な事案とか，また手間と費用をかけて特許権侵害訴訟の期日を重ねていくのが無駄と思われる比

較的軽い事案（例えば，被告は被疑侵害品の製造販売をやめている，被告の販売実績も少なく損害賠償額も少額であるなど）であれば，早期の和解が双方にとってメリットがあるといえよう。

(2) 侵害論終結時

侵害論の審理が進み，裁判所が侵害の成否につき心証を形成すると，特許権侵害訴訟は二段階審理を採用しているので，非侵害の心証であれば訴訟は請求棄却判決に熟するタイミングとなり，侵害の心証であれば訴訟は認容判決に向けて損害論の審理に移行するタイミングとなる。

この時点では，裁判所はその心証に基づいて和解の勧試ができるようになり，当事者が和解のテーブルにつくことに異存がなければ，裁判所は両者の間に入って和解の話し合いを進めていく。

和解の勧試を受ける当事者の側は，前記Ⅲで列挙した和解の各種メリットを勘案して，企業としての経営判断により和解の諾否を決する。その際，心証が不利な当事者としては，和解に応じて判決より少しでも有利な解決を図るか，あるいは控訴審における主張立証で逆転することを期待して争っていくか，の選択を迫られる。

裁判所の心証は侵害と非侵害の2つのケースがあるが，非侵害＝棄却事例の場合は被告にとって和解のメリットが少ないため，多くが判決に向かうと思われる（前記Ⅱの統計では全事件の48％）。もっとも棄却事例であっても，例えば原告は特許無効による敗訴判決が出ることを和解により回避できるメリットとか，被告も控訴されて逆転認容となるリスクや紛争の長期化（必然的に労力・費用が伴う）を避けられるメリット，あるいは特許無効による非侵害の事案であれば特許無効の判断を判決によって公にせず和解により被告は自由に実施できるといったメリットも考えられ，必ずしも和解になじまないとはいえない。

他方，侵害＝認容事例の場合には，前記Ⅲで挙げた和解のメリットは大きく，相当数が和解によって解決されていると思われる。

(3) 損害論進行中ないし損害論終結時

侵害＝認容事例の和解においては，和解に際して被告から原告への損害賠償（和解条項では和解金ないし解決金と呼称される）の支払を伴うのが通常であるが，この金額の算定のためには被告の売上や利益を参照せざるを得ないので，その算

定作業は判決に向けた場合の損害論の審理と重なることとなる。したがって，認容事例の場合は，いったん損害論の審理に入って，損害額について当事者及び裁判所が概略の心証をもった段階で和解が成立することが一般的であろう。

この段階が第1審における和解のラストチャンスであり，和解が成立しない場合は裁判所は認容判決を下すことになる。

(4) 控訴審における和解

特許権侵害訴訟の控訴審は東京高等裁判所（その中でも，東京高裁の特別支部として設けられる知的財産高等裁判所）の専属管轄とされる（民訴6条3項）。

控訴裁判所は，控訴に伴って判決を含む第1審の記録一切を引き継ぐとともに，控訴人の控訴理由書及び被控訴人のこれに対する反論（答弁書及び準備書面）を指定期限までに提出させて，その後に第1回口頭弁論期日を開催する。したがって，裁判所は第1回口頭弁論の時点ですでに心証を形成しているのが通常である*3。したがって，控訴審手続は第1回口頭弁論の後に弁論準備手続期日を何度も重ねる必要がなく，速やかに進行して判決に至る。

このような事情から，裁判所は控訴審の初期の段階で和解の意向について打診し，双方に異存がなければ和解の話し合いを進め，逆に当事者が応じる意思がない場合は，短期間に審理は終結されることとなる。当事者としては，和解を希望する場合は，タイミングを逸しないように裁判所にその旨をアピールする必要がある。

V 和解の手続

和解の手続は，上記Ⅳのどのタイミングであれ，受命裁判官が主宰する準備手続期日において，裁判所が原被告の間に入って，順次和解内容に関する双方の意向を聴きながら調整していくのが一般である。対立点については，裁判所が自ら心証形成した内容を基本に調整していくこととなり，場合によっては裁判所が心証に基づく和解案を提案することもある。

＊3　もっとも，控訴審の段階に至って，訂正審判や訂正請求により特許発明の内容が変わったり，新たに均等論の主張が追加されたり，損害賠償請求が拡張されたりして，新たな論点が登場した部分については心証形成済みとは限らない。

VI 和解の内容（和解条項）

　和解内容は，裁判所の作成する和解調書に添付される和解条項で定められる。

　ここでは，和解内容に関して特許権侵害訴訟に特徴的な点について言及する*4。

(1) 和解の範囲

　前記Ⅲの和解のメリットでも触れたように，当事者の意思により和解の範囲を自由に決めて「柔軟な解決」を図ることができる。例えば，訴訟物以外の別件特許を含めたり，海外での実施も対象に入れたり，被告から原告にクロスライセンスしたりして，当面の紛争より広い範囲で和解して，判決を得るよりも大きなメリットを追求することも可能である。他方で，訴訟対象のすべてについて合意に至らなければ，うち一部の特許権や一部製品について部分的和解をすることも可能である。

(2) 被告の不実施

　差止請求に対応して，被告が特許発明の製造販売等を続けるか，ただちに停止するか，あるいは在庫品の解消など一定の時期を待って停止するかが問題となる。不実施の場合は「別紙記載の製品の製造販売をしない」あるいは「別紙記載の方法を（……の製造のために）実施しない」といった条項となる。また，在庫等の廃棄請求に対応して，「在庫，金型，製造機械……を（年月日）限り廃棄する」といった条項が設けられる。

(3) 被告の実施（ライセンス条項）

　逆に被告が実施を継続する場合は，簡明な内容なら和解条項に直接ライセンス内容を定めることもあろうが，一般には実施権許諾条項は詳細になるので，「別途締結する契約に定める条件により通常実施権を許諾する」といった条項が想定される。なお，実施権の設定に際しては，特許庁の登録原簿に実施権を登録するか否かを定める。また，ライセンス契約の内容が独占禁止法の私的独

＊4　東京地裁ホームページに和解条項の文例が掲記されているので参照されたい。

占，不当な取引制限，不公正な取引方法といった規制に牴触しないよう留意する必要がある*5。

(4) 対象製品等の特定

和解内容として被告が発明の実施たる事業を続けるにしても，やめるにしても，その対象の特定は重要である。すなわち，製造販売を停止する場合はいかなる製品の不実施を約したのか，製造販売を継続する場合はいかなる製品について実施を認めたのか，という問題である。この対象物や対象方法の特定が不明確であれば，和解後に被告が実施する事業（すなわち被告の製品や方法）について，和解条項に照らして実施が許されるのか否かという紛争が再燃することになり，和解の目的を達しない。

(5) 金銭給付条項

請求認容事案の和解であれば，被告から原告に金銭を支払う条項が設けられるのが一般であり，これには従来の実施に対する損害賠償額を勘案して一時金として支払われる和解金と今後の実施（ライセンス）に対応して定期的に支払われる実施料の2種が考えられる。

(6) 特許権の扱い

被告が特許権の無効を争っていた場合は，和解に伴い，この紛争も収束されることになる。具体的には，侵害訴訟のほか特許庁に無効審判を提起している場合は被告が取り下げ*6，現在は無効主張がなされていない場合でも今後とも特許権の有効性を争わないという不争義務を約するのが一般的であろう。

(7) 秘密条項

特許権侵害を巡る紛争は，双方にとって重大な紛争で，和解内容が事業に及ぼす影響も大きい場合があり，一般に和解の事実や和解内容は第三者（特に原被告の競合企業や取引先）に秘密にしたいケースも多いと思われる。その場合，和解条項の中に秘密保持義務を規定することとなるが，裁判所の訴訟記録を第三者が閲覧して和解内容が漏れることを防ぐため閲覧制限の申立て（民訴92条）

---

*5　この点に関して公正取引委員会ホームページ「知的財産の利用に関する独占禁止法上の指針」参照。

*6　無効審判成立の審決が出て審決取消訴訟で争っている場合は，「訴訟の取下げ」をすると無効審決が確定してしまうので，「無効審判の取下げ」をする。

をしておくことが肝要である。

Ⅶ　和解の効力

　和解調書は，確定判決と同じ効力があるとされる（民訴267条）。

　具体的には，第1に和解によって訴訟が終了するという効力があり，この結果，紛争の早期解決が実現できることは，前記Ⅲの和解のメリットで述べたとおりである。

　第2に，和解条項の中で損害賠償（作為義務）や製造販売禁止（不作為義務）などの給付条項は執行力（民執22条7号）があり，相手方が任意に義務を履行しないときは強制執行により実現することが可能である。もっとも，給付判決の場合と異なり，和解条項は当事者が納得して成立させている内容であるから，任意に履行されるケースが多い。

　第3に，確定判決の効力である既判力（判決で解決した内容を後から争えない効力）については，この効力が訴訟上の和解に認められるか否かは議論があり，肯定説・否定説・折衷説があるとされる*7。いずれにしても，双方の事業にとって重大な案件である特許紛争について裁判所という場で和解による紛争解決を図る以上は，和解の得失と内容について十分な検討を経たうえで，これにより終局的に紛争を解決し蒸し返しは許されないという覚悟をもって，和解に臨むべきである。

＊7　例えば，髙部眞規子『実務詳説　特許関係訴訟』95頁。

1028　第５章　判決，上訴，その他

84　上　告

福田　あやこ

特許侵害訴訟の上告，上告受理申立理由としては，どのようなものがあるか。原審の判断を変更した上告審判決として，どのようなものがあるか。

キーワード　上告，上告受理申立て，再審事由

I　上告と上告受理申立ての概要

　上告とは，控訴審の終局判決に対してなされる法律審への上訴である。

　上告には，狭義の上告（権利上告）と上告受理申立ての２種類がある。権利上告は，原判決に憲法の解釈の誤りその他憲法違反があることを理由とする場合及び絶対的上告理由がある場合にのみ提起することができる（民訴312条１項・２項）。したがって，上告理由を欠いた上告は，不適法な上告として却下され，上告人によって主張された上告理由が憲法の解釈の誤りその他憲法に違反する事由及び絶対的上告理由に該当しないことが明らかな場合には，最高裁判所は，決定で上告を棄却することができる（民訴317条２項）[*1]。

　旧民事訴訟法では，判決に影響を及ぼすことが明らかな法令違反も一般的上告理由として認められていたが，後述のように，同事由は上告受理申立ての対象とされている。上告受理申立てがなされた場合，最高裁判所は，決定で，上告審として事件を受理することができるが（民訴318条），上告受理申立てにおいて主張された理由のうち，重要でないと認めるものがあるときはこれを排除することができる（民訴318条３項，民訴規200条）。上告受理の決定があれば，上告があったものとみなされ（民訴318条４項），上告と同様に扱われる一方，最高

[*1]　司法統計によれば，平成28年度の民事上告事件の既済件数は1970件であるが，このうち判決によって破棄されたのは０件，判決によって棄却されたものは５件である。

裁判所が事件を受理しないときには，不受理決定がなされる*2。

上告の提起と上告受理の申立てを一通の書面ですることは可能である。しかし，上告権の認められる事由は，上告受理の申立理由とすることができない（民訴318条2項）ことから，その書面が上告状と上告受理申立書を兼ねるものであることを明らかにし，上告理由と上告受理の申立理由とは区別して書かなければならない（民訴規188条）。

上告審は，書面審理を行い，上告を不適法として却下決定する場合や決定で上告を棄却する場合（民訴317条）はもとより，書面審理だけで上告を理由なしと認めるときは，口頭弁論を開かずに判決で上告を棄却することができる。他方，上告を認容するには，原則として口頭弁論を開かなければならない（民訴319条の反対解釈）。上告を理由があると認めるときには，原判決を破棄する（民訴325条1項）が，憲法の解釈の誤りその他憲法違反や絶対的上告理由が認められない場合でも，判決に影響を及ぼすことが明らかな法令違反があるときは，原判決を破棄する（民訴325条2項）。

II　特許侵害訴訟の上告，上告受理申立理由

(1)　上告理由

旧民事訴訟法では，判決に影響を及ぼすことが明らかな法令違反も，一般的上告理由として認められていたが，現行の民事訴訟法は，多数の上告事件のために最高裁判所の負担が過大にならないように，最高裁判所に対する権利上告について，原判決に憲法の解釈の誤りその他憲法違反があることを理由とする場合（民訴312条1項）及び重要な手続違背（絶対的上告理由，すなわち法律に従って判決裁判所を構成しなかったこと（同条2項1号），法律により判決に関与することができない裁判官が判決に関与したこと（同2号），日本の裁判所の管轄権の専属に関する規定に違反したこと（同2号の2），専属管轄に関する規定に違反したこと（同3号），法定代理権，訴訟代理権又は代理人が訴訟行為をするのに必要な授権を欠いたこと（同4号），口頭弁論の公開の規定に違反したこと（同5号），判決に理由を付せず，又は理由に食違いがあること（同6

＊2　司法統計によれば，平成28年度における民事上告受理事件の新受件数は2506件であるが，このうち判決によって棄却されたものは9件，判決によって破棄されたものは22件である。

号）） に限定し，それ以外の法令違反は上告受理申立ての対象とした。

なお，6号の「判決に理由を付せず」とは，「主文を導き出すための理由の全部又は一部が欠けていること」をいい（最判平11・6・29（平10（オ）2189号）裁判集民事193号411頁，最判平27・12・14（平25（オ）918号）民集69巻8号2295頁），同号の「理由に食違いがある」とは，その文脈において，一義性を欠き，前後矛盾していて，理由の体をなさない程度のものをいう。判決に影響を及ぼすべき重要な事項についての判断の遺脱又は審理不尽があって，その事項につき理由がない場合は，「理由を付さない」に含まれない。このような場合まで権利上告の理由に入れると，改正により上告を制限した趣旨に反するし，また，判断の遺脱があったとしても，判決そのものは，その理由において論理的に完結しているからである[3]。

一般に私人間で争われる特許侵害訴訟において，憲法違反が問題となることは想定し難く，また，絶対的上告理由が存在するケースも稀であろう。実際，後記のとおり，現行の民事訴訟法施行後に最高裁判所が取り上げた特許侵害訴訟の事案をみると，上告受理申立事件がほとんどである。改正直後の事案では，（権利）上告に対しても判断を示すものが散見されるが，先に述べたように，上告理由がない場合でも判決に影響を及ぼすことが明らかな法令違反があるときには，原判決を破棄することができるため（民訴325条2項），その限度で判断を行ったものと考えられる。

(2) 上告受理申立理由

平成8年の民事訴訟法改正によって，原判決に最高裁判所の判例（これがない場合にあっては，大審院又は上告裁判所若しくは控訴裁判所である高等裁判所の判例）と相反する判断がある事件その他の法令の解釈に関する重要な事項を含むものと認められる事件については，上告受理申立ての対象とされた（民訴318条1項）。

ここで，「その他の法令の解釈に関する重要な事項」とは，言葉どおりに読めば，法令解釈の統一や判例法形成のため重要と認められる事項を意味するが，不当な控訴審判決によって不利益を受ける当事者を救済するのが上告審の目的であることからすれば，個別事件の救済機能も果たすような事項，例え

---

[3] 新堂幸司『新民事訴訟法〔第5版〕』912頁。

ば，経験則違反の事実認定や釈明義務違反による審理不尽などの事由であって判決に影響を及ぼすことが明らかなものを含むと解釈すべきである[*4]。経験則違背ないし採証法則違背があるとする最高裁判決は少なくない（最判平18・1・27（平15（受）1739号）裁判集民事219号361頁，最判平18・11・14（平16（受）2226号）裁判集民事222号167頁，最判平22・7・16（平21（受）120号）裁判集民事234号307頁等）。

　もっとも，事実認定は事実審の専権に属し，上告審は，原判決が適法に認定した事実に拘束される（民訴321条1項）ため，当事者は，新たな事実の主張や証拠の申出をすることはできない。それゆえ，上告審は，事件の事実関係について自ら認定し直すことはなく，原判決の手続の経過及び判断の経過を事後的に審査するにとどまる。

　実際に最高裁判所の判断が示された特許侵害訴訟では，法令解釈適用の誤りとともに，審理不尽，理由不備などが主張されることが多い。法令に関しては，発明の技術的範囲（特70条）や，権利侵害に関する諸規定（特100条〜106条）が争点とされた事例が多いようである。

　判例違反については，例えば，後記⑧事件ではBBS事件最高裁判決（最判平9・7・1（平7（オ）1988号）民集51巻6号2299頁）の，⑩事件では長押事件最高裁判決（最判昭56・6・30（昭54（オ）336号）民集35巻4号848頁）の判例違反が上告人により主張されているが，最高裁判所はその判断において判例違反として取り上げていない。ただし，後記⑤事件判決は，通常裁判所において特許の当否やその効力の有無を判断することはできないとする大審院判例（大判明37・9・15（明36（れ）2662号）刑録10輯1679頁，大判大6・4・23（大5（オ）1033号）民録23輯654頁）を変更するものである。

Ⅲ　改正民事訴訟法施行後の上告審判決

　平成8年改正民事訴訟法の施行（平成10年1月1日）後に判断された特許権侵害訴訟の上告審判決には，以下のものがある（主な争点となった法条，結論，原審を付した）。

[*4]　新堂・前掲[*3]・909頁。

1032　第 5 章　判決，上訴，その他

①最判平10・2・24（平 6 (オ)1083号）民集52巻 1 号113頁〔ボールスプライン軸
　受事件〕——特許法70条（均等論）　破棄差戻し　東京高等裁判所
②最判平10・4・28（平 6 (オ)2378号）裁判所ホームページ〔単独型ガス燃焼窯
　による燻し瓦の製造法事件〕——特許法70条　破棄差戻し　名古屋高等裁判所
③最判平11・4・16（平10(受)153号）民集53巻 4 号627頁〔膵臓疾患治療剤事件〕
　——特許法69条 1 項　上告棄却　大阪高等裁判所
④最判平11・7・16（平10(オ)604号）民集53巻 6 号957頁〔生理活性物質測定法
　事件〕——特許法100条 2 項　破棄自判＊ 5　大阪高等裁判所
⑤最判平12・4・11（平10(オ)364号）民集54巻 4 号1368頁〔キルビー事件〕
　——民法 1 条 3 項（権利濫用）　上告棄却　東京高等裁判所
⑥最判平14・9・26（平12(受)580号）民集56巻 7 号1551頁〔カードリーダー事
　件〕——（旧）法例11条 1 項・2 項　上告棄却　東京高等裁判所
⑦最判平17・6・17（平16(受)997号）民集59巻 5 号1074頁〔生体高分子－リガン
　ド分子の安定複合体構造の探索方法事件〕——特許法68条・100条 1 項　上告棄
　却　東京高等裁判所
⑧最判平19・11・8（平18(受)826号）民集61巻 8 号2989頁〔インクカートリッ
　ジ・リサイクル事件〕——特許法68条・100条（消尽）　上告棄却　知的財産高
　等裁判所
⑨最判平20・4・24（平18(受)1772号）民集62巻 5 号1262頁〔ナイフの加工装置
　事件〕——特許法104条の 3　上告棄却＊ 6　大阪高等裁判所
⑩最判平27・6・5（平24(受)1204号）民集69巻 4 号700頁，最判平27・6・
　5（平24(受)2658号）民集69巻 4 号904頁〔プラバスタチンナトリウム事件〕——
　特許法70条 1 項・36条 6 項・29条 1 項・2 項（プロダクト・バイ・プロセス・
　クレーム）　破棄差戻し＊ 7　知的財産高等裁判所
⑪最判平29・3・24（平28(受)1242号）裁判所ホームページ〔マキサカルシトー
　ル製法事件〕——特許法70条 1 項（均等論）　上告棄却　知的財産高等裁判所
⑫最判平29・7・10（平28(受)632号）裁判所ホームページ〔シートカッター事

＊ 5　原判決を破棄した上で，第一審判決の結論を正当として，被上告人の控訴を棄却した。
＊ 6　同判決には泉徳治裁判官の意見が付されている。
＊ 7　両事件とも千葉勝美裁判官の補足意見，山本庸幸裁判官の意見が付されている。

件〕——特許法104条の3・104条の4　上告棄却　知的財産高等裁判所

上記事件のうち，最高裁判所が原判決を破棄したものは①②④⑩，上告を棄却したものは③⑤⑥⑦⑧⑨⑪⑫であり，上告棄却の判断が多い。⑥や⑧など原審と結論は同じであるが理由付けが異なる場合だけでなく，原判決と理由付けを同じくし原判決の判断を正当として是認する場合であっても，高等裁判所の判断が分かれている問題や，社会的に重要な意義を有し，かつ最高裁判所の判例がない問題については，最高裁判所が判断を示すことに意義があるとして積極的に取り上げることとしたものと考えられる。

最高裁判所の判決がその後の知財（訴訟）実務に対して与える影響は極めて大きい。例えば，③判決は，後発医薬品等の製造承認申請に必要な臨床試験等が特許権の効力が及ばない「試験又は研究」に当たるかどうかという，下級審において判断の分かれていた問題について決着させたものである。また，特許侵害訴訟において，特許庁における無効審判の無効審決の確定を待つことなく，裁判所が特許無効を判断することができることを正面から認めた⑤事件の判決が出されたことにより，特許侵害訴訟において，被告側が非侵害の主張のみならず無効の抗弁を主張するという争い方が一般化するとともに，平成16年特許法改正で同法104条の3の権利行使制限規定が設けられることにもつながった。

Ⅳ　再審事由と上告理由・上告受理理由

⑴　上告審における再審事由の考慮

上記⑨及び⑫事件は，上告人（特許権者）において，控訴審の審理終結後に訂正審決が確定したことにより，再審事由があると主張した事案である。

訂正の再抗弁は事実主張であるので，上告人が，法律審である最高裁判所で新たにこれを持ち出すことは許されない。そこで，訂正審決が確定したことにより，原判決の基礎となった行政処分が後の行政処分により変更されたものとして，民事訴訟法338条1項8号に規定する再審事由が存在し，かかる場合にわざわざ上告審の確定を待ってから再審請求をするというのは迂遠であるから上告審において考慮されるべきである，との理論構成がとられている。

1034　第5章　判決，上訴，その他

　最判平15・10・31（（平14（行ヒ）200号）裁判集民事211号325頁）は，特許取消請求
事件において，「特許を取り消すべき旨の決定の取消請求を棄却した原判決に
対して上告または上告受理の申立てがされ，上告審係属中に当該特許について
特許出願の願書に添付された明細書を訂正すべき旨の審決が確定し，特許請求
の範囲が減縮された場合には，原判決の基礎となった行政処分が後の行政処分
により変更されたものとして，原判決には民訴法338条1項8号に規定する再
審の事由がある。そしてこの場合には，原判決には判決に影響を及ぼすことが
明らかな法令の違反があったものというべきである」と判断しており，この理
を認めている。

(2)　事実審終結後の訂正審決確定と再審事由

　上記⑨事件は，原判決の言渡しの後，上告人が訂正審判を請求し，その訂正
を認める審決がなされ，確定したという事案である。最高裁判所は，民事訴訟
法338条1項8号所定の再審事由が存するものと解される余地があることを認
めたうえで，本件では，上告人の主張は，当事者間の特許権侵害に係る紛争の
解決を不当に遅延させるものであり，特許法104条の3の規定の趣旨に照らし
て許されないと判断した[8]。

　同判決後の平成23年特許法改正では，特許法104条の4が新設され，紛争の
蒸し返しを防止する観点から，特許権侵害訴訟の終結判決確定後に，特許権者
等が行った訂正審決が確定した場合であっても，それを再審の訴えにおいて主
張することが禁じられている。

(3)　訂正審判請求等の制限と訂正の再抗弁の提出

＊8　「上告人は，第1審においても，被上告人らの無効主張に対して対抗主張を提出することが
　　できたのであり，上記特許法104条の3の規定の趣旨に照らすと，少なくとも第1審判決によ
　　って上記無効主張が採用された後の原審の審理においては，特許請求の範囲の減縮を目的と
　　する訂正を理由とするものを含めて早期に対抗主張を提出すべきであったと解される。そし
　　て，本件訂正審決の内容や上告人が1年以上に及ぶ原審の審理期間中に2度にわたって訂正
　　審判請求とその取下げを繰り返したことにかんがみると，上告人が本件訂正審判請求に係る
　　対抗主張を原審の口頭弁論終結前に提出しなかったことを正当化する理由は何ら見いだすこ
　　とができない。したがって，上告人が本件訂正審決が確定したことを理由に原審の判断を争
　　うことは，原審の審理中にそれも早期に提出すべきであった対抗主張を原判決言渡し後に提
　　出するに等しく，上告人と被上告人らとの間の本件特許権の侵害に係る紛争の解決を不当に
　　遅延させるものといわざるを得ず，上記特許法104条の3の規定の趣旨に照らしてこれを許す
　　ことはできない。」旨判示した。

ところで，上記⑨事件において，権利行使制限の抗弁の成立を妨げるためには，既に訂正審判を請求しているまでの必要はなく，まして訂正審決が確定しているまでの必要はないとの泉裁判官の意見が付されている。このような考え方によれば，訂正の再抗弁を提出しながら後に特許権者が訂正を行わない場合にはいわゆる二枚舌の主張を許すことになるとの批判も多く，その後の下級審判例では，訂正の再抗弁に際しては，予め訂正審判請求等を行うことが原則として必要であるとの判断が相次いだ*9。

　他方で，訂正審判請求等を行うことができる場面は，数次の特許法改正により段階的に限定されてきている。すなわち平成5年改正では，訂正請求制度が導入されるとともに，特許無効審判係属中の訂正審判請求が禁止され，平成15年改正では，いわゆる「キャッチボール現象」に対応するため，無効審決に対する取消訴訟提起後の訂正審判請求が出訴から90日間に制限された。また，平成23年改正では，「キャッチボール現象」を完全に封じるべく，特許無効審判が確定するまで（審決に対して審決取消訴訟が提起された場合には，これに対する判決が下されるまで）は，訂正審判請求ができないこととし（特126条2項），代わりに無効審判において，無効審決が下される場合には，審決の予告をした上で，特許権者に訂正請求をする機会を与えることとした（特134条の2第1項・164条の2第2項）。これにより，侵害訴訟と同時に無効審判が係属してしまうと，事実上，訂正の再抗弁の提出が許されなくなるのではないかということが問題となる*10。

　上記⑫事件は，被上告人が行った第1の無効の抗弁の理由に関連する無効審判が控訴審の口頭弁論終結時までに確定していなかったため，第2の無効の抗弁を認めた控訴審判決が出された後になって，ようやく上告人は第2の無効の抗弁の理由に関連する訂正審判請求を行って訂正審決を得ることができたとい

---

*9　知財高判平26・9・17（平25(ネ)10090号）判時2247号103頁〔共焦点分光分析事件〕は，当事者間において訴訟上の攻撃防御の対象となる訂正後の特許請求の範囲の記載が一義的に明確になることが重要であるとして，訂正の再抗弁の主張に際しては，原則として，実際に適法な訂正請求等を行っていることが必要であると判示している。

*10　前掲*9の知財高裁判決は，「法改正経緯及び例外的事情を考慮すると，特許権者による訂正請求等が法律上困難である場合には，公平の観点から，その事情を個別に考察し，適法な訂正請求等を行っているとの要件を不要とすべき特段の事情が認められるときには，当該要件を欠く訂正の再抗弁の主張も許されるものと解すべきである。」と述べている。

1036 第5章 判決, 上訴, その他

う事案であった。

　しかし, 最高裁判所は, 「上告人は, 原審の口頭弁論終結時までに, 原審において主張された本件無効の抗弁に対する訂正の再抗弁を主張しなかったものである。そして, 上告人は, その時までに, 本件無効の抗弁に係る無効理由を解消するための訂正についての訂正審判の請求又は訂正の請求をすることが法律上できなかったものである。しかしながら, それが, 原審で新たに主張された本件無効の抗弁に係る無効理由とは別の無効理由に係る別件審決に対する審決取消訴訟が既に係属中であることから別件審決が確定していなかったためであるなどの……事情の下では, 本件無効の抗弁に対する訂正の再抗弁を主張するために現にこれらの請求をしている必要はないというべきであるから, これをもって, 上告人が原審において本件無効の抗弁に対する訂正の再抗弁を主張することができなかったとはいえず, その他上告人において訂正の再抗弁を主張しなかったことについてやむを得ないといえるだけの特段の事情はうかがわれない。」と判示した。

　このように, 本判決は, 訴訟で問題とされたものとは異なる無効理由で特許無効審判ないし審決取消訴訟が係属し, そのため, 訂正審判請求が制限されている場合には, 訂正の再抗弁を主張するために, 現に訂正審判請求等を行っている必要はないとの判断を示すとともに, 特許権者に対し早期段階での訂正の再抗弁の主張を促したものである。

V　結　　び

　平成17年4月1日に知的財産高等裁判所が設置され, 特許侵害訴訟の控訴事件は, 同裁判所に集中することになったことから (民訴6条3項, 知的財産高等裁判所設置法2条1項), 同裁判所が同分野における判例の統一機能を果たすことが期待されており, 実際にも, 既に多くの重要な判決が蓄積され, 知財実務への指針が示されている。その意味で, この分野において最高裁判所に求められる役割は一歩後退したといえるかもしれない。

　しかし, 先に見たように, 知的財産高等裁判所の判決の判断が最高裁判所で覆されるケース, あるいは知的財産高等裁判所の判決の判断が結論において支

持されていても最高裁判所自身がその判断を示すケースも見受けられることからすると，やはり法令の解釈や適用に係る重要問題に関する裁判例の統一機能は，依然として最終的には最高裁判所が果たしており，訴訟の当事者もまたそれを期待しているということができる。

■

1038 第5章 判決, 上訴, その他

85 再　審

板倉　集一

> 特許権侵害訴訟の再審の訴えにおける主張の制限について説明せよ。

キーワード 再審, 主張の制限, ダブルトラック, 特許無効の抗弁, 特許無効審判, 訂正審判

Ⅰ　再審の訴えにおける主張の制限

(1)　2011年特許法改正

2011年特許法改正 (法律第63号, 2012年4月1日施行) により, 特許権侵害訴訟, 専用実施権侵害訴訟及び補償金支払請求訴訟 (以下, 併せて「特許侵害訴訟」という。補償金支払請求訴訟は, 出願公開の効果としての補償金の支払請求 (特65条1項) 又は国際公開及び国内公表の効果としての補償金の支払請求 (特184条の10第1項) に係る訴訟をいう) において, 侵害の事実が確定しているときは, その訴訟における被疑侵害者は, その後, 特許無効審決等が確定したことを再審の訴えにおいて, 主張することができないこととなった (特104条の4)。再審の訴えには, 特許侵害訴訟を本案とする仮差押命令事件における債権者に対する損害賠償の請求を目的とする訴えや当該訴訟を本案とする仮処分命令事件の債権者に対する損害賠償及び不当利得返還の請求を目的とする訴えが含まれるものとしている (同条本文括弧書)。

(2)　導入の背景

(a)　2004年の特許法改正 (法律第120号, 2005年4月1日施行) により, 特許権者の権利行使の制限条項 (同条項は, 実用新案法30条, 意匠法41条及び商標法39条に準用されている) として, 特許法104条の3が, 侵害訴訟において無効理由を判断できることを認めた, いわゆるキルビー事件最高裁判決 (最判平12・4・11 (平10 (オ)364号) 民集54巻4号1368頁) を受けて創設された。

紛争の迅速な解決及び審理の遅延防止を目的としているが，特許侵害訴訟における無効理由の存否の判断であるから特許権が対世的に無効となるわけではなく，権利に瑕疵がなくとも権利の行使に濫用があれば権利行使を認めないとするものである。これによって，特許侵害訴訟において，特許に無効理由が含まれている場合には，被疑侵害者が特許権者に特許権の権利行使を制限するよう主張できるようになった[1]。

（b）侵害訴訟において特許権の無効理由の存否について，裁判所が判断することが可能となり，被疑侵害者は，侵害訴訟における特許無効の抗弁（特104条の3）と特許無効審判（特123条）を提起することができ，二つのルート（いわゆる「ダブルトラック」）で特許の有効無効を争うことが可能となった。

（c）被疑侵害者は，特許無効の抗弁が認められると特許侵害を免れるし，特許無効審判において無効審決を得れば特許権は遡及効により初めからなかったことになる（特128条）ので，やはり特許侵害に問われることはなく，しかも，いずれかのルートに勝訴すればよいが，特許権者は，両ルートともに勝訴しなければならないため，特許権者の手続負担が大きく，社会的に効率のよい制度とはいえない状況にあった[2]。

（d）さらに問題は，二つのルートにおける判断に齟齬が生じた場合で，特許侵害訴訟において，無効審判において特許が無効とされるべきものと認められるとして，特許無効の抗弁が主張され，その認容後に，特許無効審判において請求は成り立たない旨の審決が出されると，特許侵害訴訟の判決と特許無効審判の審決に齟齬が生じる。これをいかに解するかが問題であったし，特許侵害訴訟と特許無効審判における特許の有効無効についての判断が異なった場合，再審事由となるのかどうかも問題であった[3]。

＊1　「特許無効の抗弁」と呼ばれることが多い。中山信弘『特許法〔第3版〕』440頁や渋谷達紀『特許法』508頁は，「特許無効の抗弁」とし，高林龍『標準特許法〔第5版〕』138頁は「権利行使阻止（制限）の抗弁」とし，大瀬戸豪志「特許権者等の『権利行使制限の抗弁』について」紋谷暢男教授古稀記念『知的財産権法と競争法の現代的展開』457頁は，「権利行使制限の抗弁」としているが，以下では，「特許無効の抗弁」とする。

＊2　髙部眞規子「特許法改正と特許の有効性をめぐる審理の在り方」特研5号9頁。

＊3　近藤昌昭＝齊藤友嘉『司法制度改革概説(2)知的財産関係二法／労働審判法』62頁。

1040 第5章 判決, 上訴, その他

Ⅱ ダブルトラックにおける判断の齟齬

(1) 判断の齟齬と再審事由

(a) 特許法における再審については, 特許査定 (先の行政処分) により付与された特許権に基づいて提起された特許侵害訴訟において, 特許侵害が認容されたにもかかわらず, 後の特許無効審判において無効審決が出されると (後の行政処分), 「判決の基礎となった……行政処分が後の……行政処分により変更された」として, 終局判決に対する再審事由 (民訴338条1項8号) に該当するかどうかが問題となる。

(b) 特許侵害訴訟において, 特許の有効性を前提とする判決が確定した後に, 特許無効審判又は訂正審判において, 特許を無効とする審決や訂正審決が確定した場合には, 裁判所と特許庁の判断が異なることになる。特許侵害訴訟の判決が確定した後に, 判決の前提となった特許権を付与した行政処分が, 判決後の無効審決の確定により無効なものに変更されたため, 再審事由に該当する可能性が生じる。

(c) ダブルトラックで争われ判断に齟齬が生じるため問題となるケースには, ①特許侵害訴訟において, 原告の請求を認容する判決が確定した (特許侵害肯定) 後, 被告による特許無効審決が確定した (特許無効) ケース (A類型 : 被告が再審の訴えを提起), ②特許侵害訴訟において, 原告の請求を認容する判決が確定した (特許侵害肯定) 後, 原告による訂正審決 (特許請求の範囲を減縮する訂正審決) が確定した (被疑侵害品が特許権の技術的範囲の範囲に含まれない) ケース (B類型 : 被告が請求認容判決の取消しを求めて再審の訴えを提起), ③特許侵害訴訟において, 原告の請求を棄却する (被告による特許無効の抗弁の認容) 判決が確定した後, 原告による訂正審決が確定した (被疑侵害品が特許権の技術的範囲に含まれる) ケース (C類型 : 原告が請求棄却判決の取消しを求めて再審の訴えを提起), の三類型がある。

(2) 生海苔の異物分離除去装置事件 (A類型)

(a) キルビー最高裁判決後の裁判例としては, A類型に属する生海苔の異物分離除去装置事件 (知財高判平20・7・14 (平18 (ム) 10002号・平19 (ム) 10003号) 判タ1307号295頁) がある。この事件は, 特許侵害訴訟において侵害認容判決 (原判

決）が出されたが，その確定後に特許無効審決（無効理由は，公知例及び進歩性欠如）が確定し，その後，再審開始決定がなされた。本判決は，確定判決（原判決）を取り消し，再審被告（特許権者）の本案請求を棄却したが，上告不受理により確定した。特許権は無効であり，特許侵害はないものと判断したことになる。

（b）　本判決は，原判決が無効理由を判断した上で，特許無効の抗弁を排斥したことについて（特許有効），同抗弁とは別個の無効理由であれば，原判決後にこれを争うことができるとすると，「確定判決に求められる紛争解決機能を損ない，法的安定性を害するとともに，確定判決に対する当事者の信頼を損なう」としている。そして，①再審決定により判決の確定力が失われ，②再審原告が主張した無効理由と無効審決のそれが異なることから，再審原告が無効審決の確定による権利消滅の抗弁を主張しても無効理由の蒸し返しにはならないこと，③特許無効審判は，確定審決の登録による同一事実及び同一証拠に基づく対世的な一事不再理効の制約（特167条）に抵触しない限り，同一人であっても再度の無効審判請求ができ，再審原告が無効審判請求を繰り返し行ったとしても濫用的とはいえず，再審開始後の本案における主張を制限すべき事情がないこと等を挙げて，原判決を取り消し，再審被告の請求を棄却している（特許権侵害は否定）。

　この判決については，①特許権者等が苦心して得た確定判決の安定性を損なうこと（紛争の蒸し返し），②当事者の公平の見地から適切とはいい難いこと，③差止め等に対して無効審判を請求して確定判決の効力を免れようとする者の出現を誘発すること等を指摘する批判的見解がある[4]。たしかに再審による紛争の長期化は避けられないことになろうから妥当な見解である。

（3）　ナイフの加工装置事件（C類型）

（a）　C類型に属するナイフの加工装置事件（最判平20・4・24（平18(受)1772号）民集62巻5号1262頁）は，特許無効の抗弁（特104条の3）を認め，特許権者X（原告・控訴人・上告人）の請求を棄却すべきとしたが，その後，上告中に，Xによる訂正審決が確定したため，Yら（被告・被控訴人・被上告人）の製品が特許権の

---

[4]　田邊実「特許無効審判事件と侵害訴訟における無効の抗弁・訂正請求」牧野利秋ほか編『知的財産訴訟実務大系Ⅰ』198頁。

技術的範囲に含まれることとなった事例である。

　(b)　Xは原審判決後，本件訂正審決が確定し，特許請求の範囲が減縮され，原判決の基礎となった行政処分が後の行政処分により変更されたものとして，再審事由があるから，原判決には判決に影響を及ぼすことが明らかな法令の違反がある（民訴325条2項）とする。

　原審では，特許請求の範囲に係る発明には，特許法29条2項違反の無効理由が存在するとして，Yらの特許無効の抗弁を認めたところ（特許権者の請求棄却），Xが訂正審判を請求し，特許請求の範囲を減縮する訂正審決が認められた。訂正審決の遡及効により，本件特許は，訂正後の特許請求の範囲により当初から特許査定されたものとみなされるため，再審事由が存すると解される余地がある。しかし，本判決は，再審は，「本件特許権の侵害に係る紛争の解決を不当に遅延させるものであり，特許法104条の3の規定の趣旨に照らして許されない。」とする。特許無効の抗弁の趣旨は，侵害紛争をできる限り侵害訴訟の手続内で，迅速な解決を図ろうとしたものであり，訴訟遅延が生ずることを防ぐものと解している。

　(c)　第一審では，特許無効の抗弁を認めてXの請求を棄却した。Xが控訴し，その後，訂正審判を請求したが，4度目まで請求と取下げを繰り返し，5度目で確定している。そのため，本判決は，第一審においても，Xは無効主張に対して訂正の主張を提出できたのであり，原審の口頭弁論終結前に対抗主張を提出しなかったことを正当化できないとして，Xが本件訂正審決が確定したことを理由に原審の判断を争うことは紛争解決の不当な遅延であり，特許無効の抗弁の趣旨からして許されないとする。

　(d)　本判決には，泉徳治裁判官の補足意見がある。補足意見は，本件訂正審決が確定し，特許請求の範囲が減縮されたとしても再審事由には該当しないとする。特許無効の抗弁に対しては，Y主張の無効部分は特許請求の範囲を減縮する訂正審判により排除できるし，Y製品が減縮後の技術的範囲に属することを主張立証することで特許無効の抗弁の成立を妨げることができ，訂正審決が確定してもY製品が減縮後の技術的範囲に属することをXが主張立証しない限り，特許無効の抗弁の成立を認めた原判決に誤りがあるとはいえない。すなわち，Xが訂正審判を請求する必要はないとする。

侵害訴訟において，訂正の再抗弁を主張するに当たって，特許権者が訂正審判を請求することが必要かどうかについて，見解が分かれることになる。侵害訴訟における一回的解決，迅速な解決という目的にとっては，訂正審判の請求を不要とする補足意見の方が侵害訴訟に集中でき優れているように思われる。

(4) 判断齟齬の問題点

判断の齟齬については，①特許侵害訴訟の判決確定後に無効審決が確定すると，遡及効により（特125条），認容判決が覆され，特許権者の地位が不安定となるため特許侵害訴訟の紛争解決機能の低下を招くこと，②無効審判請求には回数制限がないため，再審の可能性がある限り，被疑侵害者は繰り返し無効審判請求を行う可能性があり，審理を不当に遅延させる抗弁を却下しても侵害訴訟判決が覆ると特許法104条の3第2項の趣旨に反し，迅速かつ適正な審理が行われず，審理が充実しないものとなっていたこと，③訂正審決についても，遡及効（特128条・134条の2第9項）により，侵害訴訟のやり直しを余儀なくされ，請求棄却判決後の訂正審決確定の場合，訂正によって，再審が開始され，侵害訴訟が覆される可能性があること，④特許侵害認容判決後の訂正審決において特許請求の範囲が減縮されたとしても特許は有効であり，特許の有効性判断に齟齬があるわけではなく，訂正審決の遡及効により，当初から訂正後における技術的範囲により特許査定され又は設定登録されたものとみなされるので，設定登録されていた特許権の侵害訴訟の判決が覆る可能性があるため紛争を蒸し返すおそれがあったこと等が指摘されていた*5。

Ⅲ　主張の制限の根拠と概要

(1) 立法趣旨

(a)　再審の訴えにおける主張の制限（特104条の4，以下，「主張の制限」という）は，特許侵害訴訟における紛争を一回的に解決し，蒸し返しを防ぐ趣旨で創設された*6。

(b)　審決の遡及効を制限することなく，特許侵害訴訟の当事者に対して，再

---

*5　高部・前掲*2・9頁。

審における主張の制限がなぜ認められるのか。再審事由は，特許侵害訴訟の確定判決の既判力を否定して本案の再審理を認めているが，主張の制限を可能とするのは，当事者に弁論の機会が保障されているからであり，弁論の機会が保障されていない場合は，当事者に対する既判力の拘束力を正当化する根拠を欠くことになる。特許付与という行政処分が変更される可能性に対して，被疑侵害者は，特許無効の抗弁を主張でき，原告は，被疑侵害品が特許権の技術的範囲に属すること，特許無効の主張に対しては，訂正により無効理由を排除し得る等，攻撃防御の機会が保障され，手続的保障がなされており，弁論の機会が保障されていなければ再審事由となるので，主張の制限は，当事者に対する既判力の拘束力が正当化できる場合を列挙したものであり，後の審判手続で確定判決とは逆の結論を得たとしても，確定判決について再審の申立てを制限しても既判力の正当化根拠を欠くことにはならないものと理解できる[*7]。

（c）　2011年特許法改正は，ダブルトラックを残したまま，「遡及効の制限」ではなく，「主張の制限」の形式で立法され，無効審決や訂正審決の遡及効は第三者との関係であって，特許権侵害訴訟の当事者との関係では，主張の制限の結果，あたかも将来に向かって審決の拘束力を生じるものと解することができる。時機に後れた主張や蒸し返しの主張を許さないことは，通常の民事訴訟の要請であり，事実審口頭弁論終結までに主張立証を尽くすべきであり，民事訴訟の大原則が新設されたことの意義は大きいと評価されている[*8]。

(2)　主張の制限の概要

（a）　特許侵害訴訟において，被疑侵害者の敗訴の終局判決が確定し，その後に無効審決が確定して，特許が無効となっても，被疑侵害者であった者は，特許の無効を再審事由として主張できないため，特許が有効であることを前提として特許権侵害訴訟により確定した事実を覆すことはできない。

＊6　主張の制限については，飯村敏明「平成23年度特許法等改正が民事訴訟実務に与える影響について：再審制限を中心として」民事訴訟雑誌59号89頁，大渕哲也「特許権侵害訴訟等と特許無効のための基盤的検討序説」飯村敏明先生退官記念論文集『現代知的財産法－実務と課題』151頁，同「特許無効の現状と将来の課題」Ｌ＆Ｔ別冊1号53頁，松山智恵「第104条の4（主張の制限）」中山信弘＝小泉直樹編『新・注解特許法〔第2版〕【中巻】』2202頁。
＊7　渡辺森児「特許権侵害訴訟における再審主張制限とその射程－平成23年法改正による特許法第104条の4の創設を契機として－」近畿ロー9号135頁。
＊8　髙部・前掲＊2・11頁。

特許の有効性やその技術的範囲について，判決とは異なる審決が確定したことを理由に，確定判決を覆すことができるとすれば，紛争の蒸し返しにすぎず，妥当性を欠く。このことは，補償金請求訴訟 (特65条1項・184条の10第1項) においても同様であるから，判決が確定した後に，審決が確定し，再審事由に該当する場合でも主張が制限されることとした。

(b) また，特許侵害訴訟を本案として，仮差押命令を請求することがあり，仮差押命令が発せられると，本案訴訟において損害賠償請求を認容する判決が確定し，強制執行までの間に債務者の財産を仮に差し押さえることができるが，差押え後に，特許無効審決が確定すると，遡及効によって，債権者は無効な特許により差し押さえていたこととなるため，債務者は，債権者である特許権者に対して，損害賠償請求が可能となる。本案訴訟の確定判決については，再審を制限しておきながら，特許権者が損害賠償されるということになり，妥当性を欠く。そのため，再審の訴えにおいては主張を制限し，仮差押命令の債権者に対する損害賠償請求訴訟においても主張を制限し再審を制限することで損害賠償請求されないようにしている。

(c) 主張制限の対象となる審決は，①特許無効審決 (特104条の4第1号)，②延長登録無効審決 (同条2号)，③訂正認容審決 (同条3号) である。いずれも，特許侵害訴訟における判決確定後に，審決がなされると再審事由に該当する可能性があるため，特許侵害訴訟において，①では特許の有効性について，②では延長登録の有効性について，③では，特許の有効性及びその範囲について，主張立証の機会と権能が与えられていることから再審を認めると紛争の蒸し返しといえるため再審の訴え等において審決の確定を主張できないこととした。③の訂正認容審決については，政令に委任されているが，訂正認容審決の内容が多種多様であるため，攻撃防御を尽くす機会と権能が与えられていた訂正か否かの判断が極めて技術的で，侵害訴訟確定判決が特許権者の勝訴判決である場合 (特許令8条1号) 及び特許権者の敗訴の判決である場合 (同条2号) に，当該訴訟での立証事実以外の事実を根拠として当該特許が異議申立てにおける取消決定により取り消されないようにするためのものである決定 (特許令2015年改正) 又は特許無効審判により無効にされないようにするためのものである審決としている。特許法施行令8条1号で想定されているのは，「例えば，発明の

普及目的で権利の一部を縮小するために，特許権者が無効理由と関係なく訂正
をしたような場合における訂正認容審決等」とされ，同8条2号で想定されて
いるのは，「例えば，侵害訴訟で立証された無効理由とは異なる無効理由に基
づいて，特許侵害訴訟における被疑侵害者とは異なる第三者が請求した特許無
効審判において，当該無効理由を解消するための訂正（ただし，特許侵害訴訟で立
証された無効理由も解消している訂正は，再審の訴えにおいて，主張の制限の対象としてい
る。）をしたような場合における訂正認容審決等」とされている＊9。

(3) シートカッター事件

(a) 主張の制限に係る事例はわずかであるが，C類型に属する最高裁判決が
ある（最判平29・7・10（平28（受）632号）裁時1679号3頁〔シートカッター事件〕）。

事案は，特許権者X（原告・被控訴人・上告人）が，工具を販売しているY（被
告・控訴人・被上告人）に対して，Xの本件特許権に基づき，Y製品の販売の差
止め及び損害賠償等を求める侵害訴訟を提起したものである。Yは，侵害訴訟
において，本件特許には，無効理由（特123条1項1号又は4号）が存在するとし
て，特許無効の抗弁を主張したが，第一審では，これを排斥し，Xの請求を一
部認容した。

(b) 侵害訴訟ルートでは，Yが控訴し，本件特許には，29条1項3号（新規
性の欠如）又は同条2項（進歩性の欠如）の無効理由（特123条1項2号）が存すると
して，新たな無効の抗弁を主張した。原審では，Xが原審の口頭弁論終結時ま
でに，訂正の再抗弁を主張しなかったとして，29条1項3号違反に係る新た
な無効の抗弁を認め，Xの請求を棄却した。Xが上告。

特許庁ルートでは，Yは，第一審係属中に特許無効審判を請求したが，不成
立とする審決（別件審決）がされ，Yが，別件審決について審決取消訴訟を提
起したが，Yの請求を棄却し，同判決は確定した。Xは，上告とともに，特許
請求の範囲の減縮を目的とする訂正審判を請求し，訂正審決がされ確定してい
る。原審においては，Xは訂正の再抗弁をしなかったが，別件審決に対する審
決取消訴訟が係属中で確定していなかったためであり，Xは，原審の口頭弁論
終結時まで訂正審判の請求又は訂正請求ができなかったためである（特126条2

＊9　特許庁工業所有権制度改正審議室『産業財産権法の解説［平成23年特許法等の一部改正］』
　　86～88頁。

項・134条の2第1項）。上告審係属中に本件訂正審決が確定し，本件特許に係る特許請求の範囲が減縮された。そのため，原判決の基礎となった行政処分（本件特許付与処分）が後の行政処分（本件訂正審決）により変更されたものとして再審事由があるか否かが問題となった。

　(c)　本判決は，まず，特許権侵害訴訟においてＹは特許無効の抗弁を主張でき，これに対して，Ｘは訂正の再抗弁を主張できるとする。特許無効の抗弁が，特許無効審判手続による無効審決の確定を待つことなく，無効の主張を可能としているのは，特許権侵害に係る紛争をできる限り特許権侵害訴訟手続内で迅速に解決し，無効の抗弁が審理を不当に遅延させることを目的とするものと認められるときは，裁判所がこれを却下できるものとして訴訟遅延を防止するためであり，この理は，訂正の再抗弁においても異ならないとするナイフの加工事件最判を引用する。

　(d)　次に，本判決は，主張の制限の趣旨について，「特許権侵害訴訟においては，無効の抗弁に対して訂正の再抗弁を主張することができるものとされていることを前提として，特許権の侵害に係る紛争を一回的に解決することを図ったものである」として，特許侵害訴訟の一回的解決の要請に応えることにあるとしている。

　(e)　特許侵害訴訟において訂正の再抗弁を主張する際に，訂正審判（訂正請求）をする必要があるか否かについて，本判決は，「特許権者が，事実審の口頭弁論終結時までに訂正の再抗弁を主張しなかったにもかかわらず，その後に訂正審決等の確定を理由として事実審の判断を争うことを許すことは，終局判決に対する再審の訴えにおいて訂正審決等が確定したことを主張することを認める場合と同様に，事実審における審理及び判断を全てやり直すことを認めるに等しい」として，紛争の蒸し返しになるため事実審の口頭弁論終結時までに訂正の再抗弁を主張しなかった特許権者にその後の訂正審決の確定の主張を認めることはできないとする。

　特許権者が，事実審の口頭弁論終結時までに訂正の再抗弁を主張しないまま，「その後に訂正審決等が確定したことを理由に事実審の判断を争うことは，訂正の再抗弁を主張しなかったことについてやむを得ないといえるだけの特段の事情がない限り，特許権の侵害に係る紛争の解決を不当に遅延させるも

1048　第5章　判決，上訴，その他

のとして，特許法104条の３及び104条の４の各規定の趣旨に照らして許されないものというべきである。」としている。特許侵害訴訟における特許無効の抗弁に対して，特許権者は訂正の再抗弁を主張しておかなければ，特許侵害訴訟の判決確定後の訂正審決の確定の主張が制限されることになる。

IV　おわりに

　2011年特許法改正による主張の制限は，ダブルトラックをなくすことなく，無効審決等の確定に伴う特許侵害の主張と異なる主張を制限することで，再審の提起による紛争の蒸し返しを防止することで，特許侵害訴訟を一回的に解決しようとしたものである。特許侵害訴訟を含む知的財産権訴訟の平均審理期間は，1995年には31.9ヵ月，1998年には25.7ヵ月であったが，その後，2004年から2011年までは12ヵ月から14ヵ月台で推移し，2014年が15ヵ月，2015年が14.5ヵ月，2016年が14ヵ月で推移している[10]。また，特許無効審判の平均審理期間は，2014年が9.2ヵ月，2015年が10.5ヵ月，2016年が10.5ヵ月であり，特許権の訂正審判の平均審理期間は，2014年及び2015年が2.2ヵ月，2016年が2.7ヵ月である[11]。特許侵害訴訟で終結せず，さらに，無効審判や訂正審判の審決確定を要するとすると，紛争の長期化は避けられないことになるから，再審の主張の制限の導入は妥当である。長期的には，制度面において特許無効の抗弁が導入されたことで平均審理期間の短縮が実現し[12]，さらに主張の制限の導入により，侵害訴訟による一回的解決が促進されているが，主張の制限については，特許の有効性について当事者双方に十分な主張立証の機会を与える必要が高まり，時機に後れた攻撃防御方法の却下についても抑制的に運用すべきことが指摘されている[13]。

　また，一回的解決については，侵害訴訟係属中は無効の抗弁だけによること

---

[10]　最高裁判所「裁判の迅速化に係る検証結果の公表（第7回）」47頁（http://www.courts.go.jp/vcms_1f/houkoku_07gaiyou.pdf）。

[11]　特許庁編『特許行政年次報告書　2017年版　統計・資料編』12頁。

[12]　最高裁判所・前掲[10]・46頁。

[13]　最高裁判所「裁判の迅速化に係る検証結果の公表（第6回）」50頁（http://www.courts.go.jp/vcms_1f/houkoku_06_02minnji.pdf）。

とし，侵害訴訟の被告による無効審判は認めないとする「逆シングルトラック論」がダブルトラックの見直し論として提言されている*14。

---

*14 髙部眞規子「キルビー判決10年－特許権をめぐる紛争の一回的解決を目指して－(下)」金判1339号14頁，大渕哲也「ダブルトラック問題を中心とする特許法の喫緊の諸課題」ジュリ1405号57頁，同・前掲Ｌ＆Ｔ別冊１号72頁。

1050　第5章　判決，上訴，その他

86 特許権侵害訴訟における強制執行

西迫　文夫

特許権侵害訴訟において，強制執行の手続はどのように行われるか。

キーワード　差止請求，間接強制，代替執行，強制執行の回避，仮処分

I　強 制 執 行

(1)　強制執行の意義

　特許権侵害訴訟において，特許権侵害の主張が認められ，差止めや損害賠償請求を認容する勝訴判決を得た場合，あるいはこれらの請求を認める和解が成立した場合，訴訟手続は終了する。しかし，被告が判決内容ないし和解内容を任意に履行しない場合は，原告が満足を得るためには強制執行の手続を行う必要がある。

　強制執行は，執行機関が，債務名義に基づいて私法上の請求権の強制的実現をはかる法的手続である。債権の履行を強制する方法として，直接強制，間接強制，代替執行という手段が認められており，実現されるべき債権の性質に適した執行方法を選択することになる。

　例えば損害賠償請求・不当利得返還請求・補償金請求・職務発明における相当の対価請求といった金銭債権については，執行機関が直接に執行を行う方法（直接強制）により強制的実現をはかることになる。

　また，代替的作為債務（附帯請求としてなされる侵害組成物や侵害生成物の廃棄・侵害行為に供した設備の除去など）については，債務者から費用を取り立てこれにより第三者又は債権者をして債務者に代わって給付内容を実現せしめる方法（代替執行）が行われ（民執171条），不代替的作為債務や不作為債務については，債務者に一定の不利益を課すことにより債務者自身をして債務を履行させる方法

（間接強制）が認められる（民執172条）*1。

(2) 差止請求権の執行手続

特許権者が，相手方に権利を侵害された場合，これに対する手段としては，まず，特許権侵害訴訟において，差止請求権を行使することが考えられる。特許権者は，特許発明の実施をする権利を専有する（特68条）ので，この独占的排他権が侵害された場合，特許権者の請求は，「使用してはならない」という消極的な給付を内容とするものになる。差止請求は，相手方に対して一定の不作為を命ずる「給付の訴え」である（特100条）。このような差止請求訴訟の主文は，例えば「被告は，別紙物件目録記載の○○を製造・販売してはならない」というようになる。

特許権侵害訴訟において，製造販売等の差止請求が認められた場合，製造販売の差止めは，債務者が一定の行為をしないことを内容とする不作為債務であり，継続的な不作為債務として間接強制により保護され得る。

また，不作為義務の違反があった場合の結果の除去は，代替執行により行うことができる（民414条3項，民執171条）。

(a) 間接強制

(イ) 債権者は，執行裁判所に対し間接強制の申立てを行い，裁判所が相手方を審尋（民執172条3項）し，発令の要件を審査し，執行力のある債務名義の正本に基づいて一定の額の金銭（強制金）を債権者に支払うべき旨の決定がなされる。発令の要件を満たしていなければ却下決定がなされる。

発令の要件として，強制執行の一般的要件に加えて，履行を求める債務と債務名義の表示が同一であること，履行を求める債務が間接強制の対象となること，債務者が不作為義務に違反するおそれのあることが必要となる*2。

債務者が，現に不作為義務に違反していることは発令要件ではないというべきである。不作為義務違反は発令の要件ではないので，債権者側では，いつでも間接強制の申立てを行って発令を得ておくことができる。

---

*1　三山峻司「侵害行為の是正と執行に関する問題−差止めの制限と権利濫用に関して−」パテ66巻5号（別冊10号）31頁。
*2　松川充康「知的財産権に基づく差止めの強制執行と対象物件の特定のあり方」判タ1400号69頁以下。

1052　第5章　判決，上訴，その他

　なお，強制金の金額は，執行裁判所の合理的裁量によって決せられ，申立記載の強制金の金額より高額になることもあり得るとされる。

　また，強制金を超える損害がある場合は，別途債務不履行による損害賠償をなし得る（民執172条4項）。強制金の支払額が損害額を超えた場合には，差額は返還請求できない。

　㈹　債権者による間接強制の申立てに対して，債務者は，裁判の告知を受けた日から1週間以内に執行抗告をすることができる（民執172条5項）。

　㈻　債権者は，間接強制決定を債務名義とし（民執22条3号），不作為義務違反の事実を証する書面を提出し，執行文の付与を受けて，金銭執行により金銭を取り立てることができる。不作為義務違反の事実を証する書面を提出して執行文の付与を受けることができない場合は，執行文付与の訴えを提起してその旨の判決を得ることができる（民執33条）。

　㈮　債務者は，執行文付与の処分に対し，異議申立て（民執32条1項）を行うことができるのみならず，異議の訴え（民執34条1項）を提起することもできる。

　(b)　代替執行

　㈠　不作為債権（差止請求権）に係る強制執行は，執行裁判所が民法の規定に従い決定する方法（授権決定）で行う（民執171条1項）とされ，民法414条3項は，「不作為を目的とする債務については，債務者の費用で，債務者がした行為の結果を除去し，又は将来のため適当な処分をすることを裁判所に請求することができる。」と規定する。

　代替執行を行う場合，裁判所の授権決定を得る必要がある。授権決定は，債務者がした行為の結果（侵害物）を除去（廃棄）することを債務者の費用をもって第三者に実施させることができるという趣旨を宣言するもので，債権者が執行裁判所に申立てを行う。執行裁判所は，確定判決に基づく執行の場合は第一審裁判所，和解調書に基づく執行の場合は和解が成立した裁判所となる（民執171条2項・33条2項1号・6号）。

　申立てを受けた執行裁判所は，債務者の審尋を経た上で発令要件を満たしていれば授権決定を行うことになる。債権者は，授権決定に基づき行為を実行する（なお，実務では行為者を債権者の申立てを受けた執行官とする例が多い）。

　授権決定の発令要件として，一般の執行開始要件のほか，不作為債務の特

定，代替性，債務名義表示の債務と申立てに係る債務の内容が同一であること，除去物件が債務名義成立後の義務違反の結果であることが必要とされる*3，*4。

　(ロ)　債権者による代替執行の申立てに対して，債務者は，裁判の告知を受けた日から1週間以内に執行抗告をすることができる（民執171条5項）。

(3)　侵害組成物の廃棄・侵害行為に供した設備の除去など

　特許権侵害訴訟において，差止請求に附帯して，侵害行為組成物の廃棄，侵害行為に供された設備の除去，その他の侵害の予防に必要な行為を請求することができる（特100条2項）。これら廃棄請求は，1項の請求を前提として行われるものであるが，請求の内容は作為を求めるものであり，その判決を執行する手段としては，代替執行を行うことができるのみならず，債権者の選択により間接強制を行うこともできる*5。

Ⅱ　仮執行と担保

(1)　原告と担保

　特許権侵害訴訟において，原告（特許権者）は，仮執行宣言付判決（民執22条2号）を求めることができる。仮執行宣言付判決は，裁判の確定前に仮に執行することができる旨を宣言する判決であって，未確定の裁判に執行力を生ずるものである。

　仮執行宣言が付されるか否かは，申立て又は職権によってなされ，判決が上級審で取り消される可能性，即時に判決内容を実現すべき必要性，債務者に回復しがたい損害を発生させる可能性等の事情を総合的に考慮して判断される（民訴259条）。

＊3　大須賀滋「知的財産権訴訟に関する債務名義の執行」西田美昭ほか編『民事弁護と裁判実務⑧知的財産権』175頁。
＊4　平成15年担保物件及び民事執行制度の改善のための民法等の一部を改正する法律（平成15年法律第134号，平成16年4月1日施行）による民事執行法の改正（民執173条）により，間接強制の補充性が緩和され，代替的作為債務についても，債権者の選択によって，間接強制を行うことができるようになった。
＊5　前掲＊4。

1054　第5章　判決，上訴，その他

　特許権侵害差止請求事件において，仮執行宣言が付された場合，執行するために債権者に担保の提供を求めることができる。債権者が提供する仮執行の担保は，債務者が不当な執行によって受ける損害の担保である。

(2)　被告と担保

　これに対して，被告は，原告からの仮執行宣言の申立てが認められる場合に備えて被告側から仮執行免脱宣言の申立てを行うことができる。

　また，仮執行宣言付判決に基づく強制執行について，本案判決の確定に至るまで停止を求めて強制執行停止決定の申立て（民訴403条1項2号，民執39条）を行うことができる。この場合も担保の提供が必須となる。

Ⅲ　勝訴後の仮処分

　特許権侵害訴訟を行い，特許権に基づく差止請求が認められたところ，被告が差止めの対象物件を変更したような場合，例えば，イ号物件実施禁止の債務名義取得後，債務者が口号に物件を変更したような場合に，そのまま強制執行を行うことができるであろうか。このような，被告側の侵害態様変更による強制執行回避に対してどのように対応すべきかが問題となることがある。

(1)　判決の効力

(a)　執行力の客観的範囲

　確定判決は，主文に包含するものに限り既判力を有する（民訴114条1項）とされ，執行力の客観的範囲は既判力の客観的範囲と一致するとされる。被告が差止対象物件を変更し，債務名義に表示された対象物件と形式上異なるに至った場合に，差止判決の執行の対象となるか，債務名義の執行力の客観的範囲が問題となる。

　執行裁判所は，実体法的な権利義務の内容・範囲を確定することはできない。しかし，債務名義に表示された義務の特定化・明確化などの債務名義の解釈はでき，審尋等を行い，一定の情報を収集することもできる。その上で，対象物が債務名義により特定された範囲内（同一の範囲内）といえるかを判断することになろう。

　この点に関して，請求の趣旨及び判決主文における対象の特定に関し，図面

や説明書等により特定する方法，商品名・製造番号・型式等により特定する方法，これらを混合する方法があり得る。そして，現在の実務においては，請求の趣旨及び判決主文における対象物件の特定は，構成記述ではなく，商品名及び型式番号等によって行う運用が浸透してきたといわれるところである。

債務名義が，商品名等により特定されている場合，判決の既判力はその商品名等が付されている製品にしか及ばないのであるから，その商品名が変更された場合には，差止めの対象にならないということになろう。

これに対して，図面や説明書等により特定する場合，ある程度包括的・抽象的な記載がなされることから，多少の変更があっても対象物が主文の特定の範囲内であると解釈される余地があるといえる*6。

この点において，原告においては，請求の趣旨の立て方を工夫する余地がある。

もっとも，対象物件をある程度抽象化できるといっても，あくまでも差止対象物が債務名義により特定された対象と同一の範囲内といえるものに限られるのであって，執行裁判所が執行の対象物と判断できる程度に特定する必要があることは変わらない。抽象化が行きすぎると，場合によっては，執行の段階で裁判所が特定することが困難となる事態が生じることもあり得，却って迅速な解決から遠ざかることにもなりかねない。

(b) 転換執行について

この点，「債務名義成立後に債務者が侵害行為を変更した場合にも，債務名義上実現を予定された不作為の給付利益の同一性を動かさず，債権者に新債務名義の取得を要求することが衡平に反するときは，変更された態様における侵害差止めの強制執行のために転換執行文の付与を求めうる」として，承継執行の規定を類推適用して，旧債務名義に転換執行文を付与して差止めを行うことができるとする見解もある*7。

しかし，どの程度の範囲であれば「同一性を動かさず」といえるのか，「衡平に反する」との解釈等実質的な判断を行う必要があり，明文の規定なく，承継執行に準じて扱うことは無理があると思われる。

＊6　山田知司「特許権侵害差止訴訟等における判決の主文及び執行について」牧野利秋ほか編『知的財産法の理論と実務(2)』163頁。

1056　　第5章　判決，上訴，その他

(2)　勝訴後の仮処分

　製造・販売の差止判決後に，被告が差止めの対象物件を変更し，上記の確定判決の執行力が及ばないといえる場合，債権者としては，製造・販売等の禁止の仮処分を行うことができるので，被告による強制執行の回避に対して，迅速な仮処分を行うべきとの考えがある。

　この点について，知的財産権に基づく仮処分は，暫定的に権利の終局的な実現を求めるもので，当事者に対する影響も大きく，本案訴訟と同程度の高度の疎明が必要とされるのが現在の実務であり，一般的には，決定が得られるまで本案訴訟と同様の期間が必要な手続である。そして，被告による対象物件の変更が差止判決の客観的な範囲に含まれない以上，当該判決は，その後の仮処分を法的に拘束するものではないことから，従前の本案訴訟と同様の主張立証を繰り返すことを強いられ，紛争の蒸し返しとなるなど，迅速な仮処分の発令が必ずしも期待できないとの批判もあり得る。

　しかし，上記のとおり，判決の効力の範囲を拡張したり，抽象的な差止めを広く認めるとすると，今度は執行手続において執行対象物の特定が困難となったり，本案訴訟と同様の主張立証を繰り返すことを強いられるおそれもあり得，抽象化の程度によっては，執行自体が困難として認められない事態も生じかねない。

　そうであれば，現在の実務においては，本案訴訟において差止めの認容判決が出された後に，被告が侵害態様を変更した場合，迅速な仮処分申立てを行い，その上で，その変更が実質的には本案判決において解決されたといえるような軽微な変更に対しては，迅速な差止めの仮処分の発令がなされることが望ましい。

＊7　「東鮨」の使用差止めの確定判決を受けた者が，「みその東鮨」の看板の使用禁止の間接強制を行った「みその東鮨事件」（札幌高決昭49・3・27判時744号66頁）において，執行を認める見解がある（谷口安平「商号使用差止めの強制執行」小野昌延先生還暦記念『判例不正競業法』（発明協会，平4）797頁，小松一雄「工業所有権（特許権等）に基づく侵害差止仮処分における対象の特定」中野貞一郎ほか編『民事保全講座(3)』（法律文化社，平8）567頁など，その他同判決の批評参照。

87 新たな情報財としてのデータ保護の在り方──利活用最優先の制度設計とは

林　いづみ

> 「新たな情報財」としてのデータの利活用促進のためにはどのような制度設計が望ましいか。

キーワード　情報財，ＩoＴ，ＡＩ，ビッグデータ，Society5.0

I　「新たな情報財」の意義

(1)　情報財の保護制度

　ここで「新たな情報財」とは，既存の知的財産法による保護の対象外にある「情報財」をいう。知的財産法は，財産的な「情報」を保護する。法の定める一定の要件を満たした「情報」について，他人による一定の形態での無断利用を排除できるような制度の創出を目的に定立された法が知的財産法であり，それにより保護を受ける「情報」が知的財産である。

　しかし，情報の自由利用を禁止・制限することは，情報の流通の阻害要因でもあり，社会全体にとってマイナス要因ともなる。知的財産制度を強化すればするほど社会にとってプラスになるという単純なものではなく，情報の自由利用と独占との間のバランスをとることが重要である。「新たな情報財」としてのデータ保護について法整備する際は，保護対象，保護期間，保護範囲等につき，独占によるマイナス面を最小にし，法の目的を最大化するように制度設計し，また解釈しなければならないことは当然である[1]。

(2)　立法の動き

　政府は，「新しい経済政策パッケージ」（平成29年12月8日閣議決定）[2]において，2020年までの3年間を「生産性革命・集中投資期間」として，大胆な税

---

[1]　中山信弘『特許法〔第3版〕』6〜12頁。

[2]　http://www5.cao.go.jp/keizai1/package/package.html

制，予算，規制改革等の施策を総動員することを宣言し，「第3章　生産性革命／3. Society5.0の社会実装と破壊的イノベーションによる生産性革命／(4) Society5.0のインフラ整備／②データ共有・連携基盤の構築／ⅰ）官民データの共有・連携の促進等」の一つとして「ビッグデータを活用した新規ビジネスの進展を促進するため，著作権法における柔軟な権利制限規定の整備，及び不正競争防止法におけるデータの不正な取得・使用・提供に対する救済措置の創設のための法案を，それぞれ次期通常国会に提出する。」（3-15）を掲げ，後者の不競法については，平成29年12月現在，報告書案がパブリックコメント中である。下記の「データ利活用にかかる制度整備」の全体像のとおり，他のSociety5.0に向けた政策はいずれも，データの流通促進を図るものである中で，この不正競争防止法の改正案だけがデータ流通を禁止・制限する点で，アクセルを踏みながらブレーキを踏む感は否めない。

　なお，「Society 5.0」とは，狩猟社会，農耕社会，工業社会，情報社会に続く第5段階としての「超スマート社会」をいう。「必要なもの・サービスを，必要な人に，必要な時に，必要なだけ提供し，社会の様々なニーズにきめ細かに対応でき，あらゆる人が質の高いサービスを受けられ，年齢，性別，地域，言語といった様々な違いを乗り越え，活き活きと快適に暮らすことのできる社会」であり，人々に豊かさをもたらすことが期待されている（第5期科学技術基本計画2016年1月に閣議決定）。

　また，「ビッグデータ」という用語には明確な定義はない。一般的には，情報通信技術の進展により生成・収集・蓄積等が可能で容易になる多種多量のデータをいい，その特徴としては，多量性，多種性，リアルタイム性等が挙げられている*3。以下では，この意味のビッグデータ化を念頭に「データ」という。

(3)　本稿の視点

　今，ⅠｏＴ（Internet of Things）のシステムから情報，データを集め，ビッグデータ化し，ＡＩによって分析して，ロボットなどで実行したり，サービスを提供するサイクルを回すことで新たな価値を創出することが期待されている。

＊3　総務省『平成24年版情報通信白書』第1部第1節(1)（http://www.soumu.go.jp/johotsusintokei/whitepaper/ja/h24/html/nc121410.html)。

3-2 データ利活用に係る制度整備（全体像）

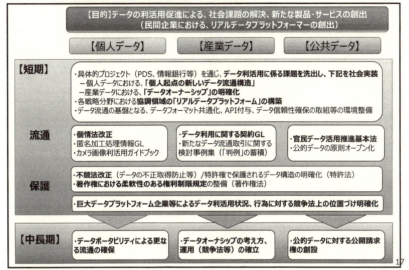

(出典) 平成29年4月5日産業構造審議会新産業構造部会（第15回）配付資料5「新産業構造部会 Society 5.0・Connected Industries を支える『ルールの高度化』」17頁。

2020年までに500億以上のデバイスがインターネット上でつながり，それらからの膨大なデータの高速解析により今までにない新たなアウトプットや価値を生み出すといわれている。政府では，このように様々な「情報」がインターネットにコネクトされていく社会を「Connected Industries」と呼び，2018年までに高速道路で「レベル2」の自動運転を実現し，2020年ごろから後続車を無人化した隊列走行や無人自動運転による移動サービスを実現するなどの方針を発表している。

IoT時代といわれるこの数年来，筆者は「情報財」という枠組みで知的財産権や営業秘密を捉えてデータを「新たな情報財」と呼び始め，その保護・流通の在り方をデザインする多くの会議に参加する機会を得た[*4]。その中で，「新たな情報財」の保護・流通の在り方と既存の知的財産権や営業秘密の権利行使のメカニズムの効率化は相関関係にあり，「新たな情報財」としてのデー

[*4] IoT推進コンソーシアム（http://www.iotac.jp/）の運営委員やＷＧ委員の他，後掲*6～*9の各委員会にも参加した。

タ保護は，まずは各自が，情報財を巡る契約交渉と社内体制の高度化を図ることで対処するべきという私見を述べてきた*5。本稿では，「新たな情報財」としてのデータ保護の在り方に関する法改正に至る議論（2017年末時点）を整理し，私見を述べる。

Ⅱ 「新たな情報財」の実態

(1) ＩｏＴで収集しＡＩで分析されるデータ

ＩＴ機器の普及やＡＩの進化等により，多種多様かつ大量のデータを効率的かつ効果的に収集・共有・分析・活用することが可能となってきた。データを活用することで新規事業・サービスの創出，生産活動の高度化・効率化，国民生活の安全性及び利便性の向上等が実現すると期待されており，データは「新たな情報財」として重要性を増している。このデータを収集するための手段がＩｏＴ（Internet of Things）であり，データを分析・活用するための手段がＡＩ（人工知能：Artificial Intelligence）技術である。

(2) ＩｏＴの実質と深化した人工知能技術の特徴

ＩｏＴの実質は，digitalization と人工知能技術の深化である。ＩｏＴでは，様々なモノにセンサーを付け，それによってあらゆること（イベント，状況，状態やそれらの変化）をコンピュータが解析可能な情報にする。人工知能技術の深化により，深層学習では，従来の機械学習において人間が行う必要のあった識別・判断のための特徴（特徴量）の設計について，入力されたデータをもとに，コンピュータが自ら特徴量を導き出すことができるようになった。

人工知能技術がこれまでの他の技術と最も違う点は，「（人のみが持っている）知性を用いないとできないと思われていたこと」を部分的ではあるが代替する技術だということである。人工知能技術は適切な目標を与えればデータから自ら学習することができ，徐々に改良していくことで急速に高度化する。また，人工知能技術は，様々なモノやサービスの内側でプログラムの一部として機能することから，そこに人工知能技術が利用されているかどうか，どの程度利用

＊5 林いづみ「ＩｏＴ時代の情報財（営業秘密を含む）の利用に関する課題と対応」土肥一史先生古稀記念論文集『知的財産法のモルゲンロート』（平成29年3月）180〜210頁。

されているのか，外見からは人工知能技術利用の有無は区別がつかない。つまり，人工知能技術は，その開発速度が速く外からはその動作が見えにくい技術であることが多いことから，知らない間に我々の周りに普及し高度化していく。こうした人工知能技術の特徴に応じた対応が必要である。

Ⅲ 「新たな情報財」に関する法制度整備の経緯

(1) 「新たな情報財」としてのデータの現行法制度上の位置づけ

現行の知的財産法の下では，工場機械の稼働データのような，単なる事実に関するデータは，営業秘密として秘密管理された場合を除き，知的財産権は発生しない。民法上，所有権や占有権の対象は有体物（民85条・206条・180条）であって，データは無体物として所有権等の対象外である。無体物である情報財については，複製や重畳的利用が可能かつ容易であり，利用による消失・減耗もないため，特定の者に独占させるのではなく，広く利活用されることが世の中にとって有益であるとされ，原則として特定の者が排他的・独占的な権利を有することは認められない[6]。知的財産法の定める一定の要件を満たした「情報」についても，不正競争防止法における営業秘密のように他人による当該情報の利用を禁止（差止請求権，損害賠償請求権及び刑罰規定）して情報の独占的利用による反射的利益を保証するものと，さらに特許権や著作権のように所有権類似の権利を付与して「情報を資産化」して取引対象とするものがある。なお，特許権等や著作権は，所有権（物権）的な構成がなされているものの，歴史的経緯，目的，対象の性質，権利内容等が，有体物に対する所有権とは異なる。

(2) 新たな情報財検討委員会・報告書[7]

新たな情報財検討委員会報告書では，データの利活用を広く進めるためには，「民間の取組を支援するアプローチ」（契約やセキュリティの強化，流通基盤の構築等），「行為規制アプローチ」（不正行為規制等），「何らかの権利を付与するアプ

＊6　経済産業省商務情報政策局「オープンなデータ流通構造に向けた環境整備」（平成28年8月29日，産業構造審議会情報経済小委員会分散戦略WG（第7回）事務局資料）。

＊7　「新たな情報財検討委員会報告書－データ・人工知能（ＡＩ）の利活用促進による産業競争力強化の基盤となる知財システムの構築に向けて－」（平成29年3月，知的財産戦略本部検証・評価・企画委員会・新たな情報財検討委員会）18頁。

1062　第5章　判決，上訴，その他

ローチ」（報酬請求権，物権的権利等）が検討されている。このうち，何らかの権利を付与するアプローチについては，利用を拒否することができる排他的な権利を付与すると利活用を阻害するおそれがあり，また，報酬請求権などの制限ある権利の新設については，投資インセンティブの確保や取引市場の活性化の観点でその導入に積極的な指摘がある一方で，わが国の企業の自前主義を踏まえると利活用が進まなくなるとの指摘もある。以上を踏まえ，価値あるデータの収集・蓄積・保管等に関する投資インセンティブを確保しつつ，オープンな利活用を促すための方策として，まずは，契約上の留意点をまとめることやデータ流通基盤の構築などの「民間の取組を支援するアプローチ」を進めるとともに，新たな不正競争行為の追加等の「行為規制アプローチ」の検討を進めることとし，制限のある権利を新設することについては，データ利活用ビジネスの動向やデータ取引市場の状況，欧州など諸外国の検討状況等を注視しつつ，必要かどうかも含めて引き続き検討する必要がある，とされた。すなわち，ここでは，データを保護の客体とする排他的権利の創設は見送られたはずである。

　また，同報告書では，「不正競争防止法の拡張については，営業秘密の秘密管理性の定義を価値あるデータの保護のために見直すことを求める指摘もあった。しかし，営業秘密の範囲は，伝統的な営業秘密の保護と利用のバランスに影響を与えることから慎重な検討が必要である。そもそもデータを他人に渡し，広く利活用するという行為自体が営業秘密の性質と矛盾する可能性があるとの指摘もあった。また，TRIPS協定で国際的なコンセンサスの下で定めているものであることから，我が国だけ特殊な制度を作ることは国際的視点から必ずしも適当ではないと考えられる。むしろ，民法第709条の特則としての法制度として，新しく保護すべきデータの外縁を特定し，特に悪意の行為を類型化できるものについて，保護の必要性と許容性を考えた立法を行うことが現実的であるとの指摘があった。」と整理された。

　以上の同報告書の記載からは，新たな情報財としてのデータに関する「行為規制アプローチ」とは，決して営業秘密的な保護対象に着目する客体アプローチではなかったし，「特に悪意の行為を類型化できるもの」の念頭にあったのは，主観的要件や目的要件ではなく客観的な行為要件であった。また，「保護

の必要性と許容性」を強調しているのは，冒頭記載のとおり，情報の自由利用を禁止・制限することは，情報の流通，イノベーションの阻害要因でもあり，知的財産制度を強化すればするほど社会にとってプラスになるという単純なものではなく，情報の自由利用と独占との間のバランスをとることが必要だからである。

(3)　営業秘密の保護・活用に関する小委員会「第四次産業革命を視野に入れた不正競争防止法に関する検討」(平成29年5月)*8

同委員会の報告書においても「1.3　データ保護制度に関する今後の対応(1)　基本的な方向性(総論)」において「その際，上述の『新たな情報財検討委員会報告書』では，既存の著作権法や不正競争防止法に基づく営業秘密保護制度による保護が及ばないデータの保護について，Ⅰ－1の物権的な権利を設定するアプローチは現時点では望ましいとはいえないとされた。したがって，今後の検討においては，行為規制の新設によって，実質的に排他的権利によるデータ保護と同様の結果を招かないように，留意する必要がある。」，「他方，前述の『新たな情報財検討委員会報告書』では，Ⅱの行為規制アプローチについて，既存の営業秘密保護の枠組みではなく，民法第709条の特則としての法制度として，新しく保護すべきデータの外縁を特定し，特に悪意の行為を類型化できるものについて，保護の必要性と許容性を考えた立法を行うことが現実的との指摘も踏まえつつ，『価値あるデータの保有者及び利用者が，安心してデータを提供しかつ利用できる公正な競争秩序を確保するため，新たな不正競争行為の対象となるデータや行為について，先端ビジネスや事業に及ぼす影響に留意しつつ，産業の実態を踏まえ，具体的に検討を進めることが適当である。』と方向性が示された。したがって，今後，行為規制の枠組みを検討する際は，保護対象が非公知性や秘密管理性の要件等で限定された営業秘密について規定された侵害行為態様の枠組みによらず議論していくことが適当と考えられる。」(下線は筆者)(同報告書17頁)と記載されており，上記の新たな情報財検討委員会報告書記載の行為規制アプローチに関する考え方は維持されているはずであった。

＊8　「第四次産業革命を視野に入れた不正競争防止法に関する検討－中間とりまとめ」(平成29年5月，産業構造審議会知的財産分科会営業秘密の保護・活用に関する小委員会)(http://www.meti.go.jp/report/whitepaper/data/pdf/20170509001_1.pdf)。

1064   第5章 判決, 上訴, その他

Ⅳ 不正競争防止法改正の中間報告案について

(1) 中間報告 (案) *⁹の概要

　現在, パブリックコメント中の不正競争防止法の改正の中間報告案 (以下, 「中間報告案」という) では, 以下の行為を, 新たに不正競争行為として, データ保有者に排他的請求権 (差止請求権及び損害賠償請求権) を付与することを提案しており, 冒頭記載のとおり, 政府では次期通常国会に改正法案を上呈する予定である。

■新たな不正競争行為

①　：権原のない外部者が, 管理侵害行為によって, データを取得する行為
　※　保護客体データは, ⓐ技術的管理性, ⓑ限定的な外部提供性, ⓒ有用性に該当する「電子データの集合物の全部又は一部」。
　※　「管理侵害行為」とは, データ提供者のⓐの技術的管理を害する行為 (不正アクセス, 建造物侵入等), 又は, データ提供者に技術的管理を外させて提供させる詐欺等に相当する行為 (詐欺・暴行・強迫) をいう。
②　：①によって取得したデータを使用する行為
③　：①によって取得したデータを第三者に提供する行為

第三者提供禁止の条件で, データ提供者から取得したデータを, 不正の利益を得る目的又は提供者に損害を加える目的 (図利加害目的) を持って,
④　：横領・背任に相当すると評価される行為態様 (委託契約等に基づく当事者間の高度な信頼関係を裏切る態様) で, 使用する行為
⑤　：第三者に提供する行為

(ⅰ)　取得するデータについて不正行為 (不正取得 (①) 又は不正提供 (⑤)) が介在したことを知っている (悪意の) 者が,
⑥　：当該不正行為に係るデータを取得する行為
⑦　：⑥によって取得したデータを使用する行為
⑧　：⑥によって取得したデータを第三者に提供する行為
(ⅱ)　取得時に不正行為 (①又は⑤) が介在したことを知らずに取得した者が, その後, 不正行為の介在を知った (悪意に転じた) 場合, 悪意に転じた後に, 当

＊9　「データ利活用促進に向けた検討－中間報告 (案)」(平成29年12月, 産業構造審議会知的財産分科会不正競争防止法小委員会) (http://search.e-gov.go.jp/servlet/PcmFileDownload?seqNo=0000166638)。

該データを，
⑧'：第三者に提供する行為

(2) 規制のアプローチ選択上の誤り

筆者は，同委員会において，終始，上記の各委員会の各報告書の考え方に基き，データ利活用最優先の法制度を設けるべきことを主張してきた。

そもそも，既存の知的財産権や営業秘密以外の概念で，新たな情報財としてのデータを，保護対象として特定することは極めて困難である。国際的にもデータ一般について排他的な知的財産権を創設する例はない。このように保護対象として特定困難なデータを客体として，排他的請求権を認める，いわゆる「客体アプローチ」は国際的に例がない特異な手法であり，国際的なデータ流通において，わが国での独自採用は国際競争力を阻害するおそれがある。したがって，当面は，契約の柔軟化・高度化によってデータの保護範囲や利活用権限を明確化し，協調領域への提供を促すべきであり，仮に，不正競争防止法で保護するとしても，それは，現行法（平成27年改正法）2条7項の技術的制限及び同項を受けた2条1項11号，12号の同制限違反行為を，現代の技術進化に応じて拡充させる行為規制アプローチをとるべきである，というのが，筆者が終始繰り返した持論であった。

これに対して中間報告案は，データを客体として排他的請求権を認める客体アプローチをとっている。アプローチの違いは政策的選択の問題ともいえるが，中間報告案が総論では必要最小限の規制にすべきといいながら，下記のとおり，規律の根幹に関わる規制内容を特定しきれずに大幅にガイドラインに委ねているのは，客体アプローチ選択の誤りを裏付けるものといえようか。

(3) 保護の客体と請求権主体

既存の不正競争行為類型では，保護の客体が，商品等表示，商品の形態あるいは営業秘密といった具体的かつ常識的に認識可能なものとして特定されているため，当該客体との関係で救済を受ける主体は明確である。これに対して，中間報告案では，保護の客体となるデータ及びデータの同一性を認める範囲，差止請求権等の請求権主体が特定されず，小委員会の下に設けたワーキンググループにより作成されるガイドラインに委ねている。

1066　第5章　判決，上訴，その他

　また，差止請求権の行使においては，保護客体とされるデータ提供者のデータと，不正取得・不正使用であると主張されるデータとの同一性が問題となるが，中間報告案の「電子データの集合物の全部又は一部」というデータの定義では，同一性の判定基準やどの範囲のデータが差止請求の対象となるのかは全く不明である。客体アプローチをとって排他的請求権を法定する以上，「一定程度の集積度をもったデータ集合体」に関して，どのレベルの者が，どのようなデータを対象とする差止請求等の請求主体となり得るのかについては，将来的な混乱の防止とデータ保護法制の本来の目的という観点から十分な議論をしたうえで，条文に明確な基準を示すべきであった。

　ガイドラインにおいても，これらの点について十分な特定を行うことは極めて困難であろう。結局，改正法のもとでも，データ同一性立証のための技術的措置を講じていなければ「データ提供者」の差止めの実効性は担保されず，他方，取引で得たデータを利用してビジネスを創出しようとする事業者は，取得したデータについて，「データ提供者」とされる者からの不正競争防止法に基づく請求の可能性を常に意識しなければならず，どこまでデータの出所を確認すれば安全なのかがわからない。これでは，遵法意識の高い者ほどデータの利用に慎重になり，結果として，健全なデータ利活用を委縮させかねない。

(4) 契約の相手方に対する不正競争防止法による規律

　中間報告案は，データ提供者（仮に「A」とする）から，第三者提供禁止の条件付で契約に基づいてデータを取得した者（仮に「C」とする）が，図利加害目的をもって，④横領・背任に相当すると評価される行為態様（委託契約等に基づく当事者間の高度な信頼関係を裏切る態様）で使用する行為と，⑤第三者提供する行為を，「著しい信義則違反行為」と位置付けている。

　しかし，中間報告案に，「＜該当例＞」として示された行為は，いずれも，法的には単なる契約違反と評価され得る事例である。また，「図利加害目的」の主観的要件は，営業秘密に関わる不正競争行為におけるのとほぼ同じ文言が用いられており，「不正の利益を得る目的」の解釈如何では，広範な契約違反行為が不正競争防止法の射程に入ることになる。結局，中間報告案は，④も⑤も，特に悪質な行為態様を類型化することなく，単なる契約違反をもって「著しい信義則違反の行為類型」と位置付けているに等しい。

87 新たな情報財としてのデータ保護の在り方——利活用最優先の制度設計とは　*1067*

　仮に，中間報告案が，単なる契約違反では，Ｃは「データ提供者Ａとの関係で著しい信義則違反行為があった」ことにならないというのであれば，Ｃについては，データ提供者Ａとの関係で著しい信義則違反行為があった場合にはじめて不正競争行為とされるのに対し，中間報告案において，転得者（仮に「Ｄ」とする）については，直前の取引相手（Ｃ）との間で定められた権限の範囲を逸脱したという単なる契約違反を理由に不正競争行為とされるというのは明らかに均衡を失することになる。

　もともと，契約に定めた不作為義務については，民法上，特定履行の請求が可能であり，これにより差止めと同じ効果が得られるし，上記のとおり「著しい信義則違反類型」を不正競争行為に追加しても，その救済措置の実効性は，厳格な規定を契約上定めた場合と比べて格段に高まるわけではない。契約関係のある当事者間では，むしろ，当事者間の契約による規律に委ね，データ取引の実態に即した契約技術の高度化を促すほうが，より適切かつ効率的なデータの利活用と，関係する当事者の利害調整を実現する可能性が高い。客体アプローチを選択した制度設計の誤りはここにも現れているといえよう。

(5)　事後悪意の転得者

　このような制度設計においては，善意でデータを取得した者が事後に不正行為の介在につき悪意となった場合，当該取得者によるデータの使用・提供行為は，そのもととなった契約による権限範囲の内外を問わず，不正競争行為とされるべきでない。

　一般に，取引安全の観点から，取得時の善意無過失者には即時取得が認められ（民192条），また，商品形態模倣行為（不競2条1項3号）については，譲受け時にその商品が模倣品であることについて「善意・無重過失」であれば不正競争防止法の適用はない（すなわち取得時悪意者のみが規制対象となる。不競19条1項5号ロ）。

　しかるに，中間報告案が事後悪意の転得者による使用・提供に対する差止請求権を設けているのはなぜかといえば，公表資料上も明らかであるが，当初から本委員会の事務局案が，営業秘密に関する規制の枠組みに準じて構成されていたことの名残であると思われる（転得者規制については，産業界からの反対意見により当初の事務局案から禁止範囲が限定されている）。

1068 第5章 判決，上訴，その他

確かに，営業秘密においては，取得時に重過失のある転得者について，悪意に転じた後の行為が不正競争防止法で規制されている。しかし，当該規制は営業秘密と認められるための3要件（秘密管理性，非公知性，有用性）を厳格に満たすことを条件に認められるものであって，秘密管理性に対応する要件がより緩やかな「技術的管理性」とされているデータに関して，営業秘密と同列には論じられない。

そもそも，営業秘密は，本来，第三者に取得されてはならない重要な情報であるのに対し，今回の改正により不正競争防止法の保護対象とされるデータについては，元々第三者への提供が予定され，その不正利用による被害はデータ提供者の対価獲得機会の喪失という性質のものであるから，この点においても営業秘密と同列には論じられない。転得者規制においても，中間報告案が，営業秘密ではないデータについて，客体アプローチをとり，営業秘密に準じて排他的請求権を設計したことの誤りが現れている。

善意で取得したデータについて，不正行為の介在を理由にAから差止請求を受ける可能性を払拭できないという事態は，取得したデータに基づき費用をかけて新たな商材・サービス等を開発しようとする事業者等にとって看過できないリスクであり，データを利活用する事業への意欲を失わせることにもなりかねない。中間報告案は基本方針として最小限の規制とすることを表明しているが，その実質は，知的財産として認知されているわけでもなく，公示もされない「データ」について，新たな情報財検討会が否定したはずの，営業秘密の秘密管理性要件を緩和した排他的請求権を認めるものに等しいのではないだろうか。

V　データ利活用最優先の制度設計を

Digitalizationで「つながる」ことにより新たな付加価値が創出される産業社会（Connected Industries）の実現に向けて，データ利活用を円滑に進めるためには，データの利活用と保護のバランスのとり方が課題である。今回の不正競争防止法改正において，「データ」を新たな「知的財産」として位置付けることによって健全なデータ利活用を委縮させないよう，今後の立法及びガイド

87 新たな情報財としてのデータ保護の在り方——利活用最優先の制度設計とは 1069

ラインの推移を注視する必要がある。むしろ，今，データ利活用促進のために重要なのは契約の柔軟化・高度化によるデータの保護範囲や利活用権限の明確化や協調領域への提供を促進することである。今後もパラダイムシフトした「新たな情報財」について検討を続けていきたい。

■

キーワード索引

（……の後の斜体数字は「項目（設問）番号」を表します）

ア

後知恵…………………………………*40*
新たな技術的事項………………………*49*

イ

意識的除外………………………………*29*
移　送……………………………………*14*
　——の特例……………………………*20*
逸失利益…………………………………*66*
移転請求権………………………………*81*
移転登録請求……………………………*47*
医薬品として実質同一なもの…………*56*
インカメラ手続…………………………*70*
インターネット販売……………………*15*

ウ

ウェブ・アーカイブ……………………*71*
訴え提起前
　——の照会…………………………… *4*
　——の証拠収集手段………………… *4*

エ

営業誹謗………………………………… *7*
営業秘密………………………*6, 50, 72*
閲　覧……………………………………*72*
　——制限……………………*57, 72*
延長登録
　——の効力……………………………*56*
　——の要件……………………………*56*

カ

解決原理同一説…………………………*28*
外国法人…………………………………*15*
化学関連発明……………………………*42*
拡大先願…………………………………*48*

確　定……………………………………*80*
　——日付………………………………*71*
仮想クレーム，同効材…………………*27*
課　題……………………………………*41*
　——の解決に不可欠なもの…………*33*
課題解決原理の同一性…………………*30*
学会発表…………………………………*71*
仮処分……………………………………*86*
管　轄……………………………………*15*
間接強制…………………………………*86*
間接侵害…………………………………*32*
鑑　定……………………………………*73*
慣用技術…………………………………*41*

キ

記載要件…………………………………*46*
技術常識…………………………………*43*
技術説明会………………………………*69*
　——後の主張・立証…………………*69*
技術的意味………………………………*45*
技術的思想………………………………*37*
技術的専門性……………………………*11*
技術的範囲……………………*21, 22, 24*
機能的クレーム………………*23, 44, 45*
機能的表現………………………………*23*
キャッチボール現象……………………*76*
業界相場…………………………………*62*
競合管轄…………………………………*20*
行政事件訴訟法………………………*77, 79*
強制執行の回避…………………………*86*
行政訴訟…………………………………*79*
共同出願違反…………………………*47, 81*
共同直接侵害……………………………*31*
共同不法行為……………………………*67*
協働要件…………………………………*25*
共　有……………………………………*66*

1072 キーワード索引

——特許の実施……………………35
拒絶理由………………………81
寄与率…………………59, 60, 62
キルビー事件………………………40
均　等…………………………29
均等侵害………………………27, 28
——の5要件………………27
均等論…………………………28

ク

クレーム解釈……………………22

ケ

警告書……………………………7, 8
計　算……………………………73
——鑑定…………………………57
刑事告訴……………………………9
原告適格…………………………12
顕著な効果……………………26
限定解釈……………………22, 43
権利者の利益……………………63
権利濫用……………………………40

コ

公開技報…………………………71
交　渉……………………………9
構成要件区分説……………………28
公然実施……………………………38
拘束力……………………………79
公　知……………………………38
——技術の参酌……………21
——文献に基づく無効理由の主張…78
口頭審理調書………………………75
口頭審理陳述要領書………………75
口頭弁論……………………………75
高度性……………………………37
後発医薬品製造承認申請のための実施
……………………………………51
抗　弁…………………………3, 19
公　用……………………………38
国際裁判管轄………………………15

国際消尽…………………………54, 55
国内消尽……………………………55
ごみ貯蔵機器事件………………61

サ

再間接侵害………………………34
債権者代位権……………………12
最高裁大法廷判決………………78
再抗弁……………………………3
再　審…………………………80, 85
——事由…………………………84
差止請求…………………2, 12, 13, 86
サポート要件…………………44, 46
作用効果の同一性………………30

シ

時機に後れた攻撃防御方法………19, 36
試験又は研究……………………51
事実実験公正証書………………71
市場占有率………………………59
自然法則の利用…………………37
実　施
——たる事業又はその準備……50
——の能力…………………58, 64
実施可能要件……………………46
実質上の変更……………………76
（実質的）勝訴率…………………1
実施料相当額…………………62, 63, 66
実施料率…………………………62
実施料例…………………………62
実施例限定………………………23
支配管理…………………………31
自明な事項………………………49
主引例と副引例の差替え………78
周知技術…………………………41
主観的共同関係…………………67
主観的要件………………………33
主張の制限………………………85
主張・立証責任……………………3
——の分配………………………68
出願経過の参酌…………………22

キーワード索引　1073

出願時
　──同効材……………………………29
　──の技術常識………………………45
準拠法…………………………………15
上位概念化……………………………49
商業的成功……………………………39
上　告…………………………………84
　──受理申立て………………………84
証拠収集……………………………4, 5
　──手続………………………………6
証拠保全……………………………4, 6
消　尽…………………………………53
　──説…………………………………52
商標機能論……………………………55
情報公開請求……………………………4
情報財…………………………………87
消滅時効………………………………63
書面審理………………………………75
書類提出命令…………………………70
侵害者の利益…………………………63
侵害訴訟………………………………80
新規事項………………………………49
新規性…………………………………38
審決取消訴訟………………………77, 79
審決取消判決…………………………79
審決の瑕疵……………………………77
審　尋…………………………………75
審判請求書の要旨変更………………74
審判請求のメリット…………………74
審判前置主義…………………………78
進歩性…………………………………40
信用毀損…………………………………7
審理期間…………………………………1
審理事項通知書………………………75
審理範囲………………………………78
審理モデル……………………1, 11, 57

ス

推定の一部覆滅………………………64
推定覆滅………………………………60
　──説…………………………………59

数値限定………………………………26
　──発明……………………………42, 44

セ

請　求
　──の原因……………………………16
　──の趣旨……………………………16
　──の趣旨としての特定……………18
請求原因……………………………3, 17
　──としての特定……………………18
生　産…………………………………33
生産方法の推定………………………68
　──覆滅事由…………………………68
製造方法………………………………24
正当な理由……………………………70
設計事項……………………………39, 41
先願主義………………………………48
専属管轄……………………………14, 20
　──違反の適用除外…………………20
選択的主張……………………………64
選択発明……………………………26, 42
専門委員………………………………69
　──意見照会…………………………82
専用実施権…………………………12, 65
専用品型間接侵害……………………32

ソ

創作性…………………………………37
送　達…………………………………15
争点整理手続…………………………69
想到容易性……………………………39
阻害要因………………………………40
測定方法………………………………26
訴　状…………………………………16
訴訟記録………………………………72
訴訟新受件数……………………………1
ソフトウェア…………………………25
疎　明…………………………………10
損　害…………………………………66
損害額………………………………60, 73
　──の推定……………………………61

1074　キーワード索引

——の推定規定説と算定方法規定説
……………………………………58
——の覆滅……………………………61
損害賠償額………………………… 1
損害賠償請求…………………… 2, 13, 65

タ

第5要件……………………………29
対象製品の特定……………………18
対象方法の特定……………………18
代替執行……………………………86
多機能（品）型間接侵害………… 32, 33
ダブルトラック……………74, 80, 85
担　保………………………………10

チ

置換可能性…………………………30
置換容易性…………………………30
知財高裁大合議判決………………61
知財紛争処理システム検討委員会…… 6
仲　裁……………………………… 9
調　停……………………………… 9

ツ

通常実施権…………………………12

テ

訂　正……………………………5, 76
——の再抗弁………………………36
訂正審判……………………………85
提訴前証拠収集処分……………… 6
手続違背……………………………77
添付資料……………………………16

ト

動機付け………………………… 39, 41
当業者…………………………… 39, 43
謄　写………………………………72
道具理論………………………… 31, 35
答　弁………………………………19
独占的通常実施権…………………65

——者…………………………………13
独立説・従属説………………………34
土地管轄……………………………14
特許権
——等に関する訴え………………20
——の共有…………………………35
——の効力の制限…………………51
——の存続期間の延長制度の趣旨
……………………………………56
特許権侵害…………………………83
——に対する教唆・幇助…………34
特許信託……………………………13
特許請求の範囲の減縮……………76
特許製品
——上の表示………………………54
——の新たな製造…………………53
特許発明
——の構成要件……………………17
——の実施…………………………31
——の本質的部分…………………27
特許法102条 ………………………66
——1項ただし書…………………59
——1項ないし3項………………65
——2項……………………………60
特許法104条の3 …………………21
特許法69条1項……………………51
特許無効
——審判……………………………85
——の抗弁…………………………85
取消事由……………………………77
取消率………………………………77

ニ

2段階審理方式（侵害論・損害論）
……………………………………11
認定手続……………………………82

ノ

のみ要件………………………… 23, 32

ハ

廃棄除却請求	2
パシーフカプセル事件	56
発 明	37
——の完成	50
——の同一性	48, 50
——の要旨の認定	21
発明該当性	25, 37
発明特定事項	45, 49
パラメータ発明	42
反 訴	19
販売することができないとする事情	59, 64
汎用品	33

ヒ

被疑侵害者の対抗手段	8
被告製品	17
ビジネスモデル特許(ビジネス関連発明)	37
ビッグデータ	87
非独占的通常実施権者	13
被保全権利	10
秘密保持契約	70, 72
秘密保持命令	57, 70, 72
標準審理期間	11
費用等	1

フ

複数主体	25, 31
不真正連帯債務	67
不争義務	83
物件説明書	17
不当利得	63
不当利得返還請求	2
不法行為	63
ブラックボックス化	71
プレスリリース	7
プログラム	25
文献公知	38

文書提出命令	57
紛争の迅速解決	36

ヘ

併合請求	14
並行輸入	54
——の適法性	55
併用(重畳)適用	64
ベバシズマブ事件	56
弁護士会照会	4
変動費と限界利益	58

ホ

法改正	1
包 袋	5
冒認出願	47, 81
法律上の推定	68
補完関係擬制説	58
補完擬制説	59
補償金請求	2
保 全	14
——の必要性	10
ボールスプライン事件最高裁判決	27
本質的部分	28

ミ

未完成発明	37
見本検査	82
民事裁判(保全,訴訟)	9
民法709条	65

ム

無効審判	74, 80
無効調査	5, 8, 19
無効の抗弁	21, 40, 43
無効理由	81

メ

明確性要件	24, 45
明細書の参酌	22

モ

黙　示
　　——実施許諾説……………………52
　　——の許諾説……………………55
　　——の承諾………………………53
物
　　——の発明………………………24
　　——を生産する方法の発明………68
文言解釈……………………………24

ユ

輸入差止申立手続…………………82

ヨ

要件事実………………………… 3
用途限定発明………………………42
用途発明……………………………37
予備的主張…………………………64

ラ

ライセンス…………………………83
　　——交渉………………………… 8

リ

利　益………………………………60
リサイクル・リユース……………52
リパーゼ事件………………………21
利用関係……………………………26
臨界的意義…………………………26

ワ

和　解………………………………83
　　——条項………………………83

A－Z

ＡＩ…………………………………87
ＩｏＴ………………………………87
ＰＢＰクレーム……………………44
Society5.0…………………………87

1077

判 例 索 引

（……の後の斜体数字は「項目（設問）番号」を表します）

■大審院

大判明37・9・15（明36(れ)2662号）刑録10輯1679頁〔導火線製造器事件〕……… *36, 84*

大判明39・11・21民録12輯537頁 ……………………………………………………*12*

大判明43・7・6民録16輯537頁 ……………………………………………………*12*

大判大5・2・2民録22輯74頁…………………………………………………………*12*

大判大6・4・23（大5(オ)1033号）民録23輯654頁………………………………*84*

大判大7・5・18民録24輯976頁………………………………………………………*62*

大判昭4・12・16民集8巻944頁………………………………………………………*12*

大判昭13・12・22民集17巻2700頁〔模様メリヤス事件〕……………………*31, 35, 50*

大判昭16・3・28審決公報号外23号75頁〔開閉器事件〕………………………………*51*

■最高裁判所

最判昭25・7・11（昭24(オ)219号）民集4巻7号316頁〔約束手形金請求事件〕………*19*

最判昭28・10・16（昭26(オ)745号）裁判集民事10号189頁〔圧砕製紛機事件〕…………*79*

最判昭28・12・18民集7巻12号1515頁 ………………………………………………*12*

最判昭31・7・20（昭29(オ)634号）民集10巻8号1059頁 ……………………………*8*

最判昭31・9・28（昭30(オ)494号）裁判集民事23号281頁………………………………*70*

最決昭31・10・31（昭31(マ)27号）民集10巻10号1398頁…………………………………*20*

最判昭34・2・20民集13巻2号209頁…………………………………………………*16*

最判昭34・9・17（昭30(オ)619号）民集13巻11号1372頁〔建物明渡請求事件〕…………*19*

最判昭35・12・20（昭33(オ)567号）民集14巻14号3103頁〔リンカーン大統領事件〕……*79*

最判昭37・12・7民集16巻12号2321頁〔炭車トロ脱線防止装置事件〕…………………*21*

最判昭39・8・4民集18巻7号1319頁〔液体燃料燃焼装置事件〕……………………*21*

最判昭41・3・3（昭39(オ)1179号）裁判集民事82号639頁……………………………*66*

最判昭42・3・23裁判集民事86号669頁………………………………………………*47*

最判昭43・4・4（昭39(行ツ)62号）民集22巻4号816頁〔ホンコンフラワー事件〕……*79*

最判昭44・1・28民集23巻1号54頁〔原子力エネルギー発生装置事件〕…………………*37*

最判昭44・2・27民集23巻2号441頁…………………………………………………*1*

最判昭44・10・17民集23巻10号1777頁・判時577号74頁〔地球儀型トランジスターラジオ

事件〕……………………………………………………………………………… *31, 35*

最判昭45・7・24民集24巻7号1177頁…………………………………………………*16*

最判昭46・10・28民集25巻7号1037頁〔個人タクシー免許申請却下処分取消請求事件〕

……………………………………………………………………………………………*77*

最判昭47・12・14民集26巻10号1909頁〔あられ菓子の製造方法事件〕…………………*76*

最判昭48・11・16民集27巻10号1374頁…………………………………………………*2*

最判昭49・3・22民集28巻2号347頁…………………………………………………*34*

1078 判例索引

最判昭49・12・24（昭49(オ)328号）判例集未登載 ……………………………………50
最判昭50・5・27（昭50(オ)54号）裁判集民事115号1頁・判時781号69頁〔オール事件〕
　………………………………………………………………………………………21, 22, 43
最判昭50・5・29民集29巻5号662頁〔群馬中央バス路線免許申請却下処分取消請求事
　件〕………………………………………………………………………………………………77
最〔大〕判昭51・3・10（昭42(行ツ)28号）民集30巻2号79頁〔メリヤス編機事件〕
　……………………………………………………………………………………………… 78, 79
最判昭51・9・7（昭50(オ)1072号）裁判集民事118号423頁……………………………66
最判昭52・10・13民集31巻6号805頁〔獣医用組成物事件〕……………………………50
最判昭53・9・19裁判集民事125号69頁……………………………………………………78
最判昭55・1・24（昭54(行ツ)2号）民集34巻1号80頁〔食品包装容器事件（カップヌー
　ドル容器事件)〕………………………………………………………………………… 78, 79
最判昭55・7・4民集34巻4号570頁〔一眼レフカメラ事件〕…………………………38
最判昭56・6・30（昭54(オ)336号）民集35巻4号848頁〔長押事件〕…………… 24, 84
最判昭59・3・13（昭54(行ツ)134号）判時1119号135頁〔非水溶性モノアゾ染料の製法事
　件〕………………………………………………………………………………………………77
最判昭60・5・28（昭58(行ツ)124号）判時1160号143頁〔電気掃除機事件〕…………80
最判昭61・7・17（昭61(行ツ)18号）民集40巻5号961頁〔（第2次）箱尺事件〕… 38, 71
最判昭61・10・3（昭61(オ)454号）民集40巻6号1068頁・判時1219号116頁〔ウォーキン
　グビーム式加熱炉事件〕………………………………………………………………… 19, 50
最判昭62・1・22民集41巻1号17頁…………………………………………………………34
最判昭63・1・26（昭60(オ)122号）民集42巻1号1頁…………………………………… 8
最判昭63・7・19民集42巻6号489頁・判時1291号132頁………………………………… 2
最判平元・12・8民集43巻11号1259頁〔鶴岡灯油事件〕…………………………………67
最判平元・12・21民集43巻12号2209頁……………………………………………………… 2
最判平3・3・8（昭62(行ツ)3号）民集45巻3号123頁〔リパーゼ事件〕………21, 22, 23
最判平3・3・22民集45巻3号268頁 ………………………………………………………12
最判平4・4・28（昭63(行ツ)10号）民集46巻4号245頁〔バレル研磨法事件〕…………79
最判平4・7・17（平2(行ツ)181号）裁判集民事165号283頁〔ガラス板面取り加工方法
　事件〕……………………………………………………………………………………………79
最判平9・3・11民集51巻3号1055頁〔小僧寿し事件〕…………………………………67
最判平9・3・14判タ937号104頁……………………………………………………………47
最判平9・7・1（平7(オ)1988号）民集51巻6号2299頁〔BBS並行輸入事件〕
　……………………………………………………………………………… 3, 19, 52, 53, 54, 55, 84
最判平9・7・17判タ950号113頁……………………………………………………………47
最判平9・10・28裁時1206号4頁〔鋳造金型事件〕………………………………………31
最判平10・2・24（平6(オ)1083号）民集52巻1号113頁〔ボールスプライン（軸受）事
　件〕………………………………………………………… 1, 3, 16, 21, 27, 28, 29, 30, 84
最判平10・4・28（平6(オ)2378号）裁判所ホームページ〔単独型ガス燃焼窯による燻し
　瓦の製造法事件〕………………………………………………………………………… 26, 84
最判平10・7・17（平6(オ)1082号）裁判集民事189号267頁……………………………… 8

判例索引　*1079*

最判平10・11・10（平10(オ)1579号）……………………………………………*24*
最判平11・3・9民集53巻3号303頁………………………………………………*76*
最判平11・4・16（平10(受)153号）民集53巻4号627頁・判タ1002号83頁〔医薬品販売差止請求事件（グアニジノ安息香酸誘導体事件）〕………………………*21, 51, 84*
最判平11・6・29（平10(オ)2189号）裁判集民事193号411頁…………………*84*
最判平11・7・16（平10(オ)604号）民集53巻6号957頁〔生理活性物質測定法事件〕
　………………………………………………………………………*2, 3, 10, 16, 84*
最判平11・10・22（平10(行ヒ)43号）民集53巻7号1270頁……………………*56*
最〔大〕判平11・11・24民集53巻8号1899頁……………………………………*12*
最判平12・1・27（平7(行ツ)105号）民集54巻1号69頁〔クロム酸鉛顔料事件〕…*77*
最判平12・2・18（平8(行ツ)185号）判時1703号159頁…………………………*77*
最判平12・2・29民集54巻2号709頁〔黄桃の育種増殖法事件〕………………*37*
最判平12・4・11（平10(オ)364号）民集54巻4号1368頁〔キルビー事件（富士通半導体・キルビー事件）〕…………………*1, 3, 12, 19, 21, 23, 37, 40, 43, 74, 78, 80, 84, 85*
最判平13・6・8（平12(オ)929号・(受)780号）民集55巻4号727頁〔円谷プロダクション事件〕…………………………………………………………………………*15*
最判平13・6・12民集55巻4号793頁〔生ゴミ処理装置事件〕…………………*47, 81*
最判平14・2・22（平13(行ヒ)142号）民集56巻2号348頁〔ETNIES 事件〕……………*77*
最判平14・3・25（平13(行ヒ)154号）民集56巻3号574頁〔パチンコ装置事件〕………*77*
最判平14・9・17（平13(行ヒ)7号）裁判集民事207号155頁〔モズライト事件〕…*41, 77*
最判平14・9・26（平12(受)580号）民集56巻7号1551頁〔カードリーダー事件（FM信号復調装置事件）〕…………………………………………………………*15, 34, 84*
最判平15・2・27（平14(受)1100号）民集57巻2号125頁〔フレッドペリー事件〕…………*55*
最判平15・10・31（平14(行ヒ)200号）裁判集民事211号325頁〔半導体発光素子事件〕
　…………………………………………………………………………………*80, 84*
最決平16・4・8（平15(許)44号）民集58巻4号825頁……………………………*14, 15*
最判平17・3・10民集59巻2号356頁………………………………………………*12*
最判平17・6・17（平16(受)997号）民集59巻5号1074頁・判時1900号139頁・判タ1183号208頁〔生体高分子－リガンド分子の安定複合体構造の探索方法事件〕
　………………………………………………………………*10, 12, 13, 16, 65, 84*
最判平17・12・7（平16(行ヒ)114号）民集59巻10号2645頁〔小田急線連続立体交差事業認可処分取消請求事件〕……………………………………………………………*79*
最決平17・12・9（平17(許)18号）民集59巻10号2889頁…………………………*10*
最判平18・1・24判時1926号65頁…………………………………………………*61*
最判平18・1・27（平15(受)1739号）裁判集民事219号361頁……………………*84*
最判平18・11・14（平16(受)2226号）裁判集民事222号167頁…………………*84*
最判平19・11・8（平18(受)826号）民集61巻8号2989頁〔インクカートリッジ事件（インクタンク事件）〕………………………………………*3, 19, 52, 53, 54, 55, 84*
最判平20・4・24（平18(受)1772号）民集62巻5号1262頁〔ナイフの加工装置事件〕
　…………………………………………………………………*3, 36, 80, 84, 85*
最判平20・6・10判タ1316号142頁…………………………………………………*61*

1080 判例索引

最決平21・1・27（平20（許）36号）民集63巻1号271頁 ………………… *6, 10, 72*
最判平22・7・16（平20（行ヒ）304号）民集64巻5号1450頁〔大阪市補給金事件〕……… *79*
最判平22・7・16（平21（受）120号）裁判集民事234号307頁 ………………… *84*
最判平23・4・28民集65巻3号1654頁〔パシーフカプセル事件〕………………… *56*
最判平23・9・13民集65巻6号2511頁〔西武鉄道事件〕………………… *67*
最判平26・4・24（平23（受）1781号）民集68巻4号329頁〔眉のトリートメント事件〕… *15*
最決平26・11・18（平25（オ）684号・（受）827号） ………………… *60*
最判平27・6・5（平24（受）1204号）民集69巻4号700頁〔プラバスタチンナトリウム事
　件〕 ………………………………………………………… *4, 24, 44, 45, 84*
最判平27・6・5（平24（受）2658号）民集69巻4号904頁〔プラバスタチンナトリウム事
　件〕 ……………………………………………………… *4, 5, 24, 44, 45, 84*
最判平27・11・17民集69巻7号1912頁〔ベバシズマブ事件〕………………… *56*
最判平27・12・14（平25（オ）918号）民集69巻8号2295頁 ………………… *84*
最判平28・3・10（平26（受）1985号）民集70巻3号846頁 ………………… *15*
最判平28・10・18（平27（受）1036号）民集70巻7号1725頁………………… *4*
最判平29・2・28（平27（受）1876号）裁判所ホームページ………………… *21*
最判平29・3・24（平28（受）1242号）民集71巻3号359頁〔マキサカルシトール事件〕
　………………………………………………………………… *21, 27, 29, 84*
最判平29・7・10（平28（受）632号）民集71巻6号861頁・裁時1679号3頁〔シートカッタ
　ー事件〕 ……………………………………………… *5, 12, 36, 74, 77, 84, 85*

■高等裁判所

東京高判昭41・9・27（昭40（行ケ）65号）行集17巻9号1119頁……………… *74*
東京高判昭42・1・30（昭41（う）2318号）高刑集20巻1号14頁〔ハイ・ミー刑事事件〕
　……………………………………………………………………………… *55*
札幌高判昭42・12・26下民集18巻11・12号1187頁〔構築用コンクリートブロック意匠事
　件〕 ………………………………………………………………………… *50*
東京高判昭45・2・25（昭44（行ケ）81号）無体集2巻1号44頁……………… *74*
東京高判昭47・10・17（昭43（行ケ）22号）取消集昭47年137頁〔ポリアミドの耐熱耐光性
　の改善方法事件〕 …………………………………………………………… *76*
東京高判昭47・10・27（昭36（行ナ）36号） ………………………………… *48*
東京高判昭48・4・5（昭45（ネ）1698号）判タ306号269頁〔消火器事件〕………… *62*
東京高判昭48・6・29判タ298号255頁……………………………………… *37*
仙台高秋田支判昭48・12・19判時753号28頁〔蹄鉄考案事件〕……………… *31, 35, 50*
札幌高決昭49・3・27判時744号66頁〔みその東鮨事件〕………………… *86*
東京高判昭49・9・18金判466号4頁・特企71号52頁〔オール事件〕………… *21, 22*
東京高判昭51・1・20無体集8巻1号1頁……………………………………… *38*
東京高判昭53・10・30無体集10巻2号499頁 ………………………………… *38*
東京高判昭53・12・20（昭51（ネ）783号）判タ381号165頁〔ボールベアリング自動選択,
　組立装置事件〕 ……………………………………………………………… *23*
東京高判昭54・4・23無体集11巻1号281頁 ………………………………… *38*

判例索引　　*1081*

東京高判昭55・8・27無体集12巻2号427頁〔熱ローラ装置事件〕……………………*76*

東京高判昭56・11・5（昭54（行ケ）107号）裁判所ホームページ〔新規ペニシリン及びその塩の製造法事件〕……………………*42*

東京高判昭56・12・22（昭53（ネ）1637号）無体集13巻2号969頁）……………………*55*

大阪高判昭57・1・28無体集14巻1号41頁……………………*2, 63*

東京高判昭57・6・30無体集14巻2号484頁・判タ499号192頁〔ジビリダモール事件〕……………………*3, 68*

東京高判昭59・1・30速報105号2679〔人形頭の製造型事件〕……………………*51*

東京高判昭60・2・27（昭53（行ケ）169号）判時1158号230頁〔ポリエチレンテレフタレート樹脂組成物事件〕……………………*26*

東京高判昭60・3・12無体集17巻1号26頁〔タクシー屋上表示装置事件〕……………………*78*

東京高判昭60・9・30無体集17巻3号428頁……………………*48*

大阪高判昭61・6・20無体集18巻2号210頁……………………*12*

名古屋高金沢支判昭61・7・28判タ622号199頁〔フライヤー事件〕……………………*68*

東京高判昭61・9・29（昭61（行ケ）29号）……………………*48*

名古屋高金沢支判昭61・12・22判例工業所有権法2327の99の77頁〔新ピペリジノアルカノール誘導体の製造方法事件〕……………………*68*

東京高判昭62・7・21（昭59（行ケ）180号）取消集62525頁〔第3級ブチルアルコール事件〕……………………*42*

東京高判昭62・9・8（昭60（行ケ）51号）裁判所ホームページ〔無定形合金事件〕……*42*

東京高判昭62・9・29（昭57（ネ）2799号）無体集19巻3号371頁〔制糖茶事件〕………*60*

東京高判昭63・9・13（昭56（行ケ）222号）……………………*48*

東京高判平2・2・13判時1348号139頁〔錦鯉飼育方法事件〕……………………*37*

東京高判平3・8・29知財集23巻2号618頁〔ニブリング金型機構事件〕……………………*61*

東京高判平4・1・31（昭62（ネ）1010号）判時1429号116頁〔光学レンズ事件〕………*26*

名古屋高金沢支判平4・9・2知財集24巻3号529頁〔塩酸ニカルジピン製剤の製造法事件〕……………………*68*

東京高判平5・5・26（平4（ネ）3957号）判例不正競業法1250ノ172ノ146ノ16頁〔自動キャッパー事件〕……………………*7*

東京高判平5・6・24（平3（行ケ）260号）……………………*48*

名古屋高判平6・3・29（平5（ネ）21号）Westlaw〔揺動撰穀装置事件〕……………………*23*

東京高判平6・12・20（平5（ネ）5431号）判時1529号134頁〔電子翻訳機事件〕………*22*

東京高判平7・2・22知財集27巻1号23頁……………………*52*

東京高判平7・3・23（平6（ネ）3272号）知財集27巻1号195頁・判時1524号3頁〔BBS並行輸入事件〕……………………*54, 55*

東京高判平7・7・12（平5（行ケ）202号）取消集51 72頁〔育児用調製乳事件〕………*42*

名古屋高金沢支決平8・3・18（平8（ラ）4号）判時1599号134頁……………………*10*

東京高判平8・5・23（平6（ネ）1708号）判時1570号103頁〔位置合せ載置方法事件〕……………………*32, 62*

東京高決平9・5・20（平9（ラ）605号）判時1601号143頁〔トラニラスト製剤事件〕……………………*57, 70*

1082 判例索引

東京高判平9・7・17（平6（ネ）2857号）判時1628号101頁〔インターフェロン事件〕…26
東京高判平9・9・10知財集29巻3号819頁〔キルビー事件〕…40
名古屋高判平10・2・26（平5（ネ）847号）Westlaw〔包装装置事件〕…23
東京高判平10・3・5判時1650号137頁…56
東京高判平10・3・31判時1631号3頁〔塩酸プロカテロール事件〕…51
大阪高判平10・5・13知財集30巻2号271頁〔グアニジノ安息香酸誘導体事件〕…51
東京高判平10・6・18（平9（ネ）404号・2586号）判時1665号94頁〔自走式クレーン意匠事件〕…62
東京高判平10・7・28（平8（行ケ）136号）LEX／DB28040144〔新規ペプチド事件〕…42
東京高判平10・9・24判時1668号126頁〔アシクロビル事件〕…51
東京高決平10・10・19（平10（ラ）2336号）判時1674号78頁〔移送決定に対する抗告事件〕…20
東京高判平11・6・15（平10（ネ）2249号・平11（ネ）1069号）判時1697号96頁〔スミターマル事件〕…60, 61, 63, 64
東京高判平11・6・15（平10（ネ）3110号）Westlaw〔タイヤ着脱装置事件〕…23
東京高判平11・6・15（平11（ネ）1069号）判時1697号96頁〔蓄熱材の製造方法事件〕…5, 67
東京高判平12・1・18（平11（ネ）3546号）…51
東京高判平12・2・10判時1719号133頁…56
東京高判平12・2・22（平10（行ケ）95号）裁判所ホームページ〔Ｔ－細胞レセプター－β－サブユニットポリペプチド事件〕…42
東京高判平12・4・25（平11（ネ）836号）裁判所ホームページ…55
東京高判平12・4・27（平11（ネ）4056号）裁判所ホームページ…60
東京高判平12・10・11（平11（行ケ）31号）判時1741号142頁…48
東京高判平12・10・26（平12（ネ）2147号）判時1738号97頁…27
東京高判平12・12・25（平11（行ケ）368号）裁判所ホームページ・特許判例百選〔第3版〕22頁〔6本ロールカレンダー事件〕…38
東京高判平13・1・25（平11（ネ）459号）裁判所ホームページ〔包装積層品をヒートシールする装置事件〕…62
大阪高判平13・1・30（平11（ネ）18号）裁判所ホームページ〔排気口へのフィルター取付方法事件〕…32
東京高判平13・2・27（平11（ネ）855号等）裁判所ホームページ〔カセット充填装置事件〕…23
大阪高判平13・4・19（平11（ネ）2198号）裁判所ホームページ〔注射液の調整及び注射装置事件〕…23, 27, 30
東京高判平13・4・25（平10（行ケ）401号）裁判所ホームページ…48
東京高判平13・6・27（平12（ネ）2909号）裁判所ホームページ〔こんにゃくの製造方法事件〕…27
大阪高判平13・10・2（平12（ネ）2290号・4067号）裁判所ホームページ〔採光窓付き鋼製ドアの製造方法事件〕…30
東京高判平14・1・31（平11（ネ）1759号）判時1815号123頁…70

判例索引　*1083*

東京高判平14・3・27判時1799号148頁〔熱交換パイプ事件〕…………………*50*

東京高判平14・3・28（平12(行ケ)312号）裁判所ホームページ〔焼き菓子の製造方法事件〕………………………………………………………………………………………*42*

大阪高判平14・4・10（平13(ネ)257号・343号）裁判所ホームページ〔複層タイヤ事件〕…………………………………………………………………………………………*64*

東京高判平14・6・18（平12(行ケ)91号）裁判所ホームページ〔窒素－3族元素化合物半導体発光素子事件〕…………………………………………………………………*42*

東京高判平14・6・26（平13(ネ)5552号・4613号）判タ1108号280頁〔パチスロ機製造業者信用毀損行為事件〕…………………………………………………………………*7*

東京高判平14・8・29（平13(ネ)5555号）判時1807号128頁〔磁気信号記録用の金属粉末事件〕…………………………………………………………………………………*7, 8*

東京高判平14・10・31判時1823号109頁〔トラニラスト製剤事件〕……………………*68*

東京高判平15・3・13（平13(行ケ)346号）裁判所ホームページ〔織機の再起動準備方法と，それを使用する織機の再起動方法事件〕…………………………………………*45*

大阪高判平15・5・27（平15(ネ)320号）〔育苗ポットの分離治具及び分離方法事件〕…*19*

東京高判平15・7・15（平14(ネ)4293号）裁判所ホームページ………………………*26*

東京高判平15・7・18（平14(ネ)4193号）裁判所ホームページ〔ドクターブレード事件〕…………………………………………………………………………………………*26*

東京高判平15・9・9（平14(ネ)3714号）裁判所ホームページ〔ガス圧力式玩具銃事件〕…………………………………………………………………………………………*23*

東京高判平15・12・26（平15(行ケ)104号）裁判所ホームページ〔タキキニン拮抗体の医学的新規用途事件〕……………………………………………………………………*42*

東京高判平16・2・10（平15(ネ)3746号）裁判所ホームページ〔マルチトール含蜜結晶事件〕…………………………………………………………………………………………*26*

東京高判平16・2・19（平13(行ケ)533号）裁判所ホームページ〔地図表示方法及び装置事件〕…………………………………………………………………………………………*48*

東京高判平16・4・27（平14(ネ)4448号）裁判所ホームページ〔焼結軸受材の製造法事件〕…………………………………………………………………………………………*65*

大阪高判平16・5・28（平14(ネ)3649号）裁判所ホームページ〔筋組織状こんにゃくの製造方法及びそれに用いる製造装置事件〕…………………………………………………*62*

東京高判平16・7・22（平15(行ケ)474号）裁判所ホームページ〔リウマチ治療剤事件〕…………………………………………………………………………………………*42*

東京高判平16・8・31（平15(ネ)899号）判時1883号87頁〔RISO 事件〕………………*55*

東京高判平16・8・31（平16(ネ)836号）裁判所ホームページ〔携帯接楽7事件〕………*7*

東京高判平16・9・8（平15(行ケ)27号）裁判所ホームページ〔変調方式とそれを用いた無線通信システム事件〕………………………………………………………………*78*

東京高判平16・9・30（平16(ネ)1367号）裁判所ホームページ〔自動弾丸供給機構付玩具銃Ⅱ事件〕…………………………………………………………………………………*61*

東京高判平16・9・30（平16(ネ)1436号）裁判所ホームページ〔自動弾丸供給機構付玩具銃Ⅲ事件〕…………………………………………………………………………………*61*

東京高判平16・10・27（平16(ネ)3458号）裁判所ホームページ〔異形コンクリートブロッ

1084 判例索引

ク事件〕 ……………………………………………………………………26

東京高判平16・12・21判時1891号139頁〔回路のシミュレーション方法事件〕…………37

東京高判平17・1・31（平15(行ケ)220号）……………………………………………43

東京高判平17・1・31（平16(ネ)2722号）裁判所ホームページ……………………………10

名古屋高判平17・4・27（平15(ネ)277号）裁判所ホームページ〔圧流体シリンダー事件〕 ……………………………………………………………………29

知財高判平17・6・2（平17(行ケ)10458号）裁判所ホームページ〔局所投与製剤事件〕 ……………………………………………………………………42

知財高判平17・7・12（平17(ネ)10056号）裁判所ホームページ〔緑化土壌安定剤事件〕 ……………………………………………………………………26

知財高判平17・9・29（平17(ネ)10006号）〔液体充填装置におけるノズル事件〕………59

知財高判平17・9・30（平17(ネ)10040号）判時1904号47頁・判タ1188号191頁〔一太郎事件〕 ………………………………………………………19, 33, 34, 36

知財高判平17・10・6（平17(行ケ)10366号）裁判所ホームページ〔炭酸飲料用ボトルの製造方法事件〕 ……………………………………………………78

知財高判平17・10・11（平17(行ケ)10345号）…………………………………………56

知財高判平17・10・26（平17(行ケ)10199号）裁判所ホームページ ……………………41

知財高判平17・11・1（平17(行ケ)10148号）〔管状部材の接合方法事件〕……………45

知財高判（大合議）平17・11・11（平17(行ケ)10042号）判時1911号48頁〔パラメータ特許事件（偏光フィルムの製造法事件）〕 …………………22, 43, 44, 46

知財高判平17・11・17（平17(行ケ)10295号）…………………………………………43

知財高判平17・12・28（平17(ネ)10103号）裁判所ホームページ〔施工面敷設ブロック事件〕 ……………………………………………………………………30

知財高判平18・1・19（平17(ワ)10193号）裁判所ホームページ〔緑化吹付け資材事件〕 ……………………………………………………………………47

知財高判（大合議）平18・1・31（平17(ネ)10021号）判時1922号30頁〔インクカートリッジ事件（インクタンク事件）〕……………………………22, 52, 53

知財高判平18・1・31（平17(行ケ)10488号）裁判所ホームページ ……………………41

知財高判平18・6・29判タ1229号306頁〔紙葉類識別装置の光学検出部事件〕…………78

知財高判平18・7・11（平17(行ケ)10179号）判時2017号128頁〔おしゃれ増毛装具Ⅰ事件〕 ……………………………………………………………………78

知財高判平18・7・11（平17(行ケ)10264号）判時2017号141頁〔おしゃれ増毛装具Ⅱ事件〕 ……………………………………………………………………78

知財高判平18・7・31（平17(行ケ)10748号）〔多極型モジュラジャック事件〕…………39

知財高判平18・9・12（平17(ネ)10115号）裁判所ホームページ〔タッチスイッチ事件〕 ……………………………………………………………………26

知財高判平18・9・25（平17(ネ)10047号）裁判所ホームページ〔椅子式エアーマッサージ機事件〕 ……………………………………… 3, 29, 30, 59, 64, 66, 67

知財高判平18・9・28（平18(ネ)10007号）裁判所ホームページ〔図形表示装置事件（ゲームボーイアドバンス事件）〕……………………………21, 22, 43

知財高判平18・10・4（平17(行ケ)10579号）〔像処理装置，像記録装置および像再現装置

事件〕……………………………………………………………………46
知財高判平18・10・26（平18(ネ)10063号）裁判所ホームページ〔自動車タイヤ用内装材
事件〕……………………………………………………………………26
知財高判平19・1・25（平18(行ケ)10070号）裁判所ホームページ〔番組サーチ事件〕…76
大阪高判平19・1・30（平18(ネ)779号）判時1962号78頁………………………… 4
知財高判平19・2・21（平17(行ケ)10661号）〔水架橋性ポリマー事件〕…………………45
知財高判平19・2・28（平18(ネ)10067号）裁判所ホームページ〔壁面目地装置事件〕…23
知財高判平19・3・26（平18(行ケ)10358号）〔EIGOTOWN事件〕……………………71
知財高決平19・4・11（平19(ラ)10001号）裁判所ホームページ〔移送申立却下決定に対
する抗告事件〕…………………………………………………………20
知財高判平19・5・29（平18(ネ)10068号・10073号）裁判所ホームページ…………… 7, 8
知財高判平19・6・28（平18(行ケ)10208号）〔ブリーチ増強剤事件〕……………………45
知財高判平19・7・25（平18(行ケ)10247号）裁判所ホームページ〔シリカ系被膜形成用
組成物事件〕……………………………………………………………78
知財高判平19・10・31（平18(ネ)10040号・平19(ネ)10052号）判タ1279号284頁〔アクテ
ィブマトリックス型表示装置／半導体エネルギー研究所事件〕………………… 7
大阪高判平19・11・27（平16(ネ)2563号・3016号）裁判所ホームページ〔置棚事件〕…30
知財高判平20・2・29判時2012号97頁〔ハッシュ関数事件〕………………………………37
知財高判平20・4・17（平19(ネ)10024号・10043号）判時2039号78頁〔使い捨て紙おむつ
事件〕……………………………………………………………………62
知財高判平20・5・30（平18(行ケ)10563号）裁判所ホームページ〔ソルダーレジスト事
件〕…………………………………………………………………… 49, 76
知財高判平20・6・12（平19(行ケ)10308号）〔被覆硬質部材事件〕………………………46
知財高判平20・6・24（平19(行ケ)10369号）判時2026号123頁・特許判例百選〔第4版〕
No.2事件〔双方向歯科治療ネットワーク事件〕………………………………………37
知財高判平20・7・14（平18(ム)10002号・平19(ム)10003号）判タ1307号295頁〔生海苔
の異物分離除去装置事件〕……………………………………………… 80, 85
知財高判平20・8・26（平19(行ケ)10299号）〔プレスフェルト事件〕……………………45
知財高判平20・8・26（平20(行ケ)10001号）判タ1296号263頁・特許判例百選〔第4版〕
No.3事件〔対訳辞書事件〕………………………………………………………37
知財高判平20・9・8（平19(行ケ)10307号）〔無鉛はんだ合金事件〕……………………46
知財高決平20・9・29（平19(ラ)10008号）判タ1290号296頁………………………………14
知財高判平20・9・29（平19(ネ)10098号・平20(ネ)10005号）裁判所ホームページ〔カプ
セル・カード販売装置事件（物品取り出し装置及び媒体販売装置事件)〕………… 23, 62
知財高判平20・10・16（平19(行ケ)10367号）裁判所ホームページ〔光触媒体の製造法事
件〕……………………………………………………………………44
知財高決平20・12・16（平20(行タ)10007号・10008号）裁判所ホームページ…………72
知財高判平20・12・24（平20(ネ)10012号）裁判所ホームページ〔北朝鮮映画事件〕……34
知財高判平21・1・28（平20(ネ)10054号・10071号）判時2045号134頁〔廃材用切断装置
事件〕…………………………………………………………… 62, 70
知財高判平21・1・28（平20(行ケ)10096号）判時2043号117頁〔回路用接続部材事件〕

1086 判 例 索 引

　　……………………………………………………………………………………………*40, 42, 77*

知財高判平21・ 1 ・29（平20(ネ)10061号）判タ1291号286頁〔冷凍システム事件〕

　　………………………………………………………………………………………………*14, 20*

知財高判平21・ 2 ・26（平19(ネ)10021号）判時2053号74頁・判タ1315号198頁〔キヤノン

　　事件〕………………………………………………………………………………………………*71*

知財高判平21・ 2 ・28（平20(ネ)10065号）判時2063号108頁〔電話番号情報の自動作成装

　　置事件〕……………………………………………………………………………………………*22*

知財高判平21・ 3 ・11（平19(ネ)10025号）判時2049号50頁〔印鑑基材およびその製造方

　　法事件〕………………………………………………………………………………………*3, 7, 65*

知財高判平21・ 3 ・18（平20(ネ)10013号）裁判所ホームページ〔赤外線放射体事件〕…*26*

知財高判平21・ 3 ・25（平19(ネ)10102号）裁判所ホームページ〔半導体装置のテスト用

　　プローブ針事件〕…………………………………………………………………………………*50*

知財高判平21・ 3 ・25（平20(行ケ)10153号）〔エァセルラー緩衝シート事件〕…………*40*

知財高判平21・ 3 ・25（平20(行ケ)10261号）裁判所ホームページ〔キシリトール調合物

　　事件〕…………………………………………………………………………………………*40, 77*

知財高判平21・ 5 ・25（平20(ネ)10088号・平21(ネ)10013号）裁判所ホームページ〔対物

　　レンズ事件〕………………………………………………………………………………………*33*

知財高判平21・ 5 ・25（平20(行ケ)10151号）判時2105号105頁・判タ1386号309頁〔旅行

　　業向け会計処理装置事件〕………………………………………………………………………*25, 37*

知財高判平21・ 5 ・29（平20(行ケ)10458号）判時2047号11頁〔パシーフカプセル事件〕

　　………………………………………………………………………………………………………*56*

知財高判平21・ 6 ・29（平20(行ケ)10427号）判時2104号101頁〔基板処理装置事件〕

　　……………………………………………………………………………………………………*75, 77*

知財高判（中間）平21・ 6 ・29（平21(ネ)10006号）判時2077号123頁〔中空ゴルフクラブ

　　ヘッド事件〕………………………………………………………………………………………*27, 28*

知財高判平21・ 6 ・30（平20(行ケ)10286号）〔有機装置のための透明コンタクト事件〕

　　……………………………………………………………………………………………………*46*

知財高判平21・ 7 ・21（平21(行ケ)10023号）裁判所ホームページ〔こくうま事件〕……*77*

知財高判平21・ 7 ・29（平20(行ケ)10237号）判タ1325号228頁〔スロットマシン事件〕

　　……………………………………………………………………………………………………*74, 77*

知財高判平21・ 8 ・18（平20(ネ)10086号）判タ1323号256頁〔植物発酵エキス配合物事

　　件〕……………………………………………………………………………………………*13, 62*

知財高判平21・ 8 ・18（平20(行ケ)10304号）〔樹脂配合用酸素吸収剤及びその組成物事

　　件〕……………………………………………………………………………………………………*46*

知財高判平21・ 8 ・25（平20(ネ)10068号）判時2059号125頁・判タ1319号246頁〔切削方

　　法事件〕…………………………………………………………………………………… *3, 29, 36*

知財高判平21・ 8 ・25（平21(行ケ)10046号）裁判所ホームページ ……………………………*74*

知財高判平21・ 8 ・27（平20(ネ)10073号）裁判所ホームページ〔ソーワイヤ用ワイヤ事

　　件〕……………………………………………………………………………………………………*26*

知財高判平21・ 9 ・ 1 （平20(行ケ)10405号）判時2070号118頁……………………………*41*

知財高判平21・ 9 ・ 2 （平20(行ケ)10272号）裁判所ホームページ ……………………………*43*

判例索引　*1087*

知財高判平21・9・16（平20(行ケ)10433号）裁判所ホームページ …………………*41*

知財高判平21・9・29（平20(行ケ)10484号）裁判所ホームページ〔無鉛はんだ合金事件〕……………………………………………………………………… *26, 44*

知財高判平21・9・30（平20(行ケ)10431号）裁判所ホームページ …………………*41*

知財高判平21・9・30（平21(行ケ)10061号）裁判所ホームページ〔真空浸炭方法事件〕………………………………………………………………………………………*75*

知財高判平21・10・22（平20(行ケ)10398号）判時2080号69頁 …………………*41*

知財高決平21・10・23（平21(ラ)10004号）裁判所ホームページ〔移送申立却下決定に対する抗告事件〕………………………………………………………………………*20*

知財高判平21・11・11（平20(行ケ)10483号）裁判所ホームページ〔ヘキサアミン化合物事件〕…………………………………………………………………………… *44, 48*

知財高判平21・12・10（平21(ネ)10040号）〔地震時ロック方法事件〕………………*23*

知財高判平22・1・28（平21(行ケ)10033号）〔フリバンセリン事件〕………………*46*

知財高判平22・1・28（平21(行ケ)10150号）判時2083号130頁 …………………*41*

知財高判平22・2・24（平21(ネ)10012号）〔電圧形インバータの制御装置事件〕………*23*

知財高判平22・3・10（平21(ネ)10062号）〔調理レンジ事件〕………………………*23*

知財高判平22・3・17（平21(行ケ)10191号）裁判所ホームページ …………………*41*

知財高判平22・3・24（平20(ネ)10085号）判タ1358号184頁〔インターネットナンバー事件（インターネットサーバーのアクセス管理及びモニタシステム事件）〕……*3, 23, 25, 31*

知財高判平22・3・30（平21(ネ)10055号）判時2074号125頁・判タ1324号239頁〔携帯型コミュニケータ事件〕…………………………………………………………… *25, 30*

知財高判平22・4・27（平21(ネ)10058号・10072号）裁判所ホームページ〔コンバース事件〕………………………………………………………………………………………*55*

知財高判平22・4・28（平21(ネ)10028号）〔鉄骨柱の建入れ直し装置事件〕……… *35, 66*

知財高判（終局）平22・5・27（平21(ネ)10006号）裁判所ホームページ〔中空ゴルフクラブヘッド事件〕………………………………………………………………………*27*

知財高判平22・7・15（平21(行ケ)10238号）裁判所ホームページ〔日焼け止め剤組成物事件〕………………………………………………………………………………………*42*

知財高判平22・7・20（平21(行ケ)10246号）裁判所ホームページ …………………*43*

知財高判平22・7・28（平21(行ケ)10252号）裁判所ホームページ …………………*43*

知財高判平22・7・28（平21(行ケ)10329号）〔撹拌・脱泡方法事件〕………………*45*

知財高判平22・8・31（平21(行ケ)10434号）〔伸縮性トップシート事件〕…………*45*

知財高判平22・9・15（平22(ネ)10001号）判タ1340号265頁〔ODDモータ事件〕…*14, 15*

知財高判平22・11・17判タ1362号219頁〔エキシマレーザ事件〕……………………*78*

知財高判平22・12・28（平22(行ケ)10229号）〔プラスチック成形品の成形方法事件〕…*77*

知財高判平23・1・31（平22(ネ)10009号）〔レベル・センサ事件〕…………………*23*

知財高判平23・1・31（平22(ネ)10031号）判時2164号122頁〔流し台のシンク事件〕…*22*

知財高判平23・1・31（平22(行ケ)10122号）裁判所ホームページ〔オキサリプラティヌム事件〕………………………………………………………………………………………*42*

知財高判平23・2・8（平22(行ケ)10056号）判タ1357号190頁………………………*41*

知財高判平23・2・24（平22(ネ)10074号）判タ1382号335頁〔雄ねじ部品事件〕…… *7, 8*

1088 判例索引

知財高判平23・2・28（平22(ネ)10070号）裁判所ホームページ〔地震時ロック方法事件Ⅱ〕·····*23*

知財高判平23・2・28（平22(行ケ)10109号）〔毛髪パーマネント再整形方法事件〕······*46*

知財高判平23・3・8（平22(行ケ)10273号）判タ1375号195頁·····*41*

大阪高決平23・3・9（平23(ネ)391号）L＆T52号126頁·····*20*

知財高判平23・3・28（平22(ネ)10014号）裁判所ホームページ〔マンホール蓋用受枠事件（地下構造物用丸型蓋事件)〕·····*27, 28, 30*

知財高判平23・4・26（平22(行ケ)10331号）〔マッサージ機事件〕·····*45*

知財高判平23・6・23（平22(ネ)10089号）判時2131号109頁・判タ1397号245頁〔食品の包み込み成形方法及びその装置事件〕·····*27, 32, 71*

知財高判平23・7・21判時2132号118頁〔光通風雨戸事件〕·····*50*

知財高判（中間）平23・9・7（平23(ネ)10002号）裁判所ホームページ〔切餅事件〕·····*22*

知財高判平23・9・28（平22(行ケ)10351号）判時2135号101頁·····*41*

知財高判平23・10・4（平22(行ケ)10298号）判時2139号77頁〔逆転洗濯伝動機事件〕·····*77*

知財高判平23・10・4（平22(行ケ)10350号）判時2142号83頁〔麦芽発酵飲料事件〕·····*77*

知財高判平23・10・24（平23(行ケ)10021号）裁判所ホームページ·····*41*

知財高判平23・11・30（平23(ネ)10004号）判時2158号115頁・判タ1402号269頁〔車載ナビゲーション装置事件〕·····*25, 30*

知財高判平23・12・22（平22(ネ)10091号）判時2152号69頁〔飛灰中の重金属の固定化方法及び重金属固定化処理剤事件〕·····*59, 64*

知財高判平24・1・16（平23(行ケ)10144号）裁判所ホームページ·····*41*

知財高判平24・1・24（平22(ネ)10032号・10041号）裁判所ホームページ〔ソリッドゴルフボール事件〕·····*13, 59, 64, 67, 73*

知財高判（大合議）平24・1・27（平22(ネ)10043号）·····*24*

知財高判平24・1・31（平23(行ケ)10121号）判時2168号124頁·····*41*

知財高判平24・2・8（平23(行ケ)10164号）判時2150号103頁〔電池式警報器事件〕·····*77, 78*

知財高判平24・3・14（平23(ネ)10035号）判タ1406号181頁〔靴収納庫用棚板事件〕·····*30*

知財高判平24・4・11（平23(行ケ)10146号・10147号）〔ピオグリタゾン併用医薬事件〕·····*46*

知財高判平24・6・6（平23(行ケ)10254号）裁判所ホームページ〔減塩醤油類事件〕·····*44*

知財高判平24・6・13（平23(行ケ)10364号）裁判所ホームページ·····*43*

知財高判平24・6・26（平23(行ケ)10316号）裁判所ホームページ·····*41*

知財高判平24・6・28（平23(ネ)10060号）裁判所ホームページ〔地盤改良機事件〕·····*30*

知財高判平24・7・11（平23(行ケ)10297号）裁判所ホームページ·····*41*

知財高判平24・9・19（平23(行ケ)10398号）裁判所ホームページ·····*41*

知財高判平24・9・26（平24(ネ)10035号）判時2172号106頁・判タ1407号167頁〔医療用可視画像の生成方法事件〕·····*25, 29, 30*

知財高判平24・9・27（平23(行ケ)10154号）裁判所ホームページ〔複数ロボットの制御装置事件〕·····*75*

知財高判平24・10・10（平23(行ケ)10383号）裁判所ホームページ〔ダイアフラム弁事

判例索引　*1089*

件〕 ………………………………………………………………………*49*

知財高判平24・10・25（平23(行ケ)10433号）〔蛍光X線分光システム事件〕…………*39*

知財高判平24・10・29（平24(行ケ)10076号）〔ヒンダードフェノール性酸化防止剤組成物
事件〕 ………………………………………………………………………………*46*

知財高判平24・10・30（平23(ネ)10081号）裁判所ホームページ〔送受信線切替器事件〕
………………………………………………………………………………*30*

知財高判平24・11・13（平24(行ケ)10004号）裁判所ホームページ〔シュープレス用ベル
ト事件〕 ……………………………………………………………………………*42*

知財高判平24・12・5 （平24(行ケ)10134号）判タ1392号267頁……………………*37*

知財高判平24・12・17（平24(行ケ)10090号・10414号）裁判所ホームページ………*41*

知財高判平24・12・25（平23(行ケ)10418号）〔防眩フィルム事件〕 …………………*45*

名古屋高判平25・1 ・29（平24(う)125号）裁判所ホームページ〔Wii刑事事件〕………*55*

知財高判平25・1 ・30（平24(ネ)10030号）判時2190号84頁〔カニューレ挿入装置事件〕
……………………………………………………………………………*19, 36*

知財高判（大合議）平25・2 ・1 （平24(ネ)10015号）判時2179号36頁・判タ1388号77頁
〔ごみ貯蔵機器事件（紙おむつ処理容器事件）〕 …………*5, 13, 57, 59, 60, 61, 63, 65, 67*

知財高判平25・2 ・27（平24(行ケ)10200号）〔ディスプレイ用遮断層事件〕……………*45*

知財高判平25・3 ・5 （平23(ネ)10087号）〔移動体の操作傾向解析方法事件〕…………*36*

知財高判平25・3 ・6 （平24(行ケ)10043号）判時2187号71頁〔偉人カレンダー事件〕…*37*

知財高判平25・4 ・11（平24(ネ)10092号）判時2192号105頁〔生海苔の異物分離除去装置
事件（生海苔の共回り防止装置事件）〕…………………………………*23, 32, 36*

知財高判平25・4 ・11（平24(行ケ)10299号）〔液体調味料の製造方法事件〕……………*46*

知財高判平25・4 ・16（平24(行ケ)10321号）〔合わせガラス用中間膜事件〕……………*45*

知財高判平25・4 ・26（平24(行ケ)10266号）裁判所ホームページ………………………*41*

知財高判平25・6 ・6 （平24(ネ)10094号）裁判所ホームページ〔パソコン等の器具の盗
難防止用連結具事件〕 …………………………………………………*23, 30*

知財高判平25・7 ・24（平24(行ケ)10207号）裁判所ホームページ〔光学活性ピペリジン
誘導体の酸付加塩事件〕 ……………………………………………………*42*

知財高判平25・8 ・9 （平24(ネ)10093号）裁判所ホームページ〔液体インク収納容器事
件〕 ………………………………………………………………………*33, 36*

知財高判平25・8 ・28（平25(ネ)10012号）裁判所ホームページ〔護岸の連続構築方法事
件〕 ……………………………………………………………………………*36*

知財高判平25・9 ・10（平24(行ケ)10424号）裁判所ホームページ〔船舶事件〕…………*44*

知財高判平25・9 ・19（平24(行ケ)10387号）〔安定化された臭化アルカン溶媒事件〕…*45*

知財高判平25・9 ・19（平24(行ケ)10435号）裁判所ホームページ〔窒化ガリウム系発光
素子事件〕 ……………………………………………………………………*78*

知財高判平25・10・16（平25(行ケ)10035号）裁判所ホームページ ……………………*41*

知財高判平25・11・6 （平25(ネ)10035号）裁判所ホームページ〔回転歯ブラシの製造方
法及び製造装置事件〕 ………………………………………………*13, 59, 60*

知財高判平25・12・19（平24(ネ)10054号）判時2228号109頁〔ヌードマウス事件〕……*27*

知財高判平26・2 ・26（平25(ネ)10075号等）〔携帯ストラップ事件〕…………………*67*

1090 判例索引

知財高判平26・3・26（平25(ネ)10017号・10041号）判タ1423号201頁〔オープン式発酵
処理装置事件（攪拌機用パドル及び発酵処理装置事件）〕......................*13, 27, 30, 59*

知財高判平26・3・26（平25(行ケ)10172号）〔渋味のマスキング方法事件〕..............*45*

知財高判平26・3・26（平25(行ケ)10178号）判時2228号103頁〔スノーボード用ビンディ
ング事件〕...*38*

知財高判平26・3・27（平25(ネ)10026号等）................................*67*

知財高決平26・5・16（平25(ラ)10008号）裁判所ホームページ〔サムスン対アップル事
件（抗告審）〕...*10*

知財高判（大合議）平26・5・16（平25(ネ)10043号）判時2224号146頁〔アップル対サム
スン事件（iPhone事件）〕...............................*3, 19, 52, 53, 54, 55*

知財高判平26・5・21（平25(ネ)10108号）裁判所ホームページ〔Web-POS事件〕......*25*

知財高判平26・5・28（平26(行ケ)10028号）〔携帯電子機器用ケース事件〕..............*71*

知財高判（大合議）平26・5・30（平25(行ケ)10195号～10198号）判時2232号3頁〔ベバ
シズマブ事件〕...*56*

知財高判平26・7・30（平25(行ケ)10058号）裁判所ホームページ〔局所的眼科用処方物
事件〕...*77*

知財高判平26・8・28（平25(行ケ)10314号）裁判所ホームページ *41*

知財高判平26・9・11（平26(ネ)10022号）裁判所ホームページ〔電話番号情報の自動作
成装置事件〕...*13, 60, 61*

知財高判平26・9・17（平25(ネ)10090号）判時2247号103頁〔共焦点分光分析事件〕
....*3, 12, 36, 84*

知財高判平26・9・24（平26(行ケ)10014号）裁判所ホームページ〔知識データベース，
論理演算方法，プログラム等特許審決取消請求事件〕.........................*37*

知財高判平26・10・16（平26(行ケ)10018号）裁判所ホームページ〔システム事件〕......*44*

知財高判平26・12・4（平25(ネ)10103号・平26(ネ)10020号）判時2276号90頁......*13, 73*

知財高判平26・12・17（平25(ネ)10025号）裁判所ホームページ〔金属製ワゴン事件〕...*60*

知財高判平27・3・11（平25(行ケ)10330号）裁判所ホームページ〔揺動型遊星歯車装置
事件〕...*49*

知財高判平27・3・11（平26(行ケ)10204号）裁判所ホームページ〔経皮吸収製剤事件
1〕...*76*

知財高判平27・3・19（平26(行ケ)10184号）〔架電接続装置，架電接続方法，架電接続プ
ログラム，及び架電受付サーバ事件〕.....................................*71*

知財高判平27・4・23（平26(行ケ)10105号ほか）裁判所ホームページ〔デジタル映像記
録装置事件〕...*76*

知財高判平27・4・28（平25(ネ)10097号）裁判所ホームページ〔蓋体及びこの蓋体を備
える容器事件〕...*60, 61, 64*

知財高判平27・4・28（平25(行ケ)10250号）................................*46*

知財高判平27・5・12（平26(行ケ)10199号）................................*77*

知財高判平27・5・28（平26(ネ)10112号）裁判所ホームページ〔パチンコ台取付装置事
件〕...*30*

福岡高判平27・6・17（平26(ネ)791号）裁判所ホームページ〔エマックス事件〕........*55*

判例索引　　*1091*

知財高判平27・7・15（平26(行ケ)10262号）裁判所ホームページ〔有精卵の検査法および装置事件〕……………………………………………………………………*74, 77*

知財高判平27・7・16（平26(行ケ)10232号）〔動的な触覚効果を有するマルチタッチデバイス事件〕……………………………………………………………………………*71*

知財高判平27・8・26（平26(行ケ)10235号）………………………………………………*77*

東京高決平27・9・11（平27(ラ)1322号）判時2320号40頁…………………………………*72*

東京高決平27・9・14（平27(ラ)1444号）判時2320号43頁…………………………………*72*

知財高判平27・10・8（平26(ネ)10111号）裁判所ホームページ〔粉粒体の混合及び微粉除去装置事件〕…………………………………………………………………………*30*

知財高判平27・10・28（平26(ネ)10107号）裁判所ホームページ〔経皮吸収製剤事件3〕………………………………………………………………………………………*76*

知財高判平27・11・12（平27(ネ)10048号・10088号）判時2287号91頁〔生海苔の共回り防止装置事件〕…………………………………………………………………………*62*

知財高判平27・11・12（平27(ネ)10076号）裁判所ホームページ〔円テーブル装置事件〕………………………………………………………………………………………*30*

知財高判平27・11・19（平25(ネ)10051号）判タ1425号179頁〔オフセット転輪機版胴事件〕…………………………………………………………*3, 13, 59, 64, 65, 67*

知財高判平27・11・26（平26(行ケ)10254号）〔青果物包装用袋事件〕…………………*45*

知財高判平27・11・26（平27(ネ)10038号）裁判所ホームページ〔移動体の運行管理方法事件〕……………………………………………………………………………………*25*

知財高判平27・12・16（平26(ネ)10124号）裁判所ホームページ〔シートカッター事件〕……………………………………………………………………………………*23, 36*

知財高判平27・12・16（平26(行ケ)10198号）……………………………………………*49*

知財高判平27・12・24（平27(ネ)10031号等）裁判所ホームページ〔ピタバスタチンカルシウム塩事件〕…………………………………………………………………………*26*

知財高判平28・1・14（平27(行ケ)10069号）判時2310号134頁〔棒状ライト事件〕……*38*

知財高判平28・2・24（平27(行ケ)10130号）判タ1437号130頁〔省エネ行動シート事件〕………………………………………………………………………………………*37*

知財高判平28・3・9（平27(行ケ)10105号）〔オキサリプラティヌムの医薬的に安定な製剤事件〕……………………………………………………………………………………*45*

知財高判（大合議）平28・3・25（平27(ネ)10014号）民集71巻3号544頁・判時2306号87頁〔マキサカルシトール事件〕………………………………*1, 3, 25, 27, 28, 29*

知財高判平28・3・28（平27(ネ)10029号）判タ1428号53頁〔NTTドコモ債務不存在確認事件〕……………………………………………………………………………………*70*

知財高判平28・3・28（平27(ネ)10107号）裁判所ホームページ〔多接点端子を有する電気コネクタ事件〕…………………………………………………………………………*36*

知財高判平28・3・30（平26(ネ)10080号等）裁判所ホームページ〔スピネル型マンガン酸リチウムの製造方法事件〕……………………………………………………………*23*

知財高判平28・3・30（平27(ネ)10098号）裁判所ホームページ〔エミュレーションシステム用集積回路事件〕………………………………………………………………………*28*

知財高判平28・4・13（平27(行ケ)10114号）裁判所ホームページ〔タイヤ事件〕………*42*

1092 判例索引

知財高判平28・4・13（平27(ネ)10125号）裁判所ホームページ〔スパッタリングターゲット事件〕‥‥‥‥‥‥‥‥‥‥‥‥‥‥‥‥‥‥‥‥‥‥‥‥‥‥‥‥‥‥‥‥‥‥‥‥ 26, 30

知財高判平28・5・18（平27(行ケ)10139号）裁判所ホームページ〔スロットマシン事件〕‥‥ 77

知財高判平28・6・1（平27(ネ)10091号）判時2322号106頁・判タ1433号142頁〔破袋機事件〕‥‥‥‥‥‥‥‥‥‥‥‥‥‥‥‥‥‥‥‥‥‥‥‥‥‥‥‥‥‥ 3, 58, 59, 65

知財高判平28・6・29（平28(ネ)10007号）判タ1438号102頁〔振動機能付き椅子事件〕‥‥‥‥‥‥‥‥‥‥‥‥‥‥‥‥‥‥‥‥‥‥‥‥‥‥‥‥‥‥‥‥‥‥‥‥‥‥ 28, 29

知財高判平28・7・28（平28(ネ)10023号）裁判所ホームページ〔メニエール病治療薬事件〕‥‥‥‥‥‥‥‥‥‥‥‥‥‥‥‥‥‥‥‥‥‥‥‥‥‥‥‥‥‥‥‥‥‥‥‥‥‥ 26

知財高決平28・8・10（平28(ラ)10013号）裁判所ホームページ〔移送決定に対する抗告事件〕‥‥‥‥‥‥‥‥‥‥‥‥‥‥‥‥‥‥‥‥‥‥‥‥‥‥‥‥‥‥‥‥‥‥‥‥‥ 20

知財高判平28・8・24（平27(行ケ)10245号）裁判所ホームページ〔臀部拭き取り装置事件〕‥‥‥‥‥‥‥‥‥‥‥‥‥‥‥‥‥‥‥‥‥‥‥‥‥‥‥‥‥‥‥‥‥‥‥‥‥‥ 49

知財高判平28・9・28（平27(ネ)10016号）裁判所ホームページ〔ティシュペーパー（製品）の製造設備事件〕‥‥‥‥‥‥‥‥‥‥‥‥‥‥‥‥‥‥‥‥‥‥‥‥‥‥‥ 26, 30

知財高判平28・10・5（平28(ネ)10056号）裁判所ホームページ〔スパッタリングターゲット事件〕‥‥‥‥‥‥‥‥‥‥‥‥‥‥‥‥‥‥‥‥‥‥‥‥‥‥‥‥‥‥‥‥‥‥‥‥ 26

知財高判平28・12・8（平28(ネ)10031号）裁判所ホームページ〔オキサリプラチン製剤事件〕‥‥‥‥‥‥‥‥‥‥‥‥‥‥‥‥‥‥‥‥‥‥‥‥‥‥‥‥‥‥‥‥‥‥ 23, 36

知財高判平29・1・18（平27(行ケ)10233号）〔透明不燃性シートからなる防煙垂壁事件〕‥‥ 77

知財高判平29・1・18（平27(行ケ)10234号）〔透明不燃性シート及びその製造方法事件〕‥‥‥‥‥‥‥‥‥‥‥‥‥‥‥‥‥‥‥‥‥‥‥‥‥‥‥‥‥‥‥‥‥‥‥‥‥‥‥ 77

知財高判平29・1・18（平28(ネ)10003号）裁判所ホームページ〔透明不燃性シート事件〕‥‥‥‥‥‥‥‥‥‥‥‥‥‥‥‥‥‥‥‥‥‥‥‥‥‥‥‥‥‥‥‥‥‥‥‥‥‥ 26

知財高判平29・1・18（平28(行ケ)10005号）〔眼科用組成物事件〕‥‥‥‥‥‥‥ 45

知財高判（大合議）平29・1・20（平28(ネ)10046号）〔エルプラット事件〕‥‥‥‥ 56

知財高判平29・1・25（平27(行ケ)10230号）裁判所ホームページ〔噴出ノズル管の製造方法並びにその方法により製造される噴出ノズル管事件〕‥‥‥‥‥‥‥‥‥ 47

知財高判平29・2・2（平28(行ケ)10001号・10018号・10082号）〔葉酸代謝拮抗薬の組み合わせ療法事件〕‥‥‥‥‥‥‥‥‥‥‥‥‥‥‥‥‥‥‥‥‥‥‥‥‥‥‥‥‥‥‥ 46

知財高判平29・2・14（平28(行ケ)10112号）裁判所ホームページ〔ピペリジンジオン多結晶体及び薬用組成物事件〕‥‥‥‥‥‥‥‥‥‥‥‥‥‥‥‥‥‥‥‥‥‥‥‥ 42

知財高判平29・2・22（平28(ネ)10082号）裁判所ホームページ〔生海苔異物分離装置における生海苔の共回り防止装置事件〕‥‥‥‥‥‥‥‥‥‥‥‥‥‥‥‥‥‥‥ 58

知財高判平29・2・28（平28(行ケ)10103号）裁判所ホームページ〔捆線器事件〕‥‥‥ 75

知財高判平29・3・8（平27(行ケ)10167号）裁判所ホームページ〔オキサリプラチン溶液組成物事件〕‥‥‥‥‥‥‥‥‥‥‥‥‥‥‥‥‥‥‥‥‥‥‥‥‥‥‥‥‥‥‥‥‥ 45

知財高判平29・3・14（平28(ネ)10100号）裁判所ホームページ〔魚釣用電動リール事件〕‥‥‥‥‥‥‥‥‥‥‥‥‥‥‥‥‥‥‥‥‥‥‥‥‥‥‥‥‥‥‥‥‥‥‥‥‥‥ 36

判例索引　*1093*

知財高判平29・5・10（平28（行ケ）10114号）……………………………………*49*

知財高判平29・5・30（平28（ネ）10154号）裁判所ホームページ〔マキサカルシトール事件〕……………………………………………………………………………………*76*

知財高判平29・6・6（平29（行ケ）10103号）裁判所ホームページ〔無洗米事件〕………*77*

知財高判平29・6・8（平28（行ケ）10147号）裁判所ホームページ〔トマト含有飲料事件〕……………………………………………………………………………………………*44*

知財高判平29・7・11（平28（行ケ）10180号）裁判所ホームページ〔ランフラットタイヤ事件〕……………………………………………………………………………………*42*

知財高判平29・7・12（平28（行ケ）10160号）裁判所ホームページ〔経皮吸収製剤事件2〕……………………………………………………………………………………………*76*

知財高判平29・7・27（平29（ネ）10016号）〔オキサリプラチヌムの医薬的に安定な製剤事件〕……………………………………………………………………………………*45*

知財高判平29・8・3（平28（行ケ）10119号）裁判所ホームページ〔ワイパモータ事件〕……………………………………………………………………………………………*75*

知財高判平29・8・30（平28（行ケ）10187号）〔可逆熱変色性筆記具用水性インキ組成物事件〕……………………………………………………………………………………*45*

大阪高判平29・9・21（平29（ネ）245号）裁判所ホームページ ………………………*55*

知財高判平29・10・25（平28（行ケ）10092号）〔分散組成物及びスキンケア用化粧料並びに分散組成物の製造方法事件〕……………………………………………………*71*

知財高判平29・12・21（平29（ネ）10027号）〔外国為替取引システム事件〕……………*25*

■地方裁判所

大阪地判昭27・5・29（昭23（ワ）692号・昭24（ワ）159号）下民集3巻5号719頁〔田所農機事件〕……………………………………………………………………………………*7*

東京地判昭30・9・9（昭29（ヨ）9026号）判タ54号43頁〔クロルテトラサイクリン仮処分事件〕……………………………………………………………………………………*68*

東京地判昭34・6・23（昭33（ヨ）6958号）判タ92号74頁………………………………*10*

大阪地判昭36・5・4（昭35（ヨ）493号）下民集12巻5号937頁〔スチロピーズ事件〕…*31*

東京地判昭38・6・5（昭36（ワ）5640号）下民集14巻6号1074頁〔自動連続給粉機事件〕……………………………………………………………………………………*47, 81*

東京地判昭38・9・21（昭36（ワ）3538号）判タ154号150頁……………………………*2*

東京地判昭39・5・30（昭38（ヨ）2387号）判タ162号167頁〔テトラポット事件〕………*50*

東京地判昭39・11・14（昭34（ワ）4199号）判時407号54頁〔バドミントン用羽子事件〕…*62*

東京地判昭40・5・27（昭35（ワ）548号）下民集16巻5号923頁………………………*14*

東京地判昭40・8・31（昭37（ワ）9862号）判タ185号209頁〔カム装置事件〕……… *12, 13*

東京地判昭41・11・15（昭39（ワ）10175号）無体集1巻121頁〔ボールペン事件〕………*22*

東京地判昭43・6・5（昭42（モ）2928号）判タ226号192頁……………………………*10*

大阪地判昭43・6・19（昭43（ワ）867号・3776号）判タ223号200頁 ……………………*2*

大阪地判昭44・6・9（昭43（保モ）3713号）無体集1巻160頁〔ボーリング用自動ピン立て装置事件〕……………………………………………………………………………*54*

東京地判昭44・12・22（昭41（ワ）11570号）無体集1巻396頁・判タ243号252頁〔座卓用折

畳自在脚事件〕 ···································· 2, 5, 35, 66

大阪地判昭45・2・27（昭43(ワ)7003号）無体集2巻1号71頁〔パーカー事件〕·········55

富山地判昭45・9・7（昭41(ワ)30号）無体集2巻2号414頁〔メラミンの製造法事件〕
·································2, 62

大阪地判昭46・9・10（昭43(ワ)7583号）判タ274号337頁····························· 4

奈良地判昭45・10・23（昭45(ヨ)37号）判時624号78頁〔フォセコ・ジャパン事件〕······50

東京地判昭46・11・26（昭45(ワ)7935号）判時650号52頁〔ビタミンＢ６－ジサルファイ
ドの製法事件〕···························68

大阪地判昭47・1・31（昭45(ワ)1047号）無体集4巻1号9頁・判タ276号360頁〔チュー
ブマット事件〕···························32

秋田地判昭47・2・7（昭46(ワ)163号）判時664号80頁〔蹄鉄考案事件〕··············32

東京地判昭47・3・17（昭45(ワ)2700号）無体集4巻1号98頁・判タ278号374頁〔フイゴ
履事件〕·······························2, 7

東京地判昭47・7・21（昭46(モ)20184号）無体集4巻2号433頁・判時698号77頁〔テト
ラサイクリン輸入禁止仮処分事件〕···················· 10, 68

東京地判昭47・9・27（昭42(ワ)14112号）判タ288号277頁〔メトカルバモール事件〕···68

東京地判昭48・2・28（昭43(ワ)15198号）判タ302号305頁 ····················· 2

東京地判昭48・5・28（昭41(ワ)7337号）裁判所ホームページ·····················50

東京地判昭48・8・31（昭44(ワ)3882号）無体集5巻2号261頁〔マーキュリー事件〕···55

東京地判昭48・9・17（昭45(ワ)11422号）無体集5巻2号280頁·····················38

名古屋地判昭49・1・25（昭42(ワ)692号）判時746号70頁····················· 5

大阪地判昭49・1・31（昭45(ワ)298号）判タ311号242頁 ····················· 2

大阪地判昭49・9・10（昭47(ワ)2171号・昭46(ワ)4803号）〔チャコピー事件〕·········· 7

大阪地判昭50・3・28（昭48(ワ)1188号）判タ328号364頁····················· 2

大阪地判昭50・4・11（昭47(ワ)1135号の9）判タ326号328頁〔合着耐圧ホース事件〕
·································68

東京地判昭50・10・6（昭50(ワ)2377号・2508号）判タ338号324頁〔火災感知器付き電気
時計事件〕····························· 7

東京地判昭50・11・10（昭47(ワ)3375号）無体集7巻2号426頁〔オレフィン重合触媒事
件〕·································32

東京地判昭51・7・21（昭47(ワ)11105号）判タ352号313頁〔ナリジクス酸事件〕·········68

大阪地決昭51・8・4（昭51(ヨ)2469号）無体集8巻2号324頁〔STP事件〕 ··········55

名古屋地判昭51・11・26（昭49(ワ)1941号）判時852号95頁〔硝子容器製造方法事件〕···80

大阪地判昭52・1・21（昭50(ワ)1227号）判タ361号331頁〔封筒輪転製袋機事件〕······ 7

大阪地判昭52・2・25（昭50(ワ)1030号）判タ353号284頁〔アロプリノール事件〕······68

東京地判昭52・7・22（昭50(ワ)2564号）無体集9巻2号544頁〔貸ロッカー事件〕······23

東京地判昭53・2・10（昭49(ワ)5716号）判時903号64頁〔トランス体カルボン酸の製造
法事件〕·······························68

東京地判昭53・3・27（昭49(ワ)1767号）判タ368号360頁〔盛光事件〕·····················60

東京地判昭53・5・31（昭52(ワ)739号）無体集10巻1号216頁〔テクノス事件〕·········55

大阪地判昭53・12・15（昭52(ワ)7504号）判タ386号138頁〔打込用ピン事件〕·········· 7

判例索引　　1095

大阪地判昭54・2・16（昭52（ワ）3654号）無体集11巻1号48頁・判時940号77頁〔装飾化粧板事件〕………………………………………………………………………………………32

大阪地判昭54・2・28（昭52（ワ）1189号）判タ398号157頁〔折畳式美容健康運動具事件〕………………………………………………………………………………………………7

大阪地判昭54・2・28（昭52（ワ）3461号・2236号）無体集11巻1号92頁〔人工植毛用植毛器事件〕………………………………………………………………………………5, 65

東京地判昭54・3・23（昭48（ワ）4882号）無体集11巻1号157頁〔ジピリダモール事件（原審）〕…………………………………………………………………………………68

東京地判昭54・6・4（昭51（ワ）5073号・昭52（ワ）3703号）判タ396号135頁〔ナット供給装置事件〕……………………………………………………………………………………7

大阪地判昭54・9・12（昭52（ワ）1180号・2646号）判例不正競業法1250ノ5頁〔バキュームカー事件〕……………………………………………………………………………………7

大阪地判昭54・10・17（昭52（ワ）6183号）無体集11巻2号472頁〔ケントンＮカプセル事件〕……………………………………………………………………………………………68

大阪地判昭54・11・28（昭53（ワ）1898号）判例工業所有権法〔第2期版〕2851の391頁〔エチケットブラシ事件〕……………………………………………………………………60

東京地判昭55・1・30（昭51（ワ）1805号）特企135号67頁〔茹麺の製造装置事件〕………7

大阪地決昭55・5・20（昭54（ヨ）202号）取消集昭和55年235頁〔スルピリド事件〕……68

大阪地判昭55・6・16（昭55（ヨ）1758号）Westlaw〔試験管台事件〕………………………23

大阪地判昭55・10・31（昭50（ワ）4016号・3925号・昭54（ワ）4824号）無体集12巻2号632頁〔子供乗物用タイヤーの製造事件〕………………………………………………………66

浦和地判昭55・12・3（昭52（ワ）40号）判例工業所有権法2305の137の1354頁〔人形頭の製造型事件〕…………………………………………………………………………………51

東京地判昭56・2・25（昭50（ワ）9647号）無体集13巻1号139頁・判時1007号72頁〔交換レンズ事件〕………………………………………………………………………3, 32, 34

大阪地判昭56・3・27（昭51（ワ）5493号・5571号・昭52（ワ）4952号）判例工業所有権法2305の143の63頁〔電子的監視装置事件〕……………………………………………………61

大阪地判昭57・8・31（昭55（ワ）427号）判例工業所有権法2535の5の495の805頁〔蚊遣線香燻し器事件〕…………………………………………………………………35, 66

名古屋地判昭57・10・15（昭55（ワ）1078号・昭53（ワ）1740号）〔ヤマハ特約店事件〕……7

東京地判昭57・11・29（昭51（ワ）5417号）Westlaw〔塗料供給装置事件〕………………23

秋田地判昭58・3・23（昭54（ワ）340号）無体集15巻1号229頁〔はたはたの燻製事件〕…………………………………………………………………………………………………68

大阪地判昭58・12・9（昭56（ワ）695号）判例工業所有権法2327の99の303頁〔梅エキスを主成分とした固形食品の製造方法事件〕………………………………………………68

名古屋地判昭59・2・27（昭52（ワ）1615号・昭56（ワ）2711号）無体集16巻1号91頁〔ウォーキングビーム式加熱炉事件〕……………………………………………………………7

大阪地判昭59・4・26（昭58（ワ）3453号）無体集16巻1号271頁………………………13

東京地判昭59・8・31（昭55（ワ）7916号）判時1127号138頁〔藤田嗣治絵画事件〕………61

名古屋地判昭59・8・31（昭56（ワ）558号）無体集16巻2号568頁〔マグネット式筆入れ事件〕…………………………………………………………………………………………………7

1096 判例索引

東京地判昭59・10・26（昭55(ワ)429号）判タ543号205頁〔ダイヤモンドの焼結体製造方法事件〕·······68

大阪地判昭59・10・26（昭57(ワ)8863号）判タ543号171頁〔競馬騎手用手袋事件〕······7

東京地判昭59・12・7（昭54(ワ)8489号）無体集16巻3号760頁〔ラコステ事件〕·······55

大阪地判昭59・12・20（昭57(ワ)7035号）無体集16巻3号803頁〔ヘアーブラシ意匠事件（セットブラシ事件）〕······5, 12, 13

大阪地判昭60・10・23（昭57(ワ)269号）判タ576号91頁〔電線保護カバー事件〕·······7

東京地判昭61・8・29（昭54(ワ)11139号・昭55(ワ)2799号）特企214号64頁〔米粒水分添加方法事件〕·······7

東京地判昭62・7・10（昭60(ワ)6428号・7463号・昭61(ワ)671号）無体集19巻2号231頁・判時1246号128頁・判タ655号233頁〔除草剤事件〕······2, 51

大阪地判昭62・10・26（昭58(ワ)4025号）判時1304号118頁〔軽量耐火物事件〕·······26

大阪地判昭62・11・25（昭59(ワ)7127号）無体集19巻3号434頁・判時1280号126頁〔寄木模様建材の製造法事件〕······35, 66

東京地判昭62・12・4（昭58(ワ)10463号）〔防煙用仕切り壁事件〕·······23

東京地判昭63・2・29（昭59(ワ)2996号）無体集20巻1号76頁・判時1267号134頁・判タ663号188頁〔ソフトコンタクト・レンズ洗浄法事件〕·······32

名古屋地判昭63・3・25（昭60(ワ)1833号）判時1277号146頁〔BBS事件〕······55

東京地判昭63・3・28（昭59(ワ)8076号・昭61(ワ)6094号）判例工業所有権法2327の99の83頁〔カルバドックス事件〕·······68

大阪地判平元・8・30（昭60(ワ)5558号）判例工業所有権法〔第2期版〕5469の11頁・Westlaw〔表装用等の加熱プレス事件（ドライプレス事件）〕······23, 62

東京地判平元・9・27（昭63(ワ)2295号）裁判所ホームページ〔なす鐶事件〕······50

大阪地判平元・10・9（昭61(ワ)2367号）無体集21巻3号776頁〔元禄寿司事件〕·······60

名古屋地判平元・12・22（昭59(ワ)3813号）裁判所ホームページ〔耐火炉事件〕·······50

東京地判平2・2・16（平元(モ)7011号）無体集22巻1号1頁·······10

大阪地判平2・10・9（昭63(ワ)3368号）無体集22巻3号651頁〔ロビンソン事件〕······55

神戸地判平2・10・29（昭62(ワ)62号）判タ752号222頁〔電子晴雨計事件〕·······23

東京地判平2・12・26（平元(ワ)13450号）無体集22巻3号873頁〔ゲス事件〕······55

東京地判平3・3・11（昭63(ワ)17513号）裁判所ホームページ〔汗取バンド事件〕······50

大阪地判平3・5・27（昭58(ワ)1371号）知財集23巻2号320頁〔二軸強制混合機事件〕·······62

名古屋地判平3・7・31（昭62(ワ)3781号）判時1423号116頁〔薄形玉貸機事件〕·······80

大阪地判平3・12・25知財集23巻3号850頁〔ピペミド酸事件〕·······68

金沢地判平4・1・23知財集24巻1号50頁〔塩酸ニカルジピン製剤の製造法事件〕·····68

大阪地判平4・3・24判時1453号152頁〔塩酸ニカルジピン事件〕·······68

東京地判平4・3・27判タ793号232頁・特企289号43頁·······24

東京地判平4・5・27（昭63(ワ)1607号）知財集24巻2号412頁〔テレビゲーム事件〕···55

長野地判平4・10・8（平2(ワ)77号）判例不正競業法1250ノ172ノ90頁〔きのこ培養瓶のキャップ事件〕·······7

大阪地判平4・11・26判時1458号141頁〔アルファカルシドール・クラレ事件〕·······68

判例索引　　*1097*

千葉地判平４・12・14知財集24巻３号894頁〔建築用板材連結具事件（面構造材の連結方法事件）〕……………………………………………………………………… *50, 52*

名古屋地判平４・12・21（昭63（ワ）2711号・2712号）Westlaw〔揺動撰穀装置事件〕… *23*

名古屋地判平５・２・17（平３（ワ）2834号・平４（ワ）733号）判例不正競業法1250ノ172ノ142頁〔ペーパーコア事件〕……………………………………………………… *7*

静岡地決平５・４・７（平３（ヨ）165号）判例不正競業法1250ノ172ノ146ノ１頁〔折畳ふとん干具事件〕………………………………………………………………………… *7*

東京地判平５・４・16判例工業所有権法〔第二期版〕2623の37頁〔新規ポリペプチドの製造法事件〕…………………………………………………………………………… *68*

福岡地久留米支判平５・７・16（昭59（ワ）192号・昭61（ワ）262号）裁判所ホームページ〔提灯袋製造装置事件〕………………………………………………………………… *50*

名古屋地判平５・11・26（昭57（ワ）1640号ほか）Westlaw〔包装装置事件〕……………… *23*

名古屋地判平５・11・26（昭60（ワ）110号・129号のイ）LEX／DB25106507〔包装装置事件〕………………………………………………………………………………… *23*

東京地判平６・７・22（平４（ワ）16565号）民集51巻６号2401頁・知財集26巻２号733頁〔BBS並行輸入事件〕………………………………………………………… *54, 55*

東京地判平６・７・29（平元（ワ）3743号）判時1513号155頁〔混水精米方法事件〕……… *32*

大阪地判平６・２・24（平４（ワ）11250号）判時1522号139頁〔マグアンプK事件〕…… *55*

大阪地判平６・10・27（平５（ワ）8288頁）判例不正競業法1250ノ172ノ161頁〔家具に使用する開き戸装置事件〕…………………………………………………………………… *7*

東京地判平６・12・26（昭52（ワ）771号）判例不正競業法1250ノ172ノ169頁〔穀類選別機事件〕…………………………………………………………………………………… *7*

大阪地判平７・５・30知財集27巻２号386頁〔配線用引出棒事件〕……………………… *50*

広島地福山支判平７・１・18（平４（ワ）191号）裁判所ホームページ〔編手袋事件〕…… *50*

大阪地判平７・７・11（平３（ワ）585号）裁判所ホームページ〔アンカーの製造方法事件〕…………………………………………………………………………………………… *50*

大阪地判平７・７・11（平５（ワ）11287号）判時1544号110頁〔ワイズ事件〕………… *55*

大阪地判平７・８・31（平２（ワ）8704号・平３（ワ）9321号）判例不正競業法1250ノ172ノ268頁〔ゴリラ・ブルドッグぬいぐるみ事件〕………………………………………… *7*

京都地判平７・11・30（平４（ワ）1122号・平５（ワ）3234号）判例不正競業法1250ノ172ノ307頁〔組帯事件〕…………………………………………………………………………… *7*

名古屋地決平８・３・６判例工業所有権法〔第２期版〕2229の52頁〔塩酸チアプリド事件〕…………………………………………………………………………………………… *51*

大阪地判平８・３・26（平５（ワ）8961号）Westlaw〔表示紙事件〕…………………… *23*

大阪地判平８・５・30（平５（ワ）7078号）判時1591号99頁〔クロコダイル事件〕……… *55*

松山地決平８・11・19（平７（ヨ）194号）判時1608号139頁………………………………… *50*

大阪地決平９・２・７判時1614号124頁〔ノルフロキサシン事件（新規置換キノリンカルボン酸事件）〕]………………………………………………………………… *50, 51*

東京地判平９・７・18判時1616号34頁〔カルボスチリル誘導体事件〕…………………… *51*

東京地決平９・７・22（平２（ワ）5678号等）判タ961号277頁………………………………… *70*

東京地判平９・８・29判時1616号44頁〔アシクロビル事件〕……………………………… *51*

1098 判 例 索 引

神戸地判平9・11・19（平7（ワ）290号）裁判所ホームページ〔ホイールクレーン杭打工法事件〕··········*50*

名古屋地判平9・11・28知財協判例集平9年V 2145頁··········*51*

東京地判平10・2・9判時1632号119頁··········*2*

名古屋地判平10・3・6（平4（ワ）474号・808号）判タ1003号277頁〔示温材料事件〕···*62*

名古屋地判平10・3・18（平6（ワ）1811号）Westlaw〔シャッタの自動開閉システム事件〕··········*23*

東京地判平10・3・23判時1637号121頁··········*2*

大阪地判平10・4・16判タ998号232頁〔グアニジノ安息香酸誘導体事件〕··········*51*

東京地判平10・5・29（平5（ワ）24523号）Westlaw〔タイヤ着脱装置事件〕··········*23*

東京地判平10・7・24（平7（ワ）20095号）判時1661号128頁〔寒梅事件〕··········*60*

大阪地判平10・9・17（平7（ワ）2090号・平8（ワ）13075号）判タ1021号258頁〔網焼プレート事件〕··········*60*

大阪地判平10・9・17（平8（ワ）8927号）知財集30巻3号570頁・判時1664号122頁〔徐放性ジクロフェナクナトリウム製剤事件〕··········*28, 30*

東京地判平10・10・7（平3（ワ）10687号）判時1657号122頁〔負荷装置システム事件〕··········*3, 16*

東京地判平10・10・12判時1653号54頁〔シメチジン製剤事件〕··········*68*

大阪地判平10・11・26（平8（ワ）8750号）判例不正競業法1250ノ172ノ330頁〔モデルガン事件〕··········*7*

東京地判平10・12・18（平8（ワ）18246号）判時1676号116頁〔ヒートシール装置事件〕··········*32*

東京地判平10・12・22（平5（ワ）8012号）Westlaw〔カセット充填装置事件〕··········*23*

東京地判平10・12・22（平8（ワ）22124号）判時1674号152頁〔磁気媒体リーダー事件〕··········*5, 23, 44*

東京地判平10・12・25（平6（ワ）5563号）判時1680号112頁〔キャラウェイゴルフ事件〕··········*55*

東京地判平11・1・18（平8（ワ）17646号）判時1687号136頁・判タ997号262頁〔エレッセ事件〕··········*55*

東京地判平11・1・28（平8（ワ）14828号・14833号）判時1664号109頁・判タ994号292頁〔徐放性ジクロフェナクナトリウム製剤事件〕··········*27, 28, 29, 30*

大阪地判平11・3・18（平7（ワ）13135号）LEX／DB28041856〔情報処理装置事件〕···*23*

大阪地判平11・5・27（平8（ワ）12220号）判時1685号103頁〔注射液の調製方法及び注射装置事件〕··········*23, 27, 28, 29*

東京地判平11・7・16（平8（ワ）6636号）判時1698号132頁〔悪路脱出具事件〕··········*60*

大阪地判平11・8・31（平10（ワ）2174号）裁判所ホームページ··········*51*

大阪地判平11・9・2（平10（ワ）2175号）裁判所ホームページ··········*51*

大阪地決平11・9・21（平11（モ）5859号）判時1785号78頁〔移送申立事件〕··········*20*

大阪地判平11・10・7（平10（ワ）520号）裁判所ホームページ〔掴み機事件〕··········*50*

大阪地判平11・10・14（平8（ワ）13483号・平9（ワ）1959号・5847号）裁判所ホームページ〔混合材の塗布方法事件〕··········*30*

判例索引　*1099*

東京地判平11・12・22（平10（ワ）24号）裁判所ホームページ〔整列巻コイル事件〕……*62*

東京地判平12・1・25（平8（ワ）2803号）LEX／DB28050188 ……………………*19*

東京地判平12・1・28（平6（ワ）14241号）裁判所ホームページ〔手術用縫合針事件〕…*50*

大阪地判平12・2・22（平10（ワ）12235号）裁判所ホームページ〔シュレッダー用切断刃
事件〕 ……………………………………………………………………………………*30*

東京地判平12・2・29判時1715号76頁〔中田英寿事件〕………………………………*61*

東京地判平12・3・17（平11（ワ）771号）裁判所ホームページ〔基礎杭構造事件〕………*50*

東京地判平12・3・23（平10（ワ）11453号）判時1738号100頁〔生海苔の異物分離除去装置
事件〕 ……………………………………………………………………………… *27, 30*

東京地判平12・3・24（平10（ワ）28609号）裁判所ホームページ〔グローリー事件〕……*64*

東京地判平12・3・27判時1711号137頁〔トラニラスト製剤事件〕……………………*68*

東京地判平12・4・27判時1723号117頁〔芳香族カーボネート類の連続的製造法事件〕…*50*

大阪地判平12・5・23（平7（ワ）1110号・4251号）裁判所ホームページ〔召合せ部材取付
け用ヒンジ事件（マジックヒンジ事件）〕……………………………………… *29, 30*

東京地判平12・6・23（平8（ワ）17460号）裁判所ホームページ〔血液採取器事件〕……*64*

名古屋地判平12・8・9（平10（ワ）4108号）判タ1109号241頁〔車椅子事件〕…………*30*

大阪地判平12・8・24（平8（ワ）11946号）裁判所ホームページ〔建方補助具事件〕……*30*

東京地判平12・8・31（平8（ワ）16782号）裁判所ホームページ〔富士フィルム使い捨て
カメラ（写ルンです）事件〕 …………………………………………………………*55*

東京地判平12・8・31（平10（ワ）7865号）裁判所ホームページ〔フィルムカセット事件〕
………………………………………………………………………………………*30*

大阪地判平12・9・14（平10（ワ）11914号）………………………………………………*23*

東京地判平12・9・19（平10（ワ）15083号・平11（ワ）17279号）判例不正競業法1250ノ172
ノ421頁〔月の投影器事件〕………………………………………………………… *7*

大阪地判平12・9・26（平8（ワ）5189号）裁判所ホームページ〔自動麻雀卓における牌の
移載・上昇装置事件〕 …………………………………………………………………*58*

東京地判平12・9・27（平10（ワ）25701号）判時1735号122頁〔連続壁体の造成工法事件〕
………………………………………………………………………………………*22*

大阪地判平12・10・19判時1809号143頁〔石油燃焼器の燃料供給用電磁ポンプの製造方法
事件〕 ……………………………………………………………………………………*68*

大阪地判平12・10・24（平8（ワ）12109号）判タ1081号241頁〔製パン器事件〕…… *32, 34*

大阪地判平12・12・12（平8（ワ）1635号）〔複層タイヤ事件（第1審）〕………………*64*

大阪地判平12・12・21判タ1104号270頁………………………………………………*34*

大阪地判平12・12・26（平10（ワ）16963号・平11（ワ）17278号）裁判所ホームページ……*50*

東京地判平13・1・30（平12（ワ）186号）裁判所ホームページ〔カード発行システム事
件〕 ………………………………………………………………………………………*30*

東京地判平13・2・8（平9（ワ）5741号）………………………………………………*73*

東京地判平13・2・27（平11（ワ）15003号）〔熱交換器用パイプ事件〕…………………*71*

大阪地判平13・3・1（平10（ワ）7820号・11259号）判例工業所有権法〔第2期版〕2573
号の43頁〔環状カッタ事件〕…………………………………………………………*62*

東京地判平13・3・27（平11（ワ）17601号）裁判所ホームページ〔感熱転写シート事件〕

1100 判例索引

………………………………………………………………………………………………… *26*
東京地判平13・3・30判時1753号128頁 ………………………………………… *3*
大阪地判平13・4・19（平10(ワ)13560号）………………………………………… *48*
東京地判平13・5・22（平12(ワ)3157号）判タ1094号261頁〔電話用線路保安コネクタ配
　線盤装置事件〕………………………………………………………………… *27, 30*
東京地判平13・5・29（平12(ワ)12728号）…………………………………………… *30*
大阪地判平13・5・31（平11(ワ)10596号等）裁判所ホームページ〔地震時ロック装置事
　件〕…………………………………………………………………………………… *23*
東京地判平13・9・6（平11(ワ)24433号）裁判所ホームページ〔温風暖房機事件〕…… *62*
大阪地判平13・9・18（平12(ワ)11471号）裁判所ホームページ ………………… *26*
東京地判平13・9・20（平12(ワ)11657号）判時1801号113頁〔磁気信号記録用金属粉末事
　件〕………………………………………………………………………………… *7, 8*
東京地判平13・9・20（平12(ワ)20503号）判時1764号112頁〔電着画像形成方法事件〕
　………………………………………………………………………………………… *31*
大阪地判平13・9・20（平11(ワ)4158号）〔多機能レジャーシート事件〕…………… *66*
大阪地判平13・10・4（平12(ワ)11470号）裁判所ホームページ〔腹部揺動器具事件〕… *26*
大阪地判平13・10・9（平10(ワ)12899号）裁判所ホームページ ………………… *13*
大阪地判平13・10・18（平12(ワ)2091号）判例工業所有権法〔第2期版〕2293の656頁
　〔掘進機事件〕……………………………………………………………………… *62*
東京地判平13・10・30（平12(ワ)25830号）裁判所ホームページ〔重量物吊上用フック装
　置事件〕……………………………………………………………………………… *30*
大阪地判平13・10・30判タ1102号270頁 …………………………………………… *3*
東京地判平14・2・26（平13(ワ)10007号）裁判所ホームページ〔熱転写プリンタ事件〕
　………………………………………………………………………………………… *8*
東京地判平14・2・14（平12(ワ)26233号）判時1817号143頁〔アステカ事件〕………… *55*
東京地判平14・3・19（平11(ワ)23945号・13360号）判時1803号78頁〔スロットマシン事
　件Ⅰ，Ⅱ〕…………………………………………………………………………… *58*
東京地判平14・3・19（平11(ワ)13360号）〔スロットマシン事件〕………………… *59*
東京地判平14・4・16（平12(ワ)8456号）裁判所ホームページ…………………… *13*
大阪地判平14・4・16（平12(ワ)6322号）判時1838号132頁等〔こんにゃくの製造装置事
　件〕…………………………………………………………………………………… *30*
東京地判平14・4・25（平13(ワ)14954号）裁判所ホームページ〔生海苔の異物分離除去
　装置事件〕………………………………………………………………………… *59, 63*
大阪地判平14・4・25（平11(ワ)5104号）裁判所ホームページ〔実装基盤検査位置生成装
　置事件〕………………………………………………………………………… *19, 36, 50*
東京地判平14・5・29（平12(ワ)11906号）裁判所ホームページ〔ガス圧力式玩具銃事
　件〕…………………………………………………………………………………… *23*
東京地判平14・7・17判時1799号155頁〔ブラジャー事件〕……………………… *81*
東京地判平14・7・19（平12(ワ)22926号）裁判所ホームページ〔顆粒状ウィスカー事
　件〕…………………………………………………………………………………… *26*
東京地判平14・10・3（平12(ワ)17298号）裁判所ホームページ〔蕎麦麺製造方法事件〕

…… *12, 13*

東京地判平14・12・12（平11（ワ）19166号・平9（ワ）24064号）判時1824号93頁・判タ1131
　　号249頁〔「洗い米及びその包装方法」特許権侵害虚偽陳述事件（無洗米製造装置事
　　件）〕………………………………………………………………………………………………… *7, 8*

東京地判平15・1・20判タ1114号145頁〔資金別貸借対照表事件〕………………………………… *37*

東京地判平15・1・27（平14（ワ）23687号）〔テレホンカード事件〕………………………………… *22*

名古屋地判平15・2・10（平8（ワ）2964号）判時1880号95頁〔圧流体シリンダ事件〕
　　…… *27, 30*

東京地判平15・2・27（平11（ワ）19329号）〔溶接用エンドタブ事件〕……………………………… *66*

大阪地判平15・2・27（平13（ワ）10308号・平14（ワ）2833号）裁判所ホームページ〔セラ
　　ミックコンデンサー設計図事件〕……………………………………………………………………… *50*

大阪地判平15・4・22（平13（ワ）11003号）裁判所ホームページ〔回転式ケーシングドラ
　　イバの回転反力取り装置及び方法事件〕……………………………………………………………… *62*

東京地判平15・5・28（平14（ワ）6889号）〔Canadian Maple Syrup 事件〕…………………… *55*

東京地判平15・6・17（平14（ワ）4251号）判時1838号121頁〔マルチトール含蜜結晶事
　　件〕…… *26*

東京地判平15・6・27（平14（ワ）10522号）判時1840号92頁〔花粉のど飴事件〕………………… *65*

東京地判平15・6・30（平15（ワ）3396号）判時1831号149頁〔ボディーグローヴ事件〕
　　…… *55, 82*

東京地判平15・8・27（平13（ワ）12927号）裁判所ホームページ〔オーバーヘッド・プロ
　　ジェクタ事件〕…………………………………………………………………………………………… *62*

東京地判平15・10・16（平14（ワ）1943号）判時1874号23頁・判タ1151号109頁〔サンゴ砂
　　米国特許権事件（サンゴ化石粉末事件）〕………………………………………………………… *7, 8, 15*

東京地判平15・11・26（平13（ワ）3764号）裁判所ホームページ〔L-α-アスパルチル-L-
　　フェニルアラニンメチルエステルの晶析法事件〕………………………………………………… *68*

東京地判平15・12・18（平14（ワ）28242号）判時1852号140頁〔puma 事件〕………………… *55*

大阪地判平16・1・15（平14（ワ）12410号）裁判所ホームページ〔ポスト用異物収集装置
　　事件〕……………………………………………………………………………………………………… *30*

東京地判平16・1・28（平14（ワ）18628号）判タ1157号255頁……………………………………… *7*

東京地判平16・3・5（平15（ワ）6742号）判タ1170号286頁〔細口瓶事件〕……………………… *26*

東京地判平16・3・31判時1860号119頁〔通学用鞄事件〕……………………………………………… *5*

東京地判平16・4・23（平14（ワ）6035号）判時1892号89頁〔プリント基板用治具用クリッ
　　プ事件〕…………………………………………………………………………………………………… *33*

大阪地判平16・4・27（平15（ワ）860号）裁判所ホームページ〔点検口の蓋の取付方法事
　　件〕…… *62*

東京地判平16・5・28（平15（ワ）16055号）裁判所ホームページ〔異形コンクリートブロ
　　ック事件〕………………………………………………………………………………………………… *26*

大阪地判平16・7・29（平13（ワ）3997号）裁判所ホームページ……………………………………… *13*

東京地判平16・8・31（平15（ワ）24798号・18830号）判タ1183号320頁〔ジャストホーム
　　事件〕……………………………………………………………………………………………………… *7*

大阪地判平16・10・21（平14（ワ）10511号）裁判所ホームページ〔酸素発生陽極事件〕…*26*

1102　判例索引

大阪地判平16・11・30（平15（ワ）11200号）判時1902号140頁〔Dunlop 事件〕……………55

東京地判平16・12・28（平15（ワ）19733号等）裁判所ホームページ〔アイスクリーム充填
　苺事件〕…………………………………………………………………………………………23

東京地判平17・1・20（平15（ワ）25495号）判例集未登載〔アセスメントサービス事件〕
　……………………………………………………………………………………………………7

東京地決平17・1・31（平17（モ）858号）判時1898号73頁〔移送申立事件〕……………20

東京地判平17・2・1（平16（ワ）16732号）判タ1175号120頁………………………………32

東京地判平17・2・10判時1906号144頁・判タ1196号209頁〔アミノ酸含有顆粒製剤事件〕
　……………………………………………………………………………………………………38

大阪地判平17・2・10（平15（ワ）4726号）判時1909号78頁〔病理組織検査標本作成用トレ
　イ事件〕…………………………………………………………………………………59, 62, 64

東京地判平17・2・23（平16（ワ）10431号）〔「光る！白バイマスコット」事件（物品名
　「装飾用下げ飾り」）〕…………………………………………………………………………71

大阪地判平17・2・28（平15（ワ）10959号・平16（ワ）4755号）裁判所ホームページ〔スパ
　ッタリングターゲット材事件〕………………………………………………………………50

東京地判平17・3・10（平15（ワ）5813号・23633号）判時1918号67頁・判タ1207号228頁
　〔多機能測量計測システム」及び「トンネル断面のマーキング方法」事件〕
　…………………………………………………………… 32, 35, 60, 61, 62, 66

東京地判平17・3・15判時1894号110頁〔グッドバイ・キャロル事件〕……………………61

大阪地判平17・3・31（平16（ワ）12945号）裁判所ホームページ〔電子レンジ用容器事
　件〕………………………………………………………………………………………………30

東京地判平17・4・8（平15（ワ）3552号）判時1903号127頁 ………………………………2, 73

名古屋地判平17・4・28判時1917号142頁〔移載装置事件〕…………………………………50

東京地判平17・5・30（平15（ワ）25968号）裁判所ホームページ〔熱膨張性マイクロカプ
　セル事件〕………………………………………………………………………………………26

東京地判平17・5・31（平15（ワ）11238号）判時1969号108頁〔誘導電力分配システム事
　件〕…………………………………………………………………………………………… 13, 65

大阪地判平17・6・24（平16（行ウ）28号）判タ1222号163頁〔食糧費公文書反復非公開決
　定取消請求事件〕………………………………………………………………………………79

東京地判平17・7・5（平15（ワ）10368号）…………………………………………………73

東京地判平17・7・7（平16（ワ）7716号）裁判所ホームページ〔施工面敷設ブロック事
　件〕………………………………………………………………………………………………30

大阪地判平17・7・28（平16（ワ）9318号）裁判所ホームページ〔モンキーレンチ事件〕
　……………………………………………………………………………………………………50

東京地判平17・8・2（平16（ワ）13248号）…………………………………………………7

大阪地判平17・9・5（平16（ワ）7239号）裁判所ホームページ〔タッチスイッチ事件〕
　……………………………………………………………………………………………………26

大阪地判平17・9・26（平16（ワ）12713号・平17（ワ）2470号）〔バイオセリシン石鹸事件〕
　……………………………………………………………………………………………………7

東京地判平17・10・21（平17（ワ）14441号）判時1926号127頁……………………………9

東京地判平17・12・13（平16（ワ）13248号）判タ1226号318頁〔ハンドレール用広告フィル

判例索引　　*1103*

　　ム事件（動く手すり事件）〕·· *7*

東京地判平17·12·20（平17（ワ）8928号）判時1932号135頁〔CARTIER事件〕············ *55*

東京地判平17·12·27（平15（ワ）23079号）裁判所ホームページ〔図形表示装置事件〕··· *23*

神戸地判平18·1·19（平16（行ウ）29号）〔認定処分取消請求事件〕····················· *82*

東京地判平18·1·31（平17（ワ）2538号）判時1929号92頁·判タ1225号301頁〔和光純薬
　　工業（洗浄処理剤）事件〕·· *71*

東京地判平18·3·22判タ1249号220頁〔生理活性タンパク質の製造法事件〕············ *50*

東京地判平18·4·14（平17（ワ）8673号）裁判所ホームページ〔コンクリート型枠保持装
　　置事件〕··· *23*

大阪地判平18·6·13（平17（ワ）11037号）裁判所ホームページ〔自動車タイヤ内装材事
　　件〕··· *26*

金沢地決平18·6·14（平18（モ）131号）判時1943号140頁〔移送申立事件〕············· *20*

東京地判平18·7·6（平16（ワ）20374号）裁判所ホームページ〔壁面用目地装置事件〕
　　·· *23, 36*

東京地判平18·7·6（平17（ワ）10073号）判時1951号106頁〔養魚飼料用添加物事件〕
　　··· *7, 8*

大阪地判平18·7·20（平17（ワ）2649号）裁判所ホームページ〔水性接着剤事件〕······ *26*

東京地判平18·7·26（平16（ワ）18090号）判タ1241号306頁〔ロレックス腕時計事件〕
　　··· *60, 64*

東京地判平18·8·8（平17（ワ）3056号）裁判所ホームページ〔合成樹脂製クリップ事
　　件〕··· *7, 8*

東京地決平18·9·15（平18（モ）9933号）判時1973号767頁·判タ1250号300頁············ *72*

東京地判平18·9·26（平17（ワ）2541号）判時1962号147頁〔ローズ·オニール著作権事
　　件〕··· *8*

東京地判平18·9·28（平17（ワ）10524号）裁判所ホームページ〔フルオロエーテル組成
　　物の分解抑制法事件〕··· *18*

東京地判平18·10·11（平17（ワ）22834号）裁判所ホームページ〔地震時ロック方法事件
　　（地震時ロック装置事件）〕·· *8, 23*

東京地判平18·10·31（平17（ワ）22285号）判タ1241号338頁··································· *15*

富山地高岡支判18·11·10（平16（ワ）119号）·· *73*

東京地判平18·12·22判タ1262号323頁〔ラブベリー事件〕··· *64*

東京地判平18·12·26（平18（ワ）20126号）判時1963号143頁〔BURBERRY事件〕······· *55*

大阪地判平19·2·8（平17（ワ）3668号·9357号）判例集未登載〔印鑑事件〕··········· *7*

大阪地判平19·2·15（平17（ワ）2535号）知財判決ダイジェスト·企業と知的財産438号
　　44頁·裁判所ホームページ〔生理活性物質測定法特許事件〕·························· *7, 8*

東京地判平19·2·27（平15（ワ）16924号）判タ1253号241頁〔多関節搬送装置事件〕
　　·· *32, 34, 36, 37*

東京地判平19·3·23（平16（ワ）24626号）判タ1294号183頁〔溶融アルミニウム合金搬送
　　用加圧式取鍋事件〕··· *50, 62*

大阪地判平19·4·19（平17（ワ）12207号）判時1983号126頁〔ゴーグル事件〕··· *45, 59, 64*

東京地判平19·4·24（平17（ワ）15327号·平18（ワ）26540号）裁判所ホームページ〔レン

1104 判例索引

ズ付きフィルムユニット及びその製造方法事件〕 ························60, 62, 73

東京地判平19・7・26（平17(ワ)10223号）裁判所ホームページ〔半導体製造装置事件〕 ······························50

東京地判平19・8・30（平17(ワ)17182号）裁判所ホームページ〔半導体装置事件〕······62

東京地判平19・9・19（平17(ワ)1599号）裁判所ホームページ〔キー変換式ピンタンブラー錠事件〕 ································ 60, 64

東京地判平19・10・23（平18(ワ)6548号）裁判所ホームページ〔シャットダウン機能を有する安定器用集積回路事件〕 ·······························30

東京地判平19・10・23（平19(ワ)11136号）裁判所ホームページ〔人工漁礁の構築方法事件〕 ·································30

東京地判平19・10・26（平18(ワ)474号）裁判所ホームページ〔カプセル・カード販売装置事件〕 ····································23

東京地判平19・10・31（平16(ワ)22343号）裁判所ホームページ〔スピーカ用振動版の製造方法事件〕 ·······························50, 62

大阪地判平19・11・19（平18(ワ)6536号・12229号）裁判所ホームページ〔爪切り事件〕 ································13

大阪地判平19・12・11（平18(ワ)11880号〜11882号）裁判所ホームページ〔赤外線放射体事件〕 ····························· 26, 45

東京地判平19・12・14（平16(ワ)25576号）裁判所ホームページ〔眼鏡レンズの供給システム事件〕 ························25, 31, 62

東京地判平19・12・25（平18(ワ)1702号）判時2017号127頁〔マンホール構造事件〕······73

東京地判平19・12・26（平18(ワ)27454号）裁判所ホームページ〔シンアツシン事件〕···64

東京地判平20・1・22（平19(ワ)11981号）裁判所ホームページ〔コンパクト型豆乳・豆腐製造機事件〕 ·································29

東京地判平20・2・20（平18(ワ)24193号）判時2009号121頁〔テレフォンカードリーダー事件〕 ······································35

大阪地判平20・3・3（平18(ワ)6162号）裁判所ホームページ〔無鉛はんだ合金事件〕 ····································26

大阪地判平20・3・11（平19(ワ)4692号）判時2025号145頁〔ダックス商標権侵害事件〕 ·····································13

東京地判平20・3・13（平18(ワ)6663号）裁判所ホームページ〔粗面仕上金属箔事件〕 ····································26

東京地判平20・3・27（平18(ワ)29554号）判タ1298号269頁〔セサミン健康食品事件〕 ······························· 19, 36

大阪地決平20・4・18（平20(モ)363号）判時2035号131頁・判タ1287号220頁〔青色LED事件〕 ····································72

東京地決平20・5・9（平20(モ)1076号）裁判所ホームページ〔移送申立事件〕········20

大阪地判平20・7・22（平19(ワ)6485号）裁判所ホームページ〔商品展示用ケース事件〕 ································· 19, 36

東京地判平20・7・24（平19(ワ)32525号）判時2063号119頁〔電話番号情報の自動作成装置事件〕 ···································22

判例索引　*1105*

東京地判平20・10・17（平19(ワ)2352号）裁判所ホームページ〔サーバーアクセス管理システム事件〕……………………………………………………………………*23*

東京地判平20・11・13（平18(ワ)22106号）裁判所ホームページ〔顕微鏡事件〕…………*32*

東京地判平20・11・26（平19(ワ)26761号）判時2036号125頁〔高純度アカルボース事件〕…………………………………………………………………………………………*43*

東京地判平20・11・27（平20(ワ)8049号）裁判所ホームページ〔床用目地装置事件〕…*62*

東京地判平20・12・9（平19(ワ)28614号）裁判所ホームページ〔中空ゴルフクラブヘッド事件〕……………………………………………………………………………………*27*

東京地判平20・12・24（平17(ワ)21408号）裁判所ホームページ〔電圧形インバータの制御装置事件〕…………………………………………………………………………………*23*

東京地判平21・2・27（平19(ワ)17762号）判時2082号128頁・判タ1332号245頁〔ふみのすけオリジナルボールペン事件（筆記具のクリップ取付装置事件)〕………………*36*

東京地判平21・3・6（平20(ワ)14858号）裁判所ホームページ〔液晶表示装置の製造方法事件〕………………………………………………………………………………………*18*

大阪地判平21・4・7（平18(ワ)11429号）判時2065号115頁〔熱伝導性シリコーン組成物事件〕……………………………………………………………………………………………*26*

大阪地判平21・4・27（平20(ワ)4394号）裁判所ホームページ〔開き戸の地震時ロック方法事件〕………………………………………………………………………………………*23*

東京地判平21・8・27（平19(ワ)3494号）裁判所ホームページ〔経口投与用吸着剤事件Ⅰ〕……………………………………………………………………………………………*61*

大阪地判平21・9・10（平19(ワ)16025号）裁判所ホームページ〔調理レンジ事件〕……*23*

東京地判平21・10・8（平19(ワ)3493号）裁判所ホームページ〔経口投与用吸着剤事件Ⅱ〕…………………………………………………………………………………………*26, 61*

東京地判平21・11・11（平20(ワ)7635号）裁判所ホームページ〔メッキ処理装置事件〕……………………………………………………………………………………………………*22*

東京地判平21・12・21（平20(ワ)38425号・平21(ワ)36365号）裁判所ホームページ……*38*

大阪地判平21・12・24（平20(ワ)10854号）裁判所ホームページ〔レベル・センサ事件〕……………………………………………………………………………………………………*23*

東京地判平22・1・22（平21(ワ)6505号）判時2080号105頁〔食品材料の連続加熱装置事件〕…………………………………………………………………………………………*5, 36*

大阪地判平22・1・28（平19(ワ)2076号）判時2094号103頁〔組合せ計量装置事件〕……………………………………………………………………………………………………*57, 60*

東京地判平22・2・24（平21(ワ)5610号）裁判所ホームページ〔流し台のシンク事件〕……………………………………………………………………………………………………*22*

東京地判平22・2・26（平17(ワ)26473号）裁判所ホームページ〔ソリッドゴルフボール事件〕…………………………………………………………………………………………*64, 73*

東京地判平22・3・31（平19(ワ)35324号）裁判所ホームページ〔プラバスタチンナトリウム事件〕…………………………………………………………………………………………*24*

東京地判平22・4・23（平20(ワ)18566号）裁判所ホームページ〔発泡樹脂成形品の取出方法および装置事件〕……………………………………………………………………………*29*

東京地判平22・6・24（平21(ワ)3527号ほか）〔プリンタ用インクタンク事件〕裁判所ホ

1106 判例索引

ームページ ·· *32, 36*

東京地判平22・6・24 (平21(ワ)3529号) 裁判所ホームページ〔プリンタ用インクタンク事件〕 ··· *32, 33*

大阪地判平22・7・22 (平21(ワ)6994号) 裁判所ホームページ〔地震時ロック方法事件Ⅱ〕 ··· *23*

東京地判平22・8・31 (平21(ワ)123号) 裁判所ホームページ〔Cartier事件〕 ··········· *55*

東京地判平22・8・31 (平21(ワ)1986号) 裁判所ホームページ〔フラッシュメモリ装置事件〕 ··· *43*

東京地判平22・9・17 (平20(ワ)18769号・平21(ワ)22773号) 裁判所ホームページ〔雄ねじ部品事件〕 ··· *8*

東京地判平22・11・10 (平20(ワ)22305号) 裁判所ホームページ〔Champion事件〕 ······ *55*

東京地判平22・11・18 (平19(ワ)507号) 裁判所ホームページ〔飛灰中の重金属の固定化方法及び重金属固定化処理剤事件〕 ··· *64, 73*

東京地判平22・11・30 (平21(ワ)7718号) 裁判所ホームページ〔切餅事件〕 ············ *22*

東京地判平22・12・3 (平21(ワ)36145号) 判時2112号122頁〔ビデオカセットレコーダインデックスと電子番組ガイドの組み合わせ事件〕 ······································· *49*

大阪地判平22・12・16 (平22(ワ)4770号) 裁判所ホームページ〔長柄鋏事件〕 ··········· *13*

東京地判平23・2・24 (平20(ワ)2944号) 裁判所ホームページ〔流量制御バルブ事件〕 ·· *23*

大阪地判平23・6・9 (平19(ワ)5015号) 裁判所ホームページ〔乾海苔の夾雑物検出装置〕 ··· *66, 73*

東京地判平23・6・10 (平20(ワ)19874号) 裁判所ホームページ〔医療用器具事件〕 ····· *33*

東京地判平23・8・26 (平20(ワ)831号) 判タ1402号344頁〔動物用排水処理材事件〕 ··· *73*

東京地判平23・8・30 (平21(ワ)8390号) 裁判所ホームページ〔伝送フレーム事件〕 ··· *36*

大阪地判平23・8・30 (平22(ワ)10984号) 裁判所ホームページ〔地盤改良機事件〕 ······ *30*

東京地判平23・9・20 (平22(ワ)38409号) 裁判所ホームページ〔渡り通路の目地装置事件〕 ··· *22*

東京地判平23・11・30 (平22(ワ)40331号) 裁判所ホームページ〔移動体の操作傾向解析方法事件〕 ··· *36*

東京地判平23・12・26 (平21(ワ)44391号・平23(ワ)19340号) 裁判所ホームページ〔ごみ貯蔵機器事件〕 ··· *61*

東京地判平23・12・27 (平21(ワ)13219号) 裁判所ホームページ〔蒸気モップ事件〕 ······ *13*

東京地判平24・2・7 (平20(ワ)33536号) 裁判所ホームページ〔カニューレ挿入装置事件〕 ··· *73*

東京地判平24・2・21 (平21(ワ)38953号) 裁判所ホームページ〔医療用三次元画像システム事件〕 ··· *50*

東京地判平24・3・26 (平21(ワ)17848号) 裁判所ホームページ〔医療用可視画像生成方法事件〕 ··· *33*

東京地判平24・5・23 (平22(ワ)26341号) 裁判所ホームページ〔油性液状クレンジング用組成物事件〕 ··· *36*

東京地判平24・9・13 (平21(ワ)45432号) 裁判所ホームページ〔ペット寄生虫の治療・

判例索引　　*1107*

予防用組成物事件〕 ………………………………………………………*30*

大阪地判平24・9・27（平23（ワ）7576号）判時2188号108頁〔ピオグリタゾン大阪事件〕
………………………………………………………………………………*33*

大阪地判平24・10・4（平22（ワ）10064号）判時2202号104頁・判タ1399号237頁〔内型枠構造事件〕 …………………………………………………………………*67*

大阪地判平24・10・11（平23（ワ）3850号）裁判所ホームページ〔軟質プラスチック容器事件〕 …………………………………………………………………………*59*

大阪地判平24・11・1（平23（ワ）6980号）裁判所ホームページ〔位置検出器事件〕……*33*

東京地判平24・11・2（平22（ワ）24479号）判時2185号115頁〔生海苔異物分離除去装置における生海苔の共回り防止装置事件〕 ………………………………*22, 23, 32*

大阪地判平24・11・8（平23（ワ）10341号）裁判所ホームページ〔盗難防止用連結具事件〕 …………………………………………………………………………*23*

東京地判平25・1・24（平22（ワ）44473号）〔護岸の連続構築方法および河川の拡幅工法事件〕 …………………………………………………………………………*66*

大阪地判平25・2・21（平20（ワ）10819号）判時2205号94頁・判タ1401号341頁〔微粉粒除去装置事件（流動ホッパー事件）〕…………………………………*32, 33, 67*

東京地判平25・2・28（平23（ワ）19435号・19436号）裁判所ホームページ〔ピオグリタゾン東京事件〕 ……………………………………………………………………*33*

大阪地判平25・2・28（平21（ワ）10811号）裁判所ホームページ〔回転歯ブラシの製造方法及び製造装置事件〕 …………………………………………*6, 58, 59, 60*

東京地判平25・3・15（平23（ワ）6868号）裁判所ホームページ〔シリカ質フィラー事件〕
………………………………………………………………………………*26*

大阪地判平25・7・11（平22（ワ）18041号）裁判所ホームページ〔ソレノイド駆動ポンプの制御回路事件〕 ………………………………………………………………*30*

大阪地判平25・8・27（平23（ワ）6878号）裁判所ホームページ〔着色漆喰組成物事件〕
……………………………………………………………………………*32, 61*

東京地判平25・9・12（平23（ワ）8085号・22692号）裁判所ホームページ〔洗濯機用水準器事件〕 …………………………………………………………………………*30*

東京地判平25・9・25（平22（ワ）17810号）判時2276号111頁・判タ1418号336頁〔アイロンローラなどの洗濯処理ユニットヘアフラットワーク物品を供給するための装置事件〕
………………………………………………………………………*13, 58, 73*

東京地判平25・9・26（平19（ワ）2525号・6312号）裁判所ホームページ〔接触操作型入力装置事件〕 …………………………………………………………………………*73*

大阪地判平25・9・26（平23（ワ）14336号）裁判所ホームページ〔遊技機用表示灯事件〕
………………………………………………………………………………*82*

大阪地判平25・10・17（平24（ワ）3276号）裁判所ホームページ〔角度調整金具事件〕…*30*

大阪地判平25・10・24（平23（ワ）15499号）裁判所ホームページ〔蓋体及びこの蓋体を備える容器事件〕 …………………………………………………………………*61*

東京地判平25・12・19（平23（ワ）30214号）裁判所ホームページ〔センサ付き省エネルギーランプ事件〕 …………………………………………………………………*30*

東京地判平25・12・19（平24（ワ）18353号）裁判所ホームページ〔雨水貯留浸透槽・軽量

1108 判 例 索 引

盛土用部材事件〕……………………………………………………………*30*

東京地判平26・1・30（平21(ワ)32515号）裁判所ホームページ〔電話番号情報の自動作成装置事件〕…………………………………………………………………*61*

大阪地判平26・2・6（平24(ワ)7887号）裁判所ホームページ〔雨水排水装置事件〕…*26*

東京地判平26・2・14（平23(ワ)16885号）裁判所ホームページ〔超音波モータと振動検出器とを備えた装置事件〕…………………………………………………*61*

東京地判平26・2・20（平22(ワ)20084号）判時2256号74頁〔レーザー加工装置事件〕…*33*

東京地判平26・3・26（平23(ワ)3292号）裁判所ホームページ〔電池式警報器事件〕
…………………………………………………………*35, 58, 59, 66, 73*

東京地判平26・4・30（平24(ワ)964号）裁判所ホームページ〔遠山の金さん事件〕……*73*

東京地判平26・6・6（平23(ワ)29178号）裁判所ホームページ………………………*25*

東京地判平26・6・24（平24(ワ)15613号）裁判所ホームページ〔Cu-Ni-Si系銅合金条事件〕……………………………………………………………………*26*

東京地判平26・7・23（平24(ワ)14652号）〔洗濯乾燥機事件〕…………………………*66*

大阪地判平26・9・18（平25(ワ)5744号）裁判所ホームページ〔預かり物の提示方法事件〕…………………………………………………………………*30*

東京地判平26・9・25（平25(ワ)31341号）裁判所ホームページ〔パチンコ台取付装置事件〕…………………………………………………………………*30*

東京地判平26・10・9（平24(ワ)15612号）裁判所ホームページ〔Cu-Ni-Si系合金部材事件〕……………………………………………………………… *26, 43*

東京地判平26・10・30（平25(ワ)32665号）民集71巻6号896頁〔シートカッター事件〕
…………………………………………………………………………*23*

東京地判平26・12・4（平24(ワ)6547号）裁判所ホームページ〔ティッシュペーパー製品の製造設備事件〕……………………………………………………*26*

東京地判平26・12・18（平24(ワ)31523号）判時2253号97頁〔流量制御弁事件〕…………*30*

東京地判平26・12・24（平25(ワ)4040号）民集71巻3号376頁〔マキサカルシトール事件〕……………………………………………………………………*27*

東京地判平27・1・22（平24(ワ)15621号）裁判所ホームページ〔Cu-Ni-Si系合金事件〕
…………………………………………………………………………*26*

東京地判平27・2・10（平24(ワ)35757号）裁判所ホームページ〔水消去性書画用墨汁組成物事件〕…………………………………………………………*66*

東京地判平27・2・18（平25(ワ)21383号）判時2257号87頁〔ブルーレイディスク製品事件〕…………………………………………………………………… *8*

東京地判平27・2・26（平24(ワ)33752号）裁判所ホームページ〔体重測定機付体組成測定器事件〕…………………………………………………………*59*

東京地判平27・3・23（平24(ワ)31440号）裁判所ホームページ〔OFDMAセルラー・ネットワークの媒体アクセス制御事件〕……………………………………*33*

東京地判平27・3・25（平26(ワ)11110号）判時2278号106頁〔美顔器事件〕……………*27*

東京地判平27・5・15（平22(ワ)46241号）………………………………………………*82*

大阪地判平27・5・28（平24(ワ)6435号）〔破袋機とその駆動方法事件〕…………………*59*

東京地決平27・7・27（平27(モ)273号）判時2280号120頁・判タ1419号367頁〔新日鐵住

金事件〕‥‥‥‥‥‥‥‥‥‥‥‥‥‥‥‥‥‥‥‥‥‥‥‥‥‥‥‥‥‥ *70, 71*

東京地判27・9・29（平25(ワ)3360号）裁判所ホームページ〔スパッタリングターゲット事件〕‥‥‥‥‥‥‥‥‥‥‥‥‥‥‥‥‥‥‥‥‥‥‥‥‥‥‥‥‥‥‥‥‥‥‥ *26*

大阪地判平27・10・1（平25(ワ)10039号）裁判所ホームページ〔発泡合成樹脂容器事件〕‥‥‥‥‥‥‥‥‥‥‥‥‥‥‥‥‥‥‥‥‥‥‥‥‥‥‥‥‥ *35, 58, 66*

東京地判平27・11・30（平26(ワ)10848号）裁判所ホームページ〔透明不燃性シート事件〕‥‥‥‥‥‥‥‥‥‥‥‥‥‥‥‥‥‥‥‥‥‥‥‥‥‥‥‥‥‥‥‥‥‥ *26*

東京地判平27・12・25（平25(ワ)3357号）裁判所ホームページ〔スパッタリングターゲット事件〕‥‥‥‥‥‥‥‥‥‥‥‥‥‥‥‥‥‥‥‥‥‥‥‥‥‥‥‥‥‥‥‥‥‥‥ *26*

東京地判平27・12・25（平26(ワ)371号）〔タッチパネルシステム事件〕‥‥‥‥‥‥ *82*

大阪地判平28・1・21（平26(ワ)5210号）裁判所ホームページ〔パック用シート事件〕‥‥‥‥‥‥‥‥‥‥‥‥‥‥‥‥‥‥‥‥‥‥‥‥‥‥‥‥‥‥‥‥‥‥‥‥‥‥ *30*

東京地判平28・1・29（平26(ワ)34467号）裁判所ホームページ〔家畜の人工授精用精子または受精卵移植用卵子の注入器事件〕‥‥‥‥‥‥‥‥‥‥‥‥‥‥‥‥ *30*

大阪地判平28・2・29（平25(ワ)6674号）裁判所ホームページ〔棚装置事件（金属製ワゴン事件)〕‥‥‥‥‥‥‥‥‥‥‥‥‥‥‥‥‥‥‥‥‥‥‥‥‥‥‥‥‥ *3, 36, 64*

東京地判平28・3・3（平27(ワ)12416号）裁判所ホームページ〔オキサリプラチン製剤事件〕‥‥‥‥‥‥‥‥‥‥‥‥‥‥‥‥‥‥‥‥‥‥‥‥‥‥‥‥‥‥‥‥‥‥ *23*

大阪地判平28・3・17（平26(ワ)4916号）裁判所ホームページ〔足先支持パッド事件〕‥‥‥‥‥‥‥‥‥‥‥‥‥‥‥‥‥‥‥‥‥‥‥‥‥‥‥‥‥‥‥‥‥‥‥‥‥‥ *30*

東京地判平28・3・28（平26(ワ)1690号）裁判所ホームページ〔建築用パネル事件〕‥‥ *61*

東京地判平28・6・15（平26(ワ)8905号）裁判所ホームページ〔窒化ガリウム系化合物半導体発光素子事件〕‥‥‥‥‥‥‥‥‥‥‥‥‥‥‥‥‥‥‥‥‥‥‥‥‥‥‥‥ *61*

東京地判平28・6・23（平27(ワ)6812号）裁判所ホームページ〔搾汁ジューサー事件〕‥‥‥‥‥‥‥‥‥‥‥‥‥‥‥‥‥‥‥‥‥‥‥‥‥‥‥‥‥‥‥‥‥ *28, 30*

東京地判平28・8・30（平26(ワ)25928号）裁判所ホームページ〔ナビゲーション装置及び方法事件〕‥‥‥‥‥‥‥‥‥‥‥‥‥‥‥‥‥‥‥‥‥‥‥‥‥‥‥‥‥‥‥‥ *30*

大阪地判平28・9・15（平27(ワ)7147号）裁判所ホームページ〔家庭用おかゆ調理器事件〕‥‥‥‥‥‥‥‥‥‥‥‥‥‥‥‥‥‥‥‥‥‥‥‥‥‥‥‥‥‥‥‥‥‥‥‥ *26*

大阪地判平28・9・29（平26(ワ)10739号）裁判所ホームページ〔臀部拭き取り装置事件〕‥‥‥‥‥‥‥‥‥‥‥‥‥‥‥‥‥‥‥‥‥‥‥‥‥‥‥‥‥ *23, 30, 61*

東京地判平28・10・14（平25(ワ)7478号）裁判所ホームページ〔窒化ガリウム系化合物半導体チップの製造方法事件〕‥‥‥‥‥‥‥‥‥‥‥‥‥‥‥‥‥‥‥‥ *28, 30*

東京地判平28・10・20（平28(ワ)10643号）裁判所ホームページ〔NEONERO事件〕‥‥ *55*

東京地判平28・12・6（平25(ワ)14748号・31727号）判時2336号92頁〔モータ駆動双方向弁とそのシール構造事件（遮断弁事件)〕‥‥‥‥‥‥‥‥‥‥‥‥‥‥ *36, 66*

大阪地判平28・12・15（平27(ワ)5578号）裁判所ホームページ〔ZOLLANVARI事件〕‥‥‥‥‥‥‥‥‥‥‥‥‥‥‥‥‥‥‥‥‥‥‥‥‥‥‥‥‥‥‥‥‥‥‥‥‥‥ *55*

大阪地判平28・12・22（平27(ワ)9758号）裁判所ホームページ〔作業車事件〕‥‥‥‥‥ *28*

東京地判平28・12・26（平27(ワ)6627号）裁判所ホームページ〔自動車保険料計算システム事件〕‥‥‥‥‥‥‥‥‥‥‥‥‥‥‥‥‥‥‥‥‥‥‥‥‥‥‥‥‥‥‥‥‥‥ *28*

1110 判例索引

東京地判平29・1・26（平27(ワ)29159号）裁判所ホームページ〔オキサリプラチン溶液組成物ならびにその製造方法及び使用事件〕……………………………………*21*

東京地判平29・2・10（平27(ワ)4461号）裁判所ホームページ〔外国為替取引システム事件（金融商品取引管理システム事件）〕……………………………………………*25, 30*

東京地判平29・2・17（平26(ワ)8922号）裁判所ホームページ〔歯列矯正ブラケット事件〕…………………………………………………………………………………… *8*

東京地判平29・3・3（平26(ワ)7643号）裁判所ホームページ〔引戸装置の改修方法及び改修引戸装置事件〕………………………………………………………… *36, 66*

東京地判平29・4・21（平26(ワ)34678号）裁判所ホームページ〔ピストン式圧縮機事件〕………………………………………………………………………………… *36, 37*

東京地判平29・4・27（平27(ワ)556号・20109号）裁判所ホームページ〔切断装置事件〕………………………………………………………………………………… *31, 61*

東京地判平29・5・17（平25(ワ)10958号）裁判所ホームページ〔掘削装置事件〕………*61*

大阪地判平29・6・15（平28(ワ)5104号）裁判所ホームページ〔手洗器付トイレタンクのボウル用シート意匠権事件〕………………………………………………… *7, 8*

東京地判平29・7・12（平28(ワ)14868号）裁判所ホームページ〔人脈関係登録システム事件〕……………………………………………………………………………………*25*

東京地判平29・7・27（平27(ワ)22491号）判時2359号84頁〔マキサカルシトール損害賠償事件（ビタミンDおよびステロイド誘導体の合成用中間体およびその製造方法事件）〕………………………………………………………………… *58, 66, 73*

東京地判平29・7・27（平28(ワ)35763号）裁判所ホームページ〔フリー会計処理装置事件〕…………………………………………………………………………………… *25, 28*

東京地判平29・9・27（平27(ワ)32055号）裁判所ホームページ〔スイマーバ事件〕……*55*

大阪地判平29・11・9（平28(ワ)8468号）裁判所ホームページ〔臀部拭き取り装置事件〕………………………………………………………………………………………*47*

あ と が き

このたび，私たちが敬愛する小松陽一郎先生が古稀をお迎えになられました
ことは，まことにおめでたく，心よりお祝い申し上げます。

小松先生は，倒産法分野や消費者法分野におけるご活躍も周知のことですが，知的財産法の分野において長年にわたり代理人あるいは仲裁人等の立場で種々の事件を手がけてこられてきました。古稀を迎えられた現在も，数多くの知財訴訟事件を直接担当され，実務家弁護士・弁理士として最前線でご活躍されています。また，実務家の視点から多数の論文を発表され，知的財産法学の発展に寄与されています。加えて，弁護士知財ネット理事長や日弁連知的財産センターの幹事等の要職を歴任され，知的財産分野における実務家のネットワーク形成，知的財産を通じた地方活性化，アジア諸国との交流活性化や法整備支援活動，知財事情調査・研究にも多大な貢献をされてきました。平成23年には，過去の功績から，知財功労賞の経済産業大臣表彰を受賞されました。

さらに後進の育成という面においても，立命館大学法科大学院や関西大学法科大学院等において教鞭をとられ，現在も大阪弁護士会における選択型実務修習で修習生に直接ご経験をお話しされるなど，熱心にこれからの法曹界を担う人材の指導に当たっておられるとともに，多くの講演会やセミナー等において弁護士・弁理士又は企業法務部員等に対し，惜しみなく実務ノウハウを教授されています。このように，小松先生は多大な労力と時間を投じて知的財産法分野の発展に貢献してこられたものであり，他の法分野も含めたご活躍は，もはや，超人的としか形容のしようがありません。

しかも，小松先生は，周囲にその激務を感じさせることなく，常に大阪特有の笑いを挟みながら，柔和に温かく接して下さいます。小松先生のサービス精神の根底に愛を感じられたご経験をお持ちの方も多いのではないでしょうか。

また，小松先生が奥様の幸代様とご一緒に京都の伝統文化や歌舞伎等の伝統芸能に対して深い愛情と造詣とをもってその保護発展にご尽力されていることは周知の事実です。小松先生にいざなわれ伝統文化の素晴らしさに目覚められた方も多数いらっしゃることでしょう。小松先生が精力的にご活躍され古稀を迎えられたことは，奥様幸代様の支えを抜きには考えられませんが，激務のなかご夫婦でご一緒に取り組まれる時間を大切になさっていることも，こうありたいなという憧れの一つです。私たちは，小松先生から知的財産法に関わる仕事面だけでなく，様々な面で影響を受け，範とさせていただいているところです。

さて，このたび，私どもが発起人となり，小松先生の古稀を記念して企画いたしました本論文集は，先生が取り扱ってこられた様々な分野のうち特許権侵害紛争に的を絞り，その解決手段に関する手続・諸論点をテーマといたしました。小松先生が実務家として特許権侵害紛争に関し，その解決方法及び実務的な手続の形成に多大な貢献をされたことを踏まえまして，特許権侵害紛争における実務上重要な項目や裁判例を解説する実務書として，初学者から長年知財実務に携わる実務家・学者まで幅広い層に，座右の書として身近においていただけるような有益なものとしたいとの思いによるものです。

本書の実務書という性格上，ご担当のテーマによっては，論点を掘り下げることが容易ではないテーマや他のテーマとの関連を提示することが中心とならざるを得ないテーマもございましたが，書籍全体として有意義なものとして完成させ小松先生に捧げたいとの企画意図にご賛同いただき，多方面にわたる総勢89名の方々に執筆に加わっていただくことになりました。

とりわけ，三村量一先生におかれましては，小松先生の先輩に当たられますが，弁理士会の侵害訴訟実務研修〜今だから話せる訴訟アレコレ〜のご縁で親しくされていると伺っており，お願いをしましたところご執筆をご快諾いただいた次第です。発起人・事務局一同より深く感謝申し上げます。

知的財産重視が国家政策として認識されてから久しく，平成10年頃から毎年のように知的財産法分野における重要な法改正がなされ，平成17年には知

あとがき 1113

的財産高等裁判所が設立されて大合議判決も含めて実務の指針となるような
重要な裁判例も蓄積されてきました。そこで，本書においては，これらの重
要な裁判例を積極的に取り入れた上で実務上の問題点や工夫も盛り込むこと
とし，87編もの論文を掲載できる運びとなりました。

　これもひとえに執筆者の皆様のご尽力のおかげであり，心より感謝申し上
げます。また，本書の刊行に当たり，株式会社青林書院の宮根茂樹様にはひ
とかたならぬお世話になりました。ここに改めてお礼を申し上げます。

　小松陽一郎先生の変わらぬご健勝とご活躍を祈念して，執筆者一同より本
論文集を捧げます。

　平成30年5月吉日

　　　　　　　　　　　小松陽一郎先生古稀記念論文集刊行会
　　　　　　　　　　　発起人
　　　　　　　　　　　　板　倉　集　一
　　　　　　　　　　　　伊　原　友　己
　　　　　　　　　　　　岩　坪　　　哲
　　　　　　　　　　　　木　村　圭二郎
　　　　　　　　　　　　久　世　勝　之
　　　　　　　　　　　　白波瀬　文　夫
　　　　　　　　　　　　諏訪野　　　大
　　　　　　　　　　　　谷　口　由　記
　　　　　　　　　　　　平　野　和　宏
　　　　　　　　　　　　平　野　恵　稔
　　　　　　　　　　　　松　村　信　夫
　　　　　　　　　　　　松　本　　　司
　　　　　　　　　　　　松　本　好　史
　　　　　　　　　　　　溝　上　哲　也

三　山　峻　司
宮　脇　正　晴
（五十音順）

事務局
池　下　利　男
山　崎　道　雄
藤　野　睦　子

小松陽一郎先生御略歴

昭和23年5月12日　大阪市北区にて生まれる
昭和42年3月　　　大阪教育大学附属高等学校池田校舎卒業
昭和46年3月　　　関西大学法学部卒業
昭和51年3月　　　関西大学大学院法学研究科私法学専攻修士課程修了
昭和55年4月　　　弁護士・弁理士登録
昭和55年4月　　　小松正次郎法律特許事務所副所長
平成7年4月〜平成9年9月（前期のみ）
　　　　　　　　　関西大学法学部
　　　　　　　　　「ロイヤリング」担当
平成7年8月〜　　 小松法律特許事務所所長
平成8年4月〜平成9年3月
　　　　　　　　　桃山学院大学
　　　　　　　　　「歴史と社会」担当
平成10年9月〜平成12年3月（前期のみ）
　　　　　　　　　関西大学総合情報学部
　　　　　　　　　「ソフトウエアの法的保護」担当
平成13年4月〜平成14年3月（前期のみ）
　　　　　　　　　関西大学大学院総合情報学研究科
　　　　　　　　　「法情報学」担当
平成14年4月〜平成19年3月（前期のみ）
　　　　　　　　　立命館大学大学院
　　　　　　　　　「税理士補佐人研修プログラム」担当
平成15年6月〜平成16年5月
　　　　　　　　　日本弁護士連合会知的財産制度委員会委員長
平成16年6月〜平成21年5月
　　　　　　　　　日本弁護士連合会知的財産政策推進本部副本部長
平成16年4月〜平成21年3月
　　　　　　　　　立命館大学法科大学院教授
　　　　　　　　　「知的財産法務演習，情報法，消費者法務演習」等担当
平成18年2月〜平成24年1月
　　　　　　　　　工業所有権審議会委員
平成19年4月〜平成21年3月
　　　　　　　　　関西大学法科大学院客員教授
平成21年6月〜平成22年5月
　　　　　　　　　日弁連知的財産センター副委員長

1116　小松陽一郎先生御略歴

平成21年4月～平成26年3月
　　　　　　　　　関西大学法科大学院特別任用教授
　　　　　　　　　「知的財産訴訟実務，倒産法」等担当
平成26年1月～　　日弁連知的財産センター幹事
平成26年6月～　　弁護士知財ネット理事長
平成29年6月～　　公益財団法人吹田国際交流協会理事長

現在，大阪地方・簡易裁判所専門調停委員，日本工業所有権法学会会員，日本民事訴訟法学会会員等

小松陽一郎先生主要著作目録

【1980年】

「サラ金の取立行為規制の現状（上），（下）」（共著）判例時報970号，973号［1980］

【1981年】

『続・サラ金110番』（共著）（サラ金問題研究会，［1981］）

【1982年】

『消費者破産の手引き』（共著）（サラ金問題研究会，［1982］）

【1983年】

「無効審判と利害関係人」パテント36巻8号15頁［1983］

「先願にかかる考案と同一の特許発明の技術的範囲」『判例特許侵害法／馬瀬文夫先生古稀記念論文集』265頁（発明協会，［1983］）

『部下をサラ金から守る方法』（共著）（全国サラ金問題対策協議会，［1983］）

『新・サラ金110番』（共著）（全国サラ金問題対策協議会，［1983］）

「貸金業規制法43条と利息制限法」青法協大阪支部ニュース83・9・20号［1983］

「貸金業規制法関係政令・省令の内容と問題点」（共著）自由と正義34巻10号11頁［1983］

【1984年】

「悪徳土地取引」青法協大阪支部ニュース84・6・30号［1984］

「いのちを担保の金貸し」福祉のひろば1984・8号［1984］

【1985年】

「消費者破産の現状と展望」（共著）『現代社会と法の役割／甲斐道太郎教授還暦記念論集』（日本評論社，［1985］）

【1986年】

『破産法一部改正案（第1次案）』（共著）（全国クレジット・サラ金問題対策協議会，［1986］）

1118　小松陽一郎先生主要著作目録

「消費者破産の導入を急げ」エコノミスト64巻47号42頁［1986］

【1988年】
「免責手続中の強制執行の可否」債権管理6号40頁［1988］

【1989年】
「コンピュータ・プログラムのリバース・エンジニアリング」債権管理1989・5月
　号54頁［1989］
国際消費者破産研究会『消費者破産の国際比較研究』（共著）（労働金庫研究所，
　［1989]）
木村達也他編著『プライバシーにご用心』（共著）（日本評論社，［1989]）

【1990年】
「均等論の適用を結論において是認した最高裁判決」『関西法律特許事務所開設25周
　年記念論文集・民事特別法の諸問題（第3巻）』58頁（第一法規出版，［1990]）
小野昌延編『注解不正競争防止法』（共著）（青林書院，［1990]）

【1991年】
「商標登録出願により生じた権利の承継人が，出願名義人に出願名義変更手続を求
　める場合の請求の内容」『判例商標法／村林隆一先生還暦記念論文集』299頁（発
　明協会，［1991]）
播磨良承編『新版Q＆A著作権入門』（共著）（世界思想社，［1991]）
『カードトラブルハンドブック』（共著）（全国クレジット・サラ金問題対策協議
　会，［1991]）
クレジット・カード研究会編著『Q＆Aカード破産解決法』（共著）（花伝社，
　［1991]）

【1992年】
「パブリシティ権（商品化権と絡めて）」大阪弁護士会会報187号12頁［1992］
「日弁連・免責制度改正試案の解説」ジュリスト1014号65頁［1992］

【1993年】
「問題化するパブリシティー権－その保全方法と注意点」週間法律新聞1993年2月

小松陽一郎先生主要著作目録　　*1119*

5日号［1993］

「損害賠償論①②」無体財産法ゼミナール研修速報20頁，22頁（大阪弁護士会協同組合，［1993］）

『消費者金融相談の手引』（共著）（大阪弁護士会協同組合，［1993］）

木村達也他編『消費者被害救済の上手な対処法』（共著）（民事法研究会，［1993］）

【1994年】

「商品表示形態「MIKIHOUSE」と「MIKISPORTS」が混同するとされた事例」特許管理44巻1号33頁［1994］

小野昌延編『注解商標法』（共著）（青林書院，［1994］）

小野昌延・根岸哲・鈴木満編『解説実務書式大系21（公正競争編）』（共著）（三省堂，［1994］）

『アメリカ破産事情調査報告書』（共著）（日弁連消費者問題対策委員会，［1994］）

松本恒雄＝金子武嗣監修『ケースで学ぶ消費者取引ハンドブック』（共著）（民事情報センター，［1994］）

『続・アメリカ破産事情調査報告書』（共著）（日弁連消費者問題対策委員会，［1994］）

【1995年】

「消費者破産のあり方についての提言」消費者法ニュース22号13頁［1995］

木村達也・大崎晴由編著『書式個人破産・手形小切手訴訟の実務』（共著）（民事法研究会，［1995］）

「不備の目立つ現行破産法の早期改正を求める」月刊消費者信用95年3月号［1995］

木村達也他編『〔全訂増補版〕消費者被害救済の上手な対処法』（共著）（民事法研究会，［1995］）

「消費者破産における免責手続の問題点」大阪弁護士会研修速報71号1頁［1995］

【1996年】

辰巳直彦他編『解説実務書式大系18（知的財産権Ⅲ）』（共著）（三省堂，［1996］）

「技術的範囲の解釈と意識的除外論」『判例特許侵害法Ⅱ／内田修先生傘寿記念論文集』311頁（発明協会，［1996］）

【1997年】

1120　小松陽一郎先生主要著作目録

小野昌延共編『商標の法律相談』（青林書院，［1997]）

「工業所有権との周辺での民事訴訟法の概要」パテント50巻７号３頁［1997]

小野昌延・山上和則編『不正競争の法律相談』（共著）（青林書院，［1997]）

「ＢＢＳ事件最高裁判決」企業と発明371巻２頁，372巻３頁［1997]

『ファッションビジネスのための知的財産権ハンドブック』（監修）（繊研新聞社，
　　［1997]）

「他の知的財産権との関係での著作権と並行輸入」『知的財産権の実務と研究／富岡
　　健一先生追悼論文集』67頁（六法出版社，［1997]）

「破産手続に関する最近の動き」日本弁護士連合会編『現代法律実務の諸問題〈平
　　成８年版〉』［日弁連研修叢書]（第一法規出版，［1997]）

『第３次アメリカ破産事情調査報告書』（共著）（日弁連消費者問題対策委員会，
　　［1997]）

【1998年】

「知的所有権の最近の法改正と判例の動向について」研修速報１頁（大阪弁護士会
　　協同組合，［1998]）

「商品形態模倣行為を認めた最近の２裁判例」企業と発明390巻２頁，391巻２頁
　　［1998]

尾川雅清他共著「個人債務調整手続について」判例タイムズ984号36頁［1998]

『欧州破産事情調査報告書』（共著）（日弁連消費者問題対策委員会，［1998]）

【1999年】

「ボールスプライン最高裁判決後初めて均等論を理由に特許権侵害を認めた事例」
　　企業と発明　397巻２頁，398巻２頁［1999]

弁理士会近畿支部編著『特許・実用新案・意匠・商標Ｑ＆Ａ』（共著）（日刊工業新
　　聞社，［1999]）

「本意匠の意匠権消滅後における類似意匠登録の可否」『判例意匠法／三枝英二先
　　生・小谷悦司先生還暦記念論文集』221頁（発明協会，［1999]）

村林隆一共著「商品形態模倣行為における模倣の限界」『判例意匠法／三枝英二先
　　生・小谷悦司先生還暦記念論文集』987頁（発明協会，［1999]）

【2000年】

「特許権のライセンスとその後の特許権の譲渡」『判例ライセンス法／山上和則先生

小松陽一郎先生主要著作目録　　*1121*

還暦記念論文集』509頁（発明協会，［2000]）

「キルビー特許事件最高裁判決」企業と発明405巻２頁，406巻２頁［2000]

小野昌延編著『新・注解不正競争防止法』（共著）（青林書院，［2000]）

「文書提出命令に関する最近の最高裁決定」知財管理50巻８号1233頁［2000]

福永有利他編「座談会・個人債務者の民事再生手続に関する要綱案の概要と展望」
　　（共著）銀行法務21，44巻10号３頁［2000]

【2001年】

「民事訴訟における補佐人としての弁理士の役割」パテント54巻２号２頁［2001]

「ドメインネームの使用禁止を認めたわが国最初の裁判例（ジャックス事件)」企業
　　と発明413巻２頁，414巻２頁［2001]

岩坪哲共著『中古ゲームソフトと頒布権』『判例著作権法／村林隆一先生還暦記念
　　論文集』221頁（東京布井出版，［2001]）

「写真美術館における展覧会の出版物が，小冊子に該当しないとされ，出版物の発
　　行について指導監督権限のある運営委託先に共同不法行為責任を認めた例」『判
　　例著作権法／村林隆一先生還暦記念論文集』769頁（東京布井出版，［2001]）

「競走馬に関するパブリシティ権を否定した裁判例（オグリキャップ事件)」企業と
　　発明421巻２頁［2001]

『個人再生手続活用法』（共著）（全国クレジット・サラ金問題対策協議会，［2001]）

「知的財産権侵害訴訟における計画審理」Ｌ＆Ｔ14巻95頁［2001]

「金融実務家のためのＱ＆Ａ個人再生手続」（共著）債権管理91号41頁,55頁［2001]

安木健他共編著『１問１答個人債務者再生の実務』（経済法令研究会，［2001]）

日弁連倒産法改正問題検討委員会編『個人再生手続マニュアル』（共著）（商事法務
　　研究会，［2001]）

日弁連倒産法改正問題検討委員会編『Ｑ＆Ａ個人再生手続』（共著）（三省堂，
　　［2001]）

「日本版13章手続（個人債務者再生手続）の施行にあたって」金融・商事判例1108
　　号２頁［2001]

木村達也・宇都宮健児共編著『個人債務者再生手続実務解説Ｑ＆Ａ』（青林書院，
　　［2001]）

須藤英章・林道晴・多比羅誠編著『個人再生手続の運用モデル』（共著）（商事法務
　　研究会，［2001]）

「給与所得者等再生手続について」法律のひろば54巻３号19頁［2001]

1122　小松陽一郎先生主要著作目録

森宏司他編「座談会・大阪地裁における個人債務者再生手続の運用方針と実務」
　（共著）銀行法務21，45巻５号14頁［2001］

「施行１年民事再生法の実務「事例から見た民事再生手続の処理実務－大阪樹脂工
　業の場合－」季刊・債権管理92号98頁［2001］

高木新二郎＝伊藤眞編集代表『個人再生法の実務』（共著）（金融財政事情研究会，
　［2001］）

伊藤眞他共編「［逐条解説］個人再生手続(1)（196条～206条）」（共著）旬刊金融法
　務事情1611号６頁［2001］

伊藤眞他共編「［逐条解説］個人再生手続(2)（221条～238条）」（共著）旬刊金融法
　務事情1612号15頁［2001］

伊藤眞他共編「［逐条解説］個人再生手続(3)（239条～245条）」（共著）旬刊金融法
　務事情1613号22頁［2001］

「改正民事再生法を利用して個人債務者も破産しなくて再生できる！」消費者情報
　323号20頁［2001］

木村達也他共編著『個人債務者再生手続実務解説Ｑ＆Ａ〈増補版〉』（青林書院，
　［2001］）

「個人再生手続について」2001クレサラ白書150頁［2001］

【2002年】

金井重彦＝小倉秀夫編著『著作権法コンメンタール（下巻)』（共著）（東京布井出
　版，［2002］）

村林隆一・谷口由記共著『特許侵害訴訟戦略』（発明協会，［2002］）

「登録商標を付した宣伝用サービス品（販促品・ノベルティ）を無償配布する行為
　が商標の使用に当らないとして登録を取り消した不使用取消審決が支持された事
　例（東京高判Ｈ13・２・27)」判例評論516号166頁［2002］

小野昌延共編著『商標の法律相談〔改訂版〕』（青林書院，［2002］）

小野昌延・山上和則編『不正競争の法律相談〔改訂版〕』（共著）（青林書院，
　［2002］）

「コンピュータプログラムの職務著作と翻案権の侵害」知財管理52巻４号489頁
　［2002］

「純利益や粗利益ではなく正規品小売価格相当額を損害額と認定した裁判例」企業
　と発明430号４頁［2002］

「弁理士制度の輪郭」『知的財産法の系譜／小野昌延先生古稀記念論文集』1095頁

（青林書院，［2002］）

村林隆一共編『特許・実用新案の法律相談』（青林書院，［2002］）

「最近の大阪地裁の倒産実務について－民事再生・個人再生・破産（小規模管財）・
　会社更生手続全般にわたって」（共著）銀行法務21，46巻7号6頁［2002］

「倒産事件の激増に対し弁護士はその職責を果たせるのか」自由と正義53巻9号29
　頁［2002］

【2003年】

村林隆一・小谷悦司編著者代表『特許裁判における均等論－日米欧三極の対比－』
　（共著）（経済産業調査会，［2003］）

「ジェイフォン事件（東京高判平13．10．25）」サイバー法判例解説20頁，21頁（商
　事法務，［2003］）

「損害賠償額の高額化傾向」L＆T21号130頁［2003］

「ライセンス契約違反の並行輸入と商標権侵害の有無－最一小判平15．2．27フレ
　ッドペリー－」L＆T22号4頁［2003］

四宮章夫＝中井康之編著『一問一答　改正会社更生法の実務』（共著）（経済法令研
　究会，［2003］）

個人再生実務研究会編『書式　個人再生の実務』（共著）（民事法研究会，［2003］）

野村剛司共著「新・管財手続への全国的な流れに向けて」自由と正義54巻9号98頁
　［2003］

大阪破産管財プロジェクトチーム『最新版　破産管財ＡＢＣ』（共著）（大阪弁護士
　協同組合，［2003］）

木村達也他共編著『〔全訂版〕個人債務者再生手続実務解説Ｑ＆Ａ』（青林書院，
　［2003］）

【2004年】

半田正夫他編『知的財産権事典』（共著）（丸善，［2004］）

村林隆一共編著『〔増補版〕特許・実用新案の法律相談』（青林書院，［2004］）

「米国特許法上の均等論を適用した事例について」知財ぷりずむ17巻2号50頁
　［2004］

「『図書券の利用が可能である』との表示について不正競争防止法上の営業主体混同
　行為を認めた事例」知財管理54巻2号263頁［2004］

小野昌延他編「座談会－大阪発・知的財産権訴訟の歴史と展望」（共著）判例タイ

ムズ1141号4頁［2004］

小谷悦司共編著『意匠・デザインの法律相談』（青林書院，［2004］）

『デジタルコンテンツ法　上巻・下巻』（編集代表）（商事法務，［2004］）

「プロ・パテント政策と独禁法の役割」公正取引644号44頁［2004］

徐申民著・小谷悦司他共同監修『中国特許侵害訴訟の実務』（経済産業調査会，［2004］）

「商品形態模倣行為と独占的販売権者の保護主体性」知財ぷりずむ27巻3号20頁［2004］

大阪地方裁判所・大阪弁護士会個人再生手続運用研究会編『最新版　事例解説個人再生－大阪再生物語－』（共著）（新日本法規出版，［2004］）

「自由財産①－範囲，拡張の裁判」旬刊金融法務事情1704号76頁［2004］

「自由財産②－実務の運用，同時廃止」旬刊金融法務事情1705号58頁［2004］

安木健他共編著『一問一答破産法大改正の実務－大改正を実務的視点から詳細解説』（経済法令研究会，［2004］）

「グループ企業内での倒産手続上の種々の機関を渡り歩いて」事業再生と債権管理105号186頁［2004］

「新しい破産手続と債務者のフレッシュ・スタート－自由財産の範囲」ＮＢＬ791号75頁［2004］

日本弁護士連合会倒産法制検討委員会編『要点解説　新破産法』（共著）（商事法務，［2004］）

小川秀樹他共著『ケースでわかる新破産法』（金融財政事情研究会，［2004］）

木内道祥共編著『新破産法Ｑ＆Ａ』（青林書院，［2004］）

安木健他共編著『一問一答破産法大改正の実務〈新版〉』（経済法令研究会，［2004］）

大阪地方裁判所・大阪弁護士会破産管財運用検討プロジェクトチーム編『破産管財手続の運用と書式』（共著）（新日本法規出版，［2004］）

【2005年】

末吉亙他共著「知的財産権活用の新時代」ＮＢＬ800号74頁［2005］

木村哲也他共編著『狙われる！個人情報・プライバシー』（民事法研究会，［2005］）

「専門委員・秘密保持命令・裁判の公開停止などの新制度への対応」知財管理55巻3号323頁［2005］

松本恒雄共編『個人情報・プライバシー六法〈2005年版〉』（民事法研究会，［2005］）

「バイオテクノロジー関連技術の特許権について専用実施権を設定した特許権者に

差止請求を認めた事例」知財管理55巻10号1457頁［2005］

小野昌延編『注解　商標法〔新版〕上巻』（共著）（青林書院，［2005］）

「育成者権侵害により実施料の200倍を乗じた違約金を認容した事例」知財ぷりずむ
　　4巻39号71頁［2005］

全国倒産処理弁護士ネットワーク編『論点解説　新破産法』（共著）（金融財政事情
　　研究会，［2005］）

「新破産法の手続上の改正点」大阪弁護士会研修速報132号（大阪弁護士協同組合，
　　［2005］）

野村剛司共著「新破産法下の同時廃止および自由財産拡張の運用状況－全国調査の
　　報告－」旬刊金融法務事情1741号17頁［2005］

野村剛司共著「新破産法下の各地の運用状況について－同時廃止および自由財産拡
　　張基準全国調査の結果報告－」事業再生と債権管理19巻2号92頁［2005］

個人再生実務研究会編『書式　個人再生の実務〔全訂3版〕』（編集代表）（民事法
　　研究会，［2005］）

個人再生実務研究会編『新破産法の理論・実務と書式〔消費者破産編〕』（共著）
　　（民事法研究会，［2005］）

【2006年】

「大阪における知的財産権処理の推移と展望」金融・商事判例1236号204頁［2006］

「送信可能化行為の主体性を否定した事例」知財ぷりずむ5巻49号45頁［2006］

安木健他共編著『一問一答民事再生の実務〈新版〉』（民事法研究会，［2006］）

大阪地方裁判所・大阪弁護士会個人再生手続運用研究会編『改正法対応　事例解説
　　個人再生－大阪再生物語－』（共著）（新日本法規，［2006］）

安木健他共編著『一問一答改正特別清算の実務』（経済法令研究会，［2006］）

全国倒産処理弁護士ネットワーク編『新注釈民事再生法（下）』（共同編著）（金融
　　財政事情研究会，［2006］）

茨木茂他共著「座談会　個人再生手続の現状と課題－施行後5年を経過して－
　　（上）」月刊登記情報542号6頁［2006］

【2007年】

半田正夫他編著『第3版　知的財産権事典』（丸善，［2007］）

日本弁理士会編著『知的財産権侵害訴訟実務ハンドブック』（共著）（経済産業調査
　　会，［2007］）

1126　小松陽一郎先生主要著作目録

『知財相談ハンドブック－知財相談の第一歩』（共同監修）（大阪弁護士協同組合,
　［2007］）

小野昌延編『新・注解不正競争防止法［新版］上巻・下巻』（共著）（青林書院,
　［2007］）

松本恒雄他共編『個人情報実務六法（2007年版）』（民事法研究会,［2007］）

山上和則他編著『知財ライセンス契約の法律相談』（青林書院,［2007］）

「並行輸入と商標権の侵害」第二東京弁護士会知的財産権法研究会編『新商標法の
　論点』（商事法務,［2007］）

大阪弁護士会知的財産法実務研究会編『知的財産契約の理論と実務』（共著）（商事
　法務,［2007］）

「進歩性を否定した拒絶査定不服審決に対し「それなりの動機付け」を強調してこ
　れを取り消した知財高裁判決」知財ぷりずむ5巻58号99頁［2007］

「育成者権侵害訴訟において, 登録に無効理由があるとして権利濫用を認めた事
　例」知財管理57巻9号1521頁［2007］

「均等侵害成立第5要件および特許法102条1項ただし書と同条3項の併用問題」L
　＆T37号68頁［2007］

「中国知財裁判官との交流・意見交換会－最高人民法院, 上海市第二中級人民法院
　訪問記－」（共著）知財ぷりずむ6巻61号13頁［2007］

「営業秘密管理のポイント」（ビジネス法務Q＆A）大商ニュース1021号4頁［2007］

「中国国家知識産権局訪問記－専利局審査官との意見交換－」（共著）知財ぷりずむ
　6巻62号29頁［2007］

「色彩(1)－複数色の配色ライン〔三色ラインウェットスーツ事件〕」意匠・商標・不
　正競争判例百選132頁, 133頁［2007］

「《HOT/COOL Player》キヤノンインクカートリッジ最高裁判決（最一判平成19.
　11. 8）が社会に与える影響」ＮＢＬ871号1頁［2007］

茨木茂他共著「座談会　個人再生手続の現状と課題－施行後5年を経過して－
　（下）」月刊登記情報543号46頁［2007］

木村達也他共編著『〔新版〕個人債務者再生手続　実務解説Q＆A』（青林書院,
　［2007］）

木内道祥共編著『破産法の法律相談』（青林書院,［2007］）

野村剛司共著「自由財産拡張制度の各地の運用状況－自由財産拡張基準全国調査の
　結果報告と過払金の取扱い－」事業再生と債権管理118号107頁［2007］

個人再生実務研究会編『破産法の理論・実務と書式（消費者破産編）〔第2版〕』

小松陽一郎先生主要著作目録　*1127*

（共同編著）（民事法研究会，［2007］）

「2006年個人再生の実態報告」消費者法ニュース73号77頁［2007］

個人再生実務研究会編『書式　個人再生の実務〔全訂4版〕』（編集代表）（民事法
研究会，［2007］）

【2008年】

近畿知財戦略本部編『マンガ中国模倣品対策奮闘記～知財戦略の手引き～』（共同
執筆）（近畿経済産業局，［2008］）

日本弁理士会編著『改訂版　知的財産権侵害訴訟実務ハンドブック』（共同執筆）
（経済産業調査会，［2008］）

「職務発明訴訟において発明者性を否定することと禁反言との関係について説示し
た事例」知財ぷりずむ6巻67号38頁［2008］

「同時破産廃止」山本克己他編『新破産法の理論と実務』430頁（判例タイムズ，
［2008］）

「知財裁歴史（第7回村林隆一先生）」（インタビュアー）（共同執筆）知財フォーラ
ム73号34～44頁（知的財産研究所，［2008］）

「日米における特許国内消尽理論－クアンタ事件米連邦最高裁判決（2008.　6.
9）を素材にして－」（共同執筆）知財ぷりずむ7巻73号14頁［2008］

「宗教団体への財産提供」瀬川信久他編著『事例研究民事法』296頁，316頁（日本
評論社，［2008］）

「個人再生の将来（大論公論）」市民と法54号1頁（民事法研究会，［2008］）

【2009年】

村林隆一共編著『〔第3版〕特許・実用新案の法律相談』（青林書院，［2009］）

半田正夫・松田政行編『著作権法コンメンタール2』（共著）（勁草書房，［2009］）

小野昌延共編著『新・青林法律相談　商標の法律相談』（青林書院，［2009］）

大阪地方裁判所・大阪弁護士会破産管財運用検討プロジェクトチーム編『新版　破
産管財手続の運用と書式』（共著）（新日本法規出版，［2009］）

「座談会『（新春放談）2008年最高裁判所判決の回顧』」（共同執筆）知財ぷりずむ7
巻76号6頁［2009］

「技術的範囲の属否について，東京地裁と知財高裁の判断が異なった事例」知財ぷ
りずむ7巻79号62頁［2009］

「映画『ライムライト』等の保護期間が，旧著作権法の適用により満了していない

とされた事例」知財管理59巻8号1035頁［2009］

「映画『ライムライト』等の保護期間が，旧著作権法の適用により満了していないとされた事例」『知的財産法最高裁判例評釈大系／小野昌延先生喜寿記念［Ⅰ］』421～437頁（青林書院，［2009］）

「使用許諾拒絶と権利の濫用－東海観光事件」『知的財産法最高裁判例評釈大系／小野昌延先生喜寿記念［Ⅲ］』9頁（青林書院，［2009］）

「映画製作者(2)〔ＣＲフィーバー大ヤマト事件〕」著作権判例百選〔第4版〕（別冊ジュリスト No.198）80頁（有斐閣，［2009］）

【2010年】

小野昌延・山上和則編『不正競争の法律相談』（共著）（青林書院，［2010］）

『個人情報実務六法〔第3版〕』（共同編著）（民事法研究会，［2010］）

大阪弁護士会知的財産法実務研究会編『知財相談ハンドブック〔改訂版〕』（共同監修）（大阪弁護士会協同組合，［2010］）

弁護士知財ネット編『実践　知財ビジネス法務』（共同編著）（民事法研究会，［2010］）

『新注釈民事再生法　下〔第2版〕』（共同編著）（金融財政事情研究会，［2010］）

「座談会『（新春放談）2009年知的財産事件の回顧』」（共同執筆）知財ぷりずむ8巻88号6頁，［2010］

「調査委員」全国倒産処理弁護士ネットワーク編『通常再生の実務Ｑ＆Ａ120問』177頁（金融財政事情研究会，［2010］）

「商標登録取消審判事件における通常使用権の認定判断に関し，要件事実の観点から審決に不備があるとして取り消した事例」知財ぷりずむ8巻91号33頁［2010］

「権利行使に耐えうる明細書～訴訟で強い明細書とは～」関西特許情報センター振興会機関誌 No.26・100頁［2010］

【2011年】

山上和則他編『〔改訂版〕知財ライセンス契約の法律相談』（共著）（青林書院，［2011］）

個人再生実務研究会編『書式　個人再生の実務〔全訂第5版〕』（共著）（民事法研究会，［2011］）

「座談会『（新春放談）知的財産訴訟の展開～当事者から見た知財高裁～』」（共同執筆）知財ぷりずむ9巻100号6頁［2011］

小松陽一郎先生主要著作目録　*1129*

「後出しされた実験結果を参酌した上で，進歩性を肯定した事例－日焼け止め剤組成物事件－」（共同執筆）知財管理61巻3号317頁［2011］

「国内消尽論」知的財産権侵害訴訟の今日的課題／村林隆一先生傘寿記念155頁（青林書院，［2011］）

「牧野利秋先生に聞く　知財裁判…勇にして仁なる解決を求めて」（共同執筆）Ｌ＆Ｔ54号1頁［2011］

【2012年】

日本弁理士会編著『改訂3版　知的財産権侵害訴訟実務ハンドブック』（共同執筆）（経済産業調査会，［2012］）

小野昌延編著『新・注解不正競争防止法〔第3版〕上巻・下巻』（共著）（青林書院，［2012］）

「商標法3条1項「自己の業務に係る役務についての使用」と無効の抗弁」知財ぷりずむ10巻112号49頁［2012］

「付記登録と広義の知財紛争スキルを生かす場」パテント2012・65巻12号47頁［2012］

「冒認出願と実務上の若干の課題」『知的財産権－法理と提言／牧野利秋先生傘寿記念』488頁（青林書院，［2012］）

【2013年】

小倉秀夫・金井重彦編著『著作権法コンメンタール』（共著）（レクシスネクシス・ジャパン，［2013］）

「新製品開発事業への出資と損失」瀬川信久他編著『事例研究民事法〔第2版〕Ⅰ』87頁（日本評論社，［2013］）

「知財高裁大合議判決の成果－ミニ特集の掲載にあたって－」知財管理63巻9号1377頁［2013］

「更生計画案への集票活動」全国倒産処理弁護士ネットワーク編『会社更生の実務Ｑ＆Ａ120問』124頁（金融財政事情研究会，［2013］）

「吉原省三先生（弁護士）に聞く知財弁護士としての歩み」（共同執筆）Ｌ＆Ｔ62号1頁［2013］

【2014年】

『知的財産訴訟実務大系Ⅰ～Ⅲ』（共同編著）（青林書院，［2014］）

1130　小松陽一郎先生主要著作目録

「第 4 回東アジア金融被害者交流集会（大阪）の開催報告」2014年度版クレサラ白書（全国クレジット・サラ金対策協議会）［2014］

「アップル対サムスン（iPhone）事件－消尽関係」ジュリスト1475号「特集　知財高裁大合議再読」56頁［2014］

【2015年】

田原睦夫・山本和彦監修『注釈破産法［上］』（共著）（きんざい，［2015］）

半田正夫・松田政行編『著作権法コンメンタール〔第 2 版〕2』（共著）（勁草書房，［2015］）

「消費者倒産処理の手続選択」竹下守夫・藤田耕三編集代表『破産法大系Ⅲ（破産の諸相）』 5 頁（青林書院，［2015］）

「特集 2　知財この10年　知財センターと知財ネットの10年の動き（弁護士の立場から）」自由と正義66巻 4 号38頁（日弁連，［2015］）

「特許権等に関する訴訟の計画審理と時機に後れた攻撃防御方法」『現代知的財産法－実務と課題／飯村敏明先生退官記念論文集』113頁（発明推進協会，［2015］）

【2016年】

小野昌延・三山峻司編『新・注解　商標法【上巻】』（共同執筆）285〜327頁（青林書院，［2016］）

「10年後のわが国の知財環境」知財ぷりずむ14巻160号 8 頁［2016］

「品質等誤認表示事件における損害賠償額」小野昌延・山上和則・松村信夫編『最新青林法律相談 9　不正競争の法律相談Ⅱ』57頁（青林書院，［2016］）

「営業秘密不正使用行為に対する差止請求の範囲」小野昌延・山上和則・松村信夫編『最新青林法律相談 9　不正競争の法律相談Ⅱ』192頁（青林書院，［2016］）

【2017年】

小野昌延・三山峻司共編著『最新青林法律相談16，17　商標の法律相談Ⅰ，Ⅱ』（青林書院，［2017］）

「シンガポール知的財産制度の現地調査の概要報告」（共同執筆）知財ぷりずむ15巻172号 9 頁［2017］

「韓国知財関連機関への訪問及び交流報告」（共同執筆）知財ぷりずむ15巻177号 1頁［2017］

「『住宅資金特別条項と別除権協定』等」民事再生実務研究会編『Ｑ＆Ａ民事再生法

の実務』602ノ3頁（新日本法規出版，［2017]）

「［座談会］民事再生手続の再活性化に向けて（上）（下）」（共同執筆）ＮＢＬ1109
号27頁［2017]

「国際知財司法シンポジウム2017～日中韓・ＡＳＥＡＮ諸国における知的財産紛争
解決」（共同執筆）Ｌ＆Ｔ78号48頁［2017]

【2018年】

『攻めの農林水産業のための知財戦略～食の日本ブランドの確立に向けて～』（共同
編著）（経済産業調査会，［2018]）

「最高裁平成29年3月24日判決（マキサカシトール事件）の射程距離等～圧流体シ
リンダ仮想事例への当てはめ～」知財ぷりずむ17巻185号1頁［2018]

執筆者紹介 （執筆順）

三山　峻司（みやま　しゅんじ）
- ・昭和50年3月　中央大学法学部法律学科卒業
- ・弁護士・弁理士

尾近　正幸（おちか　まさゆき）
- ・昭和55年3月　東京大学法学部卒業
- ・弁護士

溝上　哲也（みぞがみ　てつや）
- ・昭和56年3月　京都大学法学部卒業
  平成4年3月　大阪工業大学工学部電子工学科卒業
- ・弁護士・弁理士

小野寺　良文（おのでら　よしふみ）
- ・平成10年　東京大学農学部中退
- ・弁護士

井上　周一（いのうえ　しゅういち）
- ・平成14年3月　大阪大学大学院法学研究科修了
- ・弁護士・弁理士

松川　充康（まつかわ　みつやす）
- ・平成12年3月　京都大学総合人間学部卒業
- ・最高裁判所事務総局経理局主計課長

1134　執筆者紹介

生沼　寿彦（おいぬま　としひこ）
- ・平成4年3月　大阪市立大学法学部卒業
- ・平成12年5月　ノースウエスタン大学ロースクール LL. M. 修了
- ・弁護士・弁理士・ニューヨーク州弁護士

山口　裕司（やまぐち　ゆうじ）
- ・平成9年3月　東京大学大学院法学政治学研究科修士課程修了
- ・平成20年5月　コーネル大学ロースクール LL. M. 修了
- ・弁護士

井上　裕史（いのうえ　ひろし）
- ・平成3年3月　大阪大学大学院工学研究科修了
- ・弁護士・弁理士
- ・吉備国際大学大学院（通信制）知的財産学研究科教授

星　　大介（ほし　だいすけ）
- ・平成15年3月　上智大学法学部国際関係法学科卒業
- ・弁護士・ニューヨーク州弁護士

久世　勝之（くせ　かつゆき）
- ・昭和62年3月　大阪市立大学法学部卒業
- ・弁護士

岩谷　敏昭（いわたに　としあき）
- ・昭和61年3月　大阪大学法学部卒業
- ・弁護士・弁理士
- ・大阪大学知的財産センター特任教授，大阪大学大学院工学研究科特任教授，大阪大学大学院高等司法研究科招聘教授，甲南大学法科大学院教授

執筆者紹介　　*1135*

山崎　道雄（やまざき　みちお）
- 平成18年3月　立命館大学法科大学院卒業
- 弁護士
- 阪南大学非常勤講師

竹田　千穂（たけだ　ちほ）
- 平成10年3月　京都大学法学部卒業
- 弁護士

村田　真一（むらた　しんいち）
- 平成4年3月　東京大学法学部卒業
- 平成13年5月　ジョージワシントン大学ロースクール LL. M. 修了
- 弁護士・ニューヨーク州弁護士

寺田　明日香（てらだ　あすか）
- 平成12年3月　京都大学法学部卒業
- 弁護士

前嶋　幸子（まえじま　ゆきこ）
- 平成25年3月　大阪市立大学法科大学院修了
- 弁護士

三嶋　隆子（みしま　たかこ）
- 平成26年3月　関西大学法科大学院修了
- 弁護士

森本　純（もりもと　じゅん）
- 平成3年3月　京都大学理学部卒業
- 弁護士・弁理士

執筆者紹介

塩田　千恵子（しおた　ちえこ）
- ・平成9年3月　東京大学法学部卒業
- ・弁護士

辻　　淳子（つじ　じゅんこ）
- ・昭和62年3月　京都大学理学部卒業
- ・平成14年6月　ワシントン大学ロースクール LL. M. 修了
- ・弁護士・弁理士

田中　成志（たなか　しげし）
- ・東京大学工学部電気工学科卒業
- ・東京大学大学院法学政治学研究科博士課程教育課程（民法）修了
- ・弁護士・弁理士

速見　禎祥（はやみ　よしやす）
- ・平成13年3月　東京大学法学部卒業
- ・弁護士・弁理士

木村　圭二郎（きむら　けいじろう）
- ・昭和60年3月　京都大学法学部卒業
- ・平成5年5月　コーネル大学ロースクール LL. M. 修了
- ・弁護士・ニューヨーク州弁護士

近藤　惠嗣（こんどう　けいじ）
- ・昭和57年3月　東京大学大学院工学系研究科博士課程修了
- ・弁護士
- ・工学博士，同志社大学理工学部非常勤講師〈リスクマネジメント担当〉

北岡　弘章（きたおか　ひろあき）
- ・平成元年3月　同志社大学法学部卒業
- ・弁護士・弁理士

執筆者紹介　*1137*

松井　保仁（まつい　やすひと）

- ・平成10年3月　京都大学法学部卒業
- ・平成16年5月　ミシガン大学ロースクール LL. M. 修了
- ・弁護士・弁理士・ニューヨーク州弁護士

三村　量一（みむら　りょういち）

- ・昭和52年3月　東京大学法学部卒業
- ・弁護士
- ・元・知的財産高等裁判所判事

茶園　成樹（ちゃえん　しげき）

- ・平成元年3月　大阪大学大学院法学研究科博士課程単位満了退学
- ・大阪大学大学院高等司法研究科教授

池下　利男（いけした　としお）

- ・昭和63年3月　立命館大学法学部卒業
- ・弁護士・弁理士

辻村　和彦（つじむら　かずひこ）

- ・平成12年3月　京都大学法学部卒業
- ・弁護士・弁理士

愛知　靖之（えち　やすゆき）

- ・平成13年3月　京都大学法学部卒業
- ・京都大学大学院法学研究科教授

藤川　義人（ふじかわ　よしと）

- ・平成5年3月　早稲田大学法学部卒業
- ・弁護士・弁理士

1138　執筆者紹介

重冨　貴光（しげとみ　たかみつ）
- ・平成9年3月　大阪大学法学部卒業
- ・平成15年6月　ワシントン大学ロースクール LL. M. 修了
- ・弁護士・弁理士・ニューヨーク州弁護士

山本　隆司（やまもと　たかし）
- ・昭和53年3月　東京大学法学部卒業
- ・平成4年5月　コロンビア大学ロースクール LL. M. 修了
- ・弁護士・ニューヨーク州弁護士

佐竹　希（さたけ　のぞみ）
- ・平成24年3月　一橋大学法科大学院修了
- ・弁護士

谷口　由記（たにぐち　よしのり）
- ・昭和49年　関西大学法学部卒業
- ・弁護士・弁理士
- ・吉備国際大学大学院（通信制）知的財産学研究科教授

合路　裕介（ごうろ　ゆうすけ）
- ・平成14年3月　同志社大学工学部物質化学工学科卒業
- ・弁理士

山下　英久（やました　ひでひさ）
- ・昭和58年3月　甲南大学経済学部卒業
- ・弁護士

伊藤　真（いとう　まこと）
- ・昭和59年3月　一橋大学法学部卒業
- ・弁護士・弁理士

執筆者紹介　　*1139*

岩坪　　哲（いわつぼ　てつ）

- ・平成元年3月　東京大学法学部卒業
- ・弁護士・弁理士

伊原　友己（いはら　ともき）

- ・昭和59年3月　京都産業大学法学部法律学科卒業
- ・弁護士・弁理士
- ・平成26年度日弁連知的財産センター委員長

辻本　希世士（つじもと　きよし）

- ・平成10年3月　関西大学大学院法学研究科修士課程修了
  平成17年5月　ボストン大学ロースクール LL. M. 修了
- ・弁護士・弁理士・ニューヨーク州弁護士
- ・山口大学客員教授

梶崎　弘一（かじさき　こういち）

- ・昭和63年3月　岡山大学大学院工学研究科修了
- ・弁理士
- ・（業）ユニアス国際特許事務所　所長

福井　　清（ふくい　きよし）

- ・平成9年3月　大阪大学大学院工学研究科修了
- ・弁理士

大月　伸介（おおつき　しんすけ）

- ・昭和58年3月　京都大学工学部精密工学科卒業
- ・弁理士

神谷　惠理子（かみたに　えりこ）

- ・奈良女子大学理学部卒業
- ・弁理士

執筆者紹介

川端　さとみ（かわばた　さとみ）
・平成14年3月　京都大学法学部卒業
・平成20年5月　ヴァージニア大学ロースクール LL. M. 修了
・弁護士・ニューヨーク州弁護士

松田　誠司（まつだ　せいじ）
・平成21年3月　神戸大学大学院法学研究科実務法律専攻課程（法科大学院）修了
・弁護士・弁理士
・神戸大学法科大学院非常勤講師，特許庁総務部総務課制度審議室法制専門官（平成27年4月～平成29年3月），情報ネットワーク法学会理事

山田　徹（やまだ　とおる）
・平成14年3月　慶應義塾大学大学院法学研究科（公法学）修了
・弁護士・弁理士

谷口　俊彦（たにぐち　としひこ）
・昭和56年3月　広島大学大学院工学研究科修了
・弁理士

松村　信夫（まつむら　のぶお）
・昭和50年3月　同志社大学法学部卒業
・弁護士・弁理士
・大阪市立大学法科大学院特任教授

中野　睦子（なかの　むつこ）
・昭和62年3月　九州大学大学院薬学部薬学科修了
・弁理士

執筆者紹介　*1141*

牧野　知彦（まきの　ともひこ）
- ・平成6年3月　青山学院大学国際政治経済学部国際経済学科卒業
- ・弁護士

日野　英一郎（ひの　えいいちろう）
- ・平成17年3月　東京大学教養学部卒業
- ・弁護士

宮脇　正晴（みやわき　まさはる）
- ・平成8年3月　大阪大学法学研究科博士前期課程修了
- ・立命館大学法学部教授

末吉　互（すえよし　わたる）
- ・昭和56年3月　東京大学法学部卒業
- ・弁護士

辻居　幸一（つじい　こういち）
- ・昭和54年3月　中央大学法学部卒業
  - 平成元年5月　コーネル大学ロースクール LL. M. 修了
- ・弁護士・弁理士
- ・中央大学大学院法務研究科客員教授

松本　好史（まつもと　よしふみ）
- ・昭和58年3月　東京大学法学部卒業
- ・弁護士・弁理士

小池　眞一（こいけ　しんいち）
- ・平成4年3月　東京大学法学部卒業
- ・弁護士

1142 執筆者紹介

原　　悠介（はら　ゆうすけ）
- ・平成22年　早稲田大学大学院法務研究科修了
- ・弁護士

井﨑　康孝（いざき　やすたか）
- ・平成5年3月　関西大学法学部卒業
- ・弁護士
- ・関西学院大学非常勤講師

服部　誠（はっとり　まこと）
- ・平成6年3月　慶應義塾大学法学部法律学科卒業
- ・平成13年5月　ペンシルバニア大学ロースクール LL. M. 修了
- ・弁護士・弁理士

中山　良平（なかやま　りょうへい）
- ・平成21年3月　創価大学教育学部教育学科卒業
- ・平成24年3月　大阪大学大学院高等司法研究科（法科大学院）修了
- ・弁護士

田上　洋平（たのうえ　ようへい）
- ・平成14年3月　関西大学法学部法律学科卒業
- ・弁護士・弁理士
- ・吉備国際大学知的財産学研究科准教授，関西大学法科大学院非常勤講師

平野　和宏（ひらの　かずひろ）
- ・昭和60年3月　同志社大学法学部法律学科卒業
- ・弁護士・弁理士
- ・同志社女子大学嘱託講師

執筆者紹介　*1143*

前田　将貴（まえだ　まさき）
- ・平成21年3月　京都大学法科大学院修了
- ・弁護士

金子　敏哉（かねこ　としや）
- ・平成21年1月　東京大学大学院法学政治学研究科博士課程修了
- ・明治大学法学部准教授

松本　　司（まつもと　つかさ）
- ・昭和53年3月　東京大学法学部卒業
- ・弁護士・弁理士

井奈波　朋子（いなば　ともこ）
- ・平成元年3月　中央大学法学部卒業
- ・平成13年5月　仏ナント大学私法修士課程修了
- ・弁護士・弁理士

室谷　和彦（むろたに　かずひこ）
- ・弁護士（室谷法律事務所）

足立　昌聰（あだち　まさとし）
- ・平成19年3月　東京大学工学部卒業
- ・平成22年3月　東京大学大学院法学政治学研究科修了
- ・弁護士・弁理士・情報処理安全確保支援士
- ・LINE 株式会社セキュリティ室，元・特許庁法制専門官

川田　　篤（かわだ　あつし）
- ・昭和62年3月　東京大学法学部卒業
- ・弁護士・弁理士

執筆者紹介

城山　康文（しろやま　やすふみ）
- ・平成4年3月　東京大学法学部卒業
- ・弁護士
- ・東京大学法科大学院客員教授

大住　　洋（おおすみ　ひろし）
- ・平成16年3月　京都大学法学部卒業
- ・平成21年3月　関西大学法科大学院修了
- ・弁護士
- ・関西大学法科大学院特別任用准教授

小谷　昌崇（こたに　まさたか）
- ・平成7年3月　京都工芸繊維大学工芸学部卒業
- ・弁理士

藤井　　淳（ふじい　あつし）
- ・平成2年3月　同志社大学工学部工業化学科卒業
- ・弁理士
- ・京都大学医学研究科知的財産経営学コース非常勤講師，京都府立医科大学職務発明評価委員会委員

古谷　栄男（ふるたに　ひでお）
- ・昭和51年3月　釧路工業高等専門学校電子工学科卒業
- ・平成20年3月　関西大学大学院法務研究科修了
- ・弁理士，大阪電気通信大学客員教授，関西大学システム理工学部非常勤講師，釧路高専非常勤講師

藤野　睦子（ふじの　むつこ）
- ・平成8年3月　大阪府立大学大学院工学研究科修了
- ・平成19年3月　京都大学法科大学院修了
- ・弁護士・弁理士

平野　惠稔（ひらの　しげとし）
- ・昭和62年３月　京都大学法学部卒業
- ・平成５年５月　ペンシルバニア大学ロースクール LL. M. 修了
- ・弁護士・ニューヨーク州弁護士

諏訪野　大（すわの　おおき）
- ・平成15年３月　慶應義塾大学大学院法学研究科後期博士課程単位取得満期退学
- ・近畿大学法学部教授

和田　宏徳（わだ　ひろのり）
- ・平成３年３月　慶應義塾大学理工学部卒業
- ・弁護士

近藤　剛史（こんどう　つよし）
- ・昭和62年３月　慶應義塾大学経済学部卒業
- ・弁護士・弁理士
- ・関西大学法科大学院特別任用教授

宇田　浩康（うだ　ひろやす）
- ・平成９年３月　東京大学法学部卒業
- ・弁護士（日本，ニューヨーク州）・弁理士

白波瀬　文夫（しらはせ　ふみお）
- ・昭和50年３月　京都大学法学部卒業
- ・弁護士

福田　あやこ（ふくだ　あやこ）
- ・平成10年３月　京都大学法学部卒業
- ・平成21年３月　神戸大学法学研究科理論法学専攻博士課程前期課程修了
- ・弁護士

1146 執筆者紹介

板倉　集一（いたくら　しゅういち）

- ・昭和63年3月　関西大学大学院博士課程後期課程単位取得満期退学
- ・甲南大学法科大学院教授

西迫　文夫（にしせこ　ふみお）

- ・平成4年3月　同志社大学法学部卒業
- ・弁護士

林　いづみ（はやし　いづみ）

- ・弁護士（桜坂法律事務所）
- ・規制改革推進会議委員，知的財産戦略本部委員ほか

小松陽一郎先生古稀記念論文集

特許権侵害紛争の実務──裁判例を踏まえた解決手段とその展望

2018年5月16日　初版第1刷印刷
2018年5月28日　初版第1刷発行

編　者　小松陽一郎先生古稀記念論文集刊行会

発行者　逸　見　慎　一

発行所　東京都文京区　株式　青林書院
　　　　本郷6丁目4-7　会社

振替口座　00110-9-16920／電話03(3815)5897〜8／郵便番号113-0033

印刷／星野精版印刷　落丁・乱丁本はお取り替え致します。
© 2018　Printed in Japan
ISBN978-4-417-01734-9